COLLECTION PASSEURS DE TEXTES

Français 2de

Livre unique

SOUS LA DIRECTION DE **Corinne ABENSOUR** ET **Marie-Hélène DUMAÎTRE**

Daphné DERON, agrégée de Lettres modernes, lycée Pierre-Gilles de Gennes - E.N.C.P.B., Paris
David GALAND, agrégé de Lettres modernes, lycée Mireille-Grenet, Compiègne
Sandra GALAND-LECARDONNEL, certifiée de Lettres modernes, lycée Mireille-Grenet, Compiègne
Grégory JOUANNEAU-DAMANCE, certifié de Lettres modernes et d'Histoire des arts, Universités Paris 8 et Paris Nanterre
Sébastien LE CLECH, certifié de Lettres modernes, Lycée Romain Rolland, Goussainville
Adeline LEGUY, certifiée de Lettres modernes, collège Libertaire Rutigliano, Nantes
David MARTIN, agrégé de Lettres modernes, lycée Adolphe Chérioux, Vitry-sur-Seine
Valérie MONFORT, agrégée de Lettres modernes, lycée Galilée, Gennevilliers
Élodie PINEL, agrégée de Lettres modernes, certifiée de Lettres classiques, université Paris-Nanterre
Cécile RABOT, maîtresse de conférences, université Paris-Nanterre
Martine RODDE, certifiée de Lettres classiques
Nicolas ROUSSEL, agrégé de Lettres modernes, lycée Mireille-Grenet, Compiègne
Nourhan SAFEY, agrégée de Lettres modernes, lycée Pierre-Mendès France, Savigny-le-Temple
Édith WOLF, agrégée de Lettres modernes

WebLettres LeRobert

Les auteurs remercient pour leur relecture Charlotte BUREL, professeure en classes préparatoires, et Françoise BOIRAL, professeure de lycée.

30 lectures cursives conçues par la communauté Weblettres,
sous la coordination de Caroline d'Atabekian,
à retrouver sur votre site compagnon :

passeurs-de-textes-lycee.lerobert.com

Pictogrammes renvoyant aux outils complémentaires :

Textes enregistrés à retrouver sur le manuel numérique et sur le site **lycеen.lerobert.com**

Compléments numériques à retrouver sur le manuel numérique et sur le site **lyceen.lerobert.com**

Le tableau en couverture de votre manuel représente
Le Voyageur contemplant une mer de nuages,
de CASPAR DAVID FRIEDRICH (1818).

Direction éditoriale : Mélanie Louis
Édition : Bérengère Baucher, Gaëlle Mauduit, Tara Mazelié
Conception graphique de la couverture : Laurence Durandau et Lauriane Tiberghien
Conception graphique de l'intérieur : Marina Delranc / Terre-Lune
Mise en pages : Nadine Aymard
Cartes mentales, frise chronologique : Emmanuelle Audebrand / Terre-Lune
Iconographie : Laetitia Jannin
Correction : Catherine Lainé
Fabrication : Stéphanie Parlange

ISBN : 978-2-32101-405-8

AVANT-PROPOS

Nous sommes heureux de vous présenter le nouveau « **Passeurs de textes 2de** », conforme au programme de français qui sera mis en œuvre dans les lycées à la rentrée 2019.

Livre unique pour l'apprentissage du français en classe de 2de, il propose **en un seul volume deux grandes parties.**

D'une part, pour chacun des quatre objets d'étude, **un choix d'œuvres intégrales** et de **lectures cursives** dont l'étude est développée en numérique, **cinq ou six corpus de textes** rassemblés autour d'un thème ou d'une forme, **des prolongements artistiques et culturels** en lien avec les corpus ainsi que **des repères d'histoire littéraire**.
L'ouvrage s'enrichit de nombreuses activités **d'analyse de l'image, de pages lexique et de pages d'activités d'histoire littéraire.**
Les textes sont tantôt questionnés **au fil de la lecture**, tantôt questionnés **en lecture analytique** pour favoriser l'initiation **au commentaire littéraire. Une question de grammaire** est proposée pour chaque texte. Des prolongements permettent à l'occasion de chaque texte de susciter **des situations d'écriture** (**écrits d'appropriation** et/ou **initiation aux épreuves du BAC**).

D'autre part, des pages langue et méthodes.
Tous les points de langue du programme sont abordés à l'aide d'une leçon et de nombreux exercices.
Les méthodes d'écriture, qu'il s'agisse **des écrits d'appropriation ou des écrits du Bac (commentaire, dissertation, essai, contraction)** sont présentées dans des fiches qui comportent des explications, des conseils et de nombreux exercices de mise en pratique.
Enfin des pages sont consacrées à l'oral. Elles mêlent conseils et exercices.

Nous avons souhaité, en réalisant le nouveau « **Passeurs de textes 2de** », accompagner élèves et professeurs de façon stimulante dans la mise en œuvre du nouveau programme.

Nous espérons vivement que l'ouvrage vous accompagnera dans l'accomplissement de cet objectif.

Les auteurs

SOMMAIRE

Le théâtre du XVIIe siècle au XXIe siècle

CHAPITRE 1 Rire au théâtre : la satire dans les comédies de Molière

CHAPITRE 2 Terreur et pitié dans la tragédie classique

CHAPITRE 3 Masques, déguisements et travestissement dans la comédie du XVIIIe siècle

La poésie du Moyen Âge au XVIIIe siècle

La littérature d'idées et la presse du XIXe siècle au XXIe siècle

CHAPITRE 4 Littérature et mémoire

Étude de la langue

LA CLASSE INTERACTIVE EN GRAMMAIRE

À partir de votre manuel numérique, retrouvez une plateforme d'entraînement grammatical avec un test de positionnement et 350 exercices interactifs.

Méthodes

OUTILS D'ANALYSE LITTÉRAIRE

ÉCRITS D'APPROPRIATION

OUTILS POUR L'ORAL

ÉPREUVES DU BAC : LE COMMENTAIRE

ÉPREUVES DU BAC : LA DISSERTATION

ÉPREUVES DU BAC : LA CONTRACTION

ÉPREUVES DU BAC : L'ESSAI

L'HUMANISME

L'
huma

Thèmes

- **Une nouvelle vision du monde :** l'homme n'est plus au centre de l'univers (fin du géocentrisme), mais il peut comprendre Dieu en étudiant la nature qu'il a créée et en lisant au plus près la Bible
- **Éloge de l'Antiquité** (sommet historique des arts et de la pensée)
- **Penser par soi-même en se nourrissant des auteurs grecs et latins**
- **Pacifisme** (l'Europe sera en paix grâce à la « République des Lettres » qui unira les esprits éclairés de tous les pays)
- **Relativité des valeurs et des coutumes**

Esthétique & Procédés

- **Valorisation de la poésie** (poète-prophète)
- **Poésie mythologique ; poésie amoureuse**
- **Fictions utopiques**
- **Récits où érudition et comique se mêlent (Rabelais)**
- **Genre de l'essai (Montaigne) :** essayer sa propre pensée en l'écrivant

Origines

HISTOIRE

- **L'ère des grandes découvertes**
  - > Fin des grands fléaux du Moyen Âge (fin de la guerre de Cent Ans, recul de la peste)
  - > Essor européen (démographie, commerce, banque)
  - > Grandes découvertes des voyageurs (découverte de l'Amérique par Christophe Colomb, 1492 ; voyages de Fernand de Magellan, de Vasco de Gama)

PAYS

- **Italie**
  - > Suite à la prise de Constantinople par les Turcs (1453) : arrivée de manuscrits antiques en Occident
  - > *Quattrocento* italien : renaissance des arts par de nouvelles techniques en peinture (perspective, sfumato), en architecture (Filippo Brunelleschi)
  - > Progrès scientifiques (Léonard de Vinci)
  - > Une philosophie très ambitieuse : esprit de synthèse de Pic de la Mirandole ; audaces de Giordano Bruno contre la théologie catholique
  - > Un art de vivre raffiné : *Le Livre du courtisan* (1528) de Baldassare Castiglione
- **Allemagne / Pays-Bas / Pologne**
  - > Essor de la peinture flamande (Jan van Eyck) et allemande (Albrecht Dürer)
  - > Découverte de l'héliocentrisme (Nicolas Copernic)
  - > Invention de l'imprimerie par Gutenberg (v. 1450)
  - > Contestation de l'Église par la Réforme protestante (Luther)

1500 — 1600 — 1700

HUMANISME — BAROQUE — CLASSICISME — LUMIÈRES

En littérature

- **Érasme (1467-1536)**
  > *Éloge de la folie* (1511)
- **Thomas More (1478-1535)**
  L'Utopie (1516)
- **Guillaume Budé (1467-1540)**
  L'Institution du Prince (1518-1519)
- **François Rabelais (1494-1553)**
  Pantagruel (1532) et *Gargantua* (1534)
- **Maurice Scève (1501-1564)**
  Délie (1544)
- **Joachim Du Bellay (1522-1560)**
  Défense et Illustration de la langue française (1549)
- **Michel de Montaigne (1533-1592)**
  Essais (1580-1588)

XVIe siècle

(1510-1595)

nisme

1500 — 1600

En peinture & dessin

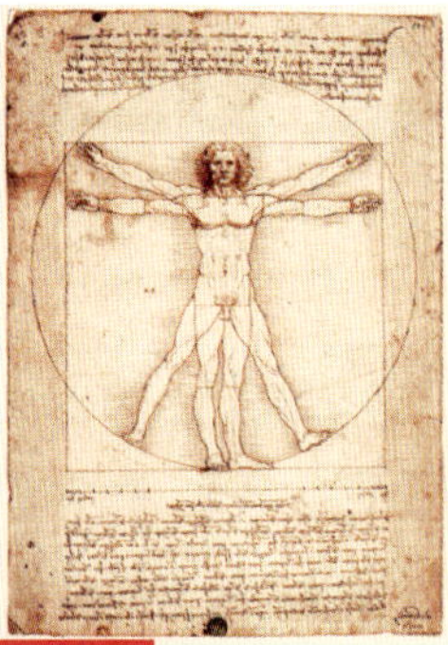

- **Léonard de Vinci (1452-1519)**
  > *L'Homme de Vitruve* (vers 1490)

- **Albrecht Dürer (1471-1528)**
  > *Melencolia* (1514)

- **Raphaël (1483-1520)**
  > *L'École d'Athènes* (1509-1510)

En sculpture

- **Michel-Ange (1475-1564)**
  > *Moïse* (1513-1515)

1800 — 1900 — 2000

ROMANTISME RÉALISME

LE BAROQUE

Le baro

Thèmes

- **Le mouvement** (l'eau, la bulle, le vent), **la métamorphose ; la dégénérescence et la mort**
- **La fragilité de la vie ; la fugacité des choses ; l'inquiétude spirituelle**
- **Le vrai et l'illusion ; l'être et le paraître** (le masque)
- **La théâtralité** (le monde comme théâtre : *theatrum mundi*) **; l'excès, la profusion, le foisonnement**

Esthétique & Procédés

- **Poésie à orientation spirituelle, religieuse**
- **Figures de rhétorique privilégiées :** l'antithèse et la métaphore (contradictions et complexité du monde et de l'être humain), l'hyperbole, l'énumération
- **Textes polémiques et dogmatiques** (angoisse contrée par l'affirmation de certitudes) ; **rhétorique persuasive**
- **Recours au fantastique, aux « visions »**
- **Théâtre dans le théâtre**

Origines

HISTOIRE

- **Des temps de troubles**
  - > Réforme protestante (M. Luther, J. Calvin) et Contre-Réforme catholique (concile de Trente, 1545-1563)
  - > Huit guerres de Religion en France entre 1562 et 1593
  - > Massacre de la Saint-Barthélemy, 24 août 1572

SCIENCES ET CONNAISSANCES

- **Une déstabilisation de la vision du monde et de l'homme**
  - > Impact progressif des grandes découvertes sur les mentalités : sentiment d'instabilité du savoir et des croyances
  - > Le monde perçu comme *perpetuum mobile* (mouvement perpétuel)
  - > Prise de conscience à partir de l'héliocentrisme de Copernic puis de Galilée : l'homme européen n'est pas le centre du cosmos

En musique

- **Monteverdi (1567-1643)**
  - > *L'Orfeo* (1607)

1500 — 1600 — 1700

HUMANISME — BAROQUE — CLASSICISME — LUMIÈRES

XVIe et XVIIe siècles (1570-1650)

que

1500 1600 1700

En littérature

- **Michel de Montaigne (1533-1592)**
  > *Essais* (1580-1588)
- **Guillaume de Salluste Du Bartas (1544-1590)**
  > *La Semaine ou Création du monde* (1578)
- **Jean de La Ceppède (1548 ?-1623)**
  > *Théorèmes spirituels* (1613)
- **Théodore Agrippa d'Aubigné (1552-1630)**
  > *Les Tragiques* (1616)
- **Jean de Sponde (1577-1595)**
  > *Essai de quelques poèmes chrétiens* (1588)
- **Théophile de Viau (1590-1626)**
  > *Œuvres*
- **Pierre Corneille (1606-1684)**
  > *L'Illusion comique* (1636)
- **Jean de Rotrou (1609-1650)**
  > *Le Véritable Saint Genest* (1647)

En peinture

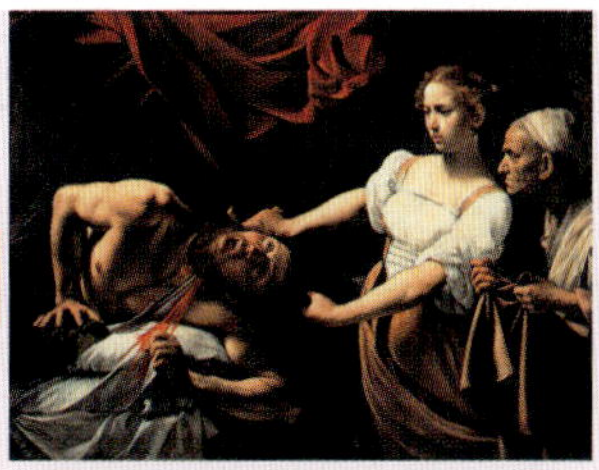

- **Le Caravage (1571-1610)**
  > *Judith décapitant Holopherne* (1599)

- **Rubens (1577-1640)**
  > *La Chute des anges rebelles* (1620)

En sculpture

- **Le Bernin (1598-1680)**
  > *L'Extase de sainte Thérèse* (1647-1652)

En architecture

- **Le Bernin (1598-1680)**
  > Baldaquin de Saint-Pierre de Rome (1624-1633)

1800 1900 2000

ROMANTISME RÉALISME

LE CLASSICISME

Le classi

Thèmes

- **Le modèle héroïque**
- **La réflexion politique :** la magnanimité, la tyrannie, la flatterie des courtisans…
- **Les vices (ridiculisés ou blâmés) et les vertus ; l'être et le paraître ; l'hypocrisie**
- **La beauté comme proportion et harmonie**

Esthétique & Procédés

- **Codification de la langue française :** *Remarques sur la langue française* de Vaugelas (1647), premier *Dictionnaire de l'Académie française* (1694)
- **La juste mesure, l'équilibre, l'harmonie**
- **Le goût de l'ordre, du vraisemblable, de la clarté :** Nicolas Boileau, *Art poétique* (1674)
- **Influence des auteurs de l'Antiquité** (débattue lors de la Querelle des Anciens et des Modernes, à partir de 1687) **et de la Bible**
- **Double objectif : « plaire et instruire »**
- **Modèle social de « l'honnête homme »**, sociable, modéré, cultivé, ayant du goût et s'exprimant brillamment

Origines

HISTOIRE

- **La monarchie absolue de Louis XIV**
  > Centralisation du pouvoir
  > Réformes économiques et militaires du ministre Colbert
  > La Cour rassemblée à Versailles
  > Louis XIV protecteur des arts et des lettres (mécénat royal, fondation de la Comédie-Française…)
  > Problèmes religieux : essor du jansénisme (catholicisme austère), révocation de l'édit de Nantes qui relance la persécution des protestants (1685)
  > Naissance de la science moderne (Descartes, Newton, Pascal, Galilée), importance des mathématiques et de l'expérimentation

HISTOIRE LITTÉRAIRE

> Réaction face au baroque : mise à distance de l'esthétique de l'instabilité au profit de l'ordre et de la constance
> Poursuite d'un certain idéal humaniste (importance du modèle des littératures de l'Antiquité)
> Idéal de pureté et de clarté de la langue
> La préciosité (1re moitié du XVIIe siècle) : raffinement de la langue et des sentiments, sociabilité des salons

En musique

- **François Couperin (1668-1733)**
  > *Sonates en trio* (1690)

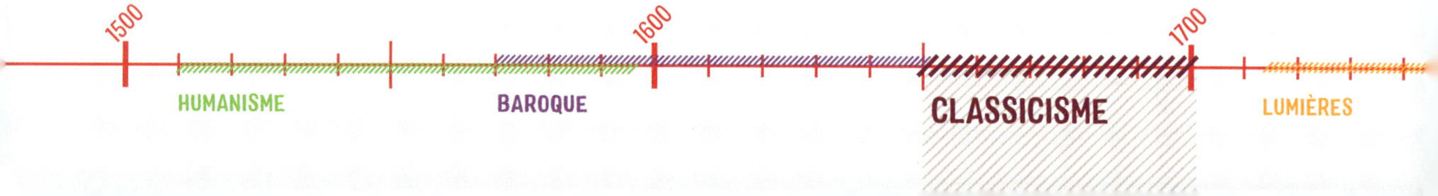

En littérature

- **Pierre Corneille (1606-1684)**
  Horace (1640), *Polyeucte* (1642), *Suréna* (1674)
- **François de La Rochefoucauld (1613-1680)**
  Maximes (1665)
- **Jean de La Fontaine (1621-1695)**
  Fables (1668, 1678, 1694)
- **Molière (1622-1673)**
  L'École des femmes (1662), *Dom Juan* (1665), *Le Misanthrope* (1666)
- **Thomas Corneille (1625-1709)**
  Timocrate (1657)
- **Jacques-Bénigne Bossuet (1627-1704)**
  Sermons du Carême du Louvre (1662)
- **Mme de La Fayette (1634-1693)**
  La Princesse de Clèves (1678)
- **Jean Racine (1639-1699)**
  Andromaque (1667) et *Phèdre* (1677)
- **Jean de La Bruyère (1645-1696)**
  Les Caractères (1688)
- **Mme de Sévigné (1626-1696)**
  Lettres (1671-1696, publication posthume)

2de moitié du XVIIe siècle

cisme

1600 1700

En peinture

- **Nicolas Poussin (1594-1665)**
  > *Le Jugement de Salomon* (1649)

- **Charles Le Brun (1619-1690)**
  > *Le Chancelier Séguier* (1661)

En architecture & Paysagisme

- **Libéral Bruand (1636-1697) et Jules Hardouin-Mansart (1646-1708)**
  > Hôtel et église des Invalides (1670-1679)

- **Antoine Le Nôtre (1613-1700)**
  > Les jardins du château de Versailles (1662-1687)

En sculpture

- **François Girardon (1628-1715)**
  > *Apollon servi par les nymphes* (1666-1675)

1800 1900 2000

ROMANTISME RÉALISME

Les Lumières

Thèmes

- **Idéologie du progrès, image des « Lumières » qui éclairent les consciences**
- **Éloge de la tolérance religieuse ; déisme** (existence de Dieu mais rejet des rites et des autorités religieuses)
- **Mise en valeur du bonheur matériel** (liberté du commerce, profit lié au travail, demande de réduction des inégalités sociales, dénonciation de l'esclavage)
- **Monarchie modérée** (voire despotisme éclairé)

Esthétique & Procédés

- **Prose polémique** (pamphlets, traités, discours, articles de l'*Encyclopédie*)
- **Récits à portée idéologique** (contes philosophiques, fables)
- **Emploi de l'ironie pour persuader le lecteur sans le heurter**
- **Fictions utopiques qui interrogent la société réelle** (Orient, îles)

Origines

HISTOIRE

- **Une monarchie absolue qui s'essouffle**
  - > Mort de Louis XIV et régence de Philippe d'Orléans (1715-1723)
  - > Règnes de Louis XV (1723-1774) et de Louis XVI (1774-1792)
  - > Révolution française (1789-1799)

SCIENCES ET CONNAISSANCES

- **Une diffusion des idées plus large**
  - > Vulgarisation des connaissances scientifiques : salons mondains (Mme du Deffand, Mme d'Épinay) ; académies de province ; ouvrages sur les découvertes scientifiques (Fontenelle, *Entretiens sur la pluralité des mondes*, 1686)
  - > Émergence d'une pensée critique qui s'en tient aux faits et à l'expérience (Pierre Bayle, *Dictionnaire historique et critique*, 1697)

PAYS

Angleterre / Pays-Bas / Allemagne

- **« La crise de la conscience européenne » entre 1680 et 1720 (Paul Hazard, 1935)**
  - > Mise en valeur des « monarchies modérées »
  - > Promotion de la liberté de penser et de la tolérance religieuse (philosophie de John Locke)
  - > Progrès scientifiques (Isaac Newton, Edmond Halley, Christian Huygens)
  - > Grands systèmes philosophiques : panthéisme de Leibniz et de Spinoza, empirisme de Locke
  - > Réflexion littéraire sur l'humain (Daniel Defoe, Jonathan Swift)

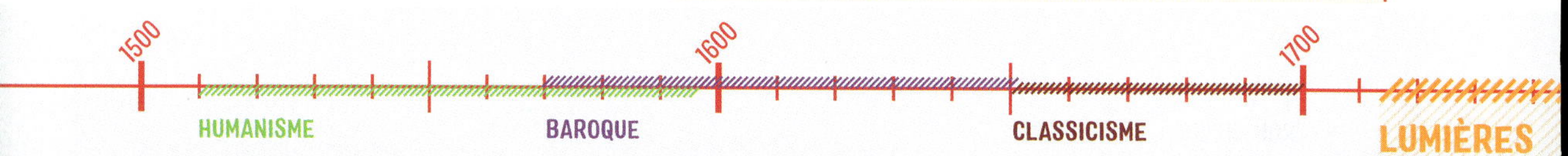

XVIIIe siècle (1715-1795)

ières

1700 — 1800

En littérature

- **Montesquieu (1689-1755)**
  > *Lettres persanes* (1721)
- **Voltaire (1694-1778)**
  > *Candide ou l'Optimisme* (1759)
  > *Dictionnaire philosophique* (1764)
- **Jean-Jacques Rousseau (1712-1778)**
  > *Discours sur l'origine et les fondements de l'inégalité parmi les hommes* (1755)
  > *Émile ou De l'éducation* (1762)
- **Denis Diderot (1713-1784)**
  > *Supplément au Voyage de Bougainville* (1796)
  > *L'Encyclopédie* dirigée par Diderot et D'Alembert (1751-1772)
- **Beaumarchais (1732-1796)**
  > *Le Mariage de Figaro* (1784)
- **Le marquis de Sade (1740-1814)**
  > *Aline et Valcour* (1795)

En peinture

- **L.-M. van Loo (1707-1771)**
  > *Denis Diderot, écrivain* (1767)

- **Jean-Honoré Fragonard (1732-1806)**
  > *La Liseuse* (vers 1770)

- **Joseph Wright of Derby (1734-1797)**
  > *Philosophe faisant un exposé sur la planétaire* (1764-1766)

En musique

- **Mozart (1756-1791)** et **Da Ponte (1749-1838)**
  > *Les Noces de Figaro* (1786)

1800 — 1900 — 2000

ROMANTISME RÉALISME

LE ROMANTISME

Le roman

Thèmes

- **La souffrance ; le désenchantement ; la mélancolie**
- **Le moi sensible**
- **La nature, miroir de l'âme**
- **La fuite du temps**
- **L'imagination ; la rêverie ; l'ailleurs** (l'exotisme)
- **L'engagement politique et social :** la révolte
- **La spiritualité et le sacré**

Esthétique & Procédés

- **Le registre lyrique**
- **Le mélange des genres et des registres**
- **L'assouplissement du vers**

Origines

HISTOIRE

- **Une époque à l'origine de la désillusion et de la révolte romantique**
  > Chute de Napoléon Ier en 1814
  > La Restauration : 1814-1830
  > La monarchie de Juillet : 1830-1848

PAYS

- **Angleterre**
  > La poésie : John Keats
  > Le roman gothique : *Frankenstein* (1818) de Mary Shelley
  > L'influence du théâtre de Shakespeare, modèle du drame romantique
- **France**
  > Le préromantisme français avec Jean-Jacques Rousseau : *Julie ou la Nouvelle Héloïse* (1761)
- **Allemagne**
  > Le mouvement « *Sturm und Drang* » (1770-1780), littéralement « tempête et passion » : *Les Souffrances du jeune Werther* (1774) de Goethe

- **Franz Schubert (1797-1828)**
  > *Quintette pour piano et cordes « La Truite »* (1828)
- **Hector Berlioz (1803-1869)**
  > *La Damnation de Faust* (1846)

1500 HUMANISME 1600 BAROQUE CLASSICISME 1700 LUMIÈRES

première moitié du XIXe siècle

tisme

1800 — 1900

En littérature

- **François-René de Chateaubriand (1768-1848)**
  > *René* (1802)
- **Alphonse de Lamartine (1790-1869)**
  > *Les Méditations poétiques* (1820)
- **Alfred de Vigny (1797-1863)**
  > *Les Destinées* (1864)
- **Alexandre Dumas (1802-1870)**
  > *Le Comte de Monte Cristo* (1846)
- **Victor Hugo (1802-1885)**
  > *Hernani* (1830)
- **George Sand (1804-1876)**
  > *La Mare au diable* (1846)
- **Gérard de Nerval (1808-1855)**
  > *Le Voyage en Orient* (1851)
- **Alfred de Musset (1810-1857)**
  > *Les Confessions d'un enfant du siècle* (1836)

En peinture

- **Francisco de Goya (1746-1828)**
  > *Saturne dévorant un de ses fils* (1823)

- **Caspar David Friedrich (1774-1840)**
  > *Le Moine au bord de la mer* (1808-1810)

- **William Turner (1775-1851)**
  > *L'Épave* (1839)

- **Théodore Géricault (1791-1824)**
  > *Le Radeau de la Méduse* (1818-1819)

- **Eugène Delacroix (1798-1863)**
  > *La Liberté guidant le peuple* (1830)

En musique

- **Frédéric Chopin (1810-1849)**
  > *Ballades* (1831-1835)
- **Franz Liszt (1811-1886)**
  > *Les Préludes* (1845-1853)

1800 — 1900 — 2000

ROMANTISME — RÉALISME

Thèmes

- **La société comme ensemble de catégories sociales contrastées**
- **Le désir d'ascension sociale (souvent contrariée) et l'arrivisme**
- **L'individu face à la société**
- **Paris et la province**
- **Les désillusions amoureuses**

Esthétique & Procédés

- **Volonté d'objectivité, refus d'embellir la réalité**
- **Importance des descriptions** (lieux, personnages)
- **Effet de réel** (détails apparemment insignifiants, précision du lexique, prise en compte des objets et actes banals)
- **Valorisation des dialogues ; emploi du discours indirect libre**
- **Désir de dresser un tableau d'ensemble de la société** (variété et typologie des personnages)

Le réa… et le…

Origines

HISTOIRE

- **Ascension et désillusions de la bourgeoisie**
  - > Révolution industrielle : importance des mouvements ouvriers
  - > Restauration de la monarchie (1815-1830), monarchie de Juillet (1830-1848)
  - > Révolte populaire des Trois Glorieuses (1830) ; révolution de 1848 (échec)
  - > Second Empire (1852-1870) : rétablissement de la toute-puissance des notables

PAYS

- **Grande-Bretagne / France : vers le roman social**
  - > Sensibilité à la misère sociale (Charles Dickens, *Oliver Twist*, 1837-1839, Elizabeth Gaskell, *Nord et Sud*, 1854-1855 ; George Eliot, *Middlemarch*, 1871)
  - > Interrogations sociales romantiques (George Sand, *Le Meunier d'Angibault*, 1845 ; Victor Hugo, *Les Misérables*, 1862)

CONNAISSANCES

- > Avancées scientifiques (Charles Darwin, Claude Bernard)
- > Foi dans le progrès des sciences (Auguste Comte, *Cours de philosophie positive*, 1830-1842)
- > Renouveau de l'Histoire (Ernest Renan, *Histoire des origines du christianisme*, 1863-1883)
- > Débuts de la sociologie et de la science politique (Alexis de Tocqueville, *De la démocratie en Amérique*, 1835)

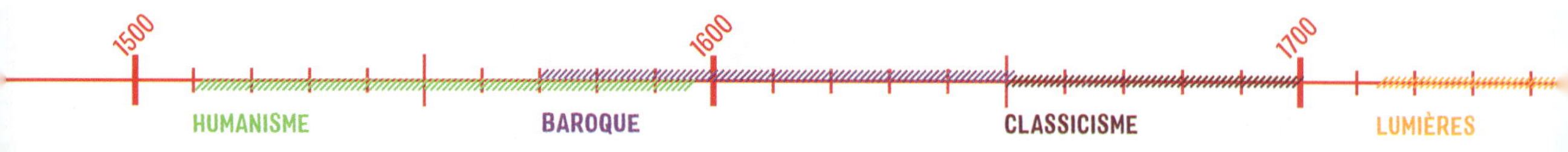

(1830-1900)

lisme
naturalisme

En littérature

- **Stendhal (1783-1842)**
  Le Rouge et le Noir (1830)
- **Honoré de Balzac (1799-1850)**
  La Comédie humaine (1834-1856, ensemble de plus de 90 récits, dont *Le Père Goriot*, 1842)
- **Gustave Flaubert (1821-1880)**
  Madame Bovary (1857), *L'Éducation sentimentale* (1869)
- **Champfleury (1821-1889)**
  Le Réalisme (1857), ouvrage théorique
- **Guy de Maupassant (1850-1893)**
  Les Contes de la bécasse (1883)
- **Louis Edmond Duranty (1823-1880) et Jules Assézat (1832-1876),** cofondateurs de la Revue *Réalisme* (1856-1857)
- **Jules (1830-1870) et Edmond (1822-1896) de Goncourt**
  Germinie Lacerteux (1865)
- **Joris-Karl Huysmans (1848-1907)**
  Les Sœurs Vatard (1879)
- **Émile Zola (1840-1902)**
  Germinal (1885), *La Bête humaine* (1890)

En peinture

- **Honoré Daumier (1808-1879)**
  > *La République* (1848)

- **Jean-François Millet (1814-1875)**
  > *Les Glaneuses* (1857)

- **Gustave Courbet (1819-1877)**
  > *L'Après-dînée à Ornans* (1848-1849)

- **Édouard Manet (1832-1883)**
  > *Le Déjeuner sur l'herbe* (1863)

- **Gustave Caillebotte (1848-1894)**
  > *Les Raboteurs de parquet* (1875)

En sculpture

- **Constantin Meunier (1831-1905)**
  > *Le Débardeur* (1905)

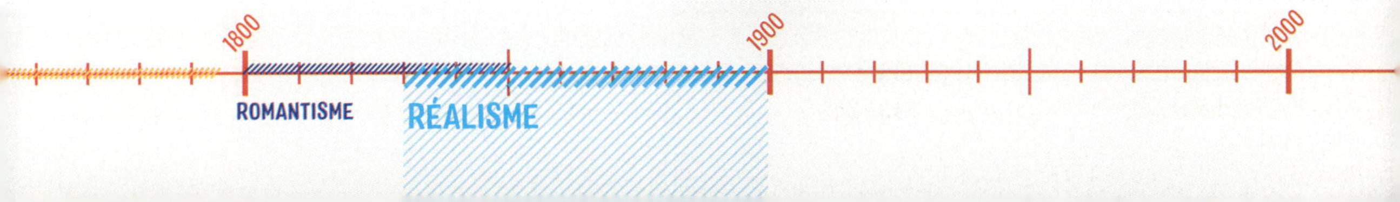

QUESTION

À quelles formes de récit cette image renvoie-t-elle ? Rédigez l'incipit d'une nouvelle en vous inspirant de cette image.

PAUL GAUGUIN, *Arearea*, 1892 (75 x 94 cm), musée d'Orsay, Paris.

Le **roman et le récit** du XVIIIe siècle au XXIe siècle

Ce que vous savez déjà sur le récit

RASSEMBLEZ VOS CONNAISSANCES

1 Quels sont les récits que vous avez déjà étudiés au collège ? Sauriez-vous nommer leurs auteurs ? Sauriez-vous les situer chronologiquement ?

2 Quelles différences faites-vous entre une nouvelle et un roman ? Connaissez-vous d'autres formes de récit ?

3 En troisième, vous avez étudié « l'écriture de soi ». Quelles raisons un auteur peut-il avoir de se représenter ou de raconter sa vie ?

4 Qu'est-ce qu'un récit réaliste ? Qu'est-ce qu'un récit fantastique ? La nouvelle dont on a reproduit la couverture appartient-elle à l'une de ces deux catégories ou à une troisième ?

THÉOPHILE GAUTIER, *La Cafetière*, 1831.

LA NARRATION, ÉLÉMENT CLÉ DU RÉCIT

Le roman commence dans une gare de chemin de fer, une locomotive tonne, un postillon de piston couvre l'ouverture du chapitre, un nuage de fumée cache une partie du premier alinéa. Dans l'odeur de gare passe une bouffée d'odeur de buffet de gare. Il y a quelqu'un qui regarde à travers les vitres embuées, il ouvre la porte vitrée du bar, tout est brumeux, même à l'intérieur, comme vu à travers les yeux d'un myope, ou à travers des yeux irrités par des escarbilles. Ce sont les pages du livre qui sont embuées, comme les vitres d'un vieux train, c'est sur les phrases que se pose le nuage de fumée. Il pleut ce soir-là, l'homme entre dans le bar ; il déboutonne son pardessus humide ; un nuage de vapeur l'enveloppe ; un coup de sifflet s'en va au long des quais luisant de pluie à perte de vue.

Un coup de sifflet qu'on dirait de locomotive et un jet de vapeur sortent de la machine à café que le vieil barman [*sic*] met sous pression comme s'il lançait un signal, ou c'est du moins ce qui ressort de la succession des phrases du second alinéa, où les joueurs attablés replient l'éventail de leurs cartes contre leur poitrine et se retournent vers le nouveau venu d'une triple torsion du cou, des épaules et des chaises, pendant que les clients au comptoir soulèvent les tasses et soufflent sur la surface du café les lèvres et les yeux entrouverts, ou sirotent la mousse des chopes de bière avec une attention excessive, pour qu'elles ne débordent pas.

ITALO CALVINO, *Si une nuit d'hiver un voyageur*, 1979, trad. M. Rueff, Éd. Gallimard, 2015.

1 Ce titre vous donne-t-il envie de lire ce roman ? Qu'imaginez-vous à partir de cet intitulé ? Est-ce que la lecture de l'extrait conforte votre hypothèse ?

2 Dans quel espace-temps de fiction le lecteur entre-t-il dans cette première page de récit ?

3 Comment l'auteur joue-t-il sur la frontière qui sépare l'espace-temps dans lequel se trouve réellement le lecteur et celui dans lequel il pénètre par la fiction ?

4 Qu'est-ce que cet incipit dit de la fiction et la lecture des romans ?

Rappels sur le genre

À l'orée du XVIIIe siècle, **le roman est un genre qui doit gagner sa légitimité** car il est considéré comme frivole et immoral. **Cette méfiance vis-à-vis de ce genre** est liée au choix des auteurs de recourir aux formes du roman-mémoires ou du roman épistolaire qui sont des fictions qui se donnent pour vraies. Par ailleurs, **le roman est difficile à caractériser** tant les œuvres divergent dans leur longueur, dans les thèmes abordés, dans la tonalité et surtout dans la variété des formes narratives choisies.

Au début du XIXe siècle, le roman, toujours perçu comme un genre facile, séduit un large public, et est aidé dans sa diffusion par la parution en feuilleton dans la presse à grand tirage qui se développe alors. Se tournant vers le réel, **avec le roman historique puis avec le roman social**, les romanciers revendiquent des mérites nouveaux pour le roman : donner à observer ce que le lecteur ne sait pas voir par lui-même et **donner à comprendre l'homme social**.

MAURICE LELOIR, *Sur le vaisseau*, dans *Histoire de Manon Lescaut et du chevalier des Grieux* de l'abbé Prévost, 1885.

Avec **le roman naturaliste**, la frontière entre littérature et science tend à s'estomper, les romanciers prétendant mettre en œuvre, dans leurs récits comme dans l'élaboration de leurs personnages, de **véritables protocoles scientifiques**.

Pendant la première moitié du XXe siècle, les sociétés européennes sont confrontées à une profonde crise des valeurs qui conduit à la remise en question de la figure du héros. Certains romanciers vont chercher à **dépeindre l'envers de l'héroïsme pour montrer les difficultés que l'âme humaine doit affronter**. D'autres s'interrogent sur l'homme et la notion de responsabilité.

À partir des années 1950, les romanciers, au-delà de la figure du personnage, cherchent à renouveler **les codes du genre romanesque**, qui est accusé de donner une vision fausse de l'individu et de l'existence humaine. Le roman **devient alors un lieu d'expérimentations**.
Aujourd'hui, le roman, tout en étant marqué par la richesse des questionnements qui l'ont traversé, a renoué avec certains de ces aspects traditionnels.

Lire des œuvres intégrales

● *MICROMÉGAS* (1752) DE VOLTAIRE

L'AUTEUR

François Marie Arouet, dit Voltaire, est considéré comme le chef de file du parti philosophique, et a engagé toute sa vie pour que progresse la connaissance, la justice et la liberté. Il publie en 1752 *Micromégas*, qui s'inscrit dans le genre du conte philosophique, comme *Zadig* (1747) et *Candide* (1759).

LE TEXTE

Ce récit fait écho aux expéditions scientifiques du XVIIIe siècle, comme celles de Maupertuis et de La Condamine en 1736, dont le but était de réaliser des mesures pour définir la forme exacte de la Terre. Voltaire rend hommage aux savants de son temps et se moque de certains d'entre eux.

Ce conte philosophique raconte les voyages et les rencontres de Micromégas, un géant chassé de la planète Sirius pour avoir choqué le clergé par ses études. Il va visiter l'univers « pour achever de se former l'esprit et le cœur ». Après Saturne et Jupiter, il découvre la planète Terre, où il va échanger avec des « atomes » savants qui sont les membres de l'expédition de Maupertuis.

AXES D'ÉTUDE

1. **Un hommage aux expéditions scientifiques :** la réécriture du journal de voyage.
2. **Le conte philosophique :** entre le récit et l'argumentation.
3. **Le personnage de Micromégas :** un savant des Lumières.

MARCEL CARTER, illustration pour *Micromégas*, 1946.

● *JACQUES LE FATALISTE, HISTOIRE DE MADAME DE LA POMMERAYE* (1796) DE DENIS DIDEROT

L'AUTEUR

Denis Diderot est un philosophe des Lumières. Ordonnateur de l'*Encyclopédie*, il est également critique d'art. Au théâtre, il développe le genre du drame bourgeois ; il renouvelle également le genre romanesque en le questionnant, notamment avec *Jacques le Fataliste* (1796).

LE TEXTE

Dans ce roman, Jacques, valet à la fois bavard et philosophe, n'a de cesse de vouloir raconter ses amours à son maître. Il en est constamment empêché soit par des péripéties, soit parce que le récit principal est interrompu par des digressions. L'une d'elles est racontée par l'hôtesse d'une auberge où ils se sont arrêtés : elle les invite à méditer sur l'histoire de Madame de La Pommeraye.

Cette jeune veuve vertueuse a longtemps hésité avant de céder aux avances du marquis des Arcis. Ils vivent un bel amour mais lorsque le marquis avoue à la jeune femme que ce sentiment a cessé d'exister alors qu'elle lui a sacrifié sa réputation, elle décide de s'affirmer et de se venger d'une façon terrible.

AXES D'ÉTUDE

1. **Le personnage de Madame de La Pommeraye :** la vengeance d'une femme.
2. **La construction du récit.**
3. **La peinture d'une société corrompue.**

Retrouvez en ligne un guidage pour l'étude approfondie de ces œuvres.

● *ADIEU* (1830) D'HONORÉ DE BALZAC

L'AUTEUR

Honoré de Balzac a l'idée, à partir de 1834, de rassembler toutes ses œuvres dans un vaste ensemble, *La Comédie humaine*, constituant une « histoire des mœurs contemporaines ». Les personnages réapparaissent d'un roman à l'autre et le tout, comportant 90 titres, est organisé en « Études » et « Scènes ».

LE TEXTE

Adieu est publié une première fois en 1830 dans la revue d'Émile de Girardin, *La Mode*, sous la forme d'un feuilleton en trois épisodes.

En 1812, lors de la retraite de Russie, Stéphanie de Vandières accompagne son mari officier, qui meurt sous ses yeux au passage de la Bérésina ; elle est aussi séparée de Philippe de Sucy, son amant. Livrée à la brutalité des soldats puis abandonnée dans les bois, elle perd la raison et devient une « femme sauvage ». En 1819, Philippe, égaré lors d'une partie de chasse, la revoit dans le parc du « château des Bonshommes » où elle a été confiée aux soins d'un oncle médecin. Philippe tente de lui rendre la raison en lui faisant revivre la tragique séparation : il reconstitue le décor de la Bérésina dans son parc avec des paysans costumés jouant les soldats en déroute.

AXES DE TRAVAIL

1. **Un roman historique :** la bataille de la Bérézina (1812).
2. **Une étude de cas :** la femme sauvage.
3. **Un récit entre réalisme et fantastique.**

François Fournier-Sarlovèze, *Le Passage de la Bérézina par l'armée française, le 28 novembre 1812* (détail), 1812.

Inondation à Toulouse, juin 1875.

« L'INONDATION » (1885) D'ÉMILE ZOLA

L'AUTEUR

Émile Zola, chef de file du mouvement naturaliste et auteur du cycle romanesque des *Rougon-Macquart*, est également l'auteur de nouvelles de natures et de tonalités diverses : nouvelles historiques (*L'Attaque du moulin*, 1880), récits sombres ou angoissants (*La Mort d'Olivier Bécaille*, 1884) ou anecdotes satiriques (*Les Coquillages de M. Chabre*, 1884).

LE TEXTE

Dernière nouvelle d'un recueil intitulé *Le Capitaine Burle*, publié en 1883, « L'inondation » s'inspire de la crue de la Garonne survenue en 1875, qui fit à Toulouse plus de 200 morts et détruisit plus d'un millier de maisons. Ce récit à la première personne se présente comme le témoignage d'un rescapé. Louis Roubiau, patriarche paysan de soixante-dix ans, que la nature semble avoir toujours favorisé, perd tout lors de l'inondation. Un soir, lors du repas familial rassemblant onze membres de la famille, on crie à la Garonne. L'inondation meurtrière commence, forçant chacun à faire des choix tragiques.

AXES DE TRAVAIL

1. **Un récit naturaliste** inspiré de la crue de la Garonne en 1875.
2. **Une réécriture d'un mythe biblique :** le livre de Job.
3. **Une tragédie familiale.**

L'ÉTRANGER (1942) D'ALBERT CAMUS

L'AUTEUR

Albert Camus est un écrivain né en Algérie française. À côté de ses travaux littéraires, il mène une vie d'intellectuel résistant et de journaliste. Opposé aux totalitarismes, partisan de la liberté, il obtient le prix Nobel de littérature en 1956 pour l'ensemble de son œuvre. Auteur de romans et de pièces de théâtre, Albert Camus est également un essayiste qui analyse les difficultés se posant à la conscience de l'homme du XXe siècle.

LE TEXTE

L'Étranger, écrit en 1942, dialogue avec l'essai *Le Mythe de Sisyphe* et inaugure une réflexion sur l'absurdité de la condition humaine.

Meursault, le héros de ce roman à la première personne, semble être indifférent aux choses de la vie – l'enterrement de sa mère dans l'incipit, sa carrière d'employé, l'amour de Marie – jusqu'au jour où un concours de circonstances le conduit à tuer un Arabe. Lors du procès de ce crime, dans la seconde partie du roman, les événements de sa vie sont examinés et jugés.

AXES D'ÉTUDE

1. **Un roman sur l'absurdité de la condition humaine :** un roman tragique.
2. **Le cadre du roman :** Alger, la chaleur et la mer.
3. **Le personnage de Meursault :** héros, antihéros ou contre-modèle ?

UN BARRAGE CONTRE LE PACIFIQUE (1950) DE MARGUERITE DURAS

L'AUTEURE

Née en 1914 à Gia Dinh, en Indochine française, **Marguerite Duras** est orpheline de père à quatre ans et vit avec sa mère et ses deux frères au Cambodge, où sa mère a acquis une concession sur le golfe de Siam. Arrivée à Paris en 1932, elle publie un premier roman, *Les Impudents*, en 1943 qui décrit des tensions familiales. Membre d'un groupe de Résistance pendant la guerre, elle adhère au Parti communiste en 1944.

LE TEXTE

Publié en 1950, *Un Barrage contre le Pacifique* est le premier récit où Duras revient sur sa jeunesse en Asie. 1950 est aussi l'année où elle quitte le PCF et où sa mère est contrainte, par la guerre d'Indochine, de revenir en France. Premier vrai succès littéraire, ce roman sera suivi de nombreuses œuvres romanesques, théâtrales et cinématographiques.

Une veuve et ses deux enfants, Joseph (20 ans) et Suzanne (17 ans), tentent de vivre de l'exploitation agricole d'une concession située à Ram dans la province de Prey Nop, mais la mer qui l'envahit régulièrement rend la parcelle inexploitable malgré les tentatives pour endiguer les eaux. Suzanne, que sa mère destine à un mariage avantageux avec M. Jo, un riche planteur, assiste à la dislocation de la famille, la mère s'affaiblissant et le frère s'éloignant progressivement.

AXES D'ÉTUDE

1. **Un récit d'inspiration autobiographique.**
2. **Une histoire indochinoise.**
3. **Un roman de combat et un roman d'initiation.**

Un barrage contre le Pacifique, adapté à l'écran par le réalisateur franco-cambodgien Rithy Panh, en 2008.

CHAPITRE 1

L'émancipation de l'individu dans les romans du XVIIIe siècle

Araminte dans *Les Fausses Confidences* de Marivaux.

Le roman s'affirme et cherche une légitimité

Le personnage en quête d'émancipation, une thématique du XVIIIe siècle

Si le XVIIIe siècle s'achève avec la Déclaration des droits de l'homme et du citoyen, c'est, tout au long de cette période, une prise de conscience de la place de l'individu dans la société qui s'impose. Les valeurs de tolérance et de progrès véhiculées par les philosophes des Lumières sont largement diffusées dans les couches bourgeoises et dans certaines couches populaires urbaines grâce à la presse et aux lieux de sociabilité que sont les cafés et les salons.

La possibilité d'un individu émancipé des autorités traditionnelles, telles que la religion et la famille, cherchant à se libérer de certains préjugés est une question qui traverse la littérature. Ces parcours individuels intéressent les romanciers qui s'interrogent sur la possibilité de laisser s'épanouir une sensibilité : le roman propose alors un parcours moral de personnages revendiquant la possibilité d'assumer leurs sentiments qui s'opposent souvent à l'ordre social.

ACTIVITÉ

Lisez cette biographie d'Olympe de Gouges. En quoi cette figure est-elle emblématique de la démarche émancipatrice des Lumières ?

Catel et **Bocquet**, *Olympe de Gouges*, 2012.

Denis Diderot, dans les *Pensées philosophiques* (1746), défend les passions et recommande de leur accorder du crédit car elles contribuent à l'élévation de l'individu :

« On déclame sans fin contre les passions ; on leur impute toutes les peines de l'homme, et l'on oublie qu'elles sont aussi la source de tous les plaisirs [...] on croirait faire injure à la raison, si l'on disait un mot en faveur de ses rivales. »

Si l'époque des Lumières est fortement marquée par une pensée rationaliste qui s'exprime par exemple dans le travail des Encyclopédistes, la littérature voit aussi le sentiment et la sensibilité s'épancher. Dès le début du siècle, les personnages de **Marivaux**, au théâtre comme dans le roman, s'intéressent aux méandres du cœur.

Dès les années 1760, Jean-Jacques Rousseau illustre cet intérêt pour la peinture des sentiments de l'individu : *Julie ou la Nouvelle Héloïse* va connaître un succès plus important que ses essais.

Le roman au XVIIIe siècle, plasticité et affirmation du genre

- 1717 Claudine Guérin de Tencin (1682-1749), maîtresse du Régent, ouvre un des salons les plus réputés de l'époque. Appelé « le bureau d'esprit », il sera fréquenté par Fontenelle, Marivaux, l'abbé Prévost, Marmontel et Montesquieu
- 1731-1741 Marivaux, *La Vie de Marianne* (roman et autobiographie imaginaire)
- 1731 Abbé Prévost, *Histoire du chevalier des Grieux et de Manon Lescaut* (roman et autobiographie imaginaire)
- 1735 André-René Lesage, *Histoire de Gil Blas de Santillane* (roman picaresque)
- 1736-1738 Crébillon, *Les Égarement du cœur et de l'esprit, Mémoires du chevalier de Meilcour* (roman libertin et autobiographie imaginaire)
- 1740 Samuel Richardson, *Pamela ou la Vertu récompensée*, roman anglais traduit par Prévost
- 1761 J.-J. Rousseau, *La Nouvelle Héloïse* (roman épistolaire)
- 1765-1773 Denis Diderot, *Jacques le Fataliste* (anti-roman)
- 1777 Goethe, *Les Souffrances du jeune Werther*
- 1782 Choderlos de Laclos, *Les Liaisons dangereuses* (roman épistolaire)
- 1788 Bernardin de Saint-Pierre, *Paul et Virginie* (roman pastoral)
- 1791 Salon de Madame Necker (1737-1794) où se rencontrent Marmontel, Buffon, Grimm, l'abbé Raynal, Bernardin de Saint-Pierre, Diderot, d'Alembert. Sa fille, Germaine, bénéficiant d'une éducation hors du commun, deviendra Mme de Staël

1730 — 1750 — 1770 — 1790

Illustration de *Paul et Virginie*, roman écrit en 1789 par Bernardin de Saint-Pierre.

ACTIVITÉ

Ce roman fut l'un des plus grands succès du XVIIIe siècle et relève du sous-genre de la « pastorale » : cherchez la définition de ce terme et appuyez-vous sur l'image pour justifier cette appellation.

Variété des formes romanesques au XVIIIe siècle

À l'orée du XVIIIe siècle, considéré comme un genre frivole, invraisemblable voire immoral, le roman est méprisé par l'école et par les critiques. Cependant, les écrivains marquants de ce siècle s'en emparent et il va connaître de grands succès auprès des lecteurs.

Dans la première moitié du siècle, cette méfiance vis-à-vis du genre est lisible à travers les titres des œuvres romanesques qui taisent leur appartenance générique. Les auteurs préfèrent parler de mémoires, de vie, ou d'histoire. Par exemple, **Alain-René Lesage** choisit d'intituler son roman picaresque *Histoire de Gil Blas de Santillane* (1715) et **Crébillon** donne comme sous-titre « les Mémoires de Monsieur de Meilcour » à son roman libertin *Les Égarements du cœur et de l'esprit* (1736).

Signe qu'il reste encore un genre en construction, le roman est difficile à caractériser tant les œuvres divergent dans leur longueur, dans les thèmes abordés, dans la tonalité et surtout dans la variété des formes narratives choisies.

« La définition du genre romanesque est obscurcie par la méfiance que le mot *roman* inspire, par la prétention des romanciers à ne publier que des histoires vraies, des mémoires, des lettres authentiques, par l'existence d'œuvres marginales, satires, libelles, pamphlets, autobiographies romancées, contes allégoriques ». Henri Coulet, *Le Roman jusqu'à la Révolution*, éd. Armand Colin, 1967.

Et ailleurs ? Et après ?

En Allemagne, le roman de formation ou *« Bildungsroman »* remporte un grand succès au XVIIIe siècle. C'est à partir de ce modèle, qu'illustre *Les Souffrances du jeune Werther* (1774) de **Goethe**, que va se forger un sous-genre florissant au XIXe siècle : le roman d'apprentissage ou roman initiatique. Centré sur le parcours d'un personnage au cours de ses années de formation, le roman s'intéresse aux grands événements qui forgent une personnalité : la rencontre avec l'amour, la haine, la mort.

Antoine Calbet, « Werther courtisant mademoiselle de B pour oublier Charlotte », illustration pour *Les Souffrances du jeune Werther* de Goethe, 1935.

TEXTE 1

L'ABBÉ PRÉVOST, *Manon Lescaut* (1731)

L'ABBÉ PRÉVOST
(1697-1763)
biographie p. 584

CONTEXTE

L'Histoire du chevalier des Grieux et de Manon Lescaut est un récit à la première personne. La narration rétrospective expose la mécanique du destin qui conduit à la mort de Manon. Prévost poursuit un dessein moral à travers la confession de son héros, véritable jouet de ses passions, et montre également que ses personnages sont les victimes d'une société toujours en quête de jouissances.

Affirmer ses sentiments

Au début du roman, le chevalier des Grieux, âgé de dix-sept ans, s'enfuit d'Amiens avec la jeune Manon Lescaut. Ils vivent quelques semaines passionnées dans le Paris de la Régence, mais la jeune femme ne tarde pas à le tromper et l'abandonne en le livrant à la colère de son père, qui condamne ses agissements. Des Grieux affirme devant son père sa passion amoureuse, alors qu'elle est incompatible avec les attentes familiales, et les valeurs de l'honneur et de la réputation.

Comme je demeurais debout, les yeux baissés et la tête découverte : « Asseyez-vous, Monsieur, me dit-il gravement, asseyez-vous. Grâce au scandale de votre libertinage[1] et de vos friponneries[2], j'ai découvert le lieu de votre demeure. C'est l'avantage d'un mérite tel que le vôtre, de ne pouvoir demeurer caché : vous allez à la renommée par un chemin infaillible. J'espère que le terme en sera bientôt la Grève, et que vous aurez effectivement la gloire d'y être exposé à l'admiration de tout le monde. »

Je ne répondis rien. Il continua : « Qu'un père est malheureux lorsque après avoir aimé tendrement un fils, et n'avoir rien épargné pour en faire un honnête homme, il n'y trouve à la fin qu'un fripon qui le déshonore ! On se console d'un malheur de fortune : le temps l'efface, et le chagrin diminue ; mais quel remède contre un mal qui augmente tous les jours, tel que les désordres d'un fils vicieux, qui a perdu tout sentiment d'honneur ? Tu ne dis rien, malheureux ! ajouta-t-il ; voyez cette modestie contrefaite et cet air de douceur hypocrite : ne le prendrait-on pas pour le plus honnête homme de sa race ? »

Quoique je fusse obligé de reconnaître que je méritais une partie de ces outrages, il me parut néanmoins que c'était les porter à l'excès. Je crus qu'il m'était permis d'expliquer naturellement ma pensée.

« Je vous assure, Monsieur, lui dis-je, que la modestie où vous me voyez devant vous n'est nullement affectée : c'est la situation naturelle d'un fils bien né qui respecte infiniment son père, et surtout un père irrité. Je ne prétends pas non plus passer pour l'homme le plus réglé de notre race. Je me connais digne de vos reproches ; mais je vous conjure d'y mettre un peu plus de bonté, et de ne pas me traiter comme le plus infâme de tous les hommes : je ne mérite pas des noms si durs. C'est l'amour, vous le savez, qui a causé toutes mes fautes. Fatale passion ! Hélas ! n'en connaissez-vous pas la force ? et se peut-il que votre sang, qui est la source du mien, n'ait jamais ressenti les mêmes ardeurs ? L'amour m'a rendu trop tendre, trop passionné, trop fidèle, et peut-être trop complaisant pour les désirs d'une maîtresse toute charmante ; voilà mes crimes. En voyez-vous là quelqu'un qui vous déshonore ? Allons, mon cher père, ajoutai-je tendrement, un peu de pitié pour un fils qui a

1 **Libertinage** : conduite contraire à la morale.
2 **Friponneries** : actions malhonnêtes.

toujours été plein de respect et d'affection pour vous, qui n'a pas renoncé, comme vous pensez, à l'honneur et au devoir, et qui est mille fois plus à plaindre que vous ne sauriez vous l'imaginer. » Je laissai tomber quelques larmes en finissant ces paroles.

L'ABBÉ PRÉVOST, *L'Histoire du chevalier des Grieux et de Manon Lescaut*, 1731.

PREMIÈRE LECTURE

1 Montrez que le père de des Grieux se place sur le terrain des valeurs et de la morale quand son fils est du côté des sentiments.

AU FIL DU TEXTE

2 **Lexique** Quel est le sens du nom propre « Grève » (l. 6) dans ce texte ? Expliquez ce que sous-entend le père de des Grieux et montrez qu'il recourt à l'ironie.

3 Quel effet le silence de des Grieux provoque-t-il sur son père ?

4 Analysez deux procédés qui rendent éloquent le discours du père de des Grieux. Vous pouvez notamment vous appuyer sur les types de phrases.

5 Relevez les mots dont se sert le père pour désigner l'amour entre le chevalier et Manon et ceux qu'emploie des Grieux. Ces deux personnages peuvent-ils s'entendre ?

6 Quels sont les indices du texte qui montrent qu'il s'agit d'un récit que des Grieux fait rétrospectivement ?

7 Analysez les questions que le chevalier adresse à son père. Quelle est leur fonction ?

MAURICE LELOIR (1851-1940), *Première rencontre entre Manon et le chevalier des Grieux à Amiens*, illustration pour *Histoire de Manon Lescaut et du chevalier des Grieux*, 1885.

QUESTION SUR L'IMAGE

À quoi voit-on que la rencontre entre ces deux jeunes gens est un coup de foudre ?

Vers le bac

Entraînez-vous à mettre en voix ce texte. Votre lecture doit avoir un effet de persuasion sur votre auditoire.

METTRE EN PERSPECTIVE

8 Voici ce que l'on peut lire dans les premières pages de *Manon Lescaut* :

> AVIS DE L'AUTEUR
>
> « Si le public a trouvé quelque chose d'agréable et d'intéressant dans l'histoire de ma vie, j'ose lui promettre qu'il ne sera pas moins satisfait de cette addition. Il verra dans la conduite de M. des Grieux un exemple terrible de la force des passions. J'ai à peindre un jeune aveugle qui refuse d'être heureux pour se précipiter volontairement dans les dernières infortunes ; qui, avec toutes les qualités dont se forme le plus brillant mérite, préfère par choix une vie obscure et vagabonde à tous les avantages de la fortune et de la nature [...]. Les personnes de bon sens ne regarderont point un ouvrage de cette nature comme un travail inutile. Outre le plaisir d'une lecture agréable, on y trouvera peu d'événements qui ne puissent servir à l'instruction des mœurs ; et c'est rendre, à mon avis, un service considérable au public que de l'instruire en l'amusant. »
>
> **L'ABBÉ PRÉVOST**, *L'Histoire du chevalier des Grieux et de Manon Lescaut*, 1731.

Montrez que l'auteur fait passer cette fiction pour vraie. Comment s'y prend-il ?

9 Quel est l'objectif principal que l'auteur fixe à son œuvre ? En quoi l'extrait que vous avez lu peut-il servir à « l'instruction des mœurs » ?

PROLONGEMENT

Poursuivez ce dialogue : le chevalier des Grieux explique à son père que ses reproches sont exagérés. Ajoutez cinq phrases à ce texte en vous efforçant d'être éloquent(e).

TEXTE 2

PIERRE DE MARIVAUX,
La Vie de Marianne (1731-1741)

PIERRE DE MARIVAUX
(1688-1763)
biographie p. 581

CONTEXTE

Avec *La Vie de Marianne* (1731-1741) et *Le Paysan parvenu* (1734) écrits simultanément, Marivaux, auteur de nombreuses comédies, se tourne vers le genre romanesque. Il conçoit ces deux œuvres comme deux autobiographies imaginaires relevant également du roman d'analyse.

S'émanciper d'un protecteur indigne

Marianne rédige ses mémoires alors que, devenue comtesse, elle jouit d'une vie sociale riche. Elle fait revivre avec indulgence et lucidité les mouvements de son cœur au cours d'un passé empli de péripéties. Jeune orpheline perdue dans Paris, elle n'a d'autre choix que de se placer sous la protection d'un vieux dévot, M. de Climal, que lui a recommandé un religieux. Lorsqu'elle comprend qu'il a des intentions malhonnêtes à son égard, Marianne résiste au destin que la société lui assigne : « devenir une femme entretenue ».

Non, Monsieur, je suis désolée, je suis au désespoir de vous connaître : c'est le plus grand malheur qui pouvait m'arriver. Laissez-moi passer, je veux absolument parler à votre neveu, et lui dire, à quelque prix que ce soit, mon innocence. Il n'est pas juste que vous vous ménagiez[1] à mes dépens. Pourquoi contrefaire[2] le dévot[3], si vous ne l'êtes pas ? J'ai bien affaire de toutes ces hypocrisies-là, moi !

Petite ingrate que vous êtes, me répondit-il en pâlissant, est-ce là comme vous payez mes bienfaits ? À propos de quoi parlez-vous de votre innocence ? Où avez-vous pris qu'on songe à l'attaquer ? Vous ai-je dit autre chose, sinon que j'avais quelque inclination pour vous, à la vérité, mais qu'en même temps je me la reprochais, que j'en étais fâché, que je m'en sentais humilié, que je la regardais comme une faute dont je m'accusais, et que je voulais l'effacer en la tournant à votre profit, sans rien exiger de vous qu'un peu de reconnaissance ? Ne sont-ce pas là mes termes ? et y a-t-il rien à tout cela qui n'ait dû vous rendre mon procédé respectable ?

Eh bien ! Monsieur, lui dis-je, puisque ce sont là vos desseins[4], et que vous avez tant de Religion, ne souffrez donc pas que cet incident-ci me fasse tort ; menez-moi à votre neveu, allons tout à l'heure lui dire ce qui en est, pour empêcher qu'il ne juge mal aussi bien de vous que de moi. Vous teniez ma main quand il est entré ; je crois même que vous la baisiez malgré moi ; vous étiez à genoux ; comment voulez-vous qu'il prenne cela pour de la piété[5], et qu'il ne s'imagine pas que vous êtes mon amant, et que je suis votre maîtresse, à moins que vous ne vous donniez la peine de le détromper ? Il faut donc absolument que vous lui parliez, quand ce ne serait qu'à cause de moi ; vous y êtes obligé pour ma réputation, et même pour ôter le scandale, autrement ce serait offenser Dieu ; et puis vous verrez que j'ai le meilleur cœur du monde, qu'il n'y aura personne qui vous chérira, qui vous respectera tant que moi, ni qui soit née si reconnaissante. Vous me ferez aussi tout le bien qu'il vous plaira. J'irai où vous voudrez, je vous obéirai en tout : je serai trop heureuse que vous preniez soin de moi, que vous ayez la charité de ne me point abandonner, pourvu qu'à présent vous ne fassiez plus mystère de cette charité à laquelle je me

1 **Ménager** : se mettre à l'abri des ennuis, ici protéger sa réputation.
2 **Contrefaire** : faire semblant, imiter.
3 **Dévot** : personne sincèrement attachée aux pratiques religieuses.
4 **Desseins** : projets.
5 **Piété** : sentiment religieux sincère.

soumets, et que, sans tarder davantage, vous veniez dire à M. de Valville : Mon neveu, vous ne devez point avoir mauvaise opinion de cette fille ; c'est une pauvre orpheline que j'ai la bonté de secourir en bon chrétien que je suis ; et si tantôt j'ai fait semblant de ne la pas connaître chez vous, c'est que je ne voulais pas qu'on sût mon action pieuse. Voilà tout ce que je vous demande, Monsieur, en vous priant de me pardonner les mots que j'ai dit sans attention, qui vous ont déplu, et que je réparerai par toute la soumission possible. Ainsi, dès que Mme Dutour sera rentrée, nous n'avons qu'à partir ; aussi bien, quand vous n'iriez pas, je vous avertis que j'irai moi-même.

PIERRE DE MARIVAUX, *La Vie de Marianne*, 1731-1741.

Valville trouve son oncle aux pieds de Marianne. Gravure de G. Staal. Jakob van der Schley (1715-1779). Cette gravure fait partie d'une série : *Marivaux, La Vie de Marianne*, Néaulme, 1736-1742.

▸ QUESTIONS SUR L'IMAGE

1. Pourquoi peut-on dire que cette gravure correspond à la péripétie du roman à laquelle l'extrait fait allusion ?

2. Comment l'auteur a-t-il choisi de représenter ce moment de tension ?

PREMIÈRE LECTURE

1 Quelles qualités de Marianne sont mises en valeur dans cet extrait ?

AU FIL DU TEXTE

2 À quoi voit-on que M. de Climal est un personnage manipulateur ? Appuyez-vous sur son intervention pour répondre.

3 **Grammaire** Quel type de phrases domine dans le deuxième paragraphe, lorsque M. de Climal réagit ? Quelle est la stratégie argumentative de ce personnage ?

4 Pourquoi peut-on dire que c'est Marianne qui domine le dialogue dans cet extrait ?

5 Appuyez-vous sur le troisième paragraphe pour montrer que Marianne est à la fois personnage, auteur et metteur en scène.

6 La colère contre M. de Climal est-elle le seul sentiment qui nourrit la parole de Marianne ?

Vers le bac

Voici l'avis d'un critique sur *La Vie de Marianne* :

« *La Vie de Marianne* est bel et bien le premier roman français [...] qui montre l'héroïsme séculier[1] de la femme fière et vertueuse, abandonnée à elle-même au milieu du torrent de la vie, plus forte que les hommes qui l'entourent ou la poursuivent, parce que forte en elle-même – elle est l'ancêtre d'une longue lignée littéraire et ailleurs. »

LÉO SPITZER, *Études de style*, Éd. Gallimard, 1972.

1 **Séculier** : de ce monde, en opposition à la vie religieuse.

Partagez-vous cette opinion sur le personnage de Marianne ? Appuyez-vous sur cet extrait pour rédiger un paragraphe argumenté montrant en quoi Marianne est une héroïne « fière, forte et vertueuse ».

PROLONGEMENT

À quel personnage d'aujourd'hui vous fait penser Marianne ? Vous pouvez puiser un exemple dans la littérature, dans le cinéma ou dans les séries. Rédigez un paragraphe pour expliquer que Marianne vous semble être l'ancêtre d'une « lignée littéraire » ou plus largement d'une « lignée culturelle », comme l'écrit Léo Spitzer.

METTRE EN PERSPECTIVE

7 Voici l'incipit de l'œuvre :

Première partie

« Avant que de donner cette histoire au public, il faut lui apprendre comment je l'ai trouvée.

Il y a six mois que j'achetai une Maison de campagne à quelques lieues de Rennes, qui, depuis trente ans, a passé successivement entre les mains de cinq ou six personnes. J'ai voulu faire changer quelque chose à la disposition du premier appartement, et dans une armoire pratiquée dans l'enfoncement d'un mur, on y a trouvé un manuscrit en plusieurs cahiers contenant l'histoire qu'on va lire, et le tout d'une écriture de femme. On me l'apporta ; je le lus avec deux de mes amis qui étaient chez moi, et qui depuis ce jour-là n'ont cessé de me dire qu'il fallait le faire imprimer : je le veux bien, d'autant plus que cette histoire n'intéresse personne. Nous voyons par la date que nous avons trouvée à la fin du manuscrit, qu'il y a quarante ans qu'il est écrit ; nous avons changé le nom de deux personnes dont il y est parlé, et qui sont mortes. Ce qui y est dit d'elles est pourtant très indifférent ; mais n'importe : il est mieux de supprimer leurs noms.

Voilà tout ce que j'avais à dire : ce petit préambule m'a paru nécessaire, et je l'ai fait du mieux que j'ai pu, car je ne suis point auteur, et jamais on n'imprimera de moi que cette vingtaine de lignes-ci.

Passons maintenant à l'histoire. C'est une femme qui raconte sa vie ; nous ne savons qui elle était. C'est la *Vie de Marianne* ; c'est ainsi qu'elle se nomme elle-même au commencement de son histoire ; elle prend ensuite le titre de Comtesse ; elle parle à une de ses amies dont le nom est en blanc, et puis c'est tout. »

PIERRE DE MARIVAUX, *La Vie de Marianne*, 1731-1741.

Quel stratagème invente Marivaux pour faire croire que son roman est une histoire vraie ? Qu'est-ce qui a pu motiver un tel dispositif, selon vous ?

8 En quoi la lecture de l'incipit éclaire-t-elle l'extrait que vous avez étudié ?

Le roman-mémoires

1 DÉFINIR

Comme s'ils n'osaient se livrer à la fiction, certains romanciers du XVIIIe siècle font passer les histoires qu'ils racontent pour vraies, ou entretiennent volontairement le doute auprès du lecteur. Pour ce faire, la forme du « roman-mémoires » est souvent retenue : un personnage raconte lui-même sa propre vie. Le lecteur ne sait s'il a affaire à des événements réels ou non, et ce d'autant plus qu'à la même époque, certaines personnalités publiques ont témoigné dans des *Mémoires* – on peut penser au cardinal de Retz, qui publie ses *Mémoires* en 1717.

S'appuyant sur une écriture rétrospective supposant la lucidité d'un narrateur mûr, les romans-mémoires du XVIIIe siècle veulent montrer le parcours d'un individu qui est constitué de la somme des expériences et des rencontres de sa vie. Ils affirment une légitimité à réfléchir sur le parcours d'un individu. Fondés sur l'autoanalyse, ces récits s'intéressent aussi à l'intégration de leur personnage dans la société et ouvrent ainsi le roman à l'étude de la société et de son fonctionnement.

Définissez les mots suivants. Quel est le lien de chacun d'entre eux avec le genre du « roman-mémoires » ?

autobiographie • mémoires • biographie

2 OBSERVER

LE PAYSAN PARVENU, OU LES MEMOIRES DE M***

Par M. DE MARIVAUX.

PREMIERE PARTIE.

A AMSTERDAM,

Aux dépens de la COMPAGNIE.

M.DCC.XXXV.

PIERRE CARLET DE CHAMBLAIN DE MARIVAUX, *Le Paysan parvenu*, page de couverture, 1734.

Analysez le titre de cette œuvre. Quelles hypothèses pouvez-vous faire quant au genre dont elle relève ?

3 COMPRENDRE

Reliez chacune des citations suivantes à la caractéristique du roman-mémoires qu'elle définit.

Citation 1

« Le titre que je donne à mes *Mémoires* annonce ma naissance ; je ne l'ai jamais dissimulée à qui me l'a demandée, et il semble qu'en tout temps Dieu ait récompensé ma franchise là-dessus ; car je n'ai pas remarqué qu'en aucune occasion on en ait eu moins d'égard et moins d'estime pour moi. »

PIERRE CARLET DE CHAMBLAIN DE MARIVAUX, *Le Paysan parvenu*, 1734.

Citation 2

« C'est précisément pour cette sorte de lecteurs que des ouvrages tels que celui-ci peuvent être d'une extrême utilité, du moins lorsqu'ils sont écrits par une personne d'honneur et de bon sens. Chaque fait qu'on y rapporte est un degré de lumière, une instruction qui supplée à l'expérience ; chaque aventure est un modèle d'après lequel on peut se former ; il n'y manque que d'être ajusté aux circonstances où l'on se trouve. L'ouvrage entier est un traité de morale réduit agréablement en exercices. »

L'ABBÉ PRÉVOST, *Manon Lescaut*, 1731.

Caractéristique 1 : Tentative de brouiller les pistes pour le lecteur qui ne sait pas s'il a affaire au réel ou à la fiction.
Caractéristique 2 : Le roman-mémoires a souvent une visée moralisatrice ; les romanciers cherchent à édifier le lecteur sur les mœurs qu'il convient d'avoir.
Caractéristique 3 : La subjectivité liée à la proximité avec le genre biographique des mémoires est fondatrice de vérité.
Caractéristique 4 : Le roman-mémoires s'intéresse à l'expérience d'un individu dans la société.

TEXTE 3

JEAN-JACQUES ROUSSEAU, *Julie ou La Nouvelle Héloïse* (1761)

JEAN-JACQUES ROUSSEAU
(1712-1778)
biographie p. 586

CONTEXTE

Julie ou La Nouvelle Héloïse **est un roman épistolaire dans lequel Rousseau mêle à l'expression des sentiments de ses personnages – dont certains sont proches de sa propre personnalité – ses réflexions de philosophe. Le roman est bercé des souvenirs heureux qu'a l'auteur de certains épisodes de sa vie. Saint-Preux, jeune bourgeois sans fortune, s'éprend de son élève Julie d'Étanges. Les deux jeunes gens amoureux ne peuvent laisser libre cours à leurs sentiments à cause de la différence de leurs conditions sociales.**

La Nouvelle Héloïse, Julie et Saint-Preux sur les rochers de Meillerie, 1761.

Se révolter contre les interdits sociaux

Dans cette lettre, Saint-Preux écrit à Julie son désespoir après leur premier baiser car ils ne peuvent vivre leur amour.

Que mon état est changé dans peu de jours ! Que d'amertumes se mêlent à la douceur de me rapprocher de vous ! Que de tristes réflexions m'assiègent ! Que de traverses mes craintes me font prévoir ! Ô Julie ! que c'est un fatal présent du ciel qu'une âme sensible ! Celui qui l'a reçu doit s'attendre à n'avoir que peine et douleur sur la terre. Vil jouet de l'air et des saisons, le soleil ou les brouillards, l'air couvert ou serein, régleront sa destinée, et il sera content ou triste au gré des vents. Victime des préjugés, il trouvera dans d'absurdes maximes un obstacle invincible aux justes vœux de son cœur. Les hommes le puniront d'avoir des sentiments droits de chaque chose, et d'en juger par ce qui est véritable plutôt que par ce qui est de convention. Seul il suffirait pour faire sa propre misère, en se livrant indiscrètement aux attraits divins de l'honnête et du beau, tandis que les pesantes chaînes de la nécessité l'attachent à l'ignominie. Il cherchera la félicité suprême sans se souvenir qu'il est homme : son cœur et sa raison seront incessamment en guerre, et des désirs sans bornes lui prépareront d'éternelles privations.

Telle est la situation cruelle où me plongent le sort qui m'accable et mes sentiments qui m'élèvent, et ton père qui me méprise, et toi qui fais le charme et le tourment de ma vie. Sans toi, beauté fatale, je n'aurais jamais senti ce contraste insupportable de grandeur au fond de mon âme et de bassesse dans ma fortune ; j'aurais vécu tranquille et serais mort content, sans daigner remarquer quel rang j'avais occupé sur la terre. Mais t'avoir vue et ne pouvoir te posséder, t'adorer et n'être qu'un homme, être aimé et ne pouvoir être heureux, habiter les mêmes lieux et ne pouvoir vivre ensemble !... Ô Julie, à qui je ne puis renoncer ! ô destinée que je ne puis vaincre ! quels combats affreux vous excitez en moi, sans pouvoir jamais surmonter mes désirs ni mon impuissance !

Quel effet bizarre et inconcevable ! Depuis que je suis rapproché de vous, je ne roule dans mon esprit que des pensers funestes. Peut-être le séjour où je suis contribue-t-il à cette mélancolie ; il est triste et horrible ; il en est plus conforme à l'état de mon âme, et je n'en habiterais pas si patiemment un plus agréable. Une file de rochers stériles borde la côte et environne mon habitation, que l'hiver rend encore plus affreuse. Ah ! je le sens, ma Julie, s'il fallait renoncer à vous, il n'y aurait plus pour moi d'autre séjour ni d'autre saison.

JEAN-JACQUES ROUSSEAU, *Julie ou La Nouvelle Héloïse*, I, 26, 1761.

PREMIÈRE LECTURE

1 À quoi voyez-vous qu'il s'agit d'une lettre ? Étudiez les pronoms dont se sert Saint-Preux pour s'adresser à Julie. Que traduisent-ils ?

AU FIL DU TEXTE

2 **Grammaire** Analysez la syntaxe des quatre premières phrases. Quel est l'effet produit ?

3 Appuyez-vous sur les oppositions et les images du premier paragraphe pour montrer que Saint-Preux dénonce les inégalités sociales.

4 Montrez que, dans le premier paragraphe, Saint-Preux s'exprime à la troisième personne du singulier en évoquant sa situation. Quel est l'effet produit par ce changement dans l'énonciation ?

5 Quels sont les deux sentiments qui s'expriment dans le deuxième paragraphe ? Justifiez votre réponse par un relevé.

6 Pourquoi la phrase suivante est-elle particulièrement éloquente : « Mais t'avoir vue et ne pouvoir te posséder, t'adorer et n'être qu'un homme, être aimé et ne pouvoir être heureux, habiter les mêmes lieux et ne pouvoir vivre ensemble !... » ? Que nous dit-elle de Saint-Preux ?

7 Appuyez-vous sur un champ lexical pour caractériser la tonalité de la fin du texte.

8 En quoi le paysage où séjourne Saint-Preux est-il bien le reflet de cette « âme sensible » ?

Jean-Baptiste Siméon Chardin (1699-1779), *Une femme occupée à cacheter une lettre*, 1733. Huile sur toile, 146 × 147 cm, château de Charlottenburg, Berlin.

METTRE EN PERSPECTIVE

9 Voici un extrait de l'œuvre philosophique de Rousseau :

> « Je conçois, dans l'espèce humaine, deux sortes d'inégalités : l'une, que j'appelle naturelle ou physique, parce qu'elle est établie par la nature, et qui consiste dans la différence des âges, de la santé, des forces du corps et des qualités de l'esprit ou de l'âme ; l'autre, qu'on peut appeler inégalité morale ou politique, parce qu'elle dépend d'une sorte de convention, et qu'elle est établie, ou du moins autorisée par le consentement des hommes. Celle-ci consiste dans les différents privilèges dont quelques-uns jouissent au préjudice des autres, comme d'être plus riches, plus honorés, plus puissants qu'eux, ou même de s'en faire obéir. »
>
> **JEAN-JACQUES ROUSSEAU**, *Discours sur l'origine et les fondements de l'inégalité parmi les hommes*, 1755.

À quoi voyez-vous qu'il s'agit d'un texte philosophique et non d'un texte littéraire ?

10 Pourquoi peut-on dire que ce passage du roman de 1761 – Rousseau a commencé à rédiger *La Nouvelle Héloïse* dès 1756 – est une illustration de l'essai de 1755 ?

Vers le bac

Comparez le texte de Prévost p. 36 et celui de Rousseau : quelles différences faites-vous entre le personnage de des Grieux et celui de Saint-Preux ?

PROLONGEMENT

« Ô Julie ! que c'est un fatal présent du ciel qu'une âme sensible ! » Montrez que les personnages que vous avez étudiés dans les trois premiers textes du groupement pourraient reprendre à leur compte cette affirmation.

QUESTION SUR L'IMAGE

En quoi ce tableau pourrait-il illustrer une édition de *Julie ou La Nouvelle Héloïse* ?

TEXTE ÉCHO

JOHANN WOLFGANG VON GOETHE,

Les Souffrances du jeune Werther (1774)

CONTEXTE

Les Souffrances du jeune Werther, roman épistolaire publié de façon anonyme par Goethe (1749-1832) en 1774, a marqué plusieurs générations de lecteurs et connu un succès retentissant dans l'ensemble de l'Europe. Il narre l'existence d'un jeune héros sensible, en proie aux douleurs d'un amour impossible dont la fin sera tragique.

Alberto Maso Gilli (1840-1894), *Werther*, gravure d'après une peinture de Dionigi Faconti.

Souffrir des préjugés

Werther, s'étant éloigné de Charlotte qu'il ne peut épouser, est séduit par une jeune fille, mais sa condition modeste l'empêche d'évoluer dans la même société qu'elle. Au cours d'une réception mondaine, cette jeune fille s'est montrée moins chaleureuse envers lui pour ne pas déplaire à son cercle d'amis. Werther rencontre cette demoiselle de nouveau et revient sur cet épisode où il s'est senti humilié. Il découvre que la jeune femme a également souffert du jugement alors qu'elle n'est pas la victime première de cette discrimination sociale.

« Que cela m'a déjà coûté ! » ajouta cette douce créature, les larmes aux yeux. Je n'étais plus maître de moi-même, et j'étais sur le point de me jeter à ses pieds. « Expliquez-vous », lui dis-je. Ses larmes coulèrent sur ses joues ; j'étais hors de moi. Elle les essuya sans vouloir les cacher. « Ma tante ! vous la connaissez, reprit-elle ; elle était présente, et elle a vu, ah ! de quel œil elle a vu cette scène ! Werther, j'ai essuyé hier soir et ce matin un sermon sur ma liaison avec vous, et il m'a fallu vous entendre ravaler, humilier, sans pouvoir, sans oser vous défendre qu'à demi. »

Chaque mot qu'elle prononçait était un coup de poignard pour mon cœur. Elle ne sentait pas quel acte de compassion c'eût été que de me taire tout cela. Elle ajouta tout ce qu'on disait encore de mon aventure, et quel triomphe ce serait pour les gens les plus dignes de mépris ; comme on exulterait, se réjouirait de voir enfin punis cette arrogance et ce dédain des autres qui m'étaient reprochés depuis longtemps. Entendre tout cela de sa bouche, Wilhelm[1], prononcé d'une voie si compatissante ! J'étais atterré, et j'en ai encore la rage dans le cœur. Je voudrais que quelqu'un s'avisât de me vexer, pour pouvoir lui passer mon épée au travers du corps ! Si je voyais du sang, je serais plus tranquille. Ah ! j'ai déjà cent fois saisi un couteau pour faire cesser l'oppression de mon cœur. L'on parle d'une noble race de chevaux qui, quand ils sont échauffés et surmenés, s'ouvrent eux-mêmes, par instinct, une veine avec les dents pour se faciliter la respiration. Je me trouve souvent dans le même cas ; je voudrais m'ouvrir une veine qui me procurât la liberté éternelle.

JOHANN WOLFGANG VON GOETHE, *Les Souffrances du jeune Werther*, 1774, trad. P. Leroux, 1839.

1. **Wilhelm** : ami et confident du héros Werther avec qui il a une correspondance.

1 S'agit-il d'un extrait de journal ou de lettre ?

2 Appuyez-vous sur les images et les hyperboles pour montrer que Werther est meurtri par les révélations de la jeune femme quant à sa place dans la société.

3 Montrez que les deux personnages dont il est question dans cet extrait ont une sensibilité exacerbée.

4 Quelle métaphore filée traverse la fin du texte ? En quoi peut-elle être annonciatrice de la fin du héros ?

Le roman épistolaire

1 DÉFINIR

Un roman épistolaire est un roman par lettres. Cette forme du récit à la première personne s'illustre au XVIIIe siècle, notamment dans sa forme polyphonique qui tisse un fil entre plusieurs correspondants et leur permet de donner leur point de vue sur une même situation. C'est une forme très riche qui questionne le lecteur, par exemple, sur le correspondant qui exprime sa vérité des faits : est-ce la seule ? Ce sont les lettres elles-mêmes qui constituent la trame de l'histoire, chacune d'elles ayant une fonction complexe.

On peut voir dans le succès de cette forme romanesque l'influence des salons mondains et des correspondances réelles tournées vers l'analyse des sentiments et du cœur humain. La lettre relève, en effet, à la fois de l'art de la conversation et de l'écriture.

Au début du siècle, la forme épistolaire va permettre à Montesquieu d'exprimer la relativité des points de vue chère aux philosophes des Lumières, mêlant romanesque et philosophie dans *Les Lettres persanes* en 1721 et poursuivant une visée morale, comme le fera également Rousseau à la fin du siècle dans *Julie ou la Nouvelle Héloïse*.

a. Quelle est l'origine de l'expression « roman épistolaire » ?

b. Pourquoi parle-t-on d'une forme polyphonique ?

c. Que signifie « genre mondain » ?

Nicolas-André Monsiau, *St. Preux recevant le portrait de Julie*, illustration de *La Nouvelle Héloïse* de Jean-Jacques Rousseau.

2 COMPRENDRE

Reliez chaque citation et document à la caractéristique du roman épistolaire qu'il ou elle définit.

« Cet ouvrage, ou plutôt ce recueil, que le public trouvera peut-être encore trop volumineux, ne contient pourtant que le plus petit nombre des lettres qui composaient la totalité de la correspondance dont il est extrait. Chargé de la mettre en ordre par les personnes à qui elle était parvenue, et que je savais dans l'intention de la publier, je n'ai demandé, pour prix de mes soins, que la permission d'élaguer tout ce qui me paraîtrait inutile [...]. »

CHODERLOS DE LACLOS, *Les liaisons dangereuses*, 1782.

« Mais, dans la forme des lettres, où les acteurs ne sont pas choisis, et où les sujets qu'on traite ne sont dépendants d'aucun dessein ou d'aucun plan déjà formé, l'auteur s'est donné l'avantage de pouvoir joindre de la philosophie, de la politique et de la morale, à un roman et de lier le tout par une chaîne secrète, et en quelque façon inconnue. »

MONTESQUIEU, *Quelques réflexions sur Les Lettres persanes*, 1754.

Jean-Honoré Fragonard, *Le Billet doux ou La Lettre d'amour*, 1775.

Caractéristique 1 : L'auteur feint de mettre à la disposition du lecteur une vraie correspondance.
Caractéristique 2 : Le roman épistolaire est une forme critique.
Caractéristique 3 : La forme du roman épistolaire rend possibles des digressions.
Caractéristique 4 : Le roman épistolaire est une forme mondaine.

TEXTE 4

PIERRE CHODERLOS DE LACLOS,
Les Liaisons dangereuses (1782)

PIERRE CHODERLOS DE LACLOS

(1741-1803)
biographie p. 579

CONTEXTE

Les Liaisons dangereuses **est un roman épistolaire écrit par Pierre Choderlos de Laclos en 1782. Sa publication fera scandale car les personnages principaux, madame de Merteuil et le vicomte de Valmont, sont deux libertins qui manipulent les autres personnages, simples jouets entre leurs mains.**

S'émanciper de la tutelle d'un mari

Dans cette lettre, madame de Merteuil rappelle à Valmont les étapes de la construction de son personnage depuis sa jeunesse jusqu'à son veuvage. Elle se livre à une dénonciation sans merci de l'inégalité de sort réservée à la femme et à l'homme dans les relations amoureuses.

Supposons, j'y consens, que vous mettiez autant d'adresse à nous vaincre, que nous à nous défendre ou à céder, vous conviendrez au moins, qu'elle vous devient inutile après le succès. Uniquement occupé de votre nouveau goût, vous vous y livrez sans crainte, sans réserve : ce n'est pas à vous que sa durée importe.

En effet, ces liens réciproquement donnés et reçus, pour parler le jargon de l'amour, vous seul pouvez, à votre choix, les resserrer ou les rompre : heureuses encore, si dans votre légèreté, préférant le mystère à l'éclat, vous vous contentez d'un abandon humiliant, et ne faites pas de l'idole de la veille la victime du lendemain !

Mais qu'une femme infortunée sente la première le poids de sa chaîne, quels risques n'a-t-elle pas à courir, si elle tente de s'y soustraire, si elle ose seulement la soulever ? Ce n'est qu'en tremblant qu'elle essaie d'éloigner d'elle l'homme que son cœur repousse avec effort. S'obstine-t-il à rester, ce qu'elle accordait à l'amour, il faut le livrer à la crainte :

Ses bras s'ouvrent encore, quand son cœur est fermé.

Sa prudence doit dénouer avec adresse ces mêmes liens que vous auriez rompus. À la merci de son ennemi, elle est sans ressource, s'il est sans générosité ; et comment en espérer de lui, lorsque, si quelquefois on le loue d'en avoir, jamais pourtant on ne le blâme d'en manquer ?

Sans doute, vous ne nierez pas ces vérités que leur évidence a rendues triviales. Si cependant vous m'avez vue, disposant des événements et des opinions, faire de ces hommes si redoutables le jouet de mes caprices ou de mes fantaisies ; ôter aux uns la volonté, aux autres la puissance de me nuire ; si j'ai su tour à tour, et suivant mes goûts mobiles, attacher à ma suite ou rejeter loin de moi,

Ces tyrans détrônés devenus mes esclaves ;

si, au milieu de ces révolutions fréquentes, ma réputation s'est pourtant conservée pure ; n'avez-vous pas dû en conclure que, née pour venger mon sexe et maîtriser le vôtre, j'avais su me créer des moyens inconnus jusqu'à moi ?

Ah ! gardez vos conseils et vos craintes pour ces femmes à délire, et qui se disent *à sentiment* ; dont l'imagination exaltée ferait croire que la nature a placé leurs sens dans leur tête ; qui, n'ayant jamais réfléchi, confondent sans cesse l'amour et l'amant ; qui, dans leur folle illusion,

STEPHEN FREARS, *Les Liaisons dangereuses*, film de 1988. Glenn Close incarne le personnage de la marquise de Merteuil.

▲ QUESTION SUR LES IMAGES

Quel photogramme choisiriez-vous pour illustrer l'extrait ci-contre ?

croient que celui-là seul avec qui elles ont cherché le plaisir, en est l'unique dépositaire ; et vraies superstitieuses, ont pour le prêtre, le respect et la foi qui n'est dû qu'à la divinité.

Craignez encore pour celles qui, plus vaines que prudentes, ne savent pas au besoin consentir à se faire quitter.

Tremblez surtout pour ces femmes actives dans leur oisiveté, que vous nommez *sensibles*, et dont l'amour s'empare si facilement et avec tant de puissance ; qui sentent le besoin de s'en occuper encore, même lorsqu'elles n'en jouissent pas ; et s'abandonnant sans réserve à la fermentation de leurs idées, enfantent par elles ces lettres si douces, mais si dangereuses à écrire ; et ne craignent pas de confier ces preuves de leur faiblesse à l'objet qui les cause : imprudentes, qui, dans leur amant actuel, ne savent pas voir leur ennemi futur.

Mais moi, qu'ai-je de commun avec ces femmes inconsidérées ? quand m'avez-vous vue m'écarter des règles que je me suis prescrites, et manquer à mes principes ? je dis mes principes, et je le dis à dessein : car ils ne sont pas, comme ceux des autres femmes, donnés au hasard, reçus sans examen et suivis par habitude, ils sont le fruit de mes profondes réflexions ; je les ai créés, et je puis dire que je suis mon ouvrage.

PIERRE CHODERLOS DE LACLOS, *Les Liaisons dangereuses*, 1782.

PREMIÈRE LECTURE

1 Cette lettre fait-elle avancer l'histoire ? Quelle est sa fonction ?

LECTURE ANALYTIQUE

Le portrait d'une femme d'exception

2 Relevez deux passages où madame de Merteuil se présente explicitement comme une femme exceptionnelle.

3 Dans le quatrième paragraphe, analysez les verbes et les images pour montrer en quoi réside la force de l'héroïne.

4 Relevez le champ lexical de la « règle » dans le dernier paragraphe et formulez une dernière caractéristique de ce personnage.

La dénonciation du sort fait aux femmes

5 Étudiez le jeu des pronoms personnels sujets dans cette lettre : quels sont les deux camps qui s'affrontent ?

6 Au troisième paragraphe, on observe un passage à la troisième personne du singulier. Commentez l'effet produit.

7 Analysez les oppositions et les images qui permettent à madame de Merteuil de dénoncer l'attitude des hommes et la domination qu'ils exercent sur les femmes.

8 Montrez que la critique de madame de Merteuil porte aussi sur les femmes.

PROLONGEMENT

Écrivez les quinze premières lignes de la réponse que le vicomte de Valmont pourrait adresser à la marquise.

CHAPITRE 2

Les récits de voyage du XVIIIe au XIXe siècle

Récits de voyage, réels et imaginaires

Des journaux de voyages scientifiques aux récits des écrivains voyageurs

- **Les premiers récits de voyage** apparaissent au XVIe siècle en lien avec les grandes découvertes maritimes.
- **Au XVIIIe siècle, ces découvertes se poursuivent.** Les navigateurs rédigent un « rapport » ou récit de voyage scientifique. Parfois des artistes – graveurs, peintres, dessinateurs – les accompagnent et enrichissent d'illustrations ces descriptions documentées des contrées découvertes.
- **Il reste, au XVIIIe siècle, en Afrique et dans le Pacifique,** des territoires inconnus dont les contours n'ont pas été définis. Le continent austral sera par exemple exploré à des fins commerciales et scientifiques. Les navigateurs tiennent un journal de bord qui renseigne les lecteurs à leur retour.
- **Dans le *Supplément au Voyage de Bougainville*** (1772), **Denis Diderot** revient sur le premier tour du monde réalisé par un navigateur français, le **comte de Bougainville**, entre 1766 et 1769.
- **Les terres déjà découvertes** sont colonisées et les récits de cette entreprise de colonisation et des missions religieuses qui l'accompagnent, posent, pour les écrivains des Lumières, des questionnements sur le rapport à l'Autre, et sur le « bon sauvage » – celui que la culture européenne n'a pas perverti.

Homme de l'île de Tanna.

Embarcations de guerre des Polynésiens de Tahiti, 1778.

Ces deux illustrations sont issues du *Voyage dans l'hémisphère austral et autour du monde* de James Cook.

QUESTIONS

1. Faites des recherches sur cette œuvre.
2. Qui est l'auteur de ces dessins ? Quel intérêt pouvaient-ils avoir pour les lecteurs de l'époque ?

Expéditions scientifiques et récit de voyage au XVIIIe siècle

- 1719 Daniel Defoe, *Robinson Crusoé*
- 1721 Montesquieu, *Les Lettres persanes* (voyage imaginaire)
- 1726 Jonathan Swift, *Les Voyages de Gulliver*
- 1752 Voltaire, *Micromégas* (voyage imaginaire, références à des expéditions réelles)
- 1759 Voltaire, *Candide ou l'Optimisme* (voyage imaginaire)
- 1772 Diderot, *Supplément au voyage de Bougainville* (référence au voyage de Bougainville)
- 1811 René de Chateaubriand, *Itinéraire de Paris à Jérusalem* (voyage réel)
- 1835 Lamartine, *Voyage en Orient* (voyage réel)

1720 — 1740 — 1760 — 1780 — 1800 — 1820 — 1840

- **1719** Naissance de la Compagnie des Indes
- **1736-1745** Calcul du méridien terrestre grâce aux expéditions de Maupertuis et de La Condamine
- **1750** Carte de France dite de Cassini
- **1766-1769** Voyage de Louis-Antoine de Bougainville
- **1768-1779** Voyage de James Cook
- **1775** Première carte de la lune par Jean-Michel Lambert
- **1785-1788** Expédition de La Pérouse

ACTIVITÉ

Lisez la biographie de Lahontan. En quoi présente-t-il un statut particulier par rapport à celui des autres auteurs cités ici ?

Les récits de voyages imaginaires du XVIIIe siècle : un dialogue avec les contes orientaux et la forme littéraire de l'utopie

En 1704, le savant et voyageur Antoine Galland, qui avait entendu raconter certains de ces contes lors de ses séjours au Proche-Orient, publie la traduction des *Mille et une Nuits*. Certains contes sont traduits – comme *Sindbad le marin* dont Galland possédait le manuscrit – mais d'autres sont transposés à l'écrit à partir d'une version orale. Ces textes suscitent un engouement extraordinaire pour l'Orient : pièces de théâtre, musique, romans en témoignent.

Les écrivains du XVIIIe siècle se nourrissent à la fois de la forme du conte et de l'espace d'évasion qu'offre l'Orient pour créer leurs voyages imaginaires marqués du sceau du merveilleux. **Voltaire** donne une dimension nouvelle à ce genre en créant le « conte philosophique ».

Par ailleurs, le genre de l'utopie, découvert grâce à l'œuvre de **Thomas More**, *Utopie* (en 1516) inspire les écrivains du XVIIIe siècle qui le revisitent, marqués dans leur imaginaire par les descriptions des navigateurs de leur siècle.

Sindbad le Marin dans la société des érudits en Inde.

Le compagnon de Sindbad mangé par un géant.

GUSTAVE DORÉ, illustrations d'après *Les Mille et Une Nuits*, édition d'Antoine Galland. La première édition des *Mille et Une Nuits* ne comportait pas d'illustrations.

QUESTION

Documentez-vous sur Gustave Doré. Qu'apportent ces illustrations au texte ?

Les écrivains voyageurs

Après le XVIIIe siècle, lorsque les voyages deviennent des initiatives individuelles, la figure du voyageur se construit. En quête d'ouverture sur le monde, l'écrivain voyageur cherche à se cultiver et à éprouver des émotions. Amateur d'exotisme, il puise la matière de ses récits dans sa confrontation avec les terres éloignées.

«Haçine» (jeune esclave orientale), gravure (1868) d'après un dessin de Gérard de Nerval inspiré de son *Voyage en Orient* (1851).

ACTIVITÉS

Sur sa page consacrée au voyage en Orient (expositions.bnf.fr/veo), la BNF distingue les « écrivains-voyageurs » et « les voyageurs-écrivains ».

1. **Pourquoi cette distinction est-elle intéressante ?**
2. **Selon vous, quels sont les objectifs que poursuivent ces deux catégories d'auteurs ? Citez-en deux.**

TEXTE 1

MONTESQUIEU,
Les Lettres persanes (1721)

MONTESQUIEU
(1689-1755)
biographie p. 582

CONTEXTE

Dans les *Lettres persanes*, publiées en 1721, Montesquieu imagine un recueil de lettres fictives qu'échangent des personnages qui viennent de Perse pour visiter la France. Si leur monde d'origine est un condensé d'intrigues romanesques séduisantes, l'Orient est surtout pour Montesquieu un instrument de comparaison : les deux observateurs portent un regard étranger, « neuf » sur les habitudes et mœurs françaises du XVIIIe siècle.

Le Persan (gravure du XVIIIe siècle).

▲ QUESTION SUR L'IMAGE

Lisez la lettre XXX des *Lettres persanes*. En quoi est-elle l'écho de cette estampe du XVIIIe siècle ?

Quand l'ailleurs renouvelle le regard sur ici

Voici la première lettre envoyée de Paris par un des Persans,. Il y décrit l'agitation fiévreuse de la capitale puis évoque le pouvoir royal et analyse la façon dont sa puissance s'exerce sur le peuple.

LETTRE XXIV.

RICA À IBBEN.

À Smyrne.

Nous sommes à Paris depuis un mois, et nous avons toujours été dans un mouvement[1] continuel. Il faut bien des affaires avant qu'on soit logé, qu'on ait trouvé les gens à qui on est adressé, et qu'on se soit pourvu des choses nécessaires, qui manquent toutes à la fois.

Paris est aussi grand qu'Ispahan[2] : les maisons y sont si hautes, qu'on jurerait qu'elles ne sont habitées que par des astrologues. Tu juges bien qu'une ville bâtie en l'air, qui a six ou sept maisons les unes sur les autres, est extrêmement peuplée ; et que, quand tout le monde est descendu dans la rue, il s'y fait un bel embarras.

Tu ne le croirais pas peut-être ; depuis un mois que je suis ici, je n'y ai encore vu marcher personne. Il n'y a point de gens au monde qui tirent mieux parti de leur machine que les Français : ils courent ; ils volent : les voitures lentes d'Asie, le pas réglé[3] de nos chameaux, les feraient tomber en syncope. Pour moi, qui ne suis point fait à ce train, et qui vais souvent à pied sans changer d'allure, j'enrage quelquefois comme un chrétien : car encore passe[4] qu'on m'éclabousse depuis les pieds jusqu'à la tête ; mais je ne puis pardonner les coups de coude, que je reçois régulièrement et périodiquement : un homme, qui vient après moi et qui me passe[5], me fait faire un demi-tour ; et un autre, qui me croise de l'autre côté, me remet soudain où le premier m'avait pris : et je n'ai pas fait cent pas, que je suis plus brisé que si j'avais fait dix lieues[6].

Ne crois pas que je puisse, quant à présent, te parler à fond des mœurs et des coutumes européennes : je n'en ai moi-même qu'une légère idée, et je n'ai eu à peine que le temps de m'étonner.

Le roi de France est le plus puissant prince de l'Europe. Il n'a point de mines d'or, comme le roi d'Espagne[7] son voisin ; mais il a plus de richesses que lui, parce qu'il les tire de la vanité de ses sujets, plus inépuisable que les mines. On lui a vu entreprendre ou soutenir de grandes guerres, n'ayant d'autres fonds que des titres d'honneur à vendre ; et, par un prodige de l'orgueil humain, ses troupes se trouvaient payées, ses places munies, et ses flottes équipées.

D'ailleurs, ce roi est un grand magicien : il exerce son empire sur l'esprit même de ses sujets ; il les fait penser comme il veut. S'il n'a qu'un million d'écus dans son trésor, et qu'il en ait besoin de deux[8], il n'a qu'à leur persuader qu'un écu en vaut deux ; et ils le croient. S'il a une guerre difficile à soutenir, et qu'il n'ait point d'argent, il n'a qu'à leur mettre dans la tête qu'un morceau de papier[9] est de l'argent ; et ils en sont aussitôt convaincus. Il va même jusqu'à leur faire croire qu'il les guérit de toutes sortes de maux, en les touchant, tant est grande la force et la puissance qu'il a sur les esprits.

MONTESQUIEU, *Les Lettres persanes,* Lettre XXIV, 1721.

1 **Mouvement** : agitation.
2 **Ispahan** : ville d'Iran, ancienne capitale de la Perse.
3 **Réglé** : régulier.
4 **Passe** : j'accepte.
5 **Passe** : dépasse.
6 **Lieues** : ancienne unité de mesure (environ quatre kilomètres).
7 **Au Pérou.**
8 **Entre 1689 et 1715, 43 dévaluations ont eu lieu.**
9 **Morceau de papier** : allusion à la première expérience française de billets de banque.

PREMIÈRE LECTURE

1 Quel sentiment Rica cherche-t-il à communiquer à son destinataire dans cette lettre ?

AU FIL DU TEXTE

2 Appuyez-vous sur l'analyse de trois passages pour montrer que Rica fait exister son interlocuteur dans cette lettre. Quel est l'effet produit ?

3 La lecture du deuxième paragraphe permet de comprendre sur quoi se fonde le jugement de Rica sur Paris. Expliquez-le et illustrez-le par un exemple.

4 Montrez que le troisième paragraphe parvient à exprimer le mouvement et le désordre des rues parisiennes. Pour cela, analysez trois procédés stylistiques. Appuyez-vous notamment sur le temps des verbes et leur valeur.

5 Quel portrait du roi de France est dressé ? Quelles sont les deux caractéristiques que retient Rica ?

6 **Grammaire** Sur quel type de subordonnée s'appuie le dernier paragraphe ? Pourquoi ? Analysez la syntaxe d'une de ces phrases.

7 Le roi de France est-il la seule cible de la critique ? Vous pouvez vous appuyer sur le champ lexical de la crédulité pour répondre.

METTRE EN PERSPECTIVE

8 Relevez dans ce texte une allusion aux *Lettres persanes*.

« L'on créa donc assez souvent, pour instrument de la satire, un Turc, un Persan, quelquefois un Polynésien ; et quelquefois encore, pour changer le jeu et prendre sa référence jusqu'à mi-chemin de l'infini – un habitant de Saturne ou de Sirius, un Micromégas ; parfois un ange. […].

Entrer chez les gens pour déconcerter leurs idées, leur faire la surprise d'être surpris de ce qu'ils font, de ce qu'ils pensent, et qu'ils n'ont jamais conçu différent, c'est au moyen de l'ingénuité feinte ou réelle, donner à ressentir toute la relativité d'une civilisation, d'une confiance habituelle dans l'Ordre établi… »

PAUL VALÉRY, *Variété II,* 1930.

9 Expliquez comment l'extrait que vous venez d'étudier illustre les deux passages soulignés de ce texte critique.

Vers le bac

On pourrait proposer de ce texte un commentaire qui se développerait selon les deux axes suivants : « une lettre plaisante », « le regard critique des voyageurs ». Pour chacun de ces deux axes, dégagez trois procédés stylistiques sur lesquels pourraient porter vos analyses.

ÉCRIT D'APPROPRIATION

Sur le modèle de cette lettre, rédigez à votre tour la lettre fictive qu'un voyageur étranger écrirait à un ami lorsqu'il découvre la France d'aujourd'hui. Votre objectif est de renouveler le regard que nous portons sur certains comportements contemporains, et d'en faire la critique.
Vous relirez les réponses que vous avez proposées aux questions de la rubrique « au fil du texte » avant de répondre.

TEXTE 2

VOLTAIRE, *Candide* (1759)

VOLTAIRE
(1694-1778)
biographie p. 590

CONTEXTE

Voltaire écrit *Candide ou l'Optimisme* après le tremblement de terre de Lisbonne (1755) et pendant la guerre de Sept Ans (1756-1763), qui le confrontent à la question du Mal sur terre. Son personnage Candide, à « l'esprit le plus simple », pense, au début du conte, que « tout va pour le mieux dans le meilleur des mondes ». Chassé du château de Westphalie où il a grandi, il recherche celle qu'il aime au cours d'un voyage à travers le monde, qui le mène jusqu'en Amérique du Sud et s'achève en Turquie.

Quand l'ailleurs est un idéal

Candide et son compagnon de voyage Cacambo ont abordé à l'Eldorado, contrée idéale dont ils découvrent les mœurs et les habitants. Ils sont séduits par la richesse, la paix et l'absence de corruption qui règnent dans ce pays. Ils rendent également visite au roi de l'Eldorado.

Quand ils approchèrent de la salle du trône, Cacambo demanda à un grand officier comment il fallait s'y prendre pour saluer Sa Majesté : si on se jetait à genoux ou ventre à terre ; si on mettait les mains sur la tête ou sur le derrière ; si on léchait la poussière de la salle ; en un mot, quelle était la cérémonie. « L'usage, dit le grand officier, est d'embrasser le roi et de le baiser des deux côtés. » Candide et Cacambo sautèrent au cou de Sa Majesté, qui les reçut avec toute la grâce imaginable, et qui les pria poliment à souper.

En attendant, on leur fit voir la ville, les édifices publics élevés jusqu'aux nues, les marchés ornés de mille colonnes, les fontaines d'eau pure, les fontaines d'eau rose, celles de liqueurs de canne de sucre qui coulaient continuellement dans de grandes places pavées d'une espèce de pierreries qui répandaient une odeur semblable à celle du gérofle et de la cannelle. Candide demanda à voir la cour de justice, le parlement ; on lui dit qu'il n'y en avait point, et qu'on ne plaidait jamais. Il s'informa s'il y avait des prisons, et on lui dit que non. Ce qui le surprit davantage, et qui lui fit le plus de plaisir, ce fut le palais des sciences, dans lequel il vit une galerie de deux mille pas, toute pleine d'instruments de mathématique et de physique.

Après avoir parcouru toute l'après-dînée à peu près la millième partie de la ville, on les ramena chez le roi. Candide se mit à table entre Sa Majesté, son valet Cacambo, et plusieurs dames. Jamais on ne fit meilleure chère, et jamais on n'eut plus d'esprit à souper qu'en eut Sa Majesté. Cacambo expliquait les bons mots du roi à Candide, et quoique traduits, ils paraissaient toujours des bons mots. De tout ce qui étonnait Candide, ce n'était pas ce qui l'étonna le moins.

VOLTAIRE, *Candide*, chapitre XVIII, 1759.

Candide et son valet Cacambo en route vers le pays d'Eldorado, collage de Hugh Bulley.

◀ QUESTION SUR L'IMAGE

Décrivez cette image. En quoi peut-on dire que *Candide* est un « récit de voyage » ?

PREMIÈRE LECTURE

1 Relevez trois caractéristiques qui font du lieu que découvrent Candide et Cacambo un monde parfait.

AU FIL DU TEXTE

2 Montrez que cet extrait s'organise autour de la découverte de ce lieu extraordinaire. Donnez un titre à chaque paragraphe.

3 Proposez trois adjectifs qui vous permettent de qualifier la personnalité du roi de l'Eldorado : justifiez votre réponse.

4 Dans le premier paragraphe, montrez que les questions de Cacambo portant sur la façon de saluer le roi tournent en ridicule l'étiquette à la cour en France au XVIIIe siècle.

5 Étudiez trois procédés qui permettent à Voltaire de faire de l'Eldorado un lieu idéal.

6 **Grammaire** Dans le début du deuxième paragraphe, soulignez les noms et les adjectifs qui les qualifient. Que remarquez-vous ?

7 Dans les phrases suivantes, analysez le type de discours choisi pour rapporter les paroles : « on lui dit qu'il n'y en avait point, et qu'on ne plaidait jamais. Il s'informa s'il y avait des prisons, et on lui dit que non. » Quel est l'intérêt de mettre en évidence ces réponses négatives ?

8 Quelle phrase du deuxième paragraphe illustre l'esprit de l'*Encyclopédie* ? Cela vous surprend-il ?

9 Qu'expriment les répétitions à la fin du texte ?

ADRIEN MOREAU, gravure pour *Candide* (XIXe siècle).

PROLONGEMENT

Faites des recherches et rédigez un texte pour montrer que l'Eldorado relève du genre de l'utopie.

- Lisez les chapitres 17 et 18 de *Candide*. Le site de la Bibliothèque nationale de France propose une lecture interactive du conte. Les chapitre 17 et 18 constituent une unité dans le récit, une pause au cours de laquelle le personnage découvre la cité idéale de l'Eldorado puis décide de la quitter pour retrouver Cunégonde, la femme dont il est épris.

- Prenez des notes pour montrer que l'Eldorado est une étape au cours d'un voyage. Sur le site https://candide.bnf.fr/monde, vous pouvez voir l'ensemble des déplacements effectués au cours du conte. Reproduisez les éléments de cette carte qui isolent l'étape de l'Eldorado.

- Consultez le dossier sur l'utopie proposé sur le site http://classes.bnf.fr/candide/albums/utopie/. Choisissez l'une des vingt représentations imaginaires et, après l'avoir imprimée et collée dans votre cahier, présentez l'utopie qu'elle illustre et expliquez pourquoi vous l'avez choisie. Vous veillerez à ce que votre présentation fasse référence au texte de Voltaire.

ÉCRIT D'APPROPRIATION

En suivant le modèle de *Candide*, racontez la découverte d'un lieu utopique. Vous veillerez à montrer la dimension idéale de ce lieu et la façon dont il constitue, ce faisant, une critique du monde actuel.

Appuyez-vous sur les procédés employés par Voltaire et aidez-vous de certaines de vos réponses aux questions 1 à 8. Réfléchissez aux aspects de notre société que vous souhaitez critiquer ; ils peuvent être incarnés par l'attitude d'un personnage.

Vers le bac

En regroupant certaines de vos réponses aux questions 1 à 8, rédigez un paragraphe de commentaire qui montrera comment Voltaire idéalise ce lieu.

TEXTE ÉCHO

JONATHAN SWIFT, *Les Voyages de Gulliver* (1726)

CONTEXTE

La première publication par l'Irlandais Swift (1667-1745) des *Voyages du capitaine Lemuel Gulliver en divers pays éloignés* date de 1726. C'est un roman croisant plusieurs tonalités – celles du merveilleux et de la satire dominent. Le personnage de Gulliver est confronté, au cours de quatre voyages différents, à des sociétés qu'il découvre et qui sont l'occasion d'une réflexion sur les mœurs, la politique et l'économie de l'Angleterre de son époque.

Quand l'ailleurs est un pays imaginaire

Après avoir fait naufrage sur l'île de Lilliput, où vivent des habitants minuscules par rapport à sa taille, Gulliver apprend la langue du pays et découvre les particularités de cette île. Dans cet extrait, il décrit les mœurs des Lilliputiens et les compare à celles des Européens.

La description de l'Empire de Lilliput doit faire l'objet d'un traité particulier, mais en attendant que cet ouvrage ait paru, le lecteur voudra peut-être avoir quelques notions générales. Je suis heureux de les lui donner ici. La taille moyenne des habitants est un peu inférieure à six pouces[1], celle de tous les animaux, celle des arbres et des plantes leur sont exactement proportionnées : par exemple, les chevaux et les bœufs sont hauts de cinq à six pouces à l'encolure, les moutons de un pouce et demi, à peu près, leurs oies sont grosses comme des moineaux, et le reste à l'avenant, de sorte que les plus petites bêtes étaient pour moi presque invisibles. [...]

Il y a dans cet Empire des lois et des coutumes très singulières, et que je serais assez tenté de défendre si elles n'étaient si directement contraires à celles de ma chère patrie. Les leurs sont en tout cas fort bien observées, ce qu'on pourrait souhaiter aux nôtres. La première que je mentionnerai est la loi sur les délateurs : tous les crimes contre l'État sont ici punis avec une extrême rigueur, mais si la personne mise en accusation peut au cours de son procès prouver son innocence, alors l'accusateur est aussitôt ignominieusement[2] mis à mort et ses biens ou propriétés servent à dédommager au quadruple l'innocent, pour le temps qu'il a perdu, pour le danger qu'il a couru, pour les rigueurs de sa captivité et pour les frais de sa défense. Si les biens confisqués sont insuffisants, la Couronne paye sans marchander le reste. De plus l'Empereur donne une marque publique de son estime à l'homme faussement accusé et fait proclamer son innocence dans toute la ville.

JONATHAN SWIFT, *Premier voyage de Gulliver*, chapitre VI, 1726, trad. É. Pons, éd. Gallimard, 1997.

1. **Le pouce** : unité de mesure de longueur datant du Moyen Âge. Un pouce vaut 2,54 cm.
2. **Ignominieusement** : honteusement.

ALBERT ROBIDA, illustration pour *Les Voyages de Gulliver*, XXe siècle.

1 Quelle est l'opinion du narrateur sur les Lilliputiens et sur leurs mœurs ?

2 En vous appuyant sur l'étude du premier paragraphe, montrez que ce texte relève de la tonalité du merveilleux.

3 En quoi le dernier paragraphe constitue-t-il une réflexion politique comparatiste ?

4 Cet extrait permet-il de montrer que Lilliput est une utopie ? Relevez quelques indices et interprétez-les.

Le conte philosophique

1 DÉFINIR

Le conte relève à l'origine d'une tradition orale et populaire. C'est une forme brève dont la structure sert de matrice à de nombreux récits. Au XVIIIe siècle, la forme du conte connaît un succès à travers la découverte des contes orientaux qui vont constituer une mode littéraire. Le conte philosophique va permettre à Voltaire, son inventeur, de formuler une critique vis-à-vis de la société de son temps. Ce genre, en apparence léger, est de nature à échapper à la censure qui sévit à l'époque et autorise les philosophes des Lumières à introduire une charge subversive dans ces textes courts. Il relève, comme la fable ou l'utopie, de l'apologue : c'est un court récit à visée argumentative.

Voltaire reprend les codes traditionnels du conte pour les détourner et porter des accusations implicites sur les mœurs et certaines institutions de son époque, telles que la monarchie, l'église, les jésuites, etc.

Donnez la définition des mots suivants et explicitez leur lien avec le genre du conte.

merveilleux • schéma narratif • apologue • morale

2 OBSERVER

Voici deux éditions originales de deux contes philosophiques de Voltaire :

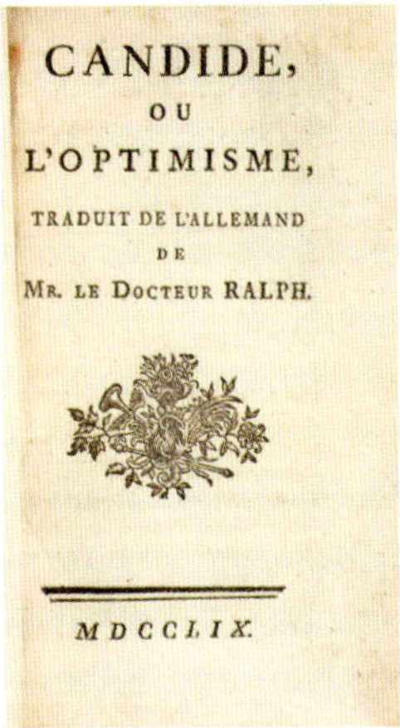
CANDIDE,
OU
L'OPTIMISME,
TRADUIT DE L'ALLEMAND
DE
MR. LE DOCTEUR RALPH.
MDCCLIX.

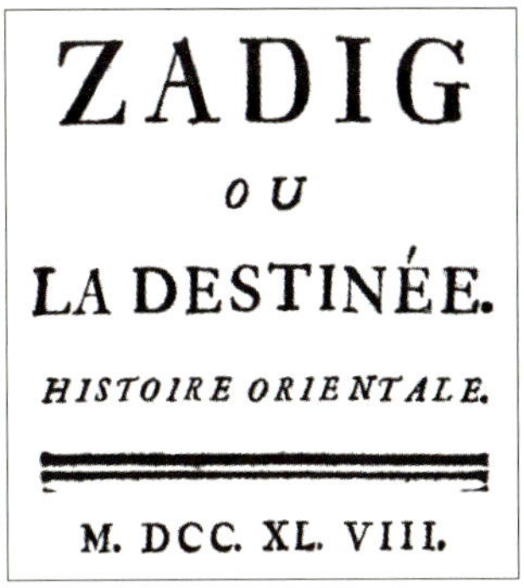
ZADIG
OU
LA DESTINÉE.
HISTOIRE ORIENTALE.
M. DCC. XL. VIII.

VOLTAIRE, *Candide, ou l'Optimisme*, édition de 1759.

a. Commentez les titres et sous-titres de ces deux œuvres, puis expliquez comment ils sont révélateurs de la démarche de Voltaire dans le genre du conte philosophique.

b. Quels sont les deux indices qui montrent que Voltaire s'empare aussi de l'inspiration issue des contes des *Mille et Une Nuits* qui sont traduits par Antoine Galland au début du siècle (1701) ?

3 COMPRENDRE

Extrait 1

« Partout la vertu y est récompensée, et partout le vice y est puni. Ils tendent tous à faire voir l'avantage qu'il y a d'être honnête, patient, avisé, laborieux, obéissant et le mal qui arrive à ceux qui ne le sont pas. »

CHARLES PERRAULT, *Contes*, Préface, 1694.

Extrait 2

« Cela est bien dit, répondit Candide, mais il faut cultiver notre jardin. »

VOLTAIRE, *Candide*, Excipit, 1759.

Extrait 3

« Après le tremblement de terre qui avait détruit les trois quarts de Lisbonne, les sages du pays n'avaient pas trouvé un moyen plus efficace pour prévenir une ruine totale que de donner au peuple un bel auto-dafé ; il était décidé par l'université de Coïmbre que le spectacle de quelques personnes brûlées à petit feu, en grande cérémonie, est un secret infaillible pour empêcher la terre de trembler. »

VOLTAIRE, *Candide*, 1759.

Appuyez-vous sur chacune des définitions pour rédiger un paragraphe qui récapitule les caractéristiques du conte philosophique.

TEXTE 3

DENIS DIDEROT,
Supplément au Voyage de Bougainville (1772)

DENIS DIDEROT
(1713-1784)
biographie p. 574

CONTEXTE

En 1771, le navigateur Bougainville rentre en France après un tour du monde qui l'aura conduit notamment à Tahiti et publie son *Journal de voyage*. Un an plus tard, Diderot rédige un récit protéiforme : à la fois dialogue, pamphlet, récit satirique. Le sous-titre « Dialogue entre A et B sur l'inconvénient d'attacher des idées morales à certaines actions physiques qui n'en comportent pas » montre l'intention de son auteur. Diderot a voulu comparer les mœurs des habitants de Tahiti que l'on considère comme des « Bons sauvages » à celles des Européens qui prétendent les coloniser.

Quand l'ailleurs nous confronte avec autrui

A et B commentent le texte source de 1771 qui sert de point de départ à l'œuvre dans laquelle ils interviennent.

A. – Il y a des choses singulières dans ce Voyage de Bougainville.

B. – Beaucoup.

A. – N'assure-t-il pas que les animaux sauvages s'approchent de l'homme, et que les oiseaux viennent se poser sur lui, lorsqu'ils ignorent le péril de cette familiarité ?

B. – D'autres l'avaient dit avant lui.

A. – Comment explique-t-il le séjour de certains animaux dans des îles séparées de tout continent par des intervalles de mer effrayants ? Qui est-ce qui a porté là le loup, le renard, le chien, le cerf, le serpent ?

B. – Il n'explique rien, il atteste le fait.

[A et B discutent ensuite sur les mœurs cruelles de l'île des Lanciers, une île de Polynésie.]

A. – N'était-il pas au Paraguai au moment même de l'expulsion des jésuites ?

B. – Oui.

A. – Qu'en dit-il ?

B. – Moins qu'il n'en pourrait dire, mais assez pour nous apprendre que ces cruels Spartiates en jaquette noire[1] en usaient avec leurs esclaves Indiens comme les Lacédémoniens avec les ilotes, les avaient condamnés à un travail assidu, s'abreuvaient de leurs sueurs, ne leur avaient laissé aucun droit de propriété, les tenaient sous l'abrutissement de la superstition, en exigeaient une vénération profonde, marchaient au milieu d'eux un fouet à la main et en frappaient indistinctement tout âge et tout sexe. Un siècle de plus et leur expulsion devenait impossible ou le motif d'une longue guerre entre ces moines et le souverain dont ils avaient secoué peu à peu l'autorité.

A. – Et ces Patagons dont le docteur Maty et l'académicien La Condamine[2] ont tant fait de bruit ?

B. – Ce sont de bonnes gens qui viennent à vous et qui vous embrassent en criant, *chaoua*, forts, vigoureux, toutefois n'excédant pas la hauteur de cinq pieds cinq à six pouces[3], n'ayant d'énorme que leur corpulence, la grosseur de leur tête et l'épaisseur de leurs membres.

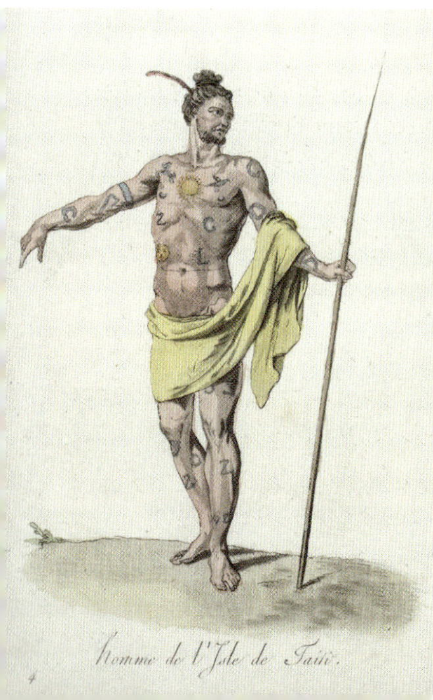

« L'homme de Tahiti », illustration des *Costumes Civils actuels de tous les Peuples connus* de Jacques Grasset de Saint-Sauveur, 1784-1788.

QUESTION SUR L'IMAGE

Quelle pouvait être la fonction de ces illustrations pour le lecteur du XVIIIe siècle ?

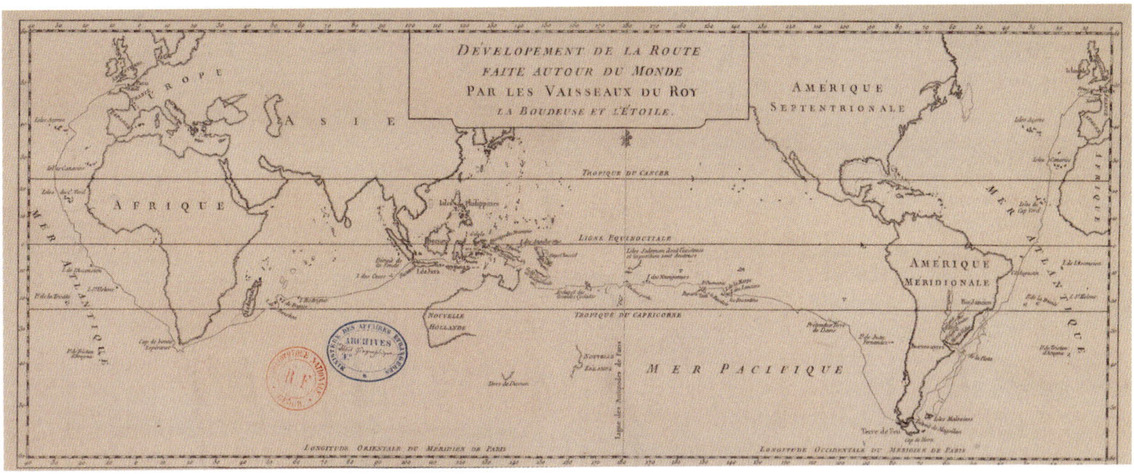

Voyage autour du monde de Bougainville, gravure de 1777.

▲ QUESTION SUR L'IMAGE

Citez deux autres expéditions scientifiques qui ont marqué le XVIIIe siècle.

A. – Né avec le goût du merveilleux qui exagère tout autour de lui, comment l'homme laisserait-il une juste proportion aux objets, lorsqu'il a pour ainsi dire à justifier le chemin qu'il a fait et la peine qu'il s'est donnée pour les aller voir au loin ? Et des sauvages, qu'en pense-t-il ?

B. – C'est, à ce qu'il paraît, de la défense journalière contre les bêtes féroces qu'il tient le caractère cruel qu'on lui remarque quelquefois ; il est innocent et doux partout où rien ne trouble son repos et sa sécurité.

DENIS DIDEROT, *Supplément au Voyage de Bougainville*, 1772.

1 **Ces cruels Spartiates en jaquette noire** : désigne les Jésuites c'est-à-dire un groupe de religieux très influents au XVIIIe siècle qui se montrèrent cruels avec les habitants du Paraguay qu'ils cherchèrent à évangéliser. Comme les Spartiates – ici Lacédémoniens est un synonyme de Spartiates – avec les Ilotes, ils les ont considérés comme des serviteurs.
2 **La Condamine** : explorateur et scientifique français du XVIIIe siècle.
3 **Pied et pouce** : unités de mesure de longueur datant du Moyen Âge. Un pied vaut 30,48 cm. Un pouce vaut 2,54 cm.

PREMIÈRE LECTURE

1 Faites des hypothèses sur l'identité de A et de B : en quoi ces deux interlocuteurs et leur discussion reflètent-ils les préoccupations du siècle des Lumières ?

LECTURE ANALYTIQUE

Le récit de voyage pour instruire

2 Quelles sont ces « choses singulières » que présente le récit de voyage de Bougainville ? Cherchez le sens de cet adjectif et citez trois faits singuliers que le navigateur a racontés en vous appuyant sur l'extrait.

3 En quoi l'organisation du récit en un dialogue est-elle favorable à un échange didactique ?

4 En vous appuyant sur la présence de deux champs lexicaux, dites sur quelles thématiques portent les connaissances que le récit de voyage véhicule.

5 Comment les deux interlocuteurs mettent-ils tout de même en doute certaines informations que donne Bougainville ? Étudiez deux procédés dans la dernière intervention de A.

Le supplément au voyage pour prendre position sur les relations interculturelles

6 Montrez que la description des Patagons est élogieuse.

7 **Grammaire** Quelle est la valeur du présent dans la phrase suivante : « Il est innocent et doux partout où rien ne trouble son repos et sa sécurité » (l. 39-40).

8 Étudiez deux procédés qui dénoncent la violence des religieux à l'égard du peuple qu'ils ont colonisé.

9 Comment A et B présentent-ils les étrangers qu'a rencontrés Bougainville ?

METTRE EN PERSPECTIVE

10 Voici un extrait du texte de Bougainville et un extrait du texte de Diderot. En vous appuyant sur leur comparaison, expliquez en quoi consiste la réécriture de Diderot. Vous examinerez tout d'abord la représentation qui est faite des Tahitiens dans les deux textes. Puis vous analyserez la réaction que les deux auteurs attendent du lecteur.

« Chaque jour nos gens se promenaient dans le pays sans armes, seuls ou par petites bandes. On les invitait à entrer dans les maisons, on leur y donnait à manger ; mais ce n'est pas à une collation légère que se borne ici la civilité des maîtres de maisons ; ils leur offraient des jeunes filles ; la case se remplissait à l'instant d'une foule curieuse d'hommes et de femmes qui faisaient un cercle autour de l'hôte et de la jeune victime du devoir hospitalier. [...] Vénus est ici la déesse de l'hospitalité, son culte n'y admet point de mystères, et chaque jouissance est une fête pour la nation. Ils étaient surpris de l'embarras qu'on témoignait ; nos mœurs ont proscrit cette publicité. Toutefois je ne garantirais pas qu'aucun n'ait vaincu sa répugnance et ne se soit conformé aux usages du pays. »

LOUIS-ANTOINE DE BOUGAINVILLE, *Voyage autour du monde*, 1771.

« B. Dans la division que les Otaïtiens se firent de l'équipage de Bougainville, l'aumônier devint le partage d'Orou. L'aumônier et l'Otaïtien étaient à peu près du même âge, trente-cinq à trente-six ans. Orou n'avait alors que sa femme et trois filles appelées Asto, Palli et Thia. Elles le déshabillèrent, lui lavèrent le visage, les mains et les pieds, et lui servirent un repas sain et frugal. Lorsqu'il fut sur le point de se coucher, Orou qui s'était absenté avec sa famille, reparut, lui présenta sa femme et ses trois filles nues et lui dit :

Tu as soupé, tu es jeune, tu te portes bien ; si tu dors seul, tu dormiras mal : l'homme a besoin, la nuit, d'une compagne à son côté. Voilà ma femme, voilà mes filles, choisis celle qui te convient ; mais si tu veux m'obliger, tu donneras la préférence à la plus jeune de mes filles qui n'a point encore eu d'enfants. La mère ajouta : Hélas ! je n'ai pas à m'en plaindre, la pauvre Thia ! ce n'est pas sa faute.

L'aumônier répondit que sa religion, son état, les bonnes mœurs et l'honnêteté ne lui permettaient pas d'accepter ses offres. »

DENIS DIDEROT, *Supplément au voyage de Bougainville*, 1772.

Vers le bac

L'entretien : comparez le texte de Diderot et celui de Montesquieu, p. 50. En quoi peut-on dire que le récit de voyage au XVIIIe siècle sert à réfléchir à la question de l'altérité ?

PAUL GAUGUIN, *Arearea* (appelé aussi Joyeusetés), 1892, musée d'Orsay, Paris.

ÉCRIT D'APPROPRIATION

Documentez-vous sur Bougainville et sur son « Voyage autour du monde ». Présentez sa biographie et son voyage en réalisant un diaporama autour de cinq supports visuels. Rédigez une légende pour chaque document.

QUESTION SUR L'IMAGE

Qu'est-ce qui contribue dans ce tableau à donner de Tahiti une vision idyllique ?

Le genre de l'utopie

1 DÉFINIR

L'utopie est un sous-genre romanesque qui relève de l'apologue, comme la fable et le conte philosophique. Ce récit à visée argumentative décrit un pays ou une cité dont les habitants, partageant des règles d'organisation collective harmonieuses, sont heureux. Ce récit tend un miroir au lecteur, qui observe ainsi les failles de la société dans laquelle il évolue et les progrès qu'elle pourrait accomplir.

Ce genre connaît une grande faveur au cours du XVIIIe siècle. C'est surtout son inscription dans un genre argumentatif qui explique l'intérêt des auteurs des Lumières pour ce type de récit.

a. Cherchez l'étymologie du mot *utopie*.

b. Le mot *utopie* est toujours utilisé aujourd'hui. Cherchez un emploi contemporain dans un article de presse et justifiez l'usage de ce mot aujourd'hui.

2 OBSERVER

Le genre de l'utopie est lié dès son origine au récit de voyage car dans *Utopia* de Thomas More (1516), qui constitue le premier récit de ce genre, la cité idéale est décrite sous la forme d'une île, située aux confins du Nouveau Monde, isolée de l'extérieur par des barrières naturelles.

De plus, au XVIIIe siècle, l'île utopique littéraire emprunte certaines caractéristiques aux terres récemment découvertes : Tahiti cristallise par exemple l'image du lieu idéal, synonyme de bonheur et d'harmonie dans *Le Supplément au Voyage de Bougainville* de Diderot.

Image 1

THOMAS MORE, représentation de l'île d'Utopia, gravure sur bois extraite de *Utopia* de Thomas More, Belgique, 1516.

Pourquoi l'île est-elle un territoire qui stimule l'imaginaire des artistes ?

Image 2 :

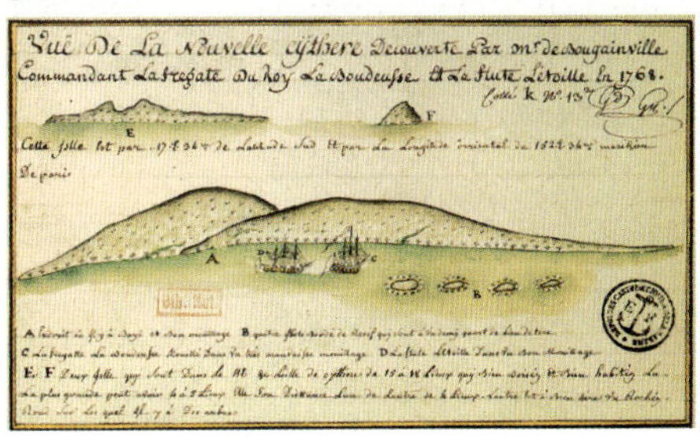

Vue de la Nouvelle Cythère découverte par Mr de Bougainville, commandant la frégate du Roy « La Boudeuse » et la flûte « L'Étoile », 1768, illustration anonyme, BnF, France.

a. Pourquoi Tahiti a-t-elle été baptisée « la Nouvelle Cythère » ?

b. En quoi le choix de ce nom laisse-t-il penser que cette île possédait quelques caractéristiques de l'utopie au XVIIIe siècle ?

3 COMPRENDRE ET RECHERCHER

Voici la façon dont le dossier de la BnF consacré à l'utopie (http://expositions.bnf.fr/utopie/index.htm) présente la place de ce récit au XVIIIe siècle.

> « Les utopies relevant de la littérature politique, du XVIe au XVIIIe siècle, participent d'une critique de l'ordre existant et d'une volonté de le réformer en profondeur ; le recours à la fiction est un procédé qui permet de prendre ses distances par rapport au présent pour mieux le relativiser et de décrire, d'une manière aussi concrète que possible, ce qui pourrait être. »

Dans un dictionnaire des œuvres, lisez un résumé du *Candide* de Voltaire (notamment les chapitres XVII à XIX), un résumé des *Lettres persanes* de Montesquieu (lettres 11 à 14) et de *L'Île aux esclaves* de Marivaux, trois utopies du XVIIIe siècle.

a. En quoi ces trois œuvres relèvent-elles du genre de l'utopie ?

b. Choisissez l'une de ces œuvres, lisez-la et montrez comment elle illustre la citation du site de la BnF. Vous isolerez deux passages de cette citation que vous expliquerez à l'aide de deux passages de l'œuvre.

TEXTE 4

FRANÇOIS-RENÉ DE CHATEAUBRIAND, *Itinéraire de Paris à Jérusalem* (1811)

FRANÇOIS-RENÉ DE CHATEAUBRIAND
(1768-1848)
biographie p. 572

CONTEXTE

En juillet 1806, Chateaubriand part pour un voyage qui se veut un pèlerinage aux sources de l'Antiquité et de la chrétienté. Il suit la mode du récit de voyage mais souhaite dépasser la simple transcription d'anecdotes et retravaille ses notes de voyages pour en tirer une réflexion approfondie sur des questions esthétiques.

James Robertson et **Antonio Beato**, *Constantinople, Le Teké [couvent] des derviches tourneurs à Scutari*, 1854.

Au XIXe siècle, le récit de voyage entre enquête et expression d'une subjectivité

Chateaubriand décrit la ville d'Istanbul qui se nomme, à cette époque encore, Constantinople.

Nous abordâmes à Galata[1] : je remarquai sur-le-champ le mouvement des quais, et la foule des porteurs, des marchands et des mariniers : ceux-ci annonçaient par la couleur diverse de leurs visages, par la différence de leurs langages, de leurs habits, de leurs robes, de leurs chapeaux, de leurs bonnets, de leurs turbans, qu'ils étaient venus de toutes les parties de l'Europe et de l'Asie habiter cette frontière de deux mondes. L'absence presque totale des femmes, le manque de voitures à roues, et les meutes de chiens sans maîtres, furent les trois caractères distinctifs qui me frappèrent d'abord dans l'intérieur de cette ville extraordinaire. Comme on ne marche guère qu'en babouches, qu'on n'entend point de bruit de carrosses et de charrettes, qu'il n'y a point de cloches, ni presque point de métiers à marteau, le silence est continuel. Vous voyez autour de vous une foule muette qui semble vouloir passer sans être aperçue, et qui a toujours l'air de se dérober aux regards du maître.

Vous arrivez sans cesse d'un bazar à un cimetière, comme si les Turcs n'étaient là que pour acheter, vendre et mourir. Les cimetières sans murs, et placés au milieu des rues, sont des bois magnifiques de cyprès : les colombes font leurs nids dans ces cyprès et partagent la paix des morts. On découvre çà et là quelques monuments antiques qui n'ont de rapport, ni avec les hommes modernes, ni avec les monuments nouveaux dont ils sont environnés : on dirait qu'ils ont été transportés dans cette ville orientale par l'effet d'un talisman[2]. Aucun signe de joie, aucune apparence de bonheur ne se montre à vos yeux : ce qu'on voit n'est pas un peuple, mais un troupeau qu'un imam conduit et qu'un janissaire[3] égorge. Il n'y a d'autre plaisir que la débauche, d'autre peine que la mort. Les tristes sons d'une mandoline sortent quelquefois du fond d'un café, et vous apercevez d'infâmes enfants qui exécutent des danses honteuses devant des espèces de singes assis en rond sur de petites tables. Au milieu des prisons et des bagnes s'élève un sérail[4], Capitole de la servitude : c'est là qu'un gardien sacré conserve soigneusement les germes de la peste et les lois primitives de la tyrannie. De pâles adorateurs rôdent sans cesse autour du temple, et viennent apporter leurs têtes à l'idole. Rien ne peut les soustraire au sacrifice ; ils sont entraînés par un pouvoir fatal : les yeux du despote attirent les esclaves, comme les regards du serpent fascinent les oiseaux dont il fait sa proie.

FRANÇOIS-RENÉ DE CHATEAUBRIAND, *Itinéraire de Paris à Jérusalem*, 1811.

1 **Galata** : quartier d'Istanbul. Istanbul, capitale de la Turquie, s'est appelée Byzance et Constantinople au cours de son histoire.
2 **Talisman** : objet ayant des pouvoirs, notamment protecteurs.
3 **Janissaire** : soldat turc.
4 **Sérail** : harem.

PREMIÈRE LECTURE

1 Quelle opinion Chateaubriand porte-t-il sur Istanbul ? Êtes-vous surpris(e) que le voyageur exprime ainsi son avis ?

AU FIL DU TEXTE

2 À quels indices observez-vous qu'il ne s'agit pas d'un voyage imaginaire ?

3 Quels sont les sens sur lesquels s'appuie cette description ?

4 **Grammaire** Étudiez les pronoms personnels sujets de ce texte et commentez leur choix. Quels sont les destinataires de ce texte ?

5 Quels sont les trois temps des verbes qui dominent dans ce texte ? Quelle est leur valeur ?

6 Dans la phrase 2 et la phrase 3, quel procédé annonce le jugement négatif sur cette ville ?

7 Commentez la métaphore dans la phrase suivante : « ce qu'on voit n'est pas un peuple, mais un troupeau qu'un imam conduit et qu'un janissaire égorge » (l. 23-25).

METTRE EN PERSPECTIVE : EXTRAIT D'UNE PRÉFACE SUR LE RÉCIT DE VOYAGE

8 Reformulez les caractéristiques du récit de voyage que cette « écrivaine voyageuse » met en avant.

> « Ce journal… est un journal. C'est-à-dire qu'il a tous les inconvénients du genre. Il manque de vues d'ensemble, souvent de perspective ; il ressemble un peu à un tableau qui n'aurait que le premier plan ; encore plus peut-être à un paravent chinois. Il est subjectif. L'auteur y succombe, sans le vouloir, à la tentation de parler de lui ; et, sans le vouloir encore, à celle de se peindre en beau. Malgré ses bonnes intentions, et il en avait beaucoup, l'auteur sent bien qu'il s'est cogné contre tous les écueils. […] »
>
> **COMTESSE DE GASPARIN**, *Journal d'un voyage au Levant*, préface de la première édition, 1850.

9 Confrontez ce texte avec celui de Chateaubriand. Son récit de voyage est-il une illustration pertinente de l'analyse que propose la comtesse de Gasparin ?

ÉCRIT D'APPROPRIATION

Une autre vision d'Istanbul : voici ce que Pierre Loti écrit en 1892 à propos de cette même ville.

> « Dans la belle nuit d'étoiles, je descends par le Petit-Champ-des-Morts ; je chemine ensuite dans Galata, qui est en pleine fête, et enfin, quittant cette rue bruyante, je m'arrête au bord de l'eau, à l'entrée d'un pont qu'on ne voit pas finir, mais qui s'en va se perdre au loin dans l'obscurité confuse. Là, tout change brusquement, comme change un décor de féerie au coup de sifflet des machinistes. Plus de foule, ni de lumières, ni de tapage : une profonde trouée de nuit et de silence est devant moi ; un bras de mer étend son vide tranquille entre ces quartiers assourdissants que je viens de traverser et une autre grande ville, d'aspect fantastique, qui apparaît au-delà sur le fond étoilé de la nuit, en silhouette toute noire dentelée de minarets et de dômes. »
>
> **PIERRE LOTI**, *Les Capitales du monde*, « Constantinople », 1892.

1 En quoi peut-on dire que ce récit de la découverte de la ville est davantage tourné vers l'expression de sentiments personnels que celui de Chateaubriand ?

2 Imaginez le récit de la découverte que vous pourriez faire d'un quartier de la ville d'Istanbul. Cherchez et imprimez une vue de cette ville et décrivez-la en poursuivant le texte de Pierre Loti.

Vers le bac

Rédigez un paragraphe de commentaire qui rassemble et analyse les éléments de critique de la ville d'Istanbul à laquelle se livre Chateaubriand.

TEXTE ÉCHO

NICOLAS BOUVIER, *L'Usage du monde* (1963)

CONTEXTE

Dans *L'Usage du monde*, publié pour la première fois en 1963, Nicolas Bouvier (1929-1998) raconte un voyage entrepris avec son ami Thierry Vernet, dessinateur, de la Yougoslavie à l'Afghanistan, entre juin 1953 et décembre 1954.

Le récit de voyage nous apprend « l'usage du monde »

Les deux voyageurs sont installés pour la période hivernale à Tabriz, capitale de la province de l'Azerbaïdjan oriental, au nord-ouest de l'Iran. Nicolas Bouvier apprend que son ami va interrompre leur voyage car il ne parvient plus à vivre sans sa future femme.

Bon. Je ne voyais guère que la maladie ou l'amour pour interrompre ce genre d'entreprise, et préférais que ce fût l'amour. Il poussait sa vie. J'avais envie d'aller égarer la mienne, par exemple dans un coin de cette Asie centrale dont le voisinage m'intriguait tellement. Avant de m'endormir, j'examinai la vieille carte allemande dont le postier m'avait fait cadeau : les ramifications brunes du Caucase, la tache froide de la Caspienne, et le vert olive de l'Orda des Khirghizes plus vaste à elle seule que tout ce que nous avions parcouru. Ces étendues me donnaient des picotements. C'est tellement agréable aussi, ces grandes images dépliantes de la nature, avec des taches, des niveaux, des moirures, où l'on imagine des cheminements, des aubes, un autre hivernage encore plus retiré, des femmes aux nez épatés, en fichus de couleur, séchant du poisson dans un village de planches au milieu des joncs (un peu puceaux, ces désirs de terre vierge ; pas romantiques pourtant, mais relevant plutôt d'un instinct ancien qui pousse à mettre son sort en balance pour accéder à une intensité qui l'élève).

J'étais quand même désemparé : cette équipe était parfaite et j'avais toujours imaginé que nous bouclerions la boucle ensemble. Cela me paraissait convenu, mais cette convention n'avait probablement plus rien à faire ici. On voyage pour que les choses surviennent et changent ; sans quoi on resterait chez soi. Et quelque chose avait changé pour lui, qui modifiait ses plans. De toute façon nous n'avions rien promis ; d'ailleurs il y a toujours dans les promesses quelque chose de pédant et de mesquin qui nie la croissance, les forces neuves, l'inattendu. Et à cet égard, la ville était une couveuse.

NICOLAS BOUVIER, *L'Usage du monde*, Éd. La Découverte, 1963.

Couverture de *L'Usage du monde*.

▲ QUESTION SUR L'IMAGE

Cette couverture correspond-elle à ce que vous attendez d'un récit de voyage ?

PREMIÈRE LECTURE

1 En quoi peut-on dire que cet extrait raconte un moment de crise dans le voyage de Bouvier et Vernet ?

AU FIL DU TEXTE

2 À quels indices peut-on observer que Bouvier s'efforce de restituer son expérience avec authenticité ?

3 Que recherche Bouvier dans le voyage ?

4 Qu'apprend-il sur le voyage et sur lui-même en rédigeant cette page de son journal ?

Le vocabulaire du voyage

1 DÉFINIR

a. Donnez l'étymologie et le sens du mot « exotique ».

b. Commencez par vous documenter sur le sens de l'expression « Grand Tour » : qui ? Quelle époque ? Où ? À partir de cette recherche, expliquez comment est né le mot *tourisme*. Quels sont les principaux sens de ce terme aujourd'hui ?

c. Le mot *barbare* vient d'une onomatopée employée par les Grecs. Que désignait-elle ? Expliquez comment ce mot a évolué pour passer d'une observation objective à un jugement moral. Donnez son sens au cours des siècles. Expliquez, en faisant un lien avec le mot *barbare* ce qu'est un « barbarisme ».

2 ENRICHIR SON VOCABULAIRE

a. Cherchez trois mots de la même famille que *autre* et employez chacun d'eux dans une phrase qui fera apparaître leur sens.

b. Voici trois façons de désigner les habitants d'un pays que l'on découvre lors d'un voyage : *autochtone, indigène, étranger*. Donnez la connotation de chacun de ces mots et employez-les dans une phrase.

c. Poursuivez cette liste qui permet de désigner ceux que l'on découvre en voyageant.

d. Donnez des synonymes du verbe voyager.

3 FAIRE DES LIENS AVEC LES SCIENCES HUMAINES

a. Cherchez des mots de la même famille qu'*ethnographe*. Comment ce mot est-il construit ? À partir du radical dont il est issu, proposez d'autres mots en faisant varier les suffixes.

b. Dans son œuvre, Lévi-Strauss dénonce « l'ethnocentrisme ». Expliquez ce mot. L'un des textes du groupement vous paraît-il relever d'une vision ethnocentrique ?

« Je hais les voyages et les explorateurs. Et voici que je m'apprête à raconter mes expéditions. Mais que de temps pour m'y résoudre ! Quinze ans ont passé depuis que j'ai quitté pour la dernière fois le Brésil et, pendant toutes ces années, j'ai souvent projeté d'entreprendre ce livre ; chaque fois, une sorte de honte et de dégoût m'en ont empêché. Eh quoi ? Faut-il narrer par le menu tant de détails insipides, d'événements insignifiants ? L'aventure n'a pas de place dans la profession d'ethnographe ; elle en est seulement une servitude, elle pèse sur le travail efficace du poids des semaines ou des mois perdus en chemin ; des heures oisives pendant que l'informateur se dérobe [...]. »

CLAUDE LÉVI-STRAUSS, incipit de *Tristes tropiques*, éd. Plon, 1955.

Parcours culturel et artistique

LE CARNET DE VOYAGE

Le carnet de voyage s'inscrit dans une double tradition. Les premiers voyages ont un but scientifique : il s'agit de découvrir de nouveaux territoires et d'en dépeindre les habitants et les paysages. Les navigateurs, missionnés par les monarques européens pour organiser des expéditions, emportent à leur bord des savants dont l'objectif est d'observer et de consigner ce qu'ils voient. Ce recueil d'images constitue une première origine du carnet de voyage. L'autre source relève de la mode du « Grand Tour » : les jeunes gens de la bonne société et les artistes, dans une démarche initiatique, visitent l'Italie puis des capitales européennes et des villes d'Orient dont ils rapportent des images – dessins, puis photographies – qui accompagnent les notes qu'ils ont prises.
À partir du XIXe siècle, et avec l'avènement du tourisme individuel et privé, le carnet de voyage devient un genre en tant que tel. Il relate une exploration géographique en mêlant l'écrit et l'image, se situant à la croisée de l'art graphique, de la littérature, du journalisme et des sciences humaines. Il donne lieu à une création qui favorise l'expression d'une subjectivité et encourage une lecture éclatée.

LES « RAPPORTS » SCIENTIFIQUES

Les navigateurs comme Cook, Bougainville ou La Pérouse sont accompagnés de cartographes qui dessinent les contours et les routes de ces mondes nouveaux. Des naturalistes (scientifiques spécialisés dans les sciences naturelles) sont également à bord. Ils préparent dans leurs « rapports » de futures planches en croquant sur le vif la population mais aussi la faune et la flore de ces contrées inconnues.

Sur les ailes du monde, Audubon, de Fabien Grolleau aux Éditions Dargaud.

1 Peut-on considérer un naturaliste comme un artiste ? Quelle réponse semble donner la couverture de cette bande dessinée ?

Cette bande dessinée raconte le destin tumultueux de Jacques Audubon (1789-1851) qui embarque en 1810 sur le Missisipi avec pour projet de dessiner tous les oiseaux du continent dans leur habitat naturel.

LOUIS-ANTOINE DESTOUFF MILET-MUREAU (auteur) et **NICOLAS-MARIE OZANNE** (dessinateur), *L'Île de Pâques*, 1797, BnF, Paris.

Nicolas-Marie Ozanne (1728-1811) est un dessinateur de la marine qui dessine les étapes du voyage de La Pérouse car le grand navigateur accorde autant d'importance à la découverte de nouveaux territoires qu'à celle de peuples nouveaux. Au retour de l'expédition, des estampes seront réalisées. Ici, on a une vue de l'île de Pâques que le navigateur découvre en 1786 avec ses deux navires, *L'Astrolabe* et *La Boussole*. Le dessin a pour but d'immortaliser une vue inédite et de garder une trace de ce que personne ne connaît encore en Europe.

2 Qu'est-ce qu'une estampe ? Documentez-vous sur cette technique.

3 Sur quoi se concentre l'attention du peintre et de l'ingénieur représentés sur cette estampe ?

4 Qu'apprend le spectateur du XVIIIe siècle en regardant cette œuvre ?

5 Montrez, en vous appuyant sur l'action d'un des protagonistes de l'œuvre, que l'intention du dessinateur n'est pas seulement scientifique.

LE CARNET DE VOYAGE POUR RENDRE COMPTE DE L'ÉBLOUISSEMENT D'UN ARTISTE : *LES CARNETS DE VOYAGE AU MAROC* DE DELACROIX OU L'ORIENT SUBLIMÉ

EUGÈNE DELACROIX, *Cavaliers arabes,* notes manuscrites, musée du Louvre, Paris.

En 1832, Eugène Delacroix fait partie de l'ambassade envoyée par le roi Louis-Philippe auprès du sultan Moulay Abd al-Rahman, commandeur des croyants. Au fil de ce voyage de six mois, après deux escales en Espagne et à Alger, Delacroix accumule une somme considérable de notes et de croquis. Le peintre est ébloui de voir à son tour cet Orient rêvé à partir des toiles de Gros et de Girodet, il note : « Je suis tout étourdi de ce que j'ai vu… Je suis dans ce moment comme un homme qui rêve et qui voit des choses qu'il craint de voir lui échapper. » À son retour en France, ses carnets de voyage donneront naissance à quelques-unes de ses œuvres maîtresses.

6 En quoi peut-on dire que ce carnet de voyage est à la croisée de l'image et de l'écrit ?

7 Quelle est la technique utilisée ici par Delacroix ? En quoi se prête-t-elle bien aux carnets de voyage ?

8 Documentez-vous sur l'œuvre de Delacroix : pour quelle œuvre peinte lors de son retour en France Delacroix peut-il s'être inspiré de cette page de ses carnets ?

9 À quoi voyez-vous que le carnet de voyage relève d'une production intime et qu'il n'est pas conçu pour être publié ?

LE CARNET DE VOYAGE COMME FINALITÉ, PARTIR POUR CRÉER : YVON LE CORRE, UN « CARNETTISTE » CONTEMPORAIN

YVON LE CORRE, *Les Outils de la passion*, éd. Glénat, 2010.

10 En quoi cette page appartient-elle au genre du « carnet de voyage » tel qu'on l'a défini ?

11 Décrivez cette image : quelles sont les techniques choisies par l'artiste ? Qu'a-t-il représenté ?

12 Donnez un titre à cette page et justifiez-le.

13 Lisez les différents textes présents sur cette image. Le peintre cherche-t-il à donner une vision pittoresque du monde ou s'agit-il plutôt d'un paysage intérieur et poétique ?

PROLONGEMENT

D'autres peintres exprimeront leur fascination pour des terres adorées dans des carnets de voyage qui portent en germe des œuvres magistrales à venir. On peut citer Paul Gauguin et Jean Dubuffet.

1 **Documentez-vous sur ces deux peintres.**

2 **Rédigez une présentation de leurs carnets de voyage.**

Né en 1939, ce peintre breton trouve dans le voyage sa démarche même d'artiste. En quête d'authenticité autant que de rencontres humaines et d'aventures maritimes, il voyage en bateau ou à pied et dessine le monde tel qu'il s'offre à lui : dans la simplicité et dans la sobriété du quotidien. Ses voyages le conduisent en ethnographe à la rencontre de populations, et le dessin lui sert à nouer le dialogue. Il dessine sur le vif : « Mes dessins sont faits sur place, devant le sujet et je ne reviens jamais dessus. C'est instantané. » Des textes accompagnent ses dessins qui sont associés ensuite chronologiquement et composent des carnets d'artiste qui se situent à la croisée des genres : entre l'autobiographie et le récit documentaire. Ses carnets sont destinés à la publication.

CHAPITRE 3
Le roman historique du XIXe au XXe siècle

Le roman historique, entre fiction et histoire

La Révolution française a profondément transformé la conception de l'histoire et de ses acteurs. D'un savoir portant sur les hauts faits du passé et qui permet de comprendre le présent, l'histoire est devenue une étude du destin des peuples, ouvert sur l'avenir.

Le roman, cherchant à établir sa légitimité littéraire du côté du réel, se tourne donc naturellement vers l'histoire. Le succès considérable du romancier écossais **Walter Scott**, qui publie en 1814 un premier roman historique, *Waverley*, fournit un modèle largement imité.

Le modèle du roman historique

Lecteur et admirateur de Walter Scott, Balzac publie en 1829 son premier roman *Les Chouans*. Restituant, comme l'écrivain écossais, les grandes tensions d'une époque à travers des personnages types, le romancier développe des histoires individuelles sur un temps court tout en donnant à voir l'histoire collective. Le théâtre des événements y est rendu par des descriptions précises et animées.

La place des figures célèbres

Le genre conduit les romanciers à des options différentes, notamment sur la place que doivent occuper dans la fiction les personnages célèbres.

- **Alfred de Vigny** propose d'en faire les personnages principaux de son roman *Cinq-Mars* (1826) : « Je crus aussi ne pas devoir imiter les étrangers, qui, dans leurs tableaux, montrent à peine à l'horizon les hommes dominants de leur histoire ; je plaçai les nôtres sur le devant de la scène. »
- **Prosper Mérimée**, dans sa *Chronique du règne de Charles IX* (1829), s'amuse au contraire de cette curiosité à voir convoquer les figures illustres : « Je voudrais bien avoir le talent d'écrire une Histoire de France ; je ne ferais pas de contes. Mais, dites-moi, pourquoi voulez-vous que je vous fasse faire connaissance avec des gens qui ne doivent point jouer de rôle dans mon roman ? »
- **Alexandre Dumas**, mêlant histoire et aventures fictives, confronte ses mousquetaires aux intrigues supposées de Richelieu (*Les Trois Mousquetaires*, 1844), à l'exécution de Charles Ier (*Vingt ans après*, 1845) ou à l'enlèvement imaginaire de Louis XIV (*Le Vicomte de Bragelonne*, 1847).

La Reine Margot, roman d'Alexandre Dumas adapté au cinéma par Patrice Chéreau (1994).

1800 — 1850 — 1900 — 1950 — 2000

- 1814 Walter Scott, *Waverley*
- 1826 Alfred de Vigny, préface de *Cinq-Mars*
- 1829 Honoré de Balzac, *Les Chouans*
- 1831 Victor Hugo, *Notre-Dame de Paris*
- 1844 Alexandre Dumas, *Les Trois Mousquetaires*
- 1846 Jules Michelet, *Le Peuple*
- 1862 Gustave Flaubert, *Salammbô*
- 1869 Léon Tolstoï, *La Guerre et la Paix*
- 1892 Émile Zola, *La Débâcle*
- 1933 André Malraux, *La Condition humaine*
- 1951 Marguerite Yourcenar, *Mémoires d'Hadrien*
- 1955 Georg Lukács, *Le Roman historique*
- 2016 Éric Vuillard, *14 juillet*

Le roman historique selon les romantiques

☛ **Les romantiques** se saisissent également du roman historique. Il leur fournit le moyen de désennuyer le présent par l'évocation de périodes plus passionnées que celle qui débute à la Restauration.

☛ **L'histoire leur offre**, en outre, une abondante source d'inspiration en matière de « couleur locale ». **Victor Hugo**, qui rêve d'un roman « qui enchâssera Walter Scott dans Homère », y trouve le moyen de représenter la poésie de l'histoire et de dégager des sociétés du passé les enseignements moraux pour le présent. Ce sont les tableaux flamboyants du Paris du XVe siècle de *Notre-Dame de Paris* (1831) ou, plus tard, les inquiétants paysages d'Angleterre à l'aube du XVIIIe dans *L'Homme qui rit* (1867).

Figure allégorique représentant Salammbô, le personnage de Flaubert.

Comprendre l'histoire ou peindre les civilisations

☛ **Après 1848** et la chute de la monarchie bourgeoise de Louis-Philippe, la difficulté de donner un sens objectif aux transformations de l'histoire conduit à un nouveau tournant du genre.

☛ **Le roman historique se coupant du présent** n'entend plus rendre interprétable la mécanique historique, mais tend à reconstituer des moments de civilisation dans leurs décors et leur atmosphère. **Flaubert** entreprend par exemple de ressusciter la lointaine Carthage antique dans *Salammbô* (1862), somptueuse image d'un monde disparu.

La pérennité du genre

☛ **Le XXe siècle** voit se développer une très large production de romans historiques. Des séries romanesques ayant pour cadre l'Égypte antique ou le Moyen Âge connaissent de grands succès populaires.

☛ **Mais le genre rend également compte d'interrogations nouvelles ;** celles, d'abord, suscitées par les grandes catastrophes du siècle : la place de l'individu dans l'événement, le comportement des masses voire la nature de l'homme sont autant de questions dont les romans de guerre se font l'écho, ceux d'**Henri Barbusse**, d'**Erich Maria Remarque** ou d'**Ernest Hemingway**.

☛ **Mais les interrogations portent aussi sur les formes narratives adaptées à l'histoire : Marguerite Yourcenar** écrit les mémoires fictifs d'un empereur romain (*Mémoires d'Hadrien*, 1951), **André Malraux** adopte le roman choral pour raconter la révolution chinoise (*La Condition humaine*, 1933). Les romanciers d'aujourd'hui exploitent les ressources du genre : **Mathias Énard** développe un épisode incertain de la vie de Michel-Ange (*Parle-leur de batailles, de rois et d'éléphants*, 2010), **Éric Vuillard** explore la part des contingences dans les événements passés (*L'Ordre du jour*, 2017).

QUESTION

L'Ordre du jour **raconte la montée en puissance du nazisme et les premiers actes de guerre. La photographie de couverture est celle de l'industriel allemand Gustav Krupp. Quelle piste cette image donne-t-elle sur le contenu du récit ?**

Le Dernier des Mohicans de J. F. Cooper (1826), réalisé en 1992 par Michael Mann.

ACTIVITÉ

D'après leur titre, à quelle époque ou à quels événements les romans historiques suivants se réfèrent-ils ?

Le Dernier des Mohicans **de James Fenimore Cooper (1826),** ***Le Roman de la momie*** **de Théophile Gautier (1857),** ***Quatrevingt-treize*** **de Victor Hugo (1874),** ***Nord contre Sud*** **de Jules Verne (1887),** ***La Débâcle*** **d'Émile Zola (1892),** ***14*** **de Jean Echenoz (2012).**

TEXTE 1

STENDHAL,
La Chartreuse de Parme (1839)

STENDHAL
(1783-1842)
biographie p. 588

CONTEXTE
La Chartreuse de Parme raconte le parcours d'un jeune aristocrate italien qui, admirateur de Napoléon, rêve de participer à l'épopée impériale. Après une expérience incertaine de la guerre, il rejoint à Parme sa tante, la duchesse Sanseverina. Il y est confronté aux intrigues de cour d'une petite principauté.

Voir la bataille de Waterloo

Fabrice del Dongo se joint aux troupes de la Grande Armée lors de la bataille de Waterloo, dernière défaite de l'empereur, en juin 1815. Arrivé sur le champ de bataille, il croise le maréchal Ney.

Tout à coup on partit au grand galop. Quelques instants après, Fabrice vit, à vingt pas en avant, une terre labourée qui était remuée d'une façon singulière. Le fond des sillons était plein d'eau, et la terre fort humide, qui formait la crête de ces sillons, volait en petits fragments noirs lancés à trois ou quatre pieds de haut. Fabrice remarqua en passant cet effet singulier ; puis sa pensée se remit à songer à la gloire du maréchal. Il entendit un cri sec auprès de lui : c'étaient deux hussards qui tombaient atteints par des boulets ; et, lorsqu'il les regarda, ils étaient déjà à vingt pas de l'escorte. Ce qui lui sembla horrible, ce fut un cheval tout sanglant qui se débattait sur la terre labourée, en engageant ses pieds dans ses propres entrailles ; il voulait suivre les autres : le sang coulait dans la boue.

« Ah ! m'y voilà donc enfin au feu ! se dit-il. J'ai vu le feu ! se répétait-il avec satisfaction. Me voici un vrai militaire. » À ce moment, l'escorte allait ventre à terre, et notre héros comprit que c'étaient des boulets qui faisaient voler la terre de toutes parts. Il avait beau regarder du côté d'où venaient les boulets, il voyait la fumée blanche de la batterie à une distance énorme, et, au milieu du ronflement égal et continu produit par les coups de canon, il lui semblait entendre des décharges beaucoup plus voisines ; il n'y comprenait rien du tout.

À ce moment, les généraux et l'escorte descendirent dans un petit chemin plein d'eau, qui était à cinq pieds en contrebas.

Le maréchal s'arrêta, et regarda de nouveau avec sa lorgnette. Fabrice, cette fois, put le voir tout à son aise ; il le trouva très blond, avec

Lady Butler, *Charge des Royal Scots Greys lors de la bataille de Waterloo en 1815*, 1881.

▸ QUESTIONS SUR L'IMAGE

1. Comment l'héroïsme de la cavalerie écossaise est-il mis en scène dans ce tableau ?
2. Qu'est-ce qui donne au spectateur l'impression d'être face à un moment d'histoire ?

LECOMTE, *Colonel de Hussard vers 1815-1816*, 1816.

une grosse tête rouge. « Nous n'avons point des figures comme celle-là en Italie, se dit-il. Jamais, moi qui suis si pâle et qui ai des cheveux châtains, je ne serai comme ça », ajoutait-il avec tristesse. Pour lui ces paroles voulaient dire : « Jamais je ne serai un héros. » Il regarda les hussards ; à l'exception d'un seul, tous avaient des moustaches jaunes. Si Fabrice regardait les hussards de l'escorte, tous le regardaient aussi. Ce regard le fit rougir, et, pour finir son embarras, il tourna la tête vers l'ennemi. C'étaient des lignes fort étendues d'hommes rouges ; mais, ce qui l'étonna fort, ces hommes lui semblaient tout petits. Leurs longues files, qui étaient des régiments ou des divisions, ne lui paraissaient pas plus hautes que des haies. Une ligne de cavaliers rouges trottait pour se rapprocher du chemin en contrebas que le maréchal et l'escorte s'étaient mis à suivre au petit pas, pataugeant dans la boue. La fumée empêchait de rien distinguer du côté vers lequel on s'avançait ; l'on voyait quelquefois des hommes au galop se détacher sur cette fumée blanche.

STENDHAL, *La Chartreuse de Parme*, livre I, chapitre 3, 1839.

PREMIÈRE LECTURE

1 Le texte décrit le champ de bataille de Waterloo en suivant le regard de Fabrice. Repérez les moments où ce regard change de direction.

AU FIL DU TEXTE

2 Le texte commence par une description du sol. Les termes « *terre labourée* » et « *sillons* » n'évoquent pas le terrain militaire. À quel champ lexical ces mots appartiennent-ils ? Comment expliquez-vous leur présence ici ?

3 « Fabrice remarqua en passant cet effet singulier » (l. 5-6) De quel effet s'agit-il ? Pourquoi la tournure est-elle ironique de la part du narrateur ? Dans quelle phrase du paragraphe suivant cette ironie est-elle reprise ?

4 Relevez dans les deux premiers paragraphes les indices qui montrent qu'il s'agit d'une description subjective et en mouvement.

5 Quel est, selon vous, l'effet attendu par la description du cheval mourant ?

6 **Grammaire** Dans le premier paragraphe, deux phrases utilisent les deux-points (:). Quelle est la valeur de ce signe dans chacune des deux phrases ?

7 Comment le thème de l'héroïsme est-il traité dans le dernier paragraphe ?

8 Qu'est-ce qui, à la fin de l'extrait, rend incertaine la description des lignes ennemies ?

Vers le bac

Rédigez un paragraphe organisé dans lequel vous répondrez de façon argumentée à la question suivante : en quoi le texte de Stendhal propose-t-il une vision réaliste de la bataille de Waterloo ?

ÉCRIT D'APPROPRIATION

Allez sur le site « L'Histoire par l'image » (www.histoire-image.org). Tapez « Waterloo » dans le moteur de recherche du site. Regardez le tableau de Clément-Auguste Andrieux et lisez le commentaire. Vous direz si cette représentation de la bataille de Waterloo ressemble aux images que vous vous en étiez faites en lisant le texte de Stendhal. Vous noterez ce qui vous semble comparable et ce qui vous semble différent.

TEXTE ÉCHO

LÉON TOLSTOÏ, *La Guerre et la Paix* (1869)

CONTEXTE

Vaste fresque historique, *La Guerre et la Paix* de Léon Tolstoï (1828-1910), suit différents personnages de grandes familles pétersbourgeoises et moscovites dans une Russie confrontée aux guerres successives engendrées par les expéditions militaires napoléoniennes et par les coalitions anti-Bonaparte.

Louis Francois Lejeune, *Bataille de Borodino* (7 septembre 1812), détail, 1822.
Les armées de Napoléon et du général Michel Ney remportent la bataille lors de la campagne de Russie.

Égaré en première ligne

Pierre Bézoukhov a observé de loin et avec admiration le spectacle de la bataille que l'armée russe livre aux troupes françaises. Souhaitant voir de près les combats, il rejoint la ligne de front à la bataille de Borodino, la plus meurtrière de la campagne de Russie (1812).

Ayant dévalé la pente, le général que Pierre suivait au galop tourna brusquement à gauche ; Pierre le perdit de vue et fit irruption dans les rangs de fantassins qui marchaient devant lui. Il essaya de se dégager en les dépassant, en obliquant tantôt à droite, tantôt à gauche, mais partout ce n'était que soldats aux visages uniformément soucieux, absorbés par quelque tâche invisible, mais évidemment importante. Tous, ils regardaient d'un air mécontent et interrogateur ce gros homme en chapeau blanc dont le cheval les bousculait sans raison.

– Que vient-il faire au milieu du bataillon ? cria l'un d'eux.

Un autre donna un coup de crosse au cheval ; celui-ci fit un écart et Pierre cramponné à l'arçon et parvenant difficilement à retenir sa monture, réussit à dépasser les soldats ; la route était libre.

Il aperçut un pont devant lui et près du pont d'autres soldats qui tiraient. Il s'approcha d'eux. Sans s'en douter, il avait atteint le pont sur la Kolotcha, entre Gorki et Borodino, que les Français (s'étant emparés de Borodino) avaient attaqué au cours de la première phase du combat. Pierre voyait un pont devant lui, et à droite et à gauche du pont, sur la prairie qu'il avait remarquée la veille à travers la fumée, des soldats qui s'affairaient parmi des tas de foin ; mais en dépit de la fusillade ininterrompue qui faisait rage à cet endroit, il ne se doutait nullement que c'était justement là le champ de bataille. Il n'entendait pas le bruit des balles qui sifflaient de tous côtés et des boulets qui passaient au-dessus de sa tête ; il ne voyait pas l'ennemi sur l'autre rive et il fut longtemps sans voir les morts et les blessés, cependant que beaucoup tombaient non loin de lui. Il regardait tout autour avec un sourire qui ne le quittait pas.

LÉON TOLSTOÏ, *La Guerre et la Paix*, livre 3, 2e partie, XXXI, 1869, trad. Boris de Schlœzer, Le Club français du livre, 1960.

1 Quel est le point de vue narratif adopté dans cet extrait ? Justifiez votre réponse en relevant des éléments du texte.

2 Quel rôle jouent les notations géographiques dans ce récit ?

3 Qu'est-ce que cet extrait révèle du personnage de Pierre ?

4 Que vont raconter, selon vous, les pages qui suivent immédiatement celle-ci ? Proposez en quelques lignes deux directions différentes que pourrait prendre le récit.

TEXTE 2

VICTOR HUGO, *Les Misérables* (1862)

VICTOR HUGO

(1802-1885)
biographie p. 576

CONTEXTE

***Les Misérables* est l'histoire de Jean Valjean, libéré du bagne en 1815. Pour échapper à son passé et à la traque policière, il se construit une vie de notable sous le nom de monsieur Madeleine et prend sous sa protection la jeune Cosette. Celle-ci tombe amoureuse en 1832 d'un jeune révolutionnaire. Valjean se trouve alors mêlé aux troubles politiques qui agitent la France de Louis-Philippe.**

L'agonie d'une barricade, un instant historique

Louis-Philippe, amené au pouvoir avec la révolution de juillet 1830, est rapidement confronté à de nombreuses émeutes et insurrections. À Paris, l'enterrement du général Lamarque en juin 1832 est l'occasion d'une de ces insurrections républicaines. Les derniers combattants, que Valjean a rejoints, se retranchent derrière les barricades du quartier Saint-Merry. Ils y seront écrasés par l'armée.

L'agonie de la barricade allait commencer.

Tout concourait à la majesté tragique de cette minute suprême ; mille fracas mystérieux dans l'air, le souffle des masses armées mises en mouvement dans des rues qu'on ne voyait pas, le galop intermittent de la cavalerie, le lourd ébranlement des artilleries en marche, les feux de peloton et les canonnades se croisant dans le dédale de Paris, les fumées de la bataille montant toutes dorées au-dessus des toits, on ne sait quels cris lointains vaguement terribles, des éclairs de menace partout, le tocsin de Saint-Merry qui maintenant avait l'accent du sanglot, la douceur de la saison, la splendeur du ciel plein de soleil et de nuages, la beauté du jour et l'épouvantable silence des maisons.

Car, depuis la veille, les deux rangées de maisons de la rue de la Chanvrerie étaient devenues deux murailles ; murailles farouches. Portes fermées, fenêtres fermées, volets fermés.

Dans ces temps-là, si différents de ceux où nous sommes, quand l'heure était venue où le peuple voulait en finir avec une situation qui avait trop duré, avec une charte octroyée ou avec un pays légal, quand la colère universelle était diffuse dans l'atmosphère, quand la ville consentait au soulèvement de ses pavés, quand l'insurrection faisait sourire la bourgeoisie en lui chuchotant son mot d'ordre à l'oreille, alors l'habitant, pénétré d'émeute, pour ainsi dire, était l'auxiliaire du combattant, et la maison fraternisait avec la forteresse improvisée qui s'appuyait sur elle. Quand la situation n'était pas mûre, quand l'insurrection n'était décidément pas consentie, quand la masse désavouait le mouvement, c'en était fait

Barricade du cloître Saint-Merry à Paris, en juin 1832.

Insurrection de 1832 : Gavroche est sur la barricade de la rue Saint-Denis à Paris.

▲ QUESTION SUR L'IMAGE

Gavroche est un personnage célèbre des *Misérables*. Renseignez-vous sur ce personnage et dites en quoi il représente une forme d'héroïsme originale.

des combattants, la ville se changeait en désert autour de la révolte, les âmes se glaçaient, les asiles se muraient, et la rue se faisait défilé pour aider l'armée à prendre la barricade.

On ne fait pas marcher un peuple par surprise plus vite qu'il ne veut. Malheur à qui tente de lui forcer la main ! Un peuple ne se laisse pas faire. Alors il abandonne l'insurrection à elle-même. Les insurgés deviennent des pestiférés. Une maison est un escarpement, une porte est un refus, une façade est un mur. Ce mur voit, entend, et ne veut pas. Il pourrait s'entr'ouvrir et vous sauver. Non. Ce mur, c'est un juge. Il vous regarde et vous condamne. Quelle sombre chose que ces maisons fermées ! Elles semblent mortes, elles sont vivantes. La vie, qui y est comme suspendue, y persiste. Personne n'en est sorti depuis vingt-quatre heures, mais personne n'y manque. Dans l'intérieur de cette roche, on va, on vient, on se couche, on se lève ; on y est en famille ; on y boit et on y mange ; on y a peur, chose terrible !

VICTOR HUGO, *Les Misérables*, cinquième partie, livre 1, XX, 1862.

PREMIÈRE LECTURE

1 De quelle minute est-il question dans la phrase : « la majesté tragique de cette minute suprême » (l. 2). Pourquoi est-elle tragique ?

AU FIL DU TEXTE

2 Quelle est la fonction de la phrase qui compose à elle seule le premier paragraphe ?

3 Le deuxième paragraphe comporte une longue énumération des impressions perceptibles autour de la barricade. Classez-les en fonction des sens auxquels elles s'adressent.

4 **Grammaire** « Portes fermées, fenêtres fermées, volets fermés. » (l. 14) Commentez la construction grammaticale de cette phrase. Quel est l'effet de cette construction ?

5 Le quatrième paragraphe repose sur un parallélisme de construction. Reformulez les deux situations historiques ainsi mises en parallèle.

6 Quelles différences observez-vous entre les phrases qui composent le quatrième paragraphe et celles qui composent le cinquième paragraphe ? Comment interprétez-vous ce changement ?

7 Relevez et commentez les métaphores du dernier paragraphe.

8 La fin du texte fait passer le lecteur de la rue barricadée vers l'intérieur des maisons qui l'entourent. Quel effet cela produit-il ?

Vers le bac

Vous proposerez deux axes de lecture pour le commentaire de ce texte en vous aidant des deux questions suivantes.
1. Qu'est-ce qui est déterminant, selon Victor Hugo, dans l'issue d'un moment historique ?
2. Quelles émotions sont provoquées dans cette page par le spectacle de l'histoire ?

ÉCRIT D'APPROPRIATION

De nombreuses mises en images des *Misérables* ont été réalisées (illustrations, BD, adaptations cinématographiques, comédie musicale...). Cherchez une image représentant l'épisode de la barricade de la rue de la Chanvrerie. Commentez-la en précisant à quel genre se rattache cette image et en indiquant son origine.

TEXTE 3

GUSTAVE FLAUBERT, *L'Éducation sentimentale* (1869)

GUSTAVE FLAUBERT
(1821-1880)
biographie p. 575

CONTEXTE

***L'Éducation sentimentale* est un roman de formation marqué par la désillusion. Son personnage principal, Frédéric Moreau, étudiant en droit à Paris, oscille entre son amour pour Mme Arnoux, une femme mariée, et des liaisons faciles, entre une vie mondaine et des camaraderies politiques.**

ADOLPHE PIERRE LELEUX, *Le Mot d'ordre*, 1848. Les insurgés parisiens se passent le mot près des barricades dans la journée du 24 février 1848.

Le peuple aux Tuileries, un événement désenchanté

Le 24 février 1848, au troisième jour des émeutes révolutionnaires qui vont mettre fin au régime de Louis-Philippe, Frédéric Moreau, accompagné du journaliste Hussonnet, assiste au pillage du palais des Tuileries.

Tout à coup *la Marseillaise* retentit. Hussonnet et Frédéric se penchèrent sur la rampe. C'était le peuple. Il se précipita dans l'escalier, en secouant à flots vertigineux des têtes nues, des casques, des bonnets rouges, des baïonnettes et des épaules, si impétueusement, que des gens disparaissaient dans cette masse grouillante qui montait toujours, comme un fleuve refoulé par une marée d'équinoxe, avec un long mugissement, sous une impulsion irrésistible. En haut, elle se répandit, et le chant tomba.

On n'entendait plus que les piétinements de tous les souliers, avec le clapotement des voix. La foule inoffensive se contentait de regarder. Mais, de temps à autre, un coude trop à l'étroit enfonçait une vitre ; ou bien un vase, une statuette déroulait d'une console, par terre. Les boiseries pressées craquaient. Tous les visages étaient rouges, la sueur en coulait à larges gouttes ; Hussonnet fit cette remarque :

– « Les héros ne sentent pas bon ! »

– « Ah ! vous êtes agaçant », reprit Frédéric.

Et poussés malgré eux, ils entrèrent dans un appartement où s'étendait, au plafond, un dais de velours rouge. Sur le trône, en dessous, était assis un prolétaire à barbe noire, la chemise entrouverte, l'air hilare et stupide comme un magot[1]. D'autres gravissaient l'estrade pour s'asseoir à sa place.

– « Quel mythe ! » dit Hussonnet. « Voilà le peuple souverain ! »

Le fauteuil fut enlevé à bout de bras, et traversa toute la salle en se balançant.

– « Saprelotte ! comme il chaloupe[2] ! Le vaisseau de l'État est ballotté sur une mer orageuse ! Cancane[3]-t-il ! cancane-t-il ! »

On l'avait approché d'une fenêtre, et, au milieu des sifflets, on le lança.

– « Pauvre vieux ! » dit Hussonnet en le voyant tomber dans le jardin, où il fut repris vivement pour être promené ensuite jusqu'à la Bastille, et brûlé.

Alors, une joie frénétique éclata, comme si, à la place du trône, un avenir de bonheur illimité avait paru ; et le peuple, moins par vengeance que pour affirmer sa possession, brisa, lacéra les glaces et les rideaux, les lustres, les flambeaux, les tables, les chaises, les tabourets, tous les meubles, jusqu'à des albums de dessins, jusqu'à des corbeilles de tapisserie. Puisqu'on était victorieux, ne fallait-il pas s'amuser !

GUSTAVE FLAUBERT, *L'Éducation sentimentale*, troisième partie, I, 1869.

1 **Magot** : singe.
2 **Chalouper** : reproduire en marchant le tangage d'une chaloupe, mais aussi danser en se balançant violemment notamment en dansant la « chaloupe orageuse ».
3 **Cancaner** : danser le cancan, une danse excentrique de cabaret.

Victor Adam et **Jean-Baptiste Arnout**, *Le Peuple aux Tuileries*, 1848.

▲ **QUESTION SUR L'IMAGE**

L'image proposée pourrait s'inscrire dans le texte entre la description du « prolétaire » hilare et le jet du trône par la fenêtre. En vous appuyant sur des personnages ou des groupes précis de l'image, complétez le récit de Flaubert.

PREMIÈRE LECTURE

1 Quelles impressions vous laisse l'événement raconté par ce texte ? Pour répondre à cette question, vous proposerez deux adjectifs (sous la forme : « C'est un événement (adjectif 1), c'est aussi un événement (adjectif 2) »). Vous justifierez votre choix de chacun des adjectifs.

AU FIL DU TEXTE

2 Dans le premier paragraphe, les personnes qui envahissent le palais des Tuileries sont désignées par des synecdoques et l'ensemble qu'elles forment est désigné par une comparaison. Relevez ces deux figures et commentez-les.

3 Commentez le vocabulaire employé dans les expressions « le clapotement des voix » (l. 9) et « une statuette déroulait d'une console » (l. 11).

4 Quelle est la fonction de l'échange en discours direct entre Hussonnet et Frédéric au milieu du texte ?

5 Le « prolétaire » assis sur le trône et qui a « l'air hilare et stupide comme un magot » (l. 19) fait dire à Hussonnet : « Voilà le peuple souverain » (l. 21). Comment comprenez-vous cette remarque ?

6 Le trône est transporté à travers la pièce et jeté par la fenêtre. Ce mouvement donne lieu à plusieurs métaphores entremêlées. Relevez-les et commentez-les.

7 Quelle figure de rhétorique reconnaissez-vous dans l'avant-dernière phrase ? Commentez-la.

8 **Grammaire** Observez la construction et le type de la dernière phrase. Comment l'interprétez-vous ?

Vers le bac

En 1846, l'écrivain et historien Jules Michelet écrit un essai intitulé *Le Peuple*. Il y critique notamment la représentation du peuple véhiculée par les romanciers de son temps.

« Vous allez la loupe à la main, vous cherchez dans les ruisseaux, je ne sais quoi de sale et d'immonde, et vous nous le rapportez : Triomphe ! Triomphe ! Nous avons trouvé le peuple !

Pour nous intéresser à lui, ils nous le montrent forçant les portes et crochetant les serrures. À ces récits pittoresques, ils ajoutent les théories profondes par lesquelles le peuple, à les entendre, se justifie à lui-même cette guerre à la propriété… Vraiment, c'est terrible misère pour lui, par-dessus d'autres, d'avoir ces imprudents amis. Ces actes, ces théories, ne sont nullement du peuple. La masse n'est sans doute ni pure ni irréprochable ; mais, enfin, si vous voulez la caractériser par l'idée qui la domine dans son immense majorité, vous la verrez occupée, tout au contraire, de fonder par le travail, l'économie, les moyens les plus respectables, l'œuvre immense qui fait la force de ce pays, la participation de tous à la propriété. »

1. Résumez en une phrase ce que Michelet reproche à la représentation du peuple faite par les romanciers.
2. Résumez en une phrase la représentation du peuple que Michelet estime plus juste.
3. Le texte de Flaubert s'inscrit-il, selon vous, dans l'une ou l'autre de ces deux représentations du peuple ? Justifiez votre réponse.

ÉCRIT D'APPROPRIATION

Flaubert est également l'auteur de récits historiques coupés de l'histoire contemporaine. C'est le cas de sa nouvelle « Hérodias » (dans *Trois Contes*, 1877). Lisez cette nouvelle et notez vos impressions de lecture.

Le réalisme

1 DÉFINIR

Le réalisme se développe en littérature au milieu du XIXe siècle, parallèlement au réalisme pictural et en partie en réaction à l'idéalisme romantique. Champfleury, écrivain et critique d'art, est un défenseur du réalisme. Pour éclairer l'intention réaliste, il écrit dans *Chien-Caillou* (1847) un double texte intitulé « Les mansardes ».

Les mansardes des poètes

« Voici à peu près le procédé employé par les poètes pour décrire une mansarde :
Une petite chambre au septième ou au huitième, gaie et avenante. Pas de papier, mais des murs blanchis à la chaux. Un violon accroché aux murs (en cas de masculin), un rosier fleuri (en cas de féminin). Un rayon de soleil vient tous les jours faire sa promenade dans la chambrette. »

Les mansardes réelles

« Voici ce que pourraient écrire les poètes s'ils avaient l'amour de la réalité :
Une petite chambre au septième ou au huitième, triste et sale. Pas de papier, mais des murs jaunes, album mural qui porte les traces de passage de tous les locataires. Le soleil n'y vient jamais, ou, quand il y vient, c'est pour convertir la mansarde en plombs de Venise. »

À partir de ce texte, vous direz ce qu'est et ce que n'est pas un texte réaliste.

2 OBSERVER

Cherchant à rendre compte de la réalité, l'écrivain réaliste fait appel à des documents auxquels s'adossent ses écrits. Flaubert, par exemple, se documente pour écrire différents épisodes de *Madame Bovary* (1857). Dans ce court extrait, Monsieur Homais conseille au jeune Hippolyte de se faire opérer de sa malformation du pied.

« Tandis qu'il étudiait les équins, les varus et les valgus, c'est-à-dire la stréphocatopodie, la stréphendopodie et la stréphexopodie (ou, pour parler mieux, les différentes déviations du pied, soit en bas, en dedans ou en dehors), avec la stréphypopodie et la stréphanopodie (autrement dit torsion en dessous et redressement en haut), M. Homais par toute sorte de raisonnements, exhortait le garçon d'auberge à se faire opérer. »

GUSTAVE FLAUBERT, *Madame Bovary*, 1857.

a. À quelle sorte de documentation Flaubert a-t-il eu recours ? Comment le voit-on ?

b. Quel est ici l'effet recherché par cet emploi du document ?

Monsieur Homais dans la pharmacie, 1936.

3 COMPRENDRE ET RETENIR

Le projet réaliste tient essentiellement dans la restitution des réalités sociales. Ainsi, Balzac, rassemblant 137 œuvres et près de 4 000 personnages dans sa *Comédie humaine*, tend à modéliser la société française (en particulier sous la Restauration). Il s'en explique dans l'Avant-propos de 1842. En voici quelques extraits.

Extrait 1

« [...] il existera donc de tout temps des Espèces Sociales comme il y a des Espèces Zoologiques. Si Buffon a fait un magnifique ouvrage en essayant de représenter dans un livre l'ensemble de la zoologie, n'y avait-il pas une œuvre de ce genre à faire pour la société ? »

Extrait 2

« Ainsi l'œuvre à faire devait avoir une triple forme : les hommes, les femmes et les choses, c'est-à-dire les personnes et la représentation matérielle qu'ils donnent de leur pensée. »

Extrait 3

« La Société française allait être l'historien, je ne devais être que le secrétaire. »

Reformulez ce que vous comprenez de chacun de ces trois extraits.

TEXTE 4

JULES VALLÈS,
L'Insurgé (1886)

JULES VALLÈS
(1832-1885)
biographie p. 589

CONTEXTE

Écrit en exil sous la forme d'un journal, *L'Insurgé* est le troisième volet d'une trilogie d'inspiration autobiographique commencée avec *L'Enfant* (1879) et *Le Bachelier* (1881). Prêtant sa propre histoire au personnage narrateur Jacques Vingtras, Vallès y trace le parcours d'un homme qui joua un rôle important dans les événements révolutionnaires de la Commune de Paris.

Les communards, figures héroïques

À la fin de la guerre franco-prussienne de 1870, Paris est assiégé. Après la capitulation, le gouvernement d'Adolphe Thiers, replié à Versailles, ordonne en mars 1871 la restitution des canons et des armes. Les Parisiens refusent et une insurrection met en place un régime inspiré d'idées socialistes. C'est la Commune de Paris, qui tiendra deux mois. Les communards sont écrasés durant la « semaine sanglante » (du 21 au 28 mai 1871). L'armée versaillaise entre dans Paris le 22 mai. Jacques Vingtras, membre du gouvernement communard, livre ses impressions sur ce moment décisif.

[Lundi 22 mai] Midi.

Où avais-je la tête ! Je croyais que la Ville allait sembler morte avant d'être tuée. Et voici que femmes et enfants s'en mêlent ! Un drapeau rouge tout neuf vient d'être planté par une belle fille, et fait l'effet, au-dessus de ces moellons gris, d'un coquelicot sur un vieux mur.

– Votre pavé, citoyen !

Partout la fièvre, ou plutôt la santé ! On ne crie pas, on ne boit point. À peine, de temps en temps, une tournée sur le zinc, et vite on se balaie les lèvres du revers de la main et l'on retourne à l'établi.

– Nous allons tâcher de faire une bonne journée, me dit un des piaillards de ce matin. Vous avez douté de nous tout à l'heure, camarade ! Repassez quand ça chauffera, et vous verrez si vous aviez affaire à des lâches !

La moisson des coquelicots frissonne… on peut mourir maintenant !

Point de chef ! Personne avec quatre filets d'argent à son képi, ou même ayant aux flancs la ceinture à glands d'or de la Commune[1].

J'ai presque envie de cacher la mienne, pour n'avoir pas l'air de venir une fois la besogne faite ; d'ailleurs, on ne la salue guère.

– Votre place n'est pas ici, m'a même dit brutalement un fédéré[2] à visage ridé. Allez rejoindre les autres ; constituez-vous en Conseil, décidez quelque chose ! Vous n'avez donc rien préparé ? Ah ! nom de Dieu !… Par ici le canon, François ! Femme, mets là les dragées !

Je ne vaux pas cette rouleuse de boulets et ce pousseur de canon ! Comme écharpier, je ne compte pas !

JULES VALLÈS, *L'Insurgé*, XXX, 1886.

1 **Commune** : régime parisien d'inspiration communiste instauré après les élections du 26 mars 1871 qui désignèrent des conseillers par arrondissement. Vallès fut élu pour le XVe arrondissement.
2 **Fédéré** : communard, insurgé de la Commune.

L'Hôtel de Ville incendié, attaque par les troupes de Versailles (le 27 mai 1871), 1871, Paris, musée Carnavalet.

PREMIÈRE LECTURE

1 Le texte multiplie les exclamations. Quels sentiments le narrateur traduit-il, selon vous, par ces exclamations face à ce qu'il voit dans les rues de Paris ?

AU FIL DU TEXTE

2 Comment le narrateur associe-t-il, au début du texte, l'idée de mort qui menace et celle de la vie qui conduit l'action révolutionnaire ?

3 Par quels procédés le langage des communards est-il rendu vivant et expressif dans l'ensemble de l'extrait ?

4 Quelles sont les fonctions des passages en discours direct ?

5 L'image du coquelicot réapparaît deux fois. Interprétez-la.

6 Dans la seconde moitié du texte, quels sont les différents types de communards que le texte distingue ? Commentez la façon dont ils sont désignés.

7 **Grammaire** Quelle relation grammaticale articule la plupart des propositions du texte ? Quel effet cela produit-il ?

METTRE EN PERSPECTIVE

8 Dans ses *Souvenirs d'un révolutionnaire*, Gustave Lefrançais, communard comme Vallès, note, à la date de ce lundi 22 mai :

> « On va enfin lutter face à face. Et puis, cette armée qui vient d'entrer parle la même langue que nous. Ce sont des compatriotes, des fils de prolétaires. Qui sait si, se rappelant qu'ensemble nous avons combattu les Prussiens, défendu l'intégrité du sol même de Paris, ces soldats de Versailles ne sentiront pas l'ignominie du rôle qu'on veut leur faire jouer ?
>
> Enfin mieux vaut pour tous, en somme, ce face-à-face définitif que la prolongation indéfinie d'une lutte à distance et sans issue. Telles sont les pensées qui semblent à cette heure animer les esprits. Les femmes surtout sont pleines d'entrain et travaillent sans relâche à la construction des barricades que les hommes sauront défendre. »

Quelles ressemblances et quelles différences faites-vous entre les deux textes ?

André Victor Édouard Devambez, *La Barricade ou l'Attente en mai 1871* (détail), XIXe siècle.

QUESTIONS SUR L'IMAGE

1. **Cette représentation d'une journée de la « semaine sanglante » a pour titre *l'Attente*. De quelle attente s'agit-il ?**

2. **Quel regard sur les communards permet ce choix d'un moment d'inaction ?**

Vers le bac

En vous appuyant sur les observations que vous avez faites, vous rédigerez deux paragraphes organisés dans lesquels vous montrerez que le texte restitue à la fois les réflexions d'un responsable politique dans un moment décisif et des scènes de rue animées dont il est le témoin.

ÉCRIT D'APPROPRIATION

« Le temps des cerises » est une chanson écrite en 1866 par Jean Baptiste Clément. En 1871, Clément est communard et sa chanson est par la suite associée à la Commune.

De nombreuses interprétations de cette chanson sont accessibles en ligne. Écoutez-en une et reproduisez le texte dans votre cahier. Vous expliquerez en quoi ses paroles peuvent être comprises comme une évocation de la Commune.

TEXTE ÉCHO

JACQUES TARDI, *Le Cri du peuple* (2004)

La semaine sanglante

***Le Cri du peuple* est le nom du journal que Jules Vallès publie durant la Commune. C'est aussi le nom d'un roman historique de Jean Vautrin (1998) retraçant les événements de 1871. C'est enfin la bande dessinée de Jacques Tardi (2004) adaptée de ce roman, dont voici deux planches.**

Mardi 23 mai 1871 : incendie du palais des Tuileries.
Tome 3, « Les heures sanglantes ».
Des bâtiments parisiens sont incendiés par les communards (l'Hôtel de Ville, le palais des Tuileries, le palais de justice…).

JACQUES TARDI, *Le Cri du peuple,* éd. Casterman, 2004.

Jeudi 25 mai 1871 : exécution de communards.
Tome 4, « Le testament des ruines ».
Les combats et les exécutions font des milliers de morts parmi les communards.

1 Relevez dans ces deux planches (textes et dessins) ce que Tardi semble directement emprunter à ses sources historiques.

2 Quels éléments sont visiblement ajoutés pour rendre le moment historique vivant ?

3 Deux aspects différents de la « semaine sanglante » sont représentés par ces deux planches. Comparez les impressions que suscite chacune d'elles.

4 Quelle représentation de l'événement ces planches proposent-elles ?

Récits de la Grande Guerre

Voici trois extraits de romans historiques sur la guerre 1914-1918. Lisez ces textes et répondez de façon synthétique et organisée au deux questions suivantes (vous tiendrez compte de la date de publication des textes) :

a. Pourquoi les romanciers (qui ne sont pas des historiens) racontent-ils la guerre ?

b. Quels procédés littéraires vous semblent, dans ces textes, adaptés pour raconter la guerre ?

Texte A

« Brusquement, devant nous, sur toute la largeur de la descente, de sombres flammes s'élancent en frappant l'air de détonations épouvantables. En ligne, de gauche à droite, des fusants sortent du ciel, des explosifs sortent de la terre. C'est un effroyable rideau qui nous sépare du monde, nous sépare du passé et de l'avenir. On s'arrête, plantés au sol, stupéfiés par la nuée soudaine qui tonne de toutes parts ; puis un effort simultané soulève notre masse et la rejette en avant, très vite. On trébuche, on se retient les uns aux autres, dans de grands flots de fumée. On voit, avec de stridents fracas et des cyclones de terre pulvérisée, vers le fond, où nous nous précipitons pêle-mêle, s'ouvrir des cratères, çà et là, à côté les uns des autres, les uns dans les autres. Puis on ne sait plus où tombent les décharges. Des rafales se déchaînent si monstrueusement retentissantes qu'on se sent annihilé par le seul bruit de ces averses de tonnerre, de ces grandes étoiles de débris qui se forment en l'air. »

HENRI BARBUSSE, *Le feu*, 1916.

Texte B

« J'ai marché longtemps dans les crevasses, portant dans mes bras Mademba lourd comme un enfant endormi. Cible ignorée des ennemis, j'étais englué sous la lumière de la pleine lune et je suis arrivé au trou béant de notre tranchée. Et, vue de loin, notre tranchée m'est apparue comme les deux lèvres entrouvertes du sexe d'une femme immense. Une femme ouverte, offerte à la guerre, aux obus et à nous, les soldats. C'est la première chose inavouable que je me suis permis de penser. Avant la mort de Mademba, je n'aurais jamais osé imaginer une chose pareille, me dire à moi-même que je voyais la tranchée comme un sexe féminin démesuré qui allait nous accueillir Mademba et moi. Le dedans de la terre était dehors, le dedans de mon esprit était dehors, et j'ai su, j'ai compris que je pouvais penser tout ce que je voulais à condition que les autres n'en sachent rien. »

DAVID DIOP, *Frère d'âme*, éd. du Seuil, 2018.

Texte C

« Soudain, dans notre poursuite, nous arrivons aux positions ennemies. Nous serrons de si près nos adversaires en fuite que nous parvenons à nous y introduire presque en même temps qu'eux. Grâce à cela, nous avons peu de pertes. Une mitrailleuse se met à aboyer, mais une grenade lui fait son affaire. Néanmoins, les quelques secondes que cela a duré ont suffi pour atteindre au ventre cinq de nos hommes. Kat, d'un coup de crosse, fracasse le visage de l'un des servants, resté sans blessure. Nous enfilons les autres à la baïonnette, avant qu'ils aient pu se servir de leurs grenades. Puis, altérés, nous buvons avidement l'eau du refroidisseur. »

ERICH MARIA REMARQUE, *À l'ouest rien de nouveau*, 1928, trad. Alzir Hella et Olivier Bournac, éd. Stock, 2009.

ANDRÉ DEVAMBEZ, *Avant une attaque*, 1915.

Parcours culturel et artistique

LE TABLEAU D'HISTOIRE, UN GENRE ACADÉMIQUE ET SES ÉVOLUTIONS

L'Académie des beaux-arts, fondée au XVIIe siècle, est devenue au XIXe siècle l'acteur central de la production et du marché de l'art. Centre d'enseignement des arts, elle préside aussi à l'attribution des commandes de l'État, elle juge les productions par des prix et l'organisation des Salons, elle oriente le goût. Elle établit également une hiérarchie des genres picturaux au sommet de laquelle se trouvent « les scènes historiques ». Tableaux de grands formats, ces « scènes historiques » doivent montrer tout le talent du peintre en matière de composition, de dessin et de couleurs. Or, le genre évolue au fil du siècle, non seulement en fonction des mouvements artistiques qui s'en saisissent, mais aussi par l'évolution de l'idée que les artistes se font de l'histoire elle-même.

UNE ŒUVRE NÉOCLASSIQUE : *LE SACRE DE NAPOLÉON*

Le néoclassicisme est un courant pictural qui commence à la fin du XVIIIe siècle et défend l'idée d'un « beau idéal » en art atteignable par le respect de règles universelles et permanentes. Le tableau d'histoire néoclassique cherche avant tout la lisibilité de l'événement représenté, la précision du dessin et l'équilibre de la composition.

Jacques-Louis David est un peintre néoclassique. Peintre officiel de l'Empire, il reçoit la commande par l'Empereur d'une représentation de son sacre du 2 décembre 1804.

JACQUES-LOUIS DAVID, *Le Sacre de Napoléon*, 1807 (621 × 979 cm), musée du Louvre, Paris.

1. Identifiez au moins trois personnages historiques et au moins deux objets symboliques.
2. À quel moment précis l'événement est-il saisi ?
3. Comment peut-on identifier le lieu où se déroule cette scène ?
4. Quel rôle la lumière joue-t-elle dans la scène ?
5. Comment le peintre donne-t-il au spectateur le sentiment d'être face à un moment d'histoire ?

UNE ŒUVRE ROMANTIQUE : *LE RADEAU DE LA MÉDUSE*

THÉODORE GÉRICAULT, *Le Radeau de la Méduse*, 1819 (491 × 716 cm), musée du Louvre, Paris.

La peinture romantique aborde les « scènes historiques » avec des préoccupations nouvelles. Elle privilégie l'expressivité de la scène sur sa lisibilité, elle engage la passion du regard plus que la raison du spectateur. Favorisant la couleur sur le dessin, elle retrouve les jeux de lumière complexes de la peinture baroque.

Géricault représente la fin de l'épisode tragique du naufrage de la frégate *La Méduse* survenu en 1816 au large de la Mauritanie, du fait de l'incompétence de son commandant, un aristocrate n'ayant pas navigué depuis 25 ans. Des 400 personnes à bord, une centaine est abandonnée sur un radeau de fortune, faute de chaloupes. Seules quinze sont sauvées treize jours plus tard par *L'Argus*. Un an après la prise de pouvoir de Louis XVIII, l'événement choque, fait polémique et est vu comme une image de la Restauration.

6 Quels éléments participent à la dramatisation de la scène ?

7 Que pouvez-vous dire de la composition du tableau ?

8 Que devine-t-on des différents personnages à bord ? Choisissez un groupe de personnages et commentez leurs attitudes.

9 Comment le tableau donne-t-il à l'événement représenté un statut historique ?

UNE ŒUVRE RÉALISTE : *UN ENTERREMENT À ORNANS*

GUSTAVE COURBET, *Un enterrement à Ornans*, 1850 (315 × 668 cm), musée d'Orsay, Paris.

Figure centrale du réalisme en peinture, Gustave Courbet est originaire d'Ornans, petite ville de Franche-Comté. Il y puise une partie de ses sujets. En 1850, il présente un *Tableau de figures humaines, historique d'un enterrement à Ornans* ; le tableau fait scandale. On lui reproche la démesure du format pour un sujet si banal et la vulgarité des figures. Courbet, qui revendique un « art démocratique » s'explique sur le qualificatif de « réaliste » qu'on lui attribue alors. Pour lui, être réaliste c'est « [ê]tre à même de traduire les mœurs, les idées, l'aspect de mon époque, selon mon appréciation, être non seulement un peintre, mais comme un homme, en un mot faire de l'art vivant ».

10 En quoi le choix du format historique peut-il paraître surprenant pour ce sujet ?

11 Comment les personnages sont-ils disposés sur la toile ?

12 Quelle fonction joue le paysage dans l'impression générale que suscite le tableau ?

13 Les personnages du tableau ont souvent été jugés laids ou ridicules. Partagez-vous ce jugement ? Justifiez votre réponse.

14 En quoi Courbet joue-t-il (de façon provocante) avec les codes du tableau historique ? Comment interprétez-vous cette provocation ?

15 Dans un court paragraphe de synthèse (15 lignes), montrez que les trois toiles des pages 82 à 84 relèvent de conceptions différentes de l'histoire.

VERS LE XXe SIÈCLE : *VERDUN* PAR FÉLIX VALLOTTON

La fin de la toute-puissance de l'Académie sur le marché de l'art conduit à une réévaluation de la hiérarchie des genres et un abandon des codes qui les régissent : le tableau d'histoire disparaît en tant que tel. Cependant des peintres du XXe siècle continuent de représenter les événements historiques en cherchant dans les évolutions de leur art et dans les conceptions nouvelles de l'histoire des approches et des sujets nouveaux. On peut penser aux gueules cassées expressionnistes d'Otto Dix (*Les Joueurs de Skat*, 1920), à l'évocation cubiste de *Guernica* par Picasso (1937), à la représentation de la montée du nazisme dans les collages surréalistes de John Heartfield (*Adolf le surhomme*, 1932) ou la figuration narrative des masses par Gérard Fromanger dans les années 1970.

FÉLIX VALLOTTON, *Verdun, tableau de guerre interprété, projections colorées noires, bleues et rouges, terrains dévastés, nuées de gaz*, 1917 (115 × 146 cm), musée de l'Armée, Paris.

Félix Vallotton (1865-1925) est un peintre suisse qui a été membre du mouvement nabi (voir p.103). S'il n'a pas été mobilisé pendant la Première Guerre mondiale, il s'est vu confier des missions d'observation en 1916 et 1917. Cette toile représente la bataille de Verdun, bataille emblématique du conflit mondial, qui vit, durant dix mois de combat sur le front de l'Est, s'abattre un déluge de feu de plusieurs dizaines de millions d'obus.

16 Faites l'inventaire des éléments visibles qui composent ce paysage de champ de bataille. Quelles couleurs sont associées à chacun de ces éléments ?

17 Le tableau ne fait apparaître aucune figure humaine. Comment interprétez-vous ce parti pris ?

18 Vallotton écrit : « L'idée de la guerre est une idée intérieure ». Comment comprenez-vous cette affirmation ? En quoi ce tableau en est-il l'illustration ?

CHAPITRE 4
Regards subjectifs des naturalistes sur la campagne

Le projet naturaliste

Dans une préface à leur roman *Germinie Lacerteux* (1864), **les Goncourt** revendiquent pour le roman « les libertés et les franchises » de la science. Si l'objet du roman est le réel, alors aucune réalité sociale n'est indigne de l'attention du lecteur : « Nous nous sommes demandé s'il y avait encore, pour l'écrivain et pour le lecteur, en ces années d'égalité où nous sommes, des classes indignes, des malheurs trop bas, des drames trop mal embouchés, des catastrophes d'une terreur trop peu noble. » Ces orientations du roman naturaliste s'imposent alors rapidement.

Du réalisme au naturalisme

Les romanciers du dernier tiers du XIXe siècle poursuivent la démarche réaliste et réaffirment les ambitions du genre romanesque, le déclarant même, comme le font les **frères Goncourt**, « la grande forme sérieuse passionnée, vivante de l'étude littéraire ».

Le naturalisme et la science

Le naturalisme qui se développe à partir des années 1870 autour d'**Émile Zola** déborde le champ littéraire.

Dans son essai de 1880, *Le Roman expérimental*, l'auteur de *Germinal* (1885) résume les principaux emprunts que la forme romanesque fait à la science. Il s'agit, par l'observation et la documentation, d'analyser un milieu social dans lequel les personnages vont évoluer. Il s'agit ensuite de produire des personnages en faisant agir les « déterminismes » identifiés par **Hippolyte Taine** : déterminisme historique du « moment », déterminisme sociologique du « milieu » et déterminisme biologique de la « race ».

Personnages des *Rougon-Macquart*.

Zola élabore même une théorie complexe (et largement fantaisiste) de l'hérédité qui joue un rôle important dans la rédaction de sa série des *Rougon-Macquart. Histoire naturelle et sociale d'une famille sous le second Empire*, comptant vingt romans.

Zola définit également ce qu'il appelle, après le médecin **Claude Bernard**, l'expérimentation :

« Et c'est là ce qui constitue le roman expérimental : posséder le mécanisme des phénomènes chez l'homme, montrer les rouages des manifestations intellectuelles et sensuelles telles que la physiologie nous les expliquera, sous les influences de l'hérédité et des circonstances ambiantes, puis montrer l'homme vivant dans le milieu social qu'il a produit lui-même, qu'il modifie tous les jours, et au sein duquel il éprouve à son tour une transformation continue. » *Le Roman expérimental*, chapitre II.

- 1857 Champfleury, *Le Réalisme*
- 1864 Jules et Edmond de Goncourt, préface de *Germinie Lacerteux*
- 1871-1893 Cycle des *Rougon-Macquart* d'Émile Zola, avec notamment *Germinal* en 1885
- 1879 Émile Zola, *Mes haines*
- 1880 *Les soirées de Médan* (recueil manifeste du groupe naturaliste comportant six nouvelles de Zola, Maupassant, Huysmans, Hennique, Céard et Alexis)
- 1880 Émile Zola, *Le Roman expérimental*
- 1881 Giovanni Verga, *Les Malavoglia*
- 1885 Maupassant, *Bel-Ami*
- 1886 Camille Lemonnier, *Happe-Chair*
- 1887 *Le Manifeste des cinq* (texte de rupture avec Zola de cinq romanciers naturalistes)
- 1888 Maupassant, préface de *Pierre et Jean*
- 1891 K. J. Huysmans, *Là-bas* (le romancier y explique sa rupture avec le naturalisme)
- 1901 Thomas Mann, *Les Buddenbrook*

1850 — 1860 — 1870 — 1880 — 1890 — 1900

« Un coin de la création vu à travers un tempérament »

Un groupe d'écrivains se fédère autour d'Émile Zola. Ils publient un recueil manifeste en 1880, *Les Soirées de Médan*.

Si les naturalistes de cette génération traitent des thèmes communs (la guerre de 1870, le travail, les transformations sociales induites par l'industrialisation par exemple), si l'adhésion au cadre théorique semble actée par tous, ce qui sous-tend la représentation du monde de chacun diffère en revanche largement.

Zola écrit dans *Mes haines* que l'œuvre d'art est comme « un coin de la création vu à travers un tempérament ». Or le « tempérament » de Zola, qui le conduit à écrire des romans épiques traversés de pulsions, n'est pas celui de **Huysmans**, dont le dégoût du monde va jusqu'au vertige, ni celui de **Maupassant**, dont la satire tranchante est contre-balancée par l'inquiétude.

Ces différences conduiront en partie à une dislocation du groupe, dont l'éclatement est acté en 1887 avec le « Manifeste des cinq », à l'occasion de la publication de *La Terre* de Zola.

Les influences naturalistes

Les naturalistes occupent le devant de la scène culturelle dans les années 1880. Critiques d'art pour beaucoup, ils promeuvent la peinture nouvelle : c'est **Zola** qui affirme sa proximité avec **Manet**, ou **Huysmans** qui défend **Degas**, par exemple. Des échanges fructueux entre peintres et écrivains ont alors lieu.

Mais c'est aussi à l'échelle européenne que la littérature naturaliste crée des jeux d'influence. En Italie, le vérisme de **Giovanni Verga** (1840-1922) repose sur des bases comparables à celles des naturalistes français. Le romancier allemand **Thomas Mann** revendique pour sa saga familiale *Les Buddenbrook* (1901) l'appellation de « naturaliste », le Belge **Camille Lemonnier** publie la même année que *Germinal* (1886) un grand roman des ouvriers de la sidérurgie, *Happe-Chair*.

Édouard Manet,
portrait d'Émile Zola, 1868.

QUESTION

Dans ce portrait, Zola est entouré d'objets. Choisissez-en deux et expliquez leur présence.

L'héritage naturaliste

Si le mouvement ne survit pas à la disparition de son chef de file en 1902, l'héritage du naturalisme est largement partagé.

L'enquête sociale comme préalable à l'écriture de fiction, par exemple, est encore une pratique de la littérature contemporaine (les romans de **Maylis de Kerangal** en sont la preuve).

Le cinéma a également pris le relais des naturalistes. Il y a d'abord de très nombreuses adaptations des œuvres de Zola (chez **Jean Renoir** ou **Fritz Lang**) ou de Maupassant (chez **Max Ophüls** ou **Jean-Luc Godard**). Mais certains cinéastes ont aussi pu adopter des démarches qui ont été qualifiées de « naturalistes » : de la mise en lumière des populations invisibles (les films des **frères Dardenne**) à l'intégration du documentaire dans la fiction (de **Maurice Pialat** à **Abdellatif Kechiche**) en passant par la représentation sociale comme image d'un univers pulsionnel (**Erich von Stroheim**).

Désir humain (Human Desire),
film réalisé par Fritz Lang en 1954,
d'après *La Bête humaine* d'Émile Zola.

TEXTE 1

ÉMILE ZOLA,
Germinal (1885)

ÉMILE ZOLA

(1840-1902)
biographie p. 591

CONTEXTE

En 1884, une grande grève a lieu dans les mines d'Anzin. Zola s'y rend et amasse une vaste documentation qui conduit à la publication de *Germinal* en 1885. Le roman raconte l'histoire d'Étienne Lantier, embauché par la Compagnie et logé par la famille Maheu. Étienne participe à une grève qui dure des semaines et qui culmine dans un déchaînement de violence et de répression. À la reprise du travail, le sabotage du puits du Voreux entraîne la mort de nombreux mineurs. Étienne en sort vivant et quitte Montsou.

Une vision symbolique : « les récoltes du siècle futur »

La dernière page du roman montre Étienne marchant sur une route qui traverse la campagne environnant la mine, un matin d'avril. C'est la route qu'il avait empruntée dans l'autre sens un an plus tôt, lors de son arrivée à Montsou, dans la première page du roman.

Mais Étienne, quittant le chemin de Vandame, débouchait sur le pavé. À droite, il apercevait Montsou qui dévalait et se perdait. En face, il avait les décombres du Voreux, le trou maudit que trois pompes épuisaient sans relâche. Puis, c'étaient les autres fosses à l'horizon, la Victoire, Saint-Thomas, Feutry-Cantel ; tandis que, vers le nord, les tours élevées des hauts fourneaux et les batteries des fours à coke fumaient dans l'air transparent du matin. S'il voulait ne pas manquer le train de huit heures, il devait se hâter, car il avait encore six kilomètres à faire.

Et, sous ses pieds, les coups profonds, les coups obstinés des rivelaines[1] continuaient. Les camarades étaient tous là, il les entendait le suivre à chaque enjambée. N'était-ce pas la Maheude[2], sous cette pièce de betteraves, l'échine cassée, dont le souffle montait si rauque, accompagné par le ronflement du ventilateur ? À gauche, à droite, plus loin, il croyait en reconnaître d'autres, sous les blés, les haies vives, les jeunes arbres. Maintenant, en plein ciel, le soleil d'avril rayonnait dans sa gloire, échauffant la terre qui enfantait. Du flanc nourricier jaillissait la vie, les bourgeons crevaient en feuilles vertes, les champs tressaillaient de la poussée des herbes. De toutes parts, des graines se gonflaient, s'allongeaient, gerçaient la plaine, travaillées d'un besoin de chaleur et de lumière. Un débordement de sève coulait avec des voix chuchotantes, le bruit des germes s'épandait en un grand baiser. Encore, encore, de plus en plus distinctement, comme s'ils se fussent rapprochés du sol, les camarades tapaient. Aux rayons enflammés de l'astre, par cette matinée de jeunesse, c'était de cette rumeur que la campagne était grosse. Des hommes poussaient, une armée noire, vengeresse, qui germait lentement dans les sillons, grandissant pour les récoltes du siècle futur, et dont la germination allait faire bientôt éclater la terre.

ÉMILE ZOLA, *Germinal*, 1885.

1 **Rivelaines** : pioches à deux pointes dont se servent les mineurs pour extraire le charbon.
2 **Maheude** : surnom de la mère de la famille Maheu. La plupart des membres de la famille étant morts durant les événements rapportés par le roman, elle a dû reprendre le travail au fond de la mine.

LUCIEN JOSEPH FONTANAROSA, *Les mineurs*, étude pour une illustration de *Germinal*, 1958.

Dwight William Tryon (1849-1925), *Début du printemps*, 1896. Gouache et aquarelle sur panneau de bois, 28,3 x 56,4 cm.

QUESTIONS SUR L'IMAGE

1. Dans quelle mesure ce tableau permet-il au spectateur de situer ce paysage dans le temps (moment de la journée, de l'année) ?
2. Quelles ressemblances lui trouvez-vous avec la description faite par Zola ?

PREMIÈRE LECTURE

1 Cette page propose simultanément deux paysages différents. Quels sont ces paysages ?

AU FIL DU TEXTE

2 Quel est le point de vue narratif adopté ? Quels sont les indices qui vous permettent de le savoir ?

3 Quelle est la fonction des noms propres dans le premier paragraphe ?

4 Relevez et commentez, dans le second paragraphe, le champ lexical du bruit. Expliquez son emploi.

5 **Grammaire** « À gauche, à droite, plus loin, il croyait en reconnaître d'autres, sous les blés, les haies vives, les jeunes arbres. » (l. 14-16) Identifiez les compléments circonstanciels dans cette phrase et commentez leur emploi.

6 Relevez et commentez les verbes qui servent à décrire la transformation de la nature au printemps.

7 Par quelle métaphore les deux paysages décrits se confondent-ils à la fin du texte ?

8 D'après cette page, expliquez pourquoi Zola a appelé son roman « *Germinal* ».

PROLONGEMENT

***Germinal* se termine sur l'image d'hommes nouveaux sortant de terre. Trouvez un mythe auquel cette image pourrait renvoyer et résumez-le dans votre cahier.**

Vers le bac

Ouvrier dans une forge, Goujet voit son travail transformé par la mécanisation. Il fait découvrir à Gervaise, une amie blanchisseuse, ces nouvelles machines.

Cependant, Goujet s'était arrêté devant une des machines à rivets. Il restait là, songeur, la tête basse, les regards fixes. La machine forgeait des rivets de quarante millimètres, avec une aisance tranquille de géante. Et rien n'était plus simple en vérité. Le chauffeur prenait le bout de fer dans le fourneau ; le frappeur le plaçait dans la clouière, qu'un filet d'eau continu arrosait pour éviter d'en détremper l'acier ; et c'était fait, la vis s'abaissait, le boulon sautait à terre, avec sa tête ronde comme coulée au moule. En douze heures, cette sacrée mécanique en fabriquait des centaines de kilogrammes. Goujet n'avait pas de méchanceté ; mais, à certains moments, il aurait volontiers pris Fifine pour taper dans toute cette ferraille, par colère de lui voir des bras plus solides que les siens. Ça lui causait un gros chagrin, même quand il se raisonnait, en se disant que la chair ne pouvait pas lutter contre le fer. Un jour, bien sûr, la machine tuerait l'ouvrier ; déjà leurs journées étaient tombées de douze francs à neuf francs, et on parlait de les diminuer encore ; enfin, elles n'avaient rien de gai, ces grosses bêtes, qui faisaient des rivets et des boulons comme elles auraient fait de la saucisse. Il regarda celle-là trois bonnes minutes sans rien dire ; ses sourcils se fronçaient, sa belle barbe jaune avait un hérissement de menace. Puis, un air de douceur et de résignation amollit peu à peu ses traits. Il se tourna vers Gervaise qui se serrait contre lui, il dit avec un sourire triste :

« Hein ! ça nous dégotte[1] joliment ! Mais peut-être que plus tard ça servira au bonheur de tous. »

Émile Zola, *L'Assommoir*, 1877.

1 Dégotter : (familier) surpasser, être supérieur à.

Montrez, dans un paragraphe argumenté et construit, que la description de la machine passe progressivement d'une présentation technique à une vision subjective et imagée. Vous appuierez votre analyse sur des relevés précis du texte que vous commenterez.

TEXTE 2

GUY DE MAUPASSANT,
« Aux champs », *Contes de la bécasse* (1883)

GUY DE MAUPASSANT
(1850-1893)
biographie p. 581

CONTEXTE

D'abord publiées séparément dans des journaux (*Gil Blas* et *Le Gaulois*), les nouvelles des *Contes de la bécasse* sont ensuite rassemblées dans le recueil et liées entre elles par un récit cadre : lors du repas traditionnel qui clôt la chasse à la bécasse, un tirage au sort désigne celui qui mangera les pièces de choix que sont les têtes de bécasse. En contrepartie, il dédommagera les autres convives par le récit d'une histoire vraie.

Une satire de la vie paysanne

« Aux champs » raconte la vente par la famille Vallin d'un de ses enfants à un couple bourgeois stérile contre une rente. Les Tuvache, à qui on avait fait la même proposition et qui l'avaient refusée, ne tardent pas à jalouser leurs voisins. La nouvelle s'ouvre sur la description des deux chaumières.

Les deux chaumières étaient côte à côte, au pied d'une colline, proches d'une petite ville de bains. Les deux paysans besognaient dur sur la terre inféconde pour élever tous leurs petits. Chaque ménage en avait quatre. Devant les deux portes voisines, toute la marmaille grouillait du matin au soir. Les deux aînés avaient six ans et les deux cadets quinze mois environ, les mariages, et, ensuite, les naissances s'étaient produits à peu près simultanément dans l'une et l'autre maison.

Les deux mères distinguaient à peine leurs produits dans le tas ; et les deux pères confondaient tout à fait. Les huit noms dansaient dans leur tête, se mêlaient sans cesse ; et, quand il fallait en appeler un, les hommes souvent en criaient trois avant d'arriver au véritable.

La première des deux demeures, en venant de la station d'eaux de Rolleport, était occupée par les Tuvache, qui avaient trois filles et un garçon ; l'autre masure abritait les Vallin, qui avaient une fille et trois garçons.

Tout cela vivait péniblement de soupe, de pommes de terre et de grand air. À sept heures, le matin, puis à midi, puis à six heures, le soir, les ménagères réunissaient leurs mioches pour donner la pâtée, comme des gardeurs d'oies assemblent leurs bêtes. Les enfants étaient assis par rang d'âge, devant la table en bois, vernie par cinquante ans d'usage. Le dernier moutard avait à peine la bouche au niveau de la planche. On posait devant eux l'assiette creuse pleine de pain molli dans l'eau où avaient cuit les pommes de terre, un demi-chou et trois oignons ; et toute la lignée mangeait jusqu'à plus faim. La mère empâtait elle-même le petit. Un peu de viande au pot-au-feu, le dimanche était une fête pour tous ; et le père, ce jour-là, s'attardait au repas en répétant : « Je m'y ferais bien tous les jours. »

GUY DE MAUPASSANT, « Aux champs », *Contes de la bécasse*, 1883.

ÉDOUARD JÉRÔME PAUPION (1854-1912), *Grand-mère*, 1824. Peinture, musée des Beaux-arts de Beaune.

QUESTIONS SUR L'IMAGE

1. **À quelle phrase du texte ce tableau vous fait-il penser ?**
2. **Quels éléments rendent la scène pittoresque ?**

PREMIÈRE LECTURE

1 Quel regard le narrateur porte-t-il sur les personnages de son histoire ? Est-il, selon vous, de la même condition sociale ?

LECTURE ANALYTIQUE

La description péjorative de la vie paysanne

2 Comment le travail des paysans est-il décrit ? En quoi la deuxième phrase du texte contient-elle une opposition qui annonce le sujet de la nouvelle ?

3 Comment sont représentés les liens familiaux ? Commentez le vocabulaire qui désigne les enfants. À quoi sont comparées les mères à l'heure du repas ?

4 Quelles sont les fonctions de la scène de repas ? Commentez les paroles du père rapportées au discours direct.

La mise en place d'une nouvelle satirique

5 Comment sont présentées les deux familles ? Quelles remarques pouvez-vous faire sur le nom de chacune ? Que semble annoncer la composition respective des deux familles ?

6 Comment le narrateur montre-t-il qu'il est difficile de distinguer les enfants des uns de ceux des autres ? Quelle dimension satirique a cette notation ?

7 Relevez toutes les indications qui ont à voir avec le double. En quoi cette insistance sur la dualité prépare-t-elle la suite du récit ?

Otto Günther (1838-1884), *Laboureurs à table*, 1875. Huile sur toile, 31 x 47 cm, musée de Wiesbaden.

▲ QUESTION SUR L'IMAGE

Qu'est-ce qui fait de ce tableau une œuvre réaliste ?

PROLONGEMENT

Vous lirez l'intégralité de la nouvelle, ainsi qu'une autre nouvelle du même recueil. Vous ferez une présentation de cette autre nouvelle dans votre cahier. Votre présentation comportera : un résumé, deux centres d'intérêt dans la nouvelle, un point de comparaison avec « Aux champs ».

Vers le bac

Rédigez l'introduction du commentaire de ce texte.

Le naturalisme

1 OBSERVER

Voici trois couvertures de *La Terre* d'Émile Zola, paru d'abord en feuilleton dans *Gil Blas* en 1887.

Dans quelle mesure chacune de ces couvertures rend-elle compte du projet naturaliste ?

2 COMPRENDRE

« Nous nous appuyons sur la physiologie, nous prenons l'homme isolé des mains du physiologiste, pour continuer la solution du problème et résoudre scientifiquement la question de savoir comment se comportent les hommes dès qu'ils sont en société. »

ÉMILE ZOLA, *Le Roman expérimental*, 1983.

Zola établit une continuité entre le physiologiste (qui étudie le corps humain et ses réactions) et le romancier. Tous les deux étudient les échanges entre l'individu et son milieu. Par exemple, le physiologiste qui étudie une maladie contagieuse observe comment l'organisme de l'individu est modifié mais aussi comment cet individu devient un agent de propagation de la maladie. C'est sur ce modèle que Zola étudie dans *Germinal* le phénomène social de la grève (Étienne est transformé par le milieu de la mine et l'expérience de la grève mais il transforme aussi ce milieu par son action politique).

Cherchez des résumés des œuvres suivantes de Zola et identifiez le phénomène social mis à l'étude expérimentale dans chacun : *L'Assommoir* (1878), *L'Œuvre* (1886), *Nana* (1880).

3 ANALYSER

Le roman *Là-bas* de Huysmans s'ouvre sur un dialogue. L'un des interlocuteurs exprime son opinion sur le naturalisme.

« Je ne reproche au naturalisme ni ses termes de pontons, ni son vocabulaire de latrines et d'hospices, car ce serait injuste et ce serait absurde ; d'abord, certains sujets les hèlent, puis avec des gravats d'expressions et du brai de mots, l'on peut exhausser d'énormes et de puissantes œuvres, l'*Assommoir*, de Zola, le prouve ; non, la question est autre ; ce que je reproche au naturalisme, ce n'est pas le lourd badigeon de son gros style, c'est l'immondice de ses idées ; ce que je lui reproche, c'est d'avoir incarné le matérialisme dans la littérature, d'avoir glorifié la démocratie de l'art ! »

JORIS-KARL HUYSMANS, *Là-bas*, 1891.

Reformulez les principaux reproches que ce personnage adresse au naturalisme.

TEXTE 3

JORIS-KARL HUYSMANS, *En rade* (1887)

JORIS-KARL HUYSMANS
(1848-1907)
biographie p. 577

CONTEXTE

Joris-Karl Huysmans est l'auteur de l'une des nouvelles des *Soirées de Médan*. Ses récits sont marqués par un profond pessimisme. Il prend progressivement ses distances avec le groupe naturaliste et affirme sa rupture avec lui dans un roman de 1891, *Là-bas*. Roman de transition, *En rade* (1886) suit le parcours d'un personnage marqué par la fatigue, la déception et le dégoût.

« Le travail anodin des champs » contre la splendeur industrielle

Jacques Marles a quitté Paris et ses ennuis d'argent pour un séjour en campagne, à Lourps, chez un oncle de sa femme. Loin de lui procurer l'apaisement qu'il en attendait, la campagne au mois d'août et la fréquentation des paysans de la Brie s'avèrent une épreuve supplémentaire que n'interrompent que les moments de sommeil et de rêves.

Quelle fournaise ! pensa le jeune homme, qui s'assit en tailleur et se tassa, cherchant à s'abriter le corps dans le cercle d'ombre projeté par les ailes de son large chapeau de paille. Et quelle blague que l'or des blés ! se dit-il, regardant au loin ces bottes couleur d'orange sale, réunies en tas. Il avait beau s'éperonner, il ne pouvait parvenir à trouver que ce tableau de la moisson si constamment célébré par les peintres et par les poètes, fût vraiment grand. C'était, sous un ciel d'un imitable bleu, des gens dépoitraillés et velus, puant le suint[1], et qui sciaient en mesure des taillis de rouille. Combien ce tableau semblait mesquin en face d'une scène d'usine ou d'un ventre de paquebot, éclairé par des feux de forges !

Qu'était, en somme, auprès de l'horrible magnificence des machines, cette seule beauté que le monde moderne ait pu créer, le travail anodin des champs ? qu'était la récolte claire, la ponte facile d'un bienveillant sol, l'accouchement indolore d'une terre fécondée par la semence échappée des mains d'une brute, en comparaison de cet enfantement de la fonte copulée par l'homme, de ces embryons d'acier sortis de la matrice des fours, et se formant, et poussant, et grandissant,

1 **Suint** : liquide gras produit par les corps des animaux à laine.

MARIE CAIRE-TONOIR (1860-1934), *Famille aux champs*, 1890. Huile sur toile, 116,2 x 80 cm, musée de la Vallée, Barcelonnette.

Julien Dupré (1851-1910), *Faneurs*, 1895. Lithographie couleur, Bibliothèque Nationale, Paris.

▲ QUESTIONS SUR LES IMAGES

1. En quoi les deux représentations des moissons (p. 93 et 94) diffèrent-elles ?
2. Quelle est celle qui vous semble la plus proche du point de vue de Jacques Marles dans le texte de Huysmans ? Justifiez votre réponse.

et pleurant en de rauques plaintes, et volant sur les rails, et soulevant des monts, et pilant des rocs !

Le pain nourricier des machines, la dure anthracite, la sombre houille, toute la noire moisson fauchée dans les entrailles mêmes du sol en pleine nuit, était autrement douloureuse, autrement grande.

Et il renvoya un peu du mépris qu'ils lui portaient, à ces paysans pleurards dont la clémente vie eût été un incomparable Éden pour les mineurs, pour les mécaniciens, pour tous les ouvriers des villes ! sans compter que, l'hiver, les paysans baguenaudent et se chauffent alors que les artisans des cités gèlent et triment.

JORIS-KARL HUYSMANS, *En rade*, 1887.

PREMIÈRE LECTURE

1 Quelles sont les deux formes de travail du XIXe siècle que le personnage oppose dans sa réflexion ?

2 Quelle préférence exprime-t-il et comment la justifie-t-il ?

AU FIL DU TEXTE

3 Comment le texte oppose-t-il la vision personnelle du personnage à la représentation artistique traditionnelle de la campagne ? Quelles œuvres (littéraires ou picturales) pourraient servir d'exemples à cette représentation traditionnelle de la campagne ?

4 **Grammaire** « Il ne pouvait parvenir à trouver que ce tableau [...] fût vraiment grand. » (l. 5-7) Quelle forme verbale est employée dans la subordonnée ? Expliquez cet emploi.

5 Quelle métaphore commune au travail des champs et au travail d'usine est ici développée ? En quoi cette métaphore permet-elle de distinguer ces deux formes de travail ?

6 « La noire moisson fauchée dans les entrailles mêmes du sol » (l. 23-24) : à quelle activité cette expression se réfère-t-elle ? En quoi est-elle surprenante ?

7 Qu'est-ce que cette vision négative des paysans dit du personnage de Jacques Marles lui-même ?

Vers le bac

Préparez un compte rendu de lecture de 10 minutes répondant à la question suivante : « Dans quelle mesure ce texte peut-il être considéré comme naturaliste ? »

PROLONGEMENT

Le texte évoque la beauté des sites industriels du XIXe siècle. Cherchez des informations et des images de quelques grands sites sidérurgiques ou miniers de la France du XIXe. Présentez-en un dans votre cahier. Qu'est-ce qui, dans ce site industriel, justifierait, selon vous, le jugement de Jacques Marles ?

TEXTE ÉCHO

CAMILLE LEMONNIER, *Happe-Chair* (1886)

CONTEXTE

Surnommé « le Zola belge », Camille Lemonnier (1844-1913) publie, un an après *Germinal*, un autre grand roman du travail industriel. Le *Happe-Chair* décrit le monde de la sidérurgie. L'auteur y présente la vie des travailleurs wallons des hauts fourneaux et fait entendre leur langue particulière, faite de jargon professionnel et de régionalismes.

Fin de journée à la fonderie

Le roman s'ouvre sur une description du site industriel alors que la journée de travail s'achève.

L'usine haletait dans une fin d'après-midi de juillet. Il y avait une heure à peu près que la dernière coulée, sortie pétillante et rouge du ventre des hauts fourneaux, s'était solidifiée dans les **lingotières**. À coups de masses, des hommes aux pectoraux nus rompaient à présent cette lave froidie, en empilaient les blocs dans leurs mains munies de paumes de cuir, le torse projeté en arrière, avec la saillie violente des côtes, l'un après l'autre allaient vider leurs charges sur des roulottes qui ensuite prenaient à grand bruit le chemin des **laminoirs**, cahotant parmi les **scories** des cours et de rails en rails rebondissant à travers les voies ferrées qui sillonnaient l'aire en tous sens. Tout en haut, dans les flammes pâles du jour, l'énorme **gueulard**, pareil à un cratère, exhalait des tourbillons de gaz bleus, allumés par moments d'un rose d'incendie ; plus bas, le long de la ligne des fours à **coke**, crépitaient des rangs de feux clairs, dans un brouillard de puantes fumées noires ; et constamment les longues cheminées grêles des fours à **puddler** et à chauffer lançaient leurs flottantes spirales grises parmi les jets bouillants éructés des chaudières.

CAMILLE LEMONNIER, *Happe-Chair*, 1886.

MAXIMILIEN LUCE (1858-1941), *L'Aciérie*, 1895. Huile sur toile, 116 x 89 cm, Petit Palais, Genève.

1 Camille Lemonnier utilise dans son roman sur les hauts fourneaux le vocabulaire technique ou professionnel de cette industrie. Faites correspondre, en vous aidant du contexte, chacun des six termes suivants à la définition qui lui correspond :

Lingotière •	• Déchets refroidis se détachant du métal fondu.
Laminoir •	• Action d'affiner en four la fonte pour obtenir un fer de meilleure qualité.
Scories •	• Moule dans lequel le métal fondu est mis à refroidir.
Gueulard •	• Combustible utilisé dans les hauts fourneaux.
Coke •	• Ouverture par laquelle on emplit les hauts fourneaux de matière.
Puddler •	• Machine à double cylindre permettant de passer du lingot à la plaque de métal.

2 Dans quelle mesure les représentations du travail industriel proposées par le tableau néo-impressionniste de Maximilien Luce et la page du naturaliste belge Camille Lemonnier ressemblent-elles à celle du texte de Huysmans ?

3 En vous aidant du vocabulaire utilisé par Lemonnier, faites une description animée du tableau de Maximilien Luce.

TEXTE 4

OCTAVE MIRBEAU,

« Paysages d'automne », *Contes de la chaumière* (1894)

OCTAVE MIRBEAU

(1848-1917)
biographie p. 582

CONTEXTE

Polémiste et auteur d'œuvres brutalement satiriques, Mirbeau est aussi un critique d'art éclairé. Son pessimisme s'exprime par la virulence de ses provocations anticléricales et de ses dénonciations de l'hypocrisie sociale.

Impressions de campagne en automne

Publié en 1894, le recueil des *Contes de la chaumière* met principalement en scène des paysans du Calvados, dont l'auteur est originaire. Si la tonalité générale du recueil est à la satire, certaines pages relèvent d'une vision plus sensible. C'est le cas de la dernière nouvelle, « Paysages d'automne », qui alterne des scènes dialoguées et des descriptions de paysages.

GUSTAV KLIMT (1862-1918), *Sous-bois*, 1903. Huile sur toile, 110 x 110 cm. Collection privée.

QUESTIONS SUR L'IMAGE ▶

1. **Décrivez les sensations que ce tableau vous inspire.**
2. **De quel aspect du texte de Mirbeau pouvez-vous le rapprocher ?**

La forêt flamboie. Sur leur rose tapis de feuilles tombées, les allées étouffent le bruit des pas, et les clairières, dans les taillis qui se dépouillent, s'élargissent éclaboussées de lumières jaunes comme l'or, rouges comme le sang. Les rôdeuses de la forêt, aux yeux de hibou, aux doigts de harpie, les vieilles bûcheronnes de bois mort passent, disparaissant sous l'énorme bourrée[1] qui semble marcher toute seule. Malgré les splendeurs éclatantes de sa parure automnale, le bois darde sur vous un regard de meurtrier qui fait frissonner. Les cépées[2] que la serpe entaille, ont des plaintes humaines, la chair, la hache arrache des sanglots d'enfant aux jeunes baliveaux[3] des châtaigniers, et l'on entend, dans les sapaies[4], le vent enfler leurs orgues funèbres qui chantent le *Miserere*. Accroupis autour des brasiers qui fument, on dirait que les charbonniers président à quelque œuvre épouvantable et mystérieuse ; on se détourne, en se signant, du sabotier qui, farouche, sous son abri de branchages et d'écorces, évoque les terreurs des anciens bandits.

1 **Bourrée** : fagot de petites branches.
2 **Cépées** : jeunes branches issues d'une souche.
3 **Baliveaux** : jeunes arbres.
4 **Sapaie** : ancien nom d'une sapinière ou forêt de sapins.

Où donc va-t-il, ce braconnier qui se glisse comme un fauve dans les broussailles à travers lesquelles reluit le canon d'un fusil ? Quand la nuit sera venue, quand la lune balaiera de ses rayons le tronc des grands chênes que le soleil empourpre maintenant, deux coups de feu retentiront dans le silence, le silence plein de carnages et d'agonies de la forêt. Est-ce un chevreuil qui sera tué, ou bien est-ce un garde qui se tordra sur la bruyère pourprée, des chevrotines au flanc ?

OCTAVE MIRBEAU, « Paysages d'automne », *les Contes de la chaumière*, 1894.

PREMIÈRE LECTURE

1 Quelles images vous restent à l'esprit après votre première lecture ? Quelles impressions ce paysage produit-il ?

AU FIL DU TEXTE

2 À quels sens le début du texte fait-il appel pour évoquer le paysage ?

3 À quelle sorte de récit peut faire penser la description des vieilles bûcheronnes ?

4 Montrez que la nature est personnifiée. Quelles sont les caractéristiques humaines ainsi prêtées à la nature ?

5 Faites l'inventaire des personnages pittoresques que donne à voir le texte. Quel est celui qui vous paraît le plus réussi ? Justifiez votre réponse.

6 **Grammaire** « Où donc va-t-il, ce braconnier [...] ? » (l. 17) Quelle remarque pouvez-vous faire sur l'emploi du pronom « il » dans cette phrase ? Comment l'expliquez-vous ?

7 Quelle est la fonction des deux interrogatives du second paragraphe ?

8 Comment l'image sanglante qui termine le texte a-t-elle été préparée par ce qui l'a précédée ?

ÉCRIT D'APPROPRIATION

Choisissez l'un des personnages (ou groupe de personnages) identifiés à la question 5 et rédigez un récit d'une trentaine de lignes le mettant en scène. Votre récit partira de la situation dans laquelle le texte de Mirbeau le saisit.

Vers le bac

Entraînez-vous à lire à voix haute ce texte. Veillez à ce que votre lecture soit expressive. À quels moments du texte le rythme de lecture et l'intonation doivent-ils varier ? Quand peut-on ménager des silences ?

JEAN-FRANÇOIS MILLET (1814-1865), *Les Porteuses de fagots*, 1858. Huile sur toile, 27,5 x 29,5 cm, musée de l'Hermitage, Saint-Pétersbourg.

QUESTIONS SUR L'IMAGE

1. De quelle phrase du texte de Mirbeau ce tableau pourrait-il être l'illustration ?
2. Quelles différences faites-vous entre les personnages de Millet et ceux de Mirbeau ?

PROLONGEMENT

Les « orgues funèbres qui chantent le *Miserere* » (l. 12). Qu'est-ce que le *Miserere* ? Quels compositeurs ont écrit un *Miserere* ? Trouvez et écoutez l'interprétation de l'un d'eux. Notez dans votre cahier les impressions que cette musique produit en vous.

TEXTE ÉCHO

JEAN GIONO, *Regain* (1930)

CONTEXTE

Né en Provence, Jean Giono (1895-1970) y situe une grande partie de ses œuvres. Ses premiers romans sont des récits lyriques de confrontation de l'homme à la terre. Le regain est le nom donné à l'herbe qui repousse après le fauchage. C'est le titre qu'il donne à son roman de 1930 qui raconte la résurrection du village d'Aubignane par la volonté de son dernier habitant, Panturle.

La terre et l'homme

La dernière page de *Regain* montre Panturle enraciné dans sa terre et désormais en communion avec elle.

Il marche.

Il est tout embaumé de sa joie.

Il a des chansons qui sont là, entassées dans sa gorge à presser ses dents. Et il serre les lèvres. C'est une joie dont il veut mâcher toute l'odeur et saliver longtemps le jus comme un mouton qui mange la saladelle du soir sur les collines. Il va, comme ça, jusqu'au moment où le beau silence s'est épaissi en lui, et autour de lui comme un pré.

Il est devant ses champs. Il s'est arrêté devant eux. Il se baisse. Il prend une poignée de cette terre grasse, pleine d'air et qui porte la graine. C'est une terre de beaucoup de bonne volonté.

Il en tâte, entre ses doigts, toute la bonne volonté.

Alors, tout d'un coup, là, debout, il a appris la grande victoire.

Il lui a passé devant les yeux, l'image de la terre ancienne, renfrognée et poilue avec ses aigres genêts et ses herbes en couteau. Il a connu d'un coup, cette lande terrible qu'il était, lui, large ouvert au grand vent enragé, à toutes ces choses qu'on ne peut pas combattre sans l'aide de la vie.

Il est debout devant ses champs. Il a ses grands pantalons de velours brun, à côtes ; il semble vêtu avec un morceau de ses labours. Les bras le long du corps, il ne bouge pas. Il a gagné : c'est fini.

Il est solidement enfoncé dans la terre comme une colonne.

JEAN GIONO, *Regain*, Éd. Grasset et Fasquelle, 1930.

VINCENT VAN GOGH, *Le semeur au coucher du soleil*, 1888. Huile sur toile.

1 Montrez que la description de la terre passe par une personnification.

2 Montrez que les images qui décrivent Panturle sont empruntées à la terre qui l'entoure.

3 Comment interprétez-vous cette assimilation de l'homme à la terre et de la terre à l'homme ?

4 Comparez ce texte de Giono et la dernière page de *Germinal* p. 88. Qu'ont en commun ces deux textes. L'effet produit à la lecture est-il le même ? À quels autres textes cette page vous fait-elle penser ? Justifiez votre réponse.

La nouvelle

1 NAISSANCE ET CARACTÉRISTIQUES DU GENRE

Le genre de la nouvelle trouve sa forme première dans une œuvre italienne, le *Décaméron* de Boccace, écrite au milieu du XIVe siècle.

Cherchez ce que raconte cette œuvre et expliquez sous quelle forme elle se présente.

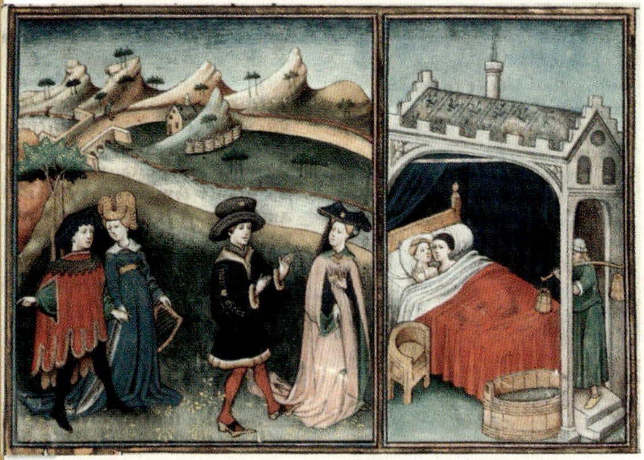

Illustration pour **BOCCACE**, *Décaméron*, 1414.

Les nouvelles sont des récits courts (ce qui les distingue du roman) et présentés comme nouveaux (ce qui les distingue du conte, dont les éléments sont hérités d'une tradition orale ou écrite) ; un récit-cadre établit le lien d'un récit à l'autre. La forme est reprise à l'identique par Marguerite de Navarre au début du XVIe siècle dans *L'Heptaméron*. Si le récit-cadre est souvent abandonné dans les œuvres ultérieures, il réapparaît régulièrement (c'est le cas dans les *Contes de la bécasse* de Maupassant, 1883). La nouvelle se déroule sur un temps généralement court et met en scène peu de personnages. Un lien avec le temps de l'écriture est parfois établi, pour en faire à proprement parler des « nouvelles ». Ainsi, Balzac, dans *Pierre Grassou* (1839) dit avoir lu le nom de son personnage, qui est un peintre, dans le catalogue du Salon de l'année. Du fait de la brièveté de la forme, la nouvelle tend vers une narration concise et crée souvent un effet de chute.

Lisez une nouvelle de Balzac, Maupassant ou Zola et résumez sa chute.

2 LA NOUVELLE AU XIXe SIÈCLE

Le développement de la presse à grand tirage au XIXe siècle favorise la publication de la littérature de forme courte (la nouvelle et le roman-feuilleton en bénéficient, notamment). Le genre connaît alors une production importante. La plupart des romanciers du siècle s'y essayent : Balzac en signe des dizaines, Stendhal écrit plusieurs recueils (*Les Chroniques italiennes,* 1837), Flaubert publie *Trois contes* (1877). Certains y consacrent l'essentiel de leur œuvre, comme Villiers-de l'Isle Adam, avec ses *Contes cruels* (1883) et ses *Histoires insolites* (1888), ou Maupassant, qui en publie des centaines. La forme courte favorisant les effets de surprise, un grand nombre de nouvelles fantastiques sont également écrites (par Charles Nodier ou Théophile Gautier, par exemple). De nombreuses traductions de nouvelles étrangères sont également offertes à la curiosité des lecteurs : Baudelaire traduit les *Histoires extraordinaires* de Poe en 1856, et le recueil *Les Mémoires d'un chasseur* de Tourgueniev est traduit en français dès 1858.

Choisissez une nouvelle fantastique et expliquez sur quel effet de surprise elle repose.

3 LA VARIÉTE DU GENRE

Genre mondialisé, la nouvelle a continué de se diversifier, se développant parallèlement au roman et à ses catégories : nouvelles fantastiques (Lovecraft), historiques (Zweig), policières (Doyle) ou de science-fiction (Bradbury). Elle s'adapte aussi aux formes contemporaines de la communication : on parle aujourd'hui de « micro-nouvelles » pour des récits susceptibles d'apparaître intégralement sur un cadran de portable. L'écrivain québécois Michel Tremblay en livre quelques-unes dans ses récentes *Conversations avec un enfant curieux*. En voici une dans son intégralité :

« – Coco, c'est quoi une prison méterrestée ?
– Une quoi ?
– Une prison méterrrestée. T'sais, dans *Carmen*, Don José chante « La fleur que tu m'avais jetée, dans ma prison méter-restée... » Quelle sorte de prison c'est ?
– Viens, j'vas te l'écrire, tu vas comprendre... »

MICHEL TREMBLAY, « Don José », *Conversations avec un enfant curieux*, Léméac Éditeur, 2016.

Écrivez à votre tour une micro-nouvelle ne dépassant pas dix lignes.

Parcours culturel et artistique

DE L'ÉCOLE DE BARBIZON AUX POSTIMPRESSIONNISTES

Rompant avec la pratique de l'Académie, des peintres quittent le travail en atelier pour peindre en extérieur, d'après nature. Cet affranchissement progressif des règles académiques par les peintres paysagistes conduit à un développement moderne et réaliste de la peinture qui marque, dans la seconde moitié du XIXe siècle, la fin de l'hégémonie de l'Institution et un renouveau artistique.

L'ÉCOLE DE BARBIZON

Une bourgade en bordure de la forêt de Fontainebleau, Barbizon, devient, au milieu du siècle, le foyer de développement de cette nouvelle peinture de paysage. Inspirés par la peinture anglaise (notamment par John Constable, dont les œuvres sont admirées en France depuis le salon de 1824), des artistes comme Camille Corot (1796-1875) ou Théodore Rousseau (1812-1867) représentent une nature vivante et sensible, loin des paysages composés en atelier de la tradition française. Jean-François Millet (1814-1875), observateur de la vie paysanne, y ajoute des figures au travail.

JEAN-FRANÇOIS MILLET, *Les Glaneuses*, 1857, musée d'Orsay, Paris (83,5 × 111 cm).

1. Qu'est-ce que le glanage ? Qu'est-ce que le tableau montre de ce travail ?
2. Que voit-on au second plan ? Quelles relations peut-on établir entre le premier et le second plan du tableau ?
3. Le critique Alfred Sensier écrit, à propos de Millet : « Ce que nul ne peut apprendre, Millet le possède par une faveur du génie : c'est le geste, l'attitude, le mouvement dans son extrême vérité. » Justifiez ce jugement par deux observations précises du tableau.
4. Quelles impressions le tableau de Millet produit-il ? Justifiez votre réponse.

LES IMPRESSIONNISTES

Prolongeant les libertés prises par leurs aînés et suivant l'inspiration « d'après nature », la génération suivante déroge même aux fondamentaux académiques en matière de dessin et de couleur. Alors qu'à l'Académie, on apprend d'abord à dessiner pour ensuite poser la couleur, les impressionnistes reproduisent directement le paysage observé dans sa lumière vivante par touches de couleur. Zola décrit le travail du groupe en ces termes, dans un article paru en 1877 :

« Il est certain qu'à vingt pas on ne distingue nettement ni le nez ni les yeux d'un personnage. Pour le rendre tel qu'on le voit, il ne faut pas le peindre avec les rides de la peau, mais dans la vie de son attitude, avec l'air vibrant qui l'entoure. De là une peinture d'impression, et non une peinture de détails. »

CAMILLE PISSARRO, *La Moisson*, 1876, musée d'Orsay, Paris (70,3 x 126 cm).

Se développant en marge de l'Institution, au Salon des refusés de 1863 notamment, les impressionnistes parviennent à conquérir une partie du marché privé. Plusieurs d'entre eux finissent par s'imposer, notamment Monet (1840-1926), Sisley (1839-1899), Renoir (1841-1919) ou Pissarro (1830-1903).

5 Décrivez ce que vous voyez.

6 Que pouvez-vous dire des personnages représentés dans le tableau ?

7 Identifiez quelques effets de lumière qui produisent l'impression d'« air vibrant » dont parle Zola.

8 Dans quelle mesure peut-on dire que ce tableau est réaliste ?

LES POSTIMPRESSIONISTES

VINCENT VAN GOGH, *La Méridienne*, 1889, musée d'Orsay, Paris (73 x 91 cm).

Dès 1886, le critique Félix Fénéon sent qu'une étape est franchie dans l'histoire de la peinture moderne et que l'« époque héroïque » de l'impressionnisme cède déjà la place à des recherches nouvelles. Ce postimpressionnisme emprunte des directions différentes. Certains poussent la restitution de la lumière jusqu'à la travailler par points, on parle de divisionnistes puis de pointillistes, à propos de Georges Seurat (1859-1891) ou Maximilien Luce (1858-1951, voir le tableau étudié p. 95). Paul Cézanne (1839-1906) travaille dans le même geste et la lumière et la forme. Vincent Van Gogh (1853-1890) rend sensible la vibration par la couleur.

9 Quelle est la scène représentée ? Quand a-t-elle lieu ?

10 Que pouvez-vous dire de la façon dont les touches de couleur sont posées sur la toile ?
Quelles sensations (pas seulement visuelles) cette toile suscite-t-elle, selon vous ?

11 Ce tableau est une reprise d'une œuvre de Millet, *Le Repos de midi* (1865). Cherchez cette œuvre et dites ce qui distingue les deux tableaux.

12 Choisissez l'un des peintres cités dans cette page et préparez la présentation orale d'une de ses œuvres. Vous présenterez le peintre et les conditions dans lesquelles il a travaillé. Vous présenterez le tableau (son lieu de conservation, ses dimensions, son thème et ses motifs). Vous commenterez l'œuvre en prêtant attention à sa réalisation technique et aux effets et impressions qu'elle produit.

LES NABIS

PAUL SÉRUSIER, *Les Laveuses à la Laita*, 1892 (73 × 92 cm), musée d'Orsay, Paris.

Influencés par Gauguin (1848-1903), de jeunes peintres se rassemblent à la fin des années 1880 autour du breton Paul Sérusier (1864-1927) et se donnent à eux-mêmes le nom de Nabis, mot emprunté à l'hébreu et traduit par « prophètes ». Ils ont en commun une conception de la peinture qui assume la part subjective de la représentation et un emploi des couleurs pures (sans ajouter de blanc ou de noir) dans un rapport d'harmonie. Traitant les sujets ordinaires à la manière d'icônes, ils tendent à spiritualiser le quotidien.

13 Parmi les sources d'inspiration revendiquées par les Nabis on compte les vitraux. Qu'est-ce qui dans ce tableau peut y faire penser ?

14 En quoi, dans ce tableau, le traitement de la couleur est-il différent de celui des paysages précédemment étudiés ?

15 Ce tableau a-t-il, comme son titre semble l'indiquer, une dimension documentaire ?

Maurice Denis (1870-1943), théoricien du groupe reprend à son compte (en la modifiant un peu) la définition zolienne de l'art « la nature vue à travers un tempérament » et il définit la nature comme l'ensemble des « sensations optiques » du peintre. Ce qui permet à l'artiste de passer de l'ensemble de ses sensations à l'œuvre, c'est le choix et la synthèse qu'il opère sur la toile. « Se rappeler qu'un tableau – avant d'être un cheval de bataille, une femme nue, ou une quelconque anecdote – est essentiellement une surface plane recouverte de couleurs en un certain ordre assemblées. »

CHAPITRE 5
Se raconter, de l'autobiographie aux fictions de soi

Montaigne.

L'écriture de soi et ses évolutions

L'écriture de soi

Dans *Les Confessions*, en 1765, **Jean-Jacques Rousseau** dit former « une entreprise qui n'eut jamais d'exemple et dont l'exécution n'aura point d'imitateurs ». En effet, ceux qui l'ont précédé dans l'écriture de soi ont mené des entreprises sensiblement différentes : **saint Augustin** (fin du IVe siècle) raconte bien, depuis son enfance, l'histoire de sa vie mais c'est moins pour suivre le parcours d'un homme que celui d'une foi ; **Montaigne** dans ses *Essais* (1580) dit être lui-même « la matière de [s]on livre » mais il fait un portrait de lui-même et non un récit rétrospectif.

Rousseau a, en revanche, beaucoup d'« imitateurs » et l'écriture de soi connaît à partir du XVIIIe siècle de nombreux développements. Pourtant, ses successeurs semblent aborder avec plus d'incertitude la question de la vérité, revendiquée dès les premières lignes des *Confessions*. La fiction s'invite progressivement dans l'autobiographie, forçant à en repenser le projet.

L'autobiographie

Le genre autobiographique est défini par trois critères. C'est tout d'abord **l'identité commune de l'auteur, du narrateur et du personnage** : l'autobiographie est non seulement un récit à la première personne mais également un récit dont l'authenticité est garantie par la personne réelle qui le signe. C'est ensuite **un récit rétrospectif qui permet de suivre un parcours,** de comprendre une évolution. C'est enfin **un ouvrage qui a pour objet l'histoire d'une personnalité** et qui permet d'observer un homme ou une femme dans sa singularité.

TITIEN, *Allégorie de la prudence*, 1565.

AVANT 1850

- 1572-1590 Montaigne, *Les Essais*
- 1782 J.-J. Rousseau, *Les Confessions*
- 1836 Stendhal, *La vie de Henry Brulard*

1850 — 1900 — 1950 — 2000

- 1850 Chateaubriand, *Mémoires d'Outre-tombe*
- 1913 Marcel Proust, *À la recherche du temps perdu*
- 1928 Colette, *La Naissance du jour* (considéré comme la première autofiction)
- 1946 Michel Leiris, *L'Âge d'homme* (autoanalyse)
- 1975 Georges Perec, *W ou le souvenir d'enfance*
- 1975 Philippe Lejeune, *Le Pacte autobiographique* (essai sur le genre autobiographique)
- 1983 Nathalie Sarraute, *Enfance*
- 1984 Marguerite Duras, *L'Amant*
- 1997 Patrick Modiano, *Dora Bruder*
- 2008 Agnès Varda, *Les plages d'Agnès* (film autobiographique)
- 2014-2018 Riad Sattouf, *L'Arabe du futur, une jeunesse au Moyen-Orient* (Bande dessinée autobiographique)

Les auteurs se découvrent plus qu'ils ne se livrent. **Romain Rolland** écrit à ce sujet : « Ce voyage intérieur, à mesure qu'il se poursuit, se révèle pour moi une étonnante aventure. Je me découvre. Je reconnais un monde, dont je ne me doutais point. » *Le Voyage intérieur*, 1942.

Une difficulté : l'opacité de soi

Il y a dans le projet de Rousseau un désir de transparence. L'auteur pourrait dire toute la vérité sur lui car elle lui serait entièrement accessible. Or ce présupposé est rapidement mis en défaut dans l'expérience autobiographique.

Les apports de la psychanalyse qui postulent l'inconscient (part de soi auquel l'individu n'a pas accès en dehors de la démarche analytique) font même envisager l'écriture de soi comme une expérience risquée. **Michel Leiris** à propos de son auto-analyse *L'Âge d'homme* (1939) parle de « littérature considérée comme une tauromachie ».

QUESTION ▸

Comment cet autoportrait illustre-t-il les difficultés de se représenter soi-même ?

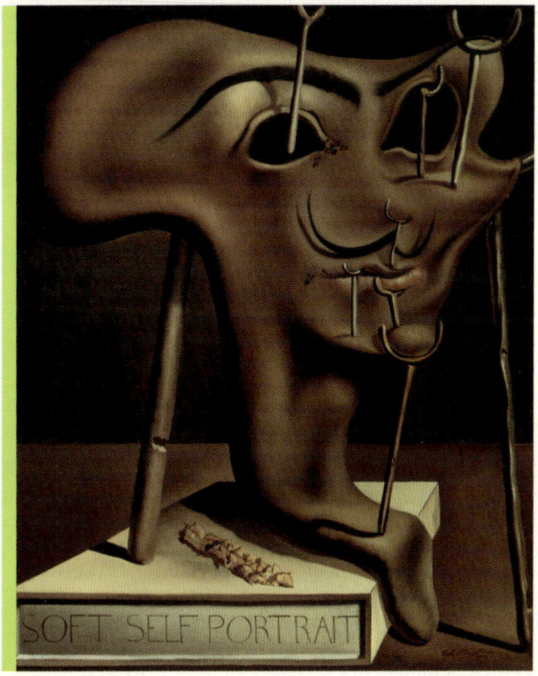

SALVADOR DALÍ,
Autoportrait mou avec lard grillé, 1941.

Une autre difficulté : les incertitudes de la mémoire

Une autre difficulté tient au caractère rétrospectif du récit. La mémoire, source presque exclusive de l'autobiographe, procède par sélection, recomposition ou approximation. **Léon Tolstoï** écrivant ses *Souvenirs* en 1851 avertit son lecteur : « Voici mes premiers souvenirs (je ne sais pas les mettre en ordre, ne sachant ce qui fut avant, ce qui fut après : de certains même, j'ignore si je rêvais ou si j'étais éveillé. »

De plus, la mémoire personnelle ne se distingue pas si aisément de la mémoire collective et la part de ce qui a été vécu personnellement se confond parfois avec ce qui a été raconté ou représenté par d'autres. **Georges Perec**, dans un entretien qu'il donne à propos de *Je me souviens* (1978), texte autobiographique dans lequel il inventorie des souvenirs, dit qu'il s'agit pour lui de « désacraliser [la mémoire] et de la restituer dans, disons, sa collectivité ».

Affiche du film *L'Enlèvement de Michel Houellebecq* de Guillaume Nicloux (2015), dans lequel l'écrivain joue son propre rôle.

QUESTION ▸

Le film raconte un enlèvement qui n'a pas eu lieu dans la réalité. Comment expliquez-vous ce recours à la fiction ?

Les fictions de soi

Face aux obstacles de l'entreprise autobiographique, des écrivains assument la part d'inévitable fiction présente dans tout récit de soi. Pour les uns, auteurs de romans autobiographiques, l'expérience personnelle est reportée sur un personnage ressemblant à l'auteur : Jacques Vingtras partage avec l'auteur **Jules Vallès** ses initiales et son enfance (*L'Enfant*, 1878) ; **Stendhal** (pseudonyme d'Henri Beyle) se raconte dans *La Vie de Henry Brulard* (1890). À l'inverse, d'autres, privilégiant la sincérité des émotions et des sentiments, renoncent à l'exactitude factuelle ; ils se mettent en scène avec vérité dans les situations inventées de l'autofiction. Ces inventions peuvent aller aussi loin que dans le roman de **Michel Houellebecq**, *La Carte et le Territoire* (2010), dans lequel l'auteur raconte l'assassinat d'un écrivain nommé Michel Houellebecq.

TEXTE 1

JEAN-JACQUES ROUSSEAU, *Les Confessions* (1782)

JEAN-JACQUES ROUSSEAU
(1712-1778)
biographie p. 586

CONTEXTE

Après la publication de l'*Émile* en 1762, Rousseau est en butte à de nombreuses critiques qui culminent dans la publication d'un pamphlet anonyme (écrit en réalité par Voltaire) : « Le Sentiment des citoyens ». Il entreprend alors de se justifier en rendant publique sa vie et rédige, entre 1765 et 1771, ses *Confessions*.

Le sujet singulier de l'autobiographie

Le livre II, entièrement consacré à l'année de ses seize ans (1728), raconte son errance après son départ de Genève. Des rencontres entre Annecy et Turin le conduisent finalement à entrer au service de Mme de Vercellis. Là, il commet une faute : le vol d'un ruban qu'il refuse d'avouer et dont il accuse Marion, une servante de la maison.

Jamais la méchanceté ne fut plus loin de moi que dans ce cruel moment, et lorsque je chargeai cette malheureuse fille, il est bizarre, mais il est vrai que mon amitié pour elle en fut la cause. Elle était présente à ma pensée, je m'excusai sur le premier objet qui s'offrit. Je l'accusai d'avoir fait ce que je voulais faire, et de m'avoir donné le ruban, parce que mon intention était de le lui donner. Quand je la vis paraître ensuite, mon cœur fut déchiré, mais la présence de tant de monde fut plus forte que mon repentir. Je craignais peu la punition, je ne craignais que la honte ; mais je la craignais plus que la mort, plus que le crime, plus que tout au monde. J'aurais voulu m'enfoncer, m'étouffer dans le centre de la terre ; l'invincible honte l'emporta sur tout, la honte seule fit mon impudence ; et plus je devenais criminel, plus l'effroi d'en convenir me rendait intrépide. Je ne voyais que l'horreur d'être reconnu, déclaré publiquement, moi présent, voleur, menteur, calomniateur. Un trouble universel m'ôtait tout autre sentiment. Si l'on m'eût laissé revenir à moi-même, j'aurais infailliblement tout déclaré. Si M. de la Roque m'eût pris à part, qu'il m'eût dit : « Ne perdez pas cette pauvre fille ; si vous êtes coupable, avouez-le-moi », je me serais jeté à ses pieds dans l'instant, j'en suis parfaitement sûr. Mais on ne fit que m'intimider quand il fallait me donner du courage. L'âge est encore une attention qu'il est juste de faire[1] ; à peine étais-je sorti de l'enfance, ou plutôt j'y étais encore. Dans la jeunesse, les véritables noirceurs sont plus criminelles encore que dans l'âge mûr : mais ce qui n'est que faiblesse l'est beaucoup moins, et ma faute au fond n'était guère autre chose. Aussi son souvenir m'afflige-t-il moins à cause du mal en lui-même qu'à cause de celui qu'il a dû causer. Il m'a même fait ce bien de me garantir pour le reste de ma vie de tout acte tendant au crime, par l'impression terrible qui m'est restée du seul que j'aie jamais commis ; et je

Les Confessions, illustration de Maurice Leloir, 1889.

◀ QUESTION SUR L'IMAGE

Identifiez au moins trois personnages dans cette illustration de l'épisode du « ruban volé ».

crois sentir que mon aversion pour le mensonge me vient en grande partie du regret d'en avoir pu faire un aussi noir. Si c'est un crime qui puisse être expié, comme j'ose le croire, il doit l'être par tant de malheurs dont la fin de ma vie est accablée, par quarante ans de droiture et d'honneur dans des occasions difficiles et la pauvre Marion trouve tant de vengeurs en ce monde, que, quelque grande qu'ait été mon offense envers elle, je crains peu d'en emporter la coulpe avec moi. Voilà ce que j'avais à dire sur cet article. Qu'il me soit permis de n'en reparler jamais.

JEAN-JACQUES ROUSSEAU, *Les Confessions*, livre II, 1782.

1 Rousseau attire l'attention sur le fait qu'à 16 ans, il était encore impressionnable.

ALLAN RAMSAY, *Jean-Jacques Rousseau, portrait en costume arménien*, 1766. Huile sur toile, National Gallery, Écosse.

QUESTIONS SUR L'IMAGE

Ce portrait de Rousseau par Ramsay est offert par le peintre au philosophe écossais David Hume. Fâché avec Hume, Rousseau voit dans ce portrait le moyen que ses ennemis ont trouvé pour diffuser une image mensongère de lui. Il écrit ces vers à ce propos :

« Hommes savants dans l'art de feindre
Qui me prêtez des traits si doux
Vous aurez beau vouloir me peindre
Vous ne peindrez jamais que vous. »

Pourquoi ce portrait met-il Rousseau en colère d'après vous ? Pensez-vous que le modèle soit le mieux placé pour juger de la ressemblance d'un portrait ?

PREMIÈRE LECTURE

1 En quoi cet extrait correspond-il bien au titre de l'œuvre ?

LECTURE ANALYTIQUE

Rousseau défenseur de Jean-Jacques

2 Par quel argument paradoxal l'argumentation débute-t-elle ? Comment comprenez-vous cet argument ?

3 Par quelle figure de rhétorique l'argument de la honte est-il exposé ?

4 « Dans la jeunesse les véritables noirceurs sont plus criminelles encore que dans l'âge mûr ; mais ce qui n'est que faiblesse l'est beaucoup moins. » (l. 24-26) Que pouvez-vous dire de la forme de cette phrase ? Comment entre-t-elle dans l'argumentation de Rousseau ?

Une faute expiée

5 Comment le temps de la faute et le temps de l'écriture sont-ils mis en relation dans le texte ?

6 Comment Rousseau montre-t-il que cette faute du passé est désormais payée ?

7 Quel rôle cet événement a-t-il joué dans le parcours de Rousseau, selon lui ? Comment l'explique-t-il ?

L'expérience autobiographique

8 En quoi l'écriture de cette page constitue-t-elle un épilogue à l'événement raconté ?

9 **Grammaire** Au milieu du texte se trouvent deux subordonnées de condition. Quelle est la valeur de ces subordonnées ? Quel rôle jouent ces deux phrases au conditionnel ?

10 Commentez les deux dernières phrases du texte.

Vers le bac

Rédigez l'une des trois parties de ce commentaire.

ÉCRIT D'APPROPRIATION

Cherchez une autobiographie en plus de celles qui figurent au sommaire de ce chapitre. Présentez-la et choisissez un extrait racontant un souvenir que vous résumerez.

TEXTE ÉCHO

JEAN-JACQUES ROUSSEAU,

Dialogues, Rousseau juge de Jean-Jacques (1776)

CONTEXTE

L'isolement de Rousseau s'accentue après 1770. Sa brouille avec les encyclopédistes s'intensifie, il se sépare d'un certain nombre d'amis et s'enferme dans un douloureux sentiment de persécution. C'est dans ce contexte qu'il rédige, à partir de 1772, les *Dialogues, Rousseau juge de Jean-Jacques*, dans lesquels il répond à l'image publique qu'on donne de lui.

L'objet pluriel de l'autobiographie

Dans ce dialogue, l'auteur des *Confessions* met en concurrence différentes images de lui-même. Rousseau défend Jean-Jacques auprès du Français qui rapporte les accusations publiques portées contre l'auteur de l'*Émile*, notamment celle d'être un empoisonneur au prétexte qu'il herborise.

LE FRANÇAIS

Laissons donc tous ces persiflages, et reprenez vos récits. J'y prête une oreille attentive. Ils m'intéressent de plus en plus.

ROUSSEAU

Ils vous intéresseraient davantage encore, j'en suis très sûr, s'il était possible ou permis ici de tout dire. [...]

Je dois pourtant ajouter aux détails dans lesquels je viens d'entrer que J. J., au milieu de tout ce travail manuel, a encore employé six mois dans le même intervalle tant à l'examen de la constitution d'une Nation malheureuse[1] qu'à proposer ses idées sur les corrections à faire à cette constitution, et cela sur les instances réitérées jusqu'à l'opiniâtreté d'un des premiers patriotes de cette nation qui lui faisait un devoir d'humanité des soins qu'il lui imposait, et qui, pour toute gratitude du zèle et du temps qu'il a mis à ce travail, lui a marqué dans la suite qu'il ne voulait lui avoir aucune obligation et puis a voulu lui envoyer du vin*. Mais ceci n'est qu'un échantillon de cette destinée qui pour avoir consacré sa vie à bien mériter des hommes, la lui a fait passer à en être mal voulu.

Enfin malgré la résolution qu'il avait prise en arrivant à Paris de ne plus s'occuper de ses malheurs ni reprendre la plume à ce sujet, les indignités continuelles qu'il y a souffertes, les harcèlements sans relâche que la crainte qu'il n'écrivit lui a fait essuyer, l'impudence avec laquelle on lui attribuait incessamment de nouveaux livres, et la stupide ou maligne crédulité du public à cet égard ayant lassé sa patience, et lui faisant sentir qu'il ne gagnerait rien pour son repos à se taire, il a fait encore un effort et s'occupant derechef malgré lui de sa destinée et de ses persécuteurs, il a écrit en forme de Dialogue une espèce de jugement d'eux et de lui assez semblable à celui qui pourra résulter de nos entretiens.

* Il faut que je passe pour grand amateur de vin ; car M. le duc de Grammont a voulu aussi m'en envoyer, pour divers morceaux de musique qu'à sa prière j'ai composés pour lui. [...]

JEAN-JACQUES ROUSSEAU, *Dialogues, Rousseau juge de Jean-Jacques*, deuxième dialogue, 1776.

1. *Considérations sur le gouvernement de Pologne*, rédigées en 1771-1772.

1 Étudiez l'énonciation dans ce texte. Combien de voix différentes se font entendre ? Que pensez-vous de la note ajoutée en fin de texte ?

2 Quels sont les différents portraits de Jean-Jacques Rousseau que ce texte permet d'établir ? Ont-ils le même degré de vraisemblance ?

3 De quel livre de Jean-Jacques Rousseau est-il question dans le dernier paragraphe ? Comment s'appelle ce procédé ? Quel effet produit-il ici ?

TEXTE 2

MARCEL PROUST,
À la recherche du temps perdu (1913)

MARCEL PROUST
(1871-1922)
biographie p. 584

CONTEXTE
À la Recherche du temps perdu **est le récit à la première personne qu'un narrateur anonyme fait de sa vocation d'écrivain, mais c'est aussi la mise en œuvre d'une conception de l'art fondée sur la mémoire. Pour Marcel Proust, ce n'est pas par « l'intelligence » qu'est possible la « résurrection » artistique du passé, c'est par la sensation.**

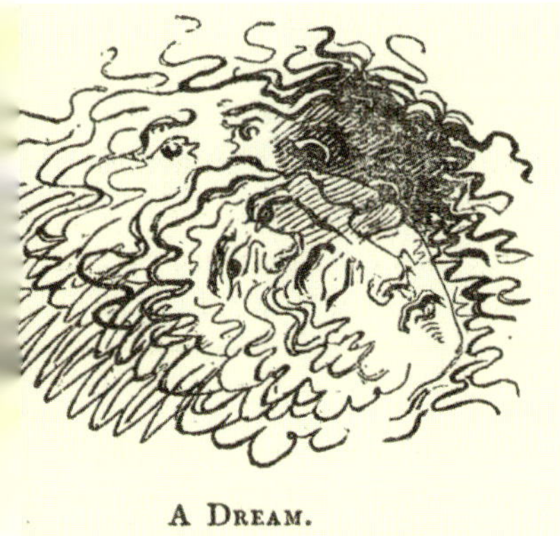

WILLIAM HONE, *Un Rêve,* 1838.

La matière composite du souvenir

***Du côté de chez Swann*, publié en 1913, est le premier volume de la *Recherche*. Il s'ouvre sur le souvenir d'une habitude passée, sans autre précision d'espace et de temps.**

Longtemps, je me suis couché de bonne heure. Parfois, à peine ma bougie éteinte, mes yeux se fermaient si vite que je n'avais pas le temps de me dire : « Je m'endors. » Et, une demi-heure après, la pensée qu'il était temps de chercher le sommeil m'éveillait ; je voulais poser le volume que je croyais avoir dans les mains et souffler ma lumière ; je n'avais pas cessé en dormant de faire des réflexions sur ce que je venais de lire, mais ces réflexions avaient pris un tour un peu particulier ; il me semblait que j'étais moi-même ce dont parlait l'ouvrage : une église, un quatuor, la rivalité de François Ier et de Charles-Quint. Cette croyance survivait pendant quelques secondes à mon réveil ; elle ne choquait pas ma raison, mais pesait comme des écailles sur mes yeux et les empêchait de se rendre compte que le bougeoir n'était plus allumé. Puis elle commençait à me devenir inintelligible, comme après la métempsycose[1] les pensées d'une existence antérieure ; le sujet du livre se détachait de moi, j'étais libre de m'y appliquer ou non ; aussitôt je recouvrais la vue et j'étais bien étonné de trouver autour de moi une obscurité, douce et reposante pour mes yeux, mais peut-être plus encore pour mon esprit, à qui elle apparaissait comme une chose sans cause, incompréhensible, comme une chose vraiment obscure. Je me demandais quelle heure il pouvait être ; j'entendais le sifflement des trains qui, plus ou moins éloigné, comme le chant d'un oiseau dans une forêt, relevant les distances, me décrivait l'étendue de la campagne déserte où le voyageur se hâte vers la station prochaine ; et le petit chemin qu'il suit va être gravé dans son souvenir par l'excitation qu'il doit à des lieux nouveaux, à des actes inaccoutumés, à la causerie récente et aux adieux sous la lampe étrangère qui le suivent encore dans le silence de la nuit, à la douceur prochaine du retour.

J'appuyais tendrement mes joues contre les belles joues de l'oreiller qui, pleines et fraîches, sont comme les joues de notre enfance. Je frottais une allumette pour regarder ma montre. Bientôt minuit. C'est l'instant où le malade, qui a été obligé de partir en voyage et a dû coucher dans un hôtel inconnu, réveillé par une crise, se réjouit en apercevant sous la porte une raie de jour. Quel bonheur, c'est déjà le matin ! Dans un moment les domestiques seront levés, il pourra sonner, on viendra lui porter secours. L'espérance d'être soulagé lui donne du

1 **Métempsycose** : réincarnation.

courage pour souffrir. Justement il a cru entendre des pas ; les pas se rapprochent puis s'éloignent. Et la raie de jour qui était sous sa porte a disparu. C'est minuit ; on vient d'éteindre le gaz ; le dernier domestique est parti et il faudra rester toute la nuit à souffrir sans remède.

MARCEL PROUST, *À la recherche du temps perdu*, « Du côté de chez Swann », première partie, « Combray » (incipit), 1913.

PREMIÈRE LECTURE

1 En quoi peut-on dire que cet incipit n'est pas conventionnel ?

AU FIL DU TEXTE

2 Quel moment de la journée le texte évoque-t-il ? À quel état de conscience ce moment est-il associé ?

3 « Il me semblait que j'étais moi-même ce dont parlait l'ouvrage » (l. 8) : cette proposition est suivie d'une énumération. En quoi les termes de cette énumération sont-ils surprenants ?

4 Expliquez la comparaison avec la « métempsychose » (l. 14).

5 **Grammaire** Comment est construite la phrase qui commence par « Je me demandais quelle heure il pouvait être » (l. 20) ? En quoi cette phrase propose-t-elle au lecteur un parcours mental ?

6 Sur quelle nouvelle sensation prend appui le début du second paragraphe ?

7 Quelle forme de discours rapporté est employée dans ce paragraphe ? Quelle est sa fonction ?

8 Comment comprenez-vous la référence à la maladie et à la souffrance à la fin du texte ?

METTRE EN PERSPECTIVE

9 Voici ce que le critique Jean Rousset écrit à propos de cette page de Proust :

> « Le temps et l'espace se rompent autour du dormeur qui sort du sommeil, il ne sait plus où il est, ni à quel moment de sa vie ; le lieu actuel perd son « immobilité », l'instant présent se trouve brouillé et disloqué par « ces évocations tournoyantes et confuses » ; on ne sait plus qui on est, « on n'est plus personne », dira Proust dans *Guermantes*, où le thème du réveil est repris. C'est que, dans cette amnésie qu'est le sommeil profond, le dormeur a perdu son centre de continuité, il a perdu son moi ; autour de lui « tourbillonnent » non seulement le temps et les lieux, représentés par ses multiples chambres, mais tous ses moi successifs et désorbités. Cette expérience qui ouvre le roman, c'est donc celle de la discontinuité et de l'intermittence. »
>
> **JEAN ROUSSET,** *Forme et signification*, éd. Corti, 1962.

Quels sont, selon Jean Rousset, les trois éléments nécessaires au récit que l'expérience du « demi-réveil » évoquée dans la page de Proust rend incertains ?

Vers le bac

Dans *Contre Sainte-Beuve* (1954), Proust écrit : « un livre est le produit d'un autre moi que celui que nous manifestons dans nos habitudes, dans la société, dans nos vices. Ce moi-là, si nous voulons essayer de le comprendre, c'est au fond de nous-mêmes, en essayant de le recréer en nous, que nous pouvons y parvenir. »
Vous rédigerez deux paragraphes d'une dizaine de lignes chacun : dans le premier, vous direz ce que vous comprenez de la citation de Marcel Proust et vous l'illustrerez par un exemple. Dans le second, vous direz ce que l'on peut lui opposer en vous appuyant sur un autre exemple.

ÉCRIT D'APPROPRIATION

La première phrase de la *Recherche* est célèbre et a donné lieu à de nombreuses parodies ou citations. C'est le cas des trente-cinq variations que Georges Perec propose à partir de cette phrase. Cherchez ces variations. Choisissez trois d'entre elles pour lesquelles vous comprenez la transformation opérée par Perec. Appliquez ces transformations à cet autre extrait du texte de Proust : « Quel bonheur, c'est déjà le matin ! »

TEXTE ÉCHO

STENDHAL, *Vie de Henry Brulard* (1836)

CONTEXTE

Malgré sa réticence face à l'« effroyable quantité de Je et de Moi » des textes autobiographiques, Stendhal (1783-1842) a laissé plusieurs ouvrages retraçant des pans entiers de sa vie. Se donnant un nom inventé, il retrace, dans un récit inachevé, *Vie de Henry Brulard,* son enfance et sa jeunesse jusqu'à ses dix-huit ans.

Le souvenir recomposé

En 1800, enrôlé dans la Grande Armée, Henry Brulard doit rejoindre Milan et franchit à cheval le col du Grand Saint-Bernard.

Enfin, après une quantité énorme de zigzags qui me paraissaient former une distance infinie, dans un fond entre deux rochers pointus et énormes, j'aperçus à gauche une maison basse, presque couverte par un nuage qui passait.

C'est l'hospice ! on nous y donna, comme à toute l'armée, un demi-verre de vin qui me parut glacé comme une *décoction rouge*.

Je n'ai de mémoire que du vin, et sans doute on y joignit un morceau de pain et de fromage.

Il me semble que nous entrâmes, ou bien les récits de l'intérieur de l'hospice qu'on me fit produisirent une image qui depuis trente-six ans a *pris la place de la réalité*.

Voilà un danger de mensonge que j'ai aperçu depuis trois mois que je pense à ce véridique journal.

Par exemple je me figure fort bien la descente. Mais je ne veux pas dissimuler que cinq ou six ans après j'en vis une gravure que je trouvai fort ressemblante, et mon souvenir *n'est plus* que la gravure.

C'est là le danger d'acheter des gravures des beaux tableaux que l'on voit dans ses voyages. Bientôt la gravure forme tout le souvenir, et détruit le souvenir réel.

STENDHAL, *Vie de Henry Brulard*, chapitre 45, « Le Saint-Bernard », 1836.

CHARLES THÉVENIN, L'armée française au bourg Saint-Pierre pour la traversée du Grand Saint-Bernard, 20 mai 1800.

◀ QUESTION SUR L'IMAGE

Relevez deux expressions du texte de Stendhal qui pourraient servir à décrire ce tableau de la traversée du col du Grand Saint-Bernard.

1 Montrez que ce souvenir alterne des réminiscences précises et des impressions vagues.

2 Quel mécanisme de recomposition du souvenir Stendhal décrit-il dans cette page ? En quoi ce mécanisme constitue-t-il un « danger de mensonge » ?

3 Ce danger existe-t-il dans le texte de Marcel Proust ?

TEXTE 3

NATHALIE SARRAUTE, *Enfance* (1983)

NATHALIE SARRAUTE

(1900-1999)
biographie p. 587

CONTEXTE

Née en Russie en 1900, Nathalie Sarraute est associée au nouveau roman qui se développe dans les années 1950. Elle utilise le mot « tropisme » pour désigner ce que son écriture romanesque met au jour de la pensée de ses personnages. Elle définit les tropismes comme « des mouvements indéfinissables qui glissent très rapidement aux limites de notre conscience ». En 1983, elle publie un ouvrage autobiographique, *Enfance*.

Un dialogue avec soi-même

Dans la première page, l'auteure expose ses doutes face à l'entreprise autobiographique sous la forme d'un dialogue avec elle-même.

– Alors, tu vas vraiment faire ça ? « Évoquer tes souvenirs d'enfance »... Comme ces mots te gênent, tu ne les aimes pas. Mais reconnais que ce sont les seuls mots qui conviennent. Tu veux « évoquer tes souvenirs »... il n'y a pas à tortiller, c'est bien ça.

– Oui, je n'y peux rien, ça me tente, je ne sais pas pourquoi...

– C'est peut-être... est-ce que ce ne serait pas... on ne s'en rend parfois pas compte... c'est peut-être que tes forces déclinent...

– Non, je ne crois pas... du moins je ne le sens pas...

– Et pourtant ce que tu veux faire... « évoquer tes souvenirs »... est-ce que ce ne serait pas...

– Oh, je t'en prie...

– Si, il faut se le demander : est-ce que ce ne serait pas prendre ta retraite ? te ranger ? quitter ton élément, où jusqu'ici, tant bien que mal...

– Oui, comme tu dis, tant bien que mal...

– Peut-être, mais c'est le seul où tu aies jamais pu vivre... celui...

– Oh, à quoi bon ? je le connais.

– Est-ce vrai ? Tu n'as vraiment pas oublié comment c'était là-bas ? comme là-bas tout fluctue, se transforme, s'échappe... tu avances à tâtons, toujours cherchant, te tendant... vers quoi ? qu'est-ce que c'est ? ça ne ressemble à rien... personne n'en parle... ça se dérobe, tu l'agrippes comme tu peux, tu le pousses... où ? n'importe où, pourvu que ça trouve un milieu propice où ça se développe, où ça parvienne peut-être à vivre... Tiens, rien que d'y penser...

– Oui, ça te rend grandiloquent. Je dirai même outrecuidant. Je me demande si ce n'est pas toujours cette même crainte... Souviens-toi comme elle revient chaque fois que quelque chose d'encore informe se propose... Ce qui nous est resté des anciennes tentatives nous paraît toujours avoir l'avantage sur ce qui tremblote quelque part dans les limbes...

– Mais justement, ce que je crains, cette fois, c'est que ça ne tremble pas... pas assez... que ce soit fixé une fois pour toutes, du « tout cuit », donné d'avance...

– Rassure-toi pour ce qui est d'être donné... c'est encore tout vacillant, aucun mot écrit, aucune parole ne l'ont encore touché, il me semble que ça palpite faiblement... hors des mots... comme toujours... des petits bouts de quelque chose d'encore vivant... je voudrais, avant qu'ils disparaissent... laisse-moi...

NATHALIE SARRAUTE, *Enfance* (incipit), Éd. Gallimard, 1983.

Frida Kahlo, *Les Deux Fridas*, 1939.

QUESTIONS SUR L'IMAGE

Ce double autoportrait de l'artiste mexicaine Frida Kahlo est réalisé immédiatement après sa rupture avec son mari, l'artiste Diego Rivera, dont la Frida de droite tient un portrait dans la main.

1. Comment l'artiste représente-t-elle à la fois le changement et la continuité dans ce qu'elle est face à cette rupture ?

2. Cette double représentation de soi vous semble-t-elle de même nature que celle proposée par le texte de Nathalie Sarraute ?

PREMIÈRE LECTURE

1 Comment Nathalie Sarraute donne-t-elle l'impression que ce dialogue est oral et spontané ?

AU FIL DU TEXTE

2 Expliquez l'emploi des guillemets dans la première phrase.

3 « Est-ce que ce ne serait pas... » : l'une des voix prononce deux fois cette phrase. Que sous-entend-elle ? Comment ce sous-entendu est-il repris par l'autre voix ?

4 L'expression « tant bien que mal » est utilisée deux fois de suite dans le texte. A-t-elle exactement la même signification dans les deux cas ?

5 Dans la réplique qui commence par « Est-ce vrai ? », Nathalie Sarraute décrit le travail qu'elle fait comme écrivaine. Quelles images emploie-t-elle pour décrire ce travail ?

6 Quelles réticences l'une des deux voix exprime-t-elle face au projet autobiographique ? Quelles réponses lui sont données par l'autre voix ?

7 **Grammaire** Commentez l'emploi du pronom démonstratif « ça » dans le texte.

8 Commentez la dernière phrase : « laisse-moi... »

Vers le bac

« Sot projet qu'il a de se peindre ! » écrit Pascal à propos de Montaigne (Pensée 644). Formulez quatre arguments qui pourraient être adressés à quelqu'un souhaitant écrire son autobiographie pour le dissuader de se lancer dans ce projet. Puis formulez quatre autres arguments qui, au contraire, l'y encouragent.

TEXTE 4

GEORGES PEREC,

W ou le Souvenir d'enfance (1975)

GEORGES PEREC

(1936-1982)
biographie p. 583

CONTEXTE

Georges Perec est né en 1936 d'une famille juive. Après que son père meurt au front en 1940, Georges est envoyé en zone libre, à Villard-de-Lans, par sa mère. Celle-ci, déportée, meurt à Auschwitz en 1943. Cette histoire personnelle prise dans l'histoire collective est, pour Perec, le sujet d'une autobiographie nécessaire mais impossible à écrire.

L'histoire personnelle et l'histoire collective

En 1975, Georges Perec publie *W ou le Souvenir d'enfance*, qui a pour point de départ une fiction utopique qu'il aurait imaginée à l'âge de treize ans. Le livre est un double récit alternant, chapitre après chapitre, la description de cette utopie sportive et le « récit fragmentaire d'une vie d'enfant pendant la guerre ». Voici le premier chapitre de la seconde série.

Je n'ai pas de souvenirs d'enfance. Jusqu'à ma douzième année à peu près, mon histoire tient en quelques lignes : j'ai perdu mon père à quatre ans, ma mère à six ; j'ai passé la guerre dans diverses pensions de Villard-de-Lans. En 1945, la sœur de mon père et son mari m'adoptèrent.

Cette absence d'histoire m'a longtemps rassuré : sa sécheresse objective, son évidence apparente, son innocence, me protégeaient, mais de quoi me protégeaient-elles, sinon précisément de mon histoire, de mon histoire vécue, de mon histoire réelle, de mon histoire à moi qui, on peut le supposer, n'était ni sèche, ni objective, ni apparemment évidente, ni évidemment innocente ?

« Je n'ai pas de souvenirs d'enfance » : je posais cette affirmation avec assurance, avec presque une sorte de défi. L'on n'avait pas à m'interroger sur cette question. Elle n'était pas inscrite à mon programme. J'en étais dispensé : une autre histoire, la Grande, l'Histoire avec sa grande hache, avait déjà répondu à ma place : la guerre, les camps.

À treize ans, j'inventai, racontai et dessinai une histoire. Plus tard, je l'oubliai. Il y a sept ans, un soir, à Venise, je me souvins tout à coup que cette histoire s'appelait « W » et qu'elle était, d'une certaine façon, sinon l'histoire, du moins une histoire de mon enfance.

En dehors du titre brusquement restitué, je n'avais pratiquement aucun souvenir de W. Tout ce que j'en savais tient en moins de deux lignes : la vie d'une société exclusivement préoccupée de sport, sur un îlot de la Terre de Feu.

Une fois de plus, les pièges de l'écriture se mirent en place. Une fois de plus, je fus comme un enfant qui joue à cache-cache et qui ne sait pas ce qu'il craint ou désire le plus : rester caché, être découvert.

Je retrouvai plus tard quelques-uns des dessins que j'avais faits vers treize ans. Grâce à eux, je réinventai W et l'écrivis, le

QUESTION SUR L'IMAGE

***Les Naufragés du Jonathan* (1909) est un roman d'aventures de Jules Verne dans lequel des personnages échoués sur une île de la Terre de Feu sont confrontés à un idéologue autoritaire. Quels liens cette trame a-t-elle avec *W* ?**

publiant au fur et à mesure, en feuilleton, dans *La Quinzaine littéraire*, entre septembre 1969 et août 1970.

Aujourd'hui, quatre ans plus tard, j'entreprends de mettre un terme – je veux tout autant dire par là « tracer les limites » que « donner un nom » – à ce lent déchiffrement. W ne ressemble pas plus à mon fantasme olympique que ce fantasme olympique ne ressemblait à mon enfance. Mais dans le réseau qu'ils tissent comme dans la lecture que j'en fais, je sais que se trouve inscrit et décrit le chemin que j'ai parcouru, le cheminement de mon histoire et l'histoire de mon cheminement.

GEORGES PEREC, *W ou le Souvenir d'enfance*, chapitre 2, Éd. Denoël, 1975.

PREMIÈRE LECTURE

1 En quoi la première phrase du texte semble-t-elle contraire à une entreprise autobiographique ? Pourquoi Perec commence-t-il par cette phrase, selon vous ?

AU FIL DU TEXTE

2 À quelle sorte de texte ressemble le premier paragraphe ? Pourquoi Perec adopte-t-il cette forme ?

3 Relevez et commentez les figures de rhétorique qui structurent le deuxième paragraphe.

4 Expliquez le jeu de mots : « l'Histoire avec sa grande hache ».

5 **Grammaire** Quel est le temps employé dans le quatrième paragraphe ? Comment expliquez-vous l'apparition de ce temps à ce moment du texte ?

6 Expliquez la comparaison avec l'enfant qui joue à « cache-cache »

7 Reformulez les définitions que Perec donne à l'expression « mettre un terme ».

8 Quelle figure termine le texte ? Expliquez son emploi.

Vers le bac

Perec était membre de l'OuLiPo. Renseignez-vous sur ce mouvement littéraire et prenez en notes les informations que vous avez trouvées (les autres membres qui ont participé au mouvement, sa date de création, ses principes, les œuvres significatives). Identifiez quelques œuvres de Perec proprement oulipiennes. Choisissez un extrait d'un texte oulipien. Vous préparerez une présentation orale rapide (5 minutes) dans laquelle vous rendrez compte de ce travail de recherche et justifierez le choix de l'extrait.

METTRE EN PERSPECTIVE

9 Voici les premières lignes de *W ou le Souvenir d'enfance*.

> « J'ai longtemps hésité avant d'entreprendre le récit de mon voyage à W. Je m'y résous aujourd'hui, poussé par une nécessité impérieuse, persuadé que les événements dont j'ai été le témoin doivent être révélés et mis en lumière. Je ne me suis pas dissimulé les scrupules – j'allais dire, je ne sais pourquoi, les prétextes – qui semblaient s'opposer à une publication. Longtemps j'ai voulu garder le secret sur ce que j'avais vu ; il ne m'appartenait pas de divulguer quoi que ce soit sur la mission que l'on m'avait confiée, d'abord parce que, peut-être, cette mission ne fut pas accomplie – mais qui aurait pu la mener à bien ? – ensuite parce que celui qui me la confia, lui aussi, disparut. »
>
> **GEORGES PEREC**, *W ou le Souvenir d'enfance*, Éd. Denoël, 1975.

Quels éléments font de ce texte l'incipit d'un roman d'aventures ?

10 En quoi le texte que vous avez lu et qui est extrait du chapitre 2 permet-il de faire de ce début une autre lecture ?

ÉCRIT D'APPROPRIATION

Le lecteur de *W* découvre progressivement que l'utopie sportive de Perec est en réalité une dystopie à l'image de l'univers concentrationnaire. Qu'est-ce qu'une dystopie ? Cherchez quelques exemples de dystopies (littéraires ou cinématographiques) dont vous noterez les références.

TEXTE ÉCHO

PATRICK MODIANO, *Dora Bruder* (1997)

CONTEXTE

Publié en 1997, *Dora Bruder* est le récit d'une enquête démarrée huit ans plus tôt quand l'auteur découvre, dans un vieux numéro de *Paris-Soir* datant de 1941, l'avis de recherche d'une jeune fille juive de quinze ans ayant fugué dans le Paris de l'Occupation. Cette reconstitution mémorielle de l'histoire de Dora Bruder recoupe à plusieurs reprises des souvenirs personnels de l'auteur.

Le souvenir et la mémoire

Les ombres et les manques qui marquent cette enquête font douter l'auteur de la possibilité de mener à bien son entreprise de mémoire.

J'ai écrit ces pages en novembre 1996. Les journées sont souvent pluvieuses. Demain nous entrerons dans le mois de décembre et cinquante-cinq ans auront passé depuis la fugue de Dora. La nuit tombe tôt et cela vaut mieux : elle efface la grisaille et la monotonie de ces jours de pluie où l'on se demande s'il fait vraiment jour et si l'on ne traverse pas un état intermédiaire, une sorte d'éclipse morne, qui se prolonge jusqu'à la fin de l'après-midi. Alors, les lampadaires, les vitrines, les cafés s'allument, l'air du soir est plus vif, le contour des choses plus net, il y a des embouteillages aux carrefours, les gens se pressent dans les rues. Et au milieu de toutes ces lumières et de cette agitation, j'ai peine à croire que je suis dans la même ville que celle où se trouvaient Dora Bruder et ses parents, et aussi mon père quand il avait vingt ans de moins que moi. J'ai l'impression d'être tout seul à faire le lien entre le Paris de ce temps-là et celui d'aujourd'hui, le seul à me souvenir de tous ces détails. Par moments, le lien s'amenuise et risque de se rompre, d'autres soirs la ville d'hier m'apparaît en reflets furtifs derrière celle d'aujourd'hui.

PATRICK MODIANO, *Dora Bruder*, éd. Gallimard, 1997.

RENÉ MAGRITTE, *La Mémoire*, 1948.

◂ QUESTIONS SUR L'IMAGE

Les tableaux de Magritte, surréaliste belge, sont autant de matières à réflexion.

1. Observez les éléments qui composent cette toile et justifiez son titre.

2. Quel lien faites-vous entre ce tableau et le texte ?

1 Quel sentiment la description de la ville suscite-t-elle ?

2 En quoi le travail biographique et le travail autobiographique sont-ils liés dans cette page ?

3 Pourquoi, selon vous, l'auteur mentionne-t-il la présence de son père dans le Paris de 1941 ?

Parler de soi, se raconter

1 DÉFINITIONS : LES GENRES DE L'ÉCRITURE DE SOI

Retrouvez, pour chacun des genres suivants, la définition qui lui correspond.

a. Les mémoires
b. Le journal intime
c. La correspondance
d. L'autoportrait
e. Le roman autobiographique
f. L'autofiction

1. Roman dans lequel l'auteur prête à son personnage des traits de sa personnalité et des pans de son existence
2. Échange de lettres entre épistoliers
3. Récit mettant en scène l'auteur sous son nom mais dans des événements qu'il n'a pas réellement vécus
4. Récit par lequel l'auteur rend compte de son époque et du rôle qu'il a pu y jouer, sans s'arrêter sur l'histoire de sa propre personnalité
5. Représentation de soi à un moment de son existence sans dimension rétrospective
6. Récit de sa propre existence qui est rédigé au jour le jour et qui n'est pas nécessairement destiné à la publication

2 LE LEXIQUE DE LA MÉMOIRE ET DU SOUVENIR

Vérifiez que vous comprenez bien les mots suivants appartenant au lexique de la mémoire et du souvenir et faites une phrase avec chacun :

commémoration • réminiscence • amnésie • oubli • remémorer• mémorial • mémoriser

3 LES RÉSEAUX LEXICAUX DE LA MÉMOIRE

« Nous choisissons nos objets et nos lieux de mémoire ou plutôt l'air du temps décide de ce dont il vaut la peine qu'on se souvienne. Les écrivains, les artistes, les cinéastes participent de l'élaboration de cette mémoire. Les hypermarchés, fréquentés *grosso modo* cinquante fois l'an par la majorité des gens depuis une quarantaine d'années en France, commencent seulement à figurer parmi les lieux dignes de représentation. Or, quand je regarde derrière moi, je me rends compte qu'à chaque période de ma vie sont associées des images de grandes surfaces commerciales, avec des scènes, des rencontres, des gens. »

ANNIE ERNAUX, *Regarde les lumières mon amour,* éd. du Seuil, 2014.

Relevez dans ce texte les mots et expressions qui ont un lien avec la mémoire et classez-les selon qu'ils se réfèrent à la mémoire collective ou à la mémoire individuelle.

4 LES ENJEUX DE L'AUTOBIOGRAPHIE

Trouvez des verbes correspondant aux enjeux suivants de l'écriture de soi.

- Raconter ce que l'on a vécu, pour faire connaître les situations historiques auxquelles on a participé.
- Raconter sa vie pour rendre publiques ses fautes, ses bonnes actions, ses secrets personnels.
- Raconter sa vie pour répondre à des représentations publiques de soi que l'on juge fausses ou incomplètes.
- Raconter sa vie pour mieux comprendre qui l'on est.
- Raconter sa vie pour revivre le passé par l'écriture.

L'ARTISTE, SES DOUBLES ET SES AVATARS

L'art moderne a renouvelé le questionnement sur le geste artistique : qu'est-ce qu'un objet d'art ? L'œuvre d'art peut-elle exister indépendamment de son créateur ? En quoi consiste l'existence sociale de l'artiste ? Ces interrogations, couplées au questionnement sur soi, ont conduit certains artistes à se créer des doubles ou des avatars. Cette pratique peut se rencontrer en littérature. Romain Gary ou l'écrivain portugais Fernando Pessoa ont signé des œuvres sous d'autres noms que le leur. Voici quatre exemples de ces dédoublements dans le monde de l'art.

MARCEL DUCHAMP ET RROSE SÉLAVY

Figure essentielle de l'art du xxe siècle, Marcel Duchamp (1887-1968) invente en 1920, alors qu'il est à New-York, son double féminin, Rrose Sélavy. Celle-ci signe certaines œuvres (*La Veuve impudente,* 1920). Outre son nom, que Duchamp décline en « Éros, c'est la vie ! », elle a aussi sa propre carte de visite :

OCULISME DE PRÉCISION/RROSE SÉLAVY
New York/Paris
POILS ET COUPS DE PIED EN TOUS GENRES

Le personnage acquiert ensuite une vie autonome : à Paris, le jeune poète Robert Desnos entre en contact télépathique avec elle en 1923 et produit ainsi des formules poétiques qui font l'admiration du groupe surréaliste. Aujourd'hui, Rrose Sélavy est encore très cotée sur le marché de l'art, son flacon de parfum « Eau de voilette », vendu avec la collection « Yves St Laurent/ Pierre Bergé » en 2009 a atteint 9 millions d'euros.

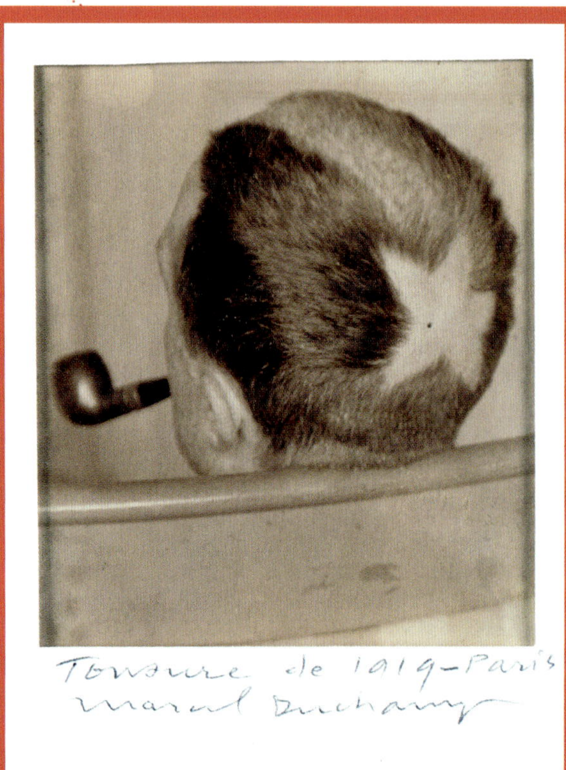

MAN RAY, *Tonsure de Marcel Duchamp*, 1919.

1 En quoi ce portrait de Duchamp par Man Ray ne suit-il pas les règles du genre ?

2 Comment interprétez-vous le titre et la forme de la « tonsure » ?

3 Quel lien pouvez-vous établir entre ce portrait et la création artistique d'un personnage comme Rrose Sélavy ?

GÉRARD GASIOROWSKI ET PROFESSEUR ARNE HAMMER DE L'ACADÉMIE WOROSIS-KIGA

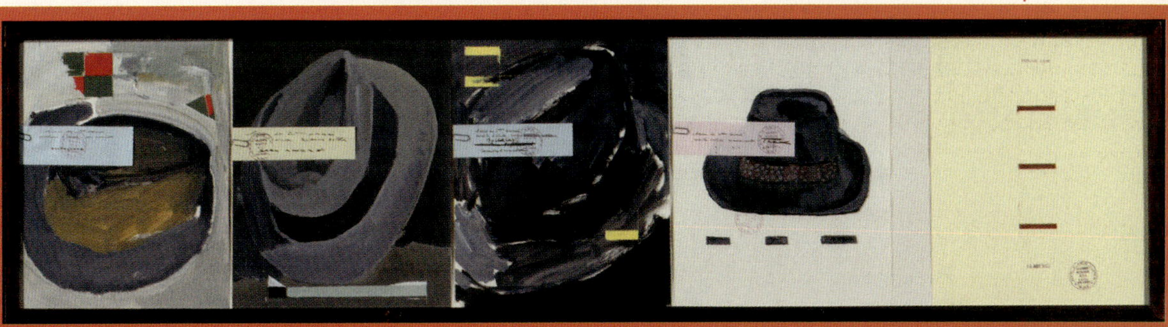

GÉRARD GASIOROWSKI, *AWK*, 1980, Centre Georges Pompidou, Paris.

Artiste hyperréaliste, rapidement reconnu dans les années 1960, Gérard Gasiorowski (1930-1986) entame ensuite une sévère critique des pratiques artistiques contemporaines et du marché de l'art.
Il disparaît plusieurs années et ne revient sur la scène artistique qu'avec une exposition à la galerie Maeght en 1982, retraçant son travail depuis 1974. Ce travail est présenté autour de fictions, notamment celle de l'Académie Worosis-Kiga (anagramme du nom de l'artiste). Cette académie fictive (1974-1979) aurait été dirigée par l'autoritaire professeur Arne Hammer, qui aurait forcé ses élèves (dont quelques figures de l'avant-garde), à ne représenter que son propre chapeau. De fait, une série de 400 dessins de styles différents est exposée. Chaque dessin est étiqueté, daté et authentifié par le cachet de l'Académie.

4 Quels reproches Gérard Gasiorowski adresse-t-il au monde de l'art à travers cette fiction académique ?

5 En observant l'échantillon de l'œuvre reproduite, vous direz si cette œuvre n'a d'intérêt, selon vous, que dans sa dimension critique.

CHRISTIAN BOLTANSKI ET ANNETTE MESSAGER

ANNETTE MESSAGER, *Mes vœux*, 1989, musée d'Art moderne, Paris.

Christian Boltanski est un artiste contemporain né en 1944. Il commence par peindre des tableaux d'histoire puis se détourne de la peinture pour travailler d'autres moyens d'expression (photographie, films, installations). Une thématique forte de son travail est celle de la conservation du passé et de la mémoire. Il l'applique à la fois à sa propre biographie et à l'histoire collective. En 1972, à la Documenta V de Kassel, il expose ses œuvres dans la section « Mythologie personnelle ». La même année, paraît un livre d'art : *10 portraits photographiques de Christian Boltanski, 1946-1964*. Les clichés photographiques (tous pris en réalité en 1972 par Annette Messager), sont donnés pour des portraits de l'artiste de l'enfance à l'âge adulte. En réalité, seul le dernier est bien une photographie de Boltanski. Pour ce dernier cliché, la légende indique qu'il a 20 ans alors qu'il en avait 28 au moment de la prise de vue.

6 Quel sens donnez-vous à l'album fictif de Christian Boltanski ?

7 Annette Messager a également réalisé l'installation *Mes vœux* dont voici une représentation. Comment et de quoi est composée cette installation ?

8 En quoi les traitements du portrait dans *Mes vœux* et dans *10 portraits photographiques* de Christian Boltanski sont-ils comparables ?

VERS LE CINÉMA : *GLORY TO THE FILMMAKER*

Takeshi Kitano est un cinéaste japonais aux multiples facettes : animateur d'émissions populaires pour la télévision japonaise sous le nom de Beat Takeshi, acteur à succès, il est surtout auteur de films personnels et originaux comme *Sonatine* (1993), *Hana-bi* (1997) ou *L'été de Kikujiro* (1999).

TAKESHI KITANO, *Glory To The Filmmaker*, 2008.

Glory to the filmmaker (*Kantoku Banzaï* !) est, dans sa première moitié, une succession de scènes de films que le cinéaste prétend avoir abandonnés. Ainsi le spectateur voit-il un fragment de drame psychologique, un récit autobiographique sur l'enfance du cinéaste (intitulé « Le goudron et les catcheurs »), un fragment de film d'horreur (« Le masque du Nô »), etc. Entre chaque fragment, Kitano déambule de façon à la fois mélancolique et comique dans la ville, accompagné de son double sous la forme d'un mannequin en plastique. La seconde moitié du film est une farce burlesque ou le personnage interprété par Kitano peut, dans certaines situations, être remplacé par ce double inanimé.

9 D'après la présentation qui vous en a été faite et en vous appuyant sur cette image du film, vous proposerez une interprétation à ce double plastique que le cinéaste met en scène dans son film.

TAKESHI KITANO, *Glory To The Filmmaker*, 2008.

10 Voici deux photogrammes du film *Glory to the Filmmaker* mettant en scène Kitano. À quel genre cinématographique se réfère chacune de ces deux scènes ? En quoi sont-elles visiblement parodiques ?

11 Cette démarche relève-t-elle seulement de l'exercice de style ?

CHAPITRE 6
Les visages du héros dans les romans des XXe et XXIe siècles

La redéfinition du héros dans un monde en crise

Qu'est-ce qu'un « héros » de roman ?

Au sens mythologique, le héros est un être issu de l'union d'une divinité et d'une créature humaine ; il a donc une dimension fabuleuse. Cette acception caractérise le héros tout au long de l'histoire littéraire car il reste associé à cette idée de valeur extrême propre à susciter l'admiration du lecteur.

Le héros épique appartient au genre de l'épopée qui est un récit poétique d'aventures héroïques inspirées librement d'événements historiques ou légendaires. Ulysse, figure de l'*Iliade* et de l'*Odyssée* (VIIIe siècle av. J.-C.), en est le premier exemple.

Associé dès l'origine puis au Moyen Âge dans les chansons de geste à des exploits guerriers, le héros épique se caractérise par ses qualités physiques, sa force et par la noblesse de son caractère. C'est un personnage hors du commun qui incarne, selon les époques, des valeurs – sagesse, honneur, foi, générosité – dans lesquelles une collectivité pourra se reconnaître.

La mort de Roland à Roncevaux en 778, *Grandes Chroniques de France*, enluminées par **Jean Fouquet**, vers 1455-1460.

Le héros, élément fondateur du genre romanesque

Si l'épopée réalise au départ la synthèse entre la poésie et le récit, le héros qu'elle met en place – en amplifiant la réalité – est repris par les romanciers qui s'inspirent des codes du genre et souhaitent faire de leurs personnages des figures exceptionnelles, soulevant l'admiration du lecteur. Ainsi **Chrétien de Troyes**, le précurseur du genre romanesque, narre les hauts faits de personnages nobles – tels que Lancelot, Yvain ou Perceval – aux qualités supérieures.

Le genre romanesque poursuit ensuite d'autres objectifs que le seul récit d'exploits, mais il s'intéresse tout au long de son histoire aux parcours de personnages marquant une supériorité dans un domaine donné. Au XIXe siècle, les romanciers racontent notamment l'ascension de personnages au destin hors du commun : on peut penser à Jean Valjean dans *Les Misérables*, mais aussi à la mort héroïque de Gavroche. La figure du « héros » est donc indissociable de ce genre.

ACTIVITÉ

Choisissez deux titres parmi les romans ci-contre et expliquez en quoi ils font écho à l'un des événements historiques qui apparait sur cette frise.

1910 – 1920 – 1930 – 1940 – 1950 – 1960

- 1926 Kafka, *Le Château*
- 1929 Céline, *Voyage au bout de la nuit*
- 1929 William Faulkner, *Le Bruit et la Fureur*
- 1933 André Malraux, *La Condition humaine*
- 1938 Jean-Paul Sartre, *La Nausée*
- 1944 Louis Aragon, *Aurélien*
- 1951 Jean Giono, *Le Hussard sur le toit*
- 1951 Julien Gracq, *Le Rivage des Syrtes*
- 1957 Alain Robbe-Grillet, *La Jalousie*

- 1914-1918 Première Guerre mondiale
- 1920 création du parti communiste
- 1929 crise économique mondiale
- 1939-1945 Seconde Guerre mondiale (1940-1944 : occupation allemande et mouvements de résistance)
- 1946-1954 guerre d'Indochine
- 1954-1962 guerre d'Algérie

L'héroïsme dans le roman après les guerres du XXe siècle

Pendant la première moitié du XXe siècle, les sociétés européennes sont confrontées à une profonde crise des valeurs et à une perte des repères moraux. **Paul Valéry** fera ce constat amer en 1919 : « Nous autres, civilisations, nous savons maintenant que nous sommes mortelles. » En effet, les deux terribles guerres qui ont frappé l'Europe ont montré que la culture n'était pas un rempart contre la barbarie. Dans un tel contexte historique, que peut alors être un héros ?

Certains écrivains, traumatisés par l'expérience des combats, vont chercher à dépeindre l'envers de l'héroïsme, et détruire la figure du héros pour montrer la noirceur dont l'âme humaine est capable, ou du moins les errances qu'elle doit affronter.

D'autres romanciers s'interrogent sur l'homme et la notion de responsabilité. Prenant conscience que la condition humaine se construit au cours du parcours de chacun, ils font le choix de représenter des personnages qui luttent pour la justice et le bien de tous. Ces auteurs répondent au constat de l'absurdité du monde par l'exigence de l'action et remodèlent le visage de l'héroïsme. Certains titres de romans – *La Condition humaine* d' **André Malraux**, *Terre des hommes* d' **Antoine de Saint-Exupéry** – illustrent ainsi la quête de fraternité qui permet au héros de faire face à la fragilité de son existence. Dans ces romans, ce sont parfois des hommes ordinaires qui sont capables de grandes actions.

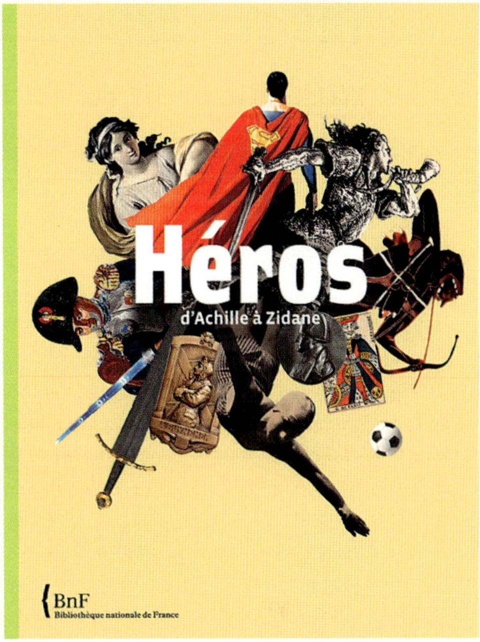

Couverture du catalogue de l'exposition « Héros » à la Bibliothèque nationale de France en 2007.

QUESTION

Faites la liste de quelques « héros » d'aujourd'hui au cinéma, dans les séries et dans les bandes dessinées.

QUESTIONS

1. Qu'est-ce qui vous incite à penser que ce roman présente des « héros » ?
2. De quel type de « héros » s'agit-il : héros guerrier, aventurier, héros engagé, héros défendant des valeurs morales fortes… ?

Et après ? Déconstruction du personnage, questionnement du héros

À partir des années 1950, un groupe d'écrivains (qui constitue le groupe du « Nouveau Roman ») remet en question les codes du genre romanesque qui est accusé de donner, à travers des personnages conventionnels, une vision fausse de l'individu en faisant croire que l'identité se présente comme une unité cohérente. Le « héros » ne résiste pas à cette remise en question et devient un lieu d'expérimentations.

Aujourd'hui, le roman, tout en étant marqué par la richesse des questionnements qui l'ont traversé, a retrouvé certains visages de la tradition héroïque et semble prêt à construire de nouvelles figures.

Voici un extrait de la quatrième de couverture du roman *Faillir être flingué* de Céline Minard, paru en 2013 aux éditions Rivages :

« Un souffle parcourt l'espace inhospitalier des prairies vierges du Far West. Une jeune Indienne dont tout le clan a été décimé, déploie ses talents de guérisseuse aussi bien au bénéfice des Blancs que des Indiens.
Elle rencontrera les frères Brad et Jeff traversant les grands espaces avec leur vieille mère mourante dans un chariot brinquebalant tiré par deux bœufs opiniâtres ; Gifford qui manque de mourir de la variole et qu'elle sauve in extremis ; Elie poursuivi par Bird Boisverd dont il a dérobé la monture, Arcadia, la musicienne itinérante, qui s'est fait voler son archet par la bande de Quibble. Et tant d'autres personnages… »

TEXTE 1

LOUIS-FERDINAND CÉLINE, *Voyage au bout de la nuit* (1932)

LOUIS-FERDINAND CÉLINE
(1894-1961)
biographie p. 572

CONTEXTE

Louis-Ferdinand Céline s'est inspiré de sa vie pour raconter les aventures de son personnage Ferdinand Bardamu. D'abord soldat de la guerre de 1914, le personnage voyage ensuite et traverse des milieux très différents.

Un anti-héros : le héros à l'envers

À la fin du roman, alors que son ami Robinson vient de mourir, Bardamu fait le bilan de son existence.

J'avais beau essayer de me perdre pour ne plus me retrouver devant ma vie, je la retrouvais partout simplement. Je revenais sur moi-même. Mon trimbalage à moi, il était bien fini. À d'autres !... Le monde était refermé ! Au bout qu'on était arrivés nous autres !... Comme à la fête !... Avoir du chagrin c'est pas tout, faudrait pouvoir recommencer la musique, aller en chercher davantage du chagrin... Mais à d'autres !... C'est la jeunesse qu'on redemande comme ça sans avoir l'air... Pas gênés !... D'abord pour endurer davantage j'étais plus prêt non plus !... Et cependant j'avais même pas été aussi loin que Robinson moi dans la vie !... J'avais pas réussi en définitive. J'en avais pas acquis moi une seule idée bien solide comme celle qu'il y avait eue pour se faire dérouiller. Plus grosse encore une idée que ma grosse tête, plus grosse que toute la peur qui était dedans, une belle idée, magnifique et bien commode pour mourir... Combien il m'en faudrait à moi des vies pour que je m'en fasse ainsi une idée plus forte que tout au monde ? C'était impossible à dire ! C'était raté ! Les miennes d'idées elles vadrouillaient plutôt dans ma tête avec plein d'espace entre, c'était comme des petites bougies pas fières et clignoteuses à trembler toute la vie au milieu d'un abominable univers bien horrible...

Ça allait peut-être un peu mieux qu'il y a vingt ans, on pouvait pas dire que j'avais pas fait des débuts de progrès mais enfin c'était pas à envisager que je parvienne jamais moi, comme Robinson, à me remplir la tête avec une seule idée, mais alors une superbe pensée tout à fait plus forte que la mort et que j'en arrive rien qu'avec mon idée à en juter partout de plaisir, d'insouciance et de courage. Un héros juteux[1].

LOUIS-FERDINAND CÉLINE, *Voyage au bout de la nuit*, 1932, Éd. Gallimard, 1952.

1 **Juteux** : qui a beaucoup de jus. Employé après l'expression *juter de plaisir*, qui signifie en argot « éjaculer », l'adjectif *juteux* désigne celui qui jouit.

JACQUES TARDI, illustration pour *Voyage au bout de la nuit*, 1988.

QUESTION SUR L'IMAGE

En quoi le dessinateur Tardi parvient-il à refléter la vision du monde et de l'homme de Céline ?

PREMIÈRE LECTURE

1 Quels indices montrent que l'on se trouve à la fin du roman ?

AU FIL DU TEXTE

2 **Grammaire** Relevez les marques de l'oralité dans ce texte. Quelle image du personnage donnent-elles ?

3 Relevez les négations de ce texte. En quoi expriment-elles le pessimisme du personnage ? Quel bilan dresse-t-il de sa vie ?

4 Commentez l'image : « le monde était refermé » (l. 3-4). Quelle vision de l'homme apparaît ici ?

5 Comment Céline montre-t-il que son héros est habité par la peur ?

6 Lorsqu'il se compare à son ami Robinson, que lui envie Bardamu ? Pourquoi ?

7 Quels sont les procédés qui rendent la phrase suivante particulièrement marquante : « Les miennes d'idées elles vadrouillaient plutôt dans ma tête avec plein d'espace entre, c'était comme des petites bougies pas fières et clignoteuses à trembler toute la vie au milieu d'un abominable univers bien horrible... » ? (l. 16-19) Quel est l'effet produit ?

8 Relevez un passage où le personnage se dévalorise. En vous appuyant sur la note de vocabulaire pour le mot « juteux », expliquez quel type de héros Bardamu aurait aimé être. Montrez que ce passage est ironique.

METTRE EN PERSPECTIVE

9 Confrontez le texte avec un autre extrait du roman pour approfondir l'étude des valeurs morales du personnage Bardamu. Le héros du roman a été blessé au cours de la guerre de 1914, puis réformé. Il a rencontré Lola, une infirmière, qui sera sa première petite amie. Ce court extrait présente une de leurs discussions :

> « Mais c'est impossible de refuser la guerre, Ferdinand ! Il n'y a que les fous et les lâches qui refusent la guerre quand leur Patrie est en danger...
>
> – Alors vivent les fous et les lâches ! Ou plutôt survivent les fous et les lâches ! Vous vous souvenez d'un seul nom par exemple, Lola, d'un de ces soldats tués pendant la guerre de Cent Ans ?... Avez-vous jamais cherché à en connaître un seul de ces noms ?... Non, n'est-ce pas ?... Vous n'avez jamais cherché ? Ils vous sont aussi anonymes, indifférents et plus inconnus que le dernier atome de ce presse-papier devant nous, que votre crotte du matin... Voyez donc qu'ils sont morts pour rien, Lola ! pour absolument rien du tout, ces crétins ! Je vous l'affirme ! La preuve est faite ! Il n'y a que la vie qui compte. »
>
> **LOUIS-FERDINAND CÉLINE**, *Voyage au bout de la nuit*, 1932, Éd. Gallimard, 1952.

Quelle est l'opinion de Bardamu sur la guerre ? De qui fait-il l'éloge ? En quoi est-ce un éloge « paradoxal », qui contredit les conventions et la morale ?

Une banlieue au bout de la nuit, illustration de **LINGUER** pour un article sur *Voyage au bout de la nuit* de L.-F. Céline. Paru dans *Le Monde*, le 10/12/1932.

Vers le bac

Rédigez un paragraphe de commentaire qui montre que ce passage exprime une vision très sombre de l'existence.

ÉCRIT D'APPROPRIATION

Rédigez en une quinzaine de lignes le portrait physique de Bardamu pour qu'il s'accorde avec l'extrait étudié.

TEXTE 2

ANDRÉ MALRAUX, *La Condition humaine* (1933)

ANDRÉ MALRAUX

(1901-1976)
biographie p. 581

CONTEXTE

Dans ce roman, Malraux exalte, à travers le parcours de ses deux héros Kyo et Katow, l'engagement au service de la révolution pour qu'adviennent des lendemains plus heureux pour le peuple. Malraux s'inspire de l'insurrection de Shangai en 1927 que les communistes révolutionnaires ont lancée pour prendre le contrôle de la ville avant l'arrivée des forces nationalistes de Tchang Kaï-chek. Mais, sur ordre de Moscou, les insurgés doivent livrer leurs armes au dirigeant nationaliste, qui fait arrêter et exécuter un grand nombre d'entre eux.

La Condition humaine, d'André Malraux. Illustration de Alexeieff, éd. Gallimard, 1946.

Le héros face à l'action

Dans cet incipit du roman, Tchen a pour mission de dérober un document indispensable aux révolutionnaires. Il doit pour cela assassiner son détenteur.

Minuit et demi.

Tchen tenterait-il de lever la moustiquaire ? Frapperait-il au travers ? L'angoisse lui tordait l'estomac ; il connaissait sa propre fermeté, mais n'était capable en cet instant que d'y songer avec hébétude, fasciné par ce tas de mousseline blanche qui tombait du plafond sur un corps moins visible qu'une ombre, et d'où sortait seulement ce pied à demi incliné par le sommeil, vivant quand même – de la chair d'homme. La seule lumière venait du building voisin : un grand rectangle d'électricité pâle, coupé par les barreaux de la fenêtre dont l'un rayait le lit juste au-dessous du pied comme pour en accentuer le volume et la vie. Quatre ou cinq klaxons grincèrent à la fois. Découvert ? Combattre, combattre des ennemis qui se défendent, des ennemis éveillés !

La vague de vacarme retomba : quelque embarras de voitures (il y avait encore des embarras de voitures, là-bas, dans le monde des hommes...). Il se retrouva en face de la tache molle de la mousseline et du rectangle de lumière, immobiles dans cette nuit où le temps n'existait plus.

Il se répétait que cet homme devait mourir. Bêtement : car il savait qu'il le tuerait. Pris ou non, exécuté ou non, peu importait. Rien n'existait que ce pied, cet homme qu'il devait frapper sans qu'il se défendît, – car, s'il se défendait, il appellerait.

Les paupières battantes, Tchen découvrait en lui, jusqu'à la nausée, non le combattant qu'il attendait, mais un sacrificateur. Et pas seulement aux dieux qu'il avait choisis : sous son sacrifice à la révolution grouillait un monde de profondeurs auprès de quoi cette nuit écrasée d'angoisse n'était que clarté. « Assassiner n'est pas seulement tuer... » Dans ses poches, ses mains hésitantes tenaient, la droite un rasoir fermé, la gauche un court poignard. Il les enfonçait le plus possible, comme si la nuit n'eût pas suffi à cacher ses gestes. Le rasoir était plus sûr, mais Tchen sentait qu'il ne pourrait jamais s'en servir ; le poignard lui répugnait moins. Il lâcha le rasoir dont le dos pénétrait dans ses doigts crispés ; le poignard était nu dans sa poche, sans gaine. Il le fit passer dans sa main droite, la gauche retombant sur la laine de son chandail et y restant collée. Il éleva légèrement le bras droit, stupéfait du silence qui continuait à l'entourer, comme si son geste eût dû déclencher quelque chute. Mais non, il ne se passait rien : c'était toujours à lui d'agir.

ANDRÉ MALRAUX, *La Condition humaine*, Éd. Gallimard, 1933.

PREMIÈRE LECTURE

1 Pourquoi a-t-on l'impression de se trouver dans un film à suspense ?

LECTURE ANALYTIQUE

Un incipit d'une grande intensité dramatique

2 Relevez le champ lexical du meurtre. L'acte de Tchen est-il légitimé par son dévouement à une cause ?

3 Quel est le point de vue narratif adopté dans cet incipit ? En quoi cela va-t-il contribuer à instaurer un certain malaise chez le lecteur ?

4 Étudiez les jeux de contrastes dans cet extrait.

Un passage à l'acte initiatique

5 Montrez que l'action à accomplir est au centre de cet extrait.

6 Étudiez les marques du mal-être physique de Tchen : comment Malraux les met-il en évidence ?

7 **Lexique** Que signifie le mot « sacrificateur » (l. 23) ? En quoi le mot « combattant » est-il plus noble ?

8 « Comme si son geste eût dû déclencher quelque chute » (l. 35) : en quoi peut-on voir dans cette comparaison une mise en garde face à l'acte terrible que Tchen s'apprête à commettre ?

Francisco de Goya, *Le 3 mai 1808 (Tres de Mayo)*, 1814.

QUESTION SUR L'IMAGE

Une maison d'édition a choisi d'illustrer la couverture de *La Condition humaine* par une reproduction de ce tableau de Goya. Documentez-vous sur ce tableau et dites si ce choix vous paraît pertinent.

METTRE EN PERSPECTIVE

9 Comparez Tchen avec Kyo, un autre personnage du roman. Gisors, un personnage de *La Condition humaine*, oppose les deux jeunes gens, engagés dans la révolution, en ces termes :

> « (Tchen), chauffeur de camion tant que les pistes du Nord avaient été dangereuses, puis aide-chimiste, puis rien. Tout le précipitait à l'action politique : l'espoir d'un monde différent, la possibilité de manger quoique misérablement (il était naturellement austère, peut-être par orgueil), la satisfaction de ses haines, de sa pensée, de son caractère. Elle donnait un sens à sa solitude. Mais, chez Kyo, tout était plus simple. Le sens héroïque lui avait été donné comme une discipline, non comme une justification de la vie. Il n'était pas inquiet. Sa vie avait un sens, et il le connaissait : donner à chacun de ces hommes que la famine, en ce moment même, faisait mourir comme une peste lente, la possession de sa propre dignité. »
>
> **André Malraux**, *La Condition humaine*, Éd. Gallimard, 1933.

Reformulez les motivations de chaque personnage pour entrer dans l'action.

10 En quoi consiste « le sens héroïque » dans ce roman ?

Vers le bac

L'entretien : Pourquoi peut-on hésiter à faire de Tchen un héros ?

ÉCRIT D'APPROPRIATION

« Les paupières battantes, Tchen découvrait en lui, jusqu'à la nausée, non le combattant qu'il attendait, mais un sacrificateur. Et pas seulement aux dieux qu'il avait choisis : sous son sacrifice à la révolution grouillait un monde de profondeurs auprès de quoi cette nuit écrasée d'angoisse n'était que clarté. ». Rédigez la lettre que Tchen pourrait écrire à son père pour exprimer sa déception et ses doutes face à ce premier passage à l'acte. Il terminera par une réflexion sur les valeurs qu'il défend et sa soif d'héroïsme.

TEXTE 3

ALBERT CAMUS,
La Peste (1947)

ALBERT CAMUS
(1913-1960)
biographie p. 572

CONTEXTE

Dans cette œuvre, Albert Camus fait de la maladie qui bouleverse Oran une allégorie de la guerre. Publié au lendemain de la Seconde Guerre mondiale, le texte fait clairement référence à l'horreur des camps nazis. Il interroge les réactions humaines face à l'assaut du mal, montrant que les épidémies, comme les guerres, révèlent les tempéraments humains. Dans ce roman, certains personnages s'acharnent à combattre l'épidémie et à sauver les malades, alors que d'autres cherchent à s'enfuir, ou essaient même de tirer profit du désordre provoqué par la maladie.

Le refus de l'acte héroïque : des héros ordinaires

Certains personnages du roman aident le docteur Rieux, dans la mesure de leurs moyens, à combattre la terrible maladie.

Beaucoup de nouveaux moralistes dans notre ville allaient alors, disant que rien ne servait à rien et qu'il fallait se mettre à genoux. Et Tarrou, et Rieux, et leurs amis pouvaient répondre ceci ou cela, mais la conclusion était toujours ce qu'ils savaient : il fallait lutter de telle ou telle façon et ne pas se mettre à genoux. Toute la question était d'empêcher le plus d'hommes possible de mourir et de connaître la séparation définitive. Il n'y avait pour cela qu'un seul moyen qui était de combattre la peste. Cette vérité n'était pas admirable, elle n'était que conséquente.

C'est pourquoi il était naturel que le vieux Castel mît toute sa confiance et son énergie à fabriquer des sérums sur place, avec du matériel de fortune. Rieux et lui espéraient qu'un sérum fabriqué avec les cultures du microbe même qui infestait la ville aurait une efficacité plus directe que les sérums venus de l'extérieur, puisque le microbe différait légèrement du bacille de la peste tel qu'il était classiquement défini. Castel espérait avoir son premier sérum assez rapidement.

C'est pourquoi encore il était naturel que Grand, qui n'avait rien d'un héros, assurât maintenant une sorte de secrétariat des formations sanitaires. Une partie des équipes formées par Tarrou se consacrait en effet à un travail d'assistance préventive dans les quartiers surpeuplés. On essayait d'y introduire l'hygiène nécessaire, on faisait le compte des greniers et des caves que la désinfection n'avait pas visités. Une autre partie des équipes secondait les médecins dans les visites à domicile, assurait le transport des pestiférés, et même, par la suite, en l'absence de personnel spécialisé, conduisit les voitures des malades et des morts. Tout ceci exigeait un travail d'enregistrement et de statistiques que Grand avait accepté de faire.

De ce point de vue, et plus que Rieux ou Tarrou, le narrateur estime que Grand était le représentant réel de cette vertu tranquille qui animait les formations sanitaires. Il avait dit oui sans hésitation, avec la bonne volonté qui était la sienne. Il avait seulement demandé à se rendre utile dans de petits travaux. Il était trop vieux pour le reste. De dix-huit heures à vingt heures, il pouvait donner son temps. Et comme Rieux le remerciait avec chaleur, il s'en étonnait : « Ce n'est pas le plus difficile. Il y a la peste, il faut se défendre, c'est clair. Ah ! si tout était aussi simple ! »

ALBERT CAMUS, *La Peste*, éd. Gallimard, 1947.

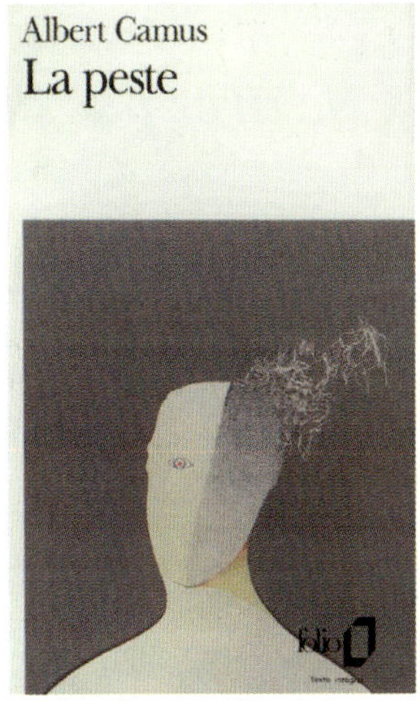

▲ QUESTION SUR LES IMAGES

Voici trois couvertures d'éditions différentes du roman de Camus. Quelle illustration auriez-vous choisie ? Pourquoi ?

PREMIÈRE LECTURE

1 Pourquoi est-il difficile de définir la figure héroïque dans cet extrait ?

AU FIL DU TEXTE

2 Expliquez l'expression « nouveaux moralistes » (l. 1). Pourquoi peut-on dire qu'ils sont les adversaires de Rieux et Tarrou ?

3 Que signifie l'image « Ne pas se mettre à genoux » (l. 5) ? Quels personnages de cet extrait peuvent se reconnaître dans ce refus ?

4 Sur quel aspect du comportement des personnages les anaphores au début des paragraphes 2 et 3 mettent-elles l'accent ?

5 De quelles qualités Castel fait-il preuve pour s'engager dans la lutte contre la peste ?

6 Étudiez deux procédés qui permettent à Camus de montrer que les grandes actions sont menées par des groupes anonymes.

7 **Lexique** Cherchez l'étymologie du mot « vertu ». L'expression « vertu tranquille » (l. 29) est-elle un oxymore, selon vous ? Pourquoi peut-on dire que Grand est un héros *ordinaire* ?

8 Quel est l'effet produit par les paroles de Grand au discours direct ?

METTRE EN PERSPECTIVE

9 Lisez la clausule du roman pour comprendre le projet de Camus. Voici les dernières lignes du roman. On comprend que c'est le docteur Rieux qui a tenu cette chronique de la peste.

> « Mais il savait cependant que cette chronique ne pouvait pas être celle de la victoire définitive. Elle ne pouvait être que le témoignage de ce qu'il avait fallu accomplir et que, sans doute, devraient accomplir encore, contre la terreur et son arme inlassable, malgré leurs déchirements personnels, tous les hommes qui, ne pouvant être des saints et refusant d'admettre les fléaux, s'efforcent cependant d'être des médecins.
>
> Écoutant, en effet, les cris d'allégresse qui montaient de la ville, Rieux se souvenait que cette allégresse était toujours menacée. »
>
> **ALBERT CAMUS**, *La Peste*, Éd. Gallimard, 1947.

Expliquez cette phrase : « tous les hommes qui, ne pouvant être des saints et refusant d'admettre les fléaux, s'efforcent cependant d'être des médecins ». En quoi cette clausule reformule-t-elle la conception de l'héroïsme selon Camus ?

Vers le bac

L'entretien : En quoi les personnages de Camus s'opposent-ils à Bardamu, le héros de *Voyage au bout de la nuit*, p. 124 ? Pensez-vous que Grand « n'avait rien d'un héros », comme le dit le narrateur ?

TEXTE ÉCHO

HARPER LEE, *Ne tirez pas sur l'oiseau moqueur* (1960)

CONTEXTE

La narratrice de ce roman est Scout, une jeune adolescente qui vit en Alabama pendant les années 1930. Orpheline de mère, elle vit avec son père Atticus Finch et son frère Jem, ainsi que Calpurnia, la gouvernante noire qui a aidé le père à élever ses deux enfants. Atticus est commis d'office pour défendre Tom Robinson, un Noir accusé d'avoir violé une jeune femme blanche. Dans cette Amérique ségrégationniste, la tension est à son comble ; la famille Finch doit affronter maintes pressions qui n'empêchent pas le vertueux avocat de mener sa mission avec courage et intelligence.

Le héros, toujours seul contre tous ?

Quelques semaines avant le procès, les deux enfants d'Atticus subissent de vives critiques dans leur voisinage et à l'école. C'est l'occasion pour leur père de rappeler ce qui fait le sens de son action.

– Tous les avocats défendent les n… Noirs, Atticus ?

– Bien sûr que oui, Scout.

– Alors pourquoi Cecil a-t-il dit que tu défendais les nègres ? On aurait cru que tu faisais quelque chose d'illégal.

Atticus poussa un soupir.

– C'est simplement que je défends un Noir du nom de Tom Robinson. Il habite ce petit quartier qui se trouve au-delà de la décharge publique. Il fait partie de l'église de Calpurnia et elle connaît bien sa famille. Elle dit que ce sont des gens honnêtes. Tu n'es pas assez grande pour comprendre certaines choses, mais d'aucuns prétendent, dans cette ville, que je ne devrais pas me fatiguer à défendre cet homme. C'est un cas spécial, le procès n'aura pas lieu avant la session d'été. John Taylor a eu la gentillesse de nous accorder un report…

– Si tu ne devrais pas le défendre, pourquoi le fais-tu quand même ?

– Pour plusieurs raisons, dit Atticus, la principale étant que si je ne le faisais pas je ne pourrais plus marcher la tête droite, ni représenter ce comté à la Chambre des représentants, ni même vous interdire quoi que ce soit à Jem ou à toi.

– Alors, si tu défendais pas cet homme, Jem et moi on n'aurait plus besoin de t'écouter ?

– C'est à peu près cela.

– Pourquoi ?

– Parce que je ne pourrais plus vous demander de faire attention à ce que je vous dis. Vois-tu, Scout, il se présente au moins une fois dans la vie d'un avocat une affaire qui le touche personnellement. Je crois que mon tour vient d'arriver. Tu entendras peut-être de vilaines remarques dessus, à l'école, mais je te demande une faveur : garde la tête haute et ne te sers pas de tes poings. Quoi que l'on te dise, ne te laisse pas emporter. Pour une fois, tâche de te battre avec ta tête… elle est bonne, même si elle est un peu dure.

– On va gagner, Atticus ?

– Non, ma chérie.

– Alors pourquoi…

– Ce n'est pas parce qu'on est battu d'avance qu'il ne faut pas essayer de gagner.

HARPER LEE, *Ne tirez pas sur l'oiseau moqueur*, 1960,
trad. Isabelle Stoïanov, Éd. Grasset et Fasquelle, 2015.

1 En quoi la présentation qui est faite de Tom Robinson suggère-t-elle qu'il est, aux yeux de l'opinion, un coupable idéal ?

2 Quels sont les arguments d'Atticus pour justifier devant Scout sa décision de défendre Tom Robinson ? Reformulez-en quatre.

3 Quels conseils l'avocat donne-t-il à sa fille ? En quoi peut-on dire qu'ils constituent une définition d'un « héroïsme » ordinaire ?

4 Quelles qualités d'Atticus apparaissent dans les quatre dernières phrases ?

Le lexique du personnage

1 DÉFINIR

« Personnage », « héros » et « protagoniste » sont des mots qui désignent les êtres de fiction qui peuplent les romans.

a. Pour chacun de ces mots, donnez son étymologie, ses sens principaux et un exemple d'emploi.

b. Expliquez la différence entre ces trois mots.

2 RELIER DES TEXTES ET DES ÉMOTIONS

La notion d'héroïsme est liée au registre épique, qui suscite l'admiration du lecteur. Voici un passage de *Peste & Choléra*, roman contemporain consacré à Alexandre Yersin, le médecin qui a découvert le bacille de la peste. Quel mot désigne le héros ? Étudiez son sens. Analysez trois procédés stylistiques qui exaltent les qualités de cette figure héroïque et l'inscrivent dans le registre épique.

« Yersin est le démiurge d'un rêve éveillé qu'il réalise. [...] On défriche, prépare des pâturages et des cultures de céréales. Yersin façonne une petite planète en autarcie, une métonymie du monde, une arche du salut, un jardin d'Éden interdit aux virus délégués en enfer. »

PATRICK DEVILLE, *Peste & Choléra*, éd. du Seuil, 2012.

3 ENRICHIR SON VOCABULAIRE : DÉCRIRE LE HÉROS

a. « Héros : super-héros, antihéros. » La dérivation est un mode de création lexicale dans laquelle un mot nouveau apparaît par l'ajout d'un suffixe ou d'un préfixe à un radical. Remplissez le tableau suivant afin de comprendre le sens de certains préfixes et radicaux. Réutilisez ces préfixes ou radicaux pour créer à votre tour des mots par dérivation.

Mot à analyser	Mise en évidence de la dérivation	Sens du mot	Sens du préfixe ou/et du radical
aristocratique	aristo/cratie/cratique	Qui appartient à l'aristocratie, à l'élite	aristo : élite / cratie : pouvoir
extraordinaire			
irréprochable			
hyperactif			

b. Les textes du groupement s'accordent à reconnaître au héros un goût pour l'action. Proposez, pour chacun des mots suivants, trois synonymes.
aventures • obstacles • exploit • engagement • audace

c. Identifiez l'intrus qui s'est glissé dans les listes suivantes :
Liste 1 : déterminé, assuré, exigeant, entêté
Liste 2 : courageux, énergique, vif, véloce
Liste 3 : fier, farouche, présomptueux, orgueilleux

d. Donnez les antonymes des mots suivants : mesquin, lâche, hésitant, traître, égoïste

TEXTE 4

JEAN ECHENOZ, *L'Équipée malaise* (1987)

JEAN ECHENOZ
(né en 1947)
biographie p. 574

CONTEXTE
Dans ce roman, Jean Echenoz raconte les aventures, entre Paris et la jungle de Malaisie, de Charles et Jean-François, dit Jeff. Sur l'idée de Jeff, les deux hommes se lancent dans des projets dignes des héros de romans d'aventures – complot, trafic d'armes... – mais leurs plans ne se déroulent pas comme ils l'avaient prévu...

▲ QUESTION SUR L'IMAGE
Montrez que ce titre a un double sens.

Un héros « subverti »

Paul – le neveu de Jeff – a embarqué sur le *Boustrophédon*, qui fait route vers le détroit de Malacca. À son bord, il a fait monter en fraude des caisses d'armes. Le bateau essuie une terrible tempête.

Enfermé dans sa cabine, Paul tombait également sans cesse, en tous sens, bientôt ne s'y retrouvait même plus dans l'espace : les repères ordinairement constitués par le haut et le bas, la gauche ou le sud, se trouvaient abrogés par la tempête au même titre que le temps. Convulsivement il parvint à étreindre sa couchette, pris d'un hoquet chronique et s'y vidant de tout, vomissant jusqu'à ses organes dans un projet de vaste régurgitation de soi – son spasme parfois n'était pas même achevé qu'il se trouvait encore projeté à travers l'habitacle, son bol alimentaire décrivant derrière lui de longues gerbes courbes comme des poignées de grain. Ainsi roué de coups, Paul finit par perdre connaissance, brièvement il vit s'engloutir sa connaissance dans un profond liquide épais, obscurément visqueux, où seules voulurent bien surnager, maussades, quelques fonctions végétatives.

Ce qui se présenta sous ses yeux, lorsque nombre d'heures plus tard il les eut rouverts, était de prime abord une chose abstraite, et son cerveau eut un peu de mal à traiter cette information. Puis cela se rétablit : envisagés en torve contre-plongée, ce n'était que débris et déchirures d'objets, d'envers d'objets, traces de chocs d'objets sur d'autres, tous plus ou moins piquetés de nourriture plus ou moins digérée. Le bat-flanc s'était descellé de la paroi et le sommier brisé, répandu au milieu de la cabine, avait laissé fuir son matelas échoué dans la tourmente sur Paul inconscient. Le matelas pesait sur sa poitrine ainsi qu'un requin mort. Le reste de son corps se trouvait rencogné sous l'abattant désarticulé de la tablette, sa tête étant à moitié prise dans un sac bleu venu d'ailleurs.

À présent nul mouvement nulle part, comme pour rattraper le mal. Au pochoir du hublot, un tuyau de lumière lisse formait un impeccable disque sur la cloison souillée. Nul bruit non plus, hormis les hypocrites vaguelettes claquant de toutes leurs langues contre la coque, paisiblement comme si rien ne s'était passé – c'était pour rigoler, allez, c'est fini maintenant, sans rancune –, laissant parfois monter quelque vague plus forte, bourrade affectueuse de l'élément bleu-vert, discret rappel de ce dont il est capable.

JEAN ECHENOZ, *L'Équipée malaise*, Éd. de Minuit, 1987.

PREMIÈRE LECTURE

1 Quelle est votre réaction face à cet extrait et au personnage de Paul ? Quelle est la tonalité du texte ?

AU FIL DU TEXTE

2 Montrez que ce texte reprend les codes du récit d'aventures en analysant les lieux, la péripétie et la chronologie.

3 Relevez la liste des « opposants » du personnage. Quel est le rôle joué par les objets ?

4 Relevez le champ lexical du « vomissement » dans le premier paragraphe. Ce type de vocabulaire est-il habituel dans un roman ? Interprétez le choix de l'auteur.

5 Dans le deuxième paragraphe, relevez une énumération. Quel effet produit-elle ? Relevez un autre procédé dans ce paragraphe qui contribue au même effet.

6 Commentez la comparaison : « Le matelas pesait sur sa poitrine ainsi qu'un requin mort. » (l. 22-23) En quoi ridiculise-t-elle le personnage ?

7 **Grammaire** Soulignez les groupes « sujet » dans la dernière phrase du texte. Étudiez les personnifications. Pourquoi peut-on dire que les éléments se sont joués du personnage ?

8 Quel est le type de discours choisi dans le passage : « c'était pour rigoler, allez, c'est fini maintenant sans rancune » (l. 30-31) ? En quoi cela confirme-t-il votre « première impression » de lecture ?

METTRE EN PERSPECTIVE

« Jean Echenoz construit l'une des entreprises littéraires les plus originales et les plus fécondes du roman français d'aujourd'hui : la subversion du roman par déstabilisation douce. [...] Tout se passe comme si un romancier extrêmement méticuleux et calculateur avait construit un livre en s'imposant des règles draconiennes ; une épure presque abstraite aussi rigoureuse qu'une partition classique [...] et qu'un autre romancier, en même temps, avait bougé la feuille, déplacé les lignes, fait sourire la langue, et offert du même coup « une petite prime d'imaginaire dans la vie des gens engourdis, transis entre la fiction pure et le réel sans appel ».

PIERRE LEPAPE, « La subversion du roman », *Le Monde*, 9 janvier 1987.

9 Que signifie le mot « subversion » ? Essayez de l'utiliser pour présenter l'extrait précédent.

10 Pourquoi peut-on dire que ce passage est bien « une petite prime d'imaginaire dans la vie des gens engourdis, transis entre la fiction pure et le réel sans appel » ?

ÉCRIT D'APPROPRIATION

Réécrivez ce passage en adoptant un registre épique et en faisant de Paul un héros capable d'affronter une tempête. Réfléchissez aux procédés d'amplification que vous allez employer.

Vers le bac

« Faut-il qu'un héros de roman soit admirable pour intéresser le lecteur ? » Répondez en deux paragraphes dialectiques à cette question, choisissez deux exemples du groupement pour illustrer votre propos.

PROLONGEMENT

Allez sur le site classes.bnf.fr et découvrez les documents relatifs à l'exposition « Héros ». Lisez le diaporama intitulé « La fabrique du héros ».
Il s'achève sur cette question : « Quel héros peut aujourd'hui prétendre demeurer dans la mémoire humaine, ne serait-ce que quelques décennies ? »
Faites une proposition et appuyez-vous sur les documents de ce site pour répondre. Répondez en illustrant vos justifications par des images.

Lectures cursives

RÉCITS

ALICE ZENITER,
L'Art de perdre
(2017 – prix Goncourt des Lycéens) [Flammarion]

Dans la France contemporaine, traversée par des questions identitaires, Naïma cherche à se construire et s'interroge sur son héritage familial. Petite-fille de harki, son ascendance algérienne n'est faite que de silence. Dans cette fresque romanesque, Alice Zeniter raconte l'importance d'être soi et d'affirmer sa liberté en marge des héritages familiaux.

PATRICK DEVILLE,
Peste & Choléra, (2012) [Points]

Alexandre Yersin est un étudiant qui suit les cours de Louis Pasteur et se lance à travers le monde pour mener une carrière de scientifique mais aussi d'explorateur. Patrick Deville dresse le portrait de celui qui découvre, en 1894 à Hong Kong, le bacille de la peste. Il raconte l'existence mouvementée de cet inlassable voyageur.

LAURENT GAUDÉ,
La Mort du roi Tsongor
(2002 – Goncourt des Lycéens). [Le Livre de Poche]

Dans une Afrique ancestrale, le roi Tsongor, à la tête d'un empire immense, s'apprête à marier sa fille. Mais au matin des fiançailles, un second prétendant vient réclamer la main de Samilia au nom d'une lointaine promesse. La guerre éclate, et le vieux Tsongor ne peut rendre son dernier souffle en paix. Ce roman, mêlant l'épique et le tragique, pose la question du héros : comment se définit-il entre des gestes d'une bravoure admirable et des actes cruels et honteux ?

MARIE-HELÈNE LAFON,
Histoires (2016 – Prix Goncourt de la nouvelle) [Buchet/Chastel]

Ce recueil réunit des nouvelles écrites par Marie-Hélène Lafon depuis le début de sa carrière. Beaucoup portent sur l'observation de la vie à la campagne et des existences à la fois rudes et silencieuses que l'on y mène. L'auteure sait suggérer, grâce à une écriture méticuleuse, ce qui se joue dans les destinées simples de ses personnages. Certaines de ces nouvelles ont été remaniées pour aboutir à un roman ce qui permet d'observer la genèse d'un récit littéraire.

BANDE DESSINÉE

KRIS ET ÉTIENNE DAVODEAU,
Un homme est mort (2006) [Futuropolis]

La ville de Brest, détruite par la guerre, est encore, en 1950, un vaste chantier de reconstruction. Des conditions de travail très dures et des salaires insuffisants conduisent les ouvriers de l'Arsenal à une grève. Dépassée par l'ampleur du mouvement, la police tire sur les manifestants et un militant de la CGT est tué. Le cinéaste René Vautier, vient filmer les événements. La réalisation de ce film militant, dont il ne reste aujourd'hui aucune copie, est racontée par cette bande dessinée.

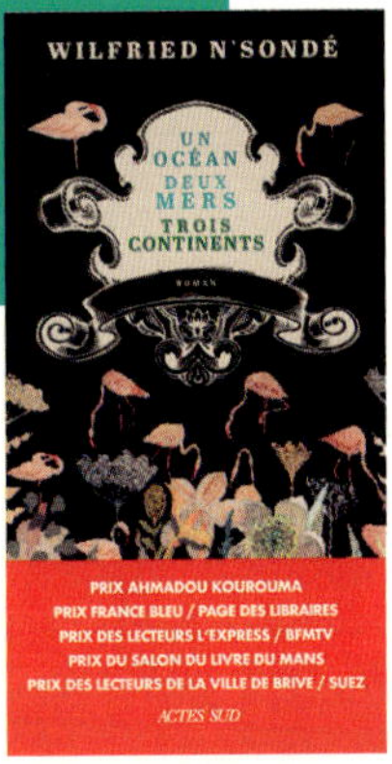

ÉRIC VUILLARD,
14 juillet (2016) [Actes Sud]

Jean Baptiste Réveillon, propriétaire de la manufacture royale de papiers peints, exige une baisse des salaires de ses ouvriers. Le 28 avril 1789, alors que les états généraux sont sur le point de s'ouvrir à Versailles, les ouvriers de Réveillon se révoltent et mettent à sac la manufacture de la Folie Titon. Cette foule en colère est de nouveau à l'œuvre trois mois plus tard dans Paris, le 14 juillet, c'est cette fois la révolution. L'événement est vu à travers les gestes et les impressions des hommes et des femmes de cette foule à qui le récit s'efforce de redonner des noms.

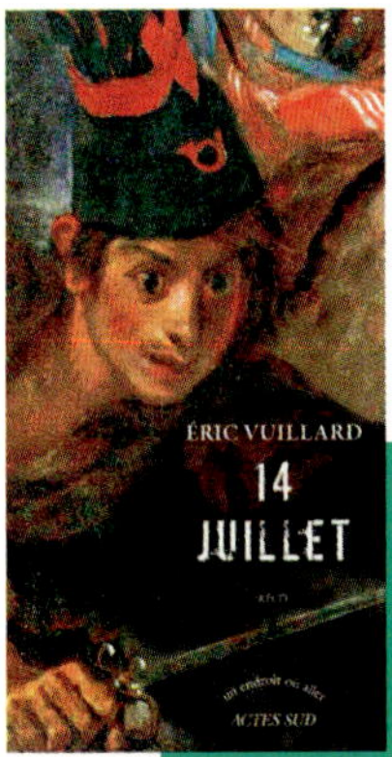

WILFRIED N'SONDÉ,
Un océan, deux mers, trois continents (2018) [Actes Sud]

Au début du XVIIe siècle, Nsaku Ne Vunda, né sur les rives du fleuve Kongo, est ordonné prêtre et désigné par le roi de Bakongos comme son ambassadeur auprès du pape. Le bateau qui doit le conduire au Vatican est un navire négrier qui le mène d'abord au Nouveau Monde avant de le ramener en Europe. Sa foi est mise à l'épreuve de ce dont il est alors à la fois un témoin et un acteur.

Téléchargez un questionnaire en ligne pour guider vos lectures.

FILMS

JAMES GRAY,
The Lost City of Z (2016)

Cette adaptation du roman de David Grann s'inspire de l'histoire de Percy Fawcett, un explorateur britannique. En 1906, la Société géographique royale d'Angleterre lui propose de mener une expédition en Amazonie afin de réaliser de nouvelles cartes dans un territoire situé aux frontières entre le Brésil et la Bolivie. C'est là qu'il découvre les traces d'une cité perdue dont il n'aura de cesse de prouver l'existence.

HUBERT CHARUEL,
Petit Paysan (2017)

Reprenant l'exploitation de vaches laitières de ses parents, Pierre, qui a une trentaine d'années, consacre tout son temps à son travail. Alors qu'une épidémie animale frappe le pays, une de ses bêtes tombe malade. Pour éviter que ses troupeaux soient abattus, il triche avec les règles sanitaires, falsifie des documents et ment à son entourage. Mais la maladie continue de progresser et Pierre s'enferre dans son déni.

AGNÈS VARDA,
Les Plages d'Agnès (2008)

Autoportrait organisé autour des plages qu'elle a connues et aimées, *Les Plages d'Agnès* est l'occasion pour la cinéaste de revenir à la fois sur sa vie et sur ses films et installations. Mêlant les souvenirs et les rencontres, les documents d'archives et les dispositifs de fiction, le film explore des moyens traditionnels et nouveaux de se raconter, saisissant à la fois le temps qui passe et la continuité de soi.

▲ QUESTION

Quelles caractéristiques de l'espace et du spectacle théâtral cette image évoque-t-elle ?

PABLO PICASSO, *Rideau de scène du ballet Parade*, 1917 (1,05 × 1,64 m), musée national d'Art moderne, Paris.

Le théâtre du XVIIe siècle au XXIe siècle

Ce que vous savez déjà sur le théâtre

Masque de tragédie en terre cuite provenant de Kertch, Ukraine, IVe siècle avant J.-C.

RASSEMBLEZ VOS CONNAISSANCES

1. Quels peuvent être les différents sens du mot « théâtre » ?
2. À quoi reconnaît-on un texte de théâtre au premier coup d'œil ?
3. Quels sont les deux principaux genres théâtraux que vous connaissez ? Pourriez-vous citer l'exemple d'une pièce pour chacun ?
4. Avez-vous déjà assisté à une représentation théâtrale ? Laquelle ? L'avez-vous appréciée ? Pourquoi ?

L'AVARE ET SON VALET

Dans cette comédie de 1668, Molière met en scène Harpagon, personnage maladivement avare, qui soupçonne ici son valet de vouloir le voler.

LA FLÈCHE, *à part.*

Ah ! qu'un homme comme cela mériterait bien ce qu'il craint ! Et que j'aurais de joie à le voler !

HARPAGON

Euh ?

LA FLÈCHE

Quoi ?

HARPAGON

Qu'est-ce que tu parles de voler ?

LA FLÈCHE

Je vous dis que vous fouillez bien partout, pour voir si je vous ai volé.

HARPAGON

C'est ce que je veux faire.

Harpagon fouille dans les poches de La Flèche.

LA FLÈCHE, *à part.*

La peste soit de l'avarice et des avaricieux !

HARPAGON

Comment ? que dis-tu ?

LA FLÈCHE

Ce que je dis ?

HARPAGON

Oui. Qu'est-ce que tu dis d'avarice et d'avaricieux ?

LA FLÈCHE

Je dis que la peste soit de l'avarice et des avaricieux.

HARPAGON

De qui veux-tu parler ?

LA FLÈCHE

Des avaricieux.

HARPAGON

Et qui sont-ils, ces avaricieux ?

LA FLÈCHE

Des vilains et des ladres.

HARPAGON

Mais qui est-ce que tu entends par là ?

LA FLÈCHE

De quoi vous mettez-vous en peine ?

HARPAGON

Je me mets en peine de ce qu'il faut.

LA FLÈCHE

Est-ce que vous croyez que je veux parler de vous ?

HARPAGON

Je crois ce que je crois ; mais je veux que tu me dises à qui tu parles quand tu dis cela.

LA FLÈCHE

Je parle… je parle à mon bonnet.

MOLIÈRE, *L'Avare*, Acte I, scène 3, 1668.

1. Pourquoi cette scène suscite-t-elle le rire ? Au-delà du rire, quelle est l'intention de Molière ?
2. Savez-vous ce que sont des didascalies ? Repérez-en une dans le passage.
3. Préparez-vous à jouer cette scène à deux : quels peuvent être les gestes des personnages ? Comment La Flèche doit-il moduler son discours en fonction du destinataire ?

Rappels sur le genre

Le théâtre est né en Grèce, au VIe siècle av. J.-C., à l'occasion de **fêtes religieuses en l'honneur de Dionysos**. Les représentations rassemblent les citoyens de la cité dans des amphithéâtres. Les acteurs portent des masques. Un chœur sert d'intermédiaire entre les personnages et le public.

Le théâtre d'Épidaure, IVe siècle av. J.-C.

Au Moyen Âge, deux types de pièces sont joués : les **« mystères »** qui représentent des scènes religieuses, ou **les farces**, pièces comiques populaires. Dans les deux cas, il s'agit d'un **théâtre de rue**, installé sur de simples tréteaux, où l'interaction avec le public est forte.

Au XVIIe siècle, apparaît en France un nouvel espace, arrondi et fermé cette fois : le **théâtre à l'italienne**. Les spectateurs se répartissent entre le parterre, les balcons, les loges et, pour certains privilégiés, la scène même. Soutenue par les puissants du royaume (dont le roi), la production théâtrale est intense. Au fil du siècle, **les deux grands genres, tragédie et comédie, s'imposent**.

Le théâtre du Jeu de Paume, théâtre à l'italienne, Aix-en-Provence.

Au XIXe siècle, naît le **genre du drame romantique** qui assouplit les règles du théâtre classique. À l'aide de **didascalies plus fournies, les décors deviennent plus réalistes et renforcent l'illusion théâtrale**.

Au XXe siècle, **se diversifient les genres** (théâtre de boulevard, théâtre engagé, théâtre de l'absurde…) **et les espaces scéniques** (théâtres classiques, scènes modernes, festivals en plein air…). Les **metteurs en scène** prennent un rôle important en proposant **leur interprétation des pièces**.

Lire des œuvres intégrales

Dom Juan.
Gravure de **Wolf**.

● *DOM JUAN* (1665) DE MOLIÈRE

L'AUTEUR

Directeur de troupe, auteur, metteur en scène et comédien, **Molière** est un homme de théâtre complet qui s'est spécialisé peu à peu dans le genre comique. À partir de 1662, il partage avec les Comédiens-Italiens la salle du Palais-Royal où est jouée *Dom Juan ou le Festin de pierre* en 1665.

LA PIÈCE

En 1664, la pièce du *Tartuffe*, qui fait la satire de l'hypocrisie religieuse, se voit censurée sous la pression de l'Église. Molière doit écrire en hâte une nouvelle pièce : ce sera *Dom Juan*, qui reprend l'histoire, alors à la mode, d'un grand seigneur espagnol défiant Dieu.

Écrite en cinq actes et en prose, *Dom Juan* intéresse par son originalité et son ambiguïté. La pièce malmène les règles classiques, et sa dimension comique et satirique est mêlée d'accents tragiques. L'intrusion du surnaturel dans le dénouement, permise par les machines théâtrales nouvellement inventées à l'époque, contribue aussi à fasciner le spectateur.

AXES D'ÉTUDE

1. **Une comédie de forme libre** qui mêle comique et gravité.
2. **La satire du libertinage** de mœurs et d'esprit.
3. ***Dom Juan*, la question du sacré et du mythe.**

● *BRITANNICUS* (1669) DE JEAN RACINE

L'AUTEUR

Jean Racine, élevé chez les jansénistes, écrit des tragédies marquées par une vision pessimiste où les héros sont soumis à un destin écrasant et des passions amoureuses destructrices. Ses pièces serviront de modèle aux théoriciens de la doctrine classique.

LA PIÈCE

Britannicus est la première tragédie romaine de Racine. L'auteur délaisse la mythologie grecque et choisit ses sources dans les *Annales* de l'historien latin Tacite. Il entend ainsi rivaliser avec Corneille, dont l'histoire romaine est le terrain de prédilection.

L'intrigue se situe au début du règne de Néron, en 55 ap. J.-C. Le jeune empereur, cherchant à se libérer de la tutelle de sa mère et de son vertueux gouverneur, va commettre le premier de ses crimes. Le dramaturge s'intéresse ici aux racines du mal et dépeint en Néron « un monstre naissant » (*Première préface* de 1670).

AXES D'ÉTUDE

1. **La tragédie classique et ses sources antiques :** un épisode cruel de l'histoire romaine.
2. **Les frères ennemis :** conflits de pouvoir et conflits amoureux dans la pièce.
3. **La dramaturgie tragique :** du revirement à la catastrophe.

Retrouvez en ligne un guidage pour l'étude approfondie de ces œuvres.

LE JEU DE L'AMOUR ET DU HASARD (1730) DE MARIVAUX

L'AUTEUR

Marivaux, dramaturge et romancier, a écrit plus de quarante pièces de théâtre. Son sujet privilégié est la naissance de l'amour chez des jeunes gens qui veulent éprouver l'authenticité de leurs sentiments. L'auteur connaît un premier succès au théâtre avec *Arlequin poli par l'amour* joué par les Comédiens-Italiens. Il leur emprunte le goût des masques et des personnages venus de la *commedia dell'arte*, comme le célèbre Arlequin.

LA PIÈCE

Le Jeu de l'amour et du hasard est une comédie en trois actes où des jeunes gens échangent vêtements et identité avec leurs valets afin de mieux se connaître avant de se marier. Au cours de la pièce, chacun est pris au jeu et au piège du travestissement.

AXES D'ÉTUDE

1. **Noms, déguisements et jeux de masques :** l'influence des Comédiens-Italiens.
2. **L'amour à l'épreuve du jeu et du hasard :** le marivaudage.
3. **Une interrogation sur les conditions sociales.**

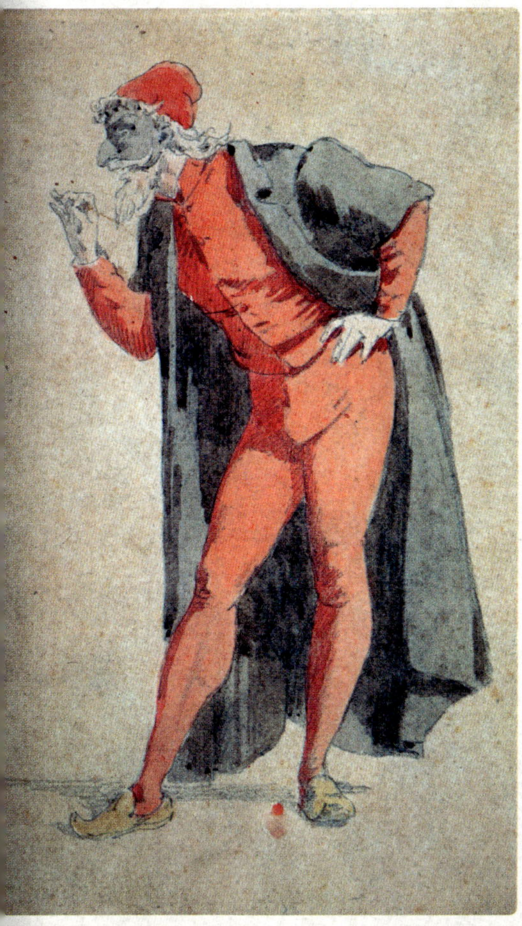

Pantalone.

La boutique des masques du Carnaval de Venise, XVIIIe siècle.

ON NE BADINE PAS AVEC L'AMOUR (1834) D'ALFRED DE MUSSET

L'AUTEUR

Alfred de Musset est l'un des écrivains romantiques les plus originaux. Son œuvre théâtrale mélange les genres tandis que ses personnages reflètent son caractère sensible et tourmenté. Ainsi, *On ne badine pas avec l'amour* lui a été inspirée par sa passion orageuse avec l'écrivaine George Sand.

LA PIÈCE

Après l'échec de sa première pièce, Musset renonce à la scène et décide d'écrire des « pièces à lire ». *On ne badine pas avec l'amour* fait partie du second volume d'*Un spectacle dans un fauteuil* et ne sera jamais représentée du vivant de l'auteur. Comédie dramatique écrite en prose, la pièce mêle avec une grande liberté les types de personnages et les tons. Camille et Perdican sont promis l'un à l'autre mais leur orgueil les trompe et les amène à jouer une partition dangereuse. Ils incarnent les aspirations et les désillusions de la jeunesse romantique.

AXES D'ÉTUDE

1. **Une dramaturgie originale** à la croisée des genres du proverbe, de la comédie et du drame.
2. **Le jeu cruel** de deux jeunes gens en quête d'eux-mêmes.
3. **Une pièce poétique et romantique.**

Camille (Emmanuelle Béart), dans une mise en scène de Jean-Pierre Vincent, au théâtre de Nanterre-Amandiers, en 1993.

LES MOUCHES (1943) DE JEAN-PAUL SARTRE

L'AUTEUR

Jean-Paul Sartre fait jouer sa première pièce *Les Mouches* en 1943, en pleine occupation allemande. C'est aussi l'année de la publication de *L'Être et le Néant*, où il expose sa philosophie existentialiste.

LA PIÈCE

Les Mouches s'inscrit dans la lignée des pièces de l'époque qui reprennent des mythes antiques pour parler du présent. Ici, Sartre réécrit l'histoire des Atrides pour appeler la France vaincue à refuser la culpabilité entretenue par le gouvernement de Vichy.

Drame en trois actes, la pièce raconte le retour d'Oreste à Argos, envahie par des mouches symbolisant le repentir de tout un peuple qui n'a pas su réagir après le meurtre de son roi. Oreste va leur apprendre que l'homme est libre et qu'aucun dieu ni aucun pouvoir ne peuvent l'opprimer.

AXES D'ÉTUDE

1. **Le mythe antique et sa réécriture** dans la pièce.
2. **Une fable politique.**
3. **Oreste et Électre :** une réflexion philosophique sur l'homme et sa liberté.

Oreste et Pylade, peinture murale romaine, Iᵉʳ siècle ap. J.-C.

INCENDIES (2003) DE WAJDI MOUAWAD

L'AUTEUR

Wajdi Mouawad est un dramaturge contemporain canadien d'origine libanaise dont les pièces sont marquées par sa lecture des tragédies grecques et par la guerre qu'il a vécue dans son enfance au Liban.

LA PIÈCE

Second volet d'une tétralogie intitulée *Le Sang des promesses*, *Incendies* s'inscrit dans le contexte de la guerre du Liban, qui n'est toutefois jamais nommée. En s'inspirant librement du mythe d'Œdipe, Mouawad montre comment la guerre engendre des conflits fratricides et des alliances monstrueuses.

La pièce, écrite en quatre tableaux, présente la quête douloureuse d'un frère et d'une sœur à la recherche de leurs origines. Tenant le lecteur en haleine, l'intrigue entrelace le passé et le présent pour aboutir à un dénouement tragique qui rejoint le mythe.

AXES D'ÉTUDE

1. **La quête des origines :** une enquête dramatique.
2. **Une dramaturgie originale :** l'entrelacement des temps et des espaces.
3. **Mythe antique et réalité tragique** dans la pièce.

CHAPITRE 1
Rire au théâtre : la satire dans les comédies de Molière

La comédie au XVIIe siècle

Les origines antiques de la comédie

La comédie est née dans l'Antiquité, au Ve siècle av. J.-C., lors des fêtes en l'honneur de Dionysos (le dieu du Vin et de l'Ivresse) : des cortèges joyeux et burlesques (appelés *Kômoi* en grec, d'où le nom « comédie ») défilaient en chantant et en lançant des plaisanteries.

Peu à peu, de vraies représentations ont lieu : la comédie se différencie de la tragédie par ses personnages ordinaires, un cadre réaliste et une fin heureuse. À Rome, à partir du IIIe siècle av. J.-C., l'écrivain latin Plaute invente des farces très drôles avec des personnages types : le vieillard, l'esclave fourbe ou encore les jeunes gens aux amours contrariées.

Un siècle plus tard, l'auteur latin Térence écrit des comédies qui abandonnent le comique grossier de la farce et peignent la vie quotidienne des hommes de son époque.

Plaute et **Térence** inspireront Molière, comme en témoigne l'épitaphe que La Fontaine écrit à la mort de son ami :

« Sous ce tombeau gisent
Plaute et Térence,
Et cependant le seul Molière y gît.
Il les faisait revivre en son esprit,
Par leur bel art réjouissant
la France. [...] »

Le Mercure galant, IV, 1673.

Masque de théâtre représentant Dionysos (mosaïque du Ier siècle ap. J.-C.).

QUESTION

Recherchez quels sont les attributs de Dionysos.

Chrysale, Sganarelle et Tartuffe

1620 — 1630 — 1640 — 1650 — 1660 — 1670 — 1680

- 1629 *Mélite*, première comédie de Corneille
- 1636 Pierre Corneille, *L'Illusion comique*
- 1659 *Les Précieuses ridicules*, premier succès de Molière
- 1661 début du règne personnel de Louis XIV
- 1664-1669 Molière, *Le Tartuffe*
- 1665 Molière, *Dom Juan*
- 1666 Molière, *Le Misanthrope*
- 1668 Molière, *L'Avare*
- 1670 Molière, *Le Bourgeois gentilhomme*
- 1672 Molière, *Les Femmes savantes*
- 1673 Molière, *Le Malade imaginaire*
  Mort de Molière
- 1674 Nicolas Boileau, *Art poétique*

Scapin.

Corneille et la comédie mondaine

☛ **Quand Corneille commence sa carrière,** la comédie est jugée inférieure par rapport à la tragédie, le genre noble : héritière de la farce du Moyen Âge, c'est une petite pièce populaire à l'intrigue simple et au comique bouffon et grossier.

☛ **Corneille invente une comédie plus raffinée :** écrite en vers, en cinq actes, elle met en scène des intrigues amoureuses complexes entre jeunes gens de la bonne société. Ses pièces sont divertissantes mais pas franchement comiques.

Molière et la satire

☛ **Molière est d'abord un acteur** et un chef de troupe. Les pièces qu'il écrit naissent de sa pratique de comédien et de spectateur : il s'inspire par exemple des farces qu'il a jouées sur les théâtres en plein air ou des pièces de la *commedia dell'arte*, à qui il emprunte les noms de Sganarelle ou Scapin.

Le rire provoqué par la comédie a une portée morale car il incite le spectateur à se corriger : c'est le principe de la **satire**.

« Les plus beaux traits d'une sérieuse morale sont moins puissants, le plus souvent, que ceux de la satire ; et rien ne reprend mieux la plupart des hommes que la peinture de leurs défauts. [...] On veut bien être méchant, mais on ne veut point être ridicule. » (Préface du *Tartuffe*, 1669.)

☛ **Il allie cette tradition de la farce** à une observation des mœurs et des gens de son époque. Ses personnages ne sont pas des types figés, ils sont des hommes dont il montre le ridicule ou les défauts.

☛ **Parmi les cibles de Molière,** on trouve des précieuses, des vieillards qui veulent épouser des jeunes filles, des hypocrites (*Tartuffe*), des pères avares, un libertin, un bourgeois prétentieux, des poètes pédants (*Les Femmes savantes*), des médecins charlatans (*Le Malade imaginaire*)...

☛ **Les pièces de Molière offrent aussi une grande variété de formes :** *L'Avare* est une comédie en prose, *Le Misanthrope* est écrite en vers et en cinq actes (« Grande comédie ») et *Le Malade imaginaire* est une comédie-ballet, genre inventé par Molière, qui mêle la danse, la musique et le théâtre pour être représentée lors des fêtes royales à Versailles.

Façade du théâtre d'Angoulême (détail).

▲ QUESTION

Recherchez d'où vient et ce que signifie la devise « *castigat ridendo mores* » inscrite sur cette façade. Quel lien faites-vous avec les comédies de Molière ?

☛ **Molière va ainsi donner à la comédie ses lettres de noblesse** en en faisant un genre très apprécié du roi Louis XIV et de la cour. Dans *La Critique de l'École des femmes* (scène 6), Dorante, porte-parole de Molière, la juge même plus difficile à réussir que la tragédie :

« Je trouve qu'il est bien plus aisé de se guinder sur de grands sentiments, de braver en vers la Fortune, accuser les Destins, et dire des injures aux Dieux, que d'entrer comme il faut dans le ridicule des hommes, et de rendre agréablement sur le théâtre des défauts de tout le monde. [Et] c'est une étrange entreprise que celle de faire rire les honnêtes gens. »

Farceurs français et italiens (XVIIe siècle).

▲ QUESTIONS

1. Comment distingue-t-on les farceurs français des farceurs italiens ?
2. Quels personnages reconnaissez-vous ?

TEXTE 1

MOLIÈRE,
Le Tartuffe (1664-1669)

MOLIÈRE
(1622-1673)
biographie p. 582

CONTEXTE
Il faut attendre l'année 1669 pour que la pièce du *Tartuffe*, plusieurs fois censurée et remaniée, soit enfin autorisée, après une longue querelle avec les autorités religieuses et politiques (voir la rubrique « Mettre en perspective » p. 148).

ACTE III, SCÈNE III.
TARTUFFE. Je tâte votre habit, l'étoffe en est moelleuse.

Illustration de Ange-Louis Janet-Lange (XIXe siècle).

Un dévot séducteur

Dans cette œuvre, Molière met en scène un personnage odieux et hypocrite – la pièce a pour sous-titre *L'Imposteur* – qui se fait passer pour pieux et intègre alors qu'il cherche à tromper son monde. Orgon, le maître de la maison, s'est laissé séduire par cet homme, l'a introduit chez lui en toute naïveté et a même décidé de lui donner sa fille Mariane en mariage alors qu'elle est promise à Valère. Elmire, la femme d'Orgon, a souhaité s'entretenir avec Tartuffe pour le dissuader d'épouser Mariane…

ELMIRE, TARTUFFE.

ELMIRE
J'ai voulu vous parler en secret d'une affaire,
Et suis bien aise ici qu'aucun ne nous éclaire[1].

TARTUFFE
J'en suis ravi de même, et sans doute il m'est doux,
Madame, de me voir seul à seul avec vous :
C'est une occasion qu'au Ciel j'ai demandée,
Sans que jusqu'à cette heure il me l'ait accordée.

ELMIRE
Pour moi, ce que je veux, c'est un mot d'entretien,
Où tout votre cœur s'ouvre et ne me cache rien.

TARTUFFE
Et je ne veux aussi pour grâce singulière[2]
Que montrer à vos yeux mon âme tout entière,
Et vous faire serment que les bruits[3] que j'ai faits
Des visites qu'ici reçoivent vos attraits
Ne sont pas envers vous l'effet d'aucune haine,
Mais plutôt d'un transport de zèle qui m'entraîne,
Et d'un pur mouvement…

ELMIRE
Je le prends bien aussi,
Et crois que mon salut vous donne ce souci.

TARTUFFE. *Il lui serre le bout des doigts.*
Oui, Madame, sans doute, et ma ferveur est telle…

ELMIRE
Ouf ! vous me serrez trop.

TARTUFFE
C'est par excès de zèle.
De vous faire aucun mal je n'eus jamais dessein[4],
Et j'aurais bien plutôt…

Il lui met la main sur le genou.

Armande Béjart dans le rôle d'Elmire.

ELMIRE

Que fait là votre main ?

TARTUFFE

Je tâte votre habit : l'étoffe en est moelleuse.

ELMIRE

Ah ! de grâce, laissez, je suis fort chatouilleuse.

Elle recule sa chaise, et Tartuffe rapproche la sienne.

TARTUFFE

Mon Dieu ! que de ce point[5] l'ouvrage est merveilleux !
On travaille aujourd'hui d'un air[6] miraculeux ;
Jamais, en toute chose, on n'a vu si bien faire.

ELMIRE

Il est vrai. Mais parlons un peu de notre affaire.
On tient que mon mari veut dégager sa foi[7],
Et vous donner sa fille. Est-il vrai, dites-moi ?

TARTUFFE

Il m'en a dit deux mots : mais, Madame, à vrai dire,
Ce n'est pas le bonheur après quoi je soupire ;
Et je vois autre part les merveilleux attraits
De la félicité qui fait tous mes souhaits.

ELMIRE

C'est que vous n'aimez rien des choses de la terre.

TARTUFFE

Mon sein n'enferme pas un cœur qui soit de pierre.

ELMIRE

Pour moi, je crois qu'au Ciel tendent tous vos soupirs,
Et que rien ici-bas n'arrête vos désirs.

TARTUFFE

L'amour qui nous attache aux beautés éternelles
N'étouffe pas en nous l'amour des temporelles[8] ;
Nos sens facilement peuvent être charmés[9]
Des ouvrages parfaits que le Ciel a formés.
Ses attraits réfléchis[10] brillent dans vos pareilles ;
Mais il étale en vous ses plus rares merveilles :
Il a sur votre face épanché[11] des beautés
Dont les yeux sont surpris, et les cœurs transportés,
Et je n'ai pu vous voir, parfaite créature,
Sans admirer en vous l'auteur de la nature,
Et d'une ardente amour[12] sentir mon cœur atteint,
Au plus beau des portraits où lui-même il s'est peint.

MOLIÈRE, *Le Tartuffe,* acte III, scène 3, 1664-1669.

1 **Qu'aucun ne nous éclaire** : que personne ne nous voie, ne nous espionne.
2 **Grâce singulière** : faveur accordée à une personne (vocabulaire courant et religieux).
3 **Bruits** : critiques exprimées en public.
4 **Dessein** : projet.
5 **Point** : point de dentelle.
6 **D'un air** : d'une manière.
7 **Dégager sa foi** : remettre en cause la promesse de mariage faite à Valère.
8 **Temporelles** : qui est du domaine des choses matérielles (par opposition à « spirituel »).
9 **Charmés** : envoûtés.
10 **Réfléchis** : reflétés.
11 **Épanché** : répandu (vocabulaire soutenu).
12 **Ardente amour** : au XVIIe siècle, « amour » peut être féminin.

QUESTIONS SUR L'IMAGE

1. **Comment peut-on interpréter l'attitude et les gestes de Tartuffe ?**
2. **À la lecture du texte, imaginiez-vous Tartuffe ainsi ? Quelle est l'intention du metteur en scène ?**

Tartuffe (Philippe Torreton) et Elmire (Cécile Brune), dans la mise en scène de Georges Bensoussan à la Comédie-Française en 1997.

PREMIÈRE LECTURE

1 À quoi aboutit l'entretien entre Elmire et Tartuffe ? Était-ce l'objectif d'Elmire ?

AU FIL DU TEXTE

2 Étudiez la progression du dialogue : quelles sont les deux grandes étapes de cet entretien ?

3 **Grammaire** Dans la réplique de Tartuffe des vers 9 à 15, relevez, analysez et classez les différentes propositions subordonnées. Que peut traduire la complexité de la phrase ?

4 Observez les différentes didascalies : quel effet produisent-elles sur le spectateur ? Comment appelle-t-on ce procédé ?

5 Relevez le lexique religieux dans les répliques de Tartuffe. Dans quel but l'utilise-t-il ? Que recherche Molière ?

6 Dans sa tirade (vers 37 à 48), quel sens évoque Tartuffe pour faire l'éloge d'Elmire ? Relevez-en les différentes occurrences. En quoi est-ce étonnant pour un homme si pieux ? À quel péché cela renvoie-t-il ?

7 Des vers 45 à 48, comment Tartuffe justifie-t-il le sentiment qui l'anime ? Que pensez-vous de cet argument ?

METTRE EN PERSPECTIVE : LA QUERELLE DU *TARTUFFE*

8 Après avoir consulté la page « l'Affaire du Tartuffe » sur le site toutmoliere.net, dites quelles difficultés a rencontrées Molière pour faire représenter sa pièce. Pourquoi ?

9 Lisez le texte suivant, extrait de la Préface de *Tartuffe* :

> « On me reproche d'avoir mis des termes de piété dans la bouche de mon Imposteur. Et pouvais-je m'en empêcher pour représenter le caractère d'un hypocrite ? Il suffit, ce me semble, que je fasse connaître les motifs criminels qui lui font dire les choses […]. »

Dans quelle mesure cette citation éclaire-t-elle l'extrait de la pièce que vous venez de lire ?

Ducroisy dans le rôle de Tartuffe.

Vers le bac

Oral : Entraînez-vous à lire ce texte en respectant la diction de l'alexandrin et en veillant à rendre le ton de chaque personnage.

PROLONGEMENT

Réflexion sur une mise en scène : recherchez sur les sites du Théâtre du Soleil et de l'INA des images, des captations et des interviews de la mise en scène de *Tartuffe* par Ariane Mnouchkine. Expliquez quel a été son projet. Qu'en pensez-vous ?

La comédie

Portrait de Don Juan en pied, XIXe siècle.

1 CHAMPS LEXICAUX

Trouvez l'intrus.

a. marier • hymen • union • ménage • nœud • martyre • inclination
b. opportun • fâcheux • importun • ennuyeux • gênant • indiscret
c. feindre • contrefaire • songer • imiter • singer • simuler
d. défaut • vice • travers • vertu • ridicule • perversité
e. rire • s'esclaffer • se divertir • s'égosiller • s'égayer • se gausser

2 INJURES ET JURONS DE COMÉDIE

Recherchez dans un dictionnaire l'étymologie des mots suivants et expliquez pourquoi ils sont devenus des injures.

diantre • fripon • pendard • maraud • bélître • butor • fou fieffé • carogne • gredin • coquin

3 ANTONOMASES

Quel sens courant ont pris ces mots tirés de personnages de Molière ?

un harpagon • un tartuffe • un don juan • un amphitryon

4 LES FORMES DU RIRE

Reliez chaque mot à sa définition.

burlesque •	• petite pièce comique populaire
satire •	• imitation caricaturale et humoristique
parodie •	• imitation grossière de caractères nobles
farce •	• critique moqueuse
héroïcomique •	• imitation noble de caractères grossiers

5 EXPRESSIONS

Donnez le sens des expressions suivantes.

- rire du bout des dents
- rire jaune
- rire dans sa barbe
- mourir de rire
- pince-sans-rire
- rire sous cape
- rire au nez de quelqu'un

6 LES TYPES DE COMIQUE

Reliez chaque extrait du *Malade imaginaire* au type de comique qui s'y manifeste .

a. Comique de mots •
b. Comique de geste •
c. Comique de caractère •
d. Comique de situation •

• 1. « Je ne suis point bon, et je suis méchant quand je veux. » (Argan, I, 5)
• 2. « Thomas Diafoirus. – Madame, c'est avec justice que le Ciel vous a concédé le nom de belle-mère, puisque l'on...
Argan. – Ce n'est pas ma femme, c'est ma fille à qui vous parlez. » (II, 5)
• 3. « Ah, ah ! le défunt n'est pas mort ! » (Toinette, III, 13)
• 4. « Argan, *la prenant pour la fouetter*. – Allons, allons.
Louison. – Ah ! mon papa, vous m'avez blessée. Attendez : je suis morte. *Elle contrefait la morte*. » (II, 8)

TEXTE 2

MOLIÈRE,
Les Femmes savantes (1672)

MOLIÈRE
(1622-1673)
biographie p. 582

CONTEXTE

À l'époque de Molière, beaucoup de grandes dames cherchaient à enrichir leurs connaissances et certaines, comme Madeleine de Scudéry, tenaient un salon où l'on discutait de littérature et de science. C'est dans l'un de ces salons, en 1663-1664, que l'abbé Cotin, membre de l'Académie française, critique très sévèrement la pièce *L'École des femmes* de Molière, la jugeant immorale. Molière préfère lui répondre sur scène…

Trissotin (Arnaud Denis), dans la mise en scène d'Arnaud Denis au théâtre 14 en 2009.

L'éloge grotesque d'un pédant

Dans la famille de Chrysale, Philaminthe, sa femme, Armande, sa fille et Bélise, sa sœur, ne s'intéressent qu'au savoir intellectuel : astronomie, philosophie et poésie sont leurs seules préoccupations. À l'acte III, ces femmes reçoivent dans leur salon un bel esprit, Trissotin, qui se pique de faire des vers. Trissotin annonce à ses auditrices qu'il va leur lire un sonnet qu'il a composé.

HENRIETTE, PHILAMINTE, ARMANDE, BÉLISE, TRISSOTIN, L'ÉPINE.

TRISSOTIN

SONNET À LA PRINCESSE URANIE SUR SA FIÈVRE[1]
Votre prudence est endormie,
De traiter magnifiquement,
Et de loger superbement
Votre plus cruelle ennemie.

BÉLISE

Ah ! le joli début !

ARMANDE

Qu'il a le tour galant !

PHILAMINTE

Lui seul des vers aisés possède le talent !

ARMANDE

À *prudence endormie* il faut rendre les armes.

BÉLISE

Loger son ennemie est pour moi plein de charmes.

PHILAMINTE

J'aime *superbement* et *magnifiquement* :
Ces deux adverbes joints font admirablement.

BÉLISE

Prêtons l'oreille au reste.

TRISSOTIN

Votre prudence est endormie,
De traiter magnifiquement,
Et de loger superbement
Votre plus cruelle ennemie.

ARMANDE

Prudence endormie !

BÉLISE

Loger son ennemie !

PHILAMINTE

Superbement et *magnifiquement* !

Caricature : M. Trissottin lisant ses pièces dramatiques, parait content de ses succès.

TRISSOTIN

Faites-la sortir, quoi qu'on die[2],
De votre riche appartement,
Où cette ingrate insolemment
Attaque votre belle vie.

BÉLISE

Ah ! tout doux, laissez-moi, de grâce, respirer.

ARMANDE

Donnez-nous, s'il vous plaît, le loisir d'admirer.

PHILAMINTE

On se sent à ces vers, jusques au fond de l'âme,
Couler je ne sais quoi qui fait que l'on se pâme[3].

ARMANDE

Faites-la sortir, quoi qu'on die,
De votre riche appartement.
Que *riche appartement* est là joliment dit !
Et que la métaphore est mise avec esprit !

PHILAMINTE

Faites-la sortir, quoi qu'on die,
Ah ! que ce *quoi qu'on die* est d'un goût admirable !
C'est, à mon sentiment, un endroit impayable.

ARMANDE

De *quoi qu'on die* aussi mon cœur est amoureux.

BÉLISE

Je suis de votre avis, *quoi qu'on die* est heureux.

ARMANDE

Je voudrais l'avoir fait.

BÉLISE

Il vaut toute une pièce[4].

PHILAMINTE

Mais en comprend-on bien, comme moi, la finesse ?

ARMANDE ET BÉLISE

Oh, oh !

PHILAMINTE

Faites-la sortir, quoi qu'on die :
Que de la fièvre, on prenne ici les intérêts :
N'ayez aucun égard, moquez-vous des caquets[5].
Faites-la sortir, quoi qu'on die :
Quoi qu'on die, quoi qu'on die.
Ce *quoi qu'on die* en dit beaucoup plus qu'il ne semble.
Je ne sais pas, pour moi[6], si chacun me ressemble ;
Mais j'entends là-dessous un million de mots.

BÉLISE

Il est vrai qu'il dit plus de choses qu'il n'est gros.

PHILAMINTE

Mais quand vous avez fait ce charmant *quoi qu'on die*,
Avez-vous compris, vous, toute son énergie ?

---

1 « **SONNET À LA PRINCESSE URANIE SUR SA FIÈVRE** » : Molière reproduit le véritable sonnet écrit par l'abbé Cotin pour Mlle de Longueville, duchesse de Nemours.
2 **Quoi qu'on die** : quoi qu'on dise.
3 **Se pâme** : s'évanouit (de plaisir).
4 **Une pièce** : un poème dans son ensemble.
5 **Caquets** : bavardages indiscrets, ragots.
6 **Pour moi** : en ce qui me concerne.

Songiez-vous bien vous-même à tout ce qu'il nous dit,
Et pensiez-vous alors y mettre tant d'esprit ?

TRISSOTIN

Hay, hay.

ARMANDE

J'ai fort aussi l'*ingrate* dans la tête :
Cette ingrate de fièvre, injuste, malhonnête,
Qui traite mal les gens qui la logent chez eux.

PHILAMINTE

Enfin les quatrains sont admirables tous deux.

MOLIÈRE, *Les Femmes savantes*, acte III, scène 2, 1672.

PREMIÈRE LECTURE

1 Trouvez-vous que cette scène illustre bien le titre de la pièce *Les Femmes savantes* ?

AU FIL DU TEXTE

2 Évaluez la qualité du poème de Trissotin : sur quelles images (personnification et métaphore filée) repose-t-il ? Observez la longueur des vers : le choix des rimes en *-ement* vous paraît-il heureux ? Comment comprenez-vous le nom du personnage de Trissotin ?

3 Observez la réaction des trois femmes : par quels procédés font-elles l'éloge du poème ? Que pensez-vous de leurs remarques ?

4 Comment s'enchaînent les répliques des trois femmes et comment s'appelle ce procédé ? Quel est l'effet produit ? Trissotin participe-t-il au dialogue ?

5 **Grammaire** Analysez la nature de la proposition « quoi qu'on die ». Quel sens a cette formule ? En quoi l'interprétation qu'en donnent les trois femmes des vers 35 à 51 est-elle paradoxale et comique ?

6 Quelles sont ici les différentes cibles de la satire de Molière ?

METTRE EN PERSPECTIVE

7 Préparez par groupes de quatre une mise en voix expressive et comique de la scène. Vous vous entraînerez d'abord à respecter la diction de l'alexandrin (voir Méthode, pp. 476-477). Vous travaillerez l'enchaînement rapide des répliques entre les trois femmes et chercherez à varier les tons entre elles. Vous rendrez enfin le crescendo de l'éloge. Trissotin devra imaginer quelle attitude adopter face aux femmes.

8 En vous rendant sur le site de l'Académie française, vous chercherez la notice sur Charles Cotin, auteur véritable du sonnet. À partir des informations recueillies, vous expliquerez pourquoi Molière se moque de lui dans le texte. Vous lirez ensuite l'aperçu historique consacré à cette institution. Comment appelle-t-on ses membres et pourquoi ?

Les Femmes savantes, mise en scène de Catherine Hiegel au Théâtre de la Porte-Saint-Martin en 2016.

▲ QUESTION SUR L'IMAGE

Relevez tous les éléments du décor qui renvoient au titre de la pièce. En quoi sont-ils caricaturaux ?

Vers le bac

Rédigez un paragraphe de commentaire d'une quinzaine de lignes qui analyse le comique de caractère dans ce passage.

PROLONGEMENT

Lisez l'acte I, scène 2 du *Misanthrope* de Molière et attachez-vous aux réactions d'Alceste et de Philinte à la lecture du sonnet d'Oronte. Comparez cette scène à celle des *Femmes savantes*. De quel personnage vous sentez-vous le plus proche ? Justifiez votre réponse dans un paragraphe argumentatif.

TEXTE ÉCHO

EUGÈNE IONESCO, *La Cantatrice chauve* (1950)

CONTEXTE

La Cantatrice chauve est la première pièce de théâtre écrite par Ionesco en 1950. L'auteur s'inspire d'un manuel de conversation anglaise, se moquant de ses phrases toutes faites, banales et vides de sens. Avec l'écrivain Samuel Beckett, Ionesco est le représentant de ce que l'on appelle le « théâtre de l'absurde », qui rompt avec l'écriture théâtrale traditionnelle et qui met en scène le vide et l'absurdité de l'existence humaine.

Une conversation absurde

Dans les environs de Londres, un couple anglais, les Smith, reçoit un autre couple, les Martin. La conversation est creuse jusqu'à ce que les Smith demandent à leurs hôtes de leur raconter une « chose intéressante ».

LES ÉPOUX MARTIN ET LES SMITH.

MME SMITH, *aux époux Martin.* – Vous qui voyagez beaucoup, vous devriez pourtant avoir des choses intéressantes à nous raconter.

M. MARTIN, *à sa femme.* – Dis, chérie, qu'est-ce que tu as vu aujourd'hui ?

MME MARTIN. – Ce n'est pas la peine, on ne me croirait pas.

M. SMITH. – Nous n'allons pas mettre en doute votre bonne foi !

MME SMITH. – Vous nous offenseriez si vous le pensiez.

M. MARTIN, *à sa femme.* – Tu les offenserais, chérie, si tu le pensais…

MME MARTIN, *gracieuse.* – Eh bien, j'ai assisté aujourd'hui à une chose extraordinaire. Une chose incroyable.

M. MARTIN. – Dis vite, chérie.

M. SMITH. – Ah, on va s'amuser.

MME SMITH. – Enfin !

MME MARTIN. – Eh bien, aujourd'hui, en allant au marché pour acheter des légumes qui sont de plus en plus chers…

MME SMITH. – Qu'est-ce que ça va devenir !

M. SMITH. – Il ne faut pas interrompre, chérie, vilaine.

MME MARTIN. – J'ai vu, dans la rue, à côté d'un café, un monsieur convenablement vêtu, âgé d'une cinquantaine d'années, même pas, qui…

M. SMITH. – Qui, quoi ?

MME SMITH. – Qui, quoi ?

M. SMITH, *à sa femme.* – Faut pas interrompre, chérie, tu es dégoûtante.

MME SMITH. – Chéri, c'est toi, qui as interrompu le premier, mufle.

M. MARTIN. – Chut. (*À sa femme.*) Qu'est-ce qu'il faisait, le monsieur ?

MME MARTIN. – Eh bien, vous allez dire que j'invente, il avait mis un genou par terre et se tenait penché.

M. MARTIN, M. SMITH, MME SMITH. – Oh !

MME MARTIN. – Oui, penché.

M. SMITH. – Pas possible.

MME MARTIN. – Si, penché. Je me suis approchée de lui pour voir ce qu'il faisait…

M. SMITH. – Eh bien ?

MME MARTIN. – Il nouait les lacets de sa chaussure qui s'étaient défaits.

LES TROIS AUTRES. – Fantastique !

EUGÈNE IONESCO, *La Cantatrice chauve*, scène VII, 1950, Belin, Gallimard, "Classico lycée", 2009.

1 En quoi la situation des personnages et leurs réactions font-elles penser à l'extrait des *Femmes savantes* de Molière ?

2 Relevez les formules toutes faites dans cette conversation. Quelle vision des personnages en découle ?

3 Qu'est-ce qui fait rire dans cette scène ? S'agit-il du même comique que chez Molière ?

TEXTE 3

MOLIÈRE,
Le Malade imaginaire (1673)

MOLIÈRE
(1622-1673)
biographie p. 582

CONTEXTE

Dernière pièce de Molière, *Le Malade imaginaire* est une comédie-ballet, genre inventé par Molière qui insère, entre chaque acte, des moments chantés et dansés.

Faux médecin pour malade imaginaire

Argan se croit malade alors qu'il ne l'est pas. Les médecins et les pharmaciens ont toute puissance sur lui et abusent de sa naïveté. Argan a promis sa fille Angélique à Thomas Diafoirus, jeune homme niais et neveu de son médecin, M. Purgon, alors qu'elle est amoureuse de Cléante. Dans l'acte III, ceux qui veulent faire triompher l'amour ont décidé d'éloigner Argan de ses médecins. Toinette, sa servante, revêt elle-même l'habit de médecin et vient à la rencontre de son maître...

TOINETTE, *en médecin* ; ARGAN, BÉRALDE.

TOINETTE. – Donnez-moi votre pouls. Allons donc, que l'on batte comme il faut. Ahy, je vous ferai bien aller comme vous devez. Hoy, ce pouls-là fait l'impertinent : je vois bien que vous ne me connaissez pas encore. Qui est votre médecin ?

ARGAN. – Monsieur Purgon[1].

TOINETTE. – Cet homme-là n'est point écrit sur mes tablettes entre les grands médecins. De quoi dit-il que vous êtes malade ?

ARGAN. – Il dit que c'est du foie, et d'autres disent que c'est de la rate.

TOINETTE. – Ce sont tous des ignorants : c'est du poumon que vous êtes malade.

ARGAN. – Du poumon ?

TOINETTE. – Oui. Que sentez-vous ?

ARGAN. – Je sens de temps en temps des douleurs de tête.

TOINETTE. – Justement, le poumon.

ARGAN. – Il me semble parfois que j'ai un voile devant les yeux.

TOINETTE. – Le poumon.

ARGAN. – J'ai quelquefois des maux de cœur.

TOINETTE. – Le poumon.

ARGAN. – Je sens parfois des lassitudes par tous les membres.

TOINETTE. – Le poumon.

ARGAN. – Et quelquefois il me prend des douleurs dans le ventre, comme si c'était des coliques.

TOINETTE. – Le poumon. Vous avez appétit à ce que vous mangez ?

ARGAN. – Oui, Monsieur.

TOINETTE. – Le poumon. Vous aimez à boire un peu de vin ?

ARGAN. – Oui, Monsieur.

TOINETTE. – Le poumon. Il vous prend un petit sommeil après le repas et vous êtes bien aise de dormir ?

ARGAN. – Oui, Monsieur.

TOINETTE. – Le poumon, le poumon, vous dis-je. Que vous ordonne votre médecin pour votre nourriture ?

1. En quoi chaque costume illustre-t-il le caractère ou la fonction du personnage ?
2. Quels indices montrent qu'Argan est manipulé par les autres personnages ?

▼ QUESTIONS SUR L'IMAGE

Béralde (Gaston Vecchia), Argan (Jean Le Poulain) et Toinette (Arlette Didier) dans la mise en scène de Jean-Claude Arnaud au théâtre Marigny en 1984.

Le Malade imaginaire et sa troupe, Théâtre des jardins de Versailles, été 1674, par Jean Le Pautre.

ARGAN. – Il m'ordonne du potage.

TOINETTE. – Ignorant.

ARGAN. – De la volaille.

TOINETTE. – Ignorant.

ARGAN. – Du veau.

TOINETTE. – Ignorant.

ARGAN. – Des bouillons.

TOINETTE. – Ignorant.

ARGAN. – Des œufs frais.

TOINETTE. – Ignorant.

ARGAN. – Et le soir de petits pruneaux pour lâcher le ventre.

TOINETTE. – Ignorant.

ARGAN. – Et surtout de boire mon vin fort trempé[2].

TOINETTE. – *Ignorantus, ignoranta, ignorantum.* Il faut boire votre vin pur ; et pour épaissir votre sang qui est trop subtil, il faut manger de bon gros bœuf, de bon gros porc, de bon fromage de Hollande, du gruau[3] et du riz, et des marrons et des oublies[4], pour coller et conglutiner[5]. Votre médecin est une bête. Je veux vous en envoyer un de ma main, et je viendrai vous voir de temps en temps, tandis que je serai en cette ville.

MOLIÈRE, *Le Malade imaginaire*, acte III, scène 10, 1673.

---

1 **Monsieur Purgon** : le nom du médecin renvoie à une technique médicale consistant à purger le corps de ses impuretés.
2 **Trempé** : dilué (avec de l'eau).
3 **Gruau** : bouillie de flocons d'avoine.
4 **Oublies** : petites pâtisseries.
5 **Conglutiner** : lier à l'aide d'un liquide visqueux (vocabulaire scientifique).

PREMIÈRE LECTURE

1 Comment peut-on qualifier cette consultation médicale ? Quel effet cherche-t-elle à produire ?

LECTURE ANALYTIQUE

Une parodie de consultation médicale

2 Montrez que cette scène s'apparente à une véritable consultation médicale : quelles en sont les étapes ? Relevez le vocabulaire médical.

3 Les diagnostics et prescriptions de Toinette sont-ils pertinents ? Pourquoi ?

4 Observez la liste des symptômes décrits par Argan. Dans quel ordre les présente-t-il ? À quel genre de comédie a-t-on affaire ?

Une célébration des pouvoirs du théâtre

5 Comment Toinette s'y prend-elle pour faire croire à Argan qu'elle est médecin ? En quoi est-ce théâtral ?

6 De qui et de quoi se moque Molière à travers cette scène ? Quelle formule définissant la comédie est à l'œuvre ici ?

7 Quel rôle jouait Molière ? Quel lien peut-on faire entre sa vie et cette scène de consultation médicale ? Pourquoi l'a-t-il écrite, selon vous ?

8 **Grammaire** Dans la première réplique de Toinette, relevez le sujet de chaque verbe, et donnez sa nature. Quelle figure de style est ici à l'œuvre ?

METTRE EN PERSPECTIVE

9 Regardez la fin du film *Molière* d'Ariane Mnouchkine, chapitre 19. Quels liens y a-t-il entre la fiction et la réalité ?

Vers le bac

Rédigez l'introduction du commentaire de ce texte. Vous formulerez une problématique et reprendrez pour votre plan les axes proposés dans la lecture analytique.

PROLONGEMENT

Dans la scène 3 de l'acte III, Béralde, figure de l'honnête homme, invite son frère Argan à assister à une pièce de Molière pour prendre conscience de l'ignorance des médecins :
« J'aurais souhaité de pouvoir un peu vous tirer de l'erreur où vous êtes, et, pour vous divertir, vous mener voir sur ce chapitre quelqu'une des comédies de Molière. »

Pensez-vous que le théâtre ait de tels pouvoirs ? En vous appuyant sur cette scène, sur le texte écho et sur les autres comédies que vous connaissez, vous discuterez ce point de vue.

CHAPITRE 2
Terreur et pitié dans la tragédie classique

La tragédie classique

Les origines antiques de la tragédie

La tragédie, née au VIe siècle av. J.-C., est la forme première du théâtre grec. Son origine est religieuse : elle serait issue des hymnes que les Grecs chantaient en l'honneur de Dionysos (le dieu du Vin et de l'Ivresse).

À l'occasion de ces cérémonies, on sacrifiait un ou plusieurs boucs au dieu, d'où le nom de *tragédie*, issu d'un mot grec qui signifie « chant du bouc ». On conserve les textes de trois grands auteurs : **Eschyle**, **Sophocle** et **Euripide**. La tragédie s'inspire des mythes pour raconter le destin de héros nobles qui commettent une faute grave les conduisant à la catastrophe.

Un siècle plus tard, cette « erreur » peut revêtir différentes formes : un meurtre ou un orgueil démesuré (appelé *hybris* en grec). Ainsi, le héros est tout à la fois coupable et victime des dieux qui le punissent de sa faute à la fin de la pièce.

Pour Aristote, le dénouement malheureux de la tragédie a un effet thérapeutique appelé *catharsis* en grec (« purgation ») : le spectateur, en éprouvant crainte et pitié pour le héros malheureux, se libère de ces émotions et évite de commettre les mêmes erreurs.

Le philosophe **Aristote**, admirateur de **Sophocle**, écrit au IVe siècle av. J.-C. un texte théorique qui définit la tragédie et ses règles : *La Poétique*. Le héros tragique y est décrit en ces termes :

« Un homme qui ne brille ni par la vertu ni par la justice tombe dans le malheur, non à cause de sa méchanceté plus ou moins grande, mais à cause d'une certaine erreur ; il faut aussi qu'il ait beaucoup de gloire et de prospérité, comme Œdipe, Thyeste et les hommes illustres appartenant à de telles familles. » (Traduction de Jacques Schérer)

Costume préparatoire pour la tragédie *Œdipe à Colone* de Sophocle.

- 1635 Pierre Corneille, *Médée*
- 1637 Pierre Corneille, *Le Cid*
- 1640 Pierre Corneille, *Horace*
- 1661 début du règne personnel de Louis XIV
- 1667 Jean Racine, *Andromaque*
- 1669 Jean Racine, *Britannicus*
- 1670 Pierre Corneille, *Tite et Bérénice*; Jean Racine, *Bérénice*
- 1674 Nicolas Boileau, *Art poétique*
- 1677 Jean Racine, *Phèdre*
- 1680 Création de la Comédie-Française

1630 — 1640 — 1650 — 1660 — 1670 — 1680 — 1690

La tragédie classique

☛ **Tout au long du XVIIe siècle,** des débats théoriques, nourris de la référence à Aristote, visent à fonder les règles de la tragédie, considérée comme **le genre noble par excellence.** Elle se caractérise en effet par :

- la noblesse de **son discours** : écrite en cinq actes, en alexandrins, dans une langue soutenue ;
- la noblesse de **ses personnages** : héros mythiques, princes, rois, accompagnés de confidents eux-mêmes nobles ;
- la noblesse de **ses sujets** : empruntés à l'Antiquité (à la mythologie grecque ou à l'histoire romaine), ils s'intéressent à deux grandes passions humaines : l'amour et la politique ;
- la noblesse des **émotions suscitées chez le spectateur** : admiration, terreur ou pitié.

Frontispice de l'edition originale de 1676 des tragédies de Jean Racine.

L'écrivain **Nicolas Boileau** fait la synthèse de ces règles dans son *Art poétique* :

« Qu'en un lieu, qu'en un jour, un seul fait accompli
Tienne jusqu'à la fin le théâtre rempli.
Jamais au spectateur n'offrez rien d'incroyable
Le vrai peut quelquefois n'être pas vraisemblable.
Une merveille absurde est pour moi sans appas :
L'esprit n'est point ému de ce qu'il ne croit pas.
Ce qu'on ne doit point voir, qu'un récit nous l'expose :
Les yeux en le voyant saisiraient mieux la chose ;
Mais il est des objets que l'art judicieux
Doit offrir à l'oreille et reculer des yeux. »

(Nicolas Boileau, *Art poétique*, Chant III, 1674)

☛ **En outre, la tragédie respecte des règles** destinées à renforcer le plaisir et l'émotion du spectateur :

- la **règle des trois unités** : l'intrigue se déroule dans un lieu unique, dans une seule journée et développe une seule action principale ;
- la **règle de bienséance** : rien ne doit choquer l'âme sensible du spectateur ; la mort n'est jamais montrée sur scène mais rapportée par le récit qu'en fait un personnage ;
- la **règle de vraisemblance** : l'histoire racontée doit être crédible et ne pas choquer la raison.

Deux grands tragédiens au XVIIe siècle : Corneille et Racine

☛ **Les dramaturges classiques** voient les œuvres antiques comme des modèles indépassables qu'il faut imiter et dont ils s'inspirent.

☛ **Pierre Corneille** emprunte souvent le sujet de ses pièces à l'histoire romaine, comme dans *Horace*, *Cinna*, *Polyeucte* ou *Suréna*. Le héros cornélien, héritier des valeurs féodales, est un être d'exception qui recherche avant tout l'honneur et la gloire. Il est souvent confronté à des dilemmes entre son amour et son désir de gloire.

Henri-Louis Le Kain (1729-1778) dans le rôle de Néron, *Britannicus* de Racine, 1751.

☛ **Jean Racine** choisit ses sujets aussi bien dans la mythologie grecque (*Andromaque*, *Phèdre*) que dans l'histoire romaine (*Britannicus*, *Bérénice*). Ses personnages sont plus humains, victimes d'une passion amoureuse souvent fatale, qui les conduit à leur perte.

Dans ses *Caractères* (1688), **La Bruyère** compare les héros cornélien et racinien en ces termes :

« [Corneille] peint les hommes comme ils devraient être ; [Racine] les peint tels qu'ils sont : il y a plus dans le premier de ce que l'on admire, et de ce que l'on doit même imiter ; il y a plus dans le second de ce que l'on reconnaît dans les autres, ou de ce que l'on éprouve dans soi-même : l'un élève, étonne, maîtrise, instruit ; l'autre plaît, remue, touche, pénètre. »

Pierre-Narcisse Guérin, *Andromaque et Pyrrhus*, 1810 (à gauche, Hermione, à droite Oreste).

Dans sa préface à *Phèdre* (1677), **Racine** présente ainsi son personnage :

« Il a toutes les qualités qu'Aristote demande dans le héros de tragédie, et qui sont propres à exciter la compassion et la terreur. En effet, Phèdre n'est ni tout à fait coupable, ni tout à fait innocente. Elle est engagée, par sa destinée et par la colère des dieux, dans une passion illégitime, dont elle a horreur toute la première. »

▲ QUESTION

En quoi ce tableau illustre-t-il l'univers de la tragédie classique ?

TEXTE 1

PIERRE CORNEILLE,
Médée (1635)

PIERRE CORNEILLE
(1606-1684)
biographie p. 573

CONTEXTE

Médée, l'un des personnages les plus fascinants de la mythologie, est une magicienne célèbre pour ses crimes. Fille du roi de Colchide (région d'Asie à l'est de la mer Noire), elle aide Jason, dont elle est amoureuse, à conquérir la Toison d'or que gardait son père. Elle s'enfuit avec Jason et se réfugie en Grèce, à Corinthe. Jason et Médée ont deux fils. Mais à Corinthe, règne Créon, qui souhaite faire de Jason son successeur en lui donnant sa fille Créuse pour épouse. Jason décide alors de répudier Médée, qui imagine une atroce vengeance… Ce mythe a inspiré de nombreux dramaturges, de l'Antiquité à nos jours.

La tentation de l'infanticide

Jason a accepté la proposition de Créon et répudié Médée, pourtant mère de ses enfants. Celle-ci entend bien se venger et annonce, dès son entrée en scène, sa volonté de « faire un chef-d'œuvre ». Elle s'en prend d'abord à Créuse, à qui ont été confiés ses enfants, en lui offrant une robe ensorcelée qui s'enflamme et dont le feu semble également toucher Créon. Mais elle ne compte pas en rester là…

MÉDÉE.

Est-ce assez, ma vengeance, est-ce assez de deux morts ?
Consulte avec loisir tes plus ardents transports[1].
Des bras de mon perfide[2] arracher une femme,
Est-ce pour[3] assouvir les fureurs de mon âme ?
Que n'a-t-elle déjà des enfants de Jason,
Sur qui plus pleinement venger sa trahison !
Suppléons-y des miens[4] ; immolons[5] avec joie
Ceux qu'à me dire adieu Créuse me renvoie :
Nature, je le puis sans violer ta loi ;
Ils viennent de sa part, et ne sont plus à moi.
Mais ils sont innocents ; aussi l'était mon frère[6] ;
Ils sont trop criminels d'avoir Jason pour père ;
Il faut que leur trépas redouble son tourment ;
Il faut qu'il souffre en père aussi bien qu'en amant.
Mais quoi ! j'ai beau contre eux animer mon audace,
La pitié la combat, et se met en sa place :
Puis, cédant tout à coup la place à ma fureur,
J'adore les projets qui me faisaient horreur :
De l'amour aussitôt je passe à la colère,
Des sentiments de femme aux tendresses de mère.
Cessez dorénavant, pensers irrésolus,
D'épargner des enfants que je ne verrai plus.
Chers fruits de mon amour, si je vous ai fait naître,
Ce n'est pas seulement pour caresser un traître :
Il me prive de vous, et je l'en vais priver.
Mais ma pitié renaît, et revient me braver[7] ;
Je n'exécute rien, et mon âme éperdue
Entre deux passions demeure suspendue.
N'en délibérons plus, mon bras en résoudra.
Je vous perds, mes enfants ; mais Jason vous perdra ;
Il ne vous verra plus…

PIERRE CORNEILLE, *Médée*, acte V, scène 2, 1635.

1 **Tes plus ardents transports** : tes émotions les plus vives.
2 **Perfide** : traître (Jason).
3 **Est-ce pour** : est-ce assez pour.
4 **Suppléons-y des miens** : remplaçons-les par les miens.
5 **Immolons** : sacrifions.
6 **Mon frère** : dans sa fuite de Colchide avec Jason, Médée n'a pas hésité à sacrifier son frère pour retarder ceux qui les poursuivaient.
7 **Me braver** : me défier, me provoquer.

PREMIÈRE LECTURE

1 En quoi ce monologue suscite-t-il crainte et pitié ?

AU FIL DU TEXTE

2 Caractérisez ce monologue : pour répondre, observez le type de phrase qui ouvre le texte et le verbe du vers 29.

3 Comment appelle-t-on la situation dans laquelle se trouve Médée ? Observez les différents revirements de son raisonnement : quelle conjonction utilise-t-elle chaque fois pour exprimer une opposition ?

4 **Grammaire** Relevez les verbes employés à l'impératif : à qui s'adressent-ils ? Que traduisent les différentes formes observées ?

5 Cherchez le sens étymologique et les différentes significations du mot *fureur*. Relevez le champ lexical qui s'y rattache dans le texte : en quoi cela éclaire-t-il la décision du personnage ?

6 Des vers 11 à 20, relevez les différents antonymes et analysez la figure de style du vers 18. Interprétez.

7 Quelle figure de style observez-vous aux vers 25 et 30 ? En quoi traduit-elle la vengeance de Médée ? À quelle loi archaïque cela renvoie-t-il ?

METTRE EN PERSPECTIVE

8 Lisez le texte écho qui suit. En quoi Corneille s'est-il inspiré de Sénèque ?

9 Recherchez le monologue d'Hermione, acte V, scène 1 dans *Andromaque* de Racine. Quels points communs observez-vous entre les deux héroïnes ?

Le Songe de Médée, chorégraphie d'Angelin Preljocaj, à l'Opéra Garnier en 2004.

Eugène Delacroix, *Médée*, 1838, musée des Beaux-Arts, Lille.

▲ QUESTIONS SUR L'IMAGE

1. Commentez le décor et le vêtement choisis par le peintre.
2. Quel aspect du personnage est ainsi montré ?

PROLONGEMENT

Imaginez le monologue tragique que pourrait prononcer Jason à la découverte des méfaits de Médée. Votre texte prendra soin de réinvestir les informations contenues dans le texte de Corneille et mettra l'accent sur les sentiments du personnage.

◀ QUESTION SUR L'IMAGE

Que traduit la position des danseurs ?

Vers le bac

Recherchez d'autres monologues de théâtre et formulez un sujet de dissertation se rapportant à ce type de scène.

TEXTE ÉCHO

SÉNÈQUE, *Médée* (vers 63-64 ap. J.-C.)

Médée (Marie Payen) dans une mise en scène de Zakariya Gouram au Théâtre de Nanterre-Amandiers en 2008.

▲ QUESTIONS SUR L'IMAGE

À quel moment du mythe cette photo correspond-elle ? Quels sentiments suscite l'actrice par ses gestes, sa position, son costume, l'expression de son visage ?

Un monologue terrifiant

Corneille s'est inspiré des tragédies du Grec Euripide et surtout du Latin Sénèque (Iᵉʳ siècle ap. J.-C.) pour créer *Médée*. Pour Sénèque, Médée est une femme folle et passionnée, prête à tout pour se venger de l'homme à qui elle a tout sacrifié. Dans cette scène, Médée a déjà accompli une partie de sa vengeance puisqu'elle a tué Créon et sa fille Créuse. Mais elle décide que la punition infligée à son mari ne doit pas s'arrêter là.

MÉDÉE.

Maintenant je suis Médée, et mon génie s'est fortifié dans le crime. Oui, je m'applaudis maintenant d'avoir coupé la tête de mon frère ; je m'applaudis d'avoir mis son corps en pièces, et dépouillé mon père de son mystérieux trésor[1]. Je m'applaudis d'avoir armé les mains des fils de Pélias[2] contre les jours de leur vieux père. Cherche le but que tu veux frapper, ô ma colère, il n'est plus de crime que ma main ne puisse exécuter. Où vas-tu adresser tes coups ? Et de quels traits veux-tu accabler ton perfide ennemi ? J'ai formé dans mon cœur je ne sais quelle résolution fatale que je n'ose encore m'avouer à moi-même. Insensée que je suis ! J'ai trop hâté ma vengeance. Plût au ciel que mon parjure époux eût quelques enfants de ma rivale ! Mais ceux que tu as de lui, suppose qu'ils sont nés de Créuse. J'aime cette vengeance, et c'est avec raison que je l'aime ; car c'est le crime qui doit couronner tous mes crimes. Mon âme, allons, prépare-toi : enfants, qui fûtes autrefois les miens, c'est à vous d'expier les forfaits de votre père.

Mais je frémis ; une froide horreur glace tous mes membres, et mon cœur se trouble. La colère est sortie de mon sein, et la vengeance de l'épouse a fait place à toutes les affections de la mère. Quoi ! Je répandrais le sang de mes fils, des enfants que j'ai mis au monde ? C'en est trop, ô mon âme égarée ; ce forfait inouï, ce meurtre abominable, je ne veux pas le commettre. Quel est le crime de ces malheureux enfants ? Leur crime, c'est d'avoir Jason pour père, et surtout Médée pour mère. Qu'ils meurent, car ils ne sont pas à moi ; qu'ils périssent, car ils sont à moi. Ils ne sont coupables d'aucun crime, d'aucune faute ; ils sont innocents : je l'avoue… mon frère aussi[3], était innocent.

Mon âme, pourquoi balancer ? Pourquoi ces pleurs qui coulent de mes yeux ? Pourquoi ce combat de l'amour et de la haine qui déchire mon cœur et le partage dans un flux et reflux de sentiments contraires ?

SÉNÈQUE, *Médée*, acte V, scène 1, vers 63-64 ap. J.-C., traduction du latin d'Eugène Greslou.

1 **Son mystérieux trésor** : il s'agit de la Toison d'or.
2 **Les fils de Pélias** : parce que Pélias avait volé le trône au père de Jason, Médée pousse ses filles à tuer leur père en leur faisant croire qu'il rajeunirait si elles le coupaient en morceaux et jetaient ceux-ci dans un chaudron d'eau bouillante.
3 **Mon frère aussi** : Médée a tué son frère pour échapper à la poursuite de son père.

1 Quelle Médée vous paraît la plus effrayante : celle de Sénèque ou celle de Corneille ?

2 Comment comprenez-vous la phrase : « qu'ils meurent, car ils ne sont pas à moi ; qu'ils périssent, car ils sont à moi » ?

TEXTE 2

PIERRE CORNEILLE, *Horace* (1640)

PIERRE CORNEILLE
(1606-1684)
biographie p. 573

CONTEXTE

Corneille a connu un immense succès avec *Le Cid* (1637) mais il a également essuyé de nombreuses critiques. On reproche notamment à sa pièce son invraisemblance et son irrespect des principes de la tragédie. Corneille se tait pendant trois ans et revient en 1640 avec une pièce conforme en tout point aux règles classiques : *Horace*.

Un meurtre pour l'honneur

L'action se déroule à Rome, sous le règne de Tulle, roi légendaire au VIIe siècle avant J.-C. Horace le Romain et Curiace l'Albain sont doublement liés : ils sont à la fois amis et amoureux tous deux de la sœur de l'autre, respectivement Sabine et Camille. Mais la rivalité entre Rome et Albe s'intensifie : pour éviter trop de pertes humaines, il est décidé que des champions des deux cités s'affronteront. Ce sont les deux amis et leurs frères qui sont choisis : les trois Horaces vont devoir se battre à mort contre les trois Curiaces ! Après bien des péripéties, c'est l'un des Horaces qui triomphe de ses ennemis et qui donne ainsi la victoire à Rome. Camille revoit ici son frère pour la première fois depuis son succès.

HORACE, CAMILLE, PROCULE[1]
et deux autres soldats portant chacun une épée des Curiaces.

CAMILLE
Donne-moi donc, barbare, un cœur comme le tien,
Et si tu veux enfin que je t'ouvre mon âme,
Rends-moi mon Curiace, ou laisse agir ma flamme,
Ma joie et mes douleurs dépendaient de son sort,
Je l'adorais vivant, et je le pleure mort.
Ne cherche plus ta sœur où tu l'avais laissée,
Tu ne revois en moi qu'une amante offensée

1 **Procule** : soldat romain.

JACQUES-LOUIS DAVID, *Le Serment des Horaces*, 1785.

QUESTIONS SUR L'IMAGE

1. Vers quoi convergent les mains des personnages masculins ? Pourquoi ?
2. En quoi la composition de ce tableau est-elle classique ?
3. Comparez l'attitude des hommes et des femmes : quel contraste a voulu exprimer David ?

Le personnage d'Horace,
Œuvres de Pierre Corneille.

Qui comme une furie[2] attachée à tes pas
Te veut incessamment reprocher son trépas.
Tigre altéré de sang, qui me défends les larmes,
Qui veux que dans sa mort je trouve encor des charmes,
Et que jusques au ciel élevant tes exploits,
Moi-même je le tue une seconde fois !
Puissent tant de malheurs accompagner ta vie
Que tu tombes au point de me porter envie[3],
Et toi[4], bientôt souiller par quelque lâcheté
Cette gloire si chère à ta brutalité !

HORACE

Ô ciel, qui vit jamais une pareille rage !
Crois-tu donc que je sois insensible à l'outrage,
Que je souffre en mon sang ce mortel déshonneur ?
Aime, aime cette mort qui fait notre bonheur,
Et préfère du moins au souvenir d'un homme
Ce que doit ta naissance aux intérêts de Rome.

CAMILLE

Rome, l'unique objet de mon ressentiment !
Rome, à qui vient ton bras d'immoler[5] mon amant !
Rome qui t'a vu naître, et que ton cœur adore !
Rome enfin que je hais parce qu'elle t'honore !
Puissent tous ses voisins ensemble conjurés
Saper ses fondements encor mal assurés,
Et si ce n'est assez de toute l'Italie,
Que l'Orient contre elle à l'Occident s'allie,
Que cent peuples unis des bouts de l'univers
Passent pour la détruire et les monts et les mers,
Qu'elle-même sur soi renverse ses murailles,
Et de ses propres mains déchire ses entrailles,
Que le courroux du ciel allumé par mes vœux
Fasse pleuvoir sur elle un déluge de feux !
Puissé-je de mes yeux[6] y voir tomber ce foudre[7],
Voir ses maisons en cendre et tes lauriers en poudre,
Voir le dernier Romain à son dernier soupir,
Moi seule en être cause, et mourir de plaisir !

HORACE, *mettant la main à l'épée, et poursuivant sa sœur qui s'enfuit.*

C'est trop, ma patience à la raison fait place,
Va dedans les enfers plaindre ton Curiace !

CAMILLE, *blessée derrière le théâtre.*

Ah, traître !

HORACE, *revenant sur le théâtre.*

Ainsi reçoive un châtiment soudain
Quiconque ose pleurer un ennemi romain[8] !

PIERRE CORNEILLE, *Horace*, acte IV, scène 5, 1640.

2 **Furie** : dans la mythologie, les Furies étaient les divinités de la vengeance.
3 **Au point de me porter envie** : au point que mon sort te paraisse préférable.
4 **Et toi** : puisses-tu.
5 **Immoler** : sacrifier.
6 **Puissé-je de mes yeux** : pourvu que de mes yeux je puisse.
7 **Ce foudre** : ce mot peut être masculin au XVIIe siècle.
8 **Un ennemi romain** : un ennemi de Rome.

PREMIÈRE LECTURE

1 Sur quoi repose l'opposition entre le frère et la sœur ?

AU FIL DU TEXTE

2 Quelle est la cible de la colère de Camille dans chacune de ses tirades ?

3 **Grammaire** Comment Camille exprime-t-elle ses souhaits dans chacune des tirades : quel verbe utilise-t-elle ? À quelle forme ?

4 À qui Camille s'identifie-t-elle dans la première tirade ? Quelle image cela donne-t-il du personnage ?

5 Relevez dans la première tirade tous les termes péjoratifs qu'utilise Camille pour désigner son frère et son action. Quelle vision du héros en découle ?

6 Observez la rime des vers 20 et 21 : en quoi est-elle significative ? Quelle figure de style présente au vers 27 traduit la même idée ?

7 Comment la vision de la destruction de Rome, des vers 28 à 41, est-elle rendue effrayante ? Analysez les images et la présence des quatre éléments. Dans quelle forme de folie Camille semble-t-elle tombée au vers 41 ?

PROLONGEMENT

Notez les arguments qui ont animé le débat (question 9) : quel est votre point de vue final sur cette question ? Répondez dans un paragraphe argumenté d'une dizaine de lignes.

METTRE EN PERSPECTIVE

8 Les didascalies de la fin de la scène ont été ajoutées après coup par Corneille. Pourquoi, selon vous ? Reportez-vous aux règles de la tragédie classique pour répondre (Repères, p. 156).

9 Amour ou honneur ? Duquel des deux personnages vous sentez-vous le plus proche ? Notez vos arguments et défendez votre point de vue dans un débat.

10 Sur le site mythologica.fr, faites une recherche sur le personnage mythologique d'Antigone et son opposition à Créon. Qu'est-ce qui rapproche les deux figures féminines Camille et Antigone ?

La comédienne Rachel Félix (1821-1858) jouant Camille dans *Horace* de Pierre Corneille, en 1838.

Vers le bac

Proposez un plan de commentaire de ce passage (deux ou trois parties avec au moins deux sous-parties chaque fois).

L'ESTHÉTIQUE CLASSIQUE PEINTURE, ARCHITECTURE, JARDINS

Au XVIIe siècle, le terme « classique » renvoie aux auteurs de l'Antiquité que l'on admire et que l'on doit donc imiter. Plus tard, le mot désigne les artistes et écrivains français du siècle de Louis XIV qui, par réaction au baroque, ont élaboré un art de mesure, de raison, en prônant le respect et l'imitation des œuvres antiques. L'esthétique classique touche à tous les domaines artistiques : littérature, peinture, sculpture, architecture, jardins.

LA PEINTURE CLASSIQUE : L'EXEMPLE DE POUSSIN

Nicolas Poussin (1594-1665) est un peintre français qui puise son inspiration dans les sujets mythologiques ou bibliques. Il incarne une figure majeure du classicisme français.

Le Jugement de Salomon rapporte un épisode célèbre de l'Ancien Testament qui illustre la sagesse du roi d'Israël.

NICOLAS POUSSIN, *Le Jugement de Salomon*, 1649, musée du Louvre (1,01 x 1,50 m), Paris.

1. Recherchez dans l'Ancien Testament (Premier livre des Rois, chapitre 3) l'histoire du jugement de Salomon. Quels personnages de cette histoire peut-on retrouver dans le tableau ?
2. Dans sa correspondance, Poussin déclare : « Mon naturel me contraint à chercher et à aimer les choses bien ordonnées, fuyant la confusion qui m'est aussi contraire et ennemie comme est la lumière des obscures ténèbres. » Dans quelle mesure ce tableau illustre-t-il ces principes esthétiques ?
3. Quels éléments sont imités de l'Antiquité ?

L'ARCHITECTURE CLASSIQUE : L'EXEMPLE DE SAINT-LOUIS DES INVALIDES

Cathédrale Saint-Louis des Invalides, Paris.

La construction de l'hôtel des Invalides fut décidée par Louis XIV en 1670 pour abriter les soldats blessés à son service. Libéral Bruant, architecte du roi, l'édifia de 1671 à 1676, avant que Jules Hardouin-Mansart n'achève l'église Saint-Louis en 1706.

4 Qu'est-ce qui, dans cet édifice, rappelle les temples de l'Antiquité ? Recherchez ce que sont les ordres « dorique », « ionique » et « corinthien ». Lesquels retrouvez-vous ici ?

5 Observez toutes les marques de symétrie, horizontales et verticales. Quelle impression se dégage de l'ensemble ?

LE JARDIN CLASSIQUE : L'EXEMPLE DE VERSAILLES

Jardins du Château de Versailles.

ÉTIENNE ALLEGRAIN, *Promenade de Louis XIV dans les jardins de Versailles,* vers 1688, Musée du Château (2,3 x 2,9 m), Versailles.

Les jardins de Versailles sont les prototypes des jardins de style régulier dits « à la française ». Ils ont été créés par André Le Nôtre de 1661 à 1668, au prix de terrassements considérables. Ils sont le signe de la puissance royale, qui ordonne et maîtrise ainsi la nature et les eaux.

6 Étudiez tous les éléments qui concourent à l'harmonie de l'ensemble.

7 Quelle relation y a-t-il entre les bassins et les parterres ?

8 Comment le paysage met-il en valeur la personne du roi ?

TEXTE 3

JEAN RACINE,
Andromaque (1667)

JEAN RACINE
(1639-1699)
biographie p. 584

CONTEXTE

***Andromaque* signe les débuts retentissants du jeune Jean Racine, à peine âgé de 28 ans en novembre 1667. La pièce connaît un immense succès, le plus important depuis *Le Cid* de Corneille, trente ans plus tôt. Le dramaturge met en scène une figure tragique par excellence, la princesse troyenne Andromaque, présente dans l'*Iliade* d'Homère et devenue l'héroïne d'une tragédie d'Euripide (voir le texte écho qui suit).**

Un choix cruel

L'action de la pièce se situe en Épire, province grecque, au retour de la guerre de Troie. Pyrrhus, vainqueur avec les Grecs de la guerre contre Troie, a posé dans la scène précédente un ultimatum à Andromaque, la veuve d'Hector, sa captive : elle l'épousera ou elle perdra Astyanax, son fils.

ANDROMAQUE, CÉPHISE.

CÉPHISE[1]

Madame, à votre époux[2], c'est être assez fidèle :
Trop de vertu pourrait vous rendre criminelle ;
Lui-même il porterait votre âme à la douceur.

ANDROMAQUE

Quoi, je lui donnerais Pyrrhus pour successeur ?

CÉPHISE

Ainsi le veut son fils[3], que les Grecs vous ravissent.
Pensez-vous qu'après tout ses mânes[4] en rougissent ?
Qu'il méprisât[5], Madame, un roi victorieux,
Qui vous fait remonter au rang de vos aïeux ;
Qui foule aux pieds pour vous vos vainqueurs en colère,
Qui ne se souvient plus qu'Achille était son père,
Qui dément ses exploits et les rend superflus ?

ANDROMAQUE

Dois-je les oublier, s'il ne s'en souvient plus ?
Dois-je oublier Hector privé de funérailles,
Et traîné sans honneur autour de nos murailles ?
Dois-je oublier son père[6] à mes pieds renversé,
Ensanglantant l'autel qu'il tenait embrassé ?
Songe, songe, Céphise, à cette nuit cruelle
Qui fut pour tout un peuple une nuit éternelle ;
Figure-toi Pyrrhus les yeux étincelants,

Andromaque (Cécile Brune) et Céphise (Céline Samie) dans la mise en scène de Muriel Mayette à la Comédie-Française en 2010.

QUESTION SUR L'IMAGE ▸

Commentez le décor et les couleurs de cette mise en scène.

Entrant à la lueur de nos palais brûlants ;
Sur tous mes frères morts se faisant un passage,
Et de sang tout couvert échauffant[7] le carnage ;
Songe aux cris des vainqueurs, songe aux cris des mourants,
Dans la flamme étouffés, sous le fer expirants ;
Peins-toi dans ces horreurs Andromaque éperdue :
Voilà comme Pyrrhus vint s'offrir à ma vue,
Voilà par quels exploits il sut se couronner,
Enfin voilà l'époux que tu me veux donner.
Non, je ne serai point complice de ses crimes ;
Qu'il nous prenne, s'il veut, pour dernières victimes.

JEAN RACINE, *Andromaque*, acte III, scène 8, 1667.

1 **Céphise** : confidente d'Andromaque.
2 **Votre époux** : Hector a été tué par Achille, père de Pyrrhus.
3 **Le veut son fils** : le destin d'Astyanax en dépend.
4 **Ses mânes** : âme des morts dans la mythologie.
5 **Qu'il méprisât** : qu'Hector mépriserait.
6 **Priam**, le père d'Hector, bien que réfugié dans un temple, fut tué par Pyrrhus.
7 **Échauffant** : stimulant, encourageant.

PREMIÈRE LECTURE

1 Quels sont les deux points de vue qui s'opposent dans cet extrait ? Vers quelle décision semble s'orienter Andromaque ?

AU FIL DU TEXTE

2 Quel rôle joue la figure d'Hector dans l'argumentaire de chaque femme ?

3 **Grammaire** Dans la tirade de Céphise (vers 6 à 11), repérez la proposition principale et analysez la nature des différentes propositions subordonnées. Quelle figure de style est associée à ces propositions ?

4 Quels sont les deux types de phrase qui dominent dans la tirade d'Andromaque ? Quelle est la fonction de chacun d'eux ?

5 Montrez que la tirade d'Andromaque fait revivre le passé : quels procédés met-elle en œuvre pour y parvenir ? En quoi son récit s'apparente-t-il à un tableau ?

6 Quel registre domine dans cet extrait ? Quelle image Andromaque donne-t-elle de Pyrrhus ?

Vers le bac

Vous êtes à l'oral du baccalauréat : vous lisez ce passage avec expressivité tout en respectant le rythme de l'alexandrin.

METTRE EN PERSPECTIVE

7 Observez le tableau de Jean-Baptiste Regnault, *La Mort de Priam* (1785).

a) À quel moment du récit d'Andromaque ce tableau correspond-il ?
b) Comment le peintre a-t-il rendu la violence de la scène ?
c) Entre le récit d'Andromaque et ce tableau, lequel vous semble le plus effrayant ?

ÉCRIT D'APPROPRIATION

Vous sentez-vous plus proche des arguments de Céphise ou de ceux d'Andromaque ? Exposez votre point de vue dans un paragraphe argumenté.

TEXTE ÉCHO

EURIPIDE, *Andromaque* (vers 424 av. J.-C.)

Andromaque d'Euripide, mise en scène par Jacques Lassalle dans la Cour d'honneur du Palais des papes d'Avignon, en 1994.

▲ QUESTION SUR L'IMAGE

Commentez la place de l'actrice : comment interpréter la présence de cette statue ?

Un dilemme tragique

L'action de la tragédie se situe après la guerre de Troie : Astyanax, fils qu'Andromaque a eu du défunt Hector, a été tué par les Grecs. Andromaque est devenue l'esclave de Pyrrhus et enfante de lui un fils, Molossos. Pyrrhus épouse ensuite Hermione, qu'il finit par rejeter à cause de sa stérilité. Furieuse, Hermione, aidée dans son projet par son père Ménélas, veut tuer Andromaque et son fils. Andromaque a caché son fils puis s'est réfugiée dans un temple pour leur échapper.

MÉNÉLAS, ANDROMAQUE.

MÉNÉLAS. – Sors donc au plus tôt de ce temple de la déesse[1], pour que, si tu meurs, cet enfant échappe au trépas ; mais, si tu refuses de mourir, je le tuerai : l'un de vous deux doit nécessairement perdre la vie.

ANDROMAQUE. – Hélas ! cruelle alternative, choix affreux, auquel tu me réduis ! Malheureuse si je choisis, non moins malheureuse si je ne choisis pas ! Ô toi qui, pour une légère offense[2], déploies tant de rigueur, écoute-moi : pourquoi me tuer ? pour quelle raison ? Quelle ville ai-je trahie ? lequel de tes enfants ai-je fait mourir ? ai-je incendié ton palais ? La violence m'a fait entrer dans le lit de mon maître ; et c'est moi que tu veux tuer, et non lui, l'auteur de la faute ! mais tu oublies le principe, pour tomber sur l'effet qui l'a suivi. Ah ! que de misères ! ô ma déplorable patrie ! ô cruelles souffrances ! fallait-il donc devenir mère et ajouter ce double fardeau au poids de mes infortunes ? Mais pourquoi déplorer ces malheurs passés, et ne pas m'occuper de ceux qui me frappent à présent, moi qui ai vu le corps sanglant d'Hector traîné à un char, Ilion[3] impitoyablement livrée aux flammes, moi-même réduite à l'esclavage et traînée par les cheveux dans les vaisseaux des Grecs, et, à peine arrivée à Phthie[4], contrainte d'épouser les meurtriers d'Hector[5] ? En quoi donc la vie peut-elle me plaire ? Où tourner mes regards ? sur ma fortune[6] présente, ou sur ma fortune passée ? Il me restait un fils, l'œil de ma vie ; ils vont le tuer, pour satisfaire leur caprice. Non, je ne sauverai pas ma vie misérable aux dépens de la sienne : en lui est mon espoir, c'est de le conserver ; et ce serait une honte à moi de ne pas mourir pour mon fils. Tenez, je quitte cet autel, me voici, je me livre à vous, frappez, égorgez, chargez-moi de chaînes, livrez-moi au dernier supplice. Ô mon fils, moi qui t'ai donné le jour, pour te soustraire à la mort je descends chez Pluton[7].

EURIPIDE, *Andromaque* (vers 424 av. J.-C.), traduction de Nicolas-Louis Artaud, tome I des *Tragédies* d'Euripide, Paris, Firmin-Didot, 1857.

1 **Ce temple de la déesse** : il s'agit du temple de Thétis, la plus célèbre des divinités marines.
2 **Pour une légère offense** : Andromaque a eu un enfant de Pyrrhus, et non Hermione.
3 **Ilion** : autre nom de Troie.
4 **Phthie** : autre nom du royaume d'Épire, où règne Pyrrhus.
5 **Les meurtriers d'Hector** : la famille d'Achille, père de Pyrrhus.
6 **Fortune** : sort, destin.
7 **Je descends chez Pluton** : je descends chez les morts, aux Enfers.

1 À quel dilemme Andromaque est-elle confrontée cette fois-ci ?

2 Quel registre domine dans la tirade d'Andromaque ?

3 Quelle décision prend-elle ? Comment la justifie-t-elle ?

La tragédie

1 CHAMPS LEXICAUX

Trouvez l'intrus.

a. flamme • transports • trouble • charmes • gêne • langueur
b. trépas • expirer • immoler • expier • périr • mort
c. fortune • malheureux • fatal • destinée • dessein • sort
d. irrésolu • dilemme • balancer • parjure • alternative • délibérer
e. gloire • péril • honneur • vertu • renommée • lauriers

2 REGISTRES DE LANGUE

Registre soutenu / courant : reliez les termes correspondants.

offensé •	• crime
complaisance •	• traître
abhorrer •	• malheur
infortune •	• humilié
perfide •	• bienveillance
forfait •	• détester
feu •	• colère
courroux •	• amour

3 DE LA LANGUE CLASSIQUE À LA LANGUE MODERNE

Reformulez ces vers de *Phèdre* de Racine en langage moderne.

a. « Pourriez-vous n'être plus ce superbe Hippolyte ? » (v. 58, I, 1)
b. « J'ai pris la vie en haine, et ma flamme en horreur » (v. 308, I, 3)
c. « Oui, Prince, je languis, je brûle pour Thésée » (v. 634, II, 5)
d. « Objet infortuné des vengeances célestes, / Je m'abhorre encor plus que tu ne me détestes » (v. 677-678, II, 5)
e. « Tu le savais. Pourquoi me laissais-tu séduire ? » (v. 1233, IV, 6)

Illustration de *Phèdre* de **Jean Racine**, Acte III, scène 5, Bibliothèque nationale, Paris.

4 ÉVOLUTION SÉMANTIQUE

Le sens de certains mots de la langue classique a évolué au fil du temps. Rendez à chacun son sens du XVIIe siècle.

a. triste • **b.** tourment • **c.** charme • **d.** ennui • **e.** amant • **f.** objet • **g.** séduire • **h.** étonner • **i.** généreux • **j.** superbe • **k.** souffrir • **l.** sang

1. courageux, bien né • 2. famille, lignée • 3. torture morale, supplice • 4. funeste • 5. supporter • 6. tromper, détourner du droit chemin • 7. personne aimée • 8. bouleverser, frapper • 9. envoûtement • 10. orgueilleux • 11. qui aime et est aimé en retour • 12. profond chagrin

5 NOTIONS EMPRUNTÉES À LA TRAGÉDIE GRECQUE

Cherchez le sens de ces différents mots grecs et reliez-les à la bonne traduction.

a. *Hybris* •	• 1. purgation, purification
b. *Catharsis* •	• 2. imitation
c. *Hamartia* •	• 3. orgueil, démesure
d. *Ananké* •	• 4. crime, faute
e. *Anagnorisis* •	• 5. destin, nécessité
f. *Mimesis* •	• 6. reconnaissance

TEXTE 4

JEAN RACINE,
Phèdre (1677)

JEAN RACINE
(1639-1699)
biographie p. 584

CONTEXTE

Phèdre **marque l'apogée du classicisme. Personnage majeur de la mythologie, fille de Minos, roi de Crète, et de Pasiphaé, fille du Soleil, Phèdre incarne la violence de la passion et l'acharnement de la fatalité.**

Phèdre (Dominique Blanc), dans une mise en scène de Patrice Chéreau, à l'Odéon-Théâtre de l'Europe, Ateliers Berthier, en 2003.

▲ QUESTION SUR L'IMAGE

À quoi voit-on qu'il s'agit d'une tragédie classique ?

Un aveu monstrueux

Au début de la pièce, Phèdre souffre d'un mal mystérieux tandis que son époux, le roi Thésée, a disparu. Elle éprouve en effet un amour incestueux pour Hippolyte, le fils qu'a eu Thésée avec la reine des Amazones. À la fin de l'acte I, la mort de Thésée est annoncée et Phèdre, au cours de l'acte II, s'entretient avec Hippolyte pour évoquer le problème de la succession du roi. Elle comptait lui demander de protéger son fils mais elle lui avoue malgré elle sa passion et se dévoile ici entièrement.

PHÈDRE, HIPPOLYTE, ŒNONE.

PHÈDRE

Ah ! cruel, tu m'as trop entendue[1].
Je t'en ai dit assez pour te tirer d'erreur.
Eh bien, connais donc Phèdre et toute sa fureur.
J'aime. Ne pense pas qu'au moment que je t'aime,
Innocente à mes yeux je m'approuve moi-même,
Ni que du fol amour qui trouble ma raison[2]
Ma lâche complaisance ait nourri le poison.
Objet infortuné des vengeances célestes[3],
Je m'abhorre[4] encor plus que tu ne me détestes.
Les dieux m'en sont témoins, ces dieux qui dans mon flanc
Ont allumé le feu fatal à tout mon sang[5],
Ces dieux qui se sont fait une gloire cruelle
De séduire le cœur d'une faible mortelle.
Toi-même en ton esprit rappelle le passé.
C'est peu de t'avoir fui, cruel, je t'ai chassé.
J'ai voulu te paraître odieuse, inhumaine.
Pour mieux te résister, j'ai recherché ta haine.
De quoi m'ont profité[6] mes inutiles soins ?
Tu me haïssais plus, je ne t'aimais pas moins.
Tes malheurs te prêtaient encor de nouveaux charmes.
J'ai langui[7], j'ai séché, dans les feux, dans les larmes.
Il suffit de tes yeux pour t'en persuader,
Si tes yeux un moment pouvaient me regarder.
Que dis-je ? Cet aveu que je te viens de faire,
Cet aveu si honteux, le crois-tu volontaire ?
Tremblante pour un fils que je n'osais trahir,
Je te venais prier de ne le point haïr.
Faibles projets d'un cœur trop plein de ce qu'il aime !
Hélas ! je ne t'ai pu parler que de toi-même.
Venge-toi, punis-moi d'un odieux amour.
Digne fils du héros qui t'a donné le jour,

Délivre l'univers d'un monstre qui t'irrite.
La veuve de Thésée ose aimer Hippolyte !
Crois-moi, ce monstre affreux ne doit point t'échapper.
Voilà mon cœur. C'est là que ta main doit frapper.

JEAN RACINE, *Phèdre*, acte II, scène 5, 1677.

1 **Entendue** : comprise.
2 Phèdre se défend ici de s'être abandonnée lâchement à cet amour.
3 Phèdre se dit victime de l'acharnement de Vénus contre la descendance du Soleil, coupable d'avoir dévoilé ses amours adultères.
4 **Je m'abhorre** : je me déteste.
5 **À tout mon sang** : à toute ma famille.
6 **De quoi m'ont profité** : à quoi m'ont servi.
7 **Langui** : dépéri.

PREMIÈRE LECTURE

1 Dans cette tirade, Phèdre vous semble-t-elle victime ou coupable ?

LECTURE ANALYTIQUE

Le discours d'une femme en proie à la fureur

2 Phèdre contrôle-t-elle son discours ? Justifiez votre réponse en vous appuyant sur le texte.

3 Quels éléments témoignent de la violence de la tirade de Phèdre ?

4 Par quelle métaphore Phèdre se désigne-t-elle à deux reprises ? À quel épisode de la mythologie lié à sa famille cela renvoie-t-il ?

Une victime de la fatalité

5 Des vers 1 à 13, quels mots utilise Phèdre pour évoquer le sentiment qui l'anime ? Quelle vision de l'amour en découle ?

6 Comment les dieux sont-ils présentés dans ce passage ? Quelle image cela donne-t-il du personnage tragique ? En quoi l'aveu de Phèdre est-il aussi un plaidoyer ?

7 Des vers 14 à 21, quelle figure de style illustre l'impuissance de Phèdre à combattre son amour ? Relevez-en les occurrences.

8 **Grammaire** À partir du vers 30, quel mode verbal est principalement utilisé ? Que cherche Phèdre en l'employant ?

METTRE EN PERSPECTIVE

9 Le mot *passion* vient du verbe latin *patior,* qui signifie « souffrir ». En quoi cette origine éclaire-t-elle le sentiment de Phèdre ? Qu'est-ce que la Passion du Christ ? Pourquoi le fruit de la passiflore est-il appelé « fruit de la passion » ?

10 Dans sa préface à la pièce, Racine analyse ainsi la passion de Phèdre :

> « Elle fait tous ses efforts pour la surmonter. Elle aime mieux se laisser mourir que de la déclarer à personne. Et lorsqu'elle est forcée de la découvrir, elle en parle avec une confusion qui fait bien voir que son crime est plutôt une punition des dieux qu'un mouvement de sa volonté. »

Trouvez-vous que la tirade étudiée correspond à cette description ?

Phèdre (Anne Suarez) et Hippolyte (Mounir Margoum), dans une mise en scène de Jean-Louis Martinelli au théâtre Nanterre-Amandiers en 2013.

QUESTION SUR L'IMAGE

Quel lien faites-vous entre cette photo et l'extrait présenté ?

Vers le bac

Écrivez la conclusion du commentaire de ce texte en respectant les deux étapes attendues. Vos axes d'étude seront ceux proposés dans la lecture analytique.

ÉCRIT D'APPROPRIATION

Recherchez un arbre généalogique de Phèdre. Racontez l'histoire de l'un des membres de sa famille : Minos, Pasiphaé ou Ariane.

Représenter une tragédie classique : l'exemple de *Britannicus* de Racine

1 L'INTRIGUE DE *BRITANNICUS* DE RACINE

a. Recherchez dans le *Robert des noms propres* qui sont Néron et Britannicus. À quel siècle ont-ils vécu ? Pourquoi Racine choisit-il de raconter l'histoire de personnages antiques (voir la tragédie classique, p. 156) ?

b. Renseignez-vous sur l'intrigue de la pièce. Quels en sont les conflits politiques et amoureux ? En quoi peuvent-ils concerner le spectateur d'aujourd'hui ?

2 REPRÉSENTER *BRITANNICUS* : ANALYSE DE TROIS MISES EN SCÈNE

La didascalie inaugurale de la pièce de Racine indique : « *La scène est à Rome, dans une chambre du palais de Néron.* »

Doc. A

Mise en scène de Jean Marais à la Comédie-Française, 1952.

Doc. B

Mise en scène d'Alain Francon, théâtre Nanterre-Amandiers, 1992.

Doc. C

Mise en scène de Stéphane Braunschweig à la Comédie-Française, 2016.

a. Observez les trois photos. En vous appuyant sur l'analyse des costumes et des éléments du décor, identifiez à quelle époque le metteur en scène choisit de situer l'intrigue de la pièce. Quelle est la visée de chacun de ces partis pris ?

b. Laquelle de ces trois mises en scène vous semble la plus fidèle à l'indication de Racine ?

c. Quel choix préférez-vous et pourquoi ?

3 APPRONFONDISSEMENT
LA MISE EN SCÈNE DE STÉPHANE BRAUNSCHWEIG À LA COMÉDIE-FRANÇAISE EN 2016

Doc. C et doc. D

Voici ce que dit le metteur en scène à propos du décor de la pièce :

Doc. D

« Le sujet de *Britannicus*, c'est tout ce qu'on ne voit pas. Je n'ai pas cherché à ce que l'espace soit vraiment réaliste, mais à ce qu'il puisse évoquer un lieu de pouvoir moderne, réel, où se tiennent des discussions auxquelles le peuple n'a pas accès et où se prennent des décisions. Ce dont parle la pièce, ce sont des enjeux politiques très concrets. J'ai pensé aux grandes tables de réunion de l'Élysée, de la Maison-Blanche ou du Kremlin... »

STÉPHANE BRAUNSCHWEIG,
propos recueillis par **ANNE-FRANÇOISE BENHAMOU**
(theatre-contemporain.net).

a. En quoi le document illustre-t-il la citation du metteur en scène ?

b. Comment peut-on interpréter la place et la taille des portes dans ce décor ?

c. Cette mise en scène vous semble-t-elle réussie ? D'après vous, enrichit-elle ou dénature-t-elle le sens de la pièce ?

Doc. E

Écoutez le début de l'interview de Stéphane Braunschweig sur la chaîne YouTube Pathé Live (vidéo « Britannicus – Stéphane Braunschweig – Metteur en scène », 7'36).

a. Comment Stéphane Braunschweig justifie-t-il son parti pris de mise en scène ?

b. Le metteur en scène dit s'être inspiré de la série télévisée *House of cards* de Beau Willimon (2013). Quels points communs peut-on voir entre l'univers de Racine et celui de cette série télévisée ?

Doc. F

Voici les propos de Dominique Blanc au sujet du personnage qu'elle interprète (Agrippine) :

« C'était un véritable cerveau politique ! Elle fait preuve de lucidité, elle est manipulatrice : c'est une véritable politicienne. Je me suis beaucoup intéressée à sa vie mouvementée. [...] C'est le livre de Virginia Girod, *Agrippine, Sexe, crimes et pouvoir dans la Rome impériale,* qui m'a permis de construire mon Agrippine. »

RAFAËLLE JOLIVET PIGNON, *Britannicus*, Éditions Canopé, 2018.

Comment comprenez-vous l'expression « mon Agrippine » ? Quelle conception du travail du comédien cela implique-t-il ?

Doc. G

Visionnez l'extrait de la mise en scène sur la chaîne YouTube Pathé Live (vidéo « Britannicus – Extrait Agrippine / Néron : l'entrevue », 4'01).

a. Comment la captation vidéo illustre-t-elle le caractère manipulateur que l'actrice a voulu donner au personnage ?

b. Qui, de Néron ou d'elle, est le plus inquiétant ?

CHAPITRE 3
Masques, déguisements et travestissement dans la comédie du XVIIIe siècle

La comédie au XVIIIe siècle

Pierrot.

Le XVIIIe siècle est une période riche pour le théâtre : beaucoup de pièces sont écrites, les salles se multiplient et de nouveaux genres dramatiques apparaissent. Mais bizarrement, le temps a plongé dans l'oubli une grande partie de cette production : par exemple, on ne joue plus de nos jours les tragédies de Voltaire, très applaudies à son époque. Si l'on regarde les programmes des salles aujourd'hui, le théâtre du XVIIIe siècle se résume à deux noms : **Marivaux** et **Beaumarchais**, et à un genre : la comédie.

ANTOINE WATTEAU, *Les Comédiens-Italiens*, 1720.

QUESTION

Quels personnages de la *commedia dell'arte* retrouvez-vous sur cette image ?

Marivaux et les Comédiens-Italiens

Des comédiens italiens se sont produits avec succès en France durant tout le XVIIe siècle et une troupe officielle s'est installée à Paris, en 1660 (elle a d'ailleurs inspiré **Molière**). Ces acteurs jouent dans le style de la *commedia dell'arte*, genre de théâtre créé en Italie où les personnages, réduits à des types, improvisent des scènes de farce : **Arlequin**, **Polichinelle**, **Pierrot**, **Colombine**, **Scapin** ou encore **Sganarelle** portent des masques et font rire par leurs mimes et leurs acrobaties.

Après avoir été chassés à la fin du règne de Louis XIV, les Comédiens-Italiens sont rappelés par le Régent en 1716 et s'installent à Paris. **Marivaux** écrit la plupart de ses pièces pour cette troupe dont il reprend certains traits : noms italiens (Silvia et Mario dans *Le Jeu de l'amour et du hasard*), personnages types (Arlequin dans *L'Île des esclaves*), goût des masques.

1710 — 1730 — 1750 — 1770 — 1790

- 1716 Retour des Comédiens-Italiens à Paris
- 1720 *Arlequin poli par l'amour*, premier succès de Marivaux
- 1723 Marivaux, *La Double Inconstance*
- 1725 Marivaux, *L'Île des esclaves*
- 1730 Marivaux, *Le Jeu de l'amour et du hasard*
- 1775 Beaumarchais, *Le Barbier de Séville*
- 1784 Beaumarchais, *Le Mariage de Figaro*
- 1792 Beaumarchais, *La Mère coupable*

- 1715 Mort de Louis XIV
- 1723 Début du règne de Louis XV
- 1774 Mort de Louis XV Début du règne de Louis XVI
- 1789 Révolution Française

L’amour et ses masques dans le théâtre de Marivaux

D’Alembert, dans son *Éloge de Marivaux*, cite ces propos de l’auteur :

« J’ai guetté dans le cœur humain toutes les niches différentes où peut se cacher l’amour, lorsqu’il craint de se montrer et chacune de mes comédies a pour objet de le faire sortir d’une de ces niches. »

☛ **Écrites en prose, en un ou en trois actes,** les comédies de **Marivaux** ont pour sujet principal l’amour et ses surprises.

☛ **Mais dans les comédies traditionnelles** (celles de Molière par exemple), l’amour des jeunes gens est empêché par un père ou par un autre prétendant.

☛ **Chez Marivaux,** c’est chez les jeunes gens eux-mêmes que se trouve l’obstacle : on rencontre l’être aimé, il plaît, mais on n’est pas sûr de lui comme de ses propres sentiments. Marivaux souligne cette originalité de son théâtre :

« Chez mes confrères, l’amour est en querelle avec tout ce qui l’environne et finit par être heureux malgré les opposants ; chez moi, il n’est en querelle qu’avec lui-même et finit par être heureux malgré lui. »

☛ **Le dramaturge s’intéresse ainsi à la naissance de l’amour.** De là le masque et le travestissement : il permet d’observer l’autre et de le mettre à l’épreuve avant de s’engager. Dans *Le Jeu de l’amour et du hasard* par exemple, deux jeunes gens promis l’un à l’autre prennent chacun la place de leur valet et de leur suivante pour s’observer incognito.

Les Fausses Confidences de Marivaux, vers 1820.

QUESTION ▸

À quoi voit-on que cette scène relève de la comédie ?

Beaumarchais et Figaro

☛ **Beaumarchais doit sa grande notoriété** à un seul personnage, Figaro, le valet du comte Almaviva, dont il raconte les aventures dans une trilogie théâtrale : *Le Barbier de Séville* (1775), *Le Mariage de Figaro* (1784) et *La Mère coupable* (1792). Comme dans un roman, on suit ce personnage de sa jeunesse à l’âge mûr, et sa fonction outrepasse largement celle d’un simple valet : tour à tour barbier, poète, auteur dramatique, vétérinaire, il est le symbole d’une classe sociale montante, le tiers état. On a vu ainsi dans le théâtre de Beaumarchais le reflet des idées nouvelles qui vont mener à la Révolution française.

Figaro ne cesse de critiquer la noblesse et ses privilèges dans des répliques restées célèbres :

« Aux vertus qu’on exige d’un domestique, Votre Excellence connaît-elle beaucoup de maîtres qui fussent dignes d’être valets ? » (*Le Barbier de Séville*, acte I, scène 2.)

« Parce que vous êtes un grand seigneur, vous vous croyez un grand génie !... Noblesse, fortune, un rang, des places, tout cela rend si fier ! Qu’avez-vous fait pour tant de biens ? Vous vous êtes donné la peine de naître, et rien de plus ! » (*Le Mariage de Figaro*, acte V, scène 3.)

Figaro.

Le succès des pièces de Beaumarchais tient aussi au rythme étourdissant des intrigues et à la gaieté communicative des personnages qui usent de multiples ruses et déguisements pour parvenir à leurs fins. Beaumarchais écrit, dans la préface du *Mariage de Figaro* :

« Me livrant à mon gai caractère, j’ai [...] tenté, dans *Le Barbier de Séville*, de ramener au théâtre l’ancienne et franche gaieté, en l’alliant avec le ton léger de notre plaisanterie actuelle. »

TEXTE 1

MARIVAUX,
L'Île des esclaves (1725)

MARIVAUX

(1688-1763)
biographie p. 581

CONTEXTE

***L'Île des esclaves* est la première des trois comédies sociales de Marivaux. Suivront en 1727 *L'Île de la raison* et en 1750 *La Colonie*. Le schéma de ce type de pièce est toujours le même : des naufragés se retrouvent sur une île coupée du monde. Ils y découvrent une société utopique qui les oblige à corriger certains de leurs défauts.**
Comme beaucoup de pièces de Marivaux, la pièce est jouée au Théâtre-Italien et met en scène des personnages inspirés de la *Commedia dell'arte*. C'est le cas d'Arlequin, vêtu de son costume à damier multicolore et de son masque noir, qui incarne le type du valet bouffon et grossier.

Représentation de l'île d'Utopia. Gravure sur bois extraite de *Utopia* de Thomas More, Belgique, 1516. The British Library Institution

Une île où les rôles s'inversent

Cette comédie utopique en un acte interroge les rapports entre maîtres et valets. Arlequin et Iphicrate, partis d'Athènes en bateau, ont fait naufrage et se sont retrouvés sur l'île des Esclaves.

IPHICRATE[1], ARLEQUIN.

IPHICRATE. – Si je ne me sauve, je suis perdu ; je ne reverrai jamais Athènes, car nous sommes dans l'île des Esclaves.

ARLEQUIN. – Oh ! oh ! qu'est-ce que c'est que cette race-là ?

IPHICRATE. – Ce sont des esclaves de la Grèce révoltés contre leurs maîtres, et qui depuis cent ans sont venus s'établir dans une île, et je crois que c'est ici : tiens, voici sans doute quelques-unes de leurs cases ; et leur coutume, mon cher Arlequin, est de tuer tous les maîtres qu'ils rencontrent, ou de les jeter dans l'esclavage.

ARLEQUIN. – Eh ! chaque pays a sa coutume ; ils tuent les maîtres, à la bonne heure ; je l'ai entendu dire aussi, mais on dit qu'ils ne font rien aux esclaves comme moi.

IPHICRATE. – Cela est vrai.

ARLEQUIN. – Eh ! encore vit-on.

IPHICRATE. – Mais je suis en danger de perdre la liberté, et peut-être la vie : Arlequin, cela ne te suffit-il pas pour me plaindre ?

ARLEQUIN, *prenant sa bouteille pour boire*. – Ah ! je vous plains de tout mon cœur, cela est juste.

IPHICRATE. – Suis-moi donc.

ARLEQUIN *siffle*. – Hu, hu, hu.

IPHICRATE. – Comment donc ! que veux-tu dire ?

ARLEQUIN, *distrait, chante*. – Tala ta lara.

IPHICRATE. – Parle donc, as-tu perdu l'esprit ? à quoi penses-tu ?

ARLEQUIN, *riant*. – Ah, ah, ah, Monsieur Iphicrate, la drôle d'aventure ! je vous plains, par ma foi, mais je ne saurais m'empêcher d'en rire.

IPHICRATE, *à part les premiers mots*. – (Le coquin abuse de ma situation ; j'ai mal fait de lui dire où nous sommes.) Arlequin, ta gaieté ne vient pas à propos ; marchons de ce côté.

ARLEQUIN. – J'ai les jambes si engourdies.

IPHICRATE. – Avançons, je t'en prie.

ARLEQUIN. – Je t'en prie, je t'en prie ; comme vous êtes civil et poli ; c'est l'air du pays qui fait cela.

IPHICRATE. – Allons, hâtons-nous, faisons seulement une demi-lieue

L'Île des esclaves, mise en scène de Irina Brook au théâtre de l'Atelier en 2005.

▲ QUESTION SUR L'IMAGE

Comment la classe sociale à laquelle appartiennent les personnages est-elle suggérée dans cette mise en scène ?

sur la côte pour chercher notre chaloupe, que nous trouverons peut-être avec une partie de nos gens ; et en ce cas-là, nous nous rembarquerons avec eux.

ARLEQUIN, *en badinant*. – Badin, comme vous tournez cela !

Il chante :

L'embarquement est divin
Quand on vogue, vogue, vogue,
L'embarquement est divin,
Quand on vogue avec Catin[2].

IPHICRATE, *retenant sa colère*. – Mais je ne te comprends point, mon cher Arlequin.

ARLEQUIN. – Mon cher patron, vos compliments me charment ; vous avez coutume de m'en faire à coups de gourdin qui ne valent pas ceux-là ; et le gourdin est dans la chaloupe.

IPHICRATE. – Eh ! ne sais-tu pas que je t'aime ?

ARLEQUIN. – Oui ; mais les marques de votre amitié tombent toujours sur mes épaules, et cela est mal placé. Ainsi, tenez, pour ce qui est de nos gens, que le ciel les bénisse ! s'ils sont morts, en voilà pour longtemps ; s'ils sont en vie, cela se passera, et je m'en goberge[3].

IPHICRATE, *un peu ému*. – Mais j'ai besoin d'eux, moi.

ARLEQUIN, *indifféremment*. – Oh ! cela se peut bien, chacun a ses affaires : que je ne vous dérange pas !

IPHICRATE. – Esclave insolent !

ARLEQUIN, *riant*. – Ah ! ah ! vous parlez la langue d'Athènes ; mauvais jargon que je n'entends plus.

IPHICRATE. – Méconnais-tu ton maître, et n'es-tu plus mon esclave ?

ARLEQUIN, *se reculant d'un air sérieux*. – Je l'ai été, je le confesse à ta honte ; mais va, je te le pardonne ; les hommes ne valent rien. Dans le pays d'Athènes j'étais ton esclave, tu me traitais comme un pauvre animal, et tu disais que cela était juste, parce que tu étais le plus fort. Eh bien ! Iphicrate, tu vas trouver ici plus fort que toi ; on va te faire esclave à ton tour ; on te dira aussi que cela est juste, et nous verrons ce que tu penseras de cette justice-là ; tu m'en diras ton sentiment, je t'attends là. Quand tu auras souffert, tu seras plus raisonnable ; tu sauras mieux ce qu'il est permis de faire souffrir aux autres. Tout en irait mieux dans le monde, si ceux qui te ressemblent recevaient la même leçon que toi. Adieu, mon ami ; je vais trouver mes camarades et tes maîtres. *(Il s'éloigne.)*

IPHICRATE, *au désespoir, courant après lui l'épée à la main*. – Juste ciel ! peut-on être plus malheureux et plus outragé que je le suis ? Misérable ! tu ne mérites pas de vivre.

ARLEQUIN. – Doucement, tes forces sont bien diminuées, car je ne t'obéis plus, prends-y garde.

MARIVAUX, *L'Île des esclaves*, scène 1, 1725.

1 **Iphicrate** : nom grec signifiant « qui commande par la force ».
2 **Catin** : abréviation péjorative de Catherine, désignant une prostituée.
3 **Je m'en goberge** : je m'en moque.

PREMIÈRE LECTURE

1 À quoi voit-on d'emblée qu'il s'agit d'un début de comédie sociale ?

AU FIL DU TEXTE

2 Quel est le cadre spatio-temporel ? En quoi est-il propice à une expérimentation sociale ?

3 Comment sont présentés les personnages ? Analysez leur nom, leur condition sociale, leurs accessoires, leur façon de parler.

4 Quelles informations apprend-on sur l'intrigue ? Quelle péripétie au cours de la scène déclenche l'action ?

5 Quels sont les éléments comiques de cette scène, dans les répliques et dans les didascalies ? Classez-les selon les différents types de comique.

6 Observez l'évolution des rapports entre les deux personnages au cours de la scène : qui domine au début et à la fin ?

7 La tirade d'Arlequin (lignes 59 à 70) : analysez le changement de ton et de registre de langue et montrez le caractère philosophique de la réflexion.

8 **Grammaire** Relevez dans toute la scène les verbes à l'impératif. Quelles formes sont utilisées ? Par qui ? Qu'en déduisez-vous ?
Dans l'avant-dernière réplique d'Arlequin (lignes 59 à 70), identifiez les temps majoritairement utilisés : quelle opposition distinguez-vous ? En quoi est-ce lié à l'utopie mise en scène ?

METTRE EN PERSPECTIVE

9 Faites une recherche sur l'utopie. Constituez des groupes de travail et étudiez l'une des utopies suivantes en présentant les caractéristiques du monde idéal imaginé ou réalisé.

- *L'Utopie* de Thomas More.
- L'Eldorado dans *Candide* de Voltaire (chapitres 17 et 18).
- Le village des Troglodytes dans *Les Lettres persanes* de Montesquieu (lettres 11 à 14) .
- La Saline royale de Claude-Nicolas Ledoux à Arc-et-Senans.
- La Cité radieuse de Le Corbusier à Marseille.
- *Le Meilleur des mondes* d'Aldous Huxley (chapitres 1 et 2).

Edmond Malassis, *Arrivée de Candide et de son valet au pays d'Eldorado* (1922).

Vers le bac

En vous appuyant sur les questions de la rubrique « Au fil du texte », proposez deux axes de commentaire pour ce passage.

PROLONGEMENT

À votre tour, imaginez une scène d'exposition de comédie utopique : la pièce se situera sur une île dans laquelle les règles habituelles sont modifiées...

TEXTE 2

MARIVAUX, *Le Jeu de l'amour et du hasard* (1730)

MARIVAUX
(1688-1763)
biographie p. 581

CONTEXTE
Pièce en trois actes et en prose, *Le Jeu de l'amour et du hasard* a été représentée pour la première fois en janvier 1730 à l'hôtel de Bourgogne par les Comédiens-Italiens. C'est la pièce de Marivaux la plus célèbre et la plus jouée.

L'amour à l'épreuve du masque

Au début de la pièce, on apprend que Silvia est promise à Dorante et que celui-ci doit arriver dans la journée. Mais elle n'a jamais vu celui qui lui est destiné et ne veut pas d'un mariage arrangé. Aussi obtient-elle de son père qu'elle n'épousera pas Dorante si celui-ci ne lui plaît pas. Et pour en être sûre, une idée lui vient en tête…

SCÈNE 2. – MONSIEUR ORGON, SILVIA, LISETTE[1]

SILVIA. – Dorante arrive ici aujourd'hui ; si je pouvais le voir, l'examiner un peu sans qu'il me connût ; Lisette a de l'esprit, Monsieur[2], elle pourrait prendre ma place pour un peu de temps, et je prendrais la sienne.

MONSIEUR ORGON, *à part.* – Son idée est plaisante. *(Haut.)* Laisse-moi rêver un peu à ce que tu me dis là. *(À part.)* Si je la laisse faire, il doit arriver quelque chose de bien singulier, elle ne s'y attend pas elle-même… *(Haut.)* Soit, ma fille, je te permets le déguisement. Es-tu bien sûre de soutenir le tien, Lisette ?

LISETTE. – Moi, Monsieur, vous savez qui je suis, essayez de m'en conter, et manquez de respect, si vous l'osez ; à cette contenance-ci, voilà un échantillon des bons airs avec lesquels je vous attends, qu'en dites-vous ? hem, retrouvez-vous Lisette ?

MONSIEUR ORGON. – Comment donc, je m'y trompe actuellement moi-même ; mais il n'y a point de temps à perdre, va t'ajuster suivant ton rôle, Dorante peut nous surprendre. Hâtez-vous, et qu'on donne le mot à toute la maison.

SILVIA. – Il ne me faut presque qu'un tablier.

LISETTE. – Et moi je vais à ma toilette, venez m'y coiffer, Lisette, pour vous accoutumer à vos fonctions ; un peu d'attention à votre service, s'il vous plaît.

SILVIA. – Vous serez contente, Marquise, marchons.

SCÈNE 3. – MARIO, MONSIEUR ORGON, SILVIA

MARIO. – Ma sœur, je te félicite de la nouvelle que j'apprends ; nous allons voir ton amant[3], dit-on.

SILVIA. – Oui, mon frère ; mais je n'ai pas le temps de m'arrêter, j'ai des affaires sérieuses, et mon père vous les dira : je vous quitte.

1 Lisette est la femme de chambre de Silvia.
2 **Monsieur** : Silvia vouvoie son père (comme Mario dans les scènes suivantes).
3 **Amant** : fiancé au XVIIIe siècle.

Scène 4. – Monsieur Orgon, Mario

Monsieur Orgon. – Ne l'amusez pas, Mario, venez, vous saurez de quoi il s'agit.

Mario. – Qu'y a-t-il de nouveau, Monsieur ?

Monsieur Orgon. – Je commence par vous recommander d'être discret sur ce que je vais vous dire, au moins.

Mario. – Je suivrai vos ordres.

Monsieur Orgon. – Nous verrons Dorante aujourd'hui ; mais nous ne le verrons que déguisé.

Mario. – Déguisé ! Viendra-t-il en partie de masque[4], lui donnerez-vous le bal ?

Monsieur Orgon. – Écoutez l'article de la lettre du père. Hum... « Je ne sais au reste ce que vous penserez d'une imagination qui est venue à mon fils ; elle est bizarre, il en convient lui-même, mais le motif est pardonnable et même délicat ; c'est qu'il m'a prié de lui permettre de n'arriver d'abord chez vous que sous la figure de son valet, qui de son côté fera le personnage de son maître. »

Mario. – Ah, ah ! cela sera plaisant.

Monsieur Orgon. – Écoutez le reste... « Mon fils sait combien l'engagement qu'il va prendre est sérieux, et il espère, dit-il, sous ce déguisement de peu de durée, saisir quelques traits du caractère de notre future et la mieux connaître, pour se régler ensuite sur ce qu'il doit faire, suivant la liberté que nous sommes convenus de leur laisser. Pour moi, qui m'en fie bien à ce que vous m'avez dit de votre aimable fille, j'ai consenti à tout en prenant la précaution de vous avertir, quoiqu'il m'ait demandé le secret de votre côté ; vous en userez là-dessus avec la future comme vous le jugerez à propos... » Voilà ce que le père m'écrit.

MARIVAUX, *Le Jeu de l'amour et du hasard*, acte I, scènes 2 à 4, 1730.

4 **En partie de masque** : comme pour un bal masqué.

Le Jeu de l'amour et du hasard.
Le personnage de Lisette, par Bertall (Albert Arnoux), 1879.

PREMIÈRE LECTURE

1 Pourquoi peut-on dire que cet extrait est tout à la fois l'exposition et le début de l'intrigue ?

AU FIL DU TEXTE

2 Dans la scène 2, en quoi les différentes répliques de Monsieur Orgon donnent-elles le ton de la pièce ?

3 Quelles didascalies pourrait-on insérer dans la première réplique de Lisette ?

4 Que doit faire chacune des deux femmes pour changer d'identité ? L'interversion est-elle facile ? Est-elle vraisemblable ?

5 Dans la scène 4, quel est le rôle de la lettre lue par Monsieur Orgon ?

6 **Grammaire** Du discours indirect au discours direct. Transposez le contenu de la lettre du père de Dorante en une scène de dialogue entre le père et son fils.

7 Dans l'ensemble de l'extrait, relevez le vocabulaire qui a trait au théâtre. En quoi peut-on parler de mise en abyme ici ? Quel est l'intérêt du déguisement : en quoi est-ce paradoxal ?

8 Comment comprenez-vous le titre de la pièce à la lumière de cet extrait ?

METTRE EN PERSPECTIVE

9 En vous appuyant sur une pièce de Molière que vous avez lue (*L'Avare*, *Le Bourgeois gentilhomme*, *Les Fourberies de Scapin* ou encore *Le Malade imaginaire*), comparez les figures du père chez Molière et chez Marivaux.

Vers le bac

Dissertation : « Quelles peuvent être les différentes fonctions du costume et du masque au théâtre ? » Expliquez quel type de plan appelle un tel sujet (voir méthode p. 524).

PROLONGEMENT

Voici les propos d'Alfredo Arias au sujet de sa mise en scène du *Jeu de l'amour et du hasard* :

« J'éprouvais le besoin d'affirmer mon identité en choisissant un parti pris très fort. D'où l'idée de doter les personnages de masques de singe, ce qui me fut pas mal reproché. Il me semblait que ce n'était pas incongru pour signifier une intrigue propre au XVIIIe siècle, lequel raffolait du travestissement […]. Je trouvais aussi que c'était une manière imagée d'aborder la singerie sociale entre maîtres et valets, sur laquelle repose l'œuvre. »

Anthologie de l'avant-scène théâtre. Le théâtre français du XVIIIe siècle, 2009.

Que pensez-vous du choix d'Alfredo Arias de masquer les personnages ? Quels masques auriez-vous choisis de votre côté ?

Le Jeu de l'amour et du hasard, dans la mise en scène d'Alfredo Arias au théâtre de la Commune d'Aubervilliers en 1987.

Parcours culturel et artistique

L'ESQUIVE D'ABDELLATIF KECHICHE

En 2004, le cinéaste Abdellatif Kechiche réalise un film dans lequel il met en scène un groupe d'adolescents de banlieue qui répètent la pièce de Marivaux *Le Jeu de l'amour et du hasard.*

THÉÂTRE ET DÉGUISEMENT DANS LA CITÉ

Dans une interview accordée aux *Inrockuptibles* en janvier 2004, Abdellatif Kechiche dit : « Je voulais que le film soit tourné dans le 9-3, et dans le 9-3 j'ai accroché avec cette cité [les « Francs-Moisins » à Saint-Denis]. J'ai aimé son côté scène de théâtre ».

1 La photo ci-contre vous permet-elle de confirmer cette affirmation ?

2 Extrait du film de 6'30 à 12'38. Dans cet extrait, quel élément/accessoire est déterminant dans l'évolution du regard de Krimo sur Lydia ?

LANGAGE ET SÉDUCTION

Extrait du film de 53'30 à 1h02'25''. Voici un extrait du scénario correspondant au passage visionné :

Krimo *(monocorde et très rapide)* « Enfin, ma Reine... *(L'éventail de Lydia est en amorce.)* Je vous vois et ne vous quitte plus... car j'ai trop pitié... »

974. *Gros plan sur Lydia qui s'évente toujours.*

Krimo *(hors champ, monocorde et rapide)* « ... d'avoir manqué de votre présence, et j'ai cru que vous esquiviez la mienne. »

Lydia Attends, tu peux pas essayer de faire juste un petit truc... Attends, le prends pas mal tahib, j'vais dire... « Enfin, ma Reine, je vous vois et ne vous quitte plus... *(La caméra recule et découvre Krimo en amorce de dos.)* ... car j'ai trop pitié d'avoir manqué de votre présence. » Essaie... des j'sais pas, on dirait que tu t'en bas les couilles quand tu parles.

975. *Plan serré sur Krimo de face et Lydia de dos.*

Lydia Qu'Arlequin il est en train... y balise, là ! Il a peur tahib. Il faut que tu montres que t'as peur. [...]

Lydia Dis, mets-toi dans la peau de ton personnage, essaie d'accord ? O.K. ?

Krimo *(hors champ)* **Ouais !**

3 À quoi correspondent les différents registres de langue ? Quel effet produit leur mélange ?

4 En quoi les scènes de Marivaux et de Kechiche sont-elles comparables ? Montrez que Lydia et Krimo n'ont pas le même lien avec le personnage qu'ils jouent. Pourquoi ?

5 Repérez l'allusion au titre du film dans le scénario. Pourquoi, selon vous, le film porte-t-il ce titre ?

LE DÉTERMINISME SOCIAL

Extrait du film de 1h06'50'' à 1h11'41''.
Voici un extrait du scénario correspondant au passage visionné :

Krimo *(hors champ)* « Ah que ces paroles me fortifient. »

Professeur *(énervée)* Amuse-toi !

1191. *Gros plan sur Krimo qui regarde la professeur, interloqué.*

Professeur *(hors champ)* Je ne sais plus comment te le dire… Amuse-toi !

1192. *Plan serré sur la professeur qui joint le geste à la parole.*

Professeur *(agacée)* C'est drôle tout ça !... C'est heureux !... Tu comprends ?... En plus, il est déguisé, il s'amuse, il imite un maître… Tu sais ce que ça veut dire…

1193. *Gros plan sur Krimo, sans réaction.*

Professeur *(hors champ)* Ça veut dire quelqu'un qui a du pouvoir, donc essaie de…

1194. *Plan serré sur la professeur qui s'agite, mime les positions, les postures.*

Professeur *(agacée)* … Essaie de jouer quelqu'un qui a du pouvoir… Essaie de frimer… Essaie de… Je sais pas, avec de l'énergie… de… de… Tu comprends ce que je veux dire ?

1195. *Gros plan sur Krimo.*

Professeur *(hors champ)* Et puis d'aller vers quelque chose d'autre…

1196. *Gros plan sur la professeur.*

Professeur … de sortir de toi pour aller vers un autre langage.

1197. *Gros plan sur Lydia qui regarde la professeur.*

Professeur *(hors champ)* Il imite quelqu'un d'autre.

1198. *Plan serré sur Rachid et Nanou qui écoutent.*

Professeur *(hors champ)* Est-ce que tu te rends compte de l'importance du langage dans cette pièce… […]

Professeur *(agacée)* Amuse-toi… Aie du plaisir à ça… Change de langage, change de manière de parler, change de manière de bouger… Amuse-toi !

6 Dans quel but Krimo a-t-il pris le rôle d'Arlequin ? L'échange des rôles a-t-il la même fonction dans le film de Kechiche et dans la pièce de Marivaux ?

7 Relevez dans le scénario les éléments qui donnent de l'intensité à la scène.

8 À quoi s'apparente le rôle de la professeur ici ?

9 Pour quelles raisons Krimo n'arrive-t-il pas à jouer le rôle d'Arlequin ? Que veut signifier Kechiche ?

TEXTE 3

BEAUMARCHAIS,
Le Barbier de Séville (1775)

BEAUMARCHAIS

(1732-1799)
biographie p. 571

CONTEXTE

Beaumarchais est l'un des rares auteurs à avoir imaginé et conçu une trilogie théâtrale : *Le Barbier de Séville* en 1775, *Le Mariage de Figaro* en 1778 et *La Mère coupable* en 1792. Cet ensemble de pièces (deux comédies et un drame) suit les personnages d'une même famille aux trois âges de la vie : la jeunesse, l'âge mûr et la vieillesse. C'est un personnage d'origine espagnole, Figaro, tour à tour barbier à Séville puis valet et, plus généralement, représentant du tiers état, qui en est le héros.

Le personnage du comte, extrait des chefs-d'œuvre dramatiques de Jules Janin, 1872.

Un dévoilement théâtral

Le Barbier de Séville **est une comédie d'intrigue en quatre actes se déroulant en Espagne : le vieux Bartholo élève Rosine, une orpheline, qu'il veut épouser. Malgré toutes ses précautions, la jeune femme tombe amoureuse d'un étudiant pauvre nommé Lindor sans savoir qu'il s'agit en réalité d'un grand seigneur, le comte Almaviva, déguisé afin d'être aimé pour lui-même et non pour sa fortune. À l'acte IV, le comte, alias Lindor, entre de nuit par la fenêtre pour l'enlever. Mais peu avant, Bartholo, qui ignore que Lindor et le comte sont une même personne, informe Rosine que Lindor va la donner au comte si elle part avec lui. La jeune fille, se croyant trahie, feint de ne rien savoir pour mieux démasquer Lindor...**

SCÈNE 6
LE COMTE, ROSINE, FIGARO.
Figaro allume toutes les bougies qui sont sur la table.

LE COMTE

La voici. – Ma belle Rosine !...

ROSINE, *d'un ton très composé*[1]

Je commençais, monsieur, à craindre que vous ne vinssiez pas.

LE COMTE

Charmante inquiétude !... Mademoiselle, il ne me convient point d'abuser des circonstances pour vous proposer de partager le sort d'un infortuné[2] ; mais quelque asile que vous choisissiez, je jure mon honneur...

ROSINE

Monsieur, si le don de ma main n'avait pas dû suivre à l'instant celui de mon cœur, vous ne seriez pas ici. Que la nécessité justifie à vos yeux ce que cette entrevue a d'irrégulier[3].

LE COMTE

Vous, Rosine ! la compagne d'un malheureux, sans fortune, sans naissance !...

ROSINE

La naissance, la fortune ! Laissons là les jeux du hasard[4], et si vous m'assurez que vos intentions sont pures...

LE COMTE, *à ses pieds*

Ah ! Rosine ! je vous adore !...

ROSINE, *indignée*

Arrêtez, malheureux !... vous osez profaner[5] !... Tu m'adores !... Va ! tu n'es plus dangereux pour moi ; j'attendais ce mot pour te détester. Mais avant de t'abandonner au remords qui t'attend *(en pleurant)*,

GIOACHINO ROSSINI,
Le Barbier de Séville, 1816,
Bibliothèque-Musée de l'Opéra Garnier.

Le personnage de Rosine par Émile Bayard, XIXe siècle.

apprends que je t'aimais ; apprends que je faisais mon bonheur de partager ton mauvais sort. Misérable Lindor ! j'allais tout quitter pour te suivre. Mais le lâche abus que tu as fait de mes bontés, et l'indignité de cet affreux comte Almaviva, à qui tu me vendais, ont fait rentrer dans mes mains ce témoignage de ma faiblesse. Connais-tu cette lettre[6] ?

LE COMTE, *vivement*

Que votre tuteur vous a remise ?

ROSINE, *fièrement*

Oui, je lui en ai l'obligation.

LE COMTE

Dieux ! que je suis heureux ! Il la tient de moi. Dans mon embarras, hier, je m'en suis servi pour arracher sa confiance et je n'ai pu trouver l'instant de vous en informer. Ah ! Rosine, il est donc vrai que vous m'aimez véritablement !

FIGARO

Monseigneur, vous cherchiez une femme qui vous aimât pour vous-même…

ROSINE

Monseigneur !… Que dit-il ?

LE COMTE, *jetant son large manteau, paraît en habit magnifique*

Ô la plus aimée des femmes ! il n'est plus temps de vous abuser : l'heureux homme que vous voyez à vos pieds n'est point Lindor ; je suis le comte Almaviva, qui meurt d'amour, et vous cherche en vain depuis six mois.

ROSINE *tombe dans les bras du comte*

Ah !…

LE COMTE, *effrayé*

Figaro !

---

1 **D'un ton très composé** : Rosine joue un rôle en faisant semblant d'être inquiète.
2 **Un infortuné** : le comte a fait croire qu'il était pauvre.
3 **Que la nécessité… d'irrégulier** : Rosine reconnaît que l'enlèvement est le seul moyen d'échapper à Bartholo.
4 **Hasard** : critique de la noblesse qui n'est due qu'au hasard de la naissance et non au mérite.
5 **Profaner** : ne pas respecter l'amour, sentiment sacré aux yeux de Rosine.
6 **Cette lettre** : pour gagner sa confiance, Lindor a été obligé, au cours de l'acte III, de remettre à Bartholo une lettre qu'il avait reçue de Rosine.

FIGARO

Point d'inquiétude, Monseigneur : la douce émotion de la joie n'a jamais de suites fâcheuses ; la voilà, la voilà qui reprend ses sens. Morbleu ! qu'elle est belle !

ROSINE

Ah ! Lindor !… Ah ! monsieur ! que je suis coupable ! j'allais me donner cette nuit même à mon tuteur.

LE COMTE

Vous, Rosine !

ROSINE

Ne voyez que ma punition ! J'aurais passé ma vie à vous détester. Ah ! Lindor ! le plus affreux supplice n'est-il pas de haïr, quand on sent qu'on est faite pour aimer ?

BEAUMARCHAIS, *Le Barbier de Séville*, acte IV, scène 6, 1775.

Le Barbier de Séville. Opéra bouffe en deux actes de Gioachino Rossini, mis en scène par Jean-Francois Sivadier à l'Opéra de Lille, 2013.

PREMIÈRE LECTURE

1 En quoi ce dénouement est-il typique d'une comédie ?

AU FIL DU TEXTE

2 Quelles sont les trois parties de cette scène ? Donnez-leur un titre.

3 **Grammaire** Identifiez les formes verbales dans la première réplique de Rosine. Expliquez et justifiez la concordance des temps.

4 Comparez les deux manières de parler de Rosine : le ton « composé » du début de la scène et le ton « indigné » de la réplique où elle se dévoile.

5 À quel genre littéraire fait penser le moment où le comte se dévoile ? Comment s'appelle une telle péripétie au théâtre ? Commentez ses gestes et sa manière de parler.

6 Quelles émotions sont déclenchées par la révélation ? Quel registre (ou tonalité) domine ici ?

7 Quel rôle Figaro joue-t-il dans ce dénouement ?

8 Relevez tous les indices qui renvoient dans cette scène à l'univers du théâtre. Quelle réflexion cela vous inspire-t-il?

METTRE EN PERSPECTIVE

9 Faites une recherche sur l'intrigue de *L'École des femmes* de Molière : quels éléments Beaumarchais a-t-il repris ?

10 Quelle a été la postérité du personnage de Figaro ?

Vers le bac

Proposez deux problématiques différentes pour le commentaire de ce texte.

PROLONGEMENT

Dans sa « Lettre modérée sur la chute et la critique du *Barbier de Séville* » qu'il adresse au lecteur pour défendre sa pièce, Beaumarchais écrit :

> « Un vieillard amoureux prétend épouser demain sa pupille ; un jeune amant plus adroit le prévient, et ce jour-même en fait sa femme à la barbe et dans la maison du tuteur. Voilà le fond, dont on eût pu faire, avec un égal succès, une tragédie, une comédie, un drame, un opéra, et cætera. […] »

En partant de la même situation au début de l'extrait proposé, imaginez une fin tragique à cette pièce.

TEXTE ÉCHO

JEAN GIRAUDOUX, *Amphitryon 38* (1929)

Jupiter (Raoul de Manez) et Mercure (Jules-Henri Marchant), dans une mise en scène de Claude Étienne, au Palais des Beaux-Arts de Bruxelles, en 1973.

▲ QUESTION SUR L'IMAGE

À quels signes reconnaît-on les personnages de la scène ?

Métamorphose de Jupiter en mortel

Diplomate et écrivain, Jean Giraudoux s'est beaucoup intéressé aux mythes antiques. En 1929, il écrit ce qu'il pense être une trente-huitième version du mythe d'Amphitryon qui raconte la naissance légendaire du demi-dieu Hercule, fils de Jupiter et d'une mortelle, Alcmène. Tombé amoureux d'Alcmène, Jupiter doit prendre l'apparence de son mari Amphitryon, parti à la guerre, s'il veut séduire la jeune femme car les époux s'aiment profondément. Il expose ici son projet à son valet Mercure.

Scène cinquième

JUPITER *en Amphitryon,* MERCURE *en Sosie*

MERCURE

Vous les avez entendus[1], Jupiter ?

JUPITER

Comment, Jupiter ? Je suis Amphitryon !

MERCURE

Ne croyez pas m'y tromper, on devine le dieu à vingt pas.

JUPITER

C'est la copie exacte de ses vêtements.

MERCURE

Il s'agit bien de vêtements ! D'ailleurs, sur le chapitre vêtements aussi, vous vous trompez : Regardez-les. Vous sortez des ronces, et ils n'ont aucune éraflure. Je cherche en vain sur eux cet élan vers l'usure et vers l'avachissement qu'ont les tissus des meilleures marques le jour où on les étrenne. Vous avez des vêtements éternels. Je suis sûr qu'ils sont imperméables, qu'ils ne déteignent pas, et que si une goutte d'huile tombe sur eux de la lampe, elle ne fera aucune tache. Ce sont là les vrais miracles pour une bonne ménagère comme Alcmène, et elle ne s'y trompera pas. […]

JUPITER

Toutes mes autres maîtresses s'y sont trompées.

MERCURE

Aucune, si vous voulez m'en croire. Avouez que vous-même n'étiez pas fâché de vous révéler à elles, par quelque exploit, ou par un de ces accès de lumière qui rendent votre corps translucide et épargnent les lampes à huile et leurs ennuis.

JUPITER

Un dieu aussi peut se plaire à être aimé pour lui-même.

MERCURE

Je crains qu'Alcmène ne vous refuse ce plaisir. Tenez-vous à la forme de son mari.

JEAN GIRAUDOUX, *Amphitryon 38*, acte I, scène 5, 1929.

1 **Vous les avez entendus** : référence aux paroles pleines d'amour des époux au moment du départ d'Amphitryon pour la guerre (scène 3).

1. Comparez ce texte avec l'extrait du *Barbier de Séville* de Beaumarchais (texte 3) : identifiez la réplique commune aux deux textes. Est-ce la même situation ?
2. Commentez le rôle du travestissement et du costume dans les deux extraits.
3. En quoi le dialogue entre Jupiter et Mercure est-il burlesque ?

TEXTE 4

BEAUMARCHAIS,
Le Mariage de Figaro (1778)

BEAUMARCHAIS

(1732-1799)
biographie p. 571

CONTEXTE

***Le Mariage de Figaro* est une pièce exceptionnelle à plus d'un titre. Elle a dû passer six fois devant la censure avant d'être enfin représentée en 1784, soit cinq ans avant la Révolution française : Louis XVI aurait dit, à la lecture des critiques envers l'aristocratie présentes dans la pièce : « Il faudrait détruire la Bastille pour que la représentation de cette pièce ne soit pas une inconséquence dangereuse. » La pièce est aussi le plus grand succès théâtral de l'Ancien Régime, le public y voyant le reflet des idées du temps. Enfin, c'est aussi la plus longue pièce de l'époque, avec de multiples personnages et une intrigue très complexe dont le héros est un valet.**

Un séducteur démasqué

Le jour de son mariage, le valet Figaro apprend que son maître, le comte Almaviva, veut séduire sa fiancée, la jolie Suzanne. Après de multiples stratagèmes pour déjouer le projet du comte, la comtesse a une idée de génie pour se moquer de son mari infidèle. Elle invite Suzanne à donner un rendez-vous galant au comte le soir de ses noces, mais c'est la comtesse elle-même, déguisée en Suzanne, qui va au rendez-vous… Voici donc le comte en train de parler, sans le savoir, à sa propre femme ! Suzanne et Figaro, cachés, assistent à la scène.

SCÈNE 7

FIGARO, LE COMTE, LA COMTESSE, SUZANNE.

LE COMTE *prend la main de sa femme*

Mais quelle peau fine et douce, et qu'il s'en faut que la Comtesse ait la main aussi belle !

LA COMTESSE, *à part*

Oh ! la prévention[1] !

LE COMTE

A-t-elle ce bras ferme et rondelet ? ces jolis doigts pleins de grâce et d'espièglerie ?

LA COMTESSE, *de la voix de Suzanne*

Ainsi l'amour ?…

LE COMTE

L'amour… n'est que le roman du cœur : c'est le plaisir qui en est l'histoire ; il m'amène à tes genoux.

LA COMTESSE

Vous ne l'aimez plus ?

LE COMTE

Je l'aime beaucoup ; mais trois ans d'union rendent l'hymen[2] si respectable !

LA COMTESSE

Que vouliez-vous en elle ?

LE COMTE, *la caressant*

Ce que je trouve en toi, ma beauté…

LA COMTESSE

Mais dites donc.

LE COMTE

… Je ne sais : moins d'uniformité peut-être, plus de piquant dans les manières, un je ne sais quoi qui fait le charme ; quelquefois un refus, que sais-je ? Nos femmes croient tout accomplir en nous aimant : cela

Le Mariage de Figaro, gravure pour la galerie dramatique de Martinet, 1784.

dit une fois, elles nous aiment, nous aiment (quand elles nous aiment) et sont si complaisantes et si constamment obligeantes, et toujours, et sans relâche, qu'on est tout surpris, un beau soir, de trouver la satiété[3] où l'on recherchait le bonheur.

LA COMTESSE, *à part*

Ah ! quelle leçon !

LE COMTE

En vérité, Suzon, j'ai pensé mille fois que si nous poursuivons ailleurs ce plaisir qui nous fuit chez elles, c'est qu'elles n'étudient pas assez l'art de soutenir notre goût, de se renouveler à l'amour, de ranimer, pour ainsi dire, le charme de leur possession par celui de la variété.

LA COMTESSE, *piquée*

Donc elles doivent tout ?...

LE COMTE, *riant*

Et l'homme rien ? Changerons-nous la marche de la nature ? Notre tâche, à nous, fut de les obtenir ; la leur...

LA COMTESSE

La leur ?...

LE COMTE

Est de nous retenir : on l'oublie trop.

LA COMTESSE

Ce ne sera pas moi.

LE COMTE

Ni moi.

FIGARO, *à part*

Ni moi.

SUZANNE, *à part*

Ni moi.

LE COMTE *prend la main de sa femme*

Il y a de l'écho ici, parlons plus bas.

BEAUMARCHAIS, *Le Mariage de Figaro*, acte V, scène 7, 1778.

1 **Prévention** : préjugé.
2 **Hymen** : mariage.
3 **Satiété** : état d'indifférence, voire de dégoût, une fois les besoins ou les désirs satisfaits.

Les Noces de Figaro (1786), musique de Mozart, livret de Lorenzo da Ponte, d'après *Le Mariage de Figaro* de Beaumarchais, mise en scène de Giorgio Strehler, à l'Opéra Bastille en 2010.

QUESTION SUR L'IMAGE ▸

En quoi cette photo illustre-t-elle bien l'extrait présenté ? Commentez les costumes et l'attitude de chaque personnage.

PREMIÈRE LECTURE

1 Quelles émotions différentes suscite cette scène ?

LECTURE ANALYTIQUE

Une scène de quiproquo originale

2 Analysez le comique de situation de la scène. À quel schéma de farce correspond cette scène de séduction ?

3 Quels autres types de comique sont également présents ? Analysez-les.

4 Pour qui cette scène est-elle drôle ? En quoi est-ce ambigu ?

Le déguisement comme révélateur

5 Comment la comtesse amène-t-elle le comte à dévoiler ses sentiments ? Observez les types de phrase employés dans ses répliques.

6 Comment le comte justifie-t-il son infidélité ? Montrez que son propos a une portée générale. À quel courant philosophique peut-on le rattacher et à quel personnage de théâtre célèbre le comte fait-il penser ?

7 En quoi cette scène est-elle théâtrale ? Analysez la mise en abyme. Quelle est la fonction du déguisement dans la scène ?

8 **Grammaire** Dans la phrase l. 17-21 « Nos femmes croient...le bonheur », relevez un exemple de juxtaposition, de coordination et de subordination entre des propositions. Que traduit la syntaxe de la phrase ?

METTRE EN PERSPECTIVE

9 Préparez par groupes de quatre une lecture jouée de la scène. Les uns chercheront à faire rire les spectateurs en travaillant tous les types de comique tandis que les autres mettront en valeur l'aspect sérieux, voire pathétique de la scène. Vous débattrez ensuite de l'interprétation la plus réussie.

Étude pour le décor du *Mariage de Figaro*, dessin d'Alexandre Benois, 1910.

PROLONGEMENT

Écoutez l'acte IV des *Noces de Figaro* de Mozart. Repérez le passage qui correspond à la scène lue. Qu'apporte la musique de Mozart ? Êtes-vous touché(e) davantage par la pièce de théâtre ou par l'opéra ?

Vers le bac

Dissertation : « La comédie a-t-elle pour principale fonction de faire rire le spectateur ? » Vous proposerez un plan détaillé qui réponde à cette question.

ÉCRIT D'APPROPRIATION

La troisième pièce de la trilogie s'intitule *La Mère coupable*, périphrase qui désigne la comtesse Almaviva. Essayez d'imaginer ce qui a pu arriver à la comtesse pour qu'elle soit ainsi désignée. Lisez ensuite un résumé de la pièce pour découvrir la fin du « roman de la famille Almaviva ».

TEXTE ÉCHO

MOLIÈRE, *Dom Juan* (1665)

Dom Juan. Gravure de **Wolf**, extrait de l'ouvrage *Œuvres complètes* de Molière.

Une philosophie libertine

En 1665, Molière met en scène le personnage de Don Juan afin de faire la satire du libertin. Dans cette scène, le héros répond à son valet Sganarelle qui lui reproche d'avoir abandonné sa femme Done Elvire.

Don Juan

Quoi ! tu veux qu'on se lie à demeurer au premier objet[1] qui nous prend, qu'on renonce au monde pour lui, et qu'on n'ait plus d'yeux pour personne ? La belle chose de vouloir se piquer d'un faux honneur d'être fidèle, de s'ensevelir pour toujours dans une passion, et d'être mort dès sa jeunesse à toutes les autres beautés qui nous peuvent frapper les yeux ! Non, non : la constance n'est bonne que pour des ridicules ; toutes les belles ont droit de nous charmer, et l'avantage d'être rencontrée la première ne doit point dérober aux autres les justes prétentions qu'elles ont toutes sur nos cœurs. Pour moi, la beauté me ravit partout où je la trouve ; et je cède facilement à cette douce violence dont elle nous entraîne. J'ai beau être engagé, l'amour que j'ai pour une belle n'engage point mon âme à faire injustice aux autres ; je conserve des yeux pour voir le mérite de toutes, et rends à chacune les hommages et les tributs[2] où la nature nous oblige. Quoi qu'il en soit, je ne puis refuser mon cœur à tout ce que je vois d'aimable ; et, dès qu'un beau visage me le demande, si j'en avais dix mille, je les donnerais tous. Les inclinations[3] naissantes, après tout, ont des charmes inexplicables, et tout le plaisir de l'amour est dans le changement.

MOLIÈRE, *Dom Juan*, acte I, scène 2, 1665.

1 **Ici** : femme.
2 **Tributs** : les gages d'amour.
3 **Inclinations** : penchants amoureux.

1 Quels points communs y a-t-il entre Don Juan et le personnage du comte dans la pièce de Beaumarchais ?

2 Par quels procédés Don Juan cherche-t-il à se justifier et à s'innocenter ?

3 D'après ce discours, qu'appelle-t-on le donjuanisme ?

CHAPITRE 4

Le héros romantique : entre révolte et mélancolie

Le drame romantique

Dans la première moitié du XIXe siècle apparaît un genre qui révolutionne les règles du théâtre classique : le drame romantique. **Victor Hugo**, **Alfred de Musset**, **Alfred de Vigny** et **Alexandre Dumas** s'illustrent dans ce nouveau genre qui met en scène des héros révoltés et tourmentés en qui la génération romantique se reconnaît.

L'influence de Shakespeare

Dans les années 1820, la traduction des pièces de **William Shakespeare** et la venue de comédiens anglais à Paris font découvrir ce grand dramaturge aux Français. On admire la liberté de cet auteur qui mêle dans une même pièce le tragique et le comique.

Dans ce contexte, la tragédie classique apparaît comme un genre vieilli qui ne peut plus plaire au public du XIXe siècle.

Rêverie de Chateaubriand, gravure illustrant les *Mémoires d'outre-tombe.*

QUESTION

Quelles caractéristiques du héros romantique retrouve-t-on dans cette gravure ?

Dans la préface de son drame *Ruy Blas*, **Victor Hugo** voit en **Shakespeare** un modèle :

« Corneille et Molière existeraient indépendamment l'un de l'autre si Shakespeare n'était entre eux, donnant à Corneille la main gauche, à Molière la main droite. De cette façon, les deux électricités opposées de la comédie et de la tragédie se rencontrent et l'étincelle qui en jaillit, c'est le drame. »

Dans son essai *Racine et Shakespeare* (1822), où il fait l'éloge du modèle anglais, **Stendhal** oppose avec humour romantisme et classicisme :

« Le romanticisme est l'art de présenter aux peuples les œuvres littéraires qui, dans l'état actuel de leurs habitudes et de leurs croyances, sont susceptibles de leur donner le plus de plaisir possible. Le classicisme, au contraire, leur présente la littérature qui donnait le plus de plaisir à leurs arrière-grands-pères [...]. Imiter aujourd'hui Sophocle et Euripide, et prétendre que ces imitations ne feront pas bâiller le Français du XIXe siècle, c'est du classicisme. »

1810 — 1830 — 1850 — 1870 — 1890

- 1815 Fin de l'Empire
  Début de la Restauration
- 1822 Stendhal, *Racine et Shakespeare*
- 1827 Victor Hugo, *Cromwell*
  Victor Hugo, *Préface de Cromwell*
- 1830 Victor Hugo, *Hernani*
- 1830 Fin de la Restauration
  Début de la Monarchie de Juillet
- 1833 Alfred de Musset, *Les Caprices de Marianne*
- 1834 Alfred de Musset, *Lorenzaccio*
  Alfred de Musset, *On ne badine pas avec l'amour*
- 1838 Victor Hugo, *Ruy Blas*
- 1885 Mort de Victor Hugo
- 1897 Edmond Rostand, *Cyrano de Bergerac*

La préface de *Cromwell* : un manifeste du drame romantique

En 1827, Victor Hugo écrit *Cromwell*, vaste drame historique dont la préface présente les caractéristiques du nouveau genre :

• **le mélange des genres** : refusant la séparation du comique et du tragique voulue par l'esthétique classique, Hugo mêle dans le drame le grotesque (tout ce qui relève du difforme, du comique, du laid) au sublime (qui se rattache à l'âme, aux sentiments élevés) :

« Le caractère du drame est le réel : le réel résulte de la combinaison toute naturelle de deux types, le sublime et le grotesque, qui se combinent dans le drame comme ils se croisent dans la vie et dans la création. »

• **l'abandon des unités de lieu et de temps** : au nom de la vraisemblance, Hugo récuse ces règles classiques : sa pièce *Hernani*, par exemple, s'étire sur plusieurs mois et se déroule dans cinq lieux différents :

« L'action, encadrée de force dans les vingt-quatre heures, est aussi ridicule qu'encadrée dans le vestibule. Toute action a sa durée propre comme son lieu particulier. Verser la même dose de temps à tous les événements ! appliquer la même mesure sur tout ! On rirait d'un cordonnier qui voudrait mettre le même soulier à tous les pieds. »

• **un vers nouveau** : Hugo écrit ses drames en vers, mais il assouplit l'alexandrin qu'il morcelle parfois en plusieurs répliques. Le registre de langue est aussi moins soutenu, plus proche de la langue parlée. On trouve ainsi, dans *Ruy Blas* :

« Mangeons. *Il entame le pâté.* Chiens d'Alguazils, je les ai déroutés.
Ils ont perdu ma trace. *Il mange.* Oh ! le roi des pâtés ! »

• **des sujets plus proches du public** : tandis que la tragédie classique privilégiait des intrigues tirées de la lointaine Antiquité, le drame choisit une histoire plus proche ; par exemple, le XVIIe siècle espagnol pour *Ruy Blas* de Hugo ou l'Italie du XVIe siècle pour *Lorenzaccio* d'Alfred de Musset.

Sarah Bernhardt interprète le prince Lorenzo, illustré par Mucha, en 1896.

Edward Burne-Jones, *L'Amour parmi les ruines*, vers 1873.

QUESTION

En quoi le couple représenté est-il romantique ?

Les héros romantiques sur la scène

Après la défaite de Napoléon, toute une génération de jeunes gens est déçue par le retour à la monarchie : elle ne trouve pas sa place dans la société de la Restauration puis de la monarchie de Juillet, règne des banquiers et des prêtres. Ce sentiment d'inadaptation à son époque est appelé le « mal du siècle ».

Les héros des drames romantiques incarnent les malaises et les révoltes de cette génération en quête d'idéal et de liberté. Plusieurs traits les caractérisent : la **révolte** contre la médiocrité du monde qui les entoure, un goût pour la **solitude** et la marginalité, un caractère **passionné et exalté,** une âme **tourmentée** et **mélancolique**...

ACTIVITÉ

Recherchez le tableau du peintre allemand Caspar David Friedrich *Le Voyageur contemplant une mer de nuages*. En quoi exprime-t-il l'esprit romantique ?

Le poète romantique **Gérard de Nerval** témoigne du « mal du siècle » dans son récit *Sylvie* (1853) :

« Nous vivions alors dans une époque étrange comme celles qui d'ordinaire succèdent aux révolutions et aux abaissements des grands règnes. [...] Il ne nous restait pour asile que cette tour d'ivoire des poètes, où nous montions toujours plus haut pour nous isoler de la foule. À ces points élevés où nous guidaient nos maîtres, nous respirions enfin l'air pur des solitudes, nous buvions l'oubli dans la coupe d'or des légendes, nous étions ivres de poésie et d'amour. »

TEXTE 1

VICTOR HUGO, *Hernani* (1830)

VICTOR HUGO
(1802-1885)
biographie p. 576

CONTEXTE

En cette fin de règne de Charles X, la pièce *Hernani* de Hugo a réussi à passer la censure. Mais sa représentation, le 25 février 1830, a donné lieu à une bataille célèbre entre les tenants du classicisme (le théâtre selon les règles du XVIIe siècle) et les partisans du romantisme. Après plusieurs dizaines de représentations houleuses, la pièce finit par s'imposer : c'est le premier succès d'un drame romantique à la Comédie-Française.

Hernani (Félicien Juttner) et Doña Sol de Silva (Jennifer Decker), dans une mise en scène de Nicolas Lormeau à la Comédie-Française en 2013.

▲ QUESTION SUR L'IMAGE

Commentez le positionnement des personnages : en quoi cela illustre-t-il les rapports entre Hernani et Doña Sol dans l'extrait proposé ?

Les tourments d'un héros ténébreux

La pièce se déroule en Espagne en 1519, sous le règne du roi Don Carlos, qui deviendra l'empereur Charles Quint. Trois hommes aiment la belle Doña Sol : le jeune Hernani, un bandit banni par le roi, Don Ruy Gomez, un vieux duc et Don Carlos. Doña Sol a été promise au duc, mais aime passionnément Hernani.
L'acte III se déroule dans le château du duc, le jour de ses noces avec la jeune fille. Hernani, entré en cachette sous une fausse identité, apprend ce mariage et croit que Doña Sol ne l'aime plus. Mais elle lui révèle qu'elle avait prévu de se donner la mort si le duc la forçait à l'épouser.

HERNANI, DOÑA SOL

HERNANI

Monts d'Aragon ! Galice ! Estramadoure[1] ! –
Oh ! je porte malheur à tout ce qui m'entoure ! –
J'ai pris vos meilleurs fils ; pour mes droits, sans remords
Je les ai fait combattre, et voilà qu'ils sont morts !
C'étaient les plus vaillants de la vaillante Espagne !
Ils sont morts ! ils sont tous tombés dans la montagne,
Tous sur le dos couchés, en braves, devant Dieu,
Et si leurs yeux s'ouvraient, ils verraient le ciel bleu !
Voilà ce que je fais de tout ce qui m'épouse !
Est-ce une destinée à te rendre jalouse[2] ?
Doña Sol, prends le duc, prends l'enfer, prends le roi !
C'est bien. Tout ce qui n'est pas moi vaut mieux que moi !
Je n'ai plus un ami qui de moi se souvienne,
Tout me quitte, il est temps qu'à la fin ton tour vienne,
Car je dois être seul. Fuis ma contagion.
Ne te fais pas d'aimer une religion[3] !
Oh ! par pitié pour toi, fuis ! – Tu me crois peut-être
Un homme comme sont tous les autres, un être
Intelligent, qui court droit au but qu'il rêva.
Détrompe-toi. Je suis une force qui va !
Agent aveugle et sourd de mystères funèbres !
Une âme de malheur faite avec des ténèbres !
Où vais-je ? je ne sais. Mais je me sens poussé
D'un[4] souffle impétueux, d'un destin insensé.
Je descends, je descends, et jamais ne m'arrête.
Si parfois, haletant, j'ose tourner la tête,
Une voix me dit : Marche ! et l'abime est profond,
Et de flamme ou de sang je le vois rouge au fond !

Cependant, à l'entour[5] de ma course farouche,
Tout se brise, tout meurt. Malheur à qui me touche !
Oh ! fuis ! détourne-toi de mon chemin fatal.
Hélas ! sans le vouloir, je te ferais du mal !

VICTOR HUGO, *Hernani*, acte III, scène 4, 1830.

1 **Monts d'Aragon ! Galice ! Estramadoure** : trois régions d'Espagne.
2 **Jalouse** : envieuse.
3 **Une religion** : un devoir sacré.
4 **D'un** : par un.
5 **À l'entour** : autour.

PREMIÈRE LECTURE

1 En quoi Hernani ressemble-t-il ici à un héros tragique ?

LECTURE ANALYTIQUE

Le discours d'un être en crise

2 En quoi la demande d'Hernani est-elle paradoxale ?

3 Analysez la structure de la tirade d'Hernani : quels en sont les sujets successivement abordés et les différents interlocuteurs ? Comment peut-on caractériser ce discours ?

4 Commentez l'usage de la ponctuation. Comment bouleverse-t-elle parfois le rythme du vers ? Quel type de phrase domine ?

L'autoportrait d'un héros romantique

5 Quel est le sujet principal du discours d'Hernani : quel pronom personnel domine ?

6 Quelles caractéristiques le héros s'attribue-t-il ? Lesquelles se rattachent au romantisme ?

7 Quels éléments fantastiques apparaissent à partir du vers 21 ? Relevez les images qui s'y rapportent. Où semble mener le chemin d'Hernani ?

8 **Grammaire** Des vers 11 à 32, relevez les verbes à l'impératif et classez-les selon le groupe de verbes auquel ils appartiennent. À qui s'adressent-ils majoritairement ? Pensez-vous qu'ils soient efficaces ?

ORAL

9 Cette tirade est le morceau de bravoure de la pièce et toute une partie de la jeunesse romantique s'est reconnue dans ce portrait que le héros fait de lui-même. Après avoir travaillé la diction de chaque vers (attention aux diérèses !), apprenez une partie ou l'ensemble de la tirade des vers 1 à 32 et récitez-la, en veillant à rendre le ton du personnage.

METTRE EN PERSPECTIVE

10 **Un autre romantique.** Dans ses *Mémoires d'outre-tombe* (1848), Chateaubriand raconte son adolescence dans le château paternel, à Combourg. Il évoque ici ses premiers émois amoureux.

> « Ce délire dura deux années entières pendant lesquelles les facultés de mon âme arrivèrent au plus haut point d'exaltation. Je parlais peu, je ne parlai plus ; j'étudiais encore, je jetai là les livres ; mon goût pour la solitude redoubla. J'avais tous les symptômes d'une passion violente ; mes yeux se creusaient ; je maigrissais ; je ne dormais plus ; j'étais distrait, triste, ardent, farouche. Mes jours s'écoulaient d'une manière sauvage, bizarre, insensée, et pourtant pleine de délices. »

Comparez ce portrait que le narrateur fait de lui-même au personnage d'Hernani.

Vers le bac

À l'aide du plan proposé en lecture analytique, rédigez une partie de commentaire au choix.

ÉCRIT D'APPROPRIATION

Écrivez la réponse que Doña Sol pourrait faire à Hernani.
Votre texte aura la forme d'une tirade et sera écrit soit en vers, soit en prose. Vous respecterez les tonalités lyrique et/ou tragique de la scène.
Cherchez ensuite la réponse de la jeune femme écrite par Hugo.

Représenter un drame romantique en 1830 : la bataille d'*Hernani*

1 DÉFINIR LA BATAILLE D'*HERNANI*

Complétez ce texte à trous par les mots qui conviennent.

connue • bataille • Comédie-Française • succès • classiques • histoire littéraire • 25 février 1830 • romantiques • Victor Hugo

La représentation d'*Hernani* au Théâtre-Français (l'actuelle ...), le ..., reste l'un des épisodes marquants de l'... . La ... entre les ... et les ... qui s'y est déroulée est souvent mieux ... que la pièce elle-même. Le ... remporté par ... ce soir-là est l'aboutissement d'un parcours semé d'embûches.

2 LA BATAILLE CONTRE LA CENSURE

Doc. A

Extrait de la conclusion du rapport de Brifaut, censeur chargé d'examiner la pièce :

« Elle m'a semblé un tissu d'extravagance, auxquelles l'auteur s'efforce vainement de donner un caractère d'élévation, et qui ne sont que triviales et souvent grossières. Cette pièce abonde en inconvenances de toute nature. Le roi s'exprime souvent comme un bandit ; le bandit traite le roi comme un brigand. La fille d'un grand d'Espagne n'est qu'une dévergondée sans dignité ni pudeur, etc. »

Rapport du censeur Brifaut sur *Hernani*, tiré de **Victor Hallays-Dabot**, *Histoire de la censure théâtrale en France*, 1862.

a. Quel roi régnait en février 1830 ?

b. Pourquoi le drame de Victor Hugo *Marion Delorme* a-t-il été censuré en 1829 ?

c. Quels sont les reproches que fait le censeur à *Hernani* ? Selon la censure, quelle règle propre à la doctrine classique est attaquée ?

Doc. B

Grandville et Forest, *La Résurrection de la censure*, 1832.

Comment la censure est-elle représentée sur cette image ? Comment pouvez-vous identifier les écrivains ? Quelle est leur réaction ?

3 LA BATAILLE DES RÉPÉTITIONS

Doc. C

Extrait du film *La Bataille d'Hernani* de Jean-Daniel Verhaeghe, première partie, 33'40 à 36'05.

Recherchez dans le dictionnaire *Le Robert* qui est Mlle Mars. Regardez l'extrait du film proposé. Quels reproches Mlle Mars fait-elle à la pièce de Victor Hugo ? Trouvez-vous ces reproches justifiés ?

4 LA BATAILLE ENTRE LES SPECTATEURS

Doc. D

a. Pourquoi Victor Hugo choisit-il le Théâtre-Français pour la représentation de sa pièce. Quelle est son intention ?

b. À la lecture de ces deux extraits, à quoi voit-on qu'une opposition se prépare ?

Extrait 1

« Ce n'était pas les Huns d'Attila qui campaient devant le Théâtre-Français, malpropres, farouches, hérissés, stupides ; mais bien les chevaliers de l'avenir, les champions de l'idée, les défenseurs de l'art libre ; et ils étaient beaux, libres et jeunes. Oui, ils avaient des cheveux – on ne peut naître avec des perruques – et ils en avaient beaucoup qui retombaient en boucles souples et brillantes, car ils étaient bien peignés. »

Extrait 2

« L'orchestre et le balcon étaient pavés de crânes académiques et classiques. Une rumeur d'orage grondait sourdement dans la salle ; il était temps que la toile se levât ; on en serait peut-être venu aux mains avant la pièce tant l'animosité était grande de part et d'autre. »

Théophile Gautier, *Victor Hugo*, publication posthume, 1902.

Doña Josefa, *seule*

Elle ferme les rideaux cramoisis de la fenêtre et met en ordre quelques fauteuils. On frappe à une petite porte dérobée à droite. Elle écoute. On frappe un second coup.

Serait-ce déjà lui ?
Un nouveau coup.
C'est bien à l'escalier
Dérobé.
Un quatrième coup.
Vite, ouvrons !
Elle ouvre la petite porte masquée. Entre Don Carlos, le manteau sur le nez et le chapeau sur les yeux
Bonjour, beau cavalier.

VICTOR HUGO, *Hernani*, Acte I, scène 1, 1830.

Oreste

Oui, puisque je retrouve un ami si fidèle,
Ma fortune va prendre une face nouvelle.

RACINE, *Andromaque*, Acte I, scène 1, 1667.

Doc. E

Premiers vers classiques / romantiques.

Expliquez pourquoi un classique se serait écrié : « On casse les vers et on les jette par les fenêtres ! » Observez la gravure ci-dessous (doc. F) : quel spectateur aurait pu prononcer une telle phrase ? À quel indice pouvez-vous identifier les partisans du romantisme dans cette image ?

Doc. F

Grandville, *Hernani*, 1846, gravure sur bois, BNF, Paris.

TEXTE ÉCHO

WILLIAM SHAKESPEARE, *Roméo et Juliette* (1597)

Roméo banni.

La détresse d'un banni

***Roméo et Juliette* est une des pièces les plus célèbres de Shakespeare. À Vérone, en Italie, deux puissantes familles se haïssent : les Capulet et les Montaigu. Mais le jeune Roméo, un Montaigu, et la belle Juliette, une Capulet, tombent passionnément amoureux. Frère Laurent les marie en secret. Peu après, au cours d'une rixe, Roméo tue Tybalt, le belliqueux cousin de Juliette, pour défendre son ami Mercutio. Il apprend ici la sentence du prince...**

FRÈRE LAURENT

Ta faute, notre loi la punit de mort. Mais le bon prince
A pris parti pour toi, il l'a bousculée
Et changé ce mot noir, « la mort », en celui d'exil.
C'est une grande grâce, et tu ne veux pas le voir.

ROMÉO

Une torture et non une grâce ! Le ciel
Est ici, où Juliette vit ! Les chats, les chiens,
Les infimes souris, les moindres créatures,
Vivent ici au ciel, puisqu'elles peuvent la voir,
Mais Roméo ne le pourra plus. Oui, les mouches d'une charogne
Ont plus de droits, de titres, de privilèges
Que Roméo, puisqu'elles peuvent toucher
La blancheur merveilleuse de la chère main de Juliette
Et dérober une éternité de joie
À ses lèvres qui, dans leur chaste modestie,
Ne cessent de rougir à l'idée qu'elles sont coupables
Du péché de s'entrebaiser... Les mouches peuvent cela,
Alors que moi, je dois fuir. Diras-tu encore
Que l'exil, ce n'est pas la mort ? Roméo ne peut plus...
Il est banni. Ce que les mouches peuvent,
Il faut que lui le fuie. Elles sont libres,
Quand moi je suis banni ! N'avais-tu donc pas
Une mixture empoisonnée, une lame aiguë,
Un quelconque instrument de soudaine mort
Pour m'abattre, au lieu de ce mot ? Banni ! Banni !
Oh, moine, c'est le mot des damnés en enfer
Parmi leurs hurlements. Comment as-tu le cœur,
Toi qui es prêtre et confesseur des âmes,
Toi qui absous les fautes, toi qui te dis mon ami,
De me déchirer de ces mots : « Tu es banni ! »

WILLIAM SHAKESPEARE, *Roméo et Juliette*, acte III, scène 3, 1597,
trad. d'Yves Bonnefoy, Mercure de France, 1992.

1 Quels traits de caractère sont communs aux deux bannis que sont Roméo et Hernani ?

2 Quels registres dominent dans la tirade de Roméo ? Que traduisent-ils ?

TEXTE 2

VICTOR HUGO, *Ruy Blas* (1838)

VICTOR HUGO
(1802-1885)
biographie p. 576

CONTEXTE

En 1838, *Ruy Blas* est écrite pour l'inauguration d'une nouvelle salle, le Théâtre de la Renaissance, réservée aux drames romantiques. La pièce remporte un grand succès auprès du public malgré l'accueil hostile de la presse et de la critique.

Un valet amoureux d'une reine

Comme *Hernani*, la pièce se déroule en Espagne, mais à la fin du XVIIe siècle, sous le règne de Charles II, roi faible et idiot, qui délaisse la reine. Ruy Blas, homme du peuple qui vivait dans la rue avec une bande de joyeux compagnons, décide un jour, poussé par la faim, de s'engager comme laquais à la cour. Il y sert Don Salluste, un grand d'Espagne. Il rencontre au palais Don César, cousin de Salluste, qui a été autrefois son ami sous le nom de Zafari.

DON CÉSAR, RUY BLAS.

RUY BLAS

En arrivant il[1] m'a fait mettre la livrée[2],
Car l'habit odieux sous lequel tu me vois,
Je le porte aujourd'hui pour la première fois.

DON CÉSAR, *lui serrant la main.*

Espère !

RUY BLAS

Espérer ! Mais tu ne sais rien encore.
Vivre sous cet habit qui souille et déshonore,
Avoir perdu la joie et l'orgueil, ce n'est rien.
Être esclave, être vil ; qu'importe ? Écoute bien :
Frère ! je ne sens pas cette livrée infâme,
Car j'ai dans ma poitrine une hydre[3] aux dents de flamme
Qui me serre le cœur dans ses replis ardents.
Le dehors te fait peur ? Si tu voyais dedans !

DON CÉSAR

Que veux-tu dire ?

RUY BLAS

Invente, imagine, suppose.
Fouille dans ton esprit. Cherches-y quelque chose
D'étrange, d'insensé, d'horrible et d'inouï.
Une fatalité dont on soit ébloui !
Oui, compose un poison affreux, creuse un abîme
Plus sourd que la folie et plus noir que le crime,
Tu n'approcheras pas encor de mon secret.
Tu ne devines pas ? Hé ! qui devinerait ?
Zafari[4] ! dans le gouffre où mon destin m'entraîne,
Plonge les yeux ! je suis amoureux de la reine !

Costume de Don Salluste.
Dessin d'Albert (1872).

1 **Il** : Don Salluste.
2 **Livrée** : uniforme du domestique.
3 **Hydre** : serpent monstrueux de la mythologie, tué par Hercule.
4 **Zafari** : pseudonyme sous lequel se cache Don César, noble couvert de dettes.

DON CÉSAR

Ciel !

RUY BLAS

Sous un dais[5] orné du globe[6] impérial,
Il est, dans Aranjuez ou dans l'Escurial[7],
Dans ce palais, parfois, mon frère, il est un homme
Qu'à peine on voit d'en bas, qu'avec terreur on nomme ;
Pour qui, comme pour Dieu, nous sommes égaux tous ;
Qu'on regarde en tremblant et qu'on sert à genoux ;
Devant qui se couvrir est un honneur insigne[8] ;
Qui peut faire tomber nos deux têtes d'un signe ;
Dont chaque fantaisie est un événement ;
Qui vit, seul et superbe, enfermé gravement
Dans une majesté redoutable et profonde,
Et dont on sent le poids dans la moitié du monde.
Eh bien ! moi, le laquais, tu m'entends, eh bien ! oui,
Cet homme-là ! le roi ! je suis jaloux de lui !

DON CÉSAR

Jaloux du roi !

RUY BLAS

Hé, oui ! jaloux du roi ! sans doute,
Puisque j'aime sa femme !

DON CÉSAR

Oh ! malheureux !

VICTOR HUGO, *Ruy Blas*, acte I, scène 3, 1838.

5 Dais : ouvrage de bois ou de tissu au-dessus du trône du roi.
6 Globe impérial : celui de Charles-Quint, aïeul de Charles II.
7 Dans Aranjuez ou dans l'Escurial : il s'agit de deux palais, l'un au sud, l'autre au nord de Madrid.
8 Se couvrir est un honneur insigne : seuls les grands d'Espagne avaient le droit de garder leur chapeau devant le roi.

Costume de Ruy Blas.
Dessin d'Albert (1872).

Ruy Blas (Nicolas Gonzales) et Don César (Jerome Kircher), dans une mise en scène de Christian Schiaretti au TNP en 2011.

QUESTION SUR L'IMAGE ▶

Interprétez le geste de Ruy Blas en renvoyant à l'extrait présenté. A-t-il l'allure d'un laquais ?

PREMIÈRE LECTURE

1 Observez la répartition de la parole dans cet extrait : est-elle conforme au statut social des personnages ? Quelle est ici la fonction de Don César ?

AU FIL DU TEXTE

2 Quelles sont les deux parties de ce passage : quels sont les deux opposants au héros ?

3 Comment Ruy Blas caractérise-t-il le vêtement qu'il porte ? Est-ce habituel pour un valet ?

4 Relevez tous les procédés qui retardent l'aveu. Quel effet est ainsi produit ?

5 Analysez les métaphores qui désignent la passion qu'éprouve Ruy Blas. Quelles autres figures de style y sont associées ? Quelle vision de l'amour en découle ?

6 **Grammaire** Quelle est la nature des différentes propositions subordonnées de la phrase qui s'étend des vers 24 à 33. Qu'observez-vous ? Quel est l'effet produit ?

7 Comment le roi est-il mis en valeur dans la quatrième réplique de Ruy Blas ? Quel contraste est ainsi créé ?

8 Observez et qualifiez le rythme des vers 34 à 37. Que traduit-il ?

METTRE EN PERSPECTIVE

9 Dans sa préface de la pièce, Hugo explique :

> « On voit remuer dans l'ombre quelque chose de grand, de sombre et d'inconnu. C'est le peuple. Le peuple, qui a l'avenir et qui n'a pas le présent ; le peuple, orphelin, pauvre, intelligent et fort ; placé très bas, et aspirant très haut ; ayant sur le dos les marques de la servitude et dans le cœur les préméditations du génie. Le peuple, valet des grands seigneurs, et amoureux, dans sa misère et dans son abjection, de la seule figure qui, au milieu de cette société écroulée, représente pour lui, dans un divin rayonnement, l'autorité, la charité et la fécondité. Le peuple, ce serait Ruy Blas. »

En quoi cette citation éclaire-t-elle le passage que vous venez de lire ?

Eric Ruf et Denis Podalydes, dans une mise en scène de Brigitte Jaques-Wajeman, à la Comédie-Française, en 2001.

Vers le bac

Rédigez l'introduction du commentaire de ce texte.

PROLONGEMENT

Dans *Phèdre* de Racine, acte I scène 3, l'héroïne avoue à sa nourrice son amour pour Hippolyte, son beau-fils. Recherchez et lisez le passage. Comparez les deux aveux.

TEXTE 3

ALFRED DE MUSSET,

Les Caprices de Marianne (1833)

ALFRED DE MUSSET

(1810-1857)

biographie p. 583

CONTEXTE

Musset est à la fois poète et dramaturge. *Les Caprices de Marianne*, composée en 1833, figure dans le recueil intitulé *Un spectacle dans un fauteuil*. Musset décide en effet d'écrire son théâtre pour la lecture seulement, et non pour la scène. Ses pièces sont profondément originales : elles mêlent les genres (comédie et drame), sont écrites dans une langue poétique selon une intrigue très simple et campent des personnages profondément romantiques.

Deux facettes de l'âme romantique

***Les Caprices de Marianne* est une pièce qui n'entre dans aucun cadre : écrite en deux actes et intitulée « comédie », elle n'a pourtant rien de drôle. Ses personnages mélancoliques et sa fin malheureuse l'apparenteraient plutôt au drame. L'intrigue est simple : à Naples, en plein carnaval, le jeune Cœlio est amoureux de la belle Marianne qui le repousse. Il va demander à son cousin Octave, qui passe ses nuits à faire la fête, d'intercéder en sa faveur auprès de Marianne. C'est ici la première rencontre des deux cousins.**

OCTAVE

Comment se porte, mon bon monsieur, cette gracieuse mélancolie ?

CŒLIO

Octave ! ô fou que tu es ! tu as un pied de rouge[1] sur les joues ! D'où te vient cet accoutrement[2] ? N'as-tu pas de honte en plein jour ?

OCTAVE

Ô Cœlio ! fou que tu es ! tu as un pied de blanc sur les joues ! – D'où te vient ce large habit noir ? N'as-tu pas de honte en plein carnaval ?

CŒLIO

Quelle vie que la tienne ! Ou tu es gris[3], ou je le suis moi-même.

OCTAVE

Ou tu es amoureux, ou je le suis moi-même.

CŒLIO

Plus que jamais de la belle Marianne.

OCTAVE

Plus que jamais de vin de Chypre.

CŒLIO

J'allais chez toi quand je t'ai rencontré.

OCTAVE

Et moi aussi j'allais chez moi. Comment se porte ma maison ? il y a huit jours que je ne l'ai vue.

CŒLIO

J'ai un service à te demander.

OCTAVE

Parle, Cœlio, mon cher enfant. Veux-tu de l'argent ? je n'en ai plus. Veux-tu des conseils ? je suis ivre. Veux-tu mon épée ? voilà une batte d'Arlequin[4]. Parle, parle, dispose de moi.

CŒLIO

Combien de temps cela durera-t-il ? huit jours hors de chez toi ! tu te tueras, Octave.

OCTAVE

Jamais de ma propre main, mon ami, jamais ; j'aimerais mieux mourir que d'attenter à mes jours.

---

1 **Un pied de rouge** : ici, une marque rouge.
2 **Accoutrement** : vêtements ridicules, ici le déguisement du carnaval.
3 **Gris** : ivre.
4 **Batte d'Arlequin** : Arlequin est un personnage comique de la Comédie-Italienne habillé d'un vêtement multicolore et tenant un sabre en bois appelé « batte ».
5 **Un danseur de corde** : un funambule qui tient une longue perche pour garder l'équilibre.
6 **Brodequins d'argent** : sorte de chaussures montantes.
7 **Créanciers** : personnes à qui on doit de l'argent.
8 **Enchâssés** : ici, désigne les phrases longues et lourdes de ceux qui lui parlent et veulent l'arrêter dans sa course.
9 **Chœur modeste de musiciens** : Cœlio paie des musiciens qui viennent chanter sous la fenêtre de Marianne en témoignage de son amour.

Cœlio (Sébastien Éveno) et Octave (David Migeot), dans une mise en scène de Frédéric Bélier-Garcia, au Nouveau Théâtre d'Angers en 2015.

QUESTIONS SUR L'IMAGE ▸

1. Quels éléments vous permettent d'identifier les deux personnages de l'extrait ?

2. Comment l'atmosphère de fête est-elle suggérée ?

CŒLIO

Et n'est-ce pas un suicide comme un autre, que la vie que tu mènes ?

OCTAVE

Figure-toi un danseur de corde[5], en brodequins d'argent[6], le balancier au poing, suspendu entre le ciel et la terre ; à droite et à gauche, de vieilles petites figures racornies, de maigres et pâles fantômes, des créanciers[7] agiles, des parents et des courtisanes, toute une légion de monstres, se suspendent à son manteau, et le tiraillent de tous côtés pour lui faire perdre l'équilibre ; des phrases redondantes, de grands mots enchâssés[8] cavalcadent autour de lui ; une nuée de prédictions sinistres l'aveugle de ses ailes noires. Il continue sa course légère de l'orient à l'occident. S'il regarde en bas, la tête lui tourne ; s'il regarde en haut, le pied lui manque. Il va plus vite que le vent, et toutes les mains tendues autour de lui ne lui feront pas renverser une goutte de la coupe joyeuse qu'il porte à la sienne. Voilà ma vie, mon cher ami ; c'est ma fidèle image que tu vois.

CŒLIO

Que tu es heureux d'être fou !

OCTAVE

Que tu es fou de ne pas être heureux ! dis-moi un peu, toi, qu'est-ce qui te manque ?

CŒLIO

Il me manque le repos, la douce insouciance qui fait de la vie un miroir où tous les objets se peignent un instant, et sur lequel tout glisse. Une dette pour moi est un remords. L'amour, dont, vous autres, vous faites un passe-temps, trouble ma vie entière. Ô mon ami, tu ignoreras toujours ce que c'est qu'aimer comme moi ! Mon cabinet d'étude est désert ; depuis un mois, j'erre autour de cette maison la nuit et le jour. Quel charme j'éprouve, au lever de la lune, à conduire sous ces petits arbres, au fond de cette place, mon chœur modeste de musiciens[9], à marquer moi-même la mesure, à les entendre chanter la beauté de Marianne !

ALFRED DE MUSSET, *Les Caprices de Marianne,* acte I, scène 1, 1833.

PREMIÈRE LECTURE

1 En quoi cette scène d'exposition est-elle à la fois classique et originale ?

AU FIL DU TEXTE

2 Observez toutes les oppositions entre les deux personnages : définissez le caractère de chacun d'eux en vous aidant aussi de la signification de leur nom. Peut-on parler de types théâtraux ?

3 **Grammaire** De « Octave ! ô fou que tu es » (l. 2) à « Et moi aussi j'allais chez moi » (l. 11), identifiez la nature grammaticale de tous les mots ou propositions répétés. Quel est l'effet produit ?

4 Comment progresse le dialogue entre les deux personnages ? Qualifiez ce type de répliques.

5 Analysez la dimension poétique de la réplique d'Octave : repérez les différentes figures de style et observez le rythme des phrases. En quoi peut-on parler de prose poétique ?

6 Quel registre domine dans la tirade de Cœlio ? Analysez-le.

7 Quelles caractéristiques du romantisme retrouve-t-on dans les deux personnages ?

8 Quel ton domine dans cette exposition : celui du drame ou celui de la comédie ? Justifiez.

ORAL

9 Avec un(e) camarade, apprenez chacun(e) un rôle de l'extrait et récitez-le en prenant soin de mettre en valeur les effets de contraste entre les deux personnages.

PROLONGEMENT

Alfred de Musset et le grand musicien romantique Frédéric Chopin ont tous les deux été amoureux de la même femme, l'écrivaine française George Sand. Écoutez des préludes ou des valses de Chopin et choisissez-en un qui pourrait accompagner la scène présentée.

Dessins de costumes pour Octave et Cœlio par Eugène Giraud, XIXe siècle.

ÉCRIT D'APPROPRIATION

Le recueil poétique *Les Nuits* de Musset était souvent joué en lever de rideau (c'est-à-dire avant le spectacle principal) à la Comédie-Française. Lisez « La Nuit de décembre », qui en fait partie. Quels points communs peut-on trouver entre la figure du poète et les deux personnages de Cœlio et d'Octave ? Recopiez une partie du poème qui vous a touché(e).

Vers le bac

Parmi les questions posées dans la rubrique « Au fil du texte », laquelle pourrait servir de problématique au commentaire de ce texte ?

TEXTE 4

EDMOND ROSTAND,
Cyrano de Bergerac (1897)

EDMOND ROSTAND
(1868-1918)
biographie p. 585

CONTEXTE

Conçue près de 60 ans après la grande période romantique, la pièce *Cyrano de Bergerac*, appelée « comédie héroïque » par son auteur, présente cependant de nombreuses caractéristiques du drame. Représentée pour la première fois le 28 décembre 1897 au Théâtre de la Porte Saint-Martin, elle connut un triomphe (400 représentations en mars 1899). Ce succès s'explique par la qualité de la pièce, bien sûr, mais aussi parce que l'œuvre exalte un personnage exceptionnel, vertueux et héroïque, qui redonne un peu de fierté à une France minée par la défaite de 1870 et embourbée dans l'affaire Dreyfus. Pour son héros, Rostand s'inspire librement de l'écrivain Savinien de Cyrano, dit de Bergerac.

Autoportrait d'un idéaliste

La pièce se déroule au XVIIe siècle, sous le règne de Louis XIII. À ce moment de l'acte II, situé chez le poète et pâtissier Ragueneau, Cyrano est de mauvaise humeur : sa cousine Roxane, dont il est fou amoureux, vient de lui apprendre qu'elle en aime un autre. Il est pourtant célébré par une foule nombreuse car la nuit précédente, seul contre cent hommes, il s'est battu pour défendre un ami poète. Dans la scène 7, Cyrano a refusé fièrement toute compromission avec le puissant duc de Guiche, neveu du cardinal de Richelieu, qui voulait l'enrôler à son service et lui proposait également de montrer ses vers à son oncle. Il s'entretient ici avec son ami Le Bret.

CYRANO, LE BRET, LES CADETS.

CYRANO

Et que faudrait-il faire ?
Chercher un protecteur puissant, prendre un patron,
Et comme un lierre obscur qui circonvient[1] un tronc
Et s'en fait un tuteur[2] en lui léchant l'écorce,
Grimper par ruse au lieu de s'élever par force ?
Non, merci. Dédier, comme tous ils le font,
Des vers aux financiers ? se changer en bouffon
Dans l'espoir vil de voir, aux lèvres d'un ministre,
Naître un sourire, enfin, qui ne soit pas sinistre ?
Non, merci. Déjeuner, chaque jour, d'un crapaud[3] ?
Avoir un ventre usé par la marche ? une peau

Gérard Depardieu incarne Cyrano au cinéma, dans le film de Jean-Paul Rappeneau, en 1990.

1 **Circonvenir** : littéralement, « venir autour ». Agir avec ruse et artifice pour parvenir à ses fins.
2 **Tuteur** : tige fixée dans le sol pour soutenir une plante et l'aider à pousser.
3 **Déjeuner d'un crapaud** : faire contre son gré un acte désagréable (équivalent à « avaler des couleuvres »).

Qui plus vite, à l'endroit des genoux, devient sale ?
Exécuter des tours de souplesse dorsale ?...
Non, merci. D'une main flatter la chèvre au cou
Cependant que, de l'autre, on arrose le chou,
Et donneur de séné par désir de rhubarbe,
Avoir un encensoir, toujours, dans quelque barbe ?
Non, merci ! Se pousser de giron en giron,
Devenir un petit grand homme dans un rond,
Et naviguer, avec des madrigaux pour rames,
Et dans ses voiles des soupirs de vieilles dames ?
Non, merci ! Chez le bon éditeur de Sercy
Faire éditer ses vers en payant ? Non, merci !
S'aller faire nommer pape par les conciles
Que dans les cabarets tiennent des imbéciles ?
Non, merci ! Travailler à se construire un nom
Sur un sonnet, au lieu d'en faire d'autres ? Non,
Merci ! Ne découvrir du talent qu'aux mazettes ?
Être terrorisé par de vagues gazettes,
Et se dire sans cesse : « Oh, pourvu que je sois
Dans les petits papiers du *Mercure François* ? »...[4]
Non, merci ! Calculer, avoir peur, être blême[5],
Préférer faire une visite qu'un poème,
Rédiger des placets[6], se faire présenter ?
Non, merci ! non, merci ! non, merci ! Mais... chanter,
Rêver, rire, passer, être seul, être libre,
Avoir l'œil qui regarde bien, la voix qui vibre.
Mettre, quand il vous plaît, son feutre[7] de travers,
Pour un oui, pour un non, se battre, – ou faire un vers !
Travailler sans souci de gloire ou de fortune,
À tel voyage, auquel on pense, dans la lune[8] !
N'écrire jamais rien qui de soi ne sortît,
Et, modeste d'ailleurs, se dire : mon petit,
Sois satisfait des fleurs, des fruits, même des feuilles,
Si c'est dans ton jardin à toi que tu les cueilles !

EDMOND ROSTAND, *Cyrano de Bergerac*, acte II, scène 8, 1897.

4 Images indiquant des signes de soumission et d'obséquiosité.
5 **Être blême** : d'une blancheur maladive.
6 **Placet** : écrit adressé à un grand seigneur afin d'obtenir une faveur.
7 **Feutre** : chapeau.
8 L'écrivain dont s'inspire Rostand, fasciné par la lune, a notamment écrit *États et Empires de la lune*.

Représentation de Cyrano de Bergerac.

Gérard Depardieu, dans le film de Jean-Paul Rappeneau (1990).

Cyrano de Bergerac (Michel Vuillermoz) et De Guiche (Didier Sandre), dans une mise en scène de Denis Podalydès à la Comédie-Française, en 2016.

PREMIÈRE LECTURE

1 Quelle formule revient régulièrement dans la bouche de Cyrano ? Que dit-elle de lui ?

AU FIL DU TEXTE

2 Quelles sont les deux parties de la tirade de Cyrano ? Quel vers fait la transition entre les deux ?

3 **Grammaire** Quel type de phrase domine dans chacune des parties de la tirade ?

4 Quelle attitude Cyrano dénigre-t-il ? Relevez le vocabulaire et les images qui s'y rapportent. Quelle vision a-t-il des écrivains et de leurs protecteurs ?

5 Quelles valeurs et quels idéaux Cyrano défend-il ? Comment les exprime-t-il dans la deuxième partie de sa tirade ?

6 En quoi la tirade de Cyrano est-elle un autoportrait ? Quelles en sont les principales caractéristiques ?

METTRE EN PERSPECTIVE

7 Regardez ce même passage dans le film de Jean-Paul Rappeneau (à partir de 43'30). Comment le réalisateur a-t-il opposé les deux moments de la tirade ? Comment s'y est-il pris pour rendre dynamique une tirade aussi longue ?

▲ QUESTION SUR L'IMAGE

Comparez les deux personnages de part et d'autre de l'image. Qu'est-ce qui traduit le caractère rebelle de Cyrano ?

Vers le bac

Entraînez-vous à dire ce texte en variant les tons au fil de la tirade.

ÉCRIT D'APPROPRIATION

À votre tour de rédiger, à la manière de Cyrano, un autoportrait dans lequel vous exprimerez successivement ce que vous refusez d'être ou de faire et ce que vous privilégiez. Votre texte, en vers ou en prose, proposera des images choisies pour illustrer l'une ou l'autre option.

TEXTE ÉCHO

ALEXIS MICHALIK, *Edmond* (2016)

Constant Coquelin dans le rôle de Cyrano de Bergerac. Dessin d'Émile Bourgier, 1898.

Quand le théâtre juge le théâtre

Alexis Michalik est un jeune auteur, comédien et metteur en scène né en 1982. Dans sa pièce *Edmond*, il imagine les péripéties qui accompagnent l'écriture de la pièce *Cyrano de Bergerac* et montre avec humour les difficultés que rencontre son auteur.
À Paris, en décembre 1897, Edmond Rostand est un jeune poète en mal d'inspiration qui vit pauvrement avec sa famille. La grande comédienne Sarah Bernhardt lui rend visite et lui propose d'écrire une pièce pour Coquelin, l'un des acteurs les plus célèbres de l'époque. Il se rend au cabaret du Moulin rouge avec son ami comédien Léo qui a aussi invité Jeanne, une jeune fille qui lui plaît, et son amie Jacqueline.

JEANNE

J'adore le théâtre ! Mais Jacqueline déteste tout ce que j'aime : la poésie. Les vers.

EDMOND, *amusé*

Ah ? Vous êtes une romantique ?

JEANNE

… Absolue ! Je suis née un demi-siècle en retard. J'aurais voulu être actrice en 1850 ! Jouer Marianne, jouer Camille, Marguerite Gautier[1] !

JACQUELINE

Tout ce qui m'horripile ! Ces stéréotypes féminins de grandes tragédiennes…

JEANNE

Alors, aujourd'hui, je me contente de les habiller[2] ! Mais toi, Léo ! Quelle chance tu as de fouler les planches !

LÉO

Oui, c'est certain… même si en ce moment je bats plutôt le pavé[3] !

EDMOND, *à Jeanne*

Et le théâtre moderne… ?

JEANNE, *revenant à Edmond*

Oh ! non, pas le théâtre moderne… Ibsen, Strindberg, la barbe ! André Antoine[4], je pourrais me pendre ! Il n'y a qu'un seul auteur qui trouve grâce à mes yeux. Un poète, un vrai ! C'est Edmond Rostand. *(Edmond s'étrangle presque en buvant sa verveine.)* Vous connaissez ?

EDMOND

… Vaguement.

LÉO, *amusé*

C'est un peu ronflant, ce qu'il écrit, non ?

EDMOND, *à Léo, grondeur*

Ronflant ?

1 Héroïnes de pièces romantiques d'Alfred de Musset et d'Alexandre Dumas.
2 **Les habiller** : habilleuse, Jeanne aide les comédiens à mettre leur costume avant d'entrer en scène.
3 **Battre le pavé** : être sans emploi.
4 **André Antoine** : metteur en scène de l'époque qui a monté les pièces de Strindberg et d'Ibsen, dramaturges contemporains de Rostand.
5 **Les plus beaux yeux pour moi…** : vers d'Edmond Rostand.
6 **Front de burgrave** : un burgrave est le commandant d'une citadelle. Le terme est ici élogieux et fait sans doute allusion au drame de Victor Hugo *Les Burgraves*.

Olivier Gourmet incarne Cyrano dans *Edmond*, réalisé par Alexis Michalik (2019).

JACQUELINE

Ronflant, oui ! C'est ce que je me tue à lui dire.

JEANNE

Ronflant ? C'est magnifique !
Les plus beaux yeux pour moi sont des yeux pleins de larmes[5].

EDMOND

Ah ! vous connaissez ?

JEANNE

Par cœur ! Je n'aimerais rien tant que le rencontrer.

EDMOND, *flatté*

Eh bien, dans ce cas…

JEANNE

Je l'imagine beau, grand, des boucles blondes qui retombent sur son front de burgrave[6]…

EDMOND, *stoppé net*

Ah.

LÉO

C'est tout à fait lui ! … À ce qu'on m'a dit.

ALEXIS MICHALIK, *Edmond*, scène 15, éd. Albin Michel, 2016.

1 Sur quel procédé comique repose la scène ? Expliquez-le.

2 À la fin de l'extrait, à quel personnage proche de lui fait penser Edmond ? Pourquoi ?

3 Bien qu'écrite en 1897, la pièce *Cyrano de Bergerac* d'Edmond Rostand a tous les traits d'un drame romantique. Comment la pièce *Edmond* évoque-t-elle avec humour cet aspect décalé ?

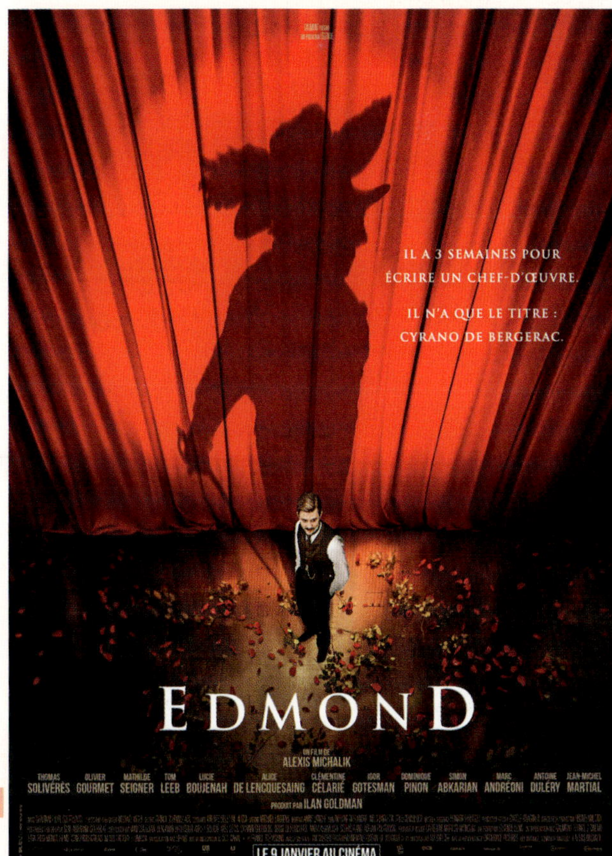

Affiche d'*Edmond*, film réalisé par Alexis Michalik, sorti en 2019.

QUESTION SUR L'IMAGE

Commentez le lien entre le personnage et son ombre. Comment l'interprétez-vous ?

Parcours culturel et artistique

PEINDRE LE DRAME

Comme les écrivains, les peintres romantiques ont voulu exprimer, par leur art, leur sensibilité propre, les tourments de leur âme, l'intensité de leurs émotions. Ils ont aussi cherché à représenter leur époque et leur histoire récente : l'épopée napoléonienne ou les révolutions du XIXᵉ siècle, par exemple. Leur peinture témoigne ainsi d'une prédilection pour les scènes dramatiques : champs de bataille, situations pathétiques, confrontations périlleuses de l'homme avec la nature. Le foisonnement des formes, le goût pour des compositions irrégulières et déséquilibrées, la richesse des couleurs, les effets de contraste, le rendu du mouvement sont autant de techniques destinées à peindre le drame.

SCÈNES DE MASSACRE

Eugène Delacroix (1798-1863) est le maître de la peinture romantique en France. Témoins de son goût pour l'Orient, ses deux tableaux *Scènes des massacres de Scio* et *La Mort de Sardanapale* furent considérés comme des manifestes de l'école romantique.

EUGÈNE DELACROIX, *Scènes des massacres de Scio ; familles grecques attendant la mort ou l'esclavage*, 1824. Paris, musée du Louvre (4,19 x 3,54 m).

Ce tableau évoque un épisode de la guerre d'indépendance grecque. En avril 1822, afin d'éviter que l'île de Chios, en mer Égée, ne se rallie à la Grèce, l'Empire ottoman (les Turcs) envoie 45 000 soldats massacrer la population de l'île.

1 Identifiez les victimes grecques et les soldats ottomans. Comment cette distinction est-elle soulignée par les contrastes de lumière ?

2 Qui le peintre a-t-il placé au tout premier plan ? Analysez les différents personnages de cet ensemble et leurs attitudes. Quel sentiment cherche à susciter Delacroix ?

3 Quelle vision de la guerre et de ses héros est ici donnée ? Que peut-on en déduire de la façon dont Delacroix envisage la peinture d'histoire ?

EUGÈNE DELACROIX, *La Mort de Sardanapale*, 1827-1828. Paris, musée du Louvre (3,92 x 4,96 m).

Ce tableau illustre un épisode d'un drame de Byron (poète anglais du début du XIXe siècle qui a influencé le romantisme français). Le roi légendaire de Ninive, ville située en Orient, refuse de tomber vivant aux mains de ses ennemis et fait massacrer son harem avant de se donner la mort. Le tableau fait scandale. Charles-Paul Landon, critique d'art, s'insurge : « Donnerons-nous le titre de composition à cet amalgame incompréhensible d'hommes, de femmes, de chiens, de chevaux, de bûches, de vases, d'instruments de toute espèce, de colonnes énormes, de lit démesuré, jetés pêle-mêle sans effet, sans perspective, et ne posant sur rien ? »

4 Quelle impression d'ensemble se dégage de ce tableau ? Quelle diagonale la composition met-elle en valeur ? À quoi peut-elle faire penser ?

5 Comment est exprimée la violence dans cette scène ? Quel effet produit l'attitude du roi ?

6 En quoi le choix des couleurs et les effets de lumière dramatisent-ils la scène ?

SCÈNES DE BATAILLE

ANTOINE-JEAN GROS, *Napoléon sur le Champ de Bataille d'Eylau le 9 février 1807,* 1808, Paris, musée du Louvre (93 x146 cm).

Antoine-Jean Gros (1771-1833) a contribué, par ses grandes compositions, à forger le mythe de Napoléon, dont la vie, selon Delacroix, « est l'épopée de ce siècle pour tous les arts » (*Journal*). À Eylau (actuelle Allemagne) s'est déroulée l'une des plus sanglantes batailles de Napoléon contre les Russes et les Prussiens (40 000 victimes).

7 À quoi voit-on que ce tableau est une commande officielle de Napoléon ? Décrivez l'attitude et l'expression de l'Empereur. Quels sentiments le peintre cherche-t-il à susciter ?

8 Comment la réalité dramatique de la guerre est-elle montrée ? Commentez la composition, le choix des couleurs, le cadrage de la scène.

Élève d'Antoine-Jean Gros, Joseph-Ferdinand Boissard de Boisdenier (1813-1866) rencontre son premier succès en 1835 avec cette imposante toile représentant un épisode dramatique des campagnes napoléoniennes. La retraite de la Russie désigne le repli de l'armée française depuis Moscou jusqu'à la France, qui s'est soldé par l'anéantissement des soldats, presque tous morts de froid.

JOSEPH-FERDINAND BOISSARD DE BOISDENIER, *Épisode de la retraite de Russie,* 1835, Rouen, musée des Beaux-arts (160 x 2,25 m).

9 À quoi voit-on l'influence de Gros sur son élève : de quelle partie du tableau de Gros pourrait-on rapprocher cette toile ? Comment Boissard de Boisdenier accentue-t-il le caractère dramatique de cette guerre ?

10 Quels sentiments le peintre veut-il provoquer ? En quoi est-ce romantique ?

PEINDRE DES TEMPÊTES ET DES NAUFRAGES

CASPAR DAVID FRIEDRICH, *Le Naufrage de l'« Espoir »*, 1821, musée de Hambourg (96,7 x 126,9 cm).

Caspar David Friedrich (1774-1840) est considéré comme le peintre le plus représentatif de l'art romantique allemand. Il est spécialisé dans la peinture de paysages mélancoliques. Ici, le tableau représente le naufrage d'un navire, encerclé par les glaces, lors d'une expédition dans l'Arctique.

11 Analysez la composition du tableau : où se trouve le navire sur la toile ? Quel élément domine ? Comment peut-on interpréter ce choix de composition ?

12 Quelle impression d'ensemble se dégage de ce tableau ? Quelle couleur domine ? En quoi est-ce romantique ?

WILLIAM TURNER, *Tempête de neige en mer*, 1842, Tate Britain (0,914 x 1,219 m).

William Turner (1775-1851) est un peintre anglais au tempérament romantique : il aime représenter les effets de la lumière sur la mer et peint des moments particulièrement dramatiques : tempête, incendie, naufrage. À propos de ce tableau, Turner raconte avoir lui-même été pris dans une tempête de neige lors d'une sortie en mer.

13 Comparez la façon dont est représenté le bateau dans ce tableau et dans celui de Friedrich. Quel rapport entre l'homme et la nature y est exprimé ?

14 Par quelles techniques picturales la fureur des éléments est-elle rendue ? En quoi est-ce typique d'une touche romantique ?

CHAPITRE 5

Mythe et réalité dans le théâtre du XXe siècle à nos jours

Enrico Scuri, *Orphée et Eurydice*, 1875.

▲ QUESTION

Quel moment du mythe est représenté dans ce tableau ?

Le mythe dans le théâtre moderne

☞ **Très présents dans le théâtre classique,** les mythes de l'Antiquité sont peu réinvestis aux XVIIIe et XIXe siècles avant de revenir en force dans la première moitié du XXe siècle : **Jean Cocteau**, **Jean Giraudoux**, **Jean-Paul Sartre** ou encore **Jean Anouilh** mettent en scène des figures issues de la mythologie.

La réécriture des mythes dans le théâtre de la première moitié du XXe siècle

☞ **Au XVIIe siècle,** la réécriture relevait essentiellement de l'imitation des auteurs antiques. **Jean Racine** et **Pierre Corneille** citent d'ailleurs leurs sources dans leurs préfaces. Au XXe siècle, le phénomène est tout autre : les dramaturges proposent de véritables réécritures des mythes pour parler du présent. Cette actualisation se traduit par un langage plus simple, plus moderne et par la présence d'anachronismes (les Thébains passent la nuit dans des « boîtes » chez Jean Cocteau ; Orphée et Eurydice se rencontrent dans une gare chez Jean Anouilh). D'une manière générale, le mythe perd son caractère sacré : ce n'est plus la question des dieux qui est au centre des préoccupations mais l'homme.

Pourquoi les auteurs de cette période reprennent-ils les mythes antiques ?

☞ **À une époque fortement troublée** (Première Guerre mondiale, crise économique de l'entre-deux-guerres, montée des périls, Seconde Guerre mondiale), l'évocation de mythes, le plus souvent tragiques, permet d'interroger le présent. La violence des légendes anciennes mises en scène fait écho à l'actualité.

En 1943, **Jean-Paul Sartre** reprend dans *Les Mouches* le meurtre d'Agamemnon et la réaction passive du peuple qui s'en est suivie pour dénoncer le discours culpabilisant du maréchal Pétain après la défaite :

« J'ai écrit *Les Mouches* et j'ai essayé de montrer que le remords n'était pas l'attitude que les Français devaient choisir après l'effondrement militaire de notre pays... Mais l'avenir, bien qu'une armée ennemie occupât la France, était neuf. Nous avions prise sur lui, nous étions libres d'en faire un avenir de vaincus ou au contraire d'hommes libres... »

(*Un théâtre de situation*, 1973).

1934 Jean Cocteau, *La Machine infernale*

1935 Jean Giraudoux, *La Guerre de Troie n'aura pas lieu*

1941 Jean Anouilh, *Eurydice*

1943 Jean-Paul Sartre, *Les Mouches*

1944 Jean Anouilh, *Antigone*

1950 Eugène Ionesco, *La Cantatrice chauve*

1959 Eugène Ionesco, *Rhinocéros*

1990 Bernard-Marie Koltès, *Roberto Zucco*

2003 Laurent Gaudé, *Salina*
Wajdi Mouawad, *Incendies*

1900 — 1925 — 1950 — 1975 — 2000

1914-1918 Première Guerre mondiale

1939-1945 Deuxième Guerre mondiale

Par leur caractère universel et atemporel, les mythes disent des vérités qui entrent en résonance avec les réflexions modernes sur l'homme. Ainsi, **Jean Cocteau** relit l'histoire d'Œdipe à la lumière de la psychanalyse : *La Machine infernale* parodie avec humour la théorie du complexe d'Œdipe et l'importance des rêves décrits par Sigmund Freud. **Jean Anouilh** se sert du mythe d'Orphée pour confronter le sentiment amoureux à son idéal légendaire.

Andreas Schiavone, *Samson châtie un Phillistin avec la mâchoire d'un âne*, 1563.

La question du mythe dans le théâtre contemporain

Si certains dramaturges poursuivent ce travail de réécriture des mythes (par exemple **Max Rouquette** avec sa pièce *Médée*), d'autres ne se réfèrent pas explicitement aux mythes mais mettent en scène des personnages qui, par leur force d'évocation et leur destin, rejoignent des figures de l'Antiquité.

- **Chez Bernard-Marie Koltès et Wajdi Mouawad**, un univers contemporain violent fait surgir des monstres qui sont des avatars de héros antiques. Roberto Zucco, de par sa force et sa démesure, rejoint les figures bibliques du géant Goliath ou du guerrier Samson. Le texte en fait même à la fin un héros solaire.
- **Chez Wajdi Mouawad**, c'est l'intrigue elle-même qui se rapproche du mythe antique : la guerre civile est source de barbarie et engendre des destins monstrueux (abandon d'enfants, viol, folie, inceste, aveuglement...). La réalité rejoint la tragédie. C'est pourquoi le dramaturge fait dire à l'un de ses personnages :

« Tu entends ma voix Sarwane ? On dirait la voix des siècles anciens. Mais non, Sarwane, c'est d'aujourd'hui que date ma voix. »

- **Avec Laurent Gaudé**, l'histoire semble se situer hors du temps et de toute référence à notre monde. Les personnages sont confrontés à des situations conflictuelles élémentaires (mariage forcé, bannissement, guerre de clans, vengeance). De là un caractère universel qui donne l'impression de lire une pièce antique, écrite dans une langue à la fois simple et solennelle :

« L'univers de *Salina* est un territoire imaginaire, composé d'éléments appartenant à des civilisations différentes : la tragédie grecque, les terres du désert saharien, l'univers africain de l'épopée... Ce qui m'intéressait, c'était de constituer un espace de la tragédie. » Laurent Gaudé, theatre-contemporain.net.

Bernard-Marie Koltès dit au sujet du tueur en série dont il s'est inspiré :

« Je ne savais pas grand-chose de cet homme. J'avais quatre articles de journaux. Je n'ai pas fait de recherches. Pour moi, c'est un mythe et cela doit rester un mythe. » (B.-M. Koltès, *Une part de ma vie. Entretiens* (1983-1989), 1999).

Œdipe roi, film réalisé par Pier Paolo Pasolini en 1967.

ACTIVITÉ

Quels sont les différents mythes que le dramaturge Jean Giraudoux a repris dans son théâtre ?

TEXTE 1

JEAN COCTEAU, *La Machine infernale* (1934)

JEAN COCTEAU
(1889-1963)
biographie p. 573

CONTEXTE

L'univers de la mythologie et les tragédies de Sophocle en particulier ont beaucoup inspiré Jean Cocteau. Il s'intéresse notamment à la figure d'Œdipe et affirme en 1929 : « Je rêve qu'il me soit donné d'écrire un *Œdipe et le Sphinx*, une sorte de prologue tragi-comique à *Œdipe Roi*, précédé lui-même d'une grosse farce avec des soldats, un spectre... ». C'est ce qu'il réussit à faire en 1932 : la pièce a pour titre *La Machine infernale*.

La machine infernale, gouache de Christian Bérard, costume pour Jocaste, 1934.

Aveuglement et clairvoyance

Cocteau commence son histoire après le parricide commis par Œdipe et au moment où celui-ci est en passe de résoudre l'énigme du Sphinx. L'acte I a pour titre « Le fantôme » et se situe sur les remparts de la ville de Thèbes, la nuit. Deux gardes discutent de l'apparition inquiétante du spectre de Laïus (autre nom de Laïos, père d'Œdipe et mari de Jocaste). La reine a été prévenue et entre en scène, accompagnée du devin Tirésias.

Ils apparaissent.

Là... là... là... quatre, cinq, six, sept...

...Jocaste arrive sur la plate-forme et se dirige vers la gauche. Tirésias marche sur le bout de son écharpe. Elle pousse un cri.

TIRÉSIAS. – Qu'avez-vous ?

JOCASTE. – C'est votre pied, Zizi ! Vous marchez sur mon écharpe.

TIRÉSIAS. – Pardonnez-moi...

JOCASTE. – Encore, il se vexe ! Mais ce n'est pas contre toi que j'en ai... C'est contre cette écharpe ! Je suis entourée d'objets qui me détestent ! Tout le jour cette écharpe m'étrangle. Une fois, elle s'accroche aux branches, une autre fois, c'est le moyeu[1] d'un char où elle s'enroule[2], une autre fois tu marches dessus. C'est un fait exprès. Et je la crains, je n'ose pas m'en séparer. C'est affreux ! C'est affreux ! Elle me tuera.

TIRÉSIAS. – Voyez dans quel état sont vos nerfs.

JOCASTE. – Et à quoi sert ton troisième œil[3], je demande ? As-tu trouvé le Sphinx ? As-tu trouvé les assassins de Laïus ? As-tu calmé le peuple ? On met des gardes à ma porte et on me laisse avec des objets qui me détestent, qui veulent ma mort !

TIRÉSIAS. – Sur un simple racontar...

JOCASTE. – Je sens les choses. Je sens les choses mieux que vous tous ! *(Elle montre son ventre.)* Je les sens là ! A-t-on fait tout ce qu'on a pu pour découvrir les assassins de Laïus ?

TIRÉSIAS. – Madame sait bien que le Sphinx rendait les recherches impossibles.

JOCASTE. – Eh bien, moi, je me moque de vos entrailles de poulets[4]... Je sens, là... que Laïus souffre et qu'il veut se plaindre. J'ai décidé de tirer cette histoire au clair, et d'entendre moi-même ce jeune garde ; et je l'en-ten-drai. Je suis votre reine, Tirésias, ne l'oubliez pas.

TIRÉSIAS. – Ma petite brebis, il faut comprendre un pauvre aveugle qui t'adore, qui veille sur toi et qui voudrait que tu dormes dans ta chambre au lieu de courir après une ombre, une nuit d'orage, sur les remparts.

JOCASTE, *mystérieuse.* – Je ne dors pas.

Jocaste (Françoise Fabian) et Tirésias (Francis Lemaire), dans une mise en scène de Jean Marais à l'Espace Cardin, en 1989.

▲ QUESTION SUR L'IMAGE

La mise en scène met-elle ici l'accent sur le caractère comique ou tragique du dialogue entre Tirésias et Jocaste ?

TIRÉSIAS. – Vous ne dormez pas ?

JOCASTE. – Non, Zizi, je ne dors pas. Le Sphinx, le meurtre de Laïus, m'ont mis les nerfs à bout. Tu avais raison de me le dire. Je ne dors plus et c'est mieux, car, si je m'endors une minute, je fais un rêve, un seul et je reste malade toute la journée.

TIRÉSIAS. – N'est-ce pas mon métier de déchiffrer les rêves ?...

JOCASTE. – L'endroit du rêve ressemble un peu à cette plate-forme ; alors je te le raconte. Je suis debout, la nuit ; je berce une espèce de nourrisson. Tout à coup, ce nourrisson devient une pâte gluante qui me coule entre les doigts. Je pousse un hurlement et j'essaie de lancer cette pâte ; mais... oh ! Zizi... Si tu savais, c'est immonde... Cette chose, cette pâte reste reliée à moi et quand je me crois libre, la pâte revient à toute vitesse et gifle ma figure. Et cette pâte est vivante. Elle a une espèce de bouche qui se colle sur ma bouche. Et elle se glisse partout : elle cherche mon ventre, mes cuisses. Quelle horreur !

JEAN COCTEAU, *La Machine infernale*, acte I, éd. Grasset & Fasquelle, 1934, 2005.

1 **Moyeu** : partie centrale d'une roue.
2 **Où elle s'enroule** : référence à la mort accidentelle en 1929 de la danseuse Isadora Duncan dont l'écharpe s'est prise dans la roue de sa voiture.
3 **Troisième œil** : le devin Tirésias est aveugle mais il a le don de voir l'avenir.
4 **Vos entrailles de poulets** : allusion dédaigneuse à l'art de la divination.

PREMIÈRE LECTURE

1 À la lecture de cet extrait, a-t-on plutôt affaire à une comédie ou à une tragédie ?

AU FIL DU TEXTE

2 Quelles sont les deux parties de ce dialogue ? Donnez-leur un titre.

3 En quoi cet extrait s'apparente-t-il à une exposition ? Relevez et classez les informations qu'il délivre.

4 **Grammaire** Du début de l'extrait à « qui veulent ma mort » (l. 18), relevez les différents pronoms sujets utilisés pour désigner l'autre. Qu'observez-vous ?

5 Le discours et l'attitude de Jocaste sont-ils ceux d'une reine ? Justifiez votre réponse.

6 En quoi cette scène est-elle comique ? Relevez et classez les différents éléments qui font rire.

7 Qu'est-ce qui rapproche cette scène de l'univers de la tragédie ? Quels passages en particulier relèvent de l'ironie tragique ?

Vers le bac

Rédigez l'introduction qui ouvrirait le commentaire de ce texte.

METTRE EN PERSPECTIVE

8 À deux, réfléchissez à une manière de jouer cette scène : gestes et déplacements, ton, accessoires nécessaires… Apprenez ensuite l'extrait et jouez-le.

9 Sigmund Freud, médecin autrichien fondateur de la psychanalyse, s'est appuyé sur la tragédie *Œdipe Roi* de Sophocle pour élaborer sa théorie du « complexe d'Œdipe » :

> « Sa destinée [celle d'Œdipe] nous émeut parce qu'elle aurait pu être la nôtre, parce qu'à notre naissance l'oracle a prononcé contre nous cette même malédiction. Il se peut que nous ayons tous senti à l'égard de notre mère notre première impulsion sexuelle, à l'égard de notre père notre première haine ; nos rêves en témoignent. Œdipe qui tue son père et épouse sa mère ne fait qu'accomplir un des désirs de notre enfance. Mais, plus heureux que lui, nous avons pu, depuis lors, dans la mesure où nous ne sommes pas devenus névropathes, détacher de notre mère nos désirs sexuels et oublier notre jalousie à l'égard de notre père. »
>
> **SIGMUND FREUD**, *L'Interprétation des rêves*, 1900, traduction de Meyerson, PUF, 1926.

En quoi l'extrait de *La Machine infernale* illustre-t-il les idées de Freud ?

10 Lisez la scène 5 de l'acte I d'*Hamlet* (1601) de Shakespeare. Quels éléments Cocteau a-t-il repris ? Quelles différences faites-vous entre les deux extraits ?

JEAN COCTEAU, illustration pour *La Machine infernale*, 1932.

QUESTION SUR L'IMAGE

En quoi ce dessin de Cocteau illustre-t-il le complexe d'Œdipe ?

TEXTE 2

JEAN ANOUILH, *Eurydice* (1941)

JEAN ANOUILH
(1910-1987)
biographie p. 570

CONTEXTE

Si la pièce la plus célèbre de Jean Anouilh est sans conteste *Antigone*, l'œuvre du dramaturge est abondante et variée, critiquant la famille, les idéaux de pureté, l'amour, l'amitié. L'auteur s'est amusé à proposer un classement distinguant pièces noires ou roses, brillantes ou grinçantes, secrètes ou farceuses. *Eurydice*, écrite pendant la Seconde Guerre mondiale, fait partie de ses pièces noires.

Orphée retrouve Eurydice

Dès qu'ils se voient sur le quai d'une gare, Orphée et Eurydice tombent amoureux l'un de l'autre et décident de tout quitter : Eurydice abandonne sa troupe de théâtre ; Orphée, violoniste, délaisse son père avec qui il mendiait. Ils se retrouvent ensuite dans une chambre d'hôtel à Marseille, où ils se disent leur amour mais où la jalousie du jeune homme à l'égard du passé de la jeune femme commence à se faire sentir. C'est alors qu'Eurydice, qui avait pris le parti de fuir, craignant de ne pas être à la hauteur de l'amour d'Orphée et poursuivie par Dulac, un ancien amant, meurt dans un accident de la circulation. Au début de l'acte III, M. Henri, personnage mystérieux, tente de consoler Orphée et lui annonce qu'il va revoir Eurydice.

M. HENRI. – […] La mort seule est une amie. Du bout du doigt, elle rend au monstre son visage, elle apaise le damné, elle délivre.

ORPHÉE *crie soudain.* – Moi, j'aurais préféré Eurydice défigurée, souffrante, vieille !

M. HENRI *baisse la tête, soudain accablé.* – Bien sûr, petite tête, vous êtes tous pareils.

ORPHÉE. – Elle m'a volé Eurydice, oui, l'amie ! du doigt elle a fané Eurydice jeune, Eurydice légère, Eurydice souriante…

M. HENRI *se lève soudain comme excédé, il dit brusquement.* – Elle va te la rendre.

ORPHÉE *s'est dressé aussi.* – Quand ?

M. HENRI. – Tout de suite. Mais écoute-moi bien. Ton bonheur était de toute façon fini. Ces vingt-quatre heures, ce pauvre jour, c'est tout ce qu'elle réservait au petit Orphée et à la petite Eurydice, la vie – ta chère vie. Aujourd'hui tu ne pleurerais peut-être pas Eurydice morte, mais tu serais en train de pleurer Eurydice échappée…

ORPHÉE. – Ce n'est pas vrai. Elle n'avait pas été au rendez-vous de cet homme[1] !

M. HENRI. – Non. Mais elle n'était pas revenue dans ta chambre non plus. Elle avait pris le car de Toulon toute seule, sans argent, sans valise. Où fuyait-elle ? Et qui était-elle au juste, cette petite Eurydice que tu as cru pouvoir aimer ?

ORPHÉE. – Qui qu'elle soit, je l'aime encore. Je veux la revoir. Ah ! je vous en supplie, Monsieur, rendez-la-moi, même imparfaite. Je veux avoir mal et honte à cause d'elle. Je veux la reperdre et la retrouver. Je veux la haïr et la bercer après comme un petit enfant. Je veux lutter, je veux souffrir, je veux accepter… Je veux vivre.

M. HENRI, *agacé.* – Tu vas vivre…

ORPHÉE. – Avec les taches, les ratures, les désespoirs et les recommencements – avec la honte…

1 **Au rendez-vous de cet homme** : sûr de la récupérer, Dulac avait donné rendez-vous à Eurydice à la gare.

Jean-Baptiste Camille Corot, *Orphée ramenant Eurydice des Enfers*, 1861.

▲ QUESTIONS SUR L'IMAGE

1. **Analysez la composition du tableau. Comment est représentée la frontière symbolique entre la vie et la mort.**
2. **Qu'est-ce qui se rattache à l'univers antique ? Qu'est-ce qui s'en distingue ?**

M. Henri *le regarde, méprisant et tendre tout de même ; il murmure.* – Petit homme…

Il va à lui, d'un autre ton.

Adieu, on te la rend. Elle est là, sur le quai, à la même place où tu l'as vue hier pour la première fois – à t'attendre, éternellement. Tu te souviens de la condition ?

Orphée, *qui regarde déjà la porte.* – Oui.

M. Henri. – Répète. Si tu oubliais cette condition, je ne pourrais plus rien pour toi.

Orphée. – Je ne dois pas la regarder en face.

M. Henri. – Cela ne sera pas facile.

Orphée. – Si je la regarde en face une seule fois avant le matin, je la reperds.

M. Henri *s'arrête, souriant.* – Tu ne demandes plus pourquoi, ni comment, dure tête ?

Orphée, *qui regarde toujours la porte.* – Non.

M. Henri *sourit encore.* – C'est bien… Adieu. Tu peux tout reprendre au commencement. Ne me remercie pas. À bientôt.

Jean Anouilh, *Eurydice*, acte III, éd. de la Table ronde, 1958.

PREMIÈRE LECTURE

1 Dans cet extrait, quels éléments font écho au mythe antique d'Orphée et Eurydice ?

AU FIL DU TEXTE

2 En vous appuyant sur son rôle dans la scène, sa façon de s'exprimer et sa maîtrise de l'avenir, à quel personnage de la mythologie fait penser M. Henri ?

3 En quoi les paroles d'Orphée relèvent-elles du lyrisme ? Analysez le rythme, le vocabulaire, les images et la ponctuation de certaines de ses répliques.

4 **Grammaire** Relevez toutes les formes du conditionnel dans le texte. Classez-les et analysez les différentes valeurs de ce temps.

5 Dans le mythe antique, l'amour que se portent Orphée et Eurydice est parfait, idéal. Est-ce le cas dans cette réécriture ?

6 Comment interprétez-vous la condition posée par M. Henri ?

7 Relevez les différents éléments qui se rattachent à l'univers de la tragédie dans le passage.

METTRE EN PERSPECTIVE

8 Lisez la version du mythe d'Orphée dans *Les Métamorphoses* d'Ovide, livre X : qu'est-ce qui permet à Orphée de récupérer Eurydice ? Pourquoi Anouilh a-t-il atténué cet élément, à votre avis ?

9 Lisez le sonnet de Gérard de Nerval intitulé « El Desdichado » : quels éléments du mythe le poète reprend-il ?

10 Le mythe d'Orphée et Eurydice est à l'origine d'un des premiers opéras, *Orféo* (1607), du compositeur italien Monteverdi. Rendez-vous sur le site livretpartition.com (rubrique « livret d'opéra ») : lisez l'acte IV du livret de l'opéra et retrouvez le passage qui correspond à la scène.

TEXTE 3

JEAN-PAUL SARTRE, *Les Mouches* (1943)

JEAN-PAUL SARTRE
(1905-1980)
biographie p. 587

CONTEXTE

Grand intellectuel du XXe siècle, Sartre s'est intéressé aux mythes antiques pour interroger sa propre époque. Dans *Les Mouches*, il reprend l'épisode mythologique des Atrides, famille maudite à laquelle appartiennent Agamemnon et son fils Oreste. Sartre revisite le mythe pour dénoncer les travers de la France des années 1940 (collaboration du régime de Vichy avec l'occupant allemand).

Oreste à l'heure de l'Occupation

Au début de la pièce, Oreste, après quinze ans d'exil, revient dans sa ville natale. Son père, le roi Agamemnon, a été tué par sa femme Clytemnestre, aidée de son amant, Égisthe. Oreste, qui cache sa véritable identité, cherche à comprendre pourquoi la ville est infestée de mouches mais personne n'ose lui parler. Il croise un voyageur, Démétrios, qui est en réalité le dieu Jupiter…

ORESTE. – Vous semblez fort renseigné sur Argos.

JUPITER. – J'y viens souvent. J'étais là, savez-vous, au retour du roi Agamemnon, quand la flotte victorieuse des Grecs mouilla dans la rade de Nauplie. On pouvait apercevoir les voiles blanches du haut des remparts. *(Il chasse les mouches.)* Il n'y avait pas encore de mouches, alors. Argos n'était qu'une petite ville de province, qui s'ennuyait indolemment[1] sous le soleil. Je suis monté sur le chemin de ronde avec les autres, les jours qui suivirent, et nous avons longuement regardé le cortège royal qui cheminait dans la plaine. Au soir du deuxième jour la reine Clytemnestre parut sur les remparts, accompagnée d'Égisthe, le roi actuel. Les gens d'Argos virent leurs visages rougis par le soleil couchant ; ils les virent se pencher au-dessus des créneaux et regarder longtemps vers la mer ; et ils pensèrent : « Il va y avoir du vilain. » Mais ils ne dirent rien. Égisthe, vous devez le savoir, c'était l'amant de la reine Clytemnestre. Un ruffian[2] qui, à l'époque, avait déjà de la propension à la mélancolie. Vous semblez fatigué ?

ORESTE. – C'est la longue marche que j'ai faite et cette maudite chaleur. Mais vous m'intéressez.

JUPITER. – Agamemnon était bon homme, mais il eut un grand tort, voyez-vous. Il n'avait pas permis que les exécutions capitales eussent lieu en public. C'est dommage. Une bonne pendaison, cela distrait, en province, et cela blase un peu les gens sur la mort. Les gens d'ici n'ont rien dit, parce qu'ils s'ennuyaient et qu'ils voulaient voir une mort violente. Ils n'ont rien dit quand ils ont vu leur roi paraître aux portes de la ville. Et quand ils ont vu Clytemnestre lui tendre ses beaux bras parfumés, ils n'ont rien dit. À ce moment-là il aurait suffi d'un mot, d'un seul mot, mais ils se sont tus, et chacun d'eux avait, dans sa tête, l'image d'un grand cadavre à la face éclatée.

ORESTE. – Et vous, vous n'avez rien dit ?

JUPITER. – Cela vous fâche, jeune homme ? J'en suis fort aise ; voilà qui prouve vos bons sentiments. Eh bien non, je n'ai pas parlé : je ne suis pas d'ici, et ce n'étaient pas mes affaires. Quant aux gens d'Argos, le

1 **Indolemment** : paresseusement.
2 **Ruffian** : homme débauché, voyou.

Oreste (Thomas Lonchampt) et Jupiter (Bernard Cupillard), dans une mise en scène d'Eric Ferrand au Théâtre Dijon Bourgogne, en 2012.

▲ QUESTIONS SUR L'IMAGE

1. En quoi cette mise en scène actualise-t-elle le mythe ?
2. En quoi le jeu des acteurs illustre-t-il la scène proposée ?

lendemain, quand ils ont entendu leur roi hurler de douleur dans le palais, ils n'ont rien dit encore, ils ont baissé leurs paupières sur leurs yeux retournés de volupté, et la ville tout entière était comme une femme en rut.

ORESTE. – Et l'assassin règne. Il a connu quinze ans de bonheur. Je croyais les Dieux justes.

JUPITER. – Hé là ! N'incriminez pas les Dieux si vite. Faut-il donc toujours punir ? Valait-il pas mieux tourner ce tumulte au profit de l'ordre moral[3] ?

ORESTE. – C'est ce qu'ils ont fait ?

JUPITER. – Ils ont envoyé les mouches.

JEAN-PAUL SARTRE, *Les Mouches*, acte I, scène 1, éd. Gallimard, Folio, 1943.

3 **Ordre moral** : Jupiter a en effet culpabilisé les habitants pour qu'ils se repentent. Cela peut faire penser au gouvernement de Vichy qui a cherché à rendre les Français et le Front populaire responsables de la défaite.

PREMIÈRE LECTURE

1 À quoi voit-on qu'il s'agit d'une version modernisée d'un mythe antique ?

AU FIL DU TEXTE

2 Détaillez les informations données à Oreste et au spectateur : déduisez-en le rôle de cette scène dans la pièce.

3 **Grammaire** Dans la première réplique de Jupiter, relevez les verbes au passé en les classant selon leur temps. Qu'est-ce qui explique l'emploi de ces temps dans un dialogue ?

4 Le langage de Jupiter est-il celui qu'on attend d'un dieu ? Justifiez votre réponse. Que peut-on en conclure sur la façon dont Sartre aborde ce mythe ?

5 Que peuvent représenter les mouches ? Pourquoi avoir choisi cet insecte ?

6 Dans l'évocation des dieux et des citoyens, quels éléments de critique peut-on trouver ? Faites un lien avec la date d'écriture de la pièce (1943).

METTRE EN PERSPECTIVE

7 Faites une recherche sur la malédiction des Atrides : son origine et ses prolongements, ainsi que les auteurs antiques qui ont écrit des tragédies sur cette famille. Vous pouvez, par exemple, consulter le site du Théâtre du Soleil (www.theatre-du-soleil.fr).

Vers le bac

Dissertation : En vous appuyant sur les textes du chapitre 5 et sur vos lectures personnelles, présentez au moins deux arguments montrant l'intérêt de réécrire des mythes antiques aujourd'hui.

TEXTE ÉCHO

EUGÈNE IONESCO, *Rhinocéros* (1959)

Daisy (Valérie Dashwood) et Bérenger (Serge Maggiani), dans la mise en scène de *Rhinocéros* d'Emmanuel Demarcy-Mota au Théâtre de la Ville en 2011.

▲ QUESTIONS SUR L'IMAGE

1. Comment l'invasion des rhinocéros est-elle ici montrée ?
2. Que pensez-vous de ce parti pris de mise en scène ?

Accepter ou se révolter

Dans *Rhinocéros*, Eugène Ionesco (1912-1994) imagine la transformation progressive des habitants d'une petite ville de province en rhinocéros. Le dramaturge a donné les clés de son texte : « *Rhinocéros* est sans doute une pièce antinazie, mais elle est surtout une pièce contre les hystéries collectives et les épidémies qui se cachent sous le couvert de la raison et des idées, mais qui ne sont pas moins de graves maladies collectives... ». Bérenger, le héros, se retrouve de plus en plus seul à s'insurger de la situation. Il dit à Dudard, son sous-chef de bureau, combien la présence des rhinocéros le perturbe.

BÉRENGER. – J'en rêve la nuit, j'ai des cauchemars.

DUDARD. – Voilà ce que c'est que de prendre les choses trop à cœur. Vous aimez bien vous torturer. Avouez-le.

BÉRENGER. – Je vous jure que je ne suis pas masochiste.

DUDARD. – Alors, assimilez la chose et dépassez-la. Puisqu'il en est ainsi, c'est qu'il ne peut en être autrement.

BÉRENGER. – C'est du fatalisme.

DUDARD. – C'est de la sagesse. Lorsqu'un tel phénomène se produit, il a certainement une raison de se produire. C'est cette cause qu'il faut discerner.

BÉRENGER, *se levant*. – Eh bien, moi, je ne veux pas accepter cette situation.

DUDARD. – Que pouvez-vous faire ? Que comptez-vous faire ?

BÉRENGER. – Pour le moment, je ne sais pas. Je réfléchirai. J'enverrai des lettres aux journaux, j'écrirai des manifestes[1], je solliciterai une audience au maire, à son adjoint, si le maire est trop occupé.

DUDARD. – Laissez les autorités réagir d'elles-mêmes ! Après tout je me demande si, moralement, vous avez le droit de vous mêler de l'affaire. D'ailleurs, je continue de penser que ce n'est pas grave. À mon avis, il est absurde de s'affoler pour quelques personnes qui ont voulu changer de peau. Ils ne se sentaient pas bien dans la leur. Ils sont bien libres, ça les regarde.

EUGÈNE IONESCO, *Rhinocéros*, acte III, éd. Gallimard, Folio, 1959.

1 **Manifeste** : déclaration écrite, publique et solennelle, qui expose des idées, un programme.

1 En quoi la réaction du peuple d'Argos dans *Les Mouches* et celle de Dudard dans *Rhinocéros* sont-elles comparables ?

2 L'extrait des *Mouches* et celui de *Rhinocéros* renvoient tous deux à une morale. Retrouvez chaque fois le passage correspondant et expliquez-le.

3 Comparez la symbolique des animaux dans chaque pièce.

L'avènement du metteur en scène au XXe siècle : trois figures majeures

Jusqu'à la fin du XIXe siècle, la mise en scène est assurée par l'auteur de la pièce ou par le régisseur du théâtre. Au XXe siècle apparaît le métier de metteur en scène. Son rôle est majeur aujourd'hui : chaque mise en scène est une nouvelle lecture du texte et on parle du *Cid* de Vilar, du *Tartuffe* de Mnouchkine ou de la *Phèdre* de Chéreau.

Jean Vilar et le comédien Gérard Philipe au théâtre La Fenice, Venise, 1952.

1 JEAN VILAR ET LE FESTIVAL D'AVIGNON

« Le théâtre est une nourriture aussi indispensable à la vie que le pain et le vin… Le théâtre est donc, au premier chef, un service public. Tout comme le gaz, l'eau, l'électricité. »

JEAN VILAR, *Le Théâtre, service public*, éd. Gallimard, 1975.

Jean Vilar (1912-1971) crée le Festival d'Avignon en 1948 puis dirige le Théâtre national populaire, installé au palais de Chaillot, de 1951 à 1963. Le TNP est, par vocation, un théâtre démocratique : il veut « faire partager au plus grand nombre ce que l'on a cru devoir réserver jusqu'ici à une élite. »

À Avignon, dans la cour du Palais des Papes, Vilar invente un nouvel espace théâtral : la scène, en plein air, s'avance vers les spectateurs qui sont tous à égalité (à la différence du théâtre à l'italienne, où il y a plusieurs catégories de places). Vilar privilégie la mise en scène des grands textes du répertoire, plus susceptibles de parler au peuple : *Le Cid* de Corneille, *Lorenzaccio* de Musset. Nombre de ses spectacles, portés par le comédien Gérard Philipe, sont entrés dans la légende.

a. Commentez la forme de la scène et l'absence de rideaux. Quelle relation est instaurée entre les acteurs et le public ?

b. Qu'est-ce qui constitue le décor de cette pièce ? Quelle impression se dégage d'un tel cadre ?

Représentation de *Cinna* de Pierre Corneille. Mise en scène de Jean Vilar, festival d'Avignon, Palais des Papes, 1954.

2 ARIANE MNOUCHKINE ET LA TROUPE DU THÉÂTRE DU SOLEIL

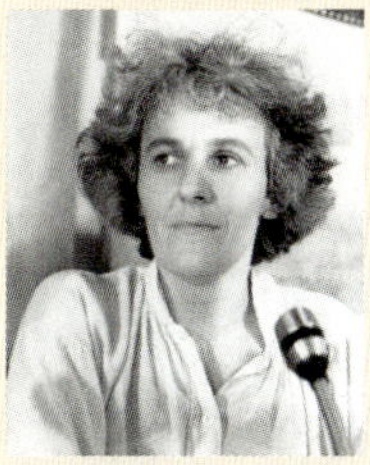

Ariane Mnouchkine

Ariane Mnouchkine (née en 1939) crée le Théâtre du Soleil en 1964, forme d'utopie théâtrale dont « tous les membres, du metteur en scène au régisseur, du comédien à la couturière, du technicien au décorateur, sont placés sur un pied d'égalité et touchent [...] le même salaire douze mois sur douze » (*Entretiens* avec Fabienne Pascaud).

La troupe, très cosmopolite, est installée depuis 1970 dans une ancienne cartoucherie près du bois de Vincennes, où elle propose depuis 50 ans des spectacles variés : des créations collectives, des tragédies antiques, des pièces de Shakespeare... L'influence la plus notoire vient du théâtre oriental, dont Ariane Mnouchkine a eu la révélation lors de ses voyages en Asie.

a. Quels éléments révèlent l'influence de l'Asie dans cette photo ?

b. À quoi voit-on que les représentations de la troupe du Théâtre du Soleil mêlent le théâtre à d'autres arts ?

c. Rendez-vous sur le site du Théâtre du Soleil (https://www.theatre-du-soleil.fr), « Notre théâtre » / « Les spectacles » / « Une chambre en Inde », puis visualisez les photos et vidéos liées à ce spectacle. Dans l'interview d'Ariane Mnouchkine en Inde, quel lien fait-elle entre son théâtre et l'Inde ?

La compagnie du Théâtre du Soleil répétant une scène de *Richard II* de Shakespeare, dirigée par Ariane Mnouchkine, à la Cartoucherie de Vincennes.

3 PATRICE CHÉREAU

Patrice Chéreau

Patrice Chéreau (1944-2013) est à la fois metteur en scène de théâtre, d'opéra et cinéaste. Il a notamment dirigé le théâtre des Amandiers à Nanterre. De même qu'il demande à ses comédiens un engagement physique et émotionnel total, il s'engage physiquement pendant les répétitions :

« Oui, je ne dirige pas les comédiens depuis le vingt-cinquième rang comme les metteurs en scène qui ne bougent pas de leur place lorsqu'ils s'adressent aux acteurs. Eux, les malheureux, se retrouvent sur un plateau et ne voient personne : du noir de la salle, ils entendent la voix de Dieu qui parle, les sermonne ou les engueule. Ce que j'aime, moi, c'est de me trouver parmi eux. [...] C'est une relation physique et c'est ce qui me plaît dans ce métier. »

PATRICE CHÉREAU, *J'y arriverai un jour*, Actes Sud, 2009.

Phèdre (Dominique Blanc) et Hippolyte (Pascal Grégory) dans la mise en scène de *Phèdre* de Racine par Patrice Chéreau aux Ateliers Berthier, 2003.

En quoi cette image pourrait-elle illustrer les paroles de Patrice Chéreau citées plus haut ?

TEXTE 4

BERNARD-MARIE KOLTÈS, *Roberto Zucco* (1990)

BERNARD-MARIE KOLTÈS
(1948-1989)
biographie p. 578

CONTEXTE

Bernard-Marie Koltès est l'un des dramaturges français les plus importants de sa génération. Ses pièces mettent souvent en scène des personnages marginaux, comme celui de Roberto Succo, jeune tueur en série italien sans foi ni loi arrêté en 1988. Koltès fait de ce meurtrier, dont il change la première lettre du nom, le héros de sa pièce et élève le personnage au rang de mythe. Dernière œuvre de Koltès, *Roberto Zucco* a fait scandale.

Ascension et chute d'un héros

Après avoir tué ses parents, un enfant et un policier, Zucco est enfin arrêté et mis en prison. Au début de la dernière scène, on le voit apparaître sur le toit de la prison, torse nu : il est en train de s'échapper. Des voix mêlées, celles des gardiens et des prisonniers, s'adressent à lui.

UNE VOIX. – D'où te vient ta force, Zucco, d'où te vient ta force ?

ZUCCO. – Quand j'avance, je fonce, je ne vois pas les obstacles, et, comme je ne les ai pas regardés, ils tombent tout seuls devant moi. Je suis solitaire et fort, je suis un rhinocéros.

UNE VOIX. – Mais ton père, et ta mère, Zucco. Il ne faut pas toucher à ses parents.

ZUCCO. – Il est normal de tuer ses parents.

UNE VOIX. – Mais un enfant, Zucco ; on ne tue pas un enfant. On tue ses ennemis, on tue des gens capables de se défendre. Mais pas un enfant.

ZUCCO. – Je n'ai pas d'ennemi et je n'attaque pas. J'écrase les autres animaux non pas par méchanceté mais parce que je ne les ai pas vus et que j'ai posé le pied dessus.

UNE VOIX. – Tu as de l'argent ? De l'argent planqué quelque part ?

ZUCCO. – Je n'ai pas d'argent, nulle part. Je n'ai pas besoin d'argent.

UNE VOIX. – Tu es un héros, Zucco.

UNE VOIX. – C'est Goliath[1].

UNE VOIX. – C'est Samson[2].

UNE VOIX. – Qui est Samson ?

UNE VOIX. – Un truand marseillais.

UNE VOIX. – Je l'ai connu en prison. Une vraie bête. Il pouvait casser la gueule à dix personnes à la fois.

UNE VOIX. – Menteur.

UNE VOIX. – Rien qu'avec ses poings.

UNE VOIX. – Non, avec une mâchoire d'âne. Et il n'était pas de Marseille.

UNE VOIX. – Il s'est fait baiser par une femme.

UNE VOIX. – Dalila. Une histoire de cheveux. Je connais.

UNE VOIX. – Il y a toujours une femme pour trahir.

UNE VOIX. – On serait tous en liberté sans les femmes.

Le soleil monte, brillant, extraordinairement lumineux. Un grand vent se lève.

ZUCCO. – Regardez le soleil. *(Un silence complet s'établit dans la cour.)* Vous ne voyez rien ? Vous ne voyez pas comme il bouge d'un côté à l'autre ?

UNE VOIX. – On ne voit rien.

UNE VOIX. – Le soleil nous fait mal aux yeux. Il nous éblouit.

ZUCCO. – Regardez ce qui sort du soleil. C'est le sexe du soleil ; c'est de là que vient le vent.

---

1 **Goliath** : dans la Bible, géant vaincu par le jeune David.
2 **Samson** : personnage biblique qui se consacre à Dieu et dont la force réside dans sa chevelure. Il lutte contre les Philistins et en tue mille avec une mâchoire d'âne. Il est trahi par Dalila qui lui rase sa chevelure, tout comme Zucco, dans la pièce, a été trahi par « la gamine » qui a donné son nom à la police.

Roberto Zucco, dans une mise en scène de Pauline Bureau au Théâtre de la Tempête, en 2010.

UNE VOIX. – Le quoi ? Le soleil a un sexe ?

UNE VOIX. – Vos gueules !

ZUCCO. – Bougez la tête : vous le verrez bouger avec vous.

UNE VOIX. – Qu'est-ce qui bouge ? Je ne vois rien bouger, moi.

UNE VOIX. – Comment voudrais-tu que quelque chose bouge, là-haut ? Tout y est fixé depuis l'éternité, et bien cloué, bien boulonné.

ZUCCO. – C'est la source des vents.

UNE VOIX. – On ne voit plus rien. Il y a trop de lumière.

ZUCCO. – Tournez votre visage vers l'orient et il s'y déplacera ; et, si vous tournez votre visage vers l'occident, il vous suivra.

Un vent d'ouragan se lève. Zucco vacille.

UNE VOIX. – Il est fou. Il va tomber.

UNE VOIX. – Arrête, Zucco ; tu vas te casser la gueule.

UNE VOIX. – Il est fou.

UNE VOIX. – Il va tomber.

Le soleil monte, devient aveuglant comme l'éclat d'une bombe atomique. On ne voit plus rien.

UNE VOIX *(criant)*. – Il tombe.

BERNARD-MARIE KOLTÈS, *Roberto Zucco*, chapitre XV, éd. de Minuit, 1990.

▲ QUESTION SUR L'IMAGE

Quels éléments de mise en scène suggèrent la transformation du criminel en héros mythique ?

PREMIÈRE LECTURE

1 En quoi cette dernière scène est-elle un dénouement ?

AU FIL DU TEXTE

2 Les voix qui s'adressent à Zucco sont invisibles et anonymes : distinguez-les selon qu'elles semblent venir des gardiens ou des prisonniers.

3 **Grammaire** Relevez et classez les différentes valeurs du présent de l'indicatif dans le texte. Quelle valeur domine et pourquoi ?

4 Comment interprétez-vous les différentes didascalies présentes dans ce dénouement ?

5 En quoi Zucco se distingue-t-il du reste des hommes (physiquement, moralement, socialement) ?

6 Repérez les références à des héros bibliques : quelle est leur fonction, selon vous ? Comment le personnage atteint-il ici une dimension mythique ?

7 Quels émotions et sentiments peut susciter Zucco dans ce dénouement ?

METTRE EN PERSPECTIVE

8 Recherchez quels étaient la place et le rôle du chœur dans les tragédies antiques. En quoi les voix qui parlent à Zucco y font-elles penser ?

9 Rendez-vous sur le site de l'éditeur des œuvres de Koltès (leseditionsdeminuit.fr) et cherchez la pièce de Koltès. Lisez l'article de presse d'Alain Auffray (*Libération*, avril 1990) proposé sur le site : comment le journaliste explique-t-il la transformation du personnage en héros antique ?

Vers le bac

Oral : Préparez une lecture expressive de ce texte en variant le ton selon les interlocuteurs.

PROLONGEMENT

Recherchez quelle a été la vie de Roberto Succo, l'homme dont s'est inspiré Koltès pour écrire sa pièce. Pourquoi, d'après vous, Koltès a-t-il choisi un être si monstrueux ?

TEXTE 5

LAURENT GAUDÉ,
Salina (2003), *Le sang des femmes*

LAURENT GAUDÉ

Né en 1972
biographie p. 575

CONTEXTE

Laurent Gaudé s'est fait connaître du grand public par ses romans qui s'inspirent souvent de mythes : *La Mort du roi Tsongor* (prix Goncourt des lycéens), *Eldorado* ou encore *La Porte des enfers*. Il est aussi l'auteur de plus de dix pièces de théâtre nourries de sa lecture des tragédies antiques.

Une vengeance d'outre-tombe

Dans une Afrique imaginaire, *Salina* raconte le destin tragique d'une jeune fille orpheline qui a été élevée par le clan des Djimba composé du père, Sissoko Djimba, de la mère, Khaya Djimba, et de leurs deux fils, Saro le brutal et Kano le doux. En grandissant, Salina et Kano tombent amoureux l'un de l'autre mais la mère oblige Salina à épouser son fils aîné Saro. Lors d'une bataille, Saro est gravement blessé : Salina refuse de le soigner et il meurt. Quelques jours plus tard, délivrée de ce mari haï, Salina s'apprête avec bonheur à se marier avec Kano quand un fou se présente. Il raconte au clan Djimba ce que Saro lui a confié avant de mourir.

L'ALIÉNÉ. – [...] Il m'a tout raconté. Que la femme, là, exactement celle-là, oui, la sienne, qu'elle était venue. Avant moi. Sur le champ de bataille. D'elle-même. À l'heure où il n'était que blessé. Quand il avait encore un peu de sang en lui. Elle était venue et l'avait trouvé. Mais pas aidé. Non. Ni porté. Ni pansé. Pas même appelé à l'aide. Il a dit qu'elle avait ri. Contempler son agonie et cracher dessus. Exactement. Il a dit que c'était un meurtre. Elle a ri. Sans l'aider à se relever. Il a répété. Exactement. Un meurtre. Quand il a fini le récit, il m'a ordonné de le laisser mourir et de courir pour vous prévenir. Je lui ai obéi. Exactement. Tourné les talons. Sans hésiter. Mais c'est là que mon esprit, n'est-ce pas, comme un pan de terre sous un tremblement... J'ai... enfin... La vue de cet homme peut-être. J'ai oublié... Perdu... Je me suis perdu dans les plaines que pourtant je connaissais. J'ai oublié le message. J'ai oublié de manger à nouveau. Je ne pouvais dormir. Je ne faisais qu'errer. Exactement. Oui. Comme un chien qui oublie l'odeur qu'il poursuit. C'est pour cela... n'est-ce pas... toutes ces journées qui ont passé...

SISSOKO DJIMBA. – Tu es venu à nous. C'est ce qui compte.

KHAYA DJIMBA *(à Salina)*. – Tu entends ? Ce récit lentement te tranche la gorge. Tu pensais épouser mon autre fils. Tuer le premier et devenir la femme du second. Et les cris de Saro, figés en ton esprit, ne t'auraient pas empêchée de jouir dans les bras du cadet.

SALINA *(se relevant)*. – Je vous ai suppliée de ne pas m'offrir à Saro, vous m'avez craché au visage. Vous avez tué vous-même votre propre fils en le confiant à ma couche. Mais peu vous importait. Il vous fallait une offrande[1] pour votre lignée. Vous m'avez jetée dans ses bras. Et tout le monde riait de me voir dans la couche crasseuse de cette brute. Tout le monde riait parce que personne ne pensait que Salina avait des armes pour se battre.

KHAYA DJIMBA. – Tu vas payer, Salina. Je veillerai à ce que toute ta vie, tu sentes sur toi les ongles pointus de Saro.

L'ALIÉNÉ. – Il a dit autre chose... Une dernière volonté, en somme. Il

1 **Une offrande pour votre lignée** : la mère a sacrifié Salina en la forçant à épouser Saro afin qu'ils aient un enfant qui lui assure une descendance.
2 **Mumuyé Djimba** : c'est le nom du bébé que Salina a eu de Saro et qu'elle déteste parce qu'il lui rappelle son père.
3 **Comme tu le faisais avant** : le vieil homme qui a amené Salina bébé dans le village a raconté qu'elle pleurait depuis des semaines.

m'a demandé cela. Lorsque je serais près de la femme. Comme maintenant. Exactement. De m'approcher d'elle *(il s'approche)* jusqu'à la toucher presque. De coller ma bouche à son oreille et de dire : « Tu m'entends, Salina ? C'est moi. C'est Saro. » Exactement comme ça. Comme je viens de le faire. Comme un murmure dans l'oreille. Puis après, il a dit de rire. Ce que je fais. Exactement. Devant elle. Comme ça.

Il rit.

SISSOKO DJIMBA. – Faites-la s'agenouiller. *(Les gardes la saisissent.)* Que tu entendes la sentence à genoux. Je ne vais pas te tuer. La lignée dont tu viens, inconnue de nous mais vivante certainement en un coin reculé du monde, viendrait peut-être te venger. Je ne vais pas te tuer pour ne pas risquer le courroux, sur nos têtes, de tes ancêtres. Mais je te bannis à jamais. Je veux que tu sois seule. Sur les sentiers du désert. Cherchant une pierre où mourir. Nous gardons Mumuyé Djimba[2]. Nous l'élèverons dans la haine de ton souvenir. Puisses-tu, à nouveau, te mettre à pleurer. Comme tu le faisais avant[3] que nous ne t'offrions notre hospitalité. Et lorsque enfin tu mourras, nous le saurons. Car la tombe de Saro sourira et le ciel sur nos épaules sera plus lumineux et plus léger.

LAURENT GAUDÉ, *Salina, Le sang des femmes,* scène 14, éd. Actes Sud, 2003.

Hommes et femmes karo rassemblés pour une danse, dans le sud de l'Éthiopie.

▲ QUESTION SUR L'IMAGE

En quoi cette photo peut-elle illustrer l'univers de la pièce de Laurent Gaudé ?

PREMIÈRE LECTURE

1 Quelles émotions suscite ce passage ? À quel genre théâtral se rattachent-elles ?

AU FIL DU TEXTE

2 Dans le récit de l'Aliéné, relevez les différents indices qui montrent que le personnage est simple d'esprit. Quel adverbe revient de nombreuses fois dans son propos ? Quel rôle joue ainsi ce personnage ?

3 **Grammaire** Dans le discours de l'Aliéné (du début du texte à « Sans hésiter » l. 10), observez la structure des phrases. Lesquelles présentent des « fautes » de syntaxe ? Quel est l'effet recherché ?

4 Relevez toutes les formes de violence dans la scène. À quel stade de la civilisation cela renvoie-t-il ?

5 Quel registre domine dans cette scène ? Justifiez votre réponse par un relevé précis des éléments du texte.

6 De quoi le personnage de Salina pourrait-il être le symbole ? Expliquez.

7 Quels thèmes traités ici confèrent au texte une dimension mythique ?

METTRE EN PERSPECTIVE

8 Laurent Gaudé présente ainsi sa pièce :

> « *Salina* est une pièce antique. On objectera que cette antiquité-là ne saurait toucher le spectateur d'aujourd'hui. Qu'une pièce traitant d'un mariage forcé n'est pas très actuelle. Le ressort tragique n'a pas d'âge. Sinon aucune pièce antique ne pourrait plus nous émouvoir. Le cœur même de la tragédie est atemporel : le renversement du bonheur au malheur, le combat vain contre les coups du sort, l'aveuglement de l'individu, sa part d'ombre qui le pousse à la démesure... Tout cela n'a pas d'âge. »

Comment ces propos éclairent-ils votre lecture de l'extrait proposé ?

Vers le bac

Dissertation : À partir de la citation de Laurent Gaudé donnée à la question 8, formulez une problématique qui interroge ce sujet.

TEXTE 6

WAJDI MOUAWAD,
Incendies (2003)

WAJDI MOUAWAD
Né en 1968
biographie p. 583

CONTEXTE

Wajdi Mouawad est né à Beyrouth. Quand la guerre civile s'intensifie, ses parents émigrent en France, puis au Québec. Ses pièces de théâtre sont nourries de cette violence vécue pendant l'enfance. Il est aussi influencé par le tragédien grec Sophocle, dont il a mis en scène la pièce *Œdipe Roi*. *Incendies* est la deuxième pièce d'une tétralogie nommée « Le Sang des promesses ».

Une révélation tragique

À l'ouverture du testament de leur mère, Nawal Marwan, les jumeaux Simon et Jeanne découvrent que leur père, qu'ils n'ont jamais connu, est vivant, et qu'ils ont aussi un frère dont ils ignoraient l'existence. En quête de ce père, Jeanne arrive dans le pays d'origine de sa mère, jadis ravagé par la guerre. Elle apprend que sa mère, dans sa jeunesse, a tué un chef de la milice et a été enfermée pendant cinq ans dans la terrible prison de Kfar Rayat. Parce qu'elle chantait pendant qu'on la torturait, on la surnommait « la femme qui chante ». Violée par le cruel bourreau Abou Tarek, elle met au monde un enfant. Mais le concierge de la prison, Fahim, au lieu de se débarrasser du bébé, le remet à un paysan, Malak. Jeanne part interroger ce dernier pour savoir ce qui est arrivé à ce frère inconnu.

MALAK. – Alors, Jeanne Marwan, que veux-tu ? Vers qui, à mon tour, je pourrais te mener ?

JEANNE. – Vers un enfant qu'un jour Fahim vous a confié de la part de ma mère.

MALAK. – Je ne connais pourtant pas ta mère.

JEANNE. – Vous ne connaissez pas Nawal Marwan ?

MALAK. – Ce nom ne me dit rien.

JEANNE. – Et la femme qui chante ?

MALAK. – Pourquoi me parles-tu de la femme qui chante ? Tu la connais ? Serait-elle revenue ?

JEANNE. – La femme qui chante est morte. Nawal Marwan est la femme qui chante. Nawal Marwan est son nom. Et c'est ma mère.

Le vieil homme prend Jeanne dans ses bras.

MALAK. – Tu es Jannaane !

JEANNE. – Non ! Je m'appelle Jeanne…

Nawal (45 ans) est là. En face d'elle, Malak, debout, avec deux bébés dans ses bras[1].

MALAK. – Le bruit a couru dans tout le pays que tu as été libérée.

NAWAL. – Qu'est-ce que tu me veux ?

MALAK. – Te remettre tes enfants. J'en ai pris soin comme s'ils avaient été mes propres enfants.

NAWAL. – Alors garde-les !

MALAK. – Non ! Ils sont à toi. Prends-les. Tu ne sais pas ce qu'ils seront pour toi. Il en a fallu des miracles pour qu'ils se retrouvent aujourd'hui entre mes mains et des miracles pour que tu sois encore en vie. Tous trois des rescapés. Trois miracles qui se regardent. On ne voit pas ça tous les jours. Je leur ai donné un nom à chacun. Le garçon s'appelle Sarwane et la fille, Jannaane. Sarwane et Jannaane. Prends-les et garde-moi dans ta mémoire.

Malak donne les enfants à Nawal.

Jeanne (Julie Moreau) et Malak (Frédéric Leidgens), dans une mise en scène de Stanislas Nordey, au Théâtre National de Bretagne, en 2008.

▲ QUESTIONS SUR L'IMAGE

Comment l'intensité de la scène est-elle rendue par les personnages ? Quelles peuvent être les différentes interprétations du geste de Malak ?

Lubna Azabal dans *Incendies*, film réalisé par Denis Villeneuve en 2010.

JEANNE. – Non ! Non ! Ce n'est pas ça ! Ce n'est pas nous ! Je m'appelle Jeanne et mon frère, Simon.

MALAK. – Jannaane et Sarwane…

JEANNE. – Non ! Non ! Nous sommes nés à l'hôpital. On a notre certificat de naissance ! Et puis nous sommes nés l'été, pas l'hiver, et l'enfant né à Kfar Rayat est né l'hiver puisque la rivière était gelée, Fahim me l'a dit puisqu'il n'a pas pu jeter le seau dans l'eau profonde[2] !

MALAK. – Fahim s'est trompé.

JEANNE. – Non ! Fahim ne s'est pas trompé ! Il la voyait tous les jours ! Il a pris l'enfant, il a pris le seau, l'enfant était dans le seau, et il n'y avait qu'un seul enfant, pas deux, pas deux !

MALAK. – Fahim n'a pas bien regardé.

JEANNE. – Mon père est mort, il a donné sa vie pour votre pays, et ce n'est pas un bourreau, et il a aimé ma mère et ma mère l'a follement aimé !

MALAK. – C'est ce qu'elle vous racontait ? C'est bien, il faut toujours raconter des histoires aux enfants pour les aider à dormir. Je t'avais prévenue, au jeu des questions et réponses on arrive facilement à la naissance des choses, et nous voilà arrivés au secret de ta propre naissance. Écoute-moi maintenant : Fahim me tend le seau et il repart en courant. Je lève le tissu qui protégeait l'enfant, et là, je vois deux bébés, deux, à peine nés, rouges de colère, agrippés l'un à l'autre, serrés l'un contre l'autre, avec toute la ferveur du début de leur existence. Je vous ai pris et je suis parti et je vous ai nourris et nommés : Jannaane et Sarwane. Et voilà. Tu me reviens à la mort de ta mère, et je vois, aux larmes qui coulent de tes yeux, que je ne me suis pas trop trompé. Les fruits de la femme qui chante sont nés du viol et de l'horreur, ils sauront renverser la cadence des cris perdus des enfants jetés dans la rivière.

WAJDI MOUAWAD, *Incendies*, scène 28, « Les noms véritables », éd. Babel, Actes Sud, 2003.

1 **Avec deux bébés dans ses bras** : régulièrement, la pièce intercale dans l'histoire racontée des scènes venues du passé où l'on voit Nawal jeune.
2 **Dans l'eau profonde** : allusion à la scène 26 où Fahim a raconté à Jeanne qu'il avait renoncé à jeter l'enfant dans la rivière gelée et l'avait donné à un paysan, Malak en l'occurrence.

PREMIÈRE LECTURE

1 Quel mythe célèbre cette scène rappelle-t-elle ?

LECTURE ANALYTIQUE

Une scène d'enquête théâtrale

2 Comment le dramaturge parvient-il à créer une intensité dramatique dans cette scène ? Analysez la manière dont progresse l'enquête, notamment les effets de surprise et de suspense.

3 Comment sont évoqués les épisodes appartenant au passé : en quoi sont-ils particulièrement théâtraux ?

Une révélation tragique

4 Quel lien peut-on faire entre « Les noms véritables » (titre de la scène) et l'élucidation de l'enquête ? Analysez les différentes révélations qui se succèdent dans cet extrait.

5 Quels éléments rattachent cette scène à l'univers de la tragédie ?

METTRE EN PERSPECTIVE

6 Écoutez l'interview de Wajdi Mouawad au sujet de la création d'*Incendies* (en vous rendant sur le site theatre-contemporain.net, rubrique « Textes », page « Incendies »). Quels éléments ont déclenché l'écriture de cette pièce ?

7 Regardez sur YouTube des extraits *d'Incendies* mise en scène par Stanislas Nordey. Comment les changements d'époque entre le passé de Nawal et le présent de Jeanne sont-ils mis en scène ?

Vers le bac

À partir des axes proposés en lecture analytique, faites le plan détaillé du commentaire de ce texte.

TEXTE ÉCHO

SOPHOCLE, *Œdipe roi* (v. 425 av. J.-C.)

L'accomplissement du destin

Tragédien grec, Sophocle met en scène, dans Œdipe roi, un destin exceptionnel : celui d'un homme qui, en toute ignorance, tue son père puis épouse sa mère. Ensuite, la peste s'abat sur Thèbes dont Œdipe est le roi. L'oracle est consulté : il faut retrouver le meurtrier du défunt roi Laïos. Œdipe mène l'enquête. Un messager venu de Corinthe lui apprend la mort de son père mais il découvre alors que Polybe n'était que son père adoptif et qu'il avait été abandonné à la naissance.

LE SERVITEUR. – Moi ? J'ai déjà dit que j'avais remis l'enfant[1].

ŒDIPE. – Où l'avais-tu pris ? Était-il à toi ? Le tenais-tu d'un autre ?

LE SERVITEUR. – Il n'était pas à moi ; je l'avais reçu.

ŒDIPE. – De quel citoyen ? de quelle famille ?

LE SERVITEUR. – Non, par les dieux, non, maître ! ne m'interroge pas plus avant.

ŒDIPE. – Tu es mort si je répète ma question.

LE SERVITEUR. – L'enfant était né dans la maison de Laïos.

ŒDIPE. – Esclave, ou du sang du roi ?

LE SERVITEUR. – Malheur à moi ! me voici devant ce qui est effroyable à dire !

ŒDIPE. – Et, pour moi, à entendre... Allons ! il faut l'entendre.

LE SERVITEUR. – On disait que c'était un fils de Laïos. Mais ta femme qui est dans le palais t'expliquerait mieux que moi les choses comme elles sont.

ŒDIPE. – C'est elle qui te l'a confié ?

LE SERVITEUR. – Oui, roi.

ŒDIPE. – Pourquoi ?

LE SERVITEUR. – Pour le faire périr.

ŒDIPE. – Sa mère ? La misérable !

LE SERVITEUR. – Elle craignait les menaces d'un oracle.

ŒDIPE. – Quelles menaces ?

LE SERVITEUR. – Que l'enfant tuerait ses parents.

ŒDIPE. – Mais toi, pourquoi l'as-tu remis à ce vieillard ?

LE SERVITEUR. – Par pitié, maître. Je me disais qu'il l'emporterait à l'étranger, bien loin, dans son pays... Hélas ! il l'a sauvé, et ce fut pour le pire ; car, si tu es l'enfant qu'il dit, sache que tu es vraiment un prédestiné du malheur.

ŒDIPE. – Oh !... Oh !... comme tout est clair, à présent !... Ô lumière du jour, puissé-je, à cette heure, tourner vers toi mes derniers regards ! Tel, moi-même, je me suis dévoilé : enfant indésirable, époux contre nature, meurtrier contre nature !

SOPHOCLE, *Œdipe roi*, v. 425 av. J.-C., trad. R. Pignarre, éd. Garnier Flammarion, 1993.

1 Il s'agit de l'enfant qu'on lui a remis pour qu'il l'abandonne dans la montagne.

Le Roi Œdipe de Philip Saville, d'après l'œuvre de Sophocle, avec Christopher Plummer, Geneos Efstrastios et Orson Welles, 1967.

1 Quels points communs trouvez-vous entre le texte de Mouawad et celui de Sophocle ?

2 En quoi le personnage d'Œdipe a-t-il ici toutes les caractéristiques du héros tragique ?

Le mythe

1 DÉFINITIONS

a. Sens premier

Complétez cette définition du mot « mythe » inspirée du dictionnaire *Le Petit Robert* à l'aide des mots suivants :

- hommes
- récit
- condition
- êtres imaginaires
- aspects
- nature
- tradition

Un mythe est un … fabuleux, transmis par la …, qui met en scène des … ou des … qui incarnent certains … de la … humaine ou certaines forces de la … .

b. Autres sens

Trouvez les autres sens du mot « mythe » à partir des phrases suivantes :

« Plus qu'une star, c'est un mythe vivant ! »
« Il s'est inventé des ascendants illustres mais c'est un mythe ! »

2 ÉTYMOLOGIE

De quels personnages ou lieux de la mythologie viennent ces mots courants ?

aphrodisiaque • arachnéen • céréale • éolienne • érotique • hermétique • léthargie • morphine • narcissique • panique • hermaphrodite • olympique • volcan

3 CHAMP SÉMANTIQUE

Trouvez l'intrus :

mythique • mythomane • mystique • mythographe • mythologie • démythifier

4 ANTONOMASES

Quels sens courants ont pris ces mots tirés d'un nom propre ?

un adonis • une amazone • un apollon • un atlas • un cerbère • une chimère • un dédale • une harpie • une mégère • un mentor • un pactole • un phénix • un pygmalion • un sosie • un titan • un hercule

Odilon Redon, *Pandora*, 1914.

5 EXPRESSIONS

Reliez ces expressions françaises tirées de la mythologie à leur signification. Choisissez ensuite trois de ces expressions et intégrez-les dans une phrase qui mettra en valeur leur signification.

Toucher le pactole •	• Avoir un point faible
Avoir un talon d'Achille •	• Prédire des catastrophes
Jouer les Cassandre •	• Se croire supérieur aux autres
Subir le supplice de Tantale •	• Avoir très envie de quelque chose à portée de main
Se croire sorti de la cuisse de Jupiter •	• Dormir
Être dans les bras de Morphée •	• Être fasciné par quelque chose ou quelqu'un
Ouvrir la boîte de Pandore •	• Exécuter une tâche interminable et inutile
Remplir le tonneau des Danaïdes •	• Être menacé par un danger qui peut surgir à tout instant
Avoir l'épée de de Damoclès suspendue au-dessus de la tête •	• Entreprendre une action qui risque de provoquer des catastrophes
Être médusé •	• Devenir très riche

LA REPRÉSENTATION DU MYTHE D'ŒDIPE

JEAN-AUGUSTE INGRES, *ŒDIPE EXPLIQUE L'ÉNIGME DU SPHINX*

Jean-Auguste Ingres (1780-1867), élève du peintre David, est le défenseur de la tradition néoclassique qui s'oppose aux partisans du romantisme. Il prend pour modèles les sculptures antiques, aime représenter des sujets de la mythologie et choisit des personnages nobles et héroïques.

JEAN-AUGUSTE INGRES, *Œdipe explique l'énigme du sphinx,* 1808, Paris, musée du Louvre (1,89 x 1,44 m).

1 À quel moment du mythe d'Œdipe correspond ce tableau ? Rappelez l'énigme et la réponse. En quoi la position d'Œdipe peut-elle faire allusion à la réponse ?

2 Comment est représentée la monstruosité du sphinx ? Par quels autres éléments le peintre suggère-t-il le danger qu'il représente ?

3 Recherchez sur le site du musée du Louvre la sculpture antique de « l'Hermès à la sandale ». Montrez qu'Ingres l'a prise pour modèle. En quoi est-ce typique du classicisme ?

4 Comment la figure de l'homme est-elle mise en valeur ? Commentez sa posture, sa nudité, les jeux de lumière, son expression et sa gestuelle.

5 Quels sont les trois plans du tableau ? Quels liens y a-t-il entre ces différents plans ?

6 Où se situe la scène ? Comment peut-on interpréter ce cadre spatial ?

7 Quelles lignes géométriques se dessinent ? De quoi sont-elles caractéristiques ?

FRANCIS BACON, *ŒDIPE ET LE SPHINX* D'APRÈS INGRES

Francis Bacon (1909-1992) est un peintre britannique influencé par le surréalisme et l'expressionnisme. Il s'est souvent inspiré de tableaux ou de photos pour peindre ses toiles. Ses personnages, souvent dénudés, déformés, défigurés, monstrueux, provoquent un sentiment de malaise et d'angoisse.

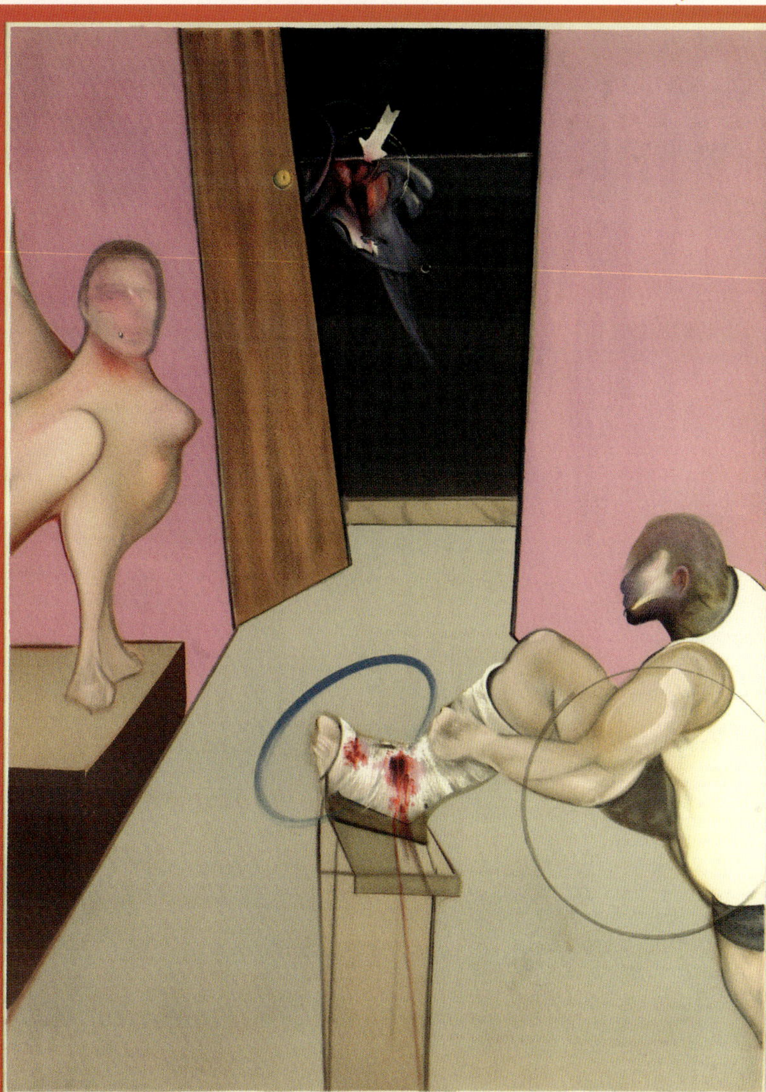

FRANCIS BACON, *Œdipe et le sphinx d'après Ingres,* 1983, musée Bérardo, Lisbonne (1,17 x 0,86 m).

PROLONGEMENT

Recherchez le tableau de Gustave Moreau *Œdipe et le sphinx.*

1 Décrivez et comparez ce tableau à celui d'Ingres.

2 Quelle toile préférez-vous parmi les trois versions du mythe ? Pourquoi ?

8 Quels éléments (sujet, personnage, composition) Bacon reprend-il au tableau d'Ingres ?

9 Comment le mythe est-il modernisé ? Observez en particulier la couleur, le décor, les vêtements.

10 Étudiez la composition du tableau : quelles en sont les différentes parties ? Quelles lignes se dégagent ? La perspective est-elle respectée ? Quelle impression en émane ?

11 Qu'ont de particulier les visages des trois personnages ? Qu'est-ce que cela peut signifier ?

12 Bacon ajoute le motif des blessures dans sa toile. À quel épisode du mythe renvoient-elles ? À quoi ou à qui peut-on identifier l'être au fond de la toile ? Quelle image de l'homme est ainsi donnée ?

Lectures cursives

PIÈCES DE THÉÂTRE

ALBERT CAMUS,
Caligula (1938) [Folio]

À la mort de sa sœur Drusilla, Caligula prend conscience de l'absurdité de la vie. Il se transforme alors en un être tyrannique et sadique qui ne distingue plus le bien du mal. Une tragédie du XXe siècle qui confronte l'empereur romain à la philosophie de l'absurde de Camus.

EUGÈNE IONESCO,
La Leçon (1951) [Folio]

Ce « drame comique » fait partie du théâtre de l'absurde. L'intrigue repose sur l'évolution des rapports entre un professeur de plus en plus tyrannique et sa jeune élève. *La Leçon* fait rire par ses jeux de mots et ses raisonnements farfelus mais inquiète également par les tensions qui vont crescendo…

ALEXIS MICHALIK,
Edmond (2016)
[Le Livre de Poche]

Grand succès de théâtre, cette pièce raconte la création mouvementée et incertaine d'un des plus grands triomphes sur scène : *Cyrano de Bergerac*, en 1897. On assiste aux difficultés et aux doutes de son auteur, Edmond Rostand, à un mois de la première !

JOËL POMMERAT,
Cendrillon (2011)
[Actes Sud]

La pièce réécrit le conte de Perrault pour réfléchir sur la question du deuil. Au chevet de sa mère mourante, la jeune Sandra croit entendre qu'elle ne doit jamais cesser de penser à elle plus de cinq minutes pour la garder un peu en vie. Après le remariage de son père avec une femme détestable, Sandra fait tout pour honorer cette promesse si difficile à tenir…

FILMS

PHILIPPE LE GUAY,
Alceste à bicyclette (2013)

Désabusé, Serge Tanneur (Fabrice Luchini), a renoncé à la vie parisienne et à son métier de comédien. Il vit solitaire dans sa maison de l'île de Ré quand son ami Gauthier (Lambert Wilson), acteur à succès, vient lui proposer de jouer dans *Le Misanthrope* de Molière qu'il souhaite monter. Très drôle, le film fait la part belle au texte de Molière.

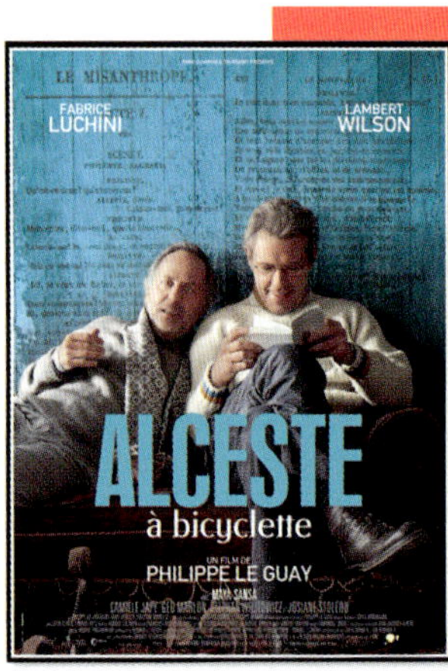

YASMINA REZA,
« Art » (1994)
[Magnard]

« Art » met en scène les disputes de trois amis autour de l'achat d'un tableau d'art moderne, entièrement blanc. Les personnages s'interrogent sur la valeur de l'art contemporain tandis que leur amitié est mise à mal par les désaccords qu'ils découvrent entre eux. La pièce alterne entre le ton de la comédie et celui d'une satire plus grinçante.

EMMANUEL ROBLÈS,
Montserrat (1948)
[Le Livre de Poche]

L'intrigue de cette pièce repose sur un dilemme tragique insoutenable. En pleine guerre d'indépendance du Venezuela, un cruel lieutenant espagnol se livre à une torture psychologique sur la personne de Montserrat, soldat espagnol rallié à la cause des révolutionnaires.

ÉRIC-EMMANUEL SCHMITT,
Le Visiteur (1993) [Magnard]

Très grand succès contemporain, la pièce se déroule une nuit d'avril 1938, peu après l'invasion de l'Autriche par les nazis, et juste avant que le docteur Freud, d'origine juive, ne se résolve à fuir son pays pour Paris. Alors que sa fille vient d'être emmenée par les nazis, Freud reçoit la visite d'un mystérieux individu... Qui est cet homme qui sait tout de lui ? Un fantôme ? Un magicien ?

JOHN MADDEN,
Shakespeare in Love (1999)

À Londres, en 1593, le jeune dramaturge William Shakespeare, est profondément endetté et doit à tout prix écrire une nouvelle pièce pour son commanditaire : ce sera *Roméo et Juliette.*

Téléchargez un questionnaire en ligne pour guider vos lectures.

QUESTION

Quels liens faites-vous entre poésie et musique ?
Pourquoi ces deux arts sont-ils aussi proches ?

MAARTEN DE VOS, *Apollon et les muses,* 1580, musées royaux des Beaux-Arts, Bruxelles.

La **poésie** du Moyen Âge au XVIIIe siècle

Ce que vous savez déjà sur la poésie

RASSEMBLEZ VOS CONNAISSANCES

1 Quels textes poétiques avez-vous déjà étudiés au collège ? Sauriez-vous nommer leurs auteurs ? Sauriez-vous les situer chronologiquement ?

2 Vous a-t-on déjà demandé d'apprendre et de réciter des poèmes ? Dans quel objectif, selon vous ? Y a-t-il un poème que vous connaissez par cœur ? Si oui, lequel ?

3 La poésie est-elle, selon vous, limitée à certains thèmes et à certaines formes ? Si oui, indiquez-les.

4 Qu'est-ce que la poésie lyrique ? Qu'est-ce que la poésie épique ? Qu'est-ce que la poésie engagée ?

L'INSPIRATION POÉTIQUE

Le poète Pierre de Ronsard (1524-1585) expose, dans ce poème, sa définition de l'inspiration poétique, qu'il emprunte à l'Antiquité, et la haute mission qu'il donne aux poètes. Dans le passage suivant, c'est Jupiter, maître des dieux, qui parle à ses filles, les neuf Muses (qui représentent les arts).

Celui qui sans mon ardeur[1]
Voudra chanter quelque chose,
Il verra ce qu'il compose
Veuf de grâce, et de grandeur :
Ses vers naîtront inutiles,
Ainsi qu'enfants abortifs[2]
Qui ont forcé leur naissance,
Pour montrer en chaque lieu
Que les vers viennent de Dieu,
Non de l'humaine puissance.

Ceux-là que je feindrai[3] Poètes
Par la grâce de ma bonté,
Seront nommés les Interprètes
Des Dieux, et de leur volonté :
Mais ils seront tout au contraire
Appelés sots, et furieux,
Par le caquet[4] du populaire
Méchantement[5] injurieux.

P. DE RONSARD, « Ode à Michel de L'Hospital », v. 467-484,
Cinquième Livre des Odes (1552)
[Orthographe modernisée]

1 **Ardeur** : ferveur, dévotion.
2 **Abortif** : mis au monde avant terme. La rime « inutiles » : « abortifs » est phonétiquement correcte au XVIe siècle.
3 **Feindrai** : ferai.
4 **Caquet** : propos médisant.
5 **Méchantement** : avec méchanceté.

1 D'où vient le don du poète, d'après ce poème ? À quoi la poésie se réduit-elle sans ce don ?

2 En quoi le poète inspiré est-il considéré comme supérieur aux autres hommes ?

3 Quel inconvénient le poète risque-t-il d'expérimenter par sa vocation ?

GIAN LORENZO BERNINI, *Le Rapt de Proserpine*, 1621-1622, musée Borghese, Rome.

Rappels sur le genre

La poésie occidentale est née en Grèce antique, dès le VIIIe siècle avant J.-C. : elle était d'abord épique et racontait des exploits guerriers de héros nombreux (L'*Iliade* d'Homère), avant d'exprimer à la première personne des aspects de la vie morale (patriotisme, amour, amitié, attachement à la nature...).

Dès l'Antiquité, la poésie se définit d'abord par sa forme versifiée. Il faudra attendre le XVIIIe siècle pour envisager que la poésie ne soit pas intrinsèquement liée aux vers, mais qu'elle puisse reposer sur d'autres éléments.

Giovanni Varèse, Giovanni de Vecchi et Raffaellino da Reggio, Plafond de la salle de la Mappemonde, 1574, Palais Farnese, Italie.

Dans cette perspective, **la poésie n'est pas vraiment l'expression de l'individualité ni une recherche d'originalité**, mais bien plutôt une émulation et la quête d'une virtuosité dans l'imitation : chaque poète rivalise avec les poètes qu'il se choisit pour modèles en reprenant des lieux communs et en les formulant différemment. **Cette esthétique de l'imitation prévaut jusqu'au XVIIIe siècle.** Cela n'empêche pas cependant certains poètes d'introduire de nouveaux thèmes et de nouvelles formes, d'infléchir la création et la sensibilité poétiques dans de nouvelles directions.

De l'Antiquité à la fin de l'Ancien Régime, la poésie est un genre tenu pour noble : c'est le sommet de l'art verbal. Mais, parce qu'elle est d'abord définie par le vers, elle inclut durant des siècles les récits en vers et les pièces de théâtre en vers (notamment, la tragédie). Elle ne s'en distingue clairement qu'à partir du début du XIXe siècle.

CHAPITRE 1

Comment chanter l'amour ? Le lyrisme du Moyen Âge (XIIe-XVe siècle)

La naissance de la littérature française à l'époque médiévale

La caravelle *Santa Maria.*

Le Moyen Âge, une ère de dix siècles

☛ **La période historique** que l'on appelle couramment, depuis le XVIIe siècle, le « Moyen Âge » couvre dix siècles. Elle commence avec la chute de l'Empire romain d'Occident, en 476. Le Moyen Âge se termine au XVe siècle qui verra la fin de la guerre de Cent Ans (1337-1453) qui opposait les rois de France et les rois d'Angleterre, la chute de Constantinople aux mains des musulmans (1453), l'invention de l'imprimerie en Europe par **Gutenberg** (vers 1450), la prise de Grenade par les rois catholiques d'Espagne en 1492, qui chasse les musulmans d'Andalousie, la découverte de l'Amérique par **Christophe Colomb** en 1492.

☛ **Sur une période aussi vaste,** la société a évidemment évolué de manière importante.

L'historien Jacques Le Goff, spécialiste du Moyen Âge, écrit dans *La Civilisation de l'Occident médiéval* (1984) que « l'Occident médiéval est né sur les ruines du monde romain ».

Philippe le Bel.

La société féodale

☛ **Après une longue période d'instabilité,** de guerres et d'épidémies, l'Occident connaît un renouveau démographique et économique au XIe siècle. La société des seigneurs se stabilise en une structure hiérarchique de type féodal : le vassal rend « hommage » à un suzerain ; il doit aider celui-ci pour l'administration, la justice et la guerre, en échange de quoi le suzerain lui assure protection et lui attribue une terre, un « fief ». Le suzerain est lui-même vassal d'un autre seigneur, et ainsi de suite jusqu'au roi. Les rois de France affirment d'ailleurs peu à peu leur pouvoir, notamment grâce aux règnes de **Saint Louis**, de **Philippe le Bel** et **Louis XI**.

« Quand il s'agit de défendre ses armes, c'est un bon vassal », *Chanson de Roland* (v. 1100), vers 3785 [traduit en français moderne].

842 Serments de Strasbourg

880 *Cantilène de Sainte Eulalie* (premiers vers en français)

v. 1100 *La Chanson de Roland* (la plus célèbre de nos chansons de geste)

1194 Hélinant de Froidmond *Vers de la mort*

1225-1240 Guillaume de Lorris, *Le Roman de la Rose*

1261 Rutebeuf, *Renart le Bestourné*

1362-65 G. de Machaut, *Le Livre du Voir Dit*

1392 E. Deschamps, *Art de dicter et de faire chansons, ballades, virelais et rondeaux* (premier art poétique français)

1402-1410 Christine de Pizan *Cent Ballades d'amant et de dame*

1461-62 F. Villon *Le Grand Testament*

800 — 900 — 1000 — 1100 — 1200 — 1300 — 1400 — 1500

XIIe siècle Grande période des troubadours (Guillaume d'Aquitaine, Jaufré Rudel, Bernard de Ventadour, Bertran de Born). Premiers trouvères (Gace Brûlé, Châtelain de Coucy)
2de moitié du XIIe siècle Marie de France, *Isopets* (fables) et *Lais* (nouvelles en vers)

XIIIe siècle Poèmes de Rutebeuf. Grande période des trouvères (Guiot de Provins, Conon de Béthune, Thibaut de Champagne, Colin Muset)

2de moitié du XIVe siècle Poèmes de Guillaume de Machaut, Jean Froissart, Eustache Deschamps.

2de moitié du XVe siècle Charles d'Orléans, *Œuvres*, François Villon, *Œuvres*

Les trois ordres du Moyen Âge.

Une société tripartite

☛ **La société est divisée en trois ordres :** ceux qui prient (les clercs), ceux qui combattent (les nobles) et ceux qui travaillent (dont une grande majorité de paysans, mais aussi les bourgeois qui s'enrichissent par le commerce).

☛ **La civilisation médiévale** repose d'abord sur l'agriculture, qui progresse grâce au développement de la charrue et des moulins à eau. Mais la chrétienté est dominée par l'Église, toute-puissante, qui favorise l'épanouissement de l'architecture (avec les cathédrales gothiques).

Le temps des croisades

☛ **L'Église lance également l'aventure des croisades,** expéditions militaires destinées à reprendre la Terre sainte et Jérusalem aux seigneurs musulmans (entre 1096 et 1291). Les croisades sont pour de nombreux chevaliers l'occasion de montrer leur foi et leur courage.

Arrivée des croisés en Orient : « Or vous pouvez savoir qu'ils regardèrent beaucoup Constantinople, ceux qui ne l'avaient jamais vue ; parce qu'ils ne pouvaient penser qu'il pût être en tout le monde une si riche ville [...] » G. de Villehardouin, *De la Conquête de Constantinople* (1207-1213) [traduit en français moderne]

Troisième croisade (1189-1192).

▲ QUESTION

Identifiez sur cette image les différents éléments représentatifs de la croisade.

Naissance de la littérature française

☛ **Le latin demeure la langue de l'Église et du savoir.** Mais la langue française (essentiellement la langue d'oïl) s'impose progressivement, d'abord dans les textes juridiques puis dans la littérature. La création littéraire est affaire collective : la notion d'auteur n'a guère de sens encore. Les récits et les poèmes circulent oralement, récités ou chantés par des jongleurs qui n'hésitent pas à les modifier, tout comme les copistes qui les accommodent à leur goût.

Serments de Strasbourg prononcés par Charles II le Chauve, roi de France et empereur d'Occident, et Louis le Germanique, le 14 février 842.

◀ QUESTION

Expliquez ce que représente cette scène en recherchant ce que sont les Serments de Strasbourg.

TEXTE 1

JAUFRÉ RUDEL,

chanson « Lorsque les jours sont longs en mai » (XIIe siècle)

JAUFRÉ RUDEL

(vers 1110-1148)
biographie p. 586

CONTEXTE

Troubadour du XIIe siècle qui nous a laissé six chansons, Jaufré Rudel a inventé un thème poétique nouveau, celui de la dame absente, lointaine, qui lui permet de chanter l'amour impossible et le désir inassouvi.

George Hitchcock, *Le Chevalier vaincu*, 1898. Paris, musée d'Orsay.

Chanter la dame absente

Probablement emprunté à la poésie arabe d'Andalousie, l'« *amor de lonh* » contribue à fixer le thème de l'amour contrarié (par un obstacle tel que l'éloignement) et idéalisé (puisque sans réalité charnelle) dans la poésie des troubadours. Cette chanson demeure la plus célèbre des six qu'a laissées Jaufré Rudel ; elle définit à elle seule le thème provençal de l'« *amor de lonh* ».

Amour lointain

Lorsque les jours sont longs en mai
Me plaît le doux chant d'oiseaux lointains,
Et quand je suis parti de là
Me souvient d'un amour lointain ;
Lors m'en vais si morne et pensif
Que ni chants, ni fleurs d'aubépines
Ne me plaisent plus qu'hiver gelé.

Je tiens bien pour seigneur de vrai
Celui par qui verrai l'amour lointain ;
Mais pour un bien qu'il m'en échoit[1]
J'en ai deux maux, tant m'est lointain.
Ah, fussé-je là pèlerin,
Que mon bâton et ma couverte[2]
Puissent être vus de ses beaux yeux !

Joie me sera quand je lui querrai[3],
Pour l'amour de Dieu, d'accueillir l'hôte lointain,
Et s'il lui plaît m'hébergerai
Auprès d'elle, moi qui suis lointain,
Alors seront doux entretiens
Quand l'hôte lointain sera si voisin
Que les doux propos le soulageront.

Triste et joyeux m'en séparerai,
Si jamais la vois, de l'amour lointain
Mais je ne sais quand la verrai,
Car trop en est notre pays lointain :
D'ici là sont trop de pas et de chemins ;
Et pour le savoir, ne suis pas devin
Mais qu'il en soit tout comme à Dieu plaira.

1 **Échoir** : advenir, arriver.
2 **Couverte** : couverture de soldat.
3 **Querrai** : demanderai.
4 **Sarrasins** : Arabes.

Jamais d'amour je ne jouirai
Si je ne jouis de cet amour lointain,
Je n'en sais de plus noble, ni de meilleur
En nulle part, ni près ni loin ;
De tel prix elle est, vraie et parfaite
Que là-bas au pays des Sarrasins[4],
Pour elle, je voudrais être appelé captif !

Dieu qui fit tout ce qui va et vient
Et forma cet amour lointain
Me donne pouvoir, que j'en aie le cœur,
Que je puisse voir cet amour lointain,
En vérité en tel logis
Que la chambre et que le jardin
Me soient en tout temps un palais.

Il dit vrai qui m'appelle avide
Et désireux d'amour lointain,
Car nulle autre joie ne me plaît autant
Que jouissance d'amour lointain.
Mais ce que je veux m'est refusé,
Car ainsi me dota mon parrain,
Que j'aime et ne suis pas aimé.

Mais ce que je veux m'est refusé ;
Qu'il en soit maudit, le parrain,
Qui me dota de n'être pas aimé.

JAUFRÉ RUDEL, « Lorsque les jours sont longs en mai », XIIe siècle,
traduit de l'occitan médiéval par A. Pauphilet.

▶ QUESTIONS SUR L'IMAGE

1. **Dans quelle posture Jaufré Rudel est-il représenté sur cette enluminure ? Dans quelles intentions ?**
2. **Que peut symboliser sa chevauchée vers les hauteurs ?**

Le troubadour Jaufré Rudel à cheval.

PREMIÈRE LECTURE

1 Quelles indications le poème nous fournit-il à propos de la dame célébrée par le poète ? Quel effet cela suscite-t-il ? Aurait-il été préférable d'avoir plus de précisions ? Pourquoi ?

AU FIL DU TEXTE

2 Les quatre premiers vers de la chanson recherchent-ils l'originalité ? Justifiez votre réponse. Dans quel but le poète recourt-il à une ouverture de ce type ? Quel lien entre amour et chanson ce début établit-il ?

3 En quoi les vers 5 à 7 s'opposent-ils aux vers 1 à 4 ? Quelles autres strophes sont construites sur la même structure d'opposition ? Justifiez votre réponse en relevant notamment des antithèses.

4 En quoi les strophes 2 et 3 formulent-elles un espoir imaginaire ? Comment la strophe 4 ramène-t-elle le poète à la réalité ?

5 Quelle figure de style domine la strophe 5 ? Sachant que l'amour courtois exige la soumission de l'amant à la « dame », en quoi le poème reflète-t-il la conception courtoise de l'amour?

6 Comment, dans les vers 29 à 49, la rêverie et l'utopie sont-elles entretenues pour susciter l'imaginaire du lecteur médiéval ? Montrez que le poète reconnaît pourtant l'impossibilité de satisfaire son désir.

7 Par quel moyen, dans les strophes 1 à 7, le poète exprime-t-il son obsession pour la dame lointaine ? Observez en particulier le jeu des rimes.

8 **Grammaire** Analysez la proposition subordonnée relative des vers 43-44. En quoi cette proposition constitue-t-elle un commentaire lucide du poète sur lui-même ?

9 Quel rôle jouent les vers 50 à 52, constituant ce qu'on appelle la *tornada* de la chanson ? Quel effet la reprise des rimes des vers 47 à 49 y produit-elle ?

METTRE EN PERSPECTIVE

10 Les poèmes de Jaufré Rudel sur son amour lointain ont nourri sa légende : un texte biographique anonyme du XIIIe siècle, une *Vida* comme on en écrivait parfois sur les troubadours dans les recueils de chansons, affirme que cet amour reflète la vie réelle du poète. Lisez ce texte en relevant les éléments qui concordent avec la chanson que vous avez étudiée.

« Jaufré Rudel de Blaye fut un homme très noble, prince de Blaye. Il tomba amoureux de la comtesse de Tripoli[1], sans la voir, pour le bien qu'il entendit dire aux pèlerins qui venaient d'Antioche.
Et il fit à son sujet de nombreux « vers », avec de bonnes mélodies et de simples mots.
Et par désir de la voir, il se croisa[2] et se mit en mer. Il tomba malade dans la nef[3] et fut conduit à Tripoli, en une maison, comme mort.
On le fit savoir à la comtesse ; et elle vint à lui, jusqu'à son lit, et le prit entre ses bras.
Il sut que c'était la comtesse et sur-le-champ il recouvra l'ouïe et l'odorat ; et il loua Dieu de l'avoir gardé en vie jusqu'à ce qu'il l'eût vue. Et c'est ainsi qu'il mourut entre ses bras.
Elle le fit ensevelir dans la maison du Temple, à grand honneur. Puis elle se fit nonne ce jour même, pour la douleur qu'elle eut de sa mort. »

Vida anonyme (XIIIe siècle),
traduit de l'occitan par J. Boutière et A. H. Schultz.

1. Ville de Libye, en Afrique du Nord.
2. **Se croiser** : s'engager dans une croisade.
3. **Nef** : navire.

Jaufré Rudel mourant dans les bras de la comtesse de Tripoli.

Vers le bac

Dans un paragraphe de quelques lignes, vous analyserez la structure du poème, en vous appuyant sur vos réponses aux questions.

TEXTE ÉCHO

AMIN MAALOUF, *L'Amour de loin* (2001)

CONTEXTE

Romancier franco-libanais, Amin Maalouf (né en 1949) a écrit de nombreux récits qui interrogent le rapport entre l'Europe et le Proche-Orient.

L'Amour de loin de Kaija Saariaho, livret d'Amin Maalouf, mise en scène de Peter Sellars au théâtre du Châtelet, en 2001.

Représenter l'amour courtois aujourd'hui

En 2001, Amin Maalouf s'intéresse à l'amour légendaire de Jaufré Rudel pour une princesse orientale à travers *L'Amour de loin,* livret d'un opéra de la compositrice finlandaise Kaija Saariaho. L'extrait suivant est issu de l'acte I. Les compagnons de Jaufré Rudel, remarquant sa mélancolie, lui rappellent ses amours de jeunesse.

LES COMPAGNONS :
Moque-toi, Jaufré, moque-toi tant que tu voudras,
Mais tu étais heureux chaque nuit et à chaque réveil,
L'aurais-tu déjà oublié ?
JAUFRÉ :
Peut-être que j'étais heureux, compagnons, oui, peut-être
Mais de toutes les nuits de ma jeunesse
Il ne me reste rien,
De tout ce que j'ai bu il ne me reste
Qu'une immense soif
De toutes les étreintes il ne me reste
Que deux bras maladroits.
Ce Jaufré-là que l'on a entendu brailler dans les tavernes,
On ne l'entendra plus.
Ce Jaufré-là qui chaque nuit pesait son corps sur la bascule d'un corps de femme,
On ne le verra plus…
LES COMPAGNONS :
Ainsi tu ne veux plus jamais tenir aucune femme dans tes bras !
JAUFRÉ :
La femme que je désire est si loin, si loin,
Que jamais mes bras ne se refermeront autour d'elle.
LES COMPAGNONS *(moqueurs)* :
Où est-elle donc, cette femme ?
JAUFRÉ *(songeur, absent)* :
Elle est loin, loin, loin.
LES COMPAGNONS :
Qui est-elle, cette femme ?
Comment est-elle ?
JAUFRÉ :
Elle est gracieuse et humble et vertueuse et douce,
Courageuse et timide, endurante et fragile,
Princesse à cœur de paysanne, paysanne à cœur de princesse,
D'une voix ardente elle chantera mes chansons…

Edmund Blair Leighton, *My Fair Lady*, 1914.

(Pendant que Jaufré énumère ainsi les qualités supposées de la femme lointaine, un homme à l'allure imposante fait son entrée, s'appuyant sur un bâton de pèlerin, portant un long manteau sans manches. Il contemple avec bienveillance le troubadour, qui ne le voit pas encore, et qui poursuit sa litanie.)

Jaufré :

Belle, sans l'arrogance de la beauté,
Noble, sans l'arrogance de la noblesse,
Pieuse, sans l'arrogance de la piété…

Les Compagnons :

Cette femme n'existe pas, dis-le-lui, Pèlerin,
Toi qui as parcouru le monde, dis-le-lui !
Cette femme n'existe pas !

Le Pèlerin *(sans se presser)* :

Peut-être bien qu'elle n'existe pas
Mais peut-être bien qu'elle existe.
Un jour, dans l'Outre-mer, j'ai vu passer une dame…

(Jaufré et le chœur se tournent vers lui et s'accrochent à ses lèvres pendant qu'il reprend calmement son récit.)

C'était à Tripoli, près de la Citadelle. Elle passait dans la rue pour se rendre à l'église, et soudain il n'y avait plus qu'elle…

Les conversations sont tombées, les regards se sont tous envolés vers elle comme des papillons aux ailes poudreuses qui viennent d'apercevoir la lumière.

Elle-même marchait sans regarder personne, ses yeux traînaient à terre devant elle comme à l'arrière traînait sa robe.

Belle sans l'arrogance de la beauté, noble sans l'arrogance de la noblesse, pieuse sans l'arrogance de la piété…

Jaufré *(demeure un moment sans voix, et quand il parle à nouveau, c'est seulement pour dire)* :

Parle-moi encore, l'ami,
Parle-moi,
Parle-moi d'elle…

Le Pèlerin :

Que veux-tu que je dise ?
Je t'ai déjà tout dit […].

Amin Maalouf, *L'Amour de loin*, acte I, éd. Grasset & Fasquelle, 2001.

1 Quelle est la disposition d'esprit de Jaufré Rudel avant l'apparition du pèlerin ? Comment nous est-elle montrée ?

2 Qu'est-ce qui, dans les paroles de Jaufré, montre que la femme dont il rêve est idéalisée ?

3 En quoi l'apparition décrite par le Pèlerin revêt-elle un aspect merveilleux ? Expliquez la réaction de Jaufré.

Prolongement

Regardez quelques extraits de l'opéra de K. Saariaho et A. Maalouf dans la mise en scène de Peter Sellars en 2000 (vidéos disponibles sur Internet). Puis rendez compte, en un paragraphe, de votre opinion sur cet opéra.

TEXTE 2

CONON DE BÉTHUNE,
« Chanson de croisade » (début du XIIIe siècle)

CONON DE BÉTHUNE
(vers 1150-1219)
biographie p. 571

CONTEXTE

Le seigneur Conon de Béthune a laissé des chansons sur des thèmes traditionnels, parmi lesquelles des chansons de croisade. Il a en effet participé à la troisième croisade, avant de s'illustrer particulièrement durant la quatrième croisade.

Service de Dieu et servage envers la dame

La chanson de croisade suivante a été écrite au moment de la quatrième croisade (1202-1204) lancée par le pape Innocent III pour reprendre Jérusalem aux musulmans. Elle est traduite en prose.

I. Hélas ! Amour, quelle dure séparation sera celle d'avec la meilleure qui jamais ait été aimée ni servie ! Que Dieu me ramène vers elle en sa douceur, aussi vrai que je me sépare d'elle avec douleur ! Hélas ! Qu'ai-je dit ? Je ne me sépare pas d'elle. Si le corps va servir Notre-Seigneur[1], le cœur demeure du tout en son servage.

II. Soupirant pour elle, je m'en vais en Syrie, car nul ne doit manquer à son Créateur. Qui lui faillira en ce besoin d'aide, sachez qu'il lui faillira en plus grand besoin d'aide ; et sachez bien, grands et petits, que c'est là qu'on doit faire chevalerie, car on y conquiert paradis et honneur, et valeur, et louange, et l'amour de sa dame.

III. Dieu ! Combien longtemps nous avons été preux[2] dans l'oisiveté ! Maintenant apparaîtra qui vraiment sera preux, et nous irons venger l'outrage douloureux dont chacun doit être irrité et honteux, car, à notre époque, a été perdu le saint lieu[3] où Dieu souffrit pour nous une mort pleine d'angoisse ; si, maintenant, nous y laissons nos ennemis mortels, notre vie en sera honteuse à jamais.

IV. Qui ne veut avoir ici une existence humiliée, qu'il aille pour Dieu mourir joyeux et allègre, car elle est douce et savoureuse, la mort par quoi on conquiert le royaume précieux ; et pas un seul ne mourra de mort, mais tous naîtront à une vie glorieuse ; qui reviendra aussi sera très heureux : à jamais Honneur sera son épouse.

1 En participant aux croisades.
2 **Preux** : brave, vaillant.
3 **Le saint lieu** : Jérusalem, ville conquise par le dirigeant musulman Saladin et ses troupes en 1187.

Départ pour les croisades (XIIIe siècle), bibliothèque de l'Escurial, Madrid.

QUESTION SUR L'IMAGE

Qu'est-ce qui donne du dynamisme à cette représentation d'un combat en mer ?

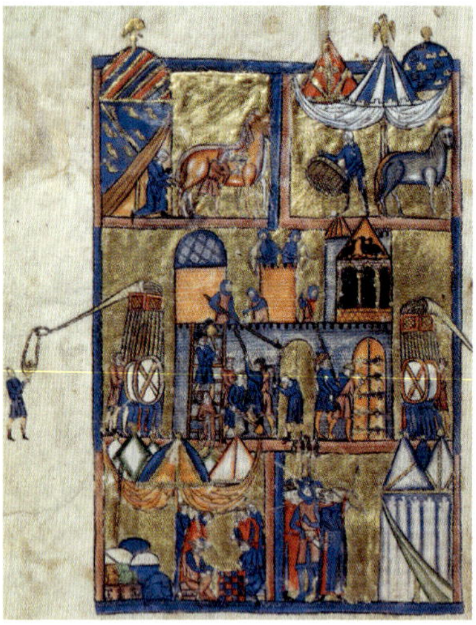

Camp des croisés devant Jérusalem (1099).

V. Tous les clercs et les hommes d'âge qui persévéreront en aumône et en charité participeront tous à ce pèlerinage, et aussi les dames qui vivront chastement, si elles gardent fidélité à ceux qui vont là-bas ; si par mauvaise inspiration elles font folie, c'est avec des êtres lâches et pervers qu'elles le feront, car tous les hommes de bien iront à ce voyage.

VI. Dieu est assiégé en son saint héritage. Voici l'heure où il apparaîtra comment le secourront ceux qu'il a arrachés à la ténébreuse prison, quand il mourut sur la croix que les Turcs ont[4]. Sachez que maudits sont tous ceux qui ne partiront pas, à moins de pauvreté, de vieillesse ou de maladie ; et ceux qui sont saints, jeunes et riches ne peuvent pas demeurer sans honte.

ENVOI : Hélas ! je m'en vais, pleurant des yeux de mon front, là où Dieu veut purifier mon cœur ; et sachez bien qu'à la meilleure femme du monde je penserai plus que je ne dis en ce voyage.

CONON DE BÉTHUNE, « Chanson de croisade », XIIIe siècle, traduit de l'ancien français par G. Picot, éd. Larousse, 1975.

4 Allusion aux fragments supposés de la croix du Christ, dont certains étaient tombés entre les mains des Turcs.

PREMIÈRE LECTURE

1 Dans quelle situation déchirante le poète se met-il en scène ? Dans quelle mesure cela montre-t-il l'influence de la poésie amoureuse des troubadours ?

AU FIL DU TEXTE

2 Comment l'émotion douloureuse se traduit-elle dans la strophe I ?

3 Expliquez la distinction qu'établit la strophe I entre service de Dieu et servage envers la dame.

4 **Grammaire** Relevez trois propositions subordonnées relatives introduites par le pronom relatif *qui* dans les strophes II et IV : quelle est leur particularité ? Quel est le référent du pronom « qui » ? Quel peut être alors le destinataire dans les strophes II à VI ?

5 Observez les strophes II à VI. Dans quelle mesure cette chanson est-elle un appel à participer à la croisade ? Quels bénéfices le poète met-il en valeur pour un homme qui participe à la croisade ? Montrez que son argumentation est aussi une manière de s'encourager soi-même à partir.

6 Dans l'ensemble du texte, quels éléments évoquent l'amour courtois ? Quels éléments relèvent de l'éthique (la morale) du chevalier ?

7 L'*envoi* est la strophe conclusive de la chanson : dans quelle mesure le déchirement est-il désormais surmonté ?

METTRE EN PERSPECTIVE

8 Voici la strophe I du poème en langue originale (langue d'oïl du XIIIe siècle). Analysez la versification : longueur du vers, disposition des rimes.

Ahi ! Amours, con dure departie
Me convendra faire de la meillour
Qui onques fust amee ne servie !
Dex me ramaint a li par sa douçour
Si voirement que m'en part a dolour !
Las ! Qu'ai-je dit ? Ja ne m'en part je mie
Se li cors vait servir Nostre Seignour,
Li cuers remaint du tout en sa baillie [...]

CONON DE BÉTHUNE, « Chanson de croisade », XIIIe siècle.

Vers le bac

Quelle question de problématique pourrait guider l'étude du texte ? Formulez-en au moins deux.

La poésie chantée au Moyen Âge

1 DÉFINIR

La poésie médiévale est orale : peu de gens savent lire et écrire et les livres sont rares. Elle se diffuse donc lors de cérémonies ou de réceptions quand des artistes chantent des chansons (en s'accompagnant à la viole) ou récitent des chansons de geste (récits d'exploits chevaleresques). Les chansons comme les récits sont généralement en vers.

Reliez chaque terme à sa définition.

a. Jongleur
b. Trouvère
c. Ménestrel
d. Troubadour

1. Musicien et chanteur, qui pouvait être attaché à une cour seigneuriale ou être itinérant.
2. Poète lyrique s'exprimant en langue d'oc (parlée dans la moitié sud de la France) et composant des chansons.
3. Poète lyrique s'exprimant en langue d'oïl (parlée dans la moitié nord de la France) et composant des chansons.
4. Artiste ambulant, aux talents multiples (comédien, chanteur, jongleur, mime…), récitant des histoires et chantant dans les cours seigneuriales ou dans les foires.

2 OBSERVER

Colin Muset, trouvère d'origine lorraine du début du XIIIe siècle, a laissé un ensemble de chansons assez variées. Voici une traduction de la première strophe de l'une d'elles.

« Seigneur comte, j'ai joué de la viole devant vous, en votre demeure, et vous ne m'avez rien donné, vous n'avez pas payé mes gages. C'est une honte. Par la foi que je dois à sainte Marie, je ne vous suivrai plus. Mon aumônière est mal garnie et ma bourse est dégonflée. »

COLIN MUSET, chanson (XIIIe siècle), traduit en français moderne par G. Picot.

Quelles informations ce début de chanson nous donne-t-il sur la vie d'un trouvère ?

3 COMPRENDRE

Les troubadours ont introduit, sous l'influence de la poésie arabe, une poésie raffinée, qui change la vision de l'amour, et qui exige un comportement envers les femmes plus délicat : c'est la *fin'amor* ou *amour courtois*.

« L'idée sur laquelle repose leur art [des troubadours], que l'amour est le principe de toute vérité et de toute vertu, est une idée subtile, belle de sa subtilité même. Pour l'exprimer, les poètes ont multiplié les raffinements du vocabulaire, du style, et du mètre. »

E. FARAL, dans J. Bédier et P. Hazard, *Littérature française,* 1948.

« Nous appelons amour courtois l'espèce d'amitié amoureuse, platonique ou semi-platonique – mais de toute façon excluant le « fait » – que les troubadours, souvent de basse extraction, ont vouée, selon un rite poétique traditionnel, aux dames de haut rang, qu'ils célébraient lyriquement dans leurs *cansos*. Il reposait sur la « surestimation » de la femme, et tout spécialement de la *femme mariée* ; il impliquait une sorte de servitude volontaire à l'égard de la Dame et de l'*idée d'Amour*, calquée sur le service féodal, et s'expliquant par la croyance que l'amour était à la fois ce qui révélait, chez l'homme bien né, les vertus de l'âme et ce qui les développait. »

R. NELLI, *L'Érotique des troubadours,* éd. Privat, 1963.

« Ce qui exalte le lyrisme occidental, ce n'est pas le plaisir des sens, ni la paix féconde du couple. C'est moins l'amour comblé que la passion d'amour. Et passion signifie souffrance. Voilà le fait fondamental. »

D. DE ROUGEMONT, *L'Amour et l'Occident,* éd. Plon, 1938.

Formulez personnellement, à partir de ces trois extraits, une définition de l'amour courtois.

TEXTE 3

GUILLAUME DE MACHAUT, *Le Livre du Voir Dit* (1362-1365)

GUILLAUME DE MACHAUT
(vers 1300-1377)
biographie p. 580

CONTEXTE

Génie poétique et musical du XIVe siècle, Guillaume de Machaut reprend les thèmes de la poésie courtoise, mais innove en les traitant dans des formes poétiques variées qu'il met à la mode. Dans son chef-d'œuvre, le *Voir Dit* (*Dit véridique*), il mêle récit en vers, poèmes et lettres en prose pour narrer les amours d'un poète célèbre et vieillissant avec une jeune admiratrice. Comme l'indique le titre de l'œuvre, le récit se donne pour une histoire vraie.

De l'amour courtois à la virtuosité poétique

Pensant devoir s'éloigner un temps de la jeune femme qu'il aime, le poète s'oblige à lui écrire chaque jour un poème, dont la ballade suivante. L'amant cherche ici à s'assurer que la dame répond entièrement à la fidélité de son amour.

Ballade [de l'amant]

De mon cœur sincère ne partira plus
L'empreinte qu'y a faite votre doux visage ;
Car votre portrait l'a si profondément gravée
Qu'il n'est ciseau[1], ni liquide, ni rature,
Ni personne savante au monde
Qui soit capable de l'effacer et la faire disparaître –
Pas plus qu'on ne pourrait tarir[2] la haute mer.

Le portrait est et a été et sera mon dieu terrestre
Tant qu'en moi subsisteront la vie et les forces de ma nature ;
Et après la mort mon âme l'aimera
Pour sa beauté, qui, pour sa joie,
Nourrit mon cœur d'une si douce pâture
Qu'il ne le peut abandonner ni oublier –
Pas plus qu'on ne pourrait tarir la haute mer.

Outre cela le portrait me guérira
De tous les maux qu'un amant souffre et endure ;
Et chaque fois que mon cœur le verra,
Mon espérance sera fermement assurée
Que vous êtes si vertueuse et si sage et si pure
Que vous ne voudriez ni ne daigneriez vous conduire en perfide[3] –
Pas plus qu'on ne pourrait tarir la haute mer.

GUILLAUME DE MACHAUT, *Le Livre du Voir Dit*, 1362-1365,
traduit du moyen français par P. Imbs,
éd. Le livre de poche, Librairie Générale Française, 1999.

1 **Ciseau** : outil à lame de métal utilisé par le graveur ou le sculpteur.
2 **Tarir** : assécher.
3 **Perfide** : qui trahit, qui manque à sa parole.

Scène d'amour courtois, début du XIVe siècle, Universitätsbibliothek, Heidelberg.

GUILLAUME DE MACHAUT, *Les Dits amoureux.*
Bibliothèque nationale de France, Paris.

PREMIÈRE LECTURE

1 Quelle situation traditionnelle de l'amour courtois retrouve-t-on dans cette ballade ?

AU FIL DU TEXTE

2 En quoi la première strophe est-elle en rapport avec la situation des amants dans le récit (reportez-vous au paratexte) ? Que signifie symboliquement l'« empreinte » de la dame sur le « cœur » de l'amant ? Quelle promesse l'amant fait-il ?

3 Comment la deuxième strophe donne-t-elle à la promesse de l'amant l'aspect solennel d'un serment ?

4 Quelle nouvelle idée la troisième strophe ajoute-t-elle ?

5 **Grammaire** Justifiez l'emploi du conditionnel au vers 20 et indiquez sa valeur.

6 En vous appuyant notamment sur votre réponse à la question précédente, dites en quoi la troisième strophe exerce une contrainte sur la destinataire, comment elle l'oblige à formuler à son tour une promesse.

7 Repérez le refrain de la ballade : quel est son intérêt ? Pourquoi peut-on dire qu'il est particulièrement frappant ?

METTRE EN PERSPECTIVE

8 Le comte de Caylus (1692-1765), homme de lettres français, affirme, à propos des ballades de Guillaume de Machaut, qu'« elles ne sont remplies que de l'expression monotone d'une passion triste, fade & langoureuse » (*Premier Mémoire sur Guillaume de Machaut*, dans *Mémoires de littérature tirés des registres de l'Académie royale des inscriptions et belles-lettres*, 1744).
À la lecture du poème que vous venez d'étudier, ce jugement vous paraît-il juste ? Argumentez votre opinion.

EDMUND BLAIR LEIGHTON, *La Fin de la chanson,* 1902.

Vers le bac

Préparez une lecture à voix haute de ce poème, en essayant de la rendre expressive.

ÉCRIT D'APPROPRIATION

Rédigez, en prose, la lettre que la femme aimée du *Livre du Voir Dit* aurait pu envoyer en réponse au poème de l'amant : elle y exprimera son irritation de voir que son amant ait pu envisager qu'elle se conduise « en perfide » et renouvelle l'expression de son amour pour lui.

TEXTE 4

CHRISTINE DE PIZAN, *Le Livre du duc des vrais amants* (1403-1405)

CHRISTINE DE PIZAN
(vers 1364-1430)
biographie p. 584

CONTEXTE

Le Livre du duc des vrais amants **(1403-1405) est une œuvre narrative en prose, où sont insérés de nombreux poèmes à forme fixe. Il est clos par un recueil de poèmes. Christine de Pizan y narre l'éducation sentimentale d'un jeune duc tombé amoureux de la « dame ». Mais à la fin du récit, le jeune homme, trop assidu auprès de son aimée, se voit contraint de s'éloigner d'elle : la rumeur publique lui reproche son inactivité, il doit donc traverser terres et mers pour s'exercer aux armes et prouver sa vaillance. Or, cet éloignement est cause de désamour, jusqu'à la rupture que la dame, qui a craint pour son honneur, annonce par lettre.**

Chanter la douleur de la rupture

Dans cette ballade, Christine de Pizan inverse ironiquement la situation courtoise chantée par Jaufré Rudel : la distance sépare les amants, au lieu de renforcer le désir… La ballade suivante est la dernière insérée dans le récit : c'est la réponse du jeune duc à la lettre de rupture.

Le Roman de la Rose (de Guillaume de Lorris et Jean de Meung, 1280), 1567.

▲ QUESTION SUR L'IMAGE

Comment la beauté de la femme est-elle mise en valeur dans cette image ?

Ballade

Ha ! Mort, Mort, Mort, viens à moi je t'appelle,
Soustrais-moi vite à ce triste monde,
Je ne désire plus vivre, puisque la belle
Souhaite à jamais me bannir. Que fonde
Mon pauvre cœur mis au tourment et martyre !
Je prends congé de Joie et de Liesse.
Nul autre que toi, Mort, je ne veux choisir,
Quand j'ai reçu congé de ma maîtresse.

Hélas ! Hélas ! Quelle atroce nouvelle !
Nul ne fut frappé par une lance, une fronde,
Une flèche, comme je le fus quand la cruelle
Nouvelle qui me parvint me mit au comble
De l'infortune, plus que je ne saurais dire.
S'il me faut fuir l'amour de ma princesse,
Je m'en vais tout droit de chagrin mourir,
Quand j'ai reçu congé de ma maîtresse.

Couple de nobles dans un jardin (miniature du XVe siècle).

Ha ! Ma dame, vous montrerez-vous cruelle
Au point de souffrir qu'en douleur si profonde
Je m'abîme par amour ? À témoin je t'appelle,
Amour, toi qui sais qu'en ce bas monde
On ne pourrait parmi les amants élire
Serviteur plus sincère en actes et en promesses !
Mais mon état de jour en jour empire
Quand j'ai reçu congé de ma maîtresse.

Ha ! Dieu d'Amour ! Pourquoi, cher seigneur, souffrir
Que je meure ainsi, sans salaire, en détresse ?
J'ai tout perdu, nul ne me saurait guérir,
Quand j'ai reçu congé de ma maîtresse.

CHRISTINE DE PIZAN, *Le Livre du duc des vrais amants*, 1403-1405, traduit du moyen français par D. Demartini et D. Lechat, éd. Honoré Champion, 2013.

PREMIÈRE LECTURE

1 Ce poème vous touche-t-il ? Pourquoi ?

AU FIL DU TEXTE

2 Comment, dans la première strophe, l'amant tente-t-il d'apitoyer sa destinataire ?

3 **Grammaire** Analysez la forme verbale « fut frappé » (vers 10) : mode, temps, voix. Comment l'amant souligne-t-il sa stupeur face à la rupture ?

4 Par quels procédés la deuxième strophe met-elle en évidence la violence du choc ?

5 Montrez que la troisième strophe exprime le désarroi de l'amant et l'agitation de ses pensées.

6 Observez la dernière strophe conclusive, qu'on appelle l'*envoi* de la ballade : s'agit-il d'une accusation ou d'une prière ? Justifiez. Quel effet cet envoi doit-il susciter ?

Vers le bac

Pensez-vous que l'aspect technique et formel de la ballade nuise à l'émotion qu'elle veut susciter ? Vous répondrez dans un paragraphe d'une dizaine de lignes en vous appuyant sur le texte de Christine de Pizan.

METTRE EN PERSPECTIVE

7 Lisez le texte informatif suivant.

La ballade

Cette forme poétique emprunte son nom au provençal *ballada*, lui-même issu du latin *ballare*, « danser » (d'où en français *bal*, *ballet*). Mais si elle était assurément une chanson, rien ne prouve que la ballade accompagnait une danse. À l'origine, la ballade était un texte en trois strophes, le plus souvent de sept vers chacune, avec un refrain. Les quatre premiers vers formaient des rimes croisées (*abab*) sur un même thème musical redoublé, et les trois derniers vers changeaient de mélodie pour aller jusqu'au refrain. Guillaume de Machaut a popularisé cette forme et en a souvent complexifié la structure. Si elle n'est plus chantée après la fin du XIVe siècle, elle prend progressivement des formes plus amples, impose plus de contraintes formelles et s'ouvre à d'autres thèmes que l'amour (avec la ballade morale, qui commente la société).

Comparez la forme de la ballade de Christine de Pizan avec celle du poème de Guillaume de Machaut (p. 252) : quelles différences notez-vous ?

TEXTE 5

FRANÇOIS VILLON,
Le Testament (1489)

FRANÇOIS VILLON
(1431-1463)
biographie p. 590

Le Grant Testament maistre François Villon et le Petit (XVe siècle).

▲ QUESTION SUR L'IMAGE

Comment cette gravure parvient-elle, par des moyens artistiques simples, à suggérer toute une relation entre les deux personnages ?

Une ballade parodique

Cette ballade, dont le titre « Ballade à s'amye » (« Ballade à son amie ») fut donné par le poète Clément Marot lorsqu'il édita l'œuvre de Villon en 1533, est de date incertaine : elle a probablement été écrite par Villon entre 1456 et 1460. Mais elle fut ensuite intégrée au *Grand Testament Villon et le Petit* (posthume, 1489), dit *Le Testament*.

Ballade à s'amie

Fausse beauté qui tant me coûte cher,
Rude en effet, hypocrite douleur,
Amour dure[1] plus que fer à mâcher,
Nommer que puis, de ma défaçon seur[2],
Charme félon, la mort d'un pauvre cœur,
Orgueil mussé[3] qui gens met au mourir,
Yeux sans pitié, ne veut Droit de Rigueur,
Sans empirer, un pauvre secourir[4] ?

Mieux m'eût valu avoir été chercher
Ailleurs secours, c'eût été mon honneur ;
Rien ne m'eût su hors de ce fait hâcher[5] :
Trotter m'en faut en fuite et déshonneur.
Haro, haro[6], le grand et le mineur !
Et qu'est-ce ci ? Mourrai sans coup férir[7] ?
Ou Pitié veut, selon cette teneur[8],
Sans empirer, un pauvre secourir ?

Un temps viendra qui fera dessécher,
Jaunir, flétrir votre épanie[9] fleur ;
Je m'en risse, si tant pusse mâcher[10],
Las ! mais nenni, ce serait donc foleur[11] :
Vieil je serai, vous laide, sans couleur ;
Or buvez fort, tant que ru peut courir[12] ;
Ne donnez pas à tous cette douleur,
Sans empirer, un pauvre secourir.

Prince [amoureux], des amants le graigneur[13],
Votre mal gré ne voudrais encourir,
Mais tout franc[14] cœur doit, par Notre Seigneur,
Sans empirer, un pauvre secourir.

FRANÇOIS VILLON, *Le Testament*, XCIII, 1489.
[Orthographe modernisée]

1 « Amour plus dure à mâcher que le fer ».
2 Expression discutée : « sûr de ma destruction » ? « sœur de ma perdition » ?
3 **Mussé** : caché.
4 Syntaxe complexe : « Est-ce que Droit, loin de l'accabler, ne veut pas contre Rigueur secourir un pauvre diable ? ».
5 **Hâcher** : appâter, attirer.
6 **Haro** : à l'aide.
7 **Férir** : porter (un coup).
8 Selon le contenu de cette ballade.
9 **Épanie** : épanouie.
10 J'en rirais, si je pouvais alors remuer la mâchoire autant qu'aujourd'hui.
11 **Foleur** : folie.
12 Tant qu'il y aura de l'eau dans le ruisseau.
13 **Le graigneur** : le plus grand. Dans les concours poétiques appelés puys, l'envoi de la ballade s'adresse au « Prince », président du jury.
14 **Franc** : noble.

PREMIÈRE LECTURE

1 Que reproche le poète à celle qu'il aime ?

LECTURE ANALYTIQUE

La ballade, une forme maîtrisée

2 Décrivez la forme de cette ballade : longueur du vers, ampleur des strophes, qualité et disposition des rimes, refrain. De quelles qualités techniques Villon fait-il preuve ?

3 Dans une strophe de quelques vers qui permettent l'insertion de la ballade au sein du *Testament*, le poète décrit celle-ci en disant qu'elle « se termine tout en R ». Expliquez pourquoi. En quoi est-ce une preuve supplémentaire de la virtuosité du poète ?

4 Observez les premières lettres des vers 1 à 14 : que remarquez-vous ? À qui cela peut-il faire référence, au vu du titre donné traditionnellement au poème ?

La tradition de l'amour courtois ?

5 Montrez que Villon reprend la situation courtoise traditionnelle du poète soumis à sa « dame » qu'il considère comme supérieure à lui et dont il vante la beauté. Quels éléments rapprochent le poète de la figure du chevalier ?

6 Quel est le rôle des allégories : « Droit », « Rigueur » et « Pitié » ?

7 Le poète Alain Chartier avait fait paraître en 1424 un long poème intitulé *La Belle Dame sans mercy* (*La Belle Dame sans pitié*), où il montrait une femme qui, contrairement aux dames courtoises traditionnelles, se montrait inflexible et insensible face aux supplications de son amant. Dans quelle mesure Villon reprend-il ici cette idée ?

Une habile parodie

8 Montrez que la femme aimée, loin d'être idéalisée, est la cible d'une certaine violence verbale. Comment la strophe 3, en particulier, ramène-t-elle brutalement les amants à la réalité ?

9 **Grammaire** Analysez le groupe nominal « tout franc cœur » (v. 27). Remplacez le nom « cœur » par « charité » et faites les accords nécessaires. À qui ce groupe nominal renvoie-t-il dans le texte ? En quoi relève-t-il de la flatterie ?

10 Relisez l'envoi du poème : comment glisse-t-on du thème de l'amour au thème de l'argent ? Montrez que le vers refrain change ici de sens. En quoi cet envoi jette-t-il un soupçon quant au sens du premier vers de la ballade ? Quel effet le thème de l'argent suscite-t-il dans un apparent poème d'amour ?

11 Montrez que le poème ne cesse de mêler le lexique courtois à un langage prosaïque, voire familier. Quel effet est ainsi créé ?

METTRE EN PERSPECTIVE

12 La vie de François Villon est mal connue (reportez-vous à la notice biographique, p. 590). Le poète Blaise Cendrars (1887-1961) affirme pourtant, dans son article « Sous le signe de François Villon » (*La Table Ronde*, n°51, mars 1952) que la « Ballade à s'amie » « comporte peut-être la clé de l'existence dévergondée de Villon, des malheurs de sa vie et de la source de sa poésie ». Quels éléments du texte pourraient appuyer ce jugement, selon vous ?

L'amant tenant la rose, 1480. Miniature tirée du *Roman de la Rose* de Guillaume de Lorris et Jean de Meung.

Vers le bac

Au vu du plan d'étude suggéré et de vos réponses, formulez une question de problématique pour ce commentaire.

TEXTE ÉCHO

PIERRE DE RONSARD, *Odes* (1545)

John William Waterhouse,
Le Sanctuaire, 1895.

▲ QUESTION SUR L'IMAGE

Comment la fraîcheur et la délicatesse de la jeune femme sont-elles mises en valeur par le peintre ?

Une version lyrique du *Carpe diem*

Le poète Pierre de Ronsard rappelle, comme Villon, à la femme aimée que la beauté est fugitive et s'enfuit avec le temps. Mais ce rappel n'a plus une visée parodique : en pleine Renaissance, les poètes français redécouvrent la poésie latine, et notamment Horace. Ce poète romain du Ier siècle av. J.-C. est l'auteur de la célèbre formule « Carpe diem » (« Cueille le jour ») qui incitait à profiter de chaque moment qui passe, dans la perspective de la philosophie épicurienne.
Ronsard réécrit la formule à sa manière et dédie le poème à Cassandre Salviati, l'une de ses inspiratrices.

Mignonne, allons voir si la rose...

Mignonne, allons voir si la rose
Qui ce matin avait déclose[1]
Sa robe de pourpre au Soleil,
A point perdu cette vêprée[2]
Les plis de sa robe pourprée,
Et son teint au vôtre pareil.

Las ! voyez comme en peu d'espace,
Mignonne, elle a dessus la place
Las ! las ! ses beautés laissé choir[3] !
Ô vraiment marâtre[4] Nature,
Puisqu'une telle fleur ne dure
Que du matin jusques au soir !

Donc, si vous me croyez, mignonne,
Tandis que votre âge fleuronne[5]
En sa plus verte nouveauté,
Cueillez, cueillez votre jeunesse :
Comme à cette fleur la vieillesse
Fera ternir votre beauté.

Pierre de Ronsard, « À Cassandre », *Odes*, 17, 1545. [Orthographe modernisée]

1 **Déclore** : ouvrir.
2 **Vêprée** : soir.
3 **Choir** : tombér.
4 **Marâtre** : qui agit en mère cruelle.
5 **Fleuronner** : se couvrir de fleurs.

1 Qu'est-ce qui justifie le rapprochement de la fleur et de la jeune femme ?

2 Comment la fuite du temps est-elle montrée ?

3 De quoi le poète presse-t-il la jeune femme ? Quelle valeur le dernier vers prend-il ?

L'amour courtois

1 FAMILLE DE MOTS

Trouvez l'intrus dans cette liste :

cour • courtoisie • courtiser • courtisan • courtine • courtisanerie

2 SENS MODERNE

Reliez chaque terme à sa définition moderne.

a. courtoisie •
b. galanterie •
c. politesse •
d. obséquiosité •
e. affabilité •
f. urbanité •
g. bienséance •

• 1. Civilité, observation des usages et des règles considérés comme les meilleurs dans une société.
• 2. Politesse où entrent beaucoup d'usages du monde, d'habitudes de se comporter en société.
• 3. Politesse raffinée.
• 4. Courtoisie que l'on témoigne aux femmes par des égards, des attentions (parfois dans le but de les séduire).
• 5. Amabilité, caractère de celui ou celle qui écoute de bonne grâce ceux qui s'adressent à lui.
• 6. Savoir-vivre, décence, respect des conventions sociales.
• 7. Exagération des marques de politesse par hypocrisie ou par servilité.

3 LEXIQUE COURTOIS ET VOCABULAIRE FÉODAL

La femme aimée est souvent appelée « dame ». Cherchez l'étymologie de ce mot et donnez cinq mots français de la même famille.
Par déduction, pensez-vous que l'amant se considère comme son suzerain ou comme son vassal ?

4 SYNONYMIE

Expliquez les nuances qui séparent les significations des mots suivants, renvoyant à l'une des qualités attendues de la « dame » aimée :

chasteté • virginité • fidélité • vertu • continence • abstinence

5 FAMILLE DE MOTS

L'amant doit « servir » la dame.
Précisez les différences de signification entre les termes suivants.

service • servitude • servage • servilité

Illustration pour **PÉTRARQUE**, *Le Triomphe de Chasteté et Raison avec Laure*, 1503.

6 CHAMP LEXICAL

Classez les adjectifs suivants en quatre catégories : a) ceux qui renvoient à de la vantardise, du faux courage ; b) ceux qui renvoient simplement au fait d'avoir du courage ; c) ceux qui connotent le fait de n'avoir peur de rien ; d) ceux qui connotent un courage allant jusqu'à l'excès.

héroïque • impavide • bravache • valeureux • téméraire • brave • probe • fanfaron • vaillant • preux • imprudent • intrépide • hardi • impétueux • zélé • présomptueux • fier-à-bras

CHAPITRE 2

La Pléiade, un renouveau poétique (XVIe siècle)

Le XVIe siècle

THÉODORE DE BRY, Carte de l'Amérique avec Colomb, Vespucci, Magellan et Pizzaro, 1597.

Les Grandes Découvertes

☛ **Le XVIe siècle s'ouvre** sur la très récente découverte de l'Amérique par **Christophe Colomb** en 1492. De nombreux explorateurs s'engouffrent dans le sillage de Colomb pendant ce XVIe siècle, et même bien après. En effet, au-delà des richesses matérielles que l'on y découvre, le nouveau continent a de quoi fasciner et interroger les Européens, qui subissent dès lors une véritable révolution dans la manière de concevoir le monde.

« Cette découverte d'un pays infini, semble être de considération ». Montaigne, « Des Cannibales », *Essais*, I, 31, 1580.

QUESTION

Retrouvez le rôle de chacun de ces quatre explorateurs dans les Grandes Découvertes.

Le contexte de la Renaissance

☛ **Ce contexte de Grandes Découvertes** qui bouscule l'ordre préétabli s'accompagne par ailleurs d'un renouveau culturel amorcé depuis le XVe siècle en Italie et qui s'étend au XVIe siècle à l'Europe tout entière : celui de la **Renaissance**. Pour de nombreux artistes, il s'agit de mettre fin aux pratiques rétrogrades du Moyen Âge pour faire revivre celles de l'**Antiquité**, période perçue comme un Âge d'or de la création artistique et des comportements humains.

Joachim Du Bellay regrette que les poètes français n'aient pas agi à la manière des poètes antiques pour enrichir la langue française :

« Et si notre langue n'est si copieuse et riche que la grecque ou latine, cela ne doit être imputé au défaut d'icelle [...] : mais bien on le doit attribuer à l'ignorance de nos majeurs [...] » (*La Défense et Illustration de la langue française*, Livre I, chapitre 3, 1549).

1540 — 1550 — 1560 — 1570 — 1580 — 1590

- **1541** Traduction de l'*Ars poetica* du latin Horace par J. Peletier du Mans : la préface anticipe les idées de la Pléiade
- **1547** *Œuvres poétiques* de J. Peletier du Mans
- **1549** *Défense et Illustration de la langue française* de J. Du Bellay : manifeste d'un groupe de jeunes poètes qui formeront la Pléiade. *L'Olive*, recueil de sonnets de Du Bellay.
- **1550** *Les Quatre Premiers Livres des Odes* de P. de Ronsard
- **1552** *Les Amours*, recueil de Ronsard (consacré à Cassandre). *Les Amours*, recueil de J.-A. de Baïf
- **1553** *Cléopâtre*, tragédie d'É. Jodelle. Apparition du nom « la Pléiade » sous la plume de Ronsard pour désigner un groupe de poètes (Ronsard, Du Bellay, Baïf, Jodelle, Tyard, J. B. de La Péruse et G. des Autels).
- **1555** *Continuation des Amours*, recueil de Ronsard (consacré à Marie). Dans une nouvelle liste des poètes de la Pléiade par Ronsard, Des Autels est remplacé par J. Peletier du Mans
- **1555-1556** *Hymnes* de Ronsard
- **1558** *Antiquités de Rome* et *Regrets*, recueils de Du Bellay
- **1560** Première édition collective des *Œuvres* de Ronsard
- **1562** *Discours des Misères de ce temps* de Ronsard
- **1578** *Sur la mort de Marie* et *Sonnets pour Hélène* de Ronsard
- **1585** Mort de Ronsard
- **1586** Publication posthume des *Derniers Vers* de Ronsard

Le siège de Constantinople par les Turcs ottomans de Mahomet II, 1453.

▲ QUESTION

Comment l'agitation est-elle représentée ?

L'invention de l'imprimerie et la diffusion des savoirs

Au milieu du XVe siècle, l'invention de l'imprimerie par **Gutenberg** permet l'expansion de l'esprit de la Renaissance. La **chute de Constantinople** en 1453, qui met fin à l'Empire byzantin, a pour conséquence de vider les bibliothèques de la ville : dès lors, les ouvrages grecs et latins circulent en Europe. L'intérêt pour les Anciens est marqué en France par la fondation d'une bibliothèque de manuscrits grecs et latins par **François Ier** à Fontainebleau.

Gutemberg dans son imprimerie à Strasbourg, vers 1960.

▲ QUESTION

Comment Gutenberg est-il mis en valeur ?

Un monde dans la tourmente

Cependant que les arts se développent, l'Europe s'embrase avec les **guerres de Religion**. L'opposition entre catholiques et protestants déchire l'Europe. L'épisode de la **Saint-Barthélemy** en 1572 apparaît comme le point d'orgue de la violence exercée entre les deux partis. Ces guerres sont à l'origine d'un long poème d' **Agrippa d'Aubigné**, *Les Tragiques*, dans lequel on peut lire ces deux vers :

« Là de mille maisons on ne trouva que feux,
Que charognes, que morts ou visages affreux. »
(*Les Tragiques*, « Misères », Livre I, 1616.)

François Dubois, *Massacre de la Saint Barthélemy, le 24 août 1572*, détail représentant la reine Catherine de Médicis au centre du tableau, habillée de noir, observant des cadavres, 1572.

QUESTION ▶

Comment la violence de la Saint-Barthélemy est-elle donnée à voir ?

TEXTE 1

PIERRE DE RONSARD,
Le Premier Livre des Odes (1550)

PIERRE DE RONSARD
(1524-1585)
biographie p. 585

L'avant-garde poétique française

Conformément à l'esprit de la Pléiade, Ronsard reprend un genre antique, celui de l'ode, dans un long recueil poétique. L'ode intitulée « À sa lyre » permet de donner de Ronsard l'image d'un poète proche des dieux et novateur dans le domaine français.

Henri Martin, *La Muse du peintre*, 1900.

À sa lyre

[...]
Celui n'est pas le bien aimé des Dieux
À qui déplaît ton chant mélodieux
Heureuse lyre honneur de mon enfance,
Je te sonnai devant[1] tous en la France
De peu à peu[2], car quand premièrement
Je te trouvai, tu sonnais durement,
Tu n'avais point de cordes qui valussent,
Ni qui répondre aux lois de mon doigt pussent.

Moisi du temps ton fût[3] ne sonnait point,
Mais j'eus pitié de te voir mal en point,
Toi qui jadis des grands Rois les viandes[4]
Faisais trouver plus douces et friandes[5] :
Pour te monter de cordes, et d'un fût,
Voire d'un son qui naturel te fût[6],
Je pillai Thèbes[7], et saccageai la Pouille[8],
T'enrichissant de leur belle dépouille.

Adonc[9] en France avec toi je chantai,
Et jeune d'ans sur le Loir[10] inventai
De marier aux cordes les victoires,
Et des grands Rois les honneurs et les gloires :
Puis affectant un œuvre[11] plus divin[12]
Je t'envoyai sous le pouce Angevin[13],
Qui depuis moi t'a si bien fredonnée
Qu'à nous deux seuls la gloire en soit donnée.

PIERRE DE RONSARD, Ode XX, *Le Premier Livre des Odes*, 1550.
[Orthographe modernisée]

1 **Devant** : avant.
2 **De peu à peu** : petit à petit.
3 **Fût** : bois formant le corps de la lyre.
4 **Viandes** : nourritures.
5 **Friandes** : d'un goût exquis.
6 **D'un son qui naturel te fût** : d'un son harmonieux, juste.
7 Pindare, poète lyrique grec du Ve siècle avant J.-C., est né près de Thèbes. Ronsard signale qu'il a imité ce poète.
8 **La Pouille** : région située dans le sud de l'Italie où le poète antique du Ier siècle avant J.-C., Horace, est né.
9 **Adonc** : alors.
10 **Le Loir** : Ronsard est né près du village de Couture-sur-Loir.
11 Le mot peut encore être masculin.
12 Ronsard fait allusion à son projet de la *Franciade*, épopée qui prend pour sujet l'histoire des fondateurs de la France.
13 Ronsard fait allusion à Du Bellay, originaire de l'Anjou.

PREMIÈRE LECTURE

1 Observez le titre du poème : quel rapport le poète semble-t-il entretenir avec sa lyre ? Que désigne symboliquement cet instrument de musique ?

AU FIL DU TEXTE

2 **Grammaire** Quelle est la nature du premier mot du poème « Celui » ? Qui désigne-t-il ?

3 Par quel moyen le lien de proximité entre le poète et sa lyre est-il souligné ?

4 En quoi le poète se valorise-t-il dans la première strophe ? Quelle caractéristique de la Pléiade cela vous rappelle-t-il ?

5 Quelle période est responsable de la « moisissure » de la lyre française ? Quel est, en général, le regard que portent les humanistes sur cette période de l'histoire ?

6 Par quel moyen Ronsard est-il parvenu à la réussite poétique ? Quelle caractéristique de la Pléiade, et plus généralement des humanistes, cela vous rappelle-t-il ?

7 Relevez, dans la dernière strophe, les mots qui relèvent du champ lexical de la musique.

8 Quel autre poète est glorifié à la fin du texte ? Retrouvez dans votre manuel le rôle qu'il a joué dans la Pléiade.

METTRE EN PERSPECTIVE

9 Ronsard emploie le verbe « piller » à la fin de la deuxième strophe. Comment les membres de la Pléiade conçoivent-ils l'imitation des Anciens ? Pour répondre à cette question, reportez-vous à l'extrait (p. 272) de la *Défense et Illustration de la langue française* écrite par Joachim Du Bellay en 1549.

10 Recherchez à quel autre personnage de la mythologie est associée la lyre. Expliquez, à partir de votre recherche, le sens que prend le mot « lyrisme ». D'après ce que vous avez appris de la Pléiade, le lyrisme semble-t-il être une caractéristique de l'écriture de ce mouvement ?

Portrait du poète Pierre de Ronsard. Gravure du XVIIIe siècle.

Vers le bac

Entraînement au commentaire
Reprenez les réponses aux questions 4 et 5 et rédigez un paragraphe dans lequel vous montrerez que le poème illustre l'état d'esprit des poètes de la Pléiade.

ÉCRIT D'APPROPRIATION

En quoi la représentation de Ronsard ci-dessus correspond-elle au poème que vous venez d'étudier ? Écrivez un paragraphe recensant ces points communs.

TEXTE ÉCHO

ANDRÉ CHÉNIER, « L'Invention » (vers 1787)

Faire son miel des fleurs antiques

André Chénier (1762-1794) naît à Constantinople d'une mère d'origine grecque qui lui donne une solide culture hellénique. Bien que publiées à titre posthume, ses œuvres poétiques produiront une forte impression sur les poètes romantiques. Dans son poème « L'Invention », il affirme l'importance de s'inspirer des auteurs antiques.

Buste de l'empereur Auguste, Ier siècle, Staatliche Antikensammlung, Munich.

▲ QUESTIONS SUR L'IMAGE

Que porte cet homme dans les cheveux ? Quel en est le sens ?

Mais leurs mœurs et leurs lois[1], et mille autres hasards,
Rendaient leur siècle heureux plus propice aux beaux-arts.

Eh bien ! l'âme est partout ; la pensée a des ailes.
Volons, volons chez eux retrouver leurs modèles,
Voyageons dans leur âge, où, libre, sans détour,
Chaque homme ose être un homme et penser au grand jour.
[...]
Frappe, foudroie, agite, épouvante la Grèce.
Allons voir la grandeur et l'éclat de leurs jeux.
Ciel ! la mer appelée en un bassin pompeux !
Deux flottes parcourant cette enceinte profonde,
Combattant sous les yeux des conquérants du monde.
[...]
Allons voir au théâtre, aux accents d'Euripide[2],
D'une sainte folie un peuple furieux
Chanter : *Amour, tyran des hommes et des Dieux.*
Puis, ivres des transports qui nous viennent surprendre,
Parmi nous, dans nos vers, revenons les répandre ;
Changeons en notre miel leurs plus antiques fleurs ;
Pour peindre notre idée, empruntons leurs couleurs ;
Allumons nos flambeaux à leurs feux poétiques ;
Sur des pensers nouveaux faisons des vers antiques.

ANDRÉ CHÉNIER, « L'Invention », vers 1787.

1 Le poète fait référence aux peuples antiques.
2 **Euripide** : auteur grec de tragédies du Ve siècle avant J.-C.

1 Montrez que les auteurs antiques sont fortement valorisés dans ce poème.

2 Par quels indices comprend-on l'enthousiasme du poète ?

3 L'imitation prônée par le poète est-elle servile ? Justifiez votre réponse.

TEXTE 2

PIERRE DE RONSARD,
Les Amours, Sonnets pour Hélène (1578)

PIERRE DE RONSARD
(1524-1585)
biographie p. 585

Un accès à l'immortalité

***Les Amours* est le titre général que Ronsard donne à une longue série de recueils rédigés entre 1552 et 1587. Écrits pour trois muses, Marie, Cassandre et Hélène, il s'agit d'un ensemble de textes poétiques divers qui témoignent des multiples formes et des multiples sources utilisées par Ronsard. Le sonnet XXIV des *Sonnets pour Hélène* est représentatif des aspirations des poètes de la Pléiade.**

XXIV

Quand vous serez bien vieille, au soir, à la chandelle,
Assise auprès du feu, dévidant[1] et filant,
Direz, chantant mes vers, en vous émerveillant,
« Ronsard me célébrait du temps que j'étais belle ! »

Lors vous n'aurez servante oyant[2] telle nouvelle,
Déjà sous le labeur à demi sommeillant,
Qui au bruit de[3] mon nom ne s'aille réveillant,
Bénissant votre nom de louange immortelle.

Je serai sous la terre ; et fantôme sans os :
Par les ombres myrteux[4] je prendrai mon repos.
Vous serez au foyer une vieille accroupie,

Regrettant mon amour et votre fier dédain.
Vivez, si m'en croyez, n'attendez à demain :
Cueillez dès aujourd'hui les roses de la vie.

PIERRE DE RONSARD, *Les Amours, Sonnets pour Hélène,* Livre II, 1578.
[Orthographe modernisée]

1 **Dévider** : faire des pelotes de laine.
2 **Oyant** : du verbe *ouïr*, « entendre ».
3 **Au bruit de** : en entendant.
4 **Myrteux** : de la myrte, arbre ou arbrisseau à fleurs blanches.

JOHN WILLIAM WATERHOUSE,
Le Décaméron, 1916.

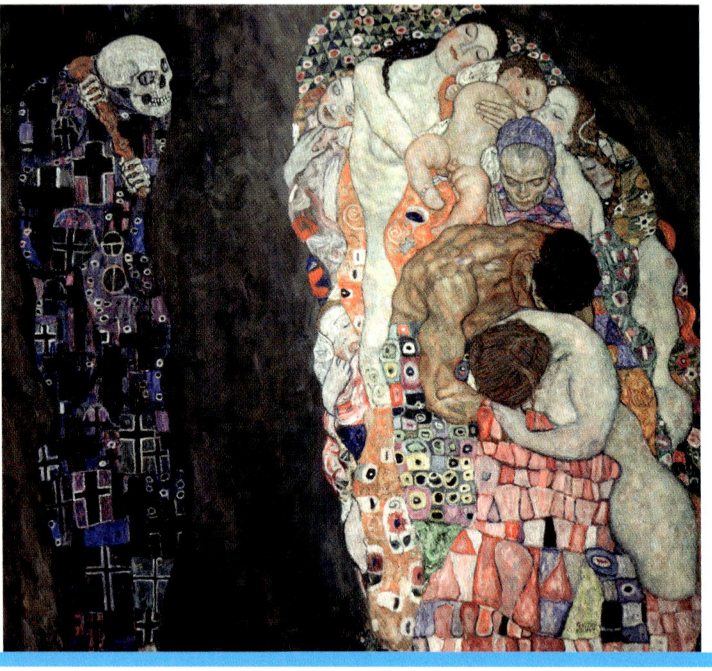

Gustav Klimt, *Mort et Vie*, vers 1911.

▶ **QUESTIONS SUR L'IMAGE**

1. Quelle opposition la composition du tableau met-elle en valeur ?
2. Que pouvez dire du choix des couleurs ?
3. En quoi ce tableau renouvelle-t-il le genre pictural de la vanité ?

PREMIÈRE LECTURE

1 Ce sonnet est extrait d'un recueil qui s'intitule *Les Amours*. Le poète vous semble-t-il s'inscrire dans une démarche amoureuse ici ? Pourquoi ?

LECTURE ANALYTIQUE

Un portrait déroutant

2 Relevez les mots qui permettent de faire le portrait de la femme aimée. Que remarquez-vous ?

3 À quelle saison la scène décrite semble-t-elle avoir lieu ? À quel moment de la journée ? Comment interprétez-vous ces choix ?

4 Montrez que les perspectives d'avenir d'Hélène sont peu radieuses.

5 **Grammaire** Relevez les verbes au participe présent. Commentez le nombre d'occurrences relevées. Comment pourriez-vous interpréter ce choix d'écriture ?

La célébration de la poésie

6 En quoi le sort du poète, pourtant mort, semble-t-il plus enviable que celui d'Hélène ?

7 Montrez que le poète prévoit avec certitude la future nostalgie d'Hélène.

8 Comment le poète met-il en valeur sa propre poésie ?

METTRE EN PERSPECTIVE

9 Cherchez le sens de l'expression latine *Carpe diem*. Qui l'a écrite pour la première fois ? À quel mouvement philosophique antique est-elle rattachée ? Dans quelle mesure peut-elle correspondre à ce sonnet ?

10 Lisez ce passage d'un article qu'Andrée Thill consacre à Ronsard :

> « [...] l'ensemble que forment les *Sonnets pour Hélène* laisse apparaitre de nombreuses traces de l'héritage antique, dans l'inspiration générale, la composition, les thèmes et les motifs. » **Andrée Thill**, « Tibulle au miroir de Ronsard », *Bulletin de l'Association Guillaume Budé*, 1979.

Recherchez quels auteurs antiques ont pu constituer une source d'inspiration pour Ronsard.

Vers le bac

Entraînement au commentaire
Après avoir répondu aux questions d'analyse, formulez une problématique d'étude, puis rédigez une introduction complète au commentaire de ce texte.

PROLONGEMENT

Après avoir regardé le film de Peter Weir, *Le Cercle des poètes disparus*, sorti en 1989, vous répondrez à la question suivante : Dans quelle mesure ce film réactive-t-il l'esprit des poètes de la Pléiade ?

TEXTE ÉCHO

ÉTIENNE JODELLE, *Contr'amours* (1574)

La poésie amoureuse remise en question

Étienne Jodelle (1532-1573) est avant tout un auteur de tragédies, ce qui lui vaut d'être reconnu par Ronsard comme le créateur du théâtre humaniste. Il intègre à ce titre le groupe de la Pléiade. Sa carrière littéraire mouvementée n'est cependant pas toujours couronnée de succès. Son court recueil *Contr'amours*, publié à titre posthume, prend le contre-pied des différents recueils amoureux de Ronsard.

Simeon Solomon, *L'Amour en automne*, 1866.

Ô traîtres vers, trop traîtres contre moi
Qui souffle en vous une immortelle vie,
Vous m'appâtez et croissez[1] mon envie,
Me déguisant tout ce que j'aperçois.

Je ne vois rien dedans elle pourquoi[2]
À l'aimer tant ma rage me convie :
Mais nonobstant[3] ma pauvre âme asservie
Ne me la feint[4] telle que je la vois.

C'est donc par vous, c'est par vous traîtres carmes[5],
Qui me liez moi-même dans mes charmes[6],
Vous, son seul fard, vous, son seul ornement,

Jà[7] si longtemps faisant d'un Diable un Ange,
Vous m'ouvrez l'œil en l'injuste louange[8]
Et m'aveuglez en l'injuste tourment[9].

ÉTIENNE JODELLE, *Contr'amours*, 1574.
[Orthographe modernisée]

1 **Croissez** : faites grandir.
2 Je ne vois pas comment expliquer.
3 **Nonobstant** : néanmoins.
4 **Ne me la feint** : ne me la représente.
5 **Carmes** : du latin *carmen*, « le vers ».
6 **Charmes** : l'origine latine est la même, *carmen*, et désigne des chants magiques, des sortilèges.
7 **Jà** : déjà.
8 **L'injuste louange** : le poète a fait l'éloge de la femme aimée sans qu'elle le mérite.
9 **L'injuste tourment** : le poète n'a pas mérité d'être si malmené.

1 Notez dans le poème les mots qui relèvent du champ lexical de la tromperie. À qui sont-ils associés ?

2 Quelle vision de la poésie est donnée à lire ici ?

3 Confrontez la manière dont la poésie est représentée chez Ronsard et chez Jodelle.

TEXTE 3

JOACHIM DU BELLAY,

Les Regrets (1558)

JOACHIM DU BELLAY
(vers 1522-1560)
biographie p. 574

CONTEXTE

C'est au cours de son séjour à Rome que Du Bellay rédige en partie son recueil des *Regrets*. Il reprend ainsi la figure de l'exilé que le poète antique Ovide (43 avant J.-C.- 17 ou 18 après J.-C.) avait développée dans un recueil qui inspire aussi son titre à Du Bellay, *Tristae, Les Tristes*.

Un projet du renoncement ?

Après un sonnet liminaire adressé à son livre, le sonnet I expose le projet d'écriture du poète.

Sonnet I

Je ne veux point fouiller au sein de la nature,
Je ne veux point chercher l'esprit de l'univers,
Je ne veux point sonder les abîmes couverts,
Ni dessiner du ciel la belle architecture.

Je ne peins mes tableaux de si riche peinture,
Et si hauts arguments ne recherche à mes vers,
Mais suivant de ce lieu les accidents divers
Soit de bien, soit de mal, j'écris à l'aventure.

Je me plains à mes vers, si j'ai quelque regret,
Je me ris avec eux, je leur dis mon secret,
Comme étant de mon cœur les plus sûrs secrétaires[1].

Aussi ne veux-je tant les peigner et friser,
Et de plus braves noms ne les veux déguiser,
Que de papiers journaux[2], ou bien de commentaires.

JOACHIM DU BELLAY, *Les Regrets*, sonnet I, 1558.

1 **Secrétaire** : dépositaire des secrets.
2 **Journaux** : écrits jour après jour.

THÉODORE CHASSÉRIAU,
Sapho, 1849.

EUGÈNE DELACROIX, *Ovide parmi les Scythes*, 1859.

PREMIÈRE LECTURE

1 Quelle fonction Du Bellay assigne-t-il à ses vers ?

AU FIL DU TEXTE

2 Quelle figure de style marque les trois premiers vers ? Comment pouvez-vous l'interpréter ?

3 **Grammaire** Relevez toutes les marques de la négation. Commentez leur présence dans le poème. En quoi est-ce révélateur du projet du poète ?

4 À quoi le poète renonce-t-il ? Est-ce conforme *a priori* à l'esprit de la Pléiade ?

5 En quoi peut-on affirmer que le projet du poète est caractérisé par la modestie ?

6 En quoi le recueil qui va être lu semble-t-il le reflet des humeurs du poète ?

7 Montrez que le poète est attaché à la notion de sincérité.

METTRE EN PERSPECTIVE

8 Recherchez les circonstances dans lesquelles Ovide a rédigé ses *Tristae* (*Les Tristes*). Recherchez les raisons pour lesquelles Du Bellay fait un long séjour à Rome. Que semble avoir repris Du Bellay à Ovide ?

9 Dans une édition des *Regrets* ou sur Internet, lisez le sonnet XXXVI. Trouvez une traduction du sonnet d'Ovide « *Ut sumus in Ponto* ». Comparez les deux textes.

10 Lorsque le poète formule dans son sonnet le souhait d'exprimer des sentiments personnels, comment faut-il l'interpréter ?

Vers le bac

Pensez-vous que le recours à des expériences et à des sentiments personnels soit le seul moyen de composer de la poésie lyrique ? Vous justifierez votre point de vue à travers l'écriture d'un paragraphe argumenté dans lequel vous pourrez exploiter les exemples de poèmes tirés de votre manuel mais aussi vos connaissances personnelles.

TEXTE 4

JOACHIM DU BELLAY, *Les Regrets* (1558)

JOACHIM DU BELLAY
(vers 1522-1560)
biographie p. 574

Le renouveau au sein de la Pléiade

Dans son sonnet IV des *Regrets*, Du Bellay continue de définir son projet d'écriture.

Je ne veux feuilleter les exemplaires Grecs[1],
Je ne veux retracer les beaux traits d'un Horace[2],
Et moins veux-je imiter d'un Pétrarque[3] la grâce,
Ou la voix d'un Ronsard[4], pour chanter mes Regrets.

Ceux qui sont de Phœbus[5] vrais poètes sacrés
Animeront leurs vers d'une plus grande audace :
Moi, qui suis agité d'une fureur[6] plus basse,
Je n'entre si avant en si profonds secrets.

Je me contenterai de simplement écrire
Ce que la passion seulement me fait dire,
Sans rechercher ailleurs plus graves arguments.

Aussi n'ai-je entrepris d'imiter en ce livre
Ceux qui par leurs écrits se vantent de revivre
Et se tirer tout vifs dehors des monuments[7].

JOACHIM DU BELLAY, *Les Regrets*, sonnet IV, 1558.

1 **Les exemplaires Grecs** : les œuvres antiques grecques qui servent de modèles.
2 **Horace** : poète de l'Antiquité du Ier siècle avant J.-C. dont Du Bellay s'est beaucoup inspiré, notamment pour la rédaction de sa *Défense et Illustration de la langue française* (voir p. 272 du manuel).
3 **Pétrarque** : poète italien (1304-1374), auteur du recueil *Canzoniere*, connu pour être l'inventeur du sonnet.
4 **Ronsard** : poète contemporain de Du Bellay ; tous deux sont connus pour être les chefs de file de la Pléiade.
5 **Phœbus** : dieu Phébus Apollon, dieu de la Lumière, mais aussi de la Musique et de la Poésie.
6 **Fureur** : le terme désigne le « délire poétique de l'inspiration ».
7 Allusion à Ronsard qui associe la poésie à l'immortalité.

La Pléiade chez Ronsard. Les poètes Joachim Du Bellay, Jean Antoine de Baïf, Jean Dorat, Remy Belleau, Pierre de Ronsard et Étienne Jodelle. Chromolithographie du XIXe siècle.

PREMIÈRE LECTURE

1 Définissez le projet du poète.

AU FIL DU TEXTE

2 Quelle figure de style se trouve répétée dans le premier quatrain ? Que signale-t-elle sur les intentions du poète ?

3 Recensez les différentes sources que rejette le poète. Est-ce conforme *a priori* au projet de la Pléiade ?

4 Observez la position du pronom « moi » dans le second quatrain. À qui s'oppose-t-il ?

5 **Grammaire** Relevez toutes les marques de négation dans le poème. Comment interprétez-vous le nombre d'occurrences présentes dans le sonnet ?

6 Montrez que le projet du poète se veut modeste.

7 Par quels moyens le poète cherche-t-il à marquer sa différence ?

8 En quoi la poésie apparaît-elle, malgré les apparences, comme un moyen de se mettre en valeur ?

METTRE EN PERSPECTIVE

9 Lorsque Du Bellay se trouve à Rome, il compose une partie des *Regrets*, mais aussi le recueil *Les Antiquités de Rome*, qui s'ouvre sur un premier sonnet dans lequel le poète s'adresse aux « divins esprits » antiques et où il écrit ces vers :

> « À haute voix trois fois je vous appelle:
> J'invoque ici votre antique fureur,
> [...]
> Je vais chantant votre gloire plus belle. »

Comparez ce projet d'écriture à celui que vous venez d'étudier dans *Les Regrets*, recueil en partie contemporain des *Antiquités de Rome*.

10 Rappelez le lien que les poètes de la Pléiade entretiennent avec la théorie de l'imitation. En quoi Du Bellay propose-t-il d'ouvrir les perspectives de la Pléiade ?

Pablo Picasso, *Buste d'homme écrivant* (autoportrait), 1971.

▲ QUESTIONS SUR L'IMAGE

L'écrivain de Picasso semble lui aussi chercher son inspiration. De quelle façon les mains sont-elles mises en valeur ? D'après vous, pourquoi ?

Edward John Poynter, *Orphée et Eurydice*, 1862.

Vers le bac

Recherchez dans la peinture un exemple de mythe régulièrement repris au cours de l'histoire artistique. Vous l'illustrerez à l'aide de reproductions que vous aurez trouvées, puis vous rédigerez un texte dans lequel vous exposerez votre point de vue sur l'intérêt que présente la reprise régulière de ce mythe.

TEXTE ÉCHO

JOACHIM DU BELLAY,

La Défense et Illustration de la langue française (1549)

Raphaël, *Le Parnasse* (détail représentant les Muses), 1514, Vatican, Rome.

La théorie de l'imitation chez les poètes de la Pléiade

En 1549, Du Bellay publie sa *Défense et Illustration de la langue française*, texte théorique dans lequel il affirme que la poésie française peut enrichir la langue française en s'inspirant des auteurs de l'Antiquité. La *Défense* apparaît ainsi comme une sorte de manifeste de la pensée de la Pléiade.

Livre II
Chapitre IV

Quels genres de poèmes doit élire le poète français

Lis donc et relis premièrement, ô poète futur, feuillette de main nocturne et journelle[1] les exemplaires[2] grecs et latins ; puis me laisse toutes ces vieilles poésies françaises aux Jeux floraux de Toulouse et au Puy de Rouen[3] : comme rondeaux, ballades, virelais, chants royaux, chansons[4] et autres telles épiceries, qui corrompent le goût de notre langue, et ne servent sinon à porter témoignage de notre ignorance. Jette-toi à ces plaisants épigrammes[5] [...] à l'imitation d'un Martial[6] ou de quelque autre bien approuvé [...]. Distille avec un style coulant et non scabreux[7] ces pitoyables[8] élégies, à l'exemple d'un Ovide, d'un Tibulle, d'un Properce[9], y entremêlant quelquefois de ces fables anciennes, non petit ornement de poésie. Chante-moi ces odes[10] inconnues encore de la Muse française, d'un luth bien accordé au son de la lyre grecque et romaine, et qu'il n'y ait vers où n'apparaisse quelque vestige de rare et antique érudition.

JOACHIM DU BELLAY, *La Défense et Illustration de la langue française,* 1549.
[Orthographe modernisée]

1 **De main nocturne et journelle** : chaque jour.
2 **Exemplaires** : modèles.
3 **Jeux floraux de Toulouse et au Puy de Rouen** : concours de poésie.
4 **Rondeaux, ballades, virelais, chants royaux, chansons** : poèmes à forme fixe développés au Moyen Âge.
5 **Épigramme** : poème antique repris à la Renaissance.
6 **Martial** (v. 40 ap. J.-C. – v. 104) : poète latin connu pour ses épigrammes.
7 **Scabreux** : âpre, raboteux.
8 **Pitoyable** : qui émeut, qui suscite la pitié du lecteur.
9 Ovide, Tibulle et Properce sont des poètes latins.
10 **Ode** : genre poétique hérité de l'Antiquité très apprécié à la Renaissance.

1 Quels conseils Du Bellay donne-t-il aux futurs poètes français ?

2 Quelle place l'Antiquité semble-t-elle occuper dans la conception que Du Bellay se fait de la poésie ?

3 Relisez le poème IV du recueil *Les Regrets* dans votre manuel (p. 270) et comparez le début de chacun des deux textes. Quelle évolution pouvez-vous noter entre 1549 et 1558 ?

La Pléiade

Quelques éléments illustres de la Pléiade : Jean Dinemandi, dit Dorat, professeur de Joachim du Bellay et de Pierre de Ronsard, 1555.

1 DÉFINIR

La Pléiade est un groupe de sept poètes français du XVIe siècle qui reprennent le nom de sept poètes antiques. Ils fondent leur poésie sur la notion d'imitation des auteurs anciens et souhaitent apporter un véritable renouveau dans la poésie française qui a, selon eux, souffert du Moyen Âge. Enrichir la langue française, nourrir le goût pour l'érudition et rénover les formes poétiques en imitant les auteurs de l'Antiquité : tels sont les objectifs que ces poètes se sont fixés. Du Bellay est l'un des chefs de file du groupe. Il écrit ceci dans le texte qui théorise la Pléiade :

> « [...] sans l'imitation des Grecs et Romains nous ne pouvons donner à notre langue l'excellence et lumière des autres plus fameuses. Je sais que beaucoup me reprendront, qui ai osé le premier des Français introduire quasi comme une nouvelle poésie »
>
> **JOACHIM DU BELLAY,** *Défense et Illustration de la langue française,* 1549.

Répondez aux questions suivantes en choisissant la bonne réponse :

La Pléiade rejette :
- ❑ les auteurs médiévaux français ;
- ❑ les auteurs antiques.

L'écriture poétique des auteurs de la Pléiade se fonde sur une théorie de l'imitation dans le but :
- ❑ d'enrichir la langue française et de créer de nouvelles formes poétiques ;
- ❑ de mettre fin à l'usage de la langue française car le grec et le latin sont supérieurs.

2 OBSERVER

Voici le premier quatrain du sonnet 25 des *Antiquités de Rome* (1558) de Du Bellay :

> « Que n'ai-je encor la harpe thracienne,
> Pour réveiller de l'enfer paresseux
> Ces vieux Césars, et les ombres de ceux
> Qui ont bâti cette ville ancienne ? »

a. Montrez que Du Bellay pratique une poésie érudite.
b. En quoi ce quatrain rejoint-il le discours théorique tenu dans la *Défense et Illustration de la langue française* ?

4 RETENIR

Résumez les fondements de la Pléiade en employant les mots clefs suivants :

antiquité • imitation • renouveau poétique • enrichissement • érudition

3 COMPRENDRE

La Pléiade cherche un renouveau poétique à travers le principe de l'innutrition.

Extrait 1
« Toutefois ce tant louable labeur de traduire ne me semble moyen unique et suffisant pour élever notre vulgaire à l'égal et parangon des autres plus fameuses langues » *Défense et Illustration de la langue française*, Livre I, chap. 5.

Extrait 2
« Ne pensez donc, imitateurs, troupeau servile, parvenir au point de leur excellence [celle des Anciens] » *Défense et Illustration de la langue française*, Livre I, chap. 11.

Extrait 3
« Ce n'est chose facile de bien suivre les vertus d'un bon auteur, et quasi comme se transformer en lui » *Défense et Illustration de la langue française*, Livre I, chap. 8.

Définissez ce qu'est l'innutrition grâce aux trois extraits ci-dessus (ce que l'innutrition n'est pas / ce qu'elle propose comme théorie de l'imitation).

Parcours culturel et artistique

LE DIALOGUE DES ARTS À LA RENAISSANCE

Avec l'extension de l'esprit humaniste à l'ensemble de l'Europe, les arts se développent autour du désir commun de faire renaître l'Antiquité. C'est ainsi que, d'un artiste à l'autre, on retrouve parfois les mêmes sujets, à l'exemple du mythe d'Orphée, particulièrement fécond. Archétype du poète, Orphée fascine : son chant divin, son passage par les Enfers et son histoire d'amour tragique avec Eurydice en font un thème privilégié de la littérature mais aussi de la peinture et de la musique.

LE TITIEN, *LE CONCERT CHAMPÊTRE*

Né à la fin du XVe siècle, Le Titien est un peintre qui appartient à l'école vénitienne. S'il est particulièrement connu pour son art du portrait, il s'illustre aussi dans les paysages. Il meurt en 1576 à Venise.

LE TITIEN, *Le Concert champêtre*, 1509, musée du Louvre (1,05 x 1,36 m).

1 En quoi ce tableau peut-il faire penser à l'Antiquité ?

2 Recherchez la définition d'une pastorale. Décrivez le tableau en montrant que Le Titien reprend les éléments de ce genre.

3 Comment la musique, et donc la poésie, est-elle mise en valeur ?

JAN BRUEGHEL, *ORPHÉE*

JAN BRUEGHEL, dit Brueghel de Velours, *Orphée,* 1594, 55 x 69 cm, Galerie Borghese, Rome.

Fils du peintre flamand Brueghel l'Ancien, Jan Brueghel (1568-1625) doit son surnom Brueghel de Velours pour sa maîtrise des fondus et des dégradés de couleurs. Il peint beaucoup de natures mortes, des paysages, mais aussi des scènes mythologiques comme dans son tableau *Orphée*.

4 Par quel moyen Orphée est-il mis en valeur ?

5 Que regarde Orphée ? Pourquoi ?

6 Commentez la diversité des animaux présents dans la scène. Est-ce réaliste ?

7 Quelle image ce tableau donne-t-il de la poésie ?

TOUSSAINT DUBREUIL, *ORPHÉE CHARMANT LES ANIMAUX*

On ne sait pas exactement à qui attribuer ce tableau intitulé *Orphée charmant les animaux*. On l'associe en tout cas à l'atelier d'un peintre français, Toussaint Dubreuil (1561-1602), influencé par les peintres maniéristes italiens.

TOUSSAINT DUBREUIL (atelier de), *Orphée charmant les animaux*, XVIe siècle (1,40 x 2,40 m),musée du Louvre.

8 Comment Orphée est-il mis en valeur dans ce tableau ?

9 Commentez la composition du tableau et les couleurs utilisées. Que peut symboliser l'arrière-plan ?

10 Quelle image de la poésie est donnée à voir ici ?

OUVERTURE MUSICALE : L'*ORFEO* DE MONTEVERDI (1567-1643), ENTRE LA RENAISSANCE ET LE BAROQUE

Avec le librettiste Alessandro Striggio, Claudio Monteverdi donne naissance à un genre de spectacle nouveau en 1607 : l'opéra. Le compositeur s'inscrit donc dans la modernité tout en restant fidèle à l'idéal humaniste puisque l'œuvre est fortement ancrée dans l'imaginaire antique. Ainsi, le livret est inspiré des *Métamorphoses* d'Ovide. Par ailleurs, la structure de l'œuvre en cinq actes et la présence du chœur qui commente les actions rappellent la tradition antique.

Monteverdi, *Orfeo*, scène d'Opéra du 16 mars 1935.

11 Lisez l'argument de l'œuvre en faisant une recherche sur Internet. En quoi le genre de la pastorale est-il prédominant ici ?

12 Dans une édition des *Métamorphoses* d'Ovide, lisez le récit consacré à Orphée dans le livre X. Comparez-le avec l'argument.

13 Trouvez sur Internet un enregistrement de l'*Orfeo* et écoutez particulièrement, dans l'acte III, le passage d'Orphée, « *Possente Spirto e formidabil Nume...* ». Par quel moyen Orphée rend-il son chant irrésistible ?

14 Quelle vision de la poésie se dégage de cette œuvre ?

CHAPITRE 3
Le baroque ou le clair-obscur d'un monde mouvant (XVIe-XVIIe siècle)

La poésie baroque

Le XVIe siècle, une époque marquée par l'incertitude

Les certitudes les mieux ancrées sont bousculées au XVIe siècle par des mutations dans de nombreux domaines.

Sur le plan scientifique, la vision du monde est remodelée par les travaux de **Copernic** (1473-1543) puis de **Galilée** (1564-1642) : l'**héliocentrisme** renverse la conception traditionnelle d'un univers trouvant en son centre la Terre et l'homme.

Des querelles religieuses sont nées des idées de **Luther** (1483-1546) et de **Calvin** (1509-1564). Ces théologiens promeuvent l'interprétation personnelle de la Bible, la confiance en la foi seule, condamnent le système des indulgences, défendent la théorie de la prédestination de la grâce, remettent en question certains sacrements ou le culte des saints et de la Vierge. Un conflit de civilisation oppose les catholiques aux réformateurs protestants.

Galilée et l'Inquisition : *« E pur si muove ! »* (« Et pourtant elle tourne ! »). Galilée prononce ces paroles en 1633 dans sa prison après avoir été obligé de renier devant l'Inquisition sa théorie selon laquelle la Terre tourne autour du Soleil, gravure de 1859.

Une période de troubles intenses

La remise en cause des croyances les plus partagées conduit en France à huit conflits qui ravagent le royaume : les persécutions commencent dès les années 1520, mais protestants et catholiques s'affrontent de façon plus violente à partir de 1550, sous le règne d'**Henri II**. Les guerres commencent en 1562. Leur violence paroxystique aboutit à des massacres dans toute la France dont celui de la **Saint-Barthélemy** à Paris en 1572. Elles ne se termineront qu'en 1598, lorsque **Henri IV** proclame l'**édit de Nantes** après avoir abjuré sa foi protestante en 1593 au profit de la foi catholique.

L'interrogation mystique, le spectacle de la mort, les doutes nés des guerres de Religion conduisent à envisager pour la première fois la mort comme un terme absolu possible : ni l'enfer ni le paradis n'attendraient les morts. À ces bouleversements religieux, à ce vacillement de toutes les certitudes, s'ajoutent des périodes de famines, d'épidémies et de désordres climatiques. Ainsi, l'angoisse inimaginable que le néant pourrait s'imposer se développe.

- 1517 Luther, *95 Thèses*
- 1520 Début des persécutions contre les protestants
- 1541-1564 Calvin à Genève - Élaboration des institutions réformées de la ville
- 1543 Copernic et l'héliocentrisme, *Des révolutions des orbes terrestres*
  Vésale, *La Fabrique du corps humain*
- 1545-1563 Concile de Trente
- 1547 Michel-Ange et la coupole de Saint-Pierre de Rome
- 1548 Loyola, *Exercices spirituels*
- 1550
- 1562 Début des guerres de Religion.
  Sainte Thérèse, *Le Livre de ma vie*
- 1572 Massacre de protestants lors de la nuit de la Saint-Barthélemy
- 1573 Philippe Desportes, *Premières Œuvres*
- 1578 Du Bartas, *La Semaine*
- 1587 François de Malherbe, *Les Larmes de saint Pierre*
- 1588 Jean de Sponde, *Essai de quelques poèmes chrétiens*
- 1590 La Roque, *Amours de Phyllis*
- 1593 Henri IV abjure sa foi protestante et entre à Paris
- 1598 Édit de Nantes
- 1599 Shakespeare, *Comme il vous plaira*
- 1600 Caravage, Peintures de la chapelle Cerasi
- 1600
- 1610 Assassinat d'Henri IV
- 1616 D'Aubigné publie anonymement *Les Tragiques*
- 1621 La Ceppède, *Théorèmes spirituels*
- 1631 Calderon, *La Vie est un songe*
- 1632 Galilée, *Dialogue sur les deux grands systèmes du monde*
- 1636 Corneille, *L'Illusion comique*
- 1643 Borromini, début de la construction de l'église Sant'Ivo à Rome
- 1650

Le baroque, un mouvement artistique

Le concile de Trente (1545-1563), réfutant toutes les thèses protestantes, grave les lignes de partage entre les deux conceptions en réaffirmant les grands principes de l'Église catholique : l'interprétation des textes sacrés relève de son pouvoir ; l'homme peut se préparer à son salut par la foi et les bonnes œuvres contre la conception calviniste de la prédestination ; les sacrements sont d'institution divine.

Le mouvement baroque désigne les œuvres artistiques nées des principes de cette Contre-Réforme catholique, à Rome, en Italie, et qui se propagent dans tous les pays catholiques au cours du XVIIe siècle.

L'art baroque en appelle aux sens et aux émotions pour persuader de la grandeur de la religion catholique. Ses œuvres ont pour mission d'éblouir le spectateur par un luxe ostentatoire dont l'un des symboles est l'art du trompe-l'œil. En architecture, ce sont les réalisations de **Borromini** (1599-1667) et du **Bernin** (1598-1680), également sculpteur ; en peinture, face aux œuvres phares des frères Carrache, les scènes religieuses peuplées de saints s'imposent aussi dans les clairs-obscurs du **Caravage** (1571-1610) et dans les œuvres magnificentes du peintre flamand **Rubens** (1577-1640).

La musique baroque couvre, quant à elle, une période plus large du XVIIe siècle, depuis les premiers opéras de **Monteverdi** (1567-1643) jusqu'au XVIIIe siècle, se terminant avec **Jean-Sébastien Bach** (1685-1750).

LE BERNIN, *Zeus et la fontaine des Quatre-Fleuves à Rome*, 1648-1651.

QUESTION

Mettez en évidence les principes de l'esthétique baroque à l'œuvre dans cette sculpture du Bernin.

Littérature et sensibilité baroque

La sensibilité baroque s'incarne aussi à travers les productions littéraires dans le jeu des apparences entre l'être et le paraître, les images du masque et du miroir, qui troublent les identités et les certitudes. La littérature baroque traduit le sentiment de l'universel écoulement du monde, l'image de son instabilité permanente.

La poésie des années 1570-1640 appelle à mépriser les vanités terrestres face à la fuite du temps, pour se concentrer sur la question de la rédemption et du destin de l'âme qui ne périra pas. La poésie amoureuse illustre l'instabilité de la nature, l'inconstance des cœurs incapables de se fixer.

Un motif central parcourt les productions liées à cette sensibilité : la métamorphose, qui traduit la fascination pour l'état intermédiaire, le moment insaisissable où vérité et apparence se confondent.

Cette sensibilité baroque caractérise, de la fin du XVIe siècle au début du XVIIe siècle, aussi bien les œuvres des poètes protestants **Guillaume Saluste du Bartas** ou **Théodore Agrippa d'Aubigné** que celles des poètes catholiques **Philippe Desportes**, **Jean de Sponde** ou **Jean de La Ceppède**.

La mentalité baroque illustre une époque de mutations et se développe en poésie, au théâtre ou encore dans le roman, concentrée en des formules comme « le monde est un théâtre » ou « la vie est un songe ».

CARAVAGE, *Garçon mordu par un lézard vert*, 1593.

QUESTION

Présentez et interprétez les contrastes baroques à l'œuvre dans ce tableau.

TEXTE 1

GUILLAUME DE SALUSTE DU BARTAS, *La Semaine* (1578)

GUILLAUME DE SALUSTE DU BARTAS
(1544-1590)
biographie p. 571

CONTEXTE

Dans *La Semaine*, le poète, reprenant la tradition de l'heptaméron, raconte les sept premiers jours du monde. Il amplifie le récit de la Création donné dans la Genèse en un vaste poème de près de 6 500 vers. L'œuvre, d'inspiration religieuse, hommage au Dieu créateur, est également poésie « didascalique » (ou didactique) puisqu'elle cherche à instruire son lecteur. Elle constitue ainsi une sorte d'encyclopédie, une somme des savoirs et des connaissances de son temps, dans des domaines aussi variés que la cosmologie, la géologie ou encore l'anatomie.

Créations de la nuit baroque

« Premier Jour » rapporte la Création du Chaos, de la Lumière et de la Nuit par Dieu. Le poème présente le monde à la fois tel qu'il apparaît à l'origine en train de se créer et tel qu'il est, déjà achevé, pour le poète et le lecteur.

Premier Jour

L'Architecte du monde[1] ordonna qu'à leur tour
Le jour suivît la nuit, la nuit suivît le jour.
La nuit, pour tempérer du jour la sécheresse,
Humecte[2] notre ciel, et nos guérets[3] engraisse.
La nuit est celle-là qui charme nos travaux,
Ensevelit nos soins[4], donne trêve à nos maux.
La nuit est celle-là qui de ses ailes sombres
Sur le monde muet fait avecques[5] les ombres
Dégoutter[6] le silence, et couler dans les os
Des recrus[7] animaux un sommeilleux repos.
Ô douce Nuit, sans toi, sans toi l'humaine vie
Ne serait qu'un enfer, où le chagrin, l'envie,
La peine, l'avarice, et cent façons de morts
Sans fin bourelleraient[8] et nos cœurs et nos corps.
Ô Nuit, tu vas ôtant le masque et la feintise,
Dont sur l'humain théâtre en vain on se déguise
Tandis que le jour luit : ô Nuit alme[9] par toi
Sont faits du tout[10] égaux le bouvier[11] et le Roi,
Le pauvre et l'opulent, le Grec, et le Barbare,
Le Juge et l'accusé, le savant et l'ignare[12],
Le maître et le valet, le difforme et le beau.
Car, Nuit, tu couvres tout de ton obscur manteau.

GUILLAUME DE SALUSTE DU BARTAS, *La Semaine*, 1578.
[Orthographe modernisée]

1 **L'Architecte du monde** : Dieu.
2 **Humecte** : rend humide.
3 **Guérets** : terre labourée et non ensemencée.
4 **Soins** : soucis, activités.
5 **Avecques** : avec (orthographe ancienne conservée pour respecter l'alexandrin).
6 **Dégoutter** : faire tomber comme des gouttes, verser, distiller.
7 **Recrus** : épuisés, à bout de forces.
8 **Bourreler** : supplicier, torturer (ancien).
9 **Alme** : nourricière, bienfaisante.
10 **Du tout** : entièrement, complètement.
11 **Bouvier** : celui qui s'occupe des bœufs.
12 **Ignare** : qui manque d'instruction, de culture, ignorant.

WILLIAM BLAKE, *L'Ancien des Jours* ou *Le Grand Architecte*, 1794.

Premier jour de la Création : du Chaos naît la Lumière.
La Genèse (miniature du XVe siècle).

QUESTIONS SUR L'IMAGE

1. Quels sont les vers qui, selon vous, seraient le mieux illustrés par cette miniature ? Justifiez votre réponse.
2. Mettez en évidence la précision des traits ainsi que la finesse du travail de la couleur et des formes géométriques.
3. Quelles émotions semblent se dégager de cette image ? Correspondent-elles selon vous à celles que l'on peut ressentir à la lecture du poème ?

PREMIÈRE LECTURE

1 Comment qualifieriez-vous la vision de la nuit que le poète développe ?

2 Quels liens et quelles différences percevez-vous entre l'extrait de la Genèse racontant le mystère des origines et le poème ?

> « **I. 1.** Au commencement, Dieu créa les cieux et la terre. **2.** La terre était informe et vide, les ténèbres couvraient l'abîme et le souffle de Dieu planait sur les eaux. **3.** Dieu dit : « Que la lumière soit ! » Et la lumière fut. **4.** Dieu vit que la lumière était bonne, et il sépara la lumière des ténèbres. **5.** Dieu appela la lumière Jour, et les ténèbres Nuit. Le soir vint, puis le matin : ce fut le premier jour. »

AU FIL DU TEXTE

3 Mettez en évidence la rigueur de la structure des deux premiers vers. Pourquoi est-elle intéressante ?

4 De quelle(s) nuit(s) le poète parle-t-il entre les vers 1 et 10 ? Justifiez votre réponse en étudiant le temps des verbes et en commentant les définitions de la nuit qu'il propose.

5 **Grammaire** En vous appuyant sur l'analyse des rimes, du rythme et des propositions subordonnées relatives (voir l'étude de la langue, p. 426), étudiez la façon dont le propos sur la nuit s'étend et s'amplifie entre les vers 3 et 10.

6 Quels changements repérez-vous à partir du vers 11 ?

7 Quels sont les trois pouvoirs que le poète attribue à la Nuit dans son hymne entre les vers 11 et 22 ?

8 Étudiez l'argumentation dans le poème à partir du vers 11 et résumez le principal paradoxe que vous pouvez repérer.

9 Entre les vers 17 et 21, quels sont les domaines représentés dans les nombreuses oppositions ?

10 Analysez et expliquez précisément celle qui vous paraît être l'intruse ou la plus surprenante.

11 Étudiez la progression du poème en mettant en évidence les métamorphoses de la nuit et leur proximité possible avec le thème de la mort.

Balthazar Peruzzi, *Apollon et les neuf muses,* Palazzo Pitti, Florence, 1520.

METTRE EN PERSPECTIVE

12 Voici la façon dont Ovide, poète latin né au Ier siècle avant J.-C., présente le projet des *Métamorphoses*, ainsi que les premiers mots de cette œuvre, inspirée de récits épiques et mythologiques, référence incontournable des poètes dits « baroques » :

> « J'ai formé le dessein de conter les métamorphoses des êtres en des formes nouvelles. Ô dieux (car ces transformations furent, elles aussi, votre œuvre), favorisez mon entreprise et guidez le déroulement ininterrompu de mon poème depuis l'origine même du monde jusqu'à ce temps qui est le mien.
>
> LES ORIGINES DU MONDE
>
> Avant qu'existassent la mer et la terre, et le ciel qui couvre l'univers, la nature sur toute l'étendue du monde, n'offrait qu'une apparence unique, ce qu'on a appelé le Chaos, masse informe et confuse qui n'était encore rien que poids inerte, amas en un même tout de germes disparates des éléments des choses, sans liens entre eux. »
>
> **OVIDE**, *Les Métamorphoses*, I, 8 ap. J.-C., trad. J. Chamenard, 1966.

Comparez cet extrait avec le projet de Guillaume de Saluste Du Bartas puis avec le poème que vous avez étudié. Montrez qu'Ovide, même s'il fait référence au « temps qui est le [s]ien », respecte la chronologie du récit de la Création du monde. En quoi ce projet est-il différent de celui de Du Bartas ? Qu'est-ce que cela peut nous apprendre sur la sensibilité baroque ?

13 Présentez le rapprochement possible entre cette citation de la pièce de Shakespeare et les vers 15 et 16 du poème de Du Bartas. Expliquez puis mémorisez ces citations, exemplaires de la sensibilité baroque.

> « Le monde entier est un théâtre,
> Et tous, hommes et femmes, n'y sont que des acteurs.
> Ils ont leurs sorties, leurs entrées,
> Et chacun dans sa vie a plusieurs rôles à jouer,
> Dans un drame en sept âges […] »
>
> **WILLIAM SHAKESPEARE**, *Comme il vous plaira*, 1599, trad. de Jean-Michel Déprats, Éd. Gallimard, 2014.

Vers le bac

En regroupant certaines de vos réponses de la rubrique « Au fil du texte » et en vous appuyant sur des citations précises, vous développerez un paragraphe d'une dizaine de lignes pour montrer que Du Bartas présente une création poétique qui ordonne « le difforme et le beau ».

PROLONGEMENT

Recherchez ou créez à votre tour une illustration qui pourrait prolonger votre lecture du poème.

TEXTE 2

PHILIPPE DESPORTES,

Premières Œuvres, Diverses Amours (1573)

PHILIPPE DESPORTES
(1546-1606)
biographie p. 574

CONTEXTE

Desportes fut longtemps considéré comme un poète de transition entre Ronsard et Malherbe. Il a cependant produit une œuvre originale portée par deux grands recueils, les *Premières Œuvres* et les *Psaumes de David*, qui marquent les deux grandes veines de son lyrisme : le registre profane et le registre sacré, la poésie amoureuse et la poésie de dévotion chrétienne. Les stances de « Contre une nuit trop claire », sans doute composées vers 1565, prennent place dans le premier recueil de Desportes, tout en faisant écho à certaines préoccupations mystiques et poétiques du second.

Un jeu d'humour nocturne

La nuit, obsession profonde et multiforme dans son œuvre, est, chez Desportes, un thème privilégié pour dire l'inconstance des êtres et mettre en mouvement les contrastes entre la nuit détestée lorsqu'elle refuse le sommeil, et la nuit aimée, lorsqu'elle l'autorise et permet de faire communiquer par le rêve les corps et les âmes.

Contre une nuit trop claire

Ô Nuit ! jalouse Nuit, contre moi conjurée,
Qui renflammes le ciel de nouvelle clarté,
T'ai-je donc aujourd'hui tant de fois désirée
Pour être si contraire à ma félicité[1] ?

Pauvre moi ! je pensais qu'à ta brune rencontre
Les cieux d'un noir bandeau dussent être voilés
Mais, comme un jour d'été, claire tu fais ta montre,
Semant parmi le ciel mille feux étoilés.

Et toi, sœur d'Apollon[2], vagabonde courrière[3],
Qui pour me découvrir flambes si clairement,
Allumes-tu la nuit d'aussi grande lumière,
Quand sans bruit tu descends pour baiser ton amant ?

Hélas ! s'il t'en souvient, amoureuse déesse,
Et si quelque douceur se cueille en le baisant,
Maintenant que je sors pour baiser ma maîtresse,
Que l'argent de ton front ne soit pas si luisant.

Ah ! la fable a menti, les amoureuses flammes
N'échauffèrent jamais ta froide humidité ;
Mais Pan[4], qui te connut du naturel des femmes,
T'offrant une toison, vainquit ta chasteté.

Si tu avais aimé, comme on nous fait entendre,
Les beaux yeux d'un berger[5], de long sommeil touchés,
Durant tes chauds désirs tu aurais pu apprendre
Que les larcins d'amour veulent être cachés.

Mais flamboie à ton gré, que ta corne argentée
Fasse de plus en plus ses rais[6] étinceler :
Tu as beau découvrir, ta lumière empruntée
Mes amoureux secrets ne pourra déceler.

1 **Félicité** : jouissance, bonheur parfait. Dans la religion chrétienne, bonheur promis aux élus après leur mort.
2 **Sœur d'Apollon** : Diane, considérée comme déesse de la Lune (Diane est triple : Hécate aux Enfers, Diane chasseresse, Phœbé ou Séléné au ciel).
3 **Courrière** : de course (ancien).
4 **Pan :** divinité des Bergers et des Troupeaux, mi-homme, mi-bouc, à l'activité sexuelle débordante. Il symbolisait les forces de la nature. Dans les *Géorgiques* (chant III), Virgile raconte que Pan séduisit Séléné de cette façon.
5 **Les beaux yeux d'un berger** : Séléné endormit le berger Endymion pour pouvoir le caresser. Desportes identifie ici Séléné et Diane, connue quant à elle pour son vœu de chasteté.
6 **Rais** : faisceaux de lumière, rayons.

Gian Lorenzo Bernini,
Église Santa Maria della Vittoria de Rome,
1647-1652.

▲ QUESTIONS SUR L'IMAGE

1. Faites des recherches pour présenter brièvement l'histoire de sainte Thérèse d'Avila.
2. Comment le travail de la sculpture traduit-il la légèreté, le mouvement et la dimension charnelle de l'extase de sainte Thérèse ?
3. Lisez la première strophe du poème de Desportes. Étudiez les rapprochements possibles avec la sculpture. Peut-on parler selon vous d'extase inversée ? Quel effet cela produit-il ?

Que de fâcheuses gens, mon Dieu ! quelle coutume
De demeurer si tard dans la rue à causer !
Ôtez-vous du serein[7], craignez-vous point le rhume ?
La nuit s'en va passée, allez vous reposer.

Je vais, je viens, je fuis, j'écoute et me promène,
Tournant toujours mes yeux vers le lieu désiré ;
Mais je n'avance rien, toute la rue est pleine
De jaloux importuns, dont je suis éclairé.

Je voudrais être roi pour faire une ordonnance
Que chacun dût la nuit au logis se tenir,
Sans plus les amoureux auraient toute licence ;
Si quelque autre faillait, je le ferais punir.

Ô somme ! ô doux repos des travaux ordinaires,
Charmant par ta douceur les pensers ennemis,
Charme ces yeux d'Argus[8], qui me sont si contraires
Et retardent mon bien, faute d'être endormis.

Mais je perds, malheureux, le temps et la parole,
Le somme est assommé d'un dormir ocieux[9]
Puis durant mes regrets, la nuit prompte s'envole,
Et l'aurore déjà veut défermer[10] les cieux.

Je m'en vais pour entrer, que rien ne me retarde,
Je veux de mon manteau mon visage boucher ;
Mais las ! je m'aperçois que chacun me regarde,
Sans être découvert, je ne puis approcher.

Je ne crains pas pour moi ; j'ouvrirais une armée,
Pour entrer au séjour qui recèle mon bien ;
Mais je crains que ma dame en pût être blâmée,
Son repos, mille fois m'est plus cher que le mien.

Quoi ? m'en irai-je donc ? mais que voudrais-je faire ?
Aussi bien peu à peu le jour s'en va levant,
Ô trompeuse espérance ! Heureux cil[11] qui n'espère
Autre loyer d'amour que mal en bien servant !

PHILIPPE DESPORTES, *Premières Œuvres, Diverses Amours*, 1573.
[Orthographe modernisée]

7 **Serein** : humidité de la tombée de la nuit.
8 **Argus** : géant de la mythologie grecque, possédant cent yeux, connu pour être celui qui voit tout et dont il est impossible de tromper la vigilance.
9 **Ocieux** : oisif.
10 **Défermer** : ouvrir (ancien).
11 **Cil** : celui qui (forme ancienne conservée pour respecter l'alexandrin).

PREMIÈRE LECTURE

1 Que reproche le poète à la nuit ? En quoi est-ce étonnant ?

2 Comment qualifieriez-vous la tonalité dominante du poème ?

AU FIL DU TEXTE

3 Présentez, en suivant l'ordre du poème, tous les « personnages » auxquels s'adresse le poète et qui s'opposent à l'accomplissement de son désir.

4 Montrez ainsi que le poème suit un plan rhétorique développant un discours contre la clarté de la nuit et ses conséquences.

Le plan rhétorique type est constitué de quatre parties :
- l'*exorde*, dont la fonction est de susciter la bienveillance de l'auditoire.
- la *narration* est l'exposé des faits, le récit.
- la *confirmation* est la partie du discours qui rassemble les preuves et les arguments ; elle est parfois absente, le discours pouvant se réduire à l'*amplification*.
- la *péroraison* est la conclusion du discours qui résume l'argumentation et vise à émouvoir le spectateur ou le lecteur.

5 Mettez en évidence la dimension érotique de la félicité attendue par le poète en vous appuyant par exemple sur l'analyse précise des vers 1 à 16.

6 Étudiez les oppositions entre les vers 17 à 28. Pourquoi peut-on dire que, grâce à la forme des stances, elles traduisent les nombreux changements et l'inconstance du poète ?

7 Combien de temps dure la scène développée dans l'ensemble du poème ? Relevez et analysez précisément les références à l'urgence et à l'accélération du temps à partir du vers 29.

8 Pensez-vous que ce poème est en réalité le récit d'une nuit d'insomnie au cours de laquelle le rêve se refuse ? Justifiez votre réponse.

9 Quels sont les différents effets comiques que vous pouvez repérer entre les vers 29 et 40 ?

10 **Lexique** Étudiez le réseau des répétitions et les figures de dérivation (voir l'étude de la langue p. 433) entre les vers 41 et 52. Pourquoi sont-elles aussi nombreuses, d'après vous ?

11 Analysez la dernière strophe pour montrer en quoi elle est surprenante.

METTRE EN PERSPECTIVE

12 Lisez le texte suivant de Gérard Genette à propos de la poésie baroque :

> « Ainsi se constitue un curieux langage cristallin où chaque mot reçoit sa valeur du contraste qui l'oppose à tous les autres. On peut donc voir dans l'antithèse la figure majeure de la poétique baroque. »
>
> **GÉRARD GENETTE**, « Tel Quel », *Figures I*, éd. Le Seuil, 1966, « Points Essais », 1976.

En quoi ce propos vous paraît-il bien illustrer certains enjeux du poème de Desportes ?

PROLONGEMENT

Imaginez une mise en scène théâtrale précise (décor, mouvements, jeu du comédien, voix, éclairage...) du poème devenu monologue lyrique et justifiez vos choix en fonction de votre analyse du texte.

Rencontre de Dante et Béatrice au Paradis (enluminure du XIVe siècle).

Vers le bac

En vous appuyant sur des citations précises et sur les analyses menées, vous rédigerez un paragraphe d'une dizaine de lignes pour présenter les différentes facettes de l'humour à l'œuvre dans le poème de Philippe Desportes.

TEXTE ÉCHO

SIMÉON-GUILLAUME DE LA ROQUE, *Amours de Phyllis* (1590)

Métamorphose du poète entre lumière et ombre

Les œuvres de Siméon-Guillaume de La Roque ont été publiées isolément (*Amours de Phyllis* en 1590, *Amours de Caristée* en 1594) puis rassemblées en recueils. Elles sont principalement de deux sortes : poésie amoureuse d'une part et poèmes de circonstance d'autre part, célébrant des grandes personnalités et des événements marquants. Le sonnet « Je suis le triste Oiseau de la nuit solitaire » illustre la solitude du poète sous la forme d'une lamentation amoureuse.

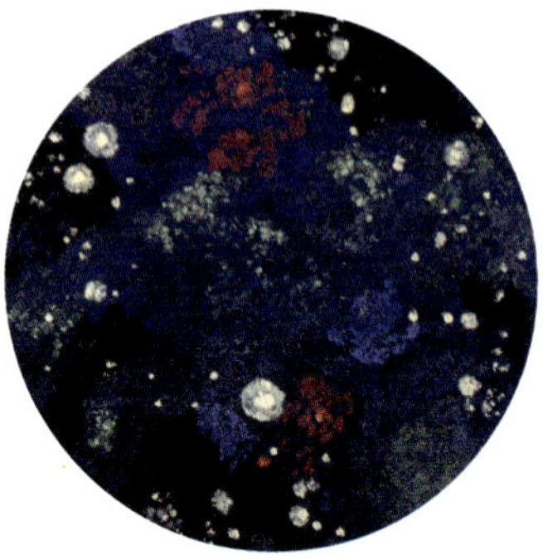

Augusto Giacometti, *Sternenhimmel*, 1917.

▲ QUESTION SUR L'IMAGE

Comment pourriez-vous mettre en relation le poème de La Roque avec l'œuvre de Giacometti ?

Je suis le triste Oiseau de la nuit solitaire

Je suis le triste Oiseau de la nuit solitaire[1]
Qui fuit sa même espèce et la clarté du jour
De nouveau transformé par la rigueur d'Amour
Pour annoncer l'augure[2] au malheureux vulgaire[3]

J'apprends à ces rochers mon tourment ordinaire
Ces rochers plus secrets où je fais mon séjour
Quand j'achève ma plainte Écho[4] parle à son tour,
Tant que[5] le jour survient qui soudain me fait taire

Depuis que j'eus perdu mon Soleil radieux
Un voile obscur et noir me vint bander les yeux
Me dérobant l'espoir qui maintenait ma vie

J'étais jadis un Aigle auprès de sa clarté
Telle forme à l'instant[6] du sort me fut ravie
Je vivais de lumière ore[7] d'obscurité

SIMÉON-GUILLAUME DE LA ROQUE, *Amours de Phyllis*, 1590.

1 **Oiseau de la nuit solitaire** : le hibou.
2 **Augure** : présage par lequel on juge de l'avenir.
3 **Malheureux vulgaire** : le commun des mortels.
4 **Écho** : nymphe des montagnes, elle fut condamnée à ne plus pouvoir parler, sauf à répéter les derniers mots entendus.
5 **Tant que** : jusqu'au moment où.
6 **À l'instant** : en un instant.
7 **Ore** : maintenant.

1 Quelles images communes au poème de Desportes repérez-vous ? Suscitent-elles les mêmes émotions ?

2 Comment la métamorphose de l'aigle en hibou diffuse-t-elle son contraste à l'ensemble du poème ?

3 Étudiez la façon dont la structure du sonnet et le schéma des rimes renforcent la solitude de la voix du poète.

4 Le poète a retrouvé son « Soleil radieux ». Écrivez le bref poème qu'il compose pour traduire ses émotions nouvelles.

Le mouvement baroque

1 COMPRENDRE

Recopiez et complétez le tableau grâce aux mots-clés suivants :
pluralité • imagination • profondeur • vision linéaire • mystère • harmonie • multiples

CLASSIQUE	BAROQUE
... : dessin, ligne conductrice du regard, contours définis, limites, fixité.	**Vision picturale :** limites imprécises, masses de couleurs, vision dans la totalité, mouvement.
Présentation par plan : plans parallèles, ligne droite, verticalité, horizontalité, perspective.	**Présentation en ... :** débordements du premier plan à l'arrière-plan, flux, espace en spirales, mouvement ascendant.
Forme fermée et unité : construction autour d'un centre, appel à la raison, ..., hiérarchie selon une loi commune.	**Forme ouverte et ... :** fragment ou décomposition, centres **...**, appel à l'**...** du spectateur, multiplications des possibles, mélanges et nuances.
Clarté : clarté du motif, lumière, mise en évidence de la forme, règles.	**Obscurité :** jeu sur l'illusion, contrastes, inconscient,**...**

Tableau comparatif des principaux traits opposant l'art classique et l'art baroque d'après H. Wölfflin, *Principes fondamentaux de l'histoire de l'art*, 1915.

2 MÉMORISER

Résumez et mémorisez les caractères essentiels du baroque littéraire définis par Jean Rousset.

« Nous sommes maintenant en possession des caractères essentiels de l'œuvre baroque [...] :
1. L'instabilité d'un équilibre en voie de se défaire pour se refaire, de surfaces qui se gonflent ou se rompent, de formes évanescentes, de courbes et de spirales.
2. La mobilité d'œuvres en mouvement qui exigent du spectateur qu'il se mette lui-même en mouvement et multiplie les points de vue (vision multiple).
3. La métamorphose ou, plus précisément : l'unité mouvante d'un ensemble multiforme en voie de métamorphose.
4. La domination du décor [...], la substitution à la structure d'un réseau d'apparences fuyantes, d'un jeu d'illusions. »

JEAN ROUSSET, *Circé et le paon. La littérature de l'âge baroque en France*, Paris, José Corti, 1953

3 OBSERVER

Présentez à l'oral les caractères essentiels du baroque que vous pouvez identifier dans les oeuvres suivantes.

FRANCESCO BORROMINI, coupole de l'Église Saint Yves de la Sagesse, 1642-1660, Rome.

GIAN LORENZO BERNINI, *Le Rapt de Proserpine*, 1621-1622, musée Borghese, Rome.

TEXTE 3

JEAN DE SPONDE, *Essai de quelques poèmes chrétiens* (1588)

JEAN DE SPONDE
(1557-1595)
biographie p. 588

CONTEXTE

L'œuvre poétique de Jean de Sponde concentre de nombreux aspects de la sensibilité baroque en deux minces recueils. *Les Amours* (1597), publiés après sa mort, rassemblent des poèmes d'inspiration religieuse. Ils s'attachent à traduire l'opposition entre l'expérience cruelle d'un amour humain désincarné et la seule vraie vie possible, qui, pour le poète, ne se trouve qu'en Dieu après la mort. *L'Essai de quelques poèmes chrétiens* (1588) développe aussi une poétique religieuse pour traduire le tableau des vanités et de l'insignifiance du monde, ainsi que l'inconstance de la vie.

Une vanité baroque

L'intensité des poèmes de Sponde traduit le parcours douloureux et violent de la conversion des âmes, qui, abandonnant les réalités terrestres insignifiantes, recherchent la lumière divine.

II

Mais si[1] faut-il mourir ! et la vie orgueilleuse,
Qui brave de[2] la mort, sentira ses fureurs ;
Les Soleils hâleront[3] ces journalières[4] fleurs,
Et le temps crèvera cette ampoule venteuse[5].

Ce beau flambeau qui lance une flamme fumeuse,
Sur le vert de la cire éteindra ses ardeurs[6] ;
L'huile de ce Tableau ternira ses couleurs,
Et ses flots se rompront à la rive écumeuse.

J'ai vu[7] ces clairs éclairs passer devant mes yeux,
Et le tonnerre encor qui gronde dans les Cieux.
Ou d'une ou d'autre part éclatera l'orage.

J'ai vu fondre la neige, et ces torrents tarir,
Ces lions rugissants, je les ai vus sans rage.
Vivez, hommes, vivez, mais si faut-il mourir.

JEAN DE SPONDE, *Essai de quelques poèmes chrétiens*, sonnet II, 1588.
[Orthographe modernisée]

1 **Mais si** : et pourtant.
2 **Braver de** : braver, dédaigner, narguer.
3 **Hâler** : brûler.
4 **Journalier** : qui ne dure qu'un jour.
5 **Ampoule venteuse** : flacon vide, fiole pleine de vent.
6 Comprendre que la flamme s'éteindra quand elle se noiera dans la cire (verte).
7 Formule empruntée au livre de l'Apocalypse (dans la Bible), où Jean décrit les visions qui lui ont été inspirées par Dieu sur la fin du monde.

▶ QUESTION SUR L'IMAGE

Montrez en quoi cette vanité pourrait illustrer le poème de Sponde.

LUBIN BAUGIN,
Nature morte aux gaufrettes,
v.1630-1635,
musée du Louvre, Paris.

PREMIÈRE LECTURE

1 Quelle vous semble être l'intention principale du poète lorsqu'il écrit ce texte :
- se lamenter de façon émouvante d'être mortel ?
- effrayer le lecteur en lui montrant une image terrifiante de la mort ?
- lui rappeler que toute réussite dans la vie est vaine ?

Justifiez votre réponse en citant des éléments du texte.

AU FIL DU TEXTE

2 Que pensez-vous de l'attaque (c'est-à-dire des mots d'ouverture) du poème ? En quoi est-elle dynamique et efficace ?

3 Comment la mort impose-t-elle sa présence dans les deux premiers vers ?

4 Observez les images des vers 3 à 8. En quoi sont-elles à la fois disparates et concordantes ? Analysez également leur progression.

5 **Grammaire** Classez l'ensemble des verbes du poème selon leur mode et leur temps de conjugaison. Indiquez la valeur d'emploi de ces temps et de ces modes.

6 Avec l'intervention du « je » à partir du vers 9, le ton change brutalement. Décrivez et expliquez ce changement.

7 Quels effets le dernier vers suscite-t-il, par son adresse aux « hommes » et par la reprise de la formule initiale « mais si faut-il mourir » ?

8 Préparez une mise en voix expressive du sonnet de Sponde avec un(e) camarade. Comment allez-vous vous répartir le texte pour que l'alternance des voix soit justifiée et fluide ? Quelles variations d'intensité vocale ou de débit pouvez-vous envisager ? Proposez ensuite cette lecture devant la classe.

METTRE EN PERSPECTIVE

9 Cherchez l'origine et le sens de l'expression latine *memento mori*. En quoi éclaire-t-elle le poème ?

10 Précisez en quoi le poème fait écho aux préoccupations religieuses de l'époque. Pour cela, reportez-vous aux pages d'histoire littéraire, p. 278.

11 Lisez le texte suivant de Gisèle Mathieu-Castellani, spécialiste de la littérature du XVIe siècle, à propos du mouvement baroque :

> « Le discours baroque – et c'est là son caractère dominant – s'attache à convaincre ou à persuader, en tout cas à influencer son destinataire, à agir sur lui, à provoquer une adhésion intellectuelle et/ou affective, bref à emporter, par tous les moyens que met à sa disposition la rhétorique [...], l'assentiment du lecteur-auditeur-spectateur. [...] C'est ainsi que Sponde, Chassignet, Aubigné, font entendre un discours concerné / concernant, prenant à parti le destinataire, l'apostrophant, le séduisant, pour l'amener à un état réceptif où il sera en mesure d'accueillir un message fondé en vérité. »
>
> **GISÈLE MATHIEU-CASTELLANI,** « Discours maniériste, discours baroque. Narcisse et Pygmalion », *Du baroque aux Lumières. Pages à la mémoire de Jeanne Carriat*, éd. Mortemart Rougerie,1986.

Dans quelle mesure le sonnet de Sponde correspond-il à cette caractéristique du mouvement baroque ?

FAIRE LA SYNTHÈSE

12 Voici une strophe extraite du poème intitulé « Stances à l'inconstance », tiré du *Livre d'amour* (1611) du poète Étienne Durand (v. 1590-1618) :

> « Notre esprit n'est que vent, et, comme un vent volage,
> Ce qu'il nomme constance est un branle rétif :
> Ce qu'il pense aujourd'hui demain n'est qu'un ombrage,
> Le passé n'est plus rien, le futur un nuage,
> Et ce qu'il tient présent il le sent fugitif. »

En quoi cet extrait est-il représentatif de la pensée baroque ?

13 Relevez dans les textes des pages 280 à 290 une vingtaine de mots qui vous semblent représentatifs de la sensibilité baroque, puis créez, à partir d'un générateur gratuit en ligne, un nuage de mots.

PROLONGEMENT

Faites une recherche sur les vanités au XVIIe siècle :
- Rassemblez quelques tableaux de différents artistes.
- Comment ces artistes se sont-ils emparés de ce sujet et comment l'ont-ils traité ?
- Montrez les points communs et les différences avec le traitement de cette thématique par Sponde.

Vers le bac

Dans un paragraphe d'une dizaine de lignes, vous expliquerez en quoi ce poème est représentatif de la pensée baroque.

TEXTE 4

JEAN DE LA CEPPÈDE, *Théorèmes spirituels* (1621)

JEAN DE LA CEPPÈDE
(vers 1548-1623)
biographie p. 578

CONTEXTE

Les sonnets des *Théorèmes spirituels* s'appuient sur de très nombreuses sources et sur le texte évangélique de la Passion du Christ, depuis la nuit sur le Mont des Oliviers.

Le mystère de la Nuit

Jean de La Ceppède accompagne la plupart de ses poèmes d'un long commentaire et les annote abondamment en indiquant certaines de ses sources ainsi que le sens de ses sonnets entendus comme synonymes de «méditations». Le choix du sonnet allie ainsi poésie mystique, rigueur formelle et effusion contenue.

La lumière se meurt

Ce mystère est par tout marqué[1] par la nature :
La lumière se meurt à l'abord de la nuit,
Puis revit, et reluit ; le grain sous la culture
De la terre se meurt, puis nombreux se produit.

Nous voyons tous les jours des arbres cheoir[2] le fruit
(Dont le jardin paroit[3] sa plaisante clôture)
Qui se meurt et pourrit, pour bien qu'il soit réduit ;
Puis revit, et renaît après sa pourriture.

Dans l'onde de Solin[4] le brandon[5] plus ardent
Est promptement éteint, la même eau va rendant
La flamme à ce brandon, si dans elle il retombe[6].

Le flot de ce bas monde éteint notre flambeau,
Mais après que la mort l'a trempé dans la tombe,
Il revit, et rebrille et plus clair et plus beau.

JEAN DE LA CEPPÈDE, *Théorèmes spirituels*,
tome II, (I, sonnet 47), 1621.
[Orthographe modernisée]

1 **Marqué** : inscrit, reconnaissable.
2 **Cheoir** : tomber.
3 **Paroit** : verbe *paroir*, signifiant « parer, faire apparaitre, orner ».
4 **Solin** : référence à « une fontaine de telle nature que [...], si le même flambeau est replongé dedans, le voilà aussitôt sortir tout rallumé » Saint-Ambroise, *De mirabilibus Mundi*.
5 **Brandon** : astre, soleil.
6 **Si dans elle il retombe** : s'il y retombe.

ALPHONSE OSBERT, *Chants de nuit*, 1896, musée d'Orsay, Paris.

QUESTIONS SUR L'IMAGE

1. Étudiez avec précision la composition du tableau, les contrastes et les jeux de couleurs.
2. Le tableau vous paraît-il proposer une illustration pertinente du poème ?

PREMIÈRE LECTURE

1 Face à la mort, le poème vous paraît-il diffuser un message d'espoir ou un sombre pessimisme ? Justifiez votre réponse en citant le texte.

AU FIL DU TEXTE

2 Commentez l'utilisation du déterminant démonstratif dans le premier vers : à quel(s) mystère(s) fait-il, selon vous, référence ? En quoi son utilisation est-elle intéressante ?

3 Étudiez le rythme du premier quatrain et montrez pourquoi il traduit bien l'idée d'une renaissance.

4 **Grammaire** Quel est le temps majoritairement utilisé dans l'ensemble du poème ? Indiquez la valeur de ce temps dans le sonnet et expliquez l'usage qui en est fait.

5 Quels sont les phénomènes évoqués dans les deux quatrains ? Leur description pourrait-elle être mise en doute ? Quel(s) effet(s) produit-elle ?

6 Étudiez et commentez les répétitions ainsi que le sens du préfixe « re- » dans l'ensemble du poème.

7 Intéressez-vous précisément aux rimes et aux sonorités développées dans les tercets. Montrez qu'elles permettent d'unir des éléments contraires.

8 Faites la liste des différentes images présentées dans le poème et analysez-les précisément. Quelle est, d'après vous, la métaphore centrale dans le poème ? Comment se nourrit-elle de l'accumulation des autres images ?

9 Quel mystère et quelle vision du poète le sonnet met-il finalement en valeur ?

FAIRE LA SYNTHÈSE

10 Dans *Les Lectures de La Ceppède* (1986), la chercheuse Yvette Quenot écrit, en parlant de la manière dont La Ceppède travaille à partir de ses modèles et de ses sources :

> « On l'a vu, quand il trouve dans ses modèles une série d'accumulations, les reprendre en les orientant ; il applique la juxtaposition déjà existante, mais il lui donne un sens. Et s'il rapproche divers passages, il compose habilement sa mosaïque. »

Expliquez en quoi ces propos semblent bien s'appliquer au poème « La lumière se meurt ».

11 Comment le poème tire-t-il sa force de persuasion de la méditation sur la nature et de la forme du sonnet ? Rédigez un paragraphe d'une dizaine de lignes en vous appuyant sur des analyses précises.

Un savant utilisant une sphère armillaire (miniature du XVe siècle).

Vers le bac

> « L'homme baroque, le monde baroque ne sont peut-être rien d'autre que leur propre reflet dans l'eau. Narcisse est le lieu privilégié où l'existence universelle vient prendre, perdre, et finalement reprendre conscience [...]. Il ne vit pas son abîme, il le parle, et triomphe en esprit de tous ses beaux naufrages. Son attitude symbolise assez bien ce qu'on pourrait nommer le sentiment, ou plutôt l'idée baroque de l'existence, qui n'est rien d'autre que le Vertige, mais un vertige conscient et, si j'ose dire, organisé. »
>
> GÉRARD GENETTE, *Figures I*, Le Seuil, 1966.

Présentez les différents mouvements de cette citation, puis expliquez ce que vous en comprenez. Vous rédigerez ensuite un paragraphe d'une dizaine de lignes pour répondre à la question suivante en vous appuyant sur plusieurs éléments du chapitre : Le propos de Gérard Genette vous paraît-il correspondre à ce que vous avez perçu de la sensibilité baroque ?

Le baroque et la nuit : le clair-obscur d'un monde mouvant

1 JOUER AVEC LES FRÉQUENCES DE MOTS

Présentez les principaux thèmes baroques en utilisant tous les mots de la liste, parmi les plus fréquents dans les textes du chapitre.

dieu • terre • jour • nuit • cieux • dire • lumière • texte • monde • corps • moi • métamorphose

2 FAMILLE DE MOTS

Trouvez l'intrus dans la liste.

microcosme • macrocosme • cosmos • cosmogonie • cosmétique • cosmologie • cosmique • cosmonaute

3 LE MONDE LUMINEUX DE LA NUIT

Créez un maximum d'antithèses baroques en assemblant les mots et expressions des deux listes.

a. soleil	**1.** obscurité
b. lumineuse	**2.** sombre
c. clarté	**3.** obscur
d. éclatante	**4.** noir
e. jour	**5.** inquiétude
f. de mille feux étoilée	**6.** nocturne
g. étoiles	**7.** manteau assombri
h. beau	**8.** difforme
i. intense lueur	**9.** nuit
j. sommeil	**10.** songe
k. éveillé	**11.** tristesse
l. clair	**12.** noctambule
m. aube	**13.** grise

VINCENT VAN GOGH, *La Nuit étoilée,* 1888, musée d'Orsay, Paris.

4 ÉTYMOLOGIE

Après avoir relié chacun des noms suivants à la métamorphose ou à la légende qui lui correspond, présentez ceux qui sont passés dans le langage courant.

- Actéon
- Narcisse
- Écho
- Proserpine
- Diane

- Amoureux de sa propre image, il est transformé en fleur.
- Sœur d'Apollon, déesse de la Chasse, elle apparaît sous la forme de la lune lorsque son frère disparaît à l'horizon.
- Métamorphosé en cerf, il est dévoré par sa propre meute de chiens.
- Reine de l'empire des Ombres, enlevée par le dieu des Enfers, Pluton, elle partage son temps sur Terre et aux Enfers, incarnant le rythme des saisons.
- Condamnée à répéter les derniers mots qu'elle entend, elle est métamorphosée en pierre.

Parcours culturel et artistique

LES MAÎTRES DU CLAIR-OBSCUR

LE CARAVAGE

Michelangelo Merisi da Caravaggio, dit le Caravage est l'un des artistes les plus innovants au tournant du XVIIe siècle. Vers les années 1590, le peintre s'installe à Rome où il intègre en 1593 l'atelier du Cavalier d'Arpin, un émule des Carrache, qui développent dans leurs œuvres les principes diffusés par la Contre-Réforme catholique en créant de grandes compositions religieuses dans un style ostentatoire.
Entré au service du cardinal Francesco Maria del Monte, il réalise pour lui plusieurs tableaux, parmi lesquels le *Concert* ou le *Joueur de luth*. Travaillant ensuite pour une clientèle prestigieuse, il reçoit plusieurs commandes publiques, dont une série de toiles sur la vie de l'évangéliste Mathieu pour la chapelle Contarelli dans l'église de Saint-Louis-des-Français. La vie du saint y est peinte dans des décors réels peuplés de personnages ordinaires. Exilé à Naples en 1607 pour avoir tué un homme, il se rend ensuite à Malte en 1608 puis à Messine ou encore Palerme avant de tenter de revenir à Rome. Il meurt en chemin en 1618.

LE CARAVAGE, *Judith décapitant Holopherne*, 1599 (145 x 195 cm), Rome.

Le Caravage développe un art fondé sur des contrastes appuyés d'ombre et de lumière qui influencera l'Europe entière. Ce jeu de clair-obscur modèle profondément les scènes et confère à ses tableaux un ton dramatique traduisant avec profondeur la sensibilité de son époque. Ses œuvres purent aussi faire scandale : la représentation minutieuse de la nature, voire le réalisme cru de certains personnages dans des œuvres religieuses étaient le signe d'une grande nouveauté de ton. Sa peinture cherchait à frapper l'imagination du spectateur et à susciter en lui des émotions intenses.

1. Que ressentez-vous face à ce tableau du Caravage ?
2. Analysez la puissance visuelle et réaliste du tableau en étudiant la composition, le jeu des contrastes, des couleurs et du mouvement.
3. Faites des recherches sur le *Livre de Judith*. En quoi l'épisode et le tableau illustrent-ils les conflits opposant protestants et catholiques ?
4. Quelles caractéristiques de l'époque baroque ce tableau met-il en lumière ?

LE CARAVAGE, *Saint Jérôme écrivant*, 1605-1606 (116 x 153 cm), Rome.

Saint Jérôme (Stridon 347-Béthléem 420) est considéré comme l'un des Pères fondateurs de l'Église catholique. Sa traduction de la Bible constitue la pièce essentielle de la Vulgate, traduction latine réalisée à partir du texte hébreu et du texte grec, et officiellement reconnue par l'Église jusqu'au XXe siècle.

5 En quoi le tableau illustre-t-il la vie de Saint-Jérôme ?

6 Analysez les effets de contraste et de symétrie dans le tableau.

7 Comment l'émotion est-elle mise au service des principes de l'art baroque définis dans le chapitre ?

GEORGES DE LA TOUR

Dans la première moitié du XVIIe siècle, le peintre lorrain s'approprie les principes de ses prédécesseurs. Son usage du clair-obscur, qu'il prolonge dans des directions insoupçonnées, témoigne de l'influence du Caravage en Europe.
Fervent catholique, il met son art au service de la Contre-Réforme catholique, en développant les représentations de saints et de martyrs dans des scènes diurnes à la lumière extérieure directe, ou dans des œuvres nocturnes à la lueur des bougies. Il s'établit à Lunéville en 1620 et reçoit des commandes du duc de Lorraine Henri II. Réfugié à Paris lors de la guerre de Trente Ans, il est nommé « peintre ordinaire du roi » et réalise notamment l'une de ses toiles les plus célèbres, *Le Tricheur.* De retour à Lunéville en 1641, il y compose une grande partie de ses œuvres les plus importantes. La lumière, dans certains de ses tableaux, fait sortir les personnages de la nuit. Ses tableaux « nocturnes » célèbrent l'ombre qui favorise la méditation.

GEORGES DE LA TOUR, *Madeleine en pénitence*, 1625-1650 (133,4 × 102,2 cm), New York.

Madeleine est un personnage très important de l'iconographie catholique : elle représente la pureté retrouvée après une vie de plaisirs à laquelle elle a renoncé pour suivre Jésus, ainsi que le cheminement vers la lumière de Dieu.

8 Décrivez précisément et comparez les deux tableaux pour identifier les étapes de la conversion de Madeleine qu'ils représentent.

9 Faites des recherches sur le genre pictural des « vanités » et montrez en quoi ces recherches peuvent éclairer le sens des tableaux.

10 Comment la lumière et le recours à l'imagerie des vanités, permettent-ils à Georges de La Tour de transmettre l'émotion d'intense paix intérieure de la sainte ?

RECHERCHES APPROFONDIES

Sélectionnez plusieurs tableaux et photographies célèbres issus d'époques différentes sur le thème de la nuit pour montrer l'évolution de son traitement et présentez-les sous la forme d'un diaporama. Vous pourrez, par exemple, porter votre regard sur les œuvres de Caspar David Friedrich, Claude Monet, Vincent Van Gogh, Brassaï, Henri Magritte, Edward Hopper... Enrichissez votre « exposition » en accompagnant votre diaporama de poèmes ou d'extraits musicaux.

GEORGES DE LA TOUR, *Madeleine à la veilleuse*, 1642-1644 (128 × 94 cm), Paris.

11 Étudiez le cadrage du personnage de Madeleine ainsi que la répartition des masses entre le corps et les objets. Quel effet provoque, selon vous, ce resserrement du sujet ?

12 Analysez la combinaison du silence, de la lumière et de l'obscurité. Le tableau vous paraît-il traduire certaines peurs héritées de l'âge baroque ou imposer une autre vision de la nuit ?

CHAPITRE 4
Le sonnet : une forme fixe et ses détournements (XVIe-XVIIe siècle)

Le sonnet, origine et évolution

« Sonne moy ces beaux sonnets, non moins docte que plaisante invention italienne [...]. » **Joachim du Bellay**, *Défense et Illustration de la langue française* (1549), II, 4.

Une forme venue d'Italie

Issu du verbe latin *sonare* (« sonner ») et emprunté au provençal, le mot *sonnet* (d'abord écrit *sonet*) existe en français depuis le XIIe siècle et désignait un petit son, puis une petite chanson.

À partir du XVIe siècle, les poètes découvrent la forme poétique italienne du *sonnetto*, forme de poésie non chantée en quatorze vers, qui servait peut-être à l'origine de strophe de chanson. D'origine sicilienne, le *sonnetto* a été surtout popularisé par le poète italien **Pétrarque** (1304-1374), qui l'avait employé de manière privilégiée dans son *Canzoniere*.

Laure de Noves.

Pétrarque et le pétrarquisme

Le *Canzoniere* est une suite de poèmes écrits sur de nombreuses années et qui chantent l'amour du poète pour Laure, femme mystérieuse et idéalisée.

La première partie du livre chante leur relation du vivant de Laure, celle-ci se montrant rebelle au désir du poète ; la seconde partie célèbre le souvenir de Laure, désormais défunte.

L'amour s'accomplit ainsi spirituellement dans la mort. C'est un amour fidèle, comme celui chanté par les troubadours, mais ceux-ci exprimaient des contradictions du sentiment que Pétrarque élude.

Le code amoureux de Pétrarque est subtil : le poète ressent un plaisir délicat au sein même de sa tristesse face à la rigueur de Laure. Il exprime son amour par des métaphores complexes, des comparaisons, des hyperboles (tel le regard qui tue de la première rencontre).

De nombreux poètes italiens se mettent à imiter Pétrarque (**Tebaldeo**, **Pietro Bembo**), avant que cette mode ne s'étende durablement (au XVIe siècle) aux poètes français, notamment.

« L'un trop enflé les [les amours] chante grossement, / L'un énervé les traîne bassement, / L'un nous dépeint une dame paillarde, / L'un plus aux vers qu'aux sentences regarde, / Et ne put oncq, tant se sût déguiser, / Apprendre l'art de bien Pétrarquiser. » **Pierre de Ronsard**, « Élégie à Cassandre », *Les Amours* (1552).

1342-1374 Pétrarque emploie la forme du sonnet, d'origine sicilienne, dans le recueil du *Canzionere*

1536-1538 Premiers sonnets publiés en français, par Clément Marot et Mellin de Saint-Gelais

1548 Traduction de deux cents sonnets extraits du *Canzoniere* de Pétrarque par Vasquin Philieul sous le titre *Laure d'Avignon*

1550 J. Du Bellay, *L'Olive*

1555 Louise Labé, *Œuvres*

1558 J. Du Bellay, *Les Antiquités de Rome* ; *Les Regrets*

1578 P. de Ronsard, *Sonnets pour Hélène*

1629 Saint-Amant, *Les Œuvres*

1630 F. de Malherbe, première édition (posthume) des *Œuvres*

1638 Querelle littéraire des sonnets de Job (dû à I. de Bensérade) et d'Uranie (dû à V. Voiture), dans les cercles précieux

1674 N. Boileau, *Art poétique* : le sonnet est abordé au chant II ; début de la perte de succès du genre

XVIIIe siècle Effacement du genre

XIXe siècle Revalorisation du genre par les auteurs romantiques

1400 — 1500 — 1600 — 1700 — 1800 — 1900

Un formidable succès

Le succès du pétrarquisme accompagne celui du sonnet. La prétendue découverte du tombeau de Laure près d'Avignon par le poète lyonnais **Maurice Scève** introduit l'intérêt pour Pétrarque en France. Dès la fin des années 1530, deux poètes français publient des sonnets : **Clément Marot** et **Mellin de Saint-Gelais**.

Mais c'est surtout la traduction de Pétrarque par **Vasquin Philieul** en 1548 qui lance la mode : dès lors, les poètes français s'emparent de cette forme contraignante et souple à la fois, et publient des recueils entièrement composés de sonnets (**Du Bellay**, *L'Olive*, 1549 ; **Ronsard**, *Les Amours*, 1552).

« Un sonnet sans défaut vaut seul un long poème. / Mais en vain mille auteurs y pensent arriver, / Et cet heureux Phénix est encore à trouver. » **Nicolas Boileau**, *L'Art poétique* (1674), chant II.

Les sonnets sont alors simplement numérotés, pour mieux faire valoir la prouesse des variations à partir d'une formule fixe, car ce sont la virtuosité du poète et l'infinie fraîcheur du langage qui comptent, pas l'originalité.

Le sonnet devient vite une forme de poésie européenne, illustrée par de grands auteurs des XVIe et XVIIe siècles, aussi bien en Espagne (**Garcilaso de la Vega**, **Francisco de Quevedo**) et au Portugal (**Luis Vaz de Camões**) qu'en Angleterre (**Philip Sidney**, **William Shakespeare**).

Une forme qui s'adapte aux esthétiques diverses

Le sonnet est tenu pour un genre noble : ses auteurs gravitent dans le monde des cours royales et s'adressent à un public choisi, apte à apprécier les subtilités exprimées dans cette forme très architecturée.

Au XVIIe siècle, il sera l'un des genres clés des salons (réunions de l'élite intellectuelle organisées par des femmes de la noblesse ou de la haute bourgeoisie). Il y suscite des débats, comme la Querelle des sonnets de Job et d'Uranie (1648) qui partagent les partisans du premier sonnet, écrit par **Isaac de Benserade**, et ceux du second sonnet, écrit par **Vincent Voiture**.

Cependant, si le principe du sonnet est stable, sa versification, dès le XVIe siècle, varie (le décasyllabe cède vite la place à l'alexandrin en France ; la disposition des rimes, surtout dans les tercets, est multiple).

Le sonnet, d'abord lié à la poésie amoureuse, s'ouvre aussi à d'autres thèmes : expression de la mélancolie et satire politique (**Joachim Du Bellay**, *Les Regrets*, 1558), réflexion religieuse (**Jean de Sponde**, *Essai de quelques poèmes chrétiens*, 1588) ; il s'adapte à différentes esthétiques (baroque, précieuse, classique...) et garde donc son prestige jusqu'à nos jours.

Le Temple de Cupidon, enluminure d'un manuscrit de Clément Marot, XVIe siècle.

QUESTION

Décrivez cette scène allégorique.

« Le sonnet est presque toujours présenté comme une forme fixe, étroitement contrainte. [...] Il est indéniable que, de siècle en siècle, et de langue en langue, les sonnets conservent un air de parenté (et la même désignation). Pourtant, [...] la constance formelle du sonnet semble impossible à discerner à un examen superficiel. [...] La situation est paradoxale : les variations sont immenses, et en même temps le sentiment de parenté est grand. » **Jacques Roubaud**, « Introduction », *Soleil du soleil. Anthologie du sonnet français de Marot à Malherbe*, éd. P.O.L., 1990.

TEXTE 1

LOUISE LABÉ,
Œuvres (1555)

LOUISE LABÉ
(1524-1566)
biographie p. 578

Exprimer les désordres de l'amour

La ville de Lyon, par sa proximité avec l'Italie, fut l'une des portes d'entrée de la culture italienne en France. Plusieurs ateliers d'imprimerie florissants y favorisèrent l'éclosion d'un milieu lettré, au sein duquel vécut Louise Labé, qui s'illustra par un volume d'*Œuvres* paru en 1555. Dans ce mince volume étaient inclus notamment vingt-quatre sonnets, fortement influencés par la mode pétrarquiste.

Je vis, je meurs

Je vis, je meurs ; je me brûle et me noie.
J'ai chaud extrême en endurant froidure ;
La vie[1] m'est et trop molle et trop dure.
J'ai grands ennuis[2] entremêlés de joie.

Tout à un coup je ris et je larmoie,
Et en plaisir maint grief[3] tourment j'endure ;
Mon bien s'en va, et à jamais il dure ;
Tout en un coup, je sèche et je verdoie.

Ainsi Amour inconstamment me mène.
Et quand je pense avoir plus de douleur,
Sans y penser je me trouve hors de peine.

Puis quand je crois ma joie être certaine,
Et être au haut de mon désiré heur[4],
Il me remet en mon premier malheur.

LOUISE LABÉ, *Œuvres*, sonnet VIII, 1555.
[Orthographe et ponctuation modernisées]

1 **Vie** : à prononcer en deux syllabes : *vi/e*.
2 **Ennui** : tristesse profonde, grand chagrin.
3 **Grief** : grave, pénible ; à prononcer en une seule syllabe.
4 **Heur** : bonheur.

RAPHAËL, *Le Triomphe de Galatée* (détail), Villa Farnesina, Rome, 1513.

▸ QUESTIONS SUR L'IMAGE

1. **Faites des recherches sur le mythe romain de Cupidon, puis expliquez pourquoi il est représenté comme un enfant.**
2. **Que signifie sa nudité ?**
3. **Quel sens donne-t-on à ses attributs (les ailes, l'arc et la flèche) ?**

PREMIÈRE LECTURE

1 Quelle image du sentiment amoureux le poème propose-t-il ? Comment le poème donne-t-il une apparence de sincérité aux sentiments exprimés ?

AU FIL DU TEXTE

2 Relevez les oppositions sur lesquelles repose le premier quatrain. Comment mettent-elles en valeur l'excès des souffrances amoureuses ?

3 **Grammaire** Analysez les différentes manières dont sont reliés les termes qui s'opposent.

4 Étudiez la construction du second quatrain afin de mettre en évidence l'impossibilité pour le sujet poétique (le « je ») d'échapper au pouvoir de l'amour.

5 Quelle révélation le vers 9 permet-il ? En quoi semble-t-il relancer le poème ?

6 Observez la longueur des phrases dans les deux tercets. En quoi cela paraît-il suggérer également un nouvel élan du « je » ?

7 Montrez que les tercets confirment l'impuissance du « je » face à l'amour. Quel écho peut-on remarquer en particulier entre les vers 10 et 12 ?

8 Comment peut-on interpréter le dernier vers ? Quel est son rôle par rapport au lecteur ?

METTRE EN PERSPECTIVE

9 Le sonnet de Louise Labé, malgré les apparences, est sans doute moins l'expression autobiographique de sentiments amoureux réels qu'une tentative de rivaliser avec Pétrarque, qui employait fréquemment de nombreuses antithèses dans ses poèmes d'amour. Comparez ainsi le début du sonnet de Louise Labé avec ce premier quatrain d'un sonnet de Ronsard qui imite le style pétrarquiste :

« J'espère et crains, je me tais et supplie,
Or je suis glace et ores[1] un feu chaud,
J'admire tout et de rien ne me chaut[2],
Je me délace[3] et puis je me relie. »

PIERRE DE RONSARD, *Les Amours*, sonnet XII, 1552.
[Orthographe modernisée]

1 Or… ores… : tantôt… tantôt…
2 Chaloir : importer.
3 Délacer : dénouer, desserrer des lacets.

10 Lisez le texte suivant, écrit par un spécialiste de la littérature, à propos des poètes élégiaques de l'Antiquité romaine qui parlaient d'amour :

« […] Leurs « cris » mélodieux de colère, de jalousie, ou de déception relèvent d'un art, d'un genre, et de leurs conventions. […] Pourquoi cette insincérité, ces impostures, ces trompe-l'œil, ces jeux de masque séducteurs ? Il faut s'y faire : pour la joie virtuose de jouer librement de l'ironique puissance d'illusion dont dispose sur ses lecteurs et lectrices le langage poétique, joie d'un tout autre ordre (surtout lorsqu'elle prend pour sujet et pour emblème les blessures d'Éros), que les plaisirs « vécus » […] de l'alcôve. »

MARC FUMAROLI, « Louise Labé, une géniale imposture », *Le Monde des livres*, 11 mai 2006.

Dans quelle mesure le sonnet de Louise Labé vous semble-t-il participer du même jeu avec le lecteur ?

WALTER CRANE, *Amant courbé sous le chagrin*, 1884.

Vers le bac

Préparez une récitation à deux voix du sonnet. Vous aurez soin de mettre en valeur l'opposition du bonheur et du malheur amoureux à travers cette répartition du texte.

TEXTE 2

PIERRE DE RONSARD,
Sonnets pour Hélène (1578)

PIERRE DE RONSARD

(1524-1585)
biographie p. 585

Célébrer la grâce féminine

Pierre de Ronsard écrivit probablement les *Sonnets pour Hélène* (1578) sur commande : la mère du roi Henri III, Catherine de Médicis, lui aurait demandé de célébrer la beauté d'une dame de la cour, Hélène de Surgères, dont le fiancé venait de mourir, afin que celle-ci comprenne qu'elle pouvait à nouveau inspirer de l'amour.

Le soir qu'Amour[1] vous fit en la salle descendre
Pour danser d'artifice[2] un beau ballet d'Amour,
Vos yeux, bien qu'il fût nuit, ramenèrent le jour,
Tant ils surent d'éclairs par la place répandre.

Le ballet fut divin, qui se soulait[3] reprendre,
Se rompre, se refaire, et tour dessus retour
Se mêler, s'écarter, se tourner à l'entour,
Contre-imitant[4] le cours du fleuve de Méandre[5].

Ores[6] il était rond, ores long, or étroit,
Or en pointe, en triangle, en la façon qu'on voit
L'escadron de la Grue évitant la froidure[7].

Je faux[8], tu ne dansais, mais ton pied voletait
Sur le haut de la terre ; aussi ton corps s'était
Transformé pour ce soir en divine nature.

PIERRE DE RONSARD, *Sonnets pour Hélène*, livre II, sonnet XXX, 1578.
[Orthographe modernisée]

1 **Amour** : le dieu de la mythologie antique, aussi appelé Cupidon.
2 **D'artifice** : avec art, avec habileté.
3 **Souloir** : avoir l'habitude de…
4 **Contre-imitant** : imitant.
5 **Méandre** : dans la mythologie grecque, fleuve tortueux considéré comme un dieu (aujourd'hui en Turquie).
6 **Ores… ores… (ou : or… or…)** : tantôt… tantôt…
7 Le poète évoque la migration des oiseaux avant l'hiver.
8 **Je faux** : je me trompe, je fais erreur.

Sandro Botticelli, *Le Printemps,* 1492. Détail : partie gauche du groupe des Grâces. Musée des Offices, Florence.

PREMIÈRE LECTURE

1 Quelles qualités la danse met-elle en valeur chez la dame ?

LECTURE ANALYTIQUE

Un éloge de la dame en danseuse

2 Montrez que, dans le poème, le cadre du bal s'efface au seul profit de la dame, qui concentre toute l'attention du poète.

3 Étudiez la manière dont le poème essaie de rendre compte du mouvement de la danse par le lexique et par les images (comparaisons).

4 Observez les sonorités dans le second quatrain. Comment l'idée de virevolte est-elle soulignée ?

5 Comment la grâce, l'élégance de la dame est-elle mise en valeur ?

La transfiguration de la dame

6 Par quels moyens le poète met-il en relief l'harmonie et le rythme équilibré du ballet ?

7 **Grammaire** Identifiez le mode et le temps verbal dans la proposition « bien qu'il fût nuit » (v. 3). Justifiez l'emploi de ce mode et de ce temps. Puis dites sur quelle figure de style repose l'ensemble du vers 3 et quel effet elle crée.

8 Quels éléments associent la dame à un être surnaturel, divin ? Que suggère cette association à une divinité ?

9 Observez les pronoms personnels. Quel glissement peut-on observer dans le poème ? Comment l'interprétez-vous ?

METTRE EN PERSPECTIVE

10 Comparez les deux derniers vers de ce sonnet et les deux derniers vers du sonnet de Louise Labé (p. 298) : pourquoi peut-on parler, dans ces deux sonnets, à la fois d'*effet de pointe* (avec une pensée ou une image recherchée) et d'*effet de boucle* (avec une incitation à revenir au début du poème) ?

11 Lisez le point d'histoire littéraire suivant, puis dites comment il permet d'approfondir le sens du poème de Ronsard :

> Par l'intermédiaire du philosophe italien Marsile Ficin (1433-1499), les poètes de la Renaissance redécouvrent et interprètent (en l'adaptant au christianisme) la pensée du philosophe grec antique Platon (428-348 av. J.-C.) sur l'amour. Le *néoplatonisme* conçoit l'amour comme une élévation progressive vers le divin, le Beau absolu. La beauté charnelle de la femme fait d'abord accéder à l'idée de la beauté spirituelle ; puis à partir de celle-ci l'âme peut s'élever à la contemplation de la beauté de Dieu.

Vers le bac

Rédigez un paragraphe de commentaire correspondant à vos réponses aux questions 3 et 4.

TEXTE ÉCHO

PÉTRARQUE, *Canzoniere* (1342-1374)

Laure de Noves couronnant le poète Pétrarque (miniature du xve siècle).

Un éloge pétrarquiste

Dans le *Canzoniere*, Pétrarque chante en dialecte toscan son amour pour une certaine Laure, personnage idéalisé ; le poète célèbre d'abord la beauté et la douceur de Laure, puis sa mort l'amène à chanter sa douleur et à célébrer le souvenir de son aimée. Le succès et l'influence du recueil furent considérables en Europe, et engendrèrent la mode poétique du « pétrarquisme ».
Le sonnet suivant est inclus dans la première partie du livre.

CONTEXTE

Francesco Petrarca, en français Pétrarque (1304-1374), a laissé une œuvre humaniste considérable, principalement rédigée en latin. Mais il travailla pendant plus de trente ans aux 366 poèmes du *Canzoniere* (*Chansonnier*), dont une majorité de sonnets.

CXCII

La gracieuse démarche de Laure.

Restons, Amour, à contempler notre gloire au sein de ces sublimes merveilles que la nature ne peut produire ; regarde bien tout ce qu'en elle il pleut de douceur ; regarde cette lumière que le ciel montre à la terre.

Vois comme l'art a paré d'or, de perles et de pourpre, cette forme élue et qu'ailleurs on ne vit jamais, qui doucement dirige ses pieds et ses yeux par l'ombreuse enceinte de ces belles collines.

L'herbe verte et les fleurs de mille couleurs éparses sous cette yeuse[1] antique et noire supplient le beau pied pour qu'il les foule ou les touche ;

Et le ciel s'embrase à l'entour de charmantes et vives étincelles, et semble se réjouir d'être éclairé par des yeux si beaux.

PÉTRARQUE, *Canzoniere*, CXCII, 1342-1374,
traduit du toscan par le comte de Gramont, 1842.

1 **Yeuse :** chêne vert.

1 Analysez les procédés de l'éloge de Laure : termes mélioratifs, hyperboles, comparaisons.

2 Précisez la relation particulière que la femme entretient avec la nature.

3 Quel lien pouvez-vous faire entre ce poème et le sonnet de Ronsard (p. 300) ?

TEXTE 3

FRANÇOIS DE MALHERBE, *Œuvres* (posthume, 1630)

FRANÇOIS DE MALHERBE
(1555-1628)
biographie p. 580

CONTEXTE

Chez Malherbe, qui tourne le dos au pétrarquisme, à ses images complexes et à ses motifs convenus, le sonnet devient d'abord le lieu d'un travail sur le vers, d'un effort d'éloquence. Il s'agit d'arriver à dire à la perfection, dans la pureté de la langue, le sentiment amoureux avec la plus grande clarté de sens possible (ce qui n'exclut pas nécessairement la sincérité du sentiment).

Le langage de la galanterie

François de Malherbe a consacré plusieurs poèmes au personnage qu'il prénomme Caliste, inspiré par Charlotte Jouvenel des Ursins, vicomtesse d'Auchy, pour laquelle il a ressenti de l'inclination pendant de nombreuses années.

Il n'est rien de si beau comme Caliste[1] est belle :
C'est une œuvre où Nature a fait tous ses efforts :
Et notre âge est ingrat qui voit tant de trésors,
S'il n'élève à sa gloire une marque[2] éternelle.

La clarté de son teint n'est pas chose mortelle :
Le baume est dans sa bouche, et les roses dehors :
Sa parole et sa voix ressuscitent les morts,
Et l'art n'égale point sa douceur naturelle.

La blancheur de sa gorge[3] éblouit les regards :
Amour est en ses yeux, il y trempe ses dards,
Et la fait reconnaître un miracle visible.

En ce nombre infini de grâces et d'appas[4],
Qu'en dis-tu ma raison ? Crois-tu qu'il soit possible
D'avoir du jugement, et ne l'adorer pas ?

FRANÇOIS DE MALHERBE, « À Caliste », 1609, *Œuvres* (posthume, 1630).
[Orthographe modernisée]

1 **Caliste** : prénom inventé (à partir du grec *kallos*, « la beauté ») et signifiant « la plus belle ».
2 **Marque** : (ici) monument.
3 **Gorge** : poitrine.
4 **Appas** : (toujours au pluriel) avantages physiques d'une femme qui éveillent le désir.

PREMIÈRE LECTURE

1 Quelle vous semble être l'intention du poète dans ce sonnet ? Justifiez votre réponse.

AU FIL DU TEXTE

2 En quoi peut-on dire que l'attaque (le premier vers) du sonnet est vigoureuse ? Quels procédés sont employés pour lui donner cette force ?

3 **Grammaire** Relevez la proposition subordonnée relative du vers 3, puis identifiez son antécédent. Quel effet est produit par l'éloignement de l'antécédent et de la relative ?

4 Relevez dans le premier quatrain les différents indices qui montrent que ce poème est un éloge du personnage.

Trois femmes jouant de la musique, 1535, tableau du maître des demi-figures, musée de l'Ermitage, Saint-Pétersbourg.

▶ QUESTION SUR L'IMAGE

Comment le peintre met-il en scène la beauté de ces femmes dans le tableau ?

5 Que suggèrent les quatre affirmations du second quatrain ? Les qualités attribuées à la femme vous paraissent-elles originales ? Pourquoi ? Quel effet suscite l'énumération de ces qualités ?

6 Montrez que le premier tercet accentue la dimension charnelle ou érotique du portrait de Caliste.

7 Relevez tous les termes qui, du vers 1 au vers 11, renvoient au physique de Caliste. Comment le poète les résume-t-il dans le dernier tercet ? Quel effet cette synthèse suscite-t-elle ?

8 Quel est le rôle des questions dans le dernier tercet ? En quoi la dernière question constitue-t-elle une pointe, un trait d'esprit brillant ?

METTRE EN PERSPECTIVE

9 Lisez les extraits suivants de la définition de *galant* dans le *Dictionnaire universel* (1690) d'Antoine Furetière, puis dites en quoi le sonnet de Malherbe relève, selon vous, du langage galant.

> « GALANT, ANTE, adj. Homme honnête, civil, savant dans les choses de sa profession. [...] Se dit aussi d'un homme qui a l'air de la Cour, les manières agréables, qui tâche à plaire, & particulièrement au beau sexe [...].
> GALANT, subst. masc. Amant qui se donne tout entier au service d'une maîtresse [...]. »
>
> **ANTOINE FURETIÈRE**, *Dictionnaire universel*, 1690. [Orthographe modernisée]

10 Le sonnet de Malherbe a été détourné par le poète satirique Pierre Berthelot (?-1623). Voici le premier quatrain de cette réécriture railleuse :

> « De toutes les laideurs Francine est la plus laide :
> C'est une œuvre où Nature a fait tous ses efforts,
> Et tant de saletés habitent sur son corps
> Que d'un retrait[1] rempli les parfums il excède. »
>
> **PIERRE BERTHELOT**, sonnet publié dans *Le Cabinet satyrique*, 1618. [Orthographe modernisée]
>
> 1 **Retrait** : fosse d'aisances, toilettes.

Expliquez comment le sonnet de Malherbe a été parodié (c'est-à-dire à la fois imité et détourné dans un but comique).

Vers le bac

Formulez une question de problématique possible à propos de ce sonnet.

TEXTE ÉCHO

YVES LECLAIR, *Bouts du monde* (1997)

Henri Matisse, *Nu bleu III*, 1952, Centre Pompidou, Paris.

▲ QUESTIONS SUR L'IMAGE

1. Dans le poème d'Y. Leclair, la femme n'est pas décrite. En quoi le tableau de Matisse pourrait-il illustrer cette imprécision ?
2. Comment le corps féminin est-il représenté dans ce collage ?
3. Quel effet Matisse peut-il viser à produire en choisissant la couleur bleue ?

Le sonnet entre désacralisation et transfiguration

Poète contemporain, Yves Leclair (né en 1954) interroge dans le poème suivant la valeur poétique associée à la forme même du sonnet.

« À une petite déesse d'occasion »

Sonnet je ne t'ai pas sonné. C'est toi
qui me les casses à remonter tout seul
comme un grand, du fond du temps, la tête en

bas, au mur les pieds. Mais aujourd'hui tu crois
peut-être que c'est pour toi, vieil adjudant,
si je serre les rangs de mes mots morts entre

tes dents. Crois-tu vraiment que je fais des pieds
des doigts, rien que pour toi ? Non, si je te les casse,
les pieds, c'est pour te renverser, sauver la face,
mon grand, de celle qui se penche et qui me fait

du pied, discrète, et marcher sur tes os. C'est pour
celle qui regarde par la fenêtre, distraite
l'éclat du mur au soleil, celle qui croit peut-être
que tout fut blanc au moins une fois un jour

Yves Leclair, *Bouts du monde*, éd. Mercure de France, 1997.

1 Quelles perturbations le poète introduit-il dans la mise en page et la structure traditionnelles d'un sonnet ? Observez les strophes, les rimes, la longueur des vers. Quel effet est recherché à travers cette mise sens dessus dessous de la forme du sonnet ?

2 Relisez les quatrains. Quelle scène est brièvement décrite ? Comment la séduction exercée par la femme est-elle suggérée ?

3 En quoi la forme du sonnet participe-t-elle à valoriser, voire à transfigurer cette scène ?

4 Quels sont les différents sens possibles du titre du poème ? Quel effet suscite-t-il ?

TEXTE 4

SAINT-AMANT, *Les Œuvres* (1629)

SAINT-AMANT
(1594-1661)
biographie p. 586

CONTEXTE

Marc-Antoine Girard de Saint-Amant, qui fréquenta autant les salons mondains de la préciosité que les tavernes les plus joyeuses, est l'auteur d'une œuvre poétique extrêmement variée, qui n'hésite guère à recourir parfois à un humour savoureux, comme en témoignent les deux sonnets ci-contre.

Le sonnet dans tous ses états

Les sonnets de Saint-Amant recèlent parfois un comique qui n'a rien perdu de sa force, surtout lorsqu'il se moque, comme ici, du poète et de la poésie.

Sonnet sur des mots qui n'ont point de rime

Phylis[1], je ne suis plus des rimeurs de ce siècle
Qui font pour un sonnet dix jours de cul de plomb[2]
Et qui sont obligés d'en venir aux noms propres
Quand il leur faut rimer ou sur coiffe ou sur poil.

Je n'affecte jamais rime riche ni pauvre
De peur d'être contraint de suer comme un porc,
Et hais plus que la mort ceux dont l'âme est si faible
Que d'exercer un art qui fait qu'on meurt de froid.

Si je fais jamais vers, qu'on m'arrache les ongles,
Qu'on me traîne au gibet[3], que j'épouse une vieille,
Qu'au plus fort de l'été je languisse de soif,

Que tous les mardi-gras me soient autant de jeûnes,
Que je ne goûte vin non plus que fait le Turc,
Et qu'au fond de la mer on fasse mon sépulcre[4].

Sonnet inachevé

Fagoté plaisamment comme un vrai Simonnet[5],
Pied chaussé, l'autre nu, main au nez, l'autre en poche,
J'arpente un vieux grenier, portant sur ma caboche
Un coffin[6] de Hollande en guise de bonnet.

Là, faisant quelquefois le saut du sansonnet[7],
Et dandinant du cul comme un sonneur de cloche,
Je m'égueule[8] de rire, écrivant d'une broche,
En mots de patelin[9], ce grotesque sonnet.

Mes esprits à cheval sur des coquecigrues[10],
Ainsi que papillons s'envolent dans les nues,
Y cherchant quelque fin qu'on ne puisse trouver.

Nargue[11] : c'est trop rêver, c'est trop ronger ses ongles ;
Si quelqu'un sait la rime, il peut bien l'achever.

SAINT-AMANT, *Les Œuvres*, 1629. [Orthographe modernisée]

1 **Phylis** : prénom féminin de convention dans les histoires d'amour (du grec *phullis*, « feuille d'arbre »).
2 **Cul de plomb** : attitude d'une personne sédentaire, casanière.
3 **Gibet** : instrument pour la pendaison.
4 **Sépulcre** : tombeau.
5 **Simonnet** : nom traditionnel pour un singe.
6 **Coffin** : corbeille, panier.
7 **Sansonnet** : étourneau (oiseau qui saute sur le côté).
8 **S'égueuler** : se faire mal à la gorge à force de crier ou de rire.
9 **Patelin** : personne aux discours embrouillés (allusion à *La Farce de maître Pathelin*, pièce comique du Moyen Âge).
10 **Coquecigrue** : oiseau imaginaire et, au figuré, sornette, sottise.
11 **Nargue** : terme exprimant le dépit.

William Hogarth, *Le Poète en détresse*, 1736.

◀ QUESTION SUR L'IMAGE

Quels liens pouvez-vous faire entre ce tableau et les deux sonnets de Saint-Amant ?

PREMIÈRE LECTURE

1 Expliquez comment chaque poème s'amuse à déconstruire la forme du sonnet.

AU FIL DU TEXTE

2 Quelle image de la poésie et des poètes les deux quatrains du premier sonnet donnent-ils ? Quel est l'effet recherché sur le lecteur ?

3 Comment comprenez-vous la formule « si je fais jamais vers » (v. 9) au vu du titre et du propos du poème ?

4 **Grammaire** Relevez les verbes conjugués au subjonctif dans les deux tercets, puis justifiez l'emploi de ce mode. Quelle est sa valeur ?

5 Que pensez-vous des punitions envisagées par le poète sur lui-même en cas de réussite ? Quel est l'effet visé ?

6 Dans les quatrains du second sonnet, quel portrait le poète esquisse-t-il de lui-même ? Dans quel but, selon vous ?

7 En quoi le dernier vers du second sonnet constitue-t-il un défi comique lancé au lecteur ? Pour répondre, pensez notamment à mettre en relation le vers 9 du premier sonnet et le vers 12 du second sonnet.

METTRE EN PERSPECTIVE

8 La poésie, au XVIIe siècle, devient parfois un véritable jeu de société. Faites une recherche documentaire sur les divertissements poétiques qui avaient alors lieu dans les salons mondains : blason, bout-rimé, corbillon, énigme, épigramme, impromptu, madrigal… Définissez-les et, si possible, illustrez ces définitions par des exemples de textes.

9 Préparez une anthologie de sonnets défigurés dans la poésie moderne : recopiez des sonnets de forme irrégulière, présentez leurs auteurs et expliquez, pour chacun d'eux, les procédés qui transgressent la forme traditionnelle du sonnet. Vous pouvez commencer par « L'Avertisseur » de Baudelaire, « Résignation » de Verlaine, « Rêvé pour l'hiver » de Rimbaud, « Keepsake » de Samain, « Les Colchiques » d'Apollinaire, « Académie Médrano » de Cendrars… Puis vous mettrez en page votre anthologie et l'illustrerez.

→ Vers le bac

Ces deux sonnets vous semblent-ils vraiment remettre en cause la forme du sonnet ou ne relever que du divertissement ? Vous proposerez une réponse argumentée en une dizaine de lignes.

TEXTE ÉCHO

PAUL VERLAINE, *Jadis et naguère* (1884)

Le sonnet détourné

Le XIXe siècle révolutionne l'écriture poétique par sa remise en cause des formes traditionnelles et la recherche de formes nouvelles. Le poète Paul Verlaine (1844-1896), parmi d'autres, manifeste sa virtuosité en jouant d'une extrême variété de formes versifiées, et parfois en les subvertissant, comme dans le texte suivant.

ÉMILE COHL, Caricature du poète Paul Verlaine en décadence, vers 1880.

Sonnet boiteux

À Ernest Delahaye.

Ah ! vraiment, c'est triste, ah ! vraiment ça finit trop mal.
Il n'est pas permis d'être à ce point infortuné.
Ah ! vraiment c'est trop la mort du naïf animal
Qui voit tout son sang couler sous son regard fané.

Londres fume et crie. Ô quelle ville de la Bible[1] !
Le gaz flambe et nage et les enseignes sont vermeilles.
Et les maisons dans leur ratatinement terrible
Épouvantent comme un sénat[2] de petites vieilles.

Tout l'affreux passé saute, piaule[3], miaule et glapit
Dans le brouillard rose et jaune et sale des *sohos*[4]
Avec des *indeeds* et des *all rights* et des *haôs*.

Non vraiment c'est trop un martyre sans espérance,
Non vraiment cela finit trop mal, vraiment c'est triste
Ô le feu du ciel sur cette ville de la Bible !

PAUL VERLAINE, *Jadis et naguère*, 1884.

1 Allusion à la ville de Sodome, dont les habitants sont coupables de péchés envers Dieu, qui les punit en détruisant la ville par le soufre et le feu.
2 **Sénat** : assemblée, conseil.
3 **Piauler** : pousser de petits cris aigus comme un oiseau.
4 **Soho** : cri que lancent les marins ou les chasseurs pour s'appeler.

1 Justifiez le titre du poème en observant la longueur des vers et les rimes.

2 Montrez que cette boiterie du sonnet participe de l'humour du poème et de sa défiguration globale du langage poétique.

Le sentiment amoureux

1 SYNONYMIE

Classez en deux colonnes ces termes renvoyant au sentiment amoureux selon qu'ils ont une valeur faible ou forte.

attachement • inclination • passion • tocade • adoration • ferveur • penchant • béguin • flirt • engouement • idolâtrie • tendresse • amourette • passade

2 NIVEAUX DE LANGUE

Classez les verbes suivants selon qu'ils relèvent du langage soutenu, courant ou familier.

s'amouracher de [qqn] • s'enamourer de [qqn] • se toquer de [qqn] • s'éprendre de [qqn] • tomber raide dingue de [qqn] • tomber amoureux de [qqn] • en pincer pour [qqn] • s'enticher de [qqn] • craquer pour [qqn] • flasher sur [qqn] • chérir [qqn]

3 ÉTYMOLOGIE

À quelles figures mythologiques les mots suivants sont-ils liés (par antonomase ou, au contraire, par personnification) ?

un aphrodisiaque • la vénusté • la cupidité • l'érotisme

Gustav Klimt, *Le Baiser*, 1908.

4 EXPRESSIONS

Expliquez le sens des expressions suivantes.

1. Être fleur bleue.
2. Vivre un amour platonique.
3. Vivre d'amour et d'eau fraîche.
4. Filer le parfait amour.
5. Courir le guilledou.
6. Avoir un coup de foudre.
7. Avoir un ticket.

5 MÉTAPHORES

Indiquez à quelle métaphore chaque série de termes et d'expressions a recours.

a. Extase • vénération • idolâtre • vouer un culte à [qqn] • déifier • diviniser • encensement • adoration • dévotion.
b. Déclarer sa flamme • s'enflammer • brûler de désir • ardeur • feu • se consumer pour [qqn].

6 ANTONYMES

Utilisez les mots suivants dans des phrases où leur sens sera explicite.

aversion • animosité • exécration • indifférence • répugnance

Jean Honoré Fragonard, *Le Baiser à la dérobée*, 1774-1791.

CHAPITRE 5

La satire du souverain et des nobles, du Moyen Âge au XVIIIe siècle

Le poète et le roi pendant l'Ancien Régime

Jongleur et musiciens de cour au Moyen Âge, IXe siècle.

▲ QUESTION

Quels instruments de musique reconnaissez-vous ?

Le prince-poète

☛ **Les jongleurs** assurent au Moyen Âge le divertissement lors des réceptions et des fêtes dans les cours des princes en chantant des chansons ou en racontant des chansons de geste.

☛ **Ils peuvent fréquenter régulièrement** telle ou telle cour (celle d'Aquitaine accueille le troubadour **Marcabru**, celle de Champagne ou d'Artois accueillent des trouvères). Parmi les troubadours on compte aussi des seigneurs peu élevés (tel **Bertran de Born**) mais parfois aussi des grands seigneurs lettrés (tel **Guillaume IX d'Aquitaine**).

☛ **De même, les trouvères** peuvent être de simples ménestrels (comme **Gace Brûlé**) ou appartenir à la grande noblesse (tel **Thibaut de Champagne** ou **Conon de Béthune**).

☛ **Cette diversité sociale** se poursuit aux XIVe et XVe siècles, où, à côté de roturiers (par exemple, **Guillaume de Machaut**), on voit encore des figures de princes-poètes, que domine **Charles d'Orléans** (1394-1465).

Le poète, conseiller des princes

☛ **La fin du Moyen Âge et la Renaissance** élèvent nombre de poètes courtisans au rang de véritables conseillers des princes qui, par leur proximité avec le prince qui les protège, peuvent s'autoriser à émettre des avis en matière de politique.

☛ **Il en est ainsi** de **Christine de Pizan** (1364-v. 1430), qui parallèlement à son œuvre poétique, écrit par exemple une *Épître à Isabelle de Bavière* (1405), ou de **Pierre de Ronsard**, qui prend parti pour les catholiques en pleines guerres de Religion en écrivant l'*Institution pour l'adolescence du roi très chrétien Charles IX* (1562).

« Sire, ce n'est pas tout que d'être roi de France, / Il faut que la vertu honore votre enfance. »
Pierre de Ronsard, *Institution pour l'adolescence du roi très chrétien Charles IX* (1562), v. 1-2.

AVANT 1600

1261 Rutebeuf, *Renart le bestourné*

XIVe – XVe siècles Poètes conseillers des rois (Eustache Deschamps, Christine de Pizan)

1562-1563 P. de Ronsard, *Institution pour l'adolescence du roi Charles IX*, *Discours des Misères de ce temps* et *Réponse aux injures et calomnies*

1594 Satire *Ménippée* (œuvre collective)

1600

1605 F. de Malherbe « Prière pour le roi Henri le grand, allant en Limousin »

1609-1612 M. Régnier, Publication des *Satires*

1616 A. d'Aubigné, *Les Tragiques*

1623-1626 Théophile de Viau, Condamnations du poète libertin

1660 J. de La Fontaine, *Élégie aux nymphes de Vaux*

1666-1705 N. Boileau, *Satires*

1668 J. de La Fontaine, *Fables* (livres I-VI)

1678 J. de La Fontaine, *Fables* (livres VII-XI)

1694 J. de La Fontaine, *Fables* (livre XII)

1700

1717 Les vers satiriques de Voltaire contre le Régent lui valent d'être embastillé

1723 Voltaire, *La Henriade*

1775 N. Gilbert, *Le Dix-huitième Siècle*

1794 Le poète A. Chénier, révolutionnaire modéré, est guillotiné.

1800

Malherbe

Louange et distance

Avec la montée en puissance de l'absolutisme monarchique, les poètes, notamment lorsqu'ils font partie de la cour du roi, sont souvent amenés à écrire des textes de circonstance, parfois sur commande, dans lesquels ils flattent le roi et les grands, indirectement ou par un éloge explicite. **François de Malherbe**, par exemple, écrit en 1600 une *Ode à la Reine* sur sa bienvenue à l'occasion de l'arrivée de Marie de Médicis en France, alors qu'elle venait d'épouser le roi Henri IV par procuration. Des poètes plus éloignés de la cour sollicitent auprès du roi, par leurs poèmes, des faveurs pour leurs protecteurs : c'est le cas de **Jean de La Fontaine** lorsqu'il prie Louis XIV de se montrer clément envers Fouquet, son protecteur que le roi a fait arrêter (*Élégie aux nymphes de Vaux*, 1662 ; *Ode au Roi*, 1663).

« Si le long de vos bords Louis porte ses pas, / Tâchez de l'adoucir, fléchissez son courage. / Il aime ses sujets, il est juste, il est sage ; / Du titre de clément rendez-le ambitieux : / C'est par là que les rois sont semblables aux dieux. » **Jean de La Fontaine**, *Élégie aux nymphes de Vaux*, 1662).

Vers une mise à l'écart des poètes ?

La situation des écrivains et des poètes à partir du XVIIe siècle tend à être celle d'une marginalisation progressive. Si Louis XIV a été protecteur des arts et des lettres, c'est en éloignant ceux-ci des décisions politiques et en accentuant leur dépendance financière à son égard (par un système de « pensions » qu'il accorde à certains d'entre eux). Le débat sur l'utilité politique des gens de lettres prend, dès le temps de Molière, une certaine importance.

La montée en puissance de la bourgeoisie au cours du XVIIIe siècle fait naître de nombreux écrivains bourgeois, et donc à distance de la cour et des sphères de décision politique. Le XIXe siècle romantique, après la Révolution française, sera celui où les poètes voudront retrouver un statut politique en se sentant appelés à devenir les guides spirituels du peuple (comme **Victor Hugo**).

« Que font-ils pour l'État, vos habiles héros ? / Qu'est-ce que leurs écrits lui rendent de service, / Pour accuser la cour d'une horrible injustice / Et se plaindre en tous lieux que sur leurs doctes noms / Elle manque à verser la faveur de ses dons ? / Leur savoir à la France est beaucoup nécessaire ! / Et des livres qu'ils font la cour a bien affaire ! » Clitandre, le courtisan, dans *Les Femmes savantes* (1672) de **Molière**.

Jean-Auguste-Dominique Ingres, *Le roi Louis XIV et Molière à table devant les courtisans*, 1857.

QUESTION

Comment la proximité du roi et de l'écrivain est-elle rendue visible ?

TEXTE 1

RUTEBEUF,
Renart le Bestourné (1261)

RUTEBEUF
(vers 1245-1285)
biographie p. 586

Dénoncer les mauvais conseillers du roi

Le poète Rutebeuf reprend dans ce poème les personnages du célèbre *Roman de Renart* (fin XIIe - début XIIIe s.), œuvre due à des auteurs multiples et anonymes, qui, à travers des personnages d'animaux, critiquaient la société française de l'époque. Il s'agit ici de s'en prendre à la décision du roi Louis IX (Saint Louis), en 1261, de manger à portes fermées au lieu d'accueillir, comme auparavant, par générosité tous ceux qui se présentaient à l'heure des repas. Cette décision, sans doute motivée par un souci d'économie, révélait l'influence des religieux franciscains et des moines mendiants sur le roi. Le titre du poème, *Renart le Bestourné*, signifie « Renart métamorphosé / transformé pour tromper ».

Le Roman de Renart, illustration par Auguste Vimar, 1933.

Renart est mort : Renart est vivant !
Renart est puant, Renart est infâme :
Et Renart règne !

Renart a acquis grande puissance dans le royaume.
Il y chevauche à bride abattue
Au galop.

On devait le pendre,
À ce que j'avais entendu dire,
Mais ce n'était pas le cas en vérité :

Vous vous en rendrez compte bientôt.
Il est le maître de tout ce que possède
Mon seigneur Noble[1],

Des labours et des vignobles.
Renart dans Constantinople[2] a
Bien fait ses affaires ;

Dans les maisons ni dans les caves
Il ne laissa deux navets
À l'empereur,

Mais il le réduisit à l'état de pauvre pécheur
Peu s'en fallut qu'il n'en fasse un pêcheur
De haute mer[3].

Et certes on ne doit pas bien aimer Renart
Car en lui il n'y a qu'amertume[4] :
C'est sa règle.

À la table du roi noble
(miniature du XVe siècle).

QUESTIONS SUR L'IMAGE

1. Que peut représenter cette enluminure médiévale ?
2. Quels éléments permettent au lecteur d'identifier les rôles humains qui se dissimulent derrière les personnages d'animaux ?

Renart a une grande parenté :
Nous en avons beaucoup de même nature que lui
Dans cette terre.

Renart pourra déclencher de tels combats
Que le pays en aura beaucoup
À endurer.

Mon seigneur Noble le lion
Croit que son salut[5]
Viendra de Renart.

Ce n'est pas le cas, certes, (qu'il lui souvienne de Dieu !)
Mais je crains qu'il ne lui en advienne
Dommage et honte.

Si Noble savait à quel point on en est
Et les discours que l'on tient
Par la ville,

Dame Raimborc, dame Poufille[6],
Qui se rassemblent pour parler de lui,
Ici dix, là vingt,

Et on dit[7] que jamais cela ne se produisit
Et que jamais un cœur noble ne se soucia
D'inventer une telle règle du jeu !

Il aurait bien dû se souvenir de Darius[8],
Que les siens firent mettre à mort,
À cause de son avarice.

1 Noble est le nom du lion (le roi) dans le *Roman de Renart*.
2 Constantinople (ville d'Orient qui fait rêver par ses richesses) est le nom du royaume de Noble dans le *Roman de Renart* : il s'agit en fait de la France.
3 La pêche en haute mer était, pour le lecteur du Moyen Âge, l'un des métiers les plus difficiles.
4 Jeu de mots intraduisible entre le verbe *amer* (« aimer ») et l'adjectif *amer*.
5 **Salut** : fait d'être délivré du péché et d'échapper à la damnation.
6 Personnages représentant les passantes de la rue, les badaudes. « Dame Poufile » est un personnage du *Roman de Renart*.
7 Rupture syntaxique ; il faut comprendre : « Dame Raimborc, dame Poufille et d'autres personnes disent… ».
8 **Darius** : Darius III Codoman (v. 380-330 av. J.-C), roi de Perse vaincu par Alexandre le Grand.

Le Roman de Renart, Le roi Noble et sa Cour, XIVe siècle.

Quand j'entends parler d'un vice si laid,
Par ma foi, tout mon cœur se hérisse
De douleur et de colère

Si violemment que je ne sais que dire ;
Car je vois le royaume en empire[9]
Complètement.

RUTEBEUF, *Renart le Bestourné*, v. 1-54, 1261,
traduit de l'ancien français par A. Berthelot, Nathan, 1988.

9 Jeu de mots intraduisible entre *empire* (d'un souverain) et *empirer* (« devenir pire »).

PREMIÈRE LECTURE

1 Qui le personnage de Renart représente-t-il ? Aidez-vous du paratexte pour répondre. Quels éléments du texte confirment cette identification ?

AU FIL DU TEXTE

2 Sachant que Rutebeuf reprend le personnage principal du *Roman de Renart*, comment comprenez-vous le premier vers du poème ? Quels autres vers justifient la reprise du personnage ?

3 Quel est le rôle des vers 2 et 3 ? Quel effet suscitent-ils sur le lecteur ?

4 De quoi Renart est-il accusé dans les vers 4 à 30 ? Relevez-en les divers indices. Dans les mêmes vers, relevez les hyperboles. Quelle est leur fonction ?

5 Quels reproches sont adressés au roi (le lion Noble) dans les vers 31 à 54 ? Pourquoi le poète narrateur feint-il de rapporter les discours du peuple (vers 37 à 45) ? À quoi la référence à l'Antiquité (v. 4 à 48) sert-elle ?

6 **Grammaire** Relevez les deux verbes conjugués au subjonctif dans les vers 34 à 36. Quelle est la valeur du subjonctif dans chacun de ces deux emplois ?

7 Montrez que le poète narrateur intervient de diverses manières dans le texte. Quels rôles s'attribue-t-il envers le lecteur ? Et envers le roi ?

METTRE EN PERSPECTIVE

8 Les moines mendiants (dont Rutebeuf redoutait l'influence considérable sur les puissants, et qu'il jugeait hypocrites au vu des richesses que certains d'entre eux accumulaient dans leurs monastères) étaient déjà la cible du poète dans le poème « Les Règles des moines » (1259) :

Les Règles des frères
« […] Ils nous bernent et trompent tout
comme le goupil[1] fait avec les oiseaux.
Savez-vous ce que fait le damoiseau[2] ?
Il se roule dans de la terre rouge,
fait le mort et la sourde oreille ;
alors les oiseaux viennent des nues,
et il aime bien qu'ils viennent,
car il les tue et les blesse :
de même, pour faire bref,
ceux qui ont accaparé le paradis
nous ont tués et blessés. […] »

RUTEBEUF, *Poèmes de l'infortune*, 1259,
traduit de l'ancien français par J. Dufournet,
Éd. Gallimard, 1986.

1 **Goupil** : renard (le mot *Renart*, au Moyen Âge, est seulement le nom propre du personnage).
2 **Damoiseau** : jeune homme distingué.

Comparez cette critique à celle de *Renart le Bestourné* : laquelle vous paraît la plus efficace ? Pourquoi ?

Vers le bac

Qui, des mauvais conseillers ou du roi, vous semblent la cible principale du texte de Rutebeuf ? Vous répondrez en rédigeant un paragraphe argumenté d'une dizaine de lignes.

TEXTE ÉCHO

JUVÉNAL, *Satires* (IIe siècle ap. J.-C.)

CONTEXTE

Juvénal (son nom latin est Decimus Iunius Iuvenalis) est un poète satirique romain, probablement né vers 60 et mort en 130. Il a composé seize poèmes rassemblés dans le recueil des *Satires*.

Aux sources latines de la satire

Dans ses *Satires*, Juvénal critique avec virulence la place de plus en plus importante que les étrangers et les esclaves affranchis occupent à Rome, l'oubli des traditions, les embarras de circulation dans la ville impériale, etc. Dans la satire VIII, il rappelle que la noblesse n'est rien sans le mérite personnel, et oppose en particulier Catilina et Cicéron.

Personne, Catilina[1], trouvera-t-il rien de plus haut que ta naissance ou que celle de Céthégus[2] ? Cependant, vous préparez les armes et les torches d'une attaque nocturne contre nos maisons et nos temples, en fils des porteurs de braies[3], en descendants des Sénones[4], avec une audace qu'on pourrait punir de la tunique soufrée[5]. Mais le consul[6] veille et il arrête vos étendards : c'est un homme nouveau, d'Arpinum, et qui n'était naguère à Rome qu'un chevalier municipal ; et c'est lui qui met partout, dans la ville alarmée, des postes, casques en tête, lui qui multiplie ses efforts sur les sept collines[7]. Ainsi, au-dedans des murs, sous la toge, il acquit un nom, une gloire comme à peine en put conquérir, à Leucade et dans les plaines de la Thessalie, Octave[8], avec son épée humide de continuels massacres ; mais Rome, Rome libre, a proclamé Cicéron[9] second fondateur et père de la patrie.

JUVÉNAL, *Satires*, satire VIII, IIe s. apr. J.-C., traduit du latin par P. de Labriolle et F. Villeneuve.

1 Issu d'une famille noble, Catilina (108-62 av. J.-C.) est un homme politique romain, célèbre pour avoir par deux fois voulu renverser le Sénat de la République romaine par des conjurations, qui ont échoué.
2 **Céthégus** : sénateur d'origine noble, rejoignit la seconde conjuration de Catilina.
3 **Braies** : vêtement en forme de caleçon que portaient certains peuples germaniques.
4 **Sénones** : peuple de la Gaule celtique.
5 **Tunique soufrée** : vêtement couvert de résine dans lequel on brûlait certains condamnés à mort.
6 **Consul** : sous la République romaine, un des deux magistrats élus pour exercer le pouvoir suprême.
7 Les sept collines de Rome.
8 **Octave (63 av. J.-C.-14 ap. J.-C.)** : vainqueur de grandes batailles, premier empereur de Rome.
9 **Cicéron (106-43 av. J.-C.)** : orateur et homme politique romain, originaire d'Arpinum, qui a fait échouer la seconde conjuration de Catilina.

CESARE MACCARI, *Cicéron démasque Catilina le 8 novembre 63 av. J.-C.*, 1882-1888, Rome.

QUESTION SUR L'IMAGE

D'après ce tableau, en quoi le Sénat romain est-il un lieu d'éloquence ?

1 Montrez que le poète exprime avec violence son mépris pour l'homme politique qu'était Catilina.

2 En quoi Catilina et Cicéron ont-ils des parcours politiques diamétralement opposés ? Quelle leçon l'exemple de Cicéron donne-t-il, selon le poète ?

TEXTE 2

THÉODORE AGRIPPA D'AUBIGNÉ, *Les Tragiques* (1616)

THÉODORE AGRIPPA D'AUBIGNÉ
(1552-1630)
biographie p. 570

CONTEXTE

Publiés seulement en 1616, *Les Tragiques* sont un immense poème épique divisé en sept livres et principalement écrit entre 1577 et 1579, dans le contexte des guerres de Religion.

Un virulent portrait de roi

Protestant, Agrippa d'Aubigné a décrit, dans le premier livre *des Tragiques* intitulé « Misères », les horreurs des guerres entre catholiques et huguenots français. Le livre II, « Princes », met en accusation les grands du royaume, jugés responsables de la dégradation des mœurs et de la guerre civile, y compris les rois Charles IX et Henri III, et leur mère, Catherine de Médicis. Après avoir vitupéré contre Charles IX, il s'en prend à Henri III.

L'autre fut mieux instruit à juger des atours
Des putains de sa cour, et, plus propre aux amours,
Avoir ras le menton[1], garder la face pâle,
Le geste efféminé, l'œil d'un Sardanapale[2] :
Si bien qu'un jour des Rois[3] ce douteux animal,
Sans cervelle, sans front, parut tel[4] en son bal.
De cordons emperlés sa chevelure pleine,
Sous un bonnet sans bord fait à l'italienne,
Faisait deux arcs voûtés ; son menton pinceté[5],
Son visage de blanc et de rouge empâté,
Son chef tout empoudré nous montrèrent ridée,
En la place d'un Roi, une putain fardée[6].
Pensez quel beau spectacle, et comme il fit bon voir
Ce prince avec un busc, un corps[7] de satin noir
Coupé à l'espagnole, où, des déchiquetures[8],
Sortaient des passements et des blanches tirures[9] ;
Et, afin que l'habit s'entresuivît de rang[10],
Il montrait des manchons gaufrés[11] de satin blanc,
D'autres manches encor qui s'étendaient fendues,
Et puis jusques aux pieds d'autres manches perdues.
Pour nouveau parement il porta tout ce jour
Cet habit monstrueux, pareil à son amour[12] :
Si[13] qu'au premier abord chacun était en peine[14]
S'il voyait un Roi femme ou bien un homme Reine.
Si fut-il toutefois allaité de poisons,
De ruses, de conseils secrets et trahisons,
Rompu ou corrompu au trictrac[15] des affaires,
Et eut, encore enfant, quelque part aux misères[16].

THÉODORE AGRIPPA D'AUBIGNÉ, « Princes », v. 773-800, *Les Tragiques*, 1616.
[Orthographe modernisée]

1 À avoir le menton rasé.
2 Roi oriental légendaire, incarnation de la tyrannie et de la débauche.
3 **Jour des Rois** : jour de la fête chrétienne de l'Épiphanie, en janvier.
4 « Tel » annonce le portrait qui suit.
5 **Pinceté** : épilé.
6 **Fardé** : couvert de maquillage.
7 **Busc, corps** : corset.
8 **Déchiqueture** : fente d'un tissu.
9 **Tirure** : ancien mot désignant un fil d'argent.
10 Comprendre : « se continuât de manière harmonieuse ».
11 **Manchon gaufré** : demi-manche d'un vêtement, avec des reliefs.
12 Allusion aux amours homosexuelles d'Henri III avec ses « mignons ».
13 **Si que** : de sorte que.
14 **Être en peine** : se demander.
15 **Trictrac** : jeu.
16 Le jeune Henri, avant d'être roi, avait participé à des batailles, lors de la troisième guerre de Religion notamment (bataille de Jarnac en 1569).

Paul-Joseph Hadol, Caricature d'Henri III (XIXe siècle).

▲ QUESTION SUR L'IMAGE

Étudiez les procédés de la caricature dans cette représentation railleuse d'Henri III.

PREMIÈRE LECTURE

1 Quels défauts d'Henri III le poète blâme-t-il ? Relevez-en les indices.

AU FIL DU TEXTE

2 Observez les deux premiers vers. Par quel procédé de versification frappent-ils l'oreille et la mémoire ? En quoi ce début est-il vigoureux ?

3 Dans les vers 1 à 12, sur quoi la description se concentre-t-elle ? Comment le poète s'y prend-il pour dévaloriser le roi ?

4 Relevez le groupe nominal qui désigne Henri III au vers 5 : expliquez cette expression.

5 Quel terme revient par deux fois dans les vers 1 à 12 ? Pourquoi, selon vous, le poète opère-t-il cette répétition ?

6 **Grammaire** Expliquez l'accord de l'adjectif « ridée » (v. 9) : avec quel nom l'adjectif s'accorde-t-il ? Déduisez-en sa fonction grammaticale dans la phrase. Quel effet provoque son antéposition par rapport au nom avec lequel il s'accorde ?

7 Au vers 13, quel est l'effet de l'apostrophe au lecteur ?

8 Dans les vers 13 à 24, sur quoi la description se concentre-t-elle ? Quels ridicules met-elle alors en évidence ? Justifiez l'emploi de l'adjectif « monstrueux » (v. 22).

9 En quoi les vers 25 à 28 marquent-ils un tournant dans les attaques contre le roi ? Pourquoi le poète emploie-t-il l'adverbe « toutefois » (v. 25) pour articuler ce passage avec ce qui précède ?

METTRE EN PERSPECTIVE

10 Lisez le texte suivant de l'historienne Annie Duprat. Quelles formes les attaques contre le roi Henri III ont-elles prises ? Comment l'historienne explique-t-elle cet acharnement contre Henri III ?

« Entre 1559 et 1589, trois rois, restés sans postérité, ont occupé le trône de France, mais la paix civile n'a jamais pu être restaurée. Une impression de danger et de déséquilibre est ressentie dans le royaume dont les sujets se perçoivent comme les victimes de factions dynastiques complexes, parfois inféodées[1] à l'étranger, et croient avoir été abandonnés par la grâce divine. Les favoris et la cour de Henri III sont marqués par l'influence italienne, au grand scandale de la vieille noblesse française [...]. Environ huit cents pamphlets[2] et opuscules divers ont été écrits et diffusés pendant le règne d'Henri III et une soixantaine d'entre eux font preuve de violence verbale. Outre les gravures insérées dans quelques-unes de ces brochures [...], il ne faut pas oublier les affiches-placards et les feuilles volantes scrupuleusement conservées par le chroniqueur parisien Pierre de l'Estoile [...]. »

Annie Duprat, « Les regalia au crible de la caricature du XVIe au XVIIIe siècle », *Bulletin du centre de recherche du château de Versailles*, 2005.

1 **Inféodé** : soumis, comme un vassal.
2 **Pamphlet** : court écrit satirique, qui attaque avec violence le gouvernement, les institutions, un personnage connu.

Vers le bac

Dans un paragraphe d'une dizaine de lignes, vous expliquerez en quoi les procédés employés par d'Aubigné pour blâmer Henri III se rapprochent de l'art de la caricature.

PROLONGEMENT

Cherchez une caricature d'un roi de France (Louis XIV, Louis XVI, par exemple), puis essayez de la transcrire à votre manière dans un texte en prose d'une vingtaine de lignes.

TEXTE 3

JEAN DE LA FONTAINE, *Fables* (1678)

JEAN DE LA FONTAINE
(1621-1695)
biographie p. 578

CONTEXTE

Avec le règne de Louis XIV, qui renforce l'absolutisme monarchique, les « grands » du royaume délaissent progressivement leur place dans l'armée pour fréquenter de plus en plus assidûment la cour, concentrée à partir de 1662 au château de Versailles. Ainsi sédentarisée dans le monde des divertissements aristocratiques et des jeux d'influence politiques, la noblesse de cour devient le lieu du paraître social, jusqu'à l'hypocrisie. La critique des courtisans, thème traditionnel de la satire depuis le Moyen Âge, prend donc une plus grande importance, au point de devenir chez La Fontaine un motif récurrent dans de nombreuses fables, telle « La Cour du Lion ».

L'habileté des courtisans

La fable s'autorise parfois, chez La Fontaine, une vive critique du roi et de la cour, à peine masquée par le récit animalier, comme dans le poème suivant.

Sa Majesté Lionne[1] un jour voulut connaître
De quelles nations le Ciel l'avait fait maître.
Il manda donc par députés
Ses vassaux de toute nature,
Envoyant de tous les côtés
Une circulaire écriture[2],
Avec son sceau. L'écrit portait
Qu'un mois durant le Roi tiendrait
Cour plénière[3], dont l'ouverture
Devait être un fort grand festin,
Suivi des tours de Fagotin[4].
Par ce trait de magnificence
Le Prince à ses sujets étalait sa puissance.
En son Louvre[5] il les invita.
Quel Louvre ! un vrai charnier, dont l'odeur se porta
D'abord[6] au nez des gens. L'Ours boucha sa narine :
Il se fût bien passé de faire cette mine,
Sa grimace déplut. Le Monarque irrité
L'envoya chez Pluton[7] faire le dégoûté.
Le Singe approuva fort cette sévérité,
Et flatteur excessif il loua la colère
Et la griffe du Prince, et l'antre, et cette odeur :
Il n'était ambre[8], il n'était fleur,
Qui ne fût ail au prix[9]. Sa sotte flatterie
Eut un mauvais succès, et fut encor punie.
Ce Monseigneur du Lion-là
Fut parent de Caligula[10].
Le Renard étant proche : Or çà, lui dit le Sire,
Que sens-tu ? dis-le-moi : parle sans déguiser.
L'autre aussitôt de s'excuser,
Alléguant un grand rhume : il ne pouvait que dire[11]
Sans odorat ; bref, il s'en tire.
Ceci vous sert d'enseignement :
Ne soyez à la cour, si vous voulez y plaire,
Ni fade adulateur, ni parleur trop sincère,
Et tâchez quelquefois de répondre en Normand[12].

JEAN DE LA FONTAINE, « La Cour du Lion », *Fables*, VII, 6, 1678.

1 « Lionne » est ici un adjectif accordé avec « Majesté ».
2 **Circulaire écriture** : lettre officielle reproduite à plusieurs exemplaires.
3 **Cour plénière** : rassemblement de tous les notables du royaume autour du roi.
4 **Fagotin** : singe savant que le marionnettiste Brioché montrait à la foire Saint-Germain.
5 À cette époque, le Louvre est un palais du roi.
6 **D'abord** : aussitôt.
7 **Pluton** : dieu des morts, chez les Romains.
8 **Ambre (gris)** : substance tirée du cachalot et dont on tire un parfum raffiné et tenace.
9 Qui par comparaison ne parût sentir comme l'ail.
10 Empereur romain célèbre pour sa cruauté.
11 Il ne pouvait rien dire.
12 Répondre sans prendre parti.

Le Roi des animaux, d'après *Le Renard* de J. W. Goethe. Taille-douce de Rudolf Rahn, XIXe siècle.

◂ QUESTION SUR L'IMAGE

Quelle conception du pouvoir royal cette image reflète-t-elle ?

PREMIÈRE LECTURE

1 Expliquez à quels types humains correspondent le Lion, l'Ours, le Singe et le Renard dans cette fable.

LECTURE ANALYTIQUE

Un récit conçu pour plaire et divertir

2 Distinguez le récit de la moralité, puis repérez les grandes étapes du récit. Comment La Fontaine parvient-il à donner du dynamisme au récit ?

3 **Grammaire** Identifiez le temps verbal employé au vers 32. Quelle est sa valeur particulière ? Quel effet produit-il ?

4 Quel effet l'emploi de vers de longueurs différentes permet-il ? Justifiez l'emploi de l'octosyllabe dans les vers 3 à 12, au vers 14, aux vers 26 et 27 et au vers 32.

5 Quel contraste observe-t-on entre les intentions du Lion et les réactions de ses invités ? En quoi ce contraste est-il drôle ?

6 Sur quels procédés (figures de style) le comique du récit repose-t-il ?

Un récit fait pour instruire

7 Quel type de roi le Lion est-il ? Quelles perversions de l'autorité royale sont ici blâmées ? Quelles remarques du narrateur soulignent les défauts du Lion ?

8 En quoi la confrontation des attitudes des trois courtisans est-elle significative ? Quelle image du courtisan habile est donnée à travers le Renard ? Quelle critique du monde de la cour peut-on en déduire ?

9 Comment la moralité résume-t-elle le récit ? Le conseil pratique donné par le fabuliste révèle-t-il la véritable intention de son poème ? Pourquoi ?

METTRE EN PERSPECTIVE

10 Patrick Dandrey, spécialiste de la littérature du XVIIe siècle, écrit ceci à propos des fables de La Fontaine :

> « Les recueils d'apologues[1] humanistes que l'on connaît avant La Fontaine et ceux que l'on compose en son temps appartiennent à la rhétorique de collège, à l'écriture moraliste ou satirique [...] ou à la réflexion politique et sociale – pas à la poésie. [La Fontaine opère] la métamorphose de ce conte moral pour enfants en poème universel. »
>
> **PATRICK DANDREY**, *La Fontaine ou les métamorphoses d'Orphée*, éd. Gallimard, 1995.
>
> 1 **Apologue** : récit visant à délivrer une leçon morale.

Pensez-vous, à la lecture de « La Cour du Lion », que La Fontaine a su donner à la fable une dimension poétique ?

11 Cherchez une illustration de cette fable par un artiste, puis commentez-la.

→ Vers le bac

Rédigez la conclusion de cette lecture analytique.

TEXTES ÉCHOS

MATHURIN RÉGNIER, *Satires* (1612)

CONTEXTE

Mathurin Régnier (1573-1613), neveu du poète Philippe Desportes (poète favori de la cour d'Henri III), a laissé une œuvre poétique, que dominent ses *Satires* (rassemblées en 1612), qui peignent la société de son époque avec un regard aiguisé, et qui proposent des portraits hauts en couleur.

Au XVIIe siècle, avec la monarchie absolue, la satire doit s'éloigner de la poésie de combat et de franche contestation politique (ce qu'elle s'autorisait encore au XVIe siècle), pour se tourner davantage vers une critique sociale et morale qui veut réformer les vices des hommes.

Satire III

Or, quant à ton conseil qu'à la cour je m'engage
Je n'en ai pas l'esprit, non plus que le courage.
Il faut trop de savoir et de civilité,
Et si j'ose en parler trop de subtilité ;
Ce n'est pas mon humeur, je suis mélancolique,
Je ne suis point entrant[1], ma façon est rustique
Et le surnom de bon me va-t-on reprochant[2],
D'autant que je n'ai pas l'esprit d'être méchant.
Et puis je ne saurais me forcer ni me feindre[3] ;
Trop libre en volonté je ne me puis contraindre ;
Je ne saurais flatter et ne sais point comment
Il faut se taire accort[4] ou parler faussement,
Bénir les favoris[5] de geste et de paroles,
Parler de leurs aïeux au jour de Cérizolles[6],
Des hauts faits de leur race et comme ils ont acquis
Ce titre avec honneur de ducs et de marquis.
Je n'ai point tant d'esprit pour tant de menterie ;
Je ne puis m'adonner à la cajolerie,
Selon les accidents[7], les humeurs ou les jours,
Changer comme d'habits tous les mois de discours.
Suivant mon naturel je hais tout artifice,
Je ne puis déguiser la vertu ni le vice,
Offrir tout de la bouche et, d'un propos menteur,
Dire : « Pardieu, monsieur, je vous suis serviteur[8], »
Pour cent bonadies[9] s'arrêter[10] en la rue,
Faire sur l'un des pieds en la salle la grue,
Entendre un marjolet[11] qui dit avec mépris :
« Ainsi qu'ânes ces gens sont tous vêtus de gris ;
Ces autres verdelets[12] aux perroquets ressemblent,
Et ceux-ci mal peignés devant les dames tremblent »,
Puis au partir de là, comme[13] tourne le vent,
Avecques[14] un bonjour, amis comme devant[15].

MATHURIN RÉGNIER, *Satires*, satire III, v. 89-120, 1612.
[Orthographe modernisée]

1 **Entrant** : insinuant, enjôleur.
2 **Comprendre** : on me donne comme un reproche le surnom de naïf.
3 **Se feindre** : s'obliger à dissimuler ses vrais sentiments.
4 **Accort** : de manière avisée, habilement.
5 **Favori** : personne qui s'attirait les faveurs, les bonnes grâces d'un roi.
6 Cérisoles, dans le Piémont italien, lieu d'une victoire des Français sur l'empereur Charles Quint en 1544.
7 **Accidents** : circonstances.
8 Allusion au vers 6 d'un sonnet de Du Bellay qui critiquait le comportement des courtisans à Rome : « Et d'un *Son Servitor* contrefaire l'honnête ».
9 **Bonadie** : salutation interminable.
10 M'arrêter (solécisme, transgression volontaire de la syntaxe).
11 **Marjolet** : homme qui fait le galand.
12 Régnier défend le gris, couleur du roi Henri IV (1553-1610), et le vert, couleur de Gabrielle d'Estrées (1573-1599), maîtresse de ce roi.
13 **Comme** : lorsque.
14 Avec.
15 **Devant** : auparavant.

NICOLAS BOILEAU, *Satires* (1666-1705)

CONTEXTE

Nicolas Boileau (1636-1711), poète et traducteur, fut l'un des théoriciens de la littérature de son temps et donna avec son *Art poétique* (1674) un abrégé de la pensée littéraire des auteurs classiques. Ses *Satires* mêlent des observations sur la société de son temps et des attaques contre certains auteurs à la mode.

Satire V

À M. LE MARQUIS DE DANGEAU

La noblesse, Dangeau, n'est pas une chimère,
Quand, sous l'étroite loi d'une vertu sévère,
Un homme issu d'un sang fécond en demi-dieux,
Suit, comme toi, la trace où marchaient ses aïeux.
Mais je ne puis souffrir qu'un fat[1], dont la mollesse
N'a rien pour s'appuyer qu'une vaine noblesse,
Se pare insolemment du mérite d'autrui,
Et me vante un honneur qui ne vient pas de lui.
Je veux que[2] la valeur de ses aïeux antiques
Ait fourni de matière aux plus vieilles chroniques,
Et que l'un des Capets[3], pour honorer leur nom,
Ait de trois fleurs de lis doté leur écusson[4] :
Que sert ce vain amas d'une inutile gloire,
Si, de tant de héros célèbres dans l'histoire,
Il ne peut rien offrir aux yeux de l'univers
Que de vieux parchemins qu'ont épargnés les vers ;
Si, tout sorti qu'il est d'une source divine,
Son cœur dément en lui sa superbe[5] origine,
Et n'ayant rien de grand qu'une sotte fierté,
S'endort dans une lâche et molle oisiveté ?
Cependant, à le voir avec tant d'arrogance
Vanter le faux éclat de sa haute naissance,
On dirait que le ciel est soumis à sa loi,
Et que Dieu l'a pétri d'autre limon[6] que moi.
[...]
On ne m'éblouit point d'une apparence vaine :
La vertu, d'un cœur noble est la marque certaine.

NICOLAS BOILEAU, *Satires*, satire V, 1666-1705. [Orthographe modernisée]

1 **Fat** : prétentieux.
2 Je veux bien que...
3 Dynastie des rois de France depuis le couronnement d'Hugues Capet en 987.
4 **Écusson** : blason, bouclier couvert d'armoiries. La fleur de lis y est un symbole des rois de France.
5 **Superbe** : orgueilleuse, fière.
6 **Limon** : argile.

1 Quels aspects du comportement de certains nobles sont critiqués dans ces deux satires ? De quels textes du chapitre peut-on les rapprocher ? Justifiez votre choix.

2 Relisez les premiers vers des deux textes. À qui les poètes s'adressent-ils manifestement ? En quoi cette mise en scène énonciative est-elle importante, selon vous ?

3 Rédigez une définition précise du genre de la satire en vous appuyant sur ces deux extraits.

TEXTE 4

NICOLAS GILBERT,
Le Dix-huitième Siècle (1775)

NICOLAS GILBERT
(1750-1780)
biographie p. 575

CONTEXTE

Nicolas Gilbert se montre un juge sévère du mouvement intellectuel des Lumières et ses satires se dressent contre l'esprit des philosophes de son temps. En effet, si ces derniers croient en la possibilité de lutter contre l'injustice et contre la corruption des mœurs grâce à l'esprit critique, Gilbert, quant à lui, constate que le progrès des idées n'entraîne pas toujours, en pratique, un progrès moral…

Ombres des Lumières

Le poème dont voici un extrait revient sur la prétention du siècle à être celui du progrès moral ; pour cette raison, il sera parfois utilisé quelques années plus tard par les écrivains contre-révolutionnaires.

Eh ! quel temps fut jamais en vices plus fertile ?
Quel siècle d'ignorance en beaux faits plus stérile,
Que cet âge nommé siècle de la raison ?
Toute une populace, en style de sermon,
De longs écrits moraux nous ennuie avec zèle[1] ;
Et l'on prêche les mœurs jusque dans la Pucelle[2].
Je le sais ; mais, ami, nos modestes aïeux
Parlaient moins des vertus et les cultivaient mieux.
Quels demi-dieux enfin nos jours ont-ils vus naître ?
Ces Français si vantés, peux-tu les reconnaître ?
Jadis peuple-héros, peuple-femme en nos jours,
La vertu qu'ils avaient n'est plus qu'en leurs discours.
Suis les pas de nos grands : énervés[3] de mollesse,
Ils se traînent à peine, en leur vieille jeunesse,
Courbés avant le temps, consumés de langueur,
Enfants efféminés de pères sans vigueur ;
Et cependant, nourris des leçons de nos sages,
Vous les voyez encore, amoureux et volages[4],
Chercher, la bourse en main, de beautés en beautés
La mort qui les attend au sein des voluptés ;
De leurs biens, prodigués pour d'infâmes caprices,
Enrichir nos Phrynés[5], dont ils gagent les vices ;
Tandis que l'honnête homme, à leur porte oublié,
N'en peut même obtenir une avare pitié.
Demi-dieux avortés, qui, par droit de naissance,
Dans les camps, à la cour, règnent en espérance,
Que d'exploits leurs talents semblent nous présager !
Ceux-ci font avec art courir ce char léger
Que roule un seul coursier[6] sur une double roue ;
Ceux-là, sur un théâtre où leur mémoire échoue,
Savent, non sans honneur, se jouer dans ces vers
Où Molière prophète exprima leurs travers[7] ;
Par d'autres, avec gloire, une paume[8] lancée
Va, revient, tour à tour poussée et repoussée :
Sans doute c'est ainsi que Turenne et Villars[9]
S'instruisaient dans la paix aux triomphes de Mars[10].

NICOLAS GILBERT, *Le Dix-huitième Siècle*, v. 55-90, 1775.

---

1 **Zèle** : ferveur, enthousiasme.
2 **La Pucelle** : surnom de Jeanne d'Arc. Au XVIIIe siècle, on en fait souvent une débauchée, une fille à soldats.
3 **Énervé** : privé de ses nerfs, affaibli.
4 **Volage** : infidèle, changeant.
5 **Phryné** : célèbre courtisane grecque de l'Antiquité, d'où, ici, prostituée.
6 **Coursier** : cheval de bataille ou de tournoi.
7 **Travers** : défauts.
8 **Paume** : jeu de paume (ancêtre du tennis).
9 **Turenne (1611-1675) et Villars (1653-1734)** : maréchaux de France célèbres pour leur bravoure.
10 **Mars** : dieu romain de la guerre.

ALEXIS PEYROTTE, *Le Conseil des singes ou les Politiques au jardin des Tuileries*, musée Carnavalet, XVIIIe siècle

◀ QUESTION SUR L'IMAGE

Que vise à critiquer la caricature ci-contre ?

PREMIÈRE LECTURE

1 Que reproche le poète à la société de son temps ?

AU FIL DU TEXTE

2 Commentez l'ouverture de l'extrait : que permet notamment l'emploi de questions rhétoriques ?

3 Dans les vers 1 à 12, sur quoi la critique sociale porte-t-elle ? Quelle idée revient par deux fois dans ce passage ? Quelle est la valeur de cette répétition ?

4 Contre qui le poète concentre-t-il ses attaques à partir du vers 13 ? Mettez en évidence les divers procédés par lesquels la satire rabaisse et vilipende ce groupe social dans les vers 13 à 24.

5 **Grammaire** Au vers 23, quelle est la fonction grammaticale du participe « oublié » ? Justifiez son accord. Puis interprétez l'effet des vers 23 et 24 : quelle attitude permettent-ils de blâmer ?

6 À quelle question rhétorique formulée auparavant par le poète les vers 25 à 27 semblent-ils répondre ? Quel effet cela suscite-t-il ?

7 Quel nouvel argument les vers 25 à 27 emploient-ils ? Par quels exemples le poète l'illustre-t-il dans les vers 28 à 36 ? Quelle image de la noblesse ces exemples donnent-ils ?

8 Expliquez les deux derniers vers. Quel rappel le poète adresse-t-il indirectement à la noblesse de son époque ?

Vers le bac

Rédigez un paragraphe de commentaire où vous étudierez l'importance et la fonction du champ lexical de la féminité dans le texte.

METTRE EN PERSPECTIVE

9 Nicolas Gilbert désigne son siècle comme celui de la « raison ». Mais, dès 1881, dans son ouvrage *Les Origines de la France contemporaine. La Révolution,* tome II, – *La Conquête jacobine*, l'écrivain Hippolyte Taine rebaptise le XVIIIe siècle « siècle des Lumières ». Cherchez le sens de cette formule et expliquez sur quelle métaphore elle repose.

10 Lisez les informations suivantes.

Le mouvement des Lumières

Les Lumières sont un mouvement littéraire et culturel qui a dominé le XVIIIe siècle et qui a traversé toute l'Europe (Angleterre, France, Suède, Russie, etc.). En France, les auteurs majeurs en sont Montesquieu (1689-1755), Voltaire (1694-1778), Denis Diderot (1713-1784). Ils partagent une certaine foi dans le progrès des idées et des connaissances (scientifiques comme littéraires et artistiques), dont les « philosophes » doivent travailler à la diffusion auprès de tous, par l'écriture d'œuvres faisant appel à la raison du lecteur, et d'ouvrages présentant tous les savoirs humains, d'où le projet collectif et monumental de l'*Encyclopédie*. Ainsi, le progrès intellectuel éclairera, selon eux, les esprits et amènera un progrès moral : rejet de l'absolutisme politique, hostilité à l'esclavage, ouverture à la tolérance religieuse et à la laïcité, soif d'instruction et d'éducation. Jean-Jacques Rousseau (1712-1778), quoique participant à ce mouvement d'idées, nuancera l'optimisme des philosophes.

Montrez en quoi le texte de Nicolas Gilbert peut être lu comme une sévère remise en cause du mouvement des Lumières. Justifiez votre réponse en citant le texte.

Lectures cursives

RECUEILS

Poésie des troubadours – Anthologie (traduction de R. Lavaud et R. Nelli) [Points/Poésie]

Une belle anthologie aisément accessible des plus beaux poèmes des troubadours, dans une traduction élégante et simple. Pour mieux découvrir les subtilités de l'amour...

LOUISE LABÉ,
« Sonnets » et « Élégies » dans *Œuvres*
(1555) [Poésie/Gallimard ou G.F.]

Deux sections brèves des *Œuvres* de « la Belle Cordière » lyonnaise, dans lesquelles l'intensité des sentiments et la sensualité la plus vive ne peuvent que toucher le lecteur, encore aujourd'hui.

JOACHIM DU BELLAY,
Les Regrets (1558) [Le Livre de Poche]

Un recueil majeur qui, de la nostalgie à la colère, de l'amitié à la satire, joue sur tous les tons de l'émotion et des sentiments, entre sincérité et posture littéraire. Un livre qui révèle également bien des aspects de cette fascinante époque de la Renaissance.

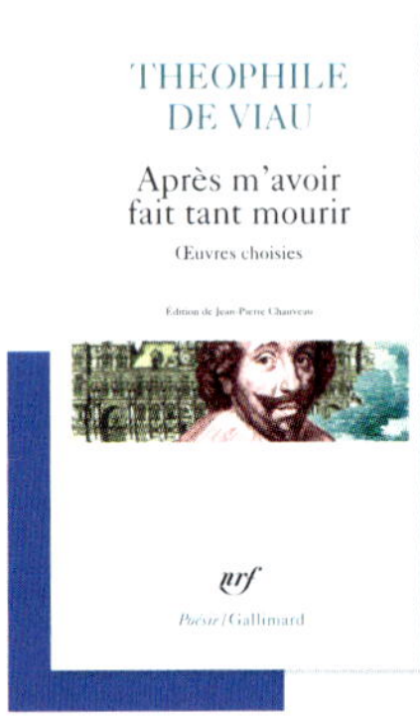

THÉOPHILE DE VIAU,
Après m'avoir fait tant mourir – Œuvres choisies [Gallimard]

Libre, libertin, provocateur et pourtant sensible, Théophile de Viau est une personnalité attachante de ce début du XVIIe siècle. De la poésie galante à la plainte de celui qui fut emprisonné, cette anthologie permet de découvrir toutes les facettes d'un poète étonnamment proche de nous.

BANDE DESSINÉE

JEAN TEULÉ ET LUIGI CRITONE,
Je, François Villon
(2017) [Delcourt]

Une belle bande dessinée qui imagine qui a pu être le poète-voyou le plus célèbre de l'histoire.

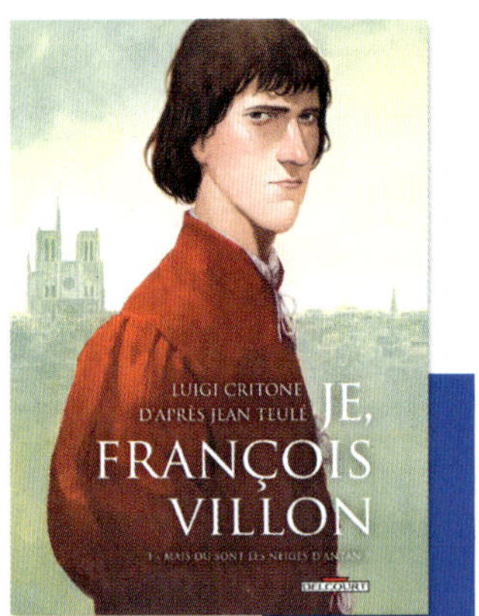

FICTIONS

HENRI GOUGAUD,
L'Enfant de la neige (2011)
[Le Livre de Poche]

ANNE-MARIE GARAT,
« L'Amour de loin : image » (1999), dans ***Amours de loin*** (2015) [Actes Sud/Babel]

Deux fictions inspirées par la surprenante légende de Jaufré Rudel, troubadour parti en mer pour rejoindre la princesse orientale dont il est tombé amoureux sans l'avoir jamais vue. Le roman d'Henri Gougaud est une fiction biographique ; la nouvelle d'Anne-Marie Garat est un très bel hommage, de loin, à la même légende.

RAPHAËL JERUSALMY,
La Confrérie des chasseurs de livres
(2013) [Actes Sud/Babel]

Un beau roman qui comble les lacunes (nombreuses !) de la biographie de François Villon. Bien des aventures au rendez-vous !

FLORENCE DELAY,
L'Insuccès de la fête (1980)
[Gallimard/L'Imaginaire]

Un roman magnifique autour d'un événement de la vie du poète de la Pléiade Étienne Jodelle : il a vingt-six ans, vient de se faire remarquer par sa tragédie *Cléopâtre captive*, et a quatre jours (pas un de plus !) pour créer un divertissement à l'occasion d'un souper où assisteront le roi Henri II et le duc de Guise… La très grande romancière Florence Delay parvient à recréer le monde de la Renaissance à partir de ce fait minime.

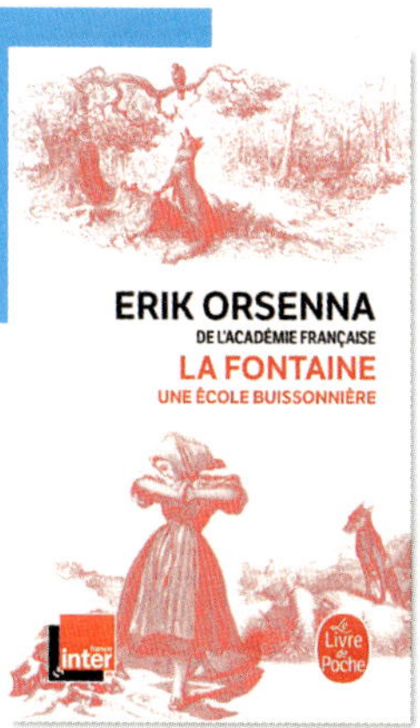

ERIK ORSENNA,
La Fontaine. Une école buissonnière
(2017) [Le Livre de Poche]

Une présentation courte et très accessible de la vie mouvementée et de l'œuvre (qui ne se réduit pas aux *Fables* !) du grand poète que fut La Fontaine. Émaillé de nombreuses citations, ce livre est d'abord une invitation à (re)lire les textes du poète de Château-Thierry, agrémentée de l'humour et de la gourmandise pour la langue française qui caractérise Erik Orsenna.

Téléchargez un questionnaire en ligne pour guider vos lectures.

IL PAPAGALLO N. 31 LE PERROQUET

— Forza! e fuoco alla macchina!... Questo è il momento di riven-
ell'esercito, che non ha traditori, — e trionfi l'innocente!

Zola - Brisson - Labori. — De la force! et du fer à la machine!... Voici le moment de revenger l'honneur de cette armée, qui n'a point de traîtres, — et que l'innòcent triomphe!

QUESTION

Renseignez-vous sur l'affaire Dreyfus. Quelles formes littéraires les auteurs qui ont pris la défense du capitaine Dreyfus ont-ils choisies pour mener leur combat ?

L'Affaire Dreyfus, 22 décembre 1894, caricature issue de la revue *Le Perroquet*, n°31, août 1899.

La **littérature d'idées et la presse** du XIXe siècle au XXIe siècle

Ce que vous savez déjà sur la littérature d'idées

RASSEMBLEZ VOS CONNAISSANCES

1. Qu'est-ce que la littérature d'idées ?
2. Un roman ou un poème peut-il être un texte porteur d'idées ? Expliquez votre réponse.
3. Connaissez-vous des œuvres (ou des auteurs) que l'on peut classer dans ce genre littéraire ?
4. Regardez cette caricature. Quelle est la source d'inspiration d'Émile Zola ?

Caricature d'Émile Zola, dans l'*Éclipse*,1876.

L'ÉCRIVAIN DANS LE MONDE

Un écrivain n'est pas le juge indifférent de ses compatriotes et de ses contemporains. Il est le complice de tout le mal commis dans son pays ou par ses compatriotes. Si les tanks de son pays ont inondé de sang les rues d'une capitale étrangère, alors les taches brunes marqueront son visage pour toujours. Si, par une nuit fatale, on a étranglé son ami endormi et confiant, les paumes de ses mains porteront les traces de la corde.

[…]

Je crois que la littérature mondiale, dans ces temps troublés, est capable d'aider l'humanité à se voir telle qu'elle est, en dépit de l'endoctrinement et des préjugés des hommes et des partis. La littérature mondiale est capable de communiquer une expérience condensée d'un pays à un autre afin que nous ne soyons plus divisés et déconcertés, que nos différentes échelles de valeurs puissent coïncider ; et, surtout, que le citoyen d'un pays puisse lire de façon concise et véridique l'Histoire d'un autre et la vivre avec une telle force et un tel réalisme douloureux qu'il lui soit ainsi épargné de commettre les mêmes erreurs cruelles.

ALEXANDRE SOLJENITSYNE,
Discours de Stockholm, 1970.

1. Pourquoi l'écrivain est-il un acteur de la société ? Expliquez votre réponse.
2. Qu'apporte à ses lecteurs une littérature engagée dans la société ?

Rappels sur le genre

Les textes engagés ou dénonçant des pratiques **peuvent prendre la forme de récits, de poèmes, de pièces de théâtre, d'essais** ou **d'articles de journaux**.

Au XIXe siècle, **les progrès technologiques favorisent l'essor de la presse**. Les écrivains y rédigent des articles engagés et y publient leurs romans en feuilleton.

Grâce à la presse qui diffuse rapidement les idées, mais aussi à des œuvres de fiction et des récits, **les écrivains dénoncent des injustices sociales, luttent pour une justice libre ou pour l'égalité de tous**. Ils sont tenus pour **responsables de l'influence de leurs livres** sur la société.

Valéry Müller, « Mes actionnaires », dessin paru dans *L'Assiette au beurre* du 9 juin 1906, coll. mhv.

Au XIXe siècle, des auteurs comme Émile Zola **écrivent leurs romans à partir de notes d'enquête pour restituer la vérité du monde**. Face aux traumatismes des guerres, des génocides ou des catastrophes industrielles, **les écrivains témoignent** ou deviennent les **porte-paroles des victimes**.

Au XXIe siècle, se développe une **littérature d'enquête : la recherche des informations** est l'objet du récit, plus que les résultats de l'enquête eux-mêmes. **Le journaliste d'investigation informe sur un fait de société**, ses causes et ses conséquences, alors que **l'écrivain réfléchit à ce que ces informations disent de l'humanité**.

CHAPITRE 1
L'œuvre littéraire et la société

1857 : la littérature en procès

Au XIXe siècle, l'alphabétisation progresse en France, élargissant le lectorat de la littérature ou de la presse à de nouveaux publics. Les autorités redoutent que la lecture ne corrompe les mœurs. En 1857, se tiennent deux procès restés célèbres, pour « offense à la morale publique et religieuse » et « outrage aux bonnes mœurs » : celui du roman de **Gustave Flaubert**, *Madame Bovary*, en février, puis en août, celui du recueil *Les Fleurs du mal* de **Charles Baudelaire**.

Le marchand de journaux ambulant, 1848.

QUESTION

Quel phénomène se développant au XIXe siècle cette image illustre-t-elle ?

Presse et littérature

La presse connaît un essor considérable tout au long du XIXe siècle ; *Les Illusions perdues* (1837) d'**Honoré de Balzac** ou *Bel-Ami* (1885) de **Guy de Maupassant** s'en font l'écho. En 1880, on dénombre à Paris une soixantaine de quotidiens ! Les progrès des techniques d'imprimerie et une trouvaille économique (le financement par la publicité) ont rendu possible cette expansion d'une presse à grand tirage et bon marché, accessible à tous, qui est la principale révolution de l'écrit au XIXe siècle.

Les journaux et revues jouent un rôle majeur dans la vie économique, politique et culturelle. Ils constituent une nouvelle voie de diffusion pour les œuvres littéraires que nombre d'écrivains empruntent afin d'élargir le cercle de leurs lecteurs. Ils contribuent aussi au succès d'une nouvelle forme romanesque, adaptée à la publication dans un quotidien et lui assurant de surcroît la fidélité du lectorat : le roman-feuilleton. **Alexandre Dumas** (*Le Comte de Monte-Cristo*, 1844-46) ou **Eugène Sue** (*Les Mystères de Paris*, 1842-43) se spécialisent dans ce genre populaire, parfois stigmatisé comme « littérature industrielle ».

Affiche de 1887.

Dans une étude publiée en 1857, **Eugène Poitou** s'inquiète en particulier de la diffusion du roman, grâce à la presse, dans toutes les couches de la société, et de son effet sur les mœurs :

« Grâce à cette alliance de la presse quotidienne, le roman a pénétré dans notre société à des profondeurs immenses. Confiné jusqu'alors dans les régions moyennes, il est descendu, il a filtré peu à peu dans les couches inférieures. En un temps où le journal entrait partout, il est entré avec le journal là où le roman ne s'était jamais introduit. Il est entré dans la boutique du marchand, dans l'atelier de l'ouvrier, dans une foule d'honnêtes ménages et de foyers pudiques. »
Eugène Poitou, *Du roman et du théâtre contemporains et de leur influence sur les mœurs*, 1857.

CHARLES GUÉRIN, *La Lecture*, 1913.

Les dangers de la lecture

L'augmentation du nombre de lecteurs s'accompagne de l'émergence de nouveaux lectorats : les classes ouvrières, les femmes. On s'émeut alors du danger que peut constituer la lecture : ne va-t-elle pas répandre des idées révolutionnaires ou immorales ?

Emma Bovary courtisée par Rodolphe.

Madame Bovary, un roman scandaleux ?

Ce roman, auquel Flaubert a travaillé de 1851 à 1856, narre la vie d'Emma qui, fille d'un paysan normand enrichi, mariée à un médecin de campagne dont la médiocrité la déçoit, cherche à échapper à l'ennui. Elle noue deux relations adultérines également décevantes et, prise d'une frénésie de consommation, contracte des dettes ruineuses ; elle finit par se suicider.

Mais peut-on réduire l'œuvre au caractère et au parcours de son héroïne ? Le sous-titre, *Mœurs de province*, éclaire l'intention généralisante du texte : dépeindre avec objectivité une société provinciale bornée et conformiste. Tous les personnages incarnent une forme de bêtise, y compris l'héroïne. Même si **Flaubert** nous fait sympathiser avec son refus de se résigner à une existence dépourvue d'idéal, il ironise sur son sentimentalisme exacerbé, nourri de mauvais romans et de revues. Car *Madame Bovary* est aussi, comme *Don Quichotte* de **Cervantes**, un roman sur la lecture de romans.

Le texte paraît d'abord sous forme de feuilleton dans *La Revue de Paris*, d'octobre à décembre 1856. Mais certaines scènes heurtant la morale de l'époque, Léon Laurent-Pichat, gérant de la revue, après avertissements du gouvernement impérial, oblige Flaubert à faire des coupes. En dépit de celles-ci, le procureur impérial décide de poursuivre l'auteur, la revue et l'imprimeur.

Le procès se conclut sur un acquittement. Flaubert réintroduit les scènes coupées et publie le roman en avril 1857 : *Madame Bovary* est un succès et connaîtra de nombreuses rééditions.

Quel but doit se fixer la littérature ?

Pour une large partie de la société du second Empire, sans nul doute, la littérature doit édifier les mœurs et conforter l'ordre moral. C'est sur la moralité ou l'immoralité de *Madame Bovary* que s'affrontent la défense et l'accusation lors du procès de 1857. Le substitut du procureur **Ernest Pinard** blâme l'auteur pour « le réalisme vulgaire et souvent choquant de la peinture des caractères ».

Mais nombre d'écrivains revendiquent l'autonomie de la littérature par rapport aux normes morales et sociales. En rupture avec la doctrine classique selon laquelle on doit « plaire et instruire » comme avec l'engagement social de certains romantiques, s'affirme l'idée selon laquelle l'art doit avant tout viser la perfection esthétique. Le poète **Charles Baudelaire** notamment, sensible au travail esthétique de Flaubert, défend *Madame Bovary*. Pour lui, l'art véritable ne saurait être moralisateur. Inculpé lui aussi pour *Les Fleurs du mal* en août 1857, il perdra son procès, contrairement à Flaubert.

Flaubert avait déjà affirmé son dessein esthétique : « Croyez-vous donc que cette ignoble réalité, dont la reproduction vous dégoûte, ne me fasse tout autant qu'à vous sauter le cœur ? [...] – Mais esthétiquement j'ai voulu, cette fois et rien que cette fois, la pratiquer à fond. Aussi ai-je pris la chose d'une manière héroïque, j'entends minutieuse, en acceptant tout, en disant tout, en peignant tout. » (Lettre du 7 décembre 1856, *Correspondance*.)

ACTIVITÉS

1. **Renseignez-vous sur d'autres personnages du roman de Flaubert : Charles, le pharmacien Homais, Léon et Rodolphe, Lheureux. Qu'ont-ils de médiocre ou de mesquin ?**
2. **« Il n'y a de vraiment beau que ce qui ne peut servir à rien » écrit Théophile Gautier en 1835. Faites une recherche sur la théorie nommée « L'Art pour l'Art ».**

Les **frères Goncourt** rapportent dans leur journal ces propos tenus par Flaubert en mars 1861 : « J'ai l'idée, quand je fais un roman, de rendre une couleur, un ton [...]. Maintenant, le reste, les personnages, l'intrigue, c'est un détail. Dans *Madame Bovary*, je n'ai eu que l'idée de rendre un ton gris, cette couleur de moisissure d'existences de cloportes. »

TEXTE 1 ERNEST PINARD,

extrait du réquisitoire du procès de *Madame Bovary* (1857)

ERNEST PINARD

(1822-1909)

CONTEXTE

Ernest Pinard fut magistrat puis homme politique (ministre de l'Intérieur, député). Nommé substitut au Parquet de la Seine en 1853, au début du second Empire, il fut chargé de requérir contre Flaubert, Baudelaire et Sue en 1857 ; il manifesta à cette occasion, dans ses réquisitoires brillants, une intransigeance non dénuée d'agressivité. Ces retentissants procès littéraires puis ses décisions comme ministre (1867-1868) lui valurent la triste renommée de « censeur ».

Caricature d'Ernest Pinard, gravure de H. Mailly, *Le Pilori*, vers 1870.

Madame Bovary, un attentat à la morale

Suite à la parution de *Madame Bovary* dans la *Revue de Paris*, Flaubert est jugé devant le tribunal correctionnel de Paris pour « offense à la morale publique et à la religion ». Les audiences ont lieu les 29 janvier et 7 février 1857. Ernest Pinard, substitut du procureur, est chargé du réquisitoire. Après avoir résumé le roman et isolé des extraits prouvant la réalité des offenses, il s'attache à réfuter par avance les arguments que pourrait présenter la défense.

« On nous dira comme objection générale : mais après tout, le roman est moral au fond, puisque l'adultère est puni ?

À cette objection, deux réponses : je suppose l'œuvre morale, par hypothèse, une conclusion morale ne pourrait pas amnistier les détails lascifs[1] qui peuvent s'y trouver. Et puis je dis : l'œuvre au fond n'est pas morale.

Je dis, messieurs, que des détails lascifs ne peuvent pas être couverts par une conclusion morale, sinon on pourrait raconter toutes les orgies imaginables, décrire toutes les turpitudes d'une femme publique, en la faisant mourir sur un grabat à l'hôpital. Il serait permis d'étudier et de montrer toutes ses poses lascives ! Ce serait aller contre toutes les règles du bon sens. Ce serait placer le poison à la portée de tous et le remède à la portée d'un bien petit nombre, s'il y avait un remède. Qui est-ce qui lit le roman de M. Flaubert ? Sont-ce des hommes qui s'occupent d'économie politique ou sociale ? Non ! Les pages légères de *Madame Bovary* tombent en des mains plus légères, dans des mains de jeunes filles, quelquefois de femmes mariées. Eh bien ! lorsque l'imagination aura été séduite, lorsque cette séduction sera descendue jusqu'au cœur, lorsque le cœur aura parlé aux sens, est-ce que vous croyez qu'un raisonnement bien froid sera bien fort contre cette séduction des sens et du sentiment ? Et puis, il ne faut pas que l'homme se drape trop dans sa force et sa vertu, l'homme porte les instincts d'en bas et les idées d'en haut, et, chez tous, la vertu n'est que la conséquence d'un effort, bien souvent pénible. Les peintures lascives ont généralement plus d'influence que les froids raisonnements. Voilà ce que je réponds à cette théorie, voilà ma première réponse, mais j'en ai une seconde.

Je soutiens que le roman de *Madame Bovary*, envisagé au point de vue philosophique, n'est point moral. Sans doute madame Bovary meurt empoisonnée ; elle a beaucoup souffert, c'est vrai ; mais elle meurt à son heure et à son jour, mais elle meurt, non parce qu'elle est adultère, mais parce qu'elle l'a voulu ; elle meurt dans tout le prestige de sa jeunesse et de sa beauté ; elle meurt après avoir eu deux amants, laissant un mari qui l'aime, qui l'adore, qui trouvera le portrait de

Rodolphe, qui trouvera ses lettres et celles de Léon, qui lira les lettres d'une femme deux fois adultère, et qui, après cela, l'aimera encore davantage au-delà du tombeau. Qui peut condamner cette femme dans le livre ? Personne. Telle est la conclusion. Il n'y a pas dans le livre un personnage qui puisse la condamner. Si vous y trouvez un personnage sage, si vous y trouvez un seul principe en vertu duquel l'adultère soit stigmatisé, j'ai tort. Donc, si dans tout le livre, il n'y a pas un personnage qui puisse lui faire courber la tête, s'il n'y a pas une idée, une ligne en vertu de laquelle l'adultère soit flétri, c'est moi qui ai raison, le livre est immoral ! »

ERNEST PINARD, extrait du réquisitoire prononcé, 1857.

1 **Lascif** : empreint de sensualité ; qui est porté ou porte à la luxure.

PREMIÈRE LECTURE

1 Quelle objection s'attache à réfuter le procureur et que veut-il prouver ?

LECTURE ANALYTIQUE

Une démonstration

2 Dégagez la progression du texte : distinguez trois parties auxquelles vous donnerez un titre.

3 Identifiez les arguments d'Ernest Pinard pour réfuter l'idée de la moralité du roman et étayer au contraire l'accusation d'immoralité.

4 Montrez que l'orateur prend soin de donner à son propos l'allure d'une démonstration.

Le discours d'un procureur

5 Ce texte sert de support à un discours oral. Étudiez les marques de l'énonciation et relevez les autres marques d'oralité. Qu'apportent-elles à la démonstration ?

6 **Lexique** Réécrivez la phrase de « Sans doute » à « deux amants » (l. 29-33) en remplaçant les occurrences du verbe « mourir » par des synonymes. Que constatez-vous ? Pourquoi l'orateur a-t-il préféré faire des répétitions ?

7 Un procureur (ou son substitut) a pour mission de défendre les intérêts de la société et du plus grand nombre. Quels propos de l'orateur remplissent cette mission ?

Le pouvoir de la littérature

8 Selon Ernest Pinard, qui sont les lecteurs de *Madame Bovary* ? Quelle influence le roman pourrait-il exercer sur ceux-ci et comment ?

9 Que manque-t-il dans *Madame Bovary*, selon Ernest Pinard, pour conjurer cette influence ?

10 Quelle conception du rôle de la littérature dans la société et de la responsabilité de l'écrivain apparaît dans ce discours ?

ALBERT-AUGUSTE FOURIÉ, *La Mort d'Emma Bovary*, 1883, huile sur toile, 141 x 208, cm.

QUESTION SUR L'IMAGE

Avec quels propos d'Ernest Pinard cette illustration entre-t-elle en résonance ?

ÉCRIT D'APPROPRIATION

Argumentez : sur quel critère le réquisitoire de Pinard est-il fondé ? Qu'en pensez-vous : est-ce un critère valable pour juger d'une œuvre littéraire ? Construisez un paragraphe argumentatif pour répondre.

Vers le bac

Résumez le texte de la ligne 7 à la fin en 110 mots environ.

TEXTE ÉCHO

GUSTAVE FLAUBERT,
Notes autographes au moment du procès (1857)

GUSTAVE FLAUBERT
(1821-1880)
biographie p. 575

CONTEXTE
La correspondance de Flaubert le montre très affecté par son procès. Il l'évoque parfois avec ironie : « Demain, samedi 24 janvier, j'honore le banc des escrocs. » Comparaître en correctionnelle comme un vulgaire délinquant l'humilie et il est blessé par « le tourbillon de mensonges et d'infamies » qui s'abat sur lui. Mais il oscille entre pessimisme (« Je ne compte sur aucune justice. Je serai condamné ») et fierté : le milieu littéraire le soutient et la « persécution » gagne à son roman la réputation de « chef-d'œuvre ». Il s'implique dans sa défense et fournit des arguments à son avocat.

Flaubert prépare son procès

Flaubert a rédigé des notes, destinées à son avocat, pour préparer son procès ; lui-même, quoique présent au tribunal, ne prend pas la parole.

Je suis accusé d'outrage « envers la morale publique et religieuse & les bonnes mœurs ».

Ma justification est dans mon livre. Le voilà. Quand mes juges l'auront lu, ils seront convaincus que loin d'avoir fait un roman obscène et irreligieux, j'ai au contraire composé quelque chose d'un **effet moral**.

La moralité d'une œuvre littéraire consiste-t-elle dans l'absence de certains détails qui pris isolément peuvent être incriminés ? ne faut-il pas plutôt considérer l'impression qui en résulte, la leçon indirecte qui en ressort ? [...]

Bien qu'il soit outrecuidant d'évoquer les grands hommes à propos des petites œuvres, que l'on se rappelle avant de me juger, Rabelais, Montaigne, Régnier, tout Molière, l'abbé Prévost, Lesage, Beaumarchais & Balzac.

Les livres sincères ont parfois des amertumes qui sauvent. Je ne redoute, pour ma part, que les littératures doucereuses que l'on absorbe sans répugnance et qui empoisonnent sans scandale.

J'avais cru jusqu'alors que le romancier comme le voyageur avait la liberté des descriptions. J'aurais pu, après bien d'autres, choisir mon sujet dans les classes exceptionnelles ou ignobles de la société. Je l'ai pris, au contraire, dans la plus nombreuse et la plus plate. Que la reproduction en soit désagréable, je l'accorde. Qu'elle soit criminelle, je le nie.

Je n'écris pas d'ailleurs pour les jeunes filles, mais pour des hommes, pour des lettrés.

GUSTAVE FLAUBERT, notes autographes au moment du procès, 1857.

1 **Reformulez les différents arguments que Flaubert suggère à son avocat.**
2 **Quel argument vous semble le plus convaincant ? Pourquoi ?**
3 **Parmi ces arguments, lesquels peuvent constituer des objections au réquisitoire du procureur (voir le texte d'Ernest Pinard, p. 332) ?**

TEXTE 2

JULES SENARD,
Plaidoirie au procès de *Madame Bovary* (1857)

JULES SENARD
(1800-1885)

CONTEXTE

Jules Senard fut homme politique sous la IIe République. Républicain, il s'éloigne de la politique sous le second Empire et exerce comme avocat au barreau de Paris, gardien des libertés et défenseur du droit. Toutefois, lors du procès de *Madame Bovary*, sa plaidoirie n'invoque nullement la liberté de l'écrivain ni les droits de la littérature. Restant sur le même terrain que le réquisitoire, il plaide en faveur de la moralité de l'œuvre et défend l'auteur en arguant de sa respectabilité et de celle de sa famille. Originaire de Rouen, Senard connaissait bien la famille Flaubert.

Madame Bovary, portrait d'une femme de province

L'avocat Jules Senard prend la défense de Flaubert et répond au réquisitoire du procureur Ernest Pinard dans une plaidoirie qui durera quatre heures. Il déclare que l'œuvre a un but moral : « l'excitation à la vertu par l'horreur du vice ».

« Le ministère public[1], résumant son opinion sur *Madame Bovary*, a dit : Ce second titre de cet ouvrage est : *Histoire des adultères d'une femme de province*. Je proteste énergiquement contre ce titre. Il me prouverait à lui seul, si je ne l'avais pas senti d'un bout à l'autre de votre réquisitoire, la préoccupation[2] sous l'empire de laquelle vous avez constamment été. Non ! le second titre de cet ouvrage n'est pas : *Histoire des adultères d'une femme de province* ; il est, s'il vous faut absolument un second titre : histoire de l'éducation trop souvent donnée en province ; histoire des périls auxquels elle peut conduire, histoire de la dégradation, de la friponnerie, du suicide considéré comme conséquence d'une première faute, et d'une faute amenée elle-même par de premiers torts auxquels souvent une jeune femme est entraînée ; histoire de l'éducation, histoire d'une vie déplorable dont trop souvent l'éducation est la préface. Voilà ce que M. Flaubert a voulu peindre, et non pas les adultères d'une femme de province ; vous le reconnaîtrez bientôt en parcourant l'ouvrage incriminé. [...]

Maintenant, qu'est-ce que M. Gustave Flaubert a voulu peindre ? D'abord une éducation donnée à une femme au-dessus de la condition dans laquelle elle est née, comme il arrive, il faut bien le dire, trop souvent chez nous ; ensuite, le mélange d'éléments disparates qui se produit ainsi dans l'intelligence de la femme, et puis, quand vient le mariage, comme le mariage ne se proportionne pas à l'éducation, mais aux conditions dans lesquelles la femme est née, l'auteur a expliqué tous les faits qui se passent dans la position qui lui est faite.

Que montre-t-il encore ? Il montre une femme allant au vice par la mésalliance, et du vice au dernier degré de la dégradation et du malheur. Tout à l'heure, quand par la lecture de différents passages, j'aurai fait connaître le livre dans son ensemble, je demanderai au tribunal la liberté d'accepter la question en ces termes : Ce livre, mis dans les mains d'une jeune femme, pourrait-il avoir pour effet de l'entraîner vers des plaisirs faciles, vers l'adultère, ou de lui montrer au contraire le danger, dès les premiers pas, et de la faire frissonner d'horreur ? La question ainsi posée, c'est votre conscience qui la résoudra. »

JULES SENARD, Plaidoirie au procès de *Madame Bovary*, 1857.

1 **Ministère public** : expression par laquelle on désigne l'ensemble des magistrats qui, dans une juridiction, sont chargés de défendre les intérêts de la collectivité nationale. On dit aussi le « parquet ».
2 **Préoccupation** : ici, désigne l'état d'une personne dont l'esprit est tout entier occupé d'une opinion préconçue.

PREMIÈRE LECTURE

1 Cherchez le véritable sous-titre de *Madame Bovary*. En quoi le choix d'un sous-titre est-il important, de façon générale ?

AU FIL DU TEXTE

2 Que prouve le sous-titre inventé par le procureur, selon l'avocat de Flaubert ? Appuyez-vous sur la note 2 pour répondre.

3 Sur quelles idées les sous-titres énumérés par l'avocat mettent-ils l'accent ? Comment sont-elles reprises jusqu'à la fin du texte ?

4 **Grammaire** Identifiez des phrases interrogatives dans le passage. À quoi servent-elles ? Comment nomme-t-on ce type d'interrogation ?

5 D'après Jules Senard, dans quelle intention Flaubert a-t-il écrit *Madame Bovary* ? Quel effet visait-il sur ses lecteurs ?

6 Le critère à l'aune duquel le procureur et l'avocat jugent l'œuvre est-il différent ?

METTRE EN PERSPECTIVE

7 Selon Gisèle Sapiro, sociologue de la littérature, le roman de Flaubert « peut être lu comme une enquête visant à reconstituer « l'affaire Bovary » », comme ce serait le cas dans une enquête judiciaire :

> « Flaubert est cet avocat que n'aura pas eu Emma Bovary, et qui a tenté de comprendre son histoire et d'atténuer la responsabilité de son crime en montrant qu'elle fut victime de son éducation, des “mauvais livres”, mais aussi des circonstances qui lui ont donné un mari indigne d'elle et incapable de satisfaire ses besoins, de la culture de consommation qui se répand alors, de la société étroite dans laquelle elle a vécu et qui l'a exclue. »
>
> **GISÈLE SAPIRO**, *La Responsabilité de l'écrivain*, éd. du Seuil, 2011.

Qu'est-ce qui rapproche cette interprétation de celle de Senard ? Qu'est-ce qui l'en distingue aussi ?

Albert Fourié, illustration pour *Madame Bovary* de Gustave Flaubert, 1885.

▲ QUESTION SUR L'IMAGE

Flaubert, soulagé de l'acquittement, plaint pourtant sa « pauvre *Bovary*, traînée par les cheveux comme une catin en pleine police correctionnelle ». L'illustration ci-dessus date de 1885 : en quoi montre-t-elle que la vision donnée par Ernest Pinard de l'héroïne de Flaubert est encore présente ?

ÉCRIT D'APPROPRIATION

Vous faites partie du tribunal. Quelle réponse apporteriez-vous à la dernière question de Senard ? Appuyez votre réponse sur des arguments.

TEXTE ÉCHO

GUSTAVE FLAUBERT, *Madame Bovary* (1857)

L'éducation d'Emma dans le roman de Flaubert

Emma, fille d'un fermier enrichi, a été élevée au couvent. Une vieille dame prête aux jeunes filles les romans qu'elle lit. Voici le genre de lectures que fait la jeune fille.

Ce n'étaient qu'amours, amants, amantes, dames persécutées s'évanouissant dans des pavillons solitaires, postillons qu'on tue à tous les relais, chevaux qu'on crève à toutes les pages, forêts sombres, troubles du cœur, serments, sanglots, larmes et baisers, nacelles au clair de lune, rossignols dans les bosquets, messieurs braves comme des lions, doux comme des agneaux, vertueux comme on ne l'est pas, toujours bien mis, et qui pleurent comme des urnes. Pendant six mois, à quinze ans, Emma se graissa donc les mains à cette poussière des vieux cabinets de lecture. Avec Walter Scott, plus tard, elle s'éprit de choses historiques, rêva bahuts, salle des gardes et ménestrels. Elle aurait voulu vivre dans quelque vieux manoir, comme ces châtelaines au long corsage, qui, sous le trèfle des ogives, passaient leurs jours, le coude sur la pierre et le menton dans la main, à regarder venir du fond de la campagne un cavalier à plume blanche qui galope sur un cheval noir. Elle eut dans ce temps-là le culte de Marie Stuart, et des vénérations enthousiastes à l'endroit des femmes illustres ou infortunées. Jeanne d'Arc, Héloïse, Agnès Sorel, la belle Ferronnière et Clémence Isaure, pour elle, se détachaient comme des comètes sur l'immensité ténébreuse de l'histoire, où saillissaient encore çà et là, mais plus perdus dans l'ombre et sans aucun rapport entre eux, saint Louis avec son chêne, Bayard mourant, quelques férocités de Louis XI, un peu de Saint-Barthélemy, le panache du Béarnais, et toujours le souvenir des assiettes peintes où Louis XIV était vanté.

GUSTAVE FLAUBERT, *Madame Bovary*, 1857.

CONTEXTE

Avec *Madame Bovary*, Flaubert (1821-1880) se force à écrire sur un sujet plat et ordinaire, pour corriger sa tendance au lyrisme. Un fait divers, l'affaire Delamare, fournit l'essentiel de l'intrigue : l'histoire d'un mariage décevant, une femme dépensière et adultère qui se suicide, un veuf désespéré... Mais Flaubert, refusant de jouer sur le sensationnel auquel peut conduire le fait divers, entend donner à lire une vérité sociale et psychologique. C'est pourquoi, dans les premiers chapitres du roman, il s'attache à retracer la généalogie du caractère de ses protagonistes, Charles et Emma.

ACHILLE DEVÉRIA, illustration pour *Madame Bovary* de Gustave Flaubert, XIXe siècle.

▲ QUESTION SUR L'IMAGE

Quels éléments dans l'image suggèrent l'abandon à la rêverie que suscite la lecture ?

1 Quels stéréotypes ces romans inculquent-ils à Emma ? De telles lectures la préparent-elles à la vie ?

2 La jeune fille a-t-elle de véritables connaissances historiques ? Qu'est-ce qui l'intéresse dans les personnages ou les événements historiques ?

3 Rapprochez cet extrait de la plaidoirie de Jules Senard (p. 335) : ce passage conforte-t-il l'interprétation de l'avocat ?

Le verdict : quel rôle doit tenir l'écrivain dans la société ?

CONTEXTE

Flaubert mesure l'enjeu de son procès. Il écrit le 4 février 1857 à son ami Champfleury, lui-même écrivain et fondateur de la revue *Le Réalisme*, promouvant l'esthétique du même nom : « Vous avez compris que ma cause était celle de la littérature contemporaine tout entière. Ce n'est pas mon roman qu'on attaque, mais tous les romans, et avec eux le droit d'en faire. ». Après son acquittement, il regrette de rester « suspect » et fustige « l'hypocrisie sociale » d'une époque où « tout portrait devient une satire », et toute « histoire est une accusation ».

TEXTE 3

Flaubert acquitté, mais blâmé

Le jugement est publié dans la *Gazette des tribunaux*, le 8 février 1857.

« Attendu qu'à ces divers titres l'ouvrage déféré au tribunal mérite un blâme sévère, car la mission de la littérature doit être d'orner et de récréer l'esprit en élevant l'intelligence et en épurant les mœurs plus encore que d'imprimer le dégoût du vice en offrant le tableau des désordres qui peuvent exister dans la société ; [...]

Attendu que Gustave Flaubert proteste de son respect pour les bonnes mœurs, et tout ce qui se rattache à la moralité religieuse ; qu'il n'apparaît pas que son livre ait été, comme certaines œuvres, écrit dans le but unique de donner une satisfaction aux passions sensuelles, à l'esprit de licence et de débauche, ou de ridiculiser des choses qui doivent être entourées du respect de tous ;

« Qu'il a eu le tort seulement de perdre parfois de vue les règles que tout écrivain qui se respecte ne doit jamais franchir, et d'oublier que la littérature, comme l'art, pour accomplir le bien qu'elle est appelée à produire, ne doit pas seulement être chaste et pure dans sa forme et dans son expression ;

« Dans ces circonstances, attendu qu'il n'est pas suffisamment établi que Pichat, Gustave Flaubert et Pillet se soient rendus coupables des délits qui leur sont imputés ;

« Le tribunal les acquitte de la prévention portée contre eux et les renvoie sans dépens[1]. »

Gazette des tribunaux, 8 février 1857.

1 **Dépens** : terme juridique ; désigne les frais impliqués par le déroulement d'un procès. À la fin d'un procès, le juge doit nécessairement indiquer qui paiera ou ne paiera pas ces sommes.

SUR LE JUGEMENT (TEXTE 3)

1 **Grammaire** Le verdict est constitué d'une seule longue phrase. Faites l'analyse logique de cette phrase. Quelle relation logique existe entre les subordonnées et la proposition principale ?

2 Quelle est la « mission » revenant à la littérature, selon les juges ?

3 Quel verdict est annoncé ? Comment est-il justifié ?

SUR L'ANALYSE CRITIQUE (TEXTE 4)

4 Comment l'écrivain est-il considéré au XIXe siècle, d'après ce texte ?

5 À quelles thèses, au sujet des procès de Flaubert et de Baudelaire, l'auteur s'oppose-t-il ? Quelle est sa propre thèse ? Relevez les phrases concernées.

CONFRONTER LES DEUX TEXTES

6 Quel défaut majeur est reproché à l'œuvre de Flaubert dans le jugement ?

7 Comment le critique William Marx explique-t-il ce reproche (p. 339) ? Qu'est-ce que ce jugement prouve, selon lui ?

Vers le bac

Résumez le texte de William Marx p. 339 en 80 mots environ.

TEXTE 4

L'analyse d'un historien de la littérature

Selon le critique William Marx, les procès intentés à *Madame Bovary* et aux *Fleurs du mal* en 1857 révèlent l'idée qu'on avait à l'époque du rôle de la littérature. Tandis que la société leur attribuait une fonction morale, certains écrivains jugeaient que la littérature et l'art devaient être autonomes par rapport à la société et se concentrer sur de seuls buts esthétiques.

Achille Devéria, illustration pour *Madame Bovary* de Gustave Flaubert, XIXe siècle.

▲ QUESTIONS SUR L'IMAGE

1. Peut-on dire que cette illustration se réduit à donner une image sensuelle et « lascive » d'Emma ?
2. Quels autres caractères suggère-t-elle chez le personnage ? Étudiez notamment la symbolique du miroir.

La séparation de l'ordre moral et de l'ordre esthétique prônée aussi bien par *Madame Bovary* que par *Les Fleurs du mal* ne pouvait pas ne pas provoquer de remous dans une société qui, sur le modèle romantique, considérait encore l'écrivain comme un mage, un prêtre et un prophète. Dans ce contexte d'imbrication de la littérature et de la société, l'attitude de Flaubert et de Baudelaire put apparaître à bon droit comme particulièrement irresponsable. [...]

À partir de ce constat, il est possible d'interpréter sur de nouvelles bases ces deux procès, qu'on a trop souvent résumés à une tentative malveillante du corps social d'imposer son emprise sur la littérature au moment même où celle-ci revendiquait son autonomie ; ou bien, au contraire, on les a vus comme de banales illustrations du triomphe de l'ordre moral, qui se manifestait à l'époque par de fréquentes accusations d'outrage aux bonnes mœurs. La situation est plus complexe qu'il ne semble, comme le prouvent les précautions particulières prises par l'institution judiciaire pour organiser ces deux actions.

Il importe en effet de bien remarquer ceci : par contrecoup, l'autonomisation de la littérature, telle que Flaubert et Baudelaire la mettaient en pratique, supposait aussi une autonomisation forcée de la société, qui ne pouvait plus compter sur les écrivains pour assumer le rôle de guides. La rupture d'une relation de dépendance a des conséquences pour les deux parties autrefois liées. Autrement dit, ces deux procès exemplaires ne doivent pas être compris comme une tentative autoritaire de subordination de la littérature à la société, par le biais de la censure, mais bien plutôt comme un appel au secours de la société en direction de la littérature. Loin de vouloir soumettre la littérature, la société refusa de s'en émanciper. Significativement, le double réquisitoire contre *Madame Bovary* et *Les Fleurs du mal* se conclut sur un éloge du livre et sur la responsabilité, voire la mission qui incombent à l'écrivain.

William Marx, *L'Adieu à la littérature. Histoire d'une dévalorisation. XVIIIe-XXe siècle*, Éd. de Minuit, 2005.

Le regard des hommes de lettres sur *Madame Bovary*

CHARLES-AUGUSTIN SAINTE-BEUVE
(1804-1869)
biographie p. 586

TEXTE 5

Le jugement d'un critique

Sainte-Beuve fut un écrivain et un grand critique littéraire. Il estime, quatre mois après le procès, que le roman de Flaubert peut désormais faire l'objet d'une analyse purement littéraire : « L'ouvrage appartient désormais à l'art, seulement à l'art, il n'est justiciable que de la critique, et celle-ci peut user de toute son indépendance en en parlant. »
Voici un extrait de sa critique de l'œuvre.

Est-ce moral ? est-ce consolant ? L'auteur ne semble pas s'être posé cette question ; il ne s'est demandé qu'une chose : Est-ce vrai ? Il est à croire qu'il aura observé de ses yeux quelque chose de semblable, ou du moins il a aimé à condenser dans ce tableau étroitement lié et à y reporter le résultat de ses observations diverses, sur un fond général d'amertume et d'ironie.

Autre particularité également remarquable ! parmi tous ces personnages très-réels et très-vivants, il n'en est pas un seul qui puisse être supposé celui que l'auteur voudrait être ; aucun n'a été soigné par lui à d'autre fin que pour être décrit en toute précision et crudité, aucun n'a été ménagé comme on ménage un ami ; il s'est complètement abstenu, il n'y est que pour tout voir, tout montrer et tout dire ; mais dans aucun coin du roman on n'aperçoit même son profil. L'œuvre est entièrement impersonnelle. C'est une grande preuve de force. […]

Tout en me rendant bien compte du parti pris qui est la méthode même et qui constitue l'*art poétique* de l'auteur, un reproche que je fais à son livre, c'est que le bien est trop absent ; pas un personnage ne le représente. […] Cependant, l'office de l'art est-il de ne vouloir pas consoler, de ne vouloir admettre aucun élément de clémence et de douceur, sous couleur d'être plus vrai ?

CHARLES-AUGUSTIN SAINTE-BEUVE, *Causeries du lundi, Le Moniteur universel*, 4 mai 1857.

▼ QUESTION SUR L'IMAGE

La caricature de Lemot s'intitule « Flaubert dissèque Madame Bovary » : comment le titre est-il illustré ?

ACHILLE LEMOT, « Flaubert dissèque Madame Bovary »,
La Parodie, 5-12 décembre 1869.

PREMIÈRE LECTURE

1 Sainte-Beuve apprécie-t-il *Madame Bovary* ? Diriez-vous qu'il en fait l'éloge ?

AU FIL DU TEXTE

2 Quel est le but recherché par Flaubert, selon ce texte ? Quels autres buts aurait-il pu se fixer ?

3 Sur quoi Flaubert s'est-il appuyé pour écrire son roman ?

4 **Lexique** Dans le deuxième paragraphe, quel adjectif résume la façon de raconter de Flaubert ? Proposez deux autres adjectifs qui pourraient aussi l'exprimer.

5 Pourquoi Sainte-Beuve juge-t-il que « c'est une grande preuve de force » ?

6 Sainte-Beuve adhère-t-il totalement à « *l'art poétique* » de Flaubert ? Justifiez.

SUR LE TEXTE 6

1 Quels sont les trois principes ou buts que Flaubert se fixe dans son écriture ?

2 Quelles images et quelles comparaisons Flaubert utilise-t-il pour les faire comprendre ?

SUR LE TEXTE 7

3 Quelle objection a été faite au roman ? Montrez que Baudelaire la dévalue en la tournant en dérision, puis sur le ton de l'indignation.

4 Explicitez la formule : « confusion des fonctions et des genres » (l. 7).

5 Expliquez quelle conception de l'œuvre d'art se fait Baudelaire. Quel type de lecteur mérite-t-elle ?

6 Relisez les notes de préparation du procès de Flaubert (p. 334) : quel est le point commun avec ce passage ?

CONFRONTER LES DOCUMENTS

7 Quels principes affirmés par Flaubert figurent dans le texte de Sainte-Beuve ? Lesquels ne s'y retrouvent pas ?

8 Jusqu'à quel point Sainte-Beuve et Baudelaire sont-ils en accord ou en désaccord ?

9 De quelles remarques présentes dans les textes de Sainte-Beuve et Flaubert pouvez-vous rapprocher la caricature p. 340 ?

Vers le bac

En vous servant des arguments et exemples collectés dans l'ensemble des textes consacrés au procès de *Madame Bovary*, rédigez un essai sur le sujet suivant : Attendez-vous d'un roman qu'il vous apporte une leçon morale ?

TEXTE 6

Les principes de Flaubert

On trouve dans la correspondance de Flaubert de nombreux passages évoquant son « art poétique ».

L'illusion (s'il y en a une) vient au contraire de l'impersonnalité de l'œuvre. C'est un de mes principes, qu'il ne faut pas s'écrire. L'artiste doit être dans son œuvre comme Dieu dans la création, invisible et tout-puissant ; qu'on le sente partout, mais qu'on ne le voie pas.

Et puis, l'Art doit s'élever au-dessus des affections personnelles et des susceptibilités nerveuses ! Il est temps de lui donner, par une méthode impitoyable, la précision des sciences physiques ! La difficulté capitale, pour moi, n'en reste pas moins le style, la forme, le Beau indéfinissable résultant de la conception même et qui est la splendeur du Vrai comme disait Platon.

GUSTAVE FLAUBERT, *Lettre à Mlle Leroyer de Chantepie*, 18 mars 1857.

TEXTE 7

Le point de vue du poète Baudelaire

Lors de la publication de *Madame Bovary* en volumes, Baudelaire écrit un article élogieux.

Plusieurs critiques avaient dit : cette œuvre, vraiment belle par la minutie et la vivacité des descriptions, ne contient pas un seul personnage qui représente la morale, qui parle la conscience de l'auteur. Où est-il, le personnage proverbial et légendaire, chargé d'expliquer la fable et de diriger l'intelligence du lecteur ? En d'autres termes, où est le réquisitoire ?

Absurdité ! Éternelle et incorrigible confusion des fonctions et des genres ! – Une véritable œuvre d'art n'a pas besoin de réquisitoire. La logique de l'œuvre suffit à toutes les postulations de la morale, et c'est au lecteur de tirer les conclusions de la conclusion.

CHARLES BAUDELAIRE, *L'Artiste*, 18 octobre 1857.

PROLONGEMENT

Quels mouvements littéraires se succèdent au XIXe siècle ? De quel mouvement littéraire peut se rapprocher Flaubert, d'après les documents ici présentés ? Aidez-vous des cartes mentales, p. 14 à p. 25.

Parcours culturel et artistique

DU FAIT DIVERS DANS LA LITTÉRATURE

LE FAIT DIVERS : DE LA PRESSE AU ROMAN

L'intérêt pour le fait divers s'est particulièrement développé au XIXe siècle avec la naissance d'une presse de masse. ***Le Petit Journal***, créé en 1863 par Moïse Polydore Millaud, propose en plus de l'information nationale et internationale, plusieurs rubriques distrayantes, parmi lesquelles figure en bonne place celle des faits divers : c'est une des raisons du succès qu'il a rencontré.

Le fait divers est, depuis le XIXe siècle, un point de contact entre journalisme et littérature. Celle-ci en effet s'inspire fréquemment de faits divers qui ont fait la une des journaux. La littérature de « divertissement » – romans-feuilletons, romans policiers… – exploite naturellement **la curiosité commune pour le sensationnel, l'étrange,** tout ce qui transgresse les lois du monde ordinaire et les lois morales. Mais la littérature « sérieuse » y puise également ses sujets : pour bon nombre d'écrivains, **les faits divers sont des révélateurs de l'âme humaine** et de la société dans laquelle ils se produisent.

Le Petit Journal du 2 août 1914.

RECHERCHE

Trouvez, parmi les écrits de chacun des auteurs indiqués, une œuvre (roman ou pièce de théâtre) inspirée d'un fait divers : Stendhal, Gustave Flaubert, André Gide, François Mauriac, Jean Genet, Albert Camus.

L'ÉCRITURE DU FAIT DIVERS : DU XIXe AU XXIe SIÈCLE

Le fait divers a le plus souvent servi de support à la fiction. L'écrivain transpose et transforme l'événement réel, ou l'intègre dans une intrigue qui le déborde. Émile Zola, quant à lui, écrit à partir de plusieurs faits divers : c'est, au même titre que d'autres documents réels et de ses notes d'enquête, une manière de nourrir une écriture romanesque qui se veut le reflet fidèle de la réalité.

Avec l'écrivain américain Truman Capote surgit une nouvelle manière de traiter le fait divers. Son œuvre *De sang-froid : récit véridique d'un meurtre multiple et de ses conséquences* (1966) a fait date. Elle inaugure un genre dont l'appellation varie : roman-vérité, récit de non-fiction… (*true crime, narrative non-fiction*). **L'auteur a mené une enquête complète pour préparer l'écriture :** s'installant dans la région où le crime a été commis, il interroge les habitants, les enquêteurs, les criminels eux-mêmes. Il s'intéresse de près à la psychologie des criminels comme aux répercussions sur la communauté. Il restitue ensuite l'affaire, de façon volontairement froide, objective, extérieure.

De sang-froid, adapté à l'écran et réalisé par Richard Brooks en 1967.

RECHERCHE

Morgan Sportès s'inscrit dans la lignée de Truman Capote. Renseignez-vous sur *L'Appât* (1990) et *Tout, tout de suite* (2011) : quels faits divers traite-t-il ? Comment ?

L'intérêt pour le fait divers ne se dément pas dans la littérature contemporaine. Mais le récit de l'affaire se complète souvent par le récit de l'enquête elle-même, et l'auteur explicite désormais les raisons pour lesquelles il écrit sur le fait divers, et la méthode qu'il suit. **Voici trois extraits, issus des premières pages de récits contemporains.**

EXTRAIT 1

EMMANUEL CARRÈRE, *L'Adversaire*, éd. P.O.L., 2000

En 1993, Jean-Claude Romand assassine toute sa famille. On découvre lors de l'enquête qu'il n'était pas médecin comme il avait réussi à le faire croire pendant 18 ans. Le passage au meurtre correspond au moment où, à court de ressources financières, il allait être démasqué.

Une fois décidé, ce qui s'est fait très vite, d'écrire sur l'affaire Romand, j'ai pensé filer sur place. M'installer dans un hôtel de Ferney-Voltaire, jouer le reporter fouineur et qui s'incruste. Mais je me voyais mal coinçant mon pied dans les portes que des familles endeuillées voudraient me refermer au nez, passant des heures à boire des vins chauds avec des gendarmes francs-comtois, cherchant des stratagèmes pour faire connaissance de la greffière du juge d'instruction. Surtout, je me suis rendu compte que ce n'était pas cela qui m'intéressait. L'enquête que j'aurais pu mener pour mon compte, l'instruction dont j'aurais pu essayer d'assouplir le secret n'allaient mettre au jour que des faits. Le détail des malversations financières de Romand, la façon dont au fil des ans s'était mise en place sa double vie, le rôle qu'y avait tenu tel ou tel, tout cela, que j'apprendrais en temps utile, ne m'apprendrait pas ce que je voulais vraiment savoir : ce qui se passait dans sa tête durant ces journées qu'il était supposé passer au bureau ; qu'il ne passait pas, comme on l'a d'abord cru, à trafiquer des armes ou des secrets industriels ; qu'il passait, croyait-on maintenant, à marcher dans les bois. (Je me rappelle cette phrase, la dernière d'un article de *Libération*, qui m'a définitivement accroché : « Et il allait se perdre, seul, dans les forêts du Jura. »)

1. Quelle méthode d'enquête Emmanuel Carrère refuse-t-il ? Pourquoi ?
2. Quel est l'objet précis de son enquête ?
3. Quel rôle a joué la relation du fait divers dans un journal ?
4. Expliquez en quoi la méthode et le récit de Carrère diffèrent de ceux de Truman Capote, tel qu'ils ont été présentés ci-contre.

Commentez le choix de la couverture par rapport au projet annoncé par Emmanuel Carrère.

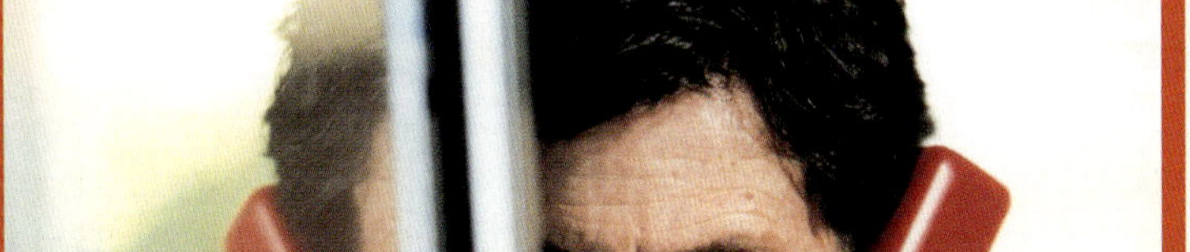

Daniel Auteuil dans *L'Adversaire*, adapté du livre d'Emmanuel Carrère et réalisé par Nicole Garcia en 2002.

L'acteur incarne ici le personnage de Jean-Claude Romand. Commentez le choix du cadrage : que suggère-t-il sur le personnage ?

EXTRAIT 2

PHILIPPE JAENADA, *La Petite Femelle*, éd. Julliard, 2015

En 1953, Pauline Dubuisson assassine son amant qui la rejetait avant de tenter de mettre fin à ses jours. Pendant son procès, elle est présentée comme un monstre froid et calculateur, qui a planifié son crime et simulé une tentative de suicide. Pauline est libérée pour bonne conduite en 1960. Elle se suicide en 1963. Philippe Jaenada s'intéresse à ce fait divers : il consulte et étudie le dossier d'instruction et les articles de presse de l'époque. Il se rend compte que la réalité est bien plus complexe. Pourquoi Pauline a-t-elle été traitée ainsi ?

Dans l'arène du Palais de Justice de Paris, Pauline Dubuisson a combattu toute seule, en éclaireuse, face à une génération entière, celle d'avant-guerre, face même à des centaines d'années de vertu hypocrite (de mes fesses) et de domination masculine, face à une société qui ne voulait pas d'elle, qui ne voulait pas des filles comme elle – que le ciel l'en préserve. Elle n'était que ça, une fille, autant dire pour eux presque rien, mais elle les a regardés droit dans les yeux, les vieux maîtres, vaillamment, irrévérencieuse, elle n'a jamais baissé la tête, ne s'est jamais tordu les doigts en sanglotant de honte, comme doit le faire une femme, elle n'a pas poussé de cris hystériques ni jamais ne les a suppliés de lui pardonner, et cette résistance frontale, cette insolence les a rendus fous. De rage. Ils l'ont vaincue, évidemment ils l'ont détruite.

Tout un monde l'a vaincue, l'éclaireuse. Mais sans vouloir jouer les sociologues de cafétéria ni les benêts rêveurs, quand je pense à elle aujourd'hui, c'est-à-dire souvent, je me dis que même si elle n'en a jamais rien su, c'est elle qui a gagné. Il a fallu quelque temps mais elle s'est démultipliée, les rues sont pleines de paulines.
Car je ne crois pas qu'elle ait été mauvaise, perverse, insensible et cruelle, comme on l'a si souvent dit : je crois même qu'elle était l'opposé de tout cela. Je n'en suis pas sûr, car elle est avant tout déroutante, difficile à cerner, à comprendre, si l'on s'en tient aux témoignages de ceux qui l'ont connue, même les plus proches : les images qu'ils donnent de Pauline sont contradictoires, voire souvent contraires, et dressent d'elle, juxtaposées, un portrait impossible.

5 Montrez l'implication directe de l'auteur dans le récit.

6 De quoi Pauline Dubuisson est-elle le révélateur et le symbole, aux yeux de l'auteur ?

7 Si l'auteur prend clairement parti, il ne cache pas non plus ses incertitudes. Que pensez-vous de cette façon d'aborder un fait divers ?

Image de *La Vérité*, film de Henri-Georges Clouzot, réalisé en 1960 et inspiré du même fait divers.

Couverture de l'édition originale : photographie de Pauline Dubuisson.

Commentez le choix de la couverture.

EXTRAIT 3

IVAN JABLONKA, *Laëtitia ou la fin des hommes*, éd. du Seuil, 2016

Laëtitia Perrais a été violée puis assassinée en 2011. Ce fait divers a eu un grand retentissement médiatique et politique.

De son vivant, Laëtitia Perrais n'a intéressé aucun journaliste, aucun chercheur, aucun homme politique. Pourquoi lui consacrer aujourd'hui un livre ? Étrange destin que celui de cette passante fugacement célèbre. Aux yeux du monde, elle est née à l'instant où elle est morte.

Je voudrais montrer qu'un fait divers peut être analysé comme un objet d'histoire. Un fait divers n'est jamais un simple « fait », et il n'a rien de « divers ». Au contraire, l'affaire Laëtitia dissimule une profondeur humaine et un certain état de la société : des familles disloquées, des souffrances d'enfant muettes, des jeunes entrés tôt dans la vie active, mais aussi le pays au début du XXIe siècle, la France de la pauvreté, des zones périurbaines, des inégalités sociales. On découvre les rouages de l'enquête, les transformations de l'institution judiciaire, le rôle des médias, le fonctionnement de l'exécutif, sa logique accusatoire comme sa rhétorique compassionnelle. Dans une société en mouvement, le fait divers est un épicentre.

Mais Laëtitia ne compte pas seulement pour sa mort. Sa vie aussi nous importe, parce qu'elle est un fait social. Elle incarne deux phénomènes plus grands qu'elle : la vulnérabilité des enfants et les violences subies par les femmes.

Que pensez-vous du choix de couverture ? À votre avis, cela aurait-il correspondu à la nature du livre d'utiliser une image de la victime ?

8 L'auteur a expliqué son projet d'écriture comme étant « un hommage, mais aussi et surtout une quête de justice et de vérité ». Relevez les éléments qui le montrent.

9 Que peut-on comprendre, à la lecture de cet extrait, des différents domaines auxquels le récit va s'intéresser et de la méthode suivie par l'auteur ?

SYNTHÈSE

10 Quel est le point commun entre les choix narratifs des trois auteurs présentés ?

11 Quels sont les avantages et les inconvénients d'un tel choix pour le lecteur ?

12 En quoi ces récits sont-ils plus littéraires que journalistiques ? Qu'empruntent-ils, cependant, aux méthodes journalistiques ? Qu'est-ce qui transforme un incident de la vie en fait divers, et un fait divers en question sociale et politique ?

CHAPITRE 2

Un débat esthétique : la tour Eiffel, de la contestation au mythe (XIXe-XXe siècle)

Querelles esthétiques du XIXe siècle

Illustration des bienfaits de la IIIe République pour le développement de l'éducation dans les écoles, parue dans *Le Figaro*, en 1889.

☛ **Le XIXe siècle** constitue une période d'évolution accélérée et bouillonnante dans tous les domaines. Pour mieux saisir les enjeux de certaines querelles esthétiques, qui portent sur la conception que l'on se fait de l'art et de la beauté, il convient d'abord de brosser un rapide aperçu du contexte global dans lequel elles naissent.

Un siècle de changements et de progrès scientifique

☛ **La succession rapide de huit régimes politiques différents,** parfois entrecoupés d'épisodes révolutionnaires, en fait déjà une époque fertile en rebondissements politiques.

☛ **Sur le plan social,** l'**alphabétisation** et le développement considérable de la **presse** modifient les rapports entre les classes sociales, en donnant un accès de plus en plus large aux connaissances et aux idées.

☛ **C'est le siècle où s'élaborent,** dans le sillage de la Révolution, de nouveaux **idéaux politiques et sociaux** (voir chapitre 3), qui cependant se heurtent au désir concurrent de maintenir les traditions, les hiérarchies et distinctions sociales.

☛ **Le rythme du développement des sciences** (mathématiques, physique, chimie, biologie, médecine) est particulièrement soutenu et se concrétise dans des **inventions techniques** : c'est le siècle de la **machine** et de la **croissance industrielle**, du savant, de l'inventeur et de l'ingénieur. Cette avancée considérable des sciences et des techniques ancre dans les esprits la foi dans le progrès.

☛ **Quant à l'histoire, la géographie,** la sociologie, la psychologie..., c'est au cours de ce siècle qu'elles élaborent leur méthode et s'efforcent de se constituer comme **sciences**, qu'on commence à appeler « **sociales** » ou « **humaines** ».

☛ **Ainsi, toutes les sciences se professionnalisent :** elles deviennent l'affaire de spécialistes qui se rencontrent au sein d'institutions (universités, académies, instituts ou encore musées) désormais prépondérantes. Les échanges jadis fréquents entre savants et amateurs se raréfient.

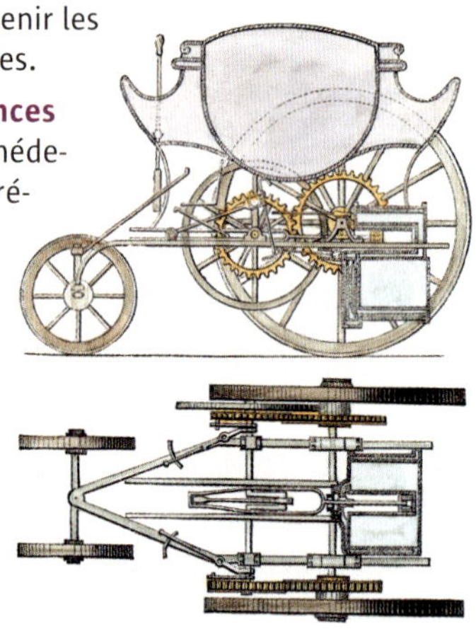

Plan de la locomotive à vapeur inventée par Richard Trevithick et Andrew Vivian en 1805.

ACTIVITÉS

1 Van Gogh est l'un des peintres les plus unanimement appréciés de nos jours. À partir de quand a-t-il été reconnu ?

2 Quelles réalisations a accomplies l'architecte Viollet-le-Duc ? À quel goût esthétique pouvez-vous rattacher son œuvre ?

Qu'est-ce qui est beau ? Qu'est-ce qui ne l'est pas ?

☛ **Les productions artistiques** au XIXe sont extrêmement variées et les **« écoles »** se multiplient. Plusieurs **mouvements artistiques et littéraires** traversent le siècle, se prolongeant les uns les autres (ainsi du naturalisme poursuivant le réalisme), ou au contraire s'opposant (comme le réalisme au romantisme).

☛ **Les conceptions que l'on se fait de la beauté artistique** sont donc diverses. Les goûts des artistes et des lettrés, ceux des institutions académiques, ceux du public peuvent se rejoindre, mais au cours du siècle, ils divergent de plus en plus. On dégagera cependant certaines lignes de fracture récurrentes.

OPPOSITION ENTRE L'ANCIEN ET LE MODERNE

> Le poète **Charles Baudelaire** estime que l'art véritable intègre la modernité : l'artiste doit saisir la spécificité de son époque et en faire un objet esthétique. C'est dans cet esprit qu'il écrit les *Tableaux parisiens* ou *Le Spleen de Paris* : la gageure est de créer de la beauté grâce à l'art poétique, en prenant pour sujet la grande ville moderne, populeuse, bigarrée et bruyante, sans en masquer la laideur ni l'idéaliser :
> « La modernité, c'est le fugitif, le transitoire, le contingent, la moitié de l'art, dont l'autre moitié est l'éternel et l'immuable. »
> Charles Baudelaire, *Le Peintre de la vie moderne* (1863)

☛ **Pour la majorité du public et pour l'Académie des beaux-arts,** c'est l'inscription dans une tradition et la référence au passé qui authentifient une œuvre comme « œuvre d'art ». Le grand genre pictural reste encore, sous le second Empire, le **tableau d'histoire**, civile ou religieuse. Le renvoi au passé, aussi bien pour le sujet d'une œuvre que pour la technique artistique qu'elle emploie, est tenu pour critère esthétique : est beau ce qui s'inspire du passé, laid ce qui s'inspire de la modernité. C'est pourquoi, entre autres raisons, la peinture réaliste et impressionniste sera si vivement rejetée par le goût officiel et le grand public : comment des « scènes de la vie moderne » pourraient-elles plaire ? L'épisode fameux du Salon des refusés (voir p. 358) symbolise cette scission entre l'opinion générale et certaines peintures innovantes.

☛ **Pourtant de nombreux artistes et écrivains,** eux-mêmes représentants de la peinture « moderne » ou romanciers dépeignant le monde contemporain, mobilisent l'association entre l'ancien et le beau, pour protester contre la « monstrueuse tour » Eiffel qui va défigurer un Paris dont la beauté a été forgée par des siècles d'histoire (voir p. 348-350).

Maximilien Luce, *Les Chantiers de Paris*, quai de Passy, 1907.

OPPOSITION ENTRE L'ART ET L'INDUSTRIE

☛ **La protestation contre la tour Eiffel,** construite par un ingénieur et faite de « tôle boulonnée », s'explique peut-être moins de la part de ces artistes par un goût exclusif pour l'architecture ancienne, que par le rejet de ce qui symbolise à leurs yeux l'antithèse de l'art : l'**industrie**.

☛ **En effet tout produit industriel est susceptible d'être reproduit à l'identique,** qui plus est par des machines. L'art, au contraire, crée des objets uniques, non reproductibles et entièrement originaux. La possibilité d'une production et d'une **reproduction à l'infini** des objets les dévalue instantanément : ce n'est qu'une pacotille vouée à être remplacée, tandis que les œuvres d'art demeurent éternelles.

☛ **Enfin, si l'art permet à l'homme** d'exercer ses plus hautes facultés intellectuelles et morales, et de les accomplir dans l'acte de création, l'industrie ne fait que répondre à des besoins matériels.

OPPOSITION ENTRE NOBLESSE ET BASSESSE

☛ **Le jugement esthétique** recouvre très souvent un **jugement moral** : ce qui est beau est pur et noble, tandis que la laideur est impureté et trivialité. Ces associations sont constamment mobilisées à l'égard du **réalisme pictural** ou **littéraire**.

☛ **C'est ce qui est évoqué** dans le dossier consacré à la réception du tableau de Manet, *Olympia* (p. 358-363). La critique académique et une très large partie du grand public estiment qu'une œuvre ne saurait être belle si elle s'intéresse à un sujet trivial.

☛ **Comme dans le cas du procès** intenté au roman de Flaubert, *Madame Bovary* (voir chapitre 1), on réprouve le fait de chercher à produire une œuvre belle qui ne soit pas en même temps « morale ». Or, la moralité recherchée se réduit souvent à une idéalisation et s'accompagne d'un refus de représenter dans l'art certaines réalités, notamment celles du monde moderne, des classes populaires, et plus largement de tout ce qui se rapporte au corps.

☛ **C'est dans la deuxième moitié du XIXe siècle** que naît une scission entre le goût du public et les productions artistiques. Jusqu'alors, les artistes gagnaient l'adhésion de leurs contemporains. Depuis cette époque, la plupart n'ont été reconnus d'un public large que plusieurs années plus tard.

Constantin Meunier, *Au pays noir*, 1890.

QUESTIONS

Observez les tableaux de M. Luce et de C. Meunier.
1. Sont-ils en accord avec le goût général du public de l'époque ?
2. Vous paraissent-ils dénués de qualités esthétiques ?

TEXTE 1 COLLECTIF,

« Les Artistes contre la tour Eiffel », *Le Temps* (1887)

CONTEXTE

Dès le début des années 1880, le projet d'une Exposition universelle à Paris amène les deux ingénieurs Maurice Koechlin et Émile Nouguier – qui travaillent pour l'architecte Gustave Eiffel, déjà réputé pour ses réalisations comme la gare de l'Ouest à Budapest – à imaginer une tour gigantesque, construite en fer, matériau symbole de la révolution industrielle. En 1884, Eiffel rachète le brevet à ces deux ingénieurs et présente le projet, qui est accepté. Défendu par le ministre du Commerce Édouard Lockroy, le projet de la future tour de 300 mètres et de 7 300 tonnes est retenu, et le chantier est lancé dès 1887.

Dénoncer au nom du *goût français*

Un collectif d'artistes publie en février 1887 une lettre de protestation contre le projet de la tour Eiffel : ils ont choisi de le faire dans le quotidien *Le Temps*, dont la diffusion est vaste et qui fait autorité en raison de son information jugée sérieuse et de qualité. Cette lettre est adressée à Adolphe Alphand, commissaire de la future Exposition. Ses signataires sont, pour certains, très célèbres : les romanciers Maupassant, Huysmans, Zola, Dumas fils ; les poètes Sully-Prudhomme et Leconte de Lisle ; le compositeur Gounod ; l'architecte Garnier ; les peintres Meissonier et Bouguereau.

LES ARTISTES CONTRE LA TOUR EIFFEL

Nous venons, écrivains, peintres, sculpteurs, architectes, amateurs passionnés de la beauté, jusqu'ici intacte, de Paris, protester de toutes nos forces, de toute notre indignation, au nom du goût français méconnu, au nom de l'art et de l'histoire français menacés, contre l'érection, en plein cœur de notre capitale, de l'inutile et monstrueuse tour Eiffel, que la malignité[1] publique, souvent empreinte de bon sens et d'esprit de justice, a déjà baptisée du nom de « Tour de Babel[2] ».

Sans tomber dans l'exaltation du chauvinisme[3], nous avons le droit de proclamer bien haut que Paris est la ville sans rivale dans le monde. Au-dessus de ses rues, de ses boulevards élargis, du milieu de ses magnifiques promenades, surgissent les plus nobles monuments que le genre humain ait enfantés. L'âme de la France, créatrice de chefs-d'œuvre, resplendit parmi cette floraison auguste[4] de pierres. L'Italie, l'Allemagne, les Flandres, si fières à juste titre de leur héritage artistique, ne possèdent rien qui soit comparable au nôtre, et de tous les coins de l'univers Paris attire les curiosités et les admirations.

Allons-nous donc laisser profaner tout cela ? La ville de Paris va-t-elle donc s'associer plus longtemps aux baroques, aux

Exposition universelle de 1889 : au sommet de la tour Eiffel, la descente des ouvriers.

mercantiles[5] imaginations d'un constructeur de machines, pour s'enlaidir irréparablement et se déshonorer ?

Car la tour Eiffel, dont la commerciale Amérique elle-même ne voudrait pas, c'est, n'en doutez point, le déshonneur de Paris. Chacun le sent, chacun le dit, chacun s'en afflige profondément, et nous ne sommes qu'un faible écho de l'opinion universelle, si légitimement alarmée. Enfin lorsque les étrangers viendront visiter notre Exposition, ils s'écrieront, étonnés : « Quoi ? C'est cette horreur que les Français ont trouvée pour nous donner une idée de leur goût si fort vanté ? » Et ils auront raison de se moquer de nous, parce que le Paris des gothiques sublimes, le Paris de Jean Goujon, de Germain Pilon, de Puget, de Rude, de Barye[6], etc., sera devenu le Paris de M. Eiffel.

Il suffit d'ailleurs, pour se rendre compte de ce que nous avançons, de se figurer un instant une tour vertigineusement ridicule, dominant Paris, ainsi qu'une gigantesque cheminée d'usine, écrasant de sa masse barbare Notre-Dame, la Sainte-Chapelle, le dôme des Invalides, l'Arc de triomphe, tous nos monuments humiliés, toutes nos architectures rapetissées, qui disparaîtront dans ce rêve stupéfiant. Et pendant vingt ans, nous verrons s'allonger sur la ville entière, frémissante encore du génie de tant de siècles, nous verrons s'allonger comme une tache d'encre l'ombre odieuse de l'odieuse colonne de tôle boulonnée...

C'est à vous, Monsieur et cher compatriote, à vous qui aimez tant Paris, qui l'avez embellie, qu'appartient l'honneur de la défendre une fois de plus. Et si notre cri d'alarme n'est pas entendu, si nos raisonnements ne sont pas écoutés, si Paris s'obstine dans l'idée de déshonorer Paris, nous aurons, du moins, vous et nous, fait entendre une protestation qui honore.

COLLECTIF, « Les Artistes contre la tour Eiffel », *Le Temps*, 14 février 1887.

La tour Eiffel pendant l'Exposition de 1900. Carte postale.

---

1 **Malignité** : méchanceté dissimulée, perfidie.
2 **Tour de Babel** : tour mythique évoquée dans la Bible. Elle aurait été construite par les hommes pour atteindre Dieu, mais celui-ci les punit en créant la diversité des langues pour les empêcher de s'entendre et de faire aboutir ce projet.
3 **Chauvinisme** : patriotisme excessif.
4 **Auguste :** respectable, vénérable.
5 **Mercantile :** digne d'un commerçant cupide, d'un profiteur.
6 **Noms de sculpteurs français célèbres (du XVIe au XIXe siècle).**

PREMIÈRE LECTURE

1 Qualifiez le ton de cette lettre. Comment peut-il se justifier ?

AU FIL DU TEXTE

2 Comment les auteurs du texte se présentent-ils dans le premier paragraphe ? Quelle légitimité se donnent-ils ?

3 Sur quelles oppositions le premier paragraphe joue-t-il pour amorcer la critique de la tour Eiffel ? Relevez les figures de style qui donnent de la force à cette ouverture de lettre et interprétez leurs effets.

4 **Grammaire** Expliquez l'accord du participe passé dans « les plus nobles monuments que le genre humain ait enfantés » (l. 14-16). Montrez que cette formule a une valeur hyperbolique.

5 Analysez la succession des paragraphes 2 et 3. Quelle stratégie est mise en œuvre pour persuader le lecteur de l'enlaidissement que provoquera la tour ?

6 Quels arguments les paragraphes 4 et 5 développent-ils contre le projet de la tour ? Quel est le rôle des énumérations d'exemples ?

7 Comment la lettre se conclut-elle ? Quelle peut être l'efficacité d'une telle clôture ?

METTRE EN PERSPECTIVE

8 Lisez l'encadré suivant, puis dites pourquoi la protestation des artistes contre la tour Eiffel relève du genre de la lettre ouverte.

La lettre ouverte

Une lettre ouverte est un écrit engagé, rédigé sous forme de correspondance adressée à un ou plusieurs destinataires, et diffusée publiquement. La publication en est le plus souvent assurée par la presse écrite, les quotidiens, mais elle peut aussi passer par des tracts, un livre, une chanson ou – depuis la fin du XXe siècle – par Internet. Dans la presse, la lettre ouverte se rapproche d'autres rubriques (éditorial, billet d'humeur) ; sous forme de livre, elle tend au pamphlet ou à l'essai. En tout cas, le but est moins d'obtenir une réponse du destinataire que de partager une opinion sur un sujet d'actualité.
Rédigée par des écrivains, la lettre ouverte peut entrer dans la littérature. Quelques exemples : « J'accuse ! » d'Émile Zola (*L'Aurore*, 13 janvier 1898) ; « Lettre ouverte à Gérard Hauptmann » de Romain Rolland (*Journal de Genève*, 2 septembre 1914) ; *Lettre aux paysans sur la pauvreté et sur la paix* de Jean Giono (1938) ; « Le Déserteur », chanson de Boris Vian (1954) ; *Lettre ouverte aux rois nus* de Christine Arnothy (1974) ; *Lettre ouverte aux vivants qui veulent le rester* de René Barjavel (1978).

9 Lisez le texte suivant de Guy de Maupassant, qui évoque la tour Eiffel. Quels points communs peut-on trouver entre cette argumentation et celle de la lettre ouverte publiée dans *Le Temps* ?

« Comment tous les journaux vraiment ont-ils osé nous parler d'architecture nouvelle à propos de cette carcasse métallique, car l'architecture, le plus incompris et le plus oublié des arts aujourd'hui, en est peut-être aussi le plus esthétique, le plus mystérieux et le plus nourri d'idées ? Il a eu ce privilège à travers les siècles de symboliser pour ainsi dire chaque époque, de résumer, par un très petit nombre de monuments typiques, la manière de penser, de sentir et de rêver d'une race et d'une civilisation. Quelques temples et quelques églises, quelques palais et quelques châteaux contiennent à peu près toute l'histoire de l'art à travers le monde, expriment à nos yeux mieux que des livres, par l'harmonie des lignes et le charme de l'ornementation, toute la grâce et la grandeur d'une époque.

Mais je me demande ce qu'on conclura de notre génération si quelque prochaine émeute ne déboulonne pas cette haute et maigre pyramide d'échelles de fer, squelette disgracieux et géant, dont la base semble faite pour porter un formidable monument de Cyclopes et qui avorte en un ridicule et mince profil de cheminée d'usine. »

GUY DE MAUPASSANT, « Lassitude », *La Vie errante*, 1890.

Le montage de l'étoile au sommet du Palais de l'exposition universelle de 1900.

Vers le bac

Résumez le texte « Les Artistes contre la tour Eiffel » en 1 200 mots environ.

TEXTE 2

GUSTAVE EIFFEL,
Réponse à la lettre des « Artistes » (1887)

GUSTAVE EIFFEL
(1832-1923)

CONTEXTE

**L'ingénieur et architecte Gustave Eiffel, fort de l'appui du ministre Lockroy et d'Adolphe Alphand, a dû répondre à un grand nombre de critiques sur son projet.
Ce n'est pas tant l'emploi du matériau (le fer a déjà été utilisé pour les Halles de Paris par l'architecte Victor Baltard, en 1852), ni la hauteur de 300 mètres qui choquent, mais l'idée que la tour ne sera pas démontée à l'issue de l'Exposition universelle.**

Un habile plaidoyer

À la suite de la protestation des artistes, le journal *Le Temps* publie le même jour un entretien de Gustave Eiffel avec le journaliste Paul Bourde, qui accorde un droit de réponse à l'architecte. Voici un extrait de cette réponse, qu'Eiffel reproduira également dans son livre *La Tour Eiffel* en 1900.

Quels sont les motifs que donnent les artistes pour protester contre le maintien de la tour ? Qu'elle est inutile, monstrueuse ! Que c'est une horreur ! Nous parlerons de l'utilité tout à l'heure. Ne nous occupons, pour le moment, que du mérite esthétique, sur lequel les artistes sont plus particulièrement compétents. Je voudrais bien savoir sur quoi ils fondent leur jugement. Car, remarquez-le, Monsieur, ma tour, personne ne l'a vue et personne, avant qu'elle ne soit construite, ne pourrait dire ce qu'elle sera. On ne la connaît jusqu'à présent que par un dessin géométral[1] qui a été tiré à des centaines de mille exemplaires. Depuis quand apprécie-t-on un monument du point de vue de l'art sur un dessin géométral ?

Et, si ma tour, quand elle sera construite, au lieu d'une horreur, était une belle chose, les artistes ne regretteraient-ils pas d'être partis si vite et si légèrement en campagne contre la conservation d'un monument qui est encore à construire ? Qu'ils attendent donc de l'avoir vue !

Je vous dirai toute ma pensée et toutes mes espérances. Je crois, moi, que ma tour sera belle. Parce que nous sommes des ingénieurs, croit-on donc que la beauté ne nous préoccupe pas dans nos constructions et qu'en même temps que nous faisons solide et durable nous ne nous efforçons pas de faire élégant ? Est-ce que les véritables conditions de la force ne sont pas toujours conformes aux conditions secrètes de l'harmonie ? Le premier principe de l'esthétique architecturale est que les lignes essentielles d'un monument soient déterminées par la parfaite appropriation à sa destination. De quelle condition ai-je eu, avant tout, à tenir compte dans ma tour ? De la résistance au vent. Eh bien, je prétends que les courbes des quatre arêtes du monument telles que le calcul me les a fournies, donneront une impression de beauté, car elles traduiront aux yeux la hardiesse de ma conception.

Il y a du reste dans le colossal une attraction, un charme propre auxquels les théories d'art ordinaires ne sont guère applicables. Soutiendra-t-on que c'est par leur valeur artistique que les pyramides ont si fortement frappé l'imagination des hommes ? Qu'est-ce autre chose, après tout, que des monticules artificiels ? Et pourtant quel est

1 **Dessin géométral** : plan qui indique la forme et les dimensions exactes des parties d'un ouvrage sans tenir compte de la perspective.

le visiteur qui reste froid en leur présence ? Qui n'en est pas revenu rempli d'une irrésistible admiration ? Et où est la source de cette admiration, sinon dans l'immensité de l'effort et dans la grandeur du résultat ? Ma tour sera le plus haut édifice qu'aient jamais élevé les hommes. Ne sera-t-elle donc pas grandiose aussi à sa façon ? Et pourquoi ce qui est admirable en Égypte deviendrait-il hideux et ridicule à Paris ? Je cherche et j'avoue que je ne trouve pas.

La protestation dit que ma tour va écraser de sa grosse masse barbare Notre-Dame, la Sainte-Chapelle, la tour Saint-Jacques, le Louvre, le dôme des Invalides, l'Arc de triomphe, tous nos monuments. Que d'affaires dans une tour ! Cela fait sourire, vraiment. Quand on veut admirer Notre-Dame, on va la voir du parvis. En quoi du Champ-de-Mars[2] la tour gênera-t-elle le curieux placé sur le parvis Notre-Dame, qui ne la verra pas ? C'est d'ailleurs une des idées les plus fausses que celle qui consiste à croire qu'un édifice élevé écrase les constructions environnantes. Regardez si l'Opéra ne paraît pas plus écrasé par les maisons du voisinage qu'il ne les écrase lui-même. Allez au rond-point de l'Étoile, et parce que l'Arc de triomphe est grand les maisons de la place ne vous en paraîtront pas plus petites. Au contraire, les maisons ont bien l'air d'avoir quinze mètres de haut, et il faut un effort de l'esprit pour croire que l'Arc de triomphe en mesure quarante-cinq.

Donc, pour ce qui est de l'effet artistique de la tour, personne n'en peut juger à l'avance, pas même moi, car les dimensions des fondations m'étonnent moi-même, aujourd'hui qu'elles commencent à sortir de terre. Quant au préjudice[3] qu'elle portera aux autres monuments de Paris, ce sont là des mots.

GUSTAVE EIFFEL, extrait d'un entretien avec Paul Bourde, *Le Temps*, 14 février 1887.

GEORGES SEURAT, *La Tour Eiffel*, 1889. Musée des Beaux-arts de San Francisco.

2 **Champ-de-Mars** : vaste jardin public situé au pied de la tour Eiffel.
3 **Préjudice** : dommage, tort que l'on fait subir à quelqu'un ou à quelque chose.

PREMIÈRE LECTURE

1 Relevez les marques d'oralité qui montrent que le journaliste reprend assez fidèlement le propos d'Eiffel. Quel effet ces marques d'oralité suscitent-elles chez le lecteur ?

AU FIL DU TEXTE

2 Montrez que Gustave Eiffel souhaite répondre méthodiquement aux attaques portées par les artistes dans leur lettre de protestation.

3 Par quel argument le premier paragraphe réfute-t-il d'emblée le jugement esthétique des artistes ?

4 **Grammaire** Justifiez les accords dans « des centaines de mille exemplaires » (l. 9-10). En quoi cette précision souligne-t-elle l'intérêt du public pour le projet d'Eiffel ?

5 Identifiez les procédés rhétoriques employés dans le deuxième paragraphe. En quoi sont-ils efficaces ?

6 Relevez les arguments et les exemples des paragraphes 3 à 5. Montrez qu'ils répondent point par point aux arguments de la protestation des artistes (vous pouvez présenter cela sous forme d'un tableau).

7 Quelle impression la formule finale de l'extrait peut-elle créer ? Qu'est-ce qu'elle révèle de la posture de l'ingénieur Eiffel face aux artistes ?

METTRE EN PERSPECTIVE

La tour Eiffel a inspiré de nombreux peintres. Avant même la fin de sa construction, Seurat et Delance la représentent. De nombreux artistes, à leur suite, feront de cet édifice le sujet central d'un tableau et souvent même d'une série de tableaux : le Douanier Rousseau, Signac, Bonnard, Utrillo, Vuillard, Marquet, Dufy, Chagall et surtout Delaunay, qui réalise une trentaine de toiles inspirées de ce monument. À travers les représentations successives de la tour Eiffel, on peut faire une histoire des courants artistiques et picturaux de la fin du XIXe siècle aux années 1930.

8 Observez les deux tableaux reproduits p. 352 et 353. Quel effet chacun d'eux suscite-t-il ? En quoi s'opposent-ils ? Comment chaque artiste s'empare-t-il du motif de la tour pour en faire un objet esthétique ?

Vers le bac

Résumez le texte de G. Eiffel du troisième au cinquième paragraphe compris, en 1 200 mots environ.

Robert Delaunay, *La Tour Eiffel*, 1926. Huile sur toile, 169 x 86 cm. Centre Pompidou, musée national d'Art moderne, Paris.

ÉCRIT D'APPROPRIATION

Prolongement culturel et artistique :

1 Recueillez une dizaine de tableaux ayant pour sujet la tour Eiffel.

2 Situez chacun dans un mouvement esthétique.

3 Associez à chaque tableau quelques lignes de commentaire personnel : qu'est-ce qui vous plaît, ou vous déplaît, dans le tableau ?

TEXTE 3

PIERRE MAC ORLAN,
Villes (1929)

PIERRE MAC ORLAN
(1882-1970)
biographie p. 580

CONTEXTE

Dès que la tour fut achevée, en 1889, et surtout au début du XXe siècle, certains artistes prirent sa défense en l'intégrant dans leurs tableaux (c'est le cas, par exemple, de Robert Delaunay, de Marc Chagall ou de Raoul Dufy) ou dans leurs poèmes (comme Guillaume Apollinaire ou Blaise Cendrars). Déjà devenue un symbole touristique de Paris, la tour Eiffel accède ainsi peu à peu à une reconnaissance artistique.

Du rejet à l'acceptation

Grand reporter, romancier et poète qui s'enchante de la modernité technique, Pierre Mac Orlan retrace, dans un passage de son livre intitulé *Villes* (1929), ses réflexions, amusées, sur le changement du regard porté sur la tour Eiffel.

Jusqu'en 1910, la tour Eiffel fut tenue par tous les artistes et chansonniers montmartrois[1] comme le symbole du mauvais goût, de l'outrecuidance[2] bourgeoise et industrielle. Verlaine[3] ne voulait pas passer à côté de cette horreur et donnait l'ordre au fiacre qui le conduisait de changer de route.

C'était un brevet de sensibilité littéraire et artistique que de vitupérer[4] contre la Tour.

Déjà, quelques années avant la guerre, les peintres, les poètes et les romanciers ont compris la beauté de cette tour, qui devait servir de pylône à une des antennes les plus puissantes du monde, je crois même la plus puissante. Il y a, dans cette haute tour d'acier, l'association de tous les éléments qui donnent à cette époque son caractère et qui, pour cette raison, sont d'une puissance esthétique tout aussi émouvante que les plus grandioses monuments, qui, chacun, représentent une époque disparue. La tour Eiffel est aussi belle pour nous que le Parthénon[5] l'était pour les Grecs, car elle révèle, sous ses lignes simples et hardies, les premières notions d'un pittoresque nouveau que petit à petit nous apprenons d'abord à estimer et ensuite à chérir. L'automobile, la T.S.F., donnent à notre temps un plaisir intellectuel qui ne s'enrichit pas aux mêmes sources que le plaisir intellectuel des hommes qui nous précédèrent. La beauté d'une auto ne correspond en rien aux lignes décoratives qui inspiraient un constructeur de carrosse du XVIIIe siècle, et beaucoup d'hommes, parmi les moins enclins à compliquer leur vie, commencent à admettre la beauté d'un poste de T.S.F.[6] avec ses belles lampes aux dômes argentés. Par le fait même que cette esthétique ne peut se comparer à celles qui enrichirent d'autres époques, elle correspond bien à nos goûts pour le décor qui nous entoure et où nous agissons dans un rythme lui aussi approprié à la présence de l'auto, du cinéma, de la T.S.F. et du phonographe[7], que l'on commence seulement à révéler aux Français.

PIERRE MAC ORLAN, « La Tour, Javel et les Bélandres », *Villes*, Éd. Gallimard, 1929.

1 **Montmartrois** : habitant de Montmartre, colline au nord de Paris, lieu investi par les artistes dès la fin du XIXe siècle.
2 **Outrecuidance** : orgueil, prétention.
3 **Paul Verlaine (1844-1896)** : l'un des poètes les plus célèbres de la seconde moitié du XIXe siècle.
4 **Vitupérer** : protester, blâmer vivement.
5 **Parthénon** : temple situé sur l'Acropole d'Athènes, considéré comme l'un des sommets de l'architecture grecque de l'Antiquité, et construit au Ve siècle av. J.-C.
6 **Poste de T.S.F.** : ancien poste de radio.
7 **Phonographe** : ancien appareil pour écouter des disques de musique.

PREMIÈRE LECTURE

1 Quelle thèse Pierre Mac Orlan soutient-il dans l'ensemble de ce texte ?

AU FIL DU TEXTE

2 Par quel constat l'auteur commence-t-il sa réflexion ? Quel rôle joue, dans ce constat, l'anecdote concernant le poète Paul Verlaine ?

3 Comment l'auteur s'y prend-il pour minimiser la portée des critiques contre la tour Eiffel ?

4 À quoi la « puissance esthétique » de la tour est-elle liée, selon Mac Orlan ? Quel rôle l'exemple du Parthénon joue-t-il ?

5 **Grammaire** Justifiez l'emploi du passé simple dans « le plaisir intellectuel des hommes qui nous précédèrent » (l. 20-21). Pourquoi l'auteur a-t-il préféré le passé simple au passé composé (« qui nous ont précédé ») ? Que met-il ainsi en relief ?

6 Comment la dernière partie du texte explique-t-elle le sentiment du beau et l'évolution du goût esthétique ?

METTRE EN PERSPECTIVE

7 Le philosophe Gilbert Simondon (1924-1989) a réfléchi au problème de la beauté des objets dits « techniques ». Lisez le texte suivant.

> « L'objet technique n'est pas beau dans n'importe quelles circonstances et n'importe où ; il est beau quand il rencontre un lieu singulier et remarquable du monde ; la ligne à haute tension est belle quand elle enjambe une vallée, la voiture, quand elle vire, le train, quand il part ou sort du tunnel. L'objet technique est beau quand il a rencontré un fond qui lui convient [...]. »
>
> GILBERT SIMONDON, *Du mode d'existence des objets techniques*, Éd. Aubier, 1958.

Pensez-vous que la tour Eiffel, objet industriel, n'ait pu révéler sa beauté que dans le cadre de la ville moderne ? Vous développerez votre réponse sur une dizaine de lignes.

ÉCRIT D'APPROPRIATION

Quels sont les critères pour juger de la beauté d'une œuvre architecturale ? Relevez dans les trois textes étudiés les arguments qui permettent de répondre à sa question.
Puis essayez d'ajouter un ou deux arguments personnels.

ROBERT DOISNEAU, *Tour Eiffel, distorsion optique*, 1965.

QUESTION SUR L'IMAGE

Que suggère le photographe, selon vous, par cette défiguration de la tour Eiffel ?

TEXTE 4

ROLAND BARTHES, *La Tour Eiffel* (1964)

ROLAND BARTHES
(1915-1980)
biographie p. 571

CONTEXTE

La tour Eiffel, dans les années 1960, est devenue depuis longtemps l'objet d'un large consensus : il n'est plus personne pour considérer l'édifice comme un monstre de laideur et, comme le prouve à la fois le nombre de touristes qui la visitent et le nombre d'images de toutes sortes où elle figure, elle s'est érigée au rang d'icône universellement connue.

Plus qu'un édifice, un mythe

Analyste des signes de la modernité triomphante (*Mythologies*, 1957), l'écrivain Roland Barthes s'est interrogé, dans un livre où son texte accompagne des photographies d'André Martin, sur la signification de la tour Eiffel, sur ce qu'elle représente et suscite dans l'imaginaire contemporain.

Maupassant déjeunait souvent au restaurant de la Tour, que pourtant il n'aimait pas : c'est, disait-il, le seul endroit de Paris où je ne la vois pas. Il faut, en effet, à Paris, prendre des précautions infinies pour ne pas voir la Tour ; quelle que soit la saison, à travers les brumes, les demi-jours, les nuages, la pluie, dans le soleil, en quelque point que vous soyez, quel que soit le paysage de toits, de coupoles ou de frondaisons[1] qui vous sépare d'elle, la Tour est là ; incorporée à la vie quotidienne au point qu'on ne saurait plus lui inventer aucun attribut particulier, entêtée tout simplement à persister, comme la pierre ou le fleuve, elle est littérale comme un phénomène naturel, dont on peut bien infiniment interroger le sens, mais non contester l'existence. [...]

La Tour est aussi présente au monde entier. D'abord comme symbole universel de Paris, elle est partout sur la terre où Paris doit être énoncé en image [...]. Bien plus : au-delà de son énoncé proprement parisien, elle touche à l'imaginaire humain le plus général ; sa forme simple, matricielle[2], lui confère la vocation d'un chiffre[3] infini : tour à tour et selon les appels de notre imagination, symbole de Paris, de la modernité, de la communication, de la science ou du XIXe siècle,

1 **Frondaison** : feuillage d'un arbre.
2 **Matriciel** : originel, maternel.
3 **Chiffre** : signe.
4 **Derrick** : bâti métallique supportant le trépan qui sert à forer les puits de pétrole.
5 **Phallus** : membre masculin.
6 Allusion au recueil du poète René Char (1907-1988) intitulé *Recherche de la base et du sommet* (1955).
7 **Essence** : ce qui fait qu'une chose est ce qu'elle est, sa nature intime.
8 **Belvédère** : lieu élevé, d'où la vue est étendue.
9 **Naturiste** : qui professe un culte de la nature ou qui prône un retour à la nature.

Marc Chagall, *La Fenêtre*, 1928.
Vue sur les toits de Paris et sur la tour Eiffel.
National Gallery, Prague.

QUESTION SUR L'IMAGE

Comment le peintre fait-il entrer la tour Eiffel dans le quotidien tout en la magnifiant ?

fusée, tige, derrick[4], phallus[5], paratonnerre ou insecte, face aux grands itinéraires du rêve, elle est le signe inévitable ; de même qu'il n'est pas un regard parisien qui ne soit obligé de la rencontrer, il n'est pas un fantasme qui n'en vienne tôt ou tard à retrouver sa forme et à s'en nourrir ; prenez un crayon et laissez aller votre main, c'est-à-dire votre pensée, et c'est souvent la Tour qui naîtra, réduite à cette ligne simple dont la seule fonction mythique est de joindre, selon l'expression du poète, *la base et le sommet*[6], ou encore *la terre et le ciel*. […]

La Tour regarde Paris. Visiter la Tour, c'est se mettre au balcon pour percevoir, comprendre et savourer une certaine essence[7] de Paris. Et ici encore, la Tour est un monument original. Habituellement, les belvédères[8] sont des points de vue sur la nature, dont ils tiennent les éléments, eaux, vallées, forêts, rassemblés sous eux, en sorte que le tourisme de la « belle vue » implique infailliblement une mythologie naturiste[9]. La Tour, elle, donne, non sur la nature, mais sur la ville ; et pourtant, par sa position même de point de vue visité, la Tour fait de la ville une sorte de nature ; elle constitue le fourmillement des hommes en paysage, elle ajoute au mythe urbain, souvent sombre, une dimension romantique, une harmonie, un allègement ; par elle, à partir d'elle, la ville rejoint les grands thèmes naturels qui s'offrent à la curiosité des hommes : l'océan, la tempête, la montagne, la neige, les fleuves.

ROLAND BARTHES, *La Tour Eiffel*, éd. du Seuil, 1964.

PREMIÈRE LECTURE

1 Donnez à chaque paragraphe de cet extrait un titre qui mettra en évidence l'idée principale qu'il développe.

LECTURE ANALYTIQUE

L'analyse d'un mythe moderne

2 L'auteur marque-t-il sa présence dans son propos ? Montrez que le texte se présente comme une réflexion qui vise une relative objectivité et une certaine abstraction.

3 **Grammaire** Montrez l'importance quantitative de la juxtaposition des propositions dans le texte en comptant le nombre de propositions juxtaposées dans les phrases. Qu'est-ce que cela suggère dans la manière dont l'auteur élabore sa pensée ?

4 Comment les idées sont-elles organisées dans le texte ? Quelle progression dans le raisonnement peut-on repérer ?

5 Relevez le champ lexical de la vue et de l'image dans le texte. Pourquoi est-il si étendu ?

6 En vous appuyant sur vos réponses aux questions 3 et 4, formulez la thèse qui semble soutenue par Roland Barthes dans l'ensemble de son texte.

Un éloge qui tend vers la poésie

7 Relevez des exemples d'énumérations. Quel plaisir l'auteur paraît-il prendre à parler de la tour Eiffel et de Paris ?

8 Montrez que le raisonnement recourt lui-même souvent à des images en relevant des exemples de métaphores ou de comparaisons, et commentez-en les effets.

9 Montrez que le second paragraphe développe une sorte d'analogie entre la forme de la tour Eiffel et l'écriture, le graphisme.

10 Par quelles expressions l'auteur associe-t-il la tour Eiffel à un imaginaire positif, heureux ? Dans quel but ?

Vers le bac

Vers le commentaire : Vous rédigerez, en vous appuyant sur vos réponses aux questions 8 et 10, un paragraphe de commentaire où vous montrerez que le texte de Roland Barthes est un éloge de la tour Eiffel et de Paris. Votre paragraphe s'étendra sur une dizaine de lignes au moins.

Parcours culturel et artistique

1865 : UN SCANDALE AU SALON

Le Salon de peinture et de sculpture était un événement artistique annuel : il se tint à Paris, depuis la fin du XVIIe jusqu'en 1880. Nombre d'écrivains ont rédigé des articles sur les œuvres qui y étaient présentées : Diderot ou Baudelaire notamment. Ce Salon exposait des œuvres sélectionnées par l'Académie des Beaux-Arts. C'était la seule occasion pour un artiste d'obtenir une reconnaissance officielle, des commandes et une clientèle. En 1863, des œuvres rejetées du Salon officiel avaient pu être montrées dans une exposition parallèle, le « Salon des refusés », qui marqua la première rupture entre le goût officiel et académique, et une avant-garde artistique. *Le Bain*, autre tableau de Manet plus connu aujourd'hui comme *Le Déjeuner sur l'herbe*, y avait déjà fait scandale.

ÉDOUARD MANET, PEINTRE MÉPRISÉ PUIS CONSACRÉ

Manet présente, au Salon de 1865, un nu jugé à l'époque scandaleux : *Olympia*. Si on se presse pour le voir, c'est non pour l'admirer, mais pour s'en moquer. Cependant, quelque vingt ans plus tard, en 1890, le tableau est offert à l'État français grâce à une souscription publique organisée par Claude Monet. Il se trouve actuellement au musée d'Orsay.

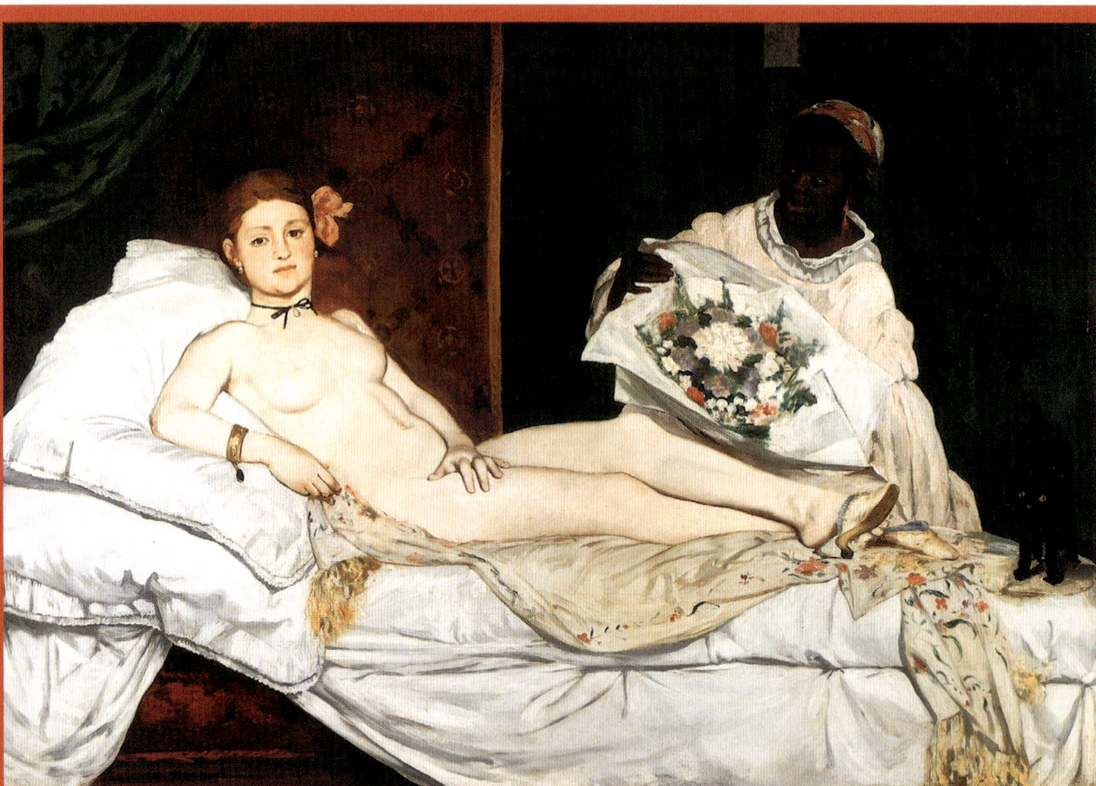

ÉDOUARD MANET, *Olympia*, 1863, huile sur toile (130,5 x 191 cm), musée d'Orsay, Paris.

Comment comprendre le scandale qu'*Olympia* suscita ? Comment s'explique le retournement qui s'opéra en sa faveur ? Édouard Manet est aujourd'hui considéré comme un grand peintre, mais il demeure inclassable : ni réaliste, ni impressionniste, il apparaît comme un précurseur de la peinture moderne, qui a contribué à l'affranchir de l'académisme.

1 Qu'est-ce qui vous frappe à première vue dans ce tableau : personnage(s) ? couleurs ?... À quoi êtes-vous sensible ? Notez vos impressions.

OLYMPIA : UNE ŒUVRE SANS VALEUR ARTISTIQUE

« La construction baroque de « l'auguste jeune fille », sa main, en forme de crapaud, causent l'hilarité et chez quelques-uns le fou rire. En ce cas particulier, le comique résulte de la prétention hautement affichée de produire une œuvre noble, (« l'auguste jeune fille », dit le livret) prétention déjouée par l'impuissance absolue de l'exécution ; ne sourit-on pas en voyant un enfant se donner l'air important d'un homme ? Dans cette *Olympia* tout ce qui est dessin est donc irrémissiblement condamné. La coloration générale elle-même est désagréable. En certaines parties seulement elle est juste : ainsi dans le ton des linges, dans les contrastes du drap, du cachemire et des fleurs. Mais si nous prenons au sérieux l'effort de M. Manet, nous devons lui dire que dans la nature les ombres charbonneuses sont rares et qu'il n'en voit ou du moins qu'il n'en fait point d'autres. Il ne tient aucun compte des reflets, des contre-reflets ; et ce n'est qu'en les étudiant qu'il peut réussir à donner à sa peinture l'harmonie que la nature possède toujours. »

A.-P. MARTIAL, « Salon de 1865 : les excentriques », article du *Constitutionnel*, 16 mai 1885.

2 Qu'est-ce qui provoque le rire dans la contemplation d'*Olympia* ?

3 Quels sont les trois défauts techniques majeurs de l'œuvre, selon ce critique ?

GUSTAVE COURBET, *Pierre Joseph Proudhon et ses enfants*, 1853, musée du Petit Palais, Paris.

Gustave Courbet a peint plusieurs portraits de son ami Proudhon, journaliste politique anarchiste, qui venait de mourir. Le tableau exposé au Salon représentait Proudhon assis sur des marches, entouré de livres et de ses enfants, jouant dans une cour.

4 Dans ce dialogue satirique, quelle critique d'ordre esthétique est faite à Manet ?

5 Rédigez un ou deux paragraphes pour donner votre opinion sur le tableau de Manet en vous appuyant sur des remarques esthétiques.

LES TABLEAUX DU SALON EN FAMILLE

« Le public est parti, et aussitôt toiles et statues en profitent pour se dégourdir un peu.
La belle Olympia *(de M. Manet)*. – Ventre de biche ! ai-je été assez honnie, moquée, vilipendée aujourd'hui !
Le Proudhon[1] *(de M. Courbet)*. – Plains-toi donc, on te regarde, tandis que moi…
Olympia. – Mais c'est pour m'insulter ! Il n'est pas jusqu'à mon pauvre chat qui ne soit attaqué du matin au soir.
Proudhon. – Soyons juste, ton chat n'est ni beau ni propre ; tu as tort de le laisser piétiner sur ton lit avec ces pattes-là ; il a marché dans quelque chose, bien sûr.
Olympia. – Marcher ? Allons donc ! Est-ce qu'il est construit pour ça.
Proudhon. – C'est vrai, vous êtes bien mal bâtis tous les deux. »

LOUIS LEROY, « Les tableaux du Salon en famille », *Journal amusant*, 20 mai 1865.

OLYMPIA, UNE ŒUVRE RIDICULISÉE

QU'EST-CE QUE LA CARICATURE ?

Le mot *caricature* vient de l'italien *caricare* : « charger ». La caricature est donc le portrait-charge d'une personne. Elle est composée en exagérant un des traits marquants de son physique ou de sa personnalité. L'objectif est de ridiculiser la personne caricaturée.

HISTOIRE DE LA CARICATURE

La caricature se développe avec l'essor de la presse à la fin du XVIIIe siècle. Aux côtés du dessin de presse, elle illustre les propos écrits, mais elle a aussi une fonction satirique. Le message qu'elle véhicule peut être renforcé par une légende ironique jouant sur les mots ou sur la mise en scène de la personne dans le dessin. Au XIXe siècle, des journaux se spécialisent dans la satire (*Le Charivari*, *Journal amusant*...) et certains caricaturistes se font un nom (Honoré Daumier, Cham, Bertall). Les lecteurs sont alors à l'affût de leurs productions.

CARICATURE ET LIBERTÉ D'EXPRESSION

Jusqu'en 1881, un dessinateur doit présenter son dessin au bureau de la censure avant de le publier. Il doit, de plus, informer la personne caricaturée et obtenir son autorisation de publication. Certains passent outre, mais sont alors hors la loi et peuvent être emprisonnés pour diffamation. C'est ce qui arrive à Honoré Daumier en 1831 pour avoir représenté le roi Louis-Philippe sous les traits de Gargantua dévorant les économies des pauvres. En 1881, la loi autorise les journaux à publier dessins et caricatures sans visa préalable. La liberté de la presse en est renforcée, mais les publications restent sous le contrôle de l'État, qui peut faire retirer un dessin jugé infamant, notamment lorsqu'il critique le pouvoir en place.

BERTALL, « Manette ou la femme de l'ébéniste », in *Journal amusant*, 1865.

6 Quelles exagérations et déformations le caricaturiste fait-il subir au tableau ?

7 Quelle signification prend le tableau ?

OLYMPIA ET L'OPINION DU PUBLIC

DAUMIER, *Devant le tableau de M. Manet*, in *Charivari*, 19 juin 1865.

8 Qu'expriment les mimiques et l'attitude des visiteurs devant le tableau ?

9 Quel type de spectateurs est symbolisé par les trois personnages ?

10 Peut-on savoir de quoi se moque Daumier ? En quoi cette ambiguïté est-elle habile ?

11 Êtes-vous d'accord avec ce qu'écrit Albert Wolff à la mort de Manet ?

« Honoré Daumier, le grand artiste, a admirablement résumé Manet en disant : Manet me dégoûte de la peinture compliquée de l'école, sans me faire aimer sa peinture à lui. Par ces mots, le grand dessinateur précisait le rôle du novateur à merveille, en applaudissant au principe sans accepter le résultat qui restait incomplet. »

ALBERT WOLFF, nécrologie à la une du *Figaro*, 1er mai 1883.

ÉDOUARD MANET, *Le Christ aux soldats ou Le Christ aux outrages*, 1865, Art Institute, Chicago.

« Enfin, si, comme le dit la *Presse théâtrale*, M. Manet a voulu attirer l'attention par une excentricité, il y a réussi au-delà probablement de ses désirs, car jamais peinture n'a excité tant de rires, de moqueries, de huées que son *Olympia*. Le dimanche, surtout, la foule était si grande, qu'on ne pouvait en approcher, ni même circuler dans la salle. M. tout le monde s'étonnait que le jury eût admis les deux toiles[1] de M. Manet. Mon Dieu ! le jury s'est dit ceci : si nous les refusons, l'auteur criera à l'injustice, comme il l'a fait pour son tableau où une femme se promenait toute nue dans la campagne, avec deux messieurs en habit noir et gants blancs. En admettant au Salon l'*Olympia* de M. Manet, il ne pourra se plaindre de nous, ce sera le public qui se plaindra de lui ; il sera jugé, bien jugé, et nous en serons débarrassé.
Et voilà pourquoi *Olympia* est si bien placée…
« Que c'est comme un bouquet de fleurs. »

LOUIS AUVRAY, *Exposition des Beaux-Arts : Salon de 1865*, 1864-1865.

1. Les deux toiles : il s'agit d'*Olympia* et du *Christ aux outrages*.

12 Quel effet, selon l'auteur, voudrait produire Manet ? Y réussit-il ?

13 D'après lui, pourquoi le jury sélectionnant les œuvres présentées au Salon a accepté les tableaux de Manet ?

14 Comment se conclut l'article ?

15 Ce texte apporte-t-il des informations ou est-il destiné à propager des rumeurs ?

L'HOMMAGE DE ZOLA À MANET

Émile Zola, alors jeune feuilletoniste, visite le Salon et s'enthousiasme pour Manet et Courbet. Il trouve dans leurs œuvres des analogies avec son propre projet littéraire de rendre compte de la réalité avec vérité.

« Le tempérament de M. Manet est un tempérament sec, emportant le morceau. Il arrête vivement ses figures, il ne recule pas devant les brusqueries de la nature, il rend dans leur vigueur les différents objets se détachant les uns sur les autres. Tout son être le porte à voir par taches, par morceaux simples et énergiques. On peut dire de lui qu'il se contente de chercher des tons justes et de les juxtaposer ensuite sur une toile. Il arrive que la toile se couvre ainsi d'une peinture solide et forte. Je retrouve dans le tableau un homme qui a la curiosité du vrai et qui tire de lui un monde vivant d'une vie particulière et puissante.
Vous savez quel effet produisent les toiles de M. Manet au Salon. Elles crèvent le mur, tout simplement. Tout autour d'elles s'étalent les douceurs des confiseurs artistiques à la mode, les arbres en sucre candi et les maisons en croûte de pâté, les bons hommes en pain d'épices et les bonnes femmes faites de crème à la vanille. La boutique de bonbons devient plus rose et plus douce, et les toiles vivantes de l'artiste semblent prendre une certaine amertume au milieu de ce fleuve de lait. […]
Ne regardez plus les tableaux voisins. Regardez les personnes vivantes qui sont dans la salle. Étudiez les oppositions de leurs corps sur le parquet et sur les murs. Puis, regardez les toiles de M. Manet : vous verrez que là est la vérité et la puissance. Regardez maintenant les autres toiles, celles qui sourient bêtement autour de vous : vous éclatez de rire, n'est-ce pas ?
La place de M. Manet est marquée au Louvre, comme celle de Courbet, comme celle de tout artiste d'un tempérament original et fort. D'ailleurs, il n'y a pas la moindre ressemblance entre Courbet et M. Manet, et ces artistes, s'ils sont logiques, doivent se nier l'un l'autre. C'est justement parce qu'ils n'ont rien de semblable qu'ils peuvent vivre chacun d'une vie particulière. […]
J'ai tâché de rendre à M. Manet la place qui lui appartient, une des premières. On rira peut-être du panégyriste[1] comme on a ri du peintre. Un jour, nous serons vengés tous deux. Il y a une vérité éternelle qui me soutient en critique : c'est que les tempéraments seuls vivent et dominent les âges. Il est impossible, – impossible, entendez-vous, – que M. Manet n'ait pas son jour de triomphe, et qu'il n'écrase pas les médiocrités timides qui l'entourent. »

ÉMILE ZOLA, *L'Événement*, 7 mai 1866.

1. **Panégyriste** : qui prononce un éloge sans restriction.

ÉDOUARD MANET, *Le Fifre*, 1866, musée d'Orsay, Paris.

16 Dégagez les grandes caractéristiques de l'esthétique de Manet, selon Zola.

17 Comment Zola parle-t-il des autres tableaux du Salon ? Pourquoi cela explique-t-il que Manet déplaise ?

18 Quelle méthode Zola préconise-t-il pour que le spectateur modifie son regard sur Manet ?

19 Quel sera l'avenir de l'œuvre de Manet, selon Zola ? Et de la sienne ?

20 Manet disait : « Je peins ce que je vois. » Zola rejoint-il ce propos ?

OLYMPIA, UNE ŒUVRE CHOQUANTE ?

En peignant *Olympia*, Manet s'inscrit dans une tradition picturale, et il ne cache pas qu'il s'en inspire. Il a d'ailleurs eu l'occasion, lors d'un voyage à Florence, de copier le célèbre tableau de Titien, universellement admiré. En même temps qu'*Olympia* est présenté au Salon de 1865 *La Naissance de Vénus* de Cabanel, qui ne suscite pas la moindre indignation.

TITIEN, *La Vénus d'Urbino*, 1538 (119 x 165 cm), musée des Offices.

21 Établissez la liste des points communs entre *Olympia* et chacun de ces tableaux. De quel tableau *Olympia* est-il le plus proche ?

22 Le nu féminin dans le tableau de Manet est-il aussi sensuel que celui des autres tableaux ?

ALEXANDRE CABANEL, *La Naissance de Vénus* (œuvre présentée au Salon de 1865), 1863 (130 x 225 cm), musée d'Orsay.

LA HIÉRARCHIE DES GENRES PICTURAUX

Du XVIIe au XIXe siècles, la hiérarchie des genres picturaux, parfois contestée, n'a pas varié. Les genres nobles, considérés comme plus difficiles techniquement, sont : la peinture d'histoire, dont le sujet est tiré de la religion, de l'histoire ou de la mythologie ; le portrait, autoportrait ou portrait de groupe. Les genres mineurs sont : la peinture de genre (scènes de la vie quotidienne) ; le paysage ; la nature morte et la peinture animalière. À cette hiérarchie des genres correspondait une hiérarchie des formats : du grand format (histoire) au petit format (nature morte).

23 Relevez le format d'*Olympia* et comparez-le avec les tableaux de Titien et Cabanel : que montre ce choix de format de la part de Manet ?

UNE ŒUVRE ÉNIGMATIQUE ?

Ce qui peut troubler le public, c'est également la présence d'éléments dont l'interprétation est difficilement déchiffrable, car ils ne correspondent pas aux symboles habituels : le chien (Titien), symbole de fidélité, est devenu un chat ; Olympia est nue mais porte des bijoux, la servante lui apporte des fleurs mais pas de vêtements, etc.

Surtout, le personnage d'une part est mis en valeur, d'autre part s'impose au spectateur : Olympia paraît être une femme réelle.

24 L'espace du tableau de Manet est-il ouvert ou fermé ? Observez les contrastes de couleur, de lumière et d'obscurité. Quel effet produisent tous ces éléments ?

25 De quel endroit vient la lumière ? Qu'est-ce que cela renforce ?

26 Observez la position de la tête d'Olympia, la direction de son regard. Quelle relation s'instaure avec le spectateur ?

27 Quel rôle joue la servante dans le tableau ?

28 En quoi le tableau de Manet diffère-t-il, sur tous ces aspects, du tableau de Titien ?

CHAPITRE 3
Écrire pour se faire le porte-parole du monde ouvrier

L'écrivain, porte-parole des silencieux

Quel est le rôle de l'écrivain ? À quoi sert la littérature ? À ces questions, certains écrivains répondent en mettant en avant le rôle social d'une littérature, porte-parole de ceux qui n'ont pas la parole dans la société : « Le rôle de l'écrivain, du même coup, ne se sépare pas de devoirs difficiles. Par définition, il ne peut se mettre aujourd'hui au service de ceux qui font l'histoire : il est au service de ceux qui la subissent. » (Albert Camus, *Discours de Stockholm*, 1957.)

Défendre la cause du peuple

La révolution de février 1848 est libératrice de la parole. Des journaux voient le jour. **George Sand** crée un hebdomadaire où elle pourra exposer ses idées. Elle le nomme *La Cause du peuple*.

Dans les années 1960, écrire dans la presse va permettre de toucher le plus grand nombre. **Jean-Pierre Le Dantec** et **Michel Le Bris** recréent *La Cause du peuple* et sont tous deux emprisonnés en 1970 pour « provocation aux crimes contre la sûreté de l'État et apologie du meurtre, du vol, du pillage et de l'incendie ». **Jean-Paul Sartre** reprend les rênes de leur périodique. Il est alors un écrivain reconnu que le président de Gaulle n'osera pas censurer, déclarant : « on n'emprisonne pas Voltaire ».

Faute de finance, *La Cause du peuple* n'aura que trois numéros, mais **George Sand** y exprime son désir de dialogue :
« *La Cause du peuple* ne prétend pas être une doctrine élaborée d'avance, et imposée à la conscience et à la raison publique du haut de notre infaillibilité. Un plaidoyer est fort différent d'un jugement en dernier ressort. Il souffre la réplique, il appelle l'examen. » (9 avril 1848)

Jean-Paul Sartre et Simone de Beauvoir distribuant *La Cause du peuple.*

ACTIVITÉ

Renseignez-vous sur les sujets traités par les ouvrages présents sur la frise. Pour chacun, dites contre quoi ou en faveur de quoi l'écrivain s'est engagé. Quel ouvrage théorise l'importance de l'engagement politique de l'écrivain ?

L'engagement des écrivains, XIXe-XXe siècle : quelques ouvrages qui ont fait date

- 1763 Voltaire, *Traité sur la tolérance*
- 1829 Victor Hugo, *Le Dernier Jour d'un condamné*
- 1848 9 avril, création du journal *La Cause du peuple* par George Sand
- 1871 Création du quotidien *Le Cri du peuple* par Jules Vallès
- 1898 13 janvier : « J'accuse… ! », lettre d'Émile Zola
- 1927 André Gide, *Voyage au Congo*
- 1936 André Gide, *Retour de l'U.R.S.S.*
- 1948 Jean-Paul Sartre, *Qu'est-ce que la littérature ?*

1750 — 1800 — 1850 — 1900 — 1950

- 1848 22-24 février : insurrection à Paris, renversement de Louis-Philippe
- Lois de 1848 : proclamation de la liberté d'association, du suffrage universel et du droit au travail
- 1851 Coup d'État de Louis-Napoléon Bonaparte ; exil de Victor Hugo (1851-1870)
- 1881 Loi sur la liberté de la presse

À la suite de *La Cause du peuple*, Jean-Paul Sartre et **Serge July** créent, en 1973, *Libération* :

« Tout un mouvement d'idées cherche à s'exprimer […] autour d'une aspiration commune : celle d'une démocratie rejetant l'exploitation du travail, la violence quotidienne au nom du profit, la violence de l'homme sur la femme, la sexualité réprimée, le racisme, l'environnement souillé… […] Un organe quotidien entièrement libre est nécessaire : un journal qui n'est le porte-parole d'aucun parti, où les idées et les faits puissent se confronter. Sans publicité, sans banque derrière lui. »

Écrire pour un monde juste

En 1894, le jeune capitaine juif Alfred Dreyfus est accusé de trahison, exclu de l'armée et condamné au bagne bien qu'il clame son innocence. Une enquête établit dès 1896 l'identité du vrai coupable, le commandant Esterhazy, mais l'armée s'efforce d'étouffer les révélations. L'affaire, qui jusqu'alors était restée confidentielle, prend une dimension nationale. La presse s'en empare, l'opinion publique se divise en deux camps, les dreyfusards et les anti-dreyfusards, qui s'affronteront de façon parfois violente. **Émile Zola** prend parti pour Dreyfus au nom de la justice. Le 13 janvier 1898, à la une de *L'Aurore*, s'étire le titre de son article : « J'accuse… ! ». Zola sait à quoi il s'expose en écrivant ainsi :

« Je n'ignore pas que je me mets sous le coup des articles 30 et 31 de la loi sur la presse du 29 juillet 1881, qui punit les délits et les diffamations. […] Je n'ai qu'une passion, c'est celle de la lumière, au nom de l'humanité qui a tant souffert et qui a droit au bonheur. Ma protestation enflammée n'est que le cri de mon âme. Qu'on ose me traîner en cour d'assises et que l'enquête ait lieu au grand jour ! J'attends. »

Carte postale représentant Émile Zola écrivant « J'accuse… ! », 1898.

▲ QUESTIONS

1. Identifiez les différents groupes de personnages de la scène, justifiez ces choix.
2. Que devient la plume de l'écrivain dans cette image ? Quel rôle joue la feuille de papier ?

Revendiquer l'égalité de tous

Dans la seconde moitié du XXe siècle, les écrivains, les intellectuels s'engagent en publiant des articles dans la presse, en signant des pétitions et en abordant de manière directe ou indirecte des sujets de société dans des essais, des pièces de théâtre ou des récits. Outre la politique, plusieurs causes sociales sont traitées.

Les combats principaux sont ceux que l'on mène pour l'égalité des êtres humains. **Simone de Beauvoir** rédige un essai sur l'identité et la place de la femme dans la société :

« Il y a des profondes analogies entre la situation des femmes et celle des Noirs : les unes et les autres s'émancipent aujourd'hui d'un même paternalisme et la caste naguère maîtresse veut les maintenir à " leur place ", c'est-à-dire à la place qu'elle a choisie pour eux ; dans les deux cas elle se répand en éloges plus ou moins sincères sur les vertus du " bon Noir " à l'âme inconsciente, enfantine, rieuse, du Noir résigné, et de la femme " vraiment femme ", c'est-à-dire frivole, puérile, irresponsable, la femme soumise à l'homme. »

Simone de Beauvoir, *Le Deuxième Sexe*, 1949.

Pochette du disque de Boris Vian « Le déserteur », chanson antimilitariste datant de 1954.

QUESTION ▶

L'année 1954 est marquée par les conflits coloniaux en Indochine puis en Algérie. La chanson de Boris Vian ne s'y réfère pas, mais que peut-on déduire du choix de l'image sur la pochette ?

TEXTE 1 FLORA TRISTAN, *L'Union ouvrière* (1843)

FLORA TRISTAN
(1803-1844)
biographie p. 589

CONTEXTE

Ouvrière, femme de lettres, militante socialiste et féministe, Flora Tristan est l'une des figures du socialisme utopique. Cette appellation, forgée après coup, désigne les premiers socialistes européens précédant Marx : Owen, Saint-Simon, Fourier, Proudhon... Par-delà leurs différences, ces socialistes sont humanistes : ils ont foi dans la capacité humaine de progresser ainsi que dans le progrès technique. Le socialisme humanitaire de Flora Tristan a ceci de particulier qu'il est étranger à la notion de lutte des classes.

Créer un journal pour les ouvriers

Dans *L'Union ouvrière* parue en 1843, Flora Tristan propose aux ouvrières et aux ouvriers de s'unir pour défendre leurs droits. Elle diffuse son texte en partant sur les routes de France à la rencontre des travailleurs. Dans la page suivante, elle propose la création d'un journal écrit par et pour les ouvriers.

PROJET D'UN JOURNAL HEBDOMADAIRE,
destiné particulièrement aux ouvriers

Plus j'étudie la classe ouvrière et recherche la *cause* de ses maux, plus je reste convaincue que, dans l'ordre moral comme dans l'ordre matériel, le mal provient *uniquement* de l'**IGNORANCE** où elle est plongée. – Il faut donc, à tout prix, tirer la classe ouvrière de cet état d'ignorance, à moins qu'on ne veuille risquer l'avenir du pays.

Pour combattre l'ennemi (l'ignorance), un des moyens les plus efficaces serait de créer un organe rédigé par des hommes de cœur et d'intelligence, ayant l'amour de la justice et par conséquent de leurs semblables. – J'en ai la certitude, on trouverait encore des âmes généreuses pour travailler avec ardeur et conscience à une telle œuvre !

Le journal dont j'ai conçu l'idée aurait pour but : 1° De représenter et d'instruire sur ses droits, ses devoirs et ses intérêts, la partie la plus nombreuse, la plus utile, la plus forte et la plus importante de la nation. (Trente millions de prolétaires sur quatre, au plus, de propriétaires.)

2° De faire connaître les souffrances, les besoins, les intérêts de ces trente millions de prolétaires, et cela uniquement en vue de l'amélioration et du bonheur de *tous* et *toutes*, riches et pauvres ;

3° De réclamer pour les trente millions de prolétaires, toujours dans l'intérêt général du pays, et dans la forme pacifique et légale, des droits sociaux et politiques.

La classe prolétaire, c'est-à-dire, *en réalité la nation*, a été jusqu'ici tellement abandonnée, tellement dédaignée, et est restée tellement *nulle* dans le *mouvement politique et social*

Nikolaï Bogdanov-Belsky, *Dimanche de lecture dans une école rurale*, 1895.

qu'elle n'a eu encore aucun organe sérieux, spécial, ayant mission de *la représenter*, de réclamer ses droits et de défendre ses intérêts. – Je crois que le jour est venu où cette classe doit enfin créer un organe digne de la représenter. […]

Je jette ici l'idée de ce journal sans en espérer la réalisation ; cependant il ne faut désespérer de rien ; ce que les hommes ont repoussé hier, ne comprennent pas aujourd'hui, demain, peut-être ils l'accepteront, et se mettront à l'œuvre pour réaliser une chose toute simple, qui, pendant des siècles, aura été réputée *utopie* et *impossible*.

FLORA TRISTAN, *L'Union ouvrière*, 1843.

Léon Frédéric, *Les Âges de l'ouvrier* (panneau de gauche), 1895-1897.

PREMIÈRE LECTURE

1 À quoi correspond l'utilisation que fait Flora Tristan des lettres capitales ou des italiques ?

AU FIL DU TEXTE

2 Quelle thèse soutient Flora Tristan ?

3 Expliquez quelle succession de déductions logiques Flora Tristan conclut de cette thèse (paragraphes 1, 2 et 3).

4 **Grammaire** Relisez le deuxième paragraphe . À quel mode et quel temps sont les verbes « serait » et « trouverait » ? Expliquez le choix de ce mode.

5 Dans le quatrième paragraphe, quel argument supplémentaire apporte Flora Tristan en faveur de son projet ?

6 Pourquoi propose-t-elle l'idée du journal aux ouvriers alors qu'elle doute de sa création ?

7 A-t-elle raison d'être confiante ? Pour répondre, appuyez-vous sur une recherche concernant la création de journaux œuvrant pour les intérêts de la classe ouvrière aux XIXe et XXe siècles.

METTRE EN PERSPECTIVE

8 Lisez les informations données dans l'encadré de contexte et ci-dessous.

> Le **socialisme utopique** entend transformer la société non par une révolution politique ni par une action réformiste qui viendrait de l'État, mais par la création, à l'initiative de citoyens, d'une contre-société socialiste au sein même du système capitaliste. Beaucoup de socialistes dits « utopiques » ont d'ailleurs imaginé et voulu mettre en place de petites communautés idéales, vivant selon des normes différentes du reste de la société.

Expliquez, à la lumière de ces informations, en quoi le projet de journal de Flora Tristan et les buts qu'il poursuivrait correspondent au socialisme dit utopique.

Vers le bac

Résumez le texte de Flora Tristan en 550 mots environ.

TEXTE 2

VICTOR HUGO, *Les Contemplations* (1856)

VICTOR HUGO

(1802-1885)
biographie p. 576

CONTEXTE

« Honte au penseur qui se mutile/Et s'en va, chanteur inutile,/Par la porte de la cité !/ Le poète en des jours impies/ Vient préparer des jours meilleurs » peut-on lire dans « Fonction du poète » (*Les Rayons et les Ombres*, 1840). La conscience d'une responsabilité du poète à l'égard du peuple naît chez Hugo dans les années 1830. Elle le conduira à jouer un rôle politique et s'affirmera dans de nombreux discours ou ouvrages de prose ou de vers. C'est cette prise de conscience dont le livre III des *Contemplations*, « Les luttes et les rêves », retrace la généalogie.

« Peuples ! écoutez le poète » : un poème pour dénoncer

Victor Hugo rassemble en 1856, dans *Les Contemplations*, des poèmes écrits entre 1830 et 1855. Ce recueil, selon les mots mêmes du poète, constitue les « Mémoires d'une âme », de l'enfance à l'âge mûr : la sienne mais aussi celle de tout lecteur. Dans le livre III, « Les luttes et les rêves », où il retrace l'éveil de sa conscience aux souffrances humaines, Victor Hugo consacre un long poème aux misères du peuple, « Melancholia » (336 vers), lequel porte en germe des thèmes et des personnages ultérieurement développés dans le roman *Les Misérables* (1862).

Où vont tous ces enfants dont pas un seul ne rit ?
Ces doux êtres pensifs, que la fièvre maigrit ?
Ces filles de huit ans qu'on voit cheminer seules ?
Ils s'en vont travailler quinze heures sous des meules ;
Ils vont, de l'aube au soir, faire éternellement
Dans la même prison le même mouvement.
Accroupis sous les dents d'une machine sombre,
Monstre hideux qui mâche on ne sait quoi dans l'ombre,
Innocents dans un bagne, anges dans un enfer,
Ils travaillent. Tout est d'airain, tout est de fer.
Jamais on ne s'arrête et jamais on ne joue.
Aussi quelle pâleur ! la cendre est sur leur joue.
Il fait à peine jour, ils sont déjà bien las.
Ils ne comprennent rien à leur destin, hélas !
Ils semblent dire à Dieu : « Petits comme nous sommes,
« Notre père, voyez ce que nous font les hommes ! »
Ô servitude infâme imposée à l'enfant !
Rachitisme ! travail dont le souffle étouffant
Défait ce qu'a fait Dieu ; qui tue, œuvre insensée,
La beauté sur les fronts, dans les cœurs la pensée,
Et qui ferait – c'est là son fruit le plus certain –
D'Apollon un bossu, de Voltaire un crétin !

Illustration pour « Melancholia » dans l'édition Hetzel de 1880.

QUESTION SUR L'IMAGE

À quels passages du poème de Victor Hugo cette illustration renvoie-t-elle ?

Travail mauvais qui prend l'âge tendre en sa serre,
Qui produit la richesse en créant la misère,
Qui se sert d'un enfant ainsi que d'un outil !
Progrès dont on demande : « Où va-t-il ? que veut-il ? »
Qui brise la jeunesse en fleur ! qui donne, en somme,
Une âme à la machine et la retire à l'homme !
Que ce travail, haï des mères, soit maudit !
Maudit comme le vice où l'on s'abâtardit,
Maudit comme l'opprobre et comme le blasphème !
Ô Dieu ! qu'il soit maudit au nom du travail même,
Au nom du vrai travail, sain, fécond, généreux,
Qui fait le peuple libre et qui rend l'homme heureux !

VICTOR HUGO, « Melancholia » (vers 113-146), *Les Contemplations*, Livre III « Les luttes et les rêves », 1856.

PREMIÈRE LECTURE

1 Quelle émotion dominante se dégage de ces vers extraits de « Melancholia » ?

LECTURE ANALYTIQUE

La force expressive du poème

2 Précisez les différents sentiments éprouvés par le poète. Quelle gradation peut-on remarquer ?

3 Sans jamais dire « je », comment le poète s'implique-t-il dans son propos ? Étudiez notamment le type de phrases employé.

4 Par quels moyens le poète communique-t-il au lecteur ses sentiments ? Étudiez l'emploi des temps et des modes verbaux, les choix lexicaux, le rythme des vers.

Une dénonciation

5 Quelles répétitions soulignent la dureté des conditions de travail des enfants ?

6 Relevez deux métaphores qui expriment le caractère inhumain de ce travail.

7 Quelles sont les conséquences du travail sur les enfants ? Appuyez-vous sur le champ lexical de la maladie.

Une condamnation

8 Relevez les antithèses qui montrent la situation faite aux enfants comme contre-nature et qui opposent leur travail au « vrai travail ».

9 **Lexique** Dénombrez les occurrences de l'adjectif « maudit ». Analysez la formation du mot et donnez son sens. Identifiez le champ lexical dans lequel il s'insère. Est-ce seulement pour des raisons morales que le poète condamne le travail des enfants ?

10 Relisez le paratexte. Expliquez en quoi cet extrait de « Melancholia » répond au titre du livre III des *Contemplations* ainsi qu'à l'intention énoncée dans « Fonction du poète ».

METTRE EN PERSPECTIVE

Voici deux articles de la loi du 22 mars 1841 relative au travail des enfants employés dans les manufactures, usines ou ateliers :

> Art. 2 : Les enfants devront, pour être admis, avoir au moins huit ans.
> Art. 3 : Tout travail, entre neuf heures du soir et cinq heures du matin, est considéré comme travail de nuit. Tout travail de nuit est interdit pour les enfants au-dessous de treize ans.

11 Les manuscrits de Victor Hugo révèlent que l'extrait étudié a été écrit en 1846, mais le poète a choisi d'indiquer, au moment où il compose son recueil : « Paris, juillet 1838 ». Quelle force supplémentaire ce changement de date donne-t-il au poème ?

12 Associez des vers du poème aux articles de loi. Quelle est l'opinion du poète sur la loi de 1841 ?

Vers le bac

Dans la *Préface de Cromwell,* Hugo écrit : « L'idée, trempée dans le vers, prend soudain quelque chose de plus incisif et de plus éclatant. C'est le fer qui devient acier. » Qu'apporte la forme poétique à un texte de dénonciation ? Répondez en un paragraphe qui prendra appui sur l'étude de « Melancholia ».

TEXTE 3

ÉMILE ZOLA, *Germinal* (1885)

ÉMILE ZOLA

(1840-1902)
biographie p. 591

CONTEXTE

**Zola a effectué un important travail documentaire pour écrire *Germinal*. Du 23 février au 2 mars 1884, il se rend dans le Nord alors que commence la grande grève des mineurs d'Anzin.
Il parcourt les corons, descend dans une mine, interroge ouvriers et ingénieurs. Il rencontre Émile Basly, meneur de la grève.
La grève d'Anzin, qui regroupa, entre février et avril 1884, plus de 10 000 grévistes, connut un retentissement national.
Le 21 mars 1884, à l'initiative de Pierre Waldeck-Rousseau, une loi légalisant les syndicats professionnels ouvriers et patronaux est votée.**

« Camarades » : quand un roman donne la parole à un ouvrier

Dans son roman *Germinal*, Émile Zola dépeint le monde de la mine, montrant les conséquences du capitalisme charbonnier sur les conditions de travail et de vie des mineurs. À travers l'itinéraire d'Étienne Lantier, ouvrier consciencieux qui se révolte contre l'exploitation des ouvriers, il retrace la naissance du syndicalisme. Dans l'extrait suivant, Étienne encourage ses compagnons à faire grève.

– Camarades ! camarades ! [...]

– Oui, oui, la forêt est à nous, on a bien le droit d'y causer... Parle !

Alors, Étienne se tint un instant immobile sur le tronc d'arbre. La lune, trop basse encore à l'horizon, n'éclairait toujours que les branches hautes ; et la foule restait noyée de ténèbres, peu à peu calmée, silencieuse. Lui, noir également, faisait au-dessus d'elle, en haut de la pente, une barre d'ombre.

Il leva un bras dans un geste lent, il commença ; mais sa voix ne grondait plus, il avait pris le ton froid d'un simple mandataire du peuple qui rend ses comptes. Enfin, il plaçait le discours que le commissaire de police lui avait coupé au *Bon-Joyeux* ; et il débutait par un historique rapide de la grève, en affectant l'éloquence scientifique : des faits, rien que des faits. D'abord, il dit sa répugnance contre la grève : les mineurs ne l'avaient pas voulue, c'était la Direction qui les avait provoqués, avec son nouveau tarif de boisage[1]. Puis, il rappela la première démarche des délégués chez le directeur, la mauvaise foi de la Régie, et plus tard, lors de la seconde démarche, sa concession tardive, les deux centimes qu'elle rendait, après avoir tâché de les voler. Maintenant, on en était là, il établissait par des chiffres le vide de la caisse de prévoyance, indiquait l'emploi des secours envoyés, excusait en quelques phrases l'Internationale[2], Pluchart[3] et les autres, de ne pouvoir faire davantage pour eux, au milieu des soucis de leur conquête du monde. Donc, la situation s'aggravait de jour en jour, la Compagnie renvoyait les livrets[4] et menaçait d'embaucher des ouvriers en Belgique ; en outre, elle intimidait les faibles, elle avait décidé un certain nombre de mineurs à redescendre. Il gardait sa voix monotone comme pour insister sur ces mauvaises nouvelles, il disait la faim victorieuse, l'espoir mort, la lutte arrivée aux fièvres dernières du courage. Et, brusquement, il conclut, sans hausser le ton.

– C'est dans ces circonstances, camarades, que vous devez prendre une décision ce soir. Voulez-vous la continuation de la grève ? et, en ce cas, que comptez-vous faire pour triompher de la Compagnie ?

Sebastião Salgado, travaux de Eurotunnel. Folkestone, Angleterre, 1990.
On place les rails sur lesquels un tunnelier traversera vers le côté français.

Un silence profond tomba du ciel étoilé. La foule, qu'on ne voyait pas, se taisait dans la nuit, sous cette parole qui lui étouffait le cœur ; et l'on n'entendait que son souffle désespéré, au travers des arbres.

Mais Étienne, déjà, continuait d'une voix changée. Ce n'était plus le secrétaire de l'association qui parlait, c'était le chef de bande, l'apôtre apportant la vérité. Est-ce qu'il se trouverait des lâches pour manquer à leur parole ? Quoi ! depuis un mois, on aurait souffert inutilement, on retournerait aux fosses, la tête basse, et l'éternelle misère recommencerait ! Ne valait-il pas mieux mourir tout de suite, en essayant de détruire cette tyrannie du capital qui affamait le travailleur ? Toujours se soumettre devant la faim, jusqu'au moment où la faim, de nouveau, jetait les plus calmes à la révolte, n'était-ce pas un jeu stupide qui ne pouvait durer davantage ? Et il montrait les mineurs exploités, supportant à eux seuls les désastres des crises, réduits à ne plus manger, dès que les nécessités de la concurrence abaissaient le prix de revient. Non ! le tarif de boisage n'était pas acceptable, il n'y avait là qu'une économie déguisée, on voulait voler à chaque homme une heure de son travail par jour. C'était trop cette fois, le temps venait où les misérables, poussés à bout, feraient justice.

Il resta les bras en l'air. La foule, à ce mot de justice, secouée d'un long frisson, éclata en applaudissements, qui roulaient avec un bruit de feuilles sèches. Des voix criaient :

– Justice !... Il est temps, justice !

Peu à peu, Étienne s'échauffait. [...] Il rencontrait des images d'une énergie familière, qui empoignaient son auditoire ; tandis que ses gestes d'ouvrier au chantier, ses coudes rentrés, puis détendus et lançant les poings en avant, sa mâchoire brusquement avancée, comme pour mordre, avaient eux aussi une action extraordinaire sur les camarades. Tous le disaient, il n'était pas grand, mais il se faisait écouter.

– Le salariat est une forme nouvelle de l'esclavage, reprit-il d'une voix plus vibrante. La mine doit être au mineur, comme la mer est au pêcheur, comme la terre est au paysan... Entendez-vous ! la mine vous appartient, à vous tous qui, depuis un siècle, l'avez payée de tant de sang et de misère !

[...] À ce moment, la lune, qui montait de l'horizon, glissant des hautes branches, l'éclaira. Lorsque la foule, encore dans l'ombre, l'aperçut ainsi, blanc de lumière, distribuant la fortune de ses mains ouvertes, elle applaudit de nouveau, d'un battement prolongé.

– Oui, oui, il a raison, bravo !

Émile Zola, *Germinal*, 1885.

---

1 **Tarif de boisage** : le boisage est nécessaire pour consolider la mine et assurer la sécurité, mais ce travail est bien moins payé que l'extraction de charbon. Les mineurs sont piégés : s'ils font du boisage, ils sont plus en sécurité mais ne gagnent plus assez pour vivre.
2 **L'Internationale** : association internationale socialiste fondée en 1864 à Londres dont l'objectif était de coordonner le mouvement ouvrier à l'échelle européenne pour lutter contre le capitalisme.
3 **Pluchart** : dans le roman, responsable départemental de l'Internationale.
4 **Livret** : livret sur lequel l'employeur indiquait la quantité de charbon extraite par un mineur, et qui décidait du montant de sa paie. Renvoyer le livret équivaut à renvoyer le mineur.

Sebastião Salgado, gisement de pétrole du Grand Burhan, après la guerre du Golfe, Koweit, 1991.
Les ouvriers luttent pour retirer les boulons des restes d'une ancienne tête de puits. Le travail avec des outils métalliques peut produire des étincelles qui menacent de s'enflammer à tout moment.

PREMIÈRE LECTURE

1 Décrivez la scène : précisez le lieu, le moment, situez l'orateur et les autres personnages présents.

LECTURE ANALYTIQUE

Le point de vue d'un mineur

2 Rassemblez les faits sur lesquels s'appuie Étienne (lignes 8 à 32) : quel est le motif de la grève ? À qui les grévistes s'opposent-ils ? Comment évolue la situation ? Quelles menaces pèsent sur les mineurs ? Aidez-vous des notes.

3 Lignes 38 à 51 : quelles valeurs Étienne mobilise-t-il ? Comment l'ennemi est-il maintenant désigné ?

4 Lignes 62 à 66 : repérez les idées formulées par Étienne. À quel courant d'idées les emprunte-t-il ?

5 Déterminez trois moments dans le discours d'Étienne : comment évolue-t-il ?

Naissance d'un orateur

6 **Grammaire** Repérez trois adjectifs épithètes qualifiant le ton ou la voix d'Étienne. Commentez-les.

7 Étudiez les gestes de Lantier et leur évolution. Comment accompagnent-ils ses paroles ?

8 Repérez les différentes réactions de l'auditoire : à partir de quel moment l'auditoire est-il captivé ? À quel type d'éloquence et d'argumentation est-il sensible ? Montrez qu'Étienne sait s'y adapter.

L'ART DU ROMANCIER

9 Par quel mot est désigné l'auditoire ? Comment celui-ci se manifeste-t-il ? Quel contraste forme-t-il avec Étienne ?

10 Relisez les lignes 9 à 12 et les lignes 36 à 38. Comment qualifieriez-vous le regard que pose le narrateur sur son personnage ?

11 Repérez les différents types de discours rapporté : direct, indirect, indirect libre, narrativisé. Commentez leur répartition dans le texte.

12 Étudiez les variations de luminosité dans la scène : quelle est leur portée symbolique ?

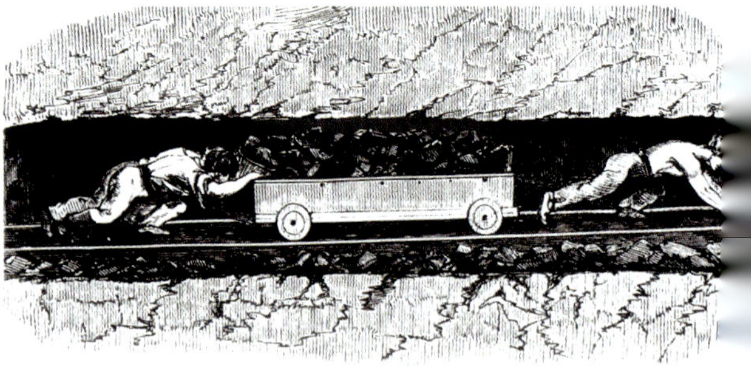

Deux enfants travaillant dans une mine du Lancashire, en Angleterre, 1842.

Vers le bac

Rédigez l'introduction et la conclusion du commentaire de ce texte.

PROLONGEMENT

Regardez l'adaptation de la scène dans le film *Germinal* de Claude Berri (1993) et comparez le texte écrit et l'adaptation. Quels sont les points communs et les différences ? Quelle version préférez-vous ? Pourquoi ?

TEXTE 4

SIMONE WEIL, *La Condition ouvrière* (1935)

SIMONE WEIL

(1909-1943)
biographie p. 590

CONTEXTE

Simone Weil concevait la philosophie comme quête de vérité. Pour elle pensée et expérience devaient se nourrir mutuellement : son parcours (professorat, usine, engagement aux côtés des républicains espagnols puis dans la France libre) illustre son exigence de justice. Camus a publié à titre posthume l'œuvre de Simone Weil dans la collection « Espoir » chez Gallimard, collection conçue en réponse au désenchantement moral de l'après-guerre, à la difficulté à établir des valeurs et trouver une signification au monde.

Vivre la condition ouvrière et en témoigner

Professeure agrégée de philosophie, Simone Weil choisit en décembre 1934 de travailler à l'usine, chez Alsthom puis chez Renault. S'intéressant à la pensée marxiste et anarchiste, mais fustigeant ceux qui parlaient de la condition des ouvriers sans l'avoir vécue, elle a voulu en faire elle-même l'expérience. Sa santé fragile ne lui permettra pas de poursuivre au-delà d'une année. Son « journal d'usine », accompagné de réflexions et de lettres, a paru sous le titre *La Condition ouvrière* en 1951. Le passage qui suit est extrait d'une lettre envoyée à un ami.

Cher Boris[1], je me contrains à vous écrire quelques lignes, parce que sans cela je n'aurais pas le courage de laisser une trace écrite des premières impressions de ma nouvelle expérience. [...]

Hier, j'ai fait le même boulot toute la journée (emboutissage à une presse). Jusqu'à 4 h j'ai travaillé au rythme de 400 pièces à l'heure (j'étais à l'heure, remarquez, avec salaire de 3 F), avec le sentiment que je travaillais dur. À 4 h, le contremaître[2] est venu me dire que si je n'en faisais pas 800 il me renverrait : « Si, à partir de maintenant vous en faites 800, je consentirai peut-être à vous garder. » Vous comprenez, on nous fait une grâce en nous permettant de nous crever, et il faut dire merci. J'ai tendu toutes mes forces, et suis arrivée à 600 à l'heure. [...] Il y a une chaîne (c'est la première fois que j'en vois une, et cela m'a fait mal) où on a, m'a dit une ouvrière, doublé le rythme depuis 4 ans ; et aujourd'hui encore le contremaître a remplacé une ouvrière de la chaîne à sa machine et a travaillé 10 minutes à toute allure (ce qui est bien facile quand on se repose après) pour lui prouver qu'elle devait aller encore plus vite. Hier soir, en sortant, j'étais dans un état que vous pouvez imaginer (heureusement les maux de tête[3] du moins me laissaient du répit) ; au vestiaire, j'ai été étonnée de voir que les ouvrières étaient encore capables de babiller, et ne semblaient pas avoir au cœur la rage concentrée qui m'avait envahie. [...]

[Une] ouvrière qui est à la chaîne, et avec qui je suis rentrée en tram, m'a dit qu'au bout de quelques années, ou même d'un an, on arrive à ne plus souffrir, bien qu'on continue à se sentir abrutie. C'est à ce qu'il me semble le dernier degré de l'avilissement[4]. Elle m'a expliqué comment elle et ses camarades étaient arrivées à se laisser réduire à cet esclavage (je le savais bien, d'ailleurs). Il y a 5 ou 6 ans, m'a-t-elle dit, on se faisait 70 F par jour, et « pour 70 F on aurait accepté n'importe quoi, on se serait crevé ». Maintenant encore certaines qui n'en ont pas absolument besoin sont heureuses d'avoir, à la chaîne, 4 F l'heure et des primes. Qui donc, dans le mouvement ouvrier ou

1 **Boris Souvarine (1895-1984)** : d'origine russe, mais immigré très jeune en France, Boris Lifschitz emprunte son pseudonyme, Souvarine, à un personnage de *Germinal* de Zola. Militant communiste dans un premier temps, il dénonce le stalinisme dès 1935 et est exclu du Parti.
2 **Contremaître** : salarié qui dirige et supervise le travail d'un groupe d'ouvriers.
3 **Maux de tête** : Simone Weil a souffert toute sa vie de violentes migraines.
4 **Avilissement** : dégradation morale.

Robert Doisneau, Ouvrière de Renault, constructeur automobile, en 1945 à Boulogne Billancourt.

soi-disant tel, a eu le courage de penser et de dire, pendant la période des hauts salaires, qu'on était en train d'avilir et de corrompre la classe ouvrière ? Il est certain que les ouvriers ont mérité leur sort : seulement la responsabilité est collective, et la souffrance est individuelle. Un être qui a le cœur bien placé doit pleurer des larmes de sang s'il se trouve pris dans cet engrenage.

Quant à moi, vous devez vous demander ce qui me permet de résister à la tentation de m'évader, puisque aucune nécessité ne me soumet à ces souffrances. Je vais vous l'expliquer : c'est que même aux moments où véritablement je n'en peux plus, je n'éprouve à peu près pas de pareille tentation. Car ces souffrances, je ne les ressens pas comme miennes, je les ressens en tant que souffrances des ouvriers, et que moi, personnellement, je les subisse ou non, cela m'apparaît comme un détail presque indifférent. Ainsi le désir de connaître et de comprendre n'a pas de peine à l'emporter. […]

Allons, assez pour aujourd'hui. Je regrette presque de vous avoir écrit. Vous êtes assez malheureux sans que j'aille encore vous entretenir de choses tristes.

Affectueusement,

SIMONE WEIL, « Lettre à Boris Souvarine », *La Condition ouvrière*, 1935.

PREMIÈRE LECTURE

1 Pourquoi Simone Weil avoue-t-elle à Boris Souvarine qu'elle se « contraint » à lui écrire au début de la lettre et qu'elle « regrette » presque de l'avoir fait à la fin ?

AU FIL DU TEXTE

2 Sur quels aspects du travail à la chaîne Simone Weil insiste-t-elle ? Quelle sorte de pression exerce le contremaître ?

3 Distinguez le récit de la journée des commentaires de l'épistolière. Qu'apporte chacun des commentaires au récit ? (2e paragraphe)

4 Quel effet le travail à la chaîne produit-il sur les ouvrières ? Qu'en pense Simone Weil ?

5 Quel « engrenage » a conduit à « l'esclavage » dénoncé par l'auteure ? Qui est responsable ? (3e paragraphe)

6 **Grammaire** Le niveau de langue est-il homogène ? Pourquoi ? Choisissez deux exemples de niveaux différents au service de l'expressivité du propos. (2e et 3e paragraphes)

7 Qu'est-ce qui permet à Simone Weil de supporter ces souffrances ? Pourquoi s'y expose-t-elle ? Quel sens a son engagement ?

METTRE EN PERSPECTIVE

8 Lisez la biographie de Simone Weil p. 590 et cet extrait de la quatrième de couverture de *La Condition ouvrière*, dans la collection Folio essais (Gallimard, 2002) :

> Elle ne se veut pas « en vadrouille dans la classe ouvrière », mais entend vivre la vocation qu'elle sent être sienne : s'exposer pour découvrir la vérité. Car la vérité n'est pas seulement le fruit d'une pensée pure, elle est vérité de quelque chose, expérimentale, « contact direct avec la réalité ».
>
> Ce sera donc l'engagement en usine, l'épreuve de la solidarité des opprimés – non pas à leurs côtés, mais parmi eux. […]
>
> Ce qui, toujours, a fait horreur à Simone Weil dans la guerre, qu'elle soit mondiale ou de classes, « c'est la situation de ceux qui se trouvent à l'arrière ».

Quels exemples de ces qualités humaines et intellectuelles donne la lettre écrite par Simone Weil ?

PROLONGEMENT

Quelle lettre de réponse aurait pu écrire le destinataire de cette lettre ? Inventez-la.

TEXTE ÉCHO

LESLIE KAPLAN, *L'Excès-L'Usine* (1982)

Oscar Dominguez, *L'Usine,* 1948, collection privée.

Trouver un nouveau langage pour dire l'usine

Née en 1943, Leslie Kaplan a suivi des études en sciences humaines et décidé de travailler deux ans à l'usine, comme établi. On nomme alors « établi » une personne étudiante ou intellectuelle, militante d'extrême gauche, qui choisit de travailler à l'usine comme ouvrier et de diffuser ses idées politiques.

La rue est ouverte sous le ciel de l'usine.
Rue douce et ouverte. Les pavés, tous les mêmes.

Les grilles de l'entrée sont très hautes, superbes.

Carcasse légère, désarticulée et pleine,
étant là, dans la cour, elle est là, l'usine.

Pièces, morceaux et vie, l'usine.
Et brique et tuile. Et entre et sort.
Et droite et gauche et brique et tuile et mou et gras et tourne et tourne et vie et vie et bois et clou et fer et fer et entre et sort et tourne et bruit.

Jamais un cri. L'usine.

Pièces, morceaux et vie, l'usine et fer et fer et vie et vie et brique et tuile et entre et sort et vie et vie et clou et clou.

On ne sait pas, on ne peut pas savoir.

Leslie Kaplan, *L'Excès-L'Usine*, Éd. P.O.L, 1982.

1 Quel contraste est souligné au début du texte ?

2 Observez le nombre de syllabes de la plupart des mots et décrivez certaines constructions de phrase remarquables : quels aspects du travail à l'usine ces choix mettent-ils en valeur ?

3 Commentez la dernière ligne du texte.

4 « Aucun discours ne peut dire l'usine. Il faut des mots suspendus et discordants, ouverts. L'usine, on ne peut pas en finir avec elle par les mots », lit-on sur la quatrième de couverture de *L'Excès-L'Usine*. Quel éclairage cette remarque apporte-t-elle sur l'écriture de Leslie Kaplan ? De quel genre littéraire relève ce texte, selon vous ?

5 Le texte de Simone Weil et celui de Leslie Kaplan évoquent la même réalité. Lequel, d'après vous, exprime le mieux la pénibilité du travail ? Lequel vous touche le plus ? Lequel vous intéresse le plus ?

Cinéma muet, cinéma parlant

1 DE 1895 À 1930 : L'ART DU CINÉMA MUET

Mae Marsh dans le film *Naissance d'une nation*, 1915.

De l'invention du cinéma en 1895 au premier chef-d'œuvre, *Naissance d'une nation* (1915) de D. W. Griffith, les films sont passés de 50 secondes à 190 minutes. Tandis que les tout premiers films montrent, comme dans un tableau, une action unique dans un seul lieu, en plan fixe, on a très vite su narrer plusieurs actions simultanées dans différents lieux, jouer de la chronologie (*flash-back* ou *flash-forward*), imaginer différentes techniques de cadrage, les travellings, les gros plans, les montages élaborés... Le cinéma muet a inventé « le langage cinématographique », c'est-à-dire l'art de raconter par la seule image.

Voici une liste de films muets s'échelonnant de 1895 à 1930 :

L'Arrivée d'un train en gare de La Ciotat • *Napoléon* • *Le Vol du grand rapide* • *Un chien andalou* • *Le Kid* • *Le Voyage dans la lune* • *Nosferatu le vampire* • *Le Mécano de la Générale* • *Metropolis* • *Le Cuirassé Potemkine* • *La Loupe de grand-maman* • *L'Homme à la caméra* • *Fantômas* • *Fantasmagorie*

Faites des recherches pour répondre aux questions suivantes.

a. Replacez ces films dans l'ordre chronologique, en indiquant leur origine nationale et leur réalisateur.

b. Rappelez, le cas échéant, les inventions qu'ils ont apportées ; reliez certains à une esthétique ; inscrivez-les dans un genre (documentaire, film expérimental, comédie, aventures...)

c. Que pouvez-vous en déduire concernant le cinéma muet ?

2 UNE QUERELLE ARTISTIQUE : CINÉMA MUET ET CINÉMA PARLANT

Avant d'être parlant, le cinéma était déjà « bruyant ». Outre les réactions du public, la projection d'un film s'accompagnait de commentaires et d'indications de dialogue donnés par un bonimenteur, de bruitages, souvent d'une partition musicale jouée dans les salles elles-mêmes. Dès que les films acquirent une certaine ampleur, on inséra entre les scènes des bouts de dialogues et de récit au moyen de petits cartels. L'invention du cinéma parlant dès 1927 suscita des réticences. Il ne s'imposa pas avant 1932.

a. Voici une liste d'arguments utilisés contre le cinéma parlant. Classez-les selon une logique que vous définirez.

- Le cinéma est l'art de raconter une action par l'image, le parlant lui fait perdre son identité.
- L'acteur de cinéma traduit ses émotions par ses expressions et sa gestuelle : c'est un art de la pantomime.
- Le cinéma muet est universel, il efface la barrière des langues.
- Le cinéma muet est poétique, le cinéma parlant explique tout, il ramène à la banalité du réel.
- Le spectateur écoute, et ne regarde plus assez.
- La voix ou l'accent de certains acteurs ou actrices peut déplaire.
- Le dialogue transforme le cinéma en théâtre, il devient statique et bavard.

b. Deux films retracent le passage du cinéma muet au cinéma parlant : retrouvez-les. Indice : ils datent de 1952 et 2011.

3 À NOUS LA LIBERTÉ

Le film sonore a pu apparaître comme une solution à la querelle entre muet et parlant. On accentue le rôle de la musique qui, comme l'image, communique de façon universelle et émotionnelle. Créée spécifiquement pour un film, choisie par le réalisateur, la musique épouse l'image et soutient le récit. On utilise aussi le bruitage et la parole de façon artistique. Par exemple, on exploite les possibilités narratives des bruits : le son enrichit l'image d'un hors-champ, manifeste la présence de ce qui ne se voit pas. La parole est rare, ne redouble pas ce que dit déjà l'image.

À nous la liberté est un film français, réalisé en 1931 par le cinéaste René Clair ; *Les Temps modernes* est un film américain réalisé en 1935 par Charlie Chaplin. Plusieurs liens de parenté unissent ces films : ils se situent au croisement du cinéma muet et du cinéma parlant ; ils dénoncent la civilisation industrielle et machinique ; ils ont suscité enthousiasme mais aussi critiques, tant sur le plan esthétique qu'idéologique.

Visionnez les 6 premières minutes de *À nous la liberté* (disponible sur YouTube)

1. Lisez le générique. Qui a composé la musique ?
2. Étudiez le rôle de la musique instrumentale : comment la musique fait-elle le lien entre le générique et les premières images ? Comment s'accorde-t-elle aux actions des personnages ?
3. Repérez les trois chansons et leurs paroles. Commentez ces choix par rapport à ce que raconte l'image.
4. Quel est le seul bruit que l'on entend ? À quel moment ?
5. Quelles sont les premières paroles prononcées ? Qui les prononce ? Commentez ces choix, faites apparaître leur valeur symbolique et leur humour.
6. Comment passe la communication entre les deux prisonniers amis ?

4 LES TEMPS MODERNES

Visionnez les 6 premières minutes des *Temps modernes*.

1. Lisez le générique. Qui a composé la musique ?
2. Dans l'ensemble de l'extrait, étudiez le rôle de la musique, ses changements de mélodie, de rythme, les variations d'orchestration, en lien avec ce que raconte l'image.
3. Caractérisez les différents bruitages entendus, commentez-les.
4. Qui est le seul personnage dont on entend les paroles ? Que dit-il ? Commentez la valeur symbolique de ce choix du réalisateur.
5. On n'entend rien des paroles échangées par Charlot et le chef d'équipe. En a-t-on besoin ?

À la sortie des *Temps modernes*, les producteurs du film de René Clair ont accusé Chaplin de plagiat. René Clair, en revanche, s'est dit honoré que Chaplin se soit inspiré de certaines scènes de son film, d'autant que lui-même avait été influencé par le réalisateur et le personnage qu'il avait créé, Charlot. De fait, si l'on perçoit bien certaines ressemblances, l'originalité de chaque film est irrécusable.

5 LA REPRÉSENTATION DU TRAVAIL INDUSTRIEL

a. *À nous la liberté* et *Les Temps modernes* mettent en scène et en question l'organisation du travail industriel. La dénonciation de l'aliénation de l'ouvrier passe par le comique.

Donnez la définition exacte du fordisme, ou du taylorisme. Étudiez ensuite le photogramme 1 des *Temps modernes* : expliquez pourquoi il pourrait valoriser cette organisation du travail.

b. Visionnez le film de René Clair de la 28e à la 32e minute environ. Comment la chaîne de travail se désorganise-t-elle ? Quelle est la faille dans ce type d'organisation du travail ?

1

2

c. Comparez l'extrait visionné avec la séquence des *Temps modernes* (2'50 à 4'20) : quelles sont les causes de la désorganisation ?

d. Quelles formes de comique sont utilisées dans ces séquences ? Quelle séquence vous semble la plus efficace ? Pourquoi ?

e. Analysez les photogrammes 2 et 3 des *Temps modernes* : quelles critiques condensent-ils ?

3

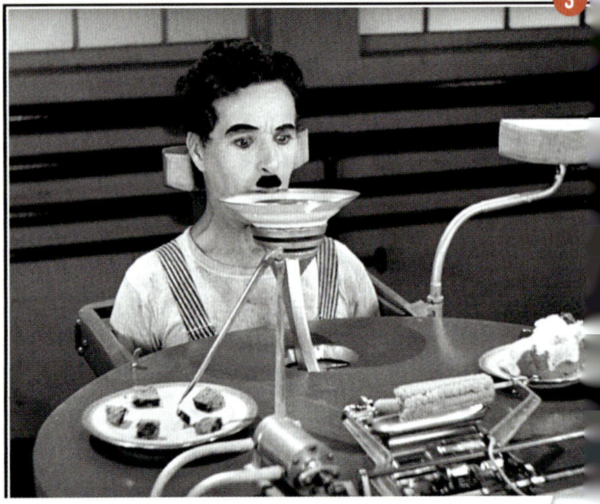

6 LA RÉCEPTION DE CES FILMS

Les deux films ont remporté un énorme succès et tous deux sont considérés aujourd'hui encore comme des chefs-d'œuvre. Mais certains ont pu les critiquer à l'époque de leur sortie, au nom d'idées communistes. *À nous la liberté* a été perçu comme une utopie anarchiste détournant les ouvriers de lutter concrètement pour leurs droits. Le film de Chaplin a été perçu comme s'inspirant d'une philosophie individualiste conforme à l'idéal américain. Les deux films sont considérés comme humanistes.

a. Cherchez la définition des mots soulignés dans le paragraphe ci-contre.

b. Les images d'*À nous la liberté*, confirment-elles les jugements portés sur ces deux films ?

À nous la liberté

1. Observez ces images : l'une est extraite d'une scène de prison, l'autre d'une scène d'usine. Quelles ressemblances sont soulignées ?

2. La troisième est l'image finale : les deux héros vagabondent heureux. Quelle est la thèse soutenue par le film ?

Les Temps modernes

Après le générique des *Temps modernes*, Chaplin a inséré un cartel en guise de « préface » au film :
« *A story of industry, of individual enterprise – humanity crusading in the pursuit of happiness* » (« Un récit sur l'industrie, l'initiative individuelle et la croisade de l'humanité à la recherche du bonheur »).

3. Comparez le cartel et l'image finale avec la Déclaration d'Indépendance des États-Unis du 4 juillet 1776, rédigée par Thomas Jefferson : « Tous les hommes sont créés égaux ; ils sont doués par leur Créateur de certains droits inaliénables ; parmi ces droits se trouvent la vie, la liberté et la recherche du bonheur. »

4. Expliquez pourquoi cela fait des *Temps Modernes* un film avant tout humaniste.

Voici l'image qui clôt les *Temps modernes* :

Parcours culturel et artistique

CONDITION ET TRAVAIL OUVRIERS EN CHANSONS

La chanson est une pièce de vers qui se chante sur un air : l'alliance indissoluble de la musique et du texte constitue la seule définition possible du genre. Un tel lien distingue la chanson de la poésie. La poésie s'écrit et elle est reçue – qu'on la lise, qu'on la récite ou qu'on l'écoute – indépendamment de la musique. D'autre part, la chanson ne peut se définir ni par une forme ni par un sujet ou une tonalité. La plupart des chansons respectent une structure alternant couplet et refrain, mais leur forme reste variable aussi bien que leur longueur. Chanson religieuse, nationale, patriotique, guerrière, chanson satirique, politique ou sociale, chanson d'amour et de peines, chanson légère et chanson à boire, elle est tour à tour solennelle, mordante, comique ou touchante.

LA CHANSON COMME AIR DU TEMPS

Les chansons ont toujours rythmé la vie populaire, à la campagne ou à la ville. Elles ont scandé **aussi bien les gestes de la vie quotidienne que les grands moments collectifs,** réguliers ou exceptionnels : travaux des champs, fêtes, revendications ouvrières, révoltes paysannes ou citadines, grèves, soulèvement national – que l'on songe à *La Carmagnole*, l'hymne des sans-culottes au moment de la chute de la monarchie en 1792, qui, créée dans le Piémont, se répand d'abord dans le sud de la France avant d'atteindre Paris.

C'est ainsi que la chanson accompagne l'histoire. Chambre d'écho, elle en narre les soubresauts, elle témoigne de l'état d'esprit d'une époque et exprime la couleur du temps. **Média du peuple,** elle donne forme à ses sentiments, elle s'en fait la voix, elle porte sa parole sur la place publique. Tradition orale, elle nourrit la mémoire collective et tisse un lien entre les générations.

ALAIN RESNAIS, *On connaît la chanson*, affiche de Jean-Claude Floc'h, 1997.

1. Comment le titre de ce film montre-t-il le caractère populaire de la chanson ?
2. Quel double sens a-t-il par ailleurs ?

ACTIVITÉ

Retrouvez pour chacun des événements ci-dessous une chanson célèbre qui lui est associée, en tant que symbole ou hymne :

- **la Révolution française (autre que *La Carmagnole*)**
- **la Commune de Paris**
- **la résistance française à l'occupation allemande**
- **la lutte des résistants italiens contre le fascisme**

L'ÉMERGENCE D'UNE CONSCIENCE ET D'UNE IDENTITÉ OUVRIÈRES

La Révolution de 1789 a fait émerger une nouvelle chanson populaire, qu'on nomme « chanson sociale » : moins traditionnelle et plus écrite, elle exprime les revendications du peuple puis des ouvriers et transmet la mémoire de leurs luttes. Pierre Dupont (1821-1870), ex-apprenti canut, est l'un des premiers chansonniers de la classe ouvrière. Républicain convaincu, il compose *Le Chant des ouvriers* en 1846, qui témoigne de **l'éveil de la conscience de la classe ouvrière** peu de temps avant la révolution de 1848. Victor Hugo a remarqué le chansonnier pour son talent, et Baudelaire lui rend hommage dans une préface à un recueil de ses chansons, en 1851 :

« Raconter les joies, les douleurs et les dangers de chaque métier, et éclairer tous ces aspects particuliers et tous ces horizons divers de la souffrance et du travail humain par une philosophie consolatrice, tel était le devoir qui lui incombait, et qu'il accomplit patiemment. »

La Révolte des canuts à Lyon, novembre 1831.

Le Chant des ouvriers de Pierre Dupont (1846)

Nous dont la lampe le matin,
Au clairon du coq se rallume,
Nous tous qu'un salaire incertain
Ramène avant l'aube à l'enclume
Nous qui des bras, des pieds, des mains,
De tout le corps luttons sans cesse,
Sans abriter nos lendemains
Contre le froid de la vieillesse.

(Refrain) Aimons-nous et quand nous pouvons
Nous unir pour boire à la ronde,
Que le canon se taise ou gronde,
Buvons, buvons, buvons !
À l'indépendance du monde !

[...] Quels fruits tirons-nous des labeurs
Qui courbent nos maigres échines ?
Où vont les flots de nos sueurs ?
Nous ne sommes que des machines.
Nos Babels montent jusqu'au ciel,
La terre nous doit ses merveilles
Dès qu'elles ont fini le miel,
Le maître chasse les abeilles. [...]

Mal vêtus, logés dans des trous,
Sous les combles, dans les décombres
Nous vivons avec les hiboux
Et les larrons amis des ombres ;
Cependant notre sang vermeil
Coule impétueux dans nos veines
Nous nous plairions au grand soleil
Et sous les rameaux verts des chênes.

À chaque fois que par torrents
Notre sang coule sur le monde,
C'est toujours pour quelques tyrans
Que cette rosée est féconde ;
Ménageons-le dorénavant
L'amour est plus fort que la guerre ;
En attendant qu'un meilleur vent
Souffle du ciel ou de la terre.

3 Commentez l'emploi du pronom « nous » : que révèle-t-il ?

4 Comment le chansonnier met-il en lumière la disproportion entre la valeur réelle du travail des ouvriers et ce qu'ils en retirent ?

5 Quelles valeurs et quels espoirs cette chanson porte-t-elle ?

DES CHANTS DE LUTTE

Dans la seconde moitié du XIXe siècle, **la chanson sociale devient de plus en plus contestataire, et même révolutionnaire.** Elle précède, accompagne et prolonge l'épisode de la Commune. Les chansonniers-poètes comme Eugène Pottier, Jean-Baptiste Clément ou Louise Michel sont aussi des militants et des combattants. **Le plus connu des chants révolutionnaires est *L'Internationale*,** composé par le célèbre chansonnier Eugène Pottier en 1871, au moment de la répression de la Commune et à la gloire de l'Association internationale ouvrière. D'abord chanté sur l'air de *La Marseillaise*, il fut mis en musique par Pierre Degeyter en 1888.

L'Internationale d'Eugène Pottier (1871)

(Couplet I) Debout ! les damnés de la terre !
Debout ! les forçats de la faim !
La raison tonne en son cratère,
C'est l'éruption de la fin.
Du passé faisons table rase,
Foule esclave, debout ! debout !
Le monde va changer de base :
Nous ne sommes rien, soyons tout !

(IV) Hideux dans leur apothéose,
Les rois de la mine et du rail,
Ont-ils jamais fait autre chose,
Que dévaliser le travail ?
Dans les coffres-forts de la bande,
Ce qu'il a créé s'est fondu.
En décrétant qu'on le lui rende,
Le peuple ne veut que son dû.

(VI) Ouvriers, Paysans, nous sommes
Le grand parti des travailleurs ;
La terre n'appartient qu'aux hommes,
L'oisif ira loger ailleurs.
Combien de nos chairs se repaissent !
Mais si les corbeaux, les vautours,
Un de ces matins disparaissent,
Le soleil brillera toujours !

Qu'enfin le passé s'engloutisse !
Qu'un genre humain transfiguré
Sous le ciel clair de la Justice
Mûrisse avec l'épi doré !
Ne crains plus les nids de chenilles
Qui gâtaient l'arbre et ses produits
Travail, étends sur nos familles
Tes rameaux tout rouges de fruits !

6 Dans ces couplets, repérez les apostrophes et les injonctions. À qui s'adresse le chant ? Quelles catégories de personnes cherche-t-il à fédérer ?

7 Identifiez la métaphore présente dans le premier couplet. Quelle dimension donne-t-elle à la révolte ?

8 Dans les quatrième et sixième couplets, comment sont nommés et qualifiés les oppresseurs ? Quelles images les caractérisent ?

9 À quelles actions ce chant incite-t-il ? Au nom de quelles convictions ?

10 Comparez ce couplet issu d'une première version de *L'Internationale* (1871) et les dernières lignes de *Germinal* de Zola (1885). Pourquoi peut-on parler de parenté entre les deux écritures ?

11 Comparez ce chant de Pottier au discours d'Étienne Lantier dans *Germinal* (p. 370) ou à l'intégralité de son discours dans le chapitre VII de la quatrième partie du roman. Relevez les points communs.

De toutes parts, des graines se gonflaient, s'allongeaient, gerçaient la plaine, travaillées d'un besoin de chaleur et de lumière. Un débordement de sève coulait avec des voix chuchotantes, le bruit des germes s'épandait en un grand baiser. Encore, encore, de plus en plus distinctement, comme s'ils se fussent rapprochés du sol, les camarades tapaient. Aux rayons enflammés de l'astre, par cette matinée de jeunesse, c'était de cette rumeur que la campagne était grosse. Des hommes poussaient, une armée noire, vengeresse, qui germait lentement dans les sillons, grandissant pour les récoltes du siècle futur, et dont la germination allait faire bientôt éclater la terre.

Émile Zola, *Germinal* (1885), dernières lignes du roman.

Pour chanter Veni Creator
Il faut une chasuble d'or.
Pour chanter Veni Creator
Il faut une chasuble d'or.
Nous en tissons pour vous grands de l'Église,
Et nous pauvres canuts n'avons pas de chemise.
C'est nous les canuts, Nous allons tout nus.

Pour gouverner il faut avoir
Boutons et rubans en sautoir.
Pour gouverner il faut avoir
Boutons et rubans en sautoir.
Nous en tissons pour vous grands de la terre,
Et nous pauvres canuts tout nus on nous enterre.
C'est nous les canuts, Nous allons tout nus.

Mais notre règne arrivera
Quand votre règne finira.
Mais notre règne arrivera
Quand votre règne finira.
Nous tisserons le linceul du vieux monde,
Et l'on entend déjà la révolte qui gronde.

C'est nous les canuts, Nous n'irons plus nus.
Nous n'irons plus nus.

Aristide Bruant (1851-1925) est le plus célèbre des chansonniers montmartrois. Ses chansons sont encore chantées par les artistes de rue et de cabaret. *Le Chant des Canuts* se réfère aux révoltes des ouvriers tisserands lyonnais de 1831 et 1834. Composée bien plus tard (en 1894), cette chanson perpétue leur mémoire.

12 Comparez cette chanson avec celle de Pierre Dupont et celle d'Eugène Pottier : en quoi son style est-il fort différent ? La jugez-vous plus ou moins efficace ?

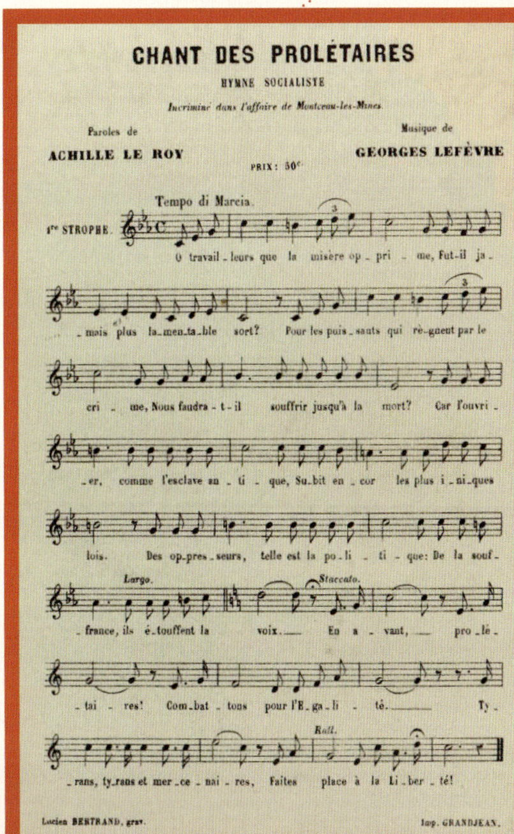

ACHILLE LE ROY, *Chant des prolétaires*, composition de Georges Lefèvre, 1883-1890. médiathèque musicale de Paris.

RECHERCHE

Écoutez la chanson *Les Ouvriers* de Sanseverino et lisez les paroles. Relevez sa date. Pourquoi peut-on dire que cette chanson se situe dans la tradition de la chanson sociale du XIXe siècle ? Montrez qu'elle perpétue la mémoire des luttes, qu'elle cherche à souder un groupe et qu'elle fixe des objectifs.

SOCIALISME ET FÉMINISME

Les rapports entre féminisme naissant et mouvements socialistes n'ont guère été simples. Beaucoup de penseurs du mouvement ouvrier estimaient que le travail risquait de « corrompre » la femme et la détournait de son rôle essentiel, mère de famille : idées qui contrariaient la volonté d'émancipation des féministes. Ils jugeaient aussi que le travail ouvrier féminin, effectivement moins bien payé, faisait concurrence à celui des hommes. **Néanmoins, beaucoup de féministes furent aussi socialistes** (Flora Tristan) **ou anarchistes** (Louise Michel), et les un(e)s et les autres s'accordent au moins sur un point : **la condition ouvrière est encore plus cruelle pour les femmes que pour les hommes.**

Parmi les chansonniers montmartrois, Jules Jouy (1855-1897) fut, avec le célèbre Aristide Bruant, l'un des plus talentueux. La chanson *Fille d'ouvriers* (1887) décrit le parcours d'une ouvrière, de la naissance à la mort. Elle dénonce avec une violence crue la condition ouvrière féminine.

Fille d'ouvriers de Jules Jouy (1887)

Pâle ou vermeille, brune ou blonde,
Bébé mignon,
Dans les larmes ça vient au monde,
Chair à guignon.
Ébouriffé, suçant son pouce,
Jamais lavé,
Comme un vrai champignon ça pousse
Chair à pavé

À quinze ans, ça rentre à l'usine,
Sans éventail,
Du matin au soir ça turbine,
Chair à travail.
Fleur des fortifs, ça s'étiole,
Quand c'est girond,
Dans un guet-apens, ça se viole,
Chair à patron.

Jusque dans la moelle pourrie,
Rien sous la dent,
Alors, ça rentre « en brasserie »,
Chair à client.
Ça tombe encore : de chute en chute,
Honteuse, un soir,
Pour deux francs, ça fait la culbute,
Chair à trottoir.

Ça vieilli, et plus bas ça glisse...
Un beau matin,
Ça va s'inscrire à la police,
Chair à roussin ;
Ou bien, « sans carte », ça travaille
Dans sa maison ;
Alors, ça se fout sur la paille,
Chair à prison.

D'un mal lent souffrant le supplice,
Vieux et tremblant,
Ça va geindre dans un hospice,
Chair à savant.
Enfin, ayant vidé la coupe.
Bu tout le fiel,
Quand c'est crevé, ça se découpe.
Chair à scalpel. [...]

13 Quel refrain scande les étapes de la vie de l'ouvrière ? Commentez l'intérêt d'avoir utilisé une phrase nominale pour ce refrain.

14 Par quels procédés d'écriture le chansonnier donne-t-il à ce parcours une dimension générale ?

15 La déchéance de l'ouvrière est un thème romanesque du roman social. Renseignez-vous sur le parcours de Fantine dans *Les Misérables* de Victor Hugo et sur celui de Gervaise dans *L'Assommoir* d'Émile Zola. Comparez-les avec celui de l'ouvrière de la chanson.

RECHERCHE

Cherchez le texte de la *Chanson des sardinières* de Jacques Prévert. Cette chanson, écrite en 1935, garde sans doute mémoire de grèves à Douarnenez et Concarneau initiées en 1905 et 1924 par des ouvrières de conserveries de poisson pour protester contre la pénibilité de leur travail et demander une augmentation de salaire. Cependant Jacques Prévert n'évoque point leur lutte : que montre sa chanson ? Commentez l'emploi de « vous » et du pluriel.

Ouvrières dans un atelier de mécanique, vers 1930.

Jean-Baptiste Clément (1836-1903) est un autre chansonnier montmartrois très célèbre en son temps. Militant socialiste très actif, communard irréductible, il est l'auteur de chansons emblématiques de la Commune : ***Le Temps des cerises,*** *La Semaine sanglante*.

La chanson *La Machine*, sans doute composée en 1874 alors que Clément se trouve en exil à Londres, **est dédiée aux « filles du peuple ».** Dans un écrit publié en 1885, l'auteur s'en explique ainsi : « Je dédie ces six couplets aux filles du peuple entassées pêle-mêle dans ces grands bagnes industriels où elles travaillent du matin au soir pour un salaire qui ne leur assure même pas le pain quotidien. Des milliers de pauvres filles succombent tous les ans à cette vie de galères. D'autres viennent prendre leur place sans s'inquiéter du sort qui leur est réservé. »

16 Qui parle ? Quel effet produit l'emploi de la première personne ? Pourquoi pourrait-on parler d'une « complainte » ?

17 La chanson évoque une journée complète. Repérez les marques de l'écoulement du temps.

18 Comment l'auteur, à l'intérieur de cette journée, donne-t-il un aperçu du passé et de l'avenir ? Comment suggère-t-il aussi la répétition ? Montrez que toute la vie de l'ouvrière est contenue dans cette seule journée.

19 Justifiez le titre de la chanson.

20 Comparez cette chanson à celle de Jules Jouy. Laquelle vous touche ou vous intéresse le plus ? Pourquoi ?

La Machine de Jean-Baptiste Clément (1874)
Aux filles du peuple

Je viens de m'éveiller
Et je suis déjà fatiguée.
Ce matin, la nature est gaie.
Mais il faut aller travailler,
Et douze heures, sans sourciller,
Le dos courbé sur la machine...
Oh ! que j'ai mal dans la poitrine !

Me voici dans mon coin,
Je manque d'air, j'y vois à peine.
Dire qu'il fait beau dans la plaine !
Ici, le soleil n'entre point.
J'en aurais pourtant bien besoin
Pour m'égayer à la machine...
Oh ! que j'ai mal dans la poitrine !

On sonne le dîner.
Je n'ai pas faim, je suis trop lasse.
Voilà deux ans que rien ne passe.
Et, j'aurai beau me tisanner,
Ça ne fera que couviner
À chaque tour de la machine...
Oh ! que j'ai mal dans la poitrine !

C'est beau d'avoir vingt ans
Quand on est bien folle et bien fraîche !
Moi, dans ce coin, je me dessèche.
J'avais des couleurs dans le temps.
Elles ont pris la clef des champs,
Elles n'aimaient pas la machine...
Oh ! que j'ai mal dans la poitrine !

Ah ! je n'y vois plus clair.
Mais la besogne est terminée.
Comme c'est long une journée !
Comme le pain qu'on gagne est cher !
Vite, courons prendre un peu d'air,
Bien loin, bien loin de la machine...
Oh ! que j'ai mal dans la poitrine !

Que doit-il advenir
De cette toux qui m'a meurtrie ?
Ah ! j'aimais pourtant bien la vie !
Minuit, je ne peux pas dormir.
Ou, si je dors, c'est pour gémir
Ou pour rêver de la machine....
Oh ! que j'ai mal dans la poitrine !

LES CHANSONS DU FRONT POPULAIRE : DES LENDEMAINS QUI CHANTENT

Une coalition des partis de gauche gouverna la France de 1936 à 1938. Son élection en 1936 a soulevé un grand espoir de changements sociaux. Un grand mouvement de grève, gagnant peu à peu tous les secteurs de l'économie et s'étendant à toute la France, fit craindre à une véritable révolution bolchévique. Cette inquiétude engagea en particulier le patronat à la négociation avec les syndicats sous l'égide du gouvernement : on aboutit alors aux fameux accords de Matignon de juin 1936, porteurs d'**avancées sociales qui ont profondément marqué la société française.** Ils établissent le droit syndical et les conventions collectives, une hausse des salaires, bientôt suivis des **premiers congés payés** (15 jours par an) et de la semaine de 40 heures (au lieu de 48), de la retraite des mineurs, et des allocations-chômage.

Le climat festif de 1936 se retrouve dans de nombreuses chansons de l'époque. Citons par exemple deux chansons qui prennent l'allure de petits sketches : ***La grève de l'orchestre*, de Ray Ventura et ses Collégiens** et ***Fermé jusqu'à lundi*, de Mireille et Jean Sablon**. L'une et l'autre, avec une impertinence enlevée et joyeuse, mettent en scène l'émancipation d'anciens subordonnés vis-à-vis d'un « patron » ou d'un « chef ».

21 Ces chansons sont disponibles en complément numérique. Écoutez-les. Quels éléments du contexte historique se retrouvent dans ces chansons ?

22 Dans le cas de la chanson de Mireille, quel changement s'observe également dans le statut de la jeune travailleuse ?

23 Ces chansons se réfèrent-elles au monde ouvrier ?

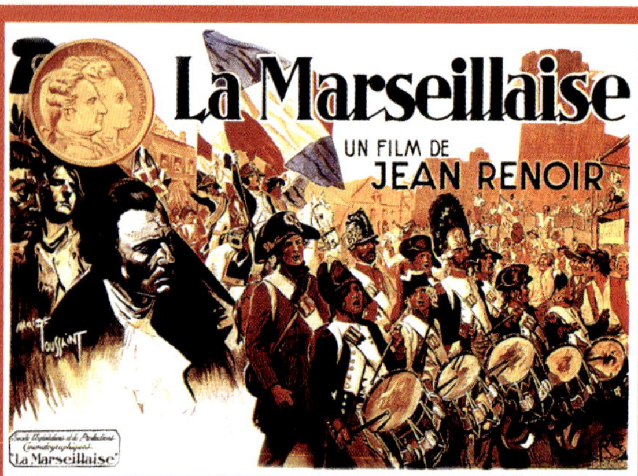

JEAN RENOIR, *La Marseillaise,* affiche du film, 1938.

À votre avis, que révèle le choix d'un tel sujet sur le regard avec lequel le réalisateur considère sa propre époque ?

MARCEL CARNÉ, *Le jour se lève,* affiche du film, 1939.

Trouvez et lisez le résumé du film. À quelle catégorie sociale appartiennent les héros ? L'histoire répond-elle à l'attente créée par le titre ? Reflète-t-elle le climat social du Front populaire ?

JEAN RENOIR, *La vie est à nous,* affiche du film, 1936.

Consultez le résumé du film et renseignez-vous sur la bande-son. Montrez le lien étroit entre ce film (son sujet, sa musique, la façon dont il a été tourné...) et l'époque de sa réalisation.

LA CHANSON ENGAGÉE

On a tendance aujourd'hui à qualifier d'« engagée » toute chanson dans laquelle l'auteur porte un avis sur le monde actuel, en particulier dans un sens contestataire. Il faudrait cependant introduire des nuances : une chanson militante, qui essaie de fédérer son public autour d'un objectif de transformation sociale, ne mobilise pas les mêmes affects qu'une chanson qui exprimera simplement une révolte, ou une chanson qui invite l'auditeur à ressentir les sentiments du personnage évoqué. Certains estiment d'ailleurs qu'il faudrait réserver le qualificatif « engagé » aux chansons de la première sorte. La troisième sorte de chanson reçoit plus communément l'appellation de « chanson réaliste ».

L'album *Arrêt sur image*, sorti en 2001, marque un retour de son auteur, **Bernard Lavilliers** (né en 1946) à une inspiration plus sociale et à un public plus populaire. La discographie du chanteur, très évolutive, reflète en effet ses **multiples centres d'intérêt, aussi bien collectifs, politiques et sociaux** (il se situe nettement à gauche du spectre politique), que personnels (la poésie, les voyages, les rythmes et la musique afro-cubains...). Bernard Lavilliers s'est engagé dès 1968 auprès des ouvriers, et tout particulièrement auprès des sidérurgistes lorrains, qu'il n'a cessé de soutenir. La chanson « Les mains d'or » leur rend hommage.

24 La chanson date de 2001. Dans quelle situation se trouve la sidérurgie lorraine à ce moment-là ? Quelle réalité économique et sociale évoque-t-elle ?

25 Repérez dans l'extrait les éléments qui se réfèrent aux usines sidérurgiques. Quelles images viennent les transformer ? Sur quoi insistent-elles ?

26 Commentez l'emploi de la première personne dans le refrain. Quelle image ce refrain donne-t-il du travail d'ouvrier sidérurgiste ?

27 Cherchez et écoutez l'intégralité de la chanson. La qualifieriez-vous d'« engagée » ?

Les mains d'or de Bernard Lavilliers (2011)

Un grand soleil noir tourne sur la vallée
Cheminées muettes – portails verrouillés
Wagons immobiles – tours abandonnées
Plus de flamme orange dans le ciel mouillé
On dirait – la nuit – de vieux châteaux forts
Bouffés par les ronces – le gel et la mort
Un grand vent glacial fait grincer les dents
Monstre de métal qui va dérivant

(Refrain)
J'voudrais travailler encore – travailler encore
Forger l'acier rouge avec mes mains d'or
Travailler encore – travailler encore
Acier rouge et mains d'or

Auteur : Bernard Lavilliers ; Compositeur : Pascal Aroyo ; éd. Big Brother Company.

BERNARD LAVILLIERS en concert lors des Solidays, le 26 juin 2011.

SYNTHÈSE

28 Comparez les chansons. Comment traduisent-elles l'évolution de la condition ouvrière et de l'état d'esprit des ouvriers ?

29 Quelles images renvoient-elles du travail ouvrier ?

CHAPITRE 4
Littérature et mémoire

Comment écrire pour transmettre la mémoire ?

Du XXe siècle et du XXIe siècle naissant, nul ne peut plus ignorer les événements qui, proches ou lointains, les ont traversés ou les traversent. Les travaux d'historiens, les médias ont un rôle manifeste dans la diffusion de ces connaissances ; mais celui de la littérature doit être défini également. Que nous apprend-elle que ne puissent transmettre ni l'histoire ni le journalisme ?

« Lors des arrestations des années trente, on avait pris des gens au hasard... Ils n'étaient ni des ennemis du pouvoir ni des criminels d'État et, lorsqu'ils mouraient, ils ne savaient pas pourquoi il fallait mourir. » **Varlam Chalamov**, *Récits de la Kolyma*, 1954-1973.

Des tragédies collectives

Au XXe siècle, sous l'effet conjugué d'armes à la puissance exceptionnelle, de systèmes politiques totalitaires et d'idéologies mortifères, les combattants comme les populations civiles ont enduré des violences d'une ampleur inédite.

Outre les deux guerres mondiales, le **système concentrationnaire** et les **génocides** marquent l'histoire du XXe siècle. Dans les régimes totalitaires nazi ou soviétique, on enfermait en camps de concentration (le « Goulag » pour les Soviétiques) – où la mortalité par mauvais traitements, épuisement au travail et famine organisée fut considérable – des personnes considérées comme gênantes, sur simple décision policière ou militaire.

Colin Moss, *Clair de lune sur le troisième Reich*, 1974.

De nouvelles catégories de crimes

C'est seulement en territoire dominé par les nazis qu'existèrent des **camps d'extermination**, dont l'unique but était de tuer industriellement les populations juives, tziganes, slaves qu'on y avait conduites.

En 1945, le tribunal militaire de Nuremberg forge l'incrimination de *crime contre l'humanité* afin de juger les responsables d'atrocités qui excèdent les crimes de guerre. Le crime de ***génocide*** n'a été juridiquement défini qu'en 1948. Le génocide se distingue du massacre de masse (présent partout et à toute époque) non par l'ampleur mais par la preuve de la planification des tueries perpétrées pour des raisons ethniques, religieuses, sociales...

Les génocides reconnus comme tels sont : celui des Arméniens, celui des Juifs et des Tziganes, celui de Bosniaques à Srebrenica, celui des Tutsis au Rwanda.

Ángel Hernández García, dit **Hernán**
Les femmes et les enfants aussi, XXe siècle.

Récits de témoins et récits d'historiens

Dans le sillage des guerres totales, totalitarismes et génocides, sont apparus des ouvrages d'un genre nouveau : les **témoignages**. Les survivants, résistants, déportés du nazisme, ou ex-forçats du goulag soviétique, ont écrit pour **raconter** les sévices endurés et **attester** de destructions que leurs responsables voulaient cacher au monde.

Il leur incombait aussi un devoir moral : perpétuer la mémoire de ceux qu'on avait voulu effacer à jamais. Enfin, leur intention était **pédagogique : avertir** de la fragilité des liens sociaux, **susciter la réflexion** sur les mécanismes conduisant à l'extermination, éviter que l'histoire ne se répète, qu'elle ne soit, ainsi que le dit Charlotte Delbo, *Une connaissance inutile* (voir p. 394).

Les récits de témoignage cherchent à communiquer une expérience humaine, à en faire comprendre et ressentir le sens intellectuel et émotionnel. C'est une « investigation littéraire », selon l'expression d'**Alexandre Soljenitsyne** dans *L'Archipel du Goulag* (1973), ce monument au déporté inconnu dans lequel l'auteur, outre son propre témoignage, rapporte celui de 227 autres prisonniers :

« Aux pékins étonnés et aux héritiers indifférents nous commençons à entrouvrir le monde de là-bas, un monde qui ne recèle à peu près rien d'humain, et c'est armé des lumières de la conscience humaine que nous devons l'évaluer. »

☛ **Ces récits authentiques servent d'appui** pour les recherches historiques, aux côtés d'autres archives et preuves matérielles. Mais ils ne se donnent pas pour des écrits d'historiens. L'histoire est une science qui a pour but d'établir la vérité des faits, de les faire comprendre en les situant dans un contexte, en identifiant leurs causes, leurs enchaînements, leurs conséquences.

Les témoignages : des œuvres littéraires ?

☛ **Les témoins ne cherchent pas** d'abord à faire œuvre littéraire. Cependant, pour communiquer une expérience inhumaine sans l'édulcorer, la caricaturer, la trahir, il faut trouver une langue et une forme capables de l'exprimer, il faut en somme se faire écrivain.

☛ **Les témoignages que nous considérons comme œuvres littéraires** sont ceux dont l'écriture non seulement nous restitue un vécu, mais l'étaie d'une analyse des rouages du meurtre de masse, et oppose à la volonté de détruire en autrui sa culture, sa vie et jusqu'à son humanité, une réflexion sans haine sur la possibilité du vivre-ensemble.

« J'avais trop de choses à dire, mais pas les mots pour le dire. Conscient de la pauvreté de mes moyens, je voyais le langage se transformer en obstacle. On aurait dû inventer un autre langage. Trahie, corrompue, pervertie par l'ennemi, comment pouvait-on réhabiliter et humaniser la parole ? » Elie Wiesel, *La Nuit*, éd. de Minuit, 1955.

Témoignage, enquête, roman

« Le bonheur de l'écriture, je commençais à le savoir, n'effaçait jamais ce malheur de la mémoire. Bien au contraire : il l'aiguisait, le creusait, le ravivait. Il le rendait insupportable. » **Jorge Semprun**, *L'Écriture ou la vie*, éd. Gallimard, 1996.

☛ **Certains témoins choisissent le silence** car dire empêche l'oubli nécessaire pour vivre.

☛ **D'autres ont préféré écrire d'abord un roman** inspiré de leur expérience, comme *Une journée d'Ivan Denissovitch* d'Alexandre Soljenitsyne qui paraît en 1962, bien avant *L'Archipel du Goulag* (1973). Des raisons de censure peuvent l'expliquer, mais pas seulement. La fiction peut aussi répondre au souci de mettre en forme l'expérience vécue d'une autre manière.

Des milliers de personnes se recueillent pendant une veillée aux chandelles au stade Amahoro de Kigali, au premier jour de la 18e commémoration du génocide des Tutsis au Rwanda en 1994, 2012.

☛ Scholastique Mukasonga écrit des récits autobiographiques ainsi que des fictions sur le génocide tutsi dont sa famille a été victime. La fiction permet de mettre à distance sa souffrance, et apparaît comme un autre moyen de transmettre la connaissance historique à tous ceux qui n'ont pas été au contact direct de l'événement.

☛ **Enfin, les ouvrages de ceux qui n'ont pas connu directement les événements** – enfants cachés pendant la guerre, descendants – s'étalent sur un spectre allant de l'enquête historique à la fiction. Daniel Mendelssohn ou Ivan Jablonka cherchent les traces de leurs ascendants engloutis par la Shoah, mais leur récit est empreint de leur subjectivité : il est autant celui des motivations de leur quête, des émotions et pensées qu'elle génère en eux, que biographie des disparus. D'autres textes revendiquent plus nettement le statut de « roman », comme *W ou le Souvenir d'enfance* de Georges Perec, œuvre « hybride » où alternent, de chapitre en chapitre, le récit de souvenirs et faits réels, et la description d'une île concentrationnaire imaginaire.

ACTIVITÉ

Bâtissez une chronologie comportant une œuvre des auteurs suivants, en rapport avec certains événements du XXe siècle. Inscrivez en dessous son sujet, et précisez sa catégorie : témoignage autobiographique, enquête journalistique, enquête personnelle, essai, fiction, récit hybride (mêlant différentes catégories) :
A. Appelfeld, R. Antelme, H. Barbusse, G. Bernanos, V. Chalamov, C. Delbo, J. Giono, J. Hatzfeld, E. Hemingway, I. Kertesz, D. Kis, P. Levi, A. Malraux, S. Mukasonga, G. Orwell, R. Panh, G. Perec, R. Robin, L. Salvayre, A. Soljenitsyne, E. Wiesel.

TEXTE 1

ROBERT ANTELME,
L'Espèce humaine (1947)

ROBERT ANTELME

(1917-1990)
biographie p. 570

CONTEXTE

Résistant, Robert Antelme est arrêté le 1er juin 1944 et envoyé à Buchenwald, puis à Dachau. *L'Espèce humaine* est considéré comme un ouvrage de référence sur l'expérience concentrationnaire. L'auteur justifie le titre dans son texte : « Il n'y a pas des espèces humaines, il y a une espèce humaine ».

Une communication impossible

Dans *L'Espèce humaine*, Robert Antelme raconte sa déportation, de son arrivée à sa libération. L'extrait choisi se situe dans les dernières pages. Des soldats américains – leurs libérateurs – offrent chocolats et cigarettes, bienveillants et apparemment à l'écoute des témoignages des prisonniers.

Il n'y a pas grand'chose à leur dire, pensent peut-être les soldats. On les a libérés. On est leurs muscles et leurs fusils. Mais on n'a rien à dire. C'est effroyable, oui, vraiment, ces Allemands sont plus que des barbares ! *Frightful, yes, frightful!* Oui, vraiment, effroyable.

Quand le soldat dit cela à haute voix, il y en a qui essayent de lui raconter des choses. Le soldat, d'abord, écoute, puis les types ne s'arrêtent plus : ils racontent, ils racontent, et bientôt le soldat n'écoute plus.

Certains hochent la tête et sourient à peine en regardant le soldat, de sorte que le soldat pourrait croire qu'ils le méprisent un peu. C'est que l'ignorance du soldat apparaît, immense. Et au détenu sa propre expérience se révèle pour la première fois, comme détachée de lui, en bloc. Devant le soldat, il sent déjà surgir en lui sous cette réserve, le sentiment qu'il est en proie désormais à une sorte de connaissance infinie, intransmissible.

D'autres encore disent avec le soldat et sur le même ton que lui « Oui, c'est effroyable ! ». Ceux-ci sont bien plus humbles que ceux qui ne parlent pas. En reprenant l'expression du soldat, ils lui laissent penser qu'il n'y a pas place pour un autre jugement que celui qu'il porte ; ils lui laissent croire que lui, soldat qui vient d'arriver, qui est propre et fort, a bien saisi toute cette réalité, puisque eux-mêmes,

Libération des camps de concentration : les prisonniers accueillent leurs libérateurs américains dans le camp de Dachau en Allemagne, le 29 avril 1945.

détenus, disent en même temps que lui, la même chose, sur le même ton ; qu'ils l'approuvent en quelque sorte.

Enfin, certains semblent avoir tout oublié. Ils regardent le soldat sans le voir.

Les histoires que les types racontent sont toutes vraies. Mais il faut beaucoup d'artifice pour faire passer une parcelle de vérité et, dans ces histoires, il n'y a pas cet artifice qui a raison de la nécessaire incrédulité. Ici, il faudrait tout croire, mais la vérité peut être plus lassante à entendre qu'une fabulation. [...] La plupart des consciences sont vite satisfaites, et, avec quelques mots, se font de l'inconnaissable une opinion définitive. Alors, ils finissent par nous croiser à l'aise, se faire au spectacle de ces milliers de morts et de mourants. [...]

Inimaginable, c'est un mot qui ne divise pas, qui ne restreint pas. C'est le mot le plus commode. Se promener avec ce mot en bouclier, le mot du vide, et le pas s'assure, se raffermit, la conscience se reprend.

ROBERT ANTELME, *L'Espèce humaine*, Éd. de la Cité universelle, 1947, Éd. Gallimard, 1957.

PREMIÈRE LECTURE

1 Quel mot utilisent les soldats libérateurs des camps pour qualifier ce qu'ils découvrent, au début de ce passage ? Quel mot est proposé à la fin du passage ?

AU FIL DU TEXTE

2 Précisez les quatre attitudes des détenus face au soldat qui répète « *Frightful* ». Ces attitudes différentes aboutissent-elles à des résultats différents ?

3 **Grammaire** « C'est que l'ignorance du soldat apparaît, immense. » (l. 9-10) Quel serait le sens de la phrase sans la virgule ? Quelle est la fonction de l'adjectif « immense » ?

4 Quelles sont les deux explications données par Robert Antelme au fait que les récits des détenus n'obtiennent ni créance ni même attention véritable ? (6e paragraphe)

5 Quelle position adopte le narrateur par rapport aux soldats et aux détenus ? Peut-on le placer dans l'un ou l'autre groupe ? Appuyez-vous sur des éléments précis.

6 Que permet l'emploi du mot « inimaginable » (l. 33) ? Par qui peut-il être employé ?

7 Récapitulez toutes les raisons pour lesquelles la communication est si difficile entre les détenus et leurs libérateurs.

COMPARER LES TEXTES

Au sortir des camps, les déportés survivants ont tous été confrontés à la même contradiction : raconter était un devoir, mais il était presque impossible de l'accomplir. À la suite du texte de Robert Antelme, lisez celui de Jorge Semprun (p. 392) et celui d'Elie Wiesel (p. 393). Ces trois auteurs survivants proposent leur analyse de la difficulté à témoigner.

8 Faites des rapprochements précis entre ces trois textes, en vous appuyant sur des citations.

9 Classez les obstacles à surmonter pour arriver à raconter : ceux qui touchent à l'élaboration du témoignage et ceux qui touchent à la réception du témoignage.

Vers le bac

Vers l'essai. « Il faut beaucoup d'artifice pour faire passer une parcelle de vérité. » Analysez cette phrase : sur quel paradoxe est-elle construite ? Rédigez trois paragraphes pour l'expliquer en utilisant successivement chacun des trois textes étudiés.

ÉCRIT D'APPROPRIATION

À partir des textes de Robert Antelme et de Jorge Semprun (p. 392), approfondissez le sens des mots *inimaginable, survivant, comprendre, recréation*. Donnez-en la définition usuelle et une définition plus forte que vous retrouverez en décomposant le mot (préfixe et radical). Pour chaque terme, rédigez deux phrases pour utiliser les deux sens.

TEXTE 2

JORGE SEMPRUN,
L'Écriture ou la Vie (1994)

JORGE SEMPRUN
(1923-2011)
biographie p. 587

CONTEXTE

Le titre *L'Écriture ou la Vie* se réfère au parcours de Semprun. Longtemps, il n'a pu écrire sur son expérience parce que l'écriture le replongeait dans la mort. Il a d'abord choisi l'oubli pour vivre, renonçant à une vocation d'écrivain désirée depuis l'enfance. Il n'a recommencé à se remémorer et écrire qu'en 1963, avec *Le Grand Voyage*. La rédaction de *L'Écriture ou la Vie* lui a pris sept années.

Artifice et vérité

Engagé dans la Résistance, Jorge Semprun est arrêté en 1943 et envoyé dans le camp de Buchenwald. Presque cinquante ans plus tard, il évoque les doutes qui l'ont immédiatement assailli sur la possibilité de raconter.

Mais peut-on raconter ? Le pourra-t-on ?

Le doute me vient dès ce premier instant.

Nous sommes le 12 avril 1945, le lendemain de la libération de Buchenwald. L'histoire est fraîche, en somme. Nul besoin d'un effort de mémoire particulier. Nul besoin non plus d'une documentation digne de foi, vérifiée. C'est encore au présent, la mort. Ça se passe sous nos yeux, il suffit de regarder. [...]

Il n'y a qu'à se laisser aller. La réalité est là, disponible. La parole aussi.

Pourtant un doute me vient sur la possibilité de raconter. Non pas que l'expérience vécue soit indicible. Elle a été invivable, ce qui est tout autre chose, on le comprendra aisément. Autre chose qui ne concerne pas la forme d'un récit possible, mais sa substance. Non pas son articulation, mais sa densité. Ne parviendront à cette substance, à cette densité transparente que ceux qui sauront faire de leur témoignage un objet artistique, un espace de création. Ou de recréation. Seul l'artifice d'un récit maîtrisé parviendra à transmettre partiellement la vérité du témoignage.

JORGE SEMPRUN, *L'Écriture ou la Vie*, Éd. Gallimard, 1994.

Les barbelés du mirador, à Weimar (Allemagne), vers 1940.

AU FIL DU TEXTE

1 Le doute éprouvé concerne-t-il seulement le « 12 avril 1945 » ?

2 Pourquoi les conditions pour raconter sont-elles les meilleures possible ?

3 Comment Semprun analyse-t-il ce doute ? Montrez que sa réflexion progresse par distinctions successives, et expliquez celles-ci.

4 **Grammaire** Quelles sont les valeurs du présent dans cet extrait ?

TEXTE 3

ELIE WIESEL, *La Nuit* (1955)

ELIE WIESEL
(1928-2016)
biographie p. 590

Un récit nécessaire mais inaudible

À l'occasion d'une nouvelle édition de *La Nuit* en 2007 (livre paru en 1955 en yiddish et traduit en français en 1958), Elie Wiesel, déporté à Auschwitz, rédige une préface dans laquelle il explique pourquoi il lui a fallu dix ans pour écrire son récit.

Certes, à un certain moment il m'était devenu clair que puisque l'Histoire sera un jour jugée, je devais témoigner pour ses victimes, mais je ne savais pas comment m'y prendre. J'avais trop de choses à dire, mais pas les mots pour le dire. Conscient de la pauvreté de mes moyens, je voyais le langage se transformer en obstacle. On aurait dû inventer un autre langage. Trahie, corrompue, pervertie par l'ennemi, comment pouvait-on réhabiliter et humaniser la parole ? La faim, la soif, la peur, le transport, la sélection, le feu et la cheminée : ces mots signifient certaines choses, mais en ce temps-là, elles signifiaient autre chose. [...]

Tout au fond de lui-même, le témoin savait, comme il le sait encore parfois, que son témoignage ne sera pas reçu. [...] Est-ce parce que le témoin s'exprime si mal ? La raison est différente. Ce n'est pas parce que, maladroit, il s'exprime pauvrement que vous ne comprendrez pas ; c'est parce que vous ne comprendrez pas qu'il s'explique si pauvrement.

ELIE WIESEL, *La Nuit*, 1955, Éd. de Minuit, 2007.

Anselm Kiefer, La femme de Loth, 1989. Musée d'art de Cleveland, États-Unis, 350 x 410 cm.

AU FIL DU TEXTE

1 Quel premier obstacle a rencontré l'auteur ?

2 Quel obstacle rencontre tout témoin en général ? Analysez l'explication proposée dans le 2e paragraphe. Quel rapport de causalité est nié ? Quel lien de causalité est au contraire proposé ?

3 Quel obstacle est le plus difficile à surmonter, selon vous ?

TEXTE ÉCHO

CHARLOTTE DELBO, *Auschwitz et après* (1971)

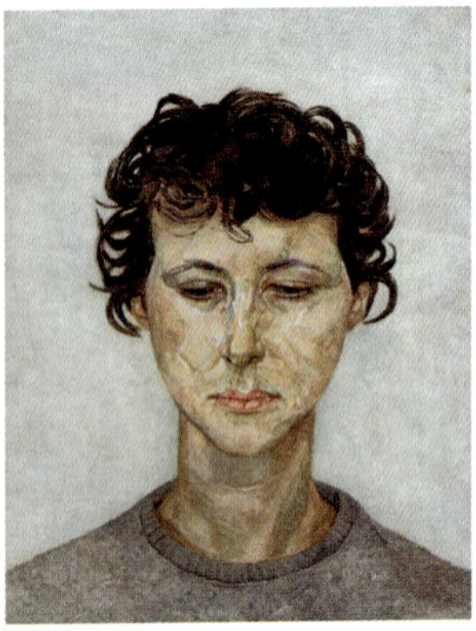

LUCIAN FREUD, *Tête de femme,* vers 1950. Chatsworth House, Grande-Bretagne, 44,5 x 34,3 cm.

Comment revenir ?

Résistante active, Charlotte Delbo (1913-1985) est arrêtée en 1942 et déportée en janvier 1943 à Auschwitz, puis à Ravensbrück. Dès son retour en 1945, elle écrit sur ce qu'elle a vécu, mais elle ne publiera ses manuscrits que vingt ans après. Dans « Mesure de nos jours », elle fait le portrait des survivantes qu'elle a pu retrouver, ou plus exactement elle prête sa voix, en alternant prose et poésie, à toutes celles qui ont répondu à sa question : « Et toi, comment as-tu fait en revenant ? »

Qu'on revienne de guerre ou d'ailleurs
quand c'est d'un ailleurs
aux autres inimaginable
c'est difficile de revenir

Qu'on revienne de guerre ou d'ailleurs
quand c'est d'un ailleurs
qui n'est nulle part
c'est difficile de revenir
tout est devenu étranger
dans la maison
pendant qu'on était dans l'ailleurs

Qu'on revienne de guerre ou d'ailleurs
quand c'est d'un ailleurs
où l'on a parlé avec la mort
c'est difficile de revenir
et de reparler aux vivants

Qu'on revienne de guerre ou d'ailleurs
quand on revient de là-bas
et qu'il faut réapprendre
c'est difficile de revenir
quand on a regardé la mort
à prunelle nue
c'est difficile de réapprendre
à regarder les vivants
aux prunelles opaques.

CHARLOTTE DELBO, « Mesure de nos jours », *Auschwitz et après,* III, Éd. de Minuit, 1971.

1 Pourquoi l'« ailleurs » évoqué dans le poème ne peut-il recevoir de nom ?

2 Quels vers reviennent comme un refrain ? Quels verbes contiennent le préfixe *re* ? Commentez.

3 Quel terme est choisi pour désigner ceux qui n'ont pas été déportés ? Qu'est-ce que cela révèle de l'état d'esprit de ceux qui reviennent de déportation ?

4 Rapprochez le texte de Charlotte Delbo des autres textes p. 390-393. Quels points communs présentent-ils ?

5 Est-ce que ce poème vous touche ? Vous transmet-il une « parcelle de vérité » ?

ÉCRIT D'APPROPRIATION

A. Commenter l'image

1. Quelle émotion vous communique ce tableau ?
2. Quelle couleur domine ? Comment est-elle utilisée ?
3. Comment le peintre place-t-il le personnage par rapport au spectateur du tableau ? Quel effet est ainsi produit ? Commentez l'attitude et le regard de la femme représentée.
4. Dans quel espace le personnage est-il inséré ? Observez la façon dont il est suggéré.
5. Qu'y a-t-il d'étrange dans cet espace ? Quels liens peut-on établir entre cet espace et le personnage ?

B. Texte et image

Si vous deviez illustrer le poème de Charlotte Delbo, ce tableau de Picasso serait-il un bon choix ? Justifiez votre réponse avec précision.

Pablo Picasso, *Femme aux bras croisés,* 1901-1902. Collection privée, 81,3 x 58,4 cm.

TEXTE 4

PRIMO LEVI,
Les Naufragés et les Rescapés (1986)

PRIMO LEVI

(1919-1987)
biographie p. 579

CONTEXTE

Quarante ans séparent la rédaction de *Si c'est un homme* (écrit en 1946, publié en 1947), premier ouvrage que Primo Levi écrit sur Auschwitz, de *Les Naufragés et les Rescapés*, comme l'indique le sous-titre : *Quarante ans après Auschwitz*. Dans la préface, l'auteur indique qu'il a voulu répondre à une question : « De ce monde concentrationnaire, quelle part est morte et ne reviendra plus [...] ? Quelle part est revenue ou est en train de revenir ? Que peut faire chacun de nous pour que, dans ce monde gros de menaces, celle-ci au moins se révèle vaine ? »

Quelle valeur a le témoignage du survivant ?

Primo Levi est ingénieur chimiste à Turin quand il est déporté à Auschwitz en février 1944. À son retour, parallèlement à sa carrière de chimiste, il construit une œuvre principalement tournée vers le témoignage et la réflexion sur son expérience de l'extermination. Il s'agit pour lui de comprendre et de faire comprendre jusqu'où peut aller l'homme dans le rôle du bourreau ou dans celui de la victime.

Chajim est mort, Chajim, horloger de Cracovie, juif pieux, qui en dépit des difficultés de la langue s'était efforcé de me comprendre et de se faire comprendre, et de m'expliquer, à moi l'étranger, les règles essentielles de la survie aux premiers jours critiques de la captivité ; Szabo est mort, le paysan hongrois taciturne, qui mesurait presque deux mètres et pour cette raison avait davantage faim que les autres, et cependant, tant qu'il en eut la force, n'hésita pas à aider les camarades plus faibles à tirer et à pousser ; et Robert, professeur à la Sorbonne, qui répandait le courage et la confiance autour de lui, parlait cinq langues, s'usait à tout enregistrer dans sa mémoire prodigieuse et qui, s'il avait vécu, aurait répondu aux pourquoi auxquels je ne suis pas capable de répondre ; et Baruch, débardeur au port de Livourne,

Camp de prisonniers politiques, en Allemagne.

est mort, aussitôt, le premier jour, parce qu'il avait répondu à coups de poing au premier coup de poing reçu, et qu'il a été assommé par trois Kapos coalisés. Ceux-là et d'autres, innombrables, sont morts, non malgré leur valeur, mais à cause de leur valeur. [...]

Je le répète : nous, les survivants, ne sommes pas les vrais témoins. C'est là une notion qui dérange, dont j'ai pris conscience peu à peu, en lisant les souvenirs des autres et en relisant les miens à plusieurs années de distance. Nous, les survivants, nous sommes une minorité non seulement exiguë mais anormale : nous sommes ceux qui, grâce à la prévarication[1], l'habileté ou la chance, n'ont pas touché le fond. [...] Nous autres, favorisés par le sort, nous avons essayé avec plus ou moins de savoir de raconter non seulement notre destin, mais aussi celui des autres, des engloutis ; mais c'est un discours fait « pour le compte de tiers », c'est le récit de choses vues de près, non vécues à notre propre compte. La destruction menée à son terme, l'œuvre accomplie, personne ne l'a racontée, comme personne n'est jamais revenu pour raconter sa propre mort. Les engloutis, même s'ils avaient eu une plume et du papier, n'auraient pas témoigné, parce que leur mort avait commencé avant la mort corporelle. Des semaines et des mois avant de s'éteindre, ils avaient déjà perdu la force d'observer, de se souvenir, de prendre la mesure des choses et de s'exprimer. Nous, nous parlons à leur place, par délégation.

PRIMO LEVI, *Les Naufragés et les Rescapés*, Éd. Einaudi, 1986, trad. A. Maugé, Éd. Gallimard, 1989.

1 **Prévarication** : transgression d'une obligation morale, manquement grave à un devoir.

PREMIÈRE LECTURE

1 Les deux paragraphes ont-ils la même tonalité et la même visée ?

AU FIL DU TEXTE

2 Quel effet produit le rappel des prénoms de certains « naufragés » ? Étudiez la façon dont Primo Levi rappelle la mémoire de ses camarades, montrez qu'il leur rend hommage.

3 Expliquez quel rôle argumentatif jouent ces exemples. Quelle conclusion en tire Primo Levi dans le premier paragraphe ?

4 Le titre italien (*I sommersi e i salvati*) signifie littéralement « les submergés et les sauvés ». Comment ces deux catégories réapparaissent-elles dans le deuxième paragraphe ? Repérez les différentes façons de les désigner.

5 Quels arguments soutiennent la thèse de Primo Levi : « nous, les survivants, ne sommes pas les vrais témoins » (l. 17) ?

6 Pourquoi, selon vous, cette thèse est-elle dérangeante, ainsi que le dit l'auteur ? Précisez le sens de la thèse : signifie-t-elle qu'ils sont de faux témoins ? Que leur témoignage est sans valeur ?

7 **Grammaire** Commentez l'emploi du pronom « nous » : qui représente-t-il ? Quelle portée donne-t-il à la réflexion ?

8 Montrez que l'ensemble du texte vise à délimiter précisément la valeur de la parole des survivants : ce qu'elle n'est pas, ce pour quoi elle est essentielle pourtant.

TEXTE ÉCHO

ART SPIEGELMAN, *Maus* (1980-1991)

Garder le silence

Dans cette planche, l'auteur Art Spiegelman discute de son projet de récit avec son psychiatre.

ART SPIEGELMAN, *Maus*, 1980-1991, Éd. Flammarion, 1998.

CONTEXTE

Maus **est un roman graphique d'Art Spiegelman (né en 1948) publié en feuilleton de 1980 à 1991 et prix Pulitzer 1992. L'auteur y entremêle deux histoires : celle de Vladek, son père, entre 1935 et 1945, juif polonais survivant d'Auschwitz, et celle de sa propre relation avec son père, peu aimant et taciturne, qui accepte peu à peu de confier ses souvenirs à son fils. De nombreux passages sont aussi consacrés à la réflexion sur la valeur et l'intérêt du témoignage.**

1 L'auteur a choisi de donner une apparence animale aux personnages. De quel genre de récit ce choix rapproche-t-il *Maus* ? Quel est l'intérêt de ce choix pour raconter l'histoire de la Shoah ?

2 Expliquez les liens entre le texte de Primo Levi et cette planche de *Maus*.

TEXTE 5

SCHOLASTIQUE MUKASONGA, *Inyenzi ou les Cafards* (2006)

SCHOLASTIQUE MUKASONGA
(née en 1956)
biographie p. 582

CONTEXTE

Une guerre civile sévit au Rwanda à partir de 1990 et divise les ethnies majoritaires : les Tutsis et les Hutus. Le 7 avril 1994, suite à l'assassinat de personnalités modérées, les massacres, planifiés depuis des mois, commencent. Tous les jours de la semaine, pendant cent jours, jusqu'au 17 juillet 1994, militants et voisins hutus assassinent de façon méthodique les Tutsis. 800 000 Rwandais meurent, en majorité Tutsis, et certains Hutus modérés. Ce génocide, le plus rapide de l'histoire, est aussi celui de plus grande ampleur relativement au nombre de morts par jour.

L'écriture comme un tombeau

Scholastique Mukasonga a passé son enfance au Rwanda où elle a subi les attaques et humiliations des Hutus contre les Tutsis, initiées dès 1959. En 1973, les Tutsis sont exclus des écoles et de la fonction publique : elle s'exile pour poursuivre ses études, d'abord au Burundi, puis en France, où elle se trouve lorsque 37 personnes de sa famille sont assassinées au Rwanda. Dix ans s'écoulent avant qu'elle ne trouve la force de retourner sur les lieux, en 2004. Voici trois extraits de son premier ouvrage, un récit autobiographique. Le titre reprend le terme que les Hutus utilisaient pour stigmatiser les Tutsis : *Inyenzi*, c'est-à-dire *cafards*, insectes à exterminer.

Premier extrait : l'incipit

Toutes les nuits, mon sommeil est traversé du même cauchemar. On me poursuit, j'entends comme un vrombissement qui monte vers moi, une rumeur de plus en plus menaçante. Je ne me retourne pas. Ce n'est pas la peine. Je sais qui me poursuit... Je sais qu'ils ont des machettes. [...]

Je me réveille. Je suis en France. La maison est silencieuse. Mes enfants dorment dans leur chambre. Paisiblement. J'allume la lampe de chevet. Je vais dans la salle m'asseoir devant une petite table. Sur la table, il y a une boîte en bois et un cahier d'écolier à couverture bleue. Je n'ai pas besoin d'ouvrir la boîte, je sais ce qu'elle contient : un morceau de brique tout érodé, une feuille desséchée, une pierre plate et effilée, aux arêtes tranchantes, des lettres écrites sur des feuilles de cahier.

Sur la table aussi, il y a une photo. C'est une photo de mariage : le mariage de Jeanne, ma sœur cadette. Ils sont tous réunis : la mariée dans sa robe blanche, une robe que j'ai fait faire chez un tailleur pakistanais à Bujumbura, Emmanuel, le marié, à l'étroit dans son costume, mon père, son pagne blanc noué sur l'épaule, ma mère toute frêle, drapée dans sa tenue du dimanche. Je cherche Antoine, mon frère aîné, et ses neuf enfants, ma grande sœur Alexia et son mari, Pierre Ntereye, qui est professeur à l'université, et Judith, l'aînée de la famille qui a fait la cuisine pour la noce car, à Kigali, elle a appris à faire la cuisine « moderne », et tous les neveux et toutes les nièces et tous ceux de Nyamata, de Gitwe, de Gitagata. Ils vont mourir. Peut-être le savent-ils déjà.

Où sont-ils à présent ? Dans la crypte mémoriale de l'église de Nyamata, crânes anonymes parmi tant d'ossements ? Dans la brousse, sous les épineux, dans une fosse qui n'a pas encore été mise au jour ? Je copie et recopie leurs noms sur le cahier à couverture bleue, je veux me prouver qu'ils ont bien existé, je prononce leurs noms, un à un, dans la nuit silencieuse. Sur chaque nom je dois fixer un visage, accrocher un lambeau de souvenir. Je ne veux pas pleurer, je sens des larmes glisser sur mes joues. Je ferme les yeux, ce sera encore une nuit sans sommeil. J'ai tant de morts à veiller.

Deuxième extrait, tiré du dernier chapitre, intitulé : « 2004 : sur la piste du pays des morts »

J'ai mis bien du temps à me décider à retourner au Rwanda après le génocide. Oui, j'ai mis vraiment du temps. Longtemps, la force m'a manqué pour entreprendre le voyage. Les Rwandais réfugiés en France rentraient au pays. C'était leur devoir. Il fallait reconstruire le Rwanda. Les Rwandaises mariées comme moi à un Français se précipitaient pour serrer dans leurs bras un père, une mère, un frère, une sœur rescapés. Mais moi, qu'aurais-je été faire à Nyamata ? Il n'y avait plus ni père, ni mère, ni frère, ni sœur. André[1] n'avait même pas retrouvé la trace de leurs maisons. À Gitagata, il n'y avait plus que de grands maniocs redevenus sauvages, des bananiers moribonds étouffés par les fourrés d'épineux. Où me recueillir ? Avec qui partager ma douleur ? [...] Je fixais des dates. Je repoussais à l'an prochain. Dix ans se sont ainsi écoulés. En moi, le malaise grandissait et je savais bien qu'un jour il me faudrait revenir à Nyamata, qu'on m'y appelait : les vivants et les morts.

Troisième extrait : il s'agit des dernières lignes. L'auteure a retrouvé l'emplacement de sa maison : rien n'en subsiste, une végétation broussailleuse a envahi le lieu. Désespérée, elle guette, avant de repartir, un signe lui indiquant qu'elle a **« rempli (sa) mission »** ***:*** **« Vivre au nom de tous. »** ***Elle aperçoit alors un serpent, esprit des morts selon les croyances ancestrales.***

Je voudrais tant croire que ce serpent était bien le signe envoyé par tous ceux qui ont péri, qu'ils me disaient que je n'avais pas trahi les miens, que c'était bien pour eux que j'avais dû suivre le long détour de l'exil, que j'étais revenue à leur appel pour recevoir en dépôt la mémoire de leurs souffrances et de leurs morts. Oui, je suis bien celle qu'on appelait toujours de son nom rwandais, celui que m'avait donné mon père, Mukasonga, mais désormais, je garde en moi, et comme faisant partie du plus intime de moi-même, les débris de vie, les noms de ceux qui, à Gitwe, à Gitagata, à Cyohoha, resteront sans sépultures. Les assassins ont voulu effacer jusqu'à leur mémoire mais, dans le cahier d'écolier qui ne me quitte plus, je consigne leurs noms et je n'ai pour les miens et tous ceux qui sont tombés à Nyamata que ce tombeau de papier.

SCHOLASTIQUE MUKASONGA, *Inyenzi ou les Cafards*, Éd. Gallimard, 2006.

---

1 **André** : seul frère survivant de Scholastique. Il n'était pas au Rwanda lors du génocide.

Zaïre. République Démocratique du Congo (RDC). Province du Nord-Kiru.

Dans un camp près de Goma, des réfugiées rwandaises qui ont fui leur pays pendant le génocide au Rwanda en 1994, et qui ont perdu leur famille, regardent les portraits d'enfants affichés sur des panneaux pour y reconnaître un membre de leur famille.

LECTURE DU 1er EXTRAIT

1 Le cauchemar récurrent correspond-il à quelque chose de vécu réellement par l'auteure ? À quel événement renvoie-t-il ? Que révèle-t-il au sujet de la narratrice ? Comment se voit-elle ?

2 Quel contraste forme ce cauchemar avec la situation dans laquelle elle se trouve ?

3 Que représentent les objets rassemblés dans la boîte pour la narratrice ? Qu'y a-t-il de tragique dans la photographie ?

4 Relevez les éléments qui, du deuxième paragraphe à la fin de l'extrait, montrent qu'elle se livre à un rituel et installe les conditions d'une cérémonie.

5 Quel est le but de ce rituel ? Quel est le sens de cette cérémonie ?

LECTURE DU 2e EXTRAIT

6 Quelles raisons empêchent la narratrice de retourner au Rwanda ?

7 **Grammaire** « Je savais bien qu'un jour il me faudrait revenir à Nyamata » (l. 47-48) : à quel mode et à quel temps se trouve « faudrait » ? Commentez l'emploi de ce temps en lien avec la difficulté à revenir.

8 Commentez le sens du verbe « falloir » : quelle sorte d'obligation indique-t-il ici ? Que représente le retour aux yeux de la narratrice ?

LECTURE DU 3e EXTRAIT

9 Quelle crainte habite la narratrice ?

10 L'identité d'une personne est liée à la mémoire, elle suppose une permanence mais elle est aussi évolutive. De quoi est faite l'identité de la narratrice ?

11 Quelle valeur symbolique ont la prononciation et l'inscription des noms des morts ?

SYNTHÈSE

12 Que devient « le cahier d'écolier à couverture bleue » (l. 9) pour ceux qui sont morts ? Pourquoi l'auteure ne s'en sépare-t-elle jamais ?

ÉCRIT D'APPROPRIATION

Rendez compte de vos lectures.

1 Il y a différentes « catégories » d'écrivains d'un génocide : le témoin, le survivant, le descendant. Comment considérez-vous Scholastique Mukasonga et pourquoi ?

2 Georges Perec écrit dans *W ou le souvenir d'enfance* (1975) : « L'écriture est le souvenir de leur mort et l'affirmation de ma vie. » Cette citation peut-elle correspondre à *Inyenzi ou les Cafards* ?

TEXTE 6

IVAN JABLONKA,
Histoire des grands-parents que je n'ai pas eus (2012)

IVAN JABLONKA
(né en 1973)
biographie p. 577

L'enquête d'un descendant

Ivan Jablonka (né en 1973 à Paris) est historien et écrivain. Descendant d'une famille juive polonaise, il décide d'enquêter sur ses grands-parents paternels exterminés pendant la Seconde Guerre mondiale. Voici la première page du récit qu'il fait de son enquête.

Je suis parti, en historien, sur les traces des grands-parents que je n'ai pas eus. Leur vie s'achève longtemps avant que la mienne ne commence. Matès et Idesa Jablonka sont autant mes proches que de parfaits étrangers. Ils ne sont pas célèbres. Ils ont été emportés par les tragédies du XXe siècle : le stalinisme, la Seconde Guerre mondiale, la destruction du judaïsme européen. [...]

Leur assassinat, j'en suis familier depuis toujours – il y a des vérités de famille, comme il y a des secrets de famille.

Le petit garçon a grandi et n'a pas grandi. J'ai trente-huit ans, je suis père de famille. Ai-je encore la force de porter ces êtres dont je

Zbigniew Pronaszko, *Noces d'or*, 1951. Huile sur toile, musée national de Cracovie (Pologne), 139 x 121 cm.

suis la projection dans le temps ? Ne puis-je nourrir leur vie de la mienne, plutôt que de mourir sans cesse de leur mort ? Mais Matès et Idesa Jablonka n'ont laissé derrière eux que deux orphelins, quelques lettres, un passeport. Folie que de vouloir retracer la vie d'inconnus à partir de rien ! Vivants, ils étaient déjà invisibles ; et l'histoire les a pulvérisés.

Ces poussières du siècle ne reposent pas dans quelque urne du temple familial ; elles sont en suspension dans l'air, elles voyagent au gré des vents, s'humectent à l'écume des vagues, paillettent les toits de la ville, piquent notre œil et repartent sous un avatar[1] quelconque, pétale, comète ou libellule, tout ce qui est léger et fugace. Ces anonymes, ce ne sont pas les miens, ce sont les nôtres. Il est donc urgent, avant l'effacement définitif, de retrouver les traces, les empreintes de vie qu'ils ont laissées, preuves involontaires de leur passage en ce monde.

Conçue à la fois comme une biographie familiale, une œuvre de justice et un prolongement de mon travail d'historien, ma recherche commence. Elle est un acte d'engendrement, le contraire d'une enquête criminelle.

IVAN JABLONKA, *Histoire des grands-parents que je n'ai pas eus,* Éd. du Seuil, 2012.

1 **Avatar** : métamorphose, forme.

PREMIÈRE LECTURE

1 La recherche entreprise est « le contraire d'une enquête criminelle ». Qu'est-ce qu'une enquête criminelle ? Quel but poursuit-elle ?

AU FIL DU TEXTE

2 Ivan Jablonka se revendique « historien » (l. 1). Quels éléments du texte justifient cette posture de l'auteur ?

3 Si l'auteur ne faisait pas cette précision (l. 7-8), quelle motivation pourrait-on lui attribuer ?

4 Quelles objections fait-il lui-même à son entreprise ? Distinguez les objections personnelles et les objections factuelles. Quels arguments leur oppose-t-il ? (3e et 4e paragraphes)

5 Identifiez dans le texte la métaphore de la « poussière ». Quel événement historique rappelle-t-elle ? Quel argument prépare-t-elle ?

6 **Grammaire** « Ces anonymes, ce ne sont pas les miens, ce sont les nôtres » (l. 21-22) : quelle est la forme de cette phrase ? Justifiez le choix d'une telle forme.

7 Expliquez et justifiez les termes choisis par l'auteur pour qualifier sa recherche : « biographie familiale », « œuvre de justice », « travail d'historien ».

8 Comment comprenez-vous la dernière phrase ?

Vers le bac

En quoi une « biographie familiale » peut-elle apporter des éléments intéressants pour l'histoire collective ? Rédigez un paragraphe qui répondra à cette question en vous appuyant sur l'exemple de ce texte.

PROLONGEMENT

1 Cherchez l'étymologie du mot « histoire ».

2 Renseignez-vous sur le travail d'un historien du XXe ou du XXIe siècle. Que recherche-t-il ? Comment doit-il procéder pour que son travail soit scientifiquement correct ?

TEXTE 7

JEAN HATZFELD, *Une saison de machettes* (2001)

JEAN HATZFELD
(né en 1949)
biographie p. 576

CONTEXTE

Dans ses « récits rwandais », Jean Hatzfeld laisse entendre la voix de ses interlocuteurs, dont il retranscrit fidèlement les propos. Les réflexions suscitées chez l'auteur figurent dans des chapitres distincts. Procédant à des comparaisons avec d'autres génocides, l'auteur essaie de comprendre aussi bien la spécificité du génocide rwandais, que sa dimension universelle, ce qu'il révèle sur l'être humain. Entre investigation et témoignage, ces récits sont aussi des mémoires, et des documents de référence pour les historiens et les anthropologues.

Entre investigation et témoignage : recueillir la parole des bourreaux

Jean Hatzfeld, journaliste et écrivain, a couvert de nombreux événements, dont le conflit yougoslave et le génocide rwandais. Il retourne au Rwanda et entreprend de recueillir des témoignages de rescapés : *Dans le nu de la vie* paraît en 2000. C'est le premier d'une série de livres consacrés au génocide rwandais : *Une saison de machettes* (2001), *La Stratégie des antilopes* (2007), *Englebert des collines* (2014), *Un papa de sang* (2015). Sa quête de compréhension l'amène à rendre compte de la parole des tueurs dans *Une saison de machettes.* Il explique comment.

Après la publication de *Dans le nu de la vie*, des lecteurs m'ont demandé comment avaient été choisis les quatorze personnages. La réponse est simple : je n'ai pas choisi [...]. En réalité, elles *(les personnes)* se choisirent elles-mêmes. Malgré d'anciens réflexes de journaliste, j'avais pressenti qu'au lendemain d'un génocide les critères sociaux, culturels, d'âge ou de sexe, n'ont aucun sens et qu'il aurait été absurde de vouloir constituer un panel représentatif en allant chercher tel ou telle rescapée parce qu'avant le génocide il ou elle était ceci ou cela [...].

Avec chacune d'elles, j'ai maintenu le dialogue, sans penser au temps, jusqu'à ce qu'il apparaisse que nous étions arrivés au bout de quelque chose.

Pendant toute cette période de rencontres avec les rescapés, je n'ai pas contacté les « autres », leurs tueurs. L'idée ne m'est même pas venue. Ces tueurs m'étaient indifférents. Je n'ai jamais envisagé de poursuivre l'expérience avec eux ; *a fortiori* de mettre en parallèle les récits. Cela aurait été immoral, insupportable aux yeux des rescapés, certainement aux yeux des lecteurs aussi ; et en plus inintéressant. Je rencontrais ici ou là sur les collines des gens soupçonnés d'en être, et en avais rencontré beaucoup en 1994. Cela me suffisait pour les imaginer. L'envie de me rendre à la prison est venue seulement à la fin des entretiens avec les rescapés. [...]

Cela dit, tandis que je n'avais pas eu le moindre doute sur le premier projet, je n'ai cessé d'en avoir sur celui-ci. Je l'entrepris sceptique, car la relation que j'ai tenté d'établir avec les tueurs s'avéra au début à la fois rebutante et vaine ; d'une nature très brutalement différente de celle établie et poursuivie avec les rescapés et les gens de la région de Nyamata.

Bruce Clarke, *Hommes debout*, 2014.

Portrait de l'artiste-plasticien britannique d'origine sud-africaine Bruce Clarke, dans son atelier, le 26 décembre 2018 à Saint-Ouen, France.

Seul face à la réalité du génocide, un rescapé choisit de parler, de « zigzaguer avec la vérité » ou de se taire. De son choix, comme de la confusion de ses souvenirs, il accepte de discuter et de remettre en question à tout moment.

Face à la réalité du génocide, le premier choix d'un tueur est de se taire, le second de mentir. Il peut modifier sa décision mais il n'en discute pas. Seul, il ne prend aucun risque, comme il n'en prenait aucun pendant les massacres. On ne peut donc envisager de l'interpeller seul, de solliciter une succession d'interlocuteurs choisis sans rapport entre eux.

D'où le projet, mûri au fil des échecs, des rencontres ratées ou des discussions insipides, de m'adresser non pas à une suite d'individus, mais à un groupe d'individus qui se sentent ainsi protégés des dangers de la vérité par leur amitié et leur complicité.

JEAN HATZFELD, *Une saison de machettes*, Éd. du Seuil, 2001.

PREMIÈRE LECTURE

1 Pourquoi, selon vous, Jean Hatzfeld juge-t-il nécessaire d'expliquer comment il en est venu à interroger des tueurs ?

AU FIL DU TEXTE

2 Pour quelles raisons Jean Hatzfeld n'a-t-il pas choisi les rescapés dont il a recueilli les témoignages dans son précédent ouvrage ?

3 Quelle indication donne-t-il sur la façon dont il a conduit les entretiens avec les rescapés ?

4 Justifiez le qualificatif « immoral » employé par l'auteur (l. 16). Récapitulez les raisons qui expliquent que Jean Hatzfeld hésite à rencontrer les tueurs.

5 Quelle différence d'attitude l'auteur note-t-il entre les survivants et les tueurs vis-à-vis du passé ?

6 Comment Hatzfeld réussit-il à faire parler les tueurs ? Pourquoi est-ce la seule solution possible ?

METTRE EN PERSPECTIVE

7 Les *Hommes debouts* ont été réalisés pour commémorer le génocide des Tutsis en 2014 et rendre hommage aux victimes. Peintes directement sur les murs de lieux de mémoire, des images d'hommes, de femmes et d'enfants plus grands que nature rendent aux victimes présence et individualité. Ces représentations, imprimées sur bâches, ont aussi été exposées dans plusieurs endroits du monde.
Quelles impressions vous laisse cette œuvre artistique ?

8 Quel lien peut-on établir entre les choix sur lesquels s'explique Bruce Clarke et le doute rencontré par Hatzfeld dans son entreprise ?

> « Le point de départ des *Hommes debout* était : comment figurer quelque chose avec des images qui rappellent les victimes du génocide ? À partir du moment où l'on dit cela, il faut déjà enlever tout ce qu'on ne peut pas figurer : les cadavres, les ossements, les machettes, parce que cela n'a aucun sens. Cela n'aide pas à réfléchir. Il fallait trouver des images qui nous aident à réfléchir et des images qui sont belles. Et après, au-delà de cela, qu'il y ait un sens, donc des images qui représentent la dignité de ceux qui restent debout. »
>
> **BRUCE CLARKE**

Parcours culturel et artistique

FILMER LES TRAGÉDIES DU XXe SIÈCLE

Pour transmettre des connaissances par l'image, le reportage saisi sur le vif ou le documentaire paraissent les plus appropriés. Mais de nombreux films de fiction se sont aussi emparés des tragédies historiques.

DOCUMENTAIRE ET REPORTAGE

DES CLÉS POUR ANALYSER ET ÉVALUER UN DOCUMENTAIRE

Le documentaire ne peut se définir ni par un sujet ni par une forme, lesquels sont très variés.

Un documentaire se juge d'abord à l'aune de son honnêteté dans son traitement de l'information : sur quelles sources s'appuie-t-il ? Présente-t-il les différents points de vue en présence ? Le documentariste prend-il ou non parti ? Si oui, justifie-t-il son opinion ?

La réussite d'un documentaire dépend aussi de l'adéquation entre son intention et son sujet avec la méthode suivie, ainsi que de l'efficacité et de l'originalité de sa mise en forme.

Un documentaire est un film qui a pour but de transmettre des connaissances. Il peut chercher à attester l'existence d'un fait, d'un phénomène (historique, sociétal...), le décrire ou tenter de l'expliquer ; il peut aussi faire le portrait d'un personnage, ou analyser son rôle dans tel ou tel contexte. Il se distingue de la fiction au sens où il entend présenter des images du réel. Toutefois, **le documentaire ne donne pas à voir la réalité brute, mais une représentation de la réalité** puisque celle-ci a fait l'objet d'une réflexion et d'une construction. Le documentaire est donc une « interprétation créative de la réalité ».

La différence entre documentaire et reportage n'est pas toujours aisée. Cependant, tandis que le documentaire résulte d'une élaboration mûrement réfléchie, **le reportage se réalise souvent dans l'urgence et l'improvisation.** Mais, comme pour le documentaire, le reportage dépend d'une série de choix : choix du sujet (par le reporter et plus fréquemment par un commanditaire : la rédaction d'un journal par exemple), choix des images, ne serait-ce que dans les prises de vues et les cadrages.

DEUX EXEMPLES CÉLÈBRES : *NUIT ET BROUILLARD* D'ALAIN RESNAIS (1955) ET *SHOAH* DE CLAUDE LANZMANN (1985)

Le **sujet** de ces deux documentaires est semblable : les camps nazis et l'extermination. Tous deux ont été salués pour leur honnêteté historique ; tous deux ont profondément marqué les esprits.

Leur **but** différait cependant. Celui de *Nuit et Brouillard*, d'Alain Resnais, était de révéler des faits encore insuffisamment connus. Celui de *Shoah*, réalisé par Claude Lanzmann, était d'en reconstituer l'histoire complète, d'approfondir l'analyse de leurs rouages. Chacun adopte ainsi une **méthode** et une **forme** différentes.

Le premier documentaire dure 32 minutes et s'appuie sur des **images d'archives** accompagnées d'un texte de l'ancien résistant et déporté Jean Cayrol. Il montre à un large public, avec calme et sobriété, ce que les traces des camps ne permettent pas de voir (la froide rationalité de l'organisation concentrationnaire, l'ampleur de l'extermination) mais ne distingue pas encore bien l'intention génocidaire.

Le second documentaire, d'une durée de presque dix heures, sans utiliser aucune image d'archives, fait comprendre les mécanismes du génocide par les **entretiens** exigeants que le réalisateur a conduits auprès d'interlocuteurs variés et nombreux : survivants, bourreaux, témoins, cheminots, villageois ayant habité près des lieux d'extermination... La réalisation de ce documentaire-fleuve a requis douze années de travail : deux ans pour trouver les interlocuteurs, puis six années de tournage dans une dizaine de lieux, enfin quatre ans de sélection, d'organisation de la matière et de montage.

1 Ces choix d'images de couverture pour les DVD rendent-ils compte de l'intention et de la méthode de chaque documentariste ?

RECHERCHE

1 Renseignez-vous sur le documentaire de Rithy Panh, *S 21, La machine de mort khmère rouge*. Identifiez son but (révéler, comprendre, analyser, faire avouer...). Quelle méthode utilise-t-il ?

2 Le génocide tutsi au Rwanda (du 7 avril au 17 juillet 1994) a été couvert en temps réel par les médias du monde entier. Voici des titres de documentaires réalisés au cours des décennies suivantes : *Tuez-les tous ! (Rwanda : Histoire d'un génocide « sans importance »)* ; *Rwanda, l'histoire qui mène au génocide* ; *Rwanda, récit d'un survivant* ; *La France au Rwanda : « Une neutralité coupable »* ; *Sept jours à Kigali* ; *Rwanda, la surface de réparation* ; *Inkotanyi : Paul Kagame et la tragédie rwandaise*.
a Tentez d'identifier le but et la forme probables de chaque documentaire d'après son titre. Quelques mots-clés pour vous aider : *témoignage, analyse, chronologie, portrait, pardon, généalogie, causes, responsabilité, rôle, réception, conséquences*.
b Vérifiez vos réponses en vous renseignant sur le sujet traité par chacun (voir le site http://www.film-documentaire.fr).

FICTION ET RÉEL

LES CLÉS DU DÉBAT AU SUJET DES FICTIONS

On les distingue ici mais chaque point est intimement lié aux autres :

- légitimité de la fiction pour évoquer pareils sujets : peut-on en faire un divertissement ?
- façon dont la fiction traite le sujet : peut-on représenter ce qui ne peut pas l'être ou ne doit pas l'être (des atrocités insupportables) ? Comment évoquer sans montrer ?
- justesse de la fiction : ne déforme-t-elle pas la vérité ?
- effet visé et obtenu sur le spectateur : favorise-t-elle sa compréhension des faits ? Éveille-t-elle sa conscience ou se contente-t-elle de jouer sur des émotions faciles et déjà connues ?

Une fiction cinématographique s'inspire souvent de la réalité. Mais elle la met en forme en adoptant tel ou tel genre de récit, chacun obéissant à certains codes de narration : un film d'aventures ou de guerre par exemple ne raconte pas de la même manière qu'un film intimiste, une comédie... **La fiction peut jouer aussi sur des ressorts émotionnels** pour toucher le spectateur : héroïsation de certains personnages, effets pathétiques, suspense...

Quand un film de fiction prétend traiter d'événements aussi tragiques que des génocides, le débat fait rage à chaque fois. Pour les uns, ce qui importe est l'émotion suscitée, car celle-ci permet de perpétuer la mémoire des événements, de secouer l'indifférence, de dépasser les divergences d'interprétation. Pour d'autres, une émotion obtenue au prix d'un travestissement de la vérité, de l'affadissement résultant de l'adaptation à des schémas narratifs connus, sert au contraire les intérêts de ceux qui veulent effacer ou nier cette mémoire du passé.

HOLOCAUSTE (1978)

La première fiction à avoir eu un impact majeur dans la perception de la Shoah est une série télévisuelle de neuf heures. *Holocauste*, réalisée par Marvin Chomsky et diffusée pour la première fois en 1978, a été regardée par un Américain sur deux, et un tiers des Allemands. **Cette série narre l'histoire de l'Allemagne nazie à travers celle d'une famille mixte** (mari juif allemand assimilé, femme allemande catholique). C'est par le biais de l'identification et du mélodrame qu'elle a touché les spectateurs.

Cette fiction a souvent été critiquée justement pour ces raisons : le mélodrame banalise l'événement en le moulant dans une forme narrative traditionnelle ; la fiction, quoique bien intentionnée, impose une image différente de la réalité historique ; elle ne montre ni toute l'étendue de l'horreur ni l'héritage culturel qui a péri.

LA LISTE DE SCHINDLER DE STEVEN SPIELBERG (1994) ET *HÔTEL RWANDA* DE TERRY GEORGE (2004)

Ces deux films, qui ont remporté un **très grand succès public**, évoquent un génocide (celui des juifs, celui des Tutsis). Étudiez quelques éléments du débat suscité par ces films en faisant les exercices suivants.

Ⓐ LES SYNOPSIS (ISSUS DES RÉSUMÉS D'ALLOCINÉ)

La Liste de Schindler

« Évocation des années de guerre d'Oskar Schindler (personnage réel), fils d'industriel d'origine autrichienne rentré à Cracovie en 1939 avec les troupes allemandes. Il va, tout au long de la guerre, protéger des juifs en les faisant travailler dans sa fabrique et en 1944 sauver huit cents hommes et trois cents femmes du camp d'extermination de Auschwitz-Birkenau. »

Hôtel Rwanda

« L'histoire vraie, pendant le génocide rwandais, de Paul Rusesabagina, un hôtelier responsable du sauvetage de milliers de personnes. »

2 Montrez trois ressemblances dans le choix de l'histoire. Le génocide est-il représenté ? Sur quoi se concentre l'histoire ?

3 Qu'appelle-t-on un « juste » ? Faites des recherches.

4 Commentez le fait que la même histoire soit reprise d'un film à l'autre (sachant que le second n'est nullement un plagiat).

Ⓑ LES AFFICHES

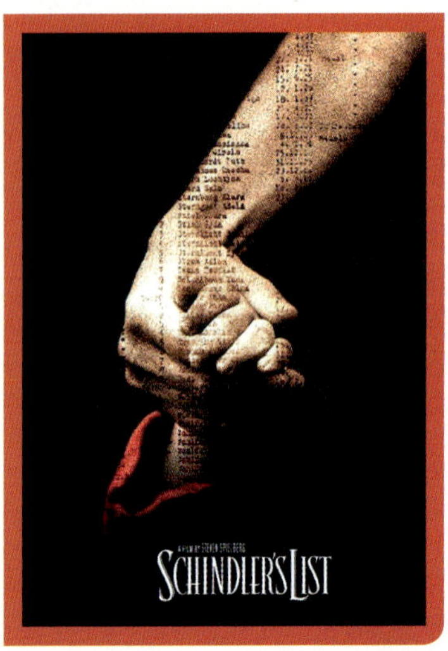

Décrivez chaque affiche (image, texte) avec précision. Sur quoi mettent-elles l'accent : une valeur, un homme, une situation complexe... ? Qu'est-ce que ces choix nous apprennent ?

© LES ÉLÉMENTS DU DÉBAT

Lisez ces extraits de critiques et d'analyse sur *Hôtel Rwanda*. [Si vous souhaitez lire une critique complète, rendez-vous à l'adresse http://africultures.com/hotel-rwanda-3776/ pour lire l'article d'Olivier Barlet.]

Retrouvez dans ces extraits des éléments alimentant les points évoqués dans l'encadré « Les clés du débat » p. 121.

Comment représenter l'ampleur du génocide sans le montrer ? Son incommensurable horreur n'est pas montrable, au risque de placer le spectateur dans une humiliante position de voyeur. [...] *Hôtel Rwanda* parvient à éviter ce piège.

Le film est victime de ses orientations : tout pour le héros, trop peu pour la complexité de ce conflit qui a tout de même fait un million de morts.

[...] roueries du sentimentalisme, clichés dans la définition des protagonistes, complaisances dans l'organisation des péripéties, les mécanismes d'élection des personnages, le penchant du cinéma commercial à n'évoquer les horreurs qu'en choisissant des situations où nos héros seront sauvés.

Aucune prévention intellectuelle ne résiste à la force émotionnelle qu'il dégage. Ces larmes que le film arrache, ces sensations si intenses qu'elles laissent le spectateur, au bout de l'épreuve, légèrement hagard et totalement bouleversé, nul ne peut en contester la nécessité cathartique et expiatoire.

Cette vision du génocide [...] affaiblit l'analyse politique essentielle d'un génocide préparé de longue date et suivant un plan prédéterminé d'extermination systématique.

Cette fin optimiste est [...] la contradiction profonde d'un film qui prend un épisode exceptionnel pour représenter le génocide, un épisode de sauvetage et non de mort, même si celle-ci plane tout autour.

Lisez cet extrait d'un essai évoquant *La Liste de Schindler*.

Quelques-uns plutôt que personne... mais lesquels ? [...]
« Cette liste, c'est le Bien absolu », répète Stern en fixant Schindler, tandis que la caméra de Spielberg s'attarde en gros plan sur la succession des noms couchés sur le papier. [...] Dans le livre-enquête de Thomas Keneally, qui a librement inspiré le film de Spielberg, les tractations autour de la constitution de la liste des onze cents noms occupent plus d'une centaine de pages. Rumeurs, intrigues, trafics d'influence, relations affectives ou sexuelles, liens familiaux, tous les ressorts susceptibles de fournir matière à revendication de protection sont représentés. Le livre raconte longuement l'angoisse, la panique, les efforts désespérés des gens prêts à tout pour arracher leur salut et celui de leurs proches. Et il y a aussi ceux qui, incapables de mobiliser une protection se retrouvent biffés à leur insu [...].
[Dans le film de Spielberg], tous les personnages auxquels le film nous intéresse figurent sur la liste – même si la construction dramatique du film laisse planer l'angoisse et le suspense sur le sort de certains d'entre eux, sauvés in extremis. [...] Les non-inscrits n'apparaissent qu'à peine, en toile de fond. On ne s'attache pas à eux. Ils disparaissent de notre champ de vision, même si nous savons ce qu'il advient d'eux. La seule allusion à tous ceux que Schindler n'a pas sauvés se trouve à la toute fin du film, quand Schindler, ruiné, à la fin de la guerre, regrette de ne pas avoir réussi à protéger plus de gens encore [...]. Le tragique ne peut pas disparaître complètement du film, mais il est déplacé dans le « pas assez » : dans le *numerus clausus* du sauvetage, c'est alors le *numerus* qui porte le problème, pas le *clausus*. Le tragique n'est pas fixé sur le « qui » sauver quand on ne peut pas sauver tout le monde, mais reporté, atténué, sur le « combien ». [...]
Un juste peut-il choisir ceux qu'il sauve ? Trier entre les vies ?

FRÉDÉRIQUE LEICHTER-FLACK, *Qui vivra qui mourra. Quand on ne peut pas sauver tout le monde*, Albin Michel, 2015.

Reformulez le problème moral exposé dans ce passage. Expliquez pourquoi le film de Spielberg l'esquive.

Vers le bac

À partir des documents de cette page et de l'ensemble du chapitre, rédigez un essai sur le sujet suivant : Dans quelle mesure la fiction (roman, film...) peut-elle transmettre la mémoire d'événements tragiques ?

Lectures cursives

ESSAIS / RÉCITS

FLORENCE AUBENAS,
Le Quai de Ouistreham (2010) [Points]

Pour comprendre ce que vit vraiment une personne en recherche d'emploi, sans diplôme ni qualification, en période de crise économique, la journaliste Florence Aubenas décide de devenir l'une d'elles.

ALEXANDRE SOLJENITSYNE,
Une journée d'Ivan Denissovitch (1962) [10/18]

Une journée d'Ivan Denissovitch, c'est celle du maçon Ivan Denissovitch Choukhov, condamné à dix ans de camp de travail pour avoir été fait prisonnier au cours de la Seconde Guerre mondiale. Une description crue du goulag à travers toutes les étapes d'une journée au camp, du lever au coucher, le travail épuisant, le froid terrible, la lutte contre la dépersonnalisation imposée. Paru en 1962, ce roman qui témoigne du système des camps soviétiques, est une œuvre majeure du XXe siècle.

CHARLOTTE DELBO,
Mesure de nos jours (1971) [Les éditions de Minuit]

Que devient-on après Auschwitz ? Des rescapées racontent le difficile retour à la vie.

GAËL FAYE, *Petit pays* (2016) [Le Livre de Poche]

Il n'y a pas qu'au Rwanda que la guerre a sévi entre Hutus et Tutsis : au Burundi aussi, dès 1993. Gabriel, le narrateur, fils d'une mère tutsi et d'un père français, a pu s'échapper en France, mais il garde la nostalgie douloureuse de son enfance et de son pays perdus. Récit inspiré de la vie de l'auteur, *Petit Pays* évoque, à travers le regard d'un enfant, la violence et l'absurdité d'un conflit entre des ethnies ne se distinguant ni par la langue, ni par la culture, ni par l'histoire, ni par le territoire occupé.

CAMILLE LAURENS,
La Petite Danseuse de quatorze ans (2017) [Gallimard]

Quelle est l'histoire de cette statue de cire modelée par Edgar Degas et qui fit scandale en 1881 ? Qui était la petite danseuse de 14 ans qui en fut le modèle ? Camille Laurens mène l'enquête.

SCHOLASTIQUE MUKASONGA,
Notre-Dame du Nil (2012) [Folio]

Dans ce lycée, une loi limite le nombre de Tutsis à 10 %, les jeunes filles étudient entre les troubles de l'adolescence et les persécutions.

MARTINE SONNET,
Atelier 62 (2008) [Le temps qu'il fait]

Le livre tisse les souvenirs d'enfance de l'auteure, les archives et les souvenirs de son père, embauché chez Renault à Billancourt dans les années 1950.

BANDE DESSINÉE

ART SPIEGELMAN,
Maus (1978-1991) [Flammarion]

L'auteur demande à son père de lui raconter la Shoah pour écrire sa bande dessinée. Les planches mêlent le récit du père, les interrogations de l'auteur et leurs relations difficiles.

Téléchargez un questionnaire en ligne pour guider vos lectures.

FILMS

GIULIO RICCIARELLI,
Le Labyrinthe du silence (2014)

1958. L'Allemagne veut oublier, mais un jeune procureur décide de faire juger d'anciens SS ayant servi à Auschwitz. Un film respectueux des faits historiques : de 1963 à 1965, à la suite d'une longue et difficile enquête, s'ouvre à Francfort le procès de vingt-deux membres de la direction du camp de la mort. Le héros du film, personnage composé à partir des trois procureurs réels, est un justicier qui se bat seul contre tous pour instruire le dossier.

CHARLIE CHAPLIN,
Les Temps modernes (1936)

Chef-d'œuvre du cinéma de Charlie Chaplin, qui nous interroge sur le progrès humain et la recherche du bonheur.

Lucas Van Valckenborgh, *La Tour de Babel*, 1594, musée du Louvre, Paris.

Étude de la langue

1. Classes grammaticales et fonction des mots

OUTILS DE LA LANGUE

Faire l'analyse grammaticale d'un mot consiste à préciser sa classe grammaticale et sa fonction dans la phrase.

LES CLASSES DE MOTS

Chaque mot appartient à une **classe grammaticale**. On distingue **dix classes grammaticales.**
- **Classes de mots variables : verbes**, qui se conjuguent ; **noms**, **pronoms**, **adjectifs**, **déterminants**, qui varient en genre et en nombre.
- **Classes de mots invariables : adverbes**, **conjonctions de coordination**, **conjonctions de subordination**, **prépositions**, **interjections**.

LES CLASSES DES GROUPES DE MOTS

Les mots peuvent former des groupes. Un groupe de mots appartient à la classe grammaticale du mot noyau du groupe. On distingue :
- le **groupe nominal** : *les romans balzaciens* ;
- le **groupe infinitif** : *pour lire le théâtre de Shakespeare* ;
- le **groupe adjectival** : *intéressants à étudier* ;
- le **groupe pronominal** : *ceux du chapitre suivant.*

LE CHANGEMENT DE CLASSE GRAMMATICALE

- Certains mots (adjectifs, verbes, adverbes) peuvent **changer de classe grammaticale et devenir des noms** (= des substantifs) si on les fait précéder d'un **déterminant**.

Ils peuvent passer :
- d'adjectif à nom : *faux, haut, bas* → *le faux, le haut, le bas* ;
- de verbe à nom : *déjeuner (infinitif)* → *le déjeuner* ; *passé (participe)* → *le passé* ;
- d'adverbe à nom : *pourquoi, comment (adverbes interrogatifs)* → je voudrais distinguer *le pourquoi du comment*.

- Il arrive qu'une proposition entière soit précédée d'un déterminant et ainsi transformée en nom : on dit qu'elle est **substantivée**.

> Il ne se soucie pas du qu'en dira-t-on.

LA FONCTION DES MOTS ET GROUPES DE MOTS

- Un mot (ou un groupe de mots) joue un rôle grammatical par rapport aux autres mots de la phrase où il est employé. La **fonction** s'exerce :
- soit **par rapport à un nom** (épithète, complément du nom) **ou un adjectif** (complément de l'adjectif) ;

> Leurs grands yeux sombres sont devenus tout à fait brillants. (Baudelaire)
> (grands, sombres : épithètes du nom yeux)

- soit **par rapport au verbe de la proposition** (sujet, COD, COI, COS, complément d'agent) **ou par l'intermédiaire du verbe de la proposition** (attribut du sujet, attribut du COD) ;

> La maison d'étude était belle, car les habitants de la ville l'avaient construite de leurs mains. (S.J. Agnon)
> (La maison d'étude : sujet ; belle : attribut du sujet ; l' : COD)

- soit **par rapport à toute la proposition** (compléments circonstanciels).

> Le jour, ils étaient pris par leurs métiers, en ville. (S.J. Agnon)
> (Le jour : CC de temps ; en ville : CC de lieu)

VERS LE COMMENTAIRE

La répétition de mots ou groupes de mots appartenant à la même classe grammaticale ou ayant la même fonction peut être destinée à produire un effet.
Après avoir brouté, trotté, fait mille tours
Jeannot Lapin retourne au souterrain séjour. (La Fontaine)

S'ENTRAÎNER

EXERCICE 1

Faites correspondre un mot dans la colonne A à un mot de la colonne B.

A	B
déterminant	femme
interjection	sous
verbe	le nôtre
préposition	parce que
conjonction de coordination	notre
conjonction de subordination	descriptif
pronom	analyser
nom	malheureusement
adjectif qualificatif	ou
adverbe	hélas

EXERCICE 2

Donnez la classe grammaticale des mots soulignés dans le texte suivant.

Ah ! bien sûr, ce n'était pas d'hier que lui et les siens tapaient à la veine ! La famille travaillait pour la Compagnie des mines de Montsou, depuis la création ; et cela datait de loin, il y avait déjà cent six ans.

Émile Zola, *Germinal*, 1885.

EXERCICE 3

Voici des noms formés à partir de mots appartenant initialement à une autre classe grammaticale. Indiquez, dans chaque cas, quelle est cette classe grammaticale.

1. Les perdants et les gagnants
2. Un affamé
3. Un je-ne-sais-quoi
4. Le souper

EXERCICE 4

Identifiez le mot noyau de chaque groupe souligné, et déduisez-en la classe grammaticale du groupe.

Balzac a rassemblé ses romans dans un ensemble structuré, *La Comédie humaine*, qui explore tous les milieux sociaux. La partie « Études de mœurs » compte plus de cinquante romans regroupés en « Scènes » : celles de la vie privée, de la vie de province, de la vie parisienne, de la vie politique, de la vie militaire, de la vie de campagne. L'intention de Balzac est d'analyser les rouages de la société, d'en faire une fresque susceptible d'être transmise aux générations futures.

EXERCICE 5

Donnez la fonction précise des mots et groupes de mots soulignés.

Le soir nous revenions à la ville, notre voiture remplie de fleurs et de débris de statues, rejoindre le vieux Davide, que ses affaires retenaient à Rome, et qui nous menait finir la journée dans sa loge au théâtre.

Alphone de Lamartine, *Graziella*, 1852.

EXERCICE 6

Faites l'analyse grammaticale des mots et groupes de mots soulignés dans le texte suivant.

Quand Camilla fut partie, je restai absolument seul à Rome, sans aucune lettre de recommandation, sans aucune autre connaissance que les sites, les monuments et les ruines où la *Camilla* m'avait introduit.

Alphone de Lamartine, *Graziella*, 1852.

EXERCICE 7

Inventez des phrases respectant les structures suivantes.

1. CCL, verbe, sujet, CCT.
2. CCT, sujet, verbe, COI.
3. Sujet, COD, COS, verbe, CCT.

EXERCICE 8 : VERS L'ANALYSE

Dans cette tirade, quelle tournure se répète dans les phrases interrogatives ? À quelle classe de mots appartient-elle ? Quel effet produit cette répétition ?

Chercher un protecteur puissant, prendre un patron,
Et comme un lierre obscur qui circonvient un tronc
Et s'en fait un tuteur en lui léchant l'écorce,
Grimper par ruse au lieu de s'élever par force ?
Non, merci. Dédier, comme tous ils le font,
Des vers aux financiers ? Se changer en bouffon
Dans l'espoir vil de voir, aux lèvres d'un ministre,
Naitre un sourire, enfin, qui ne soit pas sinistre ?
Non, merci. Déjeuner, chaque jour, d'un crapaud ?
Avoir un ventre usé par la marche ? Une peau
Qui plus vite, à l'endroit des genoux, devient sale ?
Exécuter des tours de souplesse dorsale ?...
Non, merci. D'une main flatter la chèvre au cou
Cependant que, de l'autre, on arrose le chou,
Et donneur de séné par désir de rhubarbe,
Avoir un encensoir, toujours, dans quelque barbe ?
Non, merci ! Se pousser de giron en giron,
Devenir un petit grand homme dans un rond,
Et naviguer, avec des madrigaux pour rames,
Et dans ses voiles des soupirs de vieilles dames ?
Non, merci !

Edmond Rostand, *Cyrano de Bergerac*, 1897.

2. Les accords dans le groupe nominal

OUTILS DE LA LANGUE

RÈGLE GÉNÉRALE

- Les **adjectifs qualificatifs** et les **déterminants** s'accordent en genre et en nombre avec le nom auquel ils se rapportent.

> une autobiographie révélatrice, un essai révélateur, tous les récits, toutes les nouvelles, quelle œuvre, quel auteur !

- Les **participes passés** employés seuls ont le rôle d'adjectifs qualificatifs et s'accordent avec le nom auquel ils se rapportent.

> On sait aujourd'hui que toutes les œuvres théâtrales attribuées à cet auteur ne sont pas forcément de lui.

LES ACCORDS DÉLICATS

- Si l'adjectif se rapporte à plusieurs noms ou pronoms de genres différents, on fait l'accord au masculin pluriel.

> Nous vous proposons des revues et des journaux passionnants.

- **Attention à l'accord des noms et des adjectifs composés.** Seuls les éléments constitués d'un adjectif ou d'un nom varient. On écrit : *des rouges-gorges, des réflexions douces-amères*.
Cependant, le sens doit permettre l'accord. On écrit au singulier : *un chasse-mouches* (pour chasser les mouches), *un vide-ordures*. Au pluriel, on écrit : *des timbres-poste* (de la poste), *des pots-au-feu* (qu'on met sur le feu), *des pur-sang* (qui ont le sang pur).
Si l'un des deux éléments est un verbe, une préposition, un adverbe, une abréviation, cet élément reste invariable : *des couvre-lits, des avant-scènes, des haut-parleurs, des tragi-comédies*.

QUESTION **Identifiez la classe grammaticale des éléments composant les mots de cette liste.**

- *Même, quelque, tout* sont tantôt déterminants indéfinis, et ils s'accordent, tantôt adverbes, et ils restent invariables.
- Déterminants : *Nous avons lu quelques* (un petit nombre de) *récits de Maupassant. Ce sont les mêmes histoires que nous avions lues au collège. Tous ses contes ne sont pas fantastiques.*
- Adverbes : *Nous avons appris la scène et nous avons même imaginé la mise en scène. Il y a quelque* (environ) *trois semaines que nous travaillons. Nos camarades sont tout* (complètement) *étonnés de notre enthousiasme.*

Attention : l'adverbe *tout* placé devant un adjectif au féminin qui commence par une consonne s'accorde comme cet adjectif.

> L'œuvre de Simone de Beauvoir eut une influence considérable, toute scandaleuse qu'elle ait paru en 1949.

DIFFICULTÉS À SURMONTER

- Si l'adjectif est éloigné du nom, il faut relire la phrase pour bien faire l'accord.
Ravie de ce prix littéraire auquel elle ne s'attendait pas, l'écrivaine...
- **Attention,** n'oubliez aucune marque de pluriel dans un groupe nominal étendu.
Violettes à courte tige, violettes blanches et violettes bleues, et violettes d'un blanc bleu veiné de nacre mauve, violettes de coucou anémiques et larges, qui haussent sur de longues tiges leurs pâles corolles inodores. (Colette, *Les Vrilles de la vigne*, 1908.)

QUESTION **Repérez les marques de pluriel des mots accordés au nom *violettes*.**

VERS LE COMMENTAIRE

Le choix du singulier ou du pluriel peut correspondre à une intention de l'auteur. Le singulier permet, par exemple, un effet de généralisation ou d'idéalisation. Le pluriel peut créer une impression d'abondance, ou même d'infini.

Les soleils mouillés / De ces ciels brouillés / Pour mon esprit ont les charmes / Si mystérieux / De tes traîtres yeux, / Brillant à travers leurs larmes. / Là, tout n'est qu'ordre et beauté, / Luxe, calme et volupté. (Charles Baudelaire, *L'invitation au voyage*, 1857.)

QUESTION **Quels sont les effets produits par l'emploi du pluriel puis par celui du singulier ?**

S'ENTRAÎNER

EXERCICE 1

Mettez au pluriel les expressions suivantes.

une grand-mère attentionnée – un souffre-douleur – un chef-d'œuvre – une sauce aigre-douce – mon enfant bien-aimé – la musique latino-américaine – un projet mort-né – un enfant nouveau-né – un rayon ultra-violet – un pot à demi rempli – légère et court-vêtue.

EXERCICE 2

Écrivez correctement les formes des mots entre parenthèses.

1. (Même) causes, (même) conséquences.
2. Je vous attendrai en ces lieux-(même) où je vous ai rencontré pour la première fois.
3. Les résultats sont mauvais, et (même) (nul).
4. (Quelque) personnes s'inquiètent pour les résultats de son audition.
5. (Quelque) deux cents personnes se trouvaient réunies là.
6. Après le concours, elle était (tout) fatiguée. Maintenant, elle est (tout) angoissée par l'attente des résultats.
7. (Tout) candidat, (tout) candidate présentera un dossier solide.

EXERCICE 3

Écrivez en toutes lettres les nombres suivants : 184, 120, 220, 1 345, 87, 1 500.

L'adjectif numéral cardinal est invariable sauf *vingt* et *cent*, qui prennent un *-s* quand ils sont précédés d'un nombre qui les multiplie et qu'ils ne sont pas suivis d'une unité.
Quatre-vingts poèmes, quatre-vingt-six pages.
Trois cents marches, trois cent deux marches.

EXERCICE 4

Accordez les mots soulignés dans les phrases suivantes.

1. Les romans et les nouvelles de Maupassant, très habilement dénonciateur, et bien écrit, ont toujours de nombreux lecteurs.
2. Il fut aussi l'auteur de chroniques qui, vigoureux et satirique, amusant ou polémique, révèlent un auteur engagé dans son époque.
3. *Boule de Suif*, nouvelle écrit en 1879, et rendu public en 1880, fut d'abord lue par Maupassant à ses amis.
4. Très influencé par Gustave Flaubert, il suivit ses conseils littéraire, et lui voua une amitié filial payé de retour.
5. On peut opposer les récits réaliste et les contes fantastique de Maupassant dans le choix de la voix narratif ; les premiers, souvent raconté à la troisième personne, diffèrent des seconds, où l'emploi de la premier personne permet de comprendre les émotions ressenti par le héros.

EXERCICE 5

Remplacez « des barriques » (au début du texte) par « des tonneaux », puis « des barques » par « des bateaux » et faites les accords nécessaires.

Des *barriques* étaient rangées, au long du quai, les unes couchées, les autres debout et toutes laquées d'or par la lumière qui déclinait. [...]
Des *barques*, mollement, se balançaient. Quelques-unes avaient des mâts croisés. Vieilles ou neuves, rongées par les flots marins ou vernissés, horizontalement rayées de noir, de rouge, de blanc ou de vert, elles se soudaient à leurs reflets mobiles, faisaient corps avec eux. Plusieurs étaient allongées sur des dalles huileuses.

EDMOND JALOUX, *Et le reste est silence*, 1909.

EXERCICE 6 : VERS L'ANALYSE

a. Relevez dans le texte suivant le verbe qui place le passage sous le signe de la rêverie.

b. Relevez ensuite les expressions au pluriel.

c. Expliquez en quoi l'emploi du pluriel contribue à produire l'effet d'une rêverie.

Emma vient de se marier :

Elle songeait quelquefois que c'étaient là pourtant les plus beaux jours de sa vie, la lune de miel, comme on disait. Pour en goûter la douceur, il eût fallu, sans doute, s'en aller vers ces pays à noms sonores où les lendemains de mariage ont de plus suaves paresses ! Dans des chaises de poste, sous des stores de soie bleue, on monte au pas des routes escarpées, écoutant la chanson du postillon, qui se répète dans la montagne avec les clochettes des chèvres et le bruit sourd de la cascade. Quand le soleil se couche, on respire au bord des golfes le parfum des citronniers ; puis, le soir, sur la terrasse des villas, seuls et les doigts confondus, on regarde les étoiles en faisant des projets.

GUSTAVE FLAUBERT, *Madame Bovary*, 1857.

3. Les accords dans la phrase

OUTILS DE LA LANGUE

L'ACCORD DU VERBE ET DU SUJET : DIFFICULTÉS

- Le sujet peut être éloigné du verbe ou placé après lui.

> Je vais vous dire ce que me rappellent tous les ans **le ciel agité de l'automne et les feuilles** qui jaunissent. (Anatole France)

- Après le pronom relatif *qui,* le verbe s'accorde avec l'antécédent en genre, en nombre et en personne.

> Je t'adore, Soleil, **Toi** qui sèches les pleurs des moindres graminées. (Edmond Rostand)

- Après *peu, la plupart, assez, beaucoup, combien,* le verbe est au pluriel.
- Après *on, plus d'un, chacun,* le verbe est au singulier.

> Peu étaient présents, beaucoup déjà repartis.
> Chacun connaît le maire, plus d'un a eu affaire à lui.

- Quand plusieurs sujets sont reliés par *ni* et *ou*, le verbe se met au singulier si l'action exprimée concerne un seul sujet et au pluriel si l'action les concerne tous.

> Le lièvre ou la tortue gagnera la course.
> Ni Anastasie ni Delphine n'ont porté secours au père Goriot.

L'ACCORD DU PARTICIPE PASSÉ

- Employé comme adjectif, le participe passé s'accorde avec le nom auquel il se rapporte : *Une lettre bien écrite.*
- Employé avec le verbe *être*, le participe passé s'accorde avec le sujet : *Les exercices sont relus.*
- Employé avec le verbe *avoir*, le participe passé s'accorde avec le COD si celui-ci est placé avant le verbe : *J'ai écrit des lettres. / Les lettres, je les ai écrites.*

⚠ **Attention :** les COD placés avant le verbe sont les pronoms *le, la, les, que.* Il faut accorder le participe avec le nom que ces pronoms représentent : *Les résumés que j'ai faits. Les lectures que j'ai faites.*

⚠ **Attention :** si le verbe est suivi d'un infinitif, le participe passé s'accorde avec le COD uniquement si ce COD est aussi le sujet de l'infinitif.

> Les auteurs que j'ai vu présenter par ce journaliste. Les auteurs que j'ai vus présenter leurs livres.

DIFFICULTÉS À SURMONTER

Avec un verbe à la forme pronominale, le participe passé s'accorde en fonction de la catégorie à laquelle le verbe se rattache.

- Pour les **verbes essentiellement pronominaux** (qui n'existent pas à la forme active) : *s'enfuir, s'abstenir...* et les **verbes pronominaux de sens passif** : *se vendre* (= être vendu), *se boire* (= être bu)..., le participe passé s'accorde avec le sujet. *Elles se sont enfuies. Les livres se sont bien vendus.*
- Pour les **verbes de sens réfléchi** : *se laver...*, le participe passé s'accorde avec le COD si celui-ci est placé avant le verbe.

Elle s'est lavée (*se* est COD). Elle s'est lavé les mains (le COD est *les mains* ; *se* n'est pas COD mais COS).

- Pour les **verbes de sens réciproque** : *se regarder, s'aider...*

- Si le verbe actif correspondant est transitif direct, le participe s'accorde avec le COD : *Ils se sont regardés.* (on dit *regarder quelqu'un*).

- Si le verbe actif correspondant est transitif indirect, il n'y a pas d'accord : *Ils se sont plu* (on dit *plaire à, nuire à*).

VERS LE COMMENTAIRE

Dans un texte complexe, les accords permettent de bien percevoir les liens entre les mots et les groupes de mots, donc le sens du texte.

Avant d'y arriver, nous rencontrions, venue au-devant des étrangers, l'odeur de ses lilas. Eux-mêmes, d'entre les petits cœurs verts et frais de leurs feuilles, levaient curieusement au-dessus de la barrière du parc leurs panaches de plumes mauves ou blanches que lustrait, même à l'ombre, le soleil où elles avaient baigné. (Marcel Proust)

QUESTION **En quoi les accords des mots soulignés permettent-ils de mieux comprendre le texte ?**

S'ENTRAÎNER

EXERCICE 1

Conjuguez les verbes entre parenthèses au temps indiqué.

1. Toi et moi (*trouver*, futur simple) les mêmes résultats.
2. Balzac, comme Flaubert, (*avoir*, présent) beaucoup écrit.
3. Certains articles de Zola qui (*paraître*, passé composé) dans la presse ont fait scandale.
4. Plus d'un parmi les prisonniers (*condamner*, passé simple passif) à de lourdes peines.
5. Aragon ainsi qu'Éluard (*appartenir*, passé composé) au mouvement surréaliste.
6. Ni Rousseau ni Voltaire ne (*voyager*, passé simple) hors de l'Europe.
7. Sand ou Lamartine (*approuver*, conditionnel passé) cette prise de position.

EXERCICE 2

Dans les phrases suivantes, accordez ou non le participe passé du verbe entre parenthèses. Justifiez votre choix.

1. Quand les jarres furent (ranger) en bon ordre au fond de la cour, les chevaux (attacher), Ali Baba conduisit son hôte à l'intérieur.
2. Cependant la femme étant (aller) ouvrir, vit devant elle son quatrième ami.
3. Nous sommes (venir) te visiter.
4. La vieille sorcière, (éblouir), se prosterna au pied du trône.
5. La vieille, après avoir (embrasser) la terre une deuxième fois, se releva.
6. Elle en exprima le désir aux deux jeunes femmes après les avoir (remercier).

Phrases extraites des *Mille et une nuits* (Antoine Galland).

EXERCICE 3

Accordez les participes passés des verbes entre parenthèses.

1. Au bout d'un quart d'heure, ils avaient (franchir) les brandes. (Sand)
2. Je vous ai (voir), grands champs baignés de la blancheur de l'aube. (Gide)
3. Il ne lui restait aucune trace des jolies couleurs qu'elle se vantait d'avoir (avoir). (Balzac)
4. Mon frère allait nous revenir, ce serait bientôt comme s'il ne nous avait jamais (quitter). (Loti)
5. Madame de Beaumont avait (planter) un cyprès et elle s'était plu à me le montrer en passant. (Chateaubriand)
6. Mes manuscrits (raturer) attestent la peine qu'ils m'ont (coûter). (Rousseau)
7. Elle s'était si bien rappelé les façons de sa maîtresse qu'elle en avait (retrouver) l'impertinence. (Balzac)
8. Tous les gens qu'il avait (voir) passer étaient rangés autour du chœur. (Daudet)
9. Ah ! les ai-je (entendre) chanter, depuis quatre jours, tes vertus. (Saint-Exupéry)
10. La plante mise en liberté garde l'inclinaison qu'on l'a (forcer) à prendre. (Rousseau)

EXERCICE 4

Dites à quelle catégorie appartiennent les verbes pronominaux suivants puis écrivez la 3e personne du pluriel du passé composé avec un sujet au masculin.

se moquer – se concentrer – s'échapper – se sourire – se parler – se reposer – s'aider

EXERCICE 5

Complétez les phrases en accordant le participe passé du verbe entre parenthèses. Justifiez votre réponse.

1. Ils se sont (rencontrer) devant le lycée.
2. Elles s'étaient (lasser) de l'attendre.
3. Marie s'est (couper) avec un couteau.
4. Marie s'est (couper) les cheveux avec des ciseaux.
5. Pierre et Jeanne se sont (déplaire) dès leur première rencontre.
6. Sylvie et Jeanne ne se sont pas (plaire).

EXERCICE 6

Mettez les verbes entre parenthèses au temps indiqué et accordez les participes passés.

Portrait de Vautrin

Si quelque serrure allait mal, il l' (*démonter, rafistoler, huiler, limer, remonter,* plus-que-parfait) bientôt, en disant : Ça me connaît. Si quelqu'un se plaignait par trop, il lui offrait aussitôt ses services. Il (*prêter,* plus-que-parfait) plusieurs fois de l'argent à Madame Vauquer et à quelques pensionnaires ; mais ses obligés (*mourir,* conditionnel passé) plutôt que de ne pas le lui rendre, tant, malgré son air bonhomme, il imprimait de crainte par un certain regard profond et plein de résolution. Ses mœurs consistaient à sortir après le déjeuner, à revenir pour dîner, à décamper pour toute la soirée, et à rentrer vers minuit, à l'aide d'un passe-partout que lui (*confier,* plus-que-parfait) Madame Vauquer.

HONORÉ DE BALZAC, *Le Père Goriot,* 1835.

Vautrin, gravure de 1835.

4. Les modes personnels et impersonnels

OUTILS DE LA LANGUE

Le **mode** verbal correspond à la **manière d'envisager les actions**. Un mode est **personnel** s'il **se conjugue**, **impersonnel** s'il **ne se conjugue pas aux différentes personnes**.

LES MODES PERSONNELS

- **L'indicatif** présente une action passée, présente ou future comme **réelle**. Il possède huit temps (voir p. 422) : c'est le mode du récit.

> Napoléon mourut à Sainte-Hélène où on l'avait exilé.

- **Le conditionnel** est le **mode du possible**. Il a deux temps :

- le présent : *On devrait connaître bientôt les résultats.*
- le passé : *On aurait dû avoir les résultats hier.*

- Quand il est lié à une condition, selon le temps choisi, ce mode exprime :

- que l'action est possible dans l'avenir : *Il viendrait demain s'il pouvait.*
- que l'action est irréalisable dans le présent : *S'il ne gelait pas, Paul se baignerait.*
- que l'action ne s'est pas réalisée dans le passé : *S'il n'avait pas gelé, Paul se serait baigné.*

- Le conditionnel peut prendre la valeur d'un temps et exprimer le **futur dans un contexte au passé.**

> Pierre ne savait pas s'il viendrait.

- L'**impératif** exprime l'**ordre** ou la **défense**, le **souhait**, la **prière**.

> Ne pars pas !

- **Le subjonctif** présente l'action comme **éventuelle**. On peut le trouver dans une indépendante pour exprimer le souhait, la volonté.

> Puissiez-vous réussir !

Employé surtout dans les subordonnées, il est :
- introduit par la conjonction ***que***, après des verbes de souhait, de doute ou de crainte, ou après une principale négative ;

> Je doute qu'il vienne demain. Je ne crois pas qu'il soit là.

- obligatoire après certains subordonnants (*avant que, pour que, bien que*...)

> Tu viendras afin que je t'explique mes intentions.

Dans les relatives, il introduit une nuance circonstancielle (but, conséquence...)

> Je cherche un manteau qui soit élégant

- Le subjonctif possède quatre temps.

On emploie couramment le **présent** et le **passé**.

> Nous voulons que vous fassiez une déclaration. Il faut que vous ayez fini à temps.

On trouve à l'écrit l'**imparfait** et le **plus-que-parfait.**

> Il fallait que vous parlassiez/qu'il parlât au nom de tous.
> Il aurait fallu que vous eussiez parlé/qu'il eût parlé au nom de tous.

LES MODES IMPERSONNELS

- **L'infinitif** exprime le sens du verbe, au présent (*lire*) ou au passé (*avoir lu*).
- Il a souvent une valeur de nom et prend les fonctions d'un nom.

> Nager me détend (sujet).
> Il travaille pour réussir. (CC de but)

- Il peut remplacer l'impératif pour donner des conseils.

> Lire attentivement la notice.

- **Le participe et le gérondif** (*en* + participe présent) présentent l'action comme une **circonstance d'une autre action**, et peuvent jouer le rôle d'une subordonnée circonstancielle.

> La nuit tombant tôt (comme la nuit tombait...), il fallait se dépêcher.
> En entrant dans la pièce (= quand il entra...), il salua l'assistance.

Le participe possède un présent, toujours actif (*entrant*), et un passé, actif ou passif (*étant entré/ entré*).

S'ENTRAÎNER

EXERCICE 1

Transformez ces phrases déclaratives en phrases impératives.

1. Il ne faut pas renoncer à tes études.
2. Tu ne dois pas prendre cette direction.
3. Tu sortiras par la porte de derrière.
4. Je vous ordonne de résoudre cette difficulté rapidement ou de trouver une autre solution.
5. Il faut que vous sachiez votre texte par cœur dès la prochaine répétition.

EXERCICE 2

L'expression de la condition

- La **subordonnée** introduite par *si* est toujours à l'**indicatif** : elle exprime la condition dont dépend l'action exprimée dans la principale.
- Le verbe de la **principale** est au **conditionnel** puisque la réalisation de l'action demeure hypothétique, car soumise à la condition.

Complétez les énoncés suivants.

1. Si je réussissais brillamment mon bac, ...
2. Si j'obtiens mon permis de conduire, ...
3. Si la situation économique n'était pas aussi difficile, ...
4. Si j'avais fini mon travail, ...
5. Si Cosette n'avait pas rencontré Jean Valjean, ...

EXERCICE 3

Complétez les énoncés suivants en imaginant une hypothèse.

1. Je commencerais à lire ce roman...
2. Je commencerai à lire ce roman...
3. Nous reprendrions nos recherches...
4. Vous n'auriez pas renoncé à votre voyage...
5. Jean Valjean n'aurait pas été envoyé au bagne...

EXERCICE 4

Pour les formes du subjonctif soulignées, précisez leur temps et expliquez les différents emplois de ce mode.

1. Je ne veux point qu'on me plaise, répondit le voyageur, je veux qu'on m'instruise. (Voltaire, *Micromégas*)
2. Pensez-vous qu'il soit si facile de faire un animal qui soit toujours raisonnable ? (Voltaire, *Micromégas*)
3. Mais je ne vois pas quelle a été votre idée en couvrant la terre de tant de plantes venimeuses, à moins que vous n'ayez eu le dessein d'empoisonner ses habitants. (Voltaire, *Le Songe de Platon*)
4. Vous avez séparé votre monde en deux et vous avez mis un grand espace d'eau entre les deux hémisphères afin qu'il n'y eût point de communication de l'un à l'autre. (Voltaire, *Le Songe de Platon*)

EXERCICE 5

Voici des phrases incorrectes ou d'un sens équivoque : expliquez pourquoi. Puis reformulez-les pour corriger l'erreur et élucider le sens.

1. En tombant du toit, ma jambe s'est cassée.
2. En arrivant chez le boulanger, il avait déjà fermé boutique.
3. Il désire quelqu'un qui l'accueille le soir en rentrant.
4. Aboyant, je donnai à mon chien un os pour le calmer.
5. Précédée d'une mauvaise réputation, je m'attendais à la trouver désagréable.
6. Arrivés à la maison, il me précéda avec la valise.
7. Devenu chef de l'État, ses partisans fêtaient son élection.
8. Réfugiés chassés par la guerre, venus en France avec leurs quatre enfants, leur arrivée en France a été délicate.

Le participe détaché en tête de phrase et le gérondif

Ils doivent toujours renvoyer au sujet, sinon la construction est incorrecte.

N'ÉCRIVEZ PAS	ÉCRIVEZ
• Fatiguée, Pierre a reconduit Sylvie en voiture.	• Fatiguée, Sylvie a demandé à Pierre de la reconduire en voiture.
• En partant, la pluie commença à tomber.	• Comme nous partions, la pluie commença à tomber.

EXERCICE 6 : ÉCRITURE

a. Repérez dans le texte les subjonctifs de souhait et les impératifs exprimant l'ordre ou la défense.

b. Puis, en imitant le texte de Voltaire, rédigez un court plaidoyer pour la paix aujourd'hui.

c. Réutilisez les constructions du texte et employez les modes subjonctif et impératif.

Puissent tous les hommes se souvenir qu'ils sont frères ! Qu'ils aient en horreur la tyrannie exercée sur les âmes, comme ils ont en exécration le brigandage qui ravit par la force le fruit du travail et de l'industrie paisible ! Si les fléaux de la guerre sont inévitables, ne nous haïssons pas, ne nous déchirons pas les uns les autres dans le sein de la paix, et employons l'instant de notre existence à bénir également en mille langages divers, depuis Siam jusqu'à la Californie, [la] bonté [de Dieu] qui nous a donné cet instant.

VOLTAIRE, « Prière à Dieu», *Traité sur la tolérance*, 1763.

5. Les temps de l'indicatif

OUTILS DE LA LANGUE

LES TEMPS DE L'INDICATIF

L'indicatif a **quatre temps simples** (présent, futur, imparfait, passé simple) et **quatre temps composés** (passé composé, futur antérieur, plus-que-parfait, passé antérieur).

LE RÉCIT AU PRÉSENT : LA CONCORDANCE DES TEMPS

• **Dans un récit au présent**, on emploie le **présent** associé avec le **passé composé**, qui permet de rapporter les actions passées.

> Le vieil homme ouvre la lettre qu'on lui a apportée la veille.

• **Pour exprimer les actions futures**, on emploie le **futur simple**. Le **futur antérieur** sert à exprimer des actions futures ayant lieu avant celles rapportées au futur simple.

> Elle rêve à la vie qu'elle mènera lorsqu'elle aura réussi à gagner la capitale.

LE RÉCIT AU PASSÉ : LA CONCORDANCE DES TEMPS

• **Dans un récit au passé**, on emploie surtout le **passé simple** et l'**imparfait**. Le **plus-que-parfait** permet d'exprimer les actions passées par rapport à celles rapportées aux deux autres temps.

> Le vieil homme ouvrit la lettre qu'on lui avait apportée la veille.

DIFFICULTÉS À SURMONTER **La conjugaison du passé simple**

Au 1er groupe, la 1re personne du singulier est en *-ai*, la 3e du pluriel est en *-èrent*.
Au 3e groupe, **attention** à la voyelle du radical : *je lus, je fis, je dus, je mis*.
Au 3e groupe, *tenir*, *venir* et leurs composés se conjuguent ainsi : *je vins, tu vins, il vint, nous vînmes, vous vîntes, ils vinrent*

• **Pour exprimer les actions futures**, on emploie le **conditionnel présent** (forme en *-rais*) et le **conditionnel passé** (forme composée avec l'auxiliaire au conditionnel présent).

> Elle rêvait à la vie qu'elle mènerait lorsqu'elle aurait réussi à gagner la capitale.

• Le **passé antérieur** s'emploie après une conjonction de temps pour exprimer une action terminée avant une autre action rapportée au passé simple.

> Lorsqu'il eut fait signe au chauffeur, la voiture démarra.

LES VALEURS D'ASPECT DES TEMPS DE L'INDICATIF

• Les temps ne servent pas seulement à ordonner les actions sur un axe chronologique, ils expriment aussi les différentes façons d'envisager le déroulement d'une action (**achèvement**, **répétition**, **durée**...) : ce sont les valeurs d'**aspect**.

• **Dans un récit au passé**, on rapporte au **passé simple** les actions présentées comme terminées ou successives. L'**imparfait** exprime les actions présentées comme durables, répétées, habituelles et les éléments descriptifs.

> Le jeune homme sortit précipitamment et monta dans une superbe voiture qui l'attendait devant la porte et dont les chromes brillaient.

QUESTION Justifiez l'emploi des temps dans la phrase.

• Le **présent** peut exprimer une vérité générale.

> Le roman est le genre littéraire le plus apprécié du public.

• **Dans un récit au passé**, le **présent de narration** donne de l'intensité à l'action.

> La bataille commença. Les soldats s'élancent vers les lignes ennemies.

VERS LE COMMENTAIRE

Pensez à commenter l'emploi du présent dans un texte au passé : présent de narration (effet d'intensité) ou vérité générale.

S'ENTRAÎNER

EXERCICE 1

Conjuguez ces verbes aux trois personnes du pluriel à l'imparfait puis au temps composé correspondant :

songer – essayer – appuyer – courir – lier – nier – comprendre

> **Coup de pouce**
> **Attention :** aux personnes *nous* et *vous*, les verbes qui ont un ***i*** au radical prennent **deux *i***. Les verbes qui ont un ***y*** au radical prennent **un *y* suivi d'un *i*.**

EXERCICE 2

Conjuguez les verbes suivants à toutes les personnes au passé simple et au temps composé correspondant.

penser – placer – définir – noyer – grandir – faire – vouloir – dire – vouloir – parvenir.

EXERCICE 3

Conjuguez les verbes suivants à la 1re personne du singulier et du pluriel : au futur simple, au futur antérieur, au conditionnel présent (forme en *-rais*).

balayer – lier – lire – courir – venir – cueillir

> **Coup de pouce**
> Les verbes qui ont un ***e*** à l'infinitif le gardent au futur. Un des verbes prend deux ***r*** au futur.

EXERCICE 4

Justifiez les temps des formes soulignées. Lequel a exclusivement une valeur d'aspect ?

Un jour du mois de mai, l'abbé Égault, préfet de semaine[1], nous avait conduits à ce séminaire : on nous <u>laissait</u> une grande liberté de jeux, mais il était expressément défendu de monter sur les arbres. Le régent[2], après nous avoir établis dans un chemin herbu, <u>s'éloigna</u> pour dire son bréviaire. Des ormes bordaient le chemin : tout à la cime du plus grand, <u>brillait</u> un nid de pie : nous voilà en admiration, nous montrant mutuellement la mère assise sur ses œufs, et pressés du plus vif désir de saisir cette superbe proie. Mais qui <u>oserait</u> tenter l'aventure ? L'ordre était si sévère, le régent si près, l'arbre si haut ! Toutes les espérances se tournent vers moi : je <u>grimpais</u> comme un chat. J'<u>hésite</u> puis la gloire l'emporte : je me <u>dépouille</u> de mon habit, j'<u>embrasse</u> l'orme et je <u>commence</u> à monter. […] J'<u>aborde</u> au nid, la pie <u>s'envole</u> ; je ravis les œufs, je les mets dans ma chemise et redescends.

François-René de Chateaubriand, *Mémoires d'Outre-Tombe*, livre II, chapitre 4, 1848-1850.

1. Préfet de semaine : chargé de la discipline pendant la semaine.
2. Le régent : le surveillant.

EXERCICE 5

Ce texte se situe quelques lignes après celui de l'exercice précédent.

a. Justifiez l'emploi du présent dans les deux formes soulignées. A-t-il, dans les deux cas, la même valeur ?

b. Lequel des deux emplois permet d'exprimer la conception que se fait le narrateur des êtres humains ?

Tout à coup un cri : « Voici le préfet ! » et je me <u>vois</u> incontinent abandonné de mes amis, comme <u>c'est</u> l'usage. Un seul, appelé Le Gobbien, essaya de me porter secours et fut tôt obligé de renoncer à sa généreuse entreprise.

François-René de Chateaubriand, *ibid.*

EXERCICE 6

Chateaubriand raconte la fin de l'aventure (voir les textes des exercices 4 et 5). Complétez les formes verbales avec les verbes entre parenthèses en choisissant le temps qui convient dans chaque cas.

Au milieu de mes tribulations, je n'(avoir) pas lâché mon trésor ; j'aurais pourtant mieux fait de le jeter comme depuis j'en ai jeté tant d'autres. En dévalant le tronc, je m'écorchai les mains, je m' (érailler) les jambes, et j' (écraser) les œufs : ce fut ce qui me (perdre). Le préfet ne m'avait point vu sur l'orme ; je lui (cacher) assez bien mon sang, mais il n'y eut pas moyen de lui dérober l'éclatante couleur d'or dont j'étais barbouillé. « Allons », me dit-il, « monsieur, vous aurez le fouet. »

François-René de Chateaubriand, *ibid.*

EXERCICE 7 : VERS LE COMMENTAIRE

En relisant les textes des exercices précédents, dites quel choix de temps mérite d'être commenté dans l'étude du passage. Puis rédigez un court paragraphe de commentaire.

EXERCICE 8 : ÉCRITURE

Rédigez un paragraphe qui constituera une suite possible de ces textes.

> **Coup de pouce**
> **Respectez la concordance des temps**

N'ÉCRIVEZ PAS
Elle écrivit une lettre qu'elle poste aussitôt.
ÉCRIVEZ
Elle écrivit une lettre qu'elle posta aussitôt.

6. La phrase et son analyse

OUTILS DE LA LANGUE

LA PHRASE

- Un auteur peut utiliser des phrases brèves (par exemple, dans le dialogue) ou longues.
- Une **phrase** peut être formée :

- d'**une seule proposition** ;
- de **deux propositions ou plus** (indépendantes, principales, subordonnées).

Il y a autant de propositions que de verbes conjugués.

> Vous n'êtes point gentilhomme, vous n'aurez pas ma fille (Molière) → deux propositions

QUESTION Dites combien de propositions contient cette phrase : *Candide approche, voit son bienfaiteur qui reparaît un moment et qui est englouti pour jamais.* (Voltaire)

LES DIFFÉRENTS TYPES DE PROPOSITIONS

Une **proposition** peut être :

- **indépendante** : elle ne dépend d'aucune proposition et aucune proposition ne dépend d'elle ;
- **principale** : elle commande une ou plusieurs propositions subordonnées ;
- **subordonnée** : elle dépend d'une autre proposition (principale ou autre subordonnée) et ne peut constituer une phrase.

> Elle me fait promettre d'apporter des livres de moi, [bien que je lui en déconseille fortement la lecture]. (Breton)
> (Elle me fait promettre d'apporter des livres de moi : proposition principale ; bien que je lui en déconseille fortement la lecture : proposition subordonnée)

DIFFICULTÉS À SURMONTER

Veillez à écrire des phrases complètes : une proposition commençant par une conjonction de subordination ne peut former une phrase.

N'ÉCRIVEZ PAS	ÉCRIVEZ
Elle veut sortir. Bien qu'il fasse froid.	Elle veut sortir bien qu'il fasse froid.

LES SUBORDONNÉES

Les **subordonnées** appartiennent à **trois familles** : les **relatives**, les **complétives** (conjonctives introduites par *que*, interrogatives indirectes), les **circonstancielles** (exprimant le temps, la cause, le but, la conséquence, l'opposition, la condition).

> Quand la classe se mit à rire, le nouveau, qui venait d'arriver, crut qu'on se moquait de lui.
> (Quand la classe se mit à rire : Sub. circonstancielle ; qui venait d'arriver : sub. relative ; qu'on se moquait de lui : sub. complétive)

LA JUXTAPOSITION, LA COORDINATION

Dans une même phrase, les **propositions sur le même plan** (plusieurs indépendantes, principales ou subordonnées) peuvent être :

- **juxtaposées**, c'est-à-dire séparées par une virgule ;
- **coordonnées** par une conjonction de coordination ou un adverbe.

> Tu ne veux pas aller et moi, mordieu, je dis [que tu iras]. (Diderot)
> (Tu ne veux pas aller : indépendante ; moi, mordieu, je dis : principale coordonnée ; que tu iras : subordonnée)

L'ANALYSE LOGIQUE

Faire l'**analyse logique** d'une phrase, c'est identifier les différentes propositions et étudier les relations entre elles (indépendantes, principales, subordonnées) pour voir l'architecture de la phrase et en comprendre mieux le sens.

VERS LE COMMENTAIRE

La longueur de la phrase et sa structure donnent pour partie au texte son ton et son style : ce sont des éléments porteurs de sens.

S'ENTRAÎNER

EXERCICE 1

Indiquez si les phrases du texte sont simples ou complexes. Dans les phrases complexes, relevez les verbes conjugués et précisez le nombre de propositions.

Lorsqu'à l'âge de quatorze ans, César sut lire, écrire et compter, il quitta le pays, vint à pied à Paris chercher fortune avec un louis dans sa poche. La recommandation d'un apothicaire de Tours le fit entrer, en qualité de garçon de magasin, chez Monsieur et Madame Ragon, marchands parfumeurs.

HONORÉ DE BALZAC, *César Birotteau*, 1837.

EXERCICE 2

Repérez les propositions subordonnées correspondant aux principales soulignées. Encadrez les mots subordonnants. Relevez une phrase simple et deux propositions indépendantes.

<u>Peut-être faudrait-il compter pour beaucoup la grosse vieille jument normande bai-brun</u> qui traînait Mlle Cormon à sa campagne du Prébaudet, car les cinq habitants de cette maison portaient à cette bête une affection maniaque. Elle s'appelait Pénélope et servait depuis dix-huit ans ; <u>elle était si bien soignée, servie avec tant de régularité</u> que Jacquelin et mademoiselle espéraient en tirer parti pendant plus de dix ans encore. Cette bête était un perpétuel sujet de conversation et de préoccupation.

HONORÉ DE BALZAC, *La Vieille fille*, 1836.

EXERCICE 3

Après avoir expliqué l'erreur commune à ces deux phrases, faites les modifications nécessaires en conservant le sens des textes.

1. L'auteur décrit la misère de Goriot qui vit dans une chambre glaciale où il n'y a presque pas de meubles que Rastignac compare sans le dire au luxe où vivent les filles du vieillard.

2. Lorsque Vautrin propose à Rastignac d'épouser Victorine quand son frère sera mort dans un duel organisé dans ce but et qu'ainsi elle héritera, le jeune homme écoute le discours du criminel et, bien qu'il soit honnête, comme il a déjà compris que la réussite n'est pas entièrement fondée sur le mérite dans la société de son temps, il est tenté de donner son accord.

EXERCICE 4

Distinguez les différentes propositions et analysez les subordonnées en donnant leur nature exacte et leur fonction.

1. La raison nous commande bien plus impérieusement qu'un maître ; car en obéissant à l'un on est malheureux, et en obéissant à l'autre on est un sot. (Pascal)

2. Cependant, quand je relisais la lettre, j'y trouvais un je-ne-sais-quoi de si triste et de si tendre que tout mon cœur se fendait. (Chateaubriand)

3. Vous allez me demander pourquoi cette différence entre votre chambre et la mienne ? reprit Benassis. Écoutez. (Balzac)

4. Rentré dans son cabinet, le roi fit écrire la relation de ce qu'il avait vu. (Mérimée)

EXERCICE 5 : VERS LE COMMENTAIRE

Faites l'analyse logique de cet extrait. Écrivez une remarque sur la longueur des propositions. Puis, à la lumière de vos réponses, expliquez en quoi la construction des phrases est au service du sens.

Gavroche, fusillé, taquinait la fusillade. Il avait l'air de s'amuser beaucoup. C'était le moineau becquetant les chasseurs. Il répondait à chaque décharge par un couplet. On le visait sans cesse, on le manquait toujours. Les gardes nationaux et les soldats riaient en l'ajustant. Il se couchait, puis se redressait, s'effaçait dans un coin de porte, puis bondissait, disparaissait, reparaissait, se sauvait, revenait, ripostait à la mitraille par des pieds de nez, et cependant pillait les cartouches, vidait les gibernes et remplissait son panier. (Hugo)

Coup de pouce

- Évitez les phrases longues et peu ponctuées.

N'ÉCRIVEZ PAS	ÉCRIVEZ
Quand Rastignac va jouer pour Delphine sa maîtresse de l'argent que celle-ci lui a donné parce que c'est le seul moyen pour elle de cacher ses dépenses à son mari, il gagne avec la chance du débutant.	Quand Rastignac va jouer de l'argent pour Delphine sa maîtresse, il gagne avec la chance du débutant. C'est pour la jeune femme le seul moyen de cacher ses dépenses à son mari.

- Utilisez des constructions variées.

N'ÉCRIVEZ PAS	ÉCRIVEZ
L'auteur décrit le cadre du récit. Le lieu paraît misérable. L'auteur présente les personnages. C'est nécessaire pour comprendre l'histoire.	L'auteur décrit le cadre du récit, qui paraît misérable. Puis il présente les personnages afin que le lecteur puisse comprendre l'histoire.

7. Les propositions subordonnées relatives

OUTILS DE LA LANGUE

QU'EST-CE QU'UNE PROPOSITION SUBORDONNÉE RELATIVE ?

- La proposition subordonnée relative est, comme l'adjectif épithète ou le complément du nom, une **expansion du nom**. Cette expansion enrichit le nom et en précise le sens. Elle permet d'apporter un complément d'information sur un nom ou un pronom sans commencer une nouvelle phrase.
- La subordonnée relative est introduite par un des **pronoms relatifs** *qui, que, quoi, dont, où* (pronoms simples), *lequel, duquel, auquel*... (pronoms composés).
- Ce pronom représente un mot que l'on appelle l'**antécédent** du pronom, et qui appartient à une autre proposition.

> Ce dernier fleuve, dans un cours de plus de mille lieues, arrose une délicieuse contrée que les habitants des États-Unis appellent le nouvel Éden, et à laquelle les Français ont laissé le doux nom de Louisiane. (Chateaubriand, *Atala)*
> → [*que les habitants des États-Unis appellent le nouvel Éden*] est une proposition subordonnée relative.
> → Le pronom relatif *que* représente l'antécédent *contrée* qui appartient à une autre proposition, ici la proposition principale.
> → Cette proposition subordonnée relative est une expansion du nom *contrée*, mais ce n'est pas la seule : par exemple, l'adjectif épithète *délicieuse* constitue également une expansion de ce nom.

QUESTION Pour la deuxième proposition relative soulignée, identifiez le pronom relatif et son antécédent.

LA FONCTION DU PRONOM

Les pronoms relatifs ont une fonction dans la subordonnée relative.

> Dans l'exemple précédent, *que* est COD du verbe *appellent*.

DIFFICULTÉS À SURMONTER L'emploi de *dont*

Que ou *dont* ?

- *que* s'utilise avec un verbe construit avec un COD, et *dont* avec un verbe construit avec un COI.

N'ÉCRIVEZ PAS	ÉCRIVEZ
La soirée que je te parle	La soirée **dont** je te parle

- *dont* est l'équivalent de « *de* + antécédent » : on ne doit donc pas trouver *de* et *dont* à la suite.

N'ÉCRIVEZ PAS	ÉCRIVEZ
C'est de ta sincérité dont je doute	C'est **de** ta sincérité **que** je doute

Dont renvoyant à un possesseur

On n'utilise pas, dans la relative, *dont* et un déterminant possessif renvoyant au même possesseur.

N'ÉCRIVEZ PAS	ÉCRIVEZ
Regardez la maison dont on voit son toit.	Regardez la maison **dont** on voit **le** toit.

Dont et *en*

On ne peut pas trouver dans la relative *dont* et *en* renvoyant à un même terme.

N'ÉCRIVEZ PAS	ÉCRIVEZ
Voici des fruits dont on peut en faire une compote.	Voici des fruits dont on peut faire une compote.

LA FONCTION DE LA SUBORDONNÉE

- La proposition subordonnée relative a le plus souvent pour fonction de **compléter l'antécédent**.

> [*que... Éden*] et [*à laquelle... Louisiane*] complètent le nom *contrée*.

• Cependant, il arrive qu'une proposition relative n'ait pas d'antécédent exprimé. La proposition relative sans antécédent est l'équivalent d'un nom : on l'appelle parfois **relative substantive**.

« Qui va à la chasse perd sa place. » équivaut à : « L'homme allant à la chasse perd sa place. »

• La relative substantive se rencontre surtout dans des proverbes et des expressions figées. Elle ne peut être introduite que par les pronoms *qui*, *quoi*, *où*, *quiconque* et ne peut être supprimée. Étant l'équivalent d'un nom, elle remplit la fonction d'un nom dans une phrase.

- Qui m'aime me suive : « qui m'aime » est sujet du verbe « suive ».
- J'aime qui m'aime : « qui m'aime » est COD de « j'aime ».

LE MODE DU VERBE

• Le verbe de la relative est souvent à l'**indicatif** (fait présenté comme réel).

• Les autres modes permettent d'exprimer certaines **nuances** :
- le **subjonctif** exprime un fait recherché, ou bien il est utilisé quand l'antécédent comporte un mot exprimant un degré extrême ou la restriction ;

Je cherche quelqu'un [qui puisse m'aider].
C'est la seule personne [qui puisse m'aider].
Il lut quelques romans. Il en trouva peu [qui lui peignissent la situation de son âme]. (Voltaire)

- l'**infinitif** exprime la possibilité ;

Ah, c'est dur d'être toujours seule, et sans personne [à qui parler]. (Chamson)

- le **conditionnel** exprime un fait incertain.

C'est une aventure [qui ne saurait manquer de nous divertir]. (Marivaux)

BIEN DISTINGUER LES RELATIVES ET LES SUBORDONNÉES COMPLÉTIVES

• La **subordonnée relative** (qui complète un nom) est à distinguer de la **subordonnée interrogative indirecte** (qui complète un verbe).

Balzac est le grand auteur qui a écrit « La Comédie humaine ».
relative, complète *le grand auteur*, antécédent du pronom relatif *qui*

Lucien demande qui a écrit « La Comédie humaine ».
interrogative indirecte, complète le verbe *demande*, *qui* est alors un pronom interrogatif

• La **subordonnée relative** introduite par le **pronom relatif *que*** (qui représente le nom antécédent) est à distinguer de la **subordonnée conjonctive** introduite par la **conjonction de subordination *que*** (la conjonction ne représente aucun élément, elle relie la principale et la subordonnée qui complète le verbe de la principale).

Les romans qu'Émile Zola a imaginés attirent l'attention du lecteur sur la misère du peuple.
relative, le pronom relatif *que* (*qu'*) représente l'antécédent *les romans*

Il est évident qu'Émile Zola a voulu attirer l'attention sur la misère du peuple.
conjonctive, *que* (*qu'*) est la conjonction qui relie la principale et la subordonnée

VERS LE COMMENTAIRE

Les subordonnées relatives peuvent avoir une nuance circonstancielle. Dans ce cas, elles peuvent être séparées de leur antécédent par une virgule.

Cause : *Ce commentaire, qui est très bien mené, suscite l'admiration.*
(= parce qu'il est très bien mené)

Conséquence : *Il cherche à écrire une dissertation qui soit solidement construite.* (= de telle manière qu'elle soit solidement construite)

Concession : *Ce commentaire, qui est assez confus, est pourtant parfois intéressant.* (= bien qu'il soit confus)

Condition : *Un élève qui ferait une lecture inexpressive de ce poème pourrait se le voir reprocher.* (= S'il faisait une lecture inexpressive de ce poème)

S'ENTRAÎNER

EXERCICE 1

Remplacez les adjectifs épithètes par des subordonnées relatives de même sens.

une occupation ennuyeuse – un train de vie ostentatoire – une soif inextinguible – des paroles insensées – un médecin incompétent – des sentiments confus – une donnée essentielle – le péché originel – un vêtement original

EXERCICE 2

Mettez au pluriel le groupe souligné et modifiez en conséquence le pronom qui suit.

le livre auquel je pense – l'homme duquel je tiens ces renseignements – la situation à laquelle je pense – le raccourci par lequel je veux passer – la route par laquelle nous viendrons

EXERCICE 3

Insérez le pronom relatif qui convient.

1. La situation ... il est question dans cet extrait, nous la connaissons déjà.
2. Il s'agit du texte ... vous nous avez lu et ... vous nous avez parlé hier.
3. L'incipit ... s'ouvre ce roman est particulièrement réussi.
4. Observons les sonorités ... est créée cette sensation de douceur.
5. C'est un texte ... tous les lecteurs connaissent et ... on peut aisément faire référence.

Coup de pouce

Veillez à employer le bon pronom composé : il varie en genre et en nombre selon le genre et le nombre de son antécédent.

Le projet auquel tu penses me séduit.
La conversation à laquelle tu fais allusion me déplaît.

EXERCICE 4

Transformez chaque couple de phrases en une seule phrase : la première deviendra la principale, la seconde sera transformée en relative.

1. Patrick Modiano est un romancier français. On lui a remis le prix Nobel de littérature en 2014.
2. Son œuvre est traversée par quelques thèmes obsédants. La quête de l'identité et la période de l'Occupation en font partie.
3. Dans ses romans, Modiano s'attache à des personnages ordinaires. Il les montre confrontés au tragique de l'Histoire.
4. Le narrateur des romans de Modiano est souvent confronté à des êtres énigmatiques. Il essaie de percer leur mystère en collectant des indices.
5. *Dora Bruder* est l'une de ses œuvres les plus célèbres. L'auteur y reconstitue la biographie d'une jeune fille juive inconnue, disparue à Paris un jour de 1941.

EXERCICE 5

Mettez les verbes des propositions relatives au temps et au mode qui conviennent.

1. Nous avons dîné dans le restaurant que tu nous (indiquer) la veille.
2. Il cherchait un alibi qui (pouvoir) paraître vraisemblable.
3. Choisissez une tenue qui (convenir) à la circonstance.
4. Il voudrait un travail qui (être) intéressant.
5. Je voulais lui offrir un livre qu'elle (lire) avec passion.
6. Il espérait trouver quelqu'un à qui (confier) ce travail.

EXERCICE 6

Les phrases suivantes contiennent des propositions introduites par *qui* ou *où*. Certaines sont des relatives avec antécédent, d'autres des relatives sans antécédent, d'autres des interrogatives indirectes. Saurez-vous les distinguer ?

Coup de pouce

- Une relative avec antécédent complète celui-ci.
- Une relative sans antécédent peut être remplacée par un GN (ou un pronom).
- Une interrogative indirecte pourrait être transformée en interrogation directe.

1. Hélène qui apprécie ce réalisateur, s'est précipitée pour voir son dernier film.
2. À qui entreprend l'ascension de ce sommet, je souhaite beaucoup de courage !
3. Nouvellement arrivé dans ce pays, il ignore à qui demander de l'aide et où aller pour en obtenir.
4. Ce chien suit son maître partout où il va.
5. Tout individu qui contreviendra à cette règle sera sanctionné.
6. Il voyage où bon lui semble, avec qui veut bien l'accompagner.
7. Qui s'intéresse à l'histoire et à l'art sera ravi de visiter cette ville.
8. Qui pourrait bien le tirer d'affaire, il se le demandait avec anxiété.

EXERCICE 7

a. Relevez dans ces extraits les subordonnées introduites par *que* ou *qu'*.

b. Donnez leur nature exacte et leur fonction.

1. Le soleil déclinant traînait sous la ramée une nappe fluide et vermeille. Elle s'épandit plus large, d'une coulée pleine, unie, que Raboliot sentit sur son corps comme un bain. Il s'aperçut qu'il touchait la lisière, découvrit devant lui la plaine. (Maurice Genevoix, *Raboliot*, 1925.)

2. Sur le point de frapper les volets, il eut un moment de honte en pensant qu'Odette allait savoir qu'il avait eu des soupçons, qu'il était revenu, qu'il s'était posté dans la rue. Elle lui avait dit souvent l'horreur qu'elle avait des jaloux. (Marcel Proust, *Un amour de Swann*, 1913.)

EXERCICE 8

Justifiez le mode du verbe de la relative. Précisez la valeur circonstancielle de la relative.

1. Cette vie, qui m'avait d'abord enchanté, ne tarda pas à me devenir insupportable. (Chateaubriand)

2. Deslauriers méditait un vaste système, qui aurait les applications les plus lointaines. (Flaubert)

3. Ce que j'ai fait, je te le jure, aucune bête ne l'aurait fait. (Saint-Exupéry)

4. Personne à qui parler des événements mystérieux de ces deux journées. (Alain-Fournier)

5. Elle se leva et chercha des yeux un arbre sur les branches duquel elle pût exposer son enfant. (Chateaubriand)

EXERCICE 9 : VERS L'ANALYSE

Dans le texte suivant, relevez les relatives. Quelle est leur nuance circonstancielle ? Que permettent-elles de comprendre ?

Voyage en Italie

Les Alpes, dont je voyais de loin, depuis mon enfance, briller les neiges éternelles, à l'extrémité de l'horizon, du haut de la colline de Milly ; la mer dont les voyageurs et les poètes avaient jeté dans mon esprit tant d'éclatantes images ; le ciel italien, dont j'avais, pour ainsi dire, aspiré déjà la chaleur et la sérénité dans les pages de *Corinne* et dans les vers de Goethe [...] ; les monuments encore debout de cette antiquité romaine, dont mes études toutes fraîches avaient rempli ma pensée ; la liberté enfin ; la distance qui jette un prestige sur les choses éloignées ; les aventures, ces accidents certains des longs voyages, que l'imagination jeune prévoit, combine à plaisir et savoure d'avance ; le changement de langue, de visages, de mœurs, qui semble initier l'intelligence à un monde nouveau, tout cela fascinait mon esprit.

Alphonse de Lamartine, *Graziella*, 1852.

EXERCICE 10 : VERS L'ANALYSE

Ce texte se situe au début d'un récit qui se passe dans une région ravagée par la peste. Expliquez ce que les subordonnées relatives soulignées apportent à la description en vous interrogeant sur l'effet produit et sur les visées de l'écrivain. Relevez d'autres formes d'expansion du nom (adjectif épithète, complément du nom) qui contribuent au même effet.

Il sembla à Angelo qu'au pas de son cheval il entrait dans le four dont il parlait tout à l'heure.

La vallée qu'il suivait était très étroite, encombrée de boqueteaux de chênes nains ; les parois pierreuses qui dévalaient vers elle, brûlaient à blanc. La lumière écrasée en fine poussière irritante frottait son papier de verre sur Angelo et le cheval somnolents, sur les petits arbres qu'elle faisait disparaître peu à peu dans de l'air usé dont la trame grossière tremblait, mélangeant des taches d'un blond graisseux à des ocres ternes, à des grands pans de craies où il était impossible de reconnaître quoi que ce soit d'habituel. Le long de hauts rochers anfractueux, coulait l'odeur des nids pourris abandonnés par les éperviers. Les pentes déversaient dans le vallon l'odeur fade de tout ce qui était mort loin à la ronde dans les collines blêmes.

Jean Giono, *Le Hussard sur le toit*, Éditions Gallimard, 1951.

EXERCICE 11 : ÉCRITURE

Décrivez, à l'opposé du texte de Giono, un paysage accueillant et attirant. Vous emploierez au moins cinq propositions subordonnées relatives.

8. Les relations lexicales

OUTILS DE LA LANGUE

LES MOTS DE MÊME SENS : SYNONYMES ET HYPERONYMES

- **Les synonymes** sont des mots de **même sens** appartenant à la **même classe grammaticale**.

  se rappeler/se souvenir ; lexique/vocabulaire ; fictif/imaginaire.

- Les synonymes exacts sont rares. Le plus souvent, ce sont des synonymes partiels que distinguent des nuances : intensité, valeur péjorative ou méliorative, emploi en contexte, niveau de langue...

  jouer/s'amuser/représenter ; maison/demeure/baraque ; bleu/bleuâtre.

QUESTION Expliquez les différences de sens ou d'emploi entre les mots de chaque liste.

- **Un hyperonyme** a un **sens plus général** que le terme remplacé et englobe un ou plusieurs mots.

  Le *Malade imaginaire* est la dernière comédie de Molière. Cette <u>pièce</u> est une comédie-ballet.

QUESTION Quel est l'hyperonyme des mots suivants : *écarlate, cramoisi, vermillon, carmin* ?

LES MOTS DE SENS CONTRAIRE : ANTONYMES

- **Les antonymes** sont des mots de **sens contraire** appartenant à la **même classe grammaticale**.
- Deux antonymes peuvent être formés sur le même radical et différer par l'ajout ou le changement d'un préfixe : *juste/<u>in</u>juste* ; *<u>em</u>mêler/<u>dé</u>mêler*. Mais parfois, ils diffèrent entièrement : *laid/beau*.
- La connaissance de l'antonyme aide à comprendre le sens d'un mot.

QUESTION Trouvez le sens de *mystifier* et *facétieux* à partir de leurs antonymes respectifs : *détromper* et *sérieux*.

LES MOTS DE PRONONCIATION SEMBLABLE MAIS DE SENS DIFFÉRENT : HOMONYMES

- **Les homonymes** sont des mots qui ont la **même prononciation** mais **pas le même sens**.
- Quand ils s'écrivent de la même manière, ce sont des **homographes** : *glace* (miroir)/*glace* (eau gelée).
- Lorsqu'ils n'ont pas la même orthographe, on parle d'**homophones** : *teint/tint/tain/thym.*
- **Attention** aux homophones grammaticaux : *quelle/qu'elle* ; *quoique/quoi que* ; *quand/ quant à*.

LA POLYSÉMIE ET LE CHAMP LEXICAL

- Quand un mot a plusieurs sens, on parle de **polysémie**.

  un poisson frais/une boisson fraîche/un accueil plutôt frais

- Les mots polysémiques ont donc plusieurs **antonymes**.

  un poisson pourri/une boisson chaude/un accueil plutôt chaleureux

- On appelle **champ lexical** l'ensemble des mots qui, dans un texte, **renvoient à la même notion**.

  Il fait tellement <u>froid</u> que le vin <u>gèle</u> dans les bidons. Le liquide <u>violet</u>, <u>glacé</u> et âcre (comme si le goût était lui aussi <u>violet</u>, déteint comme ces taches délavées, <u>lilas</u> tournant au <u>bleuâtre</u>, que laissent sur les nappes les mauvais <u>vins</u>). (Claude Simon) → Les termes soulignés appartiennent au champ lexical du <u>froid</u> et à celui de la <u>couleur violette</u>.

VERS LE COMMENTAIRE

Les choix lexicaux doivent souvent être commentés dans un texte. La présence d'un champ lexical dominant, s'il ne relève pas directement du sujet abordé par le texte, est toujours un procédé visant un certain effet sur le lecteur.

QUESTION Dans l'extrait de Claude Simon donné lors de l'étude du champ lexical, expliquez quelle sensation veut communiquer l'auteur et en quoi les deux champs lexicaux dominants concourent à produire cet effet.

S'ENTRAÎNER

EXERCICE 1

a. Classez du plus faible au plus fort les synonymes partiels suivants.

b. Trouvez un hyperonyme pour définir le champ lexical auquel ils appartiennent.

c. Employez dans des phrases ceux qui vous sont le moins familiers.

euphorie – satisfaction – exultation – ravissement – jubilation – contentement

EXERCICE 2

Pour éviter les répétitions, utilisez des hyperonymes.

Le sonnet a été introduit en France au XVIe siècle. Le sonnet a été inventé par Pétrarque, un poète italien. Ce sont des poètes de la Renaissance qui l'ont découvert et adapté au français. Le sonnet comporte deux quatrains et deux tercets. Ces quatrains et ces tercets sont composés de vers de dix ou douze syllabes.

Coup de pouce
Recourir à des mots de sens semblable permet d'éviter les répétitions et favorise la précision.

EXERCICE 3

De quel domaine d'activité provient le mot *gérer* ? Précisez s'il est bien ou mal employé dans chacune des phrases, en expliquant pourquoi il n'est pas approprié dans certaines d'entre elles. Remplacez-le dans ces phrases par un mot qui convient mieux.

1. Cette entreprise est particulièrement bien gérée et les employés aiment y travailler.
2. Il gère bizarrement sa vie sentimentale.
3. Pour la dissertation, ne t'en fais pas, je gère !
4. Cet enfant a du mal à gérer ses émotions.
5. Un conseiller financier vous aidera à gérer votre patrimoine.

Coup de pouce
Évitez d'employer des mots trop polysémiques comme *faire*, *chose*. Recherchez la précision.

EXERCICE 4

Employez dans des phrases les mots soulignés en tenant compte des indications.

1. *Pernicieux* est l'antonyme de *bienfaisant* et ne s'emploie pas pour qualifier des personnes.
2. *Allochtone* est l'antonyme d'*autochtone*.
3. *Capitaliser* est l'antonyme de *distribuer*.
4. *Molester* est l'antonyme de *caresser*.

EXERCICE 5

Choisissez entre les homophones grammaticaux.

a. *Quoique* ou *quoi que* ?

1. La grande Nanon, ... qu'elle ne fût plus jeune, boulangeait elle-même, tous les samedis, le pain de la maison. (Balzac)
2. ...'il en soit, je tirai de ma poche les deux sous de mon jeudi et les donnai à la mendiante. (Daudet)

b. *Quant* ou *quand* ?

1. ... je mets à vos pieds un éternel hommage, Voulez-vous qu'un instant je change de visage ? (Musset)
2. ... aux gens que j'accuse, je ne les connais pas, je ne les ai jamais vus, je n'ai contre eux ni rancune ni haine. (Zola)

c. *Quelle* ou *qu'elle* ?

1. ... visite peut nous venir à cette heure-ci ? (Villiers de l'Isle-Adam)
2. Est-ce donc vrai ... est partie ? (Villiers de l'Isle-Adam)

EXERCICE 6 : VERS LE COMMENTAIRE

a. Relevez et commentez deux expressions qui servent à désigner les enfants. Repérez, dans la manière dont ils sont présentés et décrits, les éléments qui les font ressembler à des animaux.

b. Relevez les sept mots et expressions qui désignent le morceau de pain. Commentez chacune de ces appellations. Laquelle est un mot particulièrement polysémique ?

c. Concluez sur l'effet recherché par ces choix lexicaux : quels sentiments contradictoires l'auteur veut-il faire naître chez le lecteur ?

Je découpais tranquillement mon pain, quand un bruit très léger me fit lever les yeux. Devant moi se tenait un petit être déguenillé, noir, ébouriffé, dont les yeux creux, farouches et comme suppliants, dévoraient le morceau de pain. Et je l'entendis soupirer, d'une voix basse et rauque, le mot : gâteau ! Je ne pus m'empêcher de rire en entendant l'appellation dont il voulait bien honorer mon pain presque blanc, et j'en coupai pour lui une belle tranche que je lui offris. Lentement il se rapprocha, ne quittant pas des yeux l'objet de sa convoitise ; puis happant le morceau avec sa main, se recula vivement comme s'il eût craint que mon offre ne fût pas sincère ou que je ne m'en repentisse déjà. Mais au même instant il fut culbuté par un autre petit sauvage, sorti je ne sais d'où, et si parfaitement semblable au premier que l'on aurait pu le prendre pour son frère jumeau. Ensemble ils roulèrent sur le sol, se disputant la précieuse proie, aucun n'en voulant sans doute sacrifier la moitié pour son frère.

CHARLES BAUDELAIRE, *Le Spleen de Paris*, 1869.

9. Origine et formation de la langue française

OUTILS DE LA LANGUE

ORIGINE ET FORMATION DU FRANÇAIS

- Le français est une langue issue du **latin** comme d'autres langues européennes (roumain, italien, espagnol...). Après la conquête romaine, le latin s'est mêlé aux **langues de la Gaule**.
- Le mélange du latin et des langues locales a formé les **langues d'oc** au sud de la France et les **langues d'oïl** au nord, ainsi appelées d'après les façons de dire *oui* : *oc* et *oïl*. La poésie des troubadours est écrite en langue d'oc, celle des trouvères, et les romans courtois en langue d'oïl.

QUESTION Quel nom de région rappelle le nom d'un de ces groupes de langues ?

HISTOIRE DE LA LANGUE FRANÇAISE : LES GRANDES ÉTAPES

Le français est devenu progressivement la langue prépondérante. Voici les étapes de cet évolution.

Moyen Âge

On appelle « **ancien français** » la langue parlée jusqu'au XIVe siècle.
Le **concile de Tours** (813) oblige les prêtres à prononcer les sermons non plus en latin mais dans les langues parlées locales. Le premier texte écrit en français est celui des **serments de Strasbourg** qu'ont prêtés les petits-fils de Charlemagne au IXe siècle.

XVIe siècle

On appelle en général « **moyen français** » la langue parlée aux XVe et XVIe siècles.
Par l'**ordonnance de Villers-Cotterêts** (1539), François Ier fait du français la langue officielle : désormais, tous les textes officiels seront rédigés dans cette langue, au lieu du latin.
Les poètes de la Renaissance, notamment ceux de la **Pléiade**, cherchent à enrichir la langue : Joachim Du Bellay publie *Défense et illustration de la langue française* (voir p. 272).

XVIIe siècle

On appelle « **français classique** » la langue parlée aux XVIIe et XVIIIe siècles.
Louis XIV crée en 1654 l'**Académie française**, chargée de rédiger le **premier dictionnaire** de la langue française. En 1660, paraît la **première grammaire** : la *Grammaire* de Port-Royal.

XVIIIe siècle

Le français est la langue pratiquée par les cours et les élites de toute l'Europe. Dans les universités françaises, il supplante définitivement le latin.

XIXe siècle

Les lois Jules Ferry créent, en 1881 et 1882, l'école primaire publique, gratuite et obligatoire.

XXe–XXIe siècle

1925 : les « patois » et les langues locales sont interdits dans l'enceinte de l'école.
1960 : l'école devient mixte.
2017 : un décret du Premier ministre appelle à féminiser les noms de professions.

QUESTION Selon vous, quelles motivations ont poussé les pouvoirs publics successifs à prendre des mesures en faveur de l'utilisation du français ?

LA CONSTITUTION DU LEXIQUE FRANÇAIS

Le français est une langue **romane**, c'est-à-dire une langue issue du latin vulgaire (parlé par le peuple) dans laquelle subsistent quelques mots issus du gaulois.

> *chanter* vient du latin *cantare* ; *bruyère* est d'origine gauloise.

Par emprunt

- Au cours du temps, **des mots étrangers ont été empruntés à d'autres langues** : italien, espagnol, arabe, anglais, allemand, langues régionales (breton, provençal...).

> *cigale* provient du provençal *cigala* ; *sucre* a été emprunté à l'arabe, qui lui-même l'avait emprunté au sanscrit (langue de l'Inde ancienne) !

• Ces mots introduits ont été assimilés et on a créé à partir d'eux d'autres mots.

sucre → sucrer, sucré, sucrerie, sucrette, sucrier, sucrière, sucrin, sucrose...

Par création

On a aussi créé des **néologismes** (nouveaux mots) à partir de racines latines ou grecques, en particulier pour désigner de nouvelles réalités techniques et scientifiques, pour lesquelles il n'existait encore aucun mot.

téléphone a été créé à partir de deux racines grecques : *télé* (au loin) et *phônê* (voix) ; *télévision* joint la racine grecque *télé* au mot *vision* qui est issu du latin (*videre* : voir).

• Faire l'**étymologie** d'un mot, c'est donner sa racine (latine, grecque...). Cette origine éclaire le sens et l'orthographe du mot français.

QUESTION Le verbe latin *aperire* a donné *ouvrir*. Un autre verbe, *operare*, signifiant *travailler*, a donné les verbes *ouvrer* (rare) et *œuvrer*.
À quelle étymologie rattachez-vous l'expression *un jour ouvrable* ? Que signifie-t-elle ?

Par dérivation

• De nombreux mots se sont créés par dérivation, c'est-à-dire en ajoutant des **affixes** à un mot servant de **radical**. Le mot-radical donne le sens principal que l'affixe vient modifier.

• L'affixe placé devant le radical se nomme **préfixe**. Le préfixe modifie le sens du mot, mais pas sa classe grammaticale.

Habile / malhabile

• L'affixe placé après le radical se nomme **suffixe**. Le suffixe permet de transformer la classe grammaticale du mot.

coiffer (vb) → coiffeur (nom) ; manger (vb) → mangeable (adj.) ; patient (adj.) → patiemment (adv)

• Au même mot-radical s'ajoutent souvent à la fois un préfixe et un suffixe.

Mot radical : doute → mot dérivés : redouter, redoutable.
Mot radical : égal → mots dérivés : inégalable, inégalité

Par composition

D'autres mots sont créés par composition, c'est-à-dire à partir de deux mots-racines.

quelquefois, un portefeuille, une chaise longue, un gagne-pain.

LES FAMILLES DE MOTS

Les **mots issus d'une même racine** (grecque, latine...) forment une **famille** de mots. Le radical des mots d'une même famille peut présenter des formes variées de la racine.

Les mots *aqueduc*, *aquatique*, *aquarelle*, *Aix* (*Aix-les-Bains* ou *Aix-en-Provence*), *eau*, *évier*, *Évian* forment une même famille issue du latin *aqua*, signifiant *eau*.

LES DIFFICULTÉS À SURMONTER

• L'**orthographe** de certains mots ne s'explique que par leur origine : le mot *temps* s'écrit ainsi parce qu'il est issu du latin *tempus*.

• Il peut être utile de connaître l'origine de certains mots pour en comprendre vraiment le **sens**.
Par exemple, l'étymologie du mot *théâtre*, qui vient d'un verbe grec signifiant *voir*, rappelle l'importance de la représentation. On lira donc le texte d'une pièce en ayant conscience qu'il ne s'agit là que d'une des dimensions de l'œuvre, amenée à être complétée par le jeu des acteurs, le décor, la musique, des projections.

VERS LE COMMENTAIRE

Dans les textes antérieurs au XIXe siècle, certains mots ont un sens différent de celui qu'ils ont aujourd'hui. Le sens a pu s'affaiblir ou s'élargir. Il faut donc se montrer vigilant.

Ainsi, le mot *charme* signifie, dans la langue du XVIIe siècle, *pouvoir magique*, le mot *gêne* signifie *torture*, tandis qu'*ennui* est l'équivalent de *malheur*.

S'ENTRAÎNER

EXERCICE 1

Voici un texte latin et sa traduction. L'écrivain Pline le Jeune décrit l'éruption du Vésuve qui ensevelit, en août 79, la ville de Pompéi. Comparez le texte et sa traduction.

a. Selon vous, quels mots français sont issus des mots latins *monte, locis, flammae, incendia* ?

b. Dans quelle expression française a-t-on conservé le mot latin *interim* ?

Interim e Vesuvio monte pluribus locis latissimae flammae altaque incendia relucebant, quorum fulgor et claritas tenebris noctis excitebatur.

PLINE LE JEUNE, *Lettres*, Livre 6.

Pendant ce temps, venant du mont Vésuve, en plusieurs endroits brillaient de très larges flammes et de hautes colonnes de feu que l'obscurité de la nuit rendait plus rougeoyantes et plus vives encore.

EXERCICE 2

Voici le début du texte des serments de Strasbourg. Comparez-le avec la version en français actuel et retrouvez dans le texte ancien les groupes de mots soulignés.

Pro Deo amur et pro christian poblo et nostro commun salvament, d'ist di in avant, in quant Deus savir et podir me dunat, si salvarai eo
cist meon fradre Karlo et in aiudha
et in cadhuna cosa, si cum om per dreit son
fradra salvar dift [...]

Pour l'amour de Dieu et pour le salut du peuple chrétien et notre salut commun, dorénavant, autant que Dieu m'en donnera le savoir et le pouvoir, je défendrai mon frère Charles, et l'aiderai en toute circonstance, comme on doit selon l'équité défendre son frère [...]

EXERCICE 3

a. Transposez en français moderne cet extrait où Du Bellay défend la langue française.

b. Quelles sont, dans le texte, les deux raisons pour lesquelles le français mérite d'être défendu ?

c. Qui sont les « cultivateurs » potentiels de la langue et quels peuvent être leurs motifs, selon Du Bellay ?

Et qui voudra de bien pres y regarder, trouvera que nostre Langue Francoyse n'est si pauvre qu'elle ne puysse rendre fidelement ce qu'elle emprunte des autres, si infertile, qu'elle ne puysse produyre de soy quelque fruict de bonne invention, au moyen de l'industrie & diligence des cultiveurs d'icelle, si quelques uns se treuvent tant amys de leur païz & d'eux mesmes qu'ilz s'y veillent employer.

JOACHIM DU BELLAY, *Défense et illustration de la langue française*, 1549.

EXERCICE 4

Le vocabulaire de la médecine doit beaucoup au grec et les médecins se réfèrent encore aujourd'hui au « serment » d'Hippocrate, le père grec de la médecine.

a. Cherchez et lisez ce serment. Quelles notions essentielles y sont définies ?

b. Cherchez l'étymologie des mots suivants et expliquez en quoi elle éclaire le sens des mots.

rhinopharyngite – gynécologue – néphrologie
pyrétique – œdème – angine – otite – pharmacie

EXERCICE 5

De quelles langues viennent les mots suivants ? Aidez-vous de dictionnaires.

horticulture – jardin – pistolet – tambour – bouledogue – algèbre – usine – torticolis – bouleau – vanille – clown – chêne – zéro

EXERCICE 6

Donnez le sens d'origine puis le sens actuel des mots suivants. Établissez un rapport entre ces deux sens.

assassin – talisman – onyx – roman

EXERCICE 7

a. Regroupez les mots suivants par familles.

refaire – approuver – cursif – infection – pâtir – mobile – projecteur – doter – montrer – fiction – récurrent – démission – commotion – neuf – preuve – missile – donner – factuel – rejet – courant – émetteur – passif – addition – improbable – intermittent – émouvant – datif – patience – monstre – innover

b. Identifiez, pour chaque famille, les variations de radical, puis cherchez d'autres mots de la même famille. Vous trouverez peut-être de nouvelles variations du radical !

Exemple : insoluble, insolvable, résoudre → radical solu- / solv- / sou- → solution, solvant, absoudre...

Les variations de radical s'expliquent par l'histoire des mots. Certains, présents dans la langue depuis la naissance du français (ex. : *eau*), ont évolué au fil du temps. D'autres, plus savants (ex. : *aqueduc*), ont été empruntés plus tard au latin et restent proches de l'étymologie (latin : *aqua*).

EXERCICE 8

Chaque série de mots relève d'un même champ lexical. De quelles langues proviennent les mots de chaque série ?

a. équestre – cheval – hippodrome – cavalier
b. guerrier – polémique – belliqueux
c. pyromane – feu – incendie
d. charrue, terre, agronomie

EXERCICE 9

Donnez l'origine des mots suivants et dites en quoi leur étymologie éclaire leur sens.

Commentaire – résumé – dissertation – étude – texte – récitation – analyse

EXERCICE 10

Des héros de légendes antiques ont laissé leurs noms dans la langue courante. Retrouvez le personnage mythique auquel se rattache chacun des mots suivants. Puis expliquez quel est le point commun entre le nom propre grec et le nom commun français.

une mégère – un dédale – un narcisse – une minerve – les Champs-Élysées – un typhon – un atlas

EXERCICE 11

Voici des extraits d'une tragédie de Racine, *Phèdre*. Tous les mots sont connus, cependant le sens courant de certains d'entre eux est aujourd'hui différent, ou a perdu en intensité. Les mots soulignés feraient l'objet d'une note de vocabulaire dans une édition scolaire. Rédigez cette note après avoir fait les recherches nécessaires.

Extrait 1

ŒNONE.
Que faites-vous, madame ? et quel mortel ennui
Contre tout votre sang vous anime aujourd'hui ?
PHÈDRE.
Puisque Vénus le veut, de ce sang déplorable
Je péris la dernière et la plus misérable.
ŒNONE.
Aimez-vous ?
PHÈDRE.
De l'amour j'ai toutes les fureurs.

Raphaël Urbain Massard, *Phèdre et Œnone*, gravure, 1824.

Extrait 2

PHÈDRE.
Mon repos, mon bonheur semblait être affermi ;
Athènes me montra mon superbe ennemi.

Extrait 3

PHÈDRE.
Je l'aime, non point tel que l'ont vu les enfers, [...]
Mais fidèle, mais fier, et même un peu farouche,
Charmant, jeune, traînant tous les cœurs après soi [...].

EXERCICE 12

Dans cet extrait, identifiez le mot qui n'a pas le sens qu'on lui accorde le plus couramment et qui pourrait entraîner un contresens dans un commentaire.

Les dîners recommencèrent ; et plus il fréquentait Mme Arnoux, plus ses langueurs augmentaient.
La contemplation de cette femme l'énervait, comme l'usage d'un parfum trop fort. Cela descendit dans les profondeurs de son tempérament, et devenait presque une manière générale de sentir, un mode nouveau d'exister.

Gustave Flaubert, *L'Éducation sentimentale*, 1891.

EXERCICE 13 : VERS L'ANALYSE

Les *Fleurs bleues*, roman paru en 1965, narre les aventures du duc d'Auge, personnage qui voyage à travers l'histoire.

a. Relevez et classez : les termes archaïques, les expressions vieillies, les niveaux de langue soutenu et familier, les jeux de mots.

b. Commentez ce choix d'expression : quel effet produit-il ? Quelle conception de la langue, et notamment de la langue littéraire, révèle-t-il ?

Le vingt-cinq septembre douze cent soixante-quatre, au petit jour, le duc d'Auge se pointa sur le sommet du donjon pour y considérer, un tantinet soit peu, la situation historique. Elle était plutôt floue. Des restes du passé traînaient encore çà et là, en vrac. Sur les bords du ru voisin, campaient deux Huns ; non loin d'eux un Gaulois, Eduen peut-être, trempait audacieusement ses pieds dans l'eau courante et fraîche. Sur l'horizon se dessinaient les silhouettes molles de Romains fatigués, de Sarrasins de Corinthe, de Francs anciens, d'Alains seuls. Quelques Normands buvaient du calva. [...]
Tout de suite après, il décida de faire un court voyage et de se rendre dans la ville capitale en petit arroi, accompagné seulement de son page Mouscaillot. Parmi ses palefrois, il choisit son percheron favori nommé Démosthène parce qu'il parlait même le mors entre les dents.
– Ah ! Mon brave Démo, dit le duc d'Auge d'une voix plaintive, me voici bien triste et bien mérancolieux.
– Toujours l'histoire ? demanda Sthène.
– Elle flétrit en moi tout ébaudissement, répondit le duc.
– Courage, messire ! Courage ! Mettez-vous donc en selle que nous allions promener.

Raymond Queneau, *Les Fleurs bleues*, Éd. Gallimard, 1965.

10. Les relations logiques

OUTILS DE LA LANGUE

QU'APPELLE-T-ON RELATIONS LOGIQUES ?

● Le grec *logos* signifie *discours*, mais aussi *raison* : la **logique** fait donc appel à la raison pour construire un discours. Les **relations logiques** sont les liens établis entre différentes idées au sein d'un discours, en particulier dans une argumentation qui doit bâtir un raisonnement cohérent.

● Les relations logiques :
- **classent** des éléments (ajout) ;
- indiquent un rapport de **cause à effet** (cause et conséquence, condition et conséquence hypothétiques) ;
- indiquent l'**intention** (but, crainte) ;
- **opposent** ou **comparent** des idées (opposition, comparaison).

● Les relations logiques se nouent **au niveau de la phrase** comme **entre les phrases**. Les propositions au sein d'une phrase et les phrases entre elles s'articulent grâce à des outils grammaticaux : les **connecteurs logiques.**

L'EXPRESSION DE LA CAUSE

● On peut exprimer la cause par une **subordonnée circonstancielle de cause** introduite par une conjonction de subordination.

> La justice sans la force est contredite **parce qu'**il y a toujours des méchants. (Pascal)

- Les **conjonctions** *parce que, comme, puisque, vu que, étant donné que* sont suivies de l'**indicatif.**
- Les **conjonctions** *soit que, non que* sont suivies du **subjonctif.**

> Soit qu'il se trompe, soit qu'il mente, sa version des faits est fausse.

● **Entre deux indépendantes**, l'idée de cause peut être indiquée par **deux-points**, un **adverbe** (ex. : *en effet*) ou la **conjonction de coordination** *car*.

> Vous ne pouvez pas le tuer **:** il est mort. (Hugo)
>
> Ils avançaient lentement **car** Wang-Fô s'arrêtait la nuit pour contempler les astres. (Yourcenar)

● **À l'intérieur d'une proposition**, la cause peut être indiquée de plusieurs manières :
- par un **GN précédé d'une locution** comme ***à cause de, grâce à, en raison de, du fait de*** ;

> [...] **grâce** à mes gros goûts, je me crois plus heureux qu'un autre. (Casanova)

QUESTION La cause invoquée est-elle présentée comme bonne ou mauvaise ?

- par un **infinitif ou un nom précédé de la préposition *pour*** ;

> **Pour** avoir volé, Claude Gueux est condamné à cinq ans de prison.
>
> Il a été condamné **pour** vol.

QUESTION Transformez une de ces deux phrases en remplaçant le groupe prépositionnel souligné par une subordonnée de cause.

- Par un **participe présent** ou un **gérondif.**

> Me sentant (participe présent) né pour le beau sexe, je l'ai toujours aimé. (Casanova)
>
> La pauvreté, en incitant (gérondif) Claude Gueux à voler, l'a conduit en prison.

L'EXPRESSION DE LA CONSÉQUENCE

● La conséquence peut s'exprimer au moyen d'une **subordonnée circonstancielle de conséquence.**
- Les **conjonctions de subordination** qui l'introduisent sont : ***de sorte que, si bien que, tellement... que, si... que***,... Ces conjonctions sont suivies de l'**indicatif** sauf si la conséquence est seulement envisagée (hypothèse ou volonté) : dans ce cas, on emploie le **subjonctif.**

> L'enfant était **si** bien enveloppé **qu'**il ne risquait rien.
>
> Je dois toujours agir **de telle sorte que** mon action puisse servir de règle universelle.

QUESTION Identifiez le mode du verbe de chaque subordonnée de conséquence et justifiez son emploi.

- Les conjonctions ***assez… pour… que / trop… pour… que*** entraînent l'emploi du **subjonctif** dans la subordonnée.

> Elle n'était pas **assez** haute **pour qu'**on s'y tînt debout. (Camus)

QUESTION À quel temps du subjonctif se trouve le verbe de la subordonnée ?

- **Entre deux propositions indépendantes,** les **conjonctions de coordination *et*, *donc***, les **adverbes *alors*, *ainsi*, *aussi*, *par conséquent*** peuvent exprimer la conséquence. Les **deux-points** peuvent également introduire la conséquence.

> Les pierres ont été formées pour être taillées et pour en faire des châteaux ; **aussi** Monseigneur a un très beau château. (Voltaire)

- **À l'intérieur d'une proposition,** les compléments circonstanciels de conséquence sont introduits par les **prépositions *à*, *au point de*, *assez/trop… pour***, suivies d'un **infinitif** ou d'un **GN**.

> On était **trop** effrayé **pour** être ébloui. (Hugo)

VERS LE COMMENTAIRE

- L'insistance sur le lien cause/conséquence permet d'emporter l'adhésion du destinataire.

> Ce n'est pas sa faute [la faute du peuple]. Pourquoi ? Parce que les lumières lui manquent d'un côté, parce que le travail lui manque de l'autre. (Hugo)

- La mise en relief d'un lien cause/conséquence absurde est un procédé de l'ironie.

> Mais comme les mœurs commençaient à s'adoucir, elle ne fut brûlée qu'après avoir été pendue et étranglée. (Voltaire)

LES DIFFICULTÉS À SURMONTER **Attention aux confusions !**

N'ÉCRIVEZ PAS	ÉCRIVEZ
par conséquence	par conséquent / en conséquence

L'EXPRESSION DU BUT

- Les **propositions subordonnées circonstancielles de but** sont introduites par les **conjonctions de subordination *pour que*, *afin que***, suivies du **subjonctif**.

> **Pour que** l'athlète soit en forme, il faut que la graisse, la lymphe, tout ce qui alourdit, se soit transformé en nerfs et en muscles. (Vaillant)

QUESTION Repérez la proposition principale de la phrase.

- **À l'intérieur d'une proposition,** les groupes nominaux, pronominaux et infinitifs compléments circonstanciels de but sont introduits par les **prépositions *pour*, *afin de*, *en vue de*.**

> Le coureur en forme est dans les règles **pour** gagner. (Vaillant)
>
> Je n'écris mes rêveries que **pour** moi. (Rousseau)

L'EXPRESSION DE LA CRAINTE

- Les **subordonnées circonstancielles de crainte** sont introduites par les **conjonctions de subordination *de peur que*, *de crainte que***, suivies du **subjonctif**.

> Meaulnes, caché derrière les sapins, **de crainte qu'**on ne l'aperçût, examinait le désordre du lieu… (Alain-Fournier)

QUESTION Identifiez le mode et le temps du verbe *aperçût.*

- **À l'intérieur d'une proposition**, des groupes infinitifs, nominaux ou pronominaux introduits par ***de peur de*, *de crainte de*** peuvent exprimer la crainte.

> Meaulnes avait fermé la fenêtre, tant à cause du froid que **par crainte d'**être aperçu du dehors. (Alain-Fournier)

S'ENTRAÎNER

LES PRINCIPAUX CONNECTEURS LOGIQUES

Relation logique	Conjonction de subordination	Conjonctions de coordination et adverbes	Prépositions et locutions prépositives
Ajout		- et, ni, aussi, en outre, par ailleurs, de plus - d'une part... d'autre part, non seulement... mais encore - ou, ou bien	outre, en plus de **+ nom**
Cause	- parce que, puisque, étant donné que, comme **+ indicatif** - soit que... soit que, non que **+ subjonctif**	- car, en effet, effectivement	- à cause de, grâce à, à raison de **+ nom** - pour **+ infinitif**
Conséquence	- si bien que, de sorte que, tellement... que, si... que, de telle façon que **+ indicatif ou subjonctif**	- donc, alors, ainsi, par conséquent, c'est pourquoi, d'où - aussi **+ inversion du sujet**	assez/trop... pour, au point de **+ infinitif**
Hypothèse	- si, même si, sauf si, comme si **+ indicatif** - pourvu que, pour peu que, pour autant que, à condition que **+ subjonctif** - au cas où **+ conditionnel**	sinon	- faute de **+ nom** - à condition de, à moins de **+ infinitif**
But	pour que, afin que, de peur que, de crainte que **+ subjonctif**		- afin de + **infinitif** - pour, en vue de, de peur de **+ infinitif / + nom**
Opposition Concession	- bien que, quoique **+ subjonctif** - alors que, tandis que **+ indicatif** - aussi/si + adjectif que **+ subjonctif**	or, mais, cependant, pourtant, toutefois, en revanche, au contraire, néanmoins	- malgré, en dépit de **+ nom** - au lieu de, loin de **+ infinitif**

EXERCICE 1

Dans ces phrases, repérez les éléments qui expriment la conséquence et la crainte, et donnez leur classe grammaticale. Précisez le mode du verbe de la subordonnée.

1. Il allait, songeant, comme songent les hommes qui n'ont pas assez d'idées pour qu'elles se combattent entre elles. (Sand)

2. Ce bois est creux, donc gâté, donc peuplé ; une tribu d'insectes y habite. (Michelet)

3. Il faisait très chaud de sorte que je pouvais, sans grand mal, passer la nuit à la belle étoile. (Maupassant)

4. Les avantages du codex s'imposèrent : vers l'an 400 de notre ère, le rouleau classique était pratiquement abandonné... (Manguel)

5. Mais aucune n'avait de parfum, de peur que la méditation du Dragon Céleste ne fût troublée par les bonnes odeurs. (Yourcenar)

6. Il est devenu si redoutable, ce Ridicule, qu'on le craint plus que le déshonneur. (Madame de Lambert)

EXERCICE 2

a. Identifiez, dans les phrases suivantes, les différentes manières d'exprimer la cause.

> **Coup de pouce**
> La relation de cause peut parfois s'exprimer autrement que par des connecteurs logiques !

b. Réécrivez ces phrases pour qu'elles expriment une relation de conséquence, sans changer leur sens.

1. Les conquêtes sont aisées à faire, parce qu'on les fait avec toutes ses forces ; elles sont difficiles à conserver, parce qu'on ne les défend qu'avec une partie de ses forces. (Montesquieu)

2. Étant fille de deux êtres d'une beauté parfaite, j'aurais dû ne pas dégénérer, et ma pauvre mère, qui estimait la beauté plus que tout, m'en faisait souvent de naïfs reproches. (Sand)

3. Ce qui fait que si peu de personnes sont agréables dans la conversation, c'est que chacun songe plus à ce qu'il veut dire qu'à ce que les autres disent. (La Rochefoucauld)
4. Tous coururent au-devant de leurs fers croyant assurer leur liberté ; car avec assez de raison pour sentir les avantages d'un établissement politique, ils n'avaient pas assez d'expérience pour en prévoir les dangers. (Rousseau)

EXERCICE 3

a. Dans le texte, repérez les expressions de la cause, une expression de la conséquence et une expression du but. Donnez les classes grammaticales des éléments repérés.

b. Commentez le sens du verbe souligné.

c. Pensez-vous que la situation décrite soit celle d'aujourd'hui ? Rédigez votre réponse en utilisant des expressions de la cause, de la conséquence et du but.

> **Coup de pouce**
> On ne dit pas « pour ne pas qu'il vienne », on dit « pour qu'il ne vienne pas » ou « pour éviter qu'il vienne ».

Tout encourage encore la jeune fille à attendre du « prince charmant » fortune et bonheur plutôt qu'à en tenter seule la difficile et incertaine conquête. En particulier elle peut espérer accéder grâce à lui à une caste supérieure à la sienne, miracle que ne récompensera pas le travail de toute une vie. Mais un tel espoir est néfaste parce qu'il divise ses forces et ses intérêts ; c'est cette division qui est peut-être pour la femme le plus grave handicap. Les parents élèvent encore leur fille en vue du mariage plutôt qu'ils ne favorisent son développement personnel ; elle y voit tant d'avantages qu'elle le souhaite elle-même ; il en résulte qu'elle est moins spécialisée, moins solidement formée que ses frères, elle s'engage moins totalement dans sa profession ; par là elle se voue à y demeurer inférieure ; et le cercle vicieux se noue : cette infériorité renforce son désir de trouver un mari.

Simone de Beauvoir, *Le Deuxième sexe*, Éd. Gallimard, 1949.

EXERCICE 4 : VERS L'ANALYSE

a. Dans le texte suivant, relevez toutes les expressions de la cause et de la conséquence. Dans quels passages le lien cause/conséquence est-il ironique ?

b. Que pensez-vous du nom de la discipline enseignée par Pangloss ? Mettez en relation ce nom et l'usage de l'ironie dans le texte.

c. Lisez le titre de l'œuvre. Quelle vision du monde combat ici Voltaire ?

d. Concluez sur la visée de ce passage.

Pangloss enseignait la métaphysico-théologo-cosmolonigologie. Il prouvait admirablement qu'il n'y a point d'effet sans cause, et que, dans ce meilleur des mondes possibles, le château de monseigneur le baron était le plus beau des châteaux, et madame la meilleure des baronnes possibles. « Il est démontré, disait-il, que les choses ne peuvent être autrement : car tout étant fait pour une fin, tout est nécessairement pour la meilleure fin. Remarquez bien que les nez ont été faits pour porter des lunettes ; aussi avons-nous des lunettes… Les jambes sont visiblement instituées pour être chaussées, et nous avons des chausses. Les pierres ont été formées pour être taillées et pour en faire des châteaux ; aussi monseigneur a un très beau château : le plus grand baron de la province doit être le mieux logé ; et les cochons étant faits pour être mangés, nous mangeons du porc toute l'année. Par conséquent, ceux qui ont avancé que tout est bien ont dit une sottise : il fallait dire que tout est au mieux. »

Voltaire, *Candide ou l'Optimisme*, 1759.

Pangloss et Candide.

EXERCICE 5

Voici une série de maximes de La Rochefoucauld (XVIIe siècle). Une maxime exprime une vérité morale sous une forme ramassée et frappante.

Identifiez la ou les relations logiques présentes dans chacune d'elles et les outils permettant de les exprimer.

1. La jalousie est en quelque manière juste et raisonnable, puisqu'elle ne tend qu'à conserver un bien qui nous appartient, ou que nous croyons nous appartenir ; au lieu que l'envie est une fureur qui ne peut souffrir le bien des autres.
2. Quelques grands avantages que la nature donne, ce n'est pas elle seule, mais la fortune avec elle qui fait les héros.
3. Les hommes ne vivraient pas longtemps en société s'ils n'étaient les dupes les uns des autres.
4. Quoique les hommes se flattent de leurs grandes actions, elles ne sont pas souvent les effets d'un grand dessein, mais des effets du hasard.
5. Pour bien savoir les choses, il en faut savoir le détail ; et comme il est presque infini, nos connaissances sont toujours superficielles et imparfaites.
6. Peu de gens sont assez sages pour préférer le blâme qui leur est utile à la louange qui les trahit.

11. Adapter son expression

OUTILS DE LA LANGUE

LA DIVERSITÉ DES USAGES DE LA LANGUE

- L'usage d'une même langue peut varier en fonction de l'**origine géographique** du locuteur (selon la région ou selon le pays francophone) ou de son **origine socioculturelle** (accent, lexique, tournures syntaxiques).
- La **situation de communication** conditionne notre langage : on s'exprime différemment à l'**oral** ou à **l'écrit**, selon **les circonstances**, le **destinataire** et le **but visé.**
- Enfin, **à l'oral comme à l'écrit**, un même locuteur peut user de **trois niveaux de langue** : familier, courant, soutenu. La manière de s'exprimer est jugée appropriée si elle est adaptée aux circonstances de la communication.

L'ORAL ET L'ÉCRIT

	Oral	Écrit
Conditions	• Communication immédiate : interlocuteurs en présence et en interaction. • Communication verbale soutenue par des moyens non linguistiques : intonations, mimiques, gestes.	• Communication différée : émetteur et destinataire éloignés, dans l'espace et le temps. • Texte écrit devant contenir toute l'information nécessaire.
Conséquences	• Énoncé se construisant au fur et à mesure. • Usage plus souple de la syntaxe : répétitions, corrections, ruptures de construction…	• Énoncé résultant d'une construction préalable. • Syntaxe correcte, plus complexe, mots précis.

LES NIVEAUX DE LANGUE

	Familier	Courant	Soutenu
Lexique	Pauvre ou imagé ; parfois argotique ou grossier.	Usuel, neutre, compréhensible par tous.	Précis, riche, recherché voire rare ; figures de style fréquentes.
Syntaxe	• Absence d'une marque de négation (*ne*). • Absence d'inversion. • Tournures expressives : phrase emphatique, interrogative ou exclamative.	Syntaxe respectant les règles, mais sans recherche.	Syntaxe riche et complexe, respect scrupuleux de toutes les règles grammaticales.
Temps et modes verbaux	Temps de l'indicatif : emploi dominant du présent, futurs simple et progressif (*aller* + infinitif), passé composé.	• Emploi de tous les temps de l'indicatif à l'exception, à l'oral, des passés simple et antérieur. • Usage du mode subjonctif limité aux temps du présent et du passé.	• Utilisation de toutes les ressources de la conjugaison (tous les temps à tous les modes). • Respect strict de la concordance des temps.
Utilisation et effet	• À l'oral entre proches • À l'écrit pour donner un style oral.	• En toutes circonstances, à l'oral ou à l'écrit avec tous. • Absence d'effet.	• À l'écrit et à l'oral pour être nuancé et précis. • Effet littéraire.
Exemple	Nous, ce film, on l'a trouvé super !	Nous avons beaucoup aimé ce film.	Ce film a soulevé notre enthousiasme.

LANGUE ET LITTÉRATURE

- La littérature exploite tous les niveaux de langue. Ils sont parfois liés au genre (la tragédie use d'une langue soutenue, la comédie d'une langue courante ou familière).
- Certains auteurs soucieux de réalisme font parler leurs personnages conformément à leur milieu.
- D'autres (Céline, Queneau, Prévert), par jeu, provocation ou pour renouveler la langue littéraire, mêlent les niveaux de langue et transposent les particularités de l'oral à l'écrit.

S'ENTRAÎNER

EXERCICE 1

Déterminez, pour chaque situation, le ou les niveaux de langue adaptés et recopiez le tableau en le remplissant avec les numéros correspondants.

1. lettre à un ami – **2.** discours public prononcé dans un cadre officiel – **3.** devoir scolaire – **4.** conversation entre personnes d'âge et de milieux différents – **5.** entretien d'embauche (travail) ou de recrutement (école) – **6.** courrier ou courriel officiel – **7.** épreuve orale d'examen – **8.** exposé d'élève en classe – **9.** requête adressée à un supérieur – **10.** exposé présenté devant un public mêlé (d'âges et statuts variés) – **11.** lettre de motivation (pour des études)

	Autorisé	Nécessaire	Souhaitable	Proscrit
Niveau familier				
Niveau courant				
Niveau soutenu				

EXERCICE 2

a. Identifiez le niveau de langue des mots suivants.

b. Proposez un synonyme dans les deux autres niveaux.

c. Employez chaque mot dans une phrase de niveau correspondant.

récriminer – bouquin – avoir marre – maison – offusquer – avoir peur – costaud – finir – abscons – pusillanime

EXERCICE 3

Le texte suivant est la transcription d'une conversation réelle. Relevez-en les signes.

avec les / les grandes falaises là y a un chemin qui monte, puis i(ls) t'font rentrer avec un bateau là / nous y avait un petit peu de mer et i(ls) te font rentrer dans une grotte qu'est large euh / y a euh/ i(l) reste quoi un mètre de chaque côté du bateau quand tu rentres dans la grotte / nous y avait de la houle alors le mec / remarque i(ls) touchent leur bille hein les mecs i(ls) attendent le bon moment et hop i(ls) te font rentrer dans le / dans la grotte

M.-A. MOREL, *Structuration de l'oral, cohésion de l'écrit*, Presse Sorbonne Nouvelle, 1993, www.openedition.org

EXERCICE 4 : VERS L'ANALYSE

Ce texte est-il écrit comme on parle ? Justifiez votre réponse en analysant le mélange d'oral, d'écrit et de niveaux de langue. Vous pouvez comparer avec le texte de l'exercice 3.

De jeunes marseillais s'amusent à sauter d'une falaise

[...] on court, genoux-poitrine et bras cassés à hauteur des coudes, on s'active, on mouline l'atmosphère, on s'élance le plus loin possible, là est le jeu, la petite compète, et soudain le vide, tangible, et la chute ouaaaaaahhhh ! - alors l'eau se troue paf dans un bruit de détonation, cratère inversé, bouillon écumeux, le corps disparaît dans les éclaboussures, la tête ressurgit la première, faut voir ça...

MAYLIS DE KERANGAL, *Corniche Kennedy*, Éd. Gallimard, 2008.

ORAL ET ÉCRIT

- Certains textes littéraires adoptent un style se rapprochant de l'oral mais il s'agit toujours d'une **stylisation.**
- Un discours est une production orale respectant les règles de la langue écrite. Mais l'orateur conserve certaines marques de la langue orale, notamment les procédés d'emphase : on parle de **style oratoire.**

EXERCICE 5 : VERS L'ANALYSE

Victor Hugo prononça un discours contre la misère à l'Assemblée nationale législative en 1849. Identifiez dans ce passage certaines caractéristiques de l'oral : types de phrase, répétitions, adresse au destinataire... Ce discours est-il pour autant écrit dans une langue de niveau familier ?

Je ne suis pas, Messieurs, de ceux qui croient qu'on peut supprimer la souffrance en ce monde ; la souffrance est une loi divine ; mais je suis de ceux qui pensent et qui affirment qu'on peut détruire la misère.

Remarquez-le bien, Messieurs, je ne dis pas diminuer, amoindrir, limiter, circonscrire, je dis détruire. La misère est une maladie du corps social comme la lèpre était une maladie du corps humain ; la misère peut disparaître comme la lèpre a disparu. Détruire la misère ! Oui, cela est possible ! [...]

La misère, Messieurs, j'aborde ici le vif de la question, voulez-vous savoir jusqu'où elle est, la misère ? Voulez-vous savoir jusqu'où elle peut aller, jusqu'où elle va, je ne dis pas en Irlande, je ne dis pas au Moyen Âge, je dis en France, je dis à Paris, et au temps où nous vivons ?

VICTOR HUGO, *Discours à l'Assemblée nationale législative*, 1849.

EXERCICE 6 : ÉCRITURE

Transposez le texte de l'exercice 4 en respectant les normes de la langue écrite. Réécrivez-le une première fois dans un niveau courant. Puis écrivez-le une deuxième fois en essayant de lui donner un style littéraire, à la façon du texte de l'exercice 5.

12. Organiser un développement logique

OUTILS DE LA LANGUE

QUE SIGINIFIE : ORGANISER UN DÉVELOPPEMENT LOGIQUE ?

- **Développer** signifie retirer quelque chose de son enveloppe et le dérouler. Faire un **développement logique** signifie dérouler un propos de manière **rationnelle** : *logique* vient du grec *logos : raison*.
- **Développer logiquement** un sujet signifie qu'on traite d'un **thème**, en affirmant une thèse à son propos. Pour donner des **raisons** d'adhérer à cette thèse, on propose plusieurs **arguments** illustrés d'**exemples.** Un **argument** prend la forme d'un **raisonnement**. Un **exemple** est un élément **concret** (fait, texte...) qui atteste que l'argument est valide parce qu'il se vérifie dans la réalité.
- **Organiser un développement logique** signifie qu'on **ordonne** ses arguments en faveur d'une thèse : on **distingue** chaque argument en lui consacrant un paragraphe à chaque fois, et on **classe** les arguments en fonction de leur nature ou de leur importance.

LES OUTILS LINGUISTIQUES À MOBILISER

- Les outils que l'on mobilise pour développer une thèse et organiser son propos sont avant tout des **connecteurs logiques** (voir p. 438).
- Les connecteurs logiques sont employés **à l'intérieur de chaque paragraphe** pour introduire l'argument, l'expliquer de façon raisonnée et articuler l'exemple à l'argument.
  - Pour introduire l'**argument**, on utilise principalement des connecteurs de cause puisque l'argument sert à apporter une raison : *ainsi, en effet, effectivement, car, c'est que...*
  - Pour introduire des **exemples**, on utilise également *ainsi, en effet, effectivement* ainsi que le signe de ponctuation des deux-points explicatifs (:).
  - Pour articuler le **raisonnement**, c'est-à-dire l'enchaînement des propos développant l'argument, on utilise les connecteurs clarifiant les différentes relations logiques nécessaires : cause, conséquence, opposition, but, comparaison, ajout...
- Les connecteurs logiques sont également employés pour **former un lien entre les paragraphes** et clarifier la progression choisie :
  - si les arguments défendent tous la même thèse et s'ajoutent les uns aux autres, on utilise : *d'abord, ensuite, en outre, de plus, enfin, non seulement... mais encore* ;
  - si les arguments défendent dans un premier temps la thèse puis la nuancent, la discutent ou la réfutent, on utilise : *certes / cependant, néanmoins, pourtant, en revanche, mais, or...*

LES DIFFICULTÉS À SURMONTER

Aussi et ***ainsi*** marquent, selon le contexte, des relations logiques différentes.

Aussi	
Conséquence	**Ajout**
- Synonyme de : *c'est pourquoi, par conséquent, donc* - Figure **en tête de proposition ou de phrase** et entraîne en général l'inversion du sujet : *Ce produit est rare ; aussi est-il convoité.* *= Ce produit est rare ; c'est pourquoi il est convoité.*	- Synonyme de : *également- pareillement.* - À tout endroit dans la phrase mais **jamais en première position.** - Porte sur l'élément qui est placé juste avant *Ce produit est rare et il est cher aussi.* *= Ce produit est rare et il est également cher.*

Ainsi	
Employé comme une coordination	**Employé comme adverbe**
Placé en tête de phrase, il **introduit** : - une **conséquence** : *Il doit partir. Ainsi tu ne pourras pas le voir.* - un **exemple** ou un cas particulier après une idée générale : *Une couleur peut receler nombre de nuances. Ainsi y a-t-il le vert émeraude, turquoise, sapin...*	Synonyme de ***de cette manière****, de cette façon-là.* *Il parle toujours ainsi, c'est son ton habituel.*

S'ENTRAÎNER

EXERCICE 1

a. Quel est le thème du texte suivant et quelle est la thèse soutenue ?

b. Quelle serait la thèse adverse ?

c. Quelle est votre propre thèse à propos du même thème ?

Ça n'est pas tant l'idée de notre propre infériorité que nous avons assimilée – quelles qu'aient été les violences des instruments de contrôle, l'histoire quotidienne nous a montré que les hommes n'étaient par nature ni supérieurs, ni si différents des femmes. C'est l'idée que notre indépendance est néfaste qui est incrustée en nous jusqu'à l'os.

VIRGINE DESPENTES, *King-Kong Théorie*, Éd. Grasset, 2006.

EXERCICE 2

a. Distinguez la thèse et les arguments qui la soutiennent. Quels outils grammaticaux articulent les arguments à la thèse ? Quelles relations logiques expriment-ils ?

b. Rédigez un paragraphe où vous reformulerez la thèse et les arguments (voir p. 444).

c. Trouvez d'autres arguments pour démontrer cette même thèse.

Tous les peuples de chasseurs ont eu à négocier un pacte avec le monde animal, non seulement parce qu'ils prélevaient dans sa masse mais aussi, et sans doute tout autant, parce qu'ils étaient fascinés par l'exubérance de ces êtres vivant sur terre autrement qu'eux et vivant, leur semblait-il, plus naturellement qu'eux [...].

JEAN-CHRISTOPHE BAILLY, *Le versant animal*, Éd. Bayard, 2007.

GEORGE CATLIN, *Indien à cheval chassant un buffle*, XIXe siècle.

EXERCICE 3

a. Distinguez, dans ce texte, argument(s) et exemple(s). Justifiez en vous appuyant sur des éléments précis.

b. Trouvez un autre exemple et intégrez-le dans ce paragraphe.

La femme n'inspire pas le même sentiment de sécurité [que l'homme] ; elle se guinde, elle en remet, elle en fait trop. En affaires, dans les administrations, elle se montre scrupuleuse, tâtillonne et facilement agressive. [...] C'est une attitude très frappante entre autres chez les Américaines ; il leur plaît d'avoir un « job » et de se prouver qu'elles sont capables de l'exécuter correctement : mais elles ne se passionnent pas pour le contenu de leurs tâches. [...] Nouvelle venue au monde des hommes, piètrement soutenue par eux, la femme est encore trop occupée à se chercher.

SIMONE DE BEAUVOIR, *Le Deuxième sexe*, Éd. Gallimard, 1959.

EXERCICE 4

Voici un sujet d'essai, la thèse que l'on pourrait soutenir et un argument en faveur de la thèse.

a. Cherchez un exemple puisé dans votre expérience de lecture de romans pour illustrer l'argument. Rappelez le titre et l'auteur du roman.

b. Rédigez un paragraphe développant la thèse au moyen de l'argument et de l'exemple. Vous aurez soin de développer précisément l'exemple. Articulez, au moyen de connecteurs logiques, thèse, argument et exemple.

Sujet : Pour apprécier un roman, le lecteur a-t-il besoin de s'identifier au personnage principal ?

Thèse : Le lecteur a besoin, pour apprécier un roman, de s'identifier au personnage principal.

Argument : S'identifier à quelqu'un, c'est avoir de l'empathie pour cette personne, c'est-à-dire éprouver les mêmes émotions qu'elle ; or, l'émotion est essentielle pour aimer quelque chose.

EXERCICE 5

a. Voici un exemple. Cherchez un argument que cet exemple pourrait illustrer.

b. Développez cet argument en prenant soin d'expliquer le lien entre exemple et argument.

La beauté d'une auto ne correspond en rien aux lignes décoratives qui inspiraient un constructeur de carrosse du XVIIIe siècle, et beaucoup d'hommes, parmi les moins enclins à compliquer leur vie, commencent à admettre la beauté d'un poste de T.S.F. avec ses belles lampes aux dômes argentés.

Pierre Mac Orlan, *Villes*, 1929.

13. Reformuler et synthétiser un propos

OUTILS DE LA LANGUE

QUELLE EST LA DIFFÉRENCE ENTRE REFORMULER ET SYNTHÉTISER ?

- **Reformuler** un propos, c'est en changer les termes et la syntaxe tout en conservant son sens.
- **Synthétiser** un propos, c'est reprendre ses idées pour les présenter plus brièvement que ne l'a fait l'auteur, en insistant sur le général (thèses, arguments) plutôt que sur le particulier (exemples, anecdotes...).
- Lorsque l'on fait la synthèse d'un propos, on le reformule nécessairement ; mais l'on peut reformuler un texte sans chercher à en faire la synthèse : on parle alors de **paraphrase**.
- La reformulation, comme la synthèse, peut reprendre la même énonciation que le texte de départ ou rapporter les propos du locuteur. Dans ce dernier cas, on utilise le discours rapporté.

LES OUTILS LINGUISTIQUES À MOBILISER

- **Pour reformuler et synthétiser**, il est nécessaire de posséder et maîtriser du vocabulaire. Un synonyme n'est que très rarement un équivalent exact, et les synonymes diffèrent aussi selon le contexte dans lequel ils sont employés (*cf.* les relations lexicales p. 430)
- Il faut veiller à utiliser de façon correcte le **discours indirect.**

- Varier les verbes introducteurs : *affirmer, déclarer, soutenir, prétendre, penser, juger, souligner, remarquer, considérer, concéder, reconnaître, douter, contester, se demander...*
- Utiliser le mode approprié dans la subordonnée (indicatif, subjonctif, conditionnel), la syntaxe appropriée (dans le cas d'une interrogation indirecte) ; respecter la concordance des temps.

> En tant que la femme se veut femme, sa condition indépendante crée en elle un complexe d'infériorité ; [...] sa féminité lui fait douter de ses chances professionnelles. C'est là un point des plus importants. On a vu que des fillettes de quatorze ans déclaraient au cours d'une enquête : « Les garçons sont mieux ; ils travaillent plus facilement ». (Simone de Beauvoir, *Le Deuxième sexe*)

	Reformulation	Synthèse
En respectant l'énonciation du texte de départ	À cause de sa féminité, la femme indépendante se sent inférieure et doute de son avenir professionnel, comme le prouve une enquête au cours de laquelle des adolescentes ont affirmé que les garçons travaillaient avec plus de facilité que les filles.	À cause de sa féminité, la femme indépendante se sent inférieure aux hommes, notamment sur le plan des études et de l'avenir professionnel.
En rapportant les propos du locuteur	Dans *Le Deuxième sexe*, Simone de Beauvoir soutient l'idée qu'à cause de sa féminité, la femme indépendante se sent inférieure et doute de son avenir professionnel, comme le prouve une enquête au cours de laquelle des adolescentes ont affirmé que les garçons travaillaient avec plus de facilité que les filles.	Dans *Le Deuxième sexe*, Simone de Beauvoir soutient l'idée qu'à cause de sa féminité, la femme indépendante se sent inférieure aux hommes, notamment sur le plan des études et de l'avenir professionnel.

QUESTION Repérez les changements de vocabulaire et le verbe introducteur dans ces exemples.

À QUELLES OCCASIONS REFORMULER ET SYNTHÉTISER UN PROPOS ?

- **À l'oral**, dans un **exposé** ou un **débat** : on **reformule** pour être plus clair ou pour reprendre les propos d'autrui ; on **synthétise** dans un exposé les aspects essentiels d'un sujet ; dans la **conclusion** d'un exposé ou d'un débat, on **synthétise** les idées présentées pour en faire le bilan.
- **À l'écrit**, dans une **contraction** de texte, on **reformule** et on **synthétise** un texte.
- **À l'écrit**, dans un **essai** ou une **dissertation,** on synthétise les exemples illustrant les arguments.

⚠ **Attention !** Dans un commentaire de texte, on évite toute paraphrase. Analyser un texte, ce n'est pas le reformuler !

S'ENTRAÎNER

EXERCICE 1

Vous devez reformuler le texte suivant, écrit par Zola au sujet de l'affaire Dreyfus.

Si j'insiste, c'est que l'œuf est ici, d'où va sortir plus tard le vrai crime, l'épouvantable déni de justice dont la France est malade. Je voudrais faire toucher du doigt comment l'erreur judiciaire a pu être possible, comment elle est née des machinations du commandant du Paty de Clam, comment le général Mercier, les généraux de Boisdeffre et Gonse ont pu s'y laisser prendre, engager peu à peu leur responsabilité dans cette erreur, qu'ils ont cru devoir, plus tard, imposer comme la vérité sainte, une vérité qui ne se discute même pas.

ÉMILE ZOLA, « J'accuse » dans *L'Aurore*, 13 janvier 1898.

1. Trouver des synonymes

a. Trouvez des synonymes pour les termes ou formules soulignés.

b. Repérez les termes ou formules pour lesquels on ne peut pas proposer de synonymes.

Si j'insiste, c'est que l'œuf est ici, d'où va sortir plus tard le vrai crime, l'épouvantable déni de justice dont la France est malade. Je voudrais faire toucher du doigt comment l'erreur judiciaire a pu être possible, comment elle est née des machinations.

2. Changer la syntaxe d'une phrase

a. Analysez la construction de la première phrase du texte de Zola : quelle relation logique exprime-t-elle ? (Voir p. 436) Remplacez « Si j'insiste, c'est que… » par une autre formulation exprimant la même relation logique.

b. « Le vrai crime, l'épouvantable déni de justice » : doit-on reformuler ces deux expressions par deux groupes nominaux ou peut-on proposer un seul groupe nominal pour les remplacer ?

c. « Dont la France est malade » : transformez cette relative en la commençant par « qui » et faites les modifications nécessaires.

3. Changer d'énonciation : rapporter des propos

Récrivez la première phrase du texte de Zola en commençant par « Zola écrit que », puis par « Zola écrivait que ». Veillez à la concordance des temps.

4. En partant de « Zola écrit que » ou « Zola écrivait que », reformulez l'ensemble du texte en vous aidant de vos réponses aux questions 1, 2 et 3.

EXERCICE 2

Vous devez synthétiser le texte suivant.

Singulièrement, et soit dit en passant, je n'ai jamais pu me faire à l'idée que des milliers d'hommes africains que la traite négrière transporta jadis aux Amériques ont pu n'avoir eu d'importance que celle que pouvait mesurer leur seule force animale – une force animale analogue et pas forcément supérieure à celle du cheval ou du bœuf – et qu'ils n'ont pas fécondé d'un certain nombre de valeurs essentielles, les civilisations naissantes dont ces sociétés nouvelles étaient en puissance les porteuses.

AIMÉ CÉSAIRE, *Discours sur la négritude*, Éd. Présence Africaine, 1987.

1. Distinguer idées et exemples

a. Soulignez l'exemple dans le texte ci-dessus. Quel signe typographique permet ici de le repérer ?

> **Coup de pouce**
> L'exemple se repère à la mention d'un élément concret ou d'un personnage. Il sert à illustrer un propos et vise à convaincre ou persuader davantage le lecteur ou l'auditeur.

b. Réécrivez les deux éléments qui choquent Aimé Césaire dans ce passage en commençant la phrase par « Ce qu'Aimé Césaire n'a pas pu admettre, c'est que… ». Excluez l'exemple.

2. Reformuler une idée en retenant l'essentiel

[…] je n'ai jamais pu me faire à l'idée que des milliers d'hommes africains que la traite négrière transporta jadis aux Amériques […] n'ont pas fécondé d'un certain nombre de valeurs essentielles les civilisations naissantes dont ces sociétés nouvelles étaient en puissance les porteuses.

a. Soulignez les expansions des noms « hommes », « nombre », « civilisations ». Lesquelles apportent une information indispensable ? Lesquelles apportent une information dont on peut se passer, selon vous ?

b. Comment pouvez-vous réduire les expressions « des milliers d'hommes » et « un certain nombre de valeurs » ?

c. Réécrivez cette phrase en la synthétisant : supprimez ce qui n'est pas essentiel, trouvez des synonymes pour les constituants de la phrase (sujet, verbe, compléments).

3. Reformulez tout le texte en le réduisant de moitié et en n'utilisant aucun des mots employés par l'auteur.

Traite des Noirs, gravure du XIXe siècle.

14. Exprimer, discuter, réfuter une opinion

OUTILS DE LA LANGUE

EXPRIMER ET NUANCER UNE THÈSE OU UNE OPINION

• Dans la vie courante comme dans le cadre d'un exercice scolaire (dissertation, débat...), il est fréquent de devoir **exprimer son opinion**, **la thèse** que l'on soutient sur un sujet donné.

• Exprimer son opinion, c'est donner son avis sur une **question** qui n'est **pas tranchée**, soit parce qu'on ne connaît pas encore ce qui permettrait d'y répondre (*À mon avis, il va bientôt pleuvoir*), soit parce qu'aucun fait objectif ne permet de clore le débat (*Selon moi, plus la vie est remplie, moins on y est attaché*).

BIEN DISTINGUER OPINION ET VÉRITÉ

• L'**opinion** est un **jugement subjectif** : on l'étaie grâce à des **arguments** pour convaincre qu'elle est raisonnable. On **nuance** son opinion en utilisant des **modalisateurs** de la certitude.

• La **vérité** est l'adéquation entre un jugement et la réalité : elle est **objective**, universelle, elle repose sur une connaissance et on peut la démontrer avec des **preuves** indiscutables (*Deux et deux font quatre*).

LES OUTILS LINGUISTIQUES À MOBILISER

• **Pour introduire une opinion :**
- *je crois, je pense, j'estime, je juge, je considère que, il (me) semble que...*
- *à mon avis, selon moi, pour ma part, en ce qui me concerne, d'après moi...*

• **Pour exprimer une opinion dont on est convaincu :** *je suis certain/sûr que, je suis convaincu/persuadé que, j'affirme, je certifie, je sais, je soutiens que...*

• **Pour exprimer une vérité :**
- *il est certain / incontestable que..., on doit convenir que..., il ne fait aucun doute que..., il est évident que..., il est (absolument) vrai / il est (absolument)faux que..., je certifie que..., je sais que..., tout montre que...*
- *sans aucun doute, certainement, assurément, incontestablement, positivement...*

• **Pour exprimer un moindre degré de certitude :**
- *il (me) semble que..., il est vraisemblable / probable / possible que..., il se peut que...*
- *probablement, peut-être, vraisembablement...*
- l'emploi du conditionnel permet également d'atténuer l'affirmation : *il se pourrait... il semblerait...*

LA PLACE DE L'ÉNONCIATEUR

• On trouve des **démonstrations** dans des ouvrages scientifiques ou philosophiques. Elles visent à établir une vérité incontestable : **l'énonciateur** raisonne à partir de faits et de lois établis. Son opinion personnelle n'intervient pas. Les marques de jugement sont effacées.

> Il est démontré qu'il n'y a point d'effet sans cause. (Voltaire)

• L'**argumentation** est présente dans les essais, les articles de presse et dans tous les textes qui cherchent à convaincre, quel que soit leur genre littéraire (roman, poésie, théâtre). Elle vise à convaincre de la validité d'une opinion : **l'énonciateur peut marquer sa présence** par l'emploi de la première personne et des modalisateurs du jugement (valorisant ou dévalorisant), de la certitude ou du doute.
- L'énonciateur marque sa présence soit pour nuancer ou donner un avis avec prudence, soit au contraire pour s'engager dans son propos et gagner en force persuasive.

> Ce qui me frappe dans la guerre ce n'est pas son horreur, c'est son inutilité. (Giono)

- Si l'énonciateur efface sa présence, alors l'énoncé de sa thèse ressemble à une vérité et le lecteur pourrait oublier qu'il s'agit d'une opinion.

> Le héros n'est pas celui qui se précipite dans une belle mort ; c'est celui qui se compose une belle vie. (Giono)

VERS LE COMMENTAIRE

Lorsqu'on commente un texte argumentatif, il est important de faire attention à la façon dont l'énonciateur fait valoir son opinion, s'il la nuance, s'il s'implique personnellement ou s'il donne à sa thèse l'impersonnalité d'une vérité générale.

DISCUTER ET RÉFUTER UNE THÈSE OU UNE OPINION ?

Dans une dissertation ou un essai, on doit souvent discuter ou réfuter une opinion, une thèse.

- **Discuter** signifie **examiner** le bien-fondé d'une thèse, pour savoir si elle est recevable ou non. Lorsqu'on discute une thèse, on commence par la **mettre en doute**. *Discuter* vient du latin *dequatere*, qui signifie *secouer* : discuter une thèse, c'est la remuer, la faire bouger.
- **Réfuter**, c'est **refuser**, rejeter une thèse en montrant qu'elle est fausse ou mal fondée.

Dans les deux cas, l'enjeu est de contester la vérité ou le bien-fondé d'une opinion, soit pour la mettre en doute seulement (discuter), soit pour la refuser (réfuter).

INTRODUIRE LA DISCUSSION D'UNE THÈSE, D'UNE OPINION

- **Interroger :** *peut-on affirmer que... ?, est-il vrai que... ?, est-il juste que... ?, il faut s'interroger sur l'idée que..., on peut se demander si..., j'examinerai si...*

> Vaut-il mieux être aimé que craint ? Nous allons examiner la justesse de ce propos.

LES DIFFICULTÉS À SURMONTER

- **Syntaxe de l'interrogation :** elle diffère selon que l'interrogation est directe ou indirecte.

Interrogation directe	Interrogation indirecte
- Se termine par un point d'interrogation. - Inversion du sujet et du verbe fréquente. - Parfois redoublement du sujet par un pronom. *Peut-on soutenir cette opinion ?* (inversion) *Cette opinion est-elle fondée ?* (redoublement) *Quels arguments fondent cette opinion ?* (sans inversion ni redoublement)	- Introduite par un verbe (*se demander si...*). - Absence de point d'interrogation. - Pas d'inversion ni de redoublement. - Même construction qu'une phrase déclarative : *Je me demande si on peut soutenir cette opinion.* *Je ne sais pas si cette opinion est fondée.* *Voyons quels arguments fondent cette opinion.*

- **Exprimer le doute :** *je ne pense / ne crois pas que..., je doute que..., il n'est pas sûr que..., il est douteux que..., cette idée peut être remise en cause, je suis en désaccord avec l'idée que...*

> Il est douteux qu'il vaille mieux être aimé que craint.

REJETER UNE THÈSE, UNE OPINION

- **Verbes et tournures verbales :** *je refuse l'idée que..., je conteste que..., on peut réfuter l'idée selon laquelle..., on peut objecter à cela que..., je m'oppose totalement à l'idée que..., on peut nier que..., il est faux de dire que..., il n'est pas vrai que...*
- **Outils de négation lexicale et syntaxique** : *non*, préfixes *in-* ou *non-*, déterminants et pronoms indéfinis (*aucun, nul, personne, rien...*) ; *ne... pas, ne... plus, ne... jamais, ne... non plus.*

> Qu'il vaille mieux être aimé que craint est une idée irrecevable.

MARQUER L'OPPOSITION, INTRODUIRE UNE OBJECTION

- Conjonctions de coordination : *mais, or.*
- Conjonctions de subordination : *bien que, tandis que, alors que...*
- Adverbes : *cependant, néanmoins, toutefois, au contraire, à l'inverse...*
- Prépositions : *malgré, en dépit de, contrairement à...*
- Verbes : *on peut objecter que..., répondre que...*

> On a prétendu qu'il valait mieux être aimé que craint : or, si l'on n'est pas craint, on ne se fait pas obéir.

S'ENTRAÎNER

EXERCICE 1

a. Classez les énoncés suivants en deux catégories : les thèses formulées sans marque d'énonciation, les thèses formulées comme des opinions prises en charge par un énonciateur, ou attribuées à un énonciateur.

b. Réécrivez les premières en y ajoutant une marque d'énonciation et les secondes en enlevant ces marques.

1. En ce qui concerne l'amour, je ne suis pas sûre que la glorification du « couple » en tant que tel soit la meilleure manière de nous débarrasser de nos erreurs et de nos fautes. (Yourcenar)

2. Je ne pense pas qu'il y ait de l'orgueil et de l'impertinence à écrire l'histoire de sa propre vie. (Sand)

3. Pour moi, je ne doute point [...] que de temps en temps la religion n'empêche bon nombre de petits maux et ne produise nombre de petits biens. (Diderot)

4. Les abus que je vois me paraissent si peu tolérables, qu'il est impossible que des êtres doués de raison les supportent à jamais. (Restif de la Bretonne)

5. Le romancier part à la recherche d'une vérité. (Zola)

6. Ceux qui jugent et qui condamnnent disent la peine de mort nécessaire. (Hugo)

7. Une situation qui s'est créée à travers le temps peut se défaire en un autre temps : les Noirs de Haïti entre autres l'ont bien prouvé ; il semble, au contraire, qu'une condition naturelle défie le changement. (Beauvoir)

8. L'écrivain engagé sait que la parole est action : il sait que dévoiler c'est changer, et qu'on ne peut dévoiler qu'en projetant de changer. (Sartre)

EXERCICE 2

Relevez, dans les phrases de l'exercice 1, les marques de modalisation du degré de certitude en les classant dans un tableau :

Marques de modalisation	Certitude	Probabilité	Doute

EXERCICE 3

a. Choisissez un thème parmi ceux proposés ci-dessous.
- Le réchauffement climatique
- L'égalité entre hommes et femmes
- Les droits des animaux

b. Formulez deux ou trois opinions pouvant être soutenues à ce sujet en les présentant comme :
1. des certitudes ;
2. presque certaines ;
3. probables ;
4. très douteuses.

EXERCICE 4

Réécrivez les affirmations suivantes en adaptant le niveau de langue attendu dans un devoir scolaire (voir p. 440). Vous atténuerez ou effacerez la présence de l'énonciateur et vous les exprimerez de façon plus nuancées.

1. Balzac, c'est vraiment ennuyeux, ou alors il faut sauter toutes les descriptions.

2. Moi, le seul poète que j'arrive à lire, c'est Prévert, au moins je ne me prends pas la tête, j'ai l'impression de tout comprendre.

3. Je n'ai jamais compris comment on pouvait dire que l'art contemporain, c'est de l'art. Pour moi, l'art c'est ce qui est beau et bien fait, point barre.

4. Je ne vois vraiment pas l'intérêt de lire des romans. Moi ce n'est pas la fiction qui m'intéresse, c'est la réalité, alors je lis plutôt de l'histoire et des biographies, à la limite des autobiographies.

EXERCICE 5 : VERS LE COMMENTAIRE

a. Dans le texte ci-dessous, relevez les termes qui modalisent les propos des personnages. Sont-ils placés du côté de la certitude ou de l'opinion ?

b. Qu'est-ce que cette modalisation dit du rapport de force entre les personnages : un des orateurs a-t-il l'avantage sur les autres ?

c. Imaginez un changement dans cette scène : reformulez les répliques des personnages en augmentant le degré de certitude de leurs assertions. Vous changerez pour cela les termes modalisateurs de leur discours en insistant sur leur caractère incertain.

À la Convention, l'intempérance de langage était de droit. Les menaces volaient et se croisaient dans la discussion comme les flammèches dans l'incendie.

– Pétion : Robespierre, venez au fait.

– Robespierre : Le fait, c'est vous, Pétion. J'y viendrai, et vous le verrez.

– Une voix : Mort à Marat !

– Marat : Le jour où Marat mourra, il n'y aura plus de Paris, et le jour où Paris périra, il n'y aura plus de République.

– Billaud-Varennes se lève et dit : Nous voulons...

– Barère l'interrompt : Tu parles comme un roi.

VICTOR HUGO, *Quatre-vingt-treize*, 1874.

EXERCICE 6

On vous donne à discuter les thèses suivantes. En une phrase ou deux, introduisez leur discussion en utilisant un procédé différent pour chaque thèse.

1. Il y a des gens qui n'auraient jamais été amoureux s'ils n'avaient jamais entendu parler de l'amour. (La Rochefoucauld)

2. C'est une grande atteinte aux vices, que de les exposer à la risée de tout le monde. (Molière)

3. Le roman est un miroir que l'on promène le long d'un chemin. (Stendhal)

4. Il n'y a de vraiment beau que ce qui ne peut servir à rien. (Gautier)
5. Les Réalistes de talent devraient s'appeler plutôt des Illusionnistes. (Maupassant)

Coup de pouce

Exprimer l'interrogation indirecte

NE DITES PAS	DITES
Je me demande si on peut soutenir cette opinion ? J'examinerai quelle opinion peut-on soutenir ?	Je me demande si on peut soutenir cette opinion. J'examinerai quelle opinion on peut soutenir.

EXERCICE 7

Introduisez la réfutation de ces thèses en utilisant un procédé différent pour chaque exemple.

1. Une comédie a seulement pour rôle de divertir le public.
2. Les romans offrent des peintures pernicieuses de l'amour.
3. La véritable poésie ne devrait s'intéresser qu'à des sujets nobles et beaux.
4. Celui qui a été témoin d'un événement historique est le seul à pouvoir le comprendre.

Coup de pouce

Une opinion formulée à l'indicatif pourra être reformulée au subjonctif après être introduite par certains verbes ou une négation.

Indicatif	Subjonctif
J'affirme / Je pense qu'il vaut mieux...	Je doute / Je conteste / Je ne pense pas qu'il vaille mieux...

EXERCICE 8

a. Dans les phrases soulignées, identifiez les différents outils au moyen desquels le narrateur formule son opinion tout en exprimant un doute et classez-les : outils syntaxiques, outils lexicaux.

b. Choisissez deux verbes dans la liste suivante et reformulez les deux phrases soulignées, en passant à la troisième personne : douter, avoir l'impression, craindre, soupçonner, se demander.

Exemple : *Le condamné à mort craint que...*

Et puis, ce que j'écrirai ainsi ne sera peut-être pas inutile. Ce journal de mes souffrances, heure par heure, minute par minute, supplice par supplice, si j'ai la force de le mener jusqu'au moment où il me sera *physiquement* impossible de continuer, cette histoire, nécessairement inachevée, mais aussi complète que possible, de mes sensations, ne portera-t-elle point avec elle un grand et profond enseignement ?

VICTOR HUGO, *Le Dernier Jour d'un condamné*, 1829.

EXERCICE 9

a. S'agit-il, dans cet extrait, d'une discussion ou d'une réfutation ? Justifiez votre réponse en vous appuyant sur les outils grammaticaux auxquels Flora Tristan a recours.

b. Identifiez la thèse et l'argument de Flora Tristan puis reformulez la première en l'introduisant par «Floran Tristan conteste que » et le second par « Elle objecte que... ». Puis réécrivez la première proposition de ce passage en commençant par « Je conteste que... ».

L'esclavage n'est plus à mes yeux la plus grande des infortunes humaines depuis que je connais le prolétariat anglais : l'esclave est *sûr de son pain toute sa vie* et de soins quand il tombe malade ; tandis qu'il n'existe aucun lien entre l'ouvrier et le maître anglais.

FLORA TRISTAN, *Promenades dans Londres*, 1840.

EXERCICE 10

Voici des thèses et des arguments susceptibles de les contredire ou de les nuancer. Reformulez les couples de phrases ci-dessous en articulant la thèse et l'objection (ou la nuance) et en utilisant à chaque fois un moyen différent.

1. Les adultes n'aiment pas regarder des images violentes. Les médias et les films proposent toujours plus d'images violentes.
2. Un adolescent qui grandit se sent l'égal d'un adulte. L'adolescent se sent très différent des adultes.
3. L'artiste doit chercher à plaire au grand public. Plaire au plus grand nombre ne prouve pas la qualité artistique d'une œuvre.
4. Les femmes ont par nature l'instinct maternel. Dans les siècles passés, beaucoup trouvaient naturel de confier leur bébé à une nourrice.

EXERCICE 11 : ÉCRITURE

a. Formulez plusieurs thèses au sujet de l'esclavage (ex. : l'esclavage est un acte de déshumanisation ; l'esclave est nécessairement malheureux) puis utilisez des outils de la négation et de l'opposition pour la nier.

b. Cherchez des arguments pour l'une de ces thèses, mais aussi leur réfutation. Aidez-vous du tableau :

	Ex. : L'esclave est nécessairement malheureux.	Réfutation de ces arguments
Argument 1		
Argument 2		

c. Rédigez un paragraphe dans lequel vous présenterez la première thèse et ses arguments, puis la réfutation de ces arguments.

15. Éliminer les confusions fréquentes

OUTILS DE LA LANGUE

LES HOMOPHONES GRAMMATICAUX

Attention aux confusions !

• **À** (préposition) / **a/as** (verbe *avoir*) : on remplace le mot par **avais/avait.**
Si la phrase est correcte, il ne faut pas d'accent. Si le sujet est **tu**, il faut un **s**.

• **et** (et puis)/**est** (verbe *être*) : on remplace le mot par **était**.
Si la phrase est correcte, il s'agit du verbe être.

• **Sais/sait** (verbe *savoir*) / **c'est** (ce + verbe *être*) / **s'est** (se + verbe *être*) / **ces** / **ses** :
– on remplace le mot par **savait**. Si la phrase est correcte, on utilise **sais** ou **sait** ;
– on remplace le mot par **cela est**. Si la phrase est correcte, on écrit **c'est** ;
– on remplace le sujet du verbe par **je**. Si on peut dire **je me suis**, on écrit **s'est** ;
– on se demande si le mot qui suit est un nom et, si oui, on le remplace par un autre nom féminin singulier.

[cé] étrangers → cette femme étrangère → **ces** ; [cé] chants → sa chanson → **ses**.

• **Ou** (conjonction de coordination) / **où** (pronom relatif, adverbe interrogatif) :
on ajoute **bien** après le mot. Si la phrase est correcte, on écrit **ou**.

• **Quand** (conjonction de subordination) / **quant à** / **aux** (préposition) : on regarde si le mot qui suit est à, **au** ou **aux**. Si oui, on écrit **quant**.

• **Sans** (préposition) / **s'en** (se + en) / **c'en** (ce + en) :
– on remplace par **avec**. Si la phrase est correcte, on écrit **sans** ;
– on remplace par **cela en**, si la phrase est correcte, on écrit **c'en**.

• **Je l'ai** (le + verbe avoir) / **je les** (pronom personnel) : on remplace par **je l'avais**. Si la phrase est correcte, on écrit **je l'ai**.

• **Ont** (verbe avoir) / **on** (pronom personnel) / **on n'** :
– on remplace par **avaient**. Si la phrase est correcte, on écrit **ont** ;
– si non, on regarde si la phrase contient une marque de négation (**pas, rien, que...**) ; si oui, on écrit **on n'**.
Dans les autres cas, on écrit **on**.

• La terminaison **-é** est source de nombreuses confusions, la plus fréquente est la confusion entre le participe passé et la forme infinitive (*manger / mangé*). On remplace par un verbe du troisième groupe dont l'écart avec le participe passé s'entend : *prendre / pris*.

L'ACCORD EN GENRE ET EN NOMBRE

L'accord entre le nom et l'adjectif

• Ces deux classes de mots prennent un **s** ou un **x** au pluriel. L'adjectif prend le genre et le nombre du nom auquel il se rapporte.

L'accord entre le sujet et le verbe

• Le verbe s'accorde également en genre et en nombre avec le sujet. Les terminaisons des verbes au pluriel sont **ons**, **ez**, **ent**.

• Attention à la construction S + *les* + V : *il les mange* (et non **il les mangent*).

• Quand le sujet est un adverbe de quantité (*beaucoup*, *peu*) sans complément, le verbe s'accorde au pluriel. S'il est suivi d'un complément, le verbe s'accorde avec le complément.

Peu ont connu l'invasion. Peu de monde était présent. Peu de cyborgs ont été démontés.

• Quand il y a plusieurs sujets au singulier et qu'ils sont coordonnés :
– par **et**, le verbe est au pluriel ;

Philéas Fogg et Passepartout sont d'infatigables voyageurs.

– par **ou**, le verbe est généralement au singulier ;

C'est Philéas Fogg ou Passepartout qui a voyagé.

– par **ni**, le verbe peut être au singulier ou au pluriel.

Ni Philéas Fogg ni Passepartout n'est naïf. / Ni Philéas Fogg ni Passepartout ne sont naïfs.

S'ENTRAÎNER

EXERCICE 1

Reliez ces moitiés de phrases entre elles.

1. Nous sommes attachés
2. En écoutant les paroles, on comprend que cette chanson
3. Son engagement, cet artiste l'
4. J'associe cette musique
5. Je pense qu'il faut agir, et je sais que tu

A. a bien exprimé.
B. à nos valeurs.
C. as le même avis.
D. à un souvenir heureux.
E. a un sens profond.

EXERCICE 2

Dans ces morales tirées de fables de La Fontaine, choisissez la forme qui convient.

1. J'en **sais/c'est** beaucoup de par le monde
À qui ceci conviendrait bien :
De loin **sais/c'est** quelque chose, et de près ce n'est rien
(« Le Chameau et les Bâtons flottants »)
2. Tout en tout **ait/est** divers : ôtez-vous de l'esprit
Qu'aucun être **ait/est** été composé sur le vôtre.
(« Le Cierge »)
3. Il était expérimenté,
Et/Est savait que la méfiance
Et/Est mère de la sûreté. (« Le Chat et un vieux Rat »)

EXERCICE 3

Repérez le terme qui suit le mot en gras, puis complétez celui-ci avec un *d* ou un *t*.

1. Quan... l'injustice règne, **quan**... les inégalités se creusent, j'ai envie, **quan**... à moi, de prendre une guitare, ou un violon, ou un micro – **quan**... à l'instrument, peu importe – et de chanter pour défendre mes valeurs.
2. Je ne m'arrêterai que **quan**... on m'aura écoutée.
3. Quan... aux discriminations, jusqu'à **quan**... cela va-t-il durer ?

EXERCICE 4

Le mot qui remplace les pointillés est-il *sans, s'en* ou *c'en* ?

1. Brassens ... prend souvent aux inégalités dans ses chansons.
2. Pour lui, ... est assez des hypocrites.
3. ... hésiter, il défend des valeurs d'humanité.
4. Il parle de sa jeunesse et ... souvient tous les jours.

EXERCICE 5

Dans ces phrases, choisissez la forme qui convient.

1. Les/L'ai/L'est mots de liberté, d'égalité et de fraternité forment notre devise.
2. Maintenant, il s'agit de **les/l'ai/l'est** mettre en pratique.
3. Cela semble plus facile que cela ne **les/l'ai/l'est** en réalité.
4. Je **les/l'ai/l'est** moi-même constaté.

EXERCICE 6

Complétez chaque phrase par l'un des termes suivants : *c'est, s'est, ses, ces, sais, sait.*

1. Ce que je ......, ... que le statu quo n'est pas tenable.
2. ...... injustices sont-elles acceptables ? ...... ce que je vous demande.
3. Il ...... lancé dans un long argumentaire, mais ...... justifications ne me convainquent pas.

EXERCICE 7

Dans cette copie, l'élève ne sait plus s'il doit accorder ou non le mot *personne* ! Ajoutez un *s* aux endroits qui conviennent.

Personne... n'a empêché les artistes de clamer leurs valeurs. Ces personne... de premier plan n'ont reculé devant personne... quand il a fallu défendre la justice, la vérité, la liberté. Car de telles personne... savent comme personne... prendre la parole pour défendre les idées et les personne... qui leur sont chères.

EXERCICE 8

Soulignez les marques de négation, puis complétez ces phrases avec *ont, on* ou *on n'*.

1. ...... se voit d'un autre œil qu'...... ne voit son prochain. (La Fontaine)
2. ...... parle toujours mal quand ...... a rien à dire. (Voltaire)
3. ...... a un cœur ou ...... en a pas. (Lamartine)
4. Les écrivains ...... mis la langue en liberté. (Victor Hugo)

EXERCICE 9

Accordez les verbes avec leur sujet dans les phrases suivantes. Utilisez le présent de l'indicatif.

1. Tu (rêver) ...... d'une vie dans l'espace.
2. Les cyborgs venus de la planète Xylon (envahir) ...... la ville !
3. La créature de Frankenstein m'(apporter) ...... tous les matins le petit-déjeuner au lit.
4. Concevoir des enfants parfaits dans des laboratoires nous (effrayer...... .
5. Que l'on rende un jour les humains immortels (sembler...... impossible.

CLAUDE MONET, *Harmonie verte, le bassin aux nymphéas*, 1899, musée d'Orsay, Paris.

Méthodes

1. Analyser une œuvre d'art

OUTILS D'ANALYSE

L'analyse d'une œuvre d'art comporte généralement trois parties : une description, une interprétation et une contextualisation.

PREMIÈRE PARTIE : DÉCRIRE L'ŒUVRE D'ART

Consulter la légende ou le cartel

Léonard de Vinci, *La Vierge, l'enfant Jésus et Sainte Anne*, crayon et encre sur papier, vers 1501.

• Sur la légende ou le **cartel** qui accompagne l'œuvre d'art, sont indiqués le nom de l'artiste, le titre de l'œuvre, la matière dont elle est faite, ses dimensions, la date de sa réalisation, le lieu où elle est actuellement conservée et la mention de la personne ou de l'institution l'ayant photographiée.

• L'ensemble de ces éléments doivent être cités en guise d'introduction.

Exemple : Hyacinthe Rigaud, *Louis XIV, roi de France*, portrait en pied en costume royal, huile sur toile, 277 x 194 cm, 1701, Musée du Louvre, Paris. Crédit photographique : RMN – Grand Palais.

Préciser le type d'œuvre

S'agit-t-il d'une **sculpture**, d'une **estampe**, d'une **peinture**, d'un **dessin**, d'une **affiche** ?

Étudier la technique employée

Dans le cas du dessin, généralement sur papier ou carton, on mentionne l'usage du **graphite**, des **stylos-feutres**, de l'**encre de chine** donnant l'impression du volume à l'aide de traits et de hachures ; le **fusain**, la **craie** ou la **sanguine** permettent de rendre le **modelé** par des effets d'estompements.

• En ce qui concerne l'estampe, il existe des **gravures** sur plaques de bois ou de cuivre, appelées **matrices**, réalisées à l'aide d'un **burin** ou d'une **pointe-sèche**, ainsi que des **eaux-fortes**, où le métal est mordu avec différentes intensités par un **acide**.

Francisco Goya, *Le Colosse*, eau-forte, 36 x 26 cm, vers 1814.

• Pour la peinture, on distingue l'**aquarelle**, où les pigments sont délayés avec de l'eau, la **fresque**, où ils sont appliqués directement sur un mur recouvert d'un enduit de chaux, la **gouache**, qui résulte du mélange des pigments avec de la résine ou de la colle, et enfin la **peinture à l'huile**, qui utilise cette substance en guise de **liant**.

Définir si l'œuvre est abstraite ou figurative

Giotto, *La Légende de saint François* (détail), tempera sur chaux, 1300.

• **Abstraite**, elle ne représente rien d'autre que de pures formes et des couleurs.

• **Figurative**, elle se sert de modèles et vise à représenter des objets réels ou imaginaires. Les peintures académiques, figuratives, peuvent être classées en différentes catégories : le **portrait**, le **paysage**, la **peinture d'histoire**, la **peinture religieuse** ou **mythologique**, la **nature morte** et la **scène de genre**. Généralement, plus le sujet traité est prestigieux, plus les dimensions de la toile sont grandes.

• L'analyse de l'œuvre figurative demande de décrire avec précision l'ensemble des éléments dont celle-ci est composée : le décor, les figures, leurs actions, les objets, en prêtant la plus grande attention aux détails. Il faut, de plus, rendre compte des jeux d'ombre et de lumière, qui peuvent aller jusqu'au **clair-obscur** ; des couleurs, dont les tons peuvent être **chauds** ou **froids**, **complémentaires** ou **contrastés**, **vifs** ou **ternes** ; du **tracé** du dessin, **fin** ou **appuyé** ; en peinture, des touches **en aplat**, **fluides** ou **pâteuses**.

Émile Bernard, *La Moisson*, huile sur bois, 55 x 46 cm, 1888.

Étudier la composition

- Devant une œuvre, voici quelques questions à se poser :
- Certaines parties de l'œuvre sont-elles mises en valeur ? Comment ?
- S'il s'agit d'une peinture ou d'un dessin, l'artiste a-t-il essayé de représenter une **perspective** ?
- Est-il possible de distinguer un **premier plan**, un **deuxième plan**, un **arrière-plan** ?
- Quelle est l'**échelle** du sujet représenté ?

- Analyser la composition d'une œuvre, c'est observer la cohésion des parties qui la structurent : le **vide** et le **plein**, les **lignes de force** (verticales, horizontales, obliques ou serpentines), la **disposition** de ses différents éléments, qui peut être équilibrée ou déséquilibrée, symétrique ou non. L'image est-elle **statique** ou, au contraire, l'artiste a-t-il cherché à rendre compte d'un **mouvement** ?

DEUXIÈME PARTIE : INTERPRÉTER L'ŒUVRE D'ART

- Interpréter une œuvre, c'est chercher à comprendre sa signification.
- Dans une œuvre figurative, on **identifie** les personnages, les symboles ou les scènes représentés, et la manière dont ils sont figurés : à quel épisode de la mythologie ou de l'histoire le tableau, le dessin ou la sculpture se rattachent-ils ? Une telle représentation est-elle **traditionnelle** ou **inédite** ? Les **thèmes** abordés par l'artiste se retrouvent-ils dans d'autres de ses œuvres ?
- On s'intéresse aux **effets** que l'œuvre provoque chez le spectateur : l'artiste a-t-il voulu susciter un sentiment de plaisir ou d'effroi, de malaise ou de surprise ?
- On cherche les motivations de l'artiste : a-t-il voulu partager une **vision singulière** du monde ? porter un jugement critique ou élogieux sur la société ? montrer la **réalité** telle qu'elle est ou décrire une **beauté idéale** ?

TROISIÈME PARTIE : CONTEXTUALISER L'ŒUVRE D'ART

- Il s'agit de mesurer la **portée** historique, politique et/ou esthétique de l'œuvre. L'auteur a-t-il employé de nouvelles techniques, inventé des manières de représenter le monde ou de penser l'acte artistique ? S'est-il imposé comme un **maître** et la tête de file d'une école ? Ou, au contraire, est-il l'**héritier** de modèles anciens ? Quelles relations entretient-il avec les autres artistes et écrivains de son époque ?
- On peut **comparer** l'œuvre étudiée avec d'autres œuvres, contemporaines, antérieures ou postérieures, afin de la situer dans une **histoire**, des **pratiques**, mais également et surtout des **mouvements culturels** et des **courants d'idées**.

LE CAS PARTICULIER DE LA PHOTOGRAPHIE

- De nombreux éléments employés pour décrire un dessin ou une peinture se retrouvent dans l'analyse de la photographie : l'attention portée à la **couleur**, à la **composition**, à **l'échelle du sujet**, au **genre** (le portrait, la photographie de presse ou de mode...).
- Cependant, d'autres éléments sont spécifiques à cette pratique artistique. Il convient d'étudier le **champ**, c'est-à-dire l'espace de réel délimité par le **cadrage**, et le **hors-champ**, l'environnement qui n'apparaît pas dans le cliché ; la **profondeur de champ**, qui repose sur des oppositions entre le net et le flou ; l'**angle de prise de vue**, qui peut être frontal, en plongée, vu de dessus (ou en contre-plongée, vu de dessous) ; l'**éclairage**, artificiel ou naturel, direct ou diffus, permettant des jeux de contraste, d'ombre et de relief.

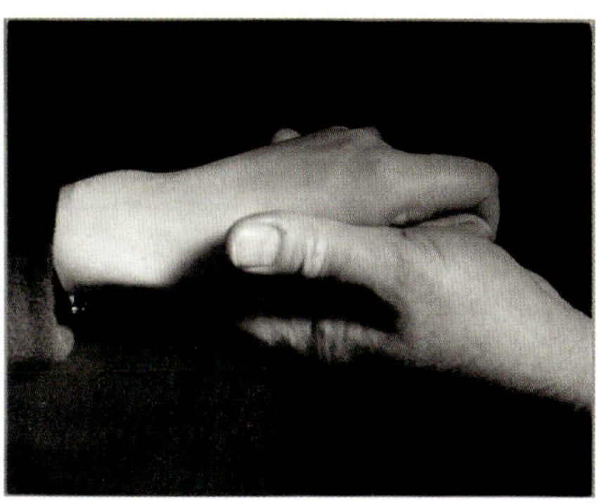

Brassaï, *Pigeondre*, épreuve gélatino-argentique, 1934.

S'ENTRAÎNER

EXERCICE 1

Le portrait de Louis XIV, peint par Hyacinthe Rigaud, mesure deux mètres soixante-dix-sept sur un mètre quatre-vingt-quatorze.

a. Pourquoi l'artiste a-t-il choisi de telles dimensions ?

b. Quel effet ces dernières ont-elles sur le spectateur ?

c. Par quels autres moyens le peintre souligne-t-il la majesté du souverain ?

d. Pourquoi l'image du roi était-elle si importante à l'époque d'une monarchie absolue ?

HYACINTHE RIGAUD, *Louis XIV*, huile sur toile, 2,77 x 1,94 m, 1701.

EXERCICE 2

CLAUDE MONET, *Impression, soleil levant*, huile sur toile, 48 x 63 cm, 1872.

Le tableau *Impression, soleil levant* est considéré comme la toute première œuvre de l'école impressionniste.

a. Décrivez les couleurs employées par Claude Monet dans cette toile.

b. Comment l'artiste rend-il compte de la lumière changeante de l'aube ?

c. Pourquoi Monet a-t-il choisi d'intituler sa peinture *Impression* ?

EXERCICE 3

Étudiez la composition de cette estampe d'Hokusai.

HOKUSAI, *La Grande Vague près de la côte de Kanagawa*, gravure sur bois, 25 x 37 cm, 1825.

a. Quelle est l'échelle de la vague ? Comment le peintre représente-t-il son mouvement ?

b. L'œuvre suscite-t-elle une impression d'harmonie ou de déséquilibre ? Quels sont les sentiments du spectateur face à ce paysage ?

c. Le mont Fuji, auquel Hokusai a consacré trente-cinq autres *vues*, est relégué à l'arrière-plan. En quoi est-ce une manière originale de le représenter ?

EXERCICE 4

a. Détaillez les éléments représentés sur cette toile, et étudiez la manière dont ils sont disposés.

b. Le sujet est-il réellement le « tigre » évoqué par son titre ?

c. À quel événement historique du XIXe siècle le peintre se réfère-t-il ?

d. Quels sentiments éprouve-t-on face à ce paysage ? En quoi Jean-Léon Gérôme est-il orientaliste ?

JEAN-LÉON GÉROME, *Tigre à l'affût*, huile sur toile, 63 x 90 cm, 1888.

EXERCICE 5

HANS HOLBEINLE JEUNE, *Les Ambassadeurs*, huile sur bois, 2 x 2 m, 1533.

a. Quels éléments soulignent, dans le tableau d'Hans Holbein, l'importance des deux hommes et le rang qu'ils occupent dans la société ?

b. En quoi les objets, à l'arrière-plan, peuvent-ils être rattachés au mouvement humaniste et à ses valeurs ?

On remarquera que cette peinture comporte un certain nombre d'éléments négatifs : une des cordes du luth est cassée et un crâne déformé se trouve au premier plan.

c. À quels événements historiques ces objets renvoient-ils ?

d. Quel regard l'artiste porte-t-il sur la Renaissance ?

EXERCICE 6

Par quels effets d'éclairage, de profondeur de champ et de composition Willy Ronis met-il en valeur le visage d'Isabelle Huppert ?

WILLY RONIS, *Isabelle Huppert*, épreuve gélatino-argentique, 1994.

EXERCICE 7

Observez *Hollande*, de Marc Riboud.

a. Identifiez les différents plans de cette photographie et ses lignes de force.

b. En quoi peut-on dire que ce paysage est stylisé ?

MARC RIBOUD, *Hollande*, épreuve gélatino-argentique, 1993.

2. Analyser une œuvre cinématographique

OUTILS D'ANALYSE

LE SCÉNARIO ET LE SCRIPT

• Avant que le film ne soit **tourné**, le **réalisateur** écrit un **scénario** détaillant son sujet et les grandes étapes du **schéma actanciel**. Il le soumet alors au **producteur** chargé de financer le film. Un scénario peut être **original** (*Star Wars* de George Lucas) ou constituer une **libre adaptation** d'une nouvelle, d'un roman, d'une pièce de théâtre, d'une bande-dessinée... (*La Bête humaine* de Jean Renoir).

• Le scénario prend la forme d'un **script** : on y trouve les **répliques** prononcées par les acteurs, des **didascalies** (indications de mise en scène et directives sur la manière de filmer).

LE JEU DES ACTEURS ET LE DÉCOR

• Il convient de prêter attention à la **dramaturgie** (le **jeu des acteurs**) en tenant compte du ton, du phrasé, des postures, des expressions ou des déplacements.

• On s'intéresse également aux **accessoires**, qui deviennent parfois iconiques, comme le vélo dans *E.T.* ou le chapeau d'Indiana Jones.

• On analyse le décor, naturel ou artificiel : certaines scènes du film peuvent être tournées en **extérieur**, en **studio**, ou réalisées à l'aide d'**images de synthèse**. L'acteur peut être filmé indépendamment du décor ; les deux sont alors réunis au **montage** par un procédé d'**incrustation**.

LA CONSTRUCTION DU FILM

• Le réalisateur et le **chef opérateur** opèrent des choix techniques pour construire les **prises de vues** (éclairage, palette des couleurs, **composition de l'image** et **cadrage**).

Les plans

• Un plan est une portion de film comprise entre deux points de coupe.

Plan	Définition	Effet
Plan général	Il cadre la totalité des décors.	D'ordre descriptif, il montre au spectateur un grand espace, souvent situé en extérieur.
Plan d'ensemble	Il est plus resserré que le plan général et montre des personnages perdus dans le décor.	Il établit de façon plus précise le lieu de l'action.
Plan de demi-ensemble	Il situe des personnages dans leur décor.	Les personnages, souvent présentés en groupe, sont plus importants que le décor.
Plan moyen	Il cadre un ou des personnages en entier, dans un décor réduit.	Moins descriptif et plus narratif, il met l'accent sur le personnage en action dans cet arrière-plan.
Plan américain	Le personnage est cadré jusqu'aux cuisses.	Il a une valeur bien plus dramatique que les précédents.
Plan rapproché	Il montre un acteur en buste.	La caméra porte son attention sur le personnage comme si elle sondait son intériorité, sa psychologie. Ici, l'action est moins importante.
Gros plan	Il isole un élément du décor ou une partie du corps du personnage.	Marcel Martin, dans *Le Langage cinématographique* (1962), indique : « C'est dans le gros plan du visage humain que se manifeste le mieux la puissance de signification psychologique et dramatique du film. »
Plan serré	Il se focalise sur un élément précis du décor ou du personnage (yeux, lèvres...).	Il a une forte valeur dramatique et participe à créer une certaine tension ou un effet de suspens.

Les mouvements de la caméra

La caméra peut être fixe, montée sur des rails ou portée à l'épaule.

- Le **panoramique** est un mouvement de la caméra sur sa position. Horizontal ou vertical, il rend compte des dimensions d'un paysage.
- Le **travelling** donne l'impression d'un déplacement rectiligne de la caméra. Lorsque la caméra se rapproche, on parle de **travelling avant** ; lorsqu'elle s'en éloigne, de **travelling arrière**.
- Le **zoom** joue sur le grossissement de l'image.

Le cadrage

Il est porteur de sens.

- Le **champ** est la portion d'espace imaginaire contenue à l'intérieur du cadre de l'image.
- Le **contrechamp** est un plan qui en montre une autre partie, située à l'opposé de la scène vue au plan précédent.
- Le **hors-champ** n'existe qu'en fonction du champ. C'est l'ensemble des éléments (personnages, décor...) qui ne sont pas inclus dans le champ mais qui lui sont tout de même rattachés. Le réalisateur choisit de laisser des éléments de l'action hors du cadre.
- L'**angle de prise de vues :** on peut filmer en **plongée** (en se plaçant au-dessus du sujet) ou en **contre-plongée** (en se plaçant au-dessous du sujet).

L'éclairage

Il met en avant ou dissimule les personnages ou le décor ; il participe à la construction d'une atmosphère. Il donne du volume à l'image et oriente le regard du spectateur. Il apporte un sens et crée des effets.

- La **lumière frontale :** le projecteur est placé exactement dans l'axe de la caméra, juste au-dessus d'elle. La lumière est semblable à un flash en photographie. Elle peut être aveuglante pour le personnage.
- La **lumière de 3/4 :** le projecteur est placé à 45° par rapport à l'axe de la caméra. L'ombre du nez apparaît sur le visage.
- La **lumière latérale :** le projecteur est placé à 90° par rapport à l'axe de la caméra. Une moitié du visage disparaît dans l'ombre.
- Le **contre-jour :** le projecteur est placé exactement à 120° ou 180° de l'axe caméra. Le visage disparaît dans l'ombre. Cette technique est utilisée dans les interviews à visage caché.
- La **douche :** le projecteur est placé juste au-dessus du sujet à la verticale. Les yeux sont dans l'ombre. Le visage perd son regard.
- L'**éclairage par-dessous :** le projecteur est placé juste au-dessous du sujet.

LA NARRATION CINÉMATOGRAPHIQUE

- Les prises de vues sont retravaillées pour construire une narration : cette opération se nomme le **montage**. Les **raccords** sont des manières de monter le passage d'un plan à l'autre :
  - le **jump cut** (ou la **coupe sautée**) produit une impression de rupture du flux audiovisuel ;
  - le **match cut** ou **raccord par analogie**, passe d'un plan à l'autre en montrant une similitude de formes, de couleurs ou de lumière ;
  - le **raccord mouvement** établit une relation entre deux plans en suggérant un mouvement continu de l'un à l'autre ;
  - le **raccord regard** donne l'impression de voir au plan 2 ce que le personnage regardait au plan 1.
- Reliés entre eux, les différents plans composent des **séquences** : l'action y est habituellement présentée sous différents angles et suivant un déroulé chronologique. Le réalisateur peut également composer des **séquences alternées** pour montrer le déroulement de plusieurs événements simultanés. La multiplication des plans impose au film un **rythme** qui épouse celui de l'action. Le film peut comporter des **ellipses**, parfois des **flash-back** et des **flash-forward**.
- Le **son** (musiques, paroles, bruits) peut servir la narration soit en délivrant des informations, soit en participant à créer une ambiance. Il peut donner l'impression de réalité et/ou avoir une fonction symbolique.
- L'histoire peut être racontée par un narrateur, sous la forme d'une **voix off**, et ponctuée par des **bruitages** et une **bande originale**, dont les **thèmes** sont associés à certains personnages ou à des émotions et des péripéties.

S'ENTRAÎNER

EXERCICE 1

La Fureur de vivre, réalisé par Nicholas Ray en 1955, est l'un des tout premiers films à s'intéresser à la figure de l'adolescent.

a. Pourquoi le petit singe mécanique, au premier plan, est-il un accessoire symbolique ?

b. Analysez la posture de James Dean et son expression. En quoi contrastent-elles avec son costume et le décor à l'arrière-plan ?

c. Pour quelle raison cette scène illustre-t-elle le difficile passage à l'âge adulte ?

EXERCICE 2

Nosferatu, de Friedrich Wilhelm Murnau, est une libre adaptation du roman de Bram Stoker, *Dracula*.

a. Étudiez l'éclairage de cette prise de vue. Détaillez les éléments compris dans le champ et ceux laissés hors-champ. Quels effets ce choix produit-il sur le spectateur ?

b. Par quels autres moyens Murnau confère-t-il à cette scène une dimension inquiétante et horrifique ?

c. L'expressionnisme cinématographique, né en Allemagne dans les années 1920, se caractérise par des thèmes oniriques, des jeux d'ombre et de lumière et des décors géométriques, très travaillés. En quoi une telle séquence peut-elle être qualifiée d'expressionniste ?

FRIEDRICH WILHELM MURNAU, *Nosferatu*, 1922.

EXERCICE 3

Proposez une analyse comparée de ces deux prises de vues. Vous étudierez en particulier la composition des images, les couleurs et le cadrage. Comment ces éléments rendent-ils compte des émotions des deux personnages ?

DENIS VILLENEUVE, *Blade Runner 2049*, 2017.

GEORGE LUCAS, *Star Wars*, 1977.

EXERCICE 4

La séquence du meurtre dans la douche du film *Psychose* est l'une des plus célèbres de l'histoire du cinéma, et a nécessité près de sept jours de tournage et soixante-dix plans.

a. Dans les images ci-dessous : identifiez les plans, les angles de vues, l'éclairage.

b. Pourquoi l'assassin est-il filmé à contre-jour ?

c. Étudiez l'alternance du champ et du contre champ. De quels personnages la caméra épouse-t-elle successivement le point de vue ? Quel acte est laissé hors-champ ? Pourquoi ?

d. Quels effets le réalisateur a-t-il cherché à susciter en multipliant les prises de vues et en employant des plans d'objets et des gros plans ?

1.

2.

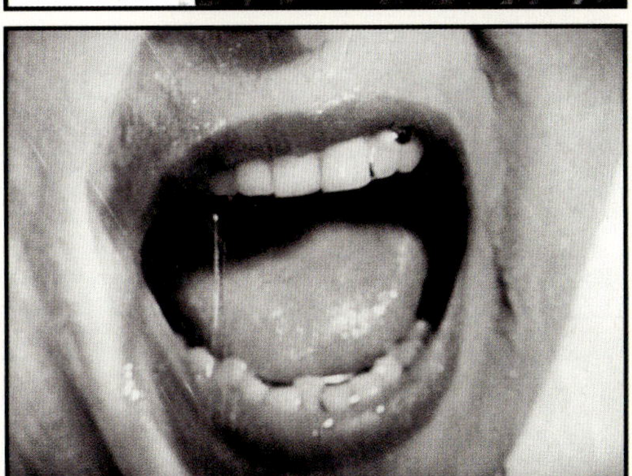

3.

4.

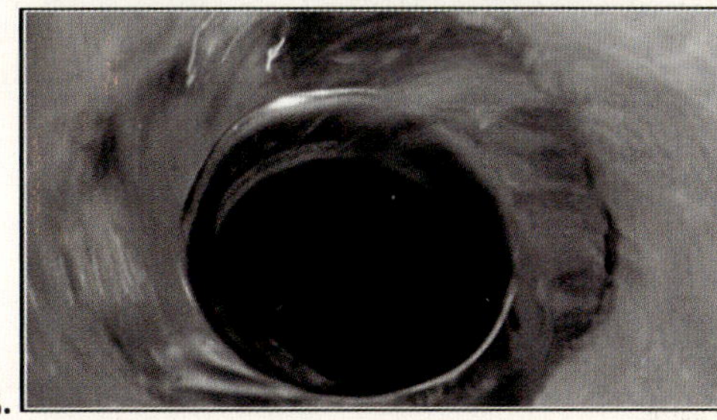

5.

ALFRED HITCHCOCK, Psychose, 1960.

EXERCICE 5

L'affiche d'un film permet d'identifier son sujet, son genre, et d'assurer sa publicité.

a. Étudiez cette affiche (composition, titre, slogan, éléments de l'image). À quel genre ce film appartient-il ? Est-il possible de déterminer l'époque et la région du monde où se situe l'action ?

b. Le personnage principal est-il facilement identifiable ? Justifiez, en montrant comment il est mis en valeur.

c. Quelles informations cette affiche apporte-t-elle sur les personnages secondaires ? Est-on en mesure de deviner les adjuvants, les opposants, et les grandes lignes du schéma actanciel ?

STEVEN SPIELBERG, *Indiana Jones et la dernière croisade*, 1989.

3. Le récit : la narration, la focalisation

OUTILS D'ANALYSE LITTÉRAIRE

LA VOIX NARRATIVE ET LA PERSONNE

- On distingue l'**auteur** (une personne réelle) du **narrateur** (la voix fictive racontant l'histoire).
- Dans un **récit à la première personne**, on peut hésiter sur l'identité du narrateur. Dans une **autobiographie**, le **narrateur est l'auteur**.

> Je veux montrer à mes semblables un homme dans toute la vérité de la nature, et cet homme, ce sera moi. (Jean-Jacques Rousseau, *Les Confessions*, 1782.)

- Quand **le récit n'est pas une autobiographie**, le **narrateur** de première personne n'est pas l'auteur mais **un des personnages de l'histoire**. L'emploi de la première personne dans une fiction donne l'impression que l'histoire est véridique.

> Nombre de personnes me regardent en passant… j'entends quelquefois dire à d'autres : voilà une belle fille. (Pierre de Marivaux, *La Vie de Marianne*, 1731.)

QUESTION Quels indices révèlent qu'il s'agit d'un roman et non d'une autobiographie ?

LE NARRATEUR DANS UN RÉCIT À LA TROISIÈME PERSONNE

Le narrateur peut **raconter l'histoire du dehors** sans manifester sa présence dans le récit. Mais il peut, au contraire, **être présent par ses jugements**, en passant du récit au discours, en commentant l'action et en jugeant les personnages.

> Nous avouerons que notre héros était fort peu héros en ce moment. (Stendhal, *La Chartreuse de Parme*, 1839.)

LE POINT DE VUE

Le narrateur peut adopter **différents points de vue** (ou focalisations).

Le point de vue interne

Le narrateur raconte ou décrit en se plaçant du **point de vue d'un personnage**. Des verbes de perception, de pensée ou de sentiment introduisent souvent ce point de vue. Le lexique, porteur de connotations mélioratives ou péjoratives, reflète la sensibilité du personnage.

> […] il la regarda. Elle avait un large chapeau de paille, avec des rubans roses qui palpitaient au vent, derrière elle. Ses bandeaux noirs, contournant la pointe de ses grands sourcils, descendaient très bas et semblaient presser amoureusement l'ovale de sa figure. (Gustave Flaubert, *L'Éducation sentimentale*, 1869.)
>
> La description sensuelle, introduite par un verbe de perception, reflète l'émotion que ressent le héros en contemplant la jeune femme.

Le point de vue externe

Le narrateur limite le récit à ce qu'**un spectateur** percevrait. Ce procédé, très présent au XXe siècle par imitation du cinéma, est surtout employé dans les débuts de récit.

> Deux hommes parurent. L'un venait de la Bastille, l'autre du Jardin des Plantes. Le plus grand, vêtu de toile, marchait le chapeau en arrière, le gilet déboutonné et sa cravate à la main. (Gustave Flaubert, *Bouvard et Pécuchet*, 1881.)
>
> Seuls l'apparence et les mouvements des personnages ont rapportés.

Le point de vue omniscient

Le narrateur peut jouer de **toutes les positions** : adopter différents points de vue internes, un point de vue externe, ou se placer en surplomb et en savoir plus que les personnages.

> Et elle aperçut Mouret. Il était toujours en haut de l'escalier central, dominant la galerie. Mais il avait oublié l'inventaire. Il ne voyait pas son empire, ces magasins crevant de richesses. (Émile Zola, *Au Bonheur des Dames*, 1883.)

QUESTION Pourquoi peut-on dire qu'il s'agit d'un point de vue omniscient ?

S'ENTRAÎNER

EXERCICE 1

Dans le texte suivant, « je » désigne-t-il un personnage de fiction ou l'écrivain ? Justifiez votre réponse en faisant appel à vos connaissances et au texte.

La plupart de mes sentiments sont demeurés au fond de mon âme, ou ne se sont montrés dans mes ouvrages que comme appliqués à des êtres imaginaires. Aujourd'hui que je regrette encore mes chimères sans les poursuivre, je veux remonter le penchant de mes belles années : ces *Mémoires* seront un temple de la mort élevé à la clarté de mes souvenirs.

François-René de Chateaubriand, *Mémoires d'Outre-Tombe*, 1841.

EXERCICE 2

Dans cet extrait, le narrateur est-il l'auteur ? Quels éléments du paratexte permettent de répondre ? Que vous apprend le texte sur l'identité du narrateur ?

Peu à peu, cette lettre commencée pour t'informer des progrès de mon mal est devenue le délassement d'un homme qui n'a plus l'énergie nécessaire pour s'appliquer longuement aux affaires d'État, la méditation écrite d'un malade qui donne audience à ses souvenirs.

Marguerite Yourcenar, *Mémoires d'Hadrien*, Éd. Gallimard, 1951.

EXERCICE 3

Voici un extrait d'un livre de témoignage sur les camps d'extermination nazis. Dites à qui renvoient les pronoms et déterminants soulignés. *Nous* renvoie-t-il toujours aux mêmes personnes ? Mettez votre réponse en relation avec la visée de l'ouvrage.

En moins de dix minutes, je me trouvai faire partie du groupe des hommes valides. Ce qu'il advint des autres, femmes, enfants, vieillards, il nous fut impossible de le savoir : la nuit les engloutit, purement et simplement. Aujourd'hui pourtant, nous savons que ce tri rapide et sommaire avait servi à juger si nous étions capables ou non de travailler utilement pour le Reich ; nous savons que les camps de Buna-Monowitz et de Birkenau n'accueillirent respectivement que quatre-vingt-quinze hommes et vingt-neuf femmes de notre convoi et que deux jours plus tard il ne restait de tous les autres – plus de cinq cents – aucun survivant.

Primo Levi, *Si c'est un homme*, 1947.
Traduction Martine Schruoffeneger, Éd. Julliard, 1987.

EXERCICE 4

Quels passages sont des commentaires du narrateur ? Quelle vision de la corrida donnent-ils ici ?

Ce n'était plus un combat, c'était une incantation religieuse qu'élevaient ses gestes purs, plus beaux que ceux de l'amour, voisins de ceux qui domptent avec le taureau de grossiers spectateurs et leur font venir les larmes aux yeux [...]. Ensemble, tellement ils étaient appareillés dans cette lutte, cette danse, cet embrassement, le taureau et l'homme s'arrêtèrent.

Henry de Montherlant, *Les Bestiaires*, Éd. du Seuil, 1926.

EXERCICE 5

a. Quel est le point de vue adopté à partir de « il la voyait » ? Justifiez en relevant un indice.

b. Étudiez la description d'Emma : que révèle-t-elle des sentiments de Charles à son égard ?

Charles et Emma Bovary se préparent pour un bal.

Charles se tut. Il marchait de long en large, attendant qu'Emma fût habillée. Il la voyait par-derrière, dans la glace, entre deux flambeaux. Ses yeux noirs semblaient plus noirs. Ses bandeaux, doucement bombés vers les oreilles, luisaient d'un éclat bleu ; une rose à son chignon tremblait sur une tige mobile, avec des gouttes d'eau factices au bout de ses feuilles. Elle avait une robe de safran pâle, relevée par trois bouquets de roses pompon mêlées de verdure.

Gustave Flaubert, *Madame Bovary*, 1857.

EXERCICE 6

Identifiez le(s) point(s) de vue dans l'extrait et justifiez les choix faits par l'auteur.

Rieux plongea le premier [...]. Il nageait régulièrement. Le battement de ses pieds laissait derrière lui un bouillonnement d'écume, l'eau fuyait le long de ses bras pour se coller à ses jambes. Un lourd clapotement lui apprit que Tarrou avait plongé. Rieux se mit sur le dos et se tint immobile, face au ciel renversé, plein de lune et d'étoiles. Il respira longuement. Puis il perçut de plus en plus distinctement un bruit d'eau battu, étrangement clair, dans le silence et la solitude de la nuit. Tarrou se rapprochait, on entendit bientôt sa respiration. Rieux se retourna, se mit au niveau de son ami, et nagea dans le même rythme. Tarrou avançait avec plus de puissance que lui et il dut précipiter son allure. Pendant quelques minutes, ils avancèrent avec la même cadence et la même vigueur, solitaires, loin du monde, libérés enfin de la ville et de la peste.

Albert Camus, *La Peste*, Éd. Gallimard, 1947.

EXERCICE 7

Que peut deviner le lecteur sur la situation et sur les personnages ? Grâce à quels indices ? Concluez sur le point de vue adopté.

– Veux-tu lire ce qu'il y a d'écrit au-dessus de ta partition ? demanda la dame.
– Moderato cantabile, dit l'enfant.
La dame ponctua cette réponse d'un coup de crayon sur le clavier. L'enfant resta immobile, la tête tournée vers sa partition.
– Et qu'est-ce que ça veut dire, moderato cantabile ?
– Je ne sais pas.

Marguerite Duras, *Moderato cantabile*, Les Éditions de Minuit, 1958.

4. Le temps dans le récit

OUTILS D'ANALYSE LITTÉRAIRE

TEMPS DE LA NARRATION, TEMPS DU RÉCIT

Un récit suppose la rencontre de deux chronologies : le **temps de la narration** et le **temps du récit**. Le **temps de la narration** correspond au nombre de pages consacrées au récit. Le **temps du récit** correspond au temps de la fiction, c'est-à-dire à la durée attribuée à l'histoire racontée.

> *Une vie* de Maupassant, court roman qui se lit en quelques heures (temps de la narration), raconte la vie entière de l'héroïne, Jeanne (temps de la fiction).

LE RYTHME DU RÉCIT

Le récit change de **rythme** : le narrateur peut le condenser, le ralentir, l'accélérer...

La scène

Elle correspond à un **ralentissement** : temps de la narration et temps du récit paraissent coïncider, comme si les événements racontés étaient représentés sur une scène de théâtre. On y trouve des dialogues. L'auteur raconte dans les scènes les **moments importants** de l'action.

> [Jean Valjean] reprit, de cette voix qu'il s'efforçait de rendre indifférente et dans laquelle il y avait un tremblement :
> – Et si l'on vous en débarrassait ?
> – De qui ? de la Cosette ?
> – Oui.
> La face rouge et violente de la gargotière s'illumina d'un épanouissement hideux.
> – Ah, monsieur ! mon bon monsieur ! prenez-la, gardez-la, emmenez-la, emportez-la, sucrez-la, truffez-la, buvez-la, mangez-la, et soyez béni de la bonne sainte Vierge et de tous les saints du paradis ! (Victor Hugo, *Les Misérables*, 1862.)

QUESTIONS **Pourquoi ce moment est-il important ? Que révèle l'attitude des personnages ?**

La pause

Elle marque un **arrêt** de l'action. Ce peut être une description ou une intervention du narrateur.

> Le Chourineur, l'inconnu et la Goualeuse entrèrent dans la taverne.
> C'est une vaste salle basse, au plafond enfumé, rayé de solives noires, éclairée par la lumière rougeâtre d'un mauvais quinquet. (Eugène Sue, *Les Mystères de Paris*, 1843.)

QUESTION **Quel changement de temps marque l'interruption du déroulement du récit ?**

Le résumé (ou sommaire)

Il marque une **accélération**. Il **concentre** en une notation brève un épisode temporel assez long ne méritant pas d'être détaillé. Il peut aussi avoir une fonction expressive.

> Il voyagea.
> Il connut la mélancolie des paquebots, les froids réveils sous la tente, l'étourdissement des paysages et des ruines, l'amertume des sympathies interrompues.
> Il revint. (Gustave Flaubert, *L'Éducation sentimentale*, 1869.)

QUESTIONS **Comparez la durée de la fiction avec la longueur du texte qui lui est consacrée. Qu'exprime ce déséquilibre concernant l'état d'esprit du personnage ?**

L'ellipse

Le narrateur **passe sous silence** certains moments, soit parce qu'ils sont sans intérêt pour l'évolution de l'intrigue, soit pour ménager un effet de surprise. Il obtient ainsi un effet de **concentration dramatique**. L'ellipse est indiquée par des expressions de temps comme *vingt ans plus tard, le lendemain*...

> Alors Jacques reprit sa course ; ils se retrouveraient plus tard ; pour l'instant, se perdre dans la foule, s'éloigner le plus possible du port ! Un quart d'heure après, à bout de souffle, seul dans la rue déserte d'un faubourg, il s'arrêta. (Roger Martin du Gard, *Les Thibault*, 1922-1940.)

QUESTIONS **Quel moment de l'action n'est pas raconté ? Quelle expression marque l'ellipse narrative ? Pourquoi cette partie de l'histoire est-elle omise ?**

S'ENTRAÎNER

EXERCICE 1

a. Dans ce texte, relevez une ellipse. Quel espace temporel est passé sous silence ? Pourquoi ?

b. Quel passage constitue un sommaire ? Que permet-il de faire sentir au lecteur ?

c. Repérez une scène. Quel trait de caractère et quel état d'esprit les paroles prononcées par Jeanne permettent-elles de comprendre ?

L'héroïne, Jeanne, vient d'apprendre qu'elle est enceinte. Mais elle soupçonne son mari Julien d'avoir une aventure avec sa bonne, Rosalie.

Elle ne put dormir de la nuit, tenue en éveil par cette idée nouvelle et singulière qu'un enfant vivait là, dans son ventre ; et triste, peinée qu'il fût le fils de Julien ; inquiète, craignant qu'il ne ressemblât à son père. Au jour venu, elle fit appeler le baron. « Petit père, ma résolution est bien prise ; je veux tout savoir, surtout maintenant ; tu entends, je veux ; et tu sais qu'il ne faut pas me contrarier dans la situation où je suis. Écoute bien. Tu vas aller chercher M. le curé. J'ai besoin de lui pour empêcher Rosalie de mentir ; puis, dès qu'il sera venu, tu la feras monter et tu resteras là avec petite mère. Surtout veille à ce que Julien n'ait pas de soupçons. »
Une heure plus tard, le prêtre entrait, engraissé encore, soufflant autant que petite mère.

GUY DE MAUPASSANT, *Une vie*, 1883.

EXERCICE 2

a. Dans le texte suivant, qu'a d'exceptionnel le moment raconté ?

b. Montrez comment est créé un climat d'inquiétude et de tension.

c. Identifiez le rythme du récit et dites en quoi ce choix correspond à la visée de ce passage.

À Paris en 1914, Jenny et Jacques sont deux jeunes gens amoureux.

Un attroupement, qui grossissait à vue d'œil, s'était formé, devant un bureau de poste.
Sur le vitrage, un papier blanc venait d'être collé, de l'intérieur. Mais Jacques et Jenny se trouvaient à trop grande distance pour pouvoir lire. On entendait murmurer : « Ça y est… Ça y est… » Ceux des premiers rangs demeuraient une minute, hébétés, le front levé vers l'affiche, qu'ils avaient l'air d'épeler, à grand effort d'attention. Puis ils se retournaient, l'œil morne, le visage suant et défait ; les uns sans rien dire, sans regarder personne, se frayaient un passage et s'enfuyaient, le menton sur la poitrine ; d'autres, au contraire, les yeux embués, hochaient la tête, et s'en allaient comme à regret, quêtant des regards fraternels, et balbutiant des paroles étouffées qui ne trouvaient pas d'accueil.
Enfin, les deux jeunes gens purent approcher à leur tour. Sur la petite feuille rectangulaire, fixée au carreau par quatre pains à cacheter rosâtres, une écriture impersonnelle, appliquée, une écriture de femme, avait tracé ces trois lignes, sagement soulignées à la règle :

MOBILISATION GÉNÉRALE
LE PREMIER JOUR DE LA MOBILISATION
EST LE DIMANCHE 2 AOÛT.

Jenny serrait contre son buste la main que Jacques avait glissée sous son bras. Lui, il restait immobile. Comme les autres, il pensait : « Ça y est. »

ROGER MARTIN DU GARD, *Les Thibault, L'Été 1914*,
Éd. Gallimard, 1922-1940.

EXERCICE 3

Quelle forme de narration est présente dans le texte ? Justifiez votre réponse en relevant le temps verbal dominant ainsi que des expressions temporelles.

L'empereur de Chine parle à un peintre qu'il admire des tableaux qu'il regardait enfant.

La nuit, quand je ne parvenais pas à dormir, je les regardais et, pendant près de dix ans, je les ai regardées toutes les nuits. Le jour, assis sur un tapis dont je savais par cœur le dessin, reposant mes paumes vides sur mes genoux de soie jaune, je rêvais aux joies que me procurerait l'avenir.

MARGUERITE YOURCENAR, *Comment Wang-Fô fut sauvé*,
Éd. Gallimard, 1936.

Coup de pouce

LA NARRATION ITÉRATIVE

Pour montrer qu'une action se répète, l'auteur peut utiliser le présent ou l'imparfait de répétition accompagné d'expressions de temps telles que *tous les jours, chaque semaine*…

Parfois, à peine ma bougie éteinte, mes yeux se fermaient si vite que je n'avais pas le temps de me dire : « Je m'endors. » (Marcel Proust, *Du côté de chez Swann*, 1913.)

EXERCICE 4 : ÉCRITURE

Élaborez un récit à la troisième personne qui racontera un coup de foudre. Vous introduirez la scène de rencontre par un sommaire. Vous décrirez la rencontre dans une scène. Vous aurez recours à une description qui adoptera un point de vue interne. Vous pourrez recourir au style direct.

5. Le théâtre : texte, représentation, action

OUTILS D'ANALYSE LITTÉRAIRE

LE THÉÂTRE, UN TEXTE À VOIR

- **Le théâtre s'adresse avant tout à un spectateur.** Le mot « théâtre » vient d'une racine grecque signifiant « regarder ».
- Le texte est donc écrit en vue d'une **représentation**. Le monde imaginaire d'une pièce de théâtre se trouve, sur scène, incarné par des acteurs et matérialisé par des costumes, des décors, parfois de la musique, qui aident à comprendre le contexte et l'action.
- Les **didascalies** du dramaturge donnent des **indications** pour le décor, le jeu ou le déplacement des comédiens ; elles sont destinées au metteur en scène et aux acteurs. Parfois, elles sont contenues dans les répliques : on parle alors de didascalies **internes** pour les distinguer des autres didascalies, qu'on appelle **externes**.

Didascalie externe :

> *Le théâtre représente une chambre à demi démeublée ; un grand fauteuil de malade est au milieu. Figaro, avec une toise, mesure le plancher. Suzanne attache à sa tête, devant une glace, le petit bouquet de fleurs d'orange, appelé chapeau de la mariée.* (Pierre-Augustin Caron de Beaumarchais, *Le Mariage de Figaro*, 1784)

QUESTION Que permettent de comprendre les indications fournies pour le décor et les personnages à l'ouverture de la pièce ?

Didascalie interne :

> AUGUSTE
> Prends un siège, Cinna, prends, et sur toute chose
> Observe exactement la loi que je t'impose. (Pierre Corneille, *Cinna*, acte V, scène 1, 1641.)

QUESTION Qu'indique la didascalie interne pour le décor et le jeu d'acteur ?

LA STRUCTURE D'UNE PIÈCE DE THÉÂTRE

- L'**action dramatique**, c'est-à-dire le déroulement de l'intrigue, est souvent répartie en **actes** (trois ou cinq dans le théâtre classique) qui correspondent parfois à des changements de lieu. Les actes sont répartis en **scènes** qui correspondent aux entrées et sorties des personnages.
- L'**exposition** permet, au début de la pièce, de comprendre la situation de départ (lieu, époque, personnages, intrigue). Elle occupe les premières scènes de la pièce.
- Le **nœud de l'action** est la partie de la pièce, où se développe le conflit et où apparaissent les obstacles qui vont contre la volonté des héros.
- Les **péripéties** sont les événements successifs qui font avancer l'action.
- Le **dénouement** occupe les dernières scènes et fixe le sort des personnages.

LES SITUATIONS DRAMATIQUES REMARQUABLES

- Le **coup de théâtre** est un **événement inattendu** qui transforme le cours de l'action. Au moment du dénouement, le dernier coup de théâtre, s'il est très peu vraisemblable, est comparable au *deus ex machina* des pièces antiques où un dieu descend du ciel par une machinerie pour régler tous les conflits.
- Le **quiproquo** est un **malentendu** entre les personnages. Cette méprise est comprise par le spectateur. Le procédé est souvent employé dans la comédie où il fait rire.
- Le **récit** fait par un personnage sur scène **permet d'élargir au hors-scène l'action de la pièce**, c'est-à-dire à tout ce qui ne se produit ni ne se voit sur scène. Dans la tragédie classique, le dramaturge peut, par ce procédé, respecter la règle de bienséance qui interdit de représenter des scènes violentes (on apprend ainsi la mort de Phèdre dans la pièce éponyme de Racine).

Le récit met en valeur un événement important pour le déroulement de l'action et constitue lui-même un moment important dans une pièce : c'est souvent un « morceau de bravoure » qui doit faire imaginer, par le pouvoir des mots, ce qui ne peut être montré.

S'ENTRAÎNER

EXERCICE 1

Sur quoi portent les informations données dans cette didascalie d'ouverture ? Que permettent-elles de deviner sur le milieu social du personnage, le moment de l'action ?

Acte I.

Jardin dans la propriété d'Ivanov. À gauche, façade de la maison avec terrasse. Une des fenêtres est ouverte. Devant la terrasse, un espace assez vaste, en demi-lune, d'où partent deux allées vers le jardin. À droite, des sièges de jardin et des guéridons. Sur un des guéridons, une lampe allumée. C'est le crépuscule. Au moment où le rideau se lève, de la maison nous parviennent les échos d'un duo qu'on étudie : piano et violoncelle.

ANTON TCHEKHOV, *Ivanov*, 1887.

EXERCICE 2

Relevez des didascalies internes dans les répliques des personnages. Quelles indications de mise en scène, de déplacement ou de jeu des acteurs impliquent-elles ?

Deux valets se déguisent en nobles pour se moquer de deux jeunes précieuses.

JODELET. – [...] j'y fus blessé à la jambe d'un coup de grenade, dont je porte encore les marques. Tâtez un peu, de grâce, vous sentirez quelque coup, c'était là.

CATHOS, *après avoir touché l'endroit*. – Il est vrai que la cicatrice est grande.

MASCARILLE. – Donnez-moi un peu votre main, et tâtez celui-ci ; là, justement au derrière de la tête. Y êtes-vous ?

MAGDELON. – Oui : je sens quelque chose.

MASCARILLE. – C'est un coup de mousquet que je reçus la dernière campagne que j'ai faite.

MOLIÈRE, *Les Précieuses ridicules*, scène 11, 1659.

JEAN-MICHE MOREAU LE JEUNE, *Les Précieuses ridicules*, gravure.

EXERCICE 3

L'exposition d'une tragédie classique donne des indications sur la situation passée et présente les informations nécessaires à la compréhension de l'action de la pièce.

a. Dans cette tirade, qui parle ?

b. Qu'apprend le spectateur sur le passé et la situation présente ?

c. En quoi l'attitude de la reine est-elle étonnante ? Pourquoi cela crée-t-il une intensité dramatique ?

La scène est à Séleucie, dans le palais royal. Laonice, sœur de Timagène, confidente de Cléopâtre. Timagène, gouverneur des deux princes.

LAONICE

Enfin ce jour pompeux, cet heureux jour nous luit,
Qui d'un trouble si long doit dissiper la nuit,
Ce grand jour où l'hymen, étouffant la vengeance,
Entre le Parthe et nous remet l'intelligence,
Affranchit sa princesse, et nous fait pour jamais
Du motif de la guerre un lien de la paix ;
Ce grand jour est venu, mon frère, où notre reine,
Cessant de plus tenir la couronne incertaine,
Doit rompre aux yeux de tous son silence obstiné,
De deux princes gémeaux nous déclarer l'aîné,
Et l'avantage seul d'un moment de naissance,
Dont elle a jusqu'ici caché la connaissance,
Mettant au plus heureux le sceptre dans la main,
Va faire l'un sujet, et l'autre souverain.
Mais n'admirez-vous point que cette même reine
Le donne pour époux à l'objet de sa haine,
Et n'en doit faire un roi qu'afin de couronner
Celle que dans les fers elle aimait à gêner ?
Rodogune, par elle en esclave traitée,
Par elle se va voir sur le trône montée,
Puisque celui des deux qu'elle nommera roi
Lui doit donner la main et recevoir sa foi.

PIERRE CORNEILLE, *Rodogune*, acte I, scène 1, 1647.

EXERCICE 4

Écrivez en quelques répliques une scène d'exposition qui permette de comprendre qui sont les personnages, quel est leur caractère et quelle est la situation de départ.

Éléments pour l'écriture :

Les personnages sur scène : Julie, 17 ans, fille de M. et Mme Lenoir ; elle a un frère, Charles. Mme Lenoir, 40 ans, médecin.

La scène est à la campagne.

Vous choisirez une des situations suivantes :

– Julie veut partir à Paris pour continuer ses études de violon mais son père ne veut pas, car il pense que des études de commerce seraient préférables.
– Julie veut arrêter ses études et faire le tour du monde.
– Mme Lenoir vient d'apprendre que la famille doit s'installer à Paris en raison du travail de son mari.

6. Le fonctionnement de la parole au théâtre

OUTILS D'ANALYSE LITTÉRAIRE

L'ORGANISATION DE LA PAROLE THÉÂTRALE

Au théâtre, **la parole est action** : tout se passe dans les **répliques** qu'échangent les personnages.

• L'**aparté** est une réflexion qu'un personnage s'adresse à lui-même ; le véritable destinataire est le public, avec qui une complicité s'établit.

• Le **monologue** est prononcé par un personnage seul en scène. Il correspond à un moment de grande émotion ou de réflexion.

• La **tirade** est une longue réplique où un personnage exprime ses pensées et émotions , ou fait un récit.

• La **stichomythie** est un échange de répliques vives et courtes (un vers ou moins). Elle sert à exprimer un moment de vive émotion ou de conflit.

VERS LE COMMENTAIRE

La composition, l'écriture et le rôle dramatique du monologue et de la tirade, qui sont des passages particulièrement travaillés par le dramaturge, doivent être étudiés de près.

LA PAROLE, CONSTITUTIVE DU PERSONNAGE DE THÉÂTRE

Le personnage existe à travers le **niveau de langue** qu'il emploie. Au valet revient un langage familier, au héros tragique une langue noble, au héros du théâtre romantique une langue lyrique.

> *Un paysan de comédie :*
> Lucas.– Testigué, velà justement l'homme qu'il nous faut : allons vite le charcher. (Molière)
> *Une reine de tragédie :*
> Phèdre.– Je reconnus Vénus et ses feux redoutables,
> D'un sang qu'elle poursuit, tourments inévitables. (Racine)

LES REGISTRES AU THÉÂTRE

On rencontre de nombreux registres au théâtre : lyrique, pathétique, satirique... **Deux registres correspondent à des genres dramatiques** : comique (comédie) et tragique (tragédie).

Le registre comique

• Le **comique de mots** comprend tous les jeux sur le signifiant (le mot) et le signifié (le sens du mot) : comique de répétition, calembour, antiphrase...

> Mme de Perleminouze : Fiel !... Mon zébu !... (*Avec sévérité*) Adalgonse, quoi, quoi, vous ici ? Comment êtes-vous bardé ?
> M. de Perleminouze, *désignant la porte* : Mais par la douille !
> (Jean Tardieu, *Un mot pour un autre*, 1951)

QUESTION Quel procédé est employé et quel est l'effet produit ?

• Le **comique de gestes** est fait de grimaces, de chutes, de coups de bâton... Très présent dans la farce, il repose sur le jeu des acteurs et sur la mise en scène.

• Le **comique de situation** repose sur le caractère inattendu, absurde ou paradoxal d'une situation (déguisements, quiproquos...).

• Le **comique de caractère** est suscité par la peinture comique des défauts d'un personnage.

Le registre tragique

Il exprime la conscience qu'a le héros tragique de son malheur ou de sa faute. Le héros lutte en vain contre son destin inéluctable. Le registre tragique se caractérise par certains thèmes (le destin, la mort), par le lexique de la mort et du désespoir, et par un vocabulaire intensif.

> Je m'abhorre encor plus que tu ne me détestes.
> Les dieux m'en sont témoins, ces dieux qui dans mon flanc
> Ont allumé le feu fatal à tout mon sang. (Jean Racine, *Phèdre* acte II, scène 5, 1677.)

S'ENTRAÎNER

EXERCICE 1

a. Lisez la scène à deux puis jouez-la en adoptant le jeu imposé par le contenu des répliques.

b. Identifiez le registre de cette scène et justifiez votre réponse.

DEUX : C'est un vieux projecteur, vous savez. Il manque des pièces. Mais ça va marcher. Si vous pouviez poser votre pied sur le socle.

UN : Bien sûr, bien sûr.

DEUX : Ah oui, mais retirez votre soulier d'abord. Je m'excuse de vous demander ça, mais vous voyez : avec la main droite, je tire sur le bout du film qui sort, parce que la rembobineuse, il y en a plus, et mon pied droit, je suis obligé de l'introduire dans le mécanisme, sans ça, l'ampoule ne s'allume pas ; c'est une chose que je n'ai jamais comprise.

UN : Et avec votre pied gauche, tout de même, vous ne faites rien ?

DEUX : Si. Je me sers de mon pied gauche pour tenir debout.

ROLAND DUBILLARD, *Diablogues*, « Huit millimètres »,
Éd. Gallimard, coll. « Folio », 1975.

EXERCICE 2

Expliquez pourquoi Racine a recours ici à un long monologue. Que veut-il faire comprendre au spectateur ? À quels procédés oratoires a-t-il recours pour le faire ?

Le personnage qui parle est Hermione : amoureuse de Pyrrhus, elle est délaissée par ce prince qui aime une princesse troyenne captive, Andromaque.

Où suis-je ? Qu'ai-je fait ? Que dois-je faire encore ?
Quel transport me saisit ? Quel chagrin me dévore ?
Errante, et sans dessein, je cours dans ce palais.
Ah ! ne puis-je savoir si j'aime ou si je hais ?
Le cruel ! de quel œil il m'a congédiée :
Sans pitié, sans douleur au moins étudiée !
L'ai-je vu s'attendrir, se troubler un moment ?
En ai-je pu tirer un seul gémissement ?
Muet à mes soupirs, tranquille à mes alarmes,
Semblait-il seulement qu'il eût part à mes larmes ?
Et je le plains encore ! Et, pour comble d'ennui,
Mon cœur, mon lâche cœur s'intéresse pour lui !
Je tremble au seul penser du coup qui le menace !
Et, prête à me venger, je lui fais déjà grâce !
Non, ne révoquons point l'arrêt de mon courroux :
Qu'il périsse ! aussi bien il ne vit plus pour nous. [...]

JEAN RACINE, *Andromaque*, acte V, scène 1, 1667.

EXERCICE 3

Combien y a-t-il d'alexandrins et de répliques dans ce passage ? Comment se nomme ce type de dialogue au théâtre ? Montrez comment il traduit les sentiments des personnages.

Rodrigue et Chimène, que le conflit opposant leurs pères a rendus ennemis, s'avouent la persistance de leur amour.

DON RODRIGUE
Ô miracle d'amour !

CHIMÈNE
Ô comble de misères !

DON RODRIGUE
Que de maux et de pleurs nous coûteront nos pères !

CHIMÈNE
Rodrigue, qui l'eût cru ?

DON RODRIGUE
Chimène, qui l'eût dit ?

CHIMÈNE
Que notre heur fût si proche, et sitôt se perdît ?

DON RODRIGUE
Et que si près du port, contre toute apparence,
Un orage si prompt brisât notre espérance ?

CHIMÈNE
Ah ! mortelles douleurs !

DON RODRIGUE
Ah ! regrets superflus !

CHIMÈNE
Va-t'en, encore un coup, je ne t'écoute plus.

PIERRE CORNEILLE, *Le Cid*, acte III, scène 4, 1637.

EXERCICE 4

Identifiez le niveau de langue des différents personnages en relevant les procédés d'écriture les plus caractéristiques. Qu'est-ce qui est révélé des personnages, à travers leur langage ?

PHILAMINTE
L'impudente ! Appeler un jargon le langage
Fondé sur la raison et sur le bel usage !

MARTINE
Quand on se fait entendre, on parle toujours bien.
Et tous vos biaux dictons ne servent pas de rien.

PHILAMINTE
Hé bien ! ne voilà pas encore de son style ?
Ne servent pas de rien !

BÉLISE
Ô cervelle indocile !
Faut-il qu'avec les soins qu'on prend incessamment,
On ne te puisse apprendre à parler congrûment ?
De pas mis avec rien tu fais la récidive,
Et c'est, comme on t'a dit, trop d'une négative.

MARTINE
Mon Dieu ! je n'avons pas étugué comme vous,
Et je parlons tout droit comme on parle cheux nous.

MOLIÈRE, *Les Femmes savantes*, 1672.

7. Le texte argumentatif

OUTILS D'ANALYSE LITTÉRAIRE

ARGUMENTER : THÈME, THÈSE, ARGUMENT, EXEMPLE

- **Argumenter**, c'est faire valoir son point de vue sur un sujet (un **thème**) en justifiant sa position.
- Celui qui argumente défend la **thèse** (l'opinion) qui lui semble la meilleure ; il peut aussi critiquer la thèse que soutiennent d'autres personnes : en pointer les faiblesses, la réfuter.
- L'**argument** est un **raisonnement** au moyen duquel on explique pourquoi telle thèse est valide. Une argumentation développe souvent plusieurs arguments.
- L'**exemple** est un **élément** qui peut servir de **preuve** ou d'**illustration**. Il montre que la thèse ou l'argument se vérifient dans la réalité.

L'ÉNONCIATION DANS UNE ARGUMENTATION

Identifier l'**énonciation** dans un texte argumentatif est essentiel : qui parle ? À qui ? Dans quel contexte ? On s'intéressera particulièrement à l'**étude des pronoms** identifiant l'énonciateur :
- ***Je*** : s'agit-il d'un personnage ou de l'auteur ?
- ***Nous*** : qui est inclus dans ce pronom : l'auteur seul ? l'auteur et un groupe de personnes particulières ? l'auteur et l'ensemble des lecteurs ?
- ***On*** : inclut-il ou exclut-il le *je* ? Signifie-t-il *nous* (moi et d'autres), *vous* (mes contradicteurs, réels ou supposés), *tout le monde* (y compris mes lecteurs et moi ; ou au contraire : tout le monde sauf mes lecteurs, et moi) ?

> L'auteur [...] déclare donc, ou plutôt il avoue hautement que *Le Dernier jour d'un condamné* n'est autre chose qu'un plaidoyer, direct ou indirect, comme on voudra, pour l'abolition de la peine de mort. (Victor Hugo, préface du *Dernier Jour d'un condamné*, 1832.)

QUESTIONS **Qui est l'énonciateur de ce texte ? Comment se désigne-t-il ? À qui renvoie le *on* employé ? Quelle est la visée du texte ?**

> J'écris de chez les moches, pour les moches, les vieilles, les camionneuses, [...] toutes les exclues du grand marché à la bonne meuf. (Virginie Despentes, *King Kong Théorie*, Éd. Grasset, 2006.)

QUESTIONS **Le *je* s'exprime-t-il en son seul nom ? Quel destinataire est désigné ? Quel contexte est évoqué ? Commentez le niveau de langue : que crée-t-il entre l'auteure et le lecteur ?**

L'ARGUMENTATION ET LES GENRES LITTÉRAIRES

- Toutes les œuvres littéraires sont porteuses d'idées mais ce serait les appauvrir que de les limiter à l'expression d'opinions. On analyse la dimension argumentative d'une œuvre en étudiant les moyens littéraires par lesquels on cherche à persuader le lecteur.
- Certains **genres littéraires** sont par nature **argumentatifs** : le **discours** ; la **fable** ; la **maxime**, qui énonce avec brièveté une vérité morale ; l'**essai**, qui rassemble les idées personnelles d'un auteur sur un sujet ; le **pamphlet**, qui attaque une institution ou une personne.
- Des œuvres relevant d'**autres genres** peuvent contenir des **passages argumentatifs** : tirade et échange de répliques au **théâtre**, portrait ou description dans un **récit**, un **poème**. Une **autobiographie** peut avoir une dimension argumentative : l'auteur pense avoir compris une vérité liée à ce qu'il a vécu.

> Celui qui est aimé de tout le monde ne mérite d'être aimé de personne. (Xavier Forneret, 1809-1884.)

> Oreste.– Que m'importe Jupiter ? La justice est une affaire d'hommes, et je n'ai pas besoin d'un dieu pour me l'enseigner. Il est juste de t'écraser, immonde coquin, et de ruiner ton empire sur les gens d'Argos, il est juste de leur rendre le sentiment de leur dignité. (Jean-Paul Sartre, *Les Mouches*, Éd. Gallimard, 1943.)

QUESTION **Précisez le thème abordé dans chaque exemple. Indiquez le genre littéraire de chacun.**

S'ENTRAÎNER

EXERCICE 1

Voici des titres d'ouvrages autobiographiques. Sur quels sujets ces autobiographies peuvent-elles présenter une dimension argumentative ?

1. *Les Mémoires d'une jeune fille rangée* (Simone de Beauvoir, 1958.)
2. *Black Boy* (Richard Wright, 1945.)
3. *Escadrille 80* (Roald Dahl, 1986.)

EXERCICE 2

a. Cherchez qui est Thomas Mann et précisez ce qu'il représente pour les Allemands à l'époque du discours. Expliquez en détail le contexte de son message.

b. Sur quelle dimension de son identité l'énonciateur insiste-t-il ? À qui s'adresse-t-il ?

c. Comment le contexte est-il présenté ? Quelle est la visée de ce message ? L'auteur croit-il au succès de son appel ? Justifiez vos réponses.

Ce que, de loin, j'avais à vous dire, d'autres bouches jusqu'ici vous l'ont transmis. Aujourd'hui vous entendez ma propre voix.

C'est la voix d'un ami, une voix allemande ; la voix d'une Allemagne qui montra et montrera de nouveau au monde un autre visage que le masque hideux de Méduse dont l'hitlérisme l'a revêtue. C'est une voix qui vous *avertit*… ; vous avertir est l'unique service qu'un Allemand tel que moi puisse vous rendre aujourd'hui. […] Vous avertir, cela veut dire : vous confirmer dans vos mauvais pressentiments ; vous donner l'assurance que ces funestes pressentiments sont *vrais*, qu'ils ne sont que trop justifiés… ; et cette assurance, il faut qu'on vous la donne ; car au seul fait d'éveiller en vous le sentiment que vous faites fausse route, épouvantablement, s'attache l'espoir que vous pourrez peut-être quand même encore l'abandonner.

THOMAS MANN, message diffusé à la BBC en mars 1941.

EXERCICE 3

Quelle image de Fantine se dégage de ce portrait ? Analysez les choix lexicaux au moyen desquels l'auteur nous donne cette image du personnage. Pourquoi peut-on dire que ce portrait d'un personnage romanesque comporte une visée argumentative ?

Fantine, une jeune ouvrière, est la maîtresse d'un étudiant, Tholomyès. Au XIXe siècle, cette situation fait considérer une jeune femme comme condamnable et sans vertu.

Nous avons dit que Fantine était la joie, Fantine était aussi la pudeur.

Pour un observateur qui l'eût étudiée attentivement, ce qui se dégageait d'elle, à travers toute cette ivresse de l'âge, de la saison et de l'amourette, c'était une invincible expression de retenue et de modestie. […] Quoiqu'elle n'eût rien refusé, on ne le verra que trop, à Tholomyès, son visage, au repos, était souverainement virginal ; une sorte de dignité sérieuse et presque austère l'envahissait soudainement à de certaines heures, et rien n'était singulier et troublant comme de voir la gaîté s'y éteindre si vite et le recueillement y succéder sans transition à l'épanouissement. Cette gravité subite, parfois sévèrement accentuée, ressemblait au dédain d'une déesse. Son front, son nez et son menton offraient cet équilibre de ligne, très distinct de l'équilibre de proportion, et d'où résulte l'harmonie du visage ; dans l'intervalle si caractéristique qui sépare la base du nez de la lèvre supérieure, elle avait ce pli imperceptible et charmant, signe mystérieux de la chasteté […]. L'amour est une faute ; soit. Fantine était l'innocence surnageant sur la faute.

VICTOR HUGO, *Les Misérables*, 1862.

MR MARRE, *Fantine*, dessin pour les costumes des Misérables, 1878.

EXERCICE 4 : ÉCRITURE

Écrivez une fable sur une des moralités suivantes. Vous n'êtes pas tenu(e) d'écrire en vers !

a. La ruse la mieux ourdie
Peut nuire à son inventeur ;
Et souvent la perfidie
Retourne sur son auteur.

b. Et chacun croit fort aisément
Ce qu'il craint et ce qu'il désire.

c. Il ne faut point juger des gens sur l'apparence.

Coup de pouce

Quels personnages propres au genre de la fable pourraient illustrer la moralité choisie ? Quels traits de caractère leur prête la tradition ? Quelles circonstances (but, lieu et temps) peuvent les faire se rencontrer ? Quelles paroles sont-ils susceptibles d'échanger ? Quelles seront leurs actions ?

8. La démarche argumentative

OUTILS D'ANALYSE LITTÉRAIRE

DÉMARCHE ET PROGRESSION D'UN TEXTE ARGUMENTATIF

- Dans une argumentation, l'auteur veut conduire le lecteur d'un point de départ à un point d'arrivée en suivant une certaine **démarche** : il conteste ou réinterprète les propos d'autres personnes sur le même thème. La **progression** argumentative se fonde donc sur la **discussion**.

> Je voudrais poser, ici, à la télévision, un certain nombre de questions sur la télévision. Intention un peu paradoxale puisque je crois que, en général, on ne peut pas dire grand-chose à la télévision, tout spécialement sur la télévision. Est-ce que je ne devrais pas, s'il est vrai qu'on ne devrait rien dire à la télévision, conclure, avec un certain nombre d'intellectuels, d'artistes, d'écrivains parmi les plus grands, qu'on devrait s'abstenir de s'y exprimer ? Il me semble qu'on n'a pas à accepter cette alternative du tout ou rien. (Pierre Bourdieu, *Sur la télévision*, Éd. Raisons d'agir, 1996.)

QUESTION À quel moment de la démarche argumentative peut se trouver cet extrait ? Quelles sont les personnes dont l'opinion est réfutée ?

LES MOYENS DE L'ARGUMENTATION

- L'auteur peut s'adresser à la raison du lecteur et tenter de le convaincre par des arguments.

Types d'argument	Exemples
L'argument cause/ conséquence : on met en relation une cause et sa conséquence.	Ce n'était pas sa faute [la faute du peuple]. Pourquoi ? Parce que les lumières [les connaissances] lui manquent d'un côté, parce que le travail lui manque de l'autre. (Hugo)
L'argument par dissociation : on distingue deux éléments ; son contraire est l'amalgame : on montre qu'une distinction est fausse.	Le droit parle et commande du sommet des vérités, la loi réplique du fond des réalités ; le droit se meut dans le juste, la loi se meut dans le possible, le droit est divin, la loi est terrestre. (Hugo)
L'argument sur les valeurs : on invoque ce qu'on juge bon, on condamne ce qu'on juge mauvais.	Il faut, et c'est là la grande mission, la mission spéciale du ministère de l'Instruction publique, il faut relever l'esprit de l'homme, le tourner vers Dieu, vers la conscience, vers le beau, le juste et le vrai, vers le désintéressé et le grand. (Hugo)
L'argument par définition : la forme de la définition donne une impression de vérité.	La peine de mort est le signe spécial et éternel de la barbarie. (Hugo)
L'appel à la logique, en particulier la réciprocité (se mettre à la place de l'autre).	Ce pays est à toi ! et pourquoi ? parce que tu y as mis le pied ? Si un Tahitien débarquait un jour sur vos côtes et qu'il gravât sur une de vos pierres ou sur l'écorce d'un de vos arbres : ce pays est aux habitants de Tahiti, qu'en penserais-tu ? (Diderot)
L'argument d'autorité : c'est l'autorité de celui qu'on cite qui convainc.	Einstein a dit : « L'imagination est plus importante que le savoir. »

- L'auteur peut agir sur les émotions du lecteur et tenter de le persuader :

- il peut **susciter sa pitié ou sa frayeur** grâce à une description ou un récit qui le rendront spectateur d'une scène émouvante ;
- il peut l'**impliquer** dans son discours : il s'adresse au lecteur, il utilise des phrases expressives (interrogatives, injonctives, exclamatives), il peut recourir à l'ironie ;
- il peut **agir sur les sens** du lecteur : il suscite des images (métaphores, analogies, comparaisons), utilise les sons et les rythmes de la phrase (parallélismes, répétitions, anaphores).

> Le lourd triangle de fer se détache avec peine, tombe en cahotant dans ses rainures, et, voici l'horrible qui commence, entaille l'homme sans le tuer. L'homme pousse un cri affreux. [...] Et le juge n'a pas été mis en jugement ! et le bourreau n'a pas été mis en jugement ! (Hugo)

QUESTION Quels moyens l'auteur utilise-t-il pour impliquer le lecteur dans ce qu'il dit ?

S'ENTRAÎNER

EXERCICE 1

Identifiez les types d'argument utilisés dans ces extraits.

1. Le fait divers c'est cette sorte de denrée élémentaire, rudimentaire, de l'information qui est très importante parce qu'elle intéresse tout le monde sans tirer à conséquence et qu'elle prend du temps, du temps qui pourrait être employé pour dire autre chose. (Pierre Bourdieu, *Sur la télévision*, Éd. Raisons d'agir, 1996.) (**2 types d'argument**)

2. Or le temps est une denrée extrêmement rare à la télévision. [...] En mettant l'accent sur les faits divers, en remplissant ce temps rare avec du vide, du rien ou du presque rien, on écarte les informations pertinentes que devrait posséder le citoyen pour exercer ses droits démocratiques. (Pierre Bourdieu, *op. cit.*) (**1 type d'argument**)

3. Vraiment, si la femme n'avait d'existence que dans les œuvres littéraires masculines, on l'imaginerait comme une créature de la plus haute importance [...]. Mais il s'agit là de la femme à travers la fiction. En réalité, comme l'a indiqué le professeur Trevelyan, la femme était enfermée, battue et traînée dans sa chambre. (Virginia Woolf) (**1 type d'argument**)

4. Ô mes frères, réconcilions-nous. Prenons la route de l'immense apaisement. On s'est assez haïs. Trêve. Oui, tendons-nous la main. (Victor Hugo) (1 type d'argument)

5. Nous devons à l'antisémitisme la dangereuse virulence que les scandales de Panama ont prise chez nous. Et toute cette lamentable affaire Dreyfus est son œuvre : c'est lui seul qui a rendu possible l'erreur judiciaire. (Émile Zola) (1 type d'argument)

6. Affranchir la femme, c'est refuser de l'enfermer dans les rapports qu'elle soutient avec l'homme, mais non les nier. (Simone de Beauvoir, *Le Deuxième Sexe,* Éd. Gallimard, 1949.) (**2 types d'argument**)

EXERCICE 2

Énoncez la thèse rejetée et la thèse adoptée. Repérez le procédé rhétorique dominant. Quelle est la tonalité de ce texte ?

C'est clair mon petit ? Que tu sois entrée première à Polytechnique, Anne-Marie Chopinet, que tu sois sortie major de l'Ena, Françoise Chandernagor, que tu aies reçu la croix de guerre, Jeanne Mathez, que vous ayez gravi à votre tour plus de 8 000 mètres, petites Japonaises de Manaslu, que vous ayez élevé seules vos enfants dans les difficultés matérielles et la désapprobation morale, vous autres les abandonnées ou les filles mères volontaires, que vous soyez mortes pour vos idées, Flora Tristan, Olympe de Gouges ou Rosa Luxembourg, que tu aies été une physicienne accomplie, Marie Curie, alors que tu n'avais pas le droit de vote, tout cela et bien d'autres actes héroïques ou obscurs ne vous vaudra ni dignité ni sécurité. C'est un ministre[1] qui l'a dit. Pas au Moyen Âge. Pas au XIXe siècle non plus, vous n'y êtes pas. En 1973. Il s'adressait à vous et à moi pour nous redire après tant d'autres que toute valeur pour la femme ne peut procéder que de l'homme.

Benoîte Groult, *Ainsi soit-elle*, Éd. Grasset & Fasquelle, 1975.

1. Jean Foyer, ministre de la Justice, a dit : « L'homme tire sa dignité et sa sécurité de son emploi. La femme doit l'une et l'autre au mariage. »

EXERCICE 3 : ÉCRITURE

Écrivez une argumentation cherchant à convaincre, puis un discours cherchant à persuader, en travaillant à deux.

Coup de pouce

- **Démarche pour écrire une argumentation**

- Cherchez une question qui vous intéresse.
- Chacun écrit une phrase où il donne son opinion en précisant le thème et le propos. Si vous êtes du même avis, l'un des deux adoptera artificiellement une opinion différente pour que deux thèses opposées soient confrontées.
- Chacun cherche des arguments. Vous discutez en vous répondant et en citant des exemples.
- Puis vous écrivez à deux un texte argumentatif après avoir choisi entre les deux opinions défendues. Vous intégrerez les éléments de réfutation nés de la discussion.

- **Démarche pour écrire un discours persuasif**

- Sur le même sujet, avec la même thèse et les mêmes arguments, rédigez un discours prononcé devant une assemblée. Vous utiliserez le texte précédent en le modifiant pour marquer votre présence d'orateur.
- Vous introduirez des éléments visant à persuader en jouant sur les émotions : éléments narratifs ou descriptifs, formes d'insistance, types de phrase traduisant des sentiments, répétitions, recours à l'hyperbole...

Marie Curie (1867-1934), physicienne française d'origine polonaise.

9. La poésie, un art du langage

OUTILS D'ANALYSE LITTÉRAIRE

LE LANGAGE POÉTIQUE

La poésie est un art du langage.

• La poésie travaille les mots comme une **matière sonore**, en jouant sur le retour, la répétition de mots et de sons. Dire « Je m'en vais » donne une information. Mais dire « Je m'en vais, je m'en vais, je m'en vais » crée un effet poétique.

• La poésie sollicite aussi la **sensibilité visuelle** : par la disposition du texte sur la page, mais surtout en faisant naître des images dans l'esprit du lecteur.

• La poésie utilise également cette propriété du langage qui s'appelle la **polysémie** (VOIR P. 430).

• La poésie joue enfin sur les **connotations** : le fait que les mots, au-delà de leur sens, entraînent des associations d'idées, sont liés à des souvenirs, éveillent des échos affectifs.

> Florence est ville et fleur et femme, elle est ville-fleur et ville-femme et fille-fleur tout à la fois. Et l'étrange objet qui paraît ainsi possède la liquidité du fleuve, la douce ardeur fauve de l'or et, pour finir, s'abandonne avec décence et prolonge indéfiniment par l'affaiblissement continu de l'e muet son épanouissement plein de réserve. À cela s'ajoute l'effort insidieux de la biographie. Pour moi, Florence est aussi une certaine femme, une actrice américaine [...] dont j'ai tout oublié, sauf [...] que je l'aimais et qu'elle s'appelait Florence. (Jean-Paul Sartre, *Qu'est-ce que la littérature ?*, Éd. Gallimard, 1947.)

QUESTIONS **Expliquez les associations d'idées de la première phrase : comment se mêlent réalité et imagination ? Sur quel aspect du mot portent les connotations analysées dans la deuxième phrase ? Quand l'auteur parle-t-il d'un point de vue individuel ?**

VISÉES ET THÈMES DE LA POÉSIE

• La poésie peut viser à **raconter**, **décrire**, **persuader**. Mais elle a une capacité propre : celle d'évoquer et de **célébrer** des éléments du monde. Un poème fait exister sentiments, choses et gens dans le présent de l'écriture et de la lecture.

• Les thèmes poétiques traditionnels sont la **nature**, l'**amour**, les **sentiments**, la **poésie** elle-même.

SONORITÉS ET RYTHMES DANS L'ÉCRITURE POÉTIQUE

• Le **travail sur les sons** est fondé d'abord sur la **répétition** : répétition de phrases (refrain), d'expressions (anaphore en début de vers), de mots, de sons. C'est le principe de la **rime**. À l'intérieur du vers, on peut jouer sur les répétitions de sons : **allitération** (répétition de consonnes), **assonance** (répétition de voyelles).

> - Tout m'afflige et me nuit et conspire à me nuire (Racine)
> - Tamtam sculpté, tamtam tendu qui gronde (Léopold Sédar Senghor)

QUESTION **Repérez les assonances et/ou les allitérations. Quels effets produisent-elles ?**

• Les **régularités** sont aussi **rythmiques** :
- les vers ont un nombre fixe de syllabes (alexandrins, décasyllabes, octosyllabes) ;
- ils peuvent être regroupés en strophes régulières (de trois, quatre ou six vers en général) ;
- à l'intérieur des vers, le rythme se fonde sur les coupes syntaxiques marquées par la ponctuation.

> Je n'escris point d'amour, n'estant point amoureux,
> Je n'escris de beauté, n'ayant belle maistresse,
> Je n'escris de douceur, n'esprouvant que rudesse,
> Je n'escris de plaisir, me trouvant douloureux (Joachim Du Bellay, *Les Regrets*, 1558.)

QUESTIONS **Quel est le type de vers ? Quel rythme découpe chaque vers ? Quels mots se font écho parce qu'ils appartiennent à la même famille ? Quelles oppositions soulignent les mots à la rime ? Quelle figure de la répétition structure le poème ?**

S'ENTRAÎNER

EXERCICE 1

a. Repérez et commentez les répétitions de vers.

b. Repérez les assonances qui, dans tout le poème, rappellent les mots placés à la rime.

c. Observez la ponctuation à l'intérieur des vers. Quel rythme donne-t-elle au poème ? Quel rapport peut-on établir entre ce rythme et le sens ?

Le temps a laissé son manteau
De vent, de froidure et de pluie,
Et s'est vêtu de broderie,
De soleil luisant, clair et beau.

Il n'y a bête, ni oiseau,
Qu'en son jargon ne chante ou crie
Le temps a laissé son manteau
De vent, de froidure et de pluie.

Rivière, fontaine et ruisseau
Portent, en livrée jolie,
Gouttes d'argent, d'orfèvrerie ;
Chacun s'habille de nouveau
Le temps a laissé son manteau.

CHARLES D'ORLÉANS (1394-1465),
« Le temps a laissé son manteau ».

EXERCICE 2

Précisez les thèmes et les visées exprimés dans ces extraits de poèmes de Ronsard.

1. Te regardant assise auprès de ta cousine
Belle comme une Aurore et toi comme un Soleil,
Je pensai voir deux fleurs d'un même teint pareil,
Croissantes en beauté l'une à l'autre voisine.

2. Je n'ai plus que les os, un squelette je semble,
Décharné, dénervé, démusclé, dépoulpé[1],
Que le trait de la mort sans pardon a frappé ;
Je n'ose voir mes bras que de peur je ne tremble.

3. Et des amours desquelles nous parlons,
Quand serons morts, n'en sera plus nouvelle.
Pour c'aimez-moi cependant qu'êtes belle.

4. Couché dans tes ombrages vers,
  Gastine, je te chante
Autant que les Grecs par leurs vers
  La forêt d'Érymanthe[2].

5. M'éveillant le matin, devant que faire rien[3]
J'invoque l'Éternel, le père de tout bien [...]
Après je sors du lit, et quand je suis vêtu ;
Je me range à l'étude et apprends la vertu
Composant et lisant, suivant ma destinée [...]
Quatre ou cinq heures seul je m'arrête enfermé ;
Puis sentant mon esprit de trop lire assommé,
J'abandonne le livre et m'en vais à l'église ;
Au retour, pour plaisir, une heure je devise,
De là je viens dîner, faisant sobre repas.

1. **Dépoulpé** : Sans pulpe, sans chair.
2. **Érymanthe** : Forêt de Grèce où Héraklès tua un sanglier mythique.
3. **Devant que fair rien** : Avant de faire quoi que ce soit.

EXERCICE 3

Quels termes connotent l'hiver ? À quelle notion renvoie cet élément ?

Ainsi hors de saison une froide vieillesse
Dès l'été de mes ans neige sur mes cheveux.

THÉODORE AGRIPPA D'AUBIGNÉ (1552-1630).

EXERCICE 4 : VERS LE COMMENTAIRE

a. Relevez des mots employés au sens figuré. Qu'expriment-ils dans le texte ?

b. Repérez des couples de mots opposés. Par quels outils de lexique ou de ponctuation sont-ils mis en relation ? Justifiez votre réponse.

c. Repérez deux vers qui expriment des impossibilités logiques.

d. Relevez des tournures répétées. Sur quoi l'insistance porte-t-elle ?

e. En utilisant vos réponses précédentes, rédigez une partie de commentaire sur la vision de la passion amoureuse exprimée dans ce poème.

Je vis, je meurs, je me brûle et me noie,
J'ai chaud extrême en endurant froidure ;
La vie m'est et trop molle et trop dure,
J'ai grands ennuis entremêlés de joie.

Tout en un coup je ris et je larmoie,
Et en plaisir maint grief tourment j'endure,
Mon bien s'en va, et à jamais il dure,
Tout en un coup je sèche et je verdoie.

Ainsi Amour inconstamment me mène
Et, quand je pense avoir plus de douleur,
Sans y penser je me trouve hors de peine.

Puis, quand je crois ma joie être certaine,
Et être en haut de mon désiré heur,
Il me remet en mon premier malheur.

LOUISE LABÉ (1524-1566).

10. La poésie : formes et versification

OUTILS D'ANALYSE LITTÉRAIRE

LES RÈGLES DE LA MÉTRIQUE FRANÇAISE

Les différents types de vers

- Jusqu'à la seconde moitié du XIXe siècle, et la parution des *Petits Poèmes en prose* de Charles Baudelaire, la poésie française était exclusivement une poésie **versifiée**.
- Le **vers**, par opposition à la **prose**, est une unité visuelle et rythmique demandant un retour à la ligne une fois atteint un nombre de syllabes fixé par les règles de la **métrique**.
- Les **vers pairs** possèdent un nombre égal de syllabes et constituent, jusqu'au XXe siècle, les vers les plus fréquents. Un vers composé de six syllabes se nomme un **hexasyllabe**, de huit un **octosyllabe**, de dix un **décasyllabe** et de douze un **alexandrin**.
- Les **vers impairs**, plus rares, sont employés entre autres par Paul Verlaine, pour leur valeur musicale. L'**heptasyllabe** compte sept syllabes, l'**ennéasyllabe** en compte neuf et l'**hendécasyllabe** onze.
- Les **vers libres** sont dépourvus de mètres et de rimes, mais toujours caractérisés par le retour à la ligne. Si ces derniers apparaissent à la Renaissance, ils se répandent à partir de la fin du XIXe siècle, à mesure que les poètes s'émancipent des règles de la versification.

> La solitude m'a semblé plus vive que le sang
> Je voulais désunir la vie
> Je voulais partager la mort avec la mort (Paul Éluard)
>
> Dans ce poème d'Éluard, on trouve successivement un vers de quatorze syllabes, un hexamètre et un alexandrin, à chaque fois non rimés. Il s'agit donc de vers libres.

Comment identifier un vers ?

Pour identifier un vers, on compte le **nombre de syllabes** qui sont toutes prononcées, à l'exception de celles qui comportent un « e » caduc, également appelé « e » muet. En effet, le « e » est toujours muet lorsqu'il est situé à la fin du vers ou lorsque, placé à la fin d'un mot, le mot suivant commence par une voyelle ; il est alors élidé. On le prononce uniquement quand il est suivi d'un mot commençant par une consonne ou un « h » aspiré.

> Quelque ville mauresque, éclatante, inouïe (Victor Hugo).
>
> Dans cet alexandrin, les « e » de *quelque* et de *ville* sont prononcés, puisqu'ils sont suivis de mots qui commencent par des consonnes, à savoir *ville* et *mauresque*. Toutefois, les « e » de *mauresque* et d'*éclatante* sont caducs : les deux mots qui les suivent commencent par des voyelles. De plus, le « e » d'*inouïe* est également muet car situé à la fin du vers.
> On obtient donc le découpage suivant : *Quel/que/vi/lle/mau/res/que, é/cla/tan/te, i/nou/ïe.*

DIFFICULTÉS À SURMONTER

Il est possible de prononcer de deux manières différentes des groupes de voyelles commençant par « i », « u » ou « y », comme dans « l*ion* », « ambit*ieux* » ou « n*uit* ».

- On peut choisir de prononcer ces groupes comme une seule syllabe : c'est la **synérèse**.

> Mon/ sein/, **vier**/ge/ de/ preu/ves, a/ttes/te u/ne/ mor/sure (Stéphane Mallarmé).
> Dans cet alexandrin, le mot *vierge* ne compte que deux syllabes, le « i » et le « e » étant prononcés ensemble ; il s'agit d'une synérèse.

- Lorsque l'on prononce séparément les voyelles de ces groupes, et qu'on les compte pour deux syllabes, on réalise une **diérèse**. Celle-ci met en valeur ces mots du poème, dont elle accentue la diction.

> Bru/meu/se/, den/te/ler/ l'ho/ri/zon/ vi/o/let (Victor Hugo).
> Ici, on décompose *violet* en trois syllabes, et on prononce de manière distincte le « i » et le « o ».

LES CÉSURES ET LES COUPES

• Les vers les plus longs (à partir de neuf syllabes) sont généralement **composés**. Les groupes de mots sont répartis dans des **hémistiches** que sépare une **césure**. Celle-ci implique soit de marquer une pause à la lecture, soit de baisser la voix, soit d'accentuer le premier mot du second hémistiche.

• Dans la versification classique, les césures sont **fixes** :
- l'alexandrin possède deux hémistiches de six syllabes : 6 // 6.

> Aux humides brouillards // qui nagent dans ses yeux (Charles Baudelaire)

- Le décasyllabe fait suivre un hémistiche de quatre syllabes et un de six : 4 // 6.

> Et ces œillets, // et ces roses aussi (Pierre de Ronsard)

• La césure ne tombe jamais au milieu d'un mot, ni ne sépare les éléments d'un même groupe grammatical dans **la poésie classique** qui cherchait à faire coïncider harmonieusement le rythme et la syntaxe, le sens et la forme. Cette même règle est d'ailleurs applicable au vers entier, dont la fin doit correspondre à la fin d'un groupe ou d'une proposition.

• Toutefois, des poètes ont cherché à rompre un tel rapport pour obtenir des effets d'**amplification**, de **rupture** ou d'**insistance** : c'est ce que l'on nomme l'**enjambement**.

• Lorsque la fin d'un groupe grammatical déborde sur le vers ou l'hémistiche suivant, on parle de **rejet**.

> Et dès lors, je me suis baigné dans le poème
> **De la mer**, infusé d'astres et lactescent (Arthur Rimbaud).
> Ici, le complément *de la mer* est séparé du nom qu'il détermine puisqu'il est situé au début du second vers. Il s'agit d'un **rejet externe**.

• Lorsque le début d'un groupe grammatical commence au vers ou à l'hémistiche précédent, on parle de **contre-rejet**.

> Puis s'asseyait **parmi** // les écharpes soyeuses (Victor Hugo)
> La césure sépare la préposition *parmi* du groupe nominal qu'elle introduit et qui se trouve placé dans le second hémistiche. Il s'agit d'un **contre-rejet interne**.

• Les vers sont également structurés par des **coupes**. Ces dernières matérialisent leur rythme, issu de la répartition des **accents toniques**, qui frappent en français la dernière syllabe non muette d'un mot ou groupe de mots. On place généralement la coupe juste après l'accent tonique.

> C'est la m<u>o</u>rt, /ou la m<u>o</u>rt(e)... //O dél<u>i</u>c(e)/! ô tourm<u>e</u>nt ! (Gérard de Nerval)

• Le rythme peut être **binaire**, **ternaire**, **croissant**, **décroissant** ou **accumulatif**.

> L'alexandrin de Nerval possède ainsi un rythme binaire : chacun des deux hémistiches est divisé en deux mesures égales de trois syllabes chacune.

LES RIMES

• On définit la **rime** comme la répétition, en fin de vers, d'une sonorité déjà présente à la fin d'un vers précédent. Il est alors possible de classer les rimes selon leurs **qualités** :
- les **rimes pauvres** ne comptent qu'un seul son en commun, la voyelle accentuée ;
- les **rimes suffisantes** ont deux sons en commun, une voyelle et une consonne ;
- les **rimes riches** ont trois sons ou plus en commun.

> Rome de Rome est le seul monu<u>**ment**</u> / Et Rome Rome a vaincu seule<u>**ment**</u> (Joachim Du Bellay)
> Ces rimes partagent deux sons, « m » et « en » ;, ce sont des rimes suffisantes.

• La disposition des rimes peut suivre des schémas précis :
- les **rimes plates ou suivies** ont une structure en AABB ;
- les **rimes embrassées** en ABBA ;
- les **rimes croisées** en ABAB.

• Les règles de la versification classique demandent de respecter, en fonction du schéma, l'alternance de **rimes féminines**, terminées par un « e » muet, et de **rimes masculines**.

> La tribu prophétique aux prunelles ar**dentes** / Hier s'est mise en route emportant ses **petits** / Sur son dos, ou livrant à leurs fiers ap**pétits** / Le trésor toujours prêt des mamelles pen**dantes** (Charles Baudelaire).

S'ENTRAÎNER

EXERCICE 1

Combien de syllabes prononcées comporte chacun des trois vers suivants ? Justifiez à chaque fois en vous appuyant sur la règle du « e » muet.

1. Avec les mille tours de ses palais de fées (Victor Hugo)
2. Une sonore, vaine et monotone ligne (Stéphane Mallarmé)
3. L'autre qui s'élevait de la terre où nous sommes (Victor Hugo)

EXERCICE 2

De combien de syllabes le vers suivant est-il formé ? Justifiez en vous aidant des règles du « e » muet, de la diérèse et de la synérèse.

Le malheureux Lion se déchire lui-même
(Jean de La Fontaine)

EXERCICE 3

Identifiez la place de la césure dans chacun des deux vers suivants. En quoi celle-ci respecte-t-elle les usages classiques de la versification ?

1. Je suis un vieux boudoir plein de roses fanées (Charles Baudelaire)
2. Bonjour mon cœur, bonjour ma douce vie (Pierre de Ronsard)

EXERCICE 4

Relevez et expliquez les enjambements dans les vers suivants en vous appuyant sur leur analyse grammaticale.

1. Oui c'est la vie. Après le jour, la nuit livide (Victor Hugo)
2. Ni de voir à ta voix battre le jeune sein / De nos sœurs, dont, les soirs, le tourbillon essaim (Victor Hugo).

EXERCICE 5

Dans son poème « Quelques mots à un autre », Victor Hugo affirme : « *J'ai disloqué ce grand niais d'alexandrin* ». Placez les coupes de ce vers et déterminez son rythme. Celui-ci correspond-il au rythme attendu de l'alexandrin ? En quoi le poète a-t-il donc joint, ici, le geste à la parole ?

EXERCICE 6

Déterminez la qualité des rimes des couples de vers suivants. Justifiez en vous appuyant sur les règles du « e » muet, de la diérèse et de la synérèse.

1. Il était morne et soucieux ; / D'une main il montrait les cieux (Musset)
2. Bref, je ne sais que c'est ; mais certes je sais bien / Que j'aime mieux absent qu'étant près de mon bien (Ronsard)

LES GROUPES DE VERS

Au sein d'un poème, les vers peuvent être répartis en différents ensembles, séparés par un **blanc typographique**, qui demande une pause à la lecture. Un groupe de deux vers se nomme un **distique**. On trouve ensuite, par ordre croissant, le **tercet**, le **quatrain**, le quintil, le **sizain**, le septain, le huitain, le neuvain, le **dizain**... Ces derniers peuvent alors former des **strophes** lorsque chaque schéma de rime employé est achevé.

EXERCICE 7

a. Quelle est la qualité des rimes de ce quatrain et quel schéma suivent-elles ?

b. Le poète a-t-il respecté leur alternance ?

Quand la nymphe divine, à mon repos fatale
Apparut, et brilla de tant d'attraits divers,
Qu'il semblait qu'elle seule éclairait l'univers
Et remplissait de feux la rive orientale

VINCENT VOITURE

Coup de pouce

Lorsqu'une strophe regroupe des vers de taille identique, elle est **isométrique**. Lorsque les vers possèdent des mètres différents, on dit qu'elle est **hétérométrique**.

EXERCICE 8

En quoi ces vers sont-ils des vers hétérométriques ? Quel effet ce changement de mètre produit-il ?

Va-t'en chétif Insecte, excrément de la terre
C'est en ces mots que le Lion
Parlait un jour au moucheron

JEAN DE LA FONTAINE

LES FORMES FIXES LES PLUS COURANTES

- Le **sonnet** est constitué de quatre groupes de vers, deux quatrains et deux tercets, que l'on schématise traditionnellement de la manière suivante : ABBA ABBA CCD EED.
- La **ballade** est composée de trois strophes identiques terminées par un **refrain** et d'une demi-strophe que l'on nomme l'**envoi**.
- L'**ode** est constituée de trois strophes, que l'on nomme **strophe**, **antistrophe** et **épode**.
- Le **rondeau** est formé de trois strophes, dont les deux dernières comportent un refrain, consistant en une reprise du tout premier vers du poème.

11. Les figures de style

OUTILS D'ANALYSE LITTÉRAIRE

COMPARER

- **Comparer**, c'est rapprocher un élément (le comparé) d'un autre (le comparant) en trouvant un **point commun** et en suscitant une image.

> Comme un héros des temps de chevalerie, il pensa un instant à Clélia. (Stendhal)

- Dans la **comparaison**, un mot-outil (*comme, plus que*...) rapproche le comparé et le comparant.
- La **métaphore** est une comparaison qui n'utilise pas de mot-outil. On parle de **métaphore filée** si la comparaison est développée.

> Déjà la nuit en son parc amassait
> Un grand troupeau d'étoiles vagabondes
> Et pour entrer aux cavernes profondes
> Fuyant le jour ses noirs chevaux chassait... (Du Bellay)

QUESTION **Quel est le comparé ? Quel est le comparant sous-entendu ? Relevez les expressions qui filent la métaphore.**

- La **personnification** fait d'une chose inanimée un être humain ou une créature imaginaire.

> « Mon pauvre argent, mon cher argent, on m'a privé de toi. » (Molière)

- L'**allégorie** présente une idée abstraite comme un personnage. On la reconnaît par l'emploi fréquent de majuscules.

> En la forêt d'Ennuyeuse Tristesse
> Un jour m'advint qu'à part moi cheminai. (Charles d'Orléans)

QUESTION **Les allégories peuvent faire l'objet de tableaux, ou, plus fréquemment, de sculptures.Voici une représentation allégorique de la Justice. Expliquez les éléments symboliques de cette représentation.**

OPPOSER

- Les **figures d'opposition** établissent **un contraste** qui met en valeur une idée ou une vision du monde.
- L'**antithèse** permet de rapprocher dans une même phrase des mots ou des idées opposés.

> L'homme est né libre, et partout il est dans les fers. (Jean-Jacques Rousseau)

QUESTION **Quelle vision de la société est mise en évidence ?**

- L'**oxymore** unit dans un même groupe syntaxique deux mots de sens contraire.

> Elle jurait splendidement. (Victor Hugo)

- L'**antiphrase** consiste à exprimer l'opposé de ce que l'on veut faire comprendre. C'est un procédé de l'**ironie**.

> Grâce aux heureuses dispositions de Mangogul, et aux leçons continuelles de ses maîtres, il [...] sut à l'âge de vingt ans, boire, manger et dormir, aussi parfaitement qu'aucun potentat de son âge. (Denis Diderot)

QUESTION **Relevez les expressions qui portent l'antiphrase.**

EXAGÉRER, ATTÉNUER

- L'**hyperbole** est une exagération.

> Pénétrez dans ces forêts américaines aussi vieilles que le monde. (François-René de Chateaubriand)

QUESTION **Quel est l'effet produit par l'hyperbole ?**

La caricature et le dessin de presse utilisent fréquemment l'hyperbole.

Caricature de Victor Hugo à cheval sur le Théâtre français et l'Académie française, 1841.

QUESTION **Repérez les hyperboles présentes dans ce dessin représentant Victor Hugo. Que soulignent-elles sur l'auteur et sur son œuvre ? Cette caricature est-elle uniquement moqueuse, à votre avis ?**

- La **litote** consiste à dire moins pour suggérer plus.

> [...] ce garçon-ci n'est point sot et je ne plains pas la soubrette qui l'aura [...]. (Marivaux)

QUESTION **Exprimez par des expressions affirmatives le sens des deux litotes.**

RÉPÉTER, INSISTER

- L'**énumération** crée l'idée d'une totalité en détaillant les différents éléments d'un ensemble.

> Se levaient du lit quand bon leur semblait, buvaient, mangeaient, travaillaient, dormaient quand le désir leur venait. (François Rabelais)

QUESTION **Quelle est l'idée exprimée par cette énumération ?**

- La **gradation** est une énumération où les éléments sont classés par ordre croissant ou décroissant.

> Va, cours, vole et nous venge. (Pierre Corneille)

- L'**anaphore** est la répétition d'une même expression en tête de plusieurs groupes syntaxiques ou de plusieurs vers.

> Je veux, sans que la mort ose me secourir,
> Toujours aimer, toujours souffrir, toujours mourir. (Pierre Corneille)

QUESTION **Sur quel mot porte l'anaphore ? Quelle autre figure de style est présente ?**

ÉTABLIR DES SYMÉTRIES

- Le **parallélisme** est une figure de disposition qui consiste à reprendre des éléments construits de la même façon pour créer un effet de symétrie (ABAB).

> [...] nul ne les éveillait, nul les forçait ni à boire ni à manger (François Rabelais)

QUESTION **Combien de parallélismes contient cet extrait ?**

- Le **chiasme** est un parallélisme dont les éléments sont disposés en croix (ABBA).

> On veut haïr et on veut aimer, mais on aime encore quand on hait, et on hait encore quand on aime. (François de La Rochefoucauld)

QUESTION **Relevez le chiasme et expliquez quelle autre figure de style est présente.**

S'ENTRAÎNER

EXERCICE 1

Repérez les éléments de l'énumération et indiquez l'impression générale qu'elle vise à créer chez le lecteur. Mettez en relation le procédé de l'énumération et le jeu sur les sons de certains mots.

En l'abbaye était pour lors un moine cloîtré, nommé Frère Jean des Entommeures, jeune, galant, pimpant, joyeux, adroit, hardi, aventureux, décidé, haut, maigre, fort en gueule, bien avantagé en nez [...] pour tout dire sommairement vrai moine si jamais il en fut depuis que le monde moinant moina de moinerie.

FRANÇOIS RABELAIS, *Gargantua*, 1534.

EXERCICE 2

Quel élément fait l'objet d'une personnification ? Relevez tous les termes qui construisent cette figure. Quel est l'effet produit ?

Je veux peindre la France une mère affligée,
Qui est, entre ses bras, de deux enfants chargée.
Le plus fort, orgueilleux, empoigne les deux bouts
Des tétins nourriciers ; puis, à force de coups
D'ongles, de poings, de pieds, il brise le partage
Dont nature donnait à son besson l'usage [...]

THÉODORE AGRIPPA D'AUBIGNÉ (1552-1630).

EXERCICE 3

Repérez une gradation dans la métaphore qui organise le début du texte. Montrez que cette gradation a une dimension narrative. Quel est l'effet produit ?

Une fois dans ma chambre, il fallut boucher toutes les issues, fermer les volets, creuser mon propre tombeau en défaisant mes couvertures, revêtir le suaire de ma chemise de nuit. Mais avant de m'ensevelir dans le lit de fer qu'on avait ajouté dans la chambre parce que j'avais trop chaud l'été sous les courtines de reps du grand lit, j'eus un mouvement de révolte, je voulus essayer une ruse de condamné.

MARCEL PROUST, *À la recherche du temps perdu, Du côté de chez Swann*, 1913.

EXERCICE 4

Relevez les éléments de chiasme dans la première partie de la phrase. Repérez un parallélisme et un chiasme dans la seconde partie. Quelle caractéristique du personnage est ainsi montrée ?

Elle a passé toute sa vie en allant du plaisir au remords et du remords au plaisir sans que l'habitude du plaisir ait étouffé le remords, sans que l'habitude du remords ait étouffé le goût du plaisir.

DENIS DIDEROT, *Jacques le Fataliste et son maître*, 1796.

EXERCICE 5 : VERS L'ANALYSE

a. Les deux premiers quatrains expriment une incertitude douloureuse sur le devenir de l'inspiration du poète. Quelle est la figure de style qui structure les quatrains ? Quelle est la forme des phrases qu'elle introduit ? En quoi cette forme et cette figure permettent-elles l'expression de ce désarroi ?

b. Relevez une expression allégorique. Quel rôle le poète attribue-t-il à la notion ainsi figurée ?

c. Relevez dans les quatrains les termes qui forment des parallélismes. Quel genre de mode de vie et quelles valeurs expriment-ils ?

d. Dans le premier tercet, repérez une métaphore par laquelle le poète décrit son état d'âme.

e. Dans le deuxième tercet, quels personnages déjà nommés personnifient l'inspiration poétique ?

f. Cherchez dans quels passages du poème l'évocation de ces personnages donne lieu à de véritables tableaux. Relevez des expressions qui les mettent en place.

Las, où est maintenant ce mépris de Fortune[1] ?
Où est ce cœur vainqueur de toute adversité,
Cet honnête désir de l'immortalité,
Et cette honnête flamme au peuple non commune ?

Où sont ces doux plaisirs qu'au soir sous la nuit brune
Les Muses me donnaient, alors qu'en liberté
Dessus le vert tapis d'un rivage écarté
Je les menais danser aux rayons de la Lune ?

Maintenant la Fortune est maîtresse de moi,
Et mon cœur, qui soulait[2] être maître de soi,
Est serf de mille maux et regrets qui m'ennuient.

De la postérité je n'ai plus de souci,
Cette divine ardeur, je ne l'ai plus aussi,
Et les Muses de moi, comme étranges, s'enfuient.

JOACHIM DU BELLAY, *Les Regrets*, 1558.

1. Fortune : sort, destin, ici la carrière du poète.
2. Soulait : avait l'habitude de.

EXERCICE 6 : ÉCRITURE

Voici deux axes d'étude possibles pour un commentaire du texte de l'exercice 5 :

- Le paradis perdu de l'inspiration poétique ;

- Le chant nostalgique des regrets comme nouvelle source de la poésie.

En reprenant vos réponses de l'exercice 5 et en les complétant, rédigez une des deux parties proposées.

12. Créer une couverture

ÉCRITS D'APPROPRIATION

LE RÔLE D'UNE COUVERTURE

• La couverture d'un livre a **deux rôles :**
- elle informe sur l'ouvrage : auteur, titre de l'œuvre, aperçu du contenu ;
- elle permet de reconnaître la maison d'édition et la collection dans laquelle l'ouvrage est publié.

• Créer une couverture est donc un travail important, qui relève du marketing comme de la création graphique.

• La **première de couverture** (souvent désignée comme « la couverture ») est la première page extérieure d'un livre : on y trouve le nom de l'auteur, le titre de l'ouvrage, souvent une illustration, ainsi que le nom de l'éditeur et celui de la collection, le cas échéant.

• La **quatrième de couverture** (souvent désignée comme « la quatrième ») se situe au dos du livre et contient, en général, un résumé ou une présentation de l'œuvre et des informations légales comme le prix, l'ISBN (*International Standard Book Number*) et le code-barres du livre. On y trouve parfois aussi une présentation de l'auteur ou de la collection dans laquelle s'insère le titre.

LA CRÉATION D'UNE PREMIÈRE DE COUVERTURE

• Créer la couverture d'un livre implique d'accorder les **choix graphiques** (police de caractères, taille du titre et du nom de l'auteur, couleurs du fond et des lettres, emplacement de l'image...) et l'**image d'illustration** (s'il y en a) d'une part avec le contenu de l'ouvrage, et d'autre part avec la charte graphique de la maison d'édition.

• La création d'une couverture revient au **graphiste**, mais fait aussi intervenir le directeur de collection et engage l'éditeur. La réalisation du fichier (qui peut être confiée à un assistant d'édition) s'effectue au moyen d'un logiciel de programmation assistée par ordinateur (PAO). Les logiciels de PAO, comme Xpress ou InDesign, sont des programmes professionnels souvent coûteux ; il en existe néanmoins des versions libres (ex. : Scribus).

• Les **formes** prises par les premières de couverture sont très variables :
- dans le temps (d'une époque à l'autre) et dans l'espace (d'un pays à l'autre) ;
- selon la maison d'édition ;
- dans une même maison d'édition : en fonction des titres, des genres littéraires et des formats (poche, grand format...).

LA RÉDACTION D'UNE QUATRIÈME DE COUVERTURE

• Par métonymie, on appelle le texte présentant le titre en quatrième de couverture une... quatrième de couverture (parfois désignée seulement comme « la quatrième ») ! Diverses personnes peuvent être amenées à la rédiger : des assistants éditoriaux, des rédacteurs ou, parfois, les auteurs eux-mêmes. Ce texte donne au lecteur qui consulte l'ouvrage au hasard en librairie l'envie de l'acheter... ou de le reposer sur la table !

• Pour composer ce texte, il y a quelques contraintes à prendre en compte :
- un **format court** (environ 500 caractères maximum, soit une centaine de mots) ;
- une **présentation succincte du contenu** (intrigue pour un roman, thèse défendue pour un essai...) ;
- une indication rapide des **qualités de l'ouvrage**.

• Sont éventuellement ajoutés :
- des **citations de critiques**, si elles sont élogieuses et originales ;
- des **arguments-clés** permettant de savoir quelles attentes avoir vis-à-vis de l'ouvrage (suspense, sentiments, réflexion...), comment le situer (premier roman, classique, chef-d'œuvre...) et, dans le cas d'une œuvre publiée chez d'autres éditeurs également, quels sont les atouts de l'édition qui en est proposée (dossier explicatif, illustrations, nouvelle traduction...).

S'ENTRAÎNER

EXERCICE 1

Voici des premières de couverture de *Madame Bovary* de Flaubert :

a. Relevez les caractéristiques de ces couvertures en vous référant aux éléments indiqués dans le cours.

b. Évaluez la pertinence des choix opérés par le graphiste et la maison d'édition. Vous pouvez classer ces couvertures en leur accordant une note ou une appréciation, comme si vous étiez l'éditeur en charge du choix d'une couverture parmi plusieurs possibilités.

EXERCICE 2

a. Cherchez sur Internet (ou au CDI) des couvertures du roman *Madame Bovary* publié à d'autres périodes ; cherchez aussi les couvertures de ce roman traduit en langue étrangère (particulièrement en anglais).

b. Évaluez, comme dans l'exercice 1 b, la pertinence des choix.

c. Qu'en déduisez-vous sur la réception de l'œuvre à travers le temps et en fonction des pays ?

EXERCICE 3

a. Choisissez un roman, une pièce de théâtre ou un recueil de poésie que vous avez lu par vous-même et apprécié, ou que vous avez étudié en cours.

b. En reprenant les critères énumérés dans le cours pour construire une couverture de livre, faites des choix graphiques pour en créer une.

c. Associez-vous à un élève de la classe et partagez-vous la tâche de la réalisation de cette couverture :
- recherche de visuel (photographie ou dessin original), sur les sites Internet des musées ou dans des livres),
- composition de la maquette (place du titre, du nom d'auteur, du nom de la maison d'édition, taille et place de l'image).

EXERCICE 4

Choisissez une pièce de théâtre que vous connaissez.

> **Coup de pouce**
> Quelques exemples :
> Molière, *Le bourgeois gentilhomme* ; Racine, *Britannicus* ; Musset, *On ne badine pas avec l'amour* ; Ionesco, *La cantatrice chauve*...

a. Au CDI ou sur Internet, collectez plusieurs quatrièmes de couverture du texte choisi.

b. Quelles sont les différences entre ces quatrièmes de couverture ? Quelles sont leurs ressemblances ?

c. Quels sont les atouts et les défauts de chacune de ces quatrièmes de couverture ? Justifiez.

EXERCICE 5

a. Vous devez rédiger la quatrième de couverture d'une nouvelle édition d'un recueil de poésie de votre choix. Quels adjectifs allez-vous utiliser ? Quels arguments allez-vous mettre en avant pour indiquer au lecteur les attentes qu'il peut avoir vis-à-vis de ce texte ?

b. Composez cette quatrième de couverture. Vous contrôlerez ensuite la pertinence de votre texte en vérifiant que les critères énumérés dans le cours ont bien été respectés.

> **Coup de pouce**
> Quelques exemples : *Fables* de La Fontaine, *Contemplations* de Hugo, *Les Fleurs du Mal* de Baudelaire, *Poésies* de Rimbaud.

13. Analyser et comparer des mises en scène

ÉCRITS D'APPROPRIATION

QU'EST-CE QU'UNE MISE EN SCÈNE ?

• Mettre en scène un texte de théâtre ou un autre texte *a priori* non destiné à la mise en scène (roman, correspondances…) est un travail qui relève du **processus de création** et dont le chef d'orchestre est le **metteur en scène**. Ce dernier utilise tous les outils propres au théâtre. On parle alors de grammaire scénique. Celle-ci est au service d'une **interprétation du texte**.

• La mise en scène est une traduction de cette conception de l'œuvre.

QUE FAUT-IL OBSERVER DANS UNE MISE EN SCÈNE ?

• **L'espace :** les décors, l'espace sont-ils historicisés ou pas ? Chargés ou pas ? Comment se déplacent les acteurs dans l'espace ?

• **Les lumières :** observer leurs propriétés (leur intensité, les couleurs rendues par les gélatines, leur distribution sur scène). Quelles sont leurs fonctions (isoler, cacher, accentuer, mettre en évidence) ? Construisent-elles une atmosphère ? Laquelle ?

• **Les objets :** la mise en scène présente-t-elle de nombreux objets ? Quelles fonctions ont-ils (fonction réaliste, dramatique, symbolique, vecteur d'illusion d'un espace-temps) ?

• **Les musiques :** quelles sont les sources ? Quels sont leurs effets sur le spectateur ? Construisent-elles un décor acoustique ? Y a-t-il un bruitage pour faire reconnaître une situation, une ponctuation de la mise en scène pendant les pauses de jeu ou les changements de décor ?

• **Le temps :** La mise en scène actualise-t-elle la pièce ou propose-t-elle une représentation historicisée ?

• **Les costumes :** dans un entretien daté du 1er novembre 1983, Antoine Vitez, metteur en scène français, explique, au sujet des costumes au théâtre : « Il n'y a pas de costume zéro. Tous les costumes ont un sens au théâtre. Il y a deux grandes possibilités. On essaie d'habiller une pièce soit en costume d'Histoire, soit en costume d'Éternité. Dans le cas de l'Histoire, il y a trois possibilités : le temps de la fable – *Britannicus* en costume romain –, le temps de l'écriture – *Phèdre* ou *Britannicus* en costume du XVIIe siècle –, le temps actuel – *Le Misanthrope* en habit de soirée. […] Le costume d'Éternité est difficile à trouver […]. Un très beau costume d'éternité, c'est le vêtement de travail, d'exercice […] où l'acteur est dans une sorte de bleu. »
Il convient d'interroger les costumes choisis à la lumière de ces distinctions.

• **Les personnages, le jeu des comédiens :** observer la gestuelle, la diction (est-on dans la déclamation ?), le travail sur le corps.

• **Le maquillage :** construit-il un déguisement ? Souligne-t-il les traits existants ou les refuse-t-il ?

• **Les masques :** quelles sont leurs fonctions ? À quoi renvoient-ils ?

COMMENT COMPARER DES MISES EN SCÈNE ?

• **Constituer un corpus de mises en scène en choisissant :**
- soit des mises en scène d'un même texte à des époques différentes pour analyser l'évolution dans le temps ;
- soit deux ou trois mises en scène sur une période temporelle limitée pour les comparer.

• On peut assister à une ou plusieurs **représentations d'une pièce**. On utilisera alors son expérience de spectateur.

• Il est possible de réunir des documents qui permettront de préciser la sélection effectuée, de comprendre et d'analyser le processus de création ainsi que l'interprétation proposée par le metteur en scène et traduite par ses choix scéniques. On recherche les documents fournis par le théâtre, des photographies, des schémas de scène, des extraits vidéo, des entretiens ou interviews (du metteur en scène et/ou des comédiens ou autres collaborateurs artistiques), des extraits de critiques théâtrales…

CONSEIL

Il est préférable de ne pas choisir plus de trois propositions artistiques à comparer.

S'ENTRAÎNER

EXERCICE 1

Le Jeu de l'amour et du hasard est une comédie en trois actes et en prose écrite par Marivaux. Elle a été représentée pour la première fois le 23 janvier 1730. La pièce met en scène deux jeunes aristocrates, Silvia et Dorante, promis l'un à l'autre par leurs parents. Avant même de se connaître, ils ont l'idée d'un même stratagème pour découvrir l'autre au-delà des positions sociales. Ils choisissent de se déguiser. Silvia prend l'apparence de sa femme de chambre, Lisette, et Dorante porte la tenue de son valet, Arlequin. Les thèmes principaux de la pièce sont : le mariage arrangé, les rapports de classe, le travestissement et la place des femmes.

Voici deux mises en scène de cette pièce.

a. Quelles ressemblances et différences pouvez-vous repérer entre ces deux mises en scène ?

b. Observez la gestuelle et les postures des comédiens de chaque photographie. Que traduisent-ils ?

c. Les costumes renvoient-ils au temps de l'action ?

d. Peut-on identifier Silvia, Dorante, Lisette et Arlequin ? Justifiez votre réponse.

e. Observez l'arrière-plan qui renvoie à l'espace et aux décors. Comment l'imaginez-vous ?

f. Comment les costumes, le maquillage et les postures peuvent-ils illustrer certains thèmes de la pièce ?

1. Mise en scène d'Alfredo Arias, 1987, Théâtre de la Commune.

2. Mise en scène de Laurent Laffargue, 2014, Théâtre de l'Ouest Parisien.

EXERCICE 2

Choisissez une mise en scène du *Jeu de l'amour et du hasard* en faisant une recherche sur Internet à partir du titre de l'œuvre et du nom d'un de ces trois metteurs en scène : Benoît Lambert, Salomé Villiers, Catherine Hiegel. Vous pouvez regarder une captation vidéo de l'ensemble de l'œuvre, d'un extrait ou exploiter un trailer. Identifiez précisément la mise en scène que vous avez choisie (noms du théâtre, de la compagnie, du metteur en scène, date). Analysez l'espace, les lumières, les objets et les costumes à l'aide des questions p. 484 (rubrique Que faut-il observer ?). Rédigez un compte rendu de votre analyse.

EXERCICE 3

Réalisez un débat interprétatif en comparant deux mises en scène de votre choix.

LES OUTILS DE RECHERCHE POUR LES MISES EN SCÈNE

- **Les plateformes de recherche généralistes ou spécialisées :** les sites Théâtre en Acte sur Éduthèque, Gallica, Ina, les plateformes de partage de vidéos (YouTube, Dailymotion, Viméo, la chaîne Ina Comédie-Française sur YouTube).
- **Les sites des théâtres** proposent des extraits vidéo et des photographies de mises en scène.
- **Les sites spécialisés :** www.theatre-contemporain.net ; www.theatreonline.com ; le journal *La Terrasse* (journal-laterrasse.fr) proposent des extraits vidéo, des photographies, des articles et critiques, un moteur de recherche pour connaître l'actualité théâtrale dans la région.
- **Les interviews audio :** sur les sites des radios France Culture et France Inter. Indiquer sur un moteur de recherche le titre de la pièce et ajouter le nom d'une de ces deux radios.

14. Comparer une œuvre et son adaptation filmique

ÉCRITS D'APPROPRIATION

LE FILM D'ADAPTATION COMME RÉÉCRITURE D'UNE ŒUVRE

• Contrairement au film original créé de toutes pièces, le film d'adaptation se définit comme la **réécriture, sous forme cinématographique, d'une œuvre littéraire**. Ainsi, comparer une œuvre et son adaptation cinématographique est un processus qu'on peut rapprocher de l'**intertextualité**.

• Il faut considérer qu'un film est une réécriture de l'œuvre choisie avec des outils qui lui sont propres. Il convient donc de s'interroger sur les **choix opérés par le réalisateur**, les **motivations** qui l'ont amené à s'emparer d'un texte littéraire, sur les **variants** et les **invariants** avec le texte source, les modifications de type narratologique, liées à la représentation de l'espace-temps ou à celle des personnages.

LES OUTILS DE L'ANALYSE CINÉMATOGRAPHIQUE

• Ces outils, pour certains, sont identiques à ceux utilisés dans le cadre de l'analyse narratologique.

• Les notions de point de vue, de focalisation, de temps de l'histoire et du récit, de syntaxe de l'histoire s'appliquent alors à toute œuvre cinématographique.

• En plus de ces notions, le septième art développe un langage et des termes qui lui sont propres (voir p. 458).

QUE FAUT-IL OBSERVER ET ANALYSER DANS UNE ADAPTATION ?

Le titre du film et le titre de l'œuvre

Le réalisateur conserve-t-il le même titre ou le modifie-t-il (par changement complet ou ajout) ?

L'affiche du film

Elle a deux fonctions :
- on peut tout d'abord considérer qu'elle a une fonction de présentation de l'œuvre au public. On peut parler de **fonction « publicitaire »**. Elle participe alors à la **fonction séductrice** ;
- elle délivre aussi des clés de **compréhension du travail d'interprétation** mené par le réalisateur et propose, de manière implicite, **un pacte** avec le spectateur sur le **genre du film** et sa **tonalité principale**.

La structure du film et la structure de l'œuvre

Le scénario du film est un élément essentiel dans le travail de réécriture cinématographique. Est-il fidèle à l'œuvre littéraire ? L'ordre de la narration est-il respecté ? Les événements du livre sont-ils tous conservés ? Le scénario fait-il preuve d'invention par ajout ou développement ? Si oui, pourquoi ? Qu'apportent ces changements ?

Le temps

Les références temporelles permettent de situer l'histoire dans le temps. Comment sont-elles rendues ? L'enchaînement des épisodes se fait-il de manière chronologique ? Existe-t-il des ellipses narratives ?

Les personnages

La construction des personnages dans le film est-elle identique à celle du livre ? Quels éléments communs peut-on retrouver ? Quelles différences ?

Les lieux et les décors

Sont-ils fidèles à l'œuvre littéraire ? Quelle place le réalisateur leur donne-t-il ? En plus de proposer un cadre, ont-ils une valeur symbolique ?

S'ENTRAÎNER

EXERCICE 1

Thérèse Desqueyroux est un roman de François Mauriac paru en 1927. Thérèse a tenté d'empoisonner son mari, Bernard Desqueyroux. Mais grâce à un faux témoignage de ce dernier, elle a échappé à toute poursuite judiciaire et se retrouve libre. Le roman s'ouvre en effet par le non-lieu prononcé par la justice. Ayant quitté Bordeaux, Thérèse rentre, durant la nuit, à Argelouse, où l'attend son mari. C'est sur la route du retour qu'elle prépare sa confession et repense aux événements passés. À travers ce roman, Mauriac critique la bourgeoisie conservatrice dont le respect des apparences et la froideur sont des règles de vie et des normes de comportement que Thérèse ne parvient pas à accepter. Le roman de François Mauriac a été adapté au cinéma par Claude Miller en 2012.

a. Quel type de plan est utilisé pour représenter le personnage de Thérèse Desqueyroux, jouée dans cette adaptation cinématographique par Audrey Tautou ?

b. Que vous inspirent le cadrage, le regard de l'actrice et la larme qu'elle ne verse que d'un seul œil ?

c. Quels liens pouvez-vous faire avec les thèmes du roman de François Mauriac et le personnage principal ?

d. Que révèlent l'utilisation de ce plan et l'éclairage sur les intentions du réalisateur Claude Miller ?

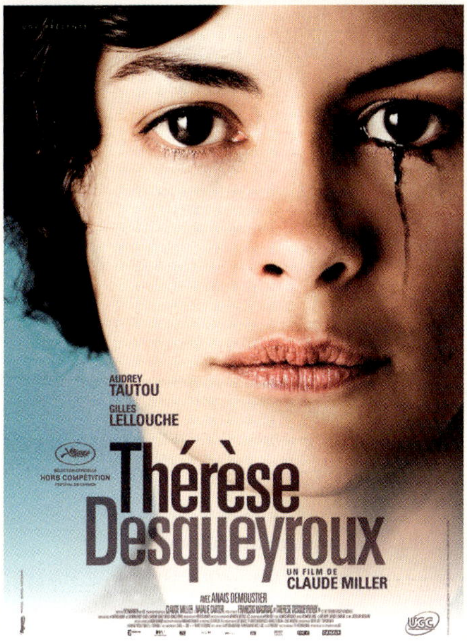

Affiche du film de Claude Miller (2012)

EXERCICE 2

Décrivez l'ouverture de *Thérèse Desqueyroux* ou celle d'une autre adaptation cinématographique en utilisant le vocabulaire de l'analyse cinématographique (voir p. 458).

EXERCICE 3

Voici la couverture du roman et l'affiche du film *Les Liaisons dangereuses*.

Lisez la présentation du roman (voir p. 44) puis comparez la couverture du livre et l'affiche du film. Quels aspects de l'œuvre sont mis en avant ? Par quels procédés ?

Affiche du film de Stephen Frears (1988).

EXERCICE 4

Choisissez un roman que vous avez étudié en classe ou lu en lecture cursive. Cherchez son adaptation cinématographique et regardez-la. Puis répondez aux questions listées dans la page 486 (rubrique Que faut-il observer ?).

EXERCICE 5 : PROLONGEMENT

a. À partir du site Booknode, réalisez une recherche afin de réunir différentes couvertures du roman que vous avez choisi dans l'exercice 4. Comparez ces couvertures avec l'affiche du film proposant une adaptation de ce roman.

b. Rédigez une critique personnelle de l'adaptation cinématographique puis proposez-en une version oralisée.

15. Réécrire un texte avec des contraintes

ÉCRITS D'APPROPRIATION

TRANSPOSER DANS LE TEMPS ET/OU DANS L'ESPACE

• « Transposer » dans le cadre d'un travail d'écriture, c'est passer d'un état à un autre, adapter une œuvre, un thème ou une situation à un contexte différent.

• Cette activité permet d'investir autrement le texte choisi, d'imaginer une même situation dans un autre espace-temps et de proposer une réécriture personnelle de l'œuvre.

La transposition dans le temps

Lorsque l'on modifie le **contexte historique** d'un texte, il faut adapter :
- le **langage des personnages** – leur parlure –, à l'époque choisie et à leur catégorie sociale ;
- les autres détails qui participent à la construction du personnage : **vêtements**, **accessoires**... ;
- le **comportement des personnages** et leurs **actions** afin de les rendre conformes au goût ou aux bienséances de l'époque choisie.

La transposition dans l'espace

• Elle peut être liée à la transposition dans le temps. Si on modifie les **éléments de décor**, il convient de s'appuyer sur des photographies ou des tableaux de l'époque choisie.

• Lorsque l'on modifie **l'espace**, il convient :
- d'organiser et de construire sa description ;
- d'intégrer à son écrit des notations sensorielles variées ;
- de donner au lieu choisi une dimension plus ou moins réaliste.

CONSEILS

• Penser à mobiliser ses connaissances sur les différentes formes de paroles rapportées.

• Effectuer un travail de recherche lexicale peut s'avérer nécessaire.

CHANGER LE POINT DE VUE D'UN TEXTE

• Afin de modifier le point de vue d'un texte, il faut :
- déterminer au préalable le point de vue utilisé dans le texte initial ;
- choisir un autre point de vue.

Le terme **« point de vue »** ou **« focalisation »** renvoie à la position qu'adopte le narrateur pour raconter (voir p. 462).

• **Si vous choisissez une focalisation interne**, il faut reconstruire l'environnement du personnage à partir de sa situation, se mettre à sa place afin de percevoir les événements, les lieux, les autres personnages selon sa conscience, son caractère, sa position sociale, son âge...

• **Si vous choisissez une focalisation externe**, choisissez un point fixe à partir duquel vous raconterez ou vous verrez la scène. N'hésitez pas à réaliser un schéma de la scène narrative.

• **Si vous choisissez une focalisation zéro**, variez les informations sur le personnage ou les événements ainsi que les représentations que vous donnerez de la scène.

CHANGER DE REGISTRE OU DE TONALITÉ

• Réécrire un texte en changeant de registre nécessite d'être capable :
- d'**identifier le registre principal** du texte à modifier ;
- de repérer dans le texte tous les **procédés qui participent à la construction d'un registre**.

La maîtrise des caractéristiques et procédés associés à chaque registre est donc essentielle. Il existe plusieurs registres : le comique, le tragique, le pathétique, le polémique, le lyrique, l'épidictique (éloge ou blâme), le fantastique, l'épique (voir définitions, p. 592).

• On peut réécrire un texte en changeant de registre lorsqu'on souhaite :
- modifier le destin ou l'attitude d'un ou de plusieurs personnages ;
- modifier le cours des événements ou la situation présentée ;
- associer à un événement décrit ou narré d'autres sentiments ou impressions ;
- pratiquer la création littéraire comme jeu afin de proposer des variations d'un même texte selon plusieurs registres.

S'ENTRAÎNER

EXERCICE 1 : TRANSPOSER

Bien qu'engagé dans une carrière ecclésiastique, Fabrice Del Dongo est amoureux d'une actrice, Marietta. Giletti, l'amant de la jeune femme, jure de tuer Fabrice. Le hasard les met en présence tous les trois sur une route. Un combat s'engage alors entre les deux hommes. L'action du roman se situe dans la première moitié du XIXe siècle.

Au moment où Fabrice passait auprès de la portière ouverte, il entendit Marietta qui lui disait à demi-voix :

– Prends garde à toi ; il te tuera. Tiens !

Au même instant, Fabrice vit tomber de la portière une sorte de grand couteau de chasse ; il se baissa pour le ramasser, mais, au même instant il fut touché à l'épaule par un coup d'épée que lui lançait Giletti. Fabrice, en se relevant, se trouva à six pouces de Giletti qui lui donna dans la figure un coup furieux avec le pommeau de son épée ; ce coup était lancé avec une telle force qu'il ébranla tout à fait la raison de Fabrice ; en ce moment il fut sur le point d'être tué. Heureusement pour lui, Giletti était encore trop près pour pouvoir lui donner un coup de pointe. Fabrice, quand il revint à soi, prit la fuite en courant de toutes ses forces ; en courant, il jeta le fourreau du couteau de chasse et ensuite, se retournant vivement, il se trouva à trois pas de Giletti qui le poursuivait. Giletti était lancé, Fabrice lui porta un coup de pointe ; Giletti avec son épée eut le temps de relever un peu le couteau de chasse, mais il reçut le coup de pointe en plein dans la joue gauche. Il passa tout près de Fabrice qui se sentit percer la cuisse, c'était le couteau de Giletti que celui-ci avait eu le temps d'ouvrir. Fabrice fit un saut à droite ; il se retourna, et enfin les deux adversaires se trouvèrent à une juste distance de combat.

Affiche du film de Christian-Jaque (1948).

Giletti jurait comme un damné. Ah ! je vais te couper la gorge, gredin de prêtre, répétait-il à chaque instant. Fabrice était tout essoufflé et ne pouvait parler ; le coup de pommeau d'épée dans la figure le faisait beaucoup souffrir, et son nez saignait abondamment ; il para plusieurs coups avec son couteau de chasse et porta plusieurs bottes[1] sans trop savoir ce qu'il faisait ; il lui semblait vaguement être à un assaut public. Cette idée lui avait été suggérée par la présence de ses ouvriers qui, au nombre de vingt-cinq ou trente, formaient cercle autour des combattants, mais à distance fort respectueuse ; car on voyait ceux-ci courir à tout moment et s'élancer l'un sur l'autre.

STENDHAL, *La Chartreuse de Parme*, 1839.

1 Porter plusieurs bottes : porter plusieurs attaques.

Le duel entre Fabrice del Dongo et Giletti,
Gravure de Valentin Foulquier (1884).

Cette scène du roman de Stendhal présente un combat entre deux jeunes hommes. Vous allez la transposer à une autre époque et/ou dans un autre lieu.

a. Lisez attentivement le texte et repérez tous les termes qui vous semblent historiquement attachés au temps de l'action. Proposez-en une classification comme indiqué ci-dessous.

	Relevés
Objets	
Armes	
Unité de mesure	
Paroles des personnages	

b. Quels sont les différents personnages présents dans cette scène de combat ? Rappelez le rôle qu'ils ont.

c. Transposez cette scène à une autre époque en adaptant les éléments repérés dans la première question, les réactions des personnages et le cadre. Vous pouvez rapprocher ce texte de tableaux dont vous indiquerez les références précises, de photographies, d'un mouvement littéraire et culturel ou d'une coupure de presse. Vous donnerez dans votre écrit des détails qui assureront au lecteur la lisibilité de l'époque et du cadre que vous aurez choisis.

EXERCICE 2 : CHANGER DE POINT DE VUE

Le Ventre de Paris est le troisième roman du cycle des Rougon-Macquart. L'essentiel de l'action se passe à Paris, plus particulièrement dans les Halles de la capitale, grand marché couvert de la ville et innovation architecturale du second Empire. Le personnage principal se nomme Florent. Animé par les valeurs de la République, il participe aux émeutes de décembre 1851. Dans cet extrait, situé au début du roman, le lecteur apprend comment Florent a été envoyé à Cayenne après avoir été pris les mains couvertes de sang.

On le conduisit à un poste voisin, en laissant au chef du poste cette ligne écrite au crayon sur un chiffon de papier : « Pris les mains couvertes de sang. Très-dangereux. » Jusqu'au matin, il fut traîné de poste en poste. Le chiffon de papier l'accompagnait. On lui avait mis les menottes, on le gardait comme un fou furieux. Au poste de la rue de la Lingerie, des soldats ivres voulurent le fusiller ; ils avaient déjà allumé le falot, quand l'ordre vint de conduire les prisonniers au Dépôt de la préfecture de police. Le surlendemain, il était dans une casemate du fort de Bicêtre. C'était depuis ce jour qu'il souffrait de la faim ; il avait eu faim dans la casemate, et la faim ne l'avait plus quitté. Ils se trouvaient une centaine, parqués au fond de cette cave, sans air, dévorant les quelques bouchées de pain qu'on leur jetait, ainsi qu'à des bêtes enfermées. Lorsqu'il parut devant un juge d'instruction, sans témoins d'aucune sorte, sans défenseur, il fut accusé de faire partie d'une société secrète ; et, comme il jurait que ce n'était pas vrai, le juge tira de son dossier le chiffon de papier : « Pris les mains couvertes de sang. Très-dangereux. » Cela suffit. On le condamna à la déportation. Au bout de six semaines, en janvier, un geôlier le réveilla, une nuit, l'enferma dans une cour, avec quatre cents et quelques autres prisonniers. Une heure plus tard, ce premier convoi partait pour les pontons et l'exil, les menottes aux poignets, entre deux files de gendarmes, fusils chargés. Ils traversèrent le pont d'Austerlitz, suivirent la ligne des boulevards, arrivèrent à la gare du Havre. C'était une nuit heureuse de carnaval ; les fenêtres des restaurants du boulevard luisaient ; à la hauteur de la rue Vivienne, à l'endroit où il voyait toujours la morte inconnue dont il emportait l'image, Florent aperçut, au fond d'une grande calèche, des femmes masquées, les épaules nues, la voix rieuse, se fâchant de ne pouvoir passer, faisant les dégoûtées devant « ces forçats qui n'en finissaient plus ». De Paris au Havre, les prisonniers n'eurent pas une bouchée de pain, pas un verre d'eau ; on avait oublié de leur distribuer des rations avant le départ. Ils ne mangèrent que trente-six heures plus tard, quand on les eut entassés dans la cale de la frégate *le Canada*.

ÉMILE ZOLA, *Le Ventre de Paris*, 1873.

a. Repérez toutes les indications spatiales et temporelles du texte afin de retracer le parcours du personnage. Construisez une frise chronologique à partir des éléments trouvés.

b. Imaginez ce que ressent Florent à chaque épisode relaté.

c. Pour chaque étape de son parcours, indiquez quels sont les personnages qui croisent le chemin de Florent et leurs réactions.

d. Réécrivez ce texte à la première personne, en adoptant le point de vue de Florent et en vous aidant des questions précédentes.

e. Comparez votre réécriture avec le texte de Zola. Quel est l'effet obtenu par cette réécriture à la première personne ?

Le Carreau des Halles, huile sur bois de Victor-Gabriel Gilbert, 1880.

Le Passage de l'Opéra à 4 heures du matin le mercredi des cendres, aquarelle de Gustave Doré, XIXe siècle.

f. En quoi ces tableaux illustrent-ils l'opposition présente dans le texte de Zola ?

EXERCICE 3 : CHANGER DE REGISTRE

a. Quel lien de parenté existe-t-il entre les personnages des deux textes suivants ? Quelle est la situation commune à ces deux textes ?

b. Pauline et Élise réagissent-elles de la même manière ? Comment s'expriment leurs réactions ?

c. Comment réagissent Félix et Harpagon aux événements annoncés ou aux répliques de Pauline et Élise ? Identifiez à chaque fois les procédés utilisés. Quelles émotions animent les différents personnages ?

d. À partir de vos réponses précédentes, déterminez, pour chaque extrait, le registre littéraire développé.

e. Repérez, pour chaque registre et à partir des textes proposés, les termes et procédés caractéristiques du registre principal.

	Caractéristiques	Registre
Texte de Corneille		
Texte de Molière		

f. Réécrivez le texte de votre choix en utilisant le registre de l'autre texte.

Texte 1 :

FÉLIX
Ô ciel ! En quel état ma fortune est réduite !
ALBIN
Voilà ce que j'ai su d'un homme de sa suite,
Et j'ai couru, Seigneur, pour vous y disposer.
FÉLIX
Ah ! Sans doute, ma fille, il vient pour t'épouser ;
L'ordre d'un sacrifice est pour lui peu de chose,
C'est un prétexte faux dont l'amour est la cause.
PAULINE
Cela pourrait bien être : il m'aimait chèrement.
FÉLIX
Que ne permettra-t-il à son ressentiment ?
Et jusques à quel point ne porte sa vengeance
Une juste colère avec tant de puissance ?
Il nous perdra, ma fille.
PAULINE
Il est trop généreux.
FÉLIX
Tu veux flatter en vain un père malheureux ;
Il nous perdra ma fille ! Ah ! Regret qui me tue
De n'avoir pas aimé la vertu toute nue !
Ah ! Pauline ! En effet, tu m'as trop obéi ;
Ton courage était bon, ton devoir l'a trahi.
Que ta rébellion m'eût été favorable !
Qu'elle m'eût garanti d'un état déplorable !
Si quelque espoir me reste, il n'est plus aujourd'hui
Qu'en l'absolu pouvoir qu'il te donnait sur lui ;
Ménage en ma faveur l'amour qui le possède,
Et d'où provient mon mal fais sortir le remède.
PAULINE
Moi ! Moi ! Que je revoie un si puissant vainqueur,
Et m'expose à des yeux qui me percent le cœur !
Mon père, je suis femme, et je sais ma faiblesse ;
Je sens déjà mon cœur qui pour lui s'intéresse
Et poussera sans doute, en dépit de ma foi,
Quelque soupir indigne et de vous et de moi.
Je ne le verrai point.
FÉLIX
Il faut le voir, ma fille,
Ou tu trahis ton père, et toute ta famille.
PAULINE
C'est à moi d'obéir puisque vous commandez,
Mais voyez les périls où vous me hasardez.

CORNEILLE, *Polyeucte*, Acte I, scène 4, 1640.

Texte 2 :

HARPAGON. – [...] C'est là, ma fille, ce que j'ai résolu pour moi. Quant à ton frère, je lui destine une certaine veuve dont ce matin on m'est venu parler ; et pour toi, je te donne au seigneur Anselme.
ÉLISE. – Au seigneur Anselme ?
HARPAGON. – Oui. Un homme mûr, prudent et sage, qui n'a pas plus de cinquante ans, et dont on vante les grands biens.
ÉLISE. *Elle fait une révérence.* – Je ne veux point me marier, mon père, s'il vous plaît.
HARPAGON. *Il contrefait sa révérence.* – Et moi, ma petite fille ma mie, je veux que vous vous mariiez, s'il vous plaît.
ÉLISE. – Je vous demande pardon, mon père.
HARPAGON. – Je vous demande pardon, ma fille.
ÉLISE. – Je suis très humble servante au seigneur Anselme ; mais, avec votre permission, je ne l'épouserai point.
HARPAGON. – Je suis votre très humble valet ; mais, avec votre permission, vous l'épouserez dès ce soir.
ÉLISE. – Dès ce soir ?
HARPAGON. – Dès ce soir.
ÉLISE. – Cela ne sera pas, mon père.
HARPAGON. – Cela sera, ma fille.
ÉLISE. – Non.
HARPAGON. – Si.
ÉLISE. – Non, vous dis-je.
HARPAGON. – Si, vous dis-je.
ÉLISE. – C'est une chose où vous ne me réduirez point.
HARPAGON. – C'est une chose où je te réduirai.

MOLIÈRE, *L'Avare*, Acte I, scène 4, 1668.

EXERCICE 4 : PROLONGEMENT

Recherchez un accompagnement musical (instrumental) qui illustre, selon vous, les émotions rendues par le(s) registre(s) de chacun des textes. Vous justifierez votre choix en mettant en lien texte et musique.

16. Faire un exposé

OUTILS POUR L'ORAL

EXPOSÉ ET DISCOURS : DEUX VISÉES DIFFÉRENTES

• Un **exposé** présente des connaissances, délivre un enseignement sur un sujet donné : il a une **visée didactique**. Il se distingue du **discours** (voir p. 494), qui vise à convaincre ou persuader.

• Exposer, c'est « poser en dehors » (comme l'indique l'étymologie latine : *ex-ponere*). On présente un sujet avec **clarté** et **sans prendre position**, en adoptant un **ton** et une **attitude neutres**, qui sont ceux du « docte » (celui qui enseigne) et non de l'orateur.

CONSEIL

Dans le cas d'un sujet polémique, un exposé présente le pour et le contre, et se garde de défendre l'une ou l'autre position.

CONSTRUIRE UN EXPOSÉ

Choisir un sujet et en définir les limites

Deux critères doivent être pris en compte :

1. le temps dont on dispose pour présenter son exposé ;
2. le degré de précision attendu.

Procéder à une recherche documentaire

Faire la liste des sources d'information que l'on peut consulter. Classer ces sources par pertinence et par facilité d'accès.

LES OUTILS DE LA RECHERCHE DOCUMENTAIRE

- **Moteurs de recherche Internet.** La recherche Internet par mots-clés est utile mais pas toujours efficace. En effet, les algorithmes qui président à la sélection des résultats ne proposent pas toujours les sites les plus pertinents. De plus, il faut entrer les bons mots-clés et les varier.
- **Sites Internet spécifiques.** Ils peuvent fournir des contenus et des liens utiles (sites de revues littéraires, sociales, politiques ; sites d'encyclopédies en ligne, libres de droit ou non ; sites d'archives en ligne, comme GoogleBooks, Gallica, Persée, Cairn, HAL ; sites de musées, de théâtres...).
- **CDI.** La documentaliste aide à dénicher les documents les plus utiles.
- **Bibliothèque** municipale, où se trouvent en accès libre dictionnaires, encyclopédies, revues...
- **Manuels** scolaires (le vôtre ou ceux d'autres éditeurs, tous disponibles au CDI). On peut y trouver des textes, des documents iconographiques (photos, peintures, schémas, tableaux...) traitant du sujet sur lequel on souhaite se renseigner. Consulter également les sites Internet attachés à ces manuels (sites compagnons ou webzines), qui contiennent des ressources supplémentaires.
- Son **entourage** (professeurs, parents, amis...). Interroger quelqu'un qui est expert de la question examinée apprend beaucoup.

Rassembler et organiser les informations et les idées

• Structurer la matière que l'on a collectée dans un plan clair et pédagogique.

• Le plus souvent, ce **plan** est **thématique** (le sujet est vu sous un angle puis sous un autre). Il peut aussi être **chronologique** (le sujet au travers du temps). Dans le cas d'un sujet **polémique**, exposer les arguments « **pour** » puis les arguments « **contre** » est une solution simple.

Préparer la prestation orale

• Il ne faut pas rédiger intégralement son exposé. Sur la feuille, **noter le plan, les faits essentiels** (événements, chiffres) ou **les idées importantes** sous forme de groupes nominaux. En effet, l'exposé doit être dit, adressé à l'auditoire, et non lu ! Il faut s'exprimer spontanément, et non réciter.

• Il convient de réfléchir également à la façon dont on va **soutenir l'attention** et **animer son exposé** : utilisera-t-on le tableau, un vidéoprojecteur, un diaporama ? Des documents circuleront-ils ? Quand et comment effectuera-t-on l'une ou l'autre chose ?

S'ENTRAÎNER

L'EXPOSÉ EN 9 ÉTAPES CLÉS

1. **On détermine les limites du sujet** selon le temps dont on dispose et le degré de précision attendu.

2. **On effectue une recherche documentaire** à partir de sources d'information classées par pertinence et par facilité d'accès. On en retient trois. On prend des notes, en indiquant précisément la source des informations (titre de l'ouvrage, nom de l'auteur éventuel, adresse du site Internet...).

3. **On classe les informations recueillies** et on réfléchit sur le sujet pour choisir soit un **plan thématique**, soit un **plan historique**.

4. **On constitue des fiches** par sous-thèmes ou par périodes historiques, selon le plan adopté.

5. **On organise son propos** en faisant la synthèse de ses fiches :
- introduction : présentation du sujet et annonce du plan suivi ;
- développement en deux ou trois parties ;
- conclusion contenant le bilan des informations à retenir.

6. **On rédige l'introduction, la conclusion et les transitions.** Mais il est préférable que le reste de l'exposé ne soit pas entièrement rédigé. En effet, un texte entièrement écrit incite à lire, alors qu'il faut s'adresser à l'auditoire, en élaborant ses phrases à l'oral à partir de ses notes.

7. **On prépare la performance orale :** on s'entraîne à dire l'exposé **en chronométrant** l'ensemble mais aussi chaque partie. On utilise des systèmes de **couleur**, de **surlignage** pour distinguer les éléments importants ; on indique les **variations d'intonation et de débit.**

8. **On prépare des supports visuels** pour agrémenter et illustrer son propos (diaporama ou autre) qui présentent les documents d'appui, rappellent le plan, marquent les étapes de la présentation.

9. **On prend la parole et on regarde son public** pour surveiller ses réactions. Surtout, on commente toujours ce que l'on montre. Tout support visuel ne doit être qu'un appui pour l'exposé. Il ne doit pas se substituer à ce que l'on dit ni distraire le public.

EXERCICE 1

Parmi les sujets suivants, lesquels conviennent à une présentation en 10 minutes ?

1. L'égalité hommes-femmes à travers l'histoire
2. Les dangers de la technologie au XXIe siècle
3. Le racisme
4. Le développement durable selon la COP21
5. La Révolution française vue par les écrivains

EXERCICE 2

Reprenez, dans l'exercice 1, les sujets dont les bornes sont trop larges pour que l'exposé dure 10 minutes et modifiez leur intitulé afin qu'ils puissent être traités dans le temps imparti. Vous pouvez soit choisir une période restreinte, soit les concentrer sur un événement ou une figure en particulier.

EXERCICE 3

Vous devez faire, dans un temps de parole de 10 minutes, un exposé sur l'histoire de l'esclavage. Envisagez trois plans possibles pour chacune des orientations suivantes.

1. Faire une présentation sommaire en sélectionnant quelques dates, quelques événements et figures historiques marquants, sans entrer dans aucun détail.

2. Choisir une période restreinte et la détailler.

3. Se concentrer sur un élément marquant.

EXERCICE 4

Après avoir choisi un sujet adapté à un exposé de 10 minutes, organisez votre recherche documentaire.

a. Faites la liste des sources d'information que vous pouvez consulter. Classez ces sources par pertinence et par facilité d'accès.

b. Retenez-en trois et consultez-les. Prenez quelques notes, en indiquant la source de vos informations (titre de l'ouvrage, nom de l'auteur éventuel, adresse du site Internet...).

Coup de pouce

Voici les critères d'évaluation d'un exposé

(Pour les critères liés à la performance orale, voir p. 494.)
- Introduction accrocheuse
- Annonce du plan dès l'introduction
- Plan clairement suivi tout au long de la présentation
- Enchaînements et transitions logiques
- Précision des idées
- Pertinence des exemples
- Présence d'une conclusion
- Correction de la grammaire, clarté et précision du vocabulaire

17. Composer et prononcer un discours

OUTILS POUR L'ORAL

LE SENS DU MOT DISCOURS

Le mot *discours* est employé dans des sens distincts.

- Dans le sens le plus courant, un *discours* est une prise de parole généralement assez longue.
- L'analyse littéraire oppose habituellement le *discours* (le fait de prendre la parole et de s'impliquer dans son propos) au *récit* (le fait de raconter une histoire).
- Mais un *discours* est aussi une forme de prise de parole codifiée dès l'Antiquité, un **genre oratoire** défini par des **règles précises**, celles de la **rhétorique** ou **éloquence** ou encore **art oratoire.**

L'ÉLOQUENCE ANTIQUE

- Les Anciens ont divisé l'éloquence en trois genres : délibératif, épidictique, judiciaire.
- Le **discours délibératif** vise à orienter la volonté de l'auditoire et sa prise de décision.
- Le **discours épidictique** loue ou blâme : on célèbre les vertus ou stigmatise les vices d'un personnage, d'une institution...
- Le **discours judiciaire** accuse ou défend une personne ou un acte au regard des lois et entre donc dans un débat contradictoire à l'issue duquel un jugement sera prononcé.

- **Cicéron**, célèbre avocat, homme politique et orateur romain, distingue plusieurs **étapes** dans la composition et la prononciation d'un discours : ces règles sont toujours valables !
- ***Inventio*** : « invention », fait de **trouver** des idées, des arguments, des exemples.
- ***Dispositio*** : « disposition », **organisation** des idées dans un **plan**, structuré et progressif.
- ***Elocutio*** : « élocution » mais dans un sens particulier : non la prononciation du texte mais l'action de **composer** le discours en choisissant les tournures de phrases, les termes, les figures de style appropriés : c'est la « mise en mots ».
- ***Memoria*** : « mémorisation » du discours, idéalement l'orateur récite son discours sans aucune note !
- ***Actio*** : « action », la **performance** que réalise l'orateur, véritable acteur qui profère le discours avec le ton, le rythme, les gestes qui rendront ce discours captivant.

L'ÉVOLUTION DE L'EMPLOI DU MOT DISCOURS

- Depuis l'Antiquité, le terme *discours* s'est étendu aux **écrits argumentatifs** visant à démontrer : on trouve ainsi le *Discours de la servitude volontaire* d'**Étienne de La Boétie** (XVIe siècle), le *Discours sur l'origine et les fondements de l'inégalité parmi les hommes* de **Jean-Jacques Rousseau** (XVIIIe siècle) ou le *Discours sur la négritude* du poète **Aimé Césaire** (XXe siècle).
- Le terme se restreint parfois à la **parole publique**, en particulier **politique** : c'est, par exemple, le discours d'un élu à la tribune de l'Assemblée nationale ou au Sénat, d'un homme politique qui fait campagne, ou d'un personnage important (homme politique, écrivain, directeur d'une institution...) à l'occasion d'une inauguration, d'une commémoration, de funérailles...
- Quel qu'il soit, un discours porte toujours sur un **sujet qui intéresse une collectivité** (nationale ou plus restreinte), en tout cas un groupe de personnes appelées à vivre ou agir ensemble. Celui qui prononce un discours prend position : il défend une thèse sur ce sujet, ou bien exprime une louange ou un blâme, et invoque des valeurs qui soudent une communauté.

Grille d'évaluation ou d'auto-évaluation (dans le cas d'une captation vidéo)

Critères	Insuffisant	Moyen	Bien	Excellent
Voix (articulation, débit, intonations, volume), rythme, pauses				
Prononciation, articulation ; maîtrise des « tics de langage »				
Position du corps, maîtrise des gestes et des mimiques				
Relation établie avec l'auditoire (regards...)				
Respect du temps imparti				

S'ENTRAÎNER

LE DISCOURS EN 4 ÉTAPES CLÉS

1 L'« invention »

• Écrire tous les arguments qui viennent à l'esprit pour appuyer cette position.

• Procéder à une recherche documentaire sur le sujet choisi. Relever les arguments qui semblent intéressants sur ce sujet, relevez des citations avec le nom de leur auteur. Noter aussi les exemples (statistiques, anecdotes) qui peuvent appuyer ces arguments.

2 La « disposition »

Une fois les arguments et les exemples trouvés en faveur de la thèse, structurer ainsi son propos :

- une ou deux phrases de présentation du sujet et d'annonce du plan ;
- une première partie développant l'idée la plus évidente, assortie de ses arguments et exemples ;
- une deuxième partie proposant une idée plus originale avec arguments et exemples ;
- une conclusion dans laquelle on expose son avis définitif.

3 L'« élocution » (mise en mots)

Choisir entre deux possibilités :

– **l'improvisation** : en partant du plan au brouillon, détailler quelques idées et exemples au sein de chaque partie et prendre le parti d'improviser à partir de cette trame à l'oral. C'est périlleux, mais beaucoup plus vivant qu'un discours simplement lu ! Pour aplanir la difficulté, on peut rédiger complètement ses phrases d'introduction et de conclusion et n'improviser qu'au moment du développement.

– **la rédaction** : par sécurité, on peut choisir de rédiger intégralement son discours et le lire devant l'auditoire.

4 L'« action »

• Utiliser des surligneurs et adopter une légende simple (rouge pour les idées, vert pour les arguments...) pour colorer son support et faciliter les modulations de rythme et de ton.

• Se chronométrer afin de mieux calibrer sa performance orale.

• Une performance orale requiert plusieurs répétitions. Prononcer son discours une fois par jour pendant trois jours avant la performance est une bonne manière d'apprivoiser son texte et de dompter son trac. On peut aussi se filmer pour analyser sa performance et l'améliorer.

EXERCICE 1

Identifiez dans les exemples suivants : l'orateur, ceux à qui il s'adresse, le sujet du discours, l'opinion qu'il soutient à son propos.

1. « Au point de civilisation où nous sommes parvenus, la peine de mort est-elle encore légitime ? Voilà la question, la seule utile à poser, et si nous la posons, c'est déjà une preuve qu'il y a doute dans un grand nombre d'esprits. » Alphonse de Lamartine, discours du 17 mars 1838 à la Chambre des députés.

2. « Je ne suis pas de ceux qui croient qu'on peut supprimer la souffrance en ce monde ; la souffrance est une loi divine ; mais je suis de ceux qui croient qu'on peut détruire la misère. La misère est une maladie de la société, comme la lèpre est une maladie de l'homme. Elle peut disparaître comme la lèpre, oui. » Victor Hugo, discours du 9 juillet 1849 à l'Assemblée nationale.

3. « Quoi donc ? La paix nous fuira-t-elle toujours ? Et la clameur des hommes, toujours forcenés et toujours déçus, continuera-t-elle à monter vers les étoiles d'or des capitales modernes incendiées par les obus, comme de l'antique palais de Priam incendié par les torches ? Non ! non ! et malgré les conseils de prudence que nous donnent ces grandioses déceptions, j'ose dire, avec des millions d'hommes, que maintenant la grande paix humaine est possible, et si nous le voulons, elle est prochaine. » Jean Jaurès, discours à la jeunesse au lycée d'Albi, 1903.

EXERCICE 2

À votre tour, choisissez un sujet qui puisse faire l'objet d'un discours et définissez la thèse que vous souhaitez défendre. Vous pouvez vous inspirer des exemples étudiés dans l'exercice 1.

EXERCICE 3

À deux, choisissez un sujet mais composez chacun de votre côté un discours.

Vous vous succéderez ensuite à la tribune, devant toute la classe, pour défendre votre position dans un temps imparti.

Vous proposerez chacun, à l'issue de votre discours, une loi portant sur le sujet abordé.

Vos camarades pourront voter pour ou contre cette loi (ou proposer des amendements !).

18. Faire une lecture expressive

OUTILS POUR L'ORAL

QU'EST-CE QU'UNE LECTURE EXPRESSIVE ?

• **Lire un texte** en mettant le **ton juste** prouve qu'on l'a **compris**. L'expressivité de la lecture est prise en compte dans l'évaluation d'une épreuve orale.

• Une lecture expressive **dégage le sens** du texte et en facilite la compréhension. Il s'agit, grâce aux pauses, de détacher les idées principales, de souligner les enchaînements logiques (notamment pour un texte argumentatif).

• Une lecture expressive **traduit** par les moyens propres à la voix les **émotions** que le texte évoque ou suggère et les communique à l'auditeur.

• Une lecture expressive joue donc sur différents aspects de la voix et de la parole : le **débit** (plus ou moins rapide ou lent), le **rythme** (pauses alternant avec des séquences prononcées en continu), l'**intensité** (mots prononcés d'une voix plus ou moins forte), l'**intonation** (montante ou descendante), le **ton** (grave ou léger, triste ou gai, sérieux ou railleur…).

COMMENT RÉUSSIR UNE LECTURE EXPRESSIVE ?

• Pour réussir une lecture expressive, il faut avoir préalablement lu et compris le texte. Mais cela ne suffit pas toujours. Une lecture expressive **se prépare**.

• On s'entraîne en s'appuyant sur différents éléments :
- la **ponctuation** gouverne l'**intonation** (montante après un point d'interrogation ou d'exclamation ; descendante après un point final, des points de suspension) et les **pauses** (après la virgule, le point-virgule, les deux-points, le point) ;
- la **syntaxe** règle le **rythme** (on lit de façon continue les groupes de mots qui forment un tout signifiant, on détache les différentes parties d'une phrase par des pauses légères…) ; elle peut influencer l'**intensité** de la voix (on prononce à voix plus haute les connecteurs logiques importants) ;
- l'**intention** et la **tonalité** déterminent le **ton**, le **débit**, l'**intensité**. L'intention d'un texte (louer, railler, critiquer…) doit pouvoir être perçue à la lecture. On fait ressortir la douleur dans un texte pathétique ou tragique, ou au contraire l'humour dans un texte comique ; dans un texte lyrique, l'intensité et la profondeur des sentiments peuvent se traduire par un ton recueilli, un débit mesuré : dans un texte épique, on fait sentir la grandeur héroïque par l'intensité de la voix aux moments importants, en accélérant ou ralentissant le rythme selon les actions racontées.

• **Préparer la lecture** : crayon en main, on souligne ou entoure dans le texte ce que l'on veut fait ressortir ; on indique par des barres les pauses entre les groupes de mots…

CONSEILS

Avant d'entrer en scène, un acteur fait des échauffements. On peut reproduire ces exercices.

• **Exercices d'articulation : « virelangues »**. Un comédien s'exerce à prononcer plusieurs virelangues pour rôder son articulation avant d'entrer en scène. Le but est de parvenir à les dire le plus vite possible tout en détachant parfaitement les syllabes. On peut s'exercer en mettant un crayon entre les dents !

« Tu t'entêtes à tout tenter, tu t'uses et tu te tues à tant t'entêter » ; « Je veux et j'exige » ; « Je vais chez ce cher Serge » ; « Un généreux déjeuner régénérerait des généraux dégénérés. »

• **Échauffements physiques :** les échauffements du corps au théâtre sont les mêmes qu'en sport. On enroule et déroule les épaules, la nuque, on étire les bras au-dessus de la tête, on baisse les mains au sol en gardant les jambes droites et on remonte tout doucement…

Il est rare de pouvoir faire ces échauffements avant une lecture expressive en cours, ou lors du baccalauréat… Mais on pourra faire quelques exercices discrets pour détendre ses épaules, par exemple !

S'ENTRAÎNER

EXERCICE 1

Dans ce texte, relevez les signes de ponctuation et associez à chacun l'intonation et la pause qui conviennent. Puis entraînez-vous à lire le texte en respectant ce que vous avez repéré.

C'est la seconde fois que, dans ses études sur la question pénale et sur la damnation par la loi, l'auteur de ce livre rencontre le vol d'un pain, comme point de départ du désastre d'une destinée. Claude Gueux avait volé un pain ; Jean Valjean avait volé un pain. Une statistique anglaise constate qu'à Londres quatre vols sur cinq ont pour cause immédiate la faim.

Jean Valjean était entré au bagne sanglotant et frémissant ; il en sortit impassible. Il y était entré désespéré ; il en sortit sombre.

Que s'était-il passé dans cette âme ?

VICTOR HUGO, *Les Misérables*, II, VI, 1862.

Coup de pouce

Enregistrez-vous et écoutez votre performance. Vous pouvez aussi comparer votre lecture à celle d'un professionnel. Écoutez .

EXERCICE 2

a. Repérez la conjonction de coordination entre les deux parties de la phrase et, dans chacune, repérez les conjonctions de subordination, distinguez propositions subordonnées et principales ; observez la ponctuation.

b. Lisez ce texte pour faire comprendre, grâce aux pauses, à l'intonation, à l'intensité de la voix, la structure de la phrase et son sens.

Tant que les hommes se contentèrent de leurs cabanes rustiques, tant qu'ils se bornèrent à coudre leurs habits de peaux avec des épines ou des arêtes, à se parer de plumes et de coquillages, à se peindre le corps de diverses couleurs, à perfectionner ou embellir leurs arcs et leurs flèches, à tailler avec des pierres tranchantes quelques canots de pêcheurs ou quelques grossiers instruments de musique, en un mot tant qu'ils ne s'appliquèrent qu'à des ouvrages qu'un seul pouvait faire, et qu'à des arts qui n'avaient pas besoin du concours de plusieurs mains, ils vécurent libres, sains, bons et heureux autant qu'ils pouvaient l'être par leur nature, et continuèrent à jouir entre eux des douceurs d'un commerce indépendant ; mais dès l'instant qu'un homme eut besoin du secours d'un autre ; dès qu'on s'aperçut qu'il était utile à un seul d'avoir des provisions pour deux, l'égalité disparut, la propriété s'introduisit, le travail devint nécessaire et les vastes forêts se changèrent en des campagnes riantes qu'il fallut arroser de la sueur des hommes et dans lesquelles on vit bientôt l'esclavage et la misère germer et croître avec les moissons.

JEAN-JACQUES ROUSSEAU, *Discours sur l'origine et les fondements de l'inégalité parmi les hommes*, 1754.

EXERCICE 3

a. Quelle est l'intention du texte suivant ? Quelles émotions exprime-t-il ? Par quels adjectifs exprimeriez-vous sa ou ses tonalités ?

b. Caractérisez le ton qu'il convient de prendre pour le dire.

c. Entraînez-vous à lire ce texte en fonction de vos réponses précédentes.

Tous les hommes sont menteurs, inconstants, faux, bavards, hypocrites, orgueilleux ou lâches, méprisables et sensuels ; toutes les femmes sont perfides, artificieuses, vaniteuses, curieuses et dépravées ; le monde n'est qu'un égout sans fond où les phoques les plus informes rampent et se tordent sur des montagnes de fange ; mais il y a au monde une chose sainte et sublime, c'est l'union de deux de ces êtres si imparfaits et si affreux. On est souvent trompé en amour, souvent blessé et souvent malheureux ; mais on aime, et quand on est sur le bord de sa tombe, on se retourne pour regarder en arrière, et on se dit : J'ai souffert souvent, je me suis trompé quelquefois, mais j'ai aimé. C'est moi qui ai vécu, et non pas un être factice créé par mon orgueil et mon ennui.

Alfred de Musset, *On ne badine pas avec l'amour*, II, V, 1834.

EXERCICE 4

Vous pouvez également vous amuser à lire le texte de l'exercice 3 en adoptant un autre ton que celui imposé par son intention et sa tonalité. Est-ce facile ?

EXERCICE 5

Choisissez un texte enregistré du manuel (repéré par le logo). Écoutez cette lecture par un comédien.

a. Cette lecture vous paraît-elle expressive ? Pourquoi ?

b. Lisez-vous même ce texte en vous inspirant de la lecture du comédien que vous venez d'entendre.

c. Choisissez ensuite une autre manière de lire ce texte : travaillez sur votre intonation, la manière de faire des pauses, le rythme et l'intensité de votre voix.

19. Participer à un débat, conduire un débat

OUTILS POUR L'ORAL

QU'EST-CE QU'UN DÉBAT ?

• **Un débat confronte des points de vue différents** sur un sujet. Il permet, grâce à la parole et l'échange d'arguments, de réguler les conflits et d'éviter le recours à la force.

• **Un débat permet de mieux comprendre un sujet.** Il permet de faire émerger la vérité, d'établir un consensus ou de convaincre de la valeur d'une opinion.

• Dans le cadre des **sciences**, une controverse scientifique oppose des scientifiques pour déterminer l'admissibilité d'une théorie.

• Dans le cadre d'une **procédure judiciaire**, le débat contradictoire vise à examiner les points de vue des différentes parties afin qu'un tiers puisse trancher en faveur de l'une ou de l'autre.

• Dans le cadre **politique, social ou éthique**, le débat permet de clarifier les principes et les valeurs fondant les diverses opinions, et de faire des choix qui vont guider l'action.

DÉBAT OU POLÉMIQUE ?

Le danger pour un débat est de verser dans la **polémique** : il prend alors un tour offensif et vise à faire taire l'adversaire. La polémique est souvent stérile puisqu'elle fige les antagonismes. Au contraire, un **débat constructif** permet à chacun, grâce à la discussion, de progresser.

LE DÉBAT EN ENTRETIEN FACE À FACE

• Il s'engage après un exposé ou un discours : des questions sont posées à celui qui a parlé (le **convaincant**) par une autre personne (le **répondant**), en **face-à-face**. Cette situation est celle de l'**entretien** lors d'une épreuve de baccalauréat ou de concours. Le **but** d'un tel débat est de permettre au convaincant et au répondant de **progresser ensemble** dans la compréhension d'un sujet.

• **Rôle du répondant** : il doit poser des questions au **convaincant** soit pour souligner une faille dans son argumentation, soit pour l'amener à approfondir un élément intéressant de son propos.

On ne doit pas	On doit
- contredire dans le seul but de contredire ; - dévier du sujet ; - se mettre à développer son propre discours	- faire des objections pertinentes ; - se limiter au cadre du sujet ; - conduire l'autre à préciser et approfondir.

• **Rôle du convaincant** : il doit défendre la solidité de son argumentation ; être à l'écoute de son interlocuteur ; savoir se remettre en question ou admettre une erreur.
Il ne doit pas être sur la défensive car il risque de mal écouter les questions ; se contenter de répéter ce qu'il a déjà dit lors de l'exposé ; rester campé sur ses idées.

LE DÉBAT À PLUSIEURS (À PARTIR DE TROIS PARTICIPANTS)

• Un débat à plusieurs doit être soigneusement **organisé**, si on le veut **constructif**.
- Le sujet est donné à l'avance pour que chacun ait réfléchi à sa position et ses arguments.
- Des règles sont instituées : ordre et temps de parole, interdiction des insultes et agressions...

• En général, on désigne un tiers pour conduire le débat et en faire respecter les règles.

Les différents rôles dans un débat

• L'**animateur** anime le débat en posant des questions auxquelles chaque débatteur répond ;

• Le **modérateur** modère le débat sans intervenir dans le sujet du débat, en veillant à ce que chaque débatteur dispose de son temps de parole et respecte la parole des autres ;

• L'**observateur** prononce un court discours à la fin du débat où il **analyse** le rapport de force entre les participants. Il **fait le bilan** des conclusions sur lesquelles ils se sont mis d'accord et des idées à propos desquelles ils sont restés en désaccord.

• Il arrive qu'une même personne tienne tous ces rôles à la fois, ou que trois personnes tiennent chacune un seul rôle. Le plus souvent, l'animateur est également modérateur, tandis qu'une deuxième personne joue le rôle d'observateur sans être intervenue au cours du débat.

ATTENTION

Celui qui conduit le débat doit maîtriser le sujet traité. Il doit donc l'avoir travaillé en amont.

S'ENTRAÎNER

EXERCICE 1

À deux, à partir d'un devoir rédigé dans le cadre du cours de français (un essai, un commentaire de texte), faites l'exercice deux fois, en inversant les rôles.

a. L'élève A présente à l'élève B sa réflexion.

b. L'élève B imagine trois à cinq questions qu'un jury d'examen pourrait poser : quelles failles y a-t-il dans l'argumentation ? Quelles questions poser pour conduire à un approfondissement ?

c. L'élève A répond aux questions de l'élève B et s'en sert pour améliorer son travail.

LES 5 QUALITÉS DU PARTICIPANT À UN DÉBAT

1. la capacité à **s'adapter** au propos de l'autre / des autres
2. l'habileté à **orienter** le débat dans la direction qui lui convient
3. l'aptitude à **improviser**
4. la capacité à **répondre aux objections** et à les **retourner** à son avantage
5. la capacité à **opposer des objections pertinentes** et bien **à-propos**

EXERCICE 2

a. Consultez des émissions de débat à la télévision, à la radio ou sur Internet et classez-les selon le type de débat et le rôle tenu par le tiers en cochant les cases du tableau suivant.

Nom de l'émission	Rôle du tiers	
Type de débat	Animateur	Modérateur
Débat polémique		
Débat contradictoire		

b. Évaluez la performance de l'animateur/modérateur/observateur à l'aide des critères suivants :

Animation	Modération	Observation
Connaissance du sujet	Impartialité dans la distribution de la parole	Objectivité dans l'analyse du rapport de forces
Pertinence des questions posées	Capacité à imposer le respect du temps de parole	Capacité à synthétiser les idées résultant du débat
Qualité d'écoute : laisser le temps de répondre, savoir tirer parti des propos des débatteurs	Capacité à modérer l'agressivité éventuelle des débatteurs	
Capacité à relancer le débat		

EXERCICE 3

Consultez des émissions de débat à la télévision, à la radio ou sur Internet et évaluez la performance des débatteurs à l'aide de la grille ci-dessous.

Coup de pouce

Critères pour évaluer les débatteurs
- Présentation de son opinion de façon claire et argumentée, avec des exemples appropriés
- Juste compréhension des objections
- Précision des réponses
- Sens de l'écoute, respect de la parole de l'autre
- Pas de recherche de consensus à tout prix
- Reconnaissance des points faibles de son argumentation et proposition de solution
- Reconnaissance des points forts de l'argumentation de l'interlocuteur et adaptation de son propre discours

EXERCICE 4

Choisissez un sujet de dissertation ou de société et organisez un débat au sein de la classe en divisant celle-ci en trois groupes. Deux groupes préparent des idées, arguments et exemples, et choisissent leur « champion », celui qui défendra leurs couleurs. Le troisième groupe travaille le sujet afin que l'un de ses membres joue le rôle de l'animateur et/ou modérateur et/ou observateur. À l'issue du débat, faites voter les membres du troisième groupe pour déterminer qui, des deux autres, a emporté le débat. Cette évaluation peut s'appuyer sur la grille ci-dessus.

Coup de pouce

Avant le débat : quand le sujet est donné à l'avance, il faut préparer le débat et y consacrer du temps pour clarifier ses idées, les étayer d'arguments et d'exemples. On peut les noter.

Pendant le débat : une fois le débat lancé, il faut utiliser ces éléments à bon escient sans chercher à s'en servir à tout prix. Dans certains cas, ils sont tout bonnement inutiles !

20. Mémoriser et restituer un texte

OUTILS POUR L'ORAL

MÉMORISATION ET LITTÉRATURE

• La **mémoire** est un outil essentiel à tout apprentissage. Elle peut être **auditive**, **visuelle** ou **émotionnelle.** Selon les individus, le type de mémoire le plus développé varie ; toutefois, chacun dispose de toutes ces ressources pour fixer un souvenir.

• La mémoire entretient avec la **littérature** un rapport particulier. Bien des genres littéraires invitent en effet à **mémoriser** des textes, ce que l'on appelle aussi « apprendre par cœur » :
- on pense d'abord au texte de **théâtre** : les acteurs apprennent leur rôle par cœur, et même si un souffleur est présent, il ne peut se substituer à leur mémoire ;
- la **poésie** également est destinée à être apprise par cœur et récitée à voix haute ;
- la pratique est plus rare pour le **récit** ou l'**argumentation**, mais elle existe. Certains acteurs montent des **spectacles** autour de la **récitation d'extraits de romans ou d'essais**.

> Dans le livre et le film *Farenheit 451*, des dissidents apprennent toutes sortes de textes par cœur parce que le régime contre lequel ils luttent proscrit la lecture et brûle les livres.

• Au **Moyen Âge**, en un temps où la circulation des textes était avant tout orale, les œuvres « lyriques » (poétiques), romanesques ou « morales » (argumentatives) étaient bien souvent apprises par cœur et récitées en public

LES TECHNIQUES DE MÉMORISATION

• Pour **mémoriser** un texte, les **techniques** ne sont ni très compliquées ni très nombreuses. Elles peuvent être classées en **deux catégories** :
- l'**assimilation passive** consiste à lire, relire et écouter chaque jour un texte jusqu'à ce que celui-ci s'imprègne naturellement dans la mémoire. Cette technique exige une grande discipline mais aussi de la patience car le temps d'assimilation peut prendre plusieurs semaines !
- l'**apprentissage actif** consiste à mémoriser le texte phrase par phrase. Plusieurs méthodes peuvent être employées : on lit et répète à voix haute chaque phrase plusieurs fois, puis on cherche à se la rappeler sans regarder le support, jusqu'à pouvoir réciter l'ensemble du texte sans aide. On peut aussi associer à chaque phrase une image ou une émotion et retenir l'enchaînement des images ou émotions pour retenir la succession des phrases.

• Selon son type de mémoire (visuelle, auditive ou émotionnelle), on sélectionnera la méthode d'apprentissage la plus appropriée.

LES DIFFICULTÉS À SURMONTER

• Il n'existe malheureusement aucune astuce contre les trous de mémoire, qui sont bien souvent dus au stress.

• Seul un entraînement en amont permet de repérer les passages où les défaillances de mémoire se manifestent, et de les éliminer !

CONSEIL

Au cours de l'apprentissage, on peut recourir à un pense-bête, en écrivant le premier mot de la phrase que l'on oublie tout le temps sur un petit papier !

LA RÉCITATION

• Au moment de la restitution du texte, des techniques d'**échauffement** de la voix et du corps peuvent être utilisées (voir p. 496).

• Comme pour une lecture expressive, (voir page 496), il faut s'entraîner à **maîtriser sa diction et son souffle**. En apprenant votre texte, **travaillez votre intonation** en suivant la ponctuation.
Veillez à éviter la précipitation : pensez aux pauses, qui permettent de faire comprendre le sens du texte, mais aussi de ménager des mises en valeur de certains mots ou phrases.
Travaillez également le rythme de votre récitation, ainsi que l'intensité de votre voix.

• Il est également important, dans la mesure du possible, de **faire abstraction de l'auditoire** pour se concentrer uniquement sur le texte à restituer.

S'ENTRAÎNER

EXERCICE 1

MÉMORISER PAR L'ANADIPLOSE

« Un deux trois, trois petits chats, chapeau de paille... » Tout le monde connaît cette comptine et s'en souvient. La raison en est qu'elle est construite par **anadiplose** : par la répétition, en début de mot ou de proposition, de la fin du mot ou de la proposition précédente.

Pour échauffer votre mémoire, poursuivez cette liste en suivant le principe d'anadiplose : à plusieurs, proposez chacun à votre tour un nouveau mot ou une nouvelle proposition et prenez soin de répéter l'ensemble de la liste avant d'apporter votre contribution. Le dernier à avoir pu se souvenir de toute la liste a gagné !

NB : de nombreux jeux de société reposent sur ce principe de mémorisation auditive (ex. : Ouga Bouga®), d'autres s'appuient davantage sur une mémoire visuelle (Memory...). Le principe est assez simple et peut se décliner à l'envi !

EXERCICE 2

a. Divisez chaque phrase de ce texte en propositions ou groupes de mots porteurs de signification, et répétez chaque élément jusqu'à vous en souvenir.

b. Repérez-vous des sons qui reviennent et vous permettent de mieux retenir le texte ?

c. Réécrivez le texte sous forme de vers en respectant le retour de ces sonorités. Qu'en pensez-vous ? S'agit-il d'un récit ou d'un poème ? Quelle est la fonction du vers dans la mémorisation d'un texte ?

De la musique avant toute chose, et pour cela préfère l'Impair plus vague et plus soluble dans l'air, sans rien en lui qui pèse ou qui pose. Il faut aussi que tu n'ailles point choisir tes mots sans quelque méprise : rien de plus cher que la chanson grise où l'Indécis au Précis se joint. C'est des beaux yeux derrière des voiles, c'est le grand jour tremblant de midi, c'est par un ciel d'automne attiédi le bleu fouillis des claires étoiles ! Car nous voulons la Nuance encor, pas la Couleur, rien que la nuance ! Oh ! la nuance seule fiance le rêve au rêve et la flûte au cor !

PAUL VERLAINE, *Art poétique*, 1874.

EXERCICE 3

a. Découpez ce poème en plusieurs unités (propositions, groupes de mots) de longueur raisonnable.

b. Associez à chacune de ces unités une image ou une émotion. Dessinez une carte mentale avec le titre du poème au centre et les noms des différentes images ou émotions articulés tout autour. Cherchez à structurer votre carte de façon à ce que l'ordre de lecture des images ou émotions (correspondant à l'ordre du poème) soit clair.

c. Aidez-vous de cette carte mentale pour apprendre le poème. Cela vous aide-t-il ?

Oh ! que de fois je l'ai entendu et vu, Scarbo, lorsqu'à minuit la lune brille dans le ciel comme un écu d'argent sur une bannière d'azur semée d'abeilles d'or !
Que de fois j'ai entendu bourdonner son rire dans l'ombre de mon alcôve, et grincer son ongle sur la soie des courtines de mon lit !
Que de fois je l'ai vu descendre du plancher, pirouetter sur un pied et rouler par la chambre comme le fuseau tombé de la quenouille d'une sorcière.
Le croyais-je alors évanoui ? le nain grandissait entre la lune et moi, comme le clocher d'une cathédrale gothique, un grelot d'or en branle à son bonnet pointu !
Mais bientôt son corps bleuissait, diaphane comme la cire d'une bougie, son visage blêmissait comme la cire d'un lumignon, - et soudain il s'éteignait.

ALOYSIUS BERTRAND, *Gaspard de la nuit*, « Scarbo », 1842.

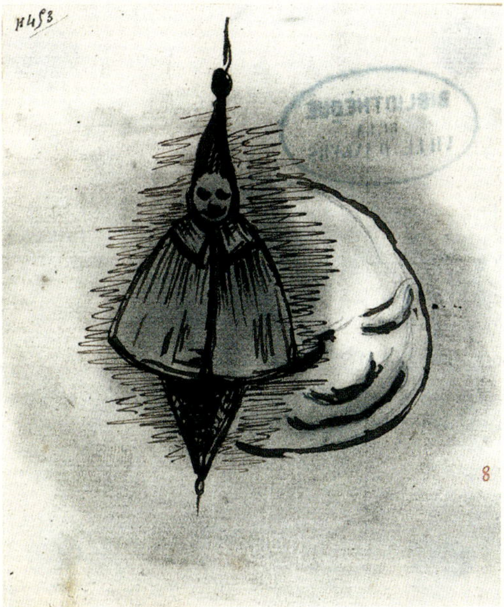

EXERCICE 4

Organisez un spectacle de récitation autour d'un thème que vous choisirez et, à l'aide de votre manuel, sélectionnez des textes illustrant ce thème. Répartissez-vous les textes à mémoriser et présentez-les devant la classe.

21. Qu'est-ce qu'un commentaire ?

Définition : un commentaire est un exercice d'écriture qui consiste à expliquer le sens d'un texte et à en proposer une interprétation en montrant comment le fond et la forme sont liés. Il doit être organisé de manière logique et progressive. Le plan peut être linéaire ou composé.

Objectif : le but d'un commentaire est de comprendre par quels moyens l'auteur a suscité les réactions qu'on a à la lecture d'un texte, puis de les expliquer en donnant des exemples tirés du texte : les citations.

LE COMMENTAIRE EN 8 ÉTAPES CLÉS

Les principes généraux de cette méthode s'appliquent à tous les types de textes. Des exemples plus spécifiques sont ensuite proposés pour commenter un texte de théâtre, de poésie, un extrait de roman ou de nouvelle ou un texte argumentatif.

ÉTAPE 1 Repérer le plus évident dans une première lecture

- Les réactions du lecteur sont nécessairement pertinentes : c'est celles que l'auteur a voulu faire naître.
- Observer attentivement le **paratexte** qui permet de situer **l'époque** du texte et la **sensibilité** dans laquelle il s'inscrit (XVIIe siècle, romantisme...) et aussi de situer **l'extrait** dans l'œuvre (à l'aide du texte de présentation).

ÉTAPE 2 Revenir au texte de manière analytique

- Les notions à mettre en œuvre, quel que soit le genre auquel appartient le texte, sont :
  - l'énonciation ;
  - la visée ;
  - la syntaxe et le lexique ;
  - les types de discours et les registres ;
  - les figures de style ;
  - la composition du texte.
- Noter les éléments pertinents à étudier, avec quelques citations, en regroupant les idées qui paraissent liées et en nommant les procédés repérés.

ÉTAPE 3 S'interroger sur le sens et la visée du texte

Rédiger, sous la forme d'une suite de remarques, les éléments les plus importants que l'on a relevés à l'étape 2, en éliminant ce qui ne paraît pas exploitable.

ÉTAPE 4 Formuler un projet de lecture

C'est un des moyens d'éviter la paraphrase : on pose une question à laquelle le commentaire doit répondre. Mais il faut veiller à ce que cette question ne soit pas trop proche du plan que l'on annoncera ensuite, elle doit être plus générale.

ÉTAPE 5 Formuler des axes de lecture

Les axes de lecture doivent résumer une idée que l'on a eue au sujet du texte, et non répéter celui-ci par de la paraphrase. La difficulté est souvent de trouver un second axe lorsque l'on a énoncé ce qui paraît le plus important. Il convient alors de revenir au texte et de l'explorer à nouveau.

ÉTAPE 6 Faire un plan et y intégrer les citations utiles

- Il faut montrer, dans les différentes sous-parties, la pertinence des idées, des axes dans le détail de l'analyse.
- Les citations sont les arguments qui viennent à l'appui des affirmations. C'est alors que l'étude des procédés sera menée.

ÉTAPE 7 Rédiger l'introduction et le développement

- **Rédiger des analyses précises dans le développement**

Après avoir donné les titres des sous-parties et relevé les citations qui leur correspondent, il faut analyser les éléments cités pour aller au-delà de la simple désignation du procédé.
La démarche se fait toujours en trois temps :
- d'abord, **nommer le procédé** ;
- ensuite, **citer le texte** ;
- enfin, **analyser le texte cité**.

- **Rédiger des transitions dans le développement**

Il s'agit de passer de façon fluide d'une partie à l'autre du commentaire.
Dans une transition, la première partie est consacrée à ce qui précède et la seconde à ce qui suit.

ÉTAPE 8 Rédiger la conclusion

Après la relecture de l'introduction et du développement, rédiger la conclusion.

EXEMPLE : COMMENTAIRE RÉDIGÉ

Sujet

Vous ferez un commentaire du poème de Ronsard, « Quand vous serez bien vieille... ». (Voir p. 265 du manuel.)

Commentaire

Introduction

Première phrase en rapport avec le projet de lecture

La célébration des beautés de la femme aimée est un thème traditionnel de la poésie amoureuse. Cette célébration est, pour le poète, une manière de glorifier celle qu'il aime mais aussi un moyen de la séduire en la flattant et en montrant la force des sentiments qu'il éprouve.

Deuxième phrase qui présente l'extrait à commenter

Or, dans ce sonnet dédié à Hélène, Ronsard la montre comme une vieille femme décrépite et ce qu'il semble célébrer, plutôt que son amante, c'est sa propre gloire et le pouvoir de la poésie.

Formulation d'une problématique et d'un projet de lecture

Dès lors, on peut se demander quelle est la visée véritable de ce sonnet : célébrer une femme ou glorifier le poète ?

Annonce du plan

Dans un premier temps, nous examinerons de quelle manière bien particulière Ronsard entreprend de persuader la femme aimée de répondre à son amour. Puis nous verrons comment il célèbre les pouvoirs de la poésie et sa propre gloire d'écrivain.

Saut de 3 lignes pour aérer

1re partie

I. Vision de la femme aimée qui rompt avec les thèmes traditionnels

A. Un tableau de genre qui montre Hélène en fileuse

Rompant avec les thèmes traditionnels de la poésie amoureuse, Ronsard entreprend de persuader Hélène de l'aimer en la montrant d'abord comme la vieille femme qu'elle sera. Le premier quatrain met sous les yeux des lecteurs (et d'Hélène) un tableau de genre très détaillé qui fait d'elle une fileuse ordinaire. Les deux premiers vers sont constitués de courts groupes syntaxiques séparés par des virgules, dont chacun ajoute un élément à la scène mise en place : « au soir, à la chandelle / Assise auprès du feu », et qui découpent les alexandrins en leur ôtant toute solennité. Chacun des détails donnés concourt à l'impression générale : l'heure, qui renvoie au soir de la vie, la chandelle et le feu, qui donnent une vision d'espace réduit, de scène intimiste, les actions : « dévidant et filant », qui sont ordinaires. L'apparition du thème de la poésie avec le verbe « direz », qui offre à la scène une dimension différente, celle de l'art et de la gloire, est liée cependant à l'activité de la fileuse puisque c'est elle qui chante et se souvient.

B. Reprise dépréciative de l'image de la vieille femme que sera Hélène

Or ce tableau de genre est repris et réorienté vers une vision très dépréciative de la femme aimée au vers 11 : « Vous serez au foyer une vieille accroupie ». Ici, la vieillesse du corps le rend passif : Hélène ne file ni ne chante, elle n'est plus « vieille », elle est « une vieille », l'ajout de l'article défini qui substantive l'adjectif faisant du personnage un type. Cette reprise dans les tercets de la scène du début du poème marque donc une gradation dans la description de la déchéance liée à la vieillesse et introduit le thème des regrets qui rend amère la fuite du temps.

C. Importance du thème du temps et signification des tableaux évoqués : le *carpe diem*

L'effet qu'attend le poète de ce tableau cruel est donné dans les deux derniers vers du sonnet. Il s'agit d'une reprise du *carpe diem* d'Horace, une invitation à profiter du présent. L'emploi à l'impératif de verbes exprimant les actions : « Vivez »,« N'attendez », « Cueillez », mis en relation avec des expressions de temps : « à demain », « dès aujourd'hui » manifeste l'insistance de l'invitation du poète. Ce thème du temps qui passe clôt le poème avec la métaphore traditionnelle des « roses de la vie ». Il est annoncé dans le premier quatrain par la présence du mot « temps » lui-même (au quatrième vers), terme annoncé dans toute la strophe par les échos sonores des assonances en « an » : « dévidant et filant », « chantant », « émerveillant ». L' apparition de ce thème permet également de voir la scène du début du poème comme une allusion aux Parques, les fileuses du temps de la mythologie grecque, qui filent, dévident et coupent le fil de la vie des mortels. Ainsi la stratégie de persuasion du poète repose sur différents moyens de montrer à sa lectrice la puissance du temps, et l'urgence de profiter de la vie.

Transition

2e partie

Toutefois, on peut se demander si une pareille méthode de séduction a réellement pour but d'être efficace et si le texte n'est pas davantage qu'un moyen de conquête amoureuse une célébration des pouvoirs de la poésie et de la gloire du poète.

II. Célébration des pouvoirs de la poésie et de la gloire du poète

A. La poésie, source d'émerveillement et de beauté

On a vu que, dès le premier quatrain, l'irruption du thème de la poésie transfigure la vision de la femme et de la scène, le thème du chant introduisant celui de la merveille. Hélène chante (comme un poète) et se souvient de la gloire de celui qu'elle chante, et qui l'a chantée. Le vers qui lui est attribué : « Ronsard me célébrait du temps que j'étais belle ! », est le premier alexandrin sans coupure, où la poésie se déploie librement. De même, les mots mis à la rime donnent à chaque élément du tableau familier un écho glorieux : « filant », désignant un travail ordinaire, rime avec « émerveillant », « chandelle » rime avec « belle ». Mais ce qui grandit plus que tout la figure de la fileuse semble être le mot « Ronsard ».

B. Effet magique du nom du poète

Le nom du poète, cité deux fois dans les quatrains, apparaît pourvu d'une sorte de pouvoir magique, « réveillant » la servante endormie, faisant résonner la « louange immortelle » il est le nom de la poésie même.

Le personnage de la servante apporte un élargissement du tableau, une figure qui incarne l'ensemble des lecteurs. Entre les deux quatrains, on observe donc une ouverture de la vision, accentuée par une ampleur plus grande des segments de texte : dans le deuxième quatrain, les deux derniers vers sont fortement liés par la syntaxe.

C. Le poète, un mort immortel

Le poète lui-même échappe aux injures du temps puisqu'il est dans le monde des morts, « fantôme » dépourvu de corps, donc des atteintes de la vieillesse. L'espace où il « prend » son « repos » est celui, mythologique, des Enfers de la Grèce antique puisque le myrte pousse, selon l'*Énéide,* dans le lieu où errent les âmes des amoureux. La mort du poète n'est donc pas l'achèvement d'un processus de dégradation mais une transfiguration en personnage mythique, en « ombre ». Et le mot « ombre » est mis en valeur dans le second vers du tercet par des allitérations en « r » : « par », « myrteux », « prendrai », « repos », qui lui font écho. Cette sérénité, ce « repos » qu'est la mort du poète, s'appuie sur la certitude que la gloire le rendra immortel et s'oppose au tourment qu'est la vie d'Hélène, « une vieille », hantée par les regrets.

D. Le pouvoir de la poésie sur le temps et la mort

Quant au poème, il réunit, dans la forme brève du sonnet, le futur, le passé et l'immortalité pour finir par un présent qui est celui de l'écriture et de l'amour représentés par l'image des « roses de la vie ». Il montre ainsi la puissance de la poésie.

Saut de 3 lignes pour aérer

Conclusion

Rappel de la démarche du commentaire

Il semble donc que ce sonnet, plus qu'un moyen d'obtenir l'amour de la femme aimée, se présente comme une célébration de l'art du poète.

Pour persuader Hélène de l'aimer, Ronsard présente, dans le premier quatrain, un tableau intimiste où la jeune femme est devenue une vieille fileuse que seul grandit le souvenir d'avoir été aimée et chantée par l'auteur. Ce tableau est repris et rendu plus cruel encore dans le premier tercet, avec l'introduction du thème des regrets du temps passé. Le thème du temps est repris dans le dernier tercet et constitue l'argument qui permet au poète d'inviter la femme aimée, par des verbes à l'impératif à profiter du moment donc à répondre à son amour. Cependant, on peut se demander si cette démarche se veut réellement efficace et si le poète ne cherche pas surtout à célébrer les pouvoirs de la poésie. Celle-ci peut en effet donner grandeur et noblesse à la vie ordinaire, transfigurer Hélène à ses propres yeux et aux yeux des autres, faire du poète mort une figure mythologique. Le poème, quant à lui, embrasse dans sa brièveté tous les moments du temps qu'il évoque et conserve à jamais le souvenir du poète et de la femme aimée.

Phrase finale d'ouverture

Et n'est-ce pas là le véritable pouvoir de la poésie et de l'art en général que la persistance dans notre mémoire de lecteurs, plus de quatre cents ans après l'écriture du poème, de ce souvenir et de la trace que constitue le sonnet ?

22. Rédiger l'introduction et la conclusion

OUTILS POUR LE COMMENTAIRE

L'INTRODUCTION DU COMMENTAIRE

- Elle doit être rédigée après l'écriture du plan. On la construit en quatre parties.
- **Une première phrase, en rapport avec le projet de lecture** que l'on va formuler, porte soit sur l'**œuvre** d'où est extrait le texte, soit sur l'**auteur**, soit sur un **courant littéraire**.

Exemples de première phrase d'introduction

Sur l'œuvre	Sur l'auteur	Sur un courant littéraire
Sur *L'Eldorado* (p. 52)	Sur *Amour lointain* (p. 244)	Sur *Amour lointain* (p. 244)
Candide est un conte philosophique dans lequel l'auteur, qui se livre à une réflexion sur le mal, fait vivre son héros dans un monde injuste et absurde.	La vie du troubadour Jaufré Rudel a été réécrite par la légende : il aurait aimé et chanté une dame qu'il n'aurait jamais vue.	Dans la poésie des troubadours, l'amant est le poète ; aimer et chanter sont une seule et même action.

- **Une deuxième phrase présente l'extrait** à commenter.
- On formule ensuite le **projet de lecture.**
- Puis, on **annonce le plan** (le *je* est interdit, il peut être remplacé par *nous* ou *on*).

Nous verrons comment, dans un premier temps, l'auteur vise à persuader son lecteur en faisant appel à ses émotions. Ensuite, nous analyserons les moyens qu'il emploie pour le convaincre en recourant à des arguments rationnels. Enfin, nous étudierons la manière dont, par un jeu sur l'énonciation, il convainc par la raison en même temps qu'il s'adresse à la sensibilité du lecteur.

LA CONCLUSION DU COMMENTAIRE

- La conclusion répond à la question de la problématique en résumant parties et sous-parties du commentaire.
- On ajoute à la fin une phrase qui **ouvre sur un autre point de vue**.

Exemple : « Je ne veux point fouiller au sein de la nature... », Joachim Du Bellay (p. 268).
Problématique : Quelle définition de son art de poète Du Bellay propose-t-il dans ce texte ?

Ainsi, ce poème constitue un art poétique dans lequel l'auteur définit le genre et la tonalité de son œuvre dans deux directions qui paraissent fort différentes avant de les réunir dans une désignation paradoxale de ses poèmes.
Il présente sa poésie comme vouée avant tout au lyrisme de l'intime, élégiaque ou joyeux, à l'épanchement des sentiments personnels. Et il met en pratique cette veine lyrique dans le texte par l'importance du thème de l'incertitude de la vie, par l'omniprésence du pronom « je », par l'emploi, dans la deuxième strophe du texte, d'un lexique de la parole et des sentiments, par une syntaxe qui découpe les vers, les rendant proches d'un langage parlé.
Or, l'essentiel du poème montre plutôt une veine satirique différente du lyrisme annoncé. Dans la définition négative de l'ambition de sa poésie que propose Du Bellay, dans la première strophe, un verbe plutôt prosaïque, « fouiller », introduit paradoxalement un lexique de la grandeur, de la profondeur. Cette énumération négative des ambitions de la « grande » poésie est satirique également par l'abondance excessive de mots de tonalité noble, qui produisent un effet de caricature. De même, le dernier tercet montre une comédie de l'écriture où les vers, devenus acteurs, devraient, pour être dignes de l'inspiration élevée, porter des accessoires ridicules : on peut voir là une dérision comique des moyens d'expression de la « grande poésie ».
Toutefois, par la dernière définition de ses poèmes donnée dans le second tercet, l'auteur, réunissant les thèmes de l'inspiration intime et de la modestie de la tonalité, fait de son œuvre une prise de notes quotidienne, une illustration du lyrisme de l'ordinaire.
Cette définition paradoxale de la poésie comme une chronique du quotidien ne fait-elle pas de Du Bellay un poète étonnamment moderne ?

23. Préparer le commentaire d'un texte de théâtre

OUTILS POUR LE COMMENTAIRE

Avant tout, il ne faut pas oublier que le texte s'intègre à un ensemble qui constitue le spectacle théâtral.

ÉTAPE 1 : REPÉRER LE PLUS ÉVIDENT DANS UNE PREMIÈRE LECTURE

- **On analyse l'effet sur le lecteur et le spectateur :** rire, pitié, suspens, étonnement.
- **On situe la scène :** lieu et moment de l'action, situation dans l'intrigue de la pièce (exposition, nœud, péripétie, dénouement).
- **On repère la tonalité dominante du texte :** noble (tragédie, vers) ou bas (comédie, prose ou vers), mélangé ou autre tonalité.

ÉTAPE 2 : REVENIR AU TEXTE DE MANIÈRE ANALYTIQUE

On identifie la fonction de la scène dans la pièce.

- **Scène qui fait avancer l'action** (coup de théâtre, péripétie, élément nouveau).
- **Scène qui sert à mieux caractériser les personnages** et ce qu'ils éprouvent.

> Dans *Les Femmes savantes* (acte III, scène 2, p. 150), il ne s'agit pas d'une scène qui fait avancer l'action mais d'un moment où le ridicule des prétentions littéraires des personnages est source de comique.

- **Scène destinée à émouvoir, à informer, à faire rire.**
- **Scène conventionnelle** (déclaration d'amour, dépit amoureux, dispute, retrouvailles, quiproquo, récit dans la tragédie classique) ou **scène originale.**

Dans le cas d'une scène conventionnelle, on recherche comment cette convention donne lieu à un traitement particulier.

> Dans *Phèdre* (acte II, scène 5, p. 170), lorsque l'héroïne avoue ses sentiments à Hippolyte, la scène d'aveu amoureux devient tragique parce que l'interdit transforme cette passion en crime et fait de l'amante un monstre à ses propres yeux.

On situe le lecteur et le spectateur.

Le lecteur et le spectateur peuvent en savoir autant, plus ou moins que chacun des personnages. Ils peuvent éprouver un sentiment de crainte, d'incompréhension ou d'amusement.

> Dans *Le Malade imaginaire* (acte III, scène 10, p. 154), les spectateurs savent que le médecin n'est autre que Toinette déguisée et le plaisir qu'ils peuvent retirer de la scène est lié à la complicité ainsi établie entre eux, l'auteur et les personnages.

On étudie le pouvoir de la parole, le dynamisme et la composition de la scène.

- On observe la **longueur des répliques** : un personnage peut parler plus ou moins que les autres.

> Dans *Horace* (acte IV, scène 5, p. 161), le flot de paroles de Camille révèle sa rage.

- Le silence a une signification ainsi que l'**évolution des prises de parole** dans le déroulement de la scène.

> Dans *Les Caprices de Marianne* (acte I, scène 1, p. 202), l'opposition entre les deux personnages est soulignée par la symétrie de leurs prises de parole : la longueur des répliques est identique, ce parallélisme souligne le contraste.

- On reste attentif à la **tension** entre les personnages qui peut être croissante ou décroissante, vive ou feutrée.
- On étudie l'**évolution de l'action** de la scène et la **composition** de celle-ci.

> Dans *Andromaque*, de Jean Racine, (voir p. 166), les répliques sont globalement de plus en longues. Cela correspond à une intensification de la tension psychologique que l'on retrouve dans les types de phrases employés. On passe d'une argumentation (de Céphise) à l'hypotypose dans laquelle Andromaque fait surgir la vision terrifiante de la prise de Troie.

• On analyse le **pouvoir de la parole.**

- La parole pseudo-médicale de Toinette dans *Le Malade imaginaire* (acte III, scène 10, p. 154),
- La déclaration de désobéissance d'Arlequin dans *L'Île des esclaves* (scène 1, p. 176).

On analyse les prises de parole des personnages.

• On repère et on comprend le **rôle des tirades** et des stichomythies.

• On observe quels sont le ou les **destinataires des répliques** :
- un personnage peut parler à un autre personnage que celui auquel il semble s'adresser ;
- un personnage peut dire à un personnage complice quelque chose que ne comprend pas le destinataire apparent ; il parle au spectateur (double destination du texte de théâtre) dans un aparté.

- Apartés des personnages dans *Le Mariage de Figaro* (acte V, début de la scène 7, p. 188).
- Monologue (*Médée*, acte V, scène 2, p. 158).

On étudie l'enchaînement des répliques.

Un mot, une idée, un mot d'esprit peuvent prendre plus de sens du fait du dialogue qui les a fait naître.

On analyse le langage des personnages.

• On observe l'emploi du **vouvoiement** ou du **tutoiement**.

- Phèdre se met à tutoyer Hippolyte lorsqu'elle lui avoue son amour (acte II, scène 5, p. 170).
- Dans *L'Île des esclaves*, Arlequin tutoie son maître à la fin de la scène 1 (p. 176).

• On étudie les **types de phrases**.

Les questions et les exclamations révélent l'agitation intérieure de Camille dans *Horace* (acte IV, scène 5, p. 161).

• On repère les **niveaux de langue**.

Dans *Les Femmes savantes* (acte III, scène 2, p. 150), le langage à la fois excessivement soutenu et pauvre en signification des personnages est un élément essentiel de la préciosité.

• On observe les **mots mis en valeur** ou faisant l'objet d'un rejet.

« Funèbres » et « ténèbres » à la rime dans la tirade d'*Hernani* (acte III, scène 4, p. 194).

• On étudie les **lexiques révélateurs.**

Le lexique de l'amour (*flamme, soupirs, fers, feux, cœur, cruel, ingrat*), de l'honneur (*valeur, cœur, gloire, sang*), de la religion dans la déclaration d'amour de Tartuffe.

• On observe la **fréquence de certains mots** comme « cruel » chez Racine, qui révèle le caractère destructeur de la passion.

• On étudie le **comique de mots** (ex. : le langage précieux des femmes savantes).

• On recherche des indications (dans le texte ou dans les didascalies) de **gestes** ou d'**attitudes** destinés à mettre en valeur le fonctionnement du langage dans la scène.

Dans *Tartuffe* (acte III, scène 3, p. 146), les didascalies montrent le désir très physique qu'éprouve Tartuffe de toucher Elmire alors que son langage le travestit en élan spirituel.

On étudie les figures de style et les registres.

• On analyse les **parallélismes de construction** (dans *Médée*, de Corneille : « Je vous perds mes enfants mais Jason vous perdra »), les **anaphores** et les **répétitions** (dans la tirade d'*Hernani* : « Doña Sol, prends le duc, prends l'enfer, prends le roi ! »), les **antithèses** (expression du dilemme dans *Médée* de Corneille, p. 158), les **chiasmes** et les **oxymores**, les **hyperboles** (dans les éloges des *Femmes savantes*, p. 150), les **métaphores** et les **comparaisons**, les **allitérations** et les **assonances** (assonance en « ou » renvoyant au rouge du sang à la fin de la tirade d'Hernani, p. 194).

• On repère les **registres dominants** : pathétique, tragique (aveux de Phèdre, p. 170), épique (tirade de Camille dans *Horace*, acte IV, scène 5, p. 161), lyrique, comique.

ÉTAPE 3 : S'INTERROGER SUR LE SENS ET LA VISÉE DU TEXTE

On rédige, sous la forme d'une suite de remarques, les éléments les plus importants relevés à l'étape 2.

ÉTAPE 4 : FORMULER UN PROJET DE LECTURE

Les aveux de Phèdre dans *Phèdre* (acte II, scène 5, p. 170).
Quelle vision de l'amour présente cette scène ?

ÉTAPE 5 : TROUVER DES AXES DE LECTURE

Les aveux de Phèdre dans *Phèdre* acte II, scène 5 (p. 170).
Premier axe : une passion fatale
Second axe : l'amour et ses monstres

EXEMPLES DE PARAGRAPHES DE COMMENTAIRE REDIGES

Exemple 1
La puissance de la parole dans l'action de la tragédie, *Horace* (acte IV, scène 5, p. 161)

Paragraphe rédigé

Le pouvoir d'évocation de la parole épique de Camille, qui, dans une hypotypose cosmique, fait assister son frère à la chute de Rome, est si puissant qu'il conduit Horace à faire cesser cette parole, y compris par un fratricide, en tuant celle qui la profère. Les derniers mots de sa sœur appellent ce meurtre et peut-être en sont-ils aussi la cause : « et mourir de plaisir ! » Camille, du reste, a prédit sa propre mort quelques vers plus tôt : « Et toi bientôt souiller par quelque lâcheté / Cette gloire si chère à ta brutalité ! », comme si ses mots avaient le pouvoir de faire advenir ce qu'ils disent.

On met ces éléments en rapport avec l'action de la pièce.

Après cette scène, l'héroïsme d'Horace sera mis en question. Sabine, sa femme, le condamne, son père, avant de le défendre, lui fait le reproche d'avoir par son crime déshonoré sa main, et s'il est, à la fin de la pièce, reconnu par le roi comme le sauveur de Rome, il aura été d'abord jugé selon les critères du droit, donc considéré comme un homme qui doit accepter les règles qui régissent la vie de la cité.

Exemple 2
Le système des prises de parole des personnages dans une scène de comédie, *Les Femmes savantes* (acte III, scène 2, p. 150)

On utilise essentiellement les réponses aux questions de la lecture analytique.

Le comique de la scène repose sur une opposition entre le dynamisme très fort de la parole et la pauvreté, voire le vide absolu du sens de ce qui est dit.
La lecture du poème entraîne une réaction immédiate des auditrices, qui l'interrompent constamment pour la commenter, comme si ces vers, d'une stupidité totale, possédaient le pouvoir magique de déclencher la parole. Trissotin est interrompu dès la fin du premier quatrain et à la fin du second ; il doit relire les deux vers suivants et entendre de longs commentaires avant de finir sa lecture. Cette dynamique est redoublée par la concurrence entre les commentatrices, dont les répliques se succèdent quasi mécaniquement, puisque toutes trois prennent la parole successivement dans des stichomythies d'un vers ou d'un demi-vers.
Quant au poème, qui accumule les clichés du langage galant sur un sujet prosaïque, c'est un chef-d'œuvre de niaiserie mondaine dont les auditrices admirent par-dessus tout ce qui constitue visiblement une cheville : « quoi qu'on die ». Leurs commentaires ne sont qu'une répétition de vers eux-mêmes dépourvus d'intérêt, ce qui, joint à la rapidité de leurs interventions, produit un effet de mécanique tournant à vide, source de comique puisqu'il fait des personnages des pantins caquetants et ridicules.

24. Préparer le commentaire d'un texte narratif

OUTILS POUR LE COMMENTAIRE

ÉTAPE 1 : REPÉRER LE PLUS ÉVIDENT DANS UNE PREMIÈRE LECTURE

- **On analyse l'effet sur le lecteur :** sentiments, atmosphère, informations données, plaisir de lecture.
- **On repère le sujet et le thème :**

- personnage(s), paroles rapportées, actions, attitudes, sentiments ou sensations, moment, lieu ;
- scène d'action, scène d'amour, portrait, description, scène dialoguée, moment de suspens.

- **On situe l'extrait :** situation initiale ou finale, péripétie (rebondissement de l'action), incipit ou clausule.
- **On identifie la nature de l'œuvre :** conte (fantastique, philosophique), nouvelle, roman historique, à thèse, autobiographie, récit fantastique, récit caractéristique d'un courant littéraire (roman romantique, réaliste ou naturaliste).
- **On cherche à comprendre la visée du texte :** analyse psychologique, critique sociale, vision politique, message moral, signification symbolique.

ÉTAPE 2 : REVENIR AU TEXTE DE MANIÈRE ANALYTIQUE

On identifie les modalités de la narration et de la focalisation.

- « **Je** » : s'agit-il d'une narration autobiographique (Rousseau, *Les Confessions*, p. 106) ? d'un narrateur héros ou témoin ? S'agit-il des interventions du narrateur (Hugo, *Les Misérables*, p. 73) ?
- « **Il** » **:** la focalisation est-elle interne ? externe ? S'agit-il d'une focalisation zéro ? d'un narrateur omniscient ?

> - Dans le récit de la bataille de Waterloo (*La Chartreuse de Parme*, p. 70), Stendhal, par la focalisation interne, livre de la scène une vision fragmentée et chaotique.
> - Au contraire, dans son récit de la chute de la barricade (*Les Misérables*, p. 73), Hugo choisit un point de vue omniscient accompagné d'analyses du narrateur pour préparer à un récit tragique.

On observe le déroulement chronologique et les temps verbaux.

- On relève les **expressions** marquant le déroulement chronologique.
- On analyse l'emploi et la valeur des **temps verbaux**.

> Dans le récit de la bataille de Waterloo (*La Chartreuse de Parme*, p. 70), les imparfaits descriptifs et duratifs font voir l'horreur de la bataille, alors que les passés simples décrivent les regards naïfs que Fabrice porte sur le champ de bataille.

On analyse la composition de l'extrait.

On étudie les **étapes de la narration**, l'alternance de **passages narratifs** et de **passages descriptifs** ou de **portraits**, la place et le rôle du dialogue, le rythme du récit (scène, sommaire et pause descriptive, ellipse).

> Dans l'extrait des *Souffrances du jeune Werther* (p. 44), les paroles de Mlle de B. sont d'abord rapportées au style direct, puis dans un récit de paroles, et accompagnées des brèves réponses du narrateur. Le recours aux passages dialogués rend particulièrement vifs et émouvants les propos tenus, et permet de comprendre la souffrance de Mlle de B. et le désespoir du narrateur.

On étudie les registres.

On détermine les registres dominants : **épique**, **comique**, **satirique** (Maupassant, incipit de la nouvelle « Aux Champs », p. 90)**, pathétique**, **polémique**, **tragique** (Hugo, *Les Misérables*, p. 73).

> Dans *La Nouvelle Héloïse* de Rousseau (p. 40), les phrases exclamatives et le lexique des sentiments inscrivent le texte dans le registre pathétique.

On analyse le lexique et la syntaxe.

- On étudie les **réseaux (champs) lexicaux** remarquables.

> Dans le premier paragraphe de l'agonie de la barricade (Hugo, *Les Misérables*, p. 73), le champ lexical de l'effroi (*épouvantable*, *terrible*, *tragique*) s'associe à celui du mystère (*qu'on ne voyait pas*, *mystérieux*, *on ne sait*) pour évoquer l'approche menaçante des forces armées (*masses*, *cavalerie*, *artillerie*) et créer une atmosphère tragique.

• On étudie les **niveaux de langue**, le **vocabulaire** qui peut être simple, mais aussi savant, ou mélanger différents types de langage (argot, langage technique...).

- Dans *Voyage au bout de la nuit* (p. 124), Céline mêle plusieurs niveaux de langue : comparaison exprimée dans un langage châtié (*pointilleuses comme des guêpes*), syntaxe relâchée (*qu'il dit tout d'un trait*).
- Dans « Aux champs », (p. 90), Maupassant prête à la visiteuse un langage châtié qui s'oppose au langage familier, voire incorrect de la mère, et fait sentir la différence de classe sociale.

• **On étudie la syntaxe : la longueur des phrases, ou des périodes, les types de phrases, la structuration en paragraphes.**

Dans *Regain*, de Jean Giono, (p. 262), la brièveté de la plupart des phrases et la simplicité de la syntaxe correspondent à la caractéristique fondamentale du personnage qui est présenté comme un homme relié aux choses simples et essentielles : la terre, la nature, le travail.

• **On repère le style direct, indirect, indirect libre** et on se demande pourquoi l'auteur y a recours.

Dans *La Vie de Marianne* de Marivaux (p. 38), le dialogue entre Marianne et son « protecteur » donne, à ce moment capital du récit, le rythme ralenti d'une scène et, comme au théâtre, suffit à faire comprendre la position et les sentiments des personnages.

On analyse les figures de styles.

On étudie les métaphores, les comparaisons, les allégories, les répétitions, les anaphores, les hyperboles (dans les récits épiques), les antithèses et les oxymores.

- Dans *Candide* de Voltaire (p. 52), la magnificence de l'Eldorado est soulignée par le recours à l'énumération : on évoque les trois fontaines merveilleuses.
- Dans *L'Éducation sentimentale* de Flaubert (p. 75), le déchaînement de la foule qui envahit le palais des Tuileries est rendu sensible par une comparaison (*comme un fleuve*).

ÉTAPES 3 À 7 : VOIR LES CONSEILS GÉNÉRAUX (P. 502)

EXEMPLES DE PRÉPARATION D'UN COMMENTAIRE

Exemple 1

Pour un commentaire du texte *Itinéraire de Paris à Jérusalem* de Chateaubriand (p. 60).

Projet de lecture — Quelle vision de l'Orient Chateaubriand donne-t-il dans sa description d'Istambul ?

Axes de lecture :

Premier axe — - Le récit subjectif d'un voyage réel

Deuxième axe — - Une vision négative des portes de l'Orient

Exemple 2

Pour un commentaire de l'incipit de la nouvelle « Aux Champs » de Maupassant.

Premier axe de lecture — - Maupassant, peintre pessimiste de son temps

Paragraphe rédigé de ce premier axe

Maupassant fait sentir le contraste qui existe entre les deux catégories sociales en recourant d'abord à un procédé de comédie : les personnages s'opposent en effet par leurs noms ; aux accents animaliers du nom des « Tuvache », auquel fait écho le nom de terroir des « Vallin », vient s'opposer le patronyme aristocratique de « Mme Henri d'Hubières ». L'écrivain joue aussi sur l'évocation des lieux ; à la « terre inféconde » où l'on « besognait durement » s'oppose la « station d'eaux de Rolleport », symbole d'un ailleurs où il fait meilleur vivre et d'où vient peut-être la « légère voiture » des d'Hubières, équipage luxueux d'une vie élégante. Enfin, l'opposition entre les classes sociales est rendue sensible par la langue prêtée aux personnages : au patois normand de la paysanne : « C'est i permis d'vouloir prendre un éfant ! », répondent les conditionnels polis de la visiteuse : « je voudrais bien » « Nous le garderions ».

25. Préparer le commentaire d'un texte poétique

OUTILS POUR LE COMMENTAIRE

Avant tout, il est important de se rappeler que la poésie se définit en opposition avec la prose par une réflexion sur les effets du langage et un usage particulier de celui-ci.

ÉTAPE 1 : REPÉRER LE PLUS ÉVIDENT

- **On analyse l'effet sur le lecteur :** plaisir à la musicalité, aux images suscitées, à l'univers évoqué.
- **On constate ce qui reste en mémoire :** des images, des thèmes, des idées, des groupes de mots.
- **On observe la forme :** forme fixe ou libre, vers, vers libres, strophes.

ÉTAPE 2 : REVENIR AU TEXTE DE MANIÈRE ANALYTIQUE

On analyse les thèmes.

- **On repère les thèmes traditionnels**, comme l'amour, le passage du temps, le rôle du poète.
- On cherche comment **la tradition est reprise et transformée**.

On utilise le paratexte.

- **On s'appuie sur les éléments de paratexte** utiles pour éclairer le sens du texte en le resituant dans son contexte.

> - Le thème de l'amour, aussi ancien que la poésie, est renouvelé par la métaphore de la danse dans le poème de Ronsard : « Le soir qu'Amour vous fit en la salle descendre » (p. 300) : le poète nous fait assister au spectacle d'une chorégraphie amoureuse.
> - Dans le poème de S. de La Roque, « Je suis le triste Oiseau de la nuit solitaire » (p. 286), la nature est vue dans une série de contrastes entre clarté et ténèbres, images des excès de bonheur et de malheur où l'amour plonge le poète.

- **On repère les thèmes novateurs.**

> Comme la diatribe du poète Jodelle contre ses propres vers dans « Ô traîtres vers... » (p. 267).

- **On identifie les poèmes qui ont pour thème le chant ou la poésie** elle-même.

> « À sa lyre » (p. 262) et « Quand vous serez bien vieille... » (p. 265) de Ronsard, ou « Je ne veux feuilleter » (p. 270) et « Je ne veux point fouiller... » (p. 268) de Du Bellay.
> Le poème « Je ne veux point fouiller au sein de la nature » (p. 268) de Du Bellay est le premier sonnet du recueil des *Regrets* et se présente comme une sorte de programme annonçant le projet poétique de l'auteur dans cette œuvre.

On étudie l'énonciation.

- On se demande ce que représente précisément le *je* **du poète.**

> Le poète amant séparé de la femme dans « Amour lointain » de Jaufré Rudel (p. 244), le poète-croisé dans la « Chanson de Croisade » de Conon de Béthune (p. 249), l'érudit dans « Je ne veux feuilleter... » de Du Bellay (p. 270).

- On analyse ce que désigne *vous* ou *tu.*

> Tout le sens du poème « Ô traîtres vers... » de Jodelle (p. 267) est lié au fait qu'il s'adresse à ses vers personnifiés et les accuse.

On étudie le lexique.

- Le lexique est-il **concret ou abstrait** ? Le mélange des deux est à commenter.

> Ainsi, dans le sonnet « Je vis, je meurs » de Louise Labé (p. 298), l'expression des effets physiques du sentiment amoureux montre la force de la passion.

- Le lexique est-il **simple** ou **savant** ? Y a-t-il un **mélange de registres de langue** ?

> On note les allusions mythologiques dans « Contre une nuit trop claire » de Philippe Desportes (p. 283) ou le mélange des registres de langue dans le « Sonnet boiteux » de Verlaine (p. 308).

- On étudie les **champs lexicaux.**

Le champ lexical de l'obscurité et de la lumière dans « Je suis le triste Oiseau... » de La Roque (p. 286).

- On repère l'alliance surprenante de termes, propre à la poésie, et qui crée un effet de surprise.

Pour décrire les effets paradoxaux de la passion amoureuse, Louise Labé multiplie les oppositions et les antithèses. L'expression « Et en plaisir maint grief tourment j'endure » allie de façon très puissante douleur et plaisir, faisant des deux notions les compléments du même verbe.

On analyse les types de discours et les registres.

- On distingue les discours **narratif** (« La cour du Lion » de La Fontaine, p. 318), **argumentatif** (« Quand vous serez bien vieille... » de Ronsard, p. 265), **descriptif** (description de la danse de la femme dans « Le soir qu'Amour vous fit... » de Ronsard, p. 300).
- **On repère les registres dominants** :

- **lyrique** dans les poèmes d'amour en général (« Je vis, je meurs... » de Labé, p. 298) ;
- **élégiaque** (« Amour lointain » de Rudel, p. 244) ;
- **polémique** (« Ballade à s'amie » de Villon, p. 256).

On étudie la versification et la composition des strophes, on repère les formes fixes.

- On commente l'effet du choix de l'alexandrin ou d'autres vers.

Décasyllabe dans « Ballade à s'amie » de Villon (p. 256) ; alexandrin dans la plupart des sonnets ; vers libres dans « La cour du Lion » de La Fontaine (p. 318).

- On reconnaît les formes de la **ballade**, forme médiévale (« Ballade à s'amie » de Villon, p. 256) et du **sonnet** : forme inventée à la Renaissance et utilisée par les poètes de la Pléiade et de l'âge baroque.

On analyse la syntaxe et la ponctuation.

- On étudie la **longueur des phrases** et des propositions, les **types de phrases : exclamatives**, liées au registre élégiaque dans « Chanson de Croisade » de Conon de Béthune (p. 249) ; **interrogatives** dans « Contre une nuit trop claire » de Desportes (p. 283).
- On observe la **ponctuation** et on analyse son rôle. On étudie le rapport entre syntaxe et versification : vers découpés en groupes syntaxiques.

Découpage des premiers vers en courts groupes syntaxiques, chacun ajoutant une précision à la description, dans « Quand vous serez bien vieille...» de Ronsard (p. 265).

On étudie les sonorités et les figures de style.

- On observe la **répétition des sons.**

- Assonances en « i », renvoyant au mot « Nuit », dans « Contre une nuit trop claire » (p. 283).
- Allitérations en « r » renvoyant à « triste » dans « Je suis le triste Oiseau... » (p. 286).

- On étudie les **rimes**, le retour des mêmes sons dans le vers.

« Le ballet fut divin, qui se soulait reprendre, / Se rompre, se refaire, et tour dessus retour / Se mêler, s'écarter, se tourner à l'entour, / Contre-imitant le cours du fleuve de Méandre » L'allitération en « r » et l'assonance en « an » annoncent le thème du fleuve Méandre, dont la strophe décrit les courbes (« Le soir qu'Amour vous fit... » de Ronsard, p. 300).

On étudie les images.

- La création d'images est un procédé aussi essentiel à la poésie que le travail sur les sons.

- **Comparaisons** : « Contre-imitant le cours du fleuve de Méandre. » de Ronsard (p. 300).
- **Métaphores** : la métaphore annoncée dans le titre du sonnet « Je suis le triste Oiseau... » (p. 286) est filée tout au long du poème, qui se clôt par l'image d'un aigle.
- Les métaphores peuvent devenir des **allégories** (dans le poème « Contre une nuit trop claire », p. 283, la majuscule du mot « Nuit » la rapproche d'une allégorie).
- **Personnifications, antithèses** (« Je me brûle et me noie » de Labé, p. 298).
- **Chiasmes** (« Je suis le triste Oiseau de la nuit solitaire » p. 286).

- On analyse les figures de la répétition, procédé essentiel de la poésie :

- **Anaphores** (deux sonnets de Du Bellay commencent par une anaphore négative : « Je ne veux... », p. 268-270).
- **Parallélismes** de construction « Je me plains à mes vers / Je me ris avec eux ».

EXEMPLE DE COMMENTAIRE PAS À PAS

Sur le poème « Je ne veux point fouiller au sein de la nature... » de Joachim Du Bellay, (p. 268)

Étape 3 : prise de notes (s'interroger sur les sens et la visée du texte)

Thème et énonciation

Il s'agit d'un art poétique. Le poète définit d'abord de façon négative, puis par une évocation de son rapport à la poésie, la visée, le ton et la spécificité de son art. Il finit par une sorte de scène comique où il reprend sa critique de la solennité en poésie. Le « Je » est très présent, puisqu'il s'agit pour l'auteur de revendiquer une poésie de l'intime, qui se nourrit de sa vie et de ses sentiments.

Lexique

Le vocabulaire est dominé par des oppositions entre ce qui relève de la grandeur et des arts plastiques : « au sein de la nature », « l'univers », « les abîmes », « la belle architecture », « riche peinture », et ce qui renvoie à l'intime et à la parole, au quotidien, aux sentiments : « accidents divers », « à l'aventure », « Je me plains », « Je me ris », « je leur dis », « mon cœur », « papiers journaux ».

Versification

Le vers choisi est l'alexandrin et la forme est celle du sonnet, dont Du Bellay a contribué à faire une forme majeure de la poésie en langue française.

Syntaxe

Dans le début du poème (premier quatrain et deux premiers vers du second), la syntaxe suit le rythme des vers, contribuant à l'impression de solennelle harmonie.
Dans la suite, les vers sont plus coupés (« Soit de bien, soit de mal »), sauf à la toute fin, où la solennité d'une phrase ample reprend.

Figures de style

L'anaphore négative du début annonce la structuration du texte autour d'une opposition. La comparaison entre poésie et peinture : « Je ne peins mes tableaux de si riche peinture » est traditionnelle et renvoie au poète latin Horace. La personnification des vers : « je me plains à mes vers... Je me ris avec eux », permet au poète de les montrer comme des confidents, des dépositaires de son intimité, des prolongements de lui-même. Et cette personnification aboutit à en faire les acteurs ridicules de la fin du poème : « Aussi ne veux-je tant les peigner et friser... »

Étape 4 : projet de lecture

Du Bellay revendique un art poétique de l'intime, du lyrisme personnel alors que la tonalité du poème apparaît le plus souvent satirique et critique. Comment comprendre ce paradoxe ?

Étape 5 : axes de lecture

- Une poésie de l'intime, du lyrisme personnel qui témoigne de l'incertitude de la vie
- Une veine satirique qui moque la poésie solennelle et intellectuelle
- Une conception très singulière de la poésie qui se tient au plus près de l'ordinaire de la vie.

Étape 6 : plan intégrant les citations utiles

Plan :

I. Une poésie de l'intime, du lyrisme personnel qui témoigne de l'incertitude de la vie

• Une poésie de l'intime, du lyrisme personnel
Importance de la présence du pronom « je », outre l'anaphore des trois premiers vers, le mot est placé au début de trois autres vers et se retrouve dans tout le poème.
• Lyrisme dans le choix des thèmes : sentiments, « je me ris », « regrets », qui apportent une nuance élégiaque : « je me plains » ; pensées intimes « mon secret » : un lyrisme de la confidence.
• Une poésie qui reflète les incertitudes de la vie et ses ambiguïtés : « suivant de ce lieu les accidents divers », « Soit de bien, soit de mal », à l'opposé des certitudes intellectuelles de la poésie philosophique qui se donne pour but de « chercher l'esprit de l'univers. »

II. Une veine satirique qui moque la poésie solennelle et intellectuelle

• Un texte critique qui dit d'abord ce que n'est pas la poésie : structuration du poème autour de l'anaphore négative « Je ne veux ».
• Présentation ironique des ambitions de la « grande poésie ».
• Choix de mots qui désignent des éléments vastes sur le plan spatial : « nature », « univers », « abîmes », et ambitieux sur le plan intellectuel : « l'esprit », « sonder », « chercher » (mis en valeur par un parallélisme de construction).
- Modèle rejeté, énoncé pour la poésie par le poète latin Horace, des arts de l'espace et de l'image : « dessiner du ciel la belle architecture », « tableaux », dont les éléments sont qualifiés par des adjectifs mélioratifs qui ennoblissent les éléments désignés : « belle », « riche », « hauts ». Tous ces éléments sont ironiques par l'accumulation d'éléments solennisants et parce qu'ils sont introduits par l'anaphore négative « Je ne veux ».

III. Une conception très singulière de la poésie qui se tient au plus près de l'ordinaire de la vie.

• Le poème ne montre pas ce qu'il revendique : le dernier tercet a une tonalité comique et satirique, et nullement lyrique. Les vers personnifiés sont des personnages de comédie que l'on peut « peigner et friser », dont on pourrait « déguiser » les noms. Le lecteur assiste à une courte scène comique.
• Toutefois, ces personnages que sont les vers sont les « secrétaires » du « cœur », c'est-à-dire des confidents des sentiments et, en ce sens, ils sont des auxiliaires du lyrisme.
• Définition finale des vers comme « de papiers journaux ou bien de commentaires », c'est-à-dire des notes, des éléments d'un journal intime. Le lyrisme revendiqué se nuance ici d'une dimension de chronique, c'est une définition très singulière de la poésie comme l'art de dire, dans le langage non quotidien qui est celui du poème, ce que la vie a de plus simple et de plus ordinaire.

26. Préparer le commentaire d'un texte d'idées

OUTILS POUR LE COMMENTAIRE

ÉTAPE 1 : REPÉRER LE PLUS ÉVIDENT

On repère le thème et le propos.

- **Domaine** concerné (moral, politique, social, philosophique).
- **Sujet abordé** (la justice sociale, la liberté, la morale, le but des œuvres d'art...).
- **Thèse** défendue et thèse rejetée.

> L'œuvre littéraire doit inciter à observer les règles de la morale/ elle ne doit pas se préoccuper de morale; le travail de l'ouvrier doit rapporter de l'argent/ le travail doit respecter, voire épanouir celui qui travaille.

On analyse les moyens d'action sur le destinataire.

- Appel à la raison : **convaincre**.
- Appel aux émotions : **persuader**.
- De nombreux textes mobilisent à la fois des stratégies destinées à convaincre et à persuader.

On identifie la forme littéraire.

Essai, discours, lettre, article, manifeste.

On se renseigne sur le contexte du débat.

> **XIXe siècle**, naissance des mouvements ouvriers et des doctrines socialistes.
> 1857 (procès de Mme Bovary) : débuts autoritaires du second Empire, majorité conservatrice dans l'opinion.

ÉTAPE 2 : REVENIR AU TEXTE DE MANIÈRE ANALYTIQUE

On analyse l'énonciation.

- **L'énonciateur peut être absent :** c'est le cas dans les textes qui visent à se rapprocher d'une objectivité de type scientifique ou des textes théoriques.

> *L'Excès-l'Usine* de Leslie Kaplan (p. 375) est un cas particulier où la déshumanisation est rendue sensible par l'absence de toute marque de la présence de l'énonciatrice.

- **Un *je* peut être présent.** On précise à qui il renvoie :
  - à **l'auteur**, dans les lettres (*Lettre à Boris Souvarine* de Simone Weil, p. 373), dans les prises de position où l'énonciateur s'implique (*L'Union ouvrière* de Flora Tristan, p. 366), dans les textes autobiographiques, (*Inyenzi ou les Cafards*, de Scholastique Mukasonga, p. 399) ;
  - à un **personnage** (discours d'Étienne, dans *Germinal* de Zola p. 370).
- **Un *nous* peut être présent.** On détermine qui il inclut et qui il exclut.
- **Un *vous* peut être présent** pour impliquer l'auditeur dans l'énoncé (à la fin du discours d'Étienne, p. 370)
- **Le destinataire peut être désigné précisément :** formule d'appel, dans les lettres (définition d'un public en devenir : les prolétaires chez Flora Tristan, p. 366) **ou par un *vous*** (discours de l'avocat de Flaubert, p. 355).

On étudie les types de phrases.

On repère les phrases **déclaratives** (plus ou moins assertives, avec des effets d'insistance dans la mise en relief de certains termes chez Flora Tristan, p. 366), **interrogatives** (dans le début du discours d'Étienne, p. 370) et **exclamatives** (pour exprimer des sentiments forts, persuader dans « Mélancholia » de Hugo, p. 368), **injonctives**.

On analyse les types d'arguments.

- On identifie :
  - l'appel à la **logique** (dans le début du discours du procureur Pinard contre Flaubert, « des détails lascifs [...] imaginables », p. 332) ;

- l'appel aux **valeurs** (les valeurs de justice sociale dans le discours d'Étienne dans *Germinal* de Zola, p. 370 ; la valeur sacrée de l'enfance dans « Mélancholia » de Hugo, p. 368) ;
- l'**appel aux faits** (les éléments donnés par Étienne, p. 370 ; le détail des conditions de travail et de salaire dans la lettre de Simone Weil, p. 373).

• **On repère l'analogie, la dissociation** (le travail des enfants dissocié du « vrai travail / Qui fait le peuple libre et qui rend l'homme heureux » dans « Mélancholia » de Hugo, p. 368), la **définition** (*L'Union ouvrière* de Flora Tristan : « la classe prolétaire, c'est-à-dire la nation », p. 366).

On étudie les types de discours et les registres.

• **On distingue la narration et l'argumentation** (les reformulations argumentatives du récit de Flaubert par le procureur, l'avocat, p. 332).

• **On observe les registres dominants** :
- **polémique** (le discours du procureur Pinard contre le roman de Flaubert, p. 332) ;
- **pathétique** (« Mélancholia » de Hugo, p. 368).

On analyse les formes littéraires.

• **La lettre :** on étudie l'énonciation, la situation mise en place, le statut des lettres (vraies lettres : Simone Weil qui écrit à un militant communiste partageant ses idées sociales, p. 373).

• **Le discours :** on étudie le contexte et l'énonciation (discours authentique : plaidoiries du procès Flaubert, p. 332, ou de fiction : le discours d'Étienne, p. 370).

• **Le manifeste** : on étudie l'énonciation et les valeurs invoquées (Flora Tristan, p. 366).

• **Le texte autobiographique** (Elie Wiesel, p. 393).

On étudie les figures de style.

On relève les **métaphores** (« pour combattre l'ennemi [l'ignorance] » de Flora Tristan, p. 366) les **comparaisons**, les **analogies**, les **oxymores**, les **anaphores** (au début de « Mélancholia » de Hugo, p. 368) et les **parallélismes** de construction comme formes d'insistance, les **antithèses** (pour mettre en balance des conséquences opposées dans « Mélancholia » : « Qui produit la richesse en créant la misère », p. 368), les **questions oratoires** (à la fin du discours d'Étienne, p. 370).

ÉTAPES 3 À 7 : VOIR LES CONSEILS GÉNÉRAUX (P. 502)

EXEMPLE DE PRÉPARATION D'UN COMMENTAIRE

Pour un commentaire du texte « Mélancholia » de Victor Hugo (p. 368).

Projet de lecture

Quels sont les moyens de l'argumentation du poète ?

Axes de lecture :

Premier axe — - Le poète, un témoin visionnaire de son temps

Second axe — - La poésie, un langage qui parle à l'âme et aux sens

Exemple de paragraphe rédigé pour le premier axe de lecture

Une description de la réalité du travail par le détour de l'imaginaire

Pour montrer l'horreur d'une réalité sociale, Hugo mêle à des faits vrais : « Ils s'en vont travailler quinze heures sous des meules », des éléments métaphoriques et des visions.

L'atelier ou l'usine devient « une prison », « un bagne ». Ce thème permet de mettre en lumière une caractéristique traditionnellement attachée à l'enfance : l'innocence, et d'introduire le thème de l'injustice : « Innocents dans un bagne ». Les objets qui composent l'environnement du travail, animalisés ; « Accroupis sous les dents d'une machine sombre », animés, deviennent des créatures imaginaires et menaçantes : « Monstre hideux qui mâche on ne sait quoi dans l'ombre ».

Peuplé de tels êtres, le lieu de travail est assimilé au lieu même du mal : « anges dans un enfer », renouvelant le thème de l'injustice sur un plan non plus social mais religieux et moral.

27. Qu'est-ce qu'une dissertation ?

Définition : une **dissertation** est un **exercice d'écriture** qui consiste à produire un discours écrit, entièrement rédigé, dont le niveau de langue attendu est courant, voire soutenu.
- C'est un **exercice rhétorique** : il cherche à convaincre le lecteur de partager les idées que l'auteur de la dissertation présente, au moyen d'une argumentation raisonnée, justifiée et bien organisée.
- C'est un **exercice scolaire** : il permet d'évaluer certaines qualités d'expression et de pensée, mais aussi des connaissances précises.

Objectif : dans la **dissertation littéraire**, il s'agit de produire un **raisonnement sur la littérature**, sur des œuvres littéraires que l'on a lues ou étudiées. On y montre, d'une part, une **connaissance et une compréhension fines des œuvres**, et, d'autre part, une **capacité à les mettre en débat**, à en interroger l'intérêt (intellectuel ou moral), les effets (affectifs, émotionnels) et les enjeux (historiques, littéraires, sociaux).
Il s'agit de **s'interroger sur la littérature**, à partir d'un **sujet** donné, souvent présenté sous forme de **question** ou de **citation à mettre en débat**.

COMMENT UNE DISSERTATION EST-ELLE ÉVALUÉE ?

Trois critères sont pris en compte :
- le **respect des codes de l'exercice** : présentation de la copie, organisation du propos, « étapes » obligatoires : introduction, développement des idées, conclusion... ;
- la **qualité de l'argumentation** : pertinence des arguments, cohérence d'ensemble du raisonnement, cohérence du propos avec le contenu de l'œuvre, connaissance précise de cette œuvre et de son contexte culturel et littéraire, capacité à donner des exemples et à faire des citations... ;
- la **qualité de la langue écrite** : niveau soutenu ou courant, emploi d'un vocabulaire précis voire spécialisé en analyse littéraire, respect de l'orthographe commune...

COMMENT PRÉSENTER SA COPIE ?

1 La copie doit être entièrement rédigée :
- aucune abréviation n'est tolérée (sauf pour des références quand elles sont répétées, telles *l.* pour *ligne* et *v.* pour *vers*, si on a déjà employé au moins une fois ces mots en entier) ;
- pas de listes avec des tirets ;
- pas de titres ou d'intertitres ;
- pas de numérotation des parties et sous-parties.

2 On souligne les titres d'œuvres (sur traitement de texte, le soulignement est remplacé par l'**italique**). Cela évite la confusion entre un renvoi à l'œuvre par son titre et un renvoi à un personnage éponyme (dont le nom donne son titre à l'œuvre).

> Exemple : <u>Thérèse Desqueyroux</u> est un roman de Mauriac paru en 1927. Thérèse Desqueyroux est accusée d'avoir voulu empoisonner son mari.

3 On met entre guillemets toute citation (c'est-à-dire chaque mot et chaque expression empruntés à un auteur).

4 La dissertation se construit en **trois moments principaux** :
- une **introduction** ;
- un **développement des arguments ;**
- une **conclusion**.

Le développement se fait en plusieurs parties (en général, deux ou trois), elles-mêmes divisées en sous-parties (deux à quatre paragraphes distincts).

5 On aère la copie pour permettre de repérer la structure de la dissertation et rendre la lecture plus agréable.

Astuce

Pour visualiser les « aérations » de la copie :
- entre l'introduction et le développement, puis entre ce dernier et la conclusion, **sauter trois lignes** ;
- entre les différentes parties du développement, **sauter une ligne** ;
- pour séparer les paragraphes à l'intérieur de l'introduction, de la conclusion ou d'une partie du développement, ne pas sauter de ligne, **marquer juste un alinéa** (un retrait par rapport à la marge).

EXEMPLE : DISSERTATION RÉDIGÉE

Le sujet de dissertation ci-contre fait suite à l'étude de la pièce *Le Cid* (1637) de Pierre Corneille.

Sujet

Estimant que l'amour n'est pas une passion assez noble pour être au centre d'une pièce tragique, mais qu'« il faut qu'il se contente du second rang », Corneille précise : « [...] dans *Le Cid* même, qui est sans contredit la pièce la plus remplie d'amour que j'aie faite, le devoir de la naissance et le soin de l'honneur l'emportent sur toutes les tendresses qu'il inspire aux amants que j'y fais parler. » (*Discours de l'utilité et des parties du poème dramatique*, 1660.) Vous commenterez et discuterez cette affirmation.

Dissertation :

Introduction

Retrait de paragraphe par un alinéa

La tragédie s'est imposée dans le théâtre français, dès le XVIe siècle, comme le genre noble dans lequel se posent des problèmes politiques, par opposition à la comédie, qui met en scène des sentiments jugés moins élevés, comme l'amour et ses vicissitudes. C'est pourquoi Pierre Corneille, qui avait conçu *Le Cid* (1637) comme une tragicomédie avant de la rebaptiser « tragédie », a pu écrire, dans son *Discours de l'utilité et des parties du poème dramatique* (1660), que, dans cette pièce, « la plus remplie d'amour [qu'il] ai[t] faite, le devoir de la naissance et le soin de l'honneur l'emportent sur toutes les tendresses qu'il inspire aux amants [qu'il] y fai[t] parler ». La primauté de la question de l'honneur assurerait ainsi l'appartenance de la pièce au genre tragique. Mais si l'opposition de l'honneur et de l'amour peut être si marquée dans cette affirmation, ce n'est peut-être qu'au moyen d'une réduction de l'amour à des « tendresses ». Si l'amour n'avait pas plus de force et d'emprise qu'une douce affection, il ne saurait faire naître le conflit passionnel sur lequel repose précisément le tragique de la pièce. Dans quelle mesure et de quelle manière Corneille parvient-il à maintenir un conflit tragique entre les valeurs apparemment opposées de l'honneur et de l'amour ?

Nous verrons d'abord que Corneille semble en effet privilégier l'honneur par rapport à l'amour dans *Le Cid*. Mais nous montrerons qu'en réalité, la mise à l'épreuve de l'amour est un ressort essentiel de l'action tragique. Nous serons alors amenés à voir que la question de l'amour oblige Corneille à envisager une autre conception de l'honneur, qui ne se résume pas au « devoir de la naissance ».

Saut de 3 lignes entre l'introduction et le développement

Retrait de paragraphe par un alinéa

Première partie

Certes, dans *Le Cid*, l'honneur semble à première vue primer sur l'amour.

La pièce, en effet, ne développe guère les intrigues amoureuses secondaires. On peut penser en particulier à l'amour de l'Infante pour Rodrigue, qu'elle ne lui avoue jamais. L'Infante se résout bien vite à vaincre son inclination, même si elle oscille parfois entre espoir et volonté de réprimer son amour, comme à la scène 2 de l'acte V. De même, l'amour de Don Sanche pour Chimène demeure accessoire, et son duel contre Rodrigue l'oblige bientôt à reconnaître l'« amour si parfaite » qui unit son rival à

Chimène (V, 6). Corneille refuse donc d'exploiter des pistes qui auraient nourri le thème amoureux, comme dans une comédie.

De plus, la question de l'honneur et du devoir de naissance, qui constituent les valeurs centrales de la noblesse guerrière, est bien la source première de l'action de la pièce. Rien ne s'oppose, au début de la pièce, à l'union entre Rodrigue et Chimène, puisque leurs pères respectifs, Don Diègue et Don Gomès, consentent tous deux à un mariage qu'ils jugent favorablement. C'est bien parce que la rivalité politique entre les deux hommes les pousse à se provoquer l'un l'autre que Don Diègue réclame à son fils de venger son honneur en tuant le comte, et ce, malgré l'amour de Rodrigue pour la fille de Don Gomès : « Ne réplique point, je connais ton amour ; / Mais qui peut vivre infâme est indigne du jour » (I, 5). Don Diègue présente ainsi l'honneur comme une valeur supérieure à l'amour, et Rodrigue ne semble guère avoir le choix.

La valeur de l'honneur paraît donc le véritable moteur de l'intrigue dans la pièce, faisant écho à l'idéologie féodale où la dignité du rang et l'honneur du sang doivent primer toute considération individuelle, tout sentiment personnel.

Saut d'une ligne entre la première et la deuxième partie

Deuxième partie

Cependant, Corneille ne peut faire mine de sous-estimer l'importance de l'amour qu'en le réduisant à des « tendresses » qui ne reflètent pas sa véritable nature dans *Le Cid*.

En effet, l'amour de Rodrigue et de Chimène a la force d'une passion. Si tous deux accomplissent leur devoir – Rodrigue en vengeant son père, Chimène en réclamant justice –, ils ne peuvent vaincre leur amour réciproque. Ainsi Chimène révèle-t-elle, au moment où elle croit Rodrigue mort en duel, qu'en défendant l'honneur de son nom, elle a dû lutter contre elle-même, contre ses propres sentiments : « J'ai dû cette vengeance à qui m'a mise au jour / Et je dois maintenant ces pleurs à mon amour. » Le verbe « devoir » semble ici discrètement rééquilibrer l'honneur et l'amour. Le devoir exige le sacrifice d'un amour qui ne peut pourtant être totalement étouffé.

L'amour, en outre, conduit les deux amants, devenus ennemis, à se livrer un véritable duel amoureux. La passion de Rodrigue pour Chimène l'amène, par exemple, à lui rendre visite par deux fois (III, 4 et V, 1) pour lui arracher à deux reprises, avec une certaine cruauté, l'aveu qu'elle l'aime encore, et qu'elle exprime en disant : « Va, je ne te hais point » (III, 4). Mais cet aveu, en se déguisant sous la figure rhétorique de la litote, témoigne également de la résistance de Chimène, qui cherche à retenir une déclaration qu'elle juge coupable. C'est donc à un véritable combat verbal que se livrent les deux amants.

Titres d'œuvre en italiques

La passion amoureuse se révèle dans *Le Cid* beaucoup plus difficile à vaincre que Corneille ne veut bien le dire dans son *Discours de l'utilité et des parties du poème dramatique* ; le conflit de valeurs, ainsi soutenu avec plus de force, complexifie la pièce et l'empêche d'être la simple illustration de la morale nobiliaire de l'honneur.

Saut d'une ligne entre la deuxième et la troisième partie

Troisième partie

On s'aperçoit alors que, dans *Le Cid*, la question de l'amour amène Corneille à mettre en évidence une nouvelle conception de l'honneur.

On constate d'abord que le combat amoureux entre Chimène et Rodrigue a pour enjeu de sauvegarder leur admiration réciproque. Rodrigue prend conscience, dans les stances de la scène 6 de l'acte I, qu'il doit bien tuer Don Gomès, puisque cet acte à la fois venge l'honneur de son père et lui conserve l'amour de Chimène. On lit de fait dans ces stances : « J'attire en me vengeant sa haine et sa colère, / J'attire ses mépris en ne me vengeant pas. » La haine et la colère sont le revers de l'amour ; le mépris en est la perte. Ne pas venger son père, c'est devenir indigne de Chimène, c'est perdre à ses yeux toute gloire : mieux vaut être haï, car alors on est encore digne d'intérêt. De même, Chimène perdrait tout prestige et toute dignité aux yeux de Rodrigue si elle ne défendait pas son propre honneur. L'honneur individuel participe ainsi de l'amour que l'on inspire à l'autre et que l'on ressent pour lui.

Citations entre guillemets

Le sens de l'honneur n'est en réalité pas univoque, et la pièce articule deux honneurs distincts. Le « devoir de naissance » correspond à une notion de l'honneur qui paraît déjà archaïque. Elle est en effet défendue par la vieille génération, celle de Don Diègue : c'est un idéal viril et presque encore féodal, à côté duquel l'amour n'a guère de valeur. Don Diègue considère que « L'amour n'est qu'un plaisir, l'honneur est un devoir » (III, 5). C'est l'honneur de la famille, du nom. En revanche, Rodrigue et Chimène conçoivent leur honneur autrement : il s'agit pour eux de garder leur gloire individuelle aux yeux de la personne qui les aime, leur prestige amoureux. C'est pourquoi Chimène peut dire : « Il y va de ma gloire, il faut que je me venge » (III, 3). L'honneur, en ce sens, est le socle de l'amour.

Le conflit entre l'honneur et l'amour se résout moins, dans cette perspective, par le triomphe de l'honneur nobiliaire que par une élévation de l'amour grâce par l'honneur individuel.

Saut de 3 lignes entre le développement et la conclusion

Conclusion

Le Cid de Corneille propose donc une intrigue où, comme il se doit dans la tragédie en ce début du XVIIe siècle, l'amour semble s'effacer derrière la question noble de l'honneur. C'est pourtant bien toute la violence de la passion amoureuse que Rodrigue et Chimène éprouvent dans le conflit moral qui leur est imposé. Cette épreuve met au jour une autre conception de l'honneur, celle d'une gloire qui justifie l'amour.

Aussi peut-on penser que la pièce se situe au croisement de l'héritage féodal – une idéologie nobiliaire de l'honneur du nom – et de l'héritage courtois – une idéalisation de la passion amoureuse que les romans à la mode (tel *L'Astrée* d'Honoré d'Urfé) commençaient à imposer.

28. Lire et analyser un sujet de dissertation

OUTILS POUR LA DISSERTATION

COMMENT UN SUJET DE DISSERTATION EST-IL COMPOSÉ ?

Le sujet de dissertation peut prendre **trois formes différentes** :
- une **question** à propos d'une œuvre, du genre littéraire ou du mouvement littéraire auxquels on la rattache ;
- une **affirmation** (qui amène un débat) à propos d'une œuvre ou de son contexte littéraire ;
- une **citation** d'auteur (écrivain, critique) qu'il faut mettre en rapport avec une œuvre ou son contexte culturel pour en évaluer la pertinence.

COMMENT ANALYSER LE SUJET ?

- **Commencer par encadrer les mots-clés** du sujet. Identifier les **notions abstraites** : trouver leurs significations et de leurs différentes valeurs. Définir les notions vues en cours.
- **Repérer les verbes de modalité** (comme *pouvoir* ou *devoir*) :
- *pouvoir* signifie-t-il « être capable de » ou « avoir le droit de » ?
- *devoir* signifie-t-il « obéir à une nécessité inéluctable » ou « avoir une obligation morale » ?

> La comédie doit-elle chercher à corriger les mœurs ? Vous répondrez à partir de votre lecture de *L'École des femmes* de Molière. → *Devoir* a ici le sens d'« obéir à une obligation morale fixée par la société ».

- **Faire attention aux adverbes employés** : *seulement*, *uniquement*, *essentiellement* indiquent des limitations dont la pertinence doit être mise en question.
- **Observer les modalisations, les connecteurs logiques et les nuances** (*malgré…*, *même si…*, *dans la mesure où…*, *peut-être…*).
- **Essayer de reformuler le sujet** avec ses propres mots pour vérifier qu'on le comprend.

ASTUCE

Expliciter les mots interrogatifs du sujet. *Dans quelle mesure…* = dans quelles limites ; *en quoi…* = par quels moyens et jusqu'à quel point.

COMMENT TRANSFORMER LE SUJET EN PROBLÉMATIQUE ?

- **Le sujet n'est pas une problématique.** C'est une formulation générale, qui peut amener plusieurs problématiques différentes acceptables.
- Le sujet contient des **présupposés** (des informations que l'on peut déduire de tel ou tel mot) et des **sous-entendus** (des éléments que le lecteur du sujet doit reconstruire par lui-même). Ceux-ci aident à trouver les **enjeux** du sujet.

> Dans *Le Roman expérimental*, Émile Zola écrit à propos de certains romanciers : « Ils sont grands parce qu'ils ont peint leur époque, et non parce qu'ils ont inventé des contes. » En quoi cette remarque peut-elle s'appliquer à *Au Bonheur des dames* ? → L'un des présupposés du sujet est que le genre du conte renvoie à la pure fiction et à l'invraisemblable. Le sous-entendu est que Zola valorise la réalité en tant que naturaliste.

- La **problématique** est la question à poser pour **mettre en évidence un enjeu du sujet**.

> Au XVIe siècle, Montaigne écrit dans ses *Essais* : « La bonne [poésie], l'excessive, la divine est au-dessus des règles et de la raison. » Peut-on, selon vous, appliquer ce jugement aux œuvres de Jean de Sponde et à la poésie baroque en général ? → On peut formuler la problématique suivante : La puissante impression que fait la poésie baroque sur le lecteur, notamment celle de Jean de Sponde, tient-elle uniquement à la profusion des images et à ses excès rhétoriques ?

COMMENT ÉVITER LE HORS SUJET ?

- Prenez le temps de bien analyser le sujet, ce n'est jamais du temps perdu.
- Évitez de vouloir à tout prix ramener le sujet à des savoirs acquise en cours : la dissertation n'est jamais un contrôle de connaissances.

S'ENTRAÎNER

EXERCICE 1

Analysez les sujets ci-dessous dans un tableau où vous relèverez et classerez les éléments suivants : mots-clés (notions) / verbes de modalité / adverbes, modalisateurs / connecteurs logiques.

1. Peut-on, selon vous, considérer *Le Rouge et le Noir* (1830) de Stendhal uniquement comme un roman réaliste ?
2. Il est fréquent de comparer le théâtre à une cérémonie. Dans quelle mesure la tragédie *Bérénice* (1670) de Jean Racine vous paraît-elle justifier ce rapprochement ?
3. D'après votre lecture des sonnets de Louise Labé et vos connaissances sur le sonnet en général, la poésie vous semble-t-elle n'être qu'un jeu avec des contraintes ?
4. Gustave Flaubert aurait dit un jour : « Madame Bovary c'est moi ! » Comment peut-on comprendre cette phrase à la lumière du roman *Madame Bovary* ?

EXERCICE 2

Analysez les implicites (présupposés et sous-entendus) des sujets suivants.

1. Peut-on, selon vous, considérer *Le Rouge et le Noir* (1830) de Stendhal uniquement comme un roman réaliste ?
2. Dans un de ses poèmes, André Chénier écrit : « L'art ne fait que des vers, le cœur seul est poète. » Partagez-vous cette opinion au vu des œuvres poétiques que vous avez étudiées cette année ?
3. Il est fréquent de comparer le théâtre à une cérémonie. Dans quelle mesure la tragédie *Bérénice* (1670) de Jean Racine vous paraît-elle justifier ce rapprochement ?
4. La poésie doit-elle nécessairement peindre des sentiments ? Vous proposerez une réponse à partir de votre lecture des *Tragiques* de Théodore Agrippa d'Aubigné.
5. Dans *L'Impromptu de Paris* (1937), Jean Giraudoux fait dire à l'actrice Véra Pharès : « C'est d'une simplicité enfantine, le théâtre, c'est d'être réel dans l'irréel. » Comment cette phrase peut-elle éclairer votre lecture de la comédie *Intermezzo* (1933) de Giraudoux ?
6. Le roman épistolaire vise-t-il seulement à analyser l'âme humaine ? Vous répondrez en vous appuyant sur votre lecture des *Liaisons dangereuses* (1782) de Pierre Choderlos de Laclos.

EXERCICE 3

Analysez les sujets suivants, puis reformulez-les en une seule phrase de manière simple et précise à la fois.

1. La littérature peut-elle changer notre regard sur le monde ? Vous répondrez à cette question en vous appuyant sur votre lecture du *Discours sur le colonialisme* (1950) d'Aimé Césaire.
2. Dans la pièce *L'Échange* (1914) de Paul Claudel, le personnage de Lechy Elbernon, actrice, affirme que lorsqu'il va au théâtre, le spectateur « se regarde lui-même, les mains sur les genoux ». Le théâtre de Molière, et en particulier *Le Malade imaginaire*, répond-il, selon vous, à cette affirmation ?
3. « Un ouvrage d'imagination n'est pas forcément une œuvre amusante, dans le sens banal et facile du mot, et telle étude de mœurs de Balzac ou de Flaubert est aussi sérieuse que n'importe quel livre de science, de philosophie ou d'histoire », écrit Alphonse Daudet dans ses *Pages inédites de critique dramatique* (1876). Votre lecture de *La Maison du chat-qui-pelote* (1830) de Balzac confirme-t-elle, à vos yeux, ce jugement ?
4. Dans quelle mesure le drame romantique *Lorenzaccio* (1834) d'Alfred de Musset doit-il être lu comme une réflexion politique ?

EXERCICE 4

Voici un sujet de dissertation reposant sur une citation longue. Analysez-le, puis résumez-le en deux ou trois phrases.

Dans le roman *Le Rouge et le Noir* (1830) de Stendhal, le narrateur interpelle soudain le lecteur : « Eh, monsieur, un roman est un miroir qui se promène sur une grande route. Tantôt il reflète à vos yeux l'azur des cieux, tantôt la fange des bourbiers de la route. Et l'homme qui porte le miroir dans sa hotte sera par vous accusé d'être immoral ! Son miroir montre la fange, et vous accusez le miroir ! Accusez bien plutôt le grand chemin où est le bourbier, et plus encore l'inspecteur des routes qui laisse l'eau croupir et le bourbier se former. » En quoi ce passage éclaire-t-il l'ensemble du roman dont il est extrait ?

Henri-Joseph Dubouchet, *Madame de Rénal, Julien Sorel et Elisa discutant sous un arbre,* illustration pour *Le Rouge et le Noir* de Stendhal.

EXERCICE 5

Inventez un sujet de dissertation sur une œuvre que vous avez lue et étudiée cette année. Puis proposez à l'un de vos camarades de classe de l'analyser et de formuler au moins deux problématiques différentes qui pourraient en découler.

29. Bâtir et développer le plan d'une dissertation

OUTILS POUR LA DISSERTATION

QU'EST-CE QU'UN PLAN ?

- Le plan est la structure, le **squelette** de la dissertation. Il permet d'**organiser ses idées** et d'en vérifier d'un coup d'œil la logique.
- L'élaboration du plan est une **étape nécessaire à la préparation du devoir** puisque celui-ci sera en grande partie évalué sur sa valeur argumentative (clarté, progression, pertinence, cohérence).

⚠ **Attention !** Cette phase doit être réalisée **au brouillon** ! Le plan ne devra pas apparaître dans la version rédigée, finale, de la dissertation. Aucune numérotation des parties, aucun titre de partie ou de sous-partie ne doivent figurer sur la copie.

La composition d'un plan

- Le plan le plus traditionnel comporte, outre l'**introduction** et la **conclusion**, **trois grandes parties** de développement (chaque partie étant **composée d'au moins deux sous-parties**, c'est-à-dire deux paragraphes).
- Un plan en deux ou en quatre parties peut parfois se justifier au vu des sujets.
- En revanche, une seule partie de développement est inacceptable (on n'envisage pas les différents aspects de la problématique) et un plan en plus de quatre parties donne inévitablement l'impression que la pensée s'éparpille.

DIFFICULTÉ À SURMONTER

Pour être sûr que les idées directrices des parties sont bien des arguments généraux, et non de simples thèmes, il convient de les formuler au brouillon en commençant par : « Je veux montrer dans cette partie que... ». Dans le cas contraire, on risque de faire un catalogue de thèmes.

Les règles d'or d'un plan

- **Cohérence :** il ne faut pas se contredire.
- **Progression :** les idées doivent s'enchaîner logiquement et aller vers une complexité croissante.
- **Équilibre :** les parties doivent être autant argumentées les unes que les autres.

QUELS SONT LES TYPES DE PLANS POSSIBLES ?

- Le plan **explicatif** présente différents aspects qui valident l'opinion ou la thèse formulée dans le sujet ou impliquée par le sujet.
- Le plan **dialectique** montre d'abord en quoi la thèse présentée par le sujet est valide, puis en indique les limites (on présente les arguments que l'on pourrait lui opposer pour la contester) ; enfin, il dépasse la tension entre la thèse et ses restrictions en proposant un moyen de voir les choses autrement, de déplacer le problème à un autre niveau.
- Le choix du type de plan dépend de la formulation du sujet. Qu'il soit explicatif ou dialectique, le plan sera toujours **plus convaincant** si on progresse **du plus évident au plus complexe**.

COMMENT SE PRÉSENTE LE PLAN DIALECTIQUE ?

- Le **plan dialectique** est le plus attendu, mais c'est aussi **le plus exigeant**.
- On appelle parfois ses trois parties **« thèse / antithèse / synthèse »**, mais ces dénominations sont trompeuses.
- Il ne faut surtout pas croire que l'antithèse doit « contredire » la thèse, cela engendrerait une incohérence logique. **L'antithèse vient limiter, restreindre la validité de la thèse** ; elle la met en question en montrant que cette validité n'est pas extensible à tous les aspects du problème posé ou de l'œuvre étudiée. Elle s'oppose à la thèse sans l'annuler, sans la contredire : elle propose un autre point de vue également justifié.

ASTUCE

Le plan dialectique ne se résume pas en : « OUI/NON/DONC », mais en « OUI/MAIS/DONC ». Cette dernière formulation permet de mémoriser facilement la démarche intellectuelle à suivre.

• De même, il ne faut pas comprendre le terme « synthèse » comme un bilan des deux premières parties, mais comme un dépassement, une proposition de sortie d'une impasse entre la reconnaissance de la validité relative de la thèse et la reconnaissance de la validité relative de l'antithèse. **La synthèse tente de trouver un regard surplombant sur la thèse et l'antithèse**, de les dépasser en inventant une opinion plus large, dont la validité sera moins limitée ou moins contestable.

DIFFICULTÉ À SURMONTER

La synthèse étant plus difficile à rédiger, un plan « thèse / antithèse » suffit souvent, surtout en classe de seconde. Il vaut mieux se passer de synthèse que d'en rédiger une mauvaise !

Soit le sujet suivant, sur la comédie *Le Barbier de Séville* (1775) de Beaumarchais : « Dans quelle mesure la pièce donne-t-elle l'exemple, selon vous, d'un comique efficace ? »

Plan incohérent	Plan dialectique convaincant
I- La comédie de Beaumarchais fait rire le spectateur. II- La pièce n'est pas vraiment drôle. III- La pièce peut être comique pour certains spectateurs.	I- La comédie de Beaumarchais use des procédés comiques les plus variés. II- Mais l'efficacité de la pièce ne se réduit pas au comique. III- La pièce invente une nouvelle dramaturgie qui fait du théâtre un spectacle à plusieurs dimensions.

Si le sujet était formulé ainsi : « Comment Beaumarchais assure-t-il l'efficacité du comique dans sa pièce ? », un **plan explicatif** serait plus approprié. Il pourrait se présenter ainsi :
I- Un comique qui exploite les ressources traditionnelles de la comédie.
II- Un comique fondé sur un enchaînement rythmé et rigoureux des scènes.
III- Un comique qui repose en partie sur l'originalité du personnage de Figaro.

COMMENT TROUVER UN PLAN ?

CONSEIL

Pendant l'année, il ne faut pas hésiter à demander à son enseignant les sujets de dissertation qu'il proposerait sur tel ou tel point du programme. On peut aussi enquêter sur Internet pour savoir quels sujets de dissertation sont donnés à propos de telle ou telle œuvre ; mais il convient de veiller à ce que les sujets que l'on lit correspondent bien au niveau lycée (sinon, on risque de paniquer devant des sujets donnés dans l'enseignement supérieur, bien plus difficiles !). C'est en se confrontant régulièrement à des sujets et en réfléchissant aux plans que l'on adopterait que l'on acquerra l'habitude du type de raisonnement attendu.

• L'invention du plan découle en grande partie de l'**analyse du sujet** et de sa transformation en **problématique** (voir p. 522).

• En effet, la **mise en lumière des présupposés et des sous-entendus du sujet** conduit à entrevoir des contestations possibles de la thèse (ce qui fournit les matériaux pour **formuler et argumenter l'antithèse**) et d'autres idées possibles pour aller plus loin que la thèse impliquée par le sujet (ce qui permet de **construire la synthèse**).

• Ce travail ne peut être effectué que si l'on a engrangé des **connaissances** sur la littérature et son histoire (par les cours, mais aussi par les recherches et lectures personnelles).

COMMENT DÉVELOPPER LE PLAN ?

• En puisant dans ses connaissances, on recherche les **arguments précis** qui nourriront chaque partie. On constitue des sous-parties qui étayent l'une après l'autre chacune des idées directrices des parties du développement.

• Ces arguments doivent être illustrés par des **exemples** (comme des citations).

• **On détaille le plan au brouillon** en y copiant des exemples et en notant rapidement la manière dont on les analysera, ce que l'on en tirera comme conséquence.

S'ENTRAÎNER

EXERCICE 1

Lisez la dissertation sur *Le Cid* de Pierre Corneille donnée en exemple (voir p. 519). Recomposez le plan qui vous semble avoir été suivi par l'auteur de cette dissertation dans le développement, en formulant vous-même les intitulés des parties et sous-parties, sur le modèle suivant :

I- ...
a)- ...
b)-...
II- ...
a)-...
b)-...
Et ainsi de suite.

EXERCICE 2

Voici un court poème de Clément Marot.

a. Précisez les arguments que vous pourriez en tirer pour une dissertation sur le sujet suivant : « La poésie n'est-elle, selon vous, qu'une musique de mots ? Vous réfléchirez à cette question à partir des textes que vous avez lus en seconde et en première. »

b. Formulez au moins trois arguments différents.

Anne par jeu me jeta de la Neige
Que je cuidiais[1] froide certainement[2] ;
Mais c'était feu, l'expérience en ai-je,
Car embrasé je fus soudainement.
Puisque le feu loge secrètement
Dedans la Neige, où trouverai-je place
Pour n'ardre[3] point ? Anne, ta seule grâce
Éteindre peut le feu que je sens bien,
Non point par Eau, par Neige ni par Glace
Mais par sentir[4] un feu pareil au mien.

Clément Marot, « D'Anne qui par jeu lui jeta de la neige », *L'Adolescence clémentine*, 1532 (orthographe modernisée)

1. Cuider : ancien verbe signifiant « croire ».
2. Certainement : sans pouvoir en douter.
3. Ardre : ancien verbe signifiant « brûler ».
4. Par sentir : en ressentant.

EXERCICE 3

Lisez les trois plans proposés ci-dessous. Ils répondent au sujet : « Comment le conte philosophique *Candide* (1759) de Voltaire cherche-t-il à faire réfléchir le lecteur ? » Lequel des trois plans jugez-vous le plus approprié ? Pour quelles raisons ?

Plan 1
I- La critique de la guerre (chap. III du conte)
II- Le combat contre l'esclavage (chap. XIX)
III- Le combat en faveur de la tolérance religieuse (chap. VI)

Plan 2
I- *Candide* suit le principe de l'apologue : raconter pour faire réfléchir et convaincre.
II- Mais le conte ne se réduit pas à l'illustration de certaines idées : par son ironie, il oblige le lecteur à mettre sa pensée en éveil, à prendre ses distances vis-à-vis de toute idée présentée comme une vérité indiscutable.
III- En cela, *Candide* est bien une œuvre des Lumières, puisque le conte vise à faire penser, plus encore qu'à convaincre, pour favoriser l'émancipation intellectuelle et morale de chacun.

Plan 3
I- *Candide* est un récit argumentatif : son histoire fait réfléchir le lecteur.
II- Mais *Candide* ne fait pas réfléchir le lecteur puisque c'est un texte de fiction, que les personnages sont imaginaires.
III- Cela dépend donc de la manière dont le lecteur décide de lire le conte.

EXERCICE 4

Voici le plan qu'un élève a noté au brouillon pour traiter le même sujet que celui de l'exercice 2. Quels en sont les défauts et les qualités de ce plan, dans le raisonnement tenu comme dans la présentation du brouillon ?

I- Certes, la poésie joue sur la musique du langage.
a) Les sonorités. Ex. : le sonnet « L'Amour et la mer » de P. de Marbeuf (XVIIe siècle).
b) La rime. Ex. : « D'Anne qui par jeu lui jeta de la neige » de Marot : virtuosité.
c) Le rythme. Ex. : la contrainte des vers mesurés.

II- Mais la poésie a évolué et n'est plus une musique.
a) Poésie du Moyen Âge : presque toujours chantée.
b) Poésie du XVIe siècle : souvent mise en musique par les compositeurs. Ex. Poèmes de Ronsard mis en musique par Antoine de Bertrand.
c) Aujourd'hui, la poésie est lue, pas chantée. Sauf le slam.

III- Alors il faut peut-être considérer que la musique des mots n'est pas essentielle à la poésie.
a) C'est vrai : le poème peut reposer sur des images, faire rêver...
b) Cas du poème en prose : la musicalité n'est plus au centre de l'écriture poétique.
c) Pourtant, la musique est essentielle dans la poésie pour plaire au lecteur : « instruire et plaire », disaient les auteurs du XVIIe siècle comme La Fontaine (« Le Pâtre et le Lion », *Fables*, 1668).

30. Rédiger un paragraphe de dissertation

OUTILS POUR LA DISSERTATION

COMMENT STRUCTURER UN PARAGRAPHE ?

- Un paragraphe est l'unité de base qui détermine l'avancée du raisonnement, sa **progression**. Il correspond à une **unité de sens** puisqu'il se concentre sur une seule idée, **un seul argument**, par souci de clarté.
- Séparé des autres paragraphes par un **alinéa** (ou par un saut de ligne lorsqu'il ouvre ou termine une partie du développement), il gagne à être rigoureusement construit pour être plus convaincant.
- Il se compose de quatre éléments principaux (généralement dans l'ordre ci-dessous) :

- la **formulation de l'argument**, de l'idée principale qu'il présente, qu'il expose ;
- le développement de cet argument par son **explicitation** (l'apport de précisions qui le complètent et clarifient son sens) ;
- sa **justification** (l'illustration concrète de sa pertinence par un exemple analysé – ou plusieurs –, souvent appuyé sur une citation de l'œuvre étudiée) ;
- une **phrase finale qui synthétise** la réflexion.

> Exemple concernant les *Fables* (1668) de La Fontaine :
>
> Le fabuliste critique parfois sévèrement le monde de la Cour, où les plus flatteurs parviennent à obtenir la faveur ou l'indulgence du roi, au détriment des plus naïfs. L'éloquence et la flagornerie sont les armes auxquelles les plus habiles courtisans ont recours pour s'assurer leur emprise sur les autres, et sur le roi. Par exemple, dans « Les Animaux malades de la peste », le Renard, loin de chercher à avouer ses propres fautes, ne fait que justifier celles du roi Lion : « Sire, dit le Renard, vous êtes trop bon roi ; / Vos scrupules font voir trop de délicatesse. » La répétition de l'adverbe « trop » trahit ici une volonté excessive de flatter. Si le Lion retire de cet éloge du plaisir, le lecteur est quant à lui invité à percevoir, par l'excès de son discours, l'insincérité du courtisan.

COMMENT ENRICHIR UN PARAGRAPHE ?

- L'explicitation de l'argument amène fréquemment à recourir à des **notions littéraires** qu'il faut **définir** rapidement mais précisément.

> Voici le début d'un paragraphe sur la tragédie *Phèdre* (1677) de Jean Racine, où la notion de bienséance appelle une définition :
>
> La tragédie de Racine respecte la contrainte classique de la bienséance. Celle-ci consiste à ne pas transgresser les limites que le public (noble) de l'époque donne à ce qui lui paraît acceptable sur une scène de théâtre, c'est-à-dire à éviter tout excès de violence ou toute obscénité qui pourrait heurter sa sensibilité ou ses valeurs morales. La mort d'Hippolyte, traîné au sol par ses chevaux qu'un monstre marin a effrayés, est ainsi racontée par Théramène, qui en fut le témoin, à l'acte V, mais n'est pas montrée sur scène.

⚠ **Attention :** Il ne faut pas surcharger son devoir de définitions : les figures de style, les termes de versification peuvent être utilisés sans être systématiquement définis.

- Veiller à faire régulièrement référence à l'œuvre sur laquelle porte la dissertation, à faire des citations assez fréquentes.

ASTUCE

Il faut que le paragraphe soit **clair et précis pour convaincre**.
On explicite son argument : il convient de s'adresser au correcteur comme s'il n'avait pas les savoirs nécessaires pour comprendre le devoir ! C'est une **convention** liée à l'exercice.

• La phrase de fin de paragraphe ne doit pas être une simple répétition de l'argument annoncé au début, au risque de donner l'impression que le raisonnement n'avance pas. Elle doit **confirmer cet argument et le rendre plus fort**, le reformuler de manière plus frappante ou **le relier plus fermement à la problématique** pour relancer la réflexion.

Exemple à propos d'un roman de Stendhal paru en 1839 :

La Chartreuse de Parme est un roman qui permet au lecteur de s'évader. Nous suivons en effet le héros, Fabrice del Dongo, dans des aventures multiples qui le mènent notamment à Waterloo, où il découvre, avec une grande naïveté, la réalité de la guerre. Mais c'est surtout l'Italie qui est au cœur du récit, et que le lecteur parcourt à la suite de Fabrice, depuis Milan, Ferrare et Bologne jusqu'à Parme, où le héros finit par se retirer à la chartreuse.

En dernière phrase, il ne faut pas écrire...	mais écrire...
Le roman fait donc s'évader le lecteur en le faisant voyager.	Ce trajet à travers une Italie encore méconnue de nombreux lecteurs français en 1839 exerce un pouvoir de séduction indéniable : dépaysant, le récit stimule la capacité à imaginer.

QUEL NIVEAU DE LANGUE DOIT-ON EMPLOYER ?

• Le paragraphe doit être **entièrement rédigé** : éviter les abréviations, les phrases sans verbe.

• Le niveau de langue doit être **soutenu**, et jamais relâché ni familier. Le vocabulaire spécialisé de l'analyse littéraire doit être employé fréquemment et avec précision.

• On ne rédige jamais une dissertation avec le pronom *je*. Même si le raisonnement est personnel, on le présente en tant que lecteur parmi d'autres de l'œuvre dont on parle. Le **« nous » de modestie** est donc obligatoire. On peut aussi employer le pronom indéfini *on* ou des tournures impersonnelles (*Il apparaît..., Il est évident que...*, etc.).

COMMENT RELIER LES PARAGRAPHES ENTRE EUX ?

Un paragraphe est un moment du raisonnement : il doit être relié, **articulé** aux paragraphes qui le précèdent ou qui le suivent. On doit penser à utiliser des connecteurs qui organisent le propos :
- *tout d'abord, en premier lieu, pour commencer, premièrement, d'une part...* ;
- *ensuite, en second lieu, puis, de plus, deuxièmement, de surcroît, par ailleurs, d'autre part...* ;
- *enfin, par conséquent, pour finir, ainsi, il s'ensuit que...*

EXEMPLE DE PARAGRAPHE RÉDIGÉ

Voici un paragraphe de dissertation à propos du *Roi se meurt* (1962) d'Eugène Ionesco.

Tout d'abord, le tragique de la pièce repose en partie sur un cheminement du personnage principal qui le mène à la déchéance et à la mort. Bérenger, de fait, effectue un parcours qui le fait passer d'une extrême affirmation de soi (dans la célébration hyperbolique de son propre pouvoir, dans le rêve d'être toujours présent dans la conscience des autres) à la certitude de son anéantissement absolu, comme il le formule lui-même : « Je n'aurai jamais existé. » Le futur antérieur montre la lucidité du personnage, capable de prophétiser son devenir posthume. Si l'action tragique peut se définir, en premier lieu, comme la prise de conscience par le personnage d'une irréversible avancée vers la catastrophe, alors *Le Roi se meurt* se présente d'emblée comme une pièce tragique.

Connecteur pour relier le paragraphe à ce qui précède

Vocabulaire spécialisé de l'analyse littéraire

Phrase finale qui synthétise la réflexion

argument

explication

justification

S'ENTRAÎNER

EXERCICE 1

Voici un extrait d'une dissertation sur *Claude Gueux* (1834) de Victor Hugo.

a. Quels défauts d'organisation le paragraphe suivant vous semble-t-il avoir ?

b. Réécrivez ce paragraphe de manière à en améliorer la structure, en adaptant les formulations si besoin.

« Cette tête de l'homme du peuple, cultivez-la, défrichez-la, fécondez-la, éclairez-la, moralisez-la, utilisez-la ; vous n'aurez pas besoin de la couper » : on voit que V. Hugo emploie une accumulation pour insister sur la leçon qu'il veut donner au lecteur à travers le récit. Cette leçon rappelle l'héritage du siècle des Lumières, où les philosophes défendent l'idée que la société peut être améliorée par l'éducation et l'instruction de tous les citoyens. Un apologue, c'est un récit court qui délivre une leçon morale. Ce récit se rapproche d'un apologue. Le lecteur doit comprendre que l'éducation est préférable à la punition pour sortir le peuple de la misère et du crime. *Claude Gueux* est un récit écrit contre la peine de mort. V. Hugo utilise aussi pour nous persuader des métaphores évocatrices (le travail de fertilisation de la terre).

EXERCICE 2

Voici un extrait de dissertation concernant le roman *Voyage au bout de la nuit* (1932) de Louis-Ferdinand Céline. Le sujet invitait à réfléchir sur la dimension réaliste du roman.

a. Quels défauts de présentation et d'expression le paragraphe suivant présente-t-il ?

b. Réécrivez ce paragraphe pour le rendre plus conforme aux codes de l'exercice de dissertation.

Et c'est pas tout : à travers le parcours que je viens de retracer dans des pays réels ou proches de la réalité, le personnage de Bardamu enchaîne les désillusions sur l'être humain, dont il découvre toutes les aspects les plus dégueulasses. Ça fait écho au titre, « Voyage au bout de la nuit », la nuit c'est aussi la noirceur du monde. Je peux m'appuyer sur l'épisode de la Grande Guerre où Bardamu comprend que les hommes aident eux-mêmes la mort à faire son travail. Il découvre que la réalité c'est : la sale âme héroïque et fainéante des hommes (je cite). De même avec son aventure dans le monde colonial, en Afrique, où il y découvre que les colons sont des pourris, qui n'hésitent pas à se moquer des Africains. Refusant d'idéaliser le monde moderne, je trouve que le romancier montre bien que l'humanité est très moche.

EXERCICE 3

Le paragraphe suivant traite du *Tartuffe ou l'Imposteur* (1669) de Molière. Replacez-y les connecteurs logiques qui conviennent afin de mettre en évidence l'organisation du propos.

Non seulement les reproches de Mme Pernelle à sa famille dès l'ouverture de la pièce font rire, ... l'aveuglement d'Orgon face à l'hypocrisie de Tartuffe est à l'évidence plus comique encore. Il ne cesse de plaindre Tartuffe alors que celui-ci est traité comme un roi par toute la maisonnée, ainsi que l'a ordonné Orgon. La scène 4 de l'acte I, ..., met en scène Orgon demandant des nouvelles de son protégé à la servante Dorine. Alors que celle-ci dit que Tartuffe « se porte à merveille, / Gros, et gras, le teint frais, et la bouche vermeille », Orgon réplique : « Le pauvre homme ! ». L'opposition entre les signes de l'opulence et l'adjectif « pauvre », à valeur pathétique, rend évidente l'inconséquence d'Orgon. Le spectateur est ... incité à rire d'Orgon pour prendre ses distances avec la naïveté qu'il manifeste face à la duplicité de Tartuffe, qui parvient à le tromper.

Tartuffe.

EXERCICE 4

Reportez-vous aux pages du manuel concernant l'autobiographie chez Jean-Jacques Rousseau (voir pp. 106-108). Lisez l'extrait proposé, puis remplissez le paragraphe de dissertation suivant.

Mais, par ailleurs, *Les Confessions* n'ont pas pour seul intérêt de nous raconter les événements de la vie de l'auteur, aussi passionnante soit-elle. En effet, ... Par exemple, lorsqu'il écrit que « ... », l'auteur nous invite à une réflexion plus générale sur ... En nous parlant de lui, l'auteur engage tout lecteur à s'interroger sur la condition humaine elle-même, ce qui peut susciter un intérêt plus profond que celui de la seule curiosité pour l'auteur.

EXERCICE 5 : ÉCRITURE

Rédigez un paragraphe de dissertation à propos d'un roman que vous avez lu cette année et qui montrera le caractère original de l'un des personnages.

31. Intégrer des citations et des références

OUTILS POUR LA DISSERTATION

POURQUOI FAIRE DES RÉFÉRENCES À L'ŒUVRE ?

- Chaque **argument** doit s'appuyer sur des **exemples**, qui sont des citations ou des références précises à l'œuvre sur laquelle porte le sujet. Sans exemple, aucun argument n'est pleinement convaincant.

Il ne faut pas écrire…	Mais…
On voit bien que, dans la pièce, Antigone résiste au roi Créon et qu'elle est prête à se sacrifier.	Antigone incarne le refus d'obéir à Créon, comme elle le souligne elle-même en affirmant à celui-ci : « Je suis là pour vous dire non et pour mourir. »

- Toute référence à l'œuvre doit être analysée. Éviter de multiplier les citations ou de faire un catalogue d'exemples : cela ne fait pas avancer la réflexion !

LES AUTRES MOYENS QUE LA CITATION POUR FAIRE RÉFÉRENCE À L'ŒUVRE

- **Le résumé un passage** de l'œuvre.

> L'ouverture d'*Antigone* est originale. En effet, Anouilh fait parler un « Prologue » qui présente tour à tour au spectateur les onze personnages de la tragédie, qui quittent au fur et à mesure la scène pour la laisser vide au moment où la tragédie va commencer.

- **La référence précise à une partie** de l'œuvre sans analyser en détail une formulation.

> Le personnage de Charles Bovary apparaît souvent comme ridicule. C'est le cas, par exemple, dans le premier chapitre, lorsque, jeune garçon, il entre dans sa nouvelle classe affublé d'une extravagante casquette.

- **L'allusion à une œuvre de manière globale** quand on établit des rapprochements entre différentes œuvres, par exemple pour montrer les caractéristiques d'un mouvement littéraire.

> Le réalisme du XIXe siècle prend volontiers pour personnages des gens du peuple, comme le font Balzac dans *Les Paysans* (1844) et Zola dans son roman sur les mineurs de charbon, *Germinal* (1885).

INTÉGRER UNE CITATION DANS UN PARAGRAPHE

- La citation doit apparaître entre guillemets pour signaler que l'on emprunte les mots à l'auteur. Le texte doit être recopié exactement tel qu'il est.
- Pour insérer une citation courte, on peut adapter légèrement la citation (au niveau des temps verbaux, des accords, des marques de personne). La modification doit être signalée entre crochets.

> Le poète, dans le sonnet 60 des *Amours de Cassandre*, se met en scène comme un chevreuil atteint par une flèche que lance la femme pour le rendre amoureux : il révèle, à la fin du poème, qu'« [il allait] sans espoir de dommage, / Le jour qu'un œil sur l'avril de [s]on âge / Tira d'un coup mille traits dans [s]on flanc ».

- Pour citer un extrait dont une partie ne concerne pas l'analyse, on supprime ce passage du texte en signalant la coupe par : […]. Attention cependant à ce que la citation reste compréhensible !

Il ne faut pas écrire…	Mais…
Anouilh fait décrire la tragédie par le chœur en employant la métaphore filée de la mécanique : « […] ressort est bandé […] roule […] bien huilé depuis toujours. »	Anouilh fait décrire la tragédie par le chœur en employant la métaphore filée de la mécanique : « Maintenant, le ressort est bandé. […] Cela roule tout seul. C'est minutieux, bien huilé depuis toujours. »

- Varier le plus possible la façon d'insérer la citation, éviter d'isoler systématiquement les citations par l'emploi des deux-points. Choisir des verbes adaptés au contenu de la citation.

Il ne faut pas écrire…	Mais…
Ronsard, dans l'une de ses *Odes* (1553), **se réjouit du fait** que la rose « a, dessus la place,/Las ! las ! ses beautés laissé choir ! »	Ronsard, dans l'une de ses *Odes* (1553), **constate avec douleur** que la rose « a, dessus la place,/ Las ! las ! ses beautés laissé choir ! »

S'ENTRAÎNER

EXERCICE 1

Voici un paragraphe extrait d'une dissertation sur le roman *Bel-Ami* (1885) de Guy de Maupassant.

a. Quels sont ses défauts dans la manière de faire référence à l'œuvre ?

b. Réécrivez le paragraphe pour le rendre plus efficace et plus élégant.

L'ambition du héros, Georges Duroy, va de pair avec un manque de scrupule, « Tu trompes tout le monde, tu exploites tout le monde », dit Mme de Marelle, une des femmes qu'il séduit pour gravir les échelons de la société. Les femmes « il faut s'en servir et ne rien donner de soi » : c'est comme cela que Georges Duroy envisage ses conquêtes. À un moment donné du roman, il est d'ailleurs fier de voir le peuple de Paris envier sa réussite. C'est à la fin, quand par un mariage il est prêt à entrer dans la carrière politique. Mais Maupassant dénonce en fait tout le fonctionnement perverti de la société de son époque (« le monde est aux forts », on lit cela au chapitre 2 de la deuxième partie).

EXERCICE 2

Le paragraphe suivant se rapporte à la comédie *L'Île des esclaves* (1725) de Marivaux. Insérez les citations données aux emplacements indiqués entre crochets, en inventant les formules introductives et en adaptant les citations si besoin.

Toute la pièce propose une inversion des rôles des maîtres et des esclaves, organisée par Trivelin. Cependant, la leçon délivrée par la comédie n'est pas révolutionnaire, et il ne s'agit pas pour Marivaux d'inciter le lecteur à prendre le pouvoir. La dernière scène, en effet, marque la réconciliation des maîtres et des valets, comme le constate le valet Arlequin [1]. Selon le personnage de Trivelin, il fallait éviter une révolte qui serait devenue une injustice de la part des esclaves [2]. La leçon explicite de la pièce est donc morale plus que sociale ou politique [3]. L'adoucissement des maîtres envers leurs subordonnés suffit car Marivaux semble malgré tout considérer l'inégalité des conditions sociales comme inévitable [4].

Citations à insérer :

[1] « la paix est conclue, la vertu a arrangé tout cela. »

[2] (À Arlequin) « Si cela n'était pas arrivé, nous aurions puni vos vengeances comme nous avons puni leurs duretés. »

[3] (Aux maîtres) « Vous avez été leurs maîtres, et vous en avez mal agi ; ils sont devenus les vôtres, et ils vous pardonnent. »

[4] « La différence des conditions n'est qu'une épreuve que les dieux font sur nous. »

EXERCICE 3

Variez les formules d'insertion des citations dans le paragraphe ci-dessous, portant sur le recueil poétique *Les Tragiques* (1616) de Théophile Agrippa d'Aubigné.

Le poète des *Tragiques* décrit le déchirement de la France lors des guerres de Religion entre catholiques et huguenots en écrivant qu'« [Il veut] peindre la France une mère affligée, / Qui est, entre ses bras, de deux enfants chargée ». Il montre que cette guerre civile relève d'une folle démesure des deux partis, en écrivant que « Ni les soupirs ardents, les pitoyables cris, / Ni les pleurs réchauffés ne calment leurs esprits ». Il témoigne de l'horreur concrète du conflit en écrivant que des parents agonisants « Laissaient dans les berceaux des enfants si petits » que, livrés à eux-mêmes, « Ils mouraient par la faim ». En écrivant que « L'homme n'est plus un homme », il résume la cruauté et la sauvagerie d'une époque privée de tout sentiment d'humanité.

F. **Dubois**, *Le Massacre de la Saint-Barthélémy*, 1572.

EXERCICE 4

Le paragraphe de dissertation suivant n'utilise que des citations entre parenthèses. Réinsérez les citations dans le propos de manière plus variée et plus directe, en les adaptant si besoin.

Victor Hugo dénonce, dans son *Discours sur la misère* prononcé à l'Assemblée nationale en 1849, la pauvreté et l'insalubrité dans lesquelles vivent les plus démunis. Il décrit le spectacle insoutenable de la misère tel qu'il se présente dans Paris (« Le mois passé, pendant la recrudescence du choléra, on a trouvé une mère et ses quatre enfants qui cherchaient leur nourriture dans les débris immondes et pestilentiels des charniers de Montfaucon »). Il trouve inacceptable cette situation du point de vue moral (« de tels faits, dans un pays civilisé, engagent la conscience de la société tout entière »). Il réclame une réaction rapide et absolue (« l'abolition de la misère »). Il emploie tous les moyens de l'éloquence, comme la répétition, pour insister avec force sur l'immobilisme et sur la culpabilité des hommes politiques par rapport à l'injustice sociale (« Vous n'avez rien fait tant que le peuple souffre ! Vous n'avez rien fait tant qu'il y a au-dessous de vous une partie du peuple qui désespère ! »).

32. Introduire une dissertation

OUTILS POUR LA DISSERTATION

L'introduction donne les repères pour suivre le raisonnement. Elle procède en **quatre étapes**.

ÉTAPE 1 : L'ENTRÉE EN MATIÈRE

- L'entrée en matière (ou amorce) doit amener progressivement le sujet, en poser le cadre, le contexte. On part d'une **vision plus large** pour montrer en quoi le sujet renvoie à un problème qui a son importance. L'entrée en matière opère un **resserrement progressif** vers le sujet. **Attention** à ne partir ni de trop près, ni de trop loin !

CONSEIL

- Il ne faut jamais présenter le sujet comme s'il était déjà connu du lecteur : proscrire les tournures du type : *Ce sujet..., Cette question..., Le problème qui nous est posé...*
- De manière générale, bannir les formules stéréotypées telles que : *De tout temps..., Depuis que l'homme existe..., Depuis toujours...*, qui sont souvent fausses et creuses.

Soit le sujet suivant : « Peut-on, selon vous, considérer *Le Rouge et le noir* (1830) de Stendhal uniquement comme un roman réaliste ? »

Amorce partant de trop loin	Amorce partant de trop près
De tout temps, les hommes ont représenté la réalité qui les entourait dans les romans qu'ils inventaient. → Cette amorce part des origines de l'humanité ! De plus, c'est faux : le roman est une forme littéraire qui s'est progressivement construite depuis la fin de l'Antiquité.	Au début de son roman *Le Rouge et le Noir*, publié en 1830, Stendhal présente Verrières, une petite ville industrielle qu'il a imaginée mais qui paraît conforme aux petites villes de son époque. → Cette amorce ferme d'emblée le sujet : elle le réduit à la question de la topographie réaliste et analyse déjà un passage précis du roman.

ÉTAPE 2 : LA REPRISE DE L ÉNONCÉ DU SUJET

- On reprend l'énoncé du sujet grâce à des tournures du type : *C'est pourquoi on pourra se demander..., C'est ainsi qu'Untel a pu affirmer que...*

Publié en 1830, le roman *Le Rouge et le Noir* de Stendhal a la particularité de se présenter par son sous-titre comme une « Chronique du XIXe siècle ». Le cadre historique est en effet celui de la société de la Restauration, dont le roman brosse un tableau d'ensemble. Il est donc légitime de se demander si l'on doit considérer cette œuvre de Stendhal « uniquement comme un roman réaliste ».

ÉTAPE 3 : LA PROBLÉMATISATION DU SUJET

- La suite de l'introduction fait **passer du sujet à la problématique** (voir p. 522).

On peut pourtant juger les personnages du *Rouge et le Noir* bien romanesques, voire excessifs dans leurs passions, au point de ne pas toujours respecter les exigences d'une stricte vraisemblance et de tendre par là vers les caractéristiques des personnages romantiques. Le roman se réduit-il alors vraiment à une esthétique réaliste, comme le suggère l'adverbe « uniquement » ?

CONSEIL

- Ne pas hésiter à **annoncer clairement** les différentes étapes de son propos par des connecteurs comme : *En premier lieu..., Tout d'abord, Ensuite...*, etc. On pourra par la suite, en classe de première, adopter des formulations plus légères.
- Ne jamais nommer les éléments du devoir lui-même. Il ne faut jamais dire : *Dans cette dissertation..., Notre problématique sera..., Le premier axe montrera que...*

ÉTAPE 4 : L'ANNONCE DU PLAN

- Il faut annoncer (sans tout dévoiler) les **grandes étapes**, le « plan », du développement : le correcteur doit comprendre la démarche.

Nous verrons dans un premier temps ... Nous pourrons alors envisager ...

S'ENTRAÎNER

EXERCICE 1

Analysez l'introduction suivante à propos de *L'Étranger* (1942) d'Albert Camus, en distinguant les différentes étapes qui la structurent.

Jusque dans le réalisme et le naturalisme du XIXe siècle, le roman a souvent fait du personnage un être de papier doté d'une certaine cohérence. Le personnage, par ses actes, ses pensées et ses paroles, a en effet longtemps incarné des valeurs morales reconnaissables ou a donné chair à un type social identifiable. Mais certains romanciers de la fin du XIXe siècle et de la première moitié du XXe ont progressivement imposé une complexification du personnage, en lui attribuant une subjectivité mouvante et difficile à cerner. C'est ainsi que François Mauriac a pu écrire à propos du romancier russe Fiodor Dostoïevski qu'il a fait de ses personnages « des chaos vivants, des individus si contradictoires que nous ne savons que penser d'eux » (*Le Roman*, 1928). Peut-on considérer Meursault, le protagoniste du roman *L'Étranger* (1942) d'Albert Camus, à la fois étrange dans sa manière d'être et irrémédiablement étranger à la société, comme l'un de ces personnages énigmatiques qui laissent le lecteur perplexe ? Nous verrons, dans un premier temps, que Meursault est un personnage insolite, qui remet en question les attentes de la société quant au comportement de l'individu, et qui peut, par là même, intriguer le lecteur et maintenir son intérêt tout au long du récit. Mais nous montrerons que, si les paradoxes du personnage sont bien réels, son destin obéit à une implacable avancée vers la mort, sur le modèle de la tragédie classique. Nous serons alors en mesure de comprendre que le personnage de Meursault garde ainsi, malgré les interrogations qu'il suscite, une lisibilité qui garantit sa dimension symbolique.

EXERCICE 2

Voici une introduction très maladroite dans sa structure comme dans son expression. Réécrivez-la de manière à la rendre plus efficace et plus élégante.

La poésie a toujours été un art de l'expression des sentiments. Si le poète dit souvent « je », ce n'est pas pour rien : ça prouve que l'auteur parle de son ressenti. « La poésie lyrique s'exprime au nom de l'auteur même ; ce n'est pas dans un personnage qu'il se transporte, c'est en lui-même qu'il trouve les divers mouvements dont il est animé. » C'est Mme de Staël (*De l'Allemagne*, 1810) qui écrit cela, et elle a raison, c'est vrai. Nous verrons en premier que le poète parle de ses sentiments personnels. Mais nous verrons aussi que parfois il invente des situations pour les décrire. Mais enfin on verra que malgré tout c'est parce qu'il parle de ce qu'il ressent qu'il peut toucher le lecteur. Nous nous appuierons sur les sonnets de Louise Labé dans ses *Œuvres* (1555).
Notre problématique sera : est-il vrai que la poésie exprime les sentiments de l'auteur ?

EXERCICE 3

a. Identifiez et expliquez les défauts de cette introduction très maladroite.

b. Puis réécrivez-la pour la rendre plus acceptable et plus convaincante.

Dans quelle mesure *Bérénice* (1670) de Jean Racine est-elle bien une tragédie ? De tout temps la tragédie se définit par la mort du personnage à la fin ; or dans cette pièce aucun personnage ne décède. La question qu'on peut se poser dans cette dissertation est donc : comment Racine fait-il pour que sa pièce reste une tragédie ? Pour répondre à cette problématique nous ferons trois parties. Nous parlerons de l'absence de mort et de la fatalité imposée par les dieux. Puis nous aborderons l'écrasement de Titus et de Bérénice par leur séparation obligée d'un point de vue politique. Et en dernier nous conclurons.

Bérénice de JEAN RACINE. Gravure d'après Serangeli.

EXERCICE 4

Choisissez une œuvre de théâtre que vous avez étudiée cette année. Rédigez une introduction qui répondra au sujet suivant, en essayant d'aller jusqu'à l'annonce du plan (pour cela, réfléchissez d'abord au plan).

« Le théâtre est une tribune », écrit Victor Hugo dans la préface de son drame *Lucrèce Borgia* (1833). D'après vous, dans quelle mesure le théâtre est-il un moyen de défendre des idées ?

33. Conclure une dissertation

OUTILS POUR LA DISSERTATION

SOIGNER SA CONCLUSION

- La conclusion est la dernière chose que le correcteur lira : il faut donc la soigner pour qu'il finisse sur une bonne impression.
- Elle ne doit pas être beaucoup plus courte que l'introduction, au risque de laisser penser que l'on a bâclé la fin de sa réflexion.
- Elle s'écrit traditionnellement en deux étapes (en deux paragraphes, la plupart du temps) :
  - un **bilan relativement précis** de l'ensemble du raisonnement ;
  - un **élargissement de la réflexion**.

ÉTAPE 1 : LE BILAN

- Le bilan est une sorte de **résumé de l'argumentation** que l'on a tenue.

⚠ **Attention !** Il ne faut pas répéter platement les étapes que l'on a déjà indiquées à la fin de l'introduction.

- Il s'agit d'avancer dans le problème en proposant des **formulations nouvelles, si possible plus fermes et plus vigoureuses** (plus frappantes, mais sans slogans, sans tournures de type publicitaire ou journalistique, souvent trop « faciles »). Il convient de prendre de la hauteur, de tendre vers une plus grande **abstraction** de la pensée !

Reprenons le sujet déjà abordé (voir p. 532) :

N'écrivez pas…	Écrivez
En conclusion, ce roman brosse un tableau de la société de son temps. Mais les personnages relèvent par certains aspects du romantisme. Donc, c'est un roman charnière entre deux mouvements littéraires : le romantisme et le réalisme.	*Le Rouge et le Noir* de Stendhal est donc probablement l'une des analyses les plus fines de la société de la Restauration puisque non seulement le roman peint différents milieux qui la composent, mais en outre, par l'itinéraire de Julien Sorel, il met en évidence son dysfonctionnement : l'ambition ne peut y être satisfaite que par la stratégie de l'hypocrisie, qui régit toute la société. Mais le roman suscite surtout notre intérêt par la densité et la force des passions (ambition, amour, orgueil) qui animent des personnages hautement romanesques, et romantiques dans leurs excès. Ainsi, le roman, au croisement de deux esthétiques, invente-t-il sa profondeur propre, aussi bien dans l'analyse psychologique que dans l'observation sociopolitique.

CONSEIL

Éviter les lourdeurs du type : *En conclusion…, Pour conclure…* ; préférer rappeler le titre et l'auteur de l'œuvre dont on a parlé.

- Le bilan ne doit jamais revenir sur un point précis du raisonnement, sur une analyse de détail. Ce n'est plus le moment de faire des citations (sauf si on veut répéter la citation qui était dans le sujet, ou faire une citation qui éclaire l'ensemble du propos).

ÉTAPE 2 : L'ÉLARGISSEMENT

- L'**élargissement** est la démarche inverse de l'introduction. Désormais, on propose de replacer le sujet dans une perspective plus large : on évoque une **autre problématique** que le sujet pouvait soulever, ou on montre que la problématique que l'on a traitée pourrait s'inscrire **dans un débat plus général** (concernant, par exemple, tout un genre ou tout un mouvement littéraire, voire toute la littérature, par-delà l'œuvre sur laquelle portait l'argumentation). On peut même citer d'autres œuvres (y compris dans d'autres arts : peinture, cinéma…) qui poseraient un problème proche.

> Ces qualités du *Rouge et le Noir* ne sont-elles pas celles qui font la réussite de toute œuvre romanesque ? Les plus grands romans paraissent en effet conjuguer, depuis *La Princesse de Clèves* (1678) de Mme de Lafayette tout au moins, un regard aiguisé sur la réalité sociale et une pénétration psychologique souvent exceptionnelle.

- Il faut s'interdire, en revanche, toute ouverture vers un élément dont le lien avec la problématique de la dissertation paraîtrait insolite, voire injustifié !

S'ENTRAÎNER

EXERCICE 1

Voici un élargissement proposé par un élève dans la conclusion d'une dissertation sur *Le Rouge et le Noir* Stendhal. Quel défaut présente-t-il ?

Le roman de Stendhal peut ainsi faire penser à un autre roman comme *Les Trois Mousquetaires* de Dumas.

EXERCICE 2

Lisez la conclusion de dissertation suivante.

a. Quelles qualités pourraient être relevées par le correcteur ? Justifiez.

b. Quels défauts pourrait-il au contraire blâmer ? Justifiez.

Pour conclure, *Un barrage contre le Pacifique* (1950) de Marguerite Duras est un roman qui peut séduire le lecteur par le cadre dépaysant de l'Indochine et par ses personnages hauts en couleurs. Mais nous avons vu en deuxième partie que le roman n'est pas une simple chronique familiale : c'est aussi un récit engagé. Duras y fait une critique. Enfin, on peut aussi voir dans cette œuvre une dimension tragique, comme l'indique son titre, parce que « Un barrage » fait référence à l'obstination du personnage de la mère à construire des barrages pour gagner des terrains agricoles sur l'océan, et que « contre le Pacifique » souligne que c'est un rêve impossible à réaliser, voué à l'échec, puisque la nature est toujours plus forte que l'être humain. Le titre dit que la mère va être écrasée par une force supérieure, celle de l'océan.

Nous pourrions élargir cette conclusion en faisant un rapprochement avec un autre roman de Duras, *Moderato Cantabile* (1958).

EXERCICE 3

Rédigez une conclusion possible à partir du sujet et du plan suivant.

Sujet : Un roman qui défend une thèse peut-il malgré tout être un bon roman ? Vous vous appuierez sur votre lecture du *Dernier Jour d'un condamné* (1829) de Victor Hugo pour répondre.

Plan adopté par l'élève :

I- Certes, la dimension argumentative d'un roman peut peser sur sa qualité romanesque.

a) Le récit, écrit contre la peine de mort, est centré sur les émotions et les réflexions du narrateur, déjà condamné, au détriment de l'action : le peu d'événements et de rebondissements peut susciter l'ennui.

b) Pour que l'on puisse généraliser son cas particulier, le personnage du condamné n'est pas très individualisé : il est anonyme, son passé n'est guère connu, son crime n'est guère explicité. Cela nuit à l'intérêt du lecteur pour son histoire et sa situation.

II- Cependant, le roman parvient à maintenir d'autres types d'intérêt.

a) *Le Dernier Jour d'un condamné* incite le lecteur à s'identifier à la situation vécue par le condamné parce que le récit est mené à la première personne. Le lecteur peut ainsi suivre les tourments et les émotions du condamné, et cette analyse morale ou « psychologique » peut motiver la lecture.

b) Le récit de Hugo ne peut qu'émouvoir le lecteur : le registre pathétique, constamment utilisé, fait appel à sa compassion, et les scènes d'horreur racontées captivent par leur dimension tragique.

III- La réussite de Hugo dans cette œuvre tient en réalité à ce qu'il dépasse le simple récit à thèse.

a) C'est en fait non seulement la peine de mort que dénonce Hugo, mais aussi le dysfonctionnement global de la justice et de la société puisque le condamné critique également la prison, l'Église, la royauté, et les spectateurs des exécutions capitales, avides de sang...

b) L'effacement des circonstances du crime commis par le condamné et son anonymat haussent le récit jusqu'à une dimension symbolique, intemporelle et universelle. Ainsi, le récit peut-il susciter l'intérêt du lecteur de n'importe quelle époque.

L. HÉBERT, *Le Dernier jour d'un condamné*, dessin illustrant l'ouvrage de Victor Hugo, 1829.

34. Qu'est-ce qu'une contraction de texte (résumé) ?

EXERCICE ÉVALUÉ À L'ÉCRIT DU BACCALAURÉAT POUR LES SÉRIES TECHNOLOGIQUES

Définition : le **résumé** consiste à réécrire un texte plus **brièvement**, en respectant un **nombre imposé de mots**, tout en retenant les informations essentielles. Cet exercice porte sur un texte argumentatif.

Objectif : pour un correcteur qui ne connaîtrait pas le texte source, la lecture du résumé permet de **comprendre les idées principales** de ce texte et sa **stratégie argumentative.** Le résumé est donc un texte autonome qui doit se suffire à lui-même.

EXEMPLE : UN RÉSUMÉ PAS À PAS

Consigne : Résumez ce texte de 450 mots en 110 mots (+ ou – 10 %).

Idée 1 — On observe une mutation subie par l'humanité. On a atteint les limites du monde / il n'y a plus de nouveau territoire à découvrir.

Le premier à comprendre et à exprimer la mutation subie actuellement par l'humanité n'a été ni un responsable politique ni un homme de science, mais un poète. En 1945, dans *Regards sur le monde actuel*, Paul Valéry écrivait : « Le temps du monde fini commence. » Il est urgent de tirer les conséquences de ce constat : nous entrons dans une phase nouvelle de l'histoire des êtres humains. Jusqu'il y a peu, il était possible de regarder comme pratiquement infini, quasi inépuisable, le domaine qui nous était accessible. Les cartes de la planète comportaient de grandes taches blanches désignées comme *Terra incognita* ; les biens qu'elle nous donnait étaient sans fin renouvelables ; chassés d'un territoire, il nous était possible d'en trouver un autre ailleurs. Désormais, nous n'avons plus d'ailleurs.

Annotations : Modalisation de la nécessité (« est urgent ») — Opposition temporelle (« nous entrons », « était ») — Opposition entre l'idée de territoires infinis et celle du manque de place (« infini, quasi inépuisable », « nous n'avons plus d'ailleurs ») — Champ lexical de l'espace (« domaine », « cartes », « territoire »).

Autre explication — On peut explorer d'autres planètes mais elles ne peuvent nous accueillir durablement. On doit se contenter de la Terre.

Quelques optimistes imaginent que nous pourrons échapper à cette finitude en allant nous installer sur une autre planète. Mais nous connaissons bien celles du système solaire, aucune ne pourrait abriter durablement l'humanité ; quant à celles qui gravitent autour d'autres étoiles, elles sont si éloignées que l'aller-retour d'un explorateur exigerait plusieurs siècles. La sagesse est d'admettre que nous sommes définitivement assignés à résidence sur la Terre. Il faut nous organiser en tenant compte des contraintes que cela nous impose. Certes, il sera possible de faire à nouveau quelques pas sur la Lune ou de parcourir Mars, mais il s'agira d'une exploration, non d'une conquête.

Conclusion — Il est nécessaire que l'homme établisse un pacte avec la Terre.

Ce constat n'est nullement une mauvaise nouvelle : il nous permet de définir avec lucidité les termes du contrat de mariage entre la Terre et l'humanité et de faire un projet réaliste sur la façon de vivre les uns avec les autres [...].

Idée 2 — Implication : il faut veiller sur les biens non renouvelables de notre planète.

Nous venons seulement de comprendre, en constatant l'évolution du climat, l'avertissement de Paul Valéry : les conséquences de nos actes dépassent ce que notre environnement peut supporter ; ces conséquences sont souvent irréversibles. Il est donc urgent que ces actes soient collectivement débattus et choisis. Cela est une évidence pour tous les biens que la Terre nous offre mais qu'elle n'est capable de nous offrir qu'une seule fois. Les détruire, c'est en priver définitivement nos descendants. Tout ce qui est non renouvelable devrait être considéré comme « patrimoine commun de l'humanité » [...].

Conséquence — Obligation de défendre les intérêts de ceux à qui on va léguer la planète.

Il ne s'agit pas de nous interdire tout geste modifiant la planète, mais de ne passer à l'acte qu'après en avoir mesuré les conséquences et pris en considération les intérêts de tous, qu'ils soient vivants ou à naître. Comment mettre en place un lobby chargé de parler au nom de ceux qui ne peuvent s'exprimer faute d'être nés, mais qui n'en sont pas moins concernés ?

ALBERT JACQUARD, « Finitude de notre domaine », *Le Monde diplomatique*, 2004.

Il s'agit d'un texte récent écrit par un homme engagé dans un journal. Le titre nous invite à réfléchir à notre rapport à l'environnement.

COMMENT FAIRE ?

1 On observe le **paratexte** : la date, l'auteur et le titre apportent-ils des éléments d'information sur le sens du texte ?

2 On procède à une **lecture intégrale** du texte, au cours de laquelle on peut déjà souligner des liens logiques, faire apparaître des effets d'insistance (répétitions, champs lexicaux).

3 On s'interroge ensuite : **quelle est la thèse** défendue par l'auteur ? Dans quelle(s) partie(s) du texte apparaît-elle ? Quels sont les arguments principaux que l'on peut retenir ?

4 On peut **reformuler** les idées du texte en opérant des regroupements de paragraphes si nécessaire. On parvient à un plan détaillé.

5 On décide du **plan final** du résumé et on procède à une reformulation qui vise à atteindre le calibrage attendu.

6 On **recopie avec soin** le résumé en procédant à des allègements ou à des précisions en fonction du nombre de mots auxquels on est parvenu.

7 On précise le nombre de mots du résumé.

Étape 3 : Thèse défendue par l'auteur

Jacquard défend la thèse suivante : il est aujourd'hui nécessaire de réfléchir à notre rapport avec notre environnement. Il s'appuie sur un argument de nature historique en expliquant que toutes les terres exploitables sont connues aujourd'hui. Son autre argument souligne l'impact que l'homme a sur la nature. Il insiste également sur la nécessité de préparer le meilleur avenir possible à nos descendants. Sa thèse est celle du « contrat de mariage ».

On s'interroge sur la thèse défendue par l'auteur et les arguments principaux.

Étape 5 : Proposition de plan

On peut passer de six paragraphes pour le texte source à deux paragraphes pour le résumé.

Idée 1 : tournant historique on a atteint les limites de notre monde :
- **car :** il n'y plus de nouveaux territoires à exploiter,
- **car :** seuls quelques espaces restent à explorer ponctuellement.

Par conséquent, idée 2 : l'homme doit réfléchir à la façon dont il doit respecter la Terre pour lui-même et pour ses descendants.

On reformule les idées du texte en opérant des regroupements de paragraphes si nécessaire.

Proposition de résumé en 110 mots

L'humanité est parvenue à un tournant : elle a atteint les limites du monde qui l'accueille. En effet, elle en connaît l'intégralité et elle sait que ses ressources ne perdureront pas indéfiniment. De plus, il ne lui reste plus de nouveaux territoires à exploiter, seulement quelques espaces à explorer ponctuellement.

Il convient de tirer les conclusions de ce constat avec clairvoyance et pragmatisme. Désormais avertis que leurs actes sont susceptibles de créer des dommages irréversibles à la terre, les hommes doivent réfléchir collectivement à une façon d'exploiter les ressources naturelles qui ne les épuise pas. Il en va aussi bien de leur intérêt présent, que de celui de leurs descendants.

On procède à des allègements ou à des précisions en fonction du nombre de mots auquel on doit parvenir.

35. Comprendre le fonctionnement du texte

OUTILS POUR LA CONTRACTION

On donne le nom de **leviers** aux éléments d'un texte d'idées, de nature différente, qui facilitent la compréhension du fonctionnement de l'argumentation. Être attentif à ces leviers permet de mieux comprendre le texte et ses articulations, et facilite le travail de contraction du texte.

COMPRENDRE LA SITUATION D'ÉNONCIATION

- **Quelles sont les « voix » du texte ?** Pour définir la situation d'énonciation, on précise qui est l'énonciateur, à qui il s'adresse et, le cas échéant, le moment et le lieu de l'énonciation.
- **Y a-t-il une seule thèse en présence ou y en a-t-il plusieurs ?** Certains auteurs font apparaître une thèse qu'ils contestent dans leur argumentation. Il faut veiller à la présence de citations pour repérer une autre « voix » que celle de l'auteur dans le texte.
- L'**étude des types de discours** est également utile car la thèse présentée ou contestée peut aussi être restituée grâce au discours indirect ou au discours indirect libre.

S'INTÉRESSER AUX PROCÉDÉS D'ÉCRITURE

- Les procédés d'écriture permettent de repérer des lignes de force dans le texte. Lors du résumé, il faudra hiérarchiser les idées du texte et décider quelles sont les idées essentielles et les idées secondaires à laisser de côté.
- **Trouve-t-on des répétitions ou des figures d'insistance (répétition, anaphore) ?**
- **Peut-on repérer des champs lexicaux qui montrent qu'une thématique est prégnante ?**
- **L'auteur s'appuie-t-il sur des images pour argumenter ? Sont-elles valorisantes ou, au contraire, relèvent-elles du blâme ?**

REPÉRER LES MODALISATEURS

- **Trouve-t-on des modalisateurs montrant comment l'auteur se situe par rapport à son énoncé ?** La modalisation désigne les différents moyens par lesquels on introduit de la subjectivité dans un énoncé. Repérer les modalisateurs permet donc de comprendre l'opinion de l'auteur.
- Voici quelques exemples de modalisateurs :

Moyens lexicaux	- Verbes d'opinion, de jugement ou verbes indiquant l'obligation, la possibilité, la volonté. - Adverbes de doute, d'intensité, de certitude. - Noms et adjectifs mélioratifs ou péjoratifs. - Interjections qui expriment une émotion. - Pronom indéfini « on ».
Moyens syntaxiques	- Phrases interrogatives ou exclamatives. - Tournures impersonnelles qui introduisent une certaine distance vis-à-vis de l'énoncé. - Degrés de l'adjectif : le comparatif, le superlatif.
Moyens stylistiques	- Hyperboles et images.
Modes et temps verbaux	- Le subjonctif et le conditionnel nuancent la pensée et introduisent l'idée de doute.

S'ENTRAÎNER

EXERCICE 1

Dans l'extrait suivant, définissez la situation d'énonciation. Qui s'exprime ? Qui est le destinataire ? Qui est représenté par le pronom « nous » ?

Ce qui m'a frappée – tant chez elle que chez nombre d'amies américaines –, c'est leur souci d'être « aimées ». On les a élevées en leur donnant à croire que plaire est primordial, qu'il s'agit d'une caractéristique spécifique. Et que cela exclut l'expression de la colère, de l'agressivité ou d'un désaccord formulé avec trop de force.

Nous passons un temps fou à apprendre à nos filles à se préoccuper de l'opinion que les garçons ont d'elles. Mais le contraire n'est pas vrai. Nous n'apprenons pas à nos fils à se soucier d'être aimables. Nous passons un temps fou à répéter à nos filles qu'elles ne peuvent pas être en colère, ni agressives ni dures, ce qui est déjà assez grave en soi, sauf que nous prenons le contre-pied et félicitons ou excusons les garçons qui, eux, ne s'en privent pas. Dans le monde entier, il y a un nombre incroyable d'articles de magazines et de livres qui abreuvent les femmes de conseils sur ce qu'il faut faire, sur la façon d'être ou de ne pas être pour attirer les hommes ou leur plaire. On ne trouve pas, loin s'en faut, autant de guides de ce genre destinés aux hommes.

CHIMAMANDA NGOZI ADICHIE,
Nous sommes tous des féministes, Éd. Folio, Gallimard, 2015.

EXERCICE 2

Quelle est la thèse défendue par l'auteure du texte de l'exercice 1 ? Montrez que le texte fait apparaître deux autres discours que celui tenu par l'auteure. Justifiez votre réponse.

Coup de pouce
Observez la façon dont l'auteure reformule le contenu des magazines féminins.

EXERCICE 3

Quels sont les deux champs lexicaux dominants dans l'extrait proposé à l'exercice 1 ? Que nous révèlent-ils sur la thématique du texte ?

EXERCICE 4

Quelle figure de style permet à l'auteure de mettre en évidence sa thèse dans le second paragraphe du texte de l'exercice 1 ?

EXERCICE 5

Dans l'extrait suivant, repérez les modalisateurs. Comment se positionne l'auteur par rapport à l'opinion qu'il exprime ?

Tant qu'il existera, par le fait des lois et des mœurs, une damnation sociale créant artificiellement, en pleine civilisation, des enfers, et compliquant d'une fatalité humaine la destinée qui est divine ; tant que les trois problèmes du siècle, la dégradation de l'homme par le prolétariat, la déchéance de la femme par la faim, l'atrophie de l'enfant par la nuit, ne seront pas résolus ; tant que, dans certaines régions, l'asphyxie sociale sera possible ; en d'autres termes, et à un point de vue plus étendu encore, tant qu'il y aura sur la terre ignorance et misère, des livres de la nature de celui-ci pourront ne pas être inutiles.

VICTOR HUGO, Préface des *Misérables*, 1862.

Coup de pouce
Pour répondre, prêtez attention au temps des verbes, aux adverbes et aux hyperboles.

EXERCICE 6

On désigne souvent cette célèbre tirade de Don Juan comme « tirade de l'inconstance ». Étudiez l'emploi des pronoms, les modalisateurs et les procédés d'écriture qui permettent de distinguer les différentes « voix » : quelle est la thèse de Don Juan ? Quelle est celle qu'il conteste ? Présente-t-il sa thèse comme une simple opinion ou comme une vérité générale ?

Quoi ? tu veux qu'on se lie à demeurer au premier objet qui nous prend, qu'on renonce au monde pour lui, et qu'on n'ait plus d'yeux pour personne ? La belle chose de vouloir se piquer d'un faux honneur d'être fidèle, de s'ensevelir pour toujours dans une passion, et d'être mort dès sa jeunesse à toutes les autres beautés qui nous peuvent frapper les yeux ! Non, non : la constance n'est bonne que pour des ridicules ; toutes les belles ont droit de nous charmer, et l'avantage d'être rencontrée la première ne doit point dérober aux autres les justes prétentions qu'elles ont toutes sur nos cœurs. Pour moi, la beauté me ravit partout où je la trouve, et je cède facilement à cette douce violence dont elle nous entraîne.

MOLIÈRE, *Dom Juan*, Acte I, scène 2, 1682.

Geffroy, *Don Juan*,
gravure de Wolf (1665).

36. Repérer la progression de l'argumentation

OUTILS POUR LA CONTRACTION

L'exercice de résumé porte toujours sur un **texte d'idées**. On doit donc être attentif à la **stratégie argumentative** de l'auteur. On va, d'une part, se poser des questions ayant trait aux idées de l'auteur, et, d'autre part, réfléchir à la **construction** de l'argumentation pour comprendre la stratégie argumentative retenue.

DISTINGUER LA THÈSE, LES ARGUMENTS ET LES EXEMPLES

- **Quelle est la thèse défendue par l'auteur ? Sur quels arguments s'appuie-t-elle ? Quels sont les exemples proposés par l'auteur ?**
- La **thèse** est l'opinion que l'on défend, le point de vue en faveur duquel on va argumenter.
- L'**argument** est une justification de la thèse défendue, une des raisons pour laquelle on veut faire partager son point de vue. L'argument est général et abstrait.
- L'**exemple** est une illustration de cet argument. Il est particulier et concret.

Dans un résumé, on ne conserve pas les exemples, sauf s'ils ont un rôle pleinement argumentatif et qu'ils ne se contentent pas d'illustrer.

RÉFLÉCHIR À LA STRUCTURE DU TEXTE

Pour convaincre, le texte argumentatif s'appuie sur une structure particulière. La façon dont les arguments sont reliés entre eux crée une progression et permet au lecteur d'adhérer à l'opinion défendue.

DÉGAGER LA STRATÉGIE ARGUMENTATIVE DU TEXTE

Les stratégies argumentatives peuvent être parfois complexes mais elles s'organisent le plus souvent autour de quatre relations principales qui peuvent s'instaurer entre les arguments.

- **La cause :** l'auteur procède par justification de son opinion.
- **La conséquence :** l'auteur exprime les implications de son opinion.
- **L'opposition :** l'auteur nuance ou réfute sa thèse en lui opposant des arguments.
- **L'addition :** l'auteur enchaîne les arguments les uns aux autres.

FAIRE APPARAÎTRE LA PROGRESSION DU TEXTE

- **Quelles sont les relations logiques qui articulent et font progresser le texte ?**

Relations logiques	Connecteurs
L'addition	*et, de plus, d'ailleurs, d'autre part, en outre, puis*
La cause	*car, parce que, puisque, grâce à, en effet, en raison de, dans la mesure où*
L'opposition	*mais, cependant, en revanche, alors que, pourtant, tandis que, néanmoins, or*
La conséquence	*ainsi, c'est pourquoi, en conséquence, si bien que, de sorte que, donc, par conséquent*
L'illustration	*ainsi, c'est ainsi que, c'est le cas de, comme, d'ailleurs, en particulier, notamment, par exemple*
La concession	*malgré, en dépit de, quoique, bien que, même si, certes, il est vrai que*
La conclusion	*bref, ainsi, en somme, donc, par conséquent, en guise de conclusion, en définitive, enfin*

- **Quels sont les principaux temps du texte ? Y a-t-il une opposition entre le passé et le présent ?**

Pour repérer des articulations dans certains textes, l'étude des temps peut mettre à jour un lien de cause à effet, une opposition entre passé et présent...

S'ENTRAÎNER

EXERCICE 1

Voici un jugement de la philosophe Simone Weil en 1949 :

« Il est inévitable que le mal domine partout où la technique se trouve soit entièrement soit presque entièrement souveraine. »

Complétez le tableau à l'aide des propositions suivantes :

- Les éoliennes constituent une alternative intéressante aux énergies fossiles.
- La technique contribue aux progrès dans les domaines de l'armement.
- Les adolescents sont dépendants de leur téléphone portable.
- Sans l'apport de la technique, la médecine ne progresserait plus.

Arguments en faveur de la thèse proposée	
Exemples en faveur de la thèse proposée	
Arguments réfutant la thèse proposée	
Exemples réfutant la thèse proposée	

EXERCICE 2

Dans l'extrait suivant, reformulez la thèse et soulignez les arguments sur lesquels elle s'appuie.

[...] La thématique du progrès reste prégnante, ne serait-ce que symboliquement, mais elle est doublement mise en cause.

D'abord, au nom des dégâts causés à l'environnement. En stigmatisant la « puissance d'apocalypse » de la technique moderne, Hans Jonas entraîne à sa suite les mouvements écologistes, pour dénoncer une technoscience sans conscience, qui userait de l'alibi de la modernité pour faire avaler ses aspects les plus destructeurs. En raison aussi de son impuissance à transformer l'augmentation des richesses en bien-être pour le plus grand nombre. « Il ne suffit pas de dire "mon PIB est plus gros que le tien" » pour fabriquer du bien-être économique et social. Avec le même PIB, on peut avoir un taux de chômage de 0% ou au contraire de 30 %. L'état social d'une nation peut fort bien se dégrader, alors même que le PIB continue de croître », analyse la philosophe Dominique Méda. [...]

MARIE-PAULE VIRARD,
« Faut-il encore croire au progrès ? », extrait d'un article paru dans *Enjeux Les Échos* n° 200, 01/03/2004.

Coup de pouce
Un mot du texte vous permet d'être certain(e) que vous n'avez oublié aucun argument. Lequel ?

EXERCICE 3

Reformulez la thèse défendue par l'affiche suivante. Formulez deux arguments qui permettraient d'étayer cette thèse. À partir de votre expérience personnelle, illustrez l'un de ces arguments.

EXERCICE 4

Analysez la situation d'énonciation du texte suivant pour en formuler la thèse à partir de celle que rejette son auteur.

a. Étudiez l'énonciation : quel est le pronom le plus présent dans le premier paragraphe ? Pourquoi le pronom « je » est-il moins présent ? Étudiez le vocabulaire dévalorisant qui disqualifie l'opinion du Français ordinaire sur le progrès. Appuyez-vous sur ces réponses pour montrer que le texte commence par le rejet d'une thèse.

b. Dans le second paragraphe, soulignez les expressions qui valorisent l'opinion défendue. Quelle est la valeur des deux questions rhétoriques ?

c. Formulez la thèse que défend Baudelaire dans ce texte.

Demandez à tout bon Français qui lit tous les jours son journal dans son estaminet ce qu'il entend par progrès, il répondra que c'est la vapeur, l'électricité et l'éclairage au gaz, miracles inconnus aux Romains et que ces découvertes témoignent pleinement de notre supériorité sur les anciens ; tant il s'est fait de ténèbres dans ce malheureux

cerveau et tant les choses de l'ordre matériel et de l'ordre spirituel s'y sont bizarrement confondues ! Le pauvre homme est tellement américanisé par ces philosophes zoocrates et industriels qu'il a perdu la notion des différences qui caractérisent les phénomènes du monde physique et du monde moral, du naturel et du surnaturel.
Si une nation entend aujourd'hui la question morale dans un sens plus délicat qu'on ne l'entendait dans le siècle précédent, il y a progrès ; cela est clair. Si un artiste produit cette année une œuvre qui témoigne de plus de savoir ou de force imaginative qu'il n'en a montré l'année dernière, il est certain qu'il a progressé. Si les denrées sont aujourd'hui de meilleure qualité et à meilleur marché qu'elles n'étaient hier, c'est dans l'ordre matériel un progrès incontestable. Mais où est, je vous prie, la garantie du progrès pour le lendemain ? Car les disciples des philosophes de la vapeur et des allumettes chimiques l'entendent ainsi : le progrès ne leur apparaît que sous la forme d'une série indéfinie. Où est cette garantie ? Elle n'existe, dis-je, que dans votre crédulité et votre fatuité.

Charles Baudelaire, *Curiosités esthétiques*, 1855

EXERCICE 5

Classez les mots suivants en deux catégories de sens et complétez ces catégories.

dénoncer - défendre - détracteurs - protestataires - appuyer - étayer - critiquer - soutien.

EXERCICE 6

Le tableau suivant s'intéresse au second paragraphe du texte de Baudelaire, support de l'exercice 4.

a. Complétez-le.

b. Quelle remarque pouvez-vous faire sur la deuxième ligne ? Que décideriez-vous si vous deviez résumer cet extrait : élimineriez-vous cet exemple ou le conserveriez-vous ?

c. Proposez deux connecteurs logiques pour chacune de ces relations possibles entre les arguments.

Arguments de Baudelaire	Exemples proposés
Si une nation entend aujourd'hui la question morale dans un sens plus délicat qu'on ne l'entendait dans le siècle précédent, il y a progrès.	
	Si un artiste produit cette année une œuvre qui témoigne de plus de savoir ou de force imaginative...
c'est dans l'ordre matériel un progrès incontestable...	

EXERCICE 7

Reprenez le texte support de l'exercice 2, soulignez les liens logiques et expliquez en une phrase comment l'argumentation progresse.

EXERCICE 8

Reformulez la thèse de ce texte, qui apparaît dans la première phrase. Relevez ensuite les marques de l'opposition. Expliquez quelle est la stratégie argumentative de l'auteur.

Contrairement à ce qu'on croit souvent, l'important dans la science, c'est autant l'esprit que le produit, c'est autant l'ouverture, la primauté de la critique, la soumission à l'imprévu, si contrariant soit-il, que le résultat, si nouveau soit-il. Il y a belle lurette que les scientifiques ont renoncé à l'idée d'une vérité ultime et intangible, image exacte d'une « réalité » qui attendrait au coin de la rue d'être dévoilée. Ils savent maintenant devoir se contenter du partiel et du provisoire. Une telle démarche procède souvent à l'encontre de la pente naturelle à l'esprit humain, qui réclame unité et cohérence dans sa représentation du monde sous ses aspects les plus divers. De fait, ce conflit entre l'universel et le local, entre l'éternel et le provisoire, on le voit périodiquement réapparaître dans une série de polémiques opposant ceux qui refusent une vision totale et imposée du monde à ceux qui ne peuvent s'en passer. Que la vie et l'homme soient devenus objets de recherche et non plus de révélation, peu l'acceptent.

François Jacob, *Le Jeu des possibles*, extrait de l'Avant-propos, Librairie Arthème Fayard, 1981.

EXERCICE 9

Commentez cette photo en utilisant les liens logiques exprimant les relations suivantes : cause, conséquence, condition et conclusion.

Matt Cardy, *Budapest, Hongrie, Des migrants attendent les bus qui vont les emmener en Autriche*, 4 septembre 2015.

37. Hiérarchiser les idées du texte

OUTILS POUR LA CONTRACTIION

Lorsqu'on a compris et fait apparaître la thèse du texte, une étape consiste à décider **quelles sont les idées que l'on va conserver** et celles que l'on ne mentionnera pas car elles sont accessoires.

IDENTIFIER LES EXEMPLES ET LES CITATIONS POUR LES SUPPRIMER

- Les exemples qui ont une fonction d'illustration et les citations qui servent de références pour appuyer la thèse ne figurent pas dans le résumé final.
- Lors de la lecture du texte à résumer, on peut donc **supprimer les exemples, les citations, les éléments répétés** ou qui constituent des digressions. Cette première étape permet de ne garder que les idées les plus importantes. Ce travail aboutit à une première contraction.

DISTINGUER IDÉES PRINCIPALES ET IDÉES SECONDAIRES

CONSEIL

Il faut restituer l'ensemble des idées que l'auteur défend. On ne peut pas en choisir deux si le raisonnement s'appuie sur trois points.

- L'objectif du résumé consiste à distinguer idées principales et idées secondaires.
- **On doit donc repérer les arguments principaux de l'argumentation et opérer un choix.** Si on a identifié le type de raisonnement que suit le texte, on peut s'appuyer sur les éléments constitutifs de ce raisonnement pour savoir ce qu'il faut conserver.

ÉLABORER LA STRUCTURE DU RÉSUMÉ

ASTUCE

Si l'on demande un texte d'une centaine de mots, on ne peut dépasser quatre paragraphes sous peine qu'un paragraphe soit réduit à une seule phrase.

- Certaines idées du texte source ayant été supprimées, il faut réfléchir à la **progression** du résumé.
- Le résumé se présente sous la forme d'un **texte constitué de paragraphes** qui commencent tous par un alinéa. Il faut organiser la reformulation des idées de l'auteur en **deux ou trois mouvements**.
- Après avoir mis en place le plan détaillé du texte à résumer, **on procède à des rapprochements entre les idées directrices** pour construire un résumé structuré, clair dans sa progression.
- À partir des idées directrices retenues dans le plan détaillé, on propose un résumé construit dont **le nombre de paragraphes ne correspond pas nécessairement à ceux du texte source**.

Voici un exemple emprunté au texte résumé p. 536.

Citation servant d'appui et exemples illustratifs : à supprimer.

Les idées essentielles sont :
- avant, l'espace accessible était presque infini ;
- maintenant, il est fini, il n'y a plus d'ailleurs.
- Il faut en tirer les conséquences.

Le premier à comprendre et à exprimer la mutation subie actuellement par l'humanité n'a été ni un responsable politique ni un homme de science, mais un poète. En 1945, dans Regards sur le monde actuel, Paul Valéry écrivait : « Le temps du monde fini commence. » Il est urgent de tirer les conséquences de ce constat : nous entrons dans une phase nouvelle de l'histoire des êtres humains. Jusqu'il y a peu, il était possible de regarder comme pratiquement infini, quasi inépuisable, le domaine qui nous était accessible. Les cartes de la planète comportaient de grandes taches blanches désignées comme Terra incognita ; les biens qu'elle nous donnait étaient sans fin renouvelables ; chassés d'un territoire, il nous était possible d'en trouver un autre ailleurs. Désormais, nous n'avons plus d'ailleurs.

→ on peut regrouper les deux premières idées. La troisième, développée dans la suite du texte, peut ne pas être mentionnée ici : *« L'humanité est parvenue à un tournant historique en atteignant les limites du monde où elle vit. »*

S'ENTRAÎNER

EXERCICE 1

Dans cet extrait, l'auteur fait référence à des œuvres variées pour définir ce qu'est la « bohème ».

a. Faites apparaître ces références en les soulignant.

b. Lors de l'étape de la reformulation plus concise des idées de ce texte, serait-il nécessaire de conserver ces références ?

« La Bohème » :

Un homme entre dans un cabaret parisien. Il est jeune, pauvre et se destine à la carrière d'artiste. Il y rencontre un philosophe puis un poète, aussi pauvres que lui. Ils sympathisent immédiatement : repas, boisson et tabac sont bientôt mis en commun. Un peintre les rejoint ensuite pour former un groupe fraternel. Cet épisode, qui ouvre les *Scènes de la vie de bohème*, d'Henri Murger (1851), a durablement fixé un ensemble de traits associés à la figure du bohème. Installé dans une métropole, il porte des costumes qui tranchent avec l'habit noir du bourgeois, vit au jour le jour, déménage fréquemment, refuse les emplois fixes et le couple établi, partage son existence avec ses camarades et aime abuser, quand ses finances le lui permettent, de la bonne chère et de la boisson. Avec le bourgeois, qui est comme son double en négatif, il entretient une relation faite de dédain, d'appréhension et d'attraction mutuels. Les aventures de Schaunard, Colline, Rodolphe et Marcel, les quatre compères des *Scènes de la vie de bohème*, déclinées successivement en feuilleton, sur la scène et en livre, ont connu un vif succès. Moins toutefois que l'opéra de Puccini (1896)[1] et la chanson de Charles Aznavour (1965), mondialement célèbres depuis leur création.

ANTHONY GLINOER, « Séduction de la bohème »,
Le Monde diplomatique, octobre 2016.

1. Giacomo Puccini (1858-1924) compose entre 1892 et 1895 l'opéra *La Bohème*, d'après le roman d'Henri Murger.

HENRI DE TOULOUSE-LAUTREC, *Au Moulin de la Galette*, 1889.

EXERCICE 2

Montrez que, dans l'extrait précédent, les références à des œuvres qui permettent d'illustrer le phénomène de la « bohème » apparaissent sous des formes différentes.

Coup de pouce

Une œuvre peut être citée ; elle peut apparaître comme une référence par l'intermédiaire de son titre ; elle peut aussi faire l'objet d'un résumé ou d'une allusion à l'un de ses épisodes.

EXERCICE 3

Lisez le texte de l'exercice 1 deux fois puis fermez le manuel. Quelle est la thèse ? Quelles idées vous restent en mémoire ?

EXERCICE 4

Voici la suite du texte « La Bohème ». Cet extrait est très structuré : commentez les liens logiques soulignés pour montrer la progression du texte qu'ils impliquent puis proposez un plan détaillé de cet extrait.

Pourtant, cette représentation pittoresque et inoffensive de la bohème n'épuise pas le phénomène. Au XIXe siècle déjà, <u>trois autres versions</u> lui font concurrence dans les innombrables chroniques, tableaux et romans qui dépeignent la vie des lettres et des arts. <u>La première</u> est plus politique : le romancier et journaliste Jules Vallès, qui sera en 1871 membre de la Commune de Paris, a pris la défense de ceux qu'il appelle les « réfractaires », à savoir les « victimes du livre » qui écrivent dans des « encyclopédies, dictionnaires, biographies, à deux liards les cent lettres, dans les journaux de demoiselles, à trois francs la colonne ». À l'image de Vallès lui-même, ces écrivains-journalistes en rupture de ban n'échappent pas au monde marchand, mais refusent de faire carrière, par conviction politique et au prix d'une misère qu'ils choisissent autant qu'ils la subissent. <u>À la</u> bohème enchantée de Murger et <u>à la</u> bohème réfractaire de Vallès <u>s'ajoute</u> celle, plus ludique, provocatrice et irrévérencieuse, des je-m'en-foutistes et autres hydropathes[1]. Celle-ci fréquente les cafés et les cabarets littéraires. Elle exprime son refus de l'ordre bourgeois moins par une opposition brutale et argumentée que par une subversion des formes, des genres et du bon goût, comme dans le *Sonnet du trou du cul* que signent conjointement Paul Verlaine et Arthur Rimbaud dans le célèbre *Album zutique* (1872).

Depuis Murger jusqu'au *Paris est une fête* d'Ernest Hemingway, en passant par les scènes de cabaret d'Henri de Toulouse-Lautrec, le phénomène n'a cessé de se montrer en action, de construire ses propres représentations imaginaires (poèmes, romans, dessins, chansons). Être bohème, c'est le paraitre et faire valider par le public cette appartenance. <u>Dès lors</u>, même si les milieux identifiés à la bohème viennent à disparaître ou à se déplacer, restent les légendes et les fictions qui irriguent une nouvelle génération. Qu'en reste-t-il aujourd'hui ?

ANTHONY GLINOER, « Séduction de la bohème »,
Le Monde diplomatique, octobre 2016.

1. **Hydropathes** : groupe littéraire parisien de la fin du XIXe siècle, qui comptait parmi ses membres Charles Cros, Alphonse Allais…

Coup de pouce

Si vous avez identifié le type de raisonnement que suit le texte, vous pouvez vous appuyer sur les éléments constitutifs de ce raisonnement pour savoir ce qu'il convient de conserver. Par exemple, dans l'extrait précédent, l'auteur décline plusieurs définitions du comportement « bohème ».

Affiche de Adolfo Hohenstein pour la première de l'Opéra *La Bohème*, de Giacomo Puccini au théâtre Regio de Turin, 1896.

EXERCICE 5

Voici des éléments du brouillon du résumé d'un élève qui a travaillé sur ce passage.

a. Vérifiez que le point 1 convient.

b. Doit-il conserver le point 2 dans le résumé final ?

c. Montrez que le point 3 comporte une idée principale et une idée secondaire.

1. Au XIXe siècle, il existe trois définitions de la bohème dans les arts.
2. Jules Vallès incarne le deuxième modèle.
3. Les « bohèmes » par choix politique vivent dans la misère.

EXERCICE 6

En vous appuyant sur le travail de préparation effectué dans les exercices 1 à 4, proposez un plan détaillé du résumé de l'ensemble du texte qui cherche à définir la bohème. Est-il nécessaire de conserver les trois paragraphes initiaux ?

EXERCICE 7

Dans la tirade suivante, extraite de la pièce de Musset *On ne badine pas avec l'amour*, Perdican, le personnage principal, exprime sa vision de l'amour. On vous propose un plan détaillé du texte. Complétez-le par des liens logiques qui expliciteront la structure de votre résumé.

PERDICAN.– Adieu, Camille, retourne à ton couvent, et lorsqu'on te fera de ces récits hideux qui t'ont empoisonnée, réponds ce que je vais te dire : Tous les hommes sont menteurs, inconstants, faux, bavards, hypocrites, orgueilleux ou lâches, méprisables et sensuels ; toutes les femmes sont perfides, artificieuses, vaniteuses, curieuses et dépravées ; le monde n'est qu'un égout sans fond où les phoques les plus informes rampent et se tordent sur des montagnes de fange ; mais il y a au monde une chose sainte et sublime, c'est l'union de deux de ces êtres si imparfaits et si affreux. On est souvent trompé en amour, souvent blessé et souvent malheureux ; mais on aime, et quand on est sur le bord de sa tombe, on se retourne pour regarder en arrière, et on se dit : J'ai souffert souvent, je me suis trompé quelquefois, mais j'ai aimé. C'est moi qui ai vécu, et non pas un être factice créé par mon orgueil et mon ennui.

ALFRED DE MUSSET, *On ne badine pas avec l'amour*,
Acte II, scène 5, 1834.

Proposition de plan

Les hommes comme les femmes ont de nombreux défauts.

… le monde est dépravé.

… l'amour qui lie un homme et une femme est digne d'éloges.

… il apporte des désillusions et de la souffrance

… c'est une expérience mémorable et authentique.

EXERCICE 8

Résumez le texte de l'exercice 7 en 40 mots.

38. Reformuler avec concision

OUTILS POUR LA CONTRACTION

L'exercice du résumé requiert des qualités d'analyse d'un texte et des qualités de rédaction puisqu'il faut proposer une reformulation concise et efficace. On doit être précis tout en ayant recours à des tournures concises pour respecter le nombre de mots demandé.

LES PRINCIPES D'UNE REFORMULATION CONCISE

- Pour reformuler un texte, il faut souvent **modifier la syntaxe des phrases en opérant des regroupements d'idées** qui permettent de gagner en concision.
- Une phrase complexe peut englober plusieurs phrases simples si elles constituent une seule unité de sens.

LES ERREURS À ÉVITER

- **La reprise de mots du texte :** seuls les concepts impossibles à reformuler ou assez communément employés peuvent être repris.
- **Le commentaire subjectif sur le texte :** on ne doit pas donner son opinion sur le texte à résumer.
- **La reformulation erronée du sens du texte :**
  - si on dit le contraire de ce que dit le texte, c'est un contresens ;
  - si on dit autre chose que ce que dit le texte, c'est un faux-sens.
- **Le dépassement du nombre de mots :** il sera demandé d'indiquer le nombre de mots du résumé.

LE LEXIQUE, LA CLÉ POUR REFORMULER AVEC PRÉCISION

CONSEIL

Attention : il ne s'agit pas de prélever certains passages du texte en calquant la syntaxe de celui-ci grâce à des synonymes. Il faut montrer comment le raisonnement progresse.

- C'est souvent la richesse et la précision du vocabulaire employé qui permettent de réussir l'exercice du résumé. Grâce à une attention régulière portée au vocabulaire, les connaissances en ce domaine peuvent s'enrichir. Pour cela, il faut à la fois collecter les mots nouveaux et les réemployer.
- Le résumé est un exercice qui exige une expression maîtrisée : le lexique doit être précis, la syntaxe doit permettre de faire passer les idées du texte avec concision et clarté. L'orthographe doit également être soignée.

QUELQUES SUBSTITUTIONS POUR « ÉCONOMISER LES MOTS »

Substitution	Exemple	Économie de mots
Le remplacement d'un verbe transitif indirect par un verbe transitif direct.	Le téléphone nuit au travail scolaire.	→ Le téléphone menace le travail scolaire.
Le remplacement des verbes pronominaux par des verbes simples.	Il s'aperçoit qu'il est en retard.	→ Il constate son retard.
Le remplacement d'un groupe prépositionnel par un adjectif.	Une idée de génie.	→ Une idée géniale.
Le remplacement d'un groupe prépositionnel par un adverbe.	Il travaille avec sérieux.	→ Il travaille sérieusement.
Le remplacement du positif par le négatif.	Il n'aime pas lire à haute voix.	→ Il déteste lire à haute voix.
Le remplacement du passif par l'actif.	Son erreur a été découverte par son professeur.	→ Son professeur a découvert son erreur.
Le remplacement des subordonnées.	J'acceptai bien qu'il n'en ait aucune envie.	→ J'acceptai à son grand désespoir.

S'ENTRAÎNER

EXERCICE 1

En vous appuyant sur les conseils de la leçon, procédez à des allègements dans les phrases suivantes.

1. L'auteur de fables cherche, non pas seulement à divertir son lecteur, mais à lui dispenser des conseils concernant sa vie en société qui sont plus faciles à comprendre grâce à des histoires d'animaux.

2. Le romancier qui veut retranscrire le réel observe les façons de vivre de ses contemporains pour les retranscrire avec beaucoup de détails.

EXERCICE 2

Reformulez les phrases suivantes en supprimant le nombre de mots demandé.

1. Je ne veux pas me tromper dans mon orientation. (−4 mots)

2. Il se comporte en accord avec sa morale. (−3 mots)

3. Il est difficile de ranger cette œuvre dans une catégorie. (−5 mots)

4. Il ne se souvient pas de son camarade qui l'a soutenu alors qu'il était en difficultés. (−7 mots)

EXERCICE 3

Lisez le texte suivant de Claude Lévi-Strauss.

Aucune société n'est parfaite. Toutes comportent par nature une impureté incompatible avec les normes qu'elles proclament, et qui se traduit concrètement par une certaine dose d'injustice, d'insensibilité, de cruauté. Comment évaluer cette dose ? L'enquête ethnographique y parvient. Car, s'il est vrai que la comparaison d'un petit nombre de sociétés les fait apparaître très différentes entre elles, ces différences s'atténuent quand le champ d'investigation s'élargit. On découvre alors qu'aucune société n'est foncièrement bonne ; mais aucune n'est absolument mauvaise. Toutes offrent certains avantages à leurs membres, compte tenu d'un résidu d'iniquité dont l'importance paraît approximativement constante et qui correspond peut-être à une inertie spécifique qui s'oppose, sur le plan de la vie sociale, aux efforts d'organisation.

CLAUDE LÉVI-STRAUSS, *Tristes tropiques*, Éd. Plon, 1955.

Voici une phrase extraite d'un résumé de ce texte : « Les faiblesses morales inhérentes à toute société peuvent apparaître grâce à l'enquête ethnographique. »

a. Quelles phrases ont été regroupées ?

b. Trouvez-vous le regroupement pertinent ?

EXERCICE 4

Voici un extrait d'un résumé du texte de l'exercice 3 : « Toutes les sociétés ont des failles. L'ethnologue réussit à le montrer. Il comprend que chaque société a à la fois des défauts et des qualités. »

a. Montrez que l'élève a reproduit la syntaxe du texte de Lévi-Strauss.

b. La démarche suivie vous paraît-elle pertinente ?

EXERCICE 5

Pourquoi peut-il être intéressant de reformuler les trois dernières phrases de l'extrait de Lévi-Strauss en une seule ? Quel est le risque, cependant ? Faites une proposition.

EXERCICE 6

Reformulez en une seule phrase les informations présentes dans ces extraits de notices biographiques. N'hésitez pas à modifier l'ordre initial pour parvenir à une reformulation plus efficace.

1. Maupassant est l'auteur de Pierre et Jean. Il a publié ce roman en 1888. Cette œuvre contient une préface qui est considérée comme un des textes théoriques sur le réalisme parmi les plus intéressants.

2. Marcel Proust a consacré les dernières années de sa vie à l'écriture d'une grande fresque romanesque. Elle s'intitule À la recherche du temps perdu. Elle s'interroge sur les effets du passage du temps sur l'existence humaine.

EXERCICE 7

Quels mots vous permettent de reformuler avec efficacité les expressions suivantes ?

1. Des ressources qui durent tout le temps.

2. Une curiosité que l'on n'arrive pas à éteindre.

3. Une décision qui satisfait tout le monde.

4. Une maladie que l'on ne parvient pas à faire disparaître.

5. Une décision qui comporte de bons et de mauvais côtés.

EXERCICE 8

Dans un carnet de type répertoire, collectez chaque jour un mot nouveau – ainsi que sa définition – qui vous sera utile dans vos exercices de reformulation. Rédigez une phrase de votre invention pour vous approprier chaque mot nouveau.

EXERCICE 9

Voici les pages du répertoire d'un élève. Quelles phrases pourriez-vous rédiger avec chacun de ces mots ?

détracteur
ambivalent
paradoxal
dérives
endémique
éthique
rationnel
légitime

39. Relire pour améliorer son résumé

L'étape de la relecture porte dans deux directions : la vérification que les points clés du résumé ont été respectés et une vigilance portée à l'expression et à l'orthographe.

LE RÉSUMÉ EN 8 POINTS CLÉS

1. **Il fait apparaître les idées directrices du texte :** sa thèse et ses principaux arguments.
2. **Il fait apparaître** l'**enchaînement** des idées et leur hiérarchie.
3. **Il reformule les idées** sans reprendre les mots ou expressions du texte.
4. **Il respecte la situation énonciative** du texte, c'est-à-dire que l'on prend à son compte les idées de l'auteur sans porter de jugement.
5. **Il restitue le registre** du texte pour faire apparaître son intention.
6. **Il conserve l'ordre** du texte, c'est-à-dire sa progression.
7. **Il respecte le nombre de mots** imparti : il faut le faire apparaître à la fin du résumé.
8. **L'expression est soignée et l'orthographe est respectée.**

RESPECTER LE NOMBRE DE MOTS EXIGÉS

En fonction du nombre de mots atteint – en tenant compte de la tolérance affichée –, on peut :
- **procéder à de nouveaux allègements** si on est au-dessus du nombre de mots attendu. Soit on reformule en visant à plus de concision, soit on décide de supprimer une idée secondaire ;
- **reformuler plus précisément** si on est en dessous du nombre de mots attendu. On va alors ajouter une idée supplémentaire pour que le résumé soit plus riche.

COMMENT COMPTER LES MOTS ?

- La **règle** pour compter les mots repose sur une définition visuelle : un mot est une unité typographique isolée par deux blancs. Exemple : le texte à résumer = 4 mots.

Tous les « petits mots » (articles, conjonctions, pronoms) comptent pour un mot.

Cas particuliers :

- Les **dates** comptent pour un mot (ex. : 2019 = 1 mot).
- Le signe des **pourcentages** compte pour un mot (ex. : 50 % = 2 mots).
- Les **acronymes** comptent pour un mot (ex. : ONU = 1 mot)
- Les **mots composés :** on considère que le tiret sépare deux mots au même titre qu'un espace. Par exemple, « c'est-à-dire » compte pour quatre mots. En revanche, « aujourd'hui » ne compte que pour un mot puisque les deux unités typographiques n'ont pas de sens à elles seules.
- Les **lettres euphoniques** ne comptent pas car elles n'ont pas de signification propre. Ainsi, « a-t-il » compte pour deux mots.

SOIGNER SON EXPRESSION ET VÉRIFIER SON ORTHOGRAPHE

- **La construction des phrases :** l'exercice du résumé peut inciter à rédiger des phrases complexes dont il faut maîtriser la structure. Outre les relations de coordination et de juxtaposition, les propositions d'une phrase complexe peuvent être subordonnées. Il doit y avoir un verbe principal qui commande la subordonnée. (VOIR P. 426)

Il faut être particulièrement vigilant à l'expression de la relative et à l'usage du pronom relatif « dont ». On l'utilise pour tous les verbes ou locutions verbales construisant leur complément avec « de ». (VOIR P. 426)

- **La reprise pronominale :** vérifier que l'on a bien associé le nom et le pronom qui lui correspond.
- **Relire paragraphe par paragraphe :** cela permet de soigner les enchaînements.
- **Procéder à plusieurs relectures sélectives :** une première fois pour les verbes et l'accord avec le sujet, une deuxième fois pour l'accord nom/adjectif... (VOIR P. 450)

S'ENTRAÎNER

EXERCICE 1

L'extrait suivant a fait l'objet de trois propositions de résumé.

a. Analysez-les et expliquez quelles erreurs ont été commises.

b. Proposez à votre tour un résumé de cet extrait.

J'emprunte l'expression « chaos-monde » à l'écrivain antillais Édouard Glissant. Elle ne renvoie pas au déséquilibre planétaire consécutif à la fin du communisme et de l'affrontement Est-Ouest, cette terreur ordonnée. Elle désigne une perte irréparable, l'extinction d'un repère, l'écroulement d'un projet. Quelque chose est advenu vers la fin du XXe siècle qui nous laisse sans voix. La modernité produite par l'Occident (et souvent trahie par lui) a cessé de « rayonner » sur le reste du monde, comme elle l'avait fait durant quatre siècles, en dépit des crimes et des massacres qui l'accompagnaient. Émancipation ? Civilisation ? Culture ? La seule lumière qu'émettent encore l'Europe et l'Amérique s'apparente trop souvent à l'enseigne d'un supermarché. Ce qui attire surtout, c'est une offre de marchandises qui invite à la boulimie, ou au casse. L'Europe et l'Amérique clignotent de toutes leurs promesses tarifées et de leurs « marques », que l'homélie[1] publicitaire promeut jusqu'à l'autre bout du monde. Elle invite les autres peuples à rejoindre le *global shopping center*[2]. C'est un peu court.

JEAN-CLAUDE GUILLEBAUD,
Le Commencement d'un monde, Éd. du Seuil, 2008.

1. **Homélie** : discours prononcé lors de la messe. Devenu synonyme de « sermon ».
2. ***Global shopping center*** : centre commercial mondial.

Proposition 1 : L'Occident a cessé de rayonner sur le reste du monde et s'apparente surtout à l'enseigne d'un supermarché.

Proposition 2 : L'Europe n'apporte plus de progrès aux autres peuples, elle se préoccupe seulement de les faire consommer.

Proposition 3 : Édouard Glissant, écrivain antillais, parle du « chaos-monde » pour expliquer non pas la fin du communisme ou la guerre froide mais le fait que l'Occident a cessé de produire du progrès après l'avoir fait pendant quatre siècles. Il se contente désormais d'inciter les autres peuples à consommer ses produits et ses marques.

EXERCICE 2

Comptez les mots des phrase et extrait suivants.

1. Il souhaite s'améliorer en contraction de textes.
2. J'emprunte l'expression « chaos-monde » à l'écrivain antillais Édouard Glissant. Elle ne renvoie pas au déséquilibre planétaire consécutif à la fin du communisme et de l'affrontement Est-Ouest, cette terreur ordonnée. Elle désigne une perte irréparable, l'extinction d'un repère, l'écroulement d'un projet. Quelque chose est advenu vers la fin du XXe siècle qui nous laisse sans voix.

JEAN-CLAUDE GUILLEBAUD,
Le Commencement d'un monde, Éd. du Seuil, 2008

EXERCICE 3

Voici un texte dont on vous propose un résumé en 110 mots.

a. Procédez à un allègement en éliminant une trentaine de mots.

b. Proposez deux autres versions, plus concises mais faisant apparaître de façon plus explicite les liens logiques, peu apparents dans la première version.

Curieuse activité solitaire que celle d'écrire. Vous passez par des moments de découragement quand vous rédigez les premières pages d'un roman. Vous avez, chaque jour, l'impression de faire fausse route. Et alors, la tentation est grande de revenir en arrière et de vous engager dans un autre chemin. Il ne faut pas succomber à cette tentation mais suivre la même route. C'est un peu comme d'être au volant d'une voiture, la nuit, en hiver et rouler sur le verglas, sans aucune visibilité. Vous n'avez pas le choix, vous ne pouvez pas faire marche arrière, vous devez continuer d'avancer en vous disant que la route finira bien par être plus stable et que le brouillard se dissipera.

Sur le point d'achever un livre, il vous semble que celui-ci commence à se détacher de vous et qu'il respire déjà l'air de la liberté, comme les enfants, dans la classe, la veille des grandes vacances. Ils sont distraits et bruyants et n'écoutent plus leur professeur. Je dirais même qu'au moment où vous écrivez les derniers paragraphes, le livre vous témoigne une certaine hostilité dans sa hâte de se libérer de vous. Et il vous quitte à peine avez-vous tracé le dernier mot. C'est fini, il n'a plus besoin de vous, il vous a déjà oublié. Ce sont les lecteurs désormais qui le révéleront à lui-même. Vous éprouvez à ce moment-là un grand vide et le sentiment d'avoir été abandonné. Et aussi une sorte d'insatisfaction à cause de ce lien entre le livre et vous, qui

Patrick Modiano.

a été tranché trop vite. Cette insatisfaction et ce sentiment de quelque chose d'inaccompli vous poussent à écrire le livre suivant pour rétablir l'équilibre, sans que vous n'y parveniez jamais à mesure que les années passent, les livres se succèdent et les lecteurs parleront d'une "œuvre". Mais vous aurez le sentiment qu'il ne s'agissait que d'une longue fuite en avant. »

Patrick Modiano,
Discours lors de la remise du prix Nobel, le 7 décembre 2014.

Proposition de résumé en 112 mots :
La solitude de l'écrivain est éprouvante. Au début de l'écriture il passe par des phases de doute, il se demande s'il a fait les bons choix, il hésite : ne doit-il pas s'arrêter et emprunter une autre voie ? Il faut savoir résister à ces tentations. A la fin du livre survient l'étape du renoncement : le texte prend son indépendance, la revendique même. C'est au tour du lecteur de le faire exister. L'écrivain se sent abandonné par son livre. Pour tenter de combler cette frustration, il n'a d'autre choix que de commencer un nouveau livre. Là où le public voit une œuvre en construction, l'artiste vit un éternel recommencement.

EXERCICE 4

a. Dans le texte suivant, l'élève a décidé de supprimer un certain nombre d'éléments dès sa lecture du texte source : a-t-il raison ? Pourquoi ?

b. Dans le deuxième paragraphe du texte, étudiez les temps verbaux.

c. En quoi ce repérage vous permet-il de mieux comprendre la progression du texte ?

d. Proposez un plan de ce texte.

Nous autres, civilisations, nous savons maintenant que nous sommes mortelles.

Nous avions entendu parler de mondes disparus tout entiers, d'empires coulés à pic avec tous leurs hommes et tous leurs engins ; ~~descendus au fond inexplorable des siècles avec leurs dieux et leurs lois, leurs académies et leurs sciences pures et appliquées, avec leurs grammaires, leurs dictionnaires, leurs classiques, leurs romantiques et leurs symbolistes, leurs critiques et les critiques de leurs critiques.~~ Nous savions bien que toute la terre apparente est faite de cendres, que la cendre signifie quelque chose. Nous apercevions à travers l'épaisseur de l'histoire, les fantômes d'immenses navires qui furent chargés de richesse et d'esprit. Nous ne pouvions pas les compter. Mais ces naufrages, après tout, n'étaient pas notre affaire.

~~Élam, Ninive, Babylone~~ étaient de beaux noms vagues, et la ruine totale de ces mondes avait aussi peu de signification pour nous que leur existence même. ~~Mais France, Angleterre, Russie…~~ ce seraient aussi de beaux noms. ~~Lusitania aussi est un beau nom.~~ Et nous voyons maintenant que l'abîme de l'histoire est assez grand pour tout le monde. Nous sentons qu'une civilisation a la même fragilité qu'une vie. ~~Les circonstances qui enverraient les œuvres de Keats et celles de Baudelaire rejoindre les œuvres de Ménandre~~ ne sont plus du tout inconcevables : elles sont dans les journaux.

Paul Valéry, *La Crise de l'Esprit*, première lettre, 1919.

Carte du monde gravée sur pierre avec caractères cunéiformes représentant la cité de Babylone au centre (2334-2284 av. J.-C.)

Le roi Assurbanipal sur son char, lors de la chasse au lion, détail d'un relief provenant des palais royaux de Ninive, 645 av. J.-C.

EXERCICE 5

a. Relevez et justifiez la présence de huit liens logiques dans cet extrait.

b. Résumez ce texte en 110 mots en vérifiant bien que toutes les étapes du résumé sont respectées.

Notre société semble saisie par une nouvelle passion : la peur comme figure jusqu'alors inédite du lien social. C'est sans doute la question du nucléaire qui a ouvert le processus, du seul fait qu'elle entremêlait de façon inextricable l'idée d'une révolution scientifique majeure, celle d'une ressource énergétique considérable et aussi celle d'une formidable puissance de mort. Depuis, les controverses se sont intensifiées, diverses dans leur nature, différentes dans leurs enjeux, à l'occasion des OGM, de la crise de la vache folle, des débats sur le clonage, des révélations sur les changements climatiques : tout se passe désormais comme si les avancées accomplies dans l'étendue des savoirs ou la puissance des techniques devaient se payer, à chaque fois, de risques accrus, d'ordre sanitaire, environnemental ou encore symbolique, qui alimentent à leur tour l'inquiétude et la défiance.

Pour se convaincre de la nouveauté et de l'ampleur du phénomène, il suffit de mesurer la distance – en vérité astronomique – qui nous sépare des premiers temps démocratiques. Face au tremblement de terre qui dévasta Lisbonne en 1755 et fit plusieurs milliers de morts, la réaction des meilleurs esprits de l'époque fut unanime et confiante : grâce aux futurs progrès des sciences et des techniques, une telle catastrophe pourrait, à l'avenir, être évitée. La géologie, les mathématiques et la physique permettraient de prévoir et même de prévenir les malheurs que la nature inflige si cruellement aux hommes. Bref, la science, plus exactement les sciences et leur périphérie allaient nous sauver des tyrannies de la matière brute. [...] Au cours du XIXe siècle, les résultats de la science devenant rapidement très spectaculaires, l'idée germa que les pouvoirs croisés de la science, de l'instruction et du commerce conduiraient à l'âge d'or du genre humain, dont Saint-Simon, curieusement déguisé en Madame Soleil[1], prédisait (en 1814) l'arrivée à échéance de quelques générations. Ainsi l'idée de progrès en vint-elle à supplanter l'idée de salut, et à faire de l'avenir le refuge de l'espoir.

Aujourd'hui, changement de décor. D'abord, le futur inquiète : nous sommes assaillis par la crainte de ce qu'il adviendra après nous. Mieux, par un remords anticipateur à l'égard de ce qui pourrait se produire. On rétorquera que l'avenir a toujours fait peur, mais il y a une différence essentielle : l'avenir nous inquiétait hier parce que nous étions impuissants, il nous effraie aujourd'hui par les conséquences de nos actes, que nous n'avons pas les moyens de discerner. Lucides, nous sentons que notre maîtrise des choses est à la fois démesurée et incomplète : suffisante pour que nous ayons conscience de faire l'histoire, insuffisante pour que nous sachions quelle histoire nous sommes effectivement en train de faire.

Étienne Klein, *La science nous menace-t-elle ?*,
Éd. Le Pommier, 2003.

1. Madame Soleil : astrologue célèbre des années 1980, ayant participé à de nombreuses émissions audiovisuelles.

EXERCICE 6

a. Voici une grille d'évaluation de résumé inachevée. Complétez-la à l'aide de la leçon.

b. Reprenez les résumés réalisés dans les exercices 3 et 5 et évaluez-les à l'aide de cette grille.

Mon résumé	Pas fait	Non acquis	En cours d'acquisition	Acquis / maîtrisé
J'ai reformulé la thèse de l'auteur.				
J'ai reformulé les principaux arguments de l'auteur.				
J'ai respecté l'ordre du texte.				

EXERCICE 7

Reprenez chacune de vos copies d'entraînement au résumé et remplissez au fur et à mesure la fiche suivante, qui va vous permettre de mesurer vos progrès au fil de l'année.

Références du résumé (auteur, titre, date)	Commentaire de l'enseignant	Éléments positifs de la copie	Que faut-il améliorer ?	Remarques sur l'expression

40. Qu'est-ce qu'un essai ?

→ **Définition :** un essai prend appui sur un corpus de textes d'idées pour **répondre de manière construite et argumentée à une question** sur le thème qui y est abordé.

→ **Objectif : emporter l'adhésion** d'un lecteur en manifestant des **capacités de réflexion**, de **construction de l'argumentation** et en sollicitant avec pertinence et précision des connaissances et des illustrations.

EXERCICE ÉVALUÉ À L'ÉCRIT DU BACCALAURÉAT POUR LES SÉRIES TECHNOLOGIQUES

L'ESSAI EN 6 ÉTAPES CLÉS

Cet exercice met en œuvre une compétence qui va être fréquemment sollicitée lors de vos études et dans votre vie professionnelle, tant à l'écrit qu'à l'oral : la **formulation construite et développée d'une opinion**. En rédigeant un essai, vous devez **examiner la pensée d'autrui** et **délibérer** à partir d'une question. C'est un exercice formateur : il développe des compétences pour **analyser une opinion** et pour y **répondre de façon argumentée**.

ÉTAPE 1 Comprendre l'opinion d'autrui et formuler le problème auquel elle répond.

- Il s'agit de vérifier que l'on a bien compris l'opinion proposée et de poser le problème.
- On reformule avec précision et rigueur l'opinion de l'auteur pour se l'approprier.
- On s'interroge : à quelle question répond cette opinion ? Face à quel problème l'auteur a-t-il pris position ?

ÉTAPE 2 Étudier un corpus pour dégager des arguments et illustrations.

- On procède à une lecture intégrale du corpus.
- On recherche les informations (arguments et exemples) qui permettront de l'exploiter.

ÉTAPE 3 Chercher des arguments et des exemples dans ses connaissances personnelles.

- L'opinion défendue par l'auteur s'appuie-t-elle sur d'autres arguments ? Le problème posé accepte-t-il d'autres réponses que l'opinion de l'auteur ? Quelles sont les illustrations dont on dispose pour formuler une opinion ?
- Il s'agit de trouver des arguments et des exemples en dehors du corpus. On peut proposer plusieurs pistes issues des connaissances personnelles : lecture, cinéma, série, actualité, cours d'autres matières.

ÉTAPE 4 Construire une réflexion progressive et critique à partir d'un problème.

- On rassemble les arguments relevés dans le corpus de textes et les arguments personnels pour construire le plan de l'essai.
- On associe ensuite une illustration à chaque argument. On parvient à un plan détaillé.

ÉTAPE 5 Rédiger l'essai.

- Il est constitué d'une introduction, d'un développement, et se termine par une conclusion.
- Le développement comporte une partie qui valide l'opinion de l'auteur, une transition et une partie critique qui vise à dépasser l'opinion proposée.
- L'objectif est d'emporter l'adhésion – convaincre et persuader – du lecteur.

ÉTAPE 6 Relire son travail.

- On le relit avec soin pour améliorer son travail.

EXEMPLE DE SUJET ET CORPUS

Sujet : « Il ne s'agit pas de nous interdire tout geste modifiant la planète, mais de ne passer à l'acte qu'après en avoir mesuré les conséquences et pris en considération les intérêts de tous, qu'ils soient vivants ou à naître. » Partagez-vous l'opinion d'Albert Jacquard ? Vous vous appuierez sur le corpus suivant et sur vos connaissances personnelles pour répondre.

Corpus de travail

Texte 1

Le premier à comprendre et à exprimer la mutation subie actuellement par l'humanité n'a été ni un responsable politique ni un homme de science, mais un poète. En 1945, dans *Regards sur le monde actuel*, Paul Valéry écrivait : « Le temps du monde fini commence. » Il est urgent de tirer les conséquences de ce constat : nous entrons dans une phase nouvelle de l'histoire des êtres humains. Jusqu'il y a peu, il était possible de regarder comme pratiquement infini, quasi inépuisable, le domaine qui nous était accessible. Les cartes de la planète comportaient de grandes taches blanches désignées comme *Terra incognita* ; les biens qu'elle nous donnait étaient sans fin renouvelables ; chassés d'un territoire, il nous était possible d'en trouver un autre ailleurs. Désormais, nous n'avons plus d'aillleurs. [...]

Ce constat n'est nullement une mauvaise nouvelle : il nous permet de définir avec lucidité les termes du contrat de mariage entre la Terre et l'humanité et de faire un projet réaliste sur la façon de vivre les uns avec les autres [...].

Nous venons seulement de comprendre, en constatant l'évolution du climat, l'avertissement de Paul Valéry : les conséquences de nos actes dépassent ce que notre environnement peut supporter ; ces conséquences sont souvent irréversibles. Il est donc urgent que ces actes soient collectivement débattus et choisis. Cela est une évidence pour tous les biens que la terre nous offre mais qu'elle n'est capable de nous offrir qu'une seule fois. Les détruire, c'est en priver définitivement nos descendants. Tout ce qui est renouvelable devrait être considéré comme « patrimoine commun de l'humanité ». [...]

Il ne s'agit pas de nous interdire tout geste modifiant la planète, mais de ne passer à l'acte qu'après en avoir mesuré les conséquences et pris en considération les intérêts de tous, qu'ils soient vivants ou à naître. Comment mettre en place un lobby chargé de parler au nom de ceux qui ne peuvent s'exprimer faute d'être nés, mais qui n'en sont pas moins concernés ?

Albert Jacquard, « Finitude de notre domaine », *Le Monde diplomatique*, 2004.

Texte 2

Il laissa le petit troupeau à la garde du chien et il monta vers l'endroit où je me tenais. J'eus peur qu'il vînt pour me reprocher mon indiscrétion mais pas du tout : c'était sa route et il m'invita à l'accompagner si je n'avais rien de mieux à faire. Il allait à deux cents mètres de là, sur la hauteur.

Arrivé à l'endroit où il désirait aller, il se mit à planter sa tringle de fer dans la terre. Il faisait ainsi un trou dans lequel il mettait un gland, puis il rebouchait le trou. Il plantait des chênes. Je lui demandai si la terre lui appartenait. Il me répondit que non. Savait-il à qui elle était ? Il ne savait pas. Il supposait que c'était une terre communale, ou peut-être, était-elle propriété de gens qui ne s'en souciaient pas ? Lui ne se souciait pas de connaître les propriétaires. Il planta ainsi cent glands avec un soin extrême.

Après le repas de midi, il recommença à trier sa semence. Je mis, je crois, assez d'insistance dans mes questions puisqu'il y répondit. Depuis trois ans il plantait des arbres dans cette solitude. Il en avait planté cent mille. Sur les cent mille, vingt mille étaient sortis. Sur ces vingt mille, il comptait encore en perdre la moitié, du fait des rongeurs ou de tout ce qu'il y a d'impossible à prévoir dans les desseins de la Providence. Restaient dix mille chênes qui allaient pousser dans cet endroit où il n'y avait rien auparavant.

C'est à ce moment-là que je me souciai de l'âge de cet homme. Il avait visiblement plus de cinquante ans. Cinquante-cinq, me dit-il. Il s'appelait Elzéard Bouffier. Il avait possédé une ferme dans les plaines. Il y avait réalisé sa vie. Il avait perdu son fils unique, puis sa femme. Il s'était retiré dans la solitude où il prenait plaisir à vivre lentement, avec ses brebis et son chien. Il avait jugé que ce pays mourait par manque d'arbres. Il ajouta que, n'ayant pas d'occupations très importantes, il avait résolu de remédier à cet état de choses.

Jean Giono, *L'homme qui plantait des arbres*, Éd. Gallimard1953.

Texte 3

Alternatiba, ANV-COP21 et le Réseau Action Climat : Campagne de sensibilisation, décembre 2017.

LA MÉTHODE PAS À PAS

ÉTAPE 1

- On reformule avec précision et rigueur l'opinion de Jacquard pour se l'approprier : « L'homme doit désormais mesurer son action sur son environnement pour léguer une planète viable. »
- On s'interroge :

- À quelle question répond cette opinion ?
- Face à quel problème Jacquard a-t-il pris position ?
- Faut-il modifier notre attitude vis-à-vis de la planète ?

ÉTAPE 2

- On procède à une lecture intégrale du corpus et on recherche les informations (arguments et exemples) qui permettront de l'exploiter.

Par exemple, pour le document iconographique : on cherche des arguments qui confortent, critiquent ou dépassent l'opinion de Jacquard ainsi que des illustrations.

- Le document insiste sur l'existence d'actions à plusieurs échelles : local/global.
- Le document insiste sur le fait que la réaction au dérèglement climatique est l'affaire de tous : le changement de gestes individuels peut contribuer à faire évoluer la situation de façon globale.
- Toutes les générations sont sollicitées dans cette évolution des pratiques : choix d'un lexique qui touche aussi les jeunes générations (ex. : « surfez »).
- Le document souligne le fait que tous les domaines d'activité peuvent voir une évolution : qu'il s'agisse de l'énergie, des transports, de l'emploi.
- Le document parle d'« alternatives », il n'imagine pas d'arrêt mais bien des changements et d'autres choix de vie.
- L'image propose des illustrations : éoliennes, panneaux solaires, transports en commun, à vélo, en opposition à la pollution des usines, aux voitures, et à la ville.

ÉTAPE 3

- On s'interroge ensuite :

- L'opinion défendue par Jacquard s'appuie-t-elle sur d'autres arguments ?
- Le problème posé accepte-t-il d'autres réponses que l'opinion de Jacquard ?
- Quelles sont les illustrations dont je dispose pour formuler une opinion ?

- Il s'agit de trouver des arguments et des exemples en dehors du corpus et également de réussir à critiquer l'opinion de Jacquard. On peut proposer plusieurs pistes issues des connaissances personnelles :

- en SVT, références à la biodiversité, à la multiplication des espèces menacées ;
- en histoire et en géographie, références à la déforestation et à son impact, aux conséquences de la pollution, à l'existence d'inégalités entre les pays du Nord et les pays du Sud ;
- dans l'actualité, références à la COP21, aux décisions collectives qui y ont été prises ;
- Pour critiquer l'opinion de Jacquard, on peut noter qu'il rejette l'idée d'« interdiction ; or, on peut se demander si certains gestes ne sont pas à proscrire, et que des textes d'interdiction ne devraient pas être rédigés : par exemple, la pêche électrique dénoncée par l'association Bloom.

ÉTAPES 4, 5 ET 6

On peut désormais rassembler les arguments relevés dans le corpus de textes et les arguments personnels pour construire le plan de l'essai. On associe ensuite une illustration à chaque argument. On parvient à un plan détaillé. On rédige l'essai. Et on le relit avec soin.

EXEMPLE : ESSAI RÉDIGÉ

Introduction

Accroche

La première marche pour le climat a rassemblé des dizaines de milliers de personnes en France en septembre 2018, d'autres manifestations ont suivi dans des grandes villes ailleurs sur la planète, preuve de l'engagement des populations en faveur de cette question. En 2004, dans un article du *Monde diplomatique* intitulé « Finitude de notre domaine », Albert Jacquard réclamait déjà une prise de conscience : « Il ne s'agit pas de nous interdire tout geste modifiant la planète mais de ne passer à l'acte qu'après avoir mesuré les conséquences et pris en compte les intérêts de tous qu'ils soient vivants ou à naître . » Cette opinion nous invite à réfléchir à la réaction que l'on doit adopter face aux dommages que l'homme cause à son environnement : doit-on se satisfaire d'un examen de nos actes selon une procédure qui reste à inventer ? Dans une première partie, on montrera l'actualité de la mise en garde de Jacquard, puis on envisagera des actions plus radicales rendues aujourd'hui nécessaires par l'évidence des menaces subies par notre planète.

Formulation du sujet

Portée du sujet et problématisation
Annonce des grands axes

Développement

Nous sommes aujourd'hui entrés dans l'ère de l'anthropocène : c'est-à-dire que c'est l'homme qui porte la responsabilité des modifications actuelles de la planète. Comme le préconise Jacquard, il convient désormais de mesurer l'impact de nos actes car certains d'entre eux doivent être réajustés pour soulager l'environnement. Il est possible de corriger certains choix lorsqu'on a pris conscience des méfaits qu'ils causent. Dans le slogan de la campagne de sensibilisation de Réseau Action Climat de 2017, il est fait mention de la notion « d'alternatives » ce qui souligne bien l'idée d'arbitrages nécessaires pour que certains dispositifs ou comportements soient remplacés. Ainsi les industries polluantes, les transports individuels polluants ont un effet dévastateur sur la planète, il faut donc y mettre fin puisqu'on a constaté l'échec de ces choix. L'affiche de cette campagne propose par contraste des énergies non polluantes à travers l'exemple des éoliennes, et des panneaux solaires. L'homme doit trouver des réponses nouvelles pour que son empreinte sur la planète soit moins lourde.

Partie qui valide l'opinion de l'auteur

Jacquart insiste aussi sur la nécessité de réfléchir sur le long terme en rappelant que ce seront les générations futures qui seront les victimes des choix actuels. Le temps de l'environnement n'est pas celui du monde politique élu pour un mandat, ni des stratégies de développement des entreprises qui recherchent un profit immédiat. Il est nécessaire que l'écologie affirme son rythme à notre société. La nouvelle que Giono a écrite en 1953, *L'homme qui plantait des arbres*, met en évidence le temps qui s'écoule et l'extrême lenteur de l'action menée par Elzéard Bouffier. Il a commencé son projet depuis trois ans et compte le mener à l'échelle de sa vie : « Il ajouta que, n'ayant pas d'occupations très importantes, il avait résolu de remédier à cet état de choses. » L'attitude qui consiste à examiner nos actions selon son impact

Arguments relevés dans le corpus de textes

sur plusieurs générations et non plus seulement à court terme s'impose désormais comme la seule acceptable.

Transition

Toutefois, interrogeons-nous : la proposition de Jacquard ne doit-elle pas être renforcée ? Ne doit-on pas envisager une posture plus radicale face aux dérèglements que vit notre planète aujourd'hui ?

Jacquard a bien sûr raison de souligner la nécessité d'une action collective prenant en compte l'intérêt de tous mais il convient de rappeler que l'urgence est aussi de modifier les comportements individuels. Certes, les politiques des États doivent nécessairement converger mais les changements à opérer ne relèvent pas seulement du domaine de la politique et de l'échelle de la cité. D'ailleurs, la campagne de sensibilisation de l'association Réseau Action Climat tout comme la nouvelle de Giono insistent sur le rayonnement que peut avoir une démarche locale ou un choix individuel. L'affirmation de Jacquard qui exige que les choix soient « collectivement débattus » est nécessaire mais elle n'est pas suffisante. Il convient d'instaurer une nécessaire incitation individuelle à changer nos comportements.

Partie critique qui vise à dépasser l'opinion proposée

Enfin, Jacquard n'envisage pas que l'interdiction soit une attitude envisageable face aux questions environnementales. On peut remettre en cause ce point de vue car il peut être nécessaire de légiférer et de proposer des textes prohibitifs. En effet, certains gestes doivent être proscrits. Ainsi, en 1987, grâce au protocole de Montréal, on a interdit l'utilisation de gaz qui étaient responsables de « trous de la couche d'ozone » et les dernières études prouvent que, grâce à ces réglementations internationales drastiques, la couche d'ozone se reconstitue, même si cette réparation est très lente. Il s'avère donc qu'aucun outil ne doit être refusé pour réussir les arbitrages en matière d'écologie y compris celui de l'interdiction ou de la sanction.

Illustration associée à un argument

Conclusion

On a examiné les modalités que doit prendre l'analyse de nos actions sur notre environnement en prônant le recours à certaines alternatives qui existent déjà et dont il convient de se saisir, ainsi qu'une évolution des jugements souvent trop hâtifs car motivés par une exigence de profits rapides. Quinze ans après, l'opinion de Jacquard reste d'actualité, l'urgence est là désormais, et elle appelle une réaction des États, mais aussi de chaque individu. Les actions citoyennes qui se multiplient donnent à penser que la prise de conscience est en train de se concrétiser.

Récapitulation et synthèse

Prise de position claire et engagée

Ouverture de la réflexion

41. Exploiter le corpus de documents

OUTILS POUR L'ESSAI

LE CORPUS : UN ENSEMBLE COHÉRENT

- L'essai est rédigé en réponse à une opinion qui est **extraite d'un texte d'idées**. Ce texte s'inscrit au sein d'un **corpus de textes et de documents**.
- L'opinion est éclairée par l'ensemble du texte auquel elle appartient : celui-ci permet de **mieux saisir le contexte** dans lequel elle a été formulée.
- Elle peut être développée dans d'autres passages du texte qui permettront de la **comprendre**.
- Le point de vue défendu par l'auteur s'appuie sur **différents arguments** et des **illustrations** que l'on peut relever dans le texte.
- Les **autres textes du corpus** doivent être analysés car ils constituent un **ensemble cohérent**, dont **le dialogue est fécond**. Ils s'intéressent au même problème que l'opinion qui est proposée :
  - soit ils apportent une **réponse convergente** en s'appuyant sur d'**autres arguments** et d'**autres illustrations** ;
  - soit ils se positionnent différemment sur ce débat et vont **alimenter la partie critique** de l'essai ou permettre de **la dépasser**.

EXPLOITER LE DOCUMENT D'OÙ EST EXTRAITE L'OPINION

L'analyse du contexte

- Le contexte désigne tout ce qui apporte un **éclairage sur le sens d'un texte.**
- On s'intéresse au **paratexte** :
  - le **titre** exprime parfois le point de vue de l'auteur ;
  - les **notes** de bas de page doivent être étudiées ;
  - la **date de publication** et l'**auteur** permettent d'inscrire l'œuvre dans une situation historique particulière et de comprendre sa résonance à une époque donnée.
- Les textes eux-mêmes contiennent parfois des références à un contexte particulier : ils peuvent mentionner des événements historiques ou politiques, citer des dates...

Les 4 questions à se poser

Pour disposer d'une première grille de lecture d'un texte, voici les questions indispensables à se poser :
- Sur quoi porte le document ?
- Quelle position défend-il ?
- Pour quelles raisons ?
- Quels exemples propose-t-il ?

EXPLOITER LES AUTRES DOCUMENTS DU CORPUS

Il s'agit de faire des liens entre les documents et d'expliciter ces liens.

Le cas particulier du document iconographique

- Le document iconographique est également porteur d'idées qu'il faut mettre en lien avec l'opinion dont il faut débattre.
- Pour tirer parti de l'image, on va la **décrire** puis l'**interpréter**.
- Décrire une image consiste à s'interroger sur :
  - les différents plans qui composent l'image : premier plan, deuxième plan... ;
  - les couleurs, la lumière, les ombres ;
  - le cadrage choisi (vers quoi le regard est-il attiré ?) ;
  - les effets de symétrie, les proportions, les contrastes (voir fiche page 454).

CONSEIL

Peut-on écrire sur les textes du corpus ?

Le corpus nous appartient : il n'est pas relevé et il est considéré comme un outil de travail.
Pour s'approprier les textes, il est souvent utile d'écrire, d'annoter, de souligner, d'entourer les exemples...

S'ENTRAÎNER

EXERCICE 1

Lisez les extraits suivants et dites dans quel contexte (époque, lieu, conditions sociales) s'exprime l'opinion de l'auteur.

Texte 1

Fake news dit plus et dit autre chose que « fausse information », et ce serait rendre un bien étrange hommage à l'actuel Président américain que de lui laisser le monopole de cette expression, qui lui sert principalement à attaquer la presse de qualité. Le *fake*, en anglais, c'est ce qui est « bidon », c'est la contrefaçon, bref c'est ce qui au mieux présente l'apparence de la chose, sans être la chose. De la fausse monnaie n'est tout simplement pas de la monnaie. Des *fake news* sont parfois fausses, mais la plupart du temps, elles ne le sont même pas : mal sourcées, unilatérales, insignifiantes, détournant d'autres informations plus importantes… Elles usurpent le sérieux de la presse ou d'autres publications sans reposer sur le même travail de vérification, sans accepter les mêmes responsabilités. C'est tout cela qui est en jeu quand on s'inquiète d'une éventuelle détérioration de la qualité de l'information, et le manifestement faux n'en est qu'une partie, le délibérément trompeur une plus petite partie encore.

MATHIAS GIREL, « Comment se dit *fake news* en français ? », *Libération*, 11 juin 2018.

Texte 2

On lit ici ou là que des millions d'animaux et d'Américains mangent des OGM tous les jours depuis des années, sans conséquence aucune : comment proférer une telle contre-vérité ? Outre-Atlantique, les filières ne sont pas séparées, les OGM pas étiquetés, aucune épidémiologie n'est donc possible.

La transparence des données sanitaires, les études de long terme et l'expertise contradictoire sont des nécessités absolues. Nous pouvons contribuer à les mettre en place. […]

C'est de conscience et de solidarité que notre société a besoin ; en un mot, de sagesse. Les scientifiques ont le droit de se tromper. Mais ils ont le devoir d'éviter ce qui peut être évitable : la plupart des grands scandales de santé publique le sont. La science que je pratique n'est pas faite pour nourrir l'ogre insatiable de la finance mais pour protéger les êtres humains d'aujourd'hui et de demain.

GILLES-ÉRIC SERALINI, « Comment un OGM, un pesticide et un système peuvent être toxiques », *Le Monde*, 27 octobre 2012.

EXERCICE 2

Lisez les extraits suivants.

a. Quels sont les indices qui éclairent leur contexte d'écriture ?

b. Définissez ce contexte et montrez qu'il permet de mieux comprendre la thèse défendue.

Extrait 1

Le monde est ce qu'il est, c'est-à-dire peu de chose. C'est ce que chacun sait depuis hier grâce au formidable concert que la radio, les journaux et les agences d'information viennent de déclencher au sujet de la bombe atomique. On nous apprend, en effet, au milieu d'une foule de commentaires enthousiastes que n'importe quelle ville d'importance moyenne peut être totalement rasée par une bombe de la grosseur d'un ballon de football. Des journaux américains, anglais et français se répandent en dissertations élégantes sur l'avenir, le passé, les inventeurs, le coût, la vocation pacifique et les effets guerriers, les conséquences politiques et même le caractère indépendant de la bombe atomique. Nous nous résumerons en une phrase : la civilisation mécanique vient de parvenir à son dernier degré de sauvagerie. Il va falloir choisir, dans un avenir plus ou moins proche, entre le suicide collectif ou l'utilisation intelligente des conquêtes scientifiques. […]

ALBERT CAMUS, éditorial de *Combat*, 8 août 1945.

Extrait 2

Je ne vois pas comment les attentats qui nous frappent, à force d'habiter nos pensées, pourraient ne pas habiter nos livres.

Voilà en quoi revient, pour moi, cette question d'écrire avec la mort, avec le réel, avec la violence qui nous entoure et nous concerne. On peut y répondre en écrivant des livres, certains le feront ; on peut aussi y répondre en refusant aux terroristes le pouvoir de coloniser notre esprit et notre travail. C'est une question qu'il faut se poser, qu'on se pose toujours : comment ramener ce qui nous ébranle dans le champ de nos interrogations, sans rien céder de ce que nous sommes.

LAURENT MAUVIGNIER, « Regarder la mort en face », *Le Monde des Livres*, 19 novembre 2015.

Extrait 3

La vie d'un écrivain […] est une vie solitaire. Les groupements d'écrivains pallient la solitude, mais je doute qu'ils améliorent son style. Son importance grandit aux yeux du public lorsqu'il renonce à sa solitude, mais souvent son œuvre en souffre. Car il œuvre dans la solitude et, s'il est assez bon écrivain pour cela, il doit chaque jour affronter l'éternité, ou son absence. Chacun de ses livres devrait être, pour un véritable écrivain, un nouveau commencement, un départ une fois de plus vers quelque chose qui est hors d'atteinte. Il devrait toujours essayer de faire quelque chose qui n'a jamais encore été fait, ou que d'autres ont essayé de faire, mais en vain. Alors, quelquefois, avec beaucoup de chance, il réussira.

ERNEST HEMINGWAY, Discours de réception du Prix Nobel, 1954.

Corpus

Texte 1 :

Du coup, il m'a regardé avec un sale œil. J'ai senti que je venais de gaffer une fois de plus, et à mon détriment.

- Ça ne vous servira à rien ici vos études, mon garçon ! Vous n'êtes pas venu ici pour penser, mais pour faire les gestes qu'on vous commandera d'exécuter... Nous n'avons pas besoin d'imaginatifs dans notre usine. C'est de chimpanzés dont nous avons besoin... Un conseil encore. Ne me parlez plus jamais de votre intelligence ! On pensera pour vous mon ami ! Tenez-vous le pour dit.

Il avait raison de me prévenir. Valait mieux que je sache à quoi m'en tenir sur les habitudes de la maison. Des bêtises, j'en avais assez à mon actif tel quel pour dix ans au moins. Je tenais à passer désormais pour un petit peinard. Une fois rhabillés, nous fûmes répartis en files traînardes, par groupes hésitants en renfort vers ces endroits d'où nous arrivaient les fracas énormes de la mécanique. Tout tremblait dans l'immense édifice et soi-même des pieds aux oreilles possédé par le tremblement, il en venait des vitres et du plancher et de la ferraille, des secousses, vibré de haut en bas. On en devenait machine aussi soi-même à force et de toute sa viande encore tremblotante dans ce bruit de rage énorme qui vous prenait le dedans et le tour de la tête et plus bas vous agitant les tripes et remontait aux yeux par petits coups précipités, infinis, inlassables. À mesure qu'on avançait on les perdait les compagnons. On leur faisait un petit sourire à ceux-là en les quittant comme si tout ce qui se passait était bien gentil. On ne pouvait plus ni se parler ni s'entendre. Il en restait à chaque fois trois ou quatre autour d'une machine.

On résiste tout de même, on a du mal à se dégoûter de sa substance, on voudrait bien arrêter tout ça pour qu'on y réfléchisse, et entendre en soi son cœur battre facilement, mais ça ne se peut plus. Ça ne peut plus finir. Elle est en catastrophe cette infinie boîte aux aciers et nous on tourne dedans et avec les machines et avec la terre. Tous ensemble ! Et les mille roulettes et les pilons qui ne tombent jamais en même temps avec des bruits qui s'écrasent les uns contre les autres et certains si violents qu'ils déclenchent autour d'eux comme des espèces de silences qui vous font un peu de bien.

LOUIS-FERDINAND CÉLINE, *Voyage au bout de la nuit*, Éd. Gallimard, 1932.

Texte 2

On se concentre sur les petites choses. Un détail infime occupe une matinée. Y aura-t-il du poisson à la cantine ? Ou du poulet en sauce ? Jamais autant qu'à l'usine je n'avais perçu avec autant d'acuité le sens du mot « économie ». Économie de gestes ; Économie de paroles. Économie de désirs. Cette mesure intime de la quantité finie d'énergie que chacun porte en lui, et que l'usine pompe, et qu'il faut maintenant compter si l'on veut en retenir une minuscule fraction, ne pas être complètement vidé. Tiens, à la pause de trois heures, j'irai donner un journal à Sadok et discuter de ce qui se passe chez Gravier. Et puis, non. Aujourd'hui, je suis trop fatigué. L'escalier à descendre, un autre à monter, le retour en se pressant. Un autre jour. Ou à la sortie. Cet après-midi, je ne me sens pas capable de dilapider mes dix minutes de pause.

D'autres, assis autour de moi, le regard vide, font-ils le même calcul : aller au bout de l'atelier parler à Untel ou lui emprunter une cigarette ? aller chercher une limonade au distributeur automatique du deuxième étage ? On soupèse. Économie. Citroën mesure à la seconde près les gestes qu'il nous extorque. Nous mesurons au mouvement près notre fatigue.

Comment aurais-je pu imaginer que l'on pût me voler une minute, et que ce vol me blesserait aussi douloureusement que la plus sordide des escroqueries ? Lorsque la chaîne repart brutale, perfide, après neuf minutes de pause seulement, les hurlements jaillissent de tous les coins de l'atelier : « Holà, c'est pas l'heure ! Encore une minute !... Salauds ! » Des cris, des caoutchoucs qui volent en tous sens les conversations interrompues, les groupes qui s'égaillent en hâte. Mais la minute est volée, tout le monde reprend, personne ne veut couler, se trouver décalé, empoisonné pendant une demi-heure à retrouver sa place normale. Pourtant, elle nous manque, cette minute. Elle nous fait mal. Mal au mot interrompu. Mal au sandwich inachevé. Mal à la question restée sans réponse.

ROBERT LINHART, *L'Établi*, Éd. de Minuit, 1978.

Document 3

IRVING PENN, *Les Garçons bouchers*, Paris, 1950.

EXERCICE 3

Lisez les extraits du corpus de la page précédente et soulignez puis reformulez deux arguments sur lesquels s'appuie la thèse de l'auteur.

EXERCICE 4

Complétez le tableau pour les deux extraits du corpus de l'exercice 3.

Extrait	Thèse défendue	2 arguments
Texte 1		
Texte 2		

EXERCICE 5

Montrez que l'extrait suivant fait entendre deux points de vue différents.

Toutes les techniques apportent des avantages et des dangers potentiels. C'est vrai du feu et de la roue ! Il n'y a pas de raisons que cette ambivalence de la technique épargne l'utérus artificiel. Dans le roman d'Aldous Huxley, le cauchemar ne provient pas de l'utilisation de l'ectogenèse, l'autre nom de l'utérus artificiel, mais d'une mise au service de ces techniques biotechnologiques au profit d'un totalitarisme mondial, système dans lequel les gens seraient en quelque sorte condamnés à être heureux. C'est ça, le cauchemar du *Meilleur des mondes*, pas la biotechnologie en elle-même. Quant à moi, je pense que le pire n'est jamais sûr. Le caractère bénéfique ou maléfique de toutes ces techniques dépend essentiellement de leur intégration sociale.

Entretien avec **HENRI ATLAN**, déc. 2006 - janv. 2007, *Philosophie Magazine*, n° 5, mars 2005.

Extrait	Thèse 1	Thèse 2

EXERCICE 6

Relisez le corpus de l'exercice 3.

a. De quel problème traite-t-il ?

b. Complétez le tableau suivant en vous appuyant sur les exercices précédents.

Documents	Texte 1	Texte 2	Iconographie
Thèse soutenue			
Deux arguments			
Deux exemples			

EXERCICE 7

Reprenez l'exercice précédent et formulez des liens entre chacun des trois documents du corpus.

EXERCICE 8

Décrivez et interprétez l'image ci-dessous et la photographie d'Irving Penn (exercice 3) en répondant aux questions suivantes.

a. Que voit-on (protagonistes, objets, décor...) ?

b. Quel est le thème abordé par cette image ?

c. Quelle opinion défend cette image ?

d. Quel argument défend cette image ?

e. Quel est le contexte de cette image (lieu, date, protagonistes...) ?

Octobre 2016.

42. Construire une réflexion dialectique

OUTILS POUR L'ESSAI

LES CARACTÉRISTIQUES D'UN ESSAI

- L'essai relève du **genre rhétorique délibératif : il confronte des opinions**. On attend une discussion qui examine **différents points de vue,** voire **des points de vue opposés**. À partir de l'opinion proposée, il convient, à l'aide d'arguments, **de la confirmer et de la réfuter**.
- L'essai est aussi un écrit **où l'on s'engage,** c'est-à-dire que l'on attend une **prise de position** sur le thème traité. Cette prise de position apparaît tout au long du travail ainsi que dans la conclusion. On organise le devoir en fonction de ce que l'on cherche à défendre. La construction choisie contribue donc à affirmer le point de vue de l'élève.
- L'essai appartient aussi au **registre didactique : il cherche à partager des connaissances à travers les arguments et les exemples** qu'il met en avant. C'est pourquoi cet écrit est **très clair et structuré**.

COMPRENDRE L'OPINION QUE L'ON PROPOSE DE DISCUTER

- La question est : « partagez-vous le point de vue de l'auteur ? » On doit expliciter une prise de position et se positionner face à elle. Il faut donc vérifier que l'on a compris le point de vue de l'auteur.
- Commencer par recopier l'opinion, puis entourer les mots-clés et expliciter le(s) sens des mots importants. Enfin, reformuler la citation avec ses propres mots pour se l'approprier.

DÉGAGER LE DÉBAT À PARTIR DE L'OPINION PROPOSÉE

- L'essai part d'une opinion et s'intéresse à un problème qu'il faut expliciter.
- Pour cela, il faut dégager le problème auquel répond l'opinion. Cela doit être un **vrai problème** que l'on ne peut résoudre de façon directe et **qui nécessite donc la rédaction d'un essai**.
- Si c'est difficile de répondre, c'est parce que les enjeux – c'est-à-dire les conséquences – sont complexes et cela peut être bon de les faire apparaître.
- Cette étape est cruciale car elle permet de **se fixer une « mission »**, que l'on va accomplir en réalisant régulièrement un **bilan d'étape pour montrer la progression de sa réflexion.**

CONSEIL

Demandez-vous face à quel problème l'auteur s'est positionné : quelle question lui a-t-on posé pour qu'il formule cette opinion ? Le point de vue que l'on vous demande de discuter est une réponse possible à un problème, à vous de dégager les autres.

CONSTRUIRE LE PLAN À PARTIR DU PROBLÈME POSÉ

- L'organisation de l'essai consiste le plus souvent à **confirmer l'opinion proposée** puis à en montrer les limites, voire à la réfuter.
- On peut, la plupart du temps, construire son essai **en deux grandes parties** :

- la première consiste à défendre l'opinion proposée autour de deux arguments ;
- la seconde s'attache à soutenir une opinion différente.

CRITIQUER L'OPINION

- Comment critiquer un point de vue ?

- En montrant ses limites.
- En lui apportant des nuances.
- En critiquant ses présupposés.
- En le dépassant : soit en proposant d'autres solutions ou des alternatives, soit en envisageant le problème sous un autre angle.

S'ENTRAÎNER

EXERCICE 1

Quelles reformulations vous paraissent les plus pertinentes pour les opinions suivantes ? Expliquez pourquoi vous n'en avez pas retenu certaines.

Opinion 1 :

« Les conséquences de nos actes dépassent ce que notre environnement peut supporter ; ces conséquences sont souvent irréversibles. Il est donc urgent que ces actes soient collectivement débattus et choisis. »

ALBERT JACQUARD, « Finitude de notre domaine », *Le Monde diplomatique*, 2004.

Reformulation 1 : Afin de mieux mesurer la gravité de nos actes sur notre environnement, il est temps qu'une discussion collective s'engage parmi les citoyens.

Reformulation 2 : Il devient impossible de réparer les dégâts que nous avons causés sur l'environnement ; il faut donc que les solutions soient trouvées tous ensemble.

Reformulation 3 : C'est aux citoyens qu'il revient de décider ensemble des gestes que l'homme peut imposer à son environnement ou de ceux qu'il convient de faire cesser.

Opinion 2 :

« Agir local, provoquer le sursaut global »

Slogan de la campagne de sensibilisation Réseau, Action Climat en 2016.

Reformulation 1 : Les actions à une échelle locale sont les plus efficaces pour endiguer le réchauffement climatique.

Reformulation 2 : Les actions à une échelle réduite sont plus efficaces que les actions à grande échelle.

Reformulation 3 : Les actions conjuguées à une échelle réduite ont un impact fort sur l'ensemble des problématiques environnementales.

EXERCICE 2

Reformulez à votre tour les opinions suivantes.

Opinion 1 :

« Nous n'avons pas besoin d'imaginatifs dans notre usine. »

LOUIS-FERDINAND CÉLINE, *Voyage au bout de la nuit*, Éd. Gallimard, 1932.

Opinion 2 :

« Cette mesure intime de la quantité finie d'énergie que chacun porte en lui, et que l'usine pompe, et qu'il faut maintenant compter si l'on veut en retenir une minuscule fraction, ne pas être complètement vidé. »

ROBERT LINHART, *L'Établi*, Éd. de Minuit, 1978.

Photogramme extrait des *Temps modernes*, film de CHARLIE CHAPLIN, 1936.

EXERCICE 3

Parmi les propositions suivantes, quel problème associeriez-vous aux deux opinions ? Expliquez pourquoi vous n'avez pas retenu certaines propositions.

Opinion 1 :

« Il y va de la définition même de la vie en démocratie : les individus comme les groupes ont le droit de savoir, donc aussi de connaître leur propre histoire ; ce n'est pas au pouvoir central de le leur interdire ou permettre. »

TZVETAN TODOROV, *Les Abus de la mémoire*, Éd. Arléa, 1992.

Problème 1 : À qui appartient la mémoire d'un peuple ?

Problème 2 : Peut-on interdire à un peuple de connaître sa mémoire ?

Problème 3 : L'État peut-il être le seul gardien de la mémoire d'un peuple ?

Opinion 2 :

« Eh, monsieur, un roman est un miroir qui se promène sur une grand-route. »

STENDHAL, *Le Rouge et le Noir*, 1830.

Problème 1 : Doit-on attendre d'un roman qu'il soit le reflet du réel ?

Problème 2 : Quelle est la fonction du roman ?

Problème 3 : La mission du roman est-elle de tout montrer ?

EXERCICE 4

Posez le problème soulevé par l'opinion suivante.

Opinion proposée :

« Mais, quand d'un passé ancien rien ne subsiste, après la mort des êtres, après la destruction des choses, seules, plus frêles mais plus vivaces, plus immatérielles, plus persistantes, plus fidèles, l'odeur et la saveur restent encore longtemps, comme des âmes, à se rappeler, à attendre, à espérer, sur la ruine de tout le reste, à porter sans fléchir, sur leur gouttelette presque impalpable, l'édifice immense du souvenir. »

MARCEL PROUST, *À la recherche du temps perdu*, 1913.

EXERCICE 5

Organisez les arguments suivants de façon à construire une réflexion progressive en deux parties et deux sous-parties.

Opinion défendue : « Il faut que les sciences soient présentées de façon attractive aux jeunes. »

PAUL CARO, *La Vulgarisation scientifique*, 2003.
Extrait de page de la revue *Science & Vie Junior*.

Problème posé :
Peut-on résoudre le rejet relatif que vit la science aujourd'hui en la présentant de façon ludique aux jeunes ?

Arguments à sélectionner et à ordonner

- Une présentation plaisante permet l'appropriation du savoir scientifique : émotion, mémorisation.
- À rendre la science trop ludique, elle risque d'être schématisée.
- Une présentation plaisante permet de susciter la curiosité des jeunes : suspens, mise en scène, dramatisation.
- Il peut être peu efficace de se limiter à cibler les jeunes, il faudrait changer le regard de toute la société.
- Il peut être intéressant de rendre la population actrice des débats scientifiques : états généraux de la bioéthique, conférence citoyenne…

EXERCICE 6

On vous propose une opinion et le débat auquel on peut la relier. Proposez un parcours argumentatif en quatre étapes : deux viseront à confirmer l'opinion proposée, et deux à défendre une opinion différente.

Opinion proposée : « On ne naît pas femme, on le devient. »

SIMONE DE BEAUVOIR, *Le Deuxième Sexe*, Éd. Gallimard, 1949.

Débat associé : Quelle doit être la place des femmes dans la société ?

EXERCICE 7

Deux critiques ont été émises vis-à-vis de l'opinion suivante. Dites de quelle démarche elles relèvent.

Opinion 1 :
« La déstabilisation progressive des rapports de l'homme avec son univers immédiat nous oblige à confronter les promesses technologiques à une question simple : "Est-ce nécessaire ? est-ce bien raisonnable ?" »

JACQUES TESTART

Critique 1 : La technique est inscrite dans le développement de l'homme et de l'humanité.

Critique 2 : Si l'on remet en cause la technique, cela peut fragiliser les pays qui n'ont pas encore pu bénéficier de ses fruits.

EXERCICE 8

En reprenant une des démarches de l'exercice 7, trouvez une critique possible aux deux opinions proposées.

Opinion 1 :
« Le constat est partagé, à l'heure des réseaux sociaux et des plates-formes de pétitions, la démocratie ne peut plus s'exercer comme avant. »

CLAIRE LEGROS, « Démocratie numérique : les initiatives citoyennes qui bousculent les institutions », *Le Monde*, 10 décembre 2016.

Opinion 2 :
« L'idée du progrès est peut-être morte et sa statue bel et bien déboulonnée mais la "petite fille espérance" chère à Péguy nous fraie encore un chemin dans les décombres. »

MARIE-PAULE VIRARD, « Faut-il encore croire au progrès ? », *Enjeux-Les Échos*, n° 200, mars 2004.

EXERCICE 9

a. Documentez-vous sur la photographie ci-dessous pour comprendre la situation qu'elle illustre.

b. Écrivez une courte légende qui permette de la décrire.

c. À partir de cette photographie, formulez deux problématiques. La première sera explicitement reliée au contexte dans lequel David Goldblatt se place. La seconde aura une portée plus générale.

IAN BERRY, *Toilettes pour Européens et non-Européens ou non-blancs dans le centre de Johannesburg*, Afrique du sud, 1984.

43. Rédiger un paragraphe argumenté

OUTILS POUR L'ESSAI

EN QUOI CONSISTE UN PARAGRAPHE

- Le paragraphe argumenté constitue l'**unité** à partir de laquelle se construit le parcours réflexif de l'essai.
- Un paragraphe comporte un seul argument qui assure sa cohérence.
- Il commence par un alinéa et se présente comme une unité graphique.
- Il s'inscrit dans une réflexion d'ensemble et constitue une **étape dans un raisonnement global**.

LES ÉTAPES DU PARAGRAPHE

- Il se décompose en quatre étapes essentielles :

- la **reformulation de la thèse** que l'on défend et la **formulation de l'argument** qui justifie cette thèse ;
- l'**explication de cet argument** et son développement donnant les implications afin d'approfondir la réflexion ;
- l'**exemple**, relié de façon explicite à l'argument, et qui doit être expliqué et analysé dans le détail ;
- la **conclusion du paragraphe** rappelant l'argument initial. On veillera à ne pas répéter la phrase d'introduction afin de montrer que la réflexion s'est précisée et consolidée.

LES ATTENTES : COHÉRENCE ET RICHESSE

- On doit veiller à n'étudier qu'un seul argument et à ne pas multiplier les idées dans le paragraphe sous prétexte qu'elles seraient liées les unes aux autres.
- L'argument est général et abstrait tandis que l'exemple est particulier et concret. Il faut distinguer les deux et ne pas se contenter de proposer un exemple pour argumenter. Il est donc important de soigner particulièrement les deux premières étapes de la rédaction.

LIER LES PARAGRAPHES EN UN PARCOURS RÉFLEXIF

- S'il est nécessaire de concevoir le paragraphe argumenté comme une unité de pensée très cohérente, il faut aussi veiller à l'inscrire dans un ensemble réflexif. Pour cette raison, il faut le relier au reste du développement.
- Il est nécessaire de montrer que la pensée progresse au cours de l'essai. Pour cela, on peut recourir à des connecteurs logiques. On peut aussi faire dialoguer les paragraphes les uns avec les autres en ménageant la reprise de certains mots.

> Le paragraphe suivant répond à la question : « Doit-on faire évoluer la place de la science dans la société aujourd'hui ? »

Annonce de l'argument	Il est souhaitable que les relations entre la science et le public évoluent car elles sont marquées aujourd'hui par le rejet, la méfiance, manifestations de ce que l'on nomme la « technophobie ».
Développement de l'argument	Cette technophobie relève d'une rupture de contrat entre la science et la société : cette dernière, selon l'idéal des Lumières, relayé ensuite par le positivisme, concevait le savant comme celui qui apporterait une amélioration des conditions de vie, une maîtrise des forces de la nature hostiles, et mènerait l'homme vers plus de bonheur. Or, le savant, au cours du xxe siècle a mis son savoir au service de « catastrophes » de l'Histoire :
Formulation et analyse de l'exemple	citons le développement des gaz chimiques au cours de la première guerre mondiale, puis l'utilisation des connaissances sur l'atome pour bombarder Hiroshima en août 1945. Aujourd'hui, on sait que l'œuvre du chercheur peut-être dévoyée ou lui échapper, et cette conviction n'a cessé d'être nourrie par les accidents technologiques plus récents, on peut citer dans le secteur du nucléaire Tchernobyl en 1986 et Fukushima en 2011.
Conclusion du paragraphe	L'analyse historique des liens entre la science et la société souligne donc la rupture entre ces deux instances, ce qui produit des préjudices politiques et scientifiques et culturels.

S'ENTRAÎNER

EXERCICE 1

Dans le paragraphe suivant, repérez les quatre étapes de la réflexion.

Pour faire passer un message, le recours à une argumentation indirecte en passant par le récit est efficace car le lecteur est emporté par les péripéties que vivent les personnages. Il s'attache aux personnages qui sont confrontés à différents rebondissements, et ces aventures rendent la lecture agréable. Le lecteur sera donc plus réceptif au message proposé par l'apologue car il aura eu du plaisir à découvrir cette histoire. Ainsi, le lecteur de *Candide* est-il ému par les malheurs qui surviennent dans le parcours de Cunégonde. Il ne peut croire, comme le répète Pangloss, que « tout va pour le mieux dans le meilleur des mondes », et s'interroge sur la question du mal et sur l'optimisme. On constate donc que le lecteur adhérera d'autant plus au message dispensé par l'auteur qu'il aura été touché par les aventures des personnages.

EXERCICE 2

Ordonnez les quatre étapes présentées ci-dessous de façon à respecter la progression du paragraphe argumenté.

A. Dans « Le loup et l'agneau », La Fontaine choisit des personnages et des histoires simples pour dénoncer l'injustice. Le lecteur comprend comment fonctionnent les relations sociales car il peut se les représenter à travers l'exemple des animaux.

B. Les éléments de la narration facilitent donc la compréhension du message en conduisant le lecteur à en avoir une représentation concrète.

C. Il peut alors s'imaginer la scène et mieux assimiler les propos de l'interlocuteur.

D. Je pense effectivement qu'il est préférable de faire passer un message à l'aide d'une argumentation indirecte comme une fable ou un conte. À cette démarche, on voit un premier avantage : grâce à la mise en place d'un cadre, d'un décor et de personnages, l'individu se fait alors une image concrète de l'argument.

EXERCICE 3

Lisez les deux paragraphes suivants rédigés par des élèves. Lequel contrevient à l'exigence de cohérence ?

Paragraphe 1

Je pense que vouloir faire passer un message par un récit est efficace car cela permet de s'adresser à un public plus large et de toutes les générations. On touche un public plus large car ces histoires sont lues aux enfants par leurs parents et par leurs grands-parents, ce qui permet de leur faire passer une morale également. Ainsi, on peut faire référence à un passage des *Fées* de Perrault, qui montre une fée qui récompense pour sa bonne action la belle jeune fille. Les enfants y voient ici de la magie et du merveilleux, ce qui les divertit, et les plus grands voient qu'une bonne et honnête action est toujours récompensée. Donc, le récit est très efficace pour s'adresser à un public plus large.

Paragraphe 2

Je pense que vouloir faire passer un message par un récit est efficace car c'est une façon simple de faire comprendre, voire de faire adhérer une personne à son avis. On constate que ces récits sont simples à comprendre et qu'ils sont appréciés par les lecteurs car une part de rêve et de merveilleux entre en jeu. Ainsi, on peut faire référence au passage du conte de Perrault *Les Fées,* où une fée transmet le pouvoir de créer des objets de valeur, comme des diamants par la parole, à une jeune fille. Cet exemple permet de montrer que le merveilleux et le rêve qui se mêlent font retenir facilement des anecdotes. En définitive, on peut dire que le récit permet de toucher le lecteur et de lui faire comprendre ses idées.

EXERCICE 4

Rédigez un paragraphe argumenté qui défende la thèse suivante : « Il faut rendre les sciences attractives pour les plus jeunes. »

EXERCICE 5

Rédigez un paragraphe argumenté qui montre les limites de la thèse énoncée dans l'exercice précédent : « Il faut rendre les sciences attractives pour les jeunes. »

> **Coup de pouce**
>
> Pour les exercices 4 et 5, vous pouvez trouver une illustration à vos arguments dans les musées à orientation scientifique, ou dans des émissions télévisées telles que « C'est pas sorcier » ou dans des documentaires animaliers. Vous pouvez aussi vous aider de la fiche page 566.

EXERCICE 6

Réécrivez le début du paragraphe que vous avez proposé dans l'exercice 5 de façon à l'articuler avec le paragraphe de l'exercice 4.

a. Interrogez-vous sur la relation entre les deux paragraphes : défendent-ils la même opinion ou une opinion contraire ?

b. Aidez-vous du tableau des connecteurs logiques page 438.

44. Le rôle des exemples dans l'essai

OUTILS POUR L'ESSAI

QU'EST-CE QU'UN EXEMPLE ?

- L'exemple permet d'**illustrer un argument**. À l'inverse de ce dernier qui a une portée générale, l'exemple atteste d'**un fait particulier**.
- Sa fonction dans l'argumentation consiste à apporter un témoignage de la réalisation de l'argument, auquel il donne un aspect plus concret.
- Le plus souvent, **l'exemple suit l'explicitation de l'argument** : il a une fonction illustrative. On peut parfois choisir de commencer par la mise en évidence de l'exemple, ce qui permet ensuite d'exprimer le cas général à partir de son application particulière.
- Dans certains cas, l'exemple contredit l'opinion défendue, on parle de **contre-exemple**.

OÙ PEUT-ON PUISER DES EXEMPLES ?

- En premier lieu, on peut exploiter les exemples du corpus. Mais on peut aussi se servir d'illustrations d'une matière pour nourrir la réflexion dans une autre. Il faut envisager les apprentissages de façon **transversale**.
- Dans le **domaine culturel et artistique** : noter avec précision les références de ses lectures, les films que l'on a vus, prendre des notes lors d'une sortie au théâtre ou au musée.
- Dans le **domaine de l'histoire** : retenir les dates, les lieux et le nom des acteurs de certains événements historiques.
- Dans le **domaine de l'actualité** : essayer d'écouter, de lire ou de regarder les informations. Choisir une forme qui vous convient, être fidèle à une émission qui vous plaît, et, dans un cahier, noter tout ce qui étonne ou qui scandalise : données chiffrées, faits historiques, évolution économique...
- Dans le domaine **de vos goûts et de vos expériences** : vos références vous ressemblent et vous les avez retenues parce qu'elles correspondent à vos centres d'intérêt. Réfléchissez à ce que peut vous apporter un voyage en famille, les connaissances que vous avez d'autres régions, d'autres cultures. Vous pouvez vous appuyer sur vos lectures, sur des films ou des séries que vous aimez pour prendre du recul et analyser ce qu'ils reflètent du monde dans lequel vous évoluez.

COMMENT SE CONSTITUER UNE RÉSERVE D'EXEMPLES ?

- On peut utiliser **un cahier ou un fichier numérique**. Le **cahier de lecture et de découverte culturelle** est aussi un outil intéressant pour consigner des références.
- À chaque période de vacances, prendre un moment pour remplir ce cahier, pour le relire, et pour le mémoriser.
- Veiller à ce que les références soient notées avec précision : il faut renseigner l'auteur, la date, le titre de l'œuvre...

RÉDIGER ET EXPLOITER L'EXEMPLE DANS L'ESSAI

CONSEIL

Les formules qui permettent d'introduire un exemple

par exemple, ainsi, comme en témoigne, c'est notamment le cas de, comme on peut le voir dans, on peut citer l'exemple de, on peut illustrer cette idée par...

Pour exploiter de façon efficace un exemple dans l'essai, il faut se fixer deux objectifs :
- tout d'abord, il faut **donner à comprendre** l'exemple pour ceux qui ne le connaissent pas. Ainsi, s'il s'agit d'une référence à une œuvre romanesque, il faut donner des éléments de l'histoire pour que le lecteur puisse situer la référence ;
- ensuite, il faut **analyser l'exemple** pour montrer comment il se rapporte à l'argument présenté dans le paragraphe. Ce lien doit être explicite.

S'ENTRAÎNER

EXERCICE 1

Soulignez l'exemple dans l'extrait suivant.

a. À quel domaine appartient-il ?

b. Intervient-il sur le mode de l'allusion ou est-il développé ?

c. Quels mots permettent de l'introduire ?

Quand je dis jeunes/vieux, je prends la relation dans sa forme la plus vide. On est toujours le vieux ou le jeune de quelqu'un. C'est pourquoi les coupures soit en classes d'âge, soit en générations, sont tout à fait variables et sont un enjeu de manipulations. Par exemple, Nancy Munn, une ethnologue, montre que dans certaines sociétés d'Australie, la magie de jouvence qu'emploient les vieilles femmes pour retrouver la jeunesse est considérée comme tout à fait diabolique, parce qu'elle bouleverse les limites entre les âges et qu'on ne sait plus qui est jeune, qui est vieux. Ce que je veux rappeler, c'est tout simplement que la jeunesse et la vieillesse ne sont pas des données mais sont construites socialement, dans la lutte entre les jeunes et les vieux.

PIERRE BOURDIEU, « La jeunesse n'est qu'un mot », *Questions de sociologie*, Éd. de Minuit, 1981.

EXERCICE 2

a. Identifiez et classez dans le tableau ci-dessous les exemples suivants selon les domaines et les thématiques dont ils relèvent.

b. Ajoutez un exemple pour chacune des thématiques proposées en indiquant leur domaine de référence.

EXERCICE 3

Voici deux thématiques. Proposez pour les illustrer deux exemples venant de domaines différents.

Problématique 1 : Doit-on s'appuyer sur des machines pour effectuer des tâches faites aujourd'hui par des humains ?

Problématique 2 : Doit-on réinventer le rapport des hommes avec les animaux ?

EXERCICE 4

Insérez un exemple dans cet extrait d'article. Faites une seconde proposition en variant la formule qui introduit l'exemple.

Ensuite, alors même que la société moderne a accédé à un niveau de sécurité qui n'a pas son pareil dans l'histoire, elle se reconnaît volontiers comme « la société du risque ». Tout y est pensé sous l'angle de la menace. Selon certains commentateurs, nous serions même entrés de plain-pied dans ce qu'ils appellent « le temps des catastrophes ». Pareil « air du temps » n'est pas sans effet sur nos réactions : à chaque fois qu'une innovation scientifique ou technique s'annonce, nous nous empressons de dresser la liste des dangers potentiels que cette innovation pourrait induire, quand bien même ces risques seraient très faibles. Serions-nous devenus hyperangoissés ?

ÉTIENNE KLEIN, *La science nous menace-t-elle ?* Éd. Le Pommier, 2003.

EXERCICE 5

Rédigez un paragraphe argumenté en observant les conseils de la fiche 44 pour exploiter un exemple. Vous pouvez répondre aux problématiques de l'exercice 3.

Exemples	Domaine de référence	Thématiques / opinions soutenues
Les Liaisons dangereuses de Choderlos de Laclos en 1782		
La chute du mur de Berlin en 1989		
Westworld de Jonathan Nolan et Lisa Joy en 2016		
The Social Network de David Fincher en 2010		
		Le développement durable
		Les inégalités sociales ne cessent de s'aggraver.

45. L'introduction, la conclusion, la transition

OUTILS POUR L'ESSAI

L'INTRODUCTION

L'introduction se présente sous la forme d'un paragraphe qui répond à plusieurs fonctions :
- elle doit **accrocher le lecteur** et donner envie de lire l'essai. On doit expliquer en deux ou trois phrases maximum pourquoi le sujet que l'on va traiter mérite de l'être. Il faut ensuite expliciter le lien entre cette amorce qui capte l'attention du lecteur et le sujet en lui-même. ;
- elle **formule le sujet** en le réécrivant en entier entre guillemets, et en donnant sa source : auteur, titre et date. Elle introduit l'opinion de l'auteur avec un verbe qui montre comment cette opinion se positionne face à l'accroche utilisée ;
- elle **donne à comprendre la portée du sujet et en propose une problématisation**. On doit expliquer les mots importants du sujet et rappeler le contexte dans lequel l'opinion a été formulée. On formule un problème et on **annonce les grands axes que l'on va suivre pour le traiter.**

CONSEIL

- Pour rappeler le contexte d'une opinion, posez-vous les questions suivantes :
  - Quand a-t-elle été formulée ?
  - Où a-t-elle été formulée ?
  - Pourquoi ?
  - En réponse à quel événement ?
  - Par qui ?
- Observez bien le titre et la date du texte source.

LA TRANSITION

La transition rend évident le passage d'une partie à une autre. Elle permet à la fois de faire un bilan de ce qui vient d'être vu et de relancer l'intérêt du lecteur vers une deuxième étape de la réflexion.

LA CONCLUSION

- Comme l'introduction, avec laquelle elle construit un dialogue, la conclusion se présente sous la forme d'un paragraphe. Elle remplit trois fonctions principales ;
  - elle **récapitule et synthétise** ce qui a été dit. Elle rappelle les étapes de confirmation et de réfutation de l'opinion. Elle restitue le bilan de la réflexion menée dans l'essai ;
  - elle répond à l'opinion en y faisant référence explicitement pour terminer et **prend position de façon claire et engagée** face au problème posé dans l'introduction ;
  - elle **peut ouvrir la réflexion** par une thématique qui pourrait poursuivre et enrichir la réflexion.
- La conclusion doit être l'**occasion d'une vraie prise de position**. Le correcteur doit comprendre quelle est la position du rédacteur sur le problème.

DIFFICULTÉS À SURMONTER

Lorsque vous récapitulez les étapes de la réflexion dans la conclusion, il faut éviter de répéter la transition ou les conclusions des paragraphes pour bien montrer que votre réflexion a progressé.

AMÉLIORER L'ESSAI ET SE RELIRE

- Vérifier que **l'on a bien défini le sujet**. Pour éviter le hors sujet, le temps passé à délimiter et à problématiser est crucial. S'obliger à écrire le sujet et à bien définir chacun de ces termes.
- Vérifier la **construction du sujet** : il faut bien faire dialoguer les phrases d'amorce de chacun des paragraphes avec l'opinion et le problème auquel on tente de répondre. Dans la première phrase de chaque paragraphe, on peut reprendre des mots de l'opinion ou rappeler la thèse défendue dans la partie pour être certain de bien traiter le sujet proposé.
- Veiller à **argumenter et à ne pas proposer un exposé**. S'efforcer d'expliciter les arguments, d'en montrer les implications et d'expliquer comment les exemples éclairent l'argument.
- Comme pour tout écrit, **le travail sur la syntaxe et l'orthographe est primordial**. Il convient de se relire à la fin de chaque paragraphe. Cela évitera une relecture globale fastidieuse.

S'ENTRAÎNER

EXERCICE 1

Proposez deux accroches pour les sujets suivants en vous servant des pistes proposées.

Sujet 1 : Le voyage nous conduit-il vers nous-même ?

Pistes proposées :

A. **NICOLAS BOUVIER**, *L'Usage du monde*, 1963. (voir p. 62)

B. **SEAN PENN,** *Into the wild,* film de 2008.

Affiche du film de Sean Penn

Sujet 2 : La création artistique est-elle une affaire de génération ?

Pistes proposées :

A. Les mouvements littéraires et culturels.

B. Le tableau de **MAX ERNST**, *Au rendez-vous des amis*, 1922.

Coup de pouce

Où trouver une accroche ?

Il s'agit de pointer l'**intérêt du problème posé.** On peut indiquer qu'il fait écho à l'actualité, qu'il a été envisagé au cinéma ou dans une série télévisée. On peut le mettre en perspective avec des faits historiques plus anciens.

EXERCICE 2

Écrivez une phrase pour présenter les références suivantes en veillant à respecter les codes de mise en page.

A. Le poème intitulé « Mélancholia », extrait des *Contemplations,* écrit par Victor Hugo en 1856.

B. L'article du *Monde* intitulé « Vive les bébés du double espoir », paru le 28 mars 2011.

Coup de pouce

Le titre des œuvres doit être souligné. En revanche, s'il s'agit d'un poème, d'une nouvelle, d'un article – c'est-à-dire d'un fragment d'une œuvre plus large –, alors ce titre s'écrit entre guillemets.

EXERCICE 3

Exposez le contexte dans lequel la citation soulignée a été formulée.

Depuis la fin du XIXe siècle, l'Occident s'est affirmé comme la civilisation techno-scientifique par excellence, proposant ou imposant au reste du monde un mode de développement fondé sur l'innovation technologique comme principal moteur de croissance économique. Parce que nous l'assimilons de manière univoque au progrès humain, le progrès technique prime sur toute autre considération – politique, sociale, morale –, exception faite, parfois, des situations dans lesquelles l'humain lui-même devient en quelque sorte un matériau expérimental (cellules-souches, procréation assistée, etc.).

Cette prééminence de la techno-science repose sur un contrat tacite : la promesse de domination de la nature et de maîtrise du monde. Ce contrat tacite, passé entre les élites techno-scientifiques et la société, fonde, en somme, une large part de notre vision du monde et de l'avenir souhaitable. La place occupée par la question nucléaire dans la couverture médiatique du drame japonais ne tient pas à des données objectives ; elle tient à la rupture de cette promesse.

STÉPHANE FOUCART, « Fukushima, un accident de civilisation », *Le Monde*, 9 avril 2011.

EXERCICE 4

a. Formulez l'annonce du plan à partir des titres de parties suivants.

b. À partir du plan proposé, rédigez une transition.

Opinion proposée : « Après avoir été idolâtrée pendant des décennies, la science se voit maintenant dénoncée comme détentrice d'un pouvoir maléfique. »

DOMINIQUE LECOURT, *Humain, posthumain*, Éd. PUF, 2011.

Partie 1 : De l'adoration à la peur : la science suscite les passions.

Partie 2 : les modalités d'un rapport différent à la science : la tenir à distance et la comprendre.

EXERCICE 5

Réécrivez ces phrases de façon à rendre plus efficace la prise de position de deux élèves face à la problématique de l'exercice 4.

Formulation 1 : C'est l'éducation et une évolution dans l'enseignement des sciences qui peut modifier la relation ambivalente que de nombreux citoyens ont avec les sciences.

Formulation 2 : L'État doit mener une action plus lisible dans les domaines où pèsent des enjeux scientifiques afin que les citoyens comprennent la logique des décisions et qu'ils cessent de les subir.

Coup de pouce

Vous pouvez utiliser des modalisateurs comme : *il est nécessaire*, *absolument*, *il est temps*... etc.

ANTELME (Robert)

Robert Antelme (1917-1990). Il épouse Marguerite Donnadieu, connue comme future romancière sous le nom de Marguerite Duras, en 1939. Avec elle, il rentre dans la Résistance. En 1944, il est arrêté et déporté dans les camps de Buchenwald et de Dachau. À la Libération, il est rapatrié en France gravement malade. En 1947, il publie son œuvre maîtresse, *L'Espèce humaine*, récit tiré de son expérience des camps, où la précision de la description du système concentrationnaire s'allie à une profonde réflexion sur la condition et la nature humaines. Critique à la radio, travaillant pour des revues et pour des éditeurs, il adhère quelque temps au Parti communiste français. Il signe le *Manifeste des 121* pour protester contre la politique menée par de Gaulle pendant la guerre d'Algérie et encourage les grèves de mai 1968.

ANOUILH (Jean)

Jean Anouilh (1910-1987). Il rencontre le succès avec *Le Voyageur sans bagage* (1937) et *Le Bal des voleurs* (1938). À côté de ces « pièces roses », comme il les qualifie lui-même, il écrit également, surtout à partir de la Seconde Guerre mondiale, des « pièces noires », où les enjeux de l'histoire contemporaine rencontrent les mythes antiques (*Antigone* en 1944 ou *Médée* en 1946). Metteur en scène de théâtre, il obtient après la guerre un succès qui ne se dément plus et enchaîne « pièces brillantes », « pièces costumées » et « pièces grinçantes », dont fait partie *La Grotte* (1961). Il est également l'auteur de *Fables* (1962).

AUBIGNÉ (Théodore Agrippa d')

Théodore Agrippa d'Aubigné (1552-1630). Né dans une famille calviniste, orphelin de mère, il est élevé dans l'entourage de Jeanne d'Albret, la mère d'Henri IV. Il apprend le latin, le grec et l'hébreu avant d'étudier les mathématiques à Paris et à Genève. Il s'engage à 14 ans dans les troupes huguenotes pour défendre la religion protestante, qu'il soutiendra toute sa vie. Il se consacre aussi à la poésie, encouragé par Ronsard, et compose les sonnets de *L'Hécatombe à Diane* pour célébrer Diane Salviati, dont il est amoureux. Gravement blessé en 1577, il compose son chef-d'œuvre, *Les Tragiques* (1616), où il peint de façon saisissante la France déchirée par les conflits religieux. Il rédige en même temps un roman satirique, *Les Aventures du baron de Faeneste,* ainsi qu'une *Histoire universelle* consacrée à l'histoire des guerres de Religion. Lorsque Henri IV se convertit au catholicisme en 1593, d'Aubigné s'éloigne de lui. Contraint à l'exil en 1620 pour s'être soulevé, avec d'autres, contre Marie de Médicis, il gagne Genève, où il meurt.

BAUDELAIRE (Charles)

Charles Baudelaire (1821-1867). Son enfance est marquée par la disparition de son père en 1827 et le remariage l'année suivante de sa mère avec le commandant Aupick, qui devient plus tard général et sénateur. Il ne s'entend pas avec son beau-père, qui lui « vole » l'affection de sa mère. Après une scolarité chaotique, il obtient son baccalauréat à Paris en 1839 et mène, pendant plus de deux ans, une vie de bohème à laquelle sa famille met un terme en l'embarquant à Bordeaux sur un paquebot à destination de Calcutta (1841) ; mais Baudelaire interrompt son voyage au bout de quelques mois et rentre à Paris pour exiger sa part de l'héritage paternel. Pendant trois ans, il vit une existence facile de dandy et débute une longue et tumultueuse liaison amoureuse avec Jeanne Duval, une comédienne de boulevard, qui lui inspire de nombreux poèmes (« À une dame créole », « La chevelure »). En 1844, son patrimoine est placé sous tutelle judiciaire, ce qui l'oblige à travailler pour vivre ; il devient journaliste et critique d'art et, à ce titre, suit les différents Salons de peinture à partir de 1845 et l'Exposition universelle de 1855. Il commence aussi à publier des poésies. Le 25 juin 1857, *Les Fleurs du mal* paraissent et deux mois plus tard, Baudelaire est condamné pour « outrage à la morale publique et aux bonnes mœurs » et doit supprimer six pièces du recueil. En 1861 paraît une seconde édition des *Fleurs du mal* avec trente-cinq nouvelles pièces. Baudelaire s'exile pendant deux ans en Belgique. En mars 1866, à Namur, une attaque cérébrale le laisse hémiplégique et il sera atteint de différents troubles jusqu'à sa mort.

Biographies des auteurs du manuel

BARTAS (Guillaume de Salluste Du)

Guillaume de Salluste Du Bartas (1544-1590). Juge, poète et diplomate, il est descendant d'une famille de marchands aisés et suit des études de droit à l'université de Toulouse vers 1563-1564, où il reçoit l'enseignement de Cujas. En 1565, il remporte pour ses vers la « Violette » aux Jeux floraux de la ville. Docteur en droit en 1567, il achète ensuite la charge de juge dans sa ville de Montfort. Protestant convaincu, il n'aurait pas participé aux guerres de Religion par haine de la guerre et par goût de la poésie. Il publie en 1574 *La Muse chrétienne*, recueil comportant des vers d'inspiration cosmique et chrétienne, et un poème biblique épique, *La Judith*, composé pour la reine Jeanne d'Albret, mère d'Henri de Navarre, futur Henri IV. Il entre à la cour d'Henri de Navarre en 1576 lorsque celui-ci parvient à regagner son royaume après quatre années à Paris à la suite de la Saint-Barthélemy (24 août 1572), puis devient membre de l'académie de Nérac. Il publie en 1578, à Paris, *La Semaine ou Création du monde*, dont le succès est immense et qui connut plus de quarante éditions jusqu'en 1632. Il accomplit plusieurs missions diplomatiques au service du roi : envoyé en ambassade, il négocie par exemple le mariage de Catherine de Bourbon, sœur d'Henri de Navarre, avec Jacques VI d'Écosse, qui admire sa poésie. En 1584 commence à paraître *La Seconde Semaine*, œuvre qui, inachevée, s'interrompt au quatorzième jour. Traduit dans toute l'Europe, le poète, dont la renommée surpasse à son époque celle de Ronsard, influencera Le Tasse en Italie ou Milton en Angleterre.

BARTHES (Roland)

Roland Barthes (1915-1980). Né à Cherbourg, il fait, malgré une santé fragile qui l'oblige à des séjours en sanatorium, de bonnes études de lettres à Paris, qui lui permettent de devenir enseignant. Il s'initie à la linguistique et publie des analyses de la société (*Mythologies*, 1957) et des essais sur la littérature (*Le Degré zéro de l'écriture*, 1953) qui le font remarquer. Il enseigne en université, à l'étranger, et à Paris à l'École Pratique des Hautes Études, puis au prestigieux Collège de France. Il critique l'approche de la littérature par d'autres biais que la logique du texte lui-même. Penseur et écrivain touchant à des domaines multiples, il écrit aussi bien sur le théâtre et la littérature (*S/Z*, 1970) que sur la mode (*Système de la mode*, 1967), la photographie (*La Chambre claire*, 1980) ou l'amour (*Fragments d'un discours amoureux*, 1977) et n'hésite pas à approcher l'écriture autobiographique. Intellectuel respecté, il exerce une grande influence sur la pensée française des années 1960-1980. Son œuvre est encore étudiée aujourd'hui.

BEAUMARCHAIS (Pierre Augustin Caron de)

Pierre Augustin Caron de Beaumarchais (1732-1799). Né dans une famille d'horlogers cultivée et artiste, il est introduit à la cour grâce à ses talents musicaux et à son invention d'un mécanisme d'horlogerie. Après un voyage en Espagne, il se lance dans l'écriture théâtrale et produit plusieurs drames (*Eugénie*, 1767 ; *Les Deux Amis*, 1770). Ce sont cependant ses comédies *Le Barbier de Séville* (1775) et *Le Mariage de Figaro* (1784) qui lui assurent un succès populaire, en dépit de la censure. Actif sur de nombreux fronts, engagé dans la guerre de l'Indépendance américaine, réclamant la reconnaissance du droit des auteurs, il doit aussi faire face à plusieurs procès, dès les années 1770. Au théâtre, il prône le « genre dramatique sérieux » et offre au public un dernier drame, *La Mère coupable*, en 1792. Il prend parti pour la Révolution française, mais est relégué au second plan de la vie mondaine.

BÉTHUNE (Conon de)

Conon de Béthune (v. 1150-1219). Appartenant à une grande famille noble de l'Artois, il passe sa jeunesse à la cour de Flandre, où il fréquente probablement des poètes. Le châtelain de Cambrai, Huon III d'Oisy, a dû s'occuper de sa formation d'écrivain. Il participe à la troisième croisade (1189-1193) puis à la quatrième (1202-1204), à l'issue de laquelle il ne revient pas en France. Auprès de Baudouin de Flandre, empereur latin de Constantinople, il devient sénéchal en 1217 ; il sera ensuite régent de Constantinople. Il laisse une œuvre de trouvère peu originale dans les thèmes, mais vigoureuse dans l'expression, marquée par des traits du dialecte picard. Il a soutenu un célèbre « débat » poétique avec le troubadour Raimbaut de Vaqueiras.

Biographies des auteurs du manuel

BOILEAU (Nicolas)

Nicolas Boileau (1636-1711). Né dans une famille de juristes, il renonce à une carrière d'avocat pour se lancer en littérature, ce que favorise son frère Gilles, qui l'introduit dans le monde lettré. Dès 1666, il écrit et diffuse des satires en vers, où il s'en prend aux écrivains galants qui peuplent l'Académie française, comme Jean Chapelain. Il fait l'éloge du théâtre de Molière et de Racine ; remarqué à la cour, il publie également des *Épîtres* à partir de 1669. En 1674, il écrit un *Art poétique,* où il vante la poésie de Malherbe et résume les principes du mouvement littéraire qui sera baptisé plus tard « le classicisme ». Nommé historiographe du roi en 1677, il est ensuite imposé par Louis XIV à l'Académie française, où il s'était pourtant fait de très nombreux ennemis. Il prend parti pour les imitateurs des auteurs antiques dans la Querelle des Anciens et des Modernes. Il poursuit l'écriture des *Satires*, reste un habile courtisan, malgré le faux pas que constitue un poème contre les religieux jésuites, *L'Équivoque*, qui lui vaut la défaveur du roi et qui ne sera pas publié.

BOUVIER (Nicolas)

Nicolas Bouvier (1929-1998). Écrivain suisse d'expression française, photographe et voyageur, il retrace ses pérégrinations orientales dans *L'Usage du monde* (1963), *Chronique japonaise* (1975), *Le Poisson-scorpion* (1982), *Journal d'Aran et d'autres lieux* (1990), qui sont moins des récits que des impressions de voyage, à l'écriture finement ciselée.

CAMUS (Albert)

Albert Camus (1913-1960). Né en Algérie française, il s'engage tôt auprès des mouvements d'émancipation des années 1930. Il se fait connaître par ses écrits romanesques (*L'Étranger*, 1942), ses essais (*Le Mythe de Sisyphe*, la même année) et ses pièces de théâtre (*Caligula*, écrit en 1938, joué en 1945) qui décrivent avec acuité les problèmes se posant à la conscience de l'homme du XXe siècle. À ces travaux littéraires, il ajoute une intense activité d'intellectuel résistant et de journaliste durant la guerre, notamment au sein du journal *Combat,* dont il devient rédacteur en chef en 1943. Porté sur le devant de la scène intellectuelle à la Libération, il se lie dès 1947 avec Jean-Paul Sartre, poursuit son travail de dramaturge (*Les Justes*, 1949) et rédige plusieurs essais détaillant une philosophie de la condition humaine marquée par la contingence et l'absurde (*L'Homme révolté,* 1951). Opposé aux totalitarismes, partisan de la liberté, il obtient le prix Nobel de littérature en 1957 pour l'ensemble de son œuvre.

CÉLINE (Louis-Ferdinand)

Louis-Ferdinand Céline (1894-1961). De son vrai nom Louis-Ferdinand Destouches, il a d'abord été commis avant de s'engager dans l'armée à 18 ans et de participer à la Première Guerre mondiale. Blessé et réformé en 1914, il part au Cameroun en 1916 pour surveiller des plantations. Il rentre en France en 1917 et commence des études de médecine. Ces expériences seront transposées dans son plus célèbre roman, *Voyage au bout de la nuit* (1932). Il publie en 1936 un autre roman d'inspiration autobiographique, *Mort à crédit,* où il mène encore plus loin sa recherche d'une langue mêlant tournures argotiques et poétiques. En 1937, il publie *Bagatelles pour un massacre*, pamphlet antisémite. Il collaborera avec l'occupation allemande pendant la Seconde Guerre mondiale et devra fuir la France à la Libération. Réfugié au Danemark, il est arrêté puis ramené en France, où il est amnistié et poursuit ses carrières de médecin et d'écrivain.

CHATEAUBRIAND (François-René de)

François-René de Chateaubriand (1768-1848). Il est né par une « nuit de tempête » à Saint-Malo où sa mère lui « infligea la vie ». C'est ainsi que le grand écrivain, précurseur du romantisme, romancier, mémorialiste et homme politique, évoque sa naissance. Après une enfance délaissée en Bretagne, au château de Combourg, où s'éveille sa sensibilité, il devient officier et part à Paris. Il est témoin des excès de la Révolution qui déciment sa famille et le contraignent à l'exil en Angleterre. Il revient en France en 1800, connaît la gloire littéraire en publiant deux écrits destinés à être insérés dans une œuvre plus vaste et philosophique, le *Génie du christianisme* : *Atala*, roman voulant illustrer « les harmonies de la religion chrétienne avec les scènes de la nature et les passions du cœur humain » et inspiré par son voyage aux Amériques en 1791, puis *René*, récit autobiographique et fiction romanesque où s'exprime déjà une sensibilité caractéristique du romantisme. D'abord rallié à Bonaparte puis opposant à l'Empire, favorable à la Restauration puis déçu par Louis XVIII, Chateaubriand mène une double carrière politique (il a été ambassadeur et ministre) et littéraire, avant de se consacrer entièrement à son œuvre d'écrivain à partir de 1830. Il publie une relation de ses voyages, *Itinéraire de Paris à Jérusalem*, une épopée en prose reprenant les thèmes du *Génie du christianisme*, *Les Martyrs*, et les *Mémoires d'outre-tombe*, immense récit autobiographique, lyrique, épique, où il raconte sa vie et son temps avec « l'art de choisir et de cacher » qui caractérise, selon lui, la démarche et la réussite artistiques.

CHÉNIER (André)

André Chénier (1762-1794). Son père, consul de France à Constantinople, où il naît, lui donne le goût du savoir et de la poésie. Venu à Paris avec sa mère et ses trois frères, dont Marie-Joseph, qui sera auteur de théâtre, il fréquente, grâce à sa mère, des lettrés et des artistes. Partageant son temps entre ses amours et d'abondantes lectures, il mène une jeunesse oisive et voyage à Rome, notamment (1783). Secrétaire d'ambassade à Londres, il y demeure jusqu'en 1790 : la Révolution française le fait revenir à Paris, où il salue d'abord le mouvement de 1789 avant de critiquer, dans ses articles de journaux, les excès de Robespierre et de la Terreur. Arrêté en mars 1794, il est condamné à mort et guillotiné. Ses poèmes, inédits à l'exception de deux d'entre eux, ont été retrouvés et progressivement diffusés. Leur publication en 1819 révèle soudain son génie et reçoit un accueil très chaleureux de la part des jeunes auteurs romantiques.

COCTEAU (Jean)

Jean Cocteau (1889-1963). Romancier, homme de théâtre et de cinéma, peintre et dessinateur, il se définit lui-même comme un « touche-à-tout » qui a fréquenté toutes les personnalités intéressantes de son époque. Il connaît le succès avec sa pièce *Les Enfants terribles* (1929) puis réécrit avec humour les mythes antiques dans *Antigone* (1922), *Orphée* (1926) ou encore *La Machine infernale* (1934). Son cinéma, marqué par le surréalisme, s'intéresse aussi au mythe avec, par exemple, *L'Éternel Retour* (1943) ou *Le Testament d'Orphée* (1959).

CORNEILLE (Pierre)

Pierre Corneille (1606-1684). Après de brillantes études, il renonce à une carrière d'avocat pour se consacrer au théâtre. Ses premières pièces sont des comédies, dont plusieurs obtiennent un certain succès : *La Place royale* en 1633 et surtout *L'Illusion comique* en 1636. Il écrit aussi une tragédie à sujet mythologique : *Médée*. Corneille est élu dans le groupe des « Cinq Auteurs », pensionnés par Richelieu. En 1637, c'est la publication du *Cid*, tragi-comédie qui remporte un triomphe auprès du public mais qui suscite les critiques de l'Académie pour ne pas avoir respecté les règles théâtrales. Affecté par cette querelle, Corneille garde le silence pendant trois ans avant de produire en 1640 *Horace*, tragédie parfaitement régulière cette fois-ci et qui tire son sujet de l'histoire romaine. Vient alors une série de tragédies très bien accueillies : *Cinna* (1641), *Polyeucte* (1642) et *La Mort de Pompée* (1643), ainsi qu'une comédie, *Le Menteur* (1643). Corneille est élu à l'Académie française en 1647. Il écrit encore *Œdipe*, en 1659, et des textes théoriques sur le théâtre. Le public parisien lui préfère ensuite le jeune Racine, dont la pièce *Bérénice* l'emporte sur son *Tite et Bérénice* en 1670. Corneille cesse d'écrire après l'échec de *Suréna* en 1674.

DELBO (Charlotte)

Charlotte Delbo (1913-1985). Issue d'une famille d'immigrés italiens, communiste, elle est durant l'avant-guerre l'assistante du comédien Louis Jouvet. Ayant rejoint la Résistance, elle devient membre du groupe Politzer chargé de la publication des *Lettres françaises*. Arrêtée en 1942, en même temps que son mari fusillé peu après, elle fait partie du convoi de déportées pour Auschwitz du 24 janvier 1943, et elle est, sur 230, l'une des 49 rescapées du camp. Elle en a laissé un important témoignage avec la trilogie *Auschwitz et après* (*Aucun de nous ne reviendra*, 1965 ; *Une connaissance inutile*, 1970 ; *Mesure de nos jours*, 1971).

DESPORTES (Philippe)

Philippe Desportes (1545-1606). Né à Chartres, il étudie notamment le latin et le grec. Il se prépare à la carrière ecclésiastique. Secrétaire de l'évêque du Puy, il l'accompagne vers 1564 à Rome et apprend l'italien. En 1572, année du massacre de la Saint-Barthélemy, il publie ses *Imitations de l'Arioste* et fait partie du cercle des poètes qui se réunissent chez le marquis de Villeroy, parmi lesquels on trouve Ronsard, poète favori de Charles IX, Baïf ou encore Dorat. Il fréquente également le salon vert de la maréchale de Retz, où se réunissent les plus grands poètes de l'époque. Il publie en 1573 son recueil *Premières Œuvres*, regroupant les *Amours de Diane*, les *Amours d'Hippolyte*, un livre d'*Élégies* ainsi que les *Diverses Amours*. Il ne cessera d'augmenter son recueil au cours des nombreuses éditions qui en traduisent le succès, jusqu'en 1583, date après laquelle il aurait cessé d'écrire de la poésie amoureuse profane, cherchant à jouer un rôle politique. Poète de cour, secrétaire du duc d'Anjou, il l'accompagne en Pologne lorsqu'il en est nommé roi en 1573. À la mort de Charles IX, le 31 mai 1574, le duc d'Anjou rentre en France pour lui succéder et devient Henri III. En 1576, Desportes est l'un des principaux membres de l'Académie du Palais où, devant le roi Henri III, les poètes se livraient à des exercices de rhétorique sur des sujets imposés. En 1582, il reçoit les abbayes de Trinité de Tiron et de Josaphat près de Chartres. Il est chanoine de la Sainte-Chapelle et de la cathédrale de Chartres en 1584. À la mort de Ronsard en 1585, il est considéré comme le plus grand poète français vivant. En 1588, il se rapproche du parti de la Ligue et participe en 1591 à la défense contre le siège de Rouen par Henri IV. Il est ensuite très actif dans les négociations entre Henri IV et les villes de Normandie. Il achève en 1603 la traduction des *Psaumes* commencée en 1587 ; elle sera très vivement critiquée par Malherbe. Il meurt au moment où Henri IV s'apprêtait à le nommer précepteur du Dauphin.

DIDEROT (Denis)

Denis Diderot (1713-1784). Penseur des Lumières, il est le maître d'œuvre de l'*Encyclopédie*, chantier qui l'occupe pendant vingt ans. Il rompt très tôt avec sa famille, qui le destinait à la prêtrise, pour gagner Paris, où il devient l'ami de Rousseau. Si ses positions antireligieuses lui valent d'être incarcéré à Vincennes, ses travaux lui permettent d'obtenir la protection de Catherine II de Russie. Critique d'art, il contribue également à moderniser le roman avec *La Religieuse* ou *Jacques le Fataliste*, publiés après sa mort en 1796. Il développe au théâtre le drame bourgeois (*Le Fils naturel*, 1757 ; *Le Père de famille*, 1761). Il est aussi connu pour ses dialogues (*Supplément au Voyage de Bougainville*, 1796 ; *Le Neveu de Rameau*, 1821).

DU BELLAY (Joachim)

Joachim Du Bellay (1522-1560). Né dans une famille illustre, en Anjou, près de Liré, il se retrouve orphelin très jeune ; son frère aîné devient son tuteur et lui laisse une grande liberté. Du Bellay fait des études à Poitiers, où il apprend à la perfection le latin et où il s'initie à l'italien. Il rencontre ensuite Ronsard au collège de Coqueret, à Paris, et entre dans la « brigade » de jeunes poètes, future « Pléiade ». Il défend le groupe face aux critiques en publiant, en 1549, la *Défense et Illustration de la langue française*, la même année que son premier recueil, *L'Olive*, constitué de sonnets d'amour. En 1552, il traduit du latin une partie de l'épopée de Virgile, l'*Énéide*. Mais en 1553 son oncle, le cardinal Jean Du Bellay, bien placé dans la diplomatie française, l'emmène à Rome, comme secrétaire. En réalité, lui-même sera chargé de missions diplomatiques, quoiqu'il commence à devenir sourd. Il rentre en France en 1557 et publie deux recueils sur son séjour italien : *Les Antiquités de Rome* et *Les Regrets*. Mais, connaisseur du droit, il doit régler des procès pour sa famille. Il meurt à trente-sept ans.

ECHENOZ (Jean)

Jean Echenoz (né en 1947). Écrivain français révélé au grand public avec *Cherokee* (1983, prix Médicis), il est l'auteur de romans au style dépouillé où se mêlent humour, goût du polar et du jazz et procédés cinématographiques, dans des fictions simples en apparence. *L'Équipée malaise* (1986) s'organise autour des trajectoires inverses de deux hommes ; *Lac* (1989) adopte la forme du roman d'espionnage, de même qu'*Envoyée spéciale* (2016). *Les Grandes Blondes* (1995) entraîne le lecteur dans une enquête à travers le monde ; *14* (2012) s'attache à faire partager l'attente angoissante du retour du front de jeunes poilus. Entre 2006 et 2010, Echenoz se consacre aux trois volets de ses « vies romancées » : *Ravel* (2006) s'inspire de la vie du compositeur ; *Courir* (2008) s'immisce dans les pensées du sportif Emil Zátopek ; *Des éclairs* (2010) s'empare de la figure de Nikola Tesla, inventeur et dandy autrichien. Son roman *Je m'en vais* obtient le prix Goncourt en 1999.

EURIPIDE

Euripide (v. 480-v. 406). Tragédien grec, contemporain et ami de Socrate, il a composé quatre-vingt-douze pièces, dont dix-huit seulement nous sont parvenues. Ses tragédies s'attachent à décrire les passions humaines avec vérité et simplicité plutôt qu'à célébrer la grandeur des héros légendaires. Il donne aussi le beau rôle aux femmes : Médée, Andromaque, Phèdre, Iphigénie... Nombre de ses pièces ont inspiré les écrivains classiques Corneille et Racine.

FLAUBERT (Gustave)

Gustave Flaubert (1821-1880). Né dans le milieu de l'hôpital de Rouen, où son père était médecin, il exerce sa passion de l'écriture dans des récits autobiographiques – *Mémoires d'un fou* (1838), *Novembre* (1842) – qui témoignent de l'exaltation romantique de sa jeunesse. En 1841, il entreprend à Paris des études de droit qu'une maladie nerveuse interrompt en 1844. Il se retire alors près de Rouen, dans sa propriété de Croisset, menant une vie solitaire et studieuse qui se confond avec la création littéraire et qu'interrompent de brefs séjours à Paris et quelques voyages, dont celui d'Orient (1849-1851). La publication de *Madame Bovary* en 1857 lui vaut un procès pour immoralité et assure sa notoriété, que prolonge la parution de *Salammbô* en 1862. Mais l'insuccès de *L'Éducation sentimentale* (1869) et des chagrins de tous ordres assombrissent ses dernières années qu'éclaire toutefois la publication de *Trois contes* (1877), salué comme un chef-d'œuvre. À sa mort, en 1880, il laisse inachevé l'immense roman *Bouvard et Pécuchet* et une abondante *Correspondance* qui témoigne de son ambition esthétique.

GAUDÉ (Laurent)

Laurent Gaudé (né en 1972). Après des études littéraires, Laurent Gaudé commence à écrire des pièces de théâtre. Mais c'est avec le genre du roman qu'il connaît le succès : *La Mort du roi Tsongor* (2002) lui vaut le prix Goncourt des lycéens et *Le Soleil des Scorta* (2004) le prix Goncourt. Ses thèmes empruntent souvent aux mythes et à l'épique, que ce soit dans ses romans (*Eldorado* en 2006, *La Porte des Enfers* en 2008) ou dans ses pièces (*Médée Kali* et *Salina* en 2003).

GILBERT (Nicolas)

Nicolas Gilbert (1750-1780). Fils de cultivateurs lorrains, il tente sa chance à Paris mais, déçu par l'accueil des philosophes, il s'en fait l'adversaire idéologique, dénonçant l'athéisme et la facilité des mœurs de son temps dans une véhémente satire en vers, *Le Dix-huitième Siècle* (1775) qui lui vaut une pension de la cour. Des poésies religieuses lui valent également le soutien de l'Église. Il manifeste une sensibilité élégiaque dans *l'Ode imitée de plusieurs psaumes*, souvent intitulée *Adieux à la vie* (1780), écrite peu avant sa mort des suites d'une chute de cheval. Ce thème préromantique du poète malheureux et méconnu lui vaudra une certaine reconnaissance de la part des poètes romantiques du XIXe siècle, tel Alfred de Vigny, qui reprit ce thème dans ses propres œuvres.

GIONO (Jean)

Jean Giono (1895-1970). Autodidacte, il lit Virgile ou « l'*Iliade* au milieu des blés mûrs », et adopte à son tour le ton lyrique ou épique pour célébrer la nature et la vie paysanne. Empreints d'une savoureuse vigueur, *Colline* (1928), *Un de Baumugnes* (1929) et *Regain* (1930) composent la *Trilogie de Pan*, qui exalte la sensation. Pacifiste convaincu, après la guerre de 1914-1918, l'écrivain dénonce la guerre (*Le*

Grand Troupeau, 1931), le machinisme et la ville (*Les Vraies Richesses*, 1936), magnifiant en revanche la communion avec la terre : *Que ma joie demeure* (1935), *Le Poids du ciel* (1938). Adoptant depuis *Un roi sans divertissement* (1947) un style de facture classique, rapide et d'une sécheresse stendhalienne, Giono compose des *Chroniques* légendaires de la France et de l'Italie entre 1830 et 1848. *Noé* (1948), *Mort d'un personnage* (1949), *Les Âmes fortes* (1950) et surtout *Le Hussard sur le toit* (1951) présentent des héros aristocratiques, en marge de la société et des lois, qui cultivent l'art de ne pas être dupes et se sentent « au comble du bonheur » dans l'exercice de leur liberté.

GIRAUDOUX (Jean)

Jean Giraudoux (1882-1944). Il mène à la fois une carrière de diplomate et d'écrivain. Il publie d'abord des romans avant de se consacrer au théâtre, où il connaît le succès. Plusieurs de ses pièces reprennent des mythes antiques : *Amphitryon 38*, mis en scène par Louis Jouvet en 1929, *La guerre de Troie n'aura pas lieu* en 1935 ou encore *Électre* en 1938. Le mythe est souvent pour Giraudoux un moyen de faire réfléchir le spectateur sur son époque et sur les sombres événements de l'entre-deux-guerres, comme la montée du nazisme en Allemagne.

GOETHE (Johann Wolfgang von)

Johann Wolfgang von Goethe (1749-1832). Écrivain, Goethe est un homme d'État qui a marqué la littérature allemande par sa personnalité et ses œuvres. Délaissant des études de droit, il se tourne très jeune vers la poésie et le théâtre, et publie ses premiers textes dès 1769. Parmi ses œuvres les plus connues figure *Les Souffrances du jeune Werther* (1774), inspiré par un amour sans espoir pour Charlotte Buff. Ce roman exprime les contradictions de son « démon intérieur », tour à tour exalté par un sentiment presque mystique pour la nature et envahi par des tentations morbides. Après une carrière politique de premier plan à Weimar, il reprend l'écriture et publie en 1795-1797 *Les Années d'apprentissage de Wilhelm Meister*, considéré comme le modèle du « *Bildungsroman* », le roman d'apprentissage. Le *Second Faust*, auquel il travaille jusqu'à sa mort, couronne cette longue vie de création littéraire.

HATZFELD (Jean)

Jean Hatzfeld (né en 1949). Il commence sa carrière de journaliste à *Libération*, comme journaliste sportif. Puis il devient grand reporter et suit les conflits armés du Moyen-Orient, d'Afrique et des Balkans. À partir de 2000, il suspend son activité pour se consacrer à un travail littéraire sur le génocide rwandais aux bords des marais de Nyamata, qui débouchera sur la publication d'une sorte de trilogie : *Dans le nu de la vie. Récits des marais rwandais*, en 2000, *Une saison de machettes*, en 2003 et *La Stratégie des antilopes*, en 2007.

HUGO (Victor)

Victor Hugo (1802-1885). Romancier, poète, dramaturge, mais également homme politique, Victor Hugo voit sa vie épouser l'histoire du XIXe siècle. Il rédige d'abord des odes dans les années 1820 et se fait connaître par son drame *Cromwell* (1827), dont la préface est un manifeste du romantisme. Ses drames romantiques, *Hernani* (1830) *et Ruy Blas* (1838), en font le chef de file de ce mouvement. Il publie en 1853 *Les Châtiments*, recueil de poèmes satiriques dénonçant le coup d'État de Napoléon III, écrits lors de son exil à Guernesey. En 1856, paraît *Les Contemplations*, recueil de poèmes lyriques inspirés par la mort de sa fille. Ses romans comme *Notre-Dame de Paris* (1831) ou *Les Misérables* (1862) en font un auteur très populaire. Une foule immense accompagnera son cercueil lors de son inhumation au Panthéon.

HUYSMANS (Joris-Karl)

Joris-Karl Huysmans (1848-1907). En 1874, il publie son premier roman, *Marthe, histoire d'une fille*, remarqué par Zola, qui l'invite à participer au recueil de nouvelles naturalistes *Les Soirées de Médan* (1880). Mais il prend progressivement ses distances avec le naturalisme et publie *À rebours*, roman décadent, en 1884. Fasciné par le surnaturel et le mysticisme, il est d'abord attiré par le satanisme, mais se convertit finalement au catholicisme, ce qu'il évoque dans *En route* (1895).

IONESCO (Eugène)

Eugène Ionesco (1909-1994). Auteur dramatique d'origine roumaine, il est élevé à Paris par sa mère. Il retourne par la suite en Roumanie pour y étudier le français et devenir professeur, avant de revenir à nouveau en France. Ce n'est qu'après la Seconde Guerre mondiale qu'il commence à écrire des pièces de théâtre, notamment *La Cantatrice chauve*, représentée en 1950, qui le fait entrer parmi les figures du théâtre de l'absurde de l'époque. Suivront *Les Chaises* (1952), puis *Rhinocéros* (1959), pièce dans laquelle transparaît une évocation politique du totalitarisme. Recourant au non-sens, à un comique de l'incongruité, ses pièces, souvent grinçantes, mettent aussi en évidence les conventions théâtrales et fonctionnent comme des satires sociales.

JABLONKA (Ivan)

Ivan Jablonka (né en 1973). Historien, il enseigne à l'université et codirige la collection « La République des Idées », aux éditions du Seuil. Il crée en 2007 une revue en ligne : *La Vie des idées*. Sa démarche d'écrivain s'appuie sur un travail minutieux d'historien, à la recherche de témoignages et d'archives. En 2012, Jablonka publie *Histoire des grands-parents que je n'ai pas eus*. En 2016, *Laëtitia ou la Fin des hommes* revient, sous forme d'enquête d'historien, sur un fait divers récent.

JODELLE (Étienne)

Étienne Jodelle (1532-1573). Issu d'un milieu bourgeois, il contribue à relancer le théâtre français au XVIe siècle et tout particulièrement la tragédie. C'est donc en tant que poète, et surtout en tant que dramaturge qu'il intègre l'école de la Pléiade aux côtés d'Antoine de Baïf et de Rémy Belleau. Il fait représenter en 1553 une tragédie intitulée *Cléopâtre captive*. Une seconde tragédie, *Didon se sacrifiant,* lui vaut sa renommée. Ainsi, c'est lui qui initie le théâtre humaniste. Lors de la représentation d'un spectacle qu'il est chargé d'organiser en l'honneur du roi Henri II en 1558, Jodelle subit un échec dont il ne se remettra jamais vraiment. Il se retire de la cour.

JUVÉNAL (Decimus Junius Juvenalis)

Decimus Junius Juvenalis (v. 60-v. 130). Né dans la campagne italienne, Juvénal semble avoir mené, sous le règne de l'empereur Domitien, une existence d'abord difficile. Peut-être exerça-t-il comme avocat, mais il paraît avoir dû d'abord rechercher la protection de riches familles. Ami du poète Martial, il n'a cependant pas mené, comme celui-ci, une vie de bohème permanente ; il semble au contraire avoir réussi peu à peu à s'installer dans une certaine aisance. Commençant à composer de la poésie vers 100, il laisse un recueil de seize satires, réparties en cinq livres, où il exprime avec une grande véhémence son indignation face à la dégradation des mœurs de son temps. Très attaché aux valeurs du passé, il dénonce, avec une exagération volontaire, la place prise à Rome par les étrangers et par les esclaves affranchis et l'oubli des vertus nobles. Il meurt sous l'empereur Hadrien.

KAPLAN (Leslie)

Leslie Kaplan (née en 1943). Née à New York, elle grandit à Paris dans une famille américaine, mais écrit en français. Elle étudie la philosophie et travaille deux années en usine avant de participer au mouvement de mai 1968. Elle publie en 1982 *L'Excès-L'usine,* où elle dresse un portrait de l'usine sans porter de jugement. Elle a depuis publié une vingtaine de récits.

KOLTÈS (Bernard-Marie)

Bernard-Marie Koltès (1948-1989). Il tente très tôt de s'émanciper de la bourgeoisie provinciale dont il est issu. Alors qu'il a une vingtaine d'années, plusieurs rencontres et un voyage aux États-Unis le décident à se consacrer au théâtre : il entre à l'école du Théâtre national de Strasbourg. Il commence quelques années plus tard à écrire ses propres pièces, dont ses différents voyages en Amérique et en Afrique portent la marque. Avec *La Nuit juste avant les forêts* (1977), il signe l'un de ses premiers textes remarqués, mais c'est surtout la reconnaissance du metteur en scène Patrice Chéreau qui lui vaut d'acquérir très rapidement une grande notoriété (*Combat de nègre et de chiens*, 1979 ; *Dans la solitude des champs de coton*, 1985 ; *Roberto Zucco*, 1988). Son œuvre théâtrale, au lyrisme riche, interroge la figure de l'altérité et déplore la perte d'une fraternité de cœur entre les hommes.

LA CEPPÈDE (Jean de)

Jean de La Ceppède (v. 1548-1623). Né à Marseille, magistrat et poète, il reçoit en 1578 la charge de conseiller au parlement d'Aix. Dans l'entourage d'Henri d'Angoulême, qui a rassemblé avec son secrétaire, Malherbe, un cénacle de poètes, La Ceppède se lie avec le poète qui le tient en haute estime. En 1586, il devient Second président de la Chambre des comptes de Provence. Lors des heurts économiques et politiques qui gagnent alors la région et la France dans son ensemble, il soutient Henri de Navarre, futur Henri IV, et subit les attaques des ligueurs. En 1595, il publie une *Imitation des Psaumes de la pénitence de David*. Grâce à Henri IV, il devient en 1608 Premier président de la Chambre des comptes de Provence et le restera jusqu'à sa mort en Avignon en 1623. La Ceppède est un poète important de ce que certains critiques ont pu appeler le « second baroque », postérieur au concile de Trente et à la Contre-Réforme. Face aux doutes nés de l'horreur des guerres de Religion, il cherche dans sa poésie la certitude de Dieu. Il publie ainsi, en 1613 puis en 1622, les *Théorèmes spirituels,* rassemblant au total 515 sonnets, qui sont autant de méditations ou d'amplifications sur la mort, le mystère de la rédemption et la résurrection du Christ.

LA FONTAINE (Jean de)

Jean de La Fontaine (1621-1695). Il passe ses premières années à Château-Thierry, où vit sa famille, qui appartient à la bourgeoisie. Sa jeunesse est partagée entre la lecture et une vie de plaisirs. Il se marie, prend une charge de maître des Eaux et Forêts et commence à écrire. Proche de Fouquet, qui lui accorde une pension, il reste à l'écart de la cour, fréquentant toutefois le salon de Mme de La Sablière. En 1661, l'arrestation de Fouquet le prive momentanément de protection. Il publie en 1665 des *Contes et nouvelles en vers* qui font sa célébrité. Les six premiers livres des *Fables* en 1668 sont un triomphe, succès réitéré en 1678 avec d'autres fables. Sa production est vaste : contes érotiques, poèmes, un roman mêlé de vers et de prose, une comédie… Il est reçu à l'Académie française en 1684. Tombé malade en 1692, il se tourne vers la religion et renie ses contes licencieux de 1674, qui avaient été interdits à la vente.

LABÉ (Louise)

Louise Labé (v. 1524-1566). Elle reçoit une éducation typique de la bourgeoisie lyonnaise de l'époque : elle apprend le latin, l'italien, la musique et l'équitation. D'une grande beauté, elle épouse un artisan cordier, d'où son surnom de « Belle Cordière ». Elle participe à la vie culturelle de Lyon et vit sans souci des convenances, affichant sa liaison avec le poète Olivier de Magny. En 1555, paraît le volume de ses *Œuvres*, constitué du *Débat de Folie et d'Amour* (œuvre en prose), de trois *Élégies* et de vingt-quatre *Sonnets*, où l'on sent l'influence de la poésie amoureuse de l'Italien Pétrarque (1304-1374). Cette publication est un événement littéraire, salué par l'éloge de nombreux poètes de l'époque. Personnalité mystérieuse, violemment attaquée par certains religieux à son époque, on a été jusqu'à suggérer (en 2006) qu'elle n'était qu'un prête-nom pour des textes qui auraient été écrits par un groupe de poètes masculins.

LACLOS (Pierre Choderlos de)

Pierre Choderlos de Laclos (1741-1803). Issu de la noblesse de robe, il entre dans le Corps royal de l'artillerie en 1760. La France connaissant une période de paix, l'ennui de la vie militaire lui laisse le temps d'écrire son chef-d'œuvre, *Les Liaisons dangereuses* (1782), qui connaît un succès immédiat. Il participe en 1783 à un concours académique sur l'éducation des femmes. Sa réponse développe un point de vue libéral pour l'époque, puisqu'il défend le droit des filles à suivre la même éducation que les garçons.

LECLAIR (Yves)

Yves Leclair (né en 1954). Il suit des études de musique et de lettres et passe son doctorat en littérature française à la Sorbonne (sous la direction de P. Brunel et de J.-P. Richard). Il rencontre le poète Yves Bonnefoy en 1975, et leur amitié l'amène à se consacrer, à côté de l'enseignement, à l'écriture de poèmes, d'abord dans des revues comme *La Nouvelle Revue Française*, puis dans des recueils (*Bouts du monde*, 1997 ; *Corps glorieux*, 2014). Il publie également de nombreuses études sur des poètes (*En pensant à Pierre-Albert Jourdan*, 1994 ; *Guy Goffette, sans légende*, 2012) et des récits (*Manuel de contemplation en montagne*, 2005). Il est aussi l'un des traducteurs du troubadour Jaufré Rudel (*Chansons pour un amour lointain de Jaufré Rudel*, 2011).

LEE (Harper)

Harper Lee (1926-2016). Romancière américaine née dans l'Alabama. Après des études de droit, elle décide de se lancer dans l'écriture. Elle va seconder son ami Truman Capote dans les recherches et recueils d'entretiens autour du roman *De Sang-froid*. En 1957, elle présente un premier manuscrit plus proche du recueil de nouvelles que du roman à son agent qui lui conseille de développer. Elle en fera un roman intitulé *To Kill a Mockingbird* (traduction française sous le titre *Ne tirez pas sur l'oiseau moqueur*), qui paraît en 1960. Plaidoyer pour la justice, le roman paraît à l'époque de la reconnaissance des droits civiques des Afro-Américains. Le succès est immédiat. Couronné du prix Pulitzer en 1961, *To Kill a Mockingbird* est vendu à cinq cent mille exemplaires la première année, et reste un classique de la littérature américaine.

LEMONNIER (Camille)

Camille Lemonnier (1844-1913). Écrivain belge d'expression française. Chef de file des écrivains qui, à partir de 1880, contribuent à la « renaissance » des lettres belges, il est l'un des principaux collaborateurs de *La Jeune Belgique* (1881-1897), aux côtés de Verhaeren et de Maeterlinck. Il subit l'influence de l'école naturaliste française et donne, dans ses romans, des peintures d'un réalisme saisissant, du monde paysan avec *Un Mâle* (1881), de la misère ouvrière avec *Happe-Chair* (1886) et de la société bourgeoise dans *La Fin des bourgeois* (1892). Son violent pamphlet contre la guerre, *Les Charniers* (1881), traduit un idéalisme qui va s'exprimer de façon plus sereine dans *Adam et Ève* (1899), *Au cœur frais de la forêt* (1900) et surtout *Le Droit au bonheur* (1904) où sa prose se fait véritablement lyrique. Il sait également célébrer son terroir dans *Nos Flamands* (1869) et *La Belgique* (1888) et affirmer ses qualités de critique d'art dans de nombreuses études, notamment sur *Gustave Courbet et son œuvre* (1878).

LEVI (Primo)

Primo Levi (1919-1987). Né à Turin, il est ingénieur-chimiste. Déporté à Auschwitz en 1944, il en reviendra profondément marqué, après un long périple de neuf mois à travers l'Europe centrale. C'est de l'indicible épreuve des camps de concentration qu'il tire son premier livre en 1947, *Si c'est un homme*. En 1963, il raconte la libération du camp et le trajet du retour dans *La Trêve*. L'expérience de la déportation qui l'isole de ceux qui ne l'ont pas vécue est au cœur de son œuvre ; il se fera un devoir d'en témoigner pour éviter que cela ne se reproduise, mais se sentira de moins en moins légitime à parler pour ceux qui n'en sont pas revenus (*Les Naufragés et les Rescapés*, 1986). Il est retrouvé mort au bas de l'escalier de son immeuble à Turin.

MAALOUF (Amin)

Amin Maalouf (né en 1949). Né à Beyrouth, au Liban, il fait des études de sciences économiques et de sociologie, puis devient journaliste. Mais avec la guerre civile libanaise qui éclate en 1975, il décide de venir s'installer avec son épouse et leurs enfants en France, dès 1976. Il continue ses activités de journaliste jusqu'à ce qu'un premier succès de librairie, *Léon l'Africain* (1986), roman sur le rapport entre Orient et Occident au XVIe siècle, l'incite à se consacrer à la littérature. Suivent des romans historiques remarqués, tels *Samarcande* (1988) et *Les Jardins de lumière* (1991). *Le Rocher de Tanios* obtient le prix Goncourt en 1993. Maalouf écrit par la suite des essais (dont *Les Identités meurtrières* en 1999, où il réfléchit au danger des replis identitaires) et des livrets d'opéra, parmi lesquels *L'Amour de loin* (2000). Il a présidé un groupe de réflexion sur le multilinguisme pour la Commission européenne (2007-2008) et a été élu à l'Académie française en 2011.

MACHAUT (Guillaume de)

Guillaume de Machaut (v. 1300-1377). Né en Champagne, il est clerc, au service de Jean de Luxembourg, roi de Bohême, et vit dans l'entourage des princes (Charles le Mauvais, roi de Navarre, mais aussi le duc de Berry et le roi de France Charles V). Nommé chanoine de Reims en 1340, il y réside jusqu'à sa mort. Musicien de grand talent, il compose de nombreuses œuvres musicales (motets, accompagnements de poèmes, une messe) qui participent au développement de l'*Ars nova* et de la polyphonie. Si sa renommée musicale est européenne, il est aussi un poète très reconnu, dont l'œuvre restera influente plus d'un siècle. Son chef-d'œuvre est le *Veoir Dit* (vers 1364), œuvre narrative qui intègre nombre de poèmes. Il mettra à la mode certaines formes poétiques qu'il complexifira : ballades, virelais, rondeaux…

MAC ORLAN (Pierre Dumarchey, dit Pierre)

Pierre Dumarchey Mac Orlan (1882-1970). Né en Picardie, il est très tôt orphelin ; élevé par un oncle à Orléans, il s'installe à Paris dès ses seize ans. Il fréquente alors les artistes et poètes de Montmartre (Picasso, Max Jacob, Apollinaire). En 1914, il entre dans les combats (à Verdun et dans la Somme notamment). Il est ensuite correspondant de guerre dans l'Allemagne vaincue (*La Cavalière Elsa*, 1921) et fréquente les ports de la Manche qui lui inspirent des romans (*Le Quai des brumes*, 1927). Il écrit des souvenirs, des récits de voyages, des romans, des récits pour la jeunesse (*Les Clients du Bon Chien Jaune*, 1926), des essais. Peintre et illustrateur de ses livres, il est aussi le poète qui rassemble ses recueils dans *les Poésies documentaires complètes* (1954) où il se fait le chantre de la modernité technique, et de la tour Eiffel dans le poème « Tel était Paris avec sa grande tour… » (*L'Inflation sentimentale*, 1922).

MALHERBE (François de)

François de Malherbe (1555-1628). Fils de magistrat, il partage la première moitié de sa vie entre la Normandie (il est né à Caen) et la Provence, où il devient secrétaire du gouverneur. Il se marie, et séjourne une vingtaine d'années à Aix. Quelques poèmes commencent à faire connaître son nom, puis on lui commande des vers pour l'arrivée de la reine Marie de Médicis en France. En 1605, il s'installe à Paris où il devient le poète officiel du roi Henri IV, qui l'admire pour les pièces de circonstance qu'il lui commande (*Prière pour le roi allant en Limousin*). Ses premières œuvres comme *Les Larmes de saint Pierre* (1596) sont d'inspiration baroque, puis Malherbe cherche à épurer la langue et fonde l'art classique, prônant harmonie et équilibre, naturel et simplicité. Admiré, reçu dans la société lettrée de l'hôtel de Rambouillet, il a des disciples fervents, comme les poètes Maynard et Racan. En 1627, il perd l'un de ses fils tué en duel, ce qui lui inspire un de ses plus beaux sonnets.

MALRAUX (André)

André Malraux (1901-1976). En 1923, ruiné par de mauvais placements financiers, Malraux part en Indochine pour faire du trafic d'objets archéologiques. Il découvre ainsi l'art de l'Extrême-Orient, et s'intéresse à la révolution chinoise, qui lui inspire *La Condition humaine* (prix Goncourt en 1933). Proche des milieux communistes, il soutient les républicains lors de la guerre civile en Espagne, sujet de son roman *L'Espoir* (1937). Engagé dans la Résistance, il devient ministre de l'Information à la Libération, puis ministre de la Culture.

MARIVAUX (Pierre Carlet de Chamblain de)

Pierre Carlet de Chamblain de Marivaux (1688-1763). Il commence à écrire des romans à la fin de ses études de droit, comme *La Voiture embourbée* (1714) et prend le pseudonyme de Marivaux en 1717, lorsqu'il collabore à la revue littéraire du *Mercure*. En 1720, il se tourne vers le théâtre, écrivant la comédie *Arlequin poli par l'amour*. Il échoue dans la tragédie (*Annibal*, 1720) et se consacre alors exclusivement à la comédie, où il rencontre un succès assez régulier, alternant comédies d'intrigue et comédies sociales : *La Double Inconstance* (1723), *L'Île des esclaves* (1725), *Le Jeu de l'amour et du hasard* (1730), *Les Fausses Confidences* (1737)... Il n'abandonne pas le roman (*La Vie de Marianne*, 1731-1741) et écrit aussi des chroniques journalistiques. Il est reçu à l'Académie française en 1743.

MAUPASSANT (Guy de)

Guy de Maupassant (1850-1893). Sa mère est une amie d'enfance de Flaubert qui le conseille et le guide dans ses débuts littéraires. La mésentente de ses parents, assortie de violentes querelles et d'une séparation en 1862, déchire son enfance. La guerre franco-prussienne, qui le mobilise en 1870, exerce sur lui un traumatisme durable. De là provient en partie son pessimisme radical. À partir de 1872, il est employé comme fonctionnaire dans différents ministères jusqu'en 1880 : la publication de *Boule de suif* dans *Les Soirées de Médan*, un recueil de nouvelles d'écrivains naturalistes autour de Zola, lui assure le succès. Mais il commence à ressentir les premières atteintes d'une maladie qui, accompagnée de vives souffrances et de troubles mentaux, va le conduire à la folie et à la mort, dans la clinique du docteur Blanche, à Paris. Malgré tout, les années de 1880 à 1890 sont d'une fulgurante et exceptionnelle fécondité. Outre de nombreuses chroniques journalistiques et des journaux de voyage, il écrit six romans, dont *Une vie* (1883), *Bel-Ami* (1885), *Pierre et Jean* (1888). Il laisse aussi quelque trois cents contes et nouvelles, réalistes et fantastiques (*Le Horla*, 1887), qui font de lui le grand maître de la nouvelle française.

MICHALIK (Alexis)

Alexis Michalik (né en 1982). Il débute comme comédien et se fait connaître du grand public dans des séries télévisées. Il devient metteur en scène en revisitant certains classiques pour sa troupe Los Figaros, par exemple *Une folle journée* d'après *Le Mariage de Figaro* de Beaumarchais. Il rencontre le succès en tant que dramaturge dès ses premières pièces, *Le Porteur d'histoire* en 2012 et *Le Cercle des illusionnistes* en 2014, pour lesquelles il obtient un Molière. En 2016, sa pièce *Edmond*, qui relate les affres de la création d'Edmond Rostand, le père de *Cyrano de Bergerac*, fait un triomphe au théâtre du Palais-Royal et se trouve couronnée de cinq Molière. Michalik adapte lui-même sa pièce à l'écran en 2018.

MIRBEAU (Octave)

Octave Mirbeau (1848-1917). Il se mêle ardemment aux combats littéraires et politiques de son époque ; d'abord royaliste et catholique, il exprime des opinions violemment antisémites dans *Les Grimaces* (revue fondée en 1883), puis évolue jusqu'à défendre des idées anarchistes, s'opposant avec âpreté à toutes les valeurs traditionnelles. Dans son œuvre romanesque, on retrouve la même condamnation violente de la société contemporaine et la dénonciation, parfois outrée, des turpitudes bourgeoises : *Le Journal d'une femme de chambre* (1900) reprend la satire sociale déjà présente dans *L'Abbé Jules* (1888) et *Sébastien Roch* (1890). D'une sensualité assez trouble, *Le Jardin des supplices* (1899), « pages de crime et de sang », trahit la profonde misogynie de l'auteur, par ailleurs sincère dans son horreur des mensonges sociaux et politiques, qu'il dénonce dans son œuvre dramatique (*Les Mauvais Bergers*, 1896 ; *Les affaires sont les affaires*, 1903). Esprit curieux de nouveauté et nature passionnée, il mène aussi, comme journaliste, le combat pour la défense de l'art moderne (*Des artistes*, 1922).

MODIANO (Patrick)

Patrick Modiano (né en 1945). Son œuvre développe avec obsession une interrogation sur les rapports entre le passé et le présent, et s'inscrit dans une lutte contre l'oubli. Il déclare lui-même que la mort de son jeune frère âgé de dix ans, a été déterminante dans sa création. Au fil d'une trentaine de romans, il laisse apparaître une sensibilité blessée par les événements tragiques du XXe siècle (plus particulièrement par la Seconde Guerre mondiale et par la guerre d'Algérie). Principaux romans : *La Place de l'Étoile* (1968) ; *La Ronde de nuit* (1969) ; *Rue des boutiques obscures* (prix Goncourt, 1978) – trois romans sur fond d'Occupation ; *Villa triste* (1975) ; *Un cirque passe* (1992) ; *Un pedigree* (autobiographie, 2005) ; *Pour que tu ne te perdes pas dans le quartier* (2014). Il a reçu le prix Nobel de littérature en 2014.

MOLIÈRE

Jean-Baptiste Poquelin, dit Molière (1622-1673). Il est le plus grand auteur de comédies du XVIIe siècle. Très jeune, il décide de devenir comédien et crée sa troupe « L'Illustre-Théâtre » avec sa compagne Madeleine Béjart. La troupe parcourt la France en jouant farces et comédies. De retour à Paris en 1658, elle gagne la protection des grands : le prince de Conti, le frère de Louis XIV, puis le roi lui-même. Auteur tragique médiocre, Molière se consacre alors exclusivement à la comédie, écrivant lui-même ses pièces : *Les Précieuses ridicules* (1659) puis *L'École des femmes* (1662) remportent un triomphe. Néanmoins, Molière subit les attaques des critiques et de l'entourage du roi, notamment quand il ose se moquer des faux dévots avec *Le Tartuffe* (1664). L'année suivante, *Dom Juan* provoque un nouveau scandale, mais Louis XIV accorde malgré tout son soutien à la compagnie en l'élisant « troupe du roi ». Molière renouvelle le genre de la comédie en le déclinant sous toutes ses formes : grande comédie (*Le Misanthrope* en 1666), comédie-ballet (*Le Bourgeois gentilhomme* en 1670) ou farce (*Les Fourberies de Scapin* en 1671) et en faisant une satire féroce et drôle de ses contemporains. Très malade, il meurt alors qu'il interprète le rôle d'Argan dans *Le Malade imaginaire*.

MONTESQUIEU

Montesquieu (1689-1755). Charles-Louis de Secondat, baron de La Brède et de Montesquieu se passionne d'abord pour les sciences auxquelles il consacre plusieurs essais. En 1721, il publie anonymement *Les Lettres persanes*, qui sont une satire de la société française. En 1728, il entreprend une série de voyages en Europe, qui lui permettent de comparer le système politique français à ceux des pays voisins. Cette réflexion nourrit son œuvre majeure, *L'Esprit des lois*, publiée anonymement en 1748. L'ouvrage fait l'objet d'attaques et de critiques, mais exerce une influence profonde à son époque. Les auteurs de la Constitution de 1791, dans les premières années de la Révolution française, s'en inspireront. Montesquieu a également participé à la rédaction de l'*Encyclopédie*.

MOUAWAD (Wajdi)

Wajdi Mouawad (né en 1968). Né au Liban, il a dû fuir son pays à cause de la guerre. À l'âge de huit ans, il s'installe en France puis émigre avec sa famille au Québec à l'âge de quinze ans. C'est là qu'il découvre le théâtre : d'abord comme comédien puis très vite comme auteur et metteur en scène. Son théâtre (*Littoral*, 1997 ; *Incendies*, 2003 ; *Forêts*, 2006 ; *Tous des oiseaux*, 2017) est marqué par la mémoire douloureuse de la guerre du Liban. Il en résulte une œuvre sensible et puissante, version moderne de la tragédie grecque. Mouawad s'est d'ailleurs attelé à mettre en scène sept tragédies de Sophocle. Revenu s'installer en France, il dirige actuellement le théâtre de la Commune à Paris.

MUKASONGA (Scholastique)

Scholastique Mukasonga (née en 1956). Elle est née au Rwanda où, dès l'enfance, elle est victime avec sa famille de violences et de persécutions liées aux conflits ethniques. Avec sa famille, elle est déplacée à Nyamata, région insalubre du Rwanda. Chassée de l'école de Butare en 1973, elle part au Burundi pour poursuivre ses études. En 1992, elle s'installe en France. Deux ans plus tard, lors du génocide rwandais, trente-sept membres de sa famille sont assassinés. Scholastique Mukasonga mettra dix ans avant de retourner au Rwanda et d'entreprendre son œuvre littéraire qui questionne la mémoire, l'indicible. En 2006, *Inyenzi ou les cafards* revient sur son enfance et son difficile retour au Rwanda. En 2008, l'auteure rend hommage à sa mère dans *La Femme aux pieds nus*. Ses difficiles années de lycée au Rwanda sont racontées dans *Notre-Dame du Nil*, qui reçoit le prix Renaudot en 2012.

MUSSET (Alfred de)

Alfred de Musset (1810-1857). Il publie à l'âge de dix-neuf ans un recueil, *Contes d'Espagne et d'Italie* (1829), qui lui assure un succès immédiat. Il se lance dans l'écriture théâtrale mais sa première pièce, *La Nuit vénitienne* (1830), connaît un échec cuisant. Musset se dirige alors vers l'écriture de « pièces à lire » (*Un spectacle dans un fauteuil*, 1832). Son refus de mettre son art au service d'une action sociale ou politique l'éloigne des autres romantiques. Sa liaison malheureuse avec George Sand (1833-1835) accentue son caractère pessimiste. Dès lors, son œuvre se fait l'écho de ses émotions et de sa souffrance, qu'il s'agisse de pièces de théâtre (*Les Caprices de Marianne*, 1833 ; *On ne badine pas avec l'amour*, 1834 ; *Lorenzaccio*, 1834) ou de poésie. Malade et désabusé, Musset poursuit malgré tout une carrière littéraire, consacrée par son entrée à l'Académie française en 1852.

PEREC (Georges)

Georges Perec (1936-1982). Après avoir commencé des études d'histoire qu'il abandonne très rapidement (1954), Perec se lance dans l'écriture. Ce n'est qu'après un séjour en Tunisie, à Sfax, qu'il fait ses vrais débuts littéraires avec *Les Choses* (1965), roman sous-titré *Une histoire des années soixante*. L'année suivante, l'écrivain publie *Quel petit vélo à guidon chromé au fond de la cour ?* et rejoint l'OuLiPo. Dès lors, avec *Un homme qui dort* (1967), *La Disparition* (roman écrit sans la lettre « e », 1969) ou *Alphabets* (cent soixante-seize onzains hétérogrammatiques, 1976), Perec multiplie les défis formels tout en remettant en cause le fonctionnement de la société contemporaine. Avec *Je me souviens* (1978) et *La Vie mode d'emploi* (1978), il dresse l'inventaire du monde réel dans un style où l'humour ne doit pas masquer un savant jeu de citations et de références.

PÉTRARQUE (Francesco Petrarca)

Pétrarque (1304-1374). Formé à Carpentras par le grammairien Convenevole di Prato dans sa jeunesse, il fait des études de droit à Montpellier et à Bologne, puis s'établit à la cour d'Avignon jusqu'en 1353, qu'il quitte cependant parfois pour des missions diplomatiques ou des recherches érudites en Europe du Nord ou à Rome. Passionné par l'Antiquité, il découvre et fait publier des manuscrits anciens, avec une curiosité culturelle qui fait de lui un modèle de l'humaniste. C'est à Avignon qu'il rencontre une certaine Laure, en 1327, source d'un amour qui durera toute sa vie et qu'il idéalisera fortement dans ses poèmes. Mais en 1342, il traverse une profonde crise de conscience religieuse et s'éloigne des succès mondains pour se retirer de plus en plus dans son ermitage, situé dans le Vaucluse. Son œuvre, écrite en latin, est considérable (études historiques, réflexions philosophiques, épopée de l'*Africa*), mais ce sont surtout ses poèmes d'amour pour Laure, écrits en langue toscane et regroupés dans le *Canzoniere,* qui exerceront une immense influence sur toute la littérature européenne jusqu'au XVIIIe siècle au moins.

PIZAN (Christine de)

Christine de Pizan (v. 1364-1431). Fille d'un astrologue vénitien venu à la cour de France, Thomas de Pizan, elle se marie à Étienne de Castel, secrétaire du roi Charles V, mais devient veuve (avec trois enfants) dès 1389. Ayant un goût prononcé pour les études et devant gagner sa vie, elle se met à écrire sur commande des ouvrages savants (*Chemin de longue étude*, 1402) ou historiques (*Livre des faits et bonnes mœurs du roi Charles V*, 1405), des textes de morale, mais aussi des poèmes, dont les *Cent ballades d'amant et de dame* (1394). Son œuvre, abondante, en fait l'auteure la plus importante de son temps et lui apporte une grande renommée. Retirée dans un couvent pendant les douze dernières années de sa vie, elle continue à suivre l'actualité politique, comme le prouve son œuvre *Dictié en l'honneur de la Pucelle* (1429), qui évoque Jeanne d'Arc.

PRÉVOST (abbé)

Antoine-François Prévost, dit l'abbé Prévost (1697-1763). Sa vie est mouvementée : après des études chez les jésuites, il prend l'habit de novice, avant de s'enfuir pour s'engager dans l'armée du roi. La condition militaire ne lui convenant pas, il retourne chez les jésuites, avant de reprendre de nouveau les armes ! Il entre ensuite chez les bénédictins, puis quitte les ordres. Recherché par les autorités religieuses, il se réfugie à Amsterdam, où il écrit les *Mémoires et aventures d'un homme de qualité*, dont est extrait *Manon Lescaut* (1731). Il s'installe à Londres en 1733 et fonde un journal, *Le Pour et le Contre*. Il rentre en France en 1734, se met au service du prince de Conti, et continue d'écrire des romans, comme *Histoire d'une Grecque moderne* (1741).

PROUST (Marcel)

Marcel Proust (1871-1922). Issu d'une famille de la haute bourgeoisie, né d'un père catholique et d'une mère juive, Proust reçoit une très bonne éducation et développe son goût pour l'art. Il fréquente le milieu mondain et littéraire parisien. Il écrit d'abord des articles de critique littéraire, puis des pastiches, de Flaubert notamment. Il tente de transposer sa vie dans un roman autobiographique, *Jean Santeuil*, publié de manière posthume en 1952 et qui annonce son plus grand projet littéraire : *À la recherche du temps perdu*. Vaste cycle romanesque, cette œuvre est à la fois la description de la société fréquentée par l'auteur, une analyse psychologique du « moi » et une réflexion sur l'art.

RACINE (Jean)

Jean Racine (1639-1699). Il est l'un des plus grands dramaturges de l'époque classique. Ses tragédies mettent le plus souvent en scène des personnages de l'Antiquité ou de la Bible (pour les deux dernières), déchirés par des passions violentes et soumis à une fatalité qui les écrase. On peut y voir l'influence de son éducation austère chez les jansénistes, qui condamnaient les passions et croyaient en la prédestination de l'homme. Ses œuvres les plus célèbres sont : *Andromaque* (1667), *Britannicus* (1669), *Bérénice* (1670), *Phèdre* (1677) et *Athalie* (1691).

RÉGNIER (Mathurin)

Mathurin Régnier (1573-1613). Neveu du poète baroque Philippe Desportes, fort apprécié de la cour d'Henri III mais détesté du poète Malherbe, il est destiné par ses parents à une carrière religieuse, afin qu'il puisse hériter des abbayes de son oncle. Desportes lui-même attache son neveu au cardinal de Joyeuse, qui représente le roi auprès du Vatican. Mathurin Régnier part donc pour Rome où il vit une dizaine d'années. De retour en France, il écrit des poèmes de commande pour la cour, où il célèbre notamment Gabrielle d'Estrées, favorite du roi Henri IV. Parallèlement à des poèmes religieux ou officiels, il compose un volume de *Satires*, dont la première édition, en 1608, remporte un succès confirmé par les éditions suivantes, augmentées (1609, 1612). Chanoine de Chartres à partir de 1609, il continue à fréquenter des auteurs restés fidèles à l'esthétique des poètes de la Pléiade (Ronsard et Du Bellay surtout) jusqu'à sa mort.

ROMAINS (Jules)

Louis Farigoule, dit Jules Romains (1885-1972). Il est d'abord enseignant jusqu'en 1919 avant de se consacrer à une carrière littéraire. Il est le fondateur de l'« unanimisme », doctrine selon laquelle l'écrivain doit exprimer l'âme des groupes humains. Auteur d'un recueil de poèmes dès 1908 (*La Vie unanime*), il écrit des pièces satiriques, comme *Knock ou le Triomphe de la médecine* en 1923, qui interroge la crédulité humaine. Mais l'œuvre majeure de Jules Romains a pour titre *Les Hommes de bonne volonté* (vingt-sept volumes, écrits de 1932 à 1946) : l'écrivain y peint, comme avant lui Hugo et Balzac, la société de son temps, dans la période chaotique qui va de 1908 et 1933.

RONSARD (Pierre de)

Pierre de Ronsard (1524-1585). Issu de la petite noblesse, il est envoyé, très jeune, à la cour. Une surdité partielle lui interdit les carrières militaire et diplomatique. Il reçoit les « ordres mineurs », pour bénéficier de revenus liés à une abbaye. À dix-huit ans il suit, au collège de Coqueret, à Paris, les cours de J. Dorat, professeur de grec, qui lui fait lire la poésie antique. Il se découvre une vocation d'humaniste et de poète et fréquente de jeunes hommes ayant la même ambition. Une « brigade » de sept jeunes poètes prend corps, qui deviendra la « Pléiade ». Ronsard publie des *Odes* en 1550, qui rencontrent un succès médiocre. Il change de style : *Les Amours* en 1552, *Continuation des Amours* en 1555. Il y chante son amour – moins réel que littéraire – pour Cassandre et Marie. La même veine se retrouve dans les *Sonnets pour Hélène* (1578). Mais il cultive la variété : poésie de cour, poésie scientifique (*Hymnes*, 1555), poésie politique (*Discours des misères de ce temps*, 1562) ou épique (*La Franciade*, inachevée). Couvert de gloire, Ronsard se retire de la cour sous Henri III. Il ne cesse de rassembler son œuvre en des éditions modifiées et enrichies (en 1560, 1567, 1572, 1573, 1578 et 1584). Il meurt en laissant les *Derniers Vers* (1586).

ROQUE (Siméon-Guillaume de La)

Siméon-Guillaume de La Roque (1551-1615). Poète né à Agnetz, près de Clermont, il fait la connaissance de Philippe Desportes en 1570 et reste lié avec lui. Il entre au service d'Henri d'Angoulême, fils bâtard d'Henri II, dont le secrétaire est le poète Malherbe. La Roque suit Henri d'Angoulême en Provence de 1577 à 1586, puis il s'attache après sa mort à la famille de Guise et adhère à la Ligue. Il se rallie ensuite à Henri IV et trouve dans la première épouse du roi, Marguerite de Valois, une nouvelle protectrice.

ROSTAND (Edmond)

Edmond Rostand (1868-1918). Auteur de recueils poétiques (*Les Musardises*, 1890), il est surtout célèbre pour son œuvre dramatique. Si ses premières pièces ne rencontrent pas le succès espéré, Rostand commence à être reconnu dès 1894 avec *Les Romanesques*, joué à la Comédie-Française. Le 28 décembre 1897, *Cyrano de Bergerac* assure à son auteur un triomphe : la pièce est représentée 400 fois en moins d'un an et demi et Rostand est fait Chevalier de la Légion d'honneur dès le mois de janvier 1898. Cette comédie héroïque en cinq actes, servie par une versification tantôt lyrique tantôt épique et inspirée du drame romantique, est une véritable rencontre entre un héros et une époque. Avec *L'Aiglon* (1900), drame dans lequel il fait jouer Sarah Bernhardt, Rostand connaît un nouveau succès. Mais après l'échec de *Chantecler* (1910), l'écrivain, gravement malade, s'éloigne de la scène, laissant un drame posthume, *La Dernière Nuit de Don Juan* (1912). Il meurt des suites de l'épidémie de gripppe espagnole.

Biographies des auteurs du manuel

ROUSSEAU (Jean-Jacques)

Jean-Jacques Rousseau (1712-1778). Écrivain suisse, il rédige des articles sur la musique pour l'*Encyclopédie*, avant de se brouiller avec les encyclopédistes (Voltaire, principalement). Il s'illustre en répondant à des sujets de concours dans des textes comme le *Discours sur l'origine et les fondements de l'inégalité parmi les hommes,* où il expose ses idées philosophiques. En 1762, il publie *Du contrat social* et l'*Émile*. Il est condamné pour ses idées religieuses. À la fin de sa vie, l'auteur s'exile et ses derniers livres, *Les Confessions* et *Les Rêveries du promeneur solitaire*, où s'exprime une sensibilité pré romantique, consacrent la naissance de l'autobiographie.

RUDEL (Jaufré)

Jaufré Rudel (v. 1120-v. 1149). Seigneur de Blaye (en Gironde), vassal des comtes d'Angoulême, il fréquente peut-être la cour de Poitiers et participe à la deuxième croisade (1147-1148), où l'on prétend qu'il a trouvé la mort en 1148, au siège de Damas. On ignore tout de sa vie, et ses dates de naissance et de mort demeurent fort discutées. Troubadour, il laisse six chansons en langue d'oc, qui parlent toutes de l'*amour de loin* (*amor de lonh*). Ces chansons ont fait naître très tôt une légende dont le contenu authentique est difficilement vérifiable : des biographies de troubadours rédigées au XIIIe siècle, les *Vidas*, disent que Jaufré Rudel serait tombé amoureux d'une princesse de Tripoli, et qu'il aurait alors voulu s'engager dans la croisade pour la rencontrer ; tombé malade, il aurait juste eu le temps de la voir avant de mourir dans ses bras.

RUTEBEUF

Rutebeuf (v. 1230-v. 1285). On connaît fort peu de choses de la vie de ce trouvère désigné sous son surnom. Sans doute d'origine champenoise et de condition modeste, Rutebeuf fait carrière essentiellement à Paris où probablement il est mort. On sait aussi qu'il a séjourné à Troyes en 1249. Il est l'auteur d'un poème dramatique (*Le Miracle de Théophile*, 1262), d'un récit satirique en vers (*Renart le Bestourné*, v. 1270) et de nombreux poèmes produits essentiellement entre 1248 et 1272 : des chansons, des dits et des complaintes, aux accents graves et sincères. Il a apparemment vécu des périodes de relative aisance et d'autres de vraie pauvreté, en fonction des commandes qu'on lui passait. Polémiste, il prend part à une querelle féroce concernant le rôle des religieux appelés Frères Prêcheurs (les dominicains) dans les universités, ce qui n'a pas dû lui valoir les faveurs du roi Saint Louis, qui soutenait les dominicains.

SAINT-AMANT (Marc-Antoine Girard de)

Marc-Antoine Girard de Saint-Amant (1594-1661). Fils d'un marin huguenot de Rouen, celui qui se fait appeler « sieur de Saint-Amant » reçoit une solide éducation classique, et lit les grands auteurs grecs, latins et italiens. Il fait d'abord des voyages, qui le mènent en Afrique et en Amérique, chose rare à l'époque. Installé à Paris en 1618, il fréquente de grands personnages, tels que le cardinal de Retz, mais côtoie aussi les écrivains libertins, comme Théophile de Viau et Boisrobert. Il se convertit néanmoins au catholicisme en 1627. Bon vivant, pilier de cabaret, il est pourtant un bel esprit et fréquente le salon littéraire de la marquise de Rambouillet. Nommé à l'Académie française, il est marqué par le peu de succès de son grand poème *Moyse sauvé* (1653) et finit par se tourner vers la religion.

SAINTE-BEUVE (Charles-Augustin)

Charles-Augustin Sainte-Beuve (1804-1869). Écrivain français (poète et romancier) et grand critique littéraire, il est moins connu de nos jours, mais son influence est très grande au XIXe siècle et jusque dans les années 1950. Il est élu membre de l'Académie française à partir de 1844, et c'est Victor Hugo qui le reçoit. Sa méthode critique s'appuie sur la biographie de l'écrivain et cherche d'autre part à cerner l'intention de l'auteur dans l'écriture de son œuvre. Sainte-Beuve fait souvent preuve d'une grande pertinence dans l'analyse formelle des œuvres, mais on lui a reproché ensuite, notamment Proust dans *Contre Sainte-Beuve*, d'attacher trop d'importance à la vie de l'auteur. Pour Proust, ce n'est pas la vie de l'auteur qui éclaire son œuvre, mais bien plutôt l'œuvre qui renseigne sur le sens profond de sa vie. Ses œuvres critiques les plus connues sont : *Tableau historique et critique de la poésie française et du théâtre français au XVIe siècle* (1828), *Port-Royal* (1840-1859), *Causeries du lundi* (1851-1862), *Nouveaux lundis* (1863-1870), *Chroniques parisiennes* (1843-1845, 1876).

SARRAUTE (Nathalie)

Nathalie Sarraute (1900-1999). Dans un important essai, *L'Ère du soupçon* (1956), elle récuse les conventions du roman traditionnel pour souhaiter des personnages qui seraient « des porteurs d'états parfois encore inexpliqués que nous retrouvons en nous-mêmes ». Elle s'attache à la description minutieuse d'états psychologiques fugaces, comme dans *Tropismes* (1939) et *Portrait d'un inconnu* (1948). Elle a traité des situations de conflit, des « drames microscopiques » au sein la famille : *C'est beau* (théâtre, 1973), *« disent les imbéciles »* (1976). L'écrivaine excelle à détecter les « innombrables petits crimes » que provoquent les paroles sous la carapace des lieux communs et à évoquer cet « autre monde [...], furtif, apeuré, tremblant », celui de la « sous-conversation » (*L'Usage de la parole*, 1980). Avec *Enfance* (1983), elle a « juste voulu assembler les images tirées d'une sorte de ouate où elles étaient enfouies ».

SARTRE (Jean-Paul)

Jean-Paul Sartre (1905-1980). Grand intellectuel du XXe siècle, il publie des romans (*La Nausée* en 1938), des pièces de théâtre (*Les Mouches* en 1943, *Huis clos* en 1944), une autobiographie (*Les Mots* en 1964) et de nombreux textes critiques (sur Baudelaire et Flaubert par exemple). Il obtient le prix Nobel de littérature en 1964, qu'il refuse. C'est aussi un philosophe, un des grands penseurs de « l'existentialisme » : il considère l'homme comme un être libre, qui ne dépend d'aucun dieu. Sartre est aussi un homme de gauche, très engagé (contre la guerre d'Algérie, contre la guerre du Vietnam, soutien au mouvement de Mai 68). Avec sa compagne Simone de Beauvoir, il forme un couple mythique que l'on croise souvent dans les cafés parisiens du quartier de Saint-Germain-des-Prés.

SEMPRUN (Jorge)

Jorge Semprun (1923-2011). Écrivain et homme politique espagnol, Jorge Semprun a écrit son œuvre littéraire essentiellement en français. Exilé dès son adolescence en France pour fuir la guerre d'Espagne, il s'engage dans la Résistance et est déporté à Buchenwald. Sa vie et son œuvre sont consacrées à la lutte contre les dictatures, en particulier contre le régime de Franco, et à la difficulté de vivre et d'écrire après des expériences traumatiques.

SÉNÈQUE

Sénèque (-4-65). Homme politique, écrivain et philosophe romain. Venu très jeune à Rome, il y étudie la philosophie stoïcienne. Brillant rhéteur, il est avocat puis questeur. Exilé en Corse de 41 à 49, il est rappelé à Rome, où il devient le précepteur de Néron. En 65, celui-ci l'implique dans la conjuration de Pison et lui ordonne le suicide. On attribue à Sénèque des tragédies, *Médée*, *Les Troyennes*, *Phèdre*, *Agamemnon*, *Hercule furieux*, et des traités de philosophie où il appelle à la maîtrise de soi. On a souvent noté les contradictions entre ses positions stoïciennes et sa vie fastueuse.

SHAKESPEARE (William)

William Shakespeare (1564-1616). Si son recueil de *Sonnets*, publié tardivement en 1609, suscite l'admiration, Shakespeare est aussi connu comme comédien et bien sûr, avant tout, comme dramaturge, auteur de trente-sept pièces en tout. Composée essentiellement sous le règne de la reine Élisabeth, son œuvre, difficile à classer, comporte des comédies, des drames historiques et des tragédies. Shakespeare a en effet su mêler en toute spontanéité le rire aux pleurs, la grâce aérienne au réalisme le plus sordide, la noblesse et la générosité au vice le plus noir. Parmi ses œuvres les plus célèbres, citons *Roméo et Juliette* (1597), *Hamlet* (1600) ou encore *Macbeth* (1605).

SOPHOCLE

Sophocle (-496 - -406). Poète tragique grec, il a vécu la période la plus brillante de l'histoire athénienne. Il s'est vu attribuer 126 pièces. Mais il ne nous reste de son œuvre que sept tragédies, dont la trilogie sur Œdipe et sa descendance : *Œdipe roi* (v. -430), *Œdipe à Colone* (-401) et *Antigone* (-441), Chez Sophocle, les dieux n'ont plus le rôle prépondérant qu'Eschyle leur conférait dans la conduite des affaires humaines. Ainsi, les mobiles psychologiques jouent un rôle déterminant dans le destin des héros. La tragédie est devenue, chez Sophocle, le spectacle de l'homme et de sa liberté naissante, de son bonheur toujours menacé, de la noblesse de ses épreuves et de la grandeur de sa volonté.

SPIEGELMAN (Art)

Art Spiegelman (né 1948). Auteur de bandes dessinées américain, il publie *Maus* entre 1986 et 1991. Dans ses albums, Spiegelman raconte l'enquête qu'il mène auprès de son père pour qu'il lui raconte les années de guerre qu'il a vécues caché en Pologne, puis en déportation. Il est aujourd'hui un illustrateur célèbre et dénonce tant les actes terroristes que la politique protectionniste des États-Unis.

SPONDE (Jean de)

Jean de Sponde (1557-1595). Il est issu d'une famille d'origine espagnole, convertie au protestantisme. Son père, Inigo de Sponde, est le secrétaire de Jeanne d'Albret, reine de Navarre. Jean de Sponde peut ainsi poursuivre des études humanistes au collège de Lescar avant de parfaire sa formation à Bâle, foyer intellectuel et spirituel des réformés. Il traduit Homère dès 1577, puis *L'Organon* d'Aristote ou encore des *Fragments politiques* des Pythagoriciens. Protégé du roi de Navarre, futur Henri IV, il devient l'un de ses agents politiques puis accède à la charge prestigieuse de Maître des requêtes du roi. En 1588, il publie les *Méditations sur les Psaumes* et l'*Essai de quelques poèmes chrétiens* comprenant les « stances de la Cène », les « stances de la Mort » et douze « sonnets » sur le même sujet. Il aurait été emprisonné par les Ligueurs en 1589. Quelques mois après Henri IV, il se convertit au catholicisme en septembre 1593, convaincu par le cardinal Du Perron, théologien et poète, lui-même influencé par Desportes. Cette conversion suscite la haine des protestants, en particulier du poète Agrippa d'Aubigné. Les controverses et les débats sont ainsi virulents lors de la publication par Sponde de sa *Déclaration des principaux motifs qui induisent le sieur de Sponde à s'unir à l'Église catholique* (1594).

STENDHAL

Henri Beyle, dit Stendhal (1783-1842). Après une enfance triste, marquée par la mort de sa mère, et en rupture avec son milieu familial, il s'installe à Paris en 1799. Il se destine à une carrière scientifique mais, sur un coup de tête, s'engage en 1800 dans l'armée de Bonaparte. Il découvre ainsi l'Italie, sa patrie d'élection, pays de la musique, de la beauté et de l'amour, qui sont les composantes du bonheur stendhalien. Il poursuit une carrière dans l'armée et l'intendance, suit les troupes napoléoniennes et participe à la campagne de Russie (1812). En 1814, la Restauration interrompt cette carrière ; fixé à Milan, Stendhal écrit des ouvrages de critique littéraire et d'esthétique, et un essai d'analyse psychologique, *De l'amour* (1822). En 1830, paraît son premier chef-d'œuvre romanesque, *Le Rouge et le Noir*. Consul à Civita-Vecchia, il écrit ensuite des récits autobiographiques : *Souvenirs d'égotisme* (1832), *Vie de Henry Brulard* (1835-1836) et *La Chartreuse de Parme* (1839).

SWIFT (Jonathan)

Jonathan Swift (1667-1745). Romancier et poète irlandais de langue anglaise. Après une formation universitaire à Dublin (1681-1688), il est nommé pasteur près de Belfast en 1694. Il écrit un certain nombre de pamphlets politiques – qui lui vaudront l'exil – et se révèle maître dans l'écriture ironique. Ainsi, le ton docte et sérieux de la *Modeste proposition pour empêcher les enfants des pauvres en Irlande d'être à la charge de leurs parents ou de leur pays et pour les rendre utiles au public* (1729) rend ce pamphlet désespéré d'autant plus féroce : les Irlandais regarderaient comme « un grand bonheur d'avoir été vendus pour être mangés à l'âge d'un an et d'avoir évité par là toute la série d'infortunes par lesquelles ils sont passés et l'oppression des propriétaires ». Cette ironie, teintée d'un certain tragique, servie par une prose admirable d'économie, se retrouve dans *Les Voyages de Lemuel Gulliver*. Swift pousse l'humour destructeur jusqu'à composer des *Vers sur la mort du doyen Swift, écrits par lui-même* (1739).

TARDI (Jacques)

Jacques Tardi (né en 1946). Illustrateur et auteur de bandes dessinées, ses œuvres ont souvent pour cadre le début du XXe siècle (*Les Aventures extraordinaires d'Adèle Blanc-Sec*, publiées entre 1976 et 2007). Il a adapté en bandes dessinées de nombreux auteurs dont Léo Malet, Jean-Patrick Manchette ou Didier Daeninckx et a illustré plusieurs romans, parmi lesquels ceux de Céline ou de Verne. S'il a souvent représenté la Première Guerre mondiale dans ses récits historiques, il a également travaillé d'autres périodes, comme dans *Le Cri du peuple*. Il a récemment adapté les carnets de notes que son père a tenus durant la Seconde Guerre mondiale.

TRISTAN (Flore Célestine Thérèse Tristan-Moscoso, dite Flora)

Flora Tristan (1803-1844). Fille d'un noble péruvien et d'une Française, épouse du graveur André Chazal (1821) et grand-mère de Gauguin, Flora Tristan est une femme politique française et une des initiatrices françaises du féminisme. En 1843, elle publie *L'Union ouvrière* et s'engage sur les routes pour promouvoir ses idées et rencontrer les ouvriers. Elle meurt prématurément à Bordeaux, de la typhoïde, lors de ce tour de France. Elle a contribué à ouvrir la voie à un socialisme internationaliste.

TOLSTOÏ (Léon)

Léon Tolstoï (1828-1910). Romancier, conteur et auteur dramatique russe. En 1852 paraît sa première nouvelle, *Enfance*, publiée dans *Le Contemporain*. Tolstoï est aussitôt célèbre. À la suite *d'Enfance*, il écrit *Adolescence* (1854) et *Jeunesse* (1857), formant ainsi une remarquable trilogie autobiographique. Après trois ans passés au Caucase, il participe à la défense de Sébastopol, où il écrit ses fameux *Récits de Sébastopol* (1855). Tolstoï quitte l'armée en 1856 et part pour deux ans à l'étranger. De retour à Iasnaïa Poliana, il fonde une école populaire et édite en 1862 un journal pédagogique, *Iasnaïa Poliana*. En 1862, il se marie, voulant, semble-t-il, atteindre par là un certain confort moral (*Le Bonheur de la famille*, 1859). Il a eu treize enfants. En 1863, il se met à travailler à sa grande œuvre qui a pour cadre les guerres de 1805 et 1812 contre Napoléon et qu'il ne termine qu'en 1869 : *Guerre et Paix*. Puis, de 1873 à 1877, il écrit son deuxième grand roman, *Anna Karénine*. Ces deux ouvrages lui apportent la gloire et la célébrité mondiale.

VALLÈS (Jules)

Jules Vallès (1832-1885). Venu à Paris pour se consacrer aux lettres, Jules effectue divers métiers. Polémiste sans concession, il réunit ses différents articles (écrits entre 1861 et 1865) dans *Les Réfractaires* (1865) et *La Rue* (1866) où il montre un enthousiasme sincère pour les prolétaires. En 1871, il est nommé membre de la Commune qu'il défend dans son journal *Le Cri du peuple*. Condamné à mort à la fin de l'insurrection, il se réfugie à Londres et ne regagne Paris qu'en 1880. Sa trilogie romanesque, *Jacques Vingtras* (1879-1886), comporte *L'Enfant* (1879), *Le Bachelier* (1881) et *L'Insurgé* (posth. 1886) qui évoquent la jeunesse, les luttes de l'auteur, puis le climat tragique de la Commune.

VERLAINE (Paul)

Paul Verlaine (1844-1896). Né à Metz, il devient, dès ses vingt ans, employé de bureau à la Ville de Paris, mais sa vocation poétique l'amène bientôt à publier un recueil qui se rattache au mouvement du Parnasse, *Poèmes saturniens* (1866), suivi d'une virtuose variation sur le monde des *Fêtes galantes* (1869) du peintre Watteau au XVIIIe siècle. Marié en 1870 à Mathilde Mauté qui lui inspire les poèmes de *La Bonne Chanson* (1870), il fait la rencontre du jeune poète Arthur Rimbaud, avec qui il entame une liaison tumultueuse qui oblige les deux hommes à fuir en Belgique et à Londres. Verlaine, dans une crise passionnelle, tire deux coups de feu sur Rimbaud, ce qui le mène à un emprisonnement de dix-huit mois. À sa sortie, il évoque indirectement son périple avec Rimbaud (*Romances sans paroles*, 1874) et son retour à la foi chrétienne (*Sagesse*, 1881). Il poursuit son œuvre poétique dans les voies du mouvement symboliste, révèle dans les articles des *Poètes maudits* de nouveaux auteurs, et publie des récits autobiographiques, tout en menant une vie de bohème de plus en plus instable, misérable et marquée par l'alcoolisme. Il est élu Prince des Poètes en 1894.

VILLON (François)

François Villon (1431-v. 1463). Celui qui s'appelait peut-être en réalité François de Montcorbier devait être d'origine modeste, ce qui explique partiellement la rareté des indications biographiques que l'on possède, et qui en font un personnage presque légendaire, dont on a imaginé la vie à partir de ses œuvres. Reçu bachelier en 1449, il fait des études à la Sorbonne. Il mène une vie tumultueuse, de bagarres estudiantines en délits, jusqu'au meurtre d'un prêtre au cours d'une rixe. Révolté, fréquentant les milieux les moins recommandables, il écrit des textes souvent provocateurs. Ses ennuis avec la justice l'obligent à quitter Paris en 1456 et il séjourne sans doute à la cour de Charles d'Orléans à Blois, où il participe à un fameux « Concours » poétique. Emprisonné, il compose son œuvre maîtresse, *Le Testament*, dans lequel il intègre des poèmes plus anciens. En 1463, il est condamné à mort puis finalement simplement banni de Paris pour dix ans. Il disparaît sans laisser de trace.

VOLTAIRE

François-Marie Arouet, dit Voltaire (1694-1778). Chef de file du parti philosophique, incarnant le combat des Lumières pour le progrès, la justice et la liberté, contre les différents visages du fanatisme, il est, sur le plan politique, pour une monarchie libérale, modérée et éclairée. Déiste, il rejette les dogmes et condamne l'intolérance religieuse. Fasciné par le modèle politique et religieux anglais, il compare la France à l'Angleterre dans les *Lettres philosophiques* (1734). Il est l'auteur de nombreux contes philosophiques comme *Zadig* (1747), *Micromégas* (1752) ou *Candide* (1759). Il joue toute sa vie un rôle auprès des élites, s'engageant dans des causes célèbres. Il prend ainsi la défense de Jean Calas, protestant condamné à mort à tort, dans son *Traité sur la tolérance* (1763). Ayant participé à l'*Encyclopédie* de Diderot, il publie en 1764 son propre *Dictionnaire philosophique portatif*, somme de toutes ses réflexions.

WEIL (Simone)

Simone Weil (1909-1943). Brillante étudiante en philosophie, elle obtient l'agrégation en 1931, mais est déjà très préoccupée de la défense des travailleurs pauvres. En 1934-1935, elle choisit de devenir ouvrière chez Renault pour comprendre de l'intérieur ce qu'est la vie en usine. En 1936, elle s'engage, lors de la guerre d'Espagne, dans les Brigades internationales. En 1941, elle est à Londres et travaille dans les bureaux de la France combattante, mais désapprouvant certains aspects de la politique de De Gaulle, elle démissionnera en juillet 1943. Atteinte de tuberculose, elle refuse soins et nourriture, voulant partager les souffrances des Français demeurés au pays et estimant que les Français de Londres sont des privilégiés. Elle meurt le 24 août 1943. Contre la force, c'est du côté des faibles, des vaincus, des opprimés qu'elle entend se situer dans sa recherche passionnée et intransigeante de la vérité et de la justice. Ses écrits, dont *La Condition ouvrière* (1951) qui revient sur son expérience en usine, ont été publiés après sa mort.

WIESEL (Elie)

Elie Wiesel (1928-2016). Écrivain américain, il a passé son enfance en Roumanie. Déporté avec toute sa famille pendant la Seconde Guerre mondiale, il est le seul survivant. Il immigre en France, puis aux États-Unis. Il devient alors journaliste et consacre son œuvre et ses recherches à la mémoire des déportés et à la défense des opprimés.

ZOLA (Émile)

Émile Zola (1840-1902). Fils d'un ingénieur italien, Zola passe toute sa jeunesse à Aix-en-Provence où il se lie d'amitié avec le peintre Cézanne. Installé en 1858 à Paris, il assure sa subsistance en exerçant différents métiers dans la presse et la critique. Après un premier livre (*Contes à Ninon*, 1864), il conçoit le cycle romanesque des *Rougon-Macquart*, sous-titré *Histoire naturelle et sociale d'une famille sous le second Empire*. Cette vaste fresque, qui se veut la description scientifique complète de toute la société, comporte vingt romans publiés de 1871 à 1893. Zola, en relation avec les préoccupations scientifiques de son temps, s'y montre attentif aux facteurs héréditaires et à l'influence des milieux sur l'individu. Après le succès de *L'Assommoir* (1877), consacré par *Germinal* en 1885, il devient le chef de file du naturalisme dont il se fait le théoricien (*Le Roman expérimental*, 1880). Soutien de Manet et des futurs peintres impressionnistes, il s'illustre aussi au premier rang des défenseurs du capitaine Dreyfus par son célèbre réquisitoire, « J'accuse » (*L'Aurore*, 13 janvier 1898).

Glossaire

Sont regroupés ici les mots ou les notions du manuel. Les définitions sont issues du dictionnaire *Le Grand Robert*.

A

Abyme (mise en abyme) : procédé qui consiste à représenter, dans l'œuvre, une image de l'œuvre elle-même, ou d'une situation propre à l'œuvre. La mise en abyme de *Phèdre* dans *La Curée* de Zola.

Accumulation : figure par laquelle on accumule dans une période un grand nombre de détails qui développent l'idée principale et la rendent plus frappante.

Alexandrin : vers de douze syllabes.

Allégorie : représentation d'une notion abstraite sous les traits d'une personne vivante portant vêtements ou objets symboliques.

Allitération : répétition des consonnes (notamment des consonnes initiales) dans une suite de mots rapprochés.

Anacoluthe : rupture ou discontinuité dans la construction d'une phrase par rapport à la syntaxe courante.

Analepse : dans une narration, retour en arrière sur des événements antérieurs au récit en cours (*flash-back*).

Analogie : ressemblance établie par l'imagination entre deux ou plusieurs objets de pensée essentiellement différents mais qui font penser l'un à l'autre par certaines similitudes. Le raisonnement par analogie conclut d'une ressemblance partielle à partir de cette mise en relation.

Anaphore : répétition d'un mot en tête de plusieurs membres de phrase, pour obtenir un effet de renforcement ou de symétrie.

Antihéros : personnage n'ayant aucune des caractéristiques remarquables du héros traditionnel.

Antiphrase : figure de style qui consiste à dire le contraire de ce qu'on veut faire entendre sans laisser de doute sur ce qu'on pense, souvent par ironie ou par euphémisme.

Antithèse : opposition de deux pensées, de deux expressions que l'on rapproche dans le discours pour en faire mieux ressortir le contraste.

Antonyme : mot qui, par le sens, s'oppose directement à un autre (contraire).

Aparté : mot ou parole que l'acteur dit à part soi (et que le spectateur seul est censé entendre).

Aphorisme : proposition énoncée sous une forme très concise, formule ou prescription, qui résume une théorie, une série d'observations ou renferme un précepte.

Apologie : discours oral ou écrit visant à défendre, à justifier une personne, une doctrine.

Apologue : court récit exposé sous une forme allégorique et qui comporte un enseignement, une leçon de morale pratique.

Apostrophe : figure de rhétorique par laquelle un orateur interpelle tout à coup une personne ou même une chose qu'il personnifie.

Argument : raisonnement destiné à prouver ou à réfuter une proposition, et, par extension, preuve à l'appui ou à l'encontre d'une proposition.

Argumentation : ensemble d'arguments tendant à une même conclusion.

Assonance : répétition du même son, spécialement de la même voyelle accentuée à la fin de chaque vers (par ex. *belle* et *rêve*).

B

Ballade : petit poème de forme régulière, composé de trois couplets ou plus, avec un refrain et un envoi.

Bienséance : ce qui convient, ce qui est conforme à la règle ; en littérature (spécialement en parlant du classicisme), qualité par laquelle une œuvre respecte les formes canoniques particulières à son époque et répond exactement, dans son genre, aux critères du goût.

Blâme : opinion défavorable, jugement de désapprobation sur quelqu'un ou quelque chose.

Blason : poésie décrivant de manière détaillée, sur le mode de l'éloge ou de la satire, les caractères et qualités d'un être ou d'un objet.

Bucolique : terme littéraire pour évoquer un poème pastoral où la vie de berger est idéalisée.

C

Calligramme : poème où les vers sont composés typographiquement de manière à former un dessin (illustrant le plus souvent le sujet du poème).

Caractérisation : (d'un personnage) ensemble des caractéristiques données à un personnage par l'auteur.

Caricature : représentation graphique (dessin, peinture...) qui, par le trait et par le choix des détails, accentue ou révèle les aspects humoristiques ou déplaisants du sujet.

Catharsis : effet de libération des passions produit sur les spectateurs lors d'une représentation dramatique (selon Aristote).

Césure : en poésie française, coupe à l'intérieur d'un vers après une syllabe accentuée, et en harmonie avec le déroulement de la pensée.

Champ : portion d'espace dont l'image est enregistrée par une caméra, un appareil de photo (en photographie, au cinéma, etc.).

Champ lexical : ensemble structuré de mots apparentés par la forme et le sens.

Champ sémantique : ensemble de mots et de notions qui se rapportent à un même domaine conceptuel ou psychologique.

Chanson de geste : ensemble de poèmes épiques du Moyen Âge, relatant les exploits d'un même héros.

Chiasme : figure de style formée de deux groupes de mots dont l'ordre est inverse (ex. : Blanc bonnet et bonnet blanc ; Il faut manger pour vivre et non pas vivre pour manger).

Chute : élément de surprise par lequel on termine un texte.

Citation : action de citer, de prélever et de réutiliser un fragment de texte ; fragment emprunté à un texte authentifié, utilisé dans un autre texte, dans une intention didactique ou esthétique, pour illustrer ou appuyer ce qui est écrit.

Comparaison : figure de style par laquelle sont rapprochées deux réalités au moyen d'un outil de comparaison.

Concession : fait d'abandonner à son adversaire un point de discussion (reconnaitre que la thèse adverse se justifie). Le raisonnement s'attache ensuite à exposer une antithèse.

Connecteur : terme qui établit un lien logique entre deux énoncés.

Connotation : sens ou valeur secondaire d'un mot, propre au contexte donné. (voir *Dénotation*)

Conte : récit de faits, d'aventures imaginaires, destiné à distraire.

Contrechamp : prise de vue dans le sens opposé au champ ; plan ainsi filmé.

Contre-plongée : prise de vue faite de bas en haut (à l'inverse de la plongée).

Contre-rejet : fait de commencer un groupe syntaxique à la fin d'un vers pour le continuer au vers suivant.

Controverse : discussion suivie (sur une question, autour d'une opinion).

Coup de théâtre : rebondissement, retournement brutal d'une situation dans une pièce, destiné à accroître l'intérêt de l'action.

Coupe : pause du vers, après chaque syllabe accentuée.

D

Dénotation : signification stable et objective d'un mot dans un dictionnaire. (voir *Connotation*)

Dénouement : ce qui termine, dénoue une intrigue, une action théâtrale.

Destinataire : personne à qui le message est destiné.

Destinateur : dans un récit, personnage qui communique au héros sa mission, ainsi que les valeurs en jeu.

Dialectique : ensemble des moyens mis en œuvre dans la discussion en vue de démontrer, réfuter, emporter la conviction (art de raisonner).

Dialogue : ensemble des paroles qu'échangent les personnages (d'une pièce de théâtre, d'un film, d'un récit) ; manière dont l'auteur fait parler ses personnages.

Diatribe : exposé critique (sur un ouvrage, un point théorique). Critique amère, violente, souvent faite sur un ton injurieux.

Didactique : qui vise à instruire, qui a rapport à l'enseignement.

Didascalie : indication de jeu dans une œuvre théâtrale, un scénario.

Diérèse : prononciation en deux syllabes de deux voyelles consécutives (ex. : pli-er). (voir *Synérèse*)

Digression : développement oral ou écrit, qui s'écarte du sujet.

Dilemme : alternative contenant deux propositions contraires ou contradictoires et entre lesquelles on est mis en demeure de choisir.

Discours : énoncé d'idées, de commentaire, d'argumentation. S'oppose au récit.

Discours indirect libre : qui comporte des propriétés du discours direct avec des transpositions propres au discours indirect (ex. il l'avait vu là, assurait-il), et permet de manifester le discours du personnage par l'intermédiaire du discours du narrateur.

Discours rapporté : reprise ou transcription par un premier locuteur des paroles, écrits ou pensées d'un second locuteur. Le discours peut être reproduit tel (direct), retranscrit dans un système de subordination (indirect) ou intermédiaire (indirect libre).

Distique : groupe de deux vers rimant ensemble et renfermant un énoncé complet.

Dithyrambe : poème lyrique enthousiaste.

Dizain : pièce de poésie de dix vers.

Double énonciation : au théâtre, lorsqu'un personnage s'adresse à deux interlocuteurs à la fois, un autre personnage ou au public.

Dramatique : qui concerne l'action théâtrale, l'intérêt dramatique d'une scène. Signifie également ce qui présente un caractère de gravité, propre à émouvoir le spectateur.

Dramaturgie : art de la composition dramatique.

Drame : à l'origine désigne l'action théâtrale, c'est aussi un genre théâtral illustré par les grands écrivains baroques et inauguré en France au XVIIIe siècle sous la forme du drame bourgeois (Diderot) puis du drame romantique (Hugo) au XIXe siècle.

E

Ellipse : se dit de procédés de style tendant à raccourcir le discours, de l'art de sous-entendre, l'écrivain faisant appel à l'esprit et à l'imagination du lecteur.

Éloge : discours pour célébrer quelqu'un ou quelque chose. Éloge funèbre, louant les mérites d'un défunt.

Glossaire

Éloquence : manière de s'exprimer par le langage avec aisance et habileté, capacité à toucher, à émouvoir, à persuader, par le discours.

Emphase : énergie, force expressive (dans la manière de s'exprimer, dans le ton).

Enjambement : procédé rythmique consistant à reporter sur le vers suivant un ou plusieurs mots nécessaires au sens du vers précédent.

Énonciation : acte par lequel est produit un énoncé dans une situation précise par un locuteur (qui parle ou qui écrit) pour un destinataire (qui écoute ou lit). L'énoncé peut porter les marques de son énonciation et de son énonciateur (le pronom personnel de la 1re personne).

Énumération : procédé de développement et de description. Bossuet a fait, au début de l'*Oraison funèbre* d'Henriette de France, l'énumération des vicissitudes que connut cette princesse.

Épigramme : petit poème satirique terminé par un trait piquant, un mot d'esprit.

Épilogue : résumé à la fin d'un discours, d'un poème (opposé à prologue).

Épique : qui raconte en vers une action héroïque. L'*Iliade, La Chanson de Roland, Le Paradis perdu* sont des poèmes épiques.

Épistolaire : roman dont l'action se développe dans une correspondance échangée par les personnages. *Les Liaisons dangereuses* de Choderlos de Laclos est un roman épistolaire du XVIIIe siècle.

Épître : lettre en vers sur des sujets variés.

Épopée : long poème (et plus tard, parfois, récit en prose de style élevé) où le merveilleux se mêle au vrai, la légende à l'histoire et dont le but est de célébrer un héros ou un grand fait.

Essai : ouvrage littéraire en prose, de facture très libre, traitant d'un sujet qu'il n'épuise pas ou réunissant des articles divers. Les *Essais*, de Montaigne.

Éthique : science qui étudie en quoi consistent le bien et le mal.

Étymologie : origine et évolution historique d'un mot ; science qui fait des recherches sur l'origine des mots.

Euphémisme : expression atténuée d'une notion dont l'expression directe aurait quelque chose de déplaisant, de choquant. « Non-voyant » pour « aveugle » est un euphémisme.

Euphonie : harmonie des sons qui se succèdent dans le mot ou la phrase.

Exorde : en rhétorique, la première partie d'un discours oratoire. Introduction, préambule, prologue.

F

Fable : petit récit en vers ou en prose, destiné à illustrer un précepte, une vérité morale.

Fabliau : petit récit en vers octosyllabes, plaisant ou édifiant, propre à la littérature « bourgeoise » du Moyen Âge, et à l'opposé du genre courtois.

Farce : petite pièce bouffonne destinée à susciter le rire. Genre littéraire comique.

Fiction : ce qui, dans l'œuvre littéraire, est inventé.

Focalisation : point de vue adopté par le narrateur. *Interne*, le narrateur se glisse dans la conscience du personnage ; *externe*, il n'a pas accès à la conscience du personnage ; *omniscient* : il connaît les tenants et les aboutissants de l'histoire.

G

Genre : catégorie d'œuvres littéraires définies par des caractères communs : genre poétique (lyrisme, épopée, drame) ; épistolaire (correspondance) , en prose (éloquence, histoire, critique, roman, nouvelle, essai), en vers (lyrisme, épopée, drame, poèsie).

H

Harmonie imitative : répétition de sons pour imiter un bruit de ce qui est évoqué dans le texte.

Hémistiche : moitié d'un vers (spécialement de l'alexandrin).

Héros : personnage principal d'une œuvre littéraire, dramatique, cinématographique...

Hiatus : rencontre de deux voyelles, de deux éléments vocaliques, soit à l'intérieur d'un mot (ex. : aérer, géant) soit entre deux mots énoncés sans pause (ex. : il a été).

Homonyme : se dit des mots de prononciation identique et de sens différents, qu'ils soient de même orthographe ou non.

Hors champ : prise de vue hors du champ prévu.

Hymne : chant, poème lyrique exprimant la joie, l'enthousiasme, célébrant une personne, une chose.

Hyperbole : figure de style qui consiste à employer une expression exagérée, emphatique, dépassant l'idée qu'elle est chargée de mettre en relief.

Hypotypose : description animée et frappante.

I

Image : expression figurée (comparaison, métaphore, allégorie...).

Implicite : qui est virtuellement contenu dans une proposition, un fait, sans être formellement exprimé, et dont le sens peut en être tiré par déduction, induction.

Incipit : premiers mots d'un manuscrit, d'un livre qui servent d'introduction dans une œuvre.

Incise : proposition généralement courte, tantôt insérée dans le corps de la phrase, tantôt rejetée à la fin, pour indiquer qu'on rapporte les paroles de quelqu'un ou pour exprimer une sorte de parenthèse. Ex. : « Bonsoir, dit-elle. »

Induction : type de raisonnement qui part de propositions particulières pour arriver à une conclusion générale.

Intermède : divertissement, représentation entre les actes d'une pièce de théâtre, les parties d'un spectacle.

Intertextualité : ensemble des relations existant entre un texte (notamment littéraire) et un ou plusieurs autres avec lesquels le lecteur établit des rapprochements. Intertextualité entre les fables de La Fontaine et celles d'Ésope.

Intimiste : poète, écrivain qui prend pour sujet des sentiments délicats, intimes.

Intonation : ton que l'on prend en parlant, en lisant.

Ironie : manière de se moquer (de quelqu'un ou de quelque chose) en disant le contraire de ce qu'on veut faire entendre.

Itératif : se dit des formes propres à l'énoncé qui se répète.

J

Juxtaposition : rapprochement de deux ou plusieurs termes.

L

Lexique : ensemble des mots employés par un écrivain dans ses œuvres.

Libertinage : fait de refuser de croire à la révélation surnaturelle et de ne vouloir être dirigé que par la raison, en suivant la nature.

Lieu commun : arguments, développements et preuves applicables à tous les sujets.

Litote : figure de rhétorique qui consiste à atténuer l'expression de sa pensée pour faire entendre le plus en disant le moins (ex. : *Ce n'est pas fameux* pour *C'est mauvais*.)

Lyrisme : style élevé, inspiré ; manière passionnée, poétique de sentir, de vivre.

M

Madrigal : courte pièce de vers exprimant une pensée ingénieuse et galante.

Manifeste : déclaration écrite, publique et solennelle, par laquelle un gouvernement, une personnalité ou un groupement politique, etc., justifie son attitude, expose ses vues, son programme.

Marivaudage : préciosité, recherche dans le langage et le style, et, spécialement, dans la stratégie des rapports sentimentaux (comme dans les pièces de Marivaux).

Maxime : formule lapidaire énonçant une règle morale ou une vérité générale.

Mélodrame : drame populaire dont, à l'origine, un accompagnement musical soulignait certains passages et que caractérisent l'invraisemblance de l'intrigue et des situations, la multiplicité des épisodes violents, l'outrance des caractères et du ton.

Mémoires : récit autobiographique où un auteur raconte des faits historiques dont il a été témoin.

Métaphore : figure de rhétorique, procédé de langage qui consiste dans un transfert de sens (terme concret dans un contexte abstrait) par substitution analogique.

Métonymie : figure de mots, procédé rhétorique par lequel on exprime un concept au moyen d'un terme désignant un autre concept qui lui est uni par une relation nécessaire (la cause pour l'effet, le contenant pour le contenu, le lieu ou le producteur pour la production, le signe pour la chose signifiée...). *Boire un verre* (le contenu d'un verre), *ameuter la ville* (les habitants de la ville), sont des métonymies.

Métrique : ensemble des règles relatives à la mesure du vers.

Mise en scène : organisation matérielle de la représentation d'une pièce, d'un opéra (choix des décors, places, mouvements et jeu des acteurs, etc.).

Modalisation : fait de modaliser un énoncé, de produire une marque ou un ensemble de marques formelles par lesquelles le sujet de l'énonciation exprime sa plus ou moins grande adhésion au contenu de l'énoncé. Les modalités d'énoncé concernent les marques (modalisateurs) d'émotion, de sentiment, de jugement de l'énonciateur par rapport au contenu de son énoncé. Les modalités de la phrase inscrivent dans la forme de celle-ci la position de l'énonciateur par rapport à son destinataire : assertion, interrogation, ordre.

Monologue : dans une pièce de théâtre, scène où un personnage parle seul ; long discours d'une personne qui ne laisse pas parler ses interlocuteurs, ou à qui ses interlocuteurs ne donnent pas la repartie.

Monologue intérieur : longue suite de réflexions; en littérature, transcription à la première personne d'une suite d'états de conscience que le personnage est censé éprouver.

Moraliste : écrivain qui observe et peint les mœurs, auteur de réflexions sur les mœurs de l'homme et, en général, sur la nature et la condition humaines. (ex. : La Bruyère.)

Moralité : au Moyen Âge, courte pièce de théâtre, souvent allégorique, à l'intention édifiante.

Mythe : récit fabuleux, anonyme ; représentation de faits ou de personnages dont l'existence historique est réelle ou admise, mais qui ont été déformés ou amplifiés par l'imagination collective, par une longue tradition littéraire.

N

Narrateur : dans un texte, la première personne du récit, celle qui dit « je », spécialement quand ce n'est pas l'auteur.

Néologisme : emploi d'un mot ou d'une expression dont la forme est soit créée, soit obtenue par déformation, dérivation, composition, emprunt, etc.

Nouveau roman : tendance du roman français des années 1960-1970, se réclamant d'une description objective, récusant l'analyse psychologique et la narration traditionnelles.

Nouvelle : récit généralement bref, de construction dramatique, et présentant des personnages peu nombreux.

O

Objection : argument que l'on oppose à une opinion, à une affirmation pour la réfuter.

Octosyllabe : vers de huit syllabes.

Ode : poème lyrique d'inspiration généralement élevée, le plus souvent constitué de strophes symétriques.

Omniscient : qui sait tout. Le narrateur sait tout de l'intrigue et des personnages. (voir *Focalisation*)

Onirique : relatif aux rêves. Caractère d'un texte où abondent les visions de rêve ou de délire.

Onomatopée : création de mot suggérant ou prétendant suggérer par imitation phonétique la chose dénommée.

Opposition : confrontation d'idées contradictoires.

Oraison funèbre : discours religieux prononcé à l'occasion des obsèques d'un personnage illustre.

Oxymore : figure qui consiste à allier deux mots de sens contradictoires pour leur donner plus de force expressive (ex. : Une douce violence ; hâte-toi lentement).

P

Pamphlet : court écrit satirique, qui attaque avec violence le gouvernement, les institutions, la religion, un personnage connu.

Parabole : récit allégorique sous lequel se cache un enseignement moral ou religieux.

Paradoxe : opinion qui va à l'encontre de l'opinion communément admise pour provoquer la réflexion par l'alliance de termes contraires.

Parallélisme : procédé poétique qui consiste à reprendre une même construction dans deux groupes de mots qui soulignent correspondance ou opposition.

Parataxe : construction par juxtaposition, sans qu'un mot de liaison indique la nature du rapport entre les propositions (ex. Ici, il est interdit de manger, je pense).

Paratexte : ensemble des éléments éditoriaux qui accompagnent un texte publié et qui orientent la lecture (titre, dédicace, préface, notes, etc.).

Parodie : œuvre qui reprend certains caractères d'une autre œuvre, généralement de façon plaisante ou dérisoire.

Paronomase : figure qui consiste à rapprocher dans une phrase des mots de sonorité voisine (ex. : Qui s'excuse s'accuse).

Paronyme : se dit de mots presque homonymes qui peuvent être confondus (ex. : conjecture, conjoncture; éminent, imminent).

Paroxysme : extrême intensité (d'un sentiment...) ; le plus haut degré.

Pastiche : imitation ou évocation du style, de la manière d'un écrivain, d'un artiste, d'une école.

Pastorale : ouvrage littéraire dont les personnages sont des bergers, souvent dépeints d'une manière conventionnelle et raffinée.

Pathétique : qui émeut vivement, qui excite les passions et les émotions vives (douleur, pitié, horreur, terreur, tristesse...).

Période : phrase ample et structurée, comportant une phase montante et une phase descendante, héritée de la prose latine.

Péripétie : changement subit de situation dans une action dramatique, un récit. Événement qui amène la crise d'où sort le dénouement.

Périphrase : figure, procédé qui consiste à exprimer une notion unique par un groupe de plusieurs mots.

Péroraison : conclusion d'un discours. Dernière partie.

Personnification : action de personnifier, de représenter sous les traits d'une personne.

Plaidoyer : discours prononcé à l'audience pour défendre le droit d'une partie.

Pléonasme : terme ou expression qui ne fait qu'ajouter une répétition à ce qui vient d'être énoncé. (ex. : prévoir à l'avance; monter en haut).

Polémique : qui suppose une attitude critique; qui vise à une discussion vive ou agressive.

Polysémie : caractère d'un mot qui possède plusieurs contenus, plusieurs sens. (ex. : *pompe* « appareil » et *pompe* « chaussure ».)

Prétérition : figure par laquelle on attire l'attention sur une chose en déclarant n'en pas parler (ex.: Je ne dirai rien de son dévouement, qui... ; pour ne pas parler de... ; X pour ne pas le nommer).

Prolepse : figure de rhétorique par laquelle on prévient une objection, en la réfutant d'avance.

Prosodie : étude de la durée et des sons dans un poème.

Prosopopée : figure par laquelle on fait parler et agir une personne que l'on évoque, un absent, un mort, un animal, une chose personnifiée.

Q

Quatrain : strophe de quatre vers.

Quintil : strophe de cinq vers, sur deux rimes.

Quiproquo : méprise, malentendu qui fait qu'on prend une personne ou une chose pour une autre ; dans une comédie, il permet à l'action de rebondir.

R

Raisonnement déductif : qui présente un caractère rigoureux et aboutit à une conclusion nécessaire.

Redondance : manière de s'exprimer où l'on dit plusieurs fois la même chose sous des formes et des aspects variés.

Réfutation : partie du discours où l'on démonte les arguments de la thèse adverse.

Registre : niveau de langue ; mode d'expression d'un texte marquant son appartenance à un genre ou, plus généralement, une attitude par rapport au monde, et visant à susciter une émotion chez le destinataire.

Règle : contrainte que l'écrivain est tenu de respecter, particulièrement au théâtre.

Rejet : groupe syntaxique qui s'achève, non à la rime, mais au vers suivant.

Réquisitoire : discours (ou écrit) par lequel on accuse quelqu'un en énumérant ses fautes, ses torts, en accumulant de graves reproches contre lui.

Reverdie : dans la poésie lyrique du Moyen Âge, chanson à personnages évoquant un décor printanier.

Rhétorique : ensemble des techniques de l'argumentation et de la persuasion.

Rime : répétition du même son à la fin de deux ou plusieurs vers.

Rondeau : poème à forme fixe du Moyen Âge (repris et transformé au XVIIe s.), sur deux rimes avec des vers répétés.

Rythme : mouvement général (de la phrase, du poème, de la strophe), qui est perceptible et qui résulte de l'agencement des membres de la phrase, de l'emploi des rejets, de la répartition des accents, etc.

S

Satire : genre poétique qui critique, sur le mode plaisant, les vices et les travers d'une société dans des vers à rimes plates.

Satirique : qui dénonce les défauts d'un individu ou d'une société.

Scène (théâtre) : partie, division d'un acte, définie conventionnellement.

Scénographie : étude des aménagements matériels du théâtre, technique de leur utilisation.

Schéma narratif : succession logique d'actions qui explique le décalage entre la situation initiale et la situation finale dans un récit.

Sens figuré : qui comporte le transfert sémantique d'une image concrète à des relations abstraites.

Sens propre : sens d'un mot considéré comme antérieur aux autres (logiquement ou historiquement).

Sizain : strophe composée de six vers et construite sur deux ou trois rimes.

Soliloque : discours d'une personne qui se parle à elle-même; monologue intérieur.

Sonnet : poème de quatorze vers en deux quatrains sur deux rimes (embrassées), et deux tercets. Les deux quatrains comportent les mêmes rimes : le dernier vers crée un effet de surprise.

Sophisme : argument, raisonnement faux malgré une apparence de vérité et généralement fait avec mauvaise foi.

Stance : poème ou fragment lyrique d'inspiration grave (religieuse, morale, élégiaque) composé d'un nombre variable de strophes habituellement du même type.

Stéréotype : opinion toute faite, cliché.

Stichomythie : au théâtre, débat tragique où les interlocuteurs se répondent d'une façon symétrique (vers pour vers, distique pour distique, etc.).

Strophe : ensemble formé par plusieurs vers, avec une disposition déterminée de mètres et de rimes qui assure la cohésion d'un poème.

Syllogisme : raisonnement déductif rigoureux qui ne suppose aucune proposition étrangère sous-entendue. Les syllogismes obéissent à des règles rigoureuses étudiées dès l'Antiquité par les philosophes (Aristote).

Symbole : signe figuratif représentant une notion abstraite.

Synecdoque : figure de rhétorique qui consiste à prendre le plus pour le moins, la matière pour l'objet, l'espèce pour le genre, la partie pour le tout, le singulier pour le pluriel ou inversement (ex. : les *mortels* pour les hommes ; un *fer* pour une épée ; une *voile* pour un navire).

Synérèse : prononciation de deux voyelles contiguës d'un même mot en une seule syllabe (ex. : violon, lion). Contraire de la diérèse.

Synonyme : se dit de mots ou d'expressions qui ont le même sens (ou une signification voisine).

Synopsis : récit très bref qui constitue un schéma de scénario.

Syntaxe : étude des relations entre les formes élémentaires du discours ; étude des règles qui président à « l'arrangement des mots », à « la construction des propositions ».

T

Tercet : strophe de trois vers.

Thème : idée, pensée qui constitue le sujet à l'intérieur d'une œuvre.

Thèse : proposition ou théorie particulière qu'on tient pour vraie et qu'on s'engage à défendre par des arguments.

Tirade : longue suite de phrases, de vers, récitée sans interruption par un personnage de théâtre.

Tragique : qui est propre à la tragédie, évoque une situation où l'homme prend douloureusement conscience d'un destin ou d'une fatalité qui pèse sur sa vie, sa nature ou sa condition même.

Type : (personnage) qui incarne une qualité, un défaut ou qui représente un groupe social.

U

Utopie : en grec, lieu qui n'existe pas ; idéal, vue politique ou sociale qui ne tient pas compte de la réalité.

V

Vaudeville : pièce de théâtre mêlée de chansons et de ballets. Comédie légère, divertissante, fertile en intrigues et rebondissements.

Vers libres : se dit depuis la fin du XIXe siècle d'un vers libéré de la rime et du compte des syllabes.

Verset : phrase ou suite de phrases rythmées d'une seule respiration, découpées dans un texte poétique à la façon des versets des psaumes. Les versets de Claudel.

Versification : technique du vers propre à un poète. La versification de Verlaine.

Table des illustrations

Couverture : *Le Voyageur contemplant une mer de nuages*, 1818, Caspar David Friedrich. © Hamburger Kunsthalle, Hamburg, Germany/Bridgeman Images

15 hg © Leemage ; 15 mg © Leemage ; 15 md © Akg-images/ SPL ; 15 bg © Bridgeman Images ; 17 hg © Akg-images/ Electa ; 17 hd © Artothek/ La Collection ; 17 md © Akg/ Bildarchiv Monheim ; 17 bg © Manuel Cohen/ Aurimages ; 19 hg © Bridgeman Images ; 19 hd © Artothek/ La Collection ; 19 m © Akg-images ; 19 b © Superstock/ Leemage ; 21 hg © BIS/ Ph. Scala © Archives Bordas ; 21 hd © Akg-images ; 21 b © Leemage ; 23 hg © Leemage ; 23 hd © Akg-images ; 23 m © Eileen Tweedy/ Aurimages ; 23 bg © BIS/ Ph. H. Josse © Archives Larbor ; 23 bd © Leemage ; 25 hg © Christophe L Art ; 25 hd © Bridgeman Images ; 25 m © Bridgeman Images ; 25 bg © Leemage ; 25 bd © Leemage ; 25 b © BIS/ Ph. L. Joubert © Archives Larbor ; 26-27 et 58 © BIS/ Ph. Coll. Archives Larbor ; 28 © Éditions Gallimard ; 29 © Leemage ; 30 © Rue des Archives/ RDA ; 31 © DeAgostini/ Leemage ; 32 © Leemage ; 33 Prod DB © CDP - Studio 37 - Scope Pictures - Diaphana Films/ DR ; 34 h © Collection Vav/ Kharbine-Tapabor ; 34 b Extrait d'*Olympe de Gouges,* Catel et Bocquet © Casterman ; 35 h © Bridgeman Images ; 35 b © Leemage ; 36 © BIS/ Ph. © Archives Larbor ; 37 © Coll. Jonas/ Kharbine-Tapabor ; 38 © BIS/ Ph. H. Josse © Archives Larbor ; 39 © Bibliothèque nationale de France ; 41 © Lebrecht/ Leemage ; 42 h © BIS/ Ph. Jean Tarascon © Archives Larbor ; 42 b © BIS/ Ph. Coll. Archives Larbor ; 43 © Akg-images/ Electa ; 44 © BPK, Berlin, Dist. RMN-Grand Palais/ Reinhard Saczewski ; 45 g © Bridgeman Images ; 45 d © The Metropolitan Museum of Art, Dist. RMN-Grand Palais/ image of the MMA ; 46 © BIS/ Ph. H. Josse © Archives Larbor ; 47 h et b Prod DB © Lorimar-Warner Bros/DR ; 48 g © Bibliothèque nationale de France ; 48 d © Interfoto/ La Collection ; 49 h et m © Leemage ; 49 b © Roger-Viollet ; 50 h © BIS/ Ph. H. Josse © Archives Larbor ; 50 b © Bridgeman Images ; 52 h © BIS/ © Archives Larbor ; 52 b © Private Collection/ Bridgeman Images ; 53 © Leemage ; 54 © Adoc-photos ; 55 hg © Migny/ Kharbine-Tapabor ; 55 hd © Bibliothèque nationale de France ; 56 h © BIS/ Ph. Scala © Archives Bordas ; 56 b © Bibliothèque nationale de France ; 57 © Bibliothèque nationale de France ; 59 h © British Library Board/ Robana/ Leemage/ Bridgeman; 59 b © BIS/ Ph. Coll. Archives Larbor ; 60 h © Bridgeman Images ; 60 b © Bibliothèque nationale de France ; 62 © Éditions de la Découverte ; 64 Grolleau, Royer © Dargaud, 2019 ; 65 © Gianni Dagli Orti/ Aurimages ; 66 © Akg-images/ Erich Lessing ; 67 © Éditions Chasse-Marée Glénat ; 68 © BIS/ Ph.Coll BIFI/ Coll Archives Bordas ; 69 h © Collection Kharbine-Tapabor ; 69 m © Éditions Actes Sud ; 69 b © The Kobal Collection/Aurimages ; 70 h © BIS/ Ph. H. Josse © Archives Larbor ; 70 b © Bridgeman Images ; 71 © Leemage ; 72 © Leemage ; 73 h © Nadar/ BIS/ Ph. Coll. Archives Larbor ; 73 b © Adoc-photos ; 74 © Isadora/Leemage/ Bridgeman Images ; 75 h © BIS/ Ph. © Archives Nathan ; 75 b © Leemage ; 76 © Bibliothèque nationale de France ; 77 © BIS/ Ph. © Archives Larbor ; 78 h © BIS/ Ph. Hubert Josse © Archives Bordas ; 78 b © Leemage ; 79 © Leemage ; 80 Extrait du *Cri du peuple* de Tardi © Casterman ; 81 © BIS/ © Archives Nathan ; 82 © BIS/ Ph. Josse © Archives Larbor ; 83 © BIS/ Ph. H. Josse © Archives Larbor ; 84 © Bridgeman Images ; 85 © Leemage ; 86 © Coll. Jonas/ Kharbine-Tapabor ; 87 h © BIS/ © Archives Larbor ; 87 b © Akg-images ; 88 h © BIS/ Ph. Coll. Archives Larbor ; 88 b © Bridgeman Images © Adagp, Paris 2019 ; 89 © Bridgeman Images ; 90 h © BIS/ Ph. Coll. Archives Nathan ; 90 b © Bridgeman Images ; 91 © Bridgeman Images ; 92 g © Bibliothèque nationale de France ; 92 m © Éditions du livre de poche ; 92 d © Éditions Gallimard ; 93 h © BIS/ Ph. H. Josse © Archives Larbor ; 93 b Collection du Musée de la Vallée – Barcelonnette © T. Bayaud ; 94 © Akg-images ; 95 © Bridgeman Images ; 96 h © Leemage ; 96 b © Bridgeman Images ; 97 © Akg-images ; 98 © Akg-images ; 99 © BIS/ Ph. Coll. Archives Larbor ; 100 © Bridgeman Images ; 101 © BIS/ Ph. H. Josse © Archives Larbor ; 102 © BIS/ Ph. Hubert Josse © Archives Larbor ; 103 © Bridgeman Images ; 104 h et b © Leemage ; 105 h © Salvador Dalí, Fundació Gala-Salvador Dalí, Figueres, 2011 © Adagp, Paris 2019 ; 105 b Prod DB © Chic Films - Les Films du Worso - Arte/ DR ; 106 h © BIS/ Ph. Jean Tarascon © Archives Larbor ; 106 b © Bibliothèque nationale de France ; 107 © Akg-images ; 109 h © BIS/ Ph. Luc Joubert © Archives Larbor ; 109 b © Bridgeman Images ; 111 © Collection Christophe L ; 112 © BIS/ Ph. Patrice Pascal © Archives Larbor ; 113 © Leemage © 2019 Banco de México Diego Rivera Frida Kahlo Museums Trust, Mexico, D.F. © Adagp, Paris 2019 ; 114 h © BIS/ Ph. Pascal © Archives Larbor ; 114 b © Leemage ; 116 © Leemage © Adagp, Paris, 2019 ; 118 © Leemage © Man Ray 2015 Trust © Adagp, Paris 2019 ; 119 © Centre Pompidou, MNAM-CCI, Dist. RMN-Grand Palais/ Philippe Migeat © Galerie Maeght, Paris ; 120 © Centre Pompidou, MNAM-CCI, Dist. RMN-Grand Palais/ Philippe Migeat © Adagp, Paris 2019 ; 121 Prod DB © Bandai Visual Company - Tokyo FM Broadcasting Co. - Office Kitano/ DR ; 122 © Leemage ; 123 h © Éditions de la BnF ; 123 b © Éditions Payot & Rivages 2013, 2015 Rivages poche ; 124 h © BIS/ Ph. Coll. Archives Larbor ; 124 b © Éditions Gallimard ; 125 © Collection Kharbine-Tapabor ; 126 h © Interfoto/ La Collection ; 126 b © Rue des Archives/ RDA ; 127 © BIS/ Ph. © Archives Larbor ; 128 © Ullstein Bild/ Roger-Viollet ; 129 © Éditions Gallimard ; 132 h © Helene Bamberger/ Opale via Leemage ; 132 b © Éditions de Minuit ; 134 hg © Éditions Flammarion ; 134 hd © Éditions Points ; 134 mg © Le Livre de Poche ; 134 md © Éditions Buchet Chastel ; 134 b © Éditions Futuropolis/ La Collection ; 135 hg © Éditions Actes Sud ; 135 hd © Éditions Actes Sud ; 135 bg Prod DB © Paramount Pictures - Plan B Entertainment/ DR ; 135 bm Prod DB © Domino Films/ DR ; 135 bd © Ciné Tamaris/Arte France Cinéma ; 136-137 © Centre Pompidou, MNAM-CCI, Dist. RMN-Grand Palais/ Christian Bahier/ Philippe Migeat © Succession Picasso 2019 ; 138 © DeAgostini/ Leemage ; 139 h © Konstantinos Kontos/ La Collection ; 139 b © Moura/ Alpaca/ Andia ; 140 © BIS/ Ph. H. Josse © Archives Larbor ; 141 g © Leemage ; 141 d © Leemage ; 142 © Pascal Victor/ ArtComPress ; 143 © Akg-images/ Erich Lessing ; 144 h © Canguilhem/ Adoc-photos ; 144 bg © Akg-images ; 144 bm © Leemage ; 144 bd © Bridgeman Images ; 145 h © Collection Dagli Orti/ Aurimages ; 145 m © Imagebroker/ Leemage ; 145 b © BIS/ Ph. Luc. Joubert, Coll Archives Larbor ; 146 h © BIS/ Ph. H. Josse © Archives Larbor ; 146 b © Gusman/ Leemage ; 147 © Bridgeman Images ; 148 h © Pascal Victor/ ArtComPress ; 148 b © Bridgeman Images ; 149 © Leemage ; 150 h © BIS/ Ph. H. Josse © Archives Larbor ; 150 b © Dom/ArtComPress ; 151 © De Agostini Picture Library/ M. Seemuller/ Bridgeman Image ; 152 © Brigitte Enguerand/ Divergence ; 154 h © BIS/ Ph. H. Josse © Archives Larbor ; 154 b © Rue des Archives/ AGIP ; 155 © Leemage ; 156 © Leemage ; 157 h © Collection Kharbine-Tapabor ; 157 m © Leemage ; 157 b © Akg-images/ Erich Lessing ; 158 © BIS/ Ph. H. Josse © Archives Larbor ; 159 h © Leemage ; 158 b © Pascal Victor/ ArtComPress ; 160 © Agathe Poupeney/ Divergence ; 161 h © BIS/ Ph. H. Josse © Archives Larbor ; 161 b © Akg-images/ Erich Lessing ; 162 © Bridgeman Images ; 163 © Adoc-photos ; 164 © Bridgeman Images ; 165 g © Leemage ; 165 hd © Stéphane Compoint/ Onlyfrance ; 165 bd © Akg-images ; 166 h © BIS/ Ph. Canonge © Archives larbor ; 166 b © Brigitte Enguerand/ Divergence ; 167 © Bridjeman Images ; 168 © Brigitte Enguerand/ Divergence ; 169 © Bibliothèque nationale de France ; 170 h © BIS/ Ph. Canonge © Archives larbor ; 170 b © Pascal Victor/ ArtComPress ; 171 © Pascal Victor/ ArtComPress ; 172 hg © Studio Lipnitzki/ Roger-Viollet ; 172 hd © Pascal Victor/ArtComPress ; 172 b © Juliette Parisot/ Hanslucas ; 174 h © Leemage ; 174 b © Leemage ; 175 h © Gianni Dagli Orti/ Aurimages ; 175 b © Collection Vav/ Kharbine-Tapabor ; 176 h © BIS/ Ph. H. Josse © Archives Larbor ; 176 b © British Library Board/ Robana/ Leemage/ Bridgeman ; 177 © Pascal Victor/ ArtComPress ; 178 © BIS/ Ph. Coll. Archives Larbor ; 179 © BIS/ Ph. H. Josse © Archives Larbor ; 180 © BIS/ Ph. Jeanbor © Archives Larbor ; 181 © Daniel Cande/ Bibliothèque nationale de France ; 182 Prod DB © Lola Films/ DR ; 183 g Prod DB © Lola Films/ DR ; 183 d © The Kobal Collection/Aurimages ; 184 h © BIS/ Ph. Guiley-Lagache © Archives Larbor ; 184 b © BIS/ Ph. Jeanbor © Archives Larbor ; 185 h © DeAgostini/ Leemage/ Bridgeman ; 185 b © BIS/ Ph. Jeanbor © Archives Larbor ; 186 © Frederic Iovino/ArtComPress ; 187 © Daniel Locus ; 188 © BIS/ Ph. Guiley-Lagache © Archives Larbor ; 189 h © BIS/ Ph. Coll. Archives Larbor ; 189 b © Patrick Berger/ ArtComPress ; 190 © Leemage/ Adagp, Paris 2019 ; 191 © BIS/ Ph. H. Josse © Archives Larbor ; 192 © BIS/ Ph. Coll. Archives Larbor ; 193 h © Leemage ; 193 b © Bridgeman Images ; 194 h © Nadar/ BIS/ Ph. Coll. Archives Larbor ; 194 b © Pascal Victor/ ArtComPress ; 196 © BIS/ Ph. Coll Archives Bordas ; 197 © Bibliothèque nationale de France ; 198 © Private collection/ Universal History Archive/UIG/ Bridgeman Images ; 199 h © Nadar/ BIS/ Ph. Coll. Archives Larbor ; 199 b © Leemage ; 200 h © Leemage ; 200 b © Christian Ganet/ ArtComPress ; 201 © Pascal Victor/ ArtComPress ; 202 © BIS/ Ph. Hubert Josse © Archives Larbor ; 203 © Brigitte Enguerand/ Divergence ; 204 © Bibliothèque de la Comedie Francaise/ Bridgeman Images ; 205 h © BIS/ Ph. DR Coll. Archives Larbor ; 205 b © Rue des Archives/ RDA ; 206 h © Adoc-photos ; 206 b © The Kobal Collection/Aurimages ; 207 © Brigitte Enguerand/ Divergence ; 208 © Leemage ; 209 Prod DB © Gaumont - Legende Films - UMedia/ DR ; 210 © BIS/ Ph. Hubert Josse © Archives Bordas ; 211 © Bridgeman Images ; 212 h © Leemage ; 212 b © BIS/ Ph. Ellebé © Archives Larbor ; 213 h © Bridgeman Images ; 213 b © Akg-images ; 214 © Leemage ; 215 h © Domingie & Rabatti/ La Collection ; 215 b © Rue des Archives/ Collection CSFF ; 216 h © Michel Sima/ Rue des Archives ; 216 b © Rue des Archives/ RDA ; 217 © Daniel Cande/ Bibliothèque nationale de France ; 218 © Bridgeman Images © Adagp/ Comité Cocteau, Paris 2019 ; 219 © Louis Monier/ Rue des Archives ; 220 © Bridgeman Images ; 221 © Rene Saint Paul/ Rue des Archives ; 222 © Vincent Arbelet ; 223 © Pascal Victor/ ArtComPress ; 224 h © Leemage ; 224 b © Roger-Viollet ; 225 hd © Rue des Archives/ AGIP ; 225 hg © Martine Franck/Magnum Photos ; 225 bg © Laurence Sudre/ Leemage ; 225 bd © Pascal Victor/ ArtComPress ; 226 © Ulf Andersen/ Aurimages ; 227 © Patrick Berger/ ArtComPress ; 228 © Ulf Andersen/ Aurimages ; 229 © Randy Olson/ National Geographic Image Collection/ Bridgeman Images ; 230 h © Eric Facon/ Signatures ; 230 b © Brigitte Enguerand/ Divergence ; 231 © The Kobal Collection/ Aurimages ; 232 © Lebrecht/ Rue des Archives ; 233 © Bridgeman Images ; 234 © Leemage ; 235 © Christie's/ Artothek/ La Collection © The Estate of Francis Bacon/ All rights reserved © Adagp, Paris and DACS, London 2019 ; 236 hg © Éditions Gallimard ; 236 hd © Éditions Gallimard ; 236

mg © Éditions du Livre de Poche ; 236 md © Éditions Actes Sud ; 236 b Prod DB © Les Films des Tournelles - Pathé - Appaloosa Developpement - France 2 Cinéma/ DR ; 237 hg © Éditions Magnard ; 237 hd © Éditions du Livre de Poche ; 237 bg © Éditions Magnard ; 237 b Prod DB © Miramax/ DR ; 238-239 et 306 © Bridgeman Images ; 240 © G. Humeau/ Sagaphoto ; 241 © Collection Dagli Orti/ Aurimages ; 242 g et d © Leemage ; 243 h © British Library/ Kharbine Tapabor ; 243 m et b © Leemage ; 244 h et 245 © Bibliothèque nationale de France ; 244 b © Bridgeman Images ; 246 © Bibliothèque nationale de France ; 247 © Pascal Victor/ ArtComPress ; 248 © Christie's/ Artothek/ La Collection ; 249 h © BIS/ Ph. Coll. Archives Larbor ; 249 b © Bridgeman Images ; 250 © Bibliothèque nationale de France ; 252 h et 253 g © BIS/ Ph. Coll. Archives Larbor ; 252 b © BIS/ Ph. Coll. Archives Bordas ; 253 d © Bridgeman Images ; 254 g © Bridgeman Images ; 254 d © Bibliothèque nationale de France ; 255 © British Library/ Kharbine-Tapabor ; 256 h © Leemage ; 256 b © Bibliothèque nationale de France ; 257 © Leemage ; 258 © Christopher Wood Gallery, London, UK/ Bridgeman Images ; 259 © BIS/ Ph. Coll. Archives Larbor ; 260 © Interfoto/ La Collection ; 261 hg © Leemage ; 261 hd © Coll. Jonas/ Kharbine-Tapabor ; 261 b © DeAgostini/ Leemage ; 262 h © BIS/ Ph. Studio J.J. Morlan © Archives Larbor ; 262 b © Bridgeman Images ; 263 © Leemage ; 264 © DeAgostini/ Leemage ; 265 h © BIS/ Ph. Studio J.J. Morlan © Archives Larbor ; 265 b © National Museums Liverpool/ Bridgeman Images ; 266 © Akg-images/ Erich Lessing ; 267 © Leemage ; 268 h © Leemage ; 268 b © Akg-images/ Erich Lessing ; 269 © Akg-images/ Erich Lessing ; 270 h © Leemage ; 270 b © Leemage ; 271 hd © Christie's Images/ Bridgeman Images © Succession Picasso 2019 ; 271 bg © Leemage ; 272 © Leemage ; 273 © BIS/ Ph. Luc Joubert © Archives Larbor ; 274 © Bridgeman Images ; 275 © Collection Dagli Orti/ Aurimages ; 276 © RMN-Grand Palais (musée du Louvre)/ Jean-Gilles Berizzi ; 277 © Leemage ; 278 © Leemage ; 279 h © BIS/ Ph.Lynn Watson ; 279 b © Leemage ; 280 h © BIS/ Ph. Coll Archives Larbor ; 280 b © Bridgeman Images ; 281 © Leemage/ Bridgeman Images ; 282 © Akg-images/ Rabatti – Domingie ; 283 © Mary Evans Picture Library ; 284 © Bridgeman Images ; 285 © Collection Dagli Orti/ Aurimages ; 286 © Bündner Kunstmuseum Chur, Suisse ; 287 h © Leemage ; 287 b © G. Humeau/ Sagaphoto ; 288 h © Bridgeman Images ; 288 b © BIS/ Ph. Hubert Josse © Archives Larbor ; 290 h et 291 © Bridgeman Images ; 290 b © Collection Christophe L Art ; 292 © BIS/ Ph. Coll. Archives Larbor ; 293 © Akg-images/ Electa ; 294 © Akg-images/ Electa ; 295 h © Bridgeman Images ; 295 b © Gianni Dagli Orti/ Aurimages ; 296 © Leemage ; 297 © BIS/ Ph. Coll. Archives Larbor ; 298 h © BIS/ Ph. Coll. Archives Larbor ; 298 b © Ghigo Roli/ Bridgeman Images ; 299 © Bridgeman Images ; 300 h © BIS/ Ph. Studio J. J. Morlan © Archives Larbor ; 300 b © BIS/ Ph. Coll. Archives Larbor ; 301 © Domingie & Rabatti/ La Collection ; 302 © Leemage ; 303 © BIS/ Ph. H. Josse © Archives Larbor ; 304 © Akg-images ; 305 Photo © Centre Pompidou, MNAM-CCI, Dist. RMN-Grand Palais / image Centre Pompidou, MNAM-CCI © Succession H. Matisse ; 307 © Birmingham Museums and Art Gallery/ Bridgeman Images ; 308 © Leemage ; 309 h © BIS/ Ph.Photostudio Otto © Archives Larbor ; 309 b © BIS/ © Archives Larbor ; 310 © Leemage ; 311 h © Collection Grob/ Kharbine-Tapabor ; 311 b © Christophe L Art ; 312 h BIS/ Ph. © Bibliothèque royale Albert Ier, Bruxelles ; 312 b © Rue des Archives/RDA ; 313 © Leemage ; 314 © BIS/ Ph. Coll. Archives Bordas ; 315 © Leemage ; 316 © BIS/ Ph. Coll. Archives Larbor ; 317 © Leemage ; 318 © BIS/ Ph. J. Arland © Archives Larbor ; 319 © Akg-images ; 322 © Leemage ; 323 © RMN-Grand Palais/ Agence Bulloz ; 324 hg © Éditions Points ; 324 hd © Éditions Gallimard ; 324 mg © Éditions Gallimard ; 324 md © Éditions Gallimard ; 324 b © Éditions Delcourt ; 325 hg © Éditions Le Livre de Poche ; 325 hd © Éditions Actes Sud ; 325 mg © Éditions Actes Sud ; 325 md © Éditions Gallimard ; 325 b © Éditions Le Livre de Poche ; 326-327 © Bridgeman Images ; 328 © Leemage ; 329 © Collection Kharbine-Tapabor ; 330 g © Collection Kharbine-Tapabor ; 330 m © Coll. Dixmier/ Kharbine-Tapabor ; 330 b © Leemage ; 331 © Leemage ; 332 h © Coll. LD/ Adoc-photos ; 332 b © Selva/ Leemage ; 333 © SuperStock/ Leemage ; 334 © BIS/ Ph.© Archives Nathan ; 335 © Selva/ Leemage ; 336 © Costa/ Leemage ; 337 © Gusman/ Leemage ; 339 © Gusman/ Leemage ; 340 h © BIS/ Ph. © Archives Larbor ; 340 b © BIS/ Ph. Jeanbor © Archives Larbor ; 342 h © Leemage ; 342 b Collection Christophe L © Columbia Pictures Corporation ; 343 g Collection Christophe L © les films Alain Sarde/ Emilie de la Hosseraye ; 343 d © Éditions Gallimard ; 344 g © The Kobal Collection/Aurimages ; 344 d Avec l'aimable autorisation des Éditions Julliard ; 345 © Éditions du Seuil ; 346 g et d © Leemage ; 347 g © Bridgeman Images ; 347 d © Leemage ; 348 © BIS/ Ph. Jeanbor © Archives Bordas ; 349 © BIS/ Ph. Coll Archives Bordas ; 350 © BIS/ Ph. Jeanbor © Archives Bordas ; 351 © Leemage ; 352 © DeAgostini/ Leemage ; 353 © Centre Pompidou, MNAM-CCI, Dist. RMN-Grand Palais/ Bertrand Prévost ; 354 © BIS/ Ph. © Archives Larbor ; 355 © Robert Doisneau/ Rapho ; 356 h © BIS/ Ph. Patrice Pascal © Archives Larbor ; 356 b © Luisa Ricciarini/ Leemage © Adagp, Paris, 2019 ; 358 © BIS/ Ph. H. Josse © Archives Larbor ; 359 © BIS/ Ph. H. Josse © Archives Larbor ; 360 © Roger-Viollet ; 361 g © Bibliothèque nationale de France ; 361 d © Bridgeman Images ; 362 © BIS/ © Archives Larbor ; 363 g © Leemage ; 363 d © BIS/ Ph. H. Josse © Archives Larbor ; 364 © Photo12/ Ullstein Bild ; 365 h © Collection IM/ Kharbine-Tapabor ; 365 b © Leemage ; 366 h © BIS/ Ph. Coll. Archives Larbor ; 366 b © Bridgeman Images ; 367 © Bridgeman Images ; 368 h © Nadar/ BIS/ Ph. Coll. Archives Larbor ; 368 b © Bridgeman Images ; 370 © BIS/ Ph. Coll. Archives Larbor ; 371 © Sebastião Salgado ; 372 h © Sebastião Salgado ; 372 b © Bridgeman Images ; 373 © Interfoto/ La Collection ; 374 © Robert Doisneau/ Rapho ; 375 © Christie's Images/ Bridgeman Images ; 376 © Leemage ; 377 Collection Christophe L © Films Sonores Tobis ; 378 h Collection Christophe L © United artists ; 378 m et b Prod DB © United Artists/DR ; 379 g Collection Christophe L © Films Sonores Tobis ; 379 d Prod DB © United Artists/ DR ; 380 © BIS/ Ph.Coll BIFI/ Coll Archives Bordas ; 381 © Adoc-photos ; 383 © Médiathèque musicale de Paris/ Roger-Viollet ; 385 © Jean Vigne/ Kharbine-Tapabor ; 386 bg © Bridgeman Images ; 386 hd Collection Christophel © Compagnie Jean Renoir/ SEDIF ; 386 bd Collection Christophel © Collective Films/ Parti Communiste Français ; 387 © Lionel Guericolas/ Marlyse Press Photo/ Bureau233 ; 388 g © Paris - Musée de l'Armée, Dist. RMN-Grand Palais/ Thierry Ollivier © Droits réservés ; 388 d © Bridgeman Images ; 389 © Vincent Boisot/ Riva Press ; 390 h © Marc Foucault/ Gallimard ; 390 b © Tallandier/ Bridgeman Images ; 392 h © Ulf Andersen/ Aurimages ; 392 b © Keystone France/ Gamma-Rapho ; 393 h © Maurice Rougemont/ Opale/ Leemage ; 393 b © Cleveland Museum of Art, OH, USA/ Leonard C. Hanna, Jr. Fund/ Bridgeman Images , 394 © The Lucian Freud Archive/ Reproduced by permission of Chatsworth Settlement Trustees/ Bridgeman Images ; 395 © Christie's Images/ Bridgeman Images © Succession Picasso 2019 ; 396 h © Marcello Mencarini/ Leemage , 396 b © Universal History Archive/UIG/ Bridgeman Images ; 398 © Art Spiegelman, 1973, 1980, 1981, 1982, 1983, 1984, 1985, 1986, 1989, 1990, 1991, used by permission of The Wylie Agency (UK) Limited ; 399 © Philippe Matsas/ Opale/ Leemage ; 401 © Reza/ Webistan ; 402 h © Mollona/ Leemage ; 402 b © National Museum in Cracow, Poland/ Bridgeman Images ; 404 h © Helene Bamberger/ Opale via Leemage ; 404 b Bruce Clarke © Adagp, Paris, 2019 ; 405 © Thierry Nectoux/ Gamma-Rapho ; 406 Prod DB © Anatole Dauman/ DR ; 407 Prod DB © Lanzmann/ DR ; 408 g © The Kobal Collection/Aurimages ; 408 d Prod DB © Kigali - Lions Gate - Mikado - Miracle Pictures/ DR ; 410 hm © Éditions Points ; 410 hd © Éditions de minuit ; 410 g © Éditions 10/18 ; 410 d © Éditions Livre de poche ; 410 b © Éditions Gallimard ; 411 hg © Éditions Gallimard ; 411 hd © Éditions Le temps qu'il fait ; 411 m © Art Spiegelman, 1973, 1980, 1981, 1982, 1983, 1984, 1985, 1986, 1989, 1990, 1991, used by permission of The Wylie Agency (UK) Limited © Éditions Flammarion pour la couverture française ; 411 bg Prod DB © United Artists/ DR ; 411 bd Prod DB © Claussen Wobke Putz Filmproduktion - Naked Eye Filmproduktion/ DR ; 412-413 © BIS/ Ph. H. Josse © Archives Larbor ; 417 © Unorobus/ Adobe stock.com ; 419 © BIS/ Ph. Coll. Archives Nathan ; 429 © Jihane37/ Adobe stock.com ; 435 © Bridgeman Images ; 439 © BIS/ Ph. Coll. Archives Nathan ; 443 © BIS/ Ph. © Archives Nathan ; 445 © BIS/ Ph. Cauboue © Archives Larbor ; 452-453 © BIS/ Ph. Sonneville © Archives Nathan ; 454 h © Akg-images/ Cameraphoto ; 454 m © BIS/ Ph. Coll. Archives Larbor ; 454 b © Archives Alinari, Florence, Dist. RMN-Grand Palais/ Ghigo Roli ; 455 h © Akg-images/ Erich Lessing ; 455 b © RMN-Grand Palais/ Michèle Bellot © Estate Brassaï - RMN-Grand Palais ; 456 hd © BIS/ © Archives Larbor ; 456 g © Leemage ; 456 bd © Leemage ; 457 hg © Bridgeman Images ; 457 hd © Ministère de la Culture - Médiathèque de l'architecture et du patrimoine, Dist. RMN-Grand Palais/ Willy Ronis ; 457 bg © BIS/ Ph. Eileen Tweedy © Archives Larbor ; 457 bd © Centre Pompidou, MNAM-CCI, Dist. RMN-Grand Palais/ Georges Meguerditchian © Marc Riboud/ SAIF ; 460 g © Rue des Archives/ DILTZ ; 460 hd Prod DB © Prana-Film/ DR ; 460 md Prod DB © Sony - Warner Bros. - 1614 Entertainment - Alcon Entertainment - Scott Free Productions - Thunderbird Films - Torridon Films/ DR ; 460 bd Prod DB © Lucasfilm/ DR ; 461 g et hd Prod DB © Shamley Productions/ DR ; 461 bd Prod DB © Lucasfilm Ltd - Paramount Pictures/ DR ; 465 © Qushe/ Shutterstock ; 467 © BIS/ Ph. Oleg Golovnev ; 471 © BIS/ Ph. Jeanbor © Archives Larbor ; 473 © BIS/ Ph. H. Manuel - Coll. Archives Larbor ; 475 © Leemage ; 479 © BIS/Ph. Oleg Golovnev ; 480 © Leemage ; 483 hg © Éditions Le livre de poche ; 483 hd © Éditions Gallimard ; 483 b © Éditions Garnier Flammarion ; 485 g © Daniel Cande/ Bibliothèque nationale de France ; 485 d © Brigitte Enguerand/ Divergence ; 487 g © Les Films Du 24/ The Kobal Collection/ Aurimages ; 487 hd © Éditions Gallimard ; 487 bd Prod DB © Lorimar-Warner Bros/ DR ; 489 g Prod DB © Scalera - André Paulvé/ DR ; 489 d © Bibliothèque nationale de France ; 490 h © Leemage ; 490 b © Rue des Archives/ RDA ; 501 © BIS/ Ph. Coll. Archives Nathan ; 523 © BIS/ Ph. Coll. Archives Larbor ; 529 © BIS/ Ph. Jeanbor © Archives Larbor ; 531 © BIS/ Ph. Coll. Archives Larbor ; 533 © BIS/ Ph. Coll. Archives Larbor ; 535 © BIS/ Ph. Coll. Archives Bordas ; 539 © BIS/ Ph. H. Josse © Archives Larbor ; 542 © Matt Cardy/ Getty Images/ AFP ; 544 © Leemage ; 545 © Leemage ; 549 © Helene Bamberger/ Opale via Leemage ; 550 h © Leemage ; 550 b © Leemage ; 553 © Réseau Action Climat ; 559 © The Irving Penn Foundation ; 560 © Ministère de l'Agriculture et de l'Alimentation ; 562 Prod DB © DR ; 563 © Ian Berry/ Magnum Photos ; 569 h Prod DB © Paramount Vantage - River Road Films - Art Linson Productions/ DR ; 569 b © Akg-images © Adagp, Paris 2019.

N° éditeur : 10257551 – Dépôt légal : mai 2019
Achevé d'imprimer en France en juillet 2019 par Pollina - 12694